체계적인 20일 코칭 시스템

新 HSK

퍼스널 트레이닝

고강민 저

해설서 6급

해설서 목차

1. PT학습서 – 정답 및 해설

• DAY 1	6		• DAY 11	71
• DAY 2	12		• DAY 12	77
• DAY 3	18		• DAY 13	83
• DAY 4	25		• DAY 14	89
• DAY 5	31		• DAY 15	97
• DAY 6	36		• DAY 16	109
• DAY 7	42		• DAY 17	116
• DAY 8	49		• DAY 18	128
• DAY 9	55		• DAY 19	143
• DAY 10	64		• DAY 20	163

2. 실전 모의고사 – 정답 및 해설

- 실전 모의고사 세트 1 ······ 174
- 실전 모의고사 세트 2 ······ 224

新HSK PT 6급

PT 학습서
정답 및 해설

듣기 제1부분 실전 PT 정답 ▶p.44

1. A   **2.** C   **3.** D   **4.** D   **5.** D

문제 1

A 舟山群岛风景秀丽 B 舟山群岛没有鸟类 C 舟山群岛面积很小 D 舟山群岛是国家自然保护区	A 저우산군도는 풍경이 수려하다 B 저우산군도는 조류가 없다 C 저우산군도는 면적이 작다 D 저우산군도는 국가자연보호구역이다
舟山群岛是中国沿海最大的群岛。它位于长江口以南，杭州湾以东的浙江北部海域，拥有两个国家海上一级风景区。这里风光秀丽，气候宜人，而且还是海岛鸟类的重要栖息地和候鸟迁徙的重要驿站。	저우산군도는 중국 연해의 가장 큰 군도이다. 그것은 창장 입구 이남, 항저우만 동쪽의 저장 북부해역에 위치하고, 두 개의 국가해상 1급 관광지구를 포함하고 있다. 이곳은 풍경이 수려하고, 기후가 쾌적할 뿐만 아니라, 바다조류들의 중요한 서식지이고, 철새가 이동하는 중의 중요한 역참이다.

해설 보기에 '舟山群岛(저우산군도)'라는 장소 관련 소재가 언급되었으므로 지역에 관한 문제임을 알 수 있고 나머지 핵심어휘인 '秀丽(수려하다)', '没有鸟类(조류가 없다)', '面积很小(면적이 작다)', '国家自然保护区(국가자연보호구역)'를 체크하고 이 핵심어휘가 직접적으로 등장하거나 관련된 부분이 나오면 집중해서 들어야 한다. 근의어 '风景= 风光(풍경)'을 묻는 문제이지만, 근의어를 모르더라도 '秀丽(수려하다)'가 그대로 등장하고 있기 때문에 정답은 A임을 알 수 있다. C는 녹음에서 가장 큰 군도라고 했으므로 들으면서 제거하는 것이 좋다. 나머지는 언급되지 않았다.

문제 2

A 白居易很浪漫 B 白居易不擅长改诗 C 白居易的诗通俗易懂 D 白居易教老妇人作诗	A 백거이는 낭만적이다 B 백거이는 시를 고치는 것에 뛰어나지 않다 C 백거이의 시는 통속적이어서 이해하기 쉽다 D 백거이는 노부인들에게 시를 짓는 것을 가르쳤다
白居易是唐代著名诗人，他的诗深入浅出，通俗易懂，深受当时人们的喜爱。据说，为了使自己的诗便于理解，他每写完一首诗，都要将诗念给不识字的老妇人听，然后反复修改，直到老妇人完全听懂为止。	백거이는 당대 유명한 시인으로, 그의 시는 어려운 내용을 쉽게 이끌어내 통속적이어서 사람들이 쉽게 이해했기 때문에 당시 사람들의 사랑을 받았다. 전해지는 바에 따르면, 자신의 시를 이해하기 쉽게 만들기 위해, 그는 한 수의 시를 다 쓰면, 시를 글자를 모르는 노부인들에게 들려주고 그런 후에 노부인들이 완전히 이해가 될 때까지 반복적으로 고쳤다.

단어 백거이가 당대 유명한 시인인줄 모르는 사람도 D의 '教(가르치다)'라는 어휘로 백거이가 사람의 이름인 것을 알 수 있다. 인물에 관한 글에는 인물의 정보나 인물에 관한 일화가 주로 나오는데 '浪漫(낭만적이다)', '不擅长改诗(시를 고치는 것에 뛰어나지 않다)', '诗通俗易懂(시가 쉽다)', '教老妇人作诗(시 짓는 것을 가르쳤다)'를 먼저 파악했다면 인물 정보에 관한 문제임을 알 수 있고, 이와 관련된 정보를 들어야 한다. 이미 첫 번째 문장에서 '通俗易懂(통속적이어서 쉽다)'이라는 어휘가 그대로 등장했기 때문에 정답은 C임을 알 수 있다. A는 언급되지 않았고, 노부인과 시가 등장한 것은 쉬운 시를 쓰기 위해 직접 들려주고 이해가 될 때까지 반복적으로 고쳤다는 것이기 때문에 B의 '不擅长改诗'와 D의 '教老妇人作诗'는 정답이 될 수 없다.

문제 3

A 苗族人热情好客 B "四月八"每两年举办一次 C 苗族服装经过了改良 D "四月八"是苗族传统节日	A 묘족 사람들은 친절하게 손님을 대한다 B '사월 초파일'은 2년마다 한 번 거행된다 C 묘족의 의상은 개량을 거쳤다 D '사월 초파일'은 묘족의 전통명절이다
四月八是苗族的传统节日，每年农历四月初八这天，苗族百姓都会身着民族服装，唱苗族山歌，跳苗家舞蹈来欢度节日，四月八还被列入了国家级非物质文化遗产名录。	사월 초파일은 묘족의 전통명절로, 매년 음력 4월 초 여드렛날에 묘족 사람들은 모두 민족의상을 입고, 묘족산가를 부르며, 묘족의 춤을 추면서 명절을 즐겁게 보낸다. 사월 초파일은 또한 국가급 무형문화유산 목록에 들어간다.

해설 보기를 보고 묘족 또는 '사월 초파일'에 관한 정보 글임을 알 수 있고, 이와 관련된 내용에 집중해야 한다. 듣기 제1부분에서 가장 놓치지 말아야 하는 첫 문장에서 바로 보기항 D의 문장 '四月八是苗族的传统节日'가 그대로 나왔으므로 정답은 어렵지 않게 D임을 알 수 있다. 묘족의 성향에 대해서는 언급되지 않았으므로 A는 정답이 아니고, B는 언급되지 않았고, C는 묘족의 의상을 입는다는 이야기만 있을 뿐 의복 개량에 관한 내용은 없으므로 정답이 될 수 없다.

문제 4

A 珠江夜游是免费的 B 天字码头新建不久 C 天字码头在北京南部 D 天字码头现多用于观光	A 주장 야간유람은 무료이다 B 텐즈부두는 새로 지은 지 오래되지 않았다 C 텐즈부두는 베이징의 남쪽에 있다 D 텐즈부두는 현재 대부분이 관광에 쓰인다
天字码头，又被称为"广州第一码头"，位于广州市越秀区沿江中路和北京路交界处。它以前是用来渡江的，如今则主要用于旅游观光，像珠江夜游的船只就多从这里启航。	텐즈부두는 '광저우 제1부두'로도 불리고, 광저우시 위에시우 구 옌장중로와 베이징로 인접지역에 위치해 있다. 그것은 예전에는 강을 건너는 데 쓰였으나, 지금은 주로 유람하고 관광하는 데 쓰이는데 주장의 야간유람선 대부분이 여기에서만 출항하는 것 같다.

해설 보기의 대부분이 '天字码头(텐즈부두)'가 언급된 것으로 보아 텐즈부두에 관한 정보 글임을 알 수 있다. A는 주장을 언급한 보기로, 녹음에서 야간유람선을 언급하며 야간유람에 관한 내용이 나오기는 하지만 가격이 언급되거나 무료라는 내용이 언급되지 않았으므로 정답이 될 수 없다. 또한 나머지 세 개의 보기가 같은 소재를 언급한 경우에는 다른 하나인 보기는 정답이 될 확률이 적다는 것을 알아두자! B는 언급되지 않았고, C는 베이징이라는 어휘가 들려 혼동할 수 있으나 분명 '广州第一码头(광저우의 제1부두)'라고 했으므로 베이징에 위치할 리가 없음을 알아야 하고, 녹음에서 언급된 베이징은 광저우의 길 이름이지 우리가 알고 있는 수도 베이징을 말하는 것이 아님을 알아차리자. 문장 중간 '它以前是用来渡江的，如今则主要用于旅游观光'이라고 하며 예전에는 강을 건너는 데 쓰였지만 오늘날 주로 유람하고 관광하는 데 쓰인다고 하였으므로 정답은 D이다.

문제 5

A 吴歌不受文人青睐 B 吴歌的演唱难度极大 C 吴歌歌词多为叙事性的 D 吴歌流行于明清时期	A 오가는 문인의 환영을 받지 못했다 B 오가는 가창의 난이도가 높다 C 오가의 가사는 대부분이 서사적이다 D 오가는 명청시기에 유행했다
吴歌又称江南小调，可以说是明清时期的流行歌曲。吴歌口耳相传，代代相袭，在长期的发展过程中形成了丰富的口碑文献，是研究吴文化历史传统、民风民俗和吴方言的珍贵资料。	오가는 지앙난 가락이라고도 하는데, 명청시기의 유행가라고 할 수 있다. 오가는 구전되어 대대손손 전해내려오고 있으며, 긴 발전과정 중에 풍부한 구비문헌이 형성되어, 오문화의 역사전통과 민풍과 민속, 오방언을 연구하는 진귀한 자료이다.

| 해설 | 보기 모두가 '吳歌(오가)'가 포함되어 있는 것으로 보아 오가에 관한 정보 글임을 알 수 있다. A는 '受到青睐(환영 받다)'라는 고정어휘의 의미를 알아야 하고, 의미를 알았다면 '유행가'라는 말이 있으므로 환영 받았다고는 할 수 있지만 '문인'이라는 특정대상 언급이 없으므로 정답이 될 수 없음을 알아야 한다. 난이도와 가사에 관한 언급이 없으므로 B, C도 정답이 아니다. 도입부분에 '可以说是明清时期的流行歌曲(명청시기의 유행가라고 할 수 있다)'라고 했으므로 D '流行于明清时期(명청시기에 유행했다)'가 정답이다. |

독해 제1부분 실전 PT 정답 ▶p.51

1. C **2.** C **3.** C **4.** B **5.** D

문제 1

A 梨羹是老北京常见的冬日小食，具有润肺化痰、生津止咳之功效。	A 배숙은 옛 베이징의 흔한 겨울 먹거리로, 폐를 촉촉하게 해 가래를 삭이고, 침이 생겨 갈증을 해소하는 효능이 있다.
B 影响一个人快乐的，有时并不是困境或磨难，而是一个人的心态。	B 사람이 즐거워하는 것에 영향을 주는 것은 어떤 때에는 결코 곤경과 고난이 아니라 사람의 마음이다.
C 有人说："有两种东西，即便失去才知道可贵：一是青春，一是健康。"	C 어떤 이는 말했다. "잃어봐야 비로소 귀함을 아는 두 가지 것이 있는데, 하나는 청춘이고, 하나는 건강이다."
D 碱性电池与普通干电池相比，具有耐用、储存寿命长、不易腐蚀等优点。	D 알카리 전지는 일반 건전지와 비교하면, 오래가며, 사용 수명이 길고, 쉽게 부식되지 않는 등의 장점을 가지고 있다.

| 해설 | 먼저 '即便A也B(설령 A라도 B하다)', '只有A才B(A해야만, 비로소 B하다)'가 고정격식임을 알아야 한다. 그런데 C를 보면 '即便(설령)'이 '才(비로소)'와 쓰였으므로 무언가가 잘못되었음을 판단하고 바로 정답으로 체크하자. 내용을 보면 '失去(잃다)'와 '知道可贵(귀함을 알다)'의 관계를 설명할 접속사가 필요한 것이므로 의미상 '잃더라도 귀함을 알다'보다 '잃어봐야 귀함을 알다'가 적절함을 알 수 있다. |

TIP	即便A也B- 가설관계 접속사로 A의 가설에도 변함없는 B의 의지를 주로 나타냄
	예 遇事不要急于下结论，即便有了答案也要等等。
	일이 생기면 서둘러 결론을 내리지 마라. 설령 답안이 생겨도 좀 기다려야 한다.

문제 2

A 穿衣服不必一味追求名牌，但一定要注意搭配。	A 옷을 입을 때 무턱대고 유명상표를 추구할 필요는 없지만, 반드시 조합은 신경 써야 한다.
B 美酒配佳肴，古来有之，酒是节日餐桌上的必备品。	B 좋은 술을 맛있는 요리에 함께 하는 것은 예전부터 있었던 것으로, 술은 명절에 식탁 위의 필수품이다.
C 这是我同事小李的女儿，不仅年纪小，而且非常懂事。	C 이쪽은 내 동료 샤오리의 딸인데, 나이는 어리지만 매우 철 들었다.
D 这场雨断断续续一直下到第二天上午9点左右才停止。	D 이번 비는 계속해서 이튿날 오전 9시 정도까지 내리다가 비로소 그쳤다.

| 해설 | 보기 C의 '不仅A而且B(A뿐만 아니라, 게다가 B하다)'는 고정격식의 접속사이지만 내용상 A와 B의 관계는 순접관계여야 한다. 나이가 어리면 아직 철들지 않고, 나이가 많으면 철드는 것이 순접관계를 설명하므로 '나이가 어리다'와 '철들다'는 순접이 아니라 역접관계를 설명한다는 것을 알 수 있다. 접속사가 잘못 쓰였기 때문에 C가 정답이다. '虽然A但是B(비록 A지만, B하다)'를 써야 올바른 문장이 된다. |

| TIP | → 他虽然年纪小，但是非常懂事。 그는 나이가 어리지만, 매우 철들었다. |
| | 예 他不仅年纪小，而且胆子小。 그는 나이가 어릴 뿐만 아니라, 담이 작다. |

문제 3

A 满载旅客的列车飞一般地驶向偏远的山区小站。 B 所谓亚健康状态，是指介于健康与疾病之间的状态。 C 经过显微镜，我们可以清楚地看到肉眼看不见的微生物。 D 喜帖，是即将结婚的新人所印制的邀请函，又称为喜束。	A 여행객을 가득 실은 열차가 나는 듯이 외진 산골의 작은 역을 향해 달렸다. B 소위 아건강상태는 건강과 질병 사이의 상태를 가리킨다. C 현미경을 통해, 우리는 육안으로는 보이지 않는 미생물을 분명하게 볼 수 있다. D 청첩장은 장차 결혼하는 신혼부부가 인쇄하여 만든 초대장으로 '喜束(기쁜 일로 보내는 서한)'이라고도 한다.

해설 보기 C의 '经过'는 '~를 거쳐서'라는 뜻으로 거치는 '과정이나 단계'를 나타내는 어휘와 함께 쓰인다. 우리가 육안으로 보이지 않는 미생물을 볼 수 있는 것은 현미경이라는 도구를 '통해서'이지, '거쳐서'가 아니다. 또한 현미경은 '과정이나 단계'를 나타내는 어휘가 아니기 때문에, 어휘가 잘못 쓰인 어휘 오용 유형의 문제임을 알 수 있다. 정답은 C이고 '~을 통해서(사물을 매개로 하여)'라는 뜻을 가진 '通过'로 바꾸어야 올바른 문장이 된다.

TIP → 通过显微镜，我们可以清楚地看到肉眼看不见的微生物。
현미경을 통해 우리는 육안으로는 보이지 않는 미생물을 분명하게 볼 수 있다.
예 经过治疗，他已经恢复了健康。 치료(라는 과정)를 거쳐, 그는 이미 건강을 회복했다.

문제 4

A 人生重要的不是所站的位置，而是所朝的方向。 B 秦始皇陵兵马俑凝聚了世界各地慕名而来的参观者。 C 既然你这么在乎这次机会，那就应该尽全力做好准备。 D 说到河南，有一个地方不能不提，那就是"七朝古都"开封。	A 인생에서 중요한 것은 서있는 위치가 아니라 향하는 방향이다. B 진시황릉 병마용은 세계 각지에서 명성을 듣고 온 견학자들을 매료시켰다. C 네가 이번 기회를 이렇게나 중시한다면, 마땅히 최선을 다해 준비를 해야 해. D 허난을 언급할 때 언급하지 않을 수 없는 곳이 있는데, 그것은 바로 '칠조고도' 카이펑이다.

해설 보기 B에서 술어로 쓰인 '凝聚(응집시키다)'는 '力量(힘, 역량)'과 함께 잘 쓰이는 어휘로 사람을 목적어로 가질 수 없는데 B에서는 목적어 '参观者(견학자)'와 함께 쓰였으므로 잘못된 문장이다. 풍경이나 유물 등을 주어로 하여 여행객이나 견학자들을 목적어로 가지는 대표적인 동사는 '吸引(매료시키다)'이므로 '凝聚'를 '吸引'으로 바꾸어야 올바른 문장이 된다.

문제 5

A 名著是经时间筛选而留下的硕果，是古今中外文化的精华。 B 敬业不应被看做是一种境界，而应是从业者必备的基本素质。 C 对不起，您拨打的用户暂时无法接听，将为您转接至语音信箱。 D 《古文观止》自问世以来，广为遗传，至今仍不失为一部有价值的选本。	A 명작은 시간을 거쳐 선별하여 남긴 큰 업적이고 고금 중외 문화의 정수이다. B 맡은 일에 최선을 다하는 것이 일종의 경계로 여겨져서는 안 되고, 취업자가 필수로 갖춰야 하는 기본 자질이어야 한다. C 죄송합니다. 당신이 건 사용자는 잠시 전화를 받을 수가 없습니다. 음성사서함으로 연결해 드리겠습니다. D 《고문관지》는 세상에 나온 후, 광범위하게 전해져 지금까지 가치 있는 선집이라고 여전히 간주할 만하다.

해설 보기 D의 '遗传(유전되다)'은 '어버이의 성격, 체질 따위의 형질이 자손에게 전해진다'는 뜻으로 '책이나 이야기가 전해지다'라는 뜻으로는 쓸 수 없다. '책이나 이야기가 널리 전해지다'라는 뜻의 동사 '流传'으로 바꾸어야 올바른 문장이 된다. 정답은 D이다

TIP '广为流传(널리 전해지다)'은 빈출어휘 조합이므로 꼭 암기해 두자.

쓰기 실전 PT 정답 ▶p.55

1. 李春设计了赵州桥。 이춘은 조주교를 설계했다.
2. 我握着手。 나는 손을 꽉 잡고 있다.
3. 眼里闪着泪花。 눈에 눈물이 반짝이고 있다
4. 我们探索奥秘。 우리는 신비를 탐구해야 한다.
5. 我养成了习惯。 나는 습관을 길렀다.
6. 水鸟吞食菜叶。 물새는 잎사귀를 먹는다.
7. 他学习知识。 그는 지식을 공부한다.
8. 飞机飞行。 비행기가 비행한다.
9. 学生爱戴老师。 학생은 선생님을 우러러 섬긴다.
10. 焰火构成了图案。 불꽃이 그림을 구성했다.

문제 1

| 隋朝的石匠李春亲自设计了赵州桥。 | 수왕조의 석장 이춘은 조주교를 설계했다. |

해설

隋朝的	石匠	李春	亲自	设计了	赵州桥。
관형어1	관형어2	주어	부사어	술어	목적어
수왕조의	석장	리춘	직접	설계했다	조주교

隋朝的 → '的'가 있으므로 관형어이다.
石匠 → 주어 '李春(이춘-명사)'을 수식하므로 관형어이다.
亲自 → 주어와 술어 사이에 있는 성분은 모두 술어를 꾸며주는 부사어이다.

문제 2

| 我紧紧地握着台湾教师的手。 | 나는 타이완 교사의 손을 꽉 잡고 있다. |

해설

我	紧紧地	握着	台湾教师的	手。
주어	부사어	술어	관형어	목적어
나	꽉	쥐고 있다	타이완 교사	손

紧紧地 → '地'가 있으므로 술어 '握(쥐다)'를 꾸며주는 부사어이다.
台湾教师的 → '的'가 있으므로 목적어인 '手(손)'을 수식하는 관형어이다.

문제 3

| 赵宇的眼里闪着激动的泪花。 | 자오위의 눈에 감동의 눈물이 반짝이고 있다. |

해설

赵宇的	眼里	闪着	激动的	泪花。
관형어	주어	술어	관형어	목적어
자오위의	눈에	반짝이고 있다	감동의	눈물

赵宇的 → '的'가 있으므로 주어인 눈을 수식하는 관형어이다.
激动的 → '的'가 있으므로 목적어 눈물을 수식하는 관형어이다.

문제 4

| 我们要努力探索大自然的奥秘。 | 우리는 대자연의 신비를 노력해서 탐구해야 한다. |

해설
我们　　要　　　努力　　探索　　大自然的　　奥秘。
주어　부사어1　부사어2　술어　　관형어　　　목적어
우리　~해야 한다　노력해서　탐구하다　대자연의　신비

要 → 조동사도 술어를 꾸며주는 성분이므로 부사어이다.
努力 → 형용사가 동사 앞에 있을 경우도 술어를 꾸미는 부사어가 된다.
大自然的 → '的'가 있으므로 목적어 신비를 수식하는 관형어이다.

문제 5

| 我养成了做完作业认真检查的习惯。 | 나는 숙제를 다 하고 열심히 검사하는 습관을 길렀다. |

해설
我　　养成了　　做完作业认真检查的　　习惯。
주어　술어　　　관형어　　　　　　　목적어
나　　길렀다　숙제를 끝내고 열심히 검사하는　습관

做完作业认真检查的 → '的'가 있으므로 목적어 습관을 수식하는 관형어이다.

문제 6

| 一群水鸟正在吞食漂在水面上的菜叶。 | 한 무리의 물새는 지금 수면에 떠다니는 잎사귀를 먹고 있다. |

해설
一群　　水鸟　　正在　　吞食　　漂在水面上的　　菜叶。
관형어　주어　　부사어　술어　　관형어　　　　목적어
한 무리　물새　　~중이다　먹다　　수면에 떠다니는　잎사귀

一群 → '수량사(명사를 세는 양사)'는 명사를 수식하는 관형어이다.
正在 → 부사가 술어 앞에 있으면 모두 부사어이다.
漂在水面上的 → '漂在水面上(물에 떠다니다)'이라는 동사구이지만 뒤에 '的'가 있으므로 목적어 잎사귀를 수식하는 관형어이다.

문제 7

| 他以非凡的毅力刻苦地学习文化知识。 | 그는 비범한 의지로 고생스럽게 문화지식을 공부하였다. |

해설
他　　以非凡的毅力　　刻苦地　　学习　　文化　　知识。
주어　부사어1　　　　부사어2　술어　　관형어　목적어
그　　비범한 의지로　　고생스럽게　공부하다　문화　지식

以非凡的毅力(비범한 의지로) → 전치사구가 술어 앞에 있으면 부사어이다.
刻苦地 → '地'가 있으므로 술어 '学习(공부하다)'를 꾸며주는 부사어이다.
文化 → 명사이지만 목적어인 문화를 수식하는 성분이므로 관형어가 된다.

문제 8

| 一架银白色的飞机在蔚蓝的天空中飞行。 | 한 대의 은백색의 비행기가 파란 하늘에서 비행한다. |

해설
一架　　银白色的　　飞机　　在蔚蓝的天空中　　飞行。
관형어1　관형어2　　주어　　부사어　　　　　술어
한 대의　은백색의　　비행기　파란 하늘에서　　비행하다

一架 → '수량사(명사를 세는 양사)'는 명사를 수식하는 관형어이다.
银白色的 → '的'가 있으므로 주어 '飞机(비행기)'를 수식하는 관형어이다.
在蔚蓝的天空中 → 전치사구가 술어 앞에 있으면 부사어이다.

문제 9

| 三班的学生十分爱戴亲切、温和、知识丰富的王老师。 | 3반의 학생은 매우 친절하고, 온화하며, 지식이 풍부한 왕 선생님을 우러러 섬긴다. |

해설

三班的	学生	十分	爱戴	亲切、温和、知识丰富的	王	老师。
관형어	주어	부사어	술어	관형어	관형어2	목적어
3반의	학생	매우	추대하다	친절하고, 온화하고, 지식이 풍부한	왕	선생님

三班的 → '的'가 있으므로 주어 '学生(학생)'을 수식하는 관형어이다.
十分 → 부사는 술어 앞에 위치하며 부사어에 속한다.
亲切、温和、知识丰富的 → 형용사구와 동사구가 나열되어 있지만 마지막에 '的'가 있으므로 목적어 '老师(선생님)'를 수식하는 관형어가 된다.
王 → 목적어 '老师(선생님)'를 좀더 구체적으로 설명한 어휘이고, 명사 앞에 있으므로 관형어이다.

문제 10

| 五彩缤纷的焰火在夜空中构成了一幅美妙无比的图案。 | 오색찬란한 불꽃이 밤 하늘에서 한 폭의 아름답기가 비할 바 없는 그림을 구성했다. |

해설

五彩缤纷的	焰火	在夜空中	构成了	一幅美妙无比的	图案。
관형어	주어	부사어	술어	관형어	목적어
오색찬란한	불꽃	밤하늘에	구성했다	아름답기가 비할 바 없는	도안

五彩缤纷的 → '的'가 있으므로 주어 불꽃을 수식하는 관형어이다.
在夜空中 → 전치사구가 술어 앞에 있으면 부사어이다.
一幅美妙无比的 → '的'가 있으므로 목적어 '图案(도안, 그림)'을 수식하는 관형어이다.

Day 2

듣기 제1부분 실전 PT 정답 ▶p.61

1. A **2.** D **3.** B **4.** A **5.** A

문제 1

A 芦荟可净化空气	A 알로에는 공기를 정화할 수 있다
B 芦荟生命力顽强	B 알로에는 생명력이 강하다
C 芦荟能改善土壤	C 알로에는 토양을 개선할 수 있다
D 芦荟是喜阴植物	D 알로에는 음지를 좋아하는 식물이다

| 芦荟不仅观赏性强，还可以净化居室环境。一方面它是吸收甲醛的好手，一般而言，一盆芦荟可吸收一平方米空气中90%的甲醛，另一方面它还能吸附灰尘，并杀灭空气中的有害微生物。 | 알로에는 관상성이 강할 뿐만 아니라, 방의 환경을 정화할 수도 있다. 한편으로 그것은 포름알데히드를 흡수하는 달인인데, 일반적으로는 알로에 화분 한 개는 1평방미터의 공기 중 90%의 포름알데히드를 흡수할 수 있고, 다른 한편으로 그것은 먼지를 흡착하고 공기 중의 유해 미생물도 없앨 수 있다. |

| 해설 | 보기에 모두 '芦荟(알로에)'가 있는 것으로 보아 알로에가 이 글의 소재임을 알 수 있고, 정확한 명칭은 몰라도 D에서 '喜阴植物(음지를 좋아하는 식물)'라고 하는 것을 통해 식물의 이름이라는 것을 알 수 있다. 소재를 제외한 나머지 내용에 집중하면 C, D는 보기에서 제시된 어휘가 단 하나도 언급되지 않았기 때문에 쉽게 답이 아님을 알 수 있고, 내용의 앞부분에 강한 것은 관상성이지, 생명력이 아니라고 하였으므로 B는 정답이 아니다. 처음 부분에 '可以净化居室环境'이라고 하면서 방의 환경을 정화할 수 있다고 했는데 환경에 공기도 포함되므로 정답은 A 芦荟可净化空气이다. |

문제 2

A 鱼纹是后天形成的	A 어문은 후천적으로 형성된 것이다
B 鱼纹往往很窄	B 어문은 항상 좁다
C 鱼纹与鱼的种类有关	C 어문은 물고기의 종류와 관련이 있다
D 鱼纹能表明鱼的生长环境	D 어문은 물고기의 성장환경을 밝힐 수 있다

| 人有指纹、树有年轮，鱼也有自己的特征标记——鱼纹，也就是鱼鳞片的轮纹。根据鱼纹，人们可以大致推测出鱼的生长环境。如果一条鱼的鱼纹很窄，说明它近期生活在比较寒冷的环境中。 | 사람은 지문이 있고, 나무는 나이테가 있고, 물고기도 자신만의 특징 표시인 어문이 있는데, 바로 물고기 비늘의 무늬로, 어문을 근거로 사람들은 대략적인 물고기의 성장환경을 추측할 수 있다. 만약에 물고기의 어문이 좁다면, 그것은 근래에 비교적 추운 환경 속에서 생활했음을 설명한다. |

| 해설 | 보기를 통해 '鱼纹(어문)'이 소재임을 알 수 있고, 뜻을 정확히 알지 못해도 녹음의 내용을 근거로 문제를 풀 수 있으나 '纹'은 주로 무늬를 나타내는 어휘이므로 물고기에 새겨진 무늬나 비늘임을 추측해볼 수도 있다. A의 핵심어휘인 '后天形成的(후천적으로 생긴 것)'에 대한 내용이 언급되지 않았으므로 A는 정답이 아니다. B는 '窄(좁다)'라는 어휘가 등장함으로써 혼란을 줄 수 있으나, '往往(늘, 항상)'이라는 전제가 붙으면서 정답이 될 수 없다. 녹음에서 어문은 사람의 지문이나 나무의 나이테와 같은 것이라고 밝혔으므로 모든 물고기의 어문이 다를 수 있다는 것을 알아야 하고, '어문이 좁다면'이라는 가정은 넓은 어문의 물고기도 있다는 것이므로 정답이 될 수 없다. 뒷부분에서 '根据鱼纹，人们可以大致推测出鱼的生长环境'이라고 하면서 어문은 성장환경과 관련이 있다고 설명했으므로 정답은 D가 된다. |

문제 3

A 蝴蝶鱼生长在湖泊中	A 나비물고기는 호수에서 성장한다
B 蝴蝶鱼能改变体色	B 나비물고기는 몸 색깔을 바꿀 수 있다
C 蝴蝶鱼的习性与蝴蝶类似	C 나비물고기의 습성은 나비와 비슷하다
D 蝴蝶鱼有攻击性	D 나비물고기는 공격성을 가지고 있다

| 蝴蝶鱼是一种热带观赏鱼。它身上有着五彩缤纷的图案，与陆地上的蝴蝶相似。蝴蝶鱼还会随着周围环境的变化而改变自己的体色，以达到保护自己的目的。 | 나비물고기는 일종의 열대관상어이다. 그것의 몸에는 오색찬란한 무늬가 있는데, 육지상의 나비와 비슷하다 나비물고기는 주위환경의 변화에 따라 자신의 몸 색깔을 바꾸어 자신을 보호하는 목적에 도달하게 된다. |

| 해설 | 보기를 통해 '蝴蝶鱼(나비물고기)'가 이 지문의 소재임을 알 수 있다. 녹음에서 '湖泊(호수)'에 관한 내용은 언급되지 않으므로 A는 정답이 아니다. 앞부분에서 '它身上有着五彩缤纷的图案，与陆地上的蝴蝶相似'라고 하면서 무늬가 육지상의 나비와 비슷하다는 내용이 있으나 보기 C에서는 '习性(습성)'이 나비와 비슷하다고 하였으므로 정답이 될 수 없고, D의 공격성 역시 지문에 언급이 없으므로 정답이 될 수 없다. 중간 부분에 '蝴蝶鱼还会随着周围环境的变化而改变自己的体色'라고 하면서 나비물고기는 몸 색깔을 바꿀 수 있다는 설명이 나오므로 C만 조심한다면 B가 정답임을 쉽게 알 수 있다. |

문제 4

A 在开放式办公室工作压力大 B 开放式办公室便于管理 C 企业应为员工安排体检 D 办公室楼层越高噪音越小	A 개방형 사무실에서는 업무 스트레스가 크다 B 개방형 사무실은 관리하기 편리하다 C 기업은 직원들을 위해 건강검진을 안배해야 한다 D 사무실의 층이 높을수록 소음은 작아진다
研究表明，相比有隔间的办公室，开放式办公室会导致员工工作效率降低。这是因为，一方面，开放式办公室噪音更大，会令员工分心。另一方面，这种布局会让员工精神压力增大，注意力难以集中。	어떤 연구에서 칸막이가 있는 사무실에 비해 개방형사무실이 직원들의 일 효율을 낮춘다고 밝혔다. 이것은 한편으로는 개방형 사무실의 소음이 더욱 커서 직원들의 마음을 분산시키기 때문이기도 하고, 또 한편으로는 이런 배치가 직원들의 정신적 스트레스를 증대시켜서 주의력을 집중시키기 어렵기 때문이다.

해설 보기가 통일성이 없는 경우에는 전체적으로 자주 언급하는 어휘를 소재로 생각하고 그 특징에 집중하는 것이 좋은데, 이 문제는 다행히 A와 B 두 개의 보기에서 '开放式办公室(개방형 사무실)'를 언급하고 있으므로 이 둘 중에 하나가 정답이 될 가능성이 크다. 보기가 모두 다른 소재를 언급하지 않는 이상 다수의 보기에 등장한 소재가 정답과 관련이 있을 가능성이 크다는 것을 알아두자. 건강검진이나 건강에 대한 내용은 전혀 언급이 없으므로 C는 정답이 아님을 쉽게 알 수 있고, D에서 소음을 언급했고 녹음의 내용에도 등장하지만 녹음 역시 개방형 사무실에 대한 설명으로 층과는 상관 없으므로 정답이 아니다. 개방형 사무실의 특징으로 뒷부분의 '这种布局会让员工精神压力增大'에서 마음의 분산과 정적적 스트레스를 언급했으므로 정답은 A임을 알 수 있다.

TIP　相比A，B……(= 与A相比，B……): A와 비교했을 때, B는 ~하다 → 소재는 A가 아니라 B임을 주의하자!
　　 예 相比火车，飞机更快。 기차와 비교했을 때, 비행기가 더욱 빠르다.

문제 5

A 大脑缺氧会导致记忆力下降 B 体育锻炼要循序渐进 C 青少年的新陈代谢更快 D 熬夜会损伤大脑	A 대뇌에 산소가 부족하면 기억력 저하를 일으킬 수 있다 B 체육 단련은 순서에 따라 점진적으로 진행해야 한다 C 청소년의 신진대사는 더욱 빠르다 D 밤을 세는 것은 대뇌에 손상을 주게 된다
大脑是人体的用氧大户，它几乎占用了人体吸入氧气总量的20%，如果大脑供氧不足，人的记忆功能就会随之下降。因此经常参加体育活动，多呼吸新鲜空气对提高记忆力很有帮助。	대뇌는 인체의 산소 사용의 큰 고객으로, 그것은 거의 인체가 흡입하는 산소 총량의 20%를 차지한다. 만약에 대뇌에 산소 공급이 부족하면, 사람의 기억기능은 따라서 떨어진다. 이 때문에 자주 체육활동에 참가해서 신선한 공기를 많이 호흡하는 것은 기억력 향상에 큰 도움이 된다.

해설 녹음의 내용은 인체기능에 관한 내용으로 비교적 어렵지만 보기가 모두 다른 방면의 것을 언급하고 있어 전체적으로 설명하고자 하는 소재만 찾아도 정답을 찾기가 쉬워진다. 보기의 핵심어휘는 A는 대뇌의 산소 부족과 기억력, B는 체육단련과 순서, C는 청소년과 신진대사, D는 밤을 세는 것과 대뇌 손상인데 B의 체력단련이 녹음에서 언급되지만 신선한 공기를 마시기 위한 것이지 순서를 따라야 하는 것과는 상관이 없다. D는 대뇌가 언급이 되지만 밤을 세는 내용이 언급되지 않으므로 정답이 아니다. C는 아예 언급이 없는 보기로 정답이 될 수 없다. 전체적으로 대뇌와 인체의 산소 사용, 그리고 기억력에 관한 내용만으로도 정답이 A임을 알 수 있는데, 중간 부분의 '如果大脑供氧不足，人的记忆功能就会随之下降'에서 만약에 대뇌에 산소공급이 부족하면 사람의 기억기능이 그것에 따라 떨어진다고 했으므로 A가 정답이 확실하다.

독해 제1부분 실전 PT 정답 ▶p.66

1. B　　**2.** B　　**3.** C　　**4.** D　　**5.** A

문제 1

A 光线太强或太弱，都容易使眼睛感到疲劳。
B 中国人被松树看作吉祥如意的象征。
C 一般情况下，敬酒一定要充分考虑好敬酒的顺序，分清主次。
D 世界上没有完全相同的两片树叶，更没有完全相同的两个人。

A 빛이 너무 강하거나 너무 약한 것은 모두 눈이 쉽게 피로를 느끼게 만든다.
B 중국인은 소나무를 뜻대로 되는 상서로움의 상징으로 본다.
C 일반적인 상황에서 술을 올릴 때에는 반드시 술을 올리는 순서에 고려해서 주객을 분명히 해야 한다.
D 세상에는 완전히 똑같은 두 개의 나뭇잎은 없고, 완전히 똑같은 두 사람은 더욱 없다.

해설 보기 B는 '被자문' 형식으로 그에 맞게 적절하게 쓰였는지 여부부터 확인해야 한다. '被자문'의 기본형식은 '주어 + [被 + A] + 술어(동사 + 기타성분)'이고, 주어는 '동사를 당하는' 피해자가 되어야 한다. 하지만 보기 B '中国人 + [被 + 松树] + 看做 + 吉祥如意的象征'에서는 '中国人(중국인)'이 주어로 술어인 '看做(간주하다)'를 당하는 피해자가 될 수 없으므로 올바르지 않은 문장이다. 올바른 문장으로 고치려면 '中国人(중국인)'과 '松树(소나무)'의 위치를 바꾸어 '松树被中国人看做吉祥如意的象征(소나무는 중국인들에 의해 뜻대로 되는 상서로움의 상징으로 간주되다)'이라고 하든지, 아니면 '把자문'을 이용해 '中国人把松树看做吉祥如意的象征(중국인들은 소나무를 뜻대로 되는 상서로움의 상징으로 간주한다)'로 바꾸어야 한다.

TIP '把자문'의 기본형식: 주어 + [把 + A] + 술어(동사 + 기타성분)

문제 2

A 针对这一突发事件，公司及时采取了应对措施。
B 人要学会控制自己的欲望，而不应当把欲望所支配。
C 空气、水、能源和土地，是人类赖以生存的基本要素。
D 他对昆虫进行了长达30年的观察，揭开了昆虫世界的许多奥秘。

A 이 돌발사건에 맞추어, 회사는 즉시에 대응조치를 취했다.
B 사람은 자신의 욕망을 통제하는 법을 배워야지, 욕망에 지배되어서는 안 된다.
C 공기와 물, 에너지, 토지는 인류가 생존하기 위해 의지하는 기본요소이다.
D 그는 곤충에 대해 30년에 달하는 관찰을 진행했고, 곤충세계의 많은 비밀을 파헤쳤다.

해설 '把자문'의 오류를 찾아내는 문제이다. 보기 B를 봤을 때 일단 '把'가 '所'와 함께 쓰인 것을 주목해야 한다. 특수구문의 형식에서 '所'와 함께 쓰이는 것은 '被자문'이기 때문에 '把'와 함께 쓰인 것만으로도 잘못된 문장으로 정답일 확률이 높음을 알 수 있다. 또한 내용면으로 정리해도 '욕망을 다스려야지 그것에 지배되면 안 된다'는 내용이기 때문에 '사람이 욕망을 지배해서는 안 된다'는 말은 논리적으로 맞지 않다. 올바른 문장으로 고치려면 '사람이 욕망에 지배되어서는 안 된다'는 '被자문'으로 바꾸어야 한다. 즉, '被欲望所支配(욕망에 지배되다)'로 고쳐야 올바른 문장이 된다.

TIP '所'와 함께 쓰인 '被자문'의 형식: 주어 + [被 + A] + 所 + 동사 (주어는 A에 의해 동사 당하다)

문제 3

A 批评孩子时，要注意别伤了孩子的自尊心。 B 快9点半了，我怕耽误他休息，便起身告辞。 C 这家银行目前<u>在</u>全球76个国家1300万客户提供服务。 D 他们看到了这个尚待开发的市场中所蕴藏的巨大商机。	A 아이를 꾸짖을 때, 아이의 자존심이 다치지 않게 주의해야 한다. B 9시 반이 다 되어서, 나는 그의 휴식을 망칠까 봐 바로 일어서 작별을 고했다. C 이 은행은 현재 76개 국가의 1,300만 고객에게 서비스를 제공한다. D 그들은 미개척시장에 잠재되어 있는 거대한 사업기회를 보았다.

해설 '在'에 관한 오류를 찾는 문제이다. 보기 C에 쓰인 '在'는 전치사로 뒤에는 반드시 장소, 시간 혹은 장소화된 어휘가 와야 하는데, 전치사 '在'의 목적어는 '客户(고객)'로 장소나 시간 어휘와는 상관이 없다. 내용상 제공되는 대상이 '고객'이 맞으므로 고객이 잘못된 것이 아니라 전치가 '在'가 잘못 쓰였음을 알 수 있다. 제공의 대상을 설명하는 전치사는 '给'나 '为'를 사용해야 맞다. 즉 '在'를 '给/为'로 바꾸어 '这家银行目前<u>给</u>全球76个国家1300万客户提供服务'가 올바른 문장이 된다.

TIP 전치사 '在' 뒤에는 항상 장소, 시간을 나타내는 어휘가 아니라면 장소화된 명사가 와야 한다. 그러므로 전치사 '在'가 있는 문장에 장소, 시간을 나타내는 어휘나 장소화된 명사가 없으면 올바르지 않은 문장임을 빠르게 확인할 수 있다.
'장소화'란 일반명사를 장소를 나타내는 처소명사로 바꾸는 것을 말하는데, 일반명사를 장소화하려면 일반명사 뒤에 '上/中/下/里' 등의 방위사를 붙이면 된다.
예 桌子 책상 / 在桌子 (X)   桌子<u>上</u> 책상 위 / <u>在</u>桌子<u>上</u> (O)

문제 4

A 树木不但能提供氧气，而且是造纸的原料。 B 桔子、苹果、香蕉等水果含有丰富的维生素。 C 电影的发明，让人们第一次可以真实地再现活动的生活场景。 D 长期从事一种工作会让人感到无聊，而无聊会<u>把</u>身体感到疲惫。	A 수목은 산소를 제공할 수 있을 뿐만 아니라, 종이를 제조하는 원료이다. B 귤, 사과, 바나나 등의 과일은 풍부한 비타민을 함유하고 있다. C 영화의 발명은 사람들이 처음으로 활동하는 생활장면을 진짜 재현할 수 있게 하였다. D 장기간 한 종류의 일에 종사하는 것은 사람이 무료함을 느끼게 하는데, 무료함은 몸이 피로를 느끼게 만든다.

해설 '把자문'과 사역문(让/使자문)을 이해하고 있는지 묻는 문제이다. 보기 D의 두 번째 절을 보면 대부분의 학습자들이 무료함이 몸을 피로하게 만든다고 해석하면서 이상한 점을 못 느끼는 경우가 많다. 하지만 '把자문'의 내용상 특징은 '동작의 처리방식'을 강조하는데, '感到(느끼다)'는 처리를 나타내는 동사가 아니므로 '把자문'에는 쓸 수 없을 뿐만 아니라, 설령 '느끼다'가 동사로 쓰일 수 있다고 하더라도 '把자문'의 주어는 동사의 주체가 되어야 하는데 '느끼다'의 주체는 '몸'이지 '무료함'이 아니기 때문에 어법상으로도 틀린 문장이라는 것을 알 수 있다. 항상 '~하게 한다'는 내용의 문장이나 감정이 생기거나 느끼게 만든다는 문장은 '让'을 써야 함을 주의해야 한다. 정답은 D로 '无聊会<u>把</u>身体感到疲惫'를 '无聊会<u>让</u>身体感到疲惫'로 바꾸어야 한다.

TIP 사역문(让/使자문)의 형식: 주어 + [让/使 + A] + 술어: 주어는 A가 ~하게 하다(만들다)
→ 주어 + [让/使 + A] + 感到 + B(감정어휘): 주어는 A가 B를 느끼게 하다(만들다)

문제 5

A 作为一种新兴的旅游休闲形式，让农家乐取得了较好的经济效益。 B 创造人的是自然界，而启迪和教育人的却是社会。 C 国家大剧院的"蛋壳"形屋顶最大跨度为212米。 D 这部作品结构严谨、语言优美，达到了古典小说的高峰。	A 일종의 신흥 휴양관광 형식으로서, 농촌투어는 비교적 좋은 경제적 효과와 이익을 얻었다. B 사람을 만든 것이 자연계이지만, 사람을 깨닫게 해주고 교육하는 것은 오히려 사회이다. C 국가대극장의 '계란껍질' 형태의 지붕은 가장 큰 경간이 212m이다. D 이 작품의 구조는 빈틈이 없고, 언어는 우아하고 아름다워 고전소설의 절정에 도달했다.

해설 사역문(让자문)과 '作为(~로서)'를 이해하고 있는지 묻는 문제이다. 사역문의 기본형식은 '주어 + [让 + A] + 술어(주어는 A가 ~하게 만든다)'로 주어가 A가 술어를 할 수 있게 만드는 주체(명사구)나 행위(동사구)만 가능하다. 그런데, '作为'는 말하고자 하는 대상의 '신분'이나 '자격'을 보충 설명한다. '作为一种新兴的旅游休闲形式(일종의 신흥 휴양관광 형식으로서)'는 이어지는 절의 '农家乐(농촌투어)'를 보충하는 내용이지 농촌투어가 경제적 효과와 이익을 얻게 만드는 주체가 아니다. 그렇게 때문에 이 문장은 잘못된 문장임을 알 수 있고, 사역문의 형식이 필요한 문장이 아니므로 '让'을 제거해 '作为一种新兴的旅游休闲形式，农家乐取得了较好的经济效益(일종의 신흥 휴양관광 형식으로서, 농촌투어는 비교적 좋은 경제효과와 이익을 얻었다)'로 고쳐야 올바른 문장이 된다.

TIP 作为 + 신분/자격, 주어……: ~로서, 주어는 ~하다
　　예 作为作家，他对人物刻画感兴趣。 작가로서, 그는 인물묘사에 흥미를 느낀다.

쓰기 실전 PT 정답 ▶p.71

1. 一天，张良来到一座桥上，看到一个老头儿。 하루는 장량이 한 다리로 가서 한 명의 노인을 보았다.
2. 下午2:30, 小吃店的客人都散了。 오후 2시 30분, 분식집의 손님은 모두 흩어졌다.
3. 给予一个人尊严，才能让他体面地活。 사람에게 존엄을 주어야지만 그를 떳떳하게 살게 할 수 있다.
4. 很久以前，有位国王，他的年纪很大了。 아주 오래 전에 한 국왕이 있었는데, 그는 나이가 많았다.
5. 副院长对六个同学说："你们应该记住一句话—天使能够飞翔，是因为把自己看得很轻。"
   부원장은 여섯 명의 학생에게 말했다. "여러분은 천사가 날 수 있는 것은 자신을 가볍다고 보기 때문이라는 말을 기억해야 합니다."

문제 1

一天，张良~~漫步~~来到一座桥上，看到~~桥头坐着~~一个~~衣衫破旧的~~老头儿。	하루는 장량이 ~~한가롭게 거닐다~~ 한 다리로 가서, ~~다리 입구 쪽에 앉아있는~~ 한 ~~낡고 허름한 옷을 입은~~ 노인을 보았다.

해설 1. '漫步(한가롭게 거닐다)'는 동작을 꾸며주는 말로 불필요하다.
　　　 2. 이미 앞에서 장량이 다리에 갔다는 내용이 있으므로 중복되는 장소 설명인 '桥头坐着(다리 입구 쪽에 앉아있는)' 부분은 불필요하다.
　　　 3. 내용상 꼭 필요한 설명이 아니라면 사람을 묘사하는 수식 성분 즉, '衣衫破旧的(옷이 낡고 허름한)'는 삭제하는 것이 좋다.

문제 2

下午2:30, ~~午餐高峰时间过去了，原本拥挤的~~小吃店，客人都已~~慢慢~~散去了。	오후 2시 30분, ~~바쁜 점심시간이 지나가자, 원래 붐비던~~ 분식집은 손님들이 모두 ~~천천히~~ 흩어졌다.

해설 1. 핵심은 '2시 30분이 되자 분식집 손님들이 다 흩어졌다'라는 것이다.

2. '午餐高峰时间过去了(바쁜 점심시간이 지났다)'와 '原本拥挤的(원래 붐비던)'라는 분식집을 수식하는 부분은 삭제하는 것이 좋다.
3. '已慢慢(천천히)'은 '散(흩어지다)'을 꾸며주는 말로 필요치 않다.

문제 3

无论多么贫穷，多么卑微，每个人都有尊严，给予一个人尊严，才能让他体面地活。	얼마나 가난하든지, 얼마나 비천하든지에 상관없이 모든 사람은 다 존엄을 가지고 있고, 사람에게 존엄을 주면, 비로소 그로 하여금 떳떳하게 살아가게 할 수 있다.

해설
1. '无论(= 不论/不管)'은 내용상 설명이 꼭 필요한 경우를 제외하고 보통 화자나 주인공이 개의치 않는 부분에 해당되므로 삭제하는 것이 좋다.
2. 핵심은 '사람에게 존엄을 주어야만 그로 하여금 떳떳하게 살아가게 할 수 있다'는 것이므로, '给予一个人尊严，才能让他体面地活' 부분만 남기고 다 삭제해도 좋다.

문제 4

很久很久以前，有位贤明而很受百姓爱戴的国王。这位国王的年纪已经很大了。	아주 아주 오래 전에, 현명하고 백성의 섬김을 받는 국왕이 있었다. 이 국왕은 나이가 어마 많았다.

해설
1. 중첩된 표현은 줄여야 한다.
2. 이 문장에서는 '국왕이 나이가 많다'는 것이 핵심이다.
3. 사람을 묘사하는 부분은 내용 흐름상 꼭 필요하지 않으면 삭제하는 것이 좋기 때문에 '贤明而很受百姓爱戴的(현명하고 백성의 섬김을 받는)'는 삭제하는 것이 좋다.

문제 5

副院长对六个同学说："将来无论你们走到哪里，无论从事什么职业，都应该记住一句话——天使能够飞翔，是因为把自己看得很轻。"	부원장은 여섯 명의 학생에게 말했다. "장래에 여러분들이 어디를 가든지, 어떤 직업에 종사하든지 간에, 모두 천사가 날 수 있는 것은 자신을 가볍게 생각하기 때문이라는 말을 기억해야 합니다."

해설
1. 주인공 '副院长(부원장)'과 대상인 '六个同学(6명의 학생)'는 반드시 들어가야 한다.
2. 중요한 것은 기억해야 하는 그 말이므로 '都应该记住一句话——天使能够飞翔，是因为把自己看得很轻(천사가 날 수 있는 것은 자신을 가볍게 보기 때문이라는 말을 모두 기억해야 한다)'만 남기면 된다.

Day 3

듣기 제1부분 실전 PT 정답 ▶p.77

1. A	2. B	3. B	4. D	5. D

문제 1

A 人生需要不停地尝试
B 要适时放弃
C 目标要远大
D 拼图可促进智力发育

A 인생은 끊임없이 시도가 필요하다
B 적시에 포기해야 한다
C 목표는 원대해야 한다
D 퍼즐은 사고력 발육을 촉진할 수 있다

人生是拼图，不是蓝图。不可能有一条已铺好的康庄大道等着我们走。我们要一路看，一路学。每次尝试所获得的经验，都是一小块儿拼图。有了它们，我们才能拼出一个理想的人生版图。

인생은 퍼즐이지, 청사진이 아니다. 우리가 가는 것을 기다려 줄 이미 깔려있는 탄탄대로는 있을 수 없다. 우리는 보면서 배워야 한다. 매번 얻은 경험들을 시도해보는 것은 모두 작은 퍼즐조각이다. 그것들이 있어야 우리는 이상적인 인생의 판도를 맞출 수 있다.

해설 보기의 핵심어휘가 모두 다른 경우이다. A는 '尝试(시도해보는 것)', B는 '放弃(포기하는 것)', C는 '目标(목표)', D는 '拼图(퍼즐)'에 관한 것이다. 추상적인 보기와 구체적인 보기가 함께 있을 경우 구체적인 보기는 추상적인 결론을 얻기 위한 수단으로 쓰이는 경우가 많기 때문에 정답이 될 확률이 거의 없다는 것을 알아야 한다. 그렇다면 퍼즐이 언급이 될 것이고 이것이 무엇을 의미하는지에 초점을 맞춰 들어야 한다. 첫 문장에서 '人生是拼图(인생은 퍼즐)'라고 밝혔으니 역시 D는 언급은 되었으나 실제로 말하고자 하는 것은 퍼즐로 인생을 비유한 것이지 진짜 퍼즐을 이야기한 것이 아니므로 D는 제거해도 좋다. 중간 부분에서 '每次尝试所获得的经验，都是一小块儿拼图。有了它们，我们才能拼出一个理想的人生版图'라고 하면서 모든 시도가 작은 퍼즐조각이고 그것이 있어야 이상적인 인생을 만들 수 있다고 했으므로 정답은 A이다. B의 '放弃(포기하는 것)'와 C의 '目标(목표)'에 대한 언급은 없으므로 B와 C는 정답이 아니다.

문제 2

A 光明无处不在
B 痛苦是有价值的
C 阅读让人变得更成熟
D 黑夜遮住了我们的眼睛

A 빛은 존재하지 않는 곳이 없다(어디나 존재한다)
B 고통은 가치가 있는 것이다
C 독서는 사람을 더욱 성숙하게 만든다
D 어두운 밤이 우리의 눈을 가렸다

光明使我们看见很多东西，也使我们看不见许多东西。假如没有黑夜，我们并看不到闪光的星辰。因此，即使是我们曾经难以承受的痛苦磨难，也不会完全没有价值。它可使我们的意志更坚定，思想、人格更成熟。

빛은 우리가 많은 것을 볼 수 있게도 하고, 우리가 많은 것을 볼 수 없게도 한다. 만약에 어두운 밤이 없으면, 우리는 결코 반짝이는 별을 볼 수 없다. 이 때문에 설령 우리가 일찍이 감당하기 어려웠던 고통과 고난일지라도 완전히 가치가 없지는 않을 것이다. 그것은 우리의 의지를 더욱 확고하게 하고, 사상과 인격을 더욱 성숙하게 만든다.

해설 보기가 모두 다른 경우이다. A는 '光明(빛)', B는 '痛苦(고통)', C는 '阅读(독서)', D는 '黑夜(어두운 밤)'에 대해 말하고 있다. 구체적인 보기와 추상적인 보기가 함께 있으므로 정답은 추상적인 내용을 설명하는 B, C, D일 가능성이 크다는 것을 짐작할 수 있어야 한다. 지문의 처음 부분은 빛의 기능을 설명하지만 중간 부분에서 빛이 없으면 어두운 밤을 볼 수 없고 그렇기 때문에 어두운 밤에 빗댈 수 있는 고통은 우리에게 가치가 있는 것이라는 것을 설명하므로 결국 이 글은 고통의 가치에 대해 말한다는 것을 알 수 있다. 정답은 '痛苦(고통)'와 '价值(가치)'를 언급한 B이다.

문제 3

A 年轻人更爱跳槽
B 年轻人机会更多
C 年轻人要虚心学习
D 年轻人要敢于承认错误

A 젊은 사람이 이직을 더 좋아한다
B 젊은 사람이 기회가 더 많다
C 젊은 사람은 겸손하게 배워야 한다
D 젊은 사람은 용감하게 잘못을 인정해야 한다

| 年轻人工作艰苦是难免的。收入低也是正常的。年轻人对这些都不应该有什么抱怨。因为年轻人不管起点多低，与长辈们相比，他们都拥有更多的机会。 | 젊은 사람이 일을 하면 고생스러울 수밖에 없다. 수입이 낮은 것도 정상이다. 젊은 사람은 이것들에 대해 어떤 원망이 있어서는 안 된다. 젊은 사람은 시작점이 얼마나 낮은지에 상관없이 연장자와 비교했을 때 그들은 모두 더 많은 기회를 가지고 있기 때문이다. |

해설   보기를 보고 '年轻人(젊은 사람)'에 관한 글임을 알 수 있다. A의 '跳槽(이직)', B의 '机会(기회)', C의 '虚心学习(겸손하게 배우기)', D의 '承认错误(잘못에 대한 인정)'를 핵심어휘로 삼고 이 어휘에 관한 내용이 나오는지에 집중해야 한다. 이 글은 사설 글로 젊은 사람이 힘들어도 참아야 되는 이유를 '因为'를 써서 뒤에 밝혔는데 그 내용은 마지막 부분 '他们都拥有更多的机会' 즉 더 많은 기회를 가지고 있기 때문이라고 했으므로 정답은 B이다. A, C, D의 핵심어휘와 관련된 내용은 없다.

문제 4

| A 要乐于助人
B 要以他人为榜样
C 要珍惜每一天
D 要学会改变自我 | A 즐겁게 남을 도와야 한다
B 다른 사람을 모범으로 삼아야 한다
C 매일을 소중히 여겨야 한다
D 자신을 바꿀 줄 알아야 한다 |
| 很多人总是羡慕别人幸运，却看不到他们为此做出的努力与改变，如果你总感觉自己做事不顺利，生活不幸福，那你应该好好儿反省一下自己，看自己有哪些地方需要改进，只有改变自己，幸运才会降临。 | 많은 사람들은 늘 다른 사람들이 행운이라고 부러워하고, 오히려 그들이 이것 때문에 해낸 노력과 변화는 보지 못한다. 만약에 당신이 늘 일이 순조롭지 못하고, 생활이 행복하지 않다고 느끼면, 그러면 당신은 마땅히 자신을 반성하고, 어떤 부분을 개선시켜야 할지를 봐야 한다. 자신을 바꾸어야만 행운은 비로소 강림한다. |

해설   보기에 모두 '要(~해야 한다)'가 있는 것이 먼저 보여야 한다. 보기에 '要'나 '应该'가 있고 도리를 나타내는 내용이 있으면 글의 종류가 사설임을 짐작해야 한다. 사설에서 화자의 견해는 주로 글의 마지막에 언급하므로 반드시 끝까지 들어야 하는 문제임을 알고 집중해야 한다. 특히 '只有A才B(A를 해야만 B하다)'의 격식을 쓰면 '只有'에 이어지는 내용이 우리가 해야 하는 내용일 가능성이 크다. 이 글에서는 '只有改变自己，幸运才会降临'이라고 하면서 자신을 바꾸어야만 행운이 강림(내려온다 → 찾아온다)한다고 했으므로 자신을 바꿀 줄 알아야 한다고 한 D가 정답임을 알 수 있다.

문제 5

| A 要孝敬长辈
B 要与人和睦相处
C 夫妻应该互相理解
D 友谊是人情的基础 | A 연장자를 공경해야 한다
B 사람들과 화목하게 잘 지내야 한다
C 부부는 서로 이해해야 한다
D 우정은 인정의 기초이다 |
| 人与人之间的关系最自然、最合理的莫如朋友。君臣、父子、兄弟以及夫妇之情都可以看做一种广义的友谊。所以说，朋友之间的感情，是一切人情的基础。 | 사람과 사람 사이의 관계가 가장 자연스럽고 합리적이어도 친구만 못하다. 임금과 신하, 아버지와 아들, 형과 동생 및 부부간의 정은 모두 넓은 의미의 우정이라고 볼 수 있다. 그래서 친구간의 감정은 모든 인정의 기초라 말할 수 있다. |

해설   보기의 내용은 모두 다르지만 A의 '长辈(연장자)', B의 '人(사람)', C의 '夫妻(부부)', D의 '友谊(우정)'를 보고 인간관계의 감정에 관한 문제임을 유추할 수 있어야 한다. 또한 '要'나 '应该'가 있는 보기가 많으므로 사설 글임을 짐작할 수 있고, 사설 글은 마지막 부분에 견해가 나온다는 것 또한 주의해야 한다. 첫 번째 문장에서 이미 'A莫如B(A가 B만 못하다)'의 격식을 써서 어떤 관계도 '莫如朋友(우정만 못하다)'라는 것을 듣고 우정과 관련되었다는 것을 알 수 있지만 '莫如'를 놓치는 경우가 많으므로 마지막 부분에 우정이라는 단어만이라도 파악하고 마지막 부분에 '朋友之间的感情，是一切人情的基础'라고 하면서 친구간의 감정, 즉 우정이 모든 인간관계의 기초라고 설명했으므로 정답은 D임을 알 수 있다.

독해 제1부분 실전 PT 정답 ▶p.82

1. B **2.** C **3.** A **4.** C **5.** D

문제 1

A 企业的竞争归根到底是人才的竞争。	A 기업경쟁의 근본은 인재의 경쟁이다.
B 他看着手机里的这个短信<u>不禁忍不住</u>笑出声来。	B 그는 휴대전화의 이 문자메시지를 보고 웃음을 금치 못했다.
C 每天睡8个小时，意味着一年有120多天在睡觉。	C 매일 8시간을 잔다는 것은 1년에 120여 일을 잔다는 것을 의미한다.
D "君子之交淡如水"，是中国人长期以来推崇的理想的交友境界。	D '군자의 사귐은 담담하기가 물과 같다'는 것은 중국인들이 오랫동안 추종해온 이상적인 교우의 경지이다.

해설 보기 B에 부사어가 많은 것에 주목해야 한다. '不禁'은 부사로 '참지 못하고'의 뜻으로 뒤에 이어지는 술어인 '笑出声来(웃음이 나오다)'를 꾸며주는데, '忍不住' 역시 '참지 못하다'라는 뜻으로 동사 '笑出声来'를 꾸며준다. '不禁'과 '忍不住'가 둘 다 하나의 술어를 꾸미고 있을 뿐만 아니라, 더 중요한 것은 두 어휘가 같은 의미로 쓸데없이 부사어를 하나 더 쓴 경우, 즉 남용의 경우가 되어 문장이 틀린 것을 알 수 있다. 정답은 B이고, 둘 중 어느 것을 빼도 올바른 문장이 된다.

문제 2

A 牛郎织女的爱情故事在中国几乎家喻户晓。	A 견우직녀의 사랑이야기는 중국에서 거의 모든 사람이 안다.
B 分析问题既要全面，又要切中要害，不能"眉毛胡子一把抓"。	B 문제를 분석하는 것은 전면적이어야 하고, 또한 핵심을 찔러야지, '경중 없이 한꺼번에 처리'해서는 안 된다.
C 执行标准并不困难，更难<u>的在于是</u>持之以恒、不找借口、不打折扣。	C 기준을 실행하는 것은 결코 어렵지 않으나, 더욱 어려운 것은 항상 꾸준히 유지하고, 변명을 찾지 않고, 조금도 소홀히 하지 않는 것이다.
D 很多时候，学习的最大障碍来自我们已知的部分，而不是未知的部分。	D 많은 때에, 공부의 가장 큰 장애는 우리가 이미 알고 있는 부분에서 오는 것이지, 아직 모르는 부분이 아니다.

해설 보기 C의 두 번째 절의 문장성분을 나누어보면 다음과 같다. [更难的(주어) / 在于(술어) / 是(술어) / 持之以恒、不找借口、不打折扣(목적어)。] '在于(~에 있다)'와 '是(이다)'는 둘 다 내용상 술어가 될 수 있는 어휘이지만 함께 사용했으므로 술어의 남용으로 잘못된 문장이고 C가 정답임을 알 수 있다. 둘 중에 하나만 써야 올바른 문장이 된다.

TIP '在于(~에 있다)'는 주로 '주어의 관건이나 중요한 내용의 본질이 목적어 부분에 있다'는 것을 가리키는 데 쓰인다. 그렇기 때문에 '是'로 바꾸어 '주어의 관건이나 중요한 내용의 본질이 목적어 부분이다'라고 바꾸어도 무관하다.
예) 洗手的重要性在于防止感染。 손 씻기의 중요성은 감염의 방지에 있다.
洗手的重要性是防止感染。 손 씻기의 중요성은 감염의 방지이다.

Day 3 21

문제 3

A 新春佳节，每个家家户户张贴大红春联，给节日增添了不少欢乐祥和的气氛。 B 依托于电子商务平台，家具行业有了新的营销模式，满足了大批年轻人的购买需求。 C 时间像倒在掌心里的水，无论你摊开还是握紧，它总会从指缝间一点一滴地流淌干净。 D 天然的玛瑙冬暖夏凉，人工合成的则会随外界温度的变化而变化，天热它也热，天凉它也凉。	A 신춘가절에는 집집마다 진홍색의 춘롄을 붙여, 명절에 즐겁고 상서로운 분위기를 더한다. B 전자상거래 플랫폼에 기대어, 가구 업종은 새로운 마케팅 패턴이 생겨 많은 젊은이들의 구매수요를 만족시켰다. C 시간은 마치 손바닥에 따른 물과 같아서, 당신이 펼치든 꽉 쥐든, 그것은 손가락 틈 사이로 조금씩 흘러 하나도 남지 않게 된다. D 천연의 마노는 겨울에는 따뜻하고 여름에 차갑지만, 인공으로 합성한 것은 외부온도의 변화에 따라 변하기 때문에 날이 더우면 뜨겁고, 날이 차면 그것 역시 차갑다.

해설 '每个 + 명사'는 '매 명사' 즉, '모든 명사'라는 뜻이다. 그런데 '家家户户'도 명사로서 어휘 자체가 '집집마다', '모든 집마다'라는 뜻을 가지고 있다. 여기에 다시 '每个'를 붙인다는 것은 의미가 중복되어 남용이 되는 것으로 잘못된 문장이 된다. 정답은 A이다.

TIP 每个 + 명사 + 都 = 所有 + 명사 + 都 = 任何 + 명사 + 都
예 每个障碍都是一个机会。 모든 장애는 모두 하나의 기회이다.
 (= 所有障碍都是一个机会。 = 任何障碍都是一个机会。)

문제 4

A 黄河东西跨越23个经度，南北相隔10个纬度，流域内地形和地貌变化很大。 B 这个石灰岩洞穴内的钟乳石，质地纯净、形态完美，具有很高的研究价值，应当予以保护。 C 一首好的曲子往往会令我们感动得热泪盈眶，原因之一，就是因为它能勾起我们对往事的回忆。 D 骆驼的驼峰里贮存着脂肪，在缺少食物的时候，这些脂肪能够分解成它所需要的养分，以维持其生存。	A 황허는 동서로는 23개의 경도를 넘고, 남북으로는 10개 위도의 거리를 두고 있어 유역 내의 지형과 지모의 변화가 크다. B 이 석회암굴 내의 종유석은 재질이 순정하고 형태가 완벽해서, 매우 높은 연구가치를 가지고 있으니, 마땅히 보호해 주어야 한다. C 좋은 노래 한 곡은 늘 사람들이 감동의 눈물을 흘리게 만드는데, 바로 그것이 우리들의 과거에 대한 추억을 불러일으키기 때문이다. D 낙타의 혹 안에는 지방이 저장되어 있는데, 먹이가 부족할 때 이 지방들은 낙타가 필요로 하는 양분으로 분해되어 낙타의 생존을 유지해준다.

해설 원인을 설명하는 방법 중에 가장 많이 쓰는 패턴은 'A的原因是B(A의 원인은 B이다)'와 'A是因为B(A하는 것은 B때문이다)'이다. 내용상 같은 의미이기 때문에 한 문장에서는 이 두 가지의 패턴을 함께 쓸 수 없는데 보기 C에서는 함께 사용했으므로 어휘 남용으로 잘못된 문장이고 정답이 된다. 올바른 문장은 '原因之一，就是它能勾起我们对往事的回忆。(원인 중의 하나는 바로 그것이 우리들의 과거에 대한 추억을 불러일으킬 수 있는 것이다.)' 혹은 '就是因为它能勾起我们对往事的回忆。(바로 그것이 우리들의 과거에 대한 추억을 불러일으킬 수 있기 때문이다.)'이다.

문제 5

A 据悉，此次展览将持续至9月23日，是历年来在福州举办的古代文物展中级别最高的。
B 本站将于5月18日22:00至23:30进行网络设备维护，在此期间暂停服务。不便之处，敬请谅解。
C 鼎有三足，可直接置于地面，做饭时将木柴放在腹下燃烧就行。不少鼎出土后，腹下有烟熏火燎的痕迹，就是这个原因。
D 孔子之所以提倡"因材施教"的原因是因为每个人的想法和接受能力都不同，所以，老师应根据学生的特点，有针对性地教学。

A 아는 바에 의하면 이번 전람회는 9월 23일까지 지속되고, 여러 해 동안 푸저우에서 개최된 고대문물 전람회 중에서 급이 제일 높다고 한다.
B 본 사이트는 5월 18일 22시부터 23시 30분까지 인터넷 시스템 점검이 진행되어 이 기간 동안에는 서비스가 일시 중지됩니다. 불편한 부분은 양해를 부탁 드립니다.
C '鼎(정)'은 세 개의 다리가 있어 직접 바닥에 놓을 수 있어서, 요리를 할 때 장작을 중앙부 아래에 두고 태우면 되었다. 적지 않은 정이 출토된 후에, 밑둥 아래에 연기에 그을린 흔적인 있는 것이 바로 이 원인이다.
D 공자가 '인재시교(재능에 따라 가르치다)'를 제창한 까닭은 모든 사람의 생각과 받아들이는 능력은 모두 다르기 때문이다. 그래서 선생님은 학생의 특징에 근거해서 학생에 맞게 가르쳐야 한다.

해설 보기 D는 앞의 4번 문제의 보기 C와 같이 'A的原因是B(A의 원인은 B이다)'와 'A是因为B(A하는 것은 B때문이다)'가 같은 내용을 의미하기 때문에 남용이 되므로 틀린 문장이다. 그래서 D는 '孔子之所以提倡"因材施教"的原因是每个人的想法和接受能力都不同.' 혹은 '孔子之所以提倡"因材施教"是因为每个人的想法和接受能力都不同.'으로 고쳐야 한다.

쓰기 실전 PT 정답 ▶p.88

1. 六个月后，我问老赵当时的心路历程。 6개월 뒤, 나는 라오짜오에게 당시의 심리변화 과정에 대해 물었다.
2. 梅子是医学院的学生，她跟四个同学到医院实习了。
   메이즈는 의학대학의 학생이고, 그녀는 네 명의 친구들과 병원에서 실습했다.
3. 梅子回答："车上有那么多救护人员，没有我不会受影响。"
   메이즈는 대답했다. "차에 이렇게나 많은 구조인원이 있으니 내가 없어도 영향을 주지 않을 거예요."
4. 老赵是一家餐厅里的服务员，他换工作时，几个同事愿意跟着他换工作。
   라오짜오는 한 식당의 종업원으로, 그가 직장을 바꿀 때 몇 명의 동료도 그를 따라 직장을 바꾸려 했다.
5. 爸爸的短信让她非常感动。 아빠의 문자메시지는 그녀를 매우 감농시켰다.

문제 1

事件发生六个月之后，我遇到老赵，问他当抢匪闯入的时候他的心路历程。
▶ 제시어: 当时

사건 발생 6개월 후에, 나는 라오짜오를 만나, 그에게 강도가 난입했을 때의 그의 심리변화 과정에 대해 물었다.

해설
1. 시간은 간략하게 나타내는 것이 가장 좋다.
2. '그에게 물어봤다는 것은 라오짜오를 만났다는 것이므로 라오짜오를 만났다는 내용은 불필요하므로 바로 '我问老赵(나는 라오짜오에게 물었다)'로 고치는 것이 좋다.
3. '사건의 내용은 간단하게 쓰는 것이 좋지만 제시어가 '当时(당시)'이므로 '当抢匪闯入的时候(강도가 난입했을 때)'를 '当时(당시)'로 고쳐야 한다.

문제 2

梅子是在一所医学院学习的学生。梅子与跟她生活在同一个宿舍里的四个朋友到了一所省内最高等级的医院实习。 ▶ 제시어: 同学	메이즈는 한 의학대학에서 공부하는 학생이다. 메이즈는 그녀와 한 기숙사 안에서 생활하고 있는 네 명의 친구들과 성 내의 일류급의 병원에서 실습을 했다.

해설
1. 내용상 '医学院(의학대학)'이라는 설명만 들어가면 되므로 첫 번째 문장에서 불필요한 수식어는 삭제하는 것이 좋다.
2. '与跟她生活在同一个宿舍里的四个朋友(그녀와 한 기숙사에서 함께 생활하고 있는 네 명의 친구)'가 그녀의 학교 친구들을 지칭하는 부분이므로 이 부분을 '她的四个同学(그녀의 네 명의 학교친구)'로 바꾸어야 한다.
3. 주요 내용은 병원에서 실습했다는 것이므로 병원을 수식하는 부분 '一所省内最高等级的(성 내의 일류급의)'는 삭제해도 좋다.

문제 3

梅子擦着额头的汗水回答道：“车上有那么多医生和护士，缺少我不会影响救护的。" ▶ 제시어: 救护人员	메이즈는 이마의 땀을 닦으며 대답했다. "차에 그렇게 많은 의사와 간호사가 있으니, 제가 빠진다고 해서 구조에 영향을 주지는 않을 거예요."

해설
1. 사람의 모습이나 상태를 설명하는 어휘는 보통 삭제하는 것이 좋다.
2. 내용상 '医生和护士(의사와 간호사)'가 사람을 구조하는 구조원이므로 제시어 '救护人员'로 바꾸는 것이 맞다.
3. 내용상 '缺少我(내가 빠져도)'는 '没有我(내가 없어도)'로 바꾸어도 된다.
4. 내가 빠져도 상관이 없다는 내용이므로 마지막 '救护'는 쓰지 않아도 좋다.

문제 4

老赵是一家餐厅的服务员，他换工作的时候，餐厅的另一个服务员小丽和在厨房里工作的小张都愿意跟着他从这家餐厅换到另一家。 ▶ 제시어: 同事	라오짜오는 한 식당의 종업원인데, 그가 직장을 바꿀 때, 식당의 다른 종업원인 샤오리와 주방에서 일하는 샤오짱은 모두 그와 함께 이 식당에서 다른 곳으로 옮기고 싶었다.

해설
1. '……的时候(~할 때)'는 '……时'로 바꾸어도 된다.
2. '餐厅的另一个服务员小丽和在厨房里工作的小张(식당의 또 다른 종업원 샤오리와 주방에서 일하는 샤오짱)'에서 샤오리는 또 다른 종업원이고 샤오짱은 담당하는 부분은 다르지만 같은 직장 내에서 일하는 사람이므로 이 부분 전체를 제시어인 '同事(동료)'로 바꿀 수 있다. 또한 샤오리와 샤오짱은 중요한 인물이 아니기 때문에 이름과 구체적인 인원을 설명할 필요는 없다. '几个同事'로 설명해도 충분하다.
3. '从这家餐厅换到另一家(이 식당에서 다른 곳으로 바꾸다)'는 쉽게 말해 직장을 바꾼다는 것이므로 '换工作(직장을 바꾸다)'로 바꾸는 것이 좋다.

문제 5

她接到了爸爸的短信。大意是：爸爸、妈妈、哥哥、姐姐，我们这一家人都会支持你，以你为最大的骄傲。她看着这条短信，就感动得热泪盈眶。 ▶ 제시어: 让	그녀는 아빠의 문자메시지를 받았다. 대략적인 내용은 '아빠, 엄마, 오빠, 언니, 우리 가족 모두 너를 지지할 것이고, 너를 가장 큰 자랑거리로 삼는단다.'라는 것이었다. 그녀는 이 문자메시지를 보고 감동하여 눈물을 흘렸다.

해설
1. 주인공은 '她(그녀)'이고 중요한 사실은 아버지의 메시지를 받고 감동했다는 것이므로 구체적인 메시지는 생략해도 좋다.
2. 제시어가 '让(사역동사)'이므로 '그녀가 아버지의 메시지를 보고 감동했다'는 것을 '아버지의 메시지가 그녀를 감동시켰다'로 바꾸어야 한다. 즉, '她看着这条短信，就感动得热泪盈眶'을 '爸爸的短信让她非常感动'으로 바꾸어야 한다.
3. 감동해서 눈물 흘렸다는 것은 매우 감동했다는 것이므로 기본내용인 감동했다만 남기면 된다.

듣기 제1부분 실전 PT 정답　　　▶p.93

1. D　　**2.** A　　**3.** C　　**4.** B　　**5.** C

문제 1

A 科学家很沮丧 B 实验没得到赞助 C 新型电池存在安全隐患 D 科学家认为自己没失败	A 과학자는 매우 낙담했다 B 실험은 찬조를 받지 못했다 C 신형전지는 안정성에 문제가 있다 D 과학자는 자기가 실패하지 않았다고 여긴다
有人问一位科学家："您一直致力于一种新型电池的研发，但实验总是失败，您为什么还要坚持呢？"科学家回答："失败，不，我从来没有失败过。我现在已经知道了五万种不能制造这种电池的方法。"	어떤 이가 한 과학자에게 물었다. "당신은 줄곧 신형전지의 연구개발에 힘써 왔는데, 실험이 늘 실패하는데도 왜 계속 하시는 거죠?" 과학자는 대답했다. "실패라뇨, 아니에요. 저는 지금껏 실패한 적 없습니다. 저는 현재 이미 5만 종류의 신형전지를 만들 수 없는 방법을 알게된 걸요."

> **해설** 보기에서 과학자가 두 번이나 언급된 것으로 보아 이야기 글임을 짐작할 수 있고, 글이 이야기라면 이야기에 드러난 사실과 인물 정보에 집중해야 하고 특히 주인공이 한 말에 집중해야 정답을 찾기 쉽다. 녹음 초반에 어떤 사람이 왜 줄곧 실패하는데도 계속 연구를 진행하느냐고 물었는데도 과학자는 '失败，不，我从来没有失败过。'라고 대답했으므로 자신이 실패하지 않았다고 여긴다는 것을 알 수 있다. 정답은 D이다.

문제 2

A 观众很少　　　B 临时换了个演员 C 那场话剧很精彩　D 导演很生气	A 관중이 매우 적다　　　B 갑자기 배우가 바뀌었다 C 그 연극은 훌륭했다　　D 감독은 화가 났다
话剧演出前，导演从舞台侧幕的缝隙中看到台下的观众寥寥无几，便回过头对演员们说："大家一定要沉住气，因为今天和观众相比，我们在数量上占绝对优势。"	연극 공연 전에, 감독은 무대 옆 천막 틈으로 무대 아래에 관중이 몇 명 되지 않는 것을 보고, 고개를 돌려 배우들에게 말했다. "오늘은 관중들에 비해, 우리가 수적으로 절대적인 우세를 차지하고 있으니 모두 진정해야 해."

> **해설** 보기에서 감독과 배우가 등장한 것으로 보아 이야기 글임을 짐작하고 녹음을 들어야 한다. '寥寥无几(수량이 매우 적다)'의 의미를 알고 있거나 '我们在数量上占绝对优势(우리가 수적으로 절대적인 우세를 차지하고 있다 = 우리가 수가 더 많다)'의 의미를 파악해야 한다. 만약 둘 다 이해하지 못한 경우에는 반드시 들으면서 내용과 관련 없는 보기들을 정리해서 남은 보기를 정답으로 처리하는 것도 좋은 방법이다. B의 배우가 바뀐 것과 D의 감독이 화를 낸 내용은 언급되지 않았고, 연극은 시작되지 않은 상태이므로 C는 정답이 될 수 없다. 정답은 A이다.

문제 3

A 主人舍不得卖柜子 B 收藏家很诚实 C 柜子被劈成了柴火 D 收藏家嫌柜子太重	A 주인은 장롱 팔기를 아까워한다 B 수집가는 매우 정직하다 C 장롱은 땔감으로 쪼개졌다 D 수집가는 장롱이 너무 무겁다고 싫어했다

收藏家发现了一个非常珍贵的柜子。他假装不屑地对柜子的主人说："这个破玩意儿，只能当柴火，不如便宜点儿卖给我。"主人爽快地答应了。第二天，收藏家来运柜子时，却发现热心的主人，已经帮他把柜子劈成了柴火。	수집가가 매우 진귀한 장롱을 하나 발견했다. 그는 하찮게 보는 척하며 장롱 주인에게 말했다. "이 낡은 물건은 땔감으로나 쓸 수 있을 텐데, 저에게 싸게 파는 것이 나을 겁니다." 주인은 호쾌하게 동의했다. 이튿날, 수집가가 장롱을 옮기려고 왔을 때, 오히려 친절한 주인이 이미 그를 도와 장롱을 땔감으로 쪼개 놓은 것을 발견했다.

해설 보기만으로 녹음에 수집가, 장롱, 주인이 등장할 것이라는 것을 짐작할 수 있고, 이와 관련된 사실에 집중해야 한다. 먼저 '假装不屑地对柜子的主人说(하찮게 보는 척하며 장롱 주인에게 말했다)'를 이해해야 한다. '假装(~인 척하다)'은 실제로는 그렇지 않음을 이야기하므로 수집가는 장롱을 하찮게 보지 않는다는 사실을 인지해야 하고, 이로 인해 B는 정답이 될 수 없다. 마지막 부분 '却发现热心的主人，已经帮他把柜子劈成了柴火'에서 결국 주인은 수집가가 땔감으로 사용할 줄 알고 미리 쪼개어 놓았다라는 것으로 C가 정답임을 알 수 있다. 내용은 자기 꾀에 오히려 낭패를 본 수집가와 관련된 이야기이다.

문제 4

A 农夫考虑周到 B 农夫怕承担风险 C 农夫完全不懂耕种 D 农夫今年庄稼收成不错	A 농부는 면밀하게 고려했다 B 농부는 위험을 감당하는 것을 두려워했다 C 농부는 아예 경작을 할 줄 모른다 D 농부는 올해 농작물 수확이 나쁘지 않다
有人问农夫："是否种了麦子？"他说："没，我担心不下雨。"那人问："种棉花了吗？"他说："没，我怕长虫子。"那人又问："那你种了什么？"他说："为了确保安全，我什么也没种。"一个不愿冒险和付出的人，必将一事无成。	어떤 이가 농부에게 물었다. "밀을 심었나요?" 그가 말했다. "아니요, 비가 내리지 않을까 걱정돼서요." 그 사람이 물었다. "목화를 심었나요?" 그가 말했다. "아니요, 벌레가 자랄까 걱정돼서요." 그 사람이 다시 물었다. "그러면 당신은 무엇을 심은 건가요?" 그가 말했다. "안전을 확보하기 위해 아무것도 심지 않았습니다." 모험과 지불을 하지 않으려는 사람은 아무것도 이룰 수 없을 것이다.

해설 보기에 모두 '农夫(농부)'가 등장하므로 농부가 등장하는 이야기 글임을 쉽게 알 수 있다. 보기의 나머지 내용에 집중해야 하는데, 어떤 이가 물은 것에 둘 다 '怕(두려워하다)'를 써서 비가 오지 않을 것과 벌레가 생길 것을 걱정했다는 것을 알 수 있고, 무엇을 심었느냐는 질문에 '我什么也没种(아무것도 심지 않았다)'이라고 대답했으므로 걱정되는 이유로 아무 일도 하지 않았다는 것을 알 수 있고, 즉, 농부는 위험을 감당하는 것을 두려워하고 있다는 것을 알 수 있기 때문에 정답은 B이다. 이 외에도 마지막 문장 '一个不愿冒险和付出的人，必将一事无成'에서 모험과 지불을 하지 않으려고 하면 아무 일도 이룰 수 없다고 했으므로 모험과 지불을 해야만 일을 이룰 수 있다는 교훈을 주고 있으므로 농부의 모험을 하지 않으려는 태도를 지적하고 있음을 알 수 있다. 내용상 경작을 할 줄 몰라서 심지 않은 것이 아니므로 C는 정답이 아니다. A와 D는 언급되지 않았다.

문제 5

A 狐狸在讨好狼 B 狐狸有勇无谋 C 狼懂得居安思危 D 狼的爪子十分锋利	A 여우는 늑대의 환심을 샀다 B 여우는 용감하지만 꾀가 없다 C 늑대는 편안한 때에도 위험을 잊지 않아야 함을 알고 있다 D 늑대의 발톱은 매우 날카롭다
狐狸见狼在磨牙齿，便问道："这里又没有猎人，也没有危险，为什么要磨牙？"狼说道："如果有一天我被猎人追逐，那时我想磨牙也来不及了，我平时把牙磨好，到时就可以保护自己了。"	여우는 늑대가 이빨을 갈고 있는 것을 보고 물었다. "이곳은 사냥꾼이 없어서 위험도 없는데 왜 이빨을 가는 거야?" 늑대가 대답했다. "만약 어느 날 사냥꾼에게 쫓길 때가 되어서 그 때 이빨을 갈려고 한다면 이미 늦어버려. 평소에 이빨을 갈아두면, 때가 되었을 때, 자신을 보호할 수 있게 되지."

해설	보기를 통해 여우와 늑대가 등장하는 이야기 글임을 짐작할 수 있다. 이 문제는 보기에 등장하는 어휘, 특히 B의 '有勇无谋(용감하나 꾀가 없다)'와 C의 '居安思危(편안한 때에도 위험을 생각하다)'의 뜻을 알아야만 풀 수 있다. '如果有一天我被猎人追逐，那时我想磨牙也来不及了，我平时把牙磨好，到时就可以保护自己了(만약 어느 날 사냥꾼에게 쫓길 때가 되어서 그때 이빨을 갈려고 한다면 이미 늦어버려. 평소에 이빨을 갈아두면, 때가 되었을 때, 자신을 보호할 수 있게 되지)'에서 위험을 미리 대비한다는 것을 알 수 있기 때문에 C가 정답임을 알 수 있다. 조금 더 쉬운 부분으로 정답을 찾고 싶다면, 여우가 위험도 없는데 왜 이빨을 가느냐고 묻는 부분에서 거꾸로 생각하면 이빨을 가는 행동은 위험을 대비하는 행동으로 볼 수 있기 때문에 이야기 글이 유머의 내용을 제외하고는 교훈을 주는 것이 목적임을 생각했을 때 충분히 늑대는 편안한 때에도 위험을 생각한다는 것을 알 수 있기 때문에 정답을 C로 선택할 수 있다.

독해 제1부분 실전 PT 정답 ▶p.99

1. B **2.** A **3.** B **4.** A **5.** B

문제 1

A 他的演讲在社会上引起了巨大的反响。
B 在王洛宾改编的歌曲，最著名的要数《在那遥远的地方》了。
C 他这一席话博得了老总的赏识，最终被录用为这个部门的经理。
D 我喜欢在午后，坐在咖啡馆的一角，静静地享受美好的闲暇时光。

A 그의 강연은 사회적으로 큰 반향을 불러 일으켰다.
B 왕루오삔이 편곡한 노래 중 가장 유명한 것은 ≪在那遥远的地方≫을 손꼽는다.
C 그의 이 말 한 마디는 사장의 높은 평가를 샀고, 결국에는 이 부서의 매니저로 채용되었다.
D 나는 오후에 커피숍의 한 켠에 앉아, 조용하게 행복한 여가 시간을 즐기는 것을 좋아한다.

해설	보기 B에서 전치사 '在'에 주목해야 한다. '在'가 전치사로 쓰일 경우에는 반드시 뒤에 장소, 시간을 나타내는 어휘 또는 일반 어휘에 방위사가 더해져 장소화가 되어야 하는데, '在' 전치사의 목적어는 '歌曲(노래)'로 장소나 시간을 나타내는 어휘가 아님을 알 수 있다. 이어지는 내용에서 손꼽히는 작품을 언급했으므로 노래가 많다는 것을 알 수 있고, 무리나 많은 수량을 나타내는 것은 '在……中(~중에서)'이므로 '中'이 결여되어 있어 잘못된 문장임을 알 수 있다. '在王洛宾改编的歌曲中'으로 바꾸어야 올바른 문장이 된다.
TIP	在……上: 방면이나 영역을 주로 나타냄 예 在生活上 생활의 방면에서
在……中: 과정이나 무리를 주로 나타냄 예 在训练中 훈련 중에, 在项目中 종목 중에서
在……下: 상황이나 전제, 조건 등을 주로 나타냄 예 在父母的照顾下 부모님의 보살핌 아래

문제 2

A 有些电脑设计得很小巧，甚至可以放一个很薄的文件袋里。
B 快乐有助于长寿，有助于增加食欲，有助于提高工作效率。
C 草原上的天气变幻莫测，刚刚还是晴空万里，转眼间便乌云密布了。
D 重新认识农业，开拓农业新的领域，已成为当今世界农业发展的新趋势。

A 어떤 컴퓨터들은 아주 작고 깜찍하게 디자인되어, 심지어 얇은 서류봉투 안에 넣을 수도 있다.
B 즐거움은 장수와 식욕증가, 일의 효율을 높이는 데 도움을 준다.
C 초원에서 날씨는 변화무상해서, 조금 전까지만 해도 맑았던 날이 눈깜짝할 사이에 먹구름이 가득 깔린다.
D 농업을 새로이 인식하고, 농업의 새로운 영역을 개척하는 것은 이미 오늘날 전세계 농업 발전의 새로운 추세가 되었다.

해설	보기 A에서 동사 '放(놓다, 넣다)' 뒤에는 목적어로 넣거나 놓을 수 있는 대상이 와야지 장소는 올 수 없다. 일반동사 뒤에 장소가 오려면 동사에 그 장소에 존재함을 나타내는 '在'나 '到' 등의 전치사가 보어로 와야 한다. 그러므로 A는 잘못된 문장임을 알 수 있다. '放在一个很薄的文件袋里'로 바꾸어야 올바른 문장이 된다.
TIP	일반명사 뒤에 '上/中/下/里' 등의 방위사가 붙어 있으면 장소화 되었음을 알 수 있다. 이 경우 동사가 앞에 붙을 경우에는 반드시 '在/到' 등의 전치사가 붙어야 올바른 문장이 된다.
예 집 앞에 세웠다: 停我家门前 (X) → 停在我家门前 (O)
거실 안으로 옮겼다: 搬客厅里 (X) → 搬到客厅里 (O)

문제 3

A 历史是人写出来的，我们所走的每一步都是在书写自己的历史。 B 专家建议，求职者谨慎的态度找工作是对的，但也不可过于挑剔。 C 藏族的毛织技艺有着悠久的历史，其制品以围裙和地毯最为著名。 D 这里已发现的木本植物有517种，有"活化石"之称的银杏比比皆是。	A 역사는 사람이 써내는 것으로, 우리가 걷는 매 한 걸음은 모두 자신의 역사를 쓰고 있는 것이다. B 전문가들은 구직자가 신중한 태도로 일을 찾는 것은 맞지만, 너무 까다로워서는 안 된다고 건의한다. C 장족의 모직기술은 유구한 역사를 가지고 있는데, 그 제품으로는 앞치마와 카페트가 가장 유명하다. D 이곳에서 이미 발견한 목본식물은 517여 종에 이르고, '활화석'의 별칭을 가지고 있는 은행나무도 무척 많다.

해설 B의 '求职者谨慎的态度找工作是对的' 문장을 분석하면, '求职者谨慎的态度找工作(주어) / 是(술어) / 对的(목적어)'로 나뉘고, 주어가 문장으로 되어 있으므로 이 부분만 다시 성분을 나누면, '求职者(주어) / 谨慎的态度(?) / 找(술어) / 工作(목적어)'로 나뉘면서 명사인 '求职者(구직자)'가 이미 주어이므로 '谨慎的态度(신중한 태도)'는 주어와 술어 사이에 위치하므로 부사어가 되어야 하고, 이를 위해서는 전치사가 필요하다. 말하고자 하는 내용은 '일을 신중한 태도로 찾아야 한다'는 것이므로 수단이나 방식을 나타내는 전치사 '以(~으로)'가 빠진 것을 알 수 있다. 결국 이 문장은 전치사 '以'가 빠진 결여 문장으로 잘못되었다. '求职者以谨慎的态度找工作是对的'로 고쳐야 올바른 문장이 된다.

문제 4

A 经过三天的培训，使员工的业务素质得到了很大的提高。 B 不到两年时间，他就成为这家汽车公司最优秀的销售人员。 C 因品种和环境条件的不同，小麦中营养成分的差别会非常大。 D 在海边的拍摄一定要注意器材的防水问题，因为海水有较强的腐蚀性。	A 3일의 훈련을 거쳐, 직원들의 업무자질은 큰 향상을 얻었다. B 2년의 시간이 되기도 전에, 그는 이 자동차회사의 가장 우수한 영업사원이 되었다. C 품종과 환경조건의 다름으로 인해, 밀의 영양성분의 차이는 매우 크다. D 해변에서의 촬영은 반드시 기자재의 방수 문제에 주의해야 한다. 왜냐하면 해수는 비교적 강한 부식성을 갖고 있기 때문이다.

해설 독해 제1부분에 나오는 문장에서 술어(주로 동사구) 앞에 ','(쉼표)'가 있는 경우에는 반드시 앞의 성분에는 주어가 있어야 올바른 문장이 된다는 것을 알고 있어야 한다. 그런데 보기 A를 보면, '使(사역동사)' 앞에 ','가 있으므로, 그 앞에는 반드시 주어 성분이 있어야 하는데, '经过三天的培训(3일의 훈련을 거치다)'은 동사구로 이 문장의 내용상 방식을 나타내는 부사어로 쓰일 뿐, 주어가 될 수 없다. 그렇기 때문에 정답은 A이고 '经过三天的培训(3일의 훈련을 거치다)'을 '三天的培训(3일의 훈련)'이라는 명사구로 바꾸어 주어 성분으로 만들거나, '使员工的业务素质得到了很大的提高(직원들의 업무자질로 하여금 큰 향상을 얻게 했다)'라는 사역의 목적어구를 '员工的业务素质得到了很大的提高(직원들의 업무자질은 큰 향상을 얻었다)'라는 '주어 + 술어 + 목적어'를 갖춘 일반적인 문장으로 바꾸어야 올바른 문장이 된다.

TIP 1 술어 앞에 ','(쉼표)'가 있는데, 그 앞이 주어가 될 수 없는 경우에는 다음의 두 가지가 있다.
① '在……时/在……之后/当……时' 등의 전치사구만 있는 경우: 이 전치사구들은 문장성분상 부사어 역할로 쓰이기 때문에 주어가 될 수 없다.
　　예 在孩子们12岁之后，统统失灵。 아이들이 12살 이후에, 모두 효력을 잃는다. (X) → 무엇이 효력을 잃는지 주어가 없다.
　　　　那个方法在孩子们12岁之后，统统失灵。 그 방법은 아이들이 12살 이후에 모두 효력을 잃는다. (O)
② '通过……/经过……' 등의 동사구만 있는 경우: 동사구도 주어가 될 수는 있으나 이 동사구들은 수단과 방식을 나타내는 동사구로 부사어 역할로 쓰이기 때문에 주어가 될 수 없다.
　　예 经过治疗，恢复了健康。 치료를 통해 건강을 회복했다. (X) → 건강을 회복한 주체, 즉 주어가 없다.
　　　　经过治疗，他恢复了健康。 치료를 통해 그는 건강을 회복했다. (O)

문제 5

A 苦瓜虽苦，但与其他食材搭配时并不会将苦味渗入别的材料中，被人们称为"君子菜"。 B 天气的变化，直接影响着动物的生活，往往能及时察觉到天气的变化。 C 在中国，酒主要以粮食为原料酿制而成，其中由谷物粮食酿造的酒一直处于优势地位，而果酒所占的份额很小。 D 经研究发现，一个人缓解压力的能力与他的社会经验有关，30岁以下的上班族的减压能力明显弱于资深上班族。	A 여주는 비록 쓰지만, 다른 식재료와 배합했을 때, 결코 쓴맛을 다른 재료에 스며들게 하지 않기 때문에, 사람들에게 '군자채소'로 불린다. B 날씨의 변화는 직접적으로 동물들의 생활에 영향을 주고, 동물들은 늘 제때에 날씨의 변화를 알아차릴 수 있다. C 중국에서 술은 주로 식량을 원료로 양조하고, 그중에서 곡물식량으로 양조한 술은 줄곧 우세한 지위에 처해 있지만, 과실주가 차지하는 부분은 매우 작다. D 연구를 통해, 사람이 스트레스를 완화시키는 능력은 그의 사회 경험과 관련이 있고, 30세 이하의 회사원의 스트레스 경감능력은 경험이 많은 회사원보다는 분명하게 약하다는 것을 밝혔다.

해설 보기 B의 문장성분을 분석하면, '天气的变化(전체 주어), / 直接影响着(술어1) / 动物的生活(목적어1), / 往往能及时(부사) / 察觉到(술어2) / 天气的变化.(목적어2)'가 된다. 그런데, '天气的变化(날씨의 변화)'가 전체 주어이기 때문에, 술어과 목적어, 즉 '날씨의 변화가 생활에 영향을 준다'는 것은 문제가 되지 않지만, 술어2와 목적어2, 즉 '날씨의 변화가 변화를 알아차린다'는 것은 말이 되지 않는다. 문장 내용상 '목적어2(날씨의 변화)'를 알아차리는 것은 동물이기 때문에 술어2와 목적어2는 주어가 없는 문장이 되어 잘못된 문장이 되고, 주어 '动物(동물)'가 필요하다. 그래서 '天气的变化直接影响着动物的生活，动物往往能及时察觉到天气的变化(날씨의 변화는 동물의 생활에 직접적으로 영향을 주고 있고, 동물은 늘 제때에 날씨의 변화를 알아차릴 수 있다)'로 고쳐야 올바른 문장이 된다. 정답은 B이다.

쓰기 실전 PT 정답 ▶p.103

1. 第一个被称为伯乐的人是春秋时代的孙阳。 첫 번째로 백락이라고 불린 사람은 춘추시대의 손양이다.
2. 她说："刘先生，我们都要记住客人的名字。"
   그녀는 말했다. "리우 선생님, 우리는 모두 고객의 이름을 기억해야 합니다."
3. 现在，我写了很多作品。我感到当初很幸运。
   현재 나는 많은 작품을 썼고, 나는 당초 매우 행운이었다고 생각한다.
4. 现在，"东郭先生"变成了固定词语，意思是对坏人讲仁慈的人。
   현재 '동곽선생'은 고정어휘로 바뀌었고, 의미는 나쁜 사람에게 인자한 사람이다.
5. 驾车的人认为伯乐是傻瓜，因为马没力气、很瘦，所以把它便宜地卖了。
   마차를 모는 사람은 백락이 바보라고 여겼고, 말은 힘이 없고, 말라서, 그것을 싸게 팔았다.

문제 1

第一个被称做伯乐的人叫孙阳，~~他是~~春秋时代的人。~~由于他对马很有研究，人们都称他为伯乐。~~	첫 번째로 백락이라고 여겨진 사람은 손양으로, 그는 춘추시대 사람이다. ~~그는 말에 대해 조예가 깊었기 때문에 사람들은 모두 그를 백락이라고 불렀다.~~

해설 1. '第一个被称做伯乐的人叫孙阳(첫 번째로 백락으로 여겨진 사람이 손양)'이라는 것과 '人们都称他为伯乐(사람들이 그를 백락으로 불렀다)'는 것은 의미가 겹치므로 하나로 합치는 것이 좋다.
2. '他是春秋时代的人(그가 춘추시대 사람)'이라는 것은 시간을 알 수 있는 부분이므로 설명해야 한다.
3. '由于他对马很有研究'는 백락이 말에 대해 조예가 깊음을 뜻하는 것이므로 그가 말에 조예가 깊다는 내용은 불필요하다.

문제 2

她对我说："刘先生，我们每一层的当班小姐都要记住每一个房间客人的名字。"	그녀는 나에게 말했다. "리우 선생님, 우리 매 층의 담당 여직원들은 모두 모든 객실고객의 성함을 기억해야 합니다."

해설
1. '我们(우리)'과 '每一层的当班小姐(매 층의 담당 여직원)'는 동격이므로 '我们(우리)'으로 정리하는 것이 좋다.
2. '每一个房间的客人(모든 객실의 고객)'에서 '每一个房间的(모든 객실의)'는 불필요한 수식어이므로 삭제하는 것이 좋다.

문제 3

现在，我已经写了很多作品，出版、发行了一部部小说、戏剧和电影剧本。我越来越体会到我当初是多么幸运。	현재, 나는 이미 많은 작품을 썼고, 소설과 희극, 영화 극본을 한 편 한 편 출판하고 발행했다. 나는 갈수록 내가 당초에 얼마나 행운이었는지를 깨닫게 된다.

해설
1. '我已经写了很多作品(많은 작품을 썼다는 것)'과 '出版、发行了一部部小说、戏剧和电影剧本(소설과 희극, 영화 극본을 한 편 한 편 출판하고 발행했다)'은 겹치는 내용이므로 '我写了很多作品(나는 많은 작품을 썼다)'으로 정리하는 것이 좋다.
2. '我越来越体会到我当初是多么幸运(나는 갈수록 내가 당초에 얼마나 행운이었는지를 깨닫게 된다)'에서는 '幸运(행운이다)'라는 설명만 들어가도 충분히 의미 전달이 된다.

문제 4

现在，"东郭先生"已经成为汉语中的固定词语，专指那些不辨是非而滥施同情心、对坏人讲仁慈的人。	현재 '동곽선생'은 이미 중국어의 고정어휘가 되어, 옳고 그름을 분별하지 못해 동정심을 남발하고, 나쁜 사람에게도 인자한 사람을 일컫는다.

해설
1. '已经成为A(이미 A가 되었다)'는 '变成了A(A로 바뀌었다)'로 바꿀 수 있다.
2. '不辨是非而滥施同情心(옳고 그름을 분별하지 못해 동정심을 남용한다)'과 '对坏人讲仁慈(나쁜 사람에게 인자하다)'는 의미가 겹치므로 한 가지로 정리하되 후자 '对坏人讲仁慈'로 정리하는 것이 좋다.

문제 5

那个驾车的人认为伯乐是个十足的大傻瓜，他觉得自己的这匹马实在太普通了，拉车没什么气力，吃得又多，还骨瘦如柴的，于是，毫不犹豫地把马以低价卖给了伯乐。	큰 마차를 몰던 사람은 백락이 매우 멍청한 사람이라고 여겼고, 그는 자신의 이 말은 실제로는 너무 평범해서 마차를 끌 어떤 힘이 없고, 또 많이 먹는데다가, 골격도 마치 장작 같다고 느꼈다. 그리하여, 조금도 주저하지 않고 말을 싼 값으로 백락에게 팔았다.

해설
1. '马太普通了(말이 너무 평범하다)'와 어떻게 평범한지 설명한 내용(没力气，吃得多，很瘦)은 겹치는 내용이므로 줄여야 하는데, 간단한 표현으로 줄이는 것이 일반적이기 때문에 '말이 평범하다'로 간단하게 줄여도 되지만, 평범한 말의 특징이 광범위하므로 뒤에 설명한 내용으로 줄이는 것이 좋다.
2. '骨瘦如柴(골격이 장작과 같다)'는 말랐다는 표현이므로 '很瘦(마르다)'로 바꿀 수 있다.
3. '以低价卖给了(저가로 팔았다)'라는 표현은 '便宜地卖(싸게 팔았다)'로 더 쉽게 바꿀 수 있다.

듣기 제1부분 실전 PT 정답 ▶p.108

1. C   **2.** B   **3.** A   **4.** B   **5.** D

문제 1

A 草莓族思维敏捷
B 草莓族很注重仪表
C 草莓族容易受挫
D 草莓族不在乎收入

A 딸기족은 사고가 민첩하다
B 딸기족은 외모를 매우 중시한다
C 딸기족은 쉽게 좌절 당한다
D 딸기족은 수입을 신경 쓰지 않는다

有些人承受不了挫折，就像草莓一样，一碰即烂。这类人被称作"草莓族"。在工作方面，初入职场的草莓族，稍微遇到些不顺利的事情，便会觉得无法承受。有的甚至会通过跳槽来逃避问题。

어떤 이들은 좌절을 감당하지 못하는 것이 마치 딸기와 같이 부딪히면 바로 물러진다. 이런 류의 사람은 '딸기족'이라고 불린다. 일의 방면에서는 처음 직장에 들어간 딸기족은 조금만 순조롭지 못한 일이 생기면 바로 감당할 방법이 없다고 느낀다. 어떤 때에는 심지어 이직을 통해 문제를 피한다.

해설 보기에 모두 '草莓族(딸기족)'라는 말이 있으므로 녹음에 '딸기족'이라는 신조어에 관한 내용이 나올 것임을 알 수 있다. 이런 경우 딸기라는 특성을 알면 좀 더 쉽게 이해할 수 있는데 첫 번째 문장 '有些人承受不了挫折，就像草莓一样，一碰即烂'에서 이미 딸기가 부딪히면 쉽게 물러진다는 특성을 좌절을 만나 그것을 감당하지 못하는 류의 사람들을 비유했으므로 정답은 C이다. 다시 한번 뒷부분 '稍微遇到些不顺利的事情，便会觉得无法承受'에서 순조롭지 못한 일이 생기면 감당할 방법이 없다고 느낀다고 했으므로 정답은 쉽게 찾을 수가 있고, A, B, D의 내용은 언급되지 않았으므로 정답과는 거리가 멀다.

문제 2

A 好钢用在刀刃上
B 行动之前要先做准备
C 做决定不要优柔寡断
D 要合理安排自己的时间

A 좋은 철은 칼날에 쓴다(좋은 사람 또는 사물은 요긴한 곳에 써야 한다)
B 행동 전에 먼저 준비를 해야 한다
C 결정을 할 때는 우유부단해서는 안 된다
D 자신의 시간을 합리적으로 안배해야 한다

"磨刀不误砍柴工"的意思是说，如果刀很钝，就会严重影响砍柴的速度；如果砍柴之前先把刀磨锋利，效率则会大大提高，从而节省时间。因此，做一件事，先花些时间做准备，会大大提高办事效率。

'磨刀不误砍柴工'의 의미는 만약에 칼이 무디면 바로 땔감을 베는 속도에 심각하게 영향을 끼치고, 만약에 땔감을 베기 전에 먼저 칼을 날카롭게 갈아두면 효율이 바로 크게 향상되어 시간을 덜 수 있음을 말한다. 이 때문에, 일을 할 때 먼저 시간을 좀 들여 준비하면 아주 크게 일 처리 효율을 높이게 된다.

해설 '磨刀不误砍柴工'이라는 속담에 관한 글이다. 보기를 통해 어떤 의미로 쓰였는지 혹은 어떤 경우에 쓰는 속담인지에 집중해야 한다. '如果砍柴之前先把刀磨锋利，效率则会大大提高(만약에 땔감을 베기 전에 먼저 칼을 날카롭게 갈아두면 효율이 바로 크게 향상된다)'에서 효율을 향상시키기 위해 해야 하는 행동으로 먼저 칼을 갈아두는 것, 즉 미리 준비해야 됨을 언급했고, 마지막에 다시 한 번 '做一件事，先花些时间做准备，会大大提高办事效率(일을 할 때 먼저 시간을 좀 들여 준비하면 아주 크게 일 처리 효율을 높이게 된다)'를 직접적으로 설명했으므로 정답은 준비에 관한 내용을 언급한 B임을 알 수 있다.

문제 3

A 待人要宽容 B 要常赞扬他人 C 要维护集体利益 D 要懂得知足	A 사람을 대할 때는 관용을 베풀어야 한다 B 타인을 자주 칭찬해야 한다 C 집단의 이익을 보호해야 한다 D 만족할 줄 알아야 한다
雨果说："世界上最宽阔的是海洋；比海洋更宽阔的是天空；比天空更宽阔的是人的心灵。"一个人要想获得真正的幸福和快乐，就应该以一种宽容的心态，来待人处事。	위고(Victor Hugo)는 "세상에 가장 넓은 것은 바다이고, 바다보다 더 넓은 것은 하늘이며, 하늘보다 더 넓은 것은 사람의 마음이다."라고 말했다. 한 사람이 진정한 행복과 즐거움을 얻고 싶다면, 바로 관용의 마음으로 사람을 대하고 일을 처리해야 한다.

해설 '위고'라는 유명인의 말을 인용한 글로 그 말의 의미를 묻는 문제이다. 위고의 말에서 가장 넓은 것이 '人的心灵(사람의 마음)'이었고, 마지막에서 '就应该以一种宽容的心态，来待人处事(바로 관용의 마음으로 사람을 대하고 일을 처리해야 한다)'라고 했으므로 정답은 A이다.

문제 4

A "伤不起"是个成语 B "伤不起"现在很流行 C "伤不起"的意思是很流行 D "伤不起"表示的意思是还可以忍受	A '伤不起'는 성어이다 B '伤不起'는 지금 유행하고 있다 C '伤不起'의 의미는 매우 유행한다는 것이다 D '伤不起'가 나타내는 의미는 아직은 참을 수 있다는 것이다
网络流行语，顾名思义就是网络上流行的语言，是网民们约定俗成的表达方式。"伤不起"是一个新的网络流行语，意为屡屡受伤，伤痕累累，已经经不起折腾，经不起伤害了。	인터넷 유행어는 명칭에서 알 수 있듯이 인터넷 상에서 유행하는 말로, 네티즌들이 약속을 해서 대중화시키는 표현방식이다. '伤不起'는 새로운 인터넷 유행어로, 여러 차례 상처를 받아, 상처가 쌓이고, 이미 고통과 상처를 감당할 수 없음을 의미한다.

해설 신조어 '伤不起'에 관한 글로, 보기를 통해 충분히 '伤不起'에 관한 것임을 알 수 있으므로 쓰임새나 의미에 집중해야 한다. '"伤不起"是一个新的网络流行语('伤不起'는 새로운 인터넷 유행어이다)'라고 설명했으므로 지금 유행하고 있는 말임을 알 수 있다. 주의해야 할 것은 C에서도 유행이라는 어휘가 나왔지만 이것은 '伤不起'라는 말이 유행하고 있다는 것이지 이 말의 뜻이 '유행하다'는 것과는 거리가 멀다. 성어가 아니라 유행어이므로 A는 답이 아니고, '伤不起'의 의미가 고통을 참을 수 없다는 뜻이기 때문에 보기 D의 '可以忍受(참을 수 있다)'와는 반대의 뜻이므로 D 역시 답이 될 수 없다. 정답은 B이다.

문제 5

A 要懂得知足 B 付出未必有收获 C 要把握时机 D 坚持不懈才能进步	A 만족할 줄 알아야 한다 B 지불한다고 해서 꼭 수확이 있는 것은 아니다 C 시기를 잘 잡아야 한다 D 게으르지 않게 꾸준히 해야만 발전할 수 있다
"百尺竿头更进一步"是指即使在工作或者学习等方面取得了好成绩，也还需继续努力。我们不能满足于现状，固步自封。只有坚持不懈地努力，才能不断地进步。	'百尺竿头更进一步(백척간두에서 다시 한 발 내딛다)'는 설령 일이나 공부 등의 방면에서 좋은 성적을 얻었다 하더라도, 계속해서 노력해야 함을 가리킨다. 우리는 현재의 상태에 만족해, 현실에 안주해서는 안 된다. 게으르지 않게 꾸준히 노력해야만 비로소 끊임없이 발전할 수 있다.

| 해설 | '百尺竿头更进一步'라는 속담에 관한 글이다. '百尺竿头更进一步' 바로 뒤에 동사 '指(가리키다)'라는 어휘를 이용해 의미를 설명하고 있으므로 집중해서 들어야 한다. '还需继续努力(계속 노력해야 한다)'와 '坚持不懈地努力(게으르지 않게 꾸준히 노력하다)'가 언급되었으므로 정답은 D임을 쉽게 찾을 수 있다. '满足于现状(현 상태에 만족하다)'이라는 내용이 있지만 그 앞의 '不能(~해서는 안 된다)'을 놓치면 안 된다. 즉 A는 정답이 아니며 B와 C는 언급되지 않았다. |

| TIP | '只有A才B(A를 해야만 B하다)'의 격식이 들렸을 때 B가 '발전하다, 중요하다, 성공하다' 등의 좋은 내용이라면 반드시 '只有' 뒤의 조건을 들어야 한다. B의 결과가 나오기 위한 필수조건이므로 A의 내용이 답이 될 가능성이 크다.
예 只有发现自己的价值，才能获得成功。 자신의 가치를 발견해야만 성공할 수 있다. → 자신의 가치를 발견하는 것이 중요하다 |

독해 제1부분 실전 PT 정답 ▶p.113

1. C **2.** D **3.** B **4.** A **5.** C

문제 1

A 谢谢您的惠顾，欢迎下次再来。	A 당신의 왕림에 감사 드리고, 다음에 다시 오시길 바랍니다.
B 蓝鲸是地球上现存体积最大的动物。	B 흰수염고래는 지구상에서 현존하는 부피가 가장 큰 동물이다.
C 经过治疗，儿子的病已经恢复了健康。	C 치료를 통해 아들은 이미 건강을 회복했다.
D 牛奶加热时间越长，钙成分流失得越快。	D 우유는 가열하는 시간이 길수록 칼슘 성분은 빨리 유실된다.

| 해설 | 보기 C를 보면 치료를 통해 아들이 건강을 회복했다는 내용으로 별 문제가 없어 보이지만 정확하게 문장을 분석하면 주어는 '아들'이 아닌 '아들의 병'으로, 병이 건강을 회복할 수 있는 주체가 될 수 없기 때문에 논리적으로 맞지 않다는 것을 알 수 있다. '儿子已经恢复了健康(아들은 이미 건강을 회복했다)'이라고 하든지, '儿子的病已经好转了(아들의 병은 이미 호전되었다)'로 바꾸어야 올바른 문장이 된다. 정답은 C이다. |

문제 2

A 香港索有"购物天堂"的美称。	A 홍콩은 '쇼핑천국'이라는 별칭을 가지고 있다.
B 莫高窟的彩塑，每一尊都是一件精美的艺术品。	B 막고굴의 채색 소상은 한 기 한 기 모두 정교하고 아름다운 예술품이다.
C 在你想要放弃的那一刻，应该想想当初为什么坚持走到了这里。	C 당신이 포기하고 싶은 그 순간에는 마땅히 당초에 무엇 때문에 여기까지 꾸준히 했는지를 생각해보아야 한다.
D 有没有远大的志向和脚踏实地的精神，是一个人取得成功的关键。	D 원대한 포부와 착실한 정신이 있는 것은 한 사람이 성공을 얻는 관건이다.

| 해설 | '有无……(~있는지 없는지)/是否……(~인지 아닌지)/能否……(~할 수 있는지 없는지)/大小……(크고 작음)' 등 긍정의 내용과 부정의 내용을 함께 담고 있는 어휘들을 '양면사'라고 하는데, 내용상 전제조건이 양면의 내용이면 결과나 결론적인 내용도 양면이어야 하고, 전제조건이 단면(긍정 혹은 부정 한 쪽)의 내용이면 결과나 결론적인 내용도 단면이어야 한다. 즉, D는 '有远大的志向和脚踏实地的精神，是一个人取得成功的关键(원대한 포부와 착실한 정신이 있는 것은 한 사람이 성공을 얻는 관건이다)'이라고 하거나, '有没有远大的志向和脚踏实地的精神，是一个人能否取得成功的关键(원대한 포부와 착실한 정신이 있는지 없는지는 사람이 성공을 얻을 수 있는지 없는지의 관건이다)'이라고 고쳐야 올바른 문장이 된다. |

문제 3

A 为了便于记忆，人们编了一首二十四节气歌。	A 기억하기 편리하게 하기 위해, 사람들은 24절기 노래를 만들었다.
B 做人要善于控制自己的情绪，不然你就会控制它们。	B 사람은 자신의 기분을 잘 통제해야 한다. 그렇지 않으면 그것들은 당신을 통제하게 된다.
C 唐诗、宋词、元曲、明清小说，一个时代有一个时代的文学形式。	C 당시, 송사, 원곡, 명청소설, 한 시대에는 한 시대의 문학형식을 가지고 있다.
D 《将进酒》是唐代诗人李白的代表作之一，题目意译即为"劝酒歌"。	D ≪将进酒≫는 당대 시인 이백의 대표작 중 하나로 제목은 '권주가'를 의역한 것이다.

해설 B의 두 번째 절의 '它们(그것들)'은 '情绪(기분)'를 가리키는 것이기 때문에, 그대로 해석을 하면 '사람은 자신의 기분을 잘 통제해야 한다. 그렇지 않으면 당신이 그것들을 통제하게 된다'가 되어 논리적으로 말이 맞지 않다. 기분에 통제 당하지 않기 위해 자신의 기분을 잘 통제하라는 말이므로 당신과 그것들의 위치가 바뀌어야 말이 된다. 그러므로 '做人要善于控制自己的情绪，不然它们就会控制你(사람은 자신의 기분을 잘 통제해야 한다. 그렇지 않으면 그것들이 당신을 통제하게 된다)'로 고쳐야 올바른 문장이 된다. 정답은 B.

문제 4

A 智能手机扩大了微博等社交媒体工具的普及速度。	A 스마트폰은 웨이보 등 SNS의 보급속도를 높였다.
B 北京自然博物馆的古生物大厅里，陈列着一具大象的骨架。	B 베이징 자연박물관의 고생물관에는 한 구의 코끼리 골격이 진열되어 있다.
C 如不定时吃饭，不仅会营养不良，还可能引起多种胃肠道疾病。	C 만약 비고정적으로 식사를 하면, 영양이 안 좋을 뿐만 아니라, 또한 많은 위장질환을 일으키게 될 가능성이 있다.
D 臭氧层像一道屏障，保护着地球上的生物免受太阳紫外线的袭击。	D 오존층은 마치 병풍과 같아서 지구상의 생물이 태양자외선의 습격을 받는 것을 피하게 보호해주고 있다.

해설 보기 A의 동사 '扩大(확대하다)'는 규모나 범위 등을 늘린다는 뜻으로 목적어 '范围(범위)'와 호응이 된다. 하지만, 보기에 나온 목적어 '速度(속도)'는 확대할 수 있는 대상이 아니므로 술어와 목적어가 호응이 안 된다는 것을 알 수 있다. 내용상 스마트폰이 SNS의 보급속도를 높였으므로 술어를 '速度(속도)'와 호응하는 '提高(높이다)'로 바꾸거나 기존의 술어를 그대로 쓰려면 목적어를 '范围(범위)'로 바꾸어야 한다. 즉, '智能手机提高了微博等社交媒体工具的普及速度。(스마트폰은 웨이보 등 SNS의 보급속도를 높였다.)'라고 고치거나, '智能手机扩大了微博等社交媒体工具的普及范围。(스마트폰은 웨이보 등 SNS의 보급범위를 확대했다.)'라고 고쳐야 올바른 문장이 된다. 정답은 A이다.

문제 5

A 这部电视剧是根据曹禺的剧本《雷雨》改编的。	A 이 TV 드라마는 조우의 극본 ≪雷雨≫를 근거로 해서 각색한 것이다.
B 赤壁之战是中国历史上有名的以少胜多的战例。	B 적벽대전은 중국 역사상 유명한 적은 병력으로 많은 병력을 이긴 전쟁의 예이다.
C 夜深人静，想起明天发生的一连串事情，我怎么也睡不着。	C 밤이 깊고 조용해지자, 오늘 발생한 일련의 사건이 떠올라, 나는 어떻게 해도 잠을 수가 없었다.
D 宋代女词人李清照才思敏捷，一生留下了许多作品，有的堪称千古绝唱。	D 송대 여류시인 이청조는 구상력이 민첩하고, 한 평생 수많은 작품을 남겨 어떤 것은 천고의 절창(오랜 세월 최고의 시)이라고 할 수 있다.

해설 보기 C의 '想起'는 '생각이 떠오르다'는 뜻으로 이미 머릿속에 있는 기억이나 생각이 떠오른다는 것을 가리킨다. 하지만 뒤에 이어진 내용은 '내일' 발생한 일련의 사건이므로 논리적으로 말이 되지 않는다. 그러므로 '明天'을 과거 시점의 어휘로 바꾸어야 하는데 뒤에 잠들 수 없다는 내용도 있으므로 오늘 발생한 일이 가장 어울림을 알 수 있다. '想起今天发生的一连串事情，我怎么也睡不着(오늘 발생한 일련의 사건이 떠올라, 나는 어떻게 해도 잠을 수가 없었다)'라고 고쳐야 올바른 문장이 된다. 논리적 오류로 잘못된 문장 C가 정답이다.

쓰기 실전 PT 정답 ▶p.118

1. 儿子小时候特别内向(害羞)，我没想到他竟然会成为一名律师。
   아들은 어렸을 때 매우 내성적이어서(수줍음이 많아서), 그가 변호사가 될 거라고는 생각도 못했다.

2. 儿子很聪明，再加上努力，在公司干得非常出色。
   아들은 똑똑한데 노력까지 더해, 회사에서 매우 뛰어나게 일했다.

문제 1

儿子小时候一说话就脸红，回答老师问题的时候声音也很小，~~我当时很替他担心。但随着年龄的增长，他逐渐成熟了~~，大学毕业后成了一名优秀的律师，真让人吃惊。	아들은 어렸을 때, 말만 해도 얼굴이 빨개지고, 선생님의 질문에 대답할 때 목소리도 작아서, ~~나는 당시에 매우 걱정했다. 그러나 나이가 많아짐에 따라 그는 점차 성숙해졌고~~, 대학 졸업 후에는 한 명의 우수한 변호사가 되어 매우 놀랐다.

핵심 아들은 어렸을 때 말만 하면 얼굴이 빨개지고 선생님의 물음에 대답하는 목소리도 작았다 → 대학 졸업 후에 아들은 우수한 변호사가 되어서 정말 놀랐다

해설
1. 내용의 핵심은 수줍음이 많은 아이가 변호사가 되어 놀란 내용이므로 걱정한 내용과 성숙해진 부분은 설명이 불필요하다.
2. 인물묘사는 내용의 흐름상 불필요하면 삭제하거나, 필요하다면 문장에 나열된 어휘를 다 기억해 적는 것보다 모든 의미를 총괄할 수 있는 어휘로 바꾸어 표현하는 것이 좋다.
3. '儿子小时候一说话就脸红，回答老师问题的时候声音也很小(말만 해도 얼굴이 빨개지고 선생님의 질문에 대답할 때 목소리도 작다)'라는 것으로 보아 아들은 '내성적(很内向)'이고 '수줍음을 많이 탄다(很害羞)'라고 표현할 수 있다.
4. '没想到(생각지 못하다)', '竟然(뜻밖에)', '吃惊(놀라다= 惊讶)'은 품사와 사전적인 의미만 다를 뿐, 설명하고자 하는 내용은 같다. 그러므로 아들이 변호사가 되어 놀라게 만든 내용은 생각지 않게 뜻밖에 변호사가 되었다라고 바꿀 수 있다.

문제 2

儿子遗传了父亲聪明的头脑~~和坚韧的性格~~，再加上自己的刻苦，他~~在公司~~工作干得非常出色，~~职位也一步步提升~~。	아들은 아버지의 총명한 두뇌~~와 강인한 성격~~을 물려받았고, 자신의 노고까지 더해, 그는 ~~회사에서~~ 뛰어나게 일을 하였고, ~~직위도 한 단계씩 높아졌다~~.

핵심 아들은 아버지의 총명한 두뇌를 물려받았다 → 노력까지 더했다 → 회사에서 뛰어나게 일했다

해설
1. 핵심내용은 아버지에게 총명함을 물려받았는데도 열심히 노력까지 해, 일에서 뛰어남을 보였다는 것이다.
2. '儿子遗传了父亲聪明的头脑(아버지의 총명함을 물려받았다)'라는 것은 결국 아들이 똑똑하다는 것이므로 '孩子很聪明'으로 바꿀 수 있다.
3. 자신의 '刻苦(노고, 고생)'를 더했다는 것은 '努力(노력하다)'로 바꿀 수 있기 때문에 '再加上努力'로 고칠 수 있다.
4. '在公司工作干得非常出色(회사에서 뛰어나게 일했다)'에서 일하는 곳이 회사이므로 굳이 쓸 필요가 없다.
5. '职位也一步步提升(직위가 한 단계씩 높아졌다)'은 결국 일을 잘했다는 뜻이므로 '工作干得非常出色'를 썼다면 '职位一步步提升'은 삭제해도 좋다.

듣기 제2부분 실전 PT 정답 ▶p.127

| 1. B | 2. B | 3. C | 4. D | 5. D |

문제 1-5

男: 各位网友，大家好! 今天我们荣幸地请到了 ^{4.D} 有"冰上蝴蝶"之称的花样滑冰女子单人滑运动员陈璐接受采访。陈璐，你好!

女: 大家好!

男: 你在一九九四年冬季奥运会上获得了中国第一枚花样滑冰冬奥会奖牌。后来在一九九五年世界花样滑冰锦标赛中成为中国第一位花样滑冰世界冠军，一九九八年又在长野冬奥会中获得了中国第二枚花样滑冰冬季奥运会奖牌，成为亚洲第一位连续两届冬奥会都获得奖牌的花样滑冰运动员。我想问的是你之前有当过冰童的经历吗？

女: 有，应该是在一九八五年，我九岁，那时正值世界明星巡回表演，有一站在中国，我从地方队来北京看表演，^{1.B} 当时就被选为冰童，我特别骄傲。

男: 那你从小就有向花样滑冰职业运动员努力的目标了，是吗？

女: 其实刚开始并没有很多想法，只是出于喜欢。由于我的父母都是体育工作者，父亲是冰球教练，所以我从小就开始学习滑冰。后来，有一次我在电视上看到了一个专辑，讲的是一个著名的滑冰运动员，我非常喜欢，觉得她滑得太美了，从此就把她作为偶像，一直努力着。

男: 对于学习花样滑冰，你有什么样的看法？

女: 花样滑冰是一项竞技体育，需要技术和艺术的完美结合，所以需要刻苦地训练，不断提高对艺术的领悟，^{2.B} 用心投入是最重要的。

男: 零五年，你在深圳开了一家滑冰场，那你有没有愿望在冰场上能走出一些优秀的运动员呢？

남: 네티즌 여러분, 안녕하십니까! 오늘 우리는 영광스럽게 ^{4.D} '빙상 위의 나비'라는 별칭을 가지고 있는 여자싱글 피겨스케이터 천루를 모시고 인터뷰를 진행하겠습니다. 천루 씨, 안녕하세요!

여: 여러분 안녕하세요!

남: 당신은 1994년 동계올림픽에서 중국에서는 첫 번째 피겨스케이팅 동계올림픽 메달을 땄습니다. 후에 1995년에는 세계피겨선수권대회에서 중국에서는 처음으로 피겨스케이팅 세계우승자가 되었고, 1998년에 다시 나가노 동계올림픽에서 중국의 두 번째 피겨스케이팅 동계올림픽 메달을 따서, 아시아에서는 처음으로 2회 연속 동계올림픽에서 메달을 딴 피겨선수가 되었습니다. 제가 묻고 싶은 것은 이전에 당신은 스케이터 유망주 경력이 있나요?

여: 있어요. 1985년일 거예요, 제가 아홉 살이었고, 그때 마침 세계스타들이 순회공연을 하고 있었는데, 한 번은 중국에 머물렀고, 저는 지방팀에서 베이징으로 와서 공연을 보았죠. ^{1.B} 그때 스케이터 유망주로 선발되었는데, 저는 대단히 자랑스러웠어요.

남: 그러면 당신은 어려서부터 바로 프로 피겨선수를 향해 노력하는 목표가 있었다는 것인데, 맞나요?

여: 사실, 막 시작했을 때에는 결코 많은 생각이 있지 않았어요, 단지 좋아해서였죠. 제 부모님은 모두 스포츠 분야에서 일을 하시는 분들이고, 아버지는 아이스하키 코치이기 때문에, 저는 어려서부터 바로 스케이팅을 배웠죠. 후에, 한 번은 TV에서 한 특집프로그램을 보는데, 한 유명한 피겨선수 이야기였어요. 저는 매우 좋았죠. 그녀가 매우 아름답게 스케이트를 탄다고 생각했고, 이때부터 그녀를 우상으로 삼아 줄곧 노력해왔어요.

남: 피겨를 배우는 것에 대해, 당신은 어떤 견해를 가지고 있나요?

여: 피겨는 하나의 스포츠 경기이고, 기술과 예술의 완벽한 결합을 필요로 해요. 그래서 노고를 아끼지 않고 훈련하고, 끊임없이 예술에 대한 이해를 높이는 것이 필요해요. ^{2.B} 마음을 쏟아 붓는 것이 가장 중요하죠.

남: 05년에 당신은 선전에 아이스링크를 열었는데요. 그러면 당신은 아이스링크에서 우수한 선수들이 배출될 수 있으면 하는 바람이 있나요？

女: 3.C 我们俱乐部里，活跃的会员非常多，目前有三四千人，像你说的有愿望将来成为专业运动员的小朋友也很多，当然，最后能不能成为顶级的选手，这个是需要时间的。因为一个花样滑冰队员的成型，大概需要十年的时间，最后才能达到一个高度。此外，家长有没有愿望在这方面来培养孩子也是一个重要因素，因为花样滑冰是一个比较昂贵的运动，水平越高，费用也随之增长。不过，在商业冰场中成长起来的运动员，一定是本人非常热爱这项运动的，所以主动学习的愿望很强。
男: 那你有没有考虑让孩子接你的班？
女: 我儿子现在虽然五岁，但是他有自己的想法，5.D 我们还是要尊重他的喜好去培养，像他现在非常喜欢打网球，我们就鼓励他打网球。

여: 3.C 우리 클럽에서 활약하는 회원은 매우 많습니다. 현재 3,4천 명이 있고, 당신이 말한 것처럼 장래에 프로선수가 되려는 어린 친구들도 많아요. 당연히, 마지막에 정상급의 선수가 될 수 있는지 없는지는 시간이 필요하죠. 왜냐하면 피겨선수의 모습을 갖추는 데는 대략 10년의 시간이 필요하고, 마지막에 비로소 높은 수준에 도달할 수 있기 때문이죠. 이것 외에, 가장이 이 방면에서 아이를 키우고 싶어 하는 바람이 있는지도 중요한 요소입니다. 왜냐하면, 피겨는 비교적 고가의 스포츠이고, 수준이 높아질수록 비용도 그것에 따라 증가하기 때문이죠. 하지만, 상업적인 아이스링크에서 성장한 운동선수들은 틀림없이 본인이 이 운동을 좋아해서 일 것이기 때문에, 주동적으로 배우려는 바람이 매우 강하죠.
남: 그러면 당신은 아이가 당신의 직업을 이어받게 할 생각이 있나요?
여: 제 아들은 비록 다섯 살이지만, 자신의 생각이 있어요. 5.D 우리는 그의 취미를 존중해서 키울 거예요. 지금 테니스를 좋아하는데 우리가 아들이 테니스 치는 것을 격려하는 것처럼요.

문제 1

女的被选为冰童时感觉怎么样?	여자는 피겨유망주로 선발되었을 때, 어떠했는가?
A 很难过 B 非常自豪	A 괴로웠다 B 매우 자랑스러웠다
C 有些尴尬 D 难以置信	C 조금 어색했다 D 믿기 어려웠다

해설 보기를 통해 감정에 관해 묻는 문제임을 파악해 두어야 한다. 감정은 평상시의 감정이 아니라 특정 순간의 감정을 묻는 것이 일반적이다. 진행자의 첫 번째 질문이 '스케이터 유망주였던 적이 있는가?'이므로 당시의 감성에 집중하면 된다. '冰童(스케이터 유망주)'이라는 단어에 귀를 기울이면, 여자의 두 번째 대답에서 '当时就被选为冰童，我特别骄傲(그때 스케이터 유망주로 선발되었는데, 저는 대단히 자랑스러웠어요)'라고 했으므로 정답은 B이다. 또한, '骄傲 = 自豪(자랑스럽다)'임을 알아야 한다.

문제 2

女的对学习花样滑冰有什么看法?	여자는 피겨를 배우는 것에 어떤 견해가 있는가?
A 可以速成	A 빨리 이룰 수 있다
B 必须用心投入	B 마음을 쏟아 붓는 것이 필요하다
C 不属于竞技运动	C 스포츠 경기에 속하지 않는다
D 适合性格活泼的人	D 성격이 활발한 사람에게 적합하다

해설 보기 C에서 '스포츠 경기에 속하지 않는다'라고 했으므로 경기와 관련된 질문일 가능성이 높다는 것을 먼저 짐작하자. 두 번째 질문이 피겨를 배우는 것에 대한 견해이므로 게스트가 어떻게 생각하는지 들을 필요가 있는데, 남자의 '对于学习花样滑冰, 你有什么样的看法?'라고 묻는 질문의 대답에서 '用心投入是最重要的(마음을 쏟아 붓는 것이 가장 중요하죠)'라고 했으므로 정답은 B이다. 듣기에서는 '最重要的(가장 중요한 것)'라고 언급하는 것들은 정답과 관계없이 기억해 두자.

문제 3

关于俱乐部，可以知道什么？	클럽에 관해, 무엇을 알 수 있는가?
A 缺少专业教练	A 전문코치가 부족하다
B 经营状况不好	B 경영상태가 안 좋다
C 现有三四千名会员	C 현재 3,4천명의 회원이 있다
D 培养了许多优秀运动员	D 많은 우수한 선수를 양성했다

해설 보기 A의 '전문코치가 부족하다'나 B의 '경영상태가 안 좋다'를 통해 조직이나 단체 혹은 팀에 관한 문제임을 짐작할 수 있다. 세 번째 질문이 '滑冰场(아이스 링크)'에 관한 것이므로 정답이 연결될 가능성이 크다는 것을 알아야 한다. 세 번째 질문의 대답에서 '我们俱乐部里, 活跃的会员非常多, 目前有三四千人(우리 클럽에서 활약하는 회원은 매우 많습니다. 현재 3,4천 명이 있어요)'이라고 했으므로 정답은 C이다.

문제 4

关于女的，下列哪项正确？	여자에 관해, 아래에 어느 항이 정확한가?
A 很崇拜父亲	A 아버지를 숭배한다
B 准备明年退役	B 내년에 은퇴할 계획이다
C 和父母住在一起	C 부모님과 함께 산다
D 被称为"冰上蝴蝶"	D '빙상 위의 나비'라 불린다

해설 인물에 정보에 관한 문제이다. 인물 정보 문제는 질문 순서에 따르지 않는 경우가 많으므로 인물에 관한 정보(별칭, 직업, 취미, 상황 등)가 나오면 기억해 두어야 한다. 첫 번째 진행자의 소개에서 '有"冰上蝴蝶"之称的花样滑冰女子单人滑运动员('빙상 위의 나비'라는 별칭을 가지고 있는 여자싱글 피겨스케이터)'이라고 설명했으므로 정답은 D이다. A, B, C는 언급되지 않았다.

문제 5

女的打算怎样培养儿子？	여자는 아이를 어떻게 키울 계획인가?
A 送他出国留学	A 외국으로 유학 보내려고 한다
B 鼓励他去经商	B 그가 장사하는 것을 격려한다
C 让他学习滑冰	C 그가 스케이트를 배우게 한다
D 尊重他的兴趣	D 그의 흥미를 존중한다

해설 게스트는 여성이었는데 보기에 '他(그)'가 있는 것을 보고 인터뷰어의 주변인물 중에 남자와 관련된 문제임을 알 수 있다. 마지막 진행자의 질문이 아들에 관한 것이었으므로 집중해야 하고, 이에 대한 대답으로 게스트가 '我们还是要尊重他的喜好去培养(우리는 그의 취미를 존중해서 키울 거예요)'이라고 했으므로 정답은 D이다.

독해 제2부분 실전 PT 정답 ▶p.133

1. C   2. C   3. A   4. B   5. B

문제 1

滑草是一项十分前卫的运动。它和滑雪一样，能给运动者带来动感和刺激，_____ 是对于少雪地区的人们来说，就显得更新鲜了。滑草场的场地一般都比较大，而且，滑草场会根据运动者的熟练_____ 划分不同的区域，让人由浅入深地 _____ 各种技巧。

A 简直　角度　领悟
B 过于　密度　领会
C 尤其　程度　掌握
D 格外　宽度　把握

잔디스키는 매우 혁신적인 운동이다. 그것은 스키처럼 운동하는 사람에게 생동감과 자극을 줄 수 있고, 특히 눈이 적은 지역의 사람들에게는 더욱 신선하게 보인다. 잔디스키장의 부지는 일반적으로 비교적 넓고, 게다가 잔디스키장은 운동하는 사람들의 숙련 정도에 따라 다른 구역을 나누어서, 사람들이 각종 기술을 습득할 때, 아주 초보적인 수준에서 높은 수준으로 들어갈 수 있게 하였다.

A 그야말로　각도　깨닫다
B 과도하게　밀도　깨닫다
C 특히　　정도　습득하다
D 남달리　폭　　파악하다

해설 첫 번째 빈칸 – 동사 '是' 앞에 들어갈 성분 즉, 부사를 찾아야 한다. A '简直'는 '상황이나 행동이 확실히 이렇다'라는 것을 과장해서 설명할 때 쓰고, B '过于'는 정도가 지나칠 때, C '尤其'는 앞에서 언급한 범위에서 두드러진 것을 설명할 때, D '格外'는 일반적인 상황이나 상태를 넘어섰을 때 쓰는데, 앞에서 잔디스키가 운동하는 사람에게 생동감과 자극을 줄 수 있다고 설명하고 뒤에는 눈이 적은 지역의 사람들, 역시 잔디스키를 접하는 사람 중에서도 눈이 적은 지역이라는 특수한 상황에 놓인 사람들을 부각시켜 설명했으므로 C가 가장 적합하다.

두 번째 빈칸 – '熟练(숙련)'이라는 어휘와 조합을 이루는 명사를 찾는 문제인데 '숙련'은 익숙하게 단련된 정도를 뜻하므로 C의 '程度(정도)'와 가장 어울린다. 나머지 어휘는 A '从……角度来看(~각도에서 봤을 때)', B '人口密度(인구밀도)', D '江的宽度(강의 폭)' 등으로 잘 쓰인다.

세 번째 빈칸 – 동사 자리로 목적어 '技巧(기술, 기교)'와 호응하는 동사를 찾는 문제이다. A '领悟'는 '领悟真理(진리를 깨닫다)', B '领会'는 '领会核心(핵심을 이해하다)' 등 깨닫고, 이해하는 것을 설명하므로 기교, 기술과는 적합하지 않다. D '把握'는 '把握机会(기회를 잡다)', '把握情绪(정서를 통제하다)', '有把握(자신감 있다)' 등으로 쓰이고 역시 기교, 기술과는 쓰이지 않는다. C '掌握'는 '掌握技术(기술을 습득하다)', '掌握知识(지식을 습득하다)' 등 기술이나 지식 등을 자신 있게 습득한 것을 설명하므로 가장 적절하다. 정답은 C이다.

문제 2

广东省茂名市气候温和、雨量_____，而且红壤丘陵山地多，非常适宜荔枝的生长。这里出产的荔枝，色泽_____、肉多核小、口感爽滑，享誉国内外_____。茂名市也因此被称为"荔乡"。

A 充分　单纯　场所
B 充足　单调　场合
C 充沛　鲜艳　市场
D 充实　鲜明　现场

광둥성 마오밍시의 기후는 온화하고 (강)우량이 충분하며, 적색토의 언덕으로 된 산지가 많아서 리즈의 생장에 매우 적합하다. 이곳에서 생산된 리즈는 빛깔이 곱고, 과육은 많은데 씨가 작으며, 맛이 시원하고 부드러워 국내외 시장에서 명성을 누리고 있다. 마오밍시 역시 이 때문에 '리즈의 고향'으로 불린다.

A 충분하다　단순하다　장소
B 충분하다　단조롭다　자리
C 충분하다　곱다　　　시장
D 알차다　　선명하다　현장

해설 첫 번째 빈칸 – A '充分'은 '理由(이유)', '准备(준비)' 등과 함께 쓰고, B '充足'는 '에너지나 자원 등이 충분하다'는 뜻으로 '阳光(햇볕)', '雨量(우량)' 등과 함께 쓰고, C '充沛'는 주로 정신적인 것이 '왕성하다'는 뜻으로 쓰이기 때문에 '精神(기운)'과 잘 쓰이지만, 예외적으로 '雨量(우량)'에도 쓰일 수 있다는 것을 주의해야 한다. D '充实'는 알차고 충실한 것에 쓰이고, '生活(생활)', '内容(내용)'과 함께 잘 쓰인다. 앞에 '雨量(우량)'이라는 주어가 있으므로 술어 역할의 형용사를 찾는 문제이므로, '雨量'과 함께 쓰일 수 있는 것은 B와 C이다.

두 번째 빈칸 – A '单纯'은 복잡하고 번잡하지 않은 것을 설명하고, 사람의 사고에 쓰면 '천진하다'는 뜻으로, '思想单纯(생각이 단순하다)'으로 잘 쓴다. B '单调'는 반복되지만 변화가 별로 없는 것을 가리키고, '生活(생활)', '色彩(색채)' 등과 함께 잘 쓰인다. C '鲜艳'은 빛깔에 주로 쓰이는 것으로 '色泽鲜艳(빛깔이 곱다)'은 잘 쓰이는 조합어휘이다. D '鲜明'은 선명하고 분명한 것을 나타내는 것으로 '色泽(빛깔)', '特色(특색)' 등과 함께 잘 쓰인다. '色泽'의 술어 역할을 할 형용사를 찾는 것이므로 '鲜艳'과 '鲜明'이 적합하기 때문에 C와 D가 적합하다. '单调'는 '빛깔'이 아니라 '색채'와 함께 쓰이는 어휘임을 주의하자.

세 번째 빈칸 – '国内外(국내외)'와 조합되는 명사를 찾아야 하는데 소재가 '荔枝(리즈: 과일 이름)'이고 '享誉(명성을 누리다)'라고 했으므로 '국내외 시장'이 가장 자연스러우므로 C가 제일 적합하다. 나머지 어휘는 A '开会的场所(회의 장소)', B '不重要的场合(중요하지 않은 자리)', D '事故现场(사고현장)'으로 잘 쓰인다. 정답은 C이다.

문제 3

压轴戏 _____ 指一场戏的倒数第二出节目。过去，一场戏都很长，戏班为 _____ 观众中间离场，会把最 _____ 的部分排在倒数第二出，也就是压轴戏上。现在，人们多用"压轴戏"来比喻 _____ 的、最后出现的事件。	압축극은 통상적으로 (전통)극의 뒤에서 두 번째 나오는 프로그램을 가리킨다. 과거에는 극이 모두 길어서 극단이 관중들이 중간에 자리를 뜨는 것을 막기 위해 가장 멋진 부분을 뒤에서 두 번째 프로그램, 바로 압축극에 배치한 것이다. 현재 사람들은 '압축극'으로 이목을 끌거나, 마지막에 나타난 사건을 비유한다.
A 通常　防止　精彩　引人注目 B 时常　终止　精确　锦上添花 C 照常　阻止　精简　举世瞩目 D 平常　制止　精致　津津有味	A 통상적으로　방지하다　멋지다　이목을 끌다 B 늘　마치다　정확하다　금상첨화 C 평소대로　저지하다　정간하다　온 세계가 주목하다 D 평상시에　제지하다　정교하다　흥미진진하다

해설　**첫 번째 빈칸** – '压轴戏'의 정의를 내리는 동사 '指(가리키다)'를 꾸며주는 부사를 찾아야 하는데, 정의를 내릴 때는 통상적인 의미로 내리는 것이 적합하므로 A가 적합하다.

두 번째 빈칸 – 극단이 관중들이 중간에 자리를 뜨는 것을 막는다는 뜻으로 '막다'로 적합한 어휘를 찾아야 하는데, 관중들이 중간에 자리를 뜨는 일이 발생하는 것을 막는다는 의미이므로 A의 '防止(방지하다)'가 가장 적절하다.

세 번째 빈칸 – A '精彩'는 경기, 공연 등이 멋지고 훌륭함을 의미하고, B '精确'는 계산, 분석이 정확함을 의미한다. C '精简'은 정밀하게 잘 골라 뽑는다는 의미로 '精简人员(인원을 정선하다)'으로 잘 쓰인다. D '精致'는 사물을 정교하게 잘 만들었다는 의미로 주로 만들어낸 사물에 잘 쓰인다. '精致的小提琴(정교한 바이올린)'이 기출 조합이다. 공연 중의 가장 '~한' 부분이라고 했으므로 공연이나 경기를 묘사하는 A의 '精彩(멋지다)'가 가장 적합하다.

네 번째 빈칸 – 목적어 '事件(사건)'을 수식하는 성어를 고르는 것이므로 A의 '引人注目(이목을 끌다)'와 C의 '举世瞩目(온 세계가 주목하다)'가 적합하다. '사건이 津津有味(흥미진진하다)'는 내용상 자연스러워 답이 될 수도 있다고 생각할 수 있으나, '津津有味'는 음식과 이야기나 글 등에만 쓰는 어휘이므로 여기에는 적합하지 않다. 정답은 A이다.

문제 4

云锣最早出现于唐代，它 _____ 大小相同而厚度和音高不同的若干铜制小锣组成。人们按照小锣的音高 _____ ，用绳子将其 _____ 于木架上，以小槌击打使之发出声响。云锣常被用于 _____ 音乐、地方戏曲和寺庙音乐的演奏中。	운라는 최초에 당대에 출현했고, 그것은 크기는 같지만 두께와 음의 높이가 다른 소량의 동으로 만든 작은 운라로 구성되어 있다. 사람들은 작은 운라의 음높이 순서에 따라, 밧줄로 그것을 나무 틀에다가 걸고 작은 망치로 두드려 그것이 소리를 내게 하였다. 운라는 주로 민간음악과 지방극, 사찰음악의 연주에 쓰인다.
A 凭　秩序　粘贴　公民 B 由　次序　悬挂　民间 C 朝　名次　装修　民族 D 趁　程序　布置　种族	A ~을 바탕으로　질서　묻히다　국민 B ~으로　순서　걸다　민간 C ~를 향해　석차　장식하다　민족 D ~를 틈타　절차　배치하다　종족

해설　**첫 번째 빈칸** – A '凭感觉(느낌을 바탕으로)', B '由A组成(A로 구성되다)', C '朝A方向(A방향을 향해)', D '趁年轻(젊음을 틈타)'은 자주 쓰이는 고정격식이므로, B가 가장 적합하다.

두 번째 빈칸 – '按照……(~를 따르다)'의 목적어로 음의 높이와 조합되는 명사를 찾는 것으로 음높이의 B '次序(질서)', C '名次(석차)', D '程序(절차)'는 모두 말이 안 되므로 '按照音高次序(음높이 순서에 따라)'가 가장 적합하여 B가 정답이 될 수 있다는 것을 알 수 있다.

세 번째 빈칸 – 빈칸 뒤의 '于'는 '在'와 같은 의미의 보어로 결국 빈칸에는 뒤에 나온 '木架上(나무 틀)'에 운라를 어떻게 해두었나를 설명할 수 있는 동사가 필요하다. A '粘贴'는 풀 따위를 발라 벽에 붙이는 것을 설명하므로 '粘贴广告(광고를 붙이다)'로 쓰이므로 답이 될 수 없다. C '装修'는 꾸미는 것을 설명하긴 하지만 주로 집의 인테리어에 쓰이는 어휘임을 주의해야 한다. D '布置'는 시설물이나 구조물을 공간에 설치나 배치한다는 뜻이 있으므로 운라를 어떤 장소에 설치하거나 배치하는 것은 되지만 앞에 '用绳子(밧줄을 써서)'라는 내용이 있으므로 밧줄로 운라를 나무 틀에 배치한다는 것은 적합하지 않다. 밧줄을 이용했으므로 걸었다는 내용 즉, '悬挂于木架上(나무 틀에 걸다)' B가 가장 적합하다.

네 번째 빈칸 – 밑줄 바로 뒤의 어휘 '音乐'와 조합을 이룰 수 있는 명사를 찾아야 한다. 국민음악, 민간음악, 민족음악, 종족음악 등 한국어로는 다 되는 것처럼 보여 헷갈릴 수 있으나, 실제로 A '公民音乐(국민음악)'라는 표현은 없으며, 나머지 조합은 가능하나 일반적으로, 문제에서 자주 출제되는 예술 특히, 민간에서 발달한 예술을 가리킬 때는 '民间艺术(민간예술)', '民间音乐(민간음악)'가 가장 보편적임을 알아두어야 한다. 정답은 B이다.

문제 5

眼花缭乱的<u>技术</u>　　　，使每一项具体的技术都　　　贬值的风险。你辛辛苦苦学到的知识随时可能"报废"。然而，在学习过程中所<u>发展出来</u>的　　　，<u>如</u>奋发向上、敢于冒险，　　　等，却会成为谁也夺不去的个人资产。因此，　　　有效的学习能力、学习<u>习惯</u>，比学到具体东西更重要。	현란한 기술<u>혁신</u>은 모든 구체적인 기술이 다 가치절하되는 위험에 <u>직면하게</u> 만든다. 당신이 고생스럽게 배운 지식도 언제든지 '폐기'될 수 있다. 그러나 배우는 과정에서 발전시켜낸 <u>능력</u>, 예를 들면 분발해서 나아가려고 하고, 용감하게 위험을 무릅쓰고, <u>마음에 깊이 새겨 정진해 나가려는 것</u> 등은 오히려 누구도 빼앗아 갈 수 없는 개인 자산이 될 것이다. 이 때문에 효과적인 학습능력, 학습습관을 <u>양성하는</u> 것이 구체적인 것을 배우는 것보다 더욱 중요하다.
A 更正　遭受　品质　聚精会神　培训 B 更新　面临　素质　锲而不舍　培养 C 改革　应付　品德　精益求精　操练 D 改正　抵制　道德　实事求是　操作	A 정정　　　받다　　　　인품 　　정신을 집중하다　　훈련하다 B 혁신　　　직면하다　　능력 　　마음에 새기고 정진하다　양성하다 C 개혁　　　대응하다　　인품 　　훌륭한데 더욱 완벽을 추구하다　조련하다 D 개정　　　저지하다　　도덕 　　사실로 옳음을 추구하다　조작하다

해설　**첫 번째 빈칸** – 앞의 '技术'와 조합되는 명사를 찾아야 하는데 A '更正'과 D '改正'은 둘 다 잘못을 고칠 때 쓰는 것으로 각각 '更正错误(오류를 정정하다)', '改正错误(잘못을 고치다)'로 잘 쓰인다. C '改革'는 제도나 기구 따위를 새롭게 뜯어 고친다는 뜻이므로 기술이 아니라 '制度(제도)', '机构(기구)' 등과 함께 쓰인다. B '更新'은 이미 있던 것을 고쳐 새롭게 한다는 뜻으로 '技术(기술)', '纪录(기록)'와 함께 잘 쓰이므로 정답으로 가장 적합하다.

두 번째 빈칸 – A '遭受'는 '불행이나 손해를 입다'라는 뜻으로 주로 나쁜 의미의 명사와 호응하여 '遭受白眼(냉대받다)'으로 자주 쓰이고, B '面临'은 눈 앞에 상황을 마주했다는 뜻으로 '面临危险(위험을 마주하다)'으로 잘 쓰인다. C '应付'는 현재 처한 상황이나 국면에 맞게 대처한다는 뜻으로 주로 '应付局面(국면에 대처하다)'으로 쓰인다. D '抵制'는 배척하거나 보이콧한다는 뜻으로 '抵制外货(외국 상품을 배척한다)'로 잘 쓰인다. 가장 적합한 어휘는 B의 '面临'이다.

세 번째 빈칸 – '发展出来的(발전시켜낸)'의 수식을 받는 명사를 찾아야 한다. A '品质', C '品德', D '道德'가 사람을 수식하는 경우에는 모두 사람이 가져야 할 인품과 도덕을 나타내는 어휘들로 발전시킬 수 있는 대상이 아니므로 정답이 될 수 없다. B의 '素质'는 사람이 가지고 있거나 갖추어야 하는 '능력, 자질'을 나타내므로 '发展出来的'를 수식 받는 어휘로 가장 적합하다.

네 번째 빈칸 – '如(예를 들면)' 뒤의 내용이므로 주변의 어휘와 비슷한 내용이 들어가야 한다. 앞에 언급한 것은 분발하는 것과 용감하게 위험을 무릅쓰는 것이므로 앞을 향해 정진해 나간다는 내용이 가장 적합함을 알 수 있다. A '聚精会神'은 정신을 집중해야 하는 '공부'에, B '锲而不舍'는 마음에 새겨 정진해가야 할 일에, C '精益求精'은 이미 '잘 하고 있는 일'에, D '实事求是'는 '공부나 연구'를 하는 태도에 쓰이므로 B '锲而不舍'가 가장 적합하다.

다섯 번째 빈칸 – '习惯(습관)'을 목적어로 가지는 동사를 찾아야 한다. A '培训'은 '사람을 훈련하다'는 뜻으로 쓰이고, C '操练'은 '군인이나 말을 훈련하다'라는 뜻, D '操作'는 '기기를 조작한다'는 뜻이므로 정답이 될 수 없다. B '培养'도 일반적으로 '人才(인재)', '孩子(아이)' 등의 사람을 양성한다는 뜻으로 잘 쓰이지만, '习惯(습관)', '能力(능력)'에도 쓸 수 있음을 기억해야 한다. 정답은 B이다.

| 쓰기 실전 PT 정답 | ▶p.139 |

1. 爸爸和妈妈觉得我拉小提琴很难听。后来，我偶然找到安静的地方练琴。
   아빠와 엄마는 내가 바이올린을 켜는 것을 듣기 힘들다고 생각하셨다. 후에 나는 우연히 바이올린을 연습할 안정된 곳을 발견했다.

2. 没过几年，他就当上了总经理，还建立了幸福的家庭，感到很充实。
   몇 년 되지 않는 시간 동안 그는 사장이 되었고, 행복한 가정도 꾸려서 보람을 느꼈다.

문제 1

| 在爸爸和妈妈看来，我拉小提琴简直就像在锯木头，很难听。他们的看法让我沮丧，也让我不敢在家里练小提琴了。后来，我无意中发现了一个练小提琴的好地方，那儿环境十分安静。于是我到那儿拉小提琴。 | 아빠와 엄마가 보기에는, 내가 바이올린을 켜는 것이 정말이지 나무토막을 톱질하는 것 같아 듣기 힘들 지경이라고 한다. 부모님의 시선은 나를 낙담하게 만들었고, 또한 집에서 감히 바이올린을 켤 수 없게 만들었다. 후에, 나는 우연히 바이올린을 연습할 좋은 곳을 발견했는데, 그곳의 환경은 매우 조용했다. 그리하여 나는 거기에서 바이올린을 켰다. |

핵심 아빠와 엄마는 내가 바이올린 켜는 것을 듣기 힘들다고 느낌 → 후에 나는 우연히 좋은 장소를 찾아 연습함

해설
1. '简直就像在锯木头(정말이지 나무토막을 톱질하는 것 같다)' 뒤에 이어지는 듣기 힘들다는 것을 부연 설명한 것으로 불필요하다.
2. 뒤에서 바이올린을 연습할 곳을 새로 찾아 연습했다는 내용이 있으므로 집에서 연습하지 못했다는 내용은 삭제해도 좋다.
3. '无意中发现(우연히 발견하다)'은 '偶然找到(우연히 찾아내다)'로 바꿀 수 있다.
4. '好地方'이라는 것은 결국 환경이 조용한 곳이라는 뜻이므로 하나로 합치는 것이 좋다.
5. 마지막의 '拉小提琴(바이올린 켜다)'은 연습을 의미하므로 '练琴'으로 줄이는 것이 좋다.

문제 2

| 不几年的功夫，他就当上了公司的总经理，并且娶了一个贤惠的妻子。看着自己的家因为自己的努力变得越来越美满，他感到前所未有的充实。 | 몇 년 되지 않는 시간 동안, 그는 회사의 사장이 되었고, 더불어 슬기로운 아내를 얻었다. 자신의 가정이 자신의 노력으로 인해 갈수록 행복해지는 것을 보고, 그는 전에는 없었던 보람을 느꼈다. |

핵심 몇 년 되지도 않아 그는 사장이 됨 → 좋은 아내를 맞이함 → 보람을 느낌

해설
1. '不几年的功夫'는 '몇 년 지나지 않은 시간'으로 '没过几年(몇 년 지나지 않아)'으로 바꿀 수 있다.
2. '슬기로운 아내를 얻고 자신의 노력으로 가정이 행복해졌다'는 내용은 합쳐서 '그가 행복한 가정을 꾸렸다' 즉, '建立了幸福的家庭'으로 바꾸는 것이 훨씬 간단하고 쉽다.
3. 수식어 '前所未有的(전에는 없었던)'는 중요한 부분이 아니므로 삭제해도 좋다.

| 듣기 제2부분 실전 PT 정답 | ▶p.147 |

1. D **2.** A **3.** C **4.** A **5.** C

문제 1-5

女：是什么契机让你进入了沙画这一行?
男：2003年的时候，1.D 我正在苦心研究魔术，所以常在网上寻找创意。有一次偶然在链接中打开了《创世纪》这个沙画视频。犹如魔术般的变幻与灵动表演，让我为之倾倒。后来，一有兴致我也找来玻璃板和工地上的沙子比划。慢慢地从研究魔术开始转向研究沙画。
女：听说你第一次表演也很偶然?
男：既是偶然也是必然。2006年年底，有一位朋友找这种表演形式，我鬼使神差地接下了这个单子。现在想来，当时还是挺有闯劲儿的。其实，自从第一天看到沙画，我就觉得对于我来说，难度并不大。一来，我从小学习书法和绘画，从未间断。其次，我有舞台表演的经历和心理素质。而且我还会魔术，5.C 动手能力比较强，做道具没有问题。
女：2.A 你第一次表演就很顺利，这对你来说应该是一个鼓励吧?
男：那是我的第一次舞台沙画表演，只有三分钟的时间。不过我之前练了很多遍，当台下响起掌声时，我终于舒了一口气。我非常激动，因为我找到了一个能将自身所有特长融于一体的表演形式。
女：沙画表演是即兴创意的成分多，还是台下的练习更重要?
男：出一个好作品，当然准备越充分越好。但很多时候，主办方的想法比较多，这时即兴的成分就多了。
女：沙画是一种瞬间艺术，不能拿来收藏，那它的存在价值是什么?发展方向又如何?
男：沙画集美术、音乐、表演于一身，极具娱乐性。同时，它的商业性质也比较浓。可以说它是特殊的宣传片，它确实也是一种瞬间艺术。我认为从本质上来讲，3.C 沙画的价值在于创新，而非升值和收藏。
女：那你觉得它更倾向于表演艺术还是绘画艺术?
男：我刚才也说了，沙画是融美术、音乐、表演于一体的艺术，但是它究竟更倾向于表演还是绘画，我认为这并不重要。4.A 重要的是沙画能不能给大家带去愉悦。

여: 어떤 계기로 당신은 모래아트라는 이 분야에 들어섰나요?
남: 2003년 때, 1.D 제가 고심하며 마술연구를 하고 있어서 자주 인터넷에서 창의적인 것을 찾고 있었는데, 한 번은 우연히 링크하던 중 ≪창세기≫라는 이 모래아트 동영상을 열게 되었어요. 마치 마술 같은 변환과 재빠른 연출이 저를 매료시켰죠. 후에, 흥미가 생겨 유리판과 공사장의 모래를 가져와서 흉내 내보았습니다. 점점 마술연구에서 모래아트 연구로 전환하게 되었죠.
여: 듣자 하니 첫 번째 공연도 아주 우연이었다고 하던데요?
남: 우연이기도 하고 필연이기도 했죠. 2006년 연말에 한 친구가 이런 공연형식을 찾기에 저는 귀신에 홀린 듯이 바로 이 일을 맡았어요. 지금 생각해보면, 당시에는 그래도 추진력이 있었어요. 사실, 처음 모래아트를 보고 나서, 저는 저한테는 난이도가 그렇게 크지 않다고 여겼어요. 첫째로 저는 초등학교 때부터 서예와 그림을 배웠고, 중단한 적이 없었어요. 그 다음으로는 저는 무대공연 경험과 심리적 자질을 가지고 있었죠. 게다가 저는 마술도 할 줄 아니, 5.C 실행능력이 비교적 좋았고, 도구를 만드는 것도 문제가 없었습니다.
여: 2.A 첫 번째 공연이 매우 순조로웠는데, 이것이 당신에게는 힘이 되었겠죠?
남: 그것은 저의 첫 번째 무대에서의 모래아트 공연이었고, 단지 3분의 시간이 주어졌죠. 하지만 사전에 연습을 여러 번 했기 때문에 무대 아래에서 박수소리가 울릴 때, 마침내 숨을 돌렸죠. 제 자신이 가진 특기가 모두 어우러진 공연형식을 찾아냈다는 것 때문에 매우 감격스러웠어요.
여: 모래아트 공연은 즉흥적이고, 창의적인 부분이 많은데도 무대 아래의 연습이 더욱 중요한가요?
남: 좋은 작품을 하나 만들어내는 데에는 당연히 준비가 충분할수록 좋습니다. 하지만 많은 때에 주최측의 아이디어가 비교적 많으면, 이때 바로 즉흥적인 요소들이 많아져요.
여: 모래아트는 일종의 순간적인 예술이라서 수장할 수 없잖아요. 그러면 그것의 존재 가치는 무엇인가요? 발전방향은 또 어떠한가요?
남: 모래아트는 미술, 음악, 연출이 일체가 되어 있어서 오락성이 강합니다. 동시에 그것의 상업성도 비교적 짙어서 특수한 영상광고이고, 확실히 순간적인 예술이라고 할 수 있습니다. 저는 본질적으로는 3.C 모래아트의 가치가 창의성에 있지, 가치상승과 소장에 있지 않다고 생각해요.
여: 그러면 당신이 여기에 그것은 공연예술의 경향이 강한가요 아니면 회화적인 예술의 경향이 강한가요?
남: 저는 조금 전에도 말했다시피, 모래아트는 미술, 음악, 연출이 융합된 예술이지만, 그것이 도대체 공연예술로 치우쳤는지, 회화적인 예술로 치우쳤는지는 결코 중요하지 않다고 생각합니다. 4.A 중요한 것은 모래아트가 사람들에게 즐거움을 가져다줄 수 있는지의 여부입니다.

문제 1

男的一开始从事的是什么工作?	남자가 처음에 종사한 것은 어떤 일인가?
A 装修　　　　B 节目策划 C 广告宣传　　D 魔术	A 인테리어　　　B 프로그램 기획 C 광고선전　　　D 마술

해설 보기의 A '装修(인테리어)', B '策划(기획)', C '宣传(선전)', D '魔术(마술)' 등을 통해 다양한 분야가 언급된 것을 보아 남자가 종사하고 있는 직업이나 관심 있어 하는 분야 정도를 짐작해볼 수 있다. 그런데 진행자의 첫 번째 질문이 이미 남자가 모래아트 분야의 종사자라는 것을 밝혔으므로 현재의 직업을 물은 것이 아님을 알 수 있고, 이에 남자가 대답한 것을 보면 '我正在苦心研究魔术(제가 고심하며 마술 연구를 하고 있어서)'라고 말한 것으로 보아 1번은 이전에 종사했던 직업을 묻는 문제라고 볼 수 있다. 정답은 D이다.

문제 2

关于男的第一次表演沙画，下列哪项正确?	남자의 첫 번째 모래아트 공연에 관해 아래에 어느 항이 정확한가?
A 很顺利 B 用时长 C 没有报酬 D 是临场发挥	A 매우 순조로웠다 B 시간이 길었다 C 보수가 없었다 D 현장에서(즉흥적으로) 발휘한 것이다

해설 보기를 보면 A '很顺利(순조롭다)', B '用时长(들인 시간이 길다)', C '没有报酬(보수가 없었다)'까지만 보아도 지금 직업인 모래아트에 관한 설명이거나 이전의 직업이었던 마술에 관한 질문의 보기임을 짐작할 수 있다. 하지만 진행자의 세 번째 질문에서 '你第一次表演就很顺利(첫 번째 공연이 매우 순조로웠는데)'라고 작자의 첫 번째 공연에 대한 정보를 밝혔으므로 A가 정답이 될 가능성이 크다. 실제로 정답도 A이다.

문제 3

男的认为，沙画的价值在于什么?	남자는 모래아트의 가치가 무엇에 있다고 여기는가?
A 瞬间美　　　B 抽象美 C 创新　　　　D 收藏	A 순간적인 아름다움　　B 추상미 C 창의성　　　　　　　D 소장

해설 보기를 통해 모래아트의 매력이나 모래아트가 가지는 의미 등과 관련된 문제임을 알 수 있으므로 모래아트에 관해 게스트가 어떤 견해를 가지고 있는지 집중해서 들어야 한다. 다섯 번째 질문에서 모래아트의 가치를 물었고, 게스트가 '沙画的价值在于创新(모래아트의 가치는 창의성에 있다)'이라고 했으므로 정답은 C이다.

문제 4

男的觉得，沙画应该怎么样?	남자는 모래아트는 어떠해야 한다고 여기는가?
A 愉悦大众 B 有明确定位 C 得到大力推广 D 启人深思	A 대중을 즐겁게 만들어야 한다 B 명확한 평가가 있어야 한다 C 강력한 홍보가 있어야 한다 D 시사하는 바가 있어야 한다

해설 A의 '愉悦'는 뒤에 대상이 나와서 '그 대상을 기쁘게 하다'라는 뜻인데 HSK에서는 주로 어떤 행위를 하는 의미를 물을 때 주로 대답하는 유형이므로 4번 문제가 모래아트의 의미나 방향성에 관한 질문임을 짐작해볼 수 있다. 마지막 대답 부분에 '重要的是沙画能不能给大家带去愉悦(중요한 것은 모래아트가 사람들에게 즐거움을 가져다줄 수 있는지의 여부입니다)'라고 말했으므로 정답은 D임을 알 수 있다. 항상 '重要的(중요한 것)'와 같은 어휘가 등장하면 집중해야 한다. 정답은 A이다.

문제 5

关于男的，可以知道什么？	남자에 관해, 무엇을 알 수 있는가?
A 打算放弃沙画	A 모래아트를 포기할 예정이다
B 认为沙画艺术前景堪忧	B 모래아트의 전망이 매우 걱정스럽다고 여긴다
C 动手能力强	C 실행능력이 강하다
D 在音乐领域很有成就	D 음악영역에서 큰 성과가 있었다

해설 인물 정보에 관한 문제이다. 보기가 길 때는 핵심적인 어휘에 집중해서 그와 관련된 내용을 선택적으로 들어야 하므로 포기한다는 내용이 나오면 A에 집중하고, 전망이 우려된다는 내용이 나오면 B, 실행능력에 관해서 나오면 C, 음악 쪽에 성과가 있으면 D에 집중하면 된다. 두 번째 대답 부분에 '动手能力比较强(실행능력이 비교적 좋다)'이라고 했으므로 정답은 C임을 알 수 있다.

독해 제2부분 실전 PT 정답 ▶p.153

1. D   2. A   3. A   4. A   5. A

문제 1

中国吴桥国际杂技艺术节创办于1987年，是以"中国杂技之乡"河北省吴桥县 _____ 的。该艺术节每两年举行一次，现已成功举办十二 _____ ，成为世界各国杂技团体 _____ 形象、交流技艺、增进友谊的平台。	중국 우차오 국제잡기 예술제는 1987년에 창설되었고, '중국 잡기의 고향'으로 허베이성 우차오현에서 명명한 것이다. 이 예술제는 2년마다 한 번 개최되어, 현재 이미 성공적으로 12회 개최되었고, 세계 각국의 잡기팀이 이미지를 뽐내고, 기예를 교류하고, 우의를 증진시키는 플랫폼이 되었다.
A 称呼　卷　呈现	A 부르다　권　드러나다
B 任命　番　展现	B 임명하다　번　펼쳐지다
C 报名　册　提示	C 신청하다　권　힌트를 주다
D 命名　届　展示	D 명명하다　회　뽐내다

해설 **첫 번째 빈칸** – A '称呼'는 '부르다'라는 뜻으로 사람이나 사물에 주로 쓴다. B '任命'은 '任命为 + 직책'의 형태로 쓰여 어떤 직책으로 임명되었는지 설명하는 데 자주 쓰며, '任命为校长(교장으로 임명되다)'과 같이 쓴다. C '报名'은 시험 등을 신청 또는 접수한다는 뜻으로 쓰인다. D '命名'은 이름을 지어준다는 뜻으로 정식으로 이름을 짓는 경우에 많이 쓴다. 허베이성 우차오현이 '중국잡기의 고향'으로 칭한 것이므로 A와 D가 가능함을 알 수 있다.

두 번째 빈칸 – 숫자 뒤에 밑줄이 있으면 들어가야 할 품사가 양사임을 알아야 한다. 이때는 반드시 무엇을 세는 단위인지 가장 중요한 명사를 찾아야 한다. 뒤에는 ','(쉼표)로 절이 끝난 것으로 보아 앞에서 언급된 명사를 확인해야 하고, '艺术节'를 세는 양사임을 알아야 한다. D '届'가 바로 경기, 회의, 축제 등의 회차를 세는 양사이므로 가장 적합하다. A '卷'과 C '册'는 책을 세는 단위이므로 적합하지 않고, B '番'은 '~번'이라는 뜻이 있어서 '열두 번 성공적으로 개최되었다'라고 하면 말이 되는 것 같지만, '番'은 숫자 '一'와만 쓰여서 정확하게 횟수를 세기 힘든 '研究(연구)', '讨论(토론)' 등, 또는 '风景(풍경)'을 세는 양사로도 쓰인다.

세 번째 빈칸 – A '呈现景象(풍경이 나타나다)', B '展现新世界(신세계가 펼쳐지다)', D '展示形象(이미지를 뽐내다)' 등의 함께 잘 쓰이는 조합어휘를 암기해 두어야 한다. 밑줄 뒤의 '形象(이미지)'을 목적어로 가지는 술어, 즉 동사를 찾는 문제이므로 정답은 이미지를 뽐내고, 보여주는 '展示'가 적합하다. 정답은 D이다.

문제 2

历史上有许多事是<u>起于</u> _____ 的，个人的嗜好、一时的错误，皆足以<u>打开</u>一个<u>新</u> _____ 。当其初起时，谁也不在意。以后越走越远，<u>回视作始之时</u>，_____ 。	역사상의 많은 일들은 <u>우연히</u> 일어난 것이고, 개인의 기호, 일순간의 잘못은 모두 새로운 <u>국면</u>을 열기에 충분하다. 그 일이 처음 시작될 때는 누구도 개의치 않는다. 이후에 갈수록 멀어져, 그 일의 시작을 되돌아 봤을 때, <u>완전히 다른 세상의 일 같아진다</u>.
A 偶然　局面　恍若隔世 B 偶尔　局部　不屑一顾 C 果然　结局　不可思议 D 忽然　全局　恍然大悟	A 우연히　　국면　　마치 딴 세상 같다 B 때때로　　부분　　조금도 거들떠 볼 가치가 없다 C 과연　　　결말　　불가사의하다 D 갑자기　　전체국면　갑자기 깨닫다

해설　**첫 번째 빈칸** – 역사상의 많은 일들이 어떻게 일어난 것인지를 설명할 수 있는 어휘를 찾아야 한다. A '偶然'은 의도치 않게 우연하게 일어난 일에 쓰이고, B '偶尔'은 빈도수가 많지 않게 가끔 일어나는 일에, C '果然'은 예상한 대로 일어나는 일에, D '忽然'은 돌연 발생한 일에 쓰이는 어휘이다. 내용적으로는 A의 '우연히'와 '갑자기'가 가장 어울리지만, 밑줄 앞에 '起于(~에 기인하다)'가 있으므로 부사인 '忽然'이 목적어로 나올 수 없다. 내용적으로나 어법적으로 A가 가장 적합하다.

　　　두 번째 빈칸 – A '局面'은 어떤 일이 벌어진 상황이나 형편을 나타내는 어휘이고, B '局部'는 국부, 즉 전체가 아닌 부분을 나타내는 어휘이다. C '结局'는 '결말'로 '过程(과정)'에 대비되는 어휘로 자주 등장한다. D '全局'는 '整个局面'의 줄임말로 전체적인 국면을 말한다. 밑줄 앞에 '新(새로운)'이 있으므로 '新'의 수식을 받으면서 '打开(열다)'를 술어로 쓸 수 있는 명사여야 한다. A의 '局面'은 '打开局面(국면을 열다)'이 조합어휘이기 때문에 적합하지만, '국면'이라는 의미가 포함되어있는 '全局'는 '전체판 혹은 전체적인 형국'을 설명하는 어휘로 '打开'와 호응하지 않음을 알아야 한다.

　　　세 번째 빈칸 – 처음 시작과 멀어진 후에 뒤돌아보면 '어떠하다'는 내용의 글이므로 어떤 형국이 시간이 지나고 나면 어떻게 되는지를 설명할 수 있는 성어를 찾아야 한다. '그 일의 시작을 되돌아 봤을 때'가 전제조건이므로 '완전 다르게 보인다'는 의미의 '恍若隔世(온전히 다른 세상의 일 같다)'가 가장 적합하다. 정답은 A이다.

문제 3

无论做什么事情，都应该<u>按照</u>一定的 _____ ，遵循一定的规律，_____ 向前，千万不可操之过急。<u>否则</u>，必将事倍功半，_____ 。	어떤 일을 하든 간에 모두 일정한 <u>순서</u>와 일정한 규율에 따라, <u>점점</u> 앞을 향해야 하고, 절대 서둘러서는 안 된다. 그렇지 않으면 힘들인 것에 비해 성과는 적고, <u>일이 바람대로 되지 않게 될</u> 것이다.
A 次序　逐步　事与愿违 B 秩序　依旧　急于求成 C 名次　逐渐　半途而废 D 规范　仍旧　南辕北辙	A 순서, 차례　점차　　일이 바람대로 되지 않다 B 질서　　　　여전히　일을 이루려 서두르다 C 석차　　　　점차　　도중에 포기하다 D 규범　　　　여전히　하는 행동이 목적과 상반되다

해설　**첫 번째 빈칸** – 동사 '按照(따르다)'의 목적어가 될 수 있는 명사를 찾아야 한다. 그 앞의 내용이 '어떤 일을 하든 간에'로 일의 전제조건이 통상적으로 일을 할 때 우리가 따라야 하는 것이므로 A '次序(순서, 차례)'나 D '规范(규범)'이 잘 어울림을 알아야 한다.

　　　두 번째 빈칸 – A '逐步'와 C '逐渐'이 같은 의미의 어휘이고, B '依旧'와 D '仍旧'가 같은 의미의 어휘임을 먼저 알아야 한다. 밑줄 뒤의 어휘가 '向前(앞을 향하다)'이므로 '점점 혹은 점차 앞으로 향한다'는 내용이 적합하므로, A와 C가 적합하다.

　　　세 번째 빈칸 – 사자성어 문제로 앞의 '否则'를 힌트로 삼는 것이 좋다. '否则' 앞의 내용은 통상적으로 '~해라/~하지 마라'의 명령투로 그 명령을 듣지 않았을 때 발생 가능한 안 좋은 가정을 '否则' 뒤에 쓰므로 순서에 따라, 규정에 따라, 점점 앞을 향하지 않았을 경우 어떻게 되는지 결과를 추측해보아야 하고, 일반적인 상황이라면 '일이 바람대로 되지 않는다'라는 A '事与愿违'가 가장 적합하다. 정답은 A이다.

문제 4

《城南旧事》是作家林海音以其7岁到13岁的生活为_____写成的一部自传体短篇小说集。全书用_____的笔触，描绘出一_____二十世纪二三十年代老北京的生活画卷，_____了很多读者。

A 背景　细腻　幅　感染
B 情节　精确　丛　激励
C 情景　细致　副　勉励
D 前景　精致　串　感慨

《城南旧事》는 작가 린하이인이 그의 7세부터 13세 때의 생활을 배경으로 삼아 쓴 한 편의 자전적인 단편소설집이다. 전부 섬세한 필치로 한 폭의 20세기 2, 30년대 베이징의 생활 장면을 묘사해내어, 많은 독자들을 감동시켰다.

A 배경　섬세하다　폭　감염시키다, 감동시키다
B 줄거리　정확하다　덤불　격려하다
C 정경　세심하다　세트, 벌　장려하다
D 장래　정교하다　꿰미, 송이　감격하다

해설　**첫 번째 빈칸** – 밑줄 앞의 내용을 보면 '以A为B(A를 B로 삼다)'의 패턴을 사용하여 린하이인이라는 작가의 7세부터 13세까지의 생활을 무엇으로 삼아 썼는지에 집중해야 한다. 사람의 어떤 시기의 생활은 배경, 혹은 줄거리로 삼았을 가능성이 가장 크므로 A '背景'과 B '情节' 둘 중의 하나가 답이 될 가능성이 크다.
두 번째 빈칸 – A '细腻'는 문학의 표현 방법이 '섬세하다'라는 뜻으로 자주 쓰이고 글과 관련된 내용에 자주 등장한다. B '精确'는 계산이나 분석이 '정확하다'라는 뜻으로 쓰이므로 내용과는 관계가 없다. C '细致'는 사람이 '세심하고 꼼꼼하다'는 뜻으로 작가 린하이인이나 주인공을 묘사하지 않고서는 정답이 될 가능성이 적다. D '精致'는 만들어낸 제품이 '정교하다'라는 뜻으로 자주 쓰이므로 역시 이 글과는 어울리지 않는 어휘이다. '~한 필치(글에 나타난 개성)'라고 했으므로 글과 관련된 A가 가장 적합하다는 것을 알 수 있다.
세 번째 빈칸 – 세 번째 빈칸에 들어갈 단어는 모두 양사이다. A '幅'는 그림, B '丛'은 덤불을 셀 때, C '副'는 짝이 있는 것을 세는 양사로 '벌, 세트'로 쓰이고, D '串'은 꿰어져 있는 것(一串珍珠 한 꿰미의 진주, 一串葡萄 한 송이 포도)을 세는 데에 자주 쓰이는데 글에서는 '画卷(긴 그림)'을 셀 수 있는 양사를 찾는 것이므로 A가 가장 적합함을 알 수 있다.
네 번째 빈칸 – 밑줄은 동사의 자리로 '读者(독자)'를 목적어로 삼을 수 있는 동사여야 하는데, B '勉励'는 목적어로 장려하는 내용이 나와야 사람만 목적어로 올 수 없기 때문에 답이 될 수 없다. D '感慨'도 '감개무량하다'라는 뜻으로 사람을 목적어로 쓸 수 없다. A '感染'은 책이나 사상 등이 사람을 감동시키고 동화시킨다는 뜻이므로 책이 소재인 이 지문의 정답이 될 가능성이 높다. B '激励(격려하다)' 또한 사람을 목적어로 가질 수 있는 동사이므로 B '激励'에 가능성을 두어도 좋지만 A '感染'도 밑줄에 가능한 어휘이다. 정답은 A이다.

문제 5

哭泣是孩子愈合感情创伤的_____过程。哭泣时，孩子的注意力完全集中在自己的感受上，对周围人的告诫和劝慰毫不_____。通过哭泣排解烦恼后，他们又会精神焕发地面对生活。_____父母在孩子哭泣时对其加以责备，他们会觉得_____，情绪陷入低谷，久而久之，孩子可能会变得_____。

A 必要　在意　假如　雪上加霜　自卑
B 难免　操心　与其　热泪盈眶　谦逊
C 必然　在乎　即使　苦尽甘来　虚伪
D 难得　当心　宁可　无精打采　镇定

우는 것은 아이들이 감정의 상처를 치유하기 위해 필요한 과정이다. 울 때, 아이들의 주의력은 완전히 자신의 감정에 집중되고, 주위 사람들의 훈계와 위로는 조금도 신경 쓰지 않는다. 우는 것을 통해 고민을 없앤 후에 그들은 기운을 내어 생활을 마주하게 된다. 만약에 부모가 아이들이 울 때 그것에 대해 질책한다면, 그들은 설상가상이라 느낄 수 있어 기분은 완전히 다운되며 오랜 시간이 지나면 아이들은 아마도 자존감이 낮게 변할 것이다.

A 필요하다　신경 쓰다　만약　설상가상이다　자존감이 낮다
B 면하기 어렵다　걱정하다　~하느니　감격하다　겸손하다
C 필연적이다　신경 쓰다　설령　고진감래　허위의
D 얻기 어렵다　조심하다　차라리 ~할지언정　활기가 없다　침착하다

해설　**첫 번째 빈칸** – 우는 것은 아이들이 감정의 상처를 치유하기 위해 어떠한 과정인지를 묻는 것이다. B '难免'은 피하기 힘든 상황에 자주 쓰이고, C '必然'은 필연적인 내용, D '难得'는 얻기 힘든 사물에 쓰는 어휘이다. 우는 것은 필요한 과정이라는 내용이므로 A가 가장 적합하다.

두 번째 빈칸 – 아이가 울 때, 주위 사람들의 훈계와 위로를 어떻게 여기는지가 관건이다. 또한 바로 앞의 어휘가 '毫不(조금도 ~하지 않다)'임을 확인해야 한다. A '在意'와 C '在乎'는 같은 의미로 신경을 쓴다는 뜻이고, B '操心'은 마음 쓰는 일이 나와야 하는데 보통 '为A操心' 또는 '让A操心'의 형태로 쓴다. D '当心'은 '조심하다'는 뜻으로 뒤에는 조심해야 하는 대상이 온다. 아이들이 울 때 훈계와 위로를 '조금도 ~하지 않는다'는 내용이니 '신경 쓰지 않는다'는 A '在意'와 C '在乎'가 적합하다.

세 번째 빈칸 – 보기의 어휘들이 접속사이므로 연결되는 접속사나 부사를 확인해야 한다. A '假如'는 '那么/就/会'와, B '与其'는 '不如'와, C '即使'와 D '宁可'는 '也'와 함께 호응하는 접속사이다. 밑줄이 포함된 절의 내용은 아이들이 우는데 부모가 꾸짖는다는 내용이고 뒤에는 아이들이 어떻게 느낄 것인지를 '会'를 써서 결과를 추측하고 있으므로 가정을 나타내는 접속사 A '假如'가 가장 잘 어울린다.

> **TIP** 假如A会B(만약에 A한다면 B할 것이다)/ 与其A不如B(A를 하는 것은 B만 못하다)/
> 即使A也B(설령 A하더라도, 역시 B하다)/ 宁可A也B(차라리 A하더라도, B하다)

네 번째 빈칸 – 어울리는 성어를 선택해야 한다. 앞의 내용이 우는 아이에게 가장들이 질책까지 더하는 내용이 나오고, 밑줄 바로 앞이 '他们会觉得(그들(아이)이 느낀다)'라는 내용이 나왔으므로 아이들이 우는데 가장들이 질책까지 더하면 엎친 데 덮친 격으로 상황이 더 안 좋아짐을 짐작할 수 있고 그에 가장 알맞은 성어는 A '雪上加霜(설상가상이다)'임을 알 수 있다.

다섯 번째 빈칸 – 밑줄 앞의 내용을 보면 '情绪陷入低谷(아이들의 기분이 완전 다운되게 된다)'라는 내용이 나오고 이렇게 되면 아이들이 어떻게 변하는지를 설명할 수 있는 어휘를 선택해야 한다. 앞의 내용과 자연스럽게 이어지려면 부정적인 내용을 설명할 수 있는 어휘가 적절하므로 A와 C 둘 중의 하나임을 알 수 있는데 부모에게 꾸짖음을 당해 기분이 다운되면 C의 '虚伪(위선적)'로 변하는 것보다는 A의 '自卑(자존감이 낮고 열등하다)'하게 변하는 것이 적합하다. 정답은 A이다.

쓰기 실전 PT 정답 ▶p.159

1. 他发现得到的书是早已失传的《太公兵法》，他感到很惊讶。从此以后，他日夜学习这部书，后来真的成了大军事家，为汉王朝的建立，做出了很大的贡献。

그는 얻은 책이 이미 전해지지 않는 《태공병법》이라는 것을 알아내고는 매우 놀랐다. 이후에 그는 밤낮으로 공부해서 후에 정말로 대군사가가 되었고 한 왕조의 건립을 위해 매우 큰 공헌을 했다.

2. 有一次期末考试的前一天，时间已经过去半天了，而她的功课很多没复习。但她不想放弃午睡，就让我下午两点叫她。

어떤 기말시험 하루 전, 시간이 이미 반나절이 흘렀는데 그녀의 과목은 많이 복습되지 못했다. 그러나 그녀는 낮잠을 포기하고 싶지 않아했고 나에게 오후 2시에 그녀를 깨워달라고 했다.

문제 1

| 等到天亮，他打开手中的书，他惊奇地发现自己得到的是《太公兵法》，这可是天下早已失传的极其珍贵的书呀，他惊异不已。从此后，他捧着《太公兵法》日夜攻读，勤奋钻研。后来真的成了大军事家，做了刘邦的得力助手，为汉王朝的建立立下了卓著功勋，名噪一时。 | 날이 밝자, 그는 수중의 책을 펼쳐 보았고, 그는 놀랍게도 자신이 얻은 것이 《태공병법》이라는 것을 알게 되었다. 이것은 세상에는 이미 전해지지 않는 아주 진귀한 책이어서, 그는 놀라움을 금치 못했다. 이후부터 그는 《태공병법》을 들고 밤낮으로 공부하고 몰두해서 연구했다. 후에 정말 대군사가가 되었고, 유방의 오른팔이 되어 한 왕조의 건립을 위해 큰 공을 세워, 이름을 세상에 떨쳤다. |

해설
1. 《태공병법》에 관한 정보로 꼭 필요한 것은 '他得到的(그가 얻은 것)', '已失传的(이미 전해지지 않은 것)'라는 사실이므로 간단하게 '他得到的书是早已失传的《太公兵法》'라고 바꿀 수 있다.
2. '他惊奇不已(그는 놀라움을 금치 못했다)'는 '他感到很惊讶(그는 놀랐다)'로 쉽게 바꿀 수 있다.
3. '日夜攻读(밤낮으로 공부하다)'와 '勤奋钻研(몰두해서 연구하다)'은 겹치는 내용으로 하나로 줄여도 되고, 간단하게 '日夜学习(밤낮으로 공부하다)'로 바꾸어 줄여도 좋다.
4. 유방의 오른팔이 되어 한 일이 왕조 건립을 도운 일이므로 '做了刘邦的得力助手(유방의 오른팔이 되었다)'는 내용은 삭제해도 좋다.
5. '立下了功勋(공훈을 세웠다)'은 좀 더 익숙한 '做出了贡献(공을 세웠다)'으로 바꿀 수 있다.

문제 2

某次期末考试的前一天，她的功课还有一半没看过，~~而这一天~~的时间也已经过去一半了。~~如此紧迫的形势~~都不能破坏她每天一个午觉的习惯，~~但临睡前，~~她叮嘱我下午两点~~务~~必把她叫起来。	어떤 기말고사 하루 전, 그녀의 (시험)과목은 아직 반도 보지 못했는데, ~~이~~ 하루의 시간도 이미 반이나 지나가 버렸다. ~~이처럼 긴박한 상황조차도~~ 그녀가 매일 낮잠 자는 습관을 깨지 못했다. 하지만 ~~잠들기 전에,~~ 그녀는 나에게 오후 두 시에 ~~반드시~~ 그녀를 깨워달라고 당부했다.

해설
1. '某次'는 '有一次'로 바꿀 수 있다.
2. '她的功课还有一半没看过，而这一天的时间也已经过去一半了(그녀의 (시험)과목을 반도 못 봤는데 이미 하루의 반이 지나갔다)'는 '时间已经过去半天了，而她的功课很多没复习(시간이 이미 반나절이 흘렀는데 그녀의 과목은 많이 복습하지 못했다)'로 바꾸어도 좋다.
3. 앞에서 이미 시험 전 날로 시간이 긴박하다는 것을 설명했으므로 '如此紧迫的形势(이처럼 긴박한 상황)'라는 직접적인 수식어는 필요하지 않다.
4. '不能破坏她每天一个午觉的习惯(그녀의 낮잠 자는 습관을 깰 수 없었다)'은 '그녀는 낮잠을 포기하고 싶지 않아했다', 즉, '她不想放弃午睡'로 간단하게 줄일 수 있다.
5. '叮嘱我把她叫起来(나에게 깨워달라고 당부했다)'는 사역으로 바꾸어 '让我叫她(나에게 깨워달라고 했다)'로 바꾸는 것이 쉽다.

듣기 제2부분 실전 PT 정답 ▶p.167

1. A **2.** D **3.** A **4.** D **5.** A

문제 1-5

男：您对奋斗和进取的理解是怎样的?
女：**1.A** 我觉得进取就是你不断去创造新的东西。新的东西不仅仅是你所喜欢的，也是能够让其他人受益的。我觉得这个就是进取精神了。
男：您是一位很成功的事业女性，您认为作为一个女性创业者，应该怎样面对挑战和挫折?
女：**2.A** 我觉得通常人们都认为女性会比较稳妥，她们对于风险的承受能力不是特别大。但是，只要你创业，肯定有失败。**2.D** 我的一个心得，就是你不能因为怕失败就不去做你想做的事情。我自我鼓励的一句话就是"宁可在创新中失败，也不在保守中成功！"

남: 당신의 분투와 진취에 대한 이해는 어떠한가요?
여: **1.A** 저는 진취는 바로 당신이 끊임없이 새로운 것을 창조해 내는 것이라고 여깁니다. 새로운 것은 당신이 좋아하는 것일 뿐만 아니라, 다른 사람도 이익을 받을 수 있게 하는 것이죠. 저는 이것이 바로 진취적인 정신이라고 생각합니다.
남: 당신은 성공한 여성사업가입니다. 한 명의 여성창업자로서 도전과 좌절을 어떻게 마주해야 한다고 여기나요?
여: **2.A** 저는 통상적으로 사람들은 모두 여성이 비교적 안정적이고, 그녀들의 위험에 대한 감당 능력이 크지 않다고 여긴다고 생각합니다. 하지만, 당신이 창업을 하기만 하면 틀림없이 실패가 있을 겁니다. **2.D** 제가 얻은 소감은 바로 당신은 실패를 두려워해서 당신이 하고 싶어하는 일을 안 해서는 안 된다는 것입니다. 저 스스로에게 격려하는 말이 하나 있는데, 그것은 바로 '새로운 것을 창조하는 중에 실패를 할지언정, 보수적인 생각 속에서는 성공하지 않겠다!'는 것입니다.

男: 就是我们要足够勇敢地去面对和承担?
女: 对。3.A 特别是我觉得人在年轻的时候要有勇气去尝试, 哪怕是犯错误, 哪怕是跌跟头, 因为你年轻, 你输得起, 就应该去做。而不要等到年老的时候回头一想, 在我还有勇气, 还能输得起的时候, 我却没有去放手一搏。
男: 您对成功人生的定义是怎样的呢?
女: 4.D 我觉得只要按照自己想过的方式去生活就是成功, 而不是千人一面地寻求某一种成功的方式。因为我们现在对成功的定义太狭窄了。我认为只要一个人忠实于自己的内心, 能够按照自己想要的方式去生活, 就是很成功了。我希望大家如果有条件的话, 还是要做自己感兴趣的事情。说实话, 如果你不是打内心里喜欢做一件事情, 你很难做得好。
男: 是这样的, 现在很多年轻人真的都很迷茫, 包括我自己在内, 都不是很清楚自己的定位是什么。在您的心目中一个理想的女性应该是怎样的呢?
女: 5.A 我觉得没有理想的女性, 每一个人都是不同的, 都可以做最精彩的自己, 千万不要试图做别人。

남: 바로 우리가 충분히 용감하게 마주하고 임해야 된다는 말씀이시죠?
여: 그렇습니다. 설령 잘못을 저지르고, 바닥에 곤두박질 치더라도 3.A 특히, 젊을 때 용감하게 시도해봐야 한다고 생각합니다. 당신은 젊기 때문에 실패에 승복하며 해 나가야 합니다. 나이가 들고나서야 자신이 아직은 용기가 있고 아직은 실패에 승복할 수 있을 때, 오히려 대담하게 시도해보지 못했음을 후회하지 마세요.
남: 당신의 성공에 대한 정의는 어떠한가요?
여: 저는 천편일률적으로 성공의 방식을 찾는 것이 아니라, 4.D 자신이 생각한 방식대로 하는 것이 바로 성공이라고 생각합니다. 우리는 현재 성공에 대한 정의가 너무 좁습니다. 저는 사람은 자신의 마음에 충실해, 자신이 하고 싶은 방식대로 생활하는 것이 바로 성공한 것이라고 여깁니다. 저는 모두가 만약에 조건이 된다면, 자신이 흥미가 있는 일을 하기를 바랍니다. 솔직히 말해, 만약에 마음속으로 좋아하는 일을 하는 것이 아니라면 당신은 잘해내기 어려울 것입니다.
남: 그렇군요. 현재 많은 젊은이들이 진짜 혼란스러워 하고 있습니다. 저를 포함해서 모두 자신의 위치가 어떤 것인지 잘 알지 못하죠. 당신 마음속의 이상적인 여성은 어떤 사람입니까?
여: 5.A 저는 이상적인 여성은 없다고 생각합니다. 모든 사람이 다 다르고, 모두 가장 훌륭한 자신이 될 수 있습니다. 절대 다른 사람이 되려고 시도하지 마세요.

문제 1

女的认为进取的精神是什么?

A 创新 B 拼搏
C 勇敢 D 自信

여자는 진취적인 정신이 어떤 것이라고 여기는가?

A 창조하는 것 B 전력을 다해 싸우는 것
C 용감한 것 D 자신이 있는 것

해설 보기를 통해 사람이 가져야 할 마인드나 중요하게 여기는 부분에 관한 질문이 나올 것이라는 것을 짐작해볼 수 있다. 첫 번째 질문이 분투와 진취에 대한 이해였고, 그에 대한 답으로 게스트가 '我觉得进取就是你不断去创造新的东西(저는 진취는 바로 당신이 끊임없이 새로운 것을 창조해내는 것이라고 여깁니다)'라고 대답했으므로 정답은 A '创新(창조해내는 것)'이라는 것을 알 수 있다.

문제 2

女的创业的心得是什么?
A 做事要稳妥
B 努力规避风险
C 学会自我鼓励
D 不要被失败吓退

여자의 창업 소감은 무엇인가?
A 일을 하려면 안정적이어야 한다
B 노력하면 위험을 피할 수 있다
C 자기 격려를 할 줄 알아야 한다
D 실패에 놀라 물러나지 말아야 한다

해설 보기에 '要(해야 한다)', '不要(하지 마라)'가 있는 것으로 보아 게스트의 견해와 관련 있는 문제임을 짐작할 수 있다. 두 번째 질문의 대답으로 '我的一个心得, 就是你不能因为怕失败就不去做你想做的事情(제가 얻은 소감은 바로 당신은 실패를 두려워해서 당신이 하고 싶어하는 일을 안 해서는 안 된다는 것입니다)'이라고 했으므로 정답은 D임을 알 수 있다. 앞에 '我觉得通常人们都认为女性会比较稳妥(저는 통상적으로 사람들은 모두 여성이 비교적 안정적이라고 여긴다고 생각합니다)'에서 '稳妥'가 언급되긴 하지만 이 부분은 게스트가 사람들이 그렇게 여긴다고 생각하는 것이지, 게스트의 견해가 아니므로 A는 답이 될 수 없다. 정답은 D이다.

문제 3

女的认为年轻时应该怎么样?	여자는 젊을 때 어떻게 해야 한다고 여기는가?
A 勇于尝试	A 용감하게 시도해봐야 한다
B 谦虚学习	B 겸손하게 공부해야 한다
C 处事谨慎	C 일 처리는 신중해야 한다
D 坚持不懈	D 게으르지 않게 꾸준히 해야 한다

해설 보기의 핵심어휘인 '勇于(용감)', '谦虚(겸손)', '谨慎(신중)', '坚持(꾸준함)' 등을 통해 추구해야 하는 삶의 자세를 짐작해볼 수 있다. 세 번째 질문에서 이미 진행자가 '就是我们要足够勇敢地去面对和承担?(바로 우리가 충분히 용감하게 마주하고 임해야 된다는 말씀이시죠?)'이라고 물은 것에 대해 게스트가 '对(그렇습니다)'라고 대답했으므로 '勇敢'이 있는 A가 이미 가능성이 있는데 이어지는 내용에서 '特别是我觉得人在年轻的时候要有勇气去尝试(특히 젊을 때 용감하게 시도해봐야 한다고 생각합니다)'라고 말했으므로 정답은 A 勇于尝试(용감하게 시도하다)가 확실하다.

문제 4

女的认为什么样的人生才是成功的?	여자는 어떤 인생이 성공이라고 여기는가?
A 充满激情	A 열정으로 가득 차야 한다
B 轻松闲适	B 홀가분하고 여유로워야 한다
C 拥有自己的事业	C 자신의 일을 가지고 있어야 한다
D 按自己喜欢的方式生活	D 자신이 좋아하는 방식대로 생활해야 한다

해설 C '拥有自己的事业(자신의 일을 가지고 있다)'와 D의 '按自己喜欢的方式生活(자신이 좋아하는 방식대로 생활한다)'를 보면 게스트의 정보나 게스트가 생각하는 어떤 일에 필요한 조건 정도를 짐작해볼 수 있는데, 네 번째 진행자의 질문이 성공에 대한 정의이므로 이에 대한 대답을 집중해서 들어야 한다. 대답에서 '我觉得只要按照自己想过的方式去生活就是成功(자신이 생각한 방식대로 하는 것이 바로 성공이라고 생각합니다)'이라고 했으므로 정답은 D 按自己喜欢的方式生活이다.

문제 5

女的认为理想的女性是怎样的?	여자는 이상적인 여성은 어떤 사람이어야 한다고 여기는가?
A 并不存在	A 결코 존재하지 않는다
B 无法形容	B 묘사할 방법이 없다
C 不依靠别人	C 다른 사람에게 기대지 않아야 한다
D 兼顾事业与家庭	D 일과 가정을 함께 돌봐야 한다

해설 A '并不存在(결코 존재 하지 않는다)'와 B '无法形容(묘사할 방법이 없다)'에서 어떤 것에 대한 게스트의 견해를 묻는 것처럼 보이지만 C '不依靠别人(다른 사람에게 기대지 않아야 한다)'와 D '兼顾事业与家庭(일과 가정을 함께 돌봐야 한다)'이 있으므로 대상은 어떤 종류의 '사람'이고 이 사람에 관한 게스트의 견해를 묻는 문제임을 짐작해볼 수 있다. 그런데 진행자의 마지막 질문이 이상적인 여성에 관한 게스트의 견해를 물었으므로 집중해서 들어야 한다. 게스트는 '我觉得没有理想的女性(저는 이상적인 여성은 없다고 생각합니다)'이라고 대답했으므로 정답은 A 并不存在이다.

독해 제2부분 실전 PT 정답 ▶p.172

| 1. C | 2. A | 3. B | 4. A | 5. A |

문제 1

说起香料，似乎总带有异域色彩，<u>然而</u>，樟脑却是个_____。樟脑的原产地是中国，在海上丝绸之路的贸易中，它曾_____<u>到多个国家</u>。樟脑还具有<u>药用</u>_____，可以醒神、止痛。			향료를 말하자면, 마치 항상 이국적인 색채를 가지고 있는 것 같지만, 장뇌는 오히려 <u>예외</u>이다. 장뇌의 원산지는 중국으로, 해상 실크로드 무역에서 그것은 일찍이 많은 국가로 <u>수출되었다</u>. 장뇌는 또한 약의 <u>효능</u>도 가지고 있어, 각성시키고 통증을 멈추게 할 수 있다.			
A 极限	开拓	成效		A 최대치	개척하다	성과
B 意外	发布	功能		B 의외	선포하다	기능
C 例外	**出口**	**功效**		**C 예외**	**수출하다**	**효능**
D 分歧	延伸	性质		D 차이	뻗어나가다	성질

해설 **첫 번째 빈칸** – A '极限'은 '최대치'라는 뜻이므로 답이 되려면 접속사 '然而(그런데)'과 '却(오히려)' 있기 때문에 앞은 최대치가 아닌 것 같다는 내용이 나와야 하고, B '意外'는 '의외'라는 뜻으로 예상치 못한 내용이 이어지기 때문에 해석상 이어지는 듯하지만 '意外'는 주로 예기치 못한 불행한 사건, 사고 등을 설명하므로 적합하지 않다. D '分歧'는 '차이(불일치)'라는 뜻으로 '달리 하는 두 가지 생각이나 견해' 등에 쓰이므로 내용상 적합하지 않다. 밑줄 앞의 '然而(그런데)'과 '却(오히려)'가 힌트이다. 그 앞의 내용이 향료를 말하면 이국적인 색채를 가지고 있는 것 같지만 그런데 뒤의 '樟脑(장뇌)'는 그렇지 않다는 내용이 나와야 하므로 장뇌만 예외라는 뜻의 C '例外(예외이다)'가 가장 적합하다.

두 번째 빈칸 – 밑줄 뒤의 '到多个国家(여러 국가로)'가 힌트이다. 장뇌가 다른 여러 나라에 어떻게 되었는가가 이어져야 하는데 장뇌는 앞에서 향료, 즉 사물임을 밝혔으므로 C '出口(수출하다)'가 가장 적합함을 알 수 있다. A '开拓'는 개척할 수 있는 '市场(시장)', '命运(운명)', B '发布'는 선포할 수 있는 '命令(명령)', '声明(성명)', D '延伸'은 뻗어나갈 수 있는 '平原(평원)', '山脉(산맥)' 등과 함께 잘 쓰인다.

세 번째 빈칸 – 앞의 '药用(약용)'과 함께 조합을 이룰 명사를 찾아야 한다. A '成效(성과)'는 얻어낸 예상했던 좋은 결과를 뜻하고, B '功能(기능)'은 구실이나 작용을 뜻하여, 주로 인체기관의 기능, 예를 들면 '心脏的功能(심장의 기능)' 등으로 쓰인다. D의 '性质(성질)'는 사물이나 현상이 가지고 있는 고유의 특성을 말하므로 A, B, D는 '药用'과 적합하지 않다. C '功效(효능)'는 '약으로서의 효능을 나타낸다'는 것을 '有药用功效(약용의 효능이 있다)'라고 말할 수 있으므로 C가 가장 적합하다. 정답은 C이다.

문제 2

很多跑步爱好者都喜欢快慢变速跑，即在_____距离内，快跑一分钟、慢跑5分钟_____进行。这样快慢变速跑，能更有效地促进<u>血液</u>_____和热量燃烧，达到更佳的锻炼效果。			많은 달리기 애호가들은 모두 빠르기를 바꾸어 뛰는 것을 좋아한다. 즉, <u>규정</u>된 거리 안에서 빠르기 1분 달리고, 천천히 5분 달리는 것을 <u>바꾸어가며</u> 진행한다. 이렇게 빠르기를 바꾸어 뛰는 것은 혈액<u>순환</u>과 칼로리 연소를 효과적으로 촉진시킬 수 있고, 더욱 좋은 단련효과에 도달할 수 있다.			
A 规定	**交替**	**循环**		**A 규정하다**	**번갈아 교체하다**	**순환**
B 拟定	交换	调整		B (초안을) 세우다	교환하다	조정
C 确定	代替	压缩		C 확정하다	대체하다	압축
D 制定	交叉	流通		D 제정하다	교차하다	유통

해설 **첫 번째 빈칸** – '距离'를 목적어로 가질 수 있는 동사를 찾아야 한다. B '拟定'은 '(초안 등을) 세우다, 입안하다'의 뜻으로 주로 '拟定方案(방안을 세우다)', '拟定草案(초안을 세우다)'으로 쓰인다. C '确定'은 '확실하게 정하다'라는 뜻으로 '确定方向(방향을 확정하다)'으로 잘 쓰인다. D '制定'은 '계획이나 법규 등을 만들어 정한다'는 뜻으로 '制定计划(계획을 세우다)'로 쓰이므로 거리와는 어울리지 않는다. A '规定'은 '수치나 범위 등을 제한하여 정한다'는 뜻으로 '距离'와 가장 잘 어울린다.

두 번째 빈칸 – A '交替'는 '어떤 것이 번갈아 교대하거나 번갈아 바뀐다'는 뜻으로 '昼夜交替(밤낮이 계속 바뀌다)', '季节交替(계절이 교체되다)' 등으로 쓰인다. B '交换'은 사물을 서로 바꾸는 것을 의미하고 주로 '交换意见(의견을 교환하다)', '交换商品(상품을 바꾸다)' 등으로 쓰인다. C '代替'는 다른 것으로 대신하는 것을 의미하고 주로 대신하는 사람이나 일과 함께 '代替同事值班(동료를 대신하여 당직을 서다)' 등으로 쓰인다. D '交叉'는 서로 엇갈리거나 마주치는 것을 의미하고 주로 '道路交叉(도로가 교차하다)'로 쓰인다. 앞의 내용이 빠르게 1분 달리는 것과 천천히 5분 달리는 것을 번갈아 바꾸어 진행한다는 내용이므로 A가 가장 적합하다.

세 번째 빈칸 – 앞의 '血液(혈액)'와 조합을 이루는 명사를 찾아야 하는 문제인데 '血液循环(혈액순환)'은 보편적인 어휘라서 찾기 어렵지 않다. 나머지 어휘는 주로 B '人事调整(인사조정)', C '压缩空气(압축공기)', D '流通过程(유통과정)' 등으로 쓰인다. 정답은 A.

문제 3

心理资本是指个体在成长过程中表现出来的一种积极心理_____，是超越人力资本和社会资本的一种_____心理要素。它将心理学和管理学的理论与实践相结合，拓宽了管理的_____。拥有过人心理资本的员工能以积极的情绪_____工作，工作效率也会更高。	심리자본은 성장과정 중에 표현해내는 일종의 긍정적인 심리 상태이고, 인력자본과 사회자본의 일종의 핵심 심리요소이다. 그것은 심리학과 경영학의 이론을 실천과 서로 결합시켜, 경영의 시야를 넓혔다. 뛰어난 심리자본을 가지고 있는 직원은 긍정적인 정서로 일에 몰두하여 일의 효율도 더욱 높아지게 된다.
A 形态　热门　视线　处置 B 状态　核心　视野　投入 C 情景　中央　局限　征服 D 情形　焦点　界限　施展	A 형태　인기 있는　시선　처분하다 B 상태　핵심　시야　투자하다 C 정경　중앙　제한　정복하다 D 정황　초점　경계　(재능을) 펼치다

해설 **첫 번째 빈칸** – 밑줄 앞의 '心理(심리)'와 조합을 이룰 수 있는 명사를 찾아야 하는데 A '形态(형태)', C '情景(정경)', D '情形(정황)'은 심리와 함께 쓸 수 없으므로 B '状态(상태)'가 가장 적합하다는 것을 알 수 있다.
두 번째 빈칸 – 밑줄 뒤의 '心理要素(심리요소)'와 조합을 이룰 수 있는 어휘를 찾아야 한다. A '热门'은 사람을 매료시키거나 이목을 끈다는 뜻이고, B '核心'은 중심이나 중요한 부분을 가리키고, C '中央'은 중심이 되는 곳이나 가운데를 의미하고, D '焦点'은 사람들의 관심이나 주의가 집중되는 사물의 중심부분을 말한다. 그런데, 조합을 이루어야 하는 어휘인 '要素(요소)'가 꼭 필요한 성분 또는 조건을 가리키므로 '중요한 심리요소' 즉, '核心心理要素'가 가장 적합하다.
세 번째 빈칸 – A '视线'은 눈이 가는 길, 주의해야 하는 방향이나 목표를 의미하고, B '视野'는 눈이 보게 되는 범위와 사람이 관찰하거나 인식할 수 있는 영역을 의미한다. C '局限'은 좁은 범위 내에 제한을 두는 것을 의미하고, D '界限'은 영토나 경기장의 구분선 또는 한계를 의미한다. 문제는 '拓宽(넓히다)'의 목적어로 쓰일 수 있는 명사여야 하므로 A '视线(시선)'과 B '视野(시야)'가 둘 다 가능하다는 것을 알 수 있다. 하지만 내용에서는 '관리의 영역'을 넓힌다는 의미가 되어야 하므로 '주의해야 하는 방향이나 범위를 넓힌다'는 '拓宽视线'은 내용상으로는 맞지 않다는 것에 주의해야 한다.
네 번째 빈칸 – A '处置'는 사리가 분명하여 그에 맞게 처리한다는 뜻으로 주로 법에 의거해 처리하는 일에 주로 쓰여 '依法处置(법에 따라 처리하다)'와 같이 표현한다. B '投入'는 힘, 물자 따위를 필요한 곳에 넣는다는 의미로, '投入资金(자금을 넣다)', '投入工作(일에 몰두하다)' 등으로 주로 쓰인다. C '征服'는 높은 산 등의 매우 가기 힘든 곳에 어려움을 이겨내고 가거나, 다루기 어렵거나 힘든 대상을 다룰 수 있게 됨을 의미하여 '征服顶峰(산 정상을 정복하다)', '征服疾病(질병을 정복하다)' 등으로 잘 쓰인다. D '施展'은 기술이나 재능을 펼친다는 뜻으로 '施展才能(재능을 펼치다)'이 제일 많이 쓰이는 조합이다. 밑줄 앞에서는 심리자본을 가지고 있는 직원이 적극적인 정서로 일을 어떻게 했냐를 설명해야 하므로 '投入工作(일에 노력이나 힘 따위를 투자하다= 몰두해서 일하다)'가 가장 적합하다는 것을 알 수 있다. 정답은 B이다.

문제 4

家庭是培养幼儿独立性的首要场所。儿童心理学研究_____：孩子在幼儿时期，心里活动的主动性明显增强，喜欢自己去_____新事物。父母应该把握孩子这个时期的心理特点，_____，在确保孩子安全的_____下，放手让他们去做自己感兴趣的事情。	가정은 유아의 독립성을 키우는 첫 장소이다. 아동심리학자가 연구를 통해 다음과 같이 밝혔다. 아이는 유아시기에 심리활동의 주동성이 분명히 강해지는데, 자신이 직접 새로운 것을 체험하는 것을 좋아한다. 부모는 마땅히 아이들의 이 시기의 심리적 특징을 파악해서, 상황에 따라 유리하게 이끌어야 하고, 아이의 안전을 확보했다는 전제 하에 그들이 직접 흥미를 가진 일을 하게 해주어야 한다.
A 表明　体验　因势利导　前提 B 声明　领会　因地制宜　背景 C 公认　示范　实事求是　处境 D 认可　履行　统筹兼顾　情形	A 밝히다　체험하다　상황에 따라 유리하게 이끌다　전제 B 성명하다　이해하다　지역에 맞게 대책을 세우다　배경 C 공인하다　시범하다　사실로 옳음을 구하다　처지 D 인정하다　이행하다　계획을 모두 두루 살피다　정황

해설 **첫 번째 빈칸** – 밑줄 앞의 동사 '研究'와 함께 조합을 이루는 어휘를 찾아야 하는데 '研究表明(연구가 밝히길)', '研究显示(연구가 드러내길)'는 가장 많이 쓰이는 조합이므로 어렵지 않게 A가 가장 적합함을 알 수 있다. 나머지는 B '发表声明(성명을 발표하다)', C '国际上公认(국제적으로 공인하다)', D '认可能力(능력을 인정하다)'로 잘 쓰인다.

두 번째 빈칸 – A '体验'은 '몸소 겪어 보다'라는 의미이다. B '领会'는 '깨달아 이해하다'는 뜻으로 '领会价值(가치를 깨닫다)', '领会核心(핵심을 간파하다)' 등으로 잘 쓰인다. C '示范'은 '시범을 보이다', 즉, '모범적인 행동이나 동작을 보여주다'라는 의미로 '示范动作(시범동작)'로 잘 쓰인다. D '履行'은 '약속 등을 이행하다'는 뜻으로 '履行义务(의무를 이행하다)', '履行合同(계약을 이행하다)' 등으로 잘 쓰인다. 밑줄 뒤의 어휘 '新事物'를 목적어로 가질 수 있는 동사를 찾아야 한다. 아이들이 유아시기에 자신이 직접 '~하는 것'을 좋아한다고 했으므로 아이가 할 수 있는 행동만 고려해도 A가 가장 적합하다는 것을 알 수 있다.

세 번째 빈칸 – 부모가 아이의 심리적 특징을 파악해 어떻게 해야 되는지 교육이나 양성과 관련된 성어를 골라야 하는데, B '因地制宜'는 지역관리에 관한 성어이고, C '实事求是'는 학문분야의 학습태도와 관련된 성어이고, D '统筹兼顾'는 계획이나 구상과 관련된 성어이므로 '상황에 따라 유리하게 이끌다'라는 A '因势利导'가 가장 적합함을 알 수 있다.

네 번째 빈칸 – '在……下'는 어떤 상황이나 전제조건을 나타내는 전치사이므로 A의 '前提'가 가장 적합함을 알 수 있다. 정답은 A.

> **TIP** 在……前提/保护/情况下(~전제/보호/상황 아래), 在……方面上(~의 방면에서), 在……过程中(~과정 중에)

문제 5

阆中古城位于四川省，距今已有三千多年的历史，是中国"_____ 最为<u>完好</u>的四大古城"之一。阆中古城的 _____ <u>呈棋盘式</u>，融南北建筑风格于一体，_____ 了中国古代的居住<u>风水观</u>。这里山川形势独特，山、水、城融为一体，<u>有</u>"天下第一江山"的 _____ 。	낭중고성은 쓰촨성에 위치하고, 지금으로부터 3천여 년의 역사를 가지고 있으며, 중국의 '<u>보존</u>이 가장 완벽한 4대 고성' 중의 하나이다. 낭중고성의 <u>구조</u>는 바둑판 형식을 띠고, 남북의 건축 스타일이 한데 어우러져, 중국고대의 거주 풍수관을 <u>구체적으로 나타내고 있다</u>. 이곳은 산천의 형세가 독특하고, 산과 물, 성이 혼연일체가 되어 '천하제일의 강산'이라는 <u>명성</u>을 가지고 있다.

A	保存	格局	体现	美誉	A	보존하다	구조	구체적으로 나타내다	명성
B	遗传	规格	展现	称呼	B	유전하다	규격	펼쳐지다	호칭
C	遗失	布局	展示	称号	C	유실하다	배치	보여주다	칭호
D	保持	局势	表达	荣誉	D	유지하다	정세	표현하다	영예

> **해설**
>
> **첫 번째 빈칸** – A '保存'은 잘 보존하고 간수하여 남긴다는 뜻으로 '遗物(유물)', '文物(문물)' 등과 함께 잘 쓰인다. B '遗传'은 물려받아 내려오는 것을 의미하고 주로 생물학적으로 부모의 성격, 체질 등이 자손에게 전해지는 것에 주로 쓰여 '遗传基因(유전자를 물려받다)'으로 잘 쓴다. C '遗失'는 가지고 있던 물건을 부주의로 잃어버린 것을 의미해 '遗失钥匙(열쇠를 잃어버리다)'로 잘 쓰인다. D '保持'는 어떤 상태가 소실되거나 줄고 약해지지 않게 유지한다는 의미로 '保持健康(건강을 유지하다)', '保持原状(원 상태를 유지하다)' 등으로 잘 쓰인다. 밑줄 앞의 내용이 낭중고성이 오랜 역사를 가진 고성으로 잘 보존되어 있음을 설명하므로 A가 적합하다는 것을 알 수 있고, 더군다나 뒤에 '完好'가 있는데 '完好'는 보존이 완벽하거나 손상이 하나도 없이 완벽함을 나타내는 어휘로 '保存(보존하다)', '无损(손상이 없다)'과 잘 쓰이기 때문에 A가 확실히 정답이라는 것을 알 수 있다.
>
> **두 번째 빈칸** – 밑줄 뒤에는 바둑판 형식을 띤다고 나와 있으므로 낭중고성의 구조를 나타내는 어휘가 와야 함을 알아야 한다. A의 '格局(구조)'가 가장 적합하다.
>
> **세 번째 빈칸** – A '体现'은 구체적으로 나타낸다는 의미로 '体现细节(디테일을 살려주다)', '体现特色(특색을 구현하다)' 등으로 잘 쓰인다. B '展现'은 주로 눈 앞에 어떤 풍경이나 광경 등이 펼쳐지는 것을 의미하고, '展现风景(풍경이 펼쳐지다)', '展现新世界(신세계가 펼쳐지다)' 등으로 잘 쓰이고, C '展示'는 이미지, 장점, 자기자신 등 남에게 보여주고 싶은 부분을 보여준다는 뜻으로 '展示优势(장점을 보여주다)', '展示形象(이미지를 뽐내다)' 등으로 잘 쓰인다. D '表达'는 말이나 행동으로 감정이나 사상을 표현한다는 의미로 '表达感情(감정을 표현하다)'이 가장 많이 쓰인다. '风水观(풍수관)'을 목적어로 삼을 수 있는 동사를 찾아야 하는데 남과 북의 건축물이 한데 어우러져 나타내고 있으므로 '구체적으로 나타내다'인 '体现'이 가장 적합함을 알 수 있다. C '展示'와 D '表达'는 일반적으로 주어가 사람이므로 낭중고성이 주어인 이 밑줄에는 쓰일 수가 없고, B '展现'은 목적어로 '见解(견해)', '观念(관념)' 등의 어휘가 올 수 없다.
>
> **네 번째 빈칸** – '有A美誉(A라는 명성을 가지고 있다)'는 고정격식이다. 반드시 암기해 두어야 한다. 정답은 A이다.
>
> **TIP** 有 A 之称/美称/之誉/美誉 A라는 별칭(명성)을 가지고 있다

쓰기 실전 PT 원고지 작성하기 ▶p.178

						张	良	的	故	事									
	五	天	后	早	上	，	张	良	来	到	桥	上	。	但	老	头	儿	已	
经	先	到	了	等	他	。	老	头	儿	生	气	地	说	:	"	五	天	后	再见!"
五	天	后	，	张	良	很	早	就	来	到	桥	上	。	过	了	一	会	儿	，
老	头	儿	来	了	。	他	很	满	意	地	说	:	"	年	轻	人	就	应	该这
样!"	然	后	交	给	张	良	一	本	书	。	这	本	书	就	是	失	传	已	久
的	《	太	公	兵	法	》	。												

장양 이야기

5일 후 오전에, 장양은 다리에 왔다. 하지만 노인은 이미 먼저 와서 그를 기다렸다. 노인은 화가 나 말했다. "5일 후 다시 만나세!" 5일 후, 장양은 매우 일찍 다리에 왔다. 조금 지나서 노인이 왔다. 그는 만족스러워 하며 말했다. "젊은이는 마땅히 이렇게 해야지!" 그런 후에 장양에게 책 한 권을 주었다. 이 책은 바로 이미 전해지지 않는 ≪태공병법≫이었다.

듣기 제2부분 실전 PT 정답 ▶p.186

1. A **2.** D **3.** B **4.** D **5.** D

문제 1-5

女: **1.A 您自称三栖动物**，即同时是书本族，电脑族和手机族，那么您是怎么安排读书、上网和手机阅读的时间的?

男: 这是有一个变化过程的，在我四十岁之前，我看的都是纸质书，是一个标准的书本族，2000年以后，我开始渐渐习惯在电脑上阅读，尤其是开通了微博后，我花在电脑上的时间越来越多，接着又有了微信，我渐渐发现自己离不开手机了，不知不觉中就成了一个手机族。**2.D 这样的生活终于让我产生了一种恐惧感，我发现自己没有了读书的时间**，微博、微信上的内容大多都是信息快餐，90%的内容看完就忘记了，可以说，为了记住10%的东西，而浪费

여: **1.A 당신은 스스로를** 독서족, 컴퓨터족, 휴대전화족을 **동시에 겸한 3서동물이라고 부르는데**, 그러면 독서하고, 인터넷하고, 휴대전화 보는 시간을 어떻게 안배하나요?

남: 이것은 하나의 변화과정입니다. 제가 40세가 되기 전에, 본 것은 모두 지류도서라서 표준적인 독서족이었죠. 2000년 이후에, 저는 점점 컴퓨터로 읽는 것에 익숙해지기 시작했고, 특히 웨이보를 개설한 후에는 컴퓨터에서 보내는 시간이 갈수록 많아졌고, 이어서 웨이신도 생겼죠. 저는 제 자신이 휴대전화를 떠나지 못하고, 모르는 사이에 휴대전화족이 되어 있다는 것을 알게 되었습니다. **2.D 이러한 생활은 결국 제게 일종의 공포감이 생기게 하였는데, 저는 제 자신이 독서하는 시간이 없어졌다는 것을 알게 되었죠**. 웨이보, 웨이신 상의 내용은 대다수가 모두 인스턴트 정보들이었는데, 90%의 내용은 보고 나면 바로 잊었으니,

了90%的时间，这样做真是不值得。所以现在我给自己立了一个规矩，每天使用电脑、手机阅读的时间最多不超过一小时，剩下的时间就读纸质书。

女：原来您这样的学者也曾被电脑、手机俘虏。您有没有思考过我们为什么会成为它们的俘虏？

男：就手机阅读来说，它有一即刻消费的特征，抓住了人性的弱点，使人沉迷其中，我们把这种阅读称为表层阅读，表层阅读是很愉快的。3.B 它不会太耗费脑细胞，不怎么需要思考，看过、乐过也就忘了。

女：那您看来，手机阅读到底算不算读书？

男：首先，我们要分清楚两个概念，一个是知识，一个是资讯，人们通过微信、微博阅读到的大多是资讯，不是知识。知识是完整的，是以一套整体的系统来解释世界的体系，而 4.D 资讯是以快速、迅捷为特征的，所以它势必是碎片化的。现在是一个资讯爆炸的时代，大家在进行手机阅读的时候，大都是匆匆浏览，即使是某种知识，人们也会把它当成资讯，迅速地加以处理，手机阅读从根本上说，和读书是有区别的。

女：这种碎片化的阅读方式很受年轻人的青睐，您对他们有什么建议？

男：5.D 对于到了一定年龄的中年人，我会动员他们多加入新媒体，而对于沉湎于新媒体的年轻人，我希望他们多看纸质书。

10%의 내용을 기억하기 위해 90%의 시간을 낭비합니다. 이렇게 하는 것은 정말 가치가 없다고 볼 수 있죠. 그래서 저는 매일 컴퓨터와 휴대전화를 보는 시간을 1시간 넘기지 않고, 남은 시간은 지류도서를 읽어야 한다는 규칙을 만들었습니다.

여: 당신 같은 학자도 이미 컴퓨터와 휴대전화의 포로가 되었군요. 당신은 우리가 왜 그것들의 포로가 되었는지 생각해 본 적 있나요?

남: 휴대전화 웹 서핑으로 말하자면, 일종의 즉각적인 소비의 특징을 가지고 있고 인간의 본성의 약점을 쥐고 있어서, 사람들을 그 속에 빠지게 하죠. 우리는 이런 것을 표층적인 읽기라고 부르는데 표층적인 읽기는 매우 유쾌합니다. 3.B 그것은 뇌세포를 그렇게 소모하지도 않고, 생각할 필요도 별로 없고, 본 것과 즐긴 것 모두 바로 잊어버리죠.

여: 그러면, 당신은 휴대전화 웹 서핑을 독서로 친다고 보는 건가요, 그렇지 않은가요?

남: 먼저, 우리는 두 개의 개념을 분명히 구분해야 합니다. 하나는 지식이고, 하나는 정보죠. 사람들은 웨이신, 웨이보 등을 통해 보는 것은 대부분이 정보이지 지식은 아닙니다. 지식은 완정한 것이어서 하나의 완벽한 시스템으로 세계의 체계를 설명하는데, 4.D 정보는 빠르고 신속한 것을 특징으로 한 것이기 때문에 반드시 파편화(조각화)되어 있습니다. 현재는 정보폭발의 시대라서, 모두 휴대전화 웹 서핑을 할 때, 대부분은 분주하게 훑어보고, 설령 어떤 지식일지라도 사람들은 그것을 정보로 삼아 신속하게 처리해버립니다. 휴대전화 웹 서핑 하는 것은 근본적으로 봤을 때, 독서와는 차이점이 있습니다.

여: 이러한 파편화된 읽기 방식은 젊은이들의 환영을 받고 있는데, 그들에게 어떤 건의가 있나요?

남: 5.D 나이가 어느 정도 된 중년에게 저는 그들이 새로운 매체를 많이 접해볼 것을 설득하겠지만, 새로운 매체들에 빠져 있는 젊은이들에게는 그들이 지류도서를 더 많이 보기를 바랍니다.

문제 1

男的称自己什么?	남자는 자신을 무엇이라고 부르는가?
A 三栖动物	A 3서동물(세 곳에 서식하는 동물)
B 微信达人	B 웨이신 달인
C 书虫	C 독서벌레
D 电脑专家	D 컴퓨터 전문가

해설 보기 A의 '三栖动物(3서동물)', C의 '书虫(책벌레)'을 보면 어떤 것의 별명이라는 것을 알 수 있고, B의 '微信达人(웨이신 달인)'이 있는 것으로 보아 게스트의 별칭임을 알 수 있는데, 진행자가 첫 질문 전에 '您自称三栖动物(당신은 스스로를 3서동물이라고 부른다)'라고 했으므로 정답은 A이다.

문제 2

男的为什么会感到恐惧？ A 视力不如从前 B 小说写得越来越差 C 个人信息被泄露了 D 缺乏阅读书本的时间	남자는 왜 공포감을 느꼈는가? A 시력이 예전 같지 않아서 B 소설을 갈수록 잘 못 써서 C 개인정보가 알려져서 D 책을 보는 시간이 없어서

해설 　보기 A의 '视力不如从前(시력이 예전만 못하다)', D의 '缺乏阅读书本的时间(책을 읽을 시간이 없다)' 등을 보면 게스트의 최근 근황을 묻는 문제처럼 보이는데, 첫 번째 진행자의 질문인 '책 읽는 시간과 인터넷, 휴대전화 보는 시간을 어떻게 안배하느냐?(您是怎么安排读书、上网和手机阅读的时间的？)'라는 질문에 대답을 하면서 '这样的生活终于让我产生了一种恐惧感，我发现自己没有了读书的时间'이라고 했으므로 책 읽는 시간이 없어서 일종의 공포감이 생긴 것을 알 수 있고, 두 번째 문제가 '왜 공포감이 생겼는가?'이므로 정답은 D이다.

문제 3

关于手机阅读，下列哪项正确？ A 娱乐类居多 B 无需过多思考 C 受众群体小 D 让人印象深刻	휴대전화 웹 서핑에 관해 아래에 어느 항이 정확한가? A 오락적인 것이 대부분 차지한다 B 생각을 많이 할 필요가 없다 C 보는 무리가 적다 D 인상을 깊게 남긴다

해설 　보기 A '娱乐类居多(오락적인 것이 대부분 차지한다)'나 C '受众群体小(보는 무리가 적다)'를 보고, 또 앞에서 휴대전화를 보는 것에 대한 얘기가 언급되었으므로 휴대전화나 휴대전화 컨텐츠와 관련된 문제임을 짐작해볼 수 있다. 진행자가 두 번째 질문에서 '우리가 왜 휴대전화의 포로가 되었는가?(您有没有思考过我们为什么会成为它们的俘虏？)'라고 물었으므로 이에 대한 답을 집중해야 한다. '它不会太耗费脑细胞，不怎么需要思考(그것은 뇌세포를 그렇게 소모하지도 않고, 생각할 필요도 별로 없다)'라고 했으므로 정답은 B이다.

문제 4

与知识相比，资讯有什么特点？ A 能提升智力 B 制约人的思维 C 传播慢 D 以碎片化形式存在	지식과 비교했을 때, 정보는 어떤 특징이 있는가? A 사고력을 향상시킬 수 있다 B 사람의 사고를 제약한다 C 전파가 느리다 D 파편화된 형식으로 존재한다

해설 　보기 B의 '制约人的思维(사람의 생각을 제약한다)'와 C의 '传播慢(전파가 늦다)'을 보면 부정적인 부분을 묻는 문제인 것 같지만, A의 '能提升智力(사고력을 향상시킨다)'는 좋은 작용이므로 어떤 대상의 광범위한 특징을 묻는 문제임을 짐작할 수 있다. 세 번째 질문에 대한 대답으로 게스트가 지식과 정보의 차이점을 설명하며 '资讯是以快速、迅捷为特征的，所以它势必是碎片化的(정보는 빠르고 신속한 것을 특징으로 한 것이기 때문에 반드시 파편화(조각화)되어 있습니다.)'라고 했으므로 C는 정답이 될 수 없고, 정답은 D '以碎片化形式存在(파편화된 형식으로 존재한다)'이다.

문제 5

男的建议中年人怎么做？ A 常听讲座 B 注意网络安全 C 写回忆录 D 多接触新媒体	남자는 중년이 어떻게 하는 것을 건의했는가? A 강좌를 자주 들으라고 B 인터넷 보안에 주의하라고 C 회고록을 쓰라고 D 새로운 매체를 많이 접하라고

해설 보기 B의 '注意网络安全'(인터넷 보안에 주의해라)'을 보면 주의점에 관한 문제처럼 보이지만, A의 '常听讲座(자주 강좌를 들어라)'나 D의 '多接触新媒体(새로운 매체를 많이 접해라)'를 보면 어떤 대상에게 건의하고 있는 질문임을 짐작할 수 있고, 네 번째 진행자의 질문 역시 '젊은이들에게 어떤 건의를 하겠습니까?(这种碎片化的阅读方式很受年轻人的青睐，您对他们有什么建议？)'이므로 이 대답에 집중해야 한다. 게스트의 대답을 보면 '对于到了一定年龄的中年人，我会动员他们加入新媒体，而对于沉湎于新媒体的年轻人，我希望他们多看纸质书(나이가 어느 정도 된 중년에게 저는 그들이 새로운 매체를 많이 접해볼 것을 설득하겠지만, 새로운 매체들에 빠져 있는 젊은이들에게는 그들이 지류도서를 더 많이 보기를 바랍니다)'라고 했으므로 젊은이들에게 건의한 것은 '지류도서를 많이 보라'는 것이지만 보기에는 이것에 대한 것이 없으므로 젊은이에게 건의하기 전에 중년에게 건의한 내용에서 '새로운 매체를 많이 접해볼 것을 설득한다'가 있으므로 정답은 D임을 알 수 있다.

독해 제2부분 실전 PT 정답 ▶p.192

1. C **2.** C **3.** B **4.** B **5.** A

문제 1

小时候，幸福是一件东西，_____ 就幸福；长大后，幸福是一个 _____，达到就幸福；成熟后，发现幸福原来是一种心态，_____ 就幸福。	어렸을 때 행복은 하나의 물건이어서 <u>가져야</u> 행복하고, 커서는 행복은 <u>목표</u>여서 도달해야 행복하고, 성숙해지고 나면 행복은 알고 보니 마음상태라는 것을 알게 되어 <u>깨달으면</u> 행복해한다.
A 拥护　梦想　奉献 B 占有　目光　歌颂 C 拥有　目标　领悟 D 拥抱　标志　觉悟	A 옹호하다　꿈　봉헌하다 B 점유하다　눈빛　칭찬하다 C 가지고 있다　목표　깨닫다 D 포옹하다　지표　깨닫다

해설 **첫 번째 빈칸** – A '拥护'는 '立场(입장)을 옹호하다', B '占有'는 '地位(지위)를 점유하다', C '拥有'는 '가지고 있다', 즉 소유하고 있음에 초점을 맞추고 있는 단어로, 목적어는 구체적이거나 추상적인 것 모두 된다. '拥有很多钱(많은 돈을 가지고 있다)', '拥有信心(자신감을 가지고 있다)'으로 자주 쓰인다. D '拥抱'는 '포옹하다'의 뜻으로 사람이나 사물을 껴안는다는 뜻이다. 어릴 때 행복은 물건이라고 했으므로 물건은 '(소유의 뜻으로) 가지고 있다'가 가장 적합하다.
두 번째 빈칸 – A '梦想'은 '꿈', B '目光'은 '안목', C '目标'는 '목표', D '标志'는 '지표, 상징'을 나타내는데, 커서는 행복이 '이것(명사)'이라서 도달하면 행복하다고 했으므로 '达到(도달하다)'의 목적어가 될 수 있는 이것을 찾아야 하는데 '达到目标'는 자주 쓰이는 搭配(조합)이므로 정답으로 C가 가장 알맞다.
세 번째 빈칸 – A '奉献'은 '봉헌하다', 즉 남에게 봉사하거나 기여하는 것을 의미하고, B '歌颂'은 칭찬한다는 뜻인데 '批评(비평하다)'의 반대 개념으로 기억하는 것이 좋다. C '领悟'와 D '觉悟'는 '깨닫다'라는 뜻인데, 성숙한 후에는 행복은 마음상태라고 했으므로 무엇인가에 대해 깨닫는 것이 행복이라고 할 수 있으므로 C와 D가 가장 적합함을 알 수 있다. 전체적으로 모두 가능한 보기는 C이므로 정답은 C이다.

문제 2

生命就像回声，你送出什么就收回什么，_____ 什么就得到什么。别人怎样对待你，_____ 于你怎样对待他们，这是普遍的_____，爱别人就是爱自己。	생명은 마치 메아리와 같아서 당신이 보낸 것을 거둬들이게 되고, <u>준</u> 것을 얻게 된다. 다른 사람이 당신을 어떻게 대하는지는 당신이 다른 사람을 어떻게 대하는지에 의해 <u>결정된다</u>. 이것은 다른 사람을 사랑하는 것이 바로 자신을 사랑하는 것이라는 보편적인 <u>진리</u>이다.

58 해설 PART 1

A	赋予	奠定	真相		A 부여하다	(기초를) 다지다	진상
B	授予	采取	道理		B 수여하다	(조치를) 취하다	도리
C	给予	取决	真理		C 주다	결정되다	진리
D	供给	收获	理由		D 공급하다	수확하다	이유

해설 **첫 번째 빈칸** – A '赋予'는 주로 '意义(의미)를 부여하다', B '授予'는 '奖(상)을 수여하다'라는 것만 기억해도 좋다. C '给予'는 구체적인 사물에는 쓸 수가 없고, 추상적인 것을 '주다' 또는 추상적인 행위를 '해주다'라는 뜻으로 주로 '给予支持(지지해주다)', '给予同情(동정해주다)' 등으로 쓰인다. D '供给'는 어떤 것을 공급한다는 뜻이다. 앞의 내용이 생명이 메아리와 같아서 무엇인가를 '이렇게 해야'만 무엇인가를 얻는다고 했으므로 메아리의 특성은 보낸 소리가 다시 돌아오는 것이므로 '得到(얻다)'의 반대 개념을 찾아야 한다. 그러므로 추상적인 개념의 C '给予(주다)'가 가장 적합함을 알 수 있다.

두 번째 빈칸 – A '奠定'은 '基础(기초)를 다진다'는 뜻으로 쓰이고, B '采取'는 '措施(조치)'와 함께 '采取措施(조치를 취한다)'로 가장 자주 쓰인다. C '取决'는 일반적으로 전치사 '于'와 함께 'A取决于B'의 형식으로 쓰여 'A는 B에 의해 결정된다'로 잘 쓰인다. D '收获'는 '수확하다' 또는 '수확'의 뜻으로 어떤 일을 진행해서 그 일에서 얻은 것이 있었음을 의미한다. 여전히 생명을 메아리에 비교하는 내용으로 앞에는 '다른 사람이 당신을 어떻게 대하는지'가 있고, 뒤에는 '당신이 다른 사람을 어떻게 대하는지'가 있으므로 결국 당신이 하는 만큼 다른 사람이 한다라는 뜻으로 '别人怎样对待你取决于你怎样对待别人(다른 사람이 당신을 어떻게 대하는지는 당신이 다른 사람을 어떻게 대하는지에 달려있다)'이 가장 적합함을 알 수 있고 이어지는 내용으로 이것이 보편적인 사람의 '이치' 혹은 '진리'라고 하는 것이 가장 적합하므로 세 번째 칸은 C '真理(진리)'가 가장 어울린다는 것을 알 수 있고, 그러므로 정답은 C이다.

문제 3

蓝色地带，专指世界上长寿人口比例很高的地区。在这些地方，人们的寿命长得 _____ ，他们到了90岁、100岁还依然 _____ 良好的**身体状态和生活能力**。_____ 是什么呢？这些美好的生命传奇和他们的生活习惯密切相关，长寿秘诀就隐藏在他们吃的食物、_____ 的**伙伴**以及他们的价值观中。	블루존(Blue Zone)은 세계에서 장수인구 비율이 가장 높은 지역을 가리킨다. 이곳에서는 사람의 수명이 불가사의하게 길고, 그들은 90세, 100세가 되어서도 여전히 좋은 신체상태와 생활능력을 가지고 있다. 비밀은 무엇인가? 이런 아름다운 생명의 신비함은 그들의 생활습관과 밀접한 상관이 관련이 있는데, 장수비결은 그들이 먹는 음식, 왕래하는 친구 및 그들의 가치관 속에 숨겨져 있다.

A	难能可贵	占有	机密	交叉		A 어려운 일을 해내어 대견하다	점유하다	기밀	교차하다
B	不可思议	拥有	秘密	交往		B 불가사의하다	가지고 있다	비밀	왕래하다
C	不相上下	拥护	奥秘	交涉		C 막상막하이다	옹호하다	신비	협상하다
D	不言而喻	占据	焦点	交换		D 말하지 않아도 안다	점거하다	초점	교환하다

해설 **첫 번째 빈칸** – 글의 소재가 '长寿(장수)'이고, 블루존(장수인구 비율이 높은 지역) 사람들의 수명이 어떻게 긴지를 설명할 수 있는 성어가 첫 번째 빈칸에 들어갈 수 있는데, A '难能可贵'는 어려운 일을 해냈을 때 쓰는 말이고, B '不可思议'는 믿기 힘들거나 쉽게 일어날 수 없는 일에 쓰고, C '不相上下'는 수준을 비교하거나 성적을 비교할 때 쓰고, D '不言而喻'는 너무나 명백한 일이어서 말하지 않아도 되는 누구나 알고 있거나 알고 있어야 하는 '重要的(중요한 것)'에 쓴다. 장수 지역의 사람들이 수명이 긴 것에 대한 궁금증을 푸는 내용이므로 B가 제일 적합함을 알 수 있다.

두 번째 빈칸 – 앞의 1번 문제의 첫 번째 빈칸에 들어갈 보기들과 A, B, C는 같은 어휘이므로 1번을 참고하고, D '占据'는 '차지하다'라는 뜻으로 지역(地方)을 점거했을 때 주로 쓰인다. 그런데, 장수지역의 사람들이 90세, 100세가 되어서도 건강한 신체상태와 생활능력을 가지고 있다는 내용이므로 장수지역 사람들만 가지고 있는(= 소유하고) 있는 것을 설명하고 있으므로 B가 적합하다.

세 번째 빈칸 – A '机密'는 기업이나 국가의 비밀을 가리키는 어휘이고, B '秘密'는 가장 일반적으로 쓰는 '비밀'을 뜻하며 '秘诀(비결)'를 대신할 수 있는 어휘이다. C '奥秘'는 비밀 중에서도 '심오한 비밀, 신비'를 뜻하는데 주로 '自然(자연)', '宇宙(우주)'에 관한 내용에서 자주 등장한다. 장수지역 사람들의 장수 비결을 묻고 있으므로 '秘诀(비결)'가 가장 적합하지만 보기에는 없으므로 B '秘密(비밀)'가 가장 적합함을 알 수 있다.

네 번째 빈칸 – A '交叉'는 '교차하다'라는 뜻으로 교차하는 도로, 즉, '交叉道路(교차로)'에 쓰이고, B '交往'은 '사람간의 왕래나 사귐'을 의미한다. C '交涉'는 '교섭하다'라는 뜻으로 협상을 의미하고 D '交换'은 '교환하다'라는 뜻이다. 밑줄의 어휘를 수식받는 어휘가 '伙伴(친구, 동반자)', 즉 사람이므로 B의 '交往(왕래하다)'이 가장 적합하다는 것을 알 수 있다. 정답은 B이다.

문제 4

音乐可以 _____ 情绪，而且遵循 "同质" _____ 。简单来说，就是当一个人痛苦时应该听悲痛的音乐，把痛苦的情绪完全 _____ 出来。而一个焦虑或愤怒的人应该选择激昂亢奋的音乐，使 _____ 的情绪有所发泄。

A	调和	原则	解放	拘束
B	调节	原理	释放	不安
C	缓和	道理	播放	沮丧
D	调解	规律	开放	悲哀

음악은 기분을 조절할 수 있고, 게다가 '동질' 원리를 따른다. 간단히 말해, 사람이 고통스러울 때, 비통한 음악을 들어야 고통스러운 기분을 완전히 풀 수 있다. 초조하거나 몹시 화가 난 사람은 흥분되고 격정적인 음악을 들어서 불안한 기분을 좀 풀어야 한다.

A	중재하다	원칙	해방되다	거북하다
B	조절하다	원리	풀다	불안하다
C	완화되다	도리	방송하다	낙담하다
D	중재하다	규율	개방하다	비통하다

해설 첫 번째 빈칸 – A '调和'는 D '调解'와 근의어로 둘 다 '중재하다'는 뜻을 가지고 있고, 주로 '纠纷(다툼, 분쟁)'과 함께 잘 쓰인다. B '调节'는 '수량, 정도 규모 등을 조정하다'라는 뜻으로 '体温(체온)', '速度(속도)', '音量(음량)' 등과 함께 쓰인다. C '缓和(완화하다)'는 '缓解(완화하다)'와 비슷해 보이는 어휘지만 '缓解'가 '病情(병세)', '压力(스트레스)' 등과 함께 쓰이는 반면, '缓和'는 '气氛(분위기)'과 쓰여 주로 '缓和气氛(분위기를 누그러뜨려 온화하게 만들다)'의 형태로 쓰인다. 음악이 정서를 어떻게 할 수 있는지를 설명해야 하는데 이미 어떤 정도에 처해 있는 정서가 아니라 오히려 수식어가 없는 '情绪(정서)'를 어떤 정도, 즉 나쁘게도, 좋게도 만들 수 있다는 뜻이니, B '调节(조절하다)'가 가장 적합하다.

두 번째 빈칸 – '遵循(따르다)'의 목적어로 쓰일 수 있는 명사를 찾아야 한다. A '原则'는 행동이나 이론에서 일관되게 지켜야 하는 기본적인 규칙을 나타내고, B '原理'는 보편적인 진리를 나타낸다. C '道理'는 사람이 행해야 하는 올바른 이치 혹은 바른 길을 나타내고 D '规律'는 일정한 질서나 차례, 또는 이를 유지하기 위해 정해놓은 본보기를 의미한다. 음악이 '同质'이라는 무엇을 따른다고 설명했는데 C는 사람에게 쓰는 것이므로 제외되고, D는 사실상 '遵循规律(규율을 따르다)'로 가장 잘 어울리는 조합이지만 음악이 '同质'이라는 질서 혹은 본보기를 따른다는 것이 아니라 '동질'이라는 보편적인 진리를 따른다는 것이므로 B가 가장 적합하다. 음악이 '同质(동질)'라는 정해져 있는 규칙을 따라야 하는 것은 아니므로 A 역시 어울리지 않는다.

세 번째 빈칸 – A '解放'은 구속이나 억압, 부담 따위에서 벗어남을 의미한다. B의 '释放'은 '석방하다'는 뜻이 있어 '囚犯(죄수)'과 함께 쓰일 수 있으나 문제로는 잘 나오지 않는 소재이다. 오히려 '일어난 감정 따위를 누그러뜨리다'는 뜻이 있어 '释放压力(스트레스를 풀다)'로 더 자주 쓰인다. C '播放'은 '방송하다'로 방송과 관련된 내용에서만 쓸 수 있으며, D '开放'은 국가 간의 교류, 문, 꽃 등을 설명할 때 주로 쓰인다. '把' 뒤의 목적대상이 '痛苦的情绪(고통스러운 기분)'이므로 이런 감정을 누그러뜨린다의 '释放(풀다)'이 가장 적합함을 알 수 있다.

네 번째 빈칸 – A '拘束'는 '구속하다'의 뜻이 있어 '释放'처럼 '囚犯(죄수)'과 함께 쓰일 수 있으나 역시 흔한 소재가 아니므로 감정이 '거북하다', '부자연스럽다'의 뜻을 기억해야 한다. B '不安'은 '불안하다'의 뜻이고, C '沮丧'은 '낙담하고, 풀이 죽다'의 뜻이다. D '悲哀'는 '몹시 슬퍼 마음이 아프다'는 뜻이다. 밑줄 앞의 내용이 초조하거나 몹시 화가 난 사람이 음악을 통해 이러한 감정을 풀어야 한다는 내용이므로 초조하거나 몹시 화가 난 것을 표현할 수 있는 감정이어야 하므로 B '不安(불안하다)'이 가장 적합함을 알 수 있다. 정답은 B이다.

문제 5

兔子的长耳朵有两个功能。首先，长耳朵能够帮助它在 _____ 的夏季散热降温。其次，长耳朵使它的听力更加 _____ 。人们常常看到兔子竖起耳朵，以为它只是简单地 _____ 周围的声音，其实，它还能在听到声音后确定声音的 _____ ，这样就能在敌人靠近前及时逃跑。

토끼의 긴 귀는 두 가지 기능을 가지고 있다. 먼저, 긴 귀는 그것이 무더운 여름에 열을 발산하여 온도를 낮출 수 있다. 그 다음으로 긴 귀는 청력을 더욱 예민하게 만들 수 있다. 사람들은 토끼가 귀를 쫑긋 세우는 것을 보면, 그것이 단지 단순하게 주위의 소리를 귀 기울여 듣는 것으로 여기지만, 사실 그것은 소리를 들은 후에, 소리의 출처를 확정할 수도 있다. 이렇게 해서 적이 다가오기 전에 제때 달아날 수 있는 것이다.

A 炎热	灵敏	倾听	来源	A 무덥다	예민하다	귀 기울여 듣다	출처
B 温暖	机灵	辨认	起源	B 따듯하다	영리하다	식별하다	기원
C 灿烂	敏捷	打听	源泉	C 찬란하다	민첩하다	알아보다	원천
D 闷热	灵活	分辨	根源	D (숨 막히게) 덥다	날렵하다	분별하다	근원

해설

첫 번째 빈칸 – A '炎热'는 '무덥다'는 뜻으로 더위나 여름과 관련해서 주로 쓴다. B '温暖'은 날씨 이외에도 마음에도 쓸 수 있기 때문에 '温暖的心(따듯한 마음)'으로도 쓸 수 있다. C '灿烂'은 '눈부시다'는 뜻으로 '阳光(햇빛)' 같은 구체적인 어휘 외에도 '笑容(미소)' 같은 것을 꾸미는 데에도 쓰인다. D '闷热'는 답답할 정도의 후텁지근함을 의미한다. 밑줄이 수식하는 어휘가 '夏季(여름)'이므로 A와 D가 가장 적합함을 알 수 있다.

두 번째 빈칸 – A '灵敏'은 주로 감각기관이나 감각이 예민한 것을 설명하고, B의 '机灵'은 머리가 영리하고 재치 있는 것을 의미하므로 사람을 설명하는 데 주로 쓰인다. C '敏捷'는 생각이나 동작이 빠르고 민첩한 것을 나타내며, D '灵活'는 신체부위가 재빠르거나 사람이 활기가 있음을 의미한다. 토끼의 긴 귀와 청력을 설명할 수 있는 어휘가 와야 하므로 감각기관 또는 감각이 뛰어나거나 예민함을 나타내는 A '灵敏'이 가장 적합하다는 것을 알 수 있다.

세 번째 빈칸 – A '倾听'은 귀 기울여 듣는 것을 설명한다. B '辨认'은 식별해낸다는 뜻으로 주로 '笔迹(필적, 글자체)'와 같이 흔적이나 형체를 분간해내는 것에 쓰인다. C '打听'은 '信息(정보)', '消息(소식)' 등을 알아본다는 뜻으로 쓰인다. D '分辨'는 '是非(시비, 옳고 그름)', '对错(맞고 틀림)' 등과 함께 쓰여 '가려낸다'는 뜻으로 주로 쓰인다. 밑줄에 들어갈 어휘는 '声音(소리)'을 목적어로 취할 수 있는 동사여야 하므로 A '倾听(귀 기울여 듣다)'과 B '辨认(식별하다)'이 가능하다.

네 번째 빈칸 – A '来源'은 '출처'라는 뜻으로, '어디서 나왔는지'에 초점을 맞춰야 하고, B '起源'은 '기원'이라는 의미로, '처음 생긴 곳'에 초점을 맞춰야 한다. C '源泉'은 '원천'의 뜻으로 '사물의 근원, 또는 물이 흘러나오는 근원'을 설명하고, D '根源'은 '근원'으로 해석되어 '사물이 비롯되는 근본이나 원인'을 설명한다. 내용이 토끼가 귀를 세워 주위의 소리를 들은 후에 소리의 '출처' 즉 '어디서 나는지'를 확정 짓는다는 뜻이므로 A가 가장 적합함을 알 수 있다. 정답은 A이다.

쓰기 실전 PT 모범 요약

						机	会	的	意	义									
		一	条	船	在	海	上	遇	到	大	风	,	船	翻	了	。	一	个	人
抓	住	了	木	头	飘	到	无	人	岛	上	。	他	没	有	失	去	信	心	,
找	到	吃	的	,	并	用	木	头	建	了	一	个	小	屋	子	保	存	食	物。
		一	个	星	期	过	去	了	,	没	有	船	来	救	他	。	第	十	天,
又	打	雷	又	打	闪	。	雷	电	点	燃	了	小	木	屋	。	他	的	食	物
和	木	屋	烧	没	了	。	他	很	灰	心	,	就	在	一	颗	树	上	自	杀
了	。																		
		就	在	他	停	止	呼	吸	不	久	,	一	条	船	来	了	,	船	长
明	白	了	一	切	。	其	实	是	浓	烟	把	他	们	引	来	的	,	那	个
人	再	坚	持	一	会	儿	就	能	得	救	了	。							
		我	们	不	仅	要	有	创	造	机	会	的	能	力	,	还	要	有	等
待	机	会	的	勇	气	。													

기회의 의미

　한 척의 배가 바다에서 강풍을 만나, 배가 뒤집어졌다. 한 사람이 나무토막을 잡고 무인도까지 떠밀려갔다. 그는 믿음을 잃지 않고, 먹을 것을 찾아냈고, 나무로 작은 창고를 하나 만들어 식량을 보관했다.

　한 주가 지나갔지만 그를 구하러 오는 배는 없었다. 10일 째 되던 날, 천둥과 번개가 쳤다. 벼락이 창고에 불을 냈고, 그의 식량과 창고는 전소했다. 그는 낙담해, 한 나무 위에서 자살했다.

　그가 호흡을 멈춘 지 얼마 되지 않아서, 한 척의 배가 왔고, 선장은 (어떤 일이 있었는지) 모든 것을 알 수 있었다. 사실 짙은 연기가 그들을 이끌었고, 그 사람이 조금만 더 버티기만 했어도 바로 구조될 수 있었다.

　우리는 기회를 만들어내는 능력을 가져야 할 뿐만 아니라, 기회를 기다리는 용기를 가져야 한다.

문제

一条船在海上遇到大风，船翻了，有一个人幸亏抓住了木头漂游到无人岛上。他并没有失去信心，而是很努力地把能吃的东西都找了来，并用木头建了一个小屋子来保存捡来的食物。这段时间，如果有船从这里经过，他就可以得救了。	→ 一条船在海上遇到大风，船翻了。一个人抓住了木头飘到无人岛上。他没有失去信心，找到吃的，并用木头建了一个小屋子保存食物。
한 척의 배가 바다에서 강풍을 만나 뒤집어졌고, 한 사람만이 운 좋게 나무토막을 잡고 무인도까지 떠밀려갔다. 그는 결코 믿음을 잃지 않고 노력해서 먹을 수 있는 것들을 찾아왔고, 나무로 하나의 작은 창고를 만들어 주워온 식량을 보관했다. 이 때는 만약에 이곳을 지나가는 배가 있으면 그는 구조될 수 있었다.	한 척의 배가 바다에서 강풍을 만나, 배가 뒤집어졌다. 한 사람이 나무토막을 잡고 무인도까지 떠밀려갔다. 그는 믿음을 잃지 않고, 먹을 것을 찾아냈고, 나무로 작은 창고를 하나 만들어 식량을 보관했다.

해설
1. 중요한 사실은 배가 뒤집어졌는데 한 사람이 무인도에 떠밀려갔다는 것이다. '幸亏(운 좋게)'와 같은 수식어는 불필요하다.
2. '很努力地把能吃的东西都找了来(노력해서 먹을 수 있는 것을 찾아왔다)'는 '找到吃的(먹을 것을 찾아냈다)'로 간단하게 줄일 수 있다.
3. '만약'이 들어간 내용은 가정, 즉, 아직 일어나지 않은 일을 가정한 것이므로 흐름상 꼭 넣어야 이해가 가는 경우 빼고는 삭제하는 것이 좋다.

他每天都登上高处远望，看海上有没有船，可一个星期过去了。连一只船的影子也没看见，他有些着急。第10天，他又登上高处去看，天阴了下来，又是打雷又打闪，忽然，他看见小木屋的方向升起了浓烟。他急忙跑过去，原来是雷电点燃了木屋，他希望下起雨来，一场大雨把火浇灭，因为木屋里有他所有的食物，可是一滴雨也没下，大火把他的食物和木屋一起烧成灰。他心灰意冷地在一棵树上结束了自己的生命。	→ 一个星期过去了，没有船来救他。第十天，又打雷又打闪。雷电点燃了小木屋。他的食物和木屋烧没了。他很灰心，就在一颗树上自杀了。

그는 매일 높은 곳에 올라 바다에 배가 있는지 보았다. 일주일이 지났지만, 배 그림자도 보이지 않았고, 그는 초조해졌다. 10일 째 되던 날, 그는 또 높은 곳에 올랐는데, 날씨가 흐려지더니 천둥과 함께 번개가 치더니 갑자기 창고방향에서 짙은 연기가 피어 오르는 것이 보였다. 그는 얼른 달려가서 보니 창고가 벼락을 맞아 불이 난 것이었다. 창고 안에는 그가 모든 식량이 있었기 때문에 그는 비가 내려서 불을 꺼주길 바랐다. 하지만 한 방울의 비도 내리지 않았고, 큰 불은 그의 식량과 창고를 함께 불태워 재로 만들어 버렸다. 그는 낙담하여 한 나무 위에서 자신의 목숨을 끊었다.

한 주가 지나갔지만 그를 구하러 오는 배는 없었다. 10일 째 되던 날, 천둥과 번개가 쳤다. 벼락이 창고에 불을 냈고, 그의 식량과 창고는 전소했다. 그는 낙담해, 한 나무 위에서 자살했다.

해설
1. 시간의 변화는 기억하는 것이 좋다.
2. 천둥 번개가 치는 것만으로 날이 안 좋아졌음을 설명할 수 있으므로 날이 흐려졌다는 내용은 삭제해도 된다.
3. '大火把他的食物和木屋一起烧成灰(큰 불이 그의 음식과 창고를 다 태워 재로 만들었다)'는 '他的食物和木屋烧没了(그의 식량과 창고가 전소했다)'로 바꿀 수 있다.
4. '结束了自己的生命(자신의 생명을 끝냈다)'은 '自杀了(자살했다)'를 의미한다.

就在他停止呼吸不久，一只船开了过来，船长看见了岛上的小屋和树上的这个人，然后明白了一切。其实是浓烟把他们引到这里来的，他只要再坚持一会就可以得救了。

就在他停止呼吸不久，一只船来了，船长明白了一切。其实是浓烟把他们引来的，那个人再坚持一会儿就能得救了。

그가 호흡을 멈춘 지 얼마 되지 않아서 한 척의 배가 왔고, 선장은 섬의 창고와 나무 위의 그를 보고 (어떤 일이 있었는지) 모든 것을 알 수 있었다. 사실 짙은 연기가 그들을 이곳으로 이끌었고, 그 사람이 조금만 더 버티기만 했어도 바로 구조될 수 있었다.

그가 호흡을 멈춘 지 얼마 되지 않아서, 한 척의 배가 왔고, 선장은 (어떤 일이 있었는지) 모든 것을 알 수 있었다. 사실 짙은 연기가 그들을 이끌었고, 그 사람이 조금만 더 버티기만 했어도 바로 구조될 수 있었다.

해설
1. 불필요한 보어는 삭제하는 것이 좋다. (开过来了 → 来了)
2. 중요한 사실은 선장이 (어떤 일이 있었는지) 모든 것을 알았다는 것과 그가 조금만 더 버티기만 했어도 바로 구조될 수 있었다는 사실이다.

机会常常在意想不到的时刻到来，对于我们来说，不仅要有创造机会的能力，还要有等待机会的勇气，就像在漫漫长夜等待黎明，太阳总是在最黑暗的时刻之后升起。

→ 我们不仅要有创造机会的能力，还要有等待机会的勇气。

기회는 늘 생각하지 못한 때에 찾아온다. 우리는 기회를 만들어내는 능력을 가져야 할 뿐만 아니라, 또한 기회를 기다리는 용기를 가져야 한다. 마치, 길고 긴 밤에 여명을 기다리면, 태양이 늘 가장 어두운 때가 지나고 나서 떠오르기 시작하는 것처럼.

우리는 기회를 만들어내는 능력을 가져야 할 뿐만 아니라, 기회를 기다리는 용기를 가져야 한다.

해설
1. 이야기에 교훈이 있는 경우는 자신의 생각은 절대 담아서는 안 되며 핵심만 정리해야 한다.
2. '像(마치 ~같다)'을 써서 비유한 내용은 부연설명으로 삭제해야 한다.

제목 '기회'가 가장 핵심어이므로 '机会的意义(기회의 의미)'나 남자가 조금만 더 버텼으면 살 수 있었으므로 '再坚持一会儿(조금만 더 버텨라)'이 가장 알맞다.

듣기 제3부분 실전 PT 정답　▶ p.205

1. A　　**2.** B　　**3.** A　　**4.** B　　**5.** C　　**6.** A

문제 1-3

有人对办公室员工接受自然光的情况进行了研究。他发现，在工作时间内，1. 临窗而坐的员工接受到的自然光大约比不靠窗的员工多17.3%。在睡眠时间方面，前者比后者每晚平均多出46分钟。在每日运动量方面，前者亦呈现出超过后者的趋势。由此，研究人员得出结论，1.A 自然光可以帮助人们改善睡眠质量，增加运动量，从而提高生活水平。

此外，2.B 自然光对人们的健康也发挥着巨大的作用。越来越多的证据表明，白天，特别是早上的自然光，可以影响我们的情绪、警觉性和代谢水平。接受的自然光越多，身体就会越健康。然而，办公室员工是典型的室内工作者，有时甚至一整天都无法接触到自然光，因此，3.A 研究人员建议，建筑师应意识到，自然光除了能节约能源外，对居住者的健康也是极为重要的，建筑师在设计房屋时要充分考虑采光情况。

어떤 이가 사무실 직원이 자연광을 받는 상황에 대해 연구를 진행했다. 그가 발견하길, 일하는 시간 동안, 1. 창문에 가까이 앉아 있는 직원이 받는 자연광이 창문에 가까이 있지 않은 직원보다 대략 17.3% 많았다. 수면시간에 있어서는 전자가 후자보다 매일 밤 평균 46분이 더 많았다. 매일 운동량 방면에서는 전자가 역시 후자를 뛰어넘는 추세가 나타났다. 이에 따라, 연구원은 1.A 자연광이 사람들의 수면의 질을 개선시키고, 운동량을 증가시키는 것을 도울 수 있어서, 생활수준을 향상시킨다고 결론을 내렸다.

이외에, 2.B 자연광은 사람들의 건강에도 거대한 작용을 발휘하고 있다. 갈수록 많은 증거가 밝히길, 주간에 특히 오전의 자연광은 사람들의 정서, 경각성과 대사수준에 영향을 줄 수 있다. 받는 자연광이 많을수록, 신체는 건강해진다. 하지만, 사무실 직원이 전형적인 실내근무자라면, 어떤 때에는 심지어 하루 종일 자연광을 접촉할 방법이 없다. 3.A 연구원은 건축가들이 자연광이 에너지를 절약할 수 있는 것 외에도 거주자들의 건강에도 매우 중요하다는 것을 인식하여, 건축가들이 집을 설계할 때 채광상황을 충분히 고려해야 한다고 건의했다.

문제 1

临窗户而坐的员工有什么特点?
A 睡眠质量高
B 注意力难以集中
C 擅长交际
D 心态消极

창에 가까이 앉은 직원들은 어떤 특징이 있는가?
A 수면의 질이 높다
B 주의력을 집중하기 어렵다
C 교제를 잘한다
D 마음가짐이 부정적이다(소극적이다)

해설 보기를 보면 A는 '睡眠质量高(수면의 질이 높다)', D는 '心态消极(마음가짐이 부정적이다)'이므로 어떤 분류의 사람들의 특징임을 알 수 있다. 도입부에서 '自然光(자연광)'에 대한 언급이 있으니 이것이 어떻게 사람에게 영향을 끼치는지 집중해야 한다. '临窗而坐的员工接受到的自然光大约比不靠窗的员工多17.3%'에서 창문에 가까이 앉아 있는 직원이 자연광을 더 받는다고 설명하고 있고, '自然光可以帮助人们改善睡眠质量'에서 자연광이 사람들이 수면의 질을 높이는 것을 도울 수 있다고 했으므로 창가에 가까이 앉아 있는 사람이 수면의 질이 더 높은 것을 알 수 있어, 1번의 정답은 A임을 짐작할 수 있다.

문제 2

关于自然光，可以知道什么？ A 很不稳定 B 有助于人体健康 C 比人造光辐射强 D 能够延缓衰老	자연광에 관해 알 수 있는 것은 무엇인가? A 안정적이지 않다 B 인체건강에 도움이 된다 C 인조광보다 방사가 강하다 D 노화를 완화시킬 수 있다

해설 보기 중 B를 보면 '有助于人体健康(인체건강에 도움이 된다)'이라고 했으므로 어떤 대상에 관한 질문임을 알 수 있고, 앞 문제에서 자연광에 대해서 이야기하고 있었고, 또한 다른 화제가 나오지 않는 이상 '수면의 질을 높인다'는 장점을 말했으므로 B가 바로 답이 될 가능성이 높음을 알 수 있다. 지문에서도 '自然光对人们的健康也发挥着巨大的作用(자연광은 사람들의 건강에도 거대한 작용을 발휘하고 있다)'이라고 한 부분이 있으므로 정답은 B이다.

문제 3

研究人员建议，建筑师怎么做？ A 考虑采光情况 B 保证室内通风 C 控制阳台面积 D 选购节能材料	연구원은 건축가가 어떻게 하길 건의했는가? A 채광상황을 고려해라 B 실내통풍을 보장해라 C 베란다 면적을 통제해라 D 에너지를 절약할 수 있는 재료를 골라 사라

해설 보기 중의 A '考虑(고려해라)', B '保证(보장해라)', C '控制(통제해라)', D '选购(선택 구매해라)'가 있으므로 글에서 제시한 의견이나 건의 내용임을 짐작할 수 있다. 마지막 부분에서 '建筑师在设计房屋时要充分考虑采光情况(건축가들이 집을 설계할 때 채광상황을 충분히 고려해야 한다고 건의했다)'이라고 했으므로 정답은 A이다.

문제 4-6

4.B 银杏是与恐龙同时代的生物，是世界上最珍贵的树种之一。银杏生长较慢、寿命极长，自然条件下，4.C 从栽种到结果要20多年，而大量结果则要等到40多年以后。世界上最粗大的银杏树在中国福泉，树龄有5000多年，根径有5.8米，树高50米，胸径4.79米，要13个人才能围抱过来。6.A 这种古老而珍贵的树种，集食用、材用、药用等多种用途于一体，浑身是宝，5.C 素有"活化石"、"摇钱树"，"植物界的熊猫"之称。特别是银杏叶中的某些化学成分具有特殊的医药保健作用，利用银杏叶加工生产保健食品、药物和化妆品，正引起国内外研发机构的重视。	4.B 은행은 공룡과 동시대의 생물이고, 세계에서 가장 진귀한 나무 중 하나이다. 은행은 생장이 비교적 느리고, 수명은 매우 길어서 자연적인 조건 하에서는 4.C 나무를 심고 열매를 맺는 데까지는 20여 년이 걸리고 대량의 열매를 맺는 것은 40여 년 이후이다. 세계에서 가장 굵은 은행나무는 중국 푸췐(福泉)에 있는데, 나무의 나이는 5,000여 년이고, 뿌리가 시작되는 밑둥 부분의 지름이 5.8미터가 되고, 나무의 높이는 50미터, 가슴높이 부분의 지름은 4.79미터나 되어 13명의 사람이 있어야만 에워쌀 수 있다. 6.A 이런 오래되고 진귀한 나무는 식용, 재료용, 약용 등의 다중용도가 한데 모여 있어 전체가 보물이고, 5.C 줄곧 '살아있는 화석', '돈줄', '식물계의 판다'라는 호칭을 가지고 있었다. 특히 은행잎 속의 어떤 화학성분들은 특수한 의약보건 작용이 있어서 은행을 이용하여 보건식품, 약물, 화장품을 가공 후 생산하여 국내외 연구개발 기구의 주목을 끌고 있다.

문제 4

| 关于世界上最粗大的银杏树，可以知道什么？
A 不再结果
B 已存活数千年
C 每20年开一次花
D 三个人才能抱过来 | 세계에서 가장 굵은 은행나무에 관해 무엇을 알 수 있는가?
A 더 이상 열매를 맺지 않는다
B 이미 수천 년 생존하고 있다
C 20년에 한 번 꽃이 핀다
D 세 사람이 있어야만 안을 수 있다 |

해설 보기 A의 '不再结果(더 이상 열매를 맺지 않는다)'와 C의 '每20年开一次花(20년마다 한 번 꽃이 핀다)'를 통해 열매를 맺거나 꽃을 피울 수 있는 나무에 관한 내용이라는 것을 짐작할 수 있다. 도입부에서 '银杏是与恐龙同时代的生物，是世界上最珍贵的树种之一(은행은 공룡과 동시대의 생물이고, 세계에서 가장 진귀한 나무 중 하나이다)'라고 했으므로 '은행(나무)'에 관한 글임을 알 수 있고, 공룡과 동시대에 있었던 생물이라고 했으므로 오래 되었음을 알 수 있으므로, 정답은 B이다. 20년의 표현이 있지만 '从栽种到结果要20多年(심고부터 열매를 맺는 데까지 20년 걸린다)'이라고 했으므로 C는 정답이 아니다.

문제 5

| 下列哪项不是银杏的别称？
A 活化石　　　　B 摇钱树
C 千年树王　　　D 植物界的熊猫 | 아래 어느 보기가 은행의 별칭이 아닌가?
A 살아있는 화석　　B 돈줄
C 천년 된 나무의 왕　D 식물계의 판다 |

해설 보기를 통해 '별칭'을 묻는 문제임을 알 수 있으므로 은행나무를 '무엇'이라고 부르는지에 집중해야 한다. 하지만, 녹음 중에 '素有"活化石"、"摇钱树"，"植物界的熊猫"之称(줄곧 '살아있는 화석', '돈줄', '식물계의 판다'라는 호칭을 가지고 있었다)'이라고 나열되었고, 보기 중의 A, B, D가 모두 언급되었으므로 문제는 별칭이 아닌 것을 묻는 것임을 알 수 있다. 정답은 언급되지 않은 C가 답이다.

TIP '素有A之称(줄곧 A라는 별칭(명성)이 있다)'은 자주 등장하는 격식이므로 꼭 암기해 두자!

문제 6

| 关于银杏，下列哪项正确？
A 用途广　　　　B 成活率低
C 生长迅速　　　D 叶子不可入药 | 은행에 관해, 아래 어느 항이 정확한가?
A 용도가 광범위하다　B 활착률이 낮다
C 생장이 빠르다　　　D 잎은 약에 넣을 수 없다 |

해설 보기의 A '用途广(용도가 광범위하다)', B '成活率低(활착률이 낮다)', C '生长迅速(생장이 빠르다)' 등을 통해 은행의 관해 맞는 내용이나 특징을 묻는 문제임을 짐작할 수 있다. '这种古老而珍贵的树种，集食用、材用、药用等多种用途于一体，浑身是宝(이런 오래되고 진귀한 나무는 식용, 재료용, 약용 등의 다중용도가 한데 모여 있어 전체가 보물이다)'라고 했으므로 그만큼 다양하게 쓰이는 즉, 광범위하게 활용되고 있음을 알 수 있다. 정답은 A이다.

독해 제3부분 실전 PT 정답　　　　　　　　　　　　　　　　　　　▶p.210

1. B　　2. E　　3. C　　4. A　　5. D

문제 1-5

新中式建筑是将中式建筑元素和现代建筑手法相结合而产生的一种建筑形式。

中国的传统建筑主张"天人合一"，"浑然一体"，居住环境讲究"静"和"净"。（1) <u>B 无论是别具一格的江南庭院</u>，还是古朴大气的北方四合院，都追求人与环境的和谐共生。

新中式建筑在传承中国传统建筑精髓的同时，还注重对现代生活价值的"精雕细刻"。与单纯的仿古建筑不同，(2) <u>E 新中式建筑更加关注居住环境的舒适度</u>，比如在设计中更多地考虑房间的采光和通风，更有效地提高卫生间、厨房在居室中的地位，更合理地分配家庭成员的居室等等。另外，外庭院、下沉庭院、内游廊等设计，(3) <u>C 又赋予了新中式建筑更多的现代元素</u>。

新中式建筑在空间结构上有意遵循了传统建筑的布局，并延续了传统建筑一贯采用的覆瓦坡屋顶。不过它并不循章守旧，(4) <u>A 而是吸收了各地的建筑风格</u>，自成一体。

新中式建筑虽然从外在已看不到传统建筑的模样，(5) <u>D 但整体风格上仍保留着其神韵和精髓</u>。而且与之相比，舒适性得到了很大提高。

신 중식건축은 중식건축요소와 현대건축수법이 서로 결합되어 나온 건축형식의 일종이다.

중국의 전통건축은 '천인합일(하늘과 사람이 하나가 됨)', '혼연일체(하나가 됨)'를 주장하고, 거주환경은 '조용함'과 '깨끗함'을 중시했다. (1) <u>B 독특한 강남의 정원이든</u>, 소박하고 예스러우며 대범한 북방의 사합원이든, 모두 사람과 환경의 조화로운 공존을 추구했다.

신 중식건축은 중국전통건축의 정수를 계승한 동시에, 현대의 생활가치에 대한 '정조세각(세심하고 정밀하게 다듬는 것)'을 중시한다. 단순한 옛 것을 모방한 건축과 다르게 (2) <u>E 신 중식건축은 거주환경의 쾌적함의 정도에 더욱 관심을 가진다</u>. 예를 들면, 설계할 때에 방의 채광과 통풍을 더 많이 고려하고, 화장실과 주방의 거주공간에서의 지위를 더욱 효과적으로 높이고, 가정구성원의 공간을 더욱 합리적으로 배치하는 등등이 그러하다. 그밖에 외부 정원, 하침식 정원, 내부 복도 등의 설계는 (3) <u>C 신 중식건축에 더 많은 현대적인 요소도 부여했다</u>.

신 중식건축은 공간구조에 있어서는 의도적으로 전통건축의 배치를 따르고, 전통건축이 일관되게 채택해서 썼던 기와를 덮은 경사진 지붕을 것을 유지한다. 그러나 그것은 결코 옛 것을 따르지만은 않고, (4) <u>A 각지의 건축스타일을 흡수해</u>, 스스로 하나의 독자적인 스타일을 이루었다.

신 중식건축은 비록 외관상으로는 이미 전통적인 모습을 볼 수 없지만, (5) <u>D 그러나 전체적인 분위기로는 여전히 그 운치와 정수를 간직하고 있다</u>. 게다가 그것과 비교하면, 쾌적함은 매우 향상되었다.

A 而是吸收了各地的建筑风格
B 无论是别具一格的江南庭院
C 又赋予了新中式建筑更多的现代元素
D 但整体风格上仍保留着其神韵和精髓
E 新中式建筑更加关注居住环境的舒适度

A 각지의 건축스타일을 흡수했다
B 독특한 강남의 정원이든
C 신 중식건축에 더 많은 현대적인 요소도 부여했다
D 그러나 전체적인 분위기로는 여전히 그 운치와 정수를 간직하고 있나
E 신 중식건축은 거주환경의 쾌적함의 정도에 더욱 관심을 가진다

보기check

A - '而是'는 화자가 인정 또는 긍정하는 부분으로 그 앞의 내용에는 '不是', '非(是)' 등 부정하는 내용이 있을 가능성이 크다는 것을 알아야 한다. '而是'의 뒷부분 즉 인정, 긍정한 부분이 '각지의 건축스타일을 흡수했다'는 내용이므로 앞에서는 흡수하지 않은 것의 내용이나 따르지 않은 내용이 나올 것이라고 추측해야 한다.

B - '无论(~에 상관없이)'이 독해 제3부분에 등장하면 '无论是A还是B，都/也……(A든 B든 상관없이, 모두 ~하다)' 또는 '无论 + 什么/哪儿/谁 등의 의문사, 都/也……'의 형태만 나온다. 문장 중 선택의문문이나 뒤로 '都/也'가 이어지는 부분을 찾고 내용이 적합한지 확인해야 한다.

C - '又'로 시작했으므로 '不仅/不但' 등의 접속사와 쓰였거나, '既'와 함께 쓰였을 가능성이 크므로 주의하고, '신 중식 건축물에 더 많은 현대적인 요소도 부여했다'고 했으므로 무엇이 신 중식건축물에 현대적인 요소를 부여했는지 주어가 있어야 한다.

D - '但(그러나)'은 내용의 전환을 설명하는데, '但'은 '虽然/尽管(비록)'과 연결되는 접속사이므로 이 점을 먼저 염두에 두고, 뒤의 내용이 '전체적인 분위기로는 여전히 그 운치와 정수를 간직하고 있다'고 했으므로 외부환경이나 겉으로는 바뀌었지만 운치와 정수는 옛날이나 지금이나 여전히 간직하고 있다는 내용이라는 것을 짐작할 수 있다.

E - 신 중식건축은 거주환경의 쾌적함의 정도에 더욱 관심을 가진다'고 했으므로 앞에는 과거의 중식건축에 대한 설명이 뒤에는 중시하는 거주환경의 쾌적함 정도를 설명할 수 있는 내용을 짐작할 수 있다.

해설

1. 밑줄 뒤의 문장 '还是古朴大气的北方四合院，都追求人与环境的和谐共生'에서 '还是'와 '都'가 들어가 있으므로 미리 짐작했던 '无论是A还是B，都……'의 형식이 되어 B가 정답이라는 것을 알 수 있다.
2. 앞의 내용이 '与单纯的仿古建筑不同(단순한 옛 것을 모방한 건축과 다르게)'이라고 비교대상만 언급했으므로 저것을 비교대상으로 한 주어가 이어져야 하는데, 옛 것을 모방한 건축물과 상반되는 개념은 신 중식건축물이므로 E가 가장 적합함을 알 수 있다.
3. 밑줄 앞의 '外庭院、下沉庭院、内游廊等设计(외부 정원, 하침식 정원, 내부 복도 등의 설계)'는 명사구로 독해 제3부분에서 명사구 뒤에 밑줄이 있으면 이는 주어로 간주하고 그에 적합한 술어를 찾아야 한다. 술어가 될 수 있는 동사로 시작하는 보기는 C가 있고, 외부 정원, 하침식 정원, 내부 복도 등은 현대적인 요소를 부여할 수 있는 주어로 적합하므로 정답은 C이다.
4. 밑줄 앞에 '它并不循章守旧(그것은 결코 옛 것을 따르지만은 않았다)'에서 부정을 먼저 언급했으니 '而是'가 이어 나올 수 있고, 내용 또한 받아들이거나 흡수한 내용이 가장 적합하므로 정답은 A이다.
5. '新中式建筑虽然从外在已看不到传统建筑的模样(신 중식건축은 비록 외관상으로는 이미 전통적인 모습을 볼 수 없다)'에 '虽然(비록)'이 있어 어렵지 않게 D와 연결된다는 것을 알 수 있고, 내용상으로도 '겉으로는 전통적인 보습을 볼 수 없다'라고 했으므로 뒤에는 전환되는 내용인 '(그럼에도) 여전히 그 운치와 정수를 간직하고 있다'가 가장 적합하기 때문에 정답은 D이다.

쓰기 실전 PT 모범 요약 ▶p.217

						真	诚	的	歉	意									
		飞	机	起	飞	前	，	一	位	乘	客	要	求	空	姐	给	他	一	杯
水	吃	药	。	空	姐	微	笑	着	说	，	飞	机	进	入	平	稳	状	态	后，
会	立	刻	送	水	。														
		15	分	钟	后	，	空	姐	突	然	想	起	忘	了	给	那	位	客	人
送	水	了	。	她	来	到	客	舱	，	微	笑	着	说	：	"	对	不	起	， 耽
误	您	吃	药	的	时	间	了	。	"	乘	客	却	非	常	生	气	。		
		接	下	来	的	飞	行	中	，	空	姐	都	特	意	去	问	那	位	乘
客	是	否	需	要	帮	助	。	但	快	到	达	时	，	乘	客	向	她	要	留
言	本	。	他	好	像	要	投	诉	这	位	空	姐	。	空	姐	再	一	次	微
笑	着	向	他	道	歉	。	乘	客	没	说	话	，	写	了	起	来	。		
		飞	机	降	落	后	，	空	姐	打	开	留	言	本	，	看	到	了	表
扬	信	。	信	中	说	，	因	为	空	姐	的	12	次	微	笑	，	他	决	定
不	写	投	诉	信	，	而	是	表	扬	信	。								

진실된 미안한 마음

비행기가 이륙하기 전에, 한 승객이 승무원에게 약 먹을 물 한 잔을 부탁했다. 승무원은 미소를 지으며 비행기가 안정된 상태에 들어간 후에 바로 드리겠다고 했다.

15분이 지난 후에 승무원은 갑자기 그 승객에게 물을 드려야 하는 것을 잊었다는 것이 생각났다. 그녀는 객실에 가서, 미소를 지으며 "약 먹는 시간을 지체하게 만들어 죄송합니다."라고 말했지만, 승객은 오히려 매우 화를 냈다.

이어진 비행 동안, 승무원은 내내 그 승객에게 도움이 필요한지를 일부러 물었다. 그러나 막 도착하려 할 때, 승객은 그녀에게 고객의 소리 노트를 요구했다. 그는 마치 이 승무원에 대해 불만을 신고하려는 것 같았다. 승무원은 다시 한번 미소를 지으며 그에게 사과했다. 승객은 말없이 쓰기 시작했다.

비행기가 착륙하고 난 후, 승무원은 고객의 소리 노트를 펼쳐보았고, 칭찬편지를 보게 되었다. 편지에는 승무원의 열두 번의 미소 때문에 그는 불만신고가 아니라 칭찬편지를 쓰게 되었다고 쓰여 있었다.

문제

飞机即将起飞时，一位乘客请求空姐给他倒一杯水吃药。空姐面带微笑地说："先生，为了您的安全，请稍等片刻，等飞机进入平稳飞行状态后，我会立刻给您送水。"	→ 飞机起飞前，一位乘客要求空姐给他一杯水吃药。空姐微笑着说，飞机进入平稳状态后，会立刻送水。
비행기가 이륙하려 할 때, 한 명의 승객이 승무원에게 약 먹을 물을 한 잔 따라 달라고 부탁했다. 승무원은 미소를 지으며 "선생님, 안전을 위해서 잠시만 기다려주세요. 비행기가 안정된 비행 상태에 들어가면 바로 물을 드리겠습니다."라고 말했다.	비행기가 이륙하기 전에, 한 승객이 승무원에게 약 먹을 물 한 잔을 부탁했다. 승무원은 미소를 지으며 비행기가 안정된 상태에 들어간 후에 바로 드리겠다고 했다.

해설 '为了您的安全，请稍等片刻(안전을 위해서 잠시만 기다려 달라)'는 것은 결국 비행기가 안정된 상태에 들어가면 물을 주겠다는 말이므로 삭제하는 것이 좋다.

15分钟后，飞机早已进入了平稳飞行状态，这时，空姐突然意识到：糟了，忘记给那位客人送水了！她来到客舱，小心翼翼地把水送到那位乘客跟前，面带微笑地说："先生，实在对不起，由于我的疏忽，耽误了您吃药的时间。"乘客生气地指着手表说："你看看，这都过了多久了？"	→ 15分钟后，空姐突然想起忘了给那位客人送水了。她来到客舱，微笑着说："对不起，耽误您吃药的时间了。"乘客却非常生气。
15분 후에, 비행기는 이미 안정된 비행 상태에 들어갔고, 이 때 승무원 깨달았다. '큰일 났네. 그 승객에게 물을 가져다 드리는 것을 잊었어!' 그녀는 객실로 가서 조심스럽게 물을 그 승객 곁에 두며 미소를 띠고 말했다. "선생님, 제 부주의로 약 먹는 시간을 지체하게 만들어서 정말 죄송합니다." 승객은 화가 나서 손목시계를 가리키며 말했다. "봐봐요. 벌써 얼마나 흘렀는지 알아요?"	15분이 지난 후에 승무원은 갑자기 그 승객에게 물을 드려야 하는 것을 잊었다는 것이 생각났다. 그녀는 객실에 가서, 미소를 지으며 "약 먹는 시간을 지체하게 만들어 죄송합니다."라고 말했지만, 승객은 오히려 매우 화를 냈다.

해설
1. '15分钟后(15분 후)'와 '飞机早已进入了平稳飞行状态(비행기가 안정된 비행 상태에 들어간 때)'는 같은 시간 때이므로 둘 중 하나의 표현만 쓰는 것이 좋고, 간단한 '15분 후'가 더 적절하다.
2. 마음 속 생각은 내용상 중요하지 않으면 통상적으로 삭제하지만 필요하다면 간접표현으로 바꾸는 것이 좋다. '空姐突然意识到：糟了，忘记给那位客人送水了!(승무원은 깨달았다. '큰일 났네. 승객에게 물 가져다 드리는 것을 잊었어')'는 '空姐突然想起忘了给那位客人送水了(승무원은 승객에게 물을 드리는 것을 잊었다는 걸 깨달았다)'로 간단하게 줄이는 것이 좋다.
3. 승객의 대답은 '화를 냈다'는 것이므로 '乘客非常生气'로 바꾸는 것이 좋다.

在接下来的飞行中，为了表示歉意，每次去客舱时，空姐都会特意走到那位乘客跟前，面带微笑地询问他是否需要帮助。但是，那位乘客不理会她。快到目的地时，那位乘客向空姐要留言本，很显然，他要投诉这名空姐，这时空	→ 接下来的飞行中，空姐都特意去问那位乘客是否需要帮助。但快到达时，乘客向她要留言本。他好像要投诉这位空姐。空姐再一次微笑着向他道歉。乘客没说话，写了起来。

姐虽然很委屈，但仍然面带微笑地说道：~~"先生，请允许我再次向您表示真诚的歉意，无论您提什么意见，我都欣然接受！"~~那位乘客脸色~~一~~紧，好像想说什么，却没有开口，他接过留言本就写了起来。	→
이어진 비행 동안, 미안함을 표기하기 위해 매번 객실에 갈 때마다 승무원은 일부러 그 승객 곁에 가서 미소를 띠며 그가 도움이 필요하지 않은지 물어봤다. 하지만 그 승객은 그녀를 상대하지 않았다. 목적지에 도착하려고 할 때, 그 승객이 승무원에게 고객의 소리 노트를 요구했는데, 그가 이 승무원에 대해 불만신고를 하려는 것이 분명했다. 이때 승무원은 억울했지만 여전히 얼굴에 미소를 띠며 "선생님, 다시 한번 진심으로 사과 드립니다. 어떤 불만을 제기하셔도 기꺼이 받아들이겠습니다!"라고 말했다. 그 승객은 무표정하게 뭔가 말하고 싶은 듯 했으나, 입은 열지 않고, 고객의 소리 노트를 받아 들고, 적기 시작했다.	이어진 비행 동안, 승무원은 내내 그 승객에게 도움이 필요한지를 일부러 물었다. 그러나 막 도착하려 할 때, 승객은 그녀에게 고객의 소리 노트를 요구했다. 그는 마치 이 승무원에 대해 불만을 신고하려는 것 같았다. 승무원은 다시 한번 미소를 지으며 그에게 사과했다. 승객은 말없이 쓰기 시작했다.

> [해설] 1. 비행하는 동안 승무원이 그 승객에게 도움이 필요한지를 일부러 물은 것은 미안함을 표현하기 위해서이므로, '为了表示歉意(미안함을 표현하기 위해서)'는 생략해도 좋다.
> 2. 직접적인 화법의 내용이 많은 경우는 필요한 내용만 골라 간접화법으로 줄이는 것이 좋다. 마지막 '先生，请允许我再次向您表示真诚的歉意，无论您提什么意见，我都欣然接受！(선생님, 다시 한번 진심으로 사과 드립니다. 어떤 불만을 제기하셔도 기꺼이 받아들이겠습니다!)'는 '空姐再一次微笑着向他道歉(승무원은 다시 한번 승객에게 사과했다)'으로 줄이는 것이 좋다.
> 3. 내용상의 '好像(마치)' 부분은 추측일 뿐이므로 삭제해도 좋다.

等飞机降落，所有的乘客陆续离开后，空姐紧张地翻开那本留言本，没想到，那位乘客写的并不是投诉信，而是一封表扬信。信中写到：~~"在整个飞行过程中，您表现出的真诚，特别是你的~~十二次微笑，~~深深地打动了我，使我最终决定将~~投诉信改成表扬信。~~你的服务质量很高，下次如果有机会，我还将乘坐你的这趟航班！"~~	→ 飞机降落后，空姐打开留言本，看到了表扬信。信中说，因为空姐的12次微笑，他决定不写投诉信，而是表扬信。
비행기가 착륙하고 모든 승객이 떠난 뒤에 승무원은 긴장하며 고객의 소리 노트를 펼쳐보았는데, 생각지도 않게 그 승객이 쓴 것은 불만신고가 아니라 칭찬하는 편지였다. 편지에는 '비행하는 내내 당신이 보여준 진심, 특히, 당신의 열두 번의 미소는 저를 깊이 감동시켰고, 결국 제가 불만신고를 칭찬편지로 바꾸게 만들었습니다. 당신의 서비스는 매우 좋았습니다. 다음에도 기회가 있다면 저는 당신의 이 항공편을 이용할 것입니다!'라고 쓰여 있었다.	비행기가 착륙하고 난 후, 승무원은 고객의 소리 노트를 펼쳐보았고, 칭찬편지를 보게 되었다. 편지에는 승무원의 열두 번의 미소 때문에 그는 불만신고가 아니라 칭찬편지를 쓰게 되었다고 쓰여 있었다.

> [해설] 1. 내용상 꼭 필요한 경우를 제외하고, 감정상태의 묘사는 삭제하는 것이 좋다.
> 2. 마지막 단락의 핵심은 승무원이 승무원의 미소 때문에 불만신고가 아니라 칭찬편지를 썼다는 고객의 소리 노트의 내용이다.

> [제목] 1. 제목은 승무원이 보여준 '歉意(미안한 마음)'와 '微笑(미소)'가 들어가는 것이 좋다.
> 2. '真诚的歉意(진실된 미안한 마음)' 또는 '十二次微笑(열두 번의 미소)'가 가장 적절하다.

Day

듣기 제3부분 실전 PT 정답 ▶p.225

1. A　　**2.** C　　**3.** D　　**4.** C　　**5.** B　　**6.** C

문제 1-3

成功是可以复制的。

1.A 要复制成功，首先就要复制成功者的"信念"。因为信念不够坚定，所以做事情时就做得不够彻底，或者碰到问题时就主动放弃了，中途放弃而导致失败的大有人在。

其次 2.C 要复制成功者的策略，策略就是做事情的先后顺序，是一种思维模式，更是一种行为方式。很多时候我们失败是因为我们的先后顺序错了，在错误的时间做了对的事情，结果也是错的。

3.D 第三个要复制的是成功者的肢体动作。透过积极向上的肢体动作，给自己积极的心理暗示，从而带来持续不断的动力。

不要听别人说什么，更多的是需要我们看别人怎么做，然后找出成功者的信念和策略，同时加以模仿。相信某一天，我们将会成为成功故事里的主角。

성공은 복제할 수 있는 것이다.

1.A 성공을 복제하려면, 먼저 성공한 사람의 '신념'을 복제해야 한다. 신념이 충분히 확고하지 않기 때문에 일을 할 때 충분히 철저하지 못하거나, 문제에 부딪쳤을 때 주동적으로 포기하게 된다. 도중에 포기해서 실패하는 그와 같은 사람이 많다.

그 다음으로는 2.C 성공한 사람의 전략을 복제해야 한다. 전략은 바로 일을 하는 선후순서인데, 일종의 사고패턴이며 더욱이 일종의 행위방식이기도 하다. 많은 때에 우리의 실패는 우리의 선후순서가 틀렸기 때문이고, 잘못된 시간에 옳은 일을 하면 결과도 틀리는 것이다.

3.D 세 번째로 복제해야 하는 것은 성공한 사람의 몸짓이다. 적극적이고 진취적인 몸짓을 통해, 자신에게 적극적인 심리적 암시를 주고, 따라서 끊임없는 동력을 가져오게 된다.

다른 사람이 뭐라고 하는지는 듣지 마라. 더욱 많은 것은 다른 사람이 어떻게 하는가 이고, 그런 다음에 성공한 사람들의 신념과 전략을 찾아내어 동시에 모방하면, 언젠가 우리는 성공스토리 속의 주인공이 될 것이다.

문제 1

要复制成功，首先要复制什么?	성공을 복제하려면, 먼저 무엇을 복제해야 하는가?
A 信念　　B 策略 C 肢体动作　　D 人生经历	A 신념　　B 전략 C 몸짓　　D 인생경력

해설　보기가 연관성이 없어 보이는 명사들로 구성되어 있으므로 소재나 특정 질문에 대한 대상임을 알 수 있고, 언급되는 것을 체크해두고 두 개 이상이 언급되면 특징을 알아두어야 하는데, 지문에서 A, B, C가 다 언급되었으므로 순서적으로만 번호를 달아두었다가 질문에서 먼저 복제해야 하는 것을 물었으므로 제일 먼저 언급되면서 '要复制成功，首先就要复制成功者的"信念"(성공을 복제하려면, 먼저 성공한 사람의 '신념'을 복제해야 한다)'이라고 했으므로 정답은 A이다.

문제 2

关于"策略"，下列哪项正确?	'책략'에 관해, 아래 어느 항이 정확한가?
A 是动力的来源 B 与行动方式无关 C 指做事情的先后顺序 D 表现为对工作的热情	A 동력의 근원이다 B 행동방식과 무관하다 C 일하는 것의 선후순서를 가리킨다 D 일에 대한 열정을 나타낸다

해설　두 번째로 언급한 '战略(전략)'를 설명하면서 '要复制成功者的策略，策略就是做事情的先后顺序(성공한 사람의 전략을 복제해야 한다. 전략은 바로 일을 하는 선후순서이다)'라고 했으므로 정답은 C이다.

문제 3

根据这段话，下列哪项正确？ A 成功不可复制 B 要重视知识的积累 C 生活中要善于倾听 D 成功需要积极的心理暗示	이 글에 따르면, 아래 어느 항이 정확한가？ A 성공은 복제할 수 없다 B 지식의 축적을 중시해야 한다 C 생활에서는 경청을 잘해야 한다 D 성공은 적극적인 심리암시를 필요로 한다

해설 세 번째 언급한 '肢体动作(몸짓)'를 설명하면서 '第三个要复制的是成功者的肢体动作。透过积极向上的肢体动作，给自己积极的心理暗示(세 번째로 복제해야 하는 것은 성공한 사람의 몸짓이다. 적극적이고 진취적인 몸짓을 통해, 자신에게 적극적인 심리적 암시를 준다)'라고 했으므로 정답은 D임을 알 수 있다.

문제 4-6

某人随口一句无心的话，却在另一个人心中激起了千层浪。这种现象，在心理学上被称为"瀑布心理效应"。即 4.C 信息发出者的心理比较平静，但信息接收者却产生了不平静的心理，从而导致其态度和行为随之发生变化。这种心理现象就和瀑布一样。上游其实非常平静，而到了峡谷便会一泻千里。"瀑布心理效应"在班级管理中也同样存在。教师无意间的一句话、一个动作甚至一个表情，都可能给学生带来心理或者行为上的变化。如果教师带着消极的情绪工作，则必然会让学生感到压抑。反之，5.B 如果教师心情愉悦，学生也会感到轻松自在，师生关系也将更融洽。同样，6.C 我们在与人交流时，也要注意自己的言行。	누군가가 아무렇게나 무심코 꺼낸 말이 오히려 다른 이의 마음속에서는 큰 반응을 불러일으킨다. 이러한 현상은 심리학에서는 '폭포심리효과'라고 불린다. 즉, 4.C 정보를 내보내는 심리는 비교적 평온하지만, 정보를 받는 사람은 오히려 불안한 마음이 생기게 되고, 따라서 그의 태도와 행위는 그것에 따라 변화가 발생하게 만든다. 이러한 심리효과는 폭포와 같다. 상류는 사실 매우 평온한데, 협곡에 이르러서는 아주 빨라진다. '폭포심리효과'는 학급의 관리에서도 똑같이 존재한다. 선생님의 무의식 속에서의 말 한 마디와 동작 하나, 심지어 표정 하나가 모두 학생에게 심리 또는 행위상의 변화를 가져다줄 수 있다. 만약에 교사가 부정적인 기분으로 일을 한다면, 틀림없이 학생들이 딱딱함을 느끼게 할 것이다. 반대로, 5.B 만약에 교사가 기분이 즐겁다면, 학생 또한 편하고 자유로움을 느끼고, 사제관계 또한 더욱 좋아질 것이다. 마찬가지로, 6.C 우리는 다른 사람과 교류할 때에도 자신의 언행을 주의해야 한다.

문제 4

关于"瀑布心理效应"可以知道什么？ A 发生在关系亲密的人之间 B 信息接收者更有表达欲望 C 信息发出者心理较为平静 D 已被用来治疗心理创伤	'폭포심리효과'에 관해 알 수 있는 것은？ A 관계가 친밀한 사람 사이에서 발생한다 B 정보를 받는 사람이 표현욕망을 더 가지고 있다 C 정보를 내보내는 사람의 마음은 비교적 평온하다 D 이미 심리치료에 쓰였다

해설 서로 다른 것을 설명하고 있는 보기를 통해 올바른 정보를 고르는 문제임을 짐작할 수 있다. '在心理学上被称为"瀑布心理效应"。即信息发出者的心理比较平静(이러한 현상은 심리학에서는 '폭포심리효과'라고 불린다. 즉, 정보를 내보내는 심리는 비교적 평온하다)'에서 '即'는 '즉'이라는 뜻으로 앞에서 언급하거나 설명한 것을 다시 풀이하는 것을 의미하므로 소재인 폭포심리효과에서 정보를 내보내는 심리는 평온함을 알 수 있다. 정답은 C이다.

문제 5

| 为了使师生关系更融洽，教师应该怎么做？
A 不要约束学生的行为
B 保持心情愉快
C 平等对待学生
D 多与家长沟通 | 사제관계가 더욱 좋아지기 위해, 교사는 어떻게 해야 하는가?
A 학생들의 행위를 규제하지 말아야 한다
B 기분이 즐거운 것을 유지해야 한다
C 평등하게 학생을 대해야 한다
D 가장과 많이 소통해야 한다 |

해설   A의 '不要……(~하지 마라)'와 D의 '多……(많이 ~해라)'를 보고 해야 하는 주제나 해야 하는 행동 등을 묻는 문제임을 짐작할 수 있다. '如果教师心情愉悦，学生也会感到轻松自在，师生关系也将更融洽(만약에 교사가 기분이 즐겁다면, 학생 또한 편하고 자유로움을 느끼고, 사제관계 또한 더욱 좋아질 것이다)'에서 교사가 기분이 좋아야 이것의 영향을 받아 학생이 편하게 바뀌고 그렇게 해야 관계도 좋아진다고 했으므로 질문에 맞추어 관계 개선을 위해 교사가 해야 하는 것은 기분이 즐거운 것을 계속 유지해야 하는 것임을 알 수 있다. 정답은 B이다.

문제 6

| "瀑布心理效应"给我们的启示是什么？
A 要专注于工作
B 要学会倾听
C 要注意自己的言行
D 要多进行户外活动 | '폭포심리효과'가 우리에게 시사하는 바는 무엇인가?
A 일에 집중해야 한다
B 경청할 줄 알아야 한다
C 자신의 언행을 주의해야 한다
D 야외활동을 많이 해야 한다 |

해설   전체 보기에 '要……(~해야 한다)'가 있으므로 이 글이 사설 글임을 짐작할 수 있고, 전체적으로 하고자 하는 말에 집중해야 하는데, 사설에서 말하고자 하는 바를 주로 담는 마지막 부분에서 '我们在与人交流时，也要注意自己的言行(우리는 다른 사람과 교류할 때에도 자신의 언행을 주의해야 한다)'이라고 했으므로 정답은 C임을 알 수 있다.

독해 제3부분 실전 PT 정답   ▶p.230

1. D   2. B   3. E   4. A   5. C

문제 1-5

　　一个教授问他的学生："为什么人生气时说话要用喊？"其中一个学生说："因为我们丧失了冷静。"
　　"（1） D 但是为什么别人就在你旁边，你还是用喊的，难道就不能小声地说吗？"教授又问。
　　学生们又七嘴八舌地说了一堆，但是没有一个答案是让教授满意的。最后教授解释说："当两个人生气的时候，心的距离是很远的，（2） B 为了能使对方在这么远的距离也能听见，所以必须用喊，但是在喊的同时人会更生气，距离就更远，距离更远就又要喊得更大声些……"

　　한 교수가 그의 학생들에게 물었다. "왜 사람은 화가 났을 때, 소리를 지를까요?" 그중 한 학생이 말했다. "우리가 냉정함을 잃었기 때문입니다."
　　"(1) D 그런데 왜 다른 사람이 당신 곁에 있는데도 여러분은 여전히 소리를 지를까요? 작은 소리로 말하면 안 되나요?" 교수는 또 물었다.
　　학생들은 제각각 잔뜩 이야기했지만, 교수를 만족시키는 대답은 없었다. 마지막에 교수는 설명했다. "두 사람이 화가 났을 때는 마음의 거리가 멀어지는데, (2) B 상대방이 이렇게나 멀리 있는 거리에서도 들을 수 있게 하기 위해서 소리를 질러야 합니다. 하지만 소리를 지르는 동시에 더욱 화가 나게 되고, 거리는 더욱 멀어지죠. 거리가 더욱 멀어지면 더 크게 소리를 질러야 하고……"
　　그는 이어서 계속 말했다. "두 사람이 연애할 때는 또 어떨

他接着继续说："当两个人相恋时又会么样呢？（3） E 情况刚好相反，不但不会用喊的，而且说话都很轻声细语，为什么？因为他们的心很近，心与心之间几乎没有距离，所以相恋中的两个人通常是耳语式的说话，但是心中的爱因而更深，到后来根本不需要言语，（4） A 只需要用眼神就可以传情，而那时心与心之间早已经没有距离了……"

最后教授作了一个总结："当两个人争吵时，不要让心的距离变远，（5） C 更不要说些让心的距离更远的话，等过几天，等到心的距离近一些时，再好好地说吧。"

A 只需要用眼神就可以传情
B 为了能使对方在这么远的距离也能听见
C 更不要说些让心的距离更远的话
D 但是为什么别人就在你旁边
E 情况刚好相反

까요? (3) E 상황은 딱 반대입니다. 소리를 지를 필요도 없고 게다가 작은 목소리로 이야기해도 됩니다. 왜 그럴까요? 그들의 마음은 가깝고, 마음과 마음 사이에 거리가 거의 없기 때문에, 서로 연애중인 두 사람은 통상적으로 귓속말처럼 말하는데, 마음 속의 사랑은 더욱 깊어지고 나중에는 아예 말도 필요 없고, (4) A 단지 눈빛만으로 감정을 전달할 수 있어야 하죠. 그런데, 그때는 마음과 마음 사이에는 이미 거리가 없게 되는데……"

마지막에 교수는 하나의 최종결론을 내렸다. "두 사람이 다툴 때, 마음의 거리가 멀어지게 하지 마세요. (5) C 더욱이 마음의 거리가 더욱 멀어지게 하는 말은 하지 마세요, 며칠 지나서 마음의 거리가 가까워졌을 때, 다시 잘 이야기하세요."

A 단지 눈빛만으로 감정을 전달할 수 있어야 한다
B 상대방이 이렇게나 멀리 있는 거리에서도 들을 수 있게 하기 위해
C 더욱이 마음의 거리가 더욱 멀어지는 말을 하지 마라
D 그런데 왜 다른 사람이 당신 곁에 있는가
E 상황은 딱 반대이다

보기check

A – '只需要……(단지 ~하는 것이 필요하다)'가 있으므로 앞이나 뒤에 '不需要(~할 필요는 없다)'가 있을 가능성이 크다는 것을 추측해야 한다. 또한 눈빛만으로 감정을 전달할 수 있어야 하면, 말이나 행동 등으로 감정을 전달할 필요가 없다는 것을 알아야 한다.

B – '为了……(~를 위해서)'가 이끌고 있는 절이 보기로 등장하면 이 절을 위해 해야 하는 행동이 뒤에 이어지므로 뒤에 마침표 '。'를 찍을 수 없음을 알자. (지문에는 밑줄 뒤에 모두 쉼표 '，'가 있으므로 해당되지 않는다.) 또한, 상대방이 멀리 있어도 들을 수 있게 하기 위해'라고 했으므로 뒤에는 멀리 있는 상대가 들을 수 있게 해야 하는 행동이 나올 가능성이 크다. 멀리 있는데 들을 수 있게 하려면 소리를 크게 해야 한다는 내용이 이어질 가능성이 가장 크다는 것을 짐작해야 한다.

C – '更不要……(더욱 ~하지 마라)'가 힌트이다. '更(더욱)'은 순접의 부사 즉, 앞에서도 무엇인가를 '不要……(~하지 마라)'라고 했을 가능성이 크다는 것을 짐작해야 한다.

D – '但是(그러나)'는 먼저 '虽然(비록)'을 유추해내고, 내용상으로는 '为什么(왜)'가 있으므로 질문으로 처리되어 D가 들어갈 부분에 물음표 '？'가 있을 가능성이 크다.

E – 상황이 딱 반대라는 것은 E가 들어갈 자리를 기준으로 앞과 뒤에 상반되는 내용이 올 가능성이 크다는 것을 추측해야 한다.

해설

1. 밑줄 뒤의 문장 '你还是用喊的，难道就不能小声地说吗？(여러분은 여전히 소리를 지를까요? 작은 소리로 말하면 안 되나요?)'에서 당신(여러분)이 여전히 소리를 지른다는 것은 질문의 대답에 반박하고 있음을 알 수 있고, 작은 소리로 말해도 될 상황은 다른 사람이 곁에 있는 상황이므로 정답이 D임을 알 수 있다.

2. 밑줄 뒤의 문장이 '所以必须用喊(그래서 반드시 소리를 질러야 한다)'이므로 앞에는 소리를 질러야 할 수밖에 없는 원인이나 목적이 나와야 한다. 먼저 파악한 보기를 통해 상대가 멀리 있어도 들을 수 있게 하기 위해 해야 하는 행동을 소리 지르는 것으로 짐작했으므로 정답은 B임을 알 수 있다.

3. 앞 단락에서는 '当两个人生气的时候(두 사람이 화가 났을 때)'에 대해 설명했고, 3번 앞은 '当两个人相恋时(두 사람이 서로 연애할 때)'는 또 어떠하냐고 물었으므로 상반되는 내용이 나올 것임을 짐작할 수 있어 E가 정답임을 알 수 있다.

4. 밑줄 앞의 내용이 '根本不需要语言(전혀 말이 필요하지 않다)'이라고 했으므로 뒤에는 긍정의 개념으로 '需要'를 쓸 가능성이 크다는 것을 알 수 있고, '서로 연애할 때'라는 것을 전제로 한 결과이므로 A가 적합함을 알 수 있다.

5. 밑줄 앞의 내용이 '不要让心的距离变远(마음의 거리가 멀어지게 하지 마라)'이므로 보기를 통해 짐작한 '更不要说些让心的距离更远的话(마음의 거리가 더욱 멀어지는 말은 하지 마라)'라고 했음을 알 수 있다. 정답은 C이다.

쓰기 실전 PT 모범 요약

最后的赢家

　　一年秋天，有位商人来到一个村庄看亲戚，他发现，当地的玉米秸秆适合编织遮阳帽。这种帽子很时髦，很受欢迎。
　　村里的人们听说这件事后，有些不相信。不久，商人请来技术人员教大家编织帽子，并承诺高价购买。于是，一直到第二年夏天，所有人都编帽子，赚了钱。只有一户人家没有做，他们每天去山里干活。
　　秋天来了，人们发现，因为所有人只编帽，地荒了，没有秸秆了。可那家人却在荒山上种满了玉米，人们只好买他们的秸秆。那家人赚了很多钱。
　　有智慧的人把目光放到了将来。

최후의 승리한 집

　　어느 해 가을, 어떤 상인이 한 마을에 친척을 보러 가서 현지의 옥수수 줄기가 차양모자를 짜는 데 적합하다는 것을 발견했다. 이런 모자는 세련돼서 환영 받았다.
　　마을 사람들은 이 일을 듣고, 조금 믿지 못했다. 얼마 되지 않아서, 상인은 기술자를 초빙해 모두에게 모자를 짜는 방법을 가르치게 했고, 고가로 매입하겠다고 약속했다. 그리하여, 이듬해 여름까지 모든 이가 모자를 짜서 돈을 벌었다. 오직 한 집만 그렇게 하지 않았고, 그들은 매일 산으로 일하러 갔다.
　　가을이 되었고, 사람들은 모든 사람이 모자만 짜느라 땅이 황량해지고 줄기가 없다는 것을 발견했다. 그러나 그 집 사람들은 오히려 황량한 산에 옥수수를 가득 심어놓았고, 사람들은 어쩔 수 없이 그들의 줄기를 살 수밖에 없었다. 그 집 사람들은 많은 돈을 벌었다.
　　지혜로운 사람은 시선을 미래에 두었다.

문제

一年秋天，有位商人来到一个村庄看望亲戚。他意外地发现，当地的玉米秸秆柔韧性很强，特别适合编织一种遮阳帽。这种帽子看上去很时髦，在市场上很受欢迎。	一年秋天，有位商人来到一个村庄看亲戚，他发现，当地的玉米秸秆适合编织遮阳帽。这种帽子很时髦，很受欢迎。
어느 해 가을, 어떤 상인이 한 마을에 친척을 보러 왔다. 그는 뜻밖에 현지의 옥수수 줄기가 상당히 유연해서 차양모자를 짜는 데 아주 적합하다는 것을 알게 되었다. 이런 모자는 보기에 세련되어서 시장에서 매우 환영 받았다.	어느 해 가을, 어떤 상인이 한 마을에 친척을 보러 가서 현지의 옥수수 줄기가 차양모자를 짜는 데 적합하다는 것을 발견했다. 이런 모자는 세련돼서 환영 받았다.

해설　옥수수 줄기의 성질에 대해 구체적으로 묘사할 필요는 없으므로 '柔韧性很强(상당히 유연하다)'이라는 설명은 삭제하는 것이 좋다.

| 这个好消息~~立刻~~在村里传播开来。~~原本不值钱的秸秆突然成了宝贝，~~大家都有些不敢相信。不久，商人请来技术人员向大家传授了遮阳帽的编制方法，并承诺高价购买~~所有成品~~。于是，~~从这~~年秋天一直到第二年夏天，~~几乎全村~~的人都~~忙~~着编帽子，家家都赚到了钱。~~然而，~~有一户人家却没有加入到编织遮阳帽的队伍中，他们~~每天~~跑去山里干活儿。~~有人劝他们不要错过发财的机会，他们总是摇头拒绝。~~ | → | 村里的人们听说这件事后，有些不相信。不久，商人请来技术人员教大家编织帽子，并承诺高价购买。于是，一直到第二年夏天，所有人都编帽子，赚了钱。只有一户人家没有做，他们每天去山里干活。 |

| 이 기쁜 소식은 즉시 마을에 전해졌다. 값어치가 없던 줄기가 갑자기 보물이 되었다고 하니 모두 조금은 믿기가 쉽지 않았다. 얼마 되지 않아서, 상인은 기술자를 초빙해 모두에게 차양모자 짜는 방법을 전수하게 했고, 완제품은 모두 고가로 사들이겠다고 약속했다. 그리하여, ~~이해 가을부터~~ 이듬해 여름까지 줄곧 거의 모든 마을사람들이 차양모자를 짜는 데 바빴고, 집집마다 모두 돈을 벌었다. ~~그러나,~~ 한 집만 오히려 차양모자를 만드는 무리에 들어가지 않는데, 그들은 매일 산으로 일을 하러 갔다. ~~어떤 이가~~ 그들에게 돈을 벌 수 있는 기회를 놓치지 말라고 권했지만, 그들은 늘 고개를 가로저으며 거절했다. | | 마을 사람들은 이 일을 듣고, 조금 믿지 못했다. 얼마 되지 않아서, 상인은 기술자를 초빙해 모두에게 모자를 짜는 방법을 가르치게 했고, 고가로 매입하겠다고 약속했다. 그리하여, 이듬해 여름까지 모든 이가 모자를 짜서 돈을 벌었다. 오직 한 집만 그렇게 하지 않았고, 그들은 매일 산으로 일하러 갔다. |

> **해설**
> 1. '这个好消息在村里传播开来'는 결국 '마을 사람들이 이 소식을 들었다'는 것이므로 좀 더 간단한 표현인 '村里的人们听说这件事'로 바꿀 수 있다.
> 2. 마지막 부분의 집에 돈을 벌 기회를 놓치지 말라고 권했지만 그들은 고개를 가로저었다는 것은 '거절했음'을 의미하고 그들만 그렇게 하지 않았다는 앞의 설명만 들어가도 충분하다.

| ~~转眼间，~~秋天又来了。村里人突然发现了~~一个严重的问题：~~因为只顾着编帽子，没人去种玉米，不少地都荒了，~~原来存的秸秆也用完了，没法再继续编织遮阳帽了。~~
~~就在大家急得团团转时，有人发现那~~一家人~~不知从什么时候开始已经~~在~~远处的~~荒山上种满了玉米。~~村里人只好~~争相去买他们的秸秆。~~就这样，~~那家人~~没费多大劲儿，~~就赚了很多钱。 | → | 秋天来了，人们发现，因为所有人只编帽，地荒了，没有秸秆了。可那家人却在荒山上种满了玉米，人们只好买他们的秸秆。那家人赚了很多钱。 |

| ~~눈 깜짝할 새에~~ 가을이 다시 찾아왔고, 마을사람들은 심각한 문제를 발견했다. 모자 짜는 일에만 신경 쓰느라 아무도 옥수수를 심지 않았고, 적지 않은 땅들이 모두 황폐해졌다. 기존에 보관했던 줄기 역시 다 써버렸기 때문에 ~~더 이상 차양모자를 계속해서 짤 방법이 없었다.~~
~~모두가 다급해져 허둥지둥할 때, 어떤 이가~~ 그 집안 사람들이 ~~언제부터 시작했는지는 모르지만 이미~~ 멀리 있는 황량한 산에 옥수수를 가득 심어 놓은 것을 발견했다. 마을 사람들은 어쩔 수 없이 ~~다투어~~ 그들의 줄기를 사러 갔다. 이렇게 해서 그 집안 사람들은 ~~큰 힘을 들이지 않고~~ 많은 돈을 벌었다. | | 가을이 되었고, 사람들은 모든 사람이 모자만 짜느라 땅이 황량해지고 줄기가 없다는 것을 발견했다. 그러나 그 집 사람들은 오히려 황량한 산에 옥수수를 가득 심어놓았고, 사람들은 어쩔 수 없이 그들의 줄기를 살 수밖에 없었다. 그 집 사람들은 많은 돈을 벌었다. |

해설	이 단락의 핵심은 '다시 가을이 왔지만 모든 사람이 차양모자를 만드는 것에만 집중하느라 토지가 황폐해져 옥수수 줄기를 얻을 수 없었다'는 것과 '그동안 산에 옥수수 줄기를 가득 심은 그 집 사람에게 줄기를 살 수밖에 없었고, 결국 그 집 사람들은 많은 돈을 벌었다'는 것이다.

~~当他人追求眼前的利益时,~~ 有智慧和远见的人却把目光放到了将来。	→	有智慧的人把目光放到了将来。
~~다른 사람들이 눈 앞에 있는 이익을 추구할 때,~~ 지혜롭고 멀리 내다볼 줄 아는 사람은 오히려 시선을 미래에 두었다.		지혜로운 사람은 시선을 미래에 두었다.

해설	1. 앞서 파악한 내용을 근거로 하면 이 글이 시사하는 바는 '有智慧的人把目光放到了将来(지혜로운 사람은 시선을 미래에 두었다)'이다. 2. '远见(멀리 내다보다)'과 '把目光放到了将来(시선을 미래에 두었다)'는 내용이 겹치므로 중복해서 쓸 필요가 없다.
제목	1. 마지막에서 언급한 교훈은 지혜로운 사람은 마을사람들이 차양모자를 만드는 데 몰두할 때 미래를 예상하고 산에 옥수수를 심은 집(家)이고, 결국 누구보다 큰 돈을 벌었으므로 이 글의 승리(赢)자임을 알 수 있다. 2. '最后的赢家(최후의 승리한 집)' 또는 '有智慧和远见的人(지혜롭고, 멀리 내다볼 줄 아는 사람)'이 가장 적절하다.

듣기 제3부분 실전 PT 정답 ▶p.244

1. A **2.** C **3.** A **4.** D **5.** B **6.** C

문제 1-3

中国古代有一个著名的将军叫做李广，1.A 他精于骑马射箭，3.A 作战非常勇敢，被称为"飞将军"。有一次，他去打猎，忽然发现草丛中有一猛虎。李广急忙用箭去射，他以为老虎一定中箭身亡，于是走进前去，仔细一看，2.C 没想到射中的竟然是一块形状很像老虎的大石头，箭几乎全部射入石头当中。李广很惊讶，不相信自己有这么大的力气，想再试一试，就往后退了几步，再次用力向石头射去。可是，一连几箭都没有射进去，有的箭头破碎了，有的箭杆折断了，而大石头却一点儿也没受到损伤。

중국 고대에 한 유명한 이광이라 불리는 장군이 있었다. 1.A 그는 말 타기와 활 쏘기에 정통하고 3.A 전쟁에서 매우 용감해서 '비(날아다니는)장군'이라 불렸다. 한 번은 그가 사냥을 갔는데 숲속에 호랑이 한 마리가 있는 것을 발견했다. 이광은 얼른 활을 쐈고, 그는 호랑이가 틀림없이 맞아 죽었을 거라 여겨 앞으로 가 자세히 보았다. 2.C 하지만 생각지도 못하게 맞춘 것은 뜻밖에도 형상이 호랑이를 닮은 바위였고, 화살은 거의 전부 바위 속에 박혀 있었다. 이광은 놀랐고, 자신이 이렇게 센 힘을 가진 것이 믿기지 않았다. 다시 해보려고 몇 걸음 물러나 힘껏 바위를 향해 화살을 쐈다. 하지만 연이어 몇 개의 화살은 박히지 않았고, 어떤 것은 화살촉이 부서졌고, 어떤 것은 화살대가 부러졌다. 하지만 바위는 오히려 조금도 손상을 입지 않았다.

문제 1

"飞将军"李广擅长什么?	'비장군' 이광은 무엇에 능한가?
A 射箭　　　　　B 钓鱼 C 写诗　　　　　D 画虎	A 활 쏘기　　　　B 낚시 C 시 쓰기　　　　D 호랑이 그리기

해설　보기를 통해 어떤 이의 취미나 잘 하는 것을 설명하고 있음을 추측할 수 있다. 앞부분에서 주인공인 이광을 설명하면서 '他精于骑马射箭(그는 말 타기와 활 쏘기에 정통했다)'이라고 했으므로 정답은 A임을 알 수 있다.

문제 2

李广对什么感到吃惊?	이광은 무엇에 대해 놀랐는가?
A 老虎跑了　　　B 箭杆折断了 C 箭射入石头中　D 石头上有花纹	A 호랑이가 달아난 것　B 화살대가 부러진 것 C 화살이 바위 속에 박힌 것　D 바위 위에 문양이 있는 것

해설　'没想到射中的竟然是一块形状很像老虎的大石头, 箭几乎全部射入石头当中(생각지도 못하게 맞춘 것은 뜻밖에도 형상이 호랑이를 닮은 바위였고, 화살은 거의 전부 바위 속에 박혀 있었다)'을 보면 이광이 놀란 것은 '바위가 호랑이를 닮았다는 것'과 '화살이 돌 속에 박힌 것' 두 가지로 볼 수 있는데 보기에는 바위가 호랑이를 닮았다는 내용의 보기가 없고, 이어지는 내용에서 '李广很惊讶, 不相信自己有这么大的力气(이광은 놀랐고, 자신이 이렇게 센 힘을 가진 것이 믿기지 않았다)'에서 자신이 이렇게 센 힘을 가진 것이 믿기지 않았다는 것은 바위 속에 화살이 박힌 것에 놀랐다는 것을 확실하게 알 수 있다. 정답은 C이다.

문제 3

关于李广, 下列哪项正确?	이광에 관해, 아래에 어느 항이 정확한가?
A 非常勇敢　　　B 棋艺高明 C 厌恶战争　　　D 做事草率	A 매우 용감하다　　　B 바둑기술이 뛰어나다 C 전쟁을 몹시 싫어한다　D 일을 대충한다

해설　보기를 통해 등장하는 인물에 관한 설명임을 짐작할 수 있는데, 앞부분에 이광을 설명한 부분에서 '作战非常勇敢(전쟁에서 매우 용감했다)'이라고 했으므로 정답은 A임을 알 수 있다.

문제 4-6

| 在一场考古学的讲座上，一个听众问考古学家："发掘出原始部落的遗址后，如何判断这个部落是否进入了文明时期呢？"大家听后议论纷纷。有人说，"看遗址中有没有陶罐。"有人说，"看遗址中有没有鱼钩。"而 4.D 考古学家的回答是，"看是否有大量愈合的股骨。" 5.B 大家听后一脸迷茫。考古学家解释道："野蛮的部落，大都奉行'优胜劣汰'的丛林守则。大多数人受伤后得不到照料，根本无法生存下去。所以，如果在一个部落遗址中发现了大量愈合的股骨，说明这些原始人在受伤后，得到了同伴的照料。有人跟他们分享火、水和食物等，直到他们的骨伤愈合。"最后，考古学家意味深长地说："这标志着原始人类，开始懂得怜悯。而 6.C 怜悯正是文明与野蛮之间最根本的区别。" | 한 고고학 강연에서, 한 청중이 "원시부락의 유적을 발굴해 낸 후에, 이 부락이 문명시기에 들어갔는지의 여부를 어떻게 판단하십니까?"라고 고고학자에게 물었고, 모두 듣고 나서 의견이 분분했다. 어떤 이는 "유적에 단지가 있는지 없는지를 볼 겁니다."라고 말했고, 어떤 이는 "유적에 낚싯바늘이 있는지 없는지를 볼 겁니다."라고 말했다. 하지만 4.D 고고학자의 대답은 "대량의 상처가 아문 대퇴골이 있는지 없는지를 봅니다."였고, 5.B 모두들 듣고 나서 멍한 얼굴이 되었다. 고고학자는 설명했다. "미개한 부락은 대부분 '우성열패'의 밀림의 수칙을 떠받들어 대다수가 상처를 입고도 치료를 받을 수가 없고, 생존할 방법이 없습니다. 그래서 만약에 한 부락의 유적에 대량의 상처가 아문 대퇴골을 발견하면 이 원시인들은 상처를 입으면 동료의 치료를 받았음을 설명합니다. 어떤 이가 그들과 불과 물, 음식 등을 나누어, 그들의 골상은 아물게 된 것입니다." 마지막에는 고고학자가 의미심장하게 "이것은 원시인류가 연민을 알기 시작한 것을 뜻하는데, 6.C 연민은 문명과 야만 사이의 가장 근본적인 구별입니다."라고 말했다. |

문제 4

考古学家怎么判断部落是否进入文明时期？ A 研究陶罐的年代 B 看**是否**有烹饪工具 C 观察鱼钩的形状 D **看是否**有大量愈合的股骨	고고학자는 부락이 문명시기에 들어갔는지의 여부를 어떻게 판단하는가? A 단지의 연대를 연구해서 B 요리도구가 있는지를 보고 C 낚싯바늘의 형상을 관찰해서 D 대량의 상처가 아문 대퇴골이 있는지를 보고

해설 보기에서 B와 D에서 '是否……(~인지 아닌지/~한 여부)'가 있으므로 판단 근거나 관건이 되는 내용을 묻는 문제임을 짐작할 수 있고, '考古学家的回答是，"看是否有大量愈合的股骨。"(고고학자의 대답은 "대량의 상처가 아문 대퇴골이 있는지 없는지를 봅니다."였다)'에서 D와 일치하는 내용이 언급되었고, 실제 질문 역시 문명시기에 들어갔는지 여부의 판단 근거를 물었으므로 정답은 D임을 알 수 있다.

문제 5

听了考古学家的回答后，大家有什么反应？ A 鼓掌赞同　　　　B 非常茫然 C 不以为然　　　　D 议论纷纷	고고학자의 대답을 듣고 난 후, 모두 어떤 반응이었는가? A 박수를 치며 찬성했다　　B 매우 멍했다 C 그렇게 여기지 않았다　　D 의견이 분분했다

해설 보기를 통해 사람의 반응에 대한 문제임을 알 수 있는데 특히, D의 '议论纷纷(의견이 분분하다)'을 통해 한 명이 아닌 여러 사람의 반응임을 알 수 있고, '大家听后一脸迷茫(모두들 듣고 나서 멍한 얼굴이 되었다)'에서 모두의 반응을 설명했으므로 정답이 B임을 알 수 있다.

문제 6

考古学家认为，文明区别于野蛮的标志是什么？ A 有奉献精神　　　B 文字的使用 C 懂得怜悯　　　　D 分工明确	고고학자는 문명이 야만과 구별되는 표지가 무엇이라 여겼는가? A 봉사정신이 있는 것　　B 문자의 사용 C 연민을 아는 것　　　　D 분업이 명확한 것

해설 녹음의 마지막 부분에서 '怜悯正是文明与野蛮之间最根本的区别(연민은 문명과 야만 사이의 가장 근본적인 구별입니다)'라고 했으므로 정답은 C이다.

독해 제3부분 실전 PT 정답　　　　　　　　　　　　　　▶p.249

1. C	2. B	3. A	4. E	5. D

문제 1-5

　　张大千是20世纪中国著名的艺术大师，绘画、书法、篆刻、诗词无一不通，（1）<u>C 特别是在山水画方面卓有成就</u>。很多人可能不知道，张大千的二哥张善子也是一位画家，而且尤其擅长画老虎。早年，（2）<u>B 他们两人曾经合作画画</u>，经常是二哥画虎，画完之后再由张大千加上一些山水景物。其实，张大千也会画虎，但因为二哥以画虎享有盛誉，为了二哥，他一直避讳画虎。

　　有一次，张大千酒后画了一幅《虎图》，本来打算自己留着欣赏，却不慎流落到他人手中。以他当时的名气，（3）<u>A 这幅画很快受到了追捧</u>，成了千金难求的佳作。此后，不少商人登门拜访张大千，出高价请他画虎。张大千后悔不迭，觉得自己对不住二哥。其实，张善子并未因此不高兴，（4）<u>E 反而对张大千画的那幅《虎图》赞赏有加</u>，并且还为那幅画题了字。但是，张大千仍然不能原谅自己。

　　原本张大千是很爱饮酒的，经历这场风波之后，他立下誓言："从今往后誓不饮酒，也誓不画虎。"从此，（5）<u>D 张大千跟饮酒和画虎都绝了缘</u>。

A 这幅画很快受到了追捧
B 他们两人曾经合作画画
C 特别是在山水画方面卓有成就
D 张大千跟饮酒和画虎都绝了缘
E 反而对张大千画的那幅《虎图》赞赏有加

　　장대천은 20세기 중국의 유명한 예술대가로 회화, 서예, 전각, 시사 등 정통하지 않은 것이 없었다. (1) <u>C 특히 산수화 방면에서 탁월한 성과가 있었다</u>. 장대천의 둘째 형 장선자 역시 한 명의 화가이고, 게다가 특히 호랑이를 잘 그렸다는 것은 많은 사람들이 아마 모를 것이다. 젊을 때 (2) <u>B 그들 두 사람은 합작으로 그림을 그렸는데</u>, 자주 둘째 형이 호랑이를 그리고, 다 그리고 나면 다시 장대천이 산수풍경을 더했다. 사실, 장대천 역시 호랑이를 그릴 줄 알지만, 둘째 형이 호랑이로 명성을 누리고 있었기 때문에 둘째 형을 위해서 줄곧 호랑이 그리는 것을 꺼렸다.

　　한 번은 장대천이 술을 마시고 한 폭의 《호도》를 그렸고, 본래는 자신이 감상하려고 남겨놨지만, 조심하지 않아서 다른 사람의 수중에 들어가게 되었다. 당시의 그의 명성으로 (3) <u>A 이 그림은 아주 빠르게 추종을 받았고</u>, 천금을 주고도 구하기 힘든 걸작이 되었다. 이후에 적지 않은 상인들이 장대천을 찾아와 높은 가격을 제시하며 호랑이를 그려줄 것을 부탁했다. 장대천은 후회막급이었고, 자신이 둘째 형에게 잘못을 했다고 여겼다. 사실 장선자는 결코 이 때문에 기분 나빠하지 않았고, (4) <u>E 오히려 장대천이 그린 그 《호도》를 칭찬했으며</u>, 그 그림을 위해 기념으로 글도 남겨주었다. 그러나 장대천은 여전히 자신을 용서할 수 없었다.

　　원래 장대천은 술 마시는 것을 매우 좋아했지만, 이런 풍파를 겪은 후에, 그는 '오늘 이후부터 술을 끊고, 호랑이 그리는 것을 끊겠어.'라고 맹세했다. 이때부터 (5) <u>D 장대천은 술 마시는 것, 호랑이를 그리는 것과 모두 인연을 끊었다</u>.

A 이 그림은 아주 빠르게 추종을 받았다
B 그들 두 사람은 합작으로 그림을 그렸다
C 특히 산수화 방면에서 탁월한 성과가 있었다
D 장대천은 술을 마시는 것, 호랑이를 그리는 것과 모두 인연을 끊었다
E 오히려 장대천이 그린 그 《호도》를 칭찬했다

보기check　A – 주어가 '这幅画(이 그림)'이므로 앞에서 어떤 그림을 설명했음을 짐작할 수 있고, 어떻게 추종 받았는지에 의문을 가질 필요 있다.

　　B – '他们两人(그들 두 사람)'이라고 했으므로 앞에서 두 명의 사람이 언급되어야 하고, 그 둘이서 그림을 합작했다는 것은, 한 명이 밑그림을 그리면 한 명이 채색을 하거나, 한 명이 주 사물을 그리면 한 명이 배경을 그렸을 가능성이 크다.

　　C – '特别是(특히)'는 앞에서 언급한 것의 범위에서 두드러진 것을 설명하므로 '산수화가 들어갈 수 있는 범위의 내용이 나와야 하고, 모두 뛰어나다는 이야기가 있을 것이라는 것을 짐작할 수 있다.

　　D – 장대천이 왜 술 마시는 것과 호랑이 그리는 것을 그만두기로 했는지에 대한 설명이 주변에 있어야 한다.

　　E – '反而(오히려)'은 원래의 상황과 반대되면서 뜻밖의 일이 일어나야 하므로 원래 칭찬할 만한 일이 아니었음을 짐작해볼 수 있고, 장대천의 그림을 칭찬했으므로 E가 들어갈 자리의 주어는 장대천이 아닌 다른 사람이 주어가 되어야 한다.

해설　1. 밑줄 앞에 '绘画、书法、篆刻、诗词无一不通(서예, 전각, 시사 중에 어느 것 하나 정통하지 않은 것이 없다)'이라고 했으므로 앞에서는 예술 분야에서 능력이 두루 뛰어남을 알 수 있고, 자연스럽게 이어지는 내용으로 가장 적합한 것은 그 중에서 두드러진 산수화 방면의 성과를 설명하는 것이 가장 자연스럽다.

　　2. 밑줄 뒤의 내용은 둘째 형의 등장과 둘째 형이 호랑이를 그리면 장대천이 산수풍경을 그린다고 했으므로 이 둘이 합작해서 그림을 그린다는 내용이 가장 적합함을 알 수 있다. 정답은 B이다.

3. 밑줄 앞은 '以当时的名气(당시의 명성으로)'라는 전치사구가 단독으로 부사어 역할을 하고 있고, 뒤에는 '천금을 주고도 얻기 힘든 걸작'이라고 했으므로, 걸작이 될 수 있는 작품이 주어로 있어야 함을 알 수 있다. 정답은 A이다.
4. 밑줄 앞의 내용은 둘째 형인 장선자가 앞서 장대천이 한 행동 때문에 기분 나빠지지 않았고, 즉, 기뻐하고, 밑줄 뒤에는 그 그림을 위해 글도 남겼다는 것으로 보아, 장선자의 예상치 못했던 반응이 설명되어야 하고, 또한 뒤의 그 그림을 설명하기 위해서는 그림이 언급되어야 하므로 정답이 E임을 알 수 있다.
5. 밑줄 앞의 내용은 장대천이 이 일로 인해 좋아하던 술도 끊고 호랑이도 그리지 않겠다고 맹세하였다는 것이므로 밑줄에는 한 번 더 짚어주어 내용을 마무리해줄 수 있는 설명인 D가 와야 한다.

쓰기 실전 PT 모범 요약

心中的顽石

　　从前，一户人家的菜园里有一块石头。到菜园里的人，一不小心就会碰到它而受伤，这户人家也有过这种经历。儿子问："为什么不把石头搬走？"爸爸回答说："要是能挖走，早就运走了，以后走路小心点。"

　　几年过去了，儿子娶了媳妇，那块石头还在那里。儿媳妇对公公说："因为那块石头经常让我受伤，还是搬走吧。"爸爸重复了当年对儿子说过的话。儿媳妇听了心里很不舒服，决心把石头搬走。

　　一天早上，儿媳妇把水倒在石头的四周，用锤头把石头四周的泥土搅松。意外的是，石头很快松动了，不一会儿就被挖了出来，石头并没有那么大。父亲知道后，不好意思地说，这块石头蒙骗了他们家几代人。

마음속의 완석

　　예전에, 한 집안의 채소밭에 돌덩이가 하나 있었다. 채소밭에 간 사람은 조심하지 않으면 그것에 부딪혀 다쳤고, 이 집안 사람들은 모두 이런 경험이 있었다. 아들은 "왜 돌덩이를 치우지 않아요?"라고 물었고, 아버지는 "만약에 파낼 수 있었으면 진작에 치웠을 거야. 이후에 지나다닐 때 조심하거라."라고 대답했다.

　　몇 년이 지났고, 아들이 결혼을 했는데도 그 돌덩이는 여전히 그곳에 있었다. 며느리는 시아버지에게 "저 돌 때문에 몇 번이나 다쳤으니 치워버려요."라고 말했고, 시아버지는 그 해 아들에게 했던 말을 다시 말했다. 며느리는 듣고 나서 기분이 언짢아, 돌덩이를 치우기로 결심했다.

　　어느 날 아침, 며느리는 물을 돌덩이 주변에 붓고, 장도리로 돌덩이 주위의 진흙을 휘저었다. 의외인 것은 돌이 아주 빨리 움직였고, 얼마 지나지 않아 파내졌는데 돌덩이는 그렇게 크지 않았다. 시아버지는 알고 난 후, 이 돌덩이가 그들 집안 몇 대의 사람을 속였다고, 겸연쩍어 하며 말했다.

> 문제

从前，有一户人家的菜园里有一块石头，~~大约宽40厘米，高20厘米，也不知从什么时候开始就搁置在那里了~~。到菜园里的人，一不小心就会碰到那块大石头，~~不是跌倒就是擦伤~~。这户人家的~~人基本上~~都有过这种痛苦的经历。儿子问："爸爸，那块大石头这么讨厌，为什么我们不把它挖走呢？"爸爸回答说："~~从我记事起，它就放在那儿了~~，要是能挖走，~~你爷爷或者你太爷爷~~早就把它运走了，~~可见埋在地下的部分一定很深，与其花时间挖石头，还不如~~走路小心点。"	→ 从前，一户人家的菜园里有一块石头。到菜园里的人，一不小心就会碰到它而受伤，这户人家也有过这种经历。儿子问："为什么不把石头搬走？"爸爸回答说："要是能挖走，早就运走了，以后走路小心点。"
예전에, 한 집안의 채소밭에 ~~대략 폭은 40cm이고, 높이는 20cm의~~ 돌덩이가 하나 있었는데, ~~언제부터 거기에 있었는지 알지 못했다~~. 채소밭에 들어간 사람은 조심하지 않으면 ~~크~~ 돌에 부딪혔고 ~~걸려 넘어지거나~~ 찰과상을 입었다. 이 집 사람은 모두 이런 고통의 경험을 다 가지고 있었다. 아들이 "아빠, 저 돌은 이렇게나 짜증나는데 왜 우리는 그것을 파내서 치우지 않아요?"라고 묻자, 아버지가 "~~네가 기억할 수 있을 때부터 그것은 저기에 있었단다~~. 만약에 파내서 치울 수 있었다면, ~~너네 할아버지나 증조할아버지께서~~ 진작에 옮기셨을 거야. ~~땅 속의 부분이 틀림없이 깊을 거야. 시간 들여 파내는 것보다~~ 조심해서 지나다니는 것이 낫단다."라고 대답했다.	예전에, 한 집안의 채소밭에 돌덩이가 하나 있었다. 채소밭에 간 사람은 조심하지 않으면 그것에 부딪혀 다쳤고, 이 집안 사람들은 모두 이런 경험이 있었다. 아들은 "왜 돌덩이를 치우지 않아요?"라고 물었고, 아버지는 "만약에 파낼 수 있었으면 진작에 치웠을 거야. 이후에 지나다닐 때 조심하거라."라고 대답했다.

> 해설 1. 돌에 대한 묘사는 중요한 부분이 아니므로 생략하는 것이 좋다.
> 2. 아버지가 한 말의 핵심은 돌덩이를 파내서 치울 수 있었으면 진작에 그랬을 것이라는 것이다.

几年过去了，~~当年的~~儿子娶了媳妇，~~当了爸爸~~，那块石头还在那里。~~有一天，~~儿媳妇对公公说："~~爸爸，~~因为那块石头我都摔了好几次了，我们还是把它搬走~~好了~~。"爸爸回答说："~~那块大石头很重的，~~如果能轻而易举地搬走的话，你们爷爷或太爷爷那一辈早就把它运走了，~~可想而知，它不是那么好对付的，~~你以后小心点~~就是了~~。"儿媳妇听了非常不是滋味，决定试着把那块让她跌倒许多次的大石头搬走。	→ 几年过去了，儿子娶了媳妇，那块石头还在那里。儿媳妇对公公说："因为那块石头经常让我受伤，还是搬走吧。"爸爸重复了当年对儿子说过的话。儿媳妇听了心里很不舒服，决心把石头搬走。
몇 년이 흘렀고, ~~그 해에~~ 아들은 결혼을 했고, ~~아빠가 되었는데~~도 그 돌덩이는 여전히 그곳에 있었다. ~~어느 날,~~ 며느리가 시아버지에게 말했다. "아버님, 저 돌덩이 때문에 몇 번이나 넘어졌어요. 우리 저것을 치워버리는 것이 좋겠어요." 시아버지는 말했다. "~~그 돌덩이는 매우 무겁단다.~~ 만약에 쉽게 치울 수 있었다면, 너네 시할아버지나 증조 시할아버지께서 진작에 치웠을 거야. ~~그러나 처리하기 쉬운 것이 아님을 짐작할 수 있지.~~ 네가 이후에 조심하면 된단다." 며느리는 듣고 나서 기분이 언짢아서 ~~그녀를 여러 번 넘어뜨린~~ 그 돌을 한번 치워보기로 결정했다.	몇 년이 지났고, 아들이 결혼을 했는데도 그 돌덩이는 여전히 그곳에 있었다. 며느리는 시아버지에게 "저 돌 때문에 몇 번이나 다쳤으니 치워버려요."라고 말했고 시아버지는 그 해 아들에게 했던 말을 다시 말했다. 며느리는 듣고 나서 기분이 언짢아, 돌덩이를 치우기로 결심했다.

해설
1. 시아버지의 말은 아들이 어렸을 때 아들에게 한 말과 같기 때문에 '爸爸重复了当年对儿子说过的话(시아버지는 그 해 아들에게 했던 말을 다시 말했다)'라고 해도 좋다.
2. 돌을 수식하는 설명, 즉 '那块让她跌倒许多次的(그녀를 여러 번 넘어뜨린 그)'는 중요하지 않으므로 삭제하는 것이 좋다.

一天早上，儿媳妇来到菜园，她将一桶水倒到石头的四周，十几分钟后，儿媳妇用锤头把大石头四周的泥土搅松。出乎意料的是，几分钟之后石头开始松动了，不一会儿石头就被挖出来了，看看大小，石头并没有父亲所说的那么大。父亲知道这件事情后，很不好意思地说：" 这块石头竟然蒙骗了我们家几代人！"		一天早上，儿媳妇把水倒在石头的四周，用锤头把石头四周的泥土搅松。意外的是，石头很快松动了，不一会儿就被挖了出来，石头并没有那么大。父亲知道后，不好意思地说，这块石头骗了他们家几代人。
어느 날 아침, 며느리는 채소밭에 가서 그녀는 한 통의 물을 돌덩이 주변에 붓고, 몇십 분이 지난 후에, 며느리는 장도리로 큰 돌덩이 주변의 진흙을 휘저었다. 뜻밖인 것은 몇 분도 안 되어 돌이 움직이기 시작했고, 얼마 안 지나 돌덩이는 파내어졌다. 크기를 보니 돌덩이는 결코 아버님이 말한 것처럼 그렇게 크지 않았다. 시아버지는 이 일을 알게 된 후에, 겸연쩍어 하며 말했다. "이 돌덩이가 뜻밖에도 우리 집안 몇 대의 사람들을 속였구나!"		어느 날 아침, 며느리는 물을 돌덩이 주변에 붓고, 장도리로 돌덩이 주위의 진흙을 휘저었다. 의외인 것은 돌이 아주 빨리 움직였고, 얼마 지나지 않아 파내졌는데 돌덩이는 그렇게 크지 않았다. 시아버지가 알고 난 후, 이 돌덩이가 그들 집안 몇 대의 사람을 속였다고, 겸연쩍어 하며 말했다.

해설
1. 사건에 크게 영향을 주지 않거나 비교적 짧은 시간의 변화는 삭제해도 좋다. 물 붓고 돌덩이 주위의 진흙을 휘젓는 데 걸린 시간은 중요하지 않으므로 '十几分钟后'는 삭제해도 좋다.
2. '蒙骗(속이다)'은 '骗(속이다)'과 같은 뜻이다. 알고 있는 간단하고 쉬운 어휘로 고치는 것이 좋다.

제목
1. '石头(돌덩이)' 또는 '顽石(완석: 가공하지 않은 돌덩이)'가 중심소재이므로 반드시 들어가야 한다.
2. 쉽게 만들려면 '菜园里的一块石头(채소 밭의 돌덩이)'가 간단하다.
3. 실제로 해보지도 않고 마음속으로만 줄곧 안 될 것이라고 여겨 돌을 치우지 않았으므로 '心中的石头(마음속의 돌덩이)' 또는 '心中的顽石(마음속의 완석)'라고 하는 것이 가장 적합하다.

독해 제4부분 실전 PT 정답					
1. D	2. C	3. B	4. B	5. A	6. D
7. D	8. C	9. C	10. B	11. A	12. C

문제 1-4

雅马哈是一家著名的钢琴制造公司。经过多年的艰苦努力，该公司控制了整个世界钢琴市场40%的销售量。但与此同时，**1.D 市场对钢琴的需求量却以每年10%的速度下降，钢琴行业面临危机**。雅马哈该以什么样的策略来应对这个严峻的现实呢？

公司经过深入调查和分析后发现，从莫扎特时代开始到现在，钢琴的结构和功能几乎没有变化。而且，现代人由于生活节奏快，对学钢琴的兴趣越来越小，许多钢琴都被闲置在家里或者音乐厅，上面布满了灰尘。

雅马哈的 **2.C 管理者们** 认识到：此时再进一步扩大钢琴市场占有率已没有任何意义，因为市场需求已趋于饱和。**2.D 即使产品质量再好、成本再低，也解决不了雅马哈目前面临的问题**。**2.C 他们认为，唯一的出路就是改变钢琴的结构，增加其功能**。

于是，雅马哈运用数控技术与光学技术开发了一种先进的装置，钢琴装上这种装置后，可以区分出92种击键的速度和强度，还能精确地记录和重放音乐。**3.B 客户不用花太多钱就可以让自己的钢琴拥有新的功能。这受到了大部分客户的欢迎**，雅马哈从中创收6000亿元。

3.B 新型钢琴 还激起了一些潜在客户学弹钢琴的兴致。受此影响，钢琴使用指南、钢琴演奏磁带等也成了新的收入增长点。虽然，钢琴行业的潜在市场比想象中要大得多，**4.B 这一案例充分表明，用全新的眼光来审视现有客户真正的内在需求，挖掘潜在的市场，并以此来制定战略才能够获得持久的发展**。

야마하는 유명한 피아노 제조회사이다. 다년간의 고생스러운 노력으로 이 회사는 전체 세계 피아노 시장의 40%의 판매량을 장악했다. 그러나 이와 동시에 **1.D 시장의 피아노에 대한 수요량이 오히려 매년 10%의 속도로 줄어들어 피아노 업계는 위기에 부딪쳤다**. 야마하는 어떤 전략으로 이 심각한 현실을 대처해야 하는가?

회사는 자세한 조사와 분석을 거쳐, 모차르트 시대가 시작된 이후 지금까지 피아노의 구조와 기능이 거의 변화가 없었고, 게다가 현대인들은 생활리듬이 빠르고, 피아노를 배우는 것에 대한 흥미가 갈수록 작아져 많은 피아노가 집안이나 콘서트 홀에 방치되어 위에는 먼지가 가득 앉아 있다는 것을 발견했다.

야마하의 **2.C 관리자들**은 시장의 수요가 이미 포화상태이기 때문에, 지금 피아노 시장의 점유율을 더 확대하는 것은 이미 아무런 의미가 없고, **2.D 상품의 질이 아무리 좋고, 원가가 아무리 싸더라도, 야마하가 현재 직면한 문제는 해결할 수 없다는 것을 인식했다**. **2.C 그들은 유일한 판로는 피아노의 구조를 바꾸고 그 기능을 늘리는 것이라 여겼다**.

그리하여, 야마하는 수치제어 기술과 광학 기술을 운용하여 선진적인 장치를 개발해서 피아노에 이 장치를 설치한 후에 92종의 건반을 치는 속도와 강도를 구별해낼 수 있게 되었고, 또한 음악을 정확하게 기록하고 다시 틀 수 있게 되었다. **3.B 고객들은 많은 돈을 들이지 않고 자신의 피아노가 새로운 기능을 갖게 할 수 있었다. 이것은 대부분의 고객에게 환영을 받았고**, 야마하는 그 속에서 6,000억 위안을 창출해낼 수 있었다.

3.B 신형피아노는 일부 잠재적인 고객들이 피아노를 배우려는 흥미를 불러 일으켰고, 피아노 사용지침서와 연주테이프는 새로운 수입의 성장점이 되었다. 확실히, 피아노 업계의 잠재 시장은 상상했던 것보다 훨씬 커서, **4.B 이 사례는 완전히 새로운 안목으로 기존 고객들이 진정으로 원하는 것을 자세히 살펴보고 잠재적인 시장을 발굴해, 이것을 전략으로 삼아야만 지속적인 발전을 얻을 수 있다는 것을 분명히 보여주었다**.

문제 1

钢琴行业面临的危机是什么?	피아노 업계가 직면한 위기는 무엇인가?
A 工人纷纷罢工	A 노동자들의 잇따른 파업
B 零件价格上涨	B 부품 가격 상승
C 恶性竞争频现	C 부당경쟁의 빈번한 출현
D 市场需求量减少	D 시장 수요량 감소

해설 피아노 업계가 직면한 위기가 무엇인지를 맞추는 문제인데 보기를 먼저 매칭시켜 보고, 보기의 핵심어휘인 A '罢工(파업)', B '零件价格(부품 가격)', C '恶性竞争(부당경쟁)', D '需求量(수요량)'을 힌트로, 지문에서 관련된 내용을 찾으면 '市场对钢琴的需求量却以每年10%的速度下降, 钢琴行业面临危机(시장의 피아노에 대한 수요량이 오히려 매년 10%의 속도로 줄어들어 피아노 업계는 위기에 부딪쳤다)'에서 정답이 피아노에 대한 수요량이 줄어들어서 라는 것을 알 수 있다. A, B, C는 언급되지 않았으므로, 정답은 D이다.

문제 2

雅马哈的管理者们认为应该怎么解决那个问题？ A 进行**薪酬改革** B 寻求**合作伙伴** C 增加**钢琴功能** D 削减**生产成本**	야마하의 관리자들은 그 문제를 어떻게 해결해야 한다고 생각했는가? A 임금 개혁을 진행해야 한다 B 협력파트너를 구해야 한다 C 피아노의 기능을 늘려야 한다 D 생산원가를 깎아야 한다

해설 관리자들의 문제해결 방법을 찾는 것이다. 보기를 먼저 매칭시키면 핵심어휘는 A '薪酬改革(임금 개혁)', B '合作伙伴(협력파트너)', C '钢琴功能(피아노의 기능)', D '生产成本(생산원가)'인 것을 알 수 있고, 이를 힌트로 지문에서 관련된 내용을 찾으면, 세 번째 단락의 '他们认为，唯一的出路就是改变钢琴的结构，增加其功能(그들은 유일한 판로는 피아노의 구조를 바꾸고 그 기능을 늘리는 것이라 여겼다)'에서 문제해결 방법은 구조를 바꾸는 것과 기능을 높이는 것 두 가지를 생각했다는 것을 알 수 있고, 이중 보기에는 피아노의 기능을 언급하고 있는 C가 정답임을 알 수 있다. '他们(그들)'이 관리자인 것은 세 번째 단락의 시작 부분에 '雅马哈的管理者们认识到(야마하의 관리자들은 인식했다)'가 있으므로 2번의 정답 부분임을 확인할 수 있다. D의 '生产原价'는 언급이 되긴 했지만, '即使产品质量再好、成本再低，也解决不了雅马哈目前面临的问题(상품의 질이 아무리 좋고, 원가가 아무리 싸더라도, 야마하가 현재 직면한 문제는 해결할 수 없다)'라고 했고, 정답 부분의 문장에서 '유일한 방법'이라고 했으므로 다른 보기는 절대 정답이 될 수 없음을 확인할 수 있다.

문제 3

根据第4段，下列哪项正确？ A 没有厂商愿意续约 B **新型钢琴大受欢迎** C 雅马哈损失惨重 D 钢琴维修费用高	네 번째 단락에 따르면, 아래 어느 항이 정확한가? A 제조상이 재계약을 하지 않았다 B 신형피아노는 큰 환영을 받았다 C 야마하의 손실이 극심하다 D 피아노 수리비용이 높다

해설 일단 문제를 통해 네 번째 단락에 제한된 내용임을 알아야 하고, 보기의 핵심어휘인 A '续约(재계약)', B '新型(신형)', C '损失(손실)', D '维修费用(수리비용)'을 힌트로 정답 부분을 찾아보면, 먼저 '客户不用花太多钱就可以让自己的钢琴拥有新的功能。这受到了大部分客户的欢迎(고객들은 많은 돈을 들이지 않고 자신의 피아노가 새로운 기능을 갖게 할 수 있었다. 이것은 대부분의 고객에게 환영을 받았다)'에서 새로운 기능이 장착된 피아노가 환영을 받았다는 내용이 있고, 네 번째 단락은 아니지만 이어지는 다음 단락의 시작에서 '新型钢琴(신형피아노)'으로 받아 내용이 시작하므로 네 번째 단락에서 언급한 새로운 기능을 장착한 피아노가 바로 신형피아노라고 확신할 수 있다. 정답은 B이고, 다른 보기는 언급되지 않았다.

문제 4

雅马哈的案例告诉我们： A 要有品牌意识 B **要善于挖掘潜在市场** C 要勇于承担社会责任 D 要争取留住人才	야마하의 사례는 우리에게 무엇을 알려주는가? A 상표인식이 있어야 한다 B 잠재시장 발굴을 잘해야 한다 C 용감하게 사회적인 책임을 맡아야 한다 D 인재를 붙잡아 두는 데 힘써야 한다

해설 우리에게 알려주는 것을 묻는 문제는 시사하는 바, 즉, 주제를 묻는 문제이므로 전체적으로 하고자 말하고자 한 내용을 잘 함축하고 있는 보기를 골라야 하고, 지문을 확인하지 않아도 앞서 푼 문제에서 야마하의 수요가 주는 문제를 새로운 기능을 더해 환영을 받았다는 내용만으로도 A의 '品牌意识(상표인식)'나 D의 '留住人才(인재를 붙잡는 것)'와는 관련이 없음을 알 수 있다. 더군다나 마지막 부분에서 '这一案例充分表明，用全新的眼光来审视现有客户真正的内在需求，挖掘潜在的市场，并以此来制定战略才能够获得持久的发展(이 사례는 완전히 새로운 안목으로 기존 고객들이 진정으로 원하는 것을 자세히 살펴보고 잠재적인 시장을 발굴해, 이것을 전략으로 삼아야만 지속적인 발전을 얻을 수 있다는 것을 분명히 보여주었다)'이라고 했으므로 정답은 B임을 알 수 있다.

문제 5-8

夏季烈日炎炎、天气酷热，遮阳伞无疑成了许多人必不可少的防晒"武器"。但是面对市场上琳琅满目的遮阳伞，8.C 我们如何才能买到真正能防紫外线的伞呢？

5.A 俗话说"一分钱一分货"，挑选遮阳伞首先要看价格。一把合格的遮阳伞需要经过特殊的涂层处理，即使采用最普通的材料，成本也得20元左右。5.A 价格过低的遮阳伞只能挡住部分阳光，是无法抵挡紫外线的。有些遮阳伞的价格很高，这与伞的面料、配件、制作工艺、包装以及品牌等都有关系。

其次要看是否有涂层处理。6.B 遮阳伞的涂层一般有两种颜色——黑色和银色。这两种颜色的涂层都能防紫外线。黑色的可以吸收紫外线，而银色的则有反射和阻挡紫外线的作用。另外，虽然遮阳伞的涂层可以在内侧也可以在外侧，但 6.D 涂层在内侧的防紫外线效果更佳，这是因为外侧的涂层很容易磨损脱落。此外，遮阳伞的颜色与紫外线防护性能也有关。在同等条件下，遮阳伞的颜色越深，其防紫外线的性能越好。

第三要看面料。一般面料较厚且紧密的遮阳伞防紫外线效果更好，涤纶面料的要比棉、丝和尼龙的好。

正常来说，遮阳伞在雨天也可以使用。不过，由于雨水对遮阳伞的涂层 7.B 具有腐蚀作用，所以，最好不要在雨天使用遮阳伞。同时，别忘了做好遮阳伞的保养工作。伞面要是脏了，可以用质地较软的清洗工具蘸取清水轻轻擦拭。7.D 但要注意，清洗遮阳伞不宜过于频繁，否则遮阳伞防紫外线的效果将受到影响。

여름에 무더위가 기승을 부리고 날씨가 몹시 더우면, 양산은 의심할 여지 없이 많은 사람들의 빼놓을 수 없는 자외선 차단의 '무기'가 된다. 그러나 시장에서 넘쳐나는 아름다운 양산을 마주하고 8.C 우리는 어떻게 해야 진정으로 자외선을 차단할 수 있는 양산을 살 수 있는가?

5.A '싼 게 비지떡이다'라는 속담이 있듯이, 양산을 고를 때는 먼저 가격을 봐야 한다. 적당한 가격의 양산은 특수한 코팅처리를 거쳐서 설령 가장 평범한 재료를 썼어도, 원가가 20위안 정도는 된다. 5.A 가격이 너무 낮은 양산은 부분적으로만 햇볕을 차단할 뿐이어서 자외선을 막을 방법이 없다. 일부 양산의 가격은 매우 높은데, 이것은 양산의 원단, 부품, 제작기술, 포장 및 상표 등과 관계가 있다.

그 다음으로 보아야 하는 것은 코팅처리이다. 6.B 양산의 코팅은 일반적으로 두 종류의 색깔– 검은색과 은색이 있다. 이 두 가지 색깔의 코팅은 모두 자외선을 막을 수 있다. 검은색은 자외선을 흡수하지만, 은색은 자외선을 반사시키거나 차단하는 작용을 가지고 있다. 그밖에 양산의 코팅은 안쪽에 해도 되고, 바깥쪽에 해도 되지만, 6.D 안쪽에 코팅을 한 것이 자외선 차단 효과가 더욱 좋은데, 이것은 외측의 코팅은 아주 쉽게 마모되어 떨어져 나가기 때문이다. 이외에, 양산의 색깔은 자외선 차단 성능과도 관련이 있다. 같은 조건이라면, 양산의 색깔이 진할수록 자외선 차단 성능도 좋다.

세 번째로 원단을 봐야 한다. 일반적으로 원단이 비교적 두껍고, 촘촘한 양산이 자외선 차단 효과가 더욱 좋은데, 폴리에스테르 원단은 면, 실크, 나일론보다 좋다.

정상적으로 말하자면, 양산은 비가 내리는 날에도 사용할 수 있다. 하지만, 빗물은 양산의 코팅에 대한 7.B 부식작용을 가지고 있기 때문에, 비가 내리는 날에는 양산을 사용하지 않는 것이 가장 좋다. 동시에 양산을 잘 관리하는 것도 잊어선 안 된다. 양산의 원단 면이 더러워지면 재질이 비교적 부드러운 청소도구로 깨끗한 물을 묻혀서 살살 문질러야 한다. 7.D 그러나 주의해야 할 것은 양산을 너무 빈번하게 청소하는 것은 좋지 않다는 것이다. 자주 청소를 하게 되면, 양산의 자외선 차단 효과에 영향을 미칠 것이다.

문제 5

"一分钱一分货"的意思是:
A 商品的价格与质量成正比
B 消费者购物不够理性
C 消费者偏爱包装精美的商品
D 商家需要加大广告投入

'一分钱一分货'는 무슨 뜻인가?
A 상품의 가격은 질과 정비례한다
B 소비자는 쇼핑할 때 이성적이지 못하다
C 소비자는 포장이 정교하게 아름다운 상품을 편애한다
D 상인은 공고투자를 더욱 늘려야 한다

해설 '一分钱一分货'는 '싼 게 비지떡이다'라는 뜻으로 HSK에서 자주 등장하는 속담으로 그 뜻이 '가격과 질이 정비례한다'라는 것을 알고 있다면 쉽게 풀 수 있는 문제이다. 그러나 뜻을 모른다 하더라도 이 어휘를 힌트로 찾아가면, '俗话说"一分钱一分货"，挑选遮

阳伞首先要看价格('一분钱一분货'라는 속담이 있듯이, 양산을 고를 때는 먼저 가격을 봐야 한다)'에서 이 속담이 '가격'과 관련된 것임을 알 수 있고, 이어지는 내용에서 '价格过低的遮阳伞只能挡住部分阳光, 是无法抵挡紫外线的(가격이 너무 낮은 양산은 부분적으로만 햇볕을 차단할 뿐이어서 자외선을 막을 방법이 없다)'에서 가격이 저렴하면 필요한 기능을 다 갖추지 못한다는 내용이므로 정답이 A임을 알 수 있다.

문제 6

关于遮阳伞的涂层，可以知道什么？ A 主要起**防风**的作用 B 仅**一种颜色** C 含**化学物质** D **在内侧防护**效果更好	양산의 코팅에 관해, 무엇을 알 수 있는가? A 주로 바람을 막는 작용을 한다 B 한 종류의 색깔뿐이다 C 화학물질을 함유하고 있다 D 안쪽이 보호효과가 더욱 좋다

해설 양산의 코팅에 관한 질문으로 핵심어휘인 A '防风(바람막이)', B '一种颜色(한 종류의 색깔)', C '化学物质(화학물질)', D '内侧防护(안쪽 보호)' 먼저 파악하고 지문을 찾아가면, '遮阳伞的涂层一般有两种颜色(양산의 코팅은 일반적으로 두 종류의 색깔이 있다)'에서 B는 정답이 아님을 알 수 있고, 이어지는 내용에서 '涂层在内侧的防紫外线效果更佳(안쪽에 코팅을 한 것이 자외선 보호효과가 더욱 좋다)'라고 했으므로 정답은 D임을 알 수 있다. A와 C는 언급되지 않았다.

문제 7

根据最后一段，下列哪项正确？ A 遮阳伞**面料**越**薄**越好 B 涂层**不会**被**腐蚀** C 雨伞**易生锈** D 遮阳伞**不宜**频繁**清洗**	마지막 단락을 근거로 하면, 아래 어느 항이 정확한가？ A 양산의 원단은 얇을수록 좋다 B 코팅은 부식되지 않는다 C 우산은 쉽게 녹슨다 D 양산을 자주 청소하는 것은 좋지 않다

해설 일단 '마지막 단락'에 제한된 문제임을 파악하고, 핵심어휘인 A '面料/薄(원단 얇음)', B '不会/腐蚀(부식 안 됨)', C '易生锈(쉽게 녹슴)', D '不宜/清洗(청소하는 것 좋지 않음)'를 힌트로 마지막 단락을 보면, '具有腐蚀作用(부식작용을 가지고 있다)'이라고 했으므로 B는 정답이 아니고, '但要注意, 清洗遮阳伞不宜过于频繁(그러나 주의해야 할 것은 양산을 너무 빈번하게 청소하는 것은 좋지 않다는 것이다)'이라고 했으므로 정답은 D임을 알 수 있다.

문제 8

上文主要谈的是什么？ A 紫外线对肌肤的伤害 B 遮阳伞与雨伞的区别 C **挑选遮阳伞的窍门** D 怎样防御紫外线	윗글이 주로 말한 것은 무엇인가? A 자외선의 피부에 대한 손상 B 양산과 우산의 구별 C 양산을 고르는 비법 D 어떻게 자외선을 막을 것인가

해설 주로 말하고자 하는 것을 묻는 문제는 즉, 글에 어울리는 제목을 찾는 것과 같은 문제로 앞의 문제들을 통해 반드시 '遮阳伞(양산)'이 들어가야 함을 알 수 있기 때문에 B와 C 둘 중의 하나이고, 우산에 대한 언급은 없었으므로 C가 정답임을 쉽게 찾을 수 있다. 정보 글의 특징은 도입부에 질문으로 시작해 그 질문에 대한 답을 주 내용으로 구성하면 질문 자체가 제목이 되는데 이 글 역시 도입부에 '我们如何才能买到真正能防紫外线的伞呢? (우리는 어떻게 해야 진정으로 자외선을 차단할 수 있는 양산을 살 수 있는가?)'라고 했으므로 확실하게 정답이 C임을 알 수 있다.

문제 9-12

海鸥是一种常见的海鸟。由于分布范围广，种群数量比较稳定，海鸥被评为"无生存危机的物种"。 11.D 海鸥以鱼、虾和蟹等为食，除此之外，它们还爱拣食人们丢弃的残羹剩饭，故又有"海港清洁工"之称。

12.C 海鸥还是海上航行安全的"预报员"。轮船在海上航行时，常因航海者不熟悉水域环境而触礁、搁浅。 9.C 有经验的航海者往往会根据海鸥的行踪来判断周围的环境。海鸥习惯在暗礁或浅滩周围活动，如果看到它们长时间停落在一处鸣噪，航海者就要提防触礁或搁浅的发生了；海鸥还有沿港口出入飞行的习性，航行迷途的话，航海者可以通过观察海鸥的飞行方向，寻找港口。

另外，海鸥还能预报天气。如果海鸥贴近海面飞行，那么未来几天天气可能晴好；如果它们在海边飞来飞去，那么天气将可能变坏； 10.B 如果它们远离水面，成群聚集在沙滩上或岩石缝里，则预示着一场暴风雨即将来临。海鸥之所以能预见暴风雨，是因为 11.A 它的骨骼和翅膀上的羽管都是空心管状的，里面充满了空气，它们就像气压表一样能感知气压的变化。

갈매기는 흔히 볼 수 있는 바닷새이다. 분포범위가 넓고, 종 군수량도 비교적 안정적이어서, 갈매기는 '생존위기가 없는 생물종'으로 평가된다. 11.D 갈매기는 물고기와 새우, 게 등을 먹이로 삼고, 이외에도 사람들이 버린 음식찌꺼기를 잘 주워먹기 때문에 '항구의 청소부'라는 별칭도 가지고 있다.

12.C 갈매기는 또한 항해안전의 '통보관'이다. 증기선이 바다에서 항해를 할 때, 항해자가 잘 모르는 수역환경 때문에 자주 암초에 부딪히고, 좌초되는데, 9.C 경험이 있는 항해사는 늘 갈매기의 행적을 근거로 주위환경을 판단한다. 갈매기는 암초나 물이 얕은 곳 주위에서 활동을 잘 하는데, 만약에 그들이 장시간 한 곳에서 머무르며 요란스럽게 울면, 항해사는 암초에 부딪치거나 좌초될 수 있음을 경계해야 한다. 갈매기는 항구를 따라 드나들며 비행하는 습성이 있는데, 항해 중에 길을 잃었다면, 항해사는 갈매기의 비행방향을 관찰해 항구를 찾을 수 있다.

그밖에, 갈매기는 날씨를 예보할 수도 있다. 만약에 갈매기가 해수면에 가까이 붙어 비행을 한다면 다가올 며칠의 날씨는 맑을 것이고, 만약에 그들이 해변가를 계속 날아다닌다면 날씨는 아마 곧 흐리게 될 것이다. 10.B 만약에 수면으로부터 멀리 떨어져 무리 지어 모래사장이나 암석의 틈 안에 모여 있다면, 곧 한 바탕 폭풍우가 올 것이라는 것을 예상할 수 있다. 갈매기가 폭풍우를 예견할 수 있는 것은 11.A 그들의 골격과 날개의 깃털 관이 모두 속이 빈 빨대 형상이어서, 안에 공기가 가득해 그것들이 마치 기압계처럼 기압의 변화를 감지할 수 있기 때문이다.

문제 9

航海者往往根据什么来判断周围环境?
A 海鸥飞行时的队形　　B 海浪的波动幅度
C 海鸥的行踪　　　　　D 海水温度

항해사는 늘 무엇을 근거로 하여 주위환경을 판단하는가?
A 갈매기가 비행할 때의 대형　　B 파도의 파동(흔들림) 폭
C 갈매기의 행적　　　　　　　　D 해수의 온도

해설　항해사가 주위환경을 판단하는 근거를 찾는 문제이고, 보기의 핵심어휘 A '海鸥的队形(갈매기의 대형)', B '海浪的波动幅度(파동의 파동 폭)', C '海鸥的行踪(갈매기의 행적)', D '海水温度(해수온도)'를 힌트로 찾아보면, '有经验的航海者往往会根据海鸥的行踪来判断周围的环境(경험 있는 항해사는 늘 갈매기의 행적을 근거로 주위환경을 판단한다)'이라는 말이 있으므로 정답은 C임을 알 수 있다.

문제 10

海鸥成群聚集在沙滩上可能预示着什么?
A 海潮将要退去
B 暴风雨即将来临
C 可能会发生海啸
D 附近会有地震

갈매기가 무리 지어 모래사장에 모이면 무엇을 예상할 수 있는가?
A 바다조수가 곧 썰물이 될 것이다
B 폭풍우가 올 것이다
C 해일이 발생될 것이다
D 부근에 지진이 있을 것이다

해설 갈매기 무리가 모래사장에 모인 것이 무슨 징조인지를 묻는 것으로 보기의 핵심어휘 A '退去(썰물)', B '暴风雨(폭풍우)', C '海啸(해일)', D '地震(지진)'을 힌트로 지문을 찾아보면, 마지막 단락에서 '如果它们远离水面，成群聚集在沙滩上或岩石缝里，则预示着一场暴风雨即将来临(만약에 수면으로부터 멀리 떨어져 무리 지어 모래사장이나 암석의 틈 안에 모여 있다면, 곧 한 바탕 폭풍우가 올 것이라는 것을 예상할 수 있다)'이라고 했으므로 유일한 언급은 '폭풍우'이기 때문에 정답은 B임을 알 수 있다.

문제 11

关于海鸥，可以知道什么？ A 羽管是空心的 B 靠尾巴辨别方向 C 时常攻击航海者 D 以海草为食	갈매기에 관해, 무엇을 알 수 있는가？ A 깃털 관은 속이 비어있다 B 꼬리에 의지해 방향을 분별한다 C 자주 항해사를 공격한다 D 해초를 먹이로 삼는다

해설 갈매기에 관한 정보를 묻는 문제로, 지문 전체가 갈매기에 대한 내용이므로 언급된 내용이나 사실만 찾아내면 된다. 보기 핵심어휘는 A '羽管(깃털 관)', B '尾巴(꼬리)', C '攻击(공격)', D '海草(해초)'인데 앞의 10번 정답의 근거 부분에 이어지는 내용에서 '它的骨骼和翅膀上的羽管都是空心管状的(그들의 골격과 날개의 깃털 관이 모두 속이 빈 빨대 형상이다)'라고 했으므로 정답은 A임을 알 수 있다. 먹이에 관한 내용은 첫 단락에서 언급하고 있지만 '海鸥以鱼、虾和蟹等为食，除此之外，它们还爱拣食人们丢弃的残羹剩饭(갈매기는 물고기와 새우, 게 등을 먹이로 삼고, 이외에도 사람들이 버린 음식찌꺼기를 잘 주워먹는다)'이라고 했으므로 '해초를 먹이로 삼는다'는 D는 정답이 될 수 없다.

문제 12

最适合做上文标题的是： A 奇妙的海洋世界 B 勇敢的航海者 C 海上预报员——海鸥 D 谁来拯救濒危动物	윗글에 가장 적합한 제목은？ A 신기한 바다세계 B 용감한 항해사 C 바다 위의 통보관 갈매기 D 누가 위기의 동물을 구할 것인가

해설 이 글의 '标题' 즉, 제목을 묻는 문제로, 글의 종류가 갈매기에 관한 정보 글이므로 전체적으로 설명하는 대상인 '海鸥(갈매기)'는 반드시 포함되어야 하는데 보기에서 갈매기를 언급한 것이 C밖에 없으므로 쉽게 정답을 찾을 수 있다. 또한 '海鸥还是海上航行安全的"预报员"(갈매기는 또한 항해안전의 '통보관'이다)'라는 설명이 직접적으로 있으므로 성답에 더욱 힘을 실어줄 수 있다. A는 바다세계 전체를 언급해야 하므로 매우 광범위한 제목으로 이 글에는 맞지 않고, B의 항해사는 이야기 속에 언급되기는 했으나 이는 갈매기의 이야기를 뒷받침하기 위해 나온 것이므로 제목이 될 수 없다. 정답은 C이다.

듣기 제1부분 실전 PT 정답					▶p.277
1. B	2. A	3. A	4. C	5. D	6. C
7. C	8. C				

문제 1

A 献血有年龄限制	A 헌혈은 연령제한이 있다
B 这次活动由中国主办	B 이번 행사는 중국이 주최한다
C 献血有报酬	C 헌혈을 하면 보수가 있다
D 这次活动推迟了	D 이번 행사는 연기되었다
六月十四日是世界献血日，今年的活动由中国举办，主题为感谢您挽救我的生命，这一方面是为了感谢那些曾拯救过他人生命的献血者，另一方面是呼吁更多符合献血条件的人自愿献血。	6월14일은 세계 헌혈의 날이다. 올해의 행사는 중국이 주최하며, '제 생명을 구해주신 당신께 감사 드립니다'를 주제로 한다. 이것은 한 편으로는 일찍이 타인의 생명을 구한 헌혈자에게 고마움을 전하고, 또 한 편으로는 헌혈조건에 맞는 사람들이 더 많이 자원해서 헌혈할 것을 호소하는 것이다.

해설 보기를 통해 헌혈을 소재로 한 글임을 알 수 있고, '今年的活动由中国举办(올해의 행사는 중국이 주최한다)'이라고 했으므로 정답은 B이다. 특히, '由中国举办'에서 '由'는 술어의 주체를 강조하므로 올해의 행사가 다른 곳이 아닌 중국이 주최한다고 강조하고 있다는 것을 알아야 한다. A, C, D는 언급되지 않았다.

TIP 这件事由老板决定。 이 일은 사장님이 결정한다. → 다른 사람이 아닌 사장님이 결정한다는 것을 강조함

문제 2

A 要积极回应面试官	A 적극적으로 면접관에게 반응해야 한다
B 要避免正视面试官	B 똑바로 쳐다보는 것을 피해야 한다
C 要提前到达面试场所	C 면접장소에 미리 도착해야 한다
D 面试时着装要正式	D 면접 시에는 복장을 제대로 갖춰 입어야 한다
面试时应正视面试官以表示尊重，面试官介绍公司和职位情况时更要适时给予反馈，以表明对他所说内容的重视，需要特别强调的是，面试前一定要关掉手机等通讯工具。	면접을 볼 때에는 존중을 나타내기 위해 면접관을 똑바로 쳐다봐야 하고, 면접관이 회사와 직위상황을 소개할 때에는 그가 말하는 내용을 중시하고 있다는 것을 보여주기 위해 시기 적절하게 반응을 보여주어야 한다. 특히 강조하고 싶은 것은 면접 전에는 반드시 휴대전화 등의 통신기기들을 꺼버리라는 것이다.

해설 보기를 통해 면접에 관한 글임을 짐작할 수 있다. '面试官介绍公司和职位情况时更要适时给予反馈(면접관이 회사와 직위상황을 소개할 때에는 시기 적절하게 반응을 보여주어야 한다)'라고 했고, '反馈(피드백 하다)'와 '积极回应(적극적으로 반응하다)'은 내용상 같은 의미이므로 정답은 A이다. 바로 앞문장에서 '面试时应正视面试官(면접관을 똑바로 쳐다봐야 한다)'이라고 했으므로 B는 맞지가 않고, C와 D는 언급되지 않았다.

문제 3

A 秦皇岛适宜候鸟聚集	A 친황다오는 철새가 집결하기에 알맞다
B 渔业是秦皇岛的支柱产业	B 어업은 친황다오의 기둥산업이다
C 秦皇岛地势险峻	C 친황다오의 지세는 험준하다
D 秦皇岛植被覆盖率低	D 친황다오의 녹지 복개율은 낮다
候鸟大都沿着固定的路线迁徙，海岸线就是候鸟迁徙的重要路线。秦皇岛是北依燕山，南临渤海，地理位置独特，气候温和，植被覆盖率高，因此吸引了大量候鸟在此聚集。	철새는 대부분이 고정된 길을 따라 이동하고, 해안선은 바로 철새 이동의 중요한 노선이다. 친황다오는 북으로는 옌산을 기대고 있고, 남으로는 발해에 인접해, 지리적 위치가 독특하고 기후가 온화하며, 녹지 복개율이 높아서 많은 철새들이 이곳에 집결하게 이끈다.

| 해설 | 보기를 통해 '秦皇岛'라는 지역에 관한 정보 글임을 짐작할 수 있고, 보기에 언급된 특징에 집중해서 들어야 한다. 내용 마지막 부분에 여러 이유로 '因此吸引了大量候鸟在此聚集(많은 철새들이 이곳에 집결하게 이끈다)'라고 했으므로 친황다오가 철새가 집결하기에 알맞다는 것을 알 수 있다. 특히, '吸引(이끌다, 매료시키다)'이라는 어휘에 집중하는 것이 좋다. B, C, D는 언급되지 않았으므로 정답은 A이다. |

문제 4

A 文学能给人以启迪	A 문학은 사람에게 깨달음을 준다
B 道德教育是第一位	B 도덕교육이 첫째이다
C 教育要激发人的学习兴趣	C 교육은 사람의 공부 흥미를 불러일으켜야 한다
D 学校要安排音乐课	D 학교는 음악수업을 안배해야 한다

| 著名作家杨绛曾说过："好的教育要激发人的学习兴趣和自觉性，培养人的上进心，并使人不断完善自己，要让人在不知不觉中受教育，让他们在潜移默化中学习，这离不开榜样的作用，言传不如身教。" | 유명한 작가 양이는 일찍이 이런 말을 한 적 있다. "좋은 교육은 사람의 공부 흥미와 자각성을 불러일으키고, 사람의 진취심을 양성하며, 사람들이 끊임없이 자신을 완벽하게 만들도록 해야 하고, 사람들이 모르는 사이에 교육을 받게 하여 그들이 은연중에 공부에 감화되게 해야 하는데, 이것은 본보기의 작용과 떼어놓을 수 없어, 직접 가르치는 것이 말로 전하는 것보다 낫다." |

| 해설 | 양이가 한 말을 보면 '好的教育要激发人的学习兴趣和自觉性(좋은 교육은 사람의 공부 흥미와 자각성을 불러일으키고)'이라고 했으므로 교육은 사람의 학습 흥미를 불러일으켜야 한다는 것을 알 수 있다. 정답은 C이다. A, B, D는 언급되지 않았다. |

문제 5

A 不能欺骗孩子	A 아이를 괴롭혀서는 안 된다
B 威胁不是管教方法	B 위협은 관리교육 방법이 아니다
C 赞扬对男孩子更有效	C 칭찬은 남자아이에게 더욱 효과이다
D 赞扬让孩子充满自信	D 칭찬은 아이가 자신감이 충만하게 만든다

| 管教孩子是门很高深的学问，欺骗、利诱、威胁，这些都是管教方法，但是它们将在孩子十二岁之后统统失灵。只有赞扬，对孩子终身有效，而且越来越有效。学会赞扬，你便可以在孩子眼中看到自信的光芒。 | 아이를 가르치고 관리하는 것은 수준 높은 학문이고, 속이거나, 이익을 미끼로 꼬드기고, 위협하는 것은 모두 관리교육 방법이다. 하지만 그것들은 아이들이 12세가 되고 난 후에는 모두 효력을 잃는다. 칭찬만이 아이에게 평생 효과가 있을 뿐만 아니라, 갈수록 효과가 있다. 칭찬을 할 줄 알게 되면, 당신은 바로 아이의 눈 속에서 자신 있는 빛을 볼 수 있을 것이다. |

| 해설 | 보기를 통해 자녀교육의 관한 글임을 짐작할 수 있다. 앞 부분에서 A의 '欺骗(속이다)'이라는 글자가 내용에 등장은 하지만 이 역시 관리교육 방법이라고 했으므로 '不能欺骗孩子(아이를 속여서는 안 된다)'는 정답이 아니다. 내용 중 '威胁(위협)'도 관리교육 방법이라고 했으므로 관리교육 방법이 아니라고 한 B 역시 정답이 아니다. 남자와 여자아이를 따로 구별해서 설명하지 않았기 때문에 C 역시 정답이 될 수 없다. '学会赞扬，你便可以在孩子眼中看到自信的光芒(칭찬을 할 줄 알게 되면, 당신은 바로 아이의 눈 속에서 자신 있는 빛을 볼 수 있을 것이다)'이라고 했으므로 정답은 D이다. |

문제 6

A 儿子不怕吃苦	A 아들은 고생하는 것을 두려워하지 않는다
B 爸爸很爱面子	B 아빠는 체면을 중시한다
C 儿子想吃冰激凌	C 아들은 아이스크림을 먹고 싶어한다
D 爸爸说话不算话	D 아빠는 말한 것을 지키지 않는다

6岁的儿子对爸爸说："我长大了，要当一名北极探险家。"爸爸说："好啊！我支持你。"孩子高兴地又说："我想从现在开始训练自己。"爸爸问："怎么训练？"孩子回答："我要从今天开始每天吃一个冰激凌。"	여섯 살 난 아들이 아빠에게 말했다. "저는 자라서 북극탐험가가 될 거예요." 아빠가 "좋지! 아빠가 응원할게."라고 말하자, 아들은 기뻐하며 또 말했다. "저는 지금부터 제 자신을 훈련시킬 거예요." 아빠가 "어떻게 훈련할 건데?"라고 묻자, 아들은 "오늘부터 시작해서 매일 아이스크림을 하나씩 먹을 거예요."라고 대답했다.

해설 보기에 아들과 아버지가 등장한 것으로 보아 이야기 글임을 알 수 있다. 아들이 북극탐험가가 되겠다는 꿈을 이야기하며 자신을 훈련시키기 위해 매일 아이스크림을 먹을 것이라는 것은 꿈을 위한 진짜 훈련 방법이 아니라 아들이 아이스크림을 좋아하고 또 지금 그만큼 먹고 싶어한다는 것을 알 수 있다. 어린아이가 등장하는 이야기는 아이의 말, 특히 아이가 왜 그렇게 말하는지에 집중해야 한다. 정답은 C이다.

문제 7

A 龙骨缩小了船的侧面面积 B 龙骨的铺设不利于逆风航行 C 龙骨提高了船的承重力 D 龙骨设于船的顶部	A 용골은 배의 측면면적을 축소시켰다 B 용골의 설치는 역풍운항에 불리하다 C 용골은 배의 하중 지탱력을 높였다 D 용골은 배의 꼭대기에 설치한다
龙骨，位于船的底部。它的铺设是造船过程中最重要的步骤。除了能够增加船体的承重力以外，龙骨还扩大了船的侧面面积。这可以防止船因受侧风影响而发生转向，对逆风航行尤为重要。	용골은 배의 바닥부분에 위치한다. 그것의 설치는 배를 제작하는 과정 중 가장 중요한 단계이다. 선체의 하중 지탱력을 증가시킬 수 있는 것 외에도 용골은 배의 측면면적을 넓힐 수 있다. 이것은 측면에 바람을 맞아 방향이 바뀌는 것을 방지하고, 역풍 운항에 있어 더욱더 중요하다.

해설 보기를 통해 용골에 관한 정보 글임을 짐작할 수 있고, 그 특징에 집중해야 한다. 측면면적을 넓힐 수 있다고 했으므로 A는 정답이 아니고, 첫 부분에 용골이 바닥부분에 위치한다는 것은 바닥에 설치되었다는 것이므로 D 역시 정답이 될 수 없다. 또한 용골이 바람을 맞아 방향이 바뀌는 것을 방지한다는 것은 역풍 운항을 방지한다는 것과 같으므로 불리하다고 한 B도 정답이 아니다. '能够增加船体的承重力(선체의 하중 지탱력을 증가시킬 수 있는 것)'라고 했으므로 정답은 C이다.

문제 8

A 做事要脚踏实地 B 要学会放慢脚步 C 要勇于斩断自己的退路 D 做事要给别人留有余地	A 일할 때는 착실하고 견실해야 한다 B 발걸음을 늦출 줄 알아야 한다 C 용감하게 자신의 퇴로를 끊어버려야 한다 D 일할 때는 다른 사람에게 여지를 남겨줘야 한다
很多时候，我们都需要一种斩断自己退路的勇气。如果身后有退路，我们就会心存侥幸，前行的脚步就会放慢；如果身后无退路，我们就别无选择，只能勇往直前，为自己寻找出路。	많은 때에 우리는 모두 자신의 퇴로를 끊어버리는 용기가 필요하다. 만약에 뒤에 퇴로가 있다면, 우리는 요행을 바라게 되고, 앞으로 가는 발걸음이 늦어진다. 만약에 뒤에 퇴로가 없다면 우리는 다른 선택의 여지가 없어, 용감하게 앞으로 전진해 자신을 위한 진로를 찾을 수밖에 없다.

해설 보기에 '要(~해야 한다)'가 많이 보이면 사설 글일 가능성이 크고, 이 경우에는 시작 부분과 마지막 부분을 확인하는 것이 좋다. 첫 부분에 '我们都需要一种斩断自己退路的勇气(우리는 모두 자신의 퇴로를 끊어버리는 용기가 필요하다)'라고 했으므로 정답은 같은 말이 그대로 설명되어 있는 C이다.

독해 제1부분 실전 PT 정답 ▶p.283

1. C **2.** B **3.** A **4.** D **5.** D **6.** C
7. D **8.** D

문제 1

A 春节前夕，许多厂家都推出了物美价廉的节日礼盒。
B 南通拥有红木雕刻，板鹞风筝等多种特色传统工艺品。
C 这个雕刻栩栩如生，体会了人与自然的和谐统一。
D 人生假如走错了方向，停止就是进步。

A 섣달 그믐날, 많은 제조업자들이 모두 질 좋고 저렴한 명절 선물세트를 내놓는다.
B 난통은 홍목조각품, 판요연 등 많은 종류의 특색 있는 전통 공예품을 가지고 있다.
C 이 조각품은 마치 살아있는 것같이 생생하게 사람과 자연의 조화를 구현했다.
D 인생은 만약에 방향을 잘못 들면, 멈추는 것이 바로 진보하는 것이다.

해설 C의 두 번째 절에 출현한 '体会(체험해서 깨닫다)'는 어떤 일을 겪어보고 깨달았을 때 쓰는 어휘로 주체는 체험하고 깨달을 수 있는 '사람'이 와야 올바르다. 하지만 보기 C의 주체는 '雕刻(조각품)'로 일단 문장이 올바르지 않음을 알 수 있고, 이 조각품이 사람과 자연의 조화를 구체적으로 실현, 즉 '体现(구현시켰다)'라는 내용이므로 '体会'가 잘못 쓰인 어휘이고 이 어휘 대신에 '体现'을 써야 함을 알 수 있다. 정답은 C이다.

문제 2

A 世上只有想不通的人，没有走不通的路。
B 苏轼在文学和书画领地中均取得了非凡的成就。
C 在中国民歌的宝库中，陕北民歌有其独特的地位。
D 人生就是一次远行，每个人都在不断地寻找着属于自己的远方。

A 세상에는 생각이 통하지 않는 사람이 있을 뿐 걸어서 통하지 않는 길은 없다.
B 소식은 문학과 서예, 그림의 영역에서 모두 비범한 성과를 거두었다.
C 중국 민요의 보고 중에 섬북민요는 독특한 지위를 가지고 있다.
D 인생은 한 번의 원행이라. 모든 사람은 끊임없이 자신만의 원방을 찾고 있다.

해설 B의 '领地(영지)'는 땅을 설명하는 어휘로 바로 앞에서 설명한 '文学和书画(문학과 서예, 그림)'의 수식을 받을 수 없다. 소식이 이 방면에서 성과를 거둔 것이므로 '方面(방면)'이나 '领域(영역)'로 바꾸어야 올바른 문장이 된다. 정답은 B이다.

문제 3

A 这则招商广告一经登出，立刻不少企业关注。
B 要么读书，要么旅行，身体和灵魂必须有一个在路上。
C 这次海上石油泄漏对当地渔业产生了严重影响。
D 在现代社会的高效率、快节奏下，上班族的午餐常吃得太过简单、匆忙。

A 이 투자유치 광고는 게재되자 마자, 즉시 적지 않은 기업의 관심을 불러 일으켰다.
B 독서를 하든지, 여행을 하든지, 몸과 정신은 반드시 하나의 길에 있어야 한다.
C 이번에 바다에서 석유가 샌 것은 현지 어업에 심각한 영향을 끼쳤다.
D 현대사회의 높은 효율과 빠른 리듬 아래, 회사원의 점심식사는 너무 간단하고, 급하게 먹는다.

해설 A의 '立刻不少企业关注'에서 '关注(관심)'를 목적어로 가지는 술어가 없음을 알 수 있다. 더군다나 '立刻(즉시)'라는 부사 뒤에 '不少企业(적지 않은 기업)'라는 명사구가 왔으므로 이 역시 문장에 오류가 있음을 알 수 있다. '关注'와 자주 쓰이는 술어는 '引起(불러 일으키다)'로 '立刻引起了不少企业关注(즉시 적지 않은 기업의 관심을 불러일으켰다)'라고 바꾸어야 올바른 문장이 된다. 정답은 A이다.

Day 14 93

문제 4

A 其实，用新的眼光去观察比观察新事物更为重要。
B 那位教练来了以后，他们队的水平得到了明显的提高。
C 给压岁钱是长辈对晚辈的一种关爱，含有平安吉祥的寓意。
D 孩子们常常希望自己迫不及待地长大，而当他们长大后又开始怀念童年。

A 사실, 새로운 안목으로 관찰하는 것은 새로운 사물을 관찰하는 것보다 더욱 중요하다.
B 그 코치가 온 후에, 그들 팀의 수준은 분명한 향상을 얻었다.
C 세뱃돈을 주는 것은 연장자의 아랫사람에 대한 관심과 사랑이고, 평안하고 길한 의미를 가지고 있다.
D 아이들은 늘 자신이 빨리 자라길 간절히 바라지만, 그들이 성장한 후에는 또 어린 시절을 그리워한다.

[해설] D의 '迫不及待'는 긴박해서 기다릴 수 없음을 의미하고, 심정이 절실함을 나타낸다. 그러므로 '长大(자라다)'라는 상태를 꾸미는 것이 아니라, '希望(바라다)'이라는 심정을 나타내는 어휘를 꾸미는 것이 올바르고, 그냥 자라는 것을 바라는 것이 아니라 뒤의 내용을 보면 어렸을 때는 빨리 자라고 싶어하고 커서는 어린 시절을 그리워한다는 내용이므로 바라는 내용을 빨리 자라는 것으로 바꾸어 '孩子们常常迫不及待地希望自己很快地长大'가 올바른 문장이 된다. 정답은 D이다.

문제 5

A 道教是在中国土生土长的一种宗教。
B 要改变一个人，首先要改变你对他的看法。
C 我们应该把分歧放在一边，一起为共同的目标而努力。
D 在高楼林立的都市里，能有一个独立的小院子，是无疑很奢侈的。

A 도교는 중국의 토속적인 종교이다.
B 사람을 바꾸려면, 먼저 그에 대한 당신의 시각을 바꾸어야 한다.
C 우리는 이견을 한 켠에 놓아두고, 함께 공동의 목표를 위해 노력해야 한다.
D 고층건물이 즐비한 도시 속에서, 하나의 독립된 정원을 가질 수 있는 것은 틀림없이 사치스러운 것이다.

[해설] D에 '是……的' 강조구문이 쓰였는데, '是……的' 강조구문은 술어의 내용을 강조할 때 쓰며 문장의 내용을 꾸미는 일반적인 부사는 모두 '是' 앞에 들어가야 한다. 그런데 부사 '无疑(의심할 여지 없이)'는 '是' 앞에 있어야 하는데 뒤에 있으므로 어순이 잘못되었다. '无疑是很奢侈的(틀림없이 사치스러운 것이다)'로 고쳐야 한다. 정답은 D이다.

문제 6

A 不同的地理环境、历史传统等使各地的建筑呈现出不同的风格。
B 天已近黄昏，太阳慢慢地钻进了厚厚的云层。
C 他回答这个问题时停顿了一下，说明他可能对自己的答案不太确定得好。
D 护林员每天都重复做着同样的工作，他们虽然平凡，责任却重大。

A 다른 지리적 환경, 역사 전통 등은 각지의 건축이 다른 스타일을 나타내게 한다.
B 날이 이미 황혼에 다다르자, 태양은 천천히 두꺼운 구름층을 파고 들었다.
C 그가 이 문제에 대답할 때 잠시 멈춘 것은 그가 아마 자신의 답안에 그다지 확고하지 못함을 설명한다.
D 산림보호원은 매일 같은 일을 중복해서 한다. 그들은 비록 평범하지만, 책임은 오히려 무겁고 크다.

[해설] C의 '答案不太确定得好'에서 '确定'은 '확정적이다, 확고하다'라는 의미의 형용사로 앞에서 이미 '不太(그다지 ~하지 않다)'라는 부사가 꾸미고 있어 뒤의 '……得好'는 필요 없는 성분이다. '不太'가 없다고 하더라도 형용사 술어의 정도보어는 '형용사 + 得 + 很(또는 多/不得了/정도의 내용)'의 형식을 띠므로 역시 '……得好'는 잘못되었다는 것을 알 수 있다. '……得好'를 삭제하여 '不太确定(그다지 확고하지 못하다)'으로 바꾸어야 올바른 문장이 된다. 정답은 C이다.

문제 7

A 人应该善待自己，善待自己的最好方法是善待别人，善待别人的最好方法是宽容别人。
B 读了大半辈子书，倘若有人问我怎么选择一本书，我一定会毫不犹豫地回答：快乐是基本标准。
C 即将建成的水库，不仅能促进本地区工农业的发展，改善航运条件，而且还能起到防洪供水、调节气候的作用。
D 大禹治水的故事家喻户晓，但人们多是把大禹看做一个治水的英雄，实际上大禹最大的 功能 是，他是中国第一个民族国家——夏王朝的奠基人。

A 사람은 마땅히 자신을 잘 대해야 하는데, 자신을 잘 대하는 가장 좋은 방법은 바로 다른 사람을 잘 대하는 것이고, 다른 사람을 잘 대하는 가장 좋은 방법은 다른 사람을 너그러이 용서하는 것이다.
B 반평생 책을 읽으니, 누군가가 나에게 책을 어떻게 선택하느냐고 묻는다면, 나는 반드시 조금도 주저 없이 즐거움이 기본적인 기준이라고 대답할 것이다.
C 장차 건설할 댐은 이 지역의 농업발전을 촉진시키고, 항운 조건을 개선시킬 뿐만 아니라, 홍수를 방지하고, 기후를 조절하는 작용을 일으킬 수 있다.
D 우 임금이 치수(治水)를 한 이야기는 집집마다 다 알지만, 사람들 대부분이 우 임금을 치수의 영웅으로 본다. 사실 우 임금의 가장 큰 공로는 그가 중국의 첫 번째 민족국가인 하 왕조의 창시자라는 것이다.

해설 D의 '功能(기능)'은 사물이나 방법이 발휘하는 이로운 작용을 의미하므로 HSK에서는 주로 인체기관의 기능을 설명할 때 자주 쓰인다. D에서는 '大禹的功能(우 임금의 기능)'이라고 사람을 설명하는 어휘로 썼으므로 '功能(기능)'이라는 어휘가 잘못 쓰였음을 알 수 있다. 뒤의 설명이 하 왕조의 창시자라는 것을 설명했으므로 이는, 우 임금의 '功勋(공로, 공훈)'이 가장 어울리는 어휘임을 알 수 있다. 그러므로 '大禹最大的功勋(우 임금의 공로)'이라고 바꾸어야 올바른 문장이 된다. 정답은 D이다.

문제 8

A 苏州地处温带，四季分明，气候温和，物产丰富，是闻名遐迩的"鱼米之乡"。
B 以"色绿、香郁、味甘、形美"而著称于世的龙井茶，在历史上留下了不少神奇的传说。
C "种瓜得瓜，种豆得豆"比喻做了什么事就会得到什么样的结果，付出多少努力就会收获多少成果。
D 城市原住民的生活和风俗传统这些非物质文化遗产的保护非常重要。何况这些东西丢失了，那么城市最重要的精神个性就没有了。

A 쑤저우는 온대에 위치하여 사계가 분명하고, 기후가 온화하며, 물자가 풍부해 명성이 두루 알려져 있는 '어미지향(토지가 비옥하고 자원이 풍성한 지역)'이다.
B '색이 푸르고 향이 진하며, 맛이 달고 형태가 예쁜 것'으로 세계적으로 유명한 롱징차는 역사적으로 많은 신기한 전설을 남겼다.
C '种瓜得瓜，种豆得豆(콩 심은 데 콩 나고 팥 심은 데 팥 난다)'는 일을 한 대로 결과를 얻게 되고, 지불한 노력만큼 성과를 얻게 되는 것을 비유한다.
D 도시 원주민의 생활과 풍습전통. 이러한 무형문화유산의 보호는 매우 중요하다. 민약에 이러한 것들을 잃게 되면, 그러면 도시의 가장 중요한 정신과 개성이 없어진다.

해설 D의 '何况(하물며, 더군다나)'은 앞의 내용보다 더 진일보한 내용을 뒤에 써서 연결하는 접속사이다. D의 '何况'을 중심으로 앞의 내용은 '무형문화유산의 보호가 중요하다'이고, 이어지는 내용은 '이것들이 없어지면, 도시의 가장 중요한 정신개성이 없어진다'로 진일보한 내용이 아니라는 것을 알 수 있다. 뒤의 내용에 '那么(그러면)'가 있는 것으로 보아 '何况'이 아니라 가정을 나타내는 '如果(만약)'가 적합하다는 것을 알 수 있고, '如果这些东西丢失了，那么城市最重要的精神个性就没有了(만약에 이러한 것들을 잃게 되면, 그러면 도시의 가장 중요한 정신개성이 없어진다)'로 바꾸어야 올바른 문장이 된다. 정답은 D이다.

TIP 예 大人尚且如此，何况小孩子呢? 어른조차 이러한데, 하물며 어린아이는요?
→ 어른조차 이러하면, 그보다 나이 어린 어린아이는 더욱 그렇다.

感谢的力量

　　文静是一所希望小学的学生,她所在的学校每年都会收到来自社会的大量捐助,所以文静的学校各方面条件都很好。

　　一开始,文静和同学们都感到很新奇,而且会写感谢信。然而,时间一长,他们都对捐助习以为常了,也不写感谢信了。一天,文静的班级来了一位新班主任,李老师。李老师刚来不久,小学又收到了捐助物品。文静把物品发给了大家。李老师看到后,问同学们:"你们有没有对捐助这些东西的爱心人士表示感谢呢?""以前写过感谢信。""那现在呢?"李老师又问。同学们都低头不语。李老师说:"那我们去给爱心人士寄一些礼物。"

　　当天下午,李老师就带同学们去买了粉条,又去邮局把粉条和感谢信寄给了爱心人士。这时,天已经黑了。第二天上课时,李老师说:"昨天我们寄礼物用了一下午时间,爱心人士帮助我们肯定用了更长时间。我们写信的时间都没有吗?我们接受别人的帮助就要心存感激。"

　　这件事之后,文静他们会定期给爱心人士写感谢信。他们明白了一个道理:接受别人的帮助,要表示感谢。

감사의 힘

원찡은 한 희망초등학교의 학생이고, 그녀가 있는 학교는 매년 사회에서 보낸 대량의 후원물품을 받는다. 그래서 원찡의 학교 각 방면의 조건은 모두 좋다.

처음에는 원찡과 친구들이 모두 신기해했고, 게다가 감사편지를 썼다. 그런데 시간이 지나자, 그들은 후원에 대해 익숙해졌고, 감사편지도 쓰지 않았다. 하루는 원찡의 반에 새로운 담임선생님이 왔는데, 막 사범대학을 졸업한 리 선생님이었다. 리 선생님이 온 지 얼마 되지 않아서, 초등학교는 또 후원물품을 받았다. 원찡은 도서와 문구를 모두에게 나누어 주었다. 리 선생님은 보고 나서, 학생들에게 물었다. "여러분은 이 물건들을 후원해주신 분들께 감사의 편지를 쓰진 않나요?" "예전에는 썼습니다." "그러면 지금은요?" 리 선생님이 다시 물었다. 학생들은 모두 고개를 떨구고 아무 말도 하지 않았다. 리 선생님은 "그러면 우리 후원자분들께 선물을 부치러 가요."라고 말했다.

그날 오후에 리 선생님은 학생들을 데리고 당면을 샀고, 우체국에 가서 당면과 감사편지를 후원자에게 부쳤다. 이때, 날은 이미 어두워져 있었다. 이튿날 수업 때, 리 선생님은 "어제 우리는 선물을 부치는 데 오후 반나절을 썼어요. 후원자분들이 우리를 돕는 것은 더 많은 시간을 썼을 거예요. 우리는 편지 쓸 시간도 없을까요? 우리는 다른 사람의 도움을 받으면 감사하는 마음을 가져야 해요."라고 말했다.

이 일이 있은 후에, 원찡과 학생들은 정기적으로 후원자분들께 감사의 편지를 썼다. 그들은 다른 사람의 도움을 받으면 감사함을 표해야 한다는 도리를 깨달았다.

듣기 제1부분 실전 PT 정답   ▶p.298

| 1. B | 2. B | 3. B | 4. D | 5. C | 6. A | 7. D |
| 8. C | 9. C | 10. C | | | | |

문제 1-5

女: 在参观你们隔阂而建的两座建筑的时候，我感觉它们的风格是不同的。我想问一下，你们在做设计时，有没有一个明确的风格？

男: **1.B** 我们并不追求非常符号化的形式和风格。这两座建筑，虽然看上去不同，但我们认为，挺一致的。为什么呢？因为它们都是在一个确定的边界里面做文章。那就是注重功能和环境的整合。我们希望建筑不是一个独立的个体，而是跟环境融合在一起的。**5.C** 这个原则来自于我们对一些传统的建筑的关注。传统建筑讲究有法无式。就是，它有一定的法度，但没有固定的式样。

여: 당신들의 간격을 두고 지은 두 건축물을 견학했을 때, 저는 그것들의 스타일이 다르다고 느꼈습니다. 서는 묻고 싶네요, 설계할 때, 명확한 스타일이 있었던 건가요?

남: **1.B** 우리는 결코 부호화된 형식과 스타일을 추구하지 않습니다. 이 두 건축물은 보기에는 다르지만, 우리는 매우 일치된 것이라고 여깁니다. 왜 그럴까요? 왜냐하면 그것들은 확실히 정해진 틀 안에서 일을 한 것이기 때문입니다. 그것은 바로 기능과 환경의 통합을 중시합니다. 우리는 건축물이 하나의 독립체가 아니라 환경과 한데 조화를 이루고 있기를 바랍니다. **5.C** 이 원칙은 우리의 일부 전통적인 건축물에 대한 관심에서 생긴 것입니다. 전통적인 건축은 '有法无式(유법무식)'을 중시합니다. 바로 일정한 규칙은 있으나 고정된 격식은 없다는 것이죠.

女：在我们的印象中，办公楼是座威严的建筑。但你们却使用了玻璃墙，给人一种虚幻的感觉。你当时是怎么考虑的呢？

男：主要是从环境的角度出发的。办公楼的选址是一大块儿的绿地，所以 2.B 选择玻璃墙的最大好处是，能够让建筑融合在环境里。当看到这座建筑的时候，人们会觉得玻璃墙里面应该是建筑本身了。而玻璃墙本身后面又有绿化，玻璃墙后面的绿化跟外面的绿化连在一起。就把建筑变为了环境的一部分。

女：许多建筑师都认为，不如意的施工会损坏作品的完美性。你如何看待这个问题？

男：3.B 有的建筑是不允许犯错误的，而有的建筑是可以出一点儿小差错的。我们更倾向于犯错误的建筑。也就是说，建筑应该是比较放松的。3.B 设计图只是代表我们想象的东西。很可能有40%的设计，是在施工过程中完成的。工人在施工中会发现一些设计图存在的问题。协调好之后，说不定还能达到更好的效果。

女：为了使建筑更大程度地达到你们预想的结果，你们在和业主沟通的时候，有什么技巧？

男：那就是搞清楚建筑师的角色。建筑师毕竟是为业主服务的。首先就要考虑他们的利益。其次，建筑师要弄明白业主想要的东西。不要用太专业的语言和他们沟通，4.D 而要用他们听得懂的语言。沟通好了，其他方面也会进行得更顺利一些。

여: 우리 기억 속의 빌딩은 위엄 있는 건축물인데, 오히려 유리 벽을 사용해서 사람들에게 비현실적인 느낌을 주었습니다. 당시에 어떻게 고려했던 것입니까?

남: 대부분이 환경적인 각도에서 출발한 것입니다. 빌딩의 부지는 넓은 녹지여서, 2.B 유리 벽을 선택한 가장 좋은 점은 건축물이 환경 속에 녹아들 수 있게 했다는 것입니다. 이 건축물을 보았을 때, 사람들은 유리 벽안에는 마땅히 건축의 본 모습이 있을 것이라고 생각하겠지만, 유리 벽 뒤에는 녹화가 있고, 유리 벽 뒤의 녹화는 외부의 녹화와 한데 연결되죠. 바로 건축물을 환경의 일부로 바꾸는 것입니다.

여: 많은 건축가들이 모두 뜻대로 되지 않는 시공은 작품의 완벽한 심미성을 파괴한다고 여기는데, 이 문제를 어떻게 보십니까?

남: 3.B 어떤 건축물은 실수를 용납하지 않고, 어떤 건축물은 조금의 실수가 생길 수도 있습니다. 우리는 실수가 있는 건축물 쪽에 더욱 가깝습니다. 다시 말해, 건축물은 비교적 편안해야 하죠. 3.B 설계도는 단지 우리가 상상한 것을 대표할 뿐입니다. 아마도 40%의 설계가 시공과정 중에 완성이 될 겁니다. 인부들은 시공 중에 일부 설계에 문제가 있다는 것을 발견하죠. 조율을 잘 한 후에는 아마 더 좋은 효과에 도달할지도 모릅니다.

여: 건축물이 더욱 큰 정도로 당신들이 예상한 결과에 도달하게 하기 위해, 업주와 소통을 할 때, 어떤 스킬이 있나요?

남: 바로 건축가의 역할을 분명하게 하는 것입니다. 건축가들은 결국 업주를 위해 서비스하는 것이니 먼저 그들의 이익을 고려합니다. 그 다음에 건축가들은 업주가 원하는 것을 분명하게 해둡니다. 너무 전문적인 말로 그들과 소통하지 말고, 4.D 그들이 알아듣는 말로 해야 하죠. 대화가 잘 끝나면, 나머지 것들은 더욱 순조롭게 진행이 됩니다.

문제 1

男的认为，建筑应该怎么样？	남자는 건축은 어때야 한다고 여기는가?
A 要创新	A 창의적이어야 한다
B 不刻意追求风格	**B 지나치게 스타일을 추구해서는 안 된다**
C 建在繁华的地段	C 번화한 곳에 지어야 한다
D 结构合理	D 구조가 합리적이어야 한다

해설 보기 A '要创新(창의적이어야 한다)', B '不刻意追求风格(지나치게 스타일을 추구해서는 안 된다)' 등을 통해 어떤 것에 대한 견해라는 것을 알 수 있는데, 보기 C '建在繁华的地段(번화한 곳에 지어야 한다)'을 보고 건축에 대한 게스트의 견해를 묻는 것임을 짐작할 수 있다. 그런데 첫 번째 대답에서 '我们并不追求非常符号化的形式和风格(우리는 결코 부호화된 형식과 스타일을 추구하지 않습니다)'라고 했으므로 지나치게 스타일을 추구하지 않아야 한다고 여긴다고 볼 수 있다. 정답은 B이다.

문제 2

办公楼使用玻璃墙的好处是什么?	빌딩에 사용된 유리 벽의 좋은 점은 무엇인가?
A 内部显得更宽敞	A 내부가 더욱 시원하게 보인다
B 使建筑与环境融合	B 건축이 환경과 조화를 이루게 했다
C 保温隔热	C 온도를 유지하고 열을 차단한다
D 看起来更美观	D 보기에 더욱 아름답다

해설 보기를 통해 어떤 건축물에 대한 설명임을 짐작할 수 있는데, 두 번째 대답에서 '选择玻璃墙的最大好处是，能够让建筑融合在环境里(유리 벽을 선택한 가장 좋은 점은 건축물이 환경 속에 녹아들 수 있게 했다는 것이다)'라고 했으므로 정답이 B임을 파악할 수 있다.

문제 3

犯错误的建筑, 指的是什么?	실수한 건축물이라는 것은 무엇을 가리키는가?
A 施工现场存在安全隐患	A 시공현장에 안전문제가 존재하는 것
B 施工时与设计图不一致	B 시공할 때 설계도와 일치하지 않는 것
C 楼间距太小	C 층 간격이 너무 좁은 것
D 建筑破坏了植被	D 건축물이 식생을 파괴하는 것

해설 보기를 통해 시공이나 건축물의 특징에 관한 질문임을 예측할 수 있고, 진행자의 세 번째 질문인 '많은 건축가들이 모두 뜻대로 되지 않는 시공은 작품의 완벽한 심미성을 파괴한다고 여기는데, 이 문제를 어떻게 보십니까?'에 '有的建筑是不允许犯错误的，而有的建筑是可以出一点儿小差错的(어떤 건축물은 실수를 용납하지 않고, 어떤 건축물은 조금의 실수가 생길 수도 있습니다)'라고 대답하며 먼저 실수가 생길 수도 있음을 말하고, 이어진 내용에서 '设计图只是代表我们想象的东西。很可能有40%的设计，是在施工过程中完成的(설계도는 단지 우리가 상상한 것을 대표할 뿐입니다. 아마도 40%의 설계가 시공과정 중에 완성이 될 겁니다)'라고 했으므로 실수가 생길 수 있는 건축물, 즉, 설계도와 완벽하게는 일치하지 않는 것을 의미함을 짐작할 수 있다. 문제에서도 실수한 건축물의 의미를 물었으므로 정답은 B이다.

문제 4

男的认为, 建筑师应该如何与业主沟通?	남자는 건축가가 업주와 어떻게 소통해야 한다고 여기는가?
A 按合同条款来 B 不时夸奖业主	A 계약 조항대로 B 수시로 업주를 칭찬한다
C 坚持自己的立场 D 用通俗的语言	C 자신의 입장을 고수한다 D 알기 쉬운 말로 한다

해설 A와 D를 통해 '어떻게 해야 하는가'의 질문임을 알 수 있는데 B에 '业主(업주)'가 등장했으므로 업주를 대할 때의 행동을 묻는 것을 짐작할 수 있고, 마지막 업주와의 소통에 관한 질문에 대한 내답에서 '而要用他们听得懂的语言(그들이 알아듣는 말로 해야 하죠)'이라고 했으므로 정답은 D이다. '通俗易懂(통속적이어서 이해하기 쉽다)'은 자주 나오는 표현이므로 반드시 기억하자!

문제 5

关于男的, 可以知道什么?	남자에 관해, 무엇을 알 수 있는가?
A 精通多门外语	A 여러 외국어에 정통하다
B 崇尚完美主义	B 완벽주의를 숭상한다
C 关注传统建筑	C 전통적인 건축에 관심이 있다
D 是建筑学教授	D 건축학 교수이다

해설 A와 D를 통해 인물 정보를 묻는 문제임을 알 수 있다. 첫 번째 질문에 대한 대답을 하면서 '这个原则来自于我们对一些传统的建筑的关注(이 원칙은 우리의 일부 전통적인 건축물에 대한 관심에서 생긴 것입니다)'라고 했으므로 게스트는 전통적인 건축물에 관심을 가지고 있다는 것을 알 수 있다. 정답은 C이다.

문제 6-10

女: 各位好，今天的嘉宾是西藏自治区登山队男子分队队长次仁多吉，请他给我们讲述一下他攀登世界最高峰的心路历程。您好，9.C 二十多年里，您征服了世界上所有的八千米以上的高峰，被国际公认为攀登高峰次数最多、成功登顶次数最多的人，6.A 人们称您为"雪山雄鹰"和"横跨珠峰的第一人"，您怎样看待这些成绩？

男: 取得这样的成绩，首先是感谢我的父母，感谢父母给我那么壮的身体；再加上我周边的很多登山爱好者，也可以说我的朋友、同事们给我的帮助，如果一个人去完成登山那么大的任务是不可能的，没有他们的力量，我不会成功。

女: 您为什么当初会选择登山的活动，您觉得这样的运动魅力在什么地方？

男: 登山这个行业对西藏人来说是优势，对我来说是特别的优势，我的身体和各个方面的条件允许，所以我一直在参加登山这个活动，都三十多年了。7.D 这个活动最能给我战胜困难的勇气和信心，经历过死里逃生后，人们就能理解什么是生命了。

女: 您认为想成功登顶的话，需要具备哪些优秀的素质？

男: 登山没有一定的耐力，8.C 没有一定的吃苦耐劳、不怕死的精神，那成功的几率就很小。

女: 是的，在登山过程中，很多危险都是难以预测的，作为登山队的队长，您要比队员多做什么样的工作？

男: 作为登山分队长，承担的责任就更大。我作为一个登山队长，我后面还有一个领队。10.C 我们要从拉萨出发的时候，大概三四个月以前就要开始计划各种装备、各类技术装备，到上面拉绳子等等，那些都要先了解清楚再计划，计划比较细，再报体育局，这个经费要落实，好多细节要做。每次登山的时候要开好几次会，一直到挖岩、修路、准备绳子，都是我的责任。

여: 여러분 안녕하세요? 오늘의 게스트는 티벳자치구 등산팀 남자분대장 츠런뚜오지 씨 입니다. 그에게 세계에서 제일 높은 산을 등반하는 동안의 심리변화 과정을 물어보겠습니다. 안녕하세요? 9.C 20여 년 동안 당신은 세계의 모든 8천 미터 이상의 높은 봉우리들을 모두 올라 국제적으로 높은 산봉우리를 등반한 횟수가 가장 많으며, 성공적으로 등반한 횟수가 가장 많은 사람으로 공인되었고, 6.A 사람들은 당신을 '설산의 수컷 매', '에베레스트를 넘은 첫 번째 사람'이라 부르는데요. 이러한 성적들을 어떻게 보십니까?

남: 이러한 성적을 얻을 수 있었던 것은 우선 제 부모님께 감사 드리고, 부모님이 이렇게 건장한 신체를 주신 것에 감사 드립니다. 게다가 제 주변의 여러 등산애호가들, 또한 친구와 동료들이 저에게 준 도움을 말할 수 있겠네요. 만약에 혼자서 등산이라는 그렇게 큰 임무를 완성하는 것은 불가능한 것이라, 그들의 힘이 없었다면 저는 성공하지 못했을 것입니다.

여: 당신은 왜 당초 등산이라는 활동을 선택했나요? 이러한 운동의 매력은 어디에 있나요?

남: 등산이라는 업종은 티벳 사람에게는 아주 유리한데, 저에게는 특히 유리하죠. 제 몸과 각 방면의 조건이 다 부합되죠. 그래서 저는 줄곧 이 활동에 참가했고, 이미 30여 년이 되었네요. 7.D 이 활동은 나에게 어려움과 싸워 이기는 용기와 자신감을 가장 줄 수 있었고, 죽음에서 살아 돌아온 후에, 사람들이 무엇이 목숨인지 이해할 수 있게 되었죠.

여: 당신은 성공적으로 산의 정상에 오르고 싶다면 어떤 우수한 자질들을 갖추어야 한다고 생각합니까?

남: 등산은 일정한 인내력이 없고, 8.C 일정한 고생을 견디고, 죽음을 두려워하지 않는 정신이 없다면, 그러면 성공의 확률이 적습니다.

여: 그렇군요. 등산과정 중에, 많은 위험은 예측하기 어려운데, 등산팀의 대장으로서 당신은 대원들보다 어떤 일을 더 하나요?

남: 등산팀 분대장으로서 맡은 책임은 더 큽니다. 나는 등산팀 대장으로서, 내 뒤에는 또 한 명의 팀장이 있죠. 10.C 우리는 라싸를 출발하기 약 3,4개월 이전에 바로 각종 장비, 각종 기술장비를 계획하고, 올라가서 로프를 잡아당겨 보는 일 등등을 시작하죠. 그런 것들을 모두 먼저 확실히 이해하고 다시 계획을 하는데, 계획은 비교적 세세합니다. 그리고 다시 스포츠 국에 접수하고, 경비를 확정해야 하며 많은 디테일 한 일들을 해야 하죠. 매번 등산할 때 여러 번 회의를 해야 하고, (확보물을 위한) 암벽을 뚫고, 길을 내고, 로프를 준비하는 것까지 모두 제 책임이죠.

문제 6

男的被人们称为什么?	남자는 사람들에게 무엇이라고 불리는가?
A 雪山雄鹰　　　B 草原雄鹰 C 雪山勇士　　　D 高原舞者	A 설산의 수컷 매　　B 초원의 수컷 매 C 설산의 용사　　　D 고원의 춤꾼

해설　독해 제2부분의 보기에 곤충이나 동물의 이름이 등장하면 관련 분야 인사가 아니고서는 별칭인 경우가 많으므로 보기를 통해 별칭임을 짐작할 수 있고, 진행자가 처음에 게스트를 소개하면서 '人们称您为 "雪山雄鹰"(사람들은 당신을 '설산의 수컷 매'라고 부른다)'이라고 했으므로 정답은 A이다.

문제 7

男的认为登山的魅力是什么?	남자는 등산의 매력이 무엇이라고 여기는가?
A 增强体质 B 欣赏自然美景 C 丰富人生阅历 D 理解生命的意义	A 체질을 강하게 하는 것 B 자연의 아름다운 풍경을 감상하는 것 C 인생의 경험을 풍부하게 하는 것 D 생명의 의미를 이해하는 것

해설　보기를 통해 어떤 것에 대한 좋은 점 등에 관한 문제임을 알 수 있고, 게스트가 등산가이므로 '등산의 좋은 점' 정도를 짐작해볼 수 있다. 그런데 두 번째 질문이 등산의 매력을 묻는 것이고, 게스트가 '这个活动最能给我战胜困难的勇气和信心，经历过死里逃生后，人们就能理解什么是生命了(이 활동은 나에게 어려움과 싸워 이기는 용기와 자신감을 가장 줄 수 있었고, 죽음에서 살아 돌아온 후에, 사람들이 무엇이 목숨인지 이해할 수 있게 되었죠)'라고 했으므로 등산을 하면서 생명의 의미를 이해하게 되었고, 이것을 매력으로 느꼈다는 것을 알 수 있다. 정답은 D이다.

문제 8

男的认为登山最需要具备什么素质?	남자는 등산을 하려면 어떤 자질이 가장 필요하다고 여기는가?
A 懂得反省 B 情感丰富 C 不怕死的精神 D 良好的沟通能力	A 반성할 줄 아는 것 B 감정이 풍부한 것 C 죽음을 두려워하지 않는 정신 D 좋은 소통 능력

해설　보기를 통해 게스트가 가지고 있는 능력 정도를 짐작할 수 있는데, 세 번째 질문이 성공적인 등산을 위해 갖춰야 하는 자질을 물었으므로 이 부분을 집중해서 들으면, '没有一定的吃苦耐劳、不怕死的精神，那成功的几率就很小(일정한 고생을 견디고, 죽음을 두려워하지 않는 정신이 없다면, 그러면 성공이 확률이 적습니다)'라고 했으므로 성공의 확률을 높이려면 즉, 필요한 자질은 '고생을 견디고, 죽음을 두려워하지 않는 정신'임을 일 수 있다. 정답은 C이다.

문제 9

关于男的，下列哪项正确?	남자에 관해, 아래 어느 항이 정확한가?
A 是摄影爱好者 B 小时候身体不好 C 是专业登山运动员 D 正在组建新的登山队	A 촬영 애호가이다 B 어렸을 때 건강이 안 좋았다 C 전문 등산가이다 D 새로운 등산팀을 만들고 있다

해설　보기를 통해 인물 정보를 묻는 문제임을 짐작할 수 있고, 직접적으로 언급하고 있지는 않지만, 30년 동안 등산이라는 활동에 참여했고, 등산 팀의 대장이라고 했으므로 '전문 등산가'라고 할 수 있다. D의 '登山队(등산팀)'라는 말은 마지막 대답에서 언급되지만 팀을 새로 만든다는 내용은 없고, 자신의 등산팀을 위해 주로 더 하는 일을 설명했을 뿐이므로 D는 정답이 될 수 없다. 정답은 C이다.

문제 10

登山需要提前多长时间准备?		등산은 얼마 전에 미리 준비해야 하는가?	
A 20多天	B 三四周	A 20여 일	B 3,4주
C 三四个月	D 一年	C 3,4개월	D 1년

해설 시간에 관한 설명은 20년 동안 게스트가 등산 분야에서 남긴 업적과 게스트가 30년 동안 등산이라는 활동에 참여했다는 것을 설명할 때, 그리고 등산 출발 3,4개월 전에 준비하는 것들을 설명하는 부분에서만 등장을 했는데, 보기에는 '20년', '30년'이 없으므로 C가 정답이라는 것을 미리 짐작할 수 있고, 실제 문제도 등산은 얼마 전에 미리 준비해야 하는지 물었으므로 정답은 C이다.

독해 제2부분 실전 PT 정답 ▶p.304

1. A   2. B   3. A   4. A   5. D   6. A
7. D   8. B

문제 1

研究指出, 一_____ 优质的早餐可以让人思维敏捷, _____ 灵活, 从而提高学习和工作 _____, 所以早餐一定要吃好。

연구에서, 한 끼의 양질의 아침식사는 사람의 사고가 민첩하고, 반응을 빠르게 할 수 있어 학습과 일의 효율을 높일 수 있기 때문에 반드시 아침을 잘 먹어야 한다고 밝혔다.

A 顿	反应	效率		A 끼	반응	효율
B 番	反馈	效益		B 번	피드백하다	효과와 이익
C 吨	反思	成效		C 톤	반성	성과
D 阵	反映	频率		D 차례	반영하다	빈도율

해설 첫 번째 빈칸 – 밑줄 앞에 숫자 '一'가 있고, 뒤에는 '优质的早餐(양질의 아침식사)'이 있으므로 식사를 세는 양사를 찾는 문제임을 알 수 있다. A '顿'은 끼니를 세는 양사, B '番'은 풍경을 세는 양사로 '一番风景'으로 쓰이고, C '吨'은 무게 단위 '톤(ton)'을 가리키며 D '阵'은 '바탕, 차례'를 나타내는 양사로 '一阵雨(짧게 한 차례 내린 비)'로 잘 쓰이므로 A가 가장 적합함을 알 수 있다.
두 번째 빈칸 – 밑줄 뒤의 '灵活(민첩하다)'와 호응할 수 있는 어휘를 찾아야 하는데, '灵活'는 민첩함을 나타낼 때에는 주로 인체 부위의 반응 즉, '反应'과 잘 쓰이므로 A는 적합하다. B '反馈'는 '피드백하다'의 뜻으로 쓰이고 이 경우 빠르다는 '灵活'가 아니라 '反馈很快(피드백이 빠르다)'라고 하므로 적합하지 않다. C '反思(반성)'는 빠르고 늦음을 나타내는 것이 아니기 때문에 적합하지 않고, 주로 무엇에 대한 반성인지를 나타낼 때 쓰므로 '对自己的反思(자신에 대한 반성)' 등으로 잘 쓰인다. D '反映(반영)'은 '时代的反映(시대적 반영)'으로 잘 쓰인다.
세 번째 빈칸 – 앞의 동사가 '提高(향상시키다)'이므로 밑줄이 명사 자리이고, 동사와 조합되면서 '学习和工作(공부와 일)'의 수식을 받을 수 있는 명사여야 한다. 모든 보기가 '提高'와 쓰일 수 있지만 공부와 일과 결합하여 아침 먹는 것의 장점을 설명할 수 있는 어휘는 A의 '效率(효율)'가 가장 적합하다. B '效益'는 '효과와 이익'으로 '经济效益(경제효과와 이익)', C '成效'는 '효과, 보람'이란 의미로 '努力的成效(노력의 보람)'로 잘 쓰인다. '频率'는 '빈도율'을 나타내며, '发生频率(발생 빈도율)'로 잘 조합되어 쓰인다. 정답은 A이다.

문제 2

温泉是从地下自然涌出的泉水, 其水温高于当地年 _____ 气温5℃以上。形成温泉一般要 _____ 地底有热源、岩层中有让泉水涌出的裂隙、地层中有泉水 _____ 的空间这三个条件。

온천은 지하에서 자연적으로 솟아오르는 샘물이고, 그 물의 온도는 현지 연평균 기온보다 5℃이상 높다. 온천을 만드는 데는 일반적으로 땅 밑바닥에 열 에너지가 있고, 암층 속에 샘물이 솟아오르게 하는 균열이 있어야 하고, 지층 속에 샘물이 저장되는 공간이 있어야 하는 이 세 가지 조건을 갖추어야 한다.

A	均匀	包含	配备	A	고르다	포함하다	배치하다
B	**平均**	**具备**	**储存**	B	**평균**	**갖추다**	**저장하다**
C	平行	建立	储蓄	C	평행	세우다	저축하다
D	平衡	占有	储备	D	균형	점유하다	비축하다

해설 **첫 번째 빈칸** – 밑줄 앞에 '현지 년(연)'까지 서술되었고, 뒤에는 '기온'과 구체적이 온도가 있으므로 '연평균 기온'이 가장 자연스럽다는 것은 쉽게 알 수 있기 때문에 B가 적합하다. A '均匀'은 '고르다, 균일하다'라는 뜻으로 '分布均匀(분포가 고르다)'으로 잘 쓰이고, C '平行(평행, 동시의)'은 '平行发展(동시에 발전하다)'으로, D '平衡(균형/균형을 갖춤)'은 '保持平衡(균형을 유지하다)'과 '平衡器官(균형 시스템)'으로 잘 쓰인다.

두 번째 빈칸 – 앞의 조동사 '要(~해야 한다)'와 함께 '这三个条件(이 세가지 조건)'을 목적어로 취할 수 있는 동사가 와야 함을 알 수 있다. A '包含'은 포함되는 대상과 함께 잘 쓰이고, 주로 '运费(운송비)', '餐费(식사비)' 등의 가격과 조합을 이루고, B '具备'는 '조건이나 자격'으로 갖추어야 하는 것과 쓰이므로 '具备素质(자질을 갖추다)', '具备资格(자격을 갖추다)' 등으로 잘 쓰인다. C '建立'는 '세우다'라는 뜻으로 건축물 등과 함께 쓰는 것으로 오해하는 경우가 많은데, 실제로는 '수립하다, 형성하다'의 뜻으로 쓰여 '建立关系(관계를 형성하다)', '建立功勋(공을 세우다)' 등으로 잘 조합된다. D '占有'는 '占有地位(지위를 점유하다)'로 잘 쓰이므로 가장 적합한 것은 B임을 알 수 있다.

세 번째 빈칸 – 앞에는 '샘물', 뒤에는 '공간'이 있으므로 샘물을 '어떻게 하는' 공간인지가 관련이다. A '配备(배치하다, 장만하다)'는 사물을 갖추어 배치하는 것을 의미하고 주로 '配备设备(설비를 장만하다)'로 쓰인다. B '储存(저장하다)'은 물건을 모아 두거나 저장함을 의미하지만, 동사의 역할 보다는 '储存时间(저장시간)', '储存空间(저장공간)' 등으로 명사의 역할로 잘 쓰인다. C '储蓄(저축하다)'는 돈을 은행에 모으는 것을 의미하고 '奖励储蓄(저축을 장려한다)'로 잘 쓰인다. D '储备(비축하다)'는 '미리 준비하여 모아둠'을 의미하고 '储备粮食(식량을 비축하다)'로 잘 쓰인다. '샘물을 저장하는 공간'이라고 해야 하므로 B가 가장 적합하다. 정답은 B이다.

문제 3

人的耳朵有一种"掩蔽"_____，它能自动_____环境中的噪音，而把那些我们感兴趣的声音凸显出来。因此，即使我们站在人声_____的人群中，也能听见别人对我们讲的话。

사람의 귀는 일종의 '은폐' 기능을 가지고 있고, 그것은 자동적으로 환경 속의 소음을 없애고, 우리가 흥미를 가지는 그 소리들을 부각시킨다. 이 때문에, 설령 우리가 사람 소리가 시끌벅적한 무리 속에 서있어도, 다른 사람이 우리에게 하는 말을 들을 수 있다.

A	**功能**	**清除**	**嘈杂**	A	**기능**	**깨끗이 없애다**	**시끌벅적하다**
B	性质	排除	拥挤	B	성질	배제하다	붐비다
C	功效	清理	繁忙	C	효능	깨끗이 정리하다	바쁘다
D	性能	解除	混乱	D	성능	제거하다	혼란하다

해설 **첫 번째 빈칸** – 밑줄은 사람의 귀가 가지고 있는 '무엇'이 들어가야 하는데 A '功能(기능)'은 하는 구실이나 작용함을 의미하며 주로 '인체기관'과 조합을 잘 이루므로 A는 적합함을 알 수 있다. B '性质(성질)'는 사물이 가지고 있는 고유의 특성을 나타내지만 인체기관과는 함께 쓰이지 않고, 주로 어떤 성질을 가지고 있는지를 설명하는 데 쓰인다. 예를 들면, '油具有不与水相融的性质(기름은 물과 섞이지 않는 성질을 가지고 있다)'로 쓰인다. C '功效(효능)'는 효능을 나타내는 능력으로 주로 '약초'나 '약' 또는 그러한 효능을 가지고 있는 음식에 잘 쓰이는데 예를 들면, '人参的功效(인삼의 효능)'로 쓴다. D '性能(성능)' 역시 성질이나 능력을 나타내지만 '机器的性能(기계의 성능)'처럼 '기계'에 쓰이므로 구별하기가 쉽다.

두 번째 빈칸 – A '清除(깨끗이 전부 없애다)'는 추상적이든 구체적이든 그 대상을 '깨끗이 없애다'에 초점을 맞춰야 한다. B '排除(배제하다)'는 '받아들이지 않고 제외하다'라는 뜻으로 '排除可能性(가능성을 배제하다)'으로 잘 쓰인다. C '清理(깨끗이 정리, 처리하다)'는 정리나 처리에 초점을 맞추어 '清理书房(서재를 깨끗하게 정리하다)'과 같이 공간을 정리하거나, '清理债务(채무를 말끔히 처리하다)'와 같이 '문제가 되는 것을 처리 혹은 처리한다'로 잘 쓰인다. D '解除'는 제한이나 계약 등을 '해제, 파기하다'라는 뜻으로 '解除限制(제한을 풀다)', '解除合同(계약을 파기하다)'으로 잘 쓰인다. 귀가 자동적으로 주위의 '噪音(소음)'을 없앨 수 있다는 내용이 되어야 하므로 A 清除가 가장 적합함을 알 수 있다.

세 번째 빈칸 – 밑줄 앞의 '人声(사람소리)'이 힌트다. A '嘈杂(시끌벅적하다)'는 '사람들이 시끄럽게 떠든다'는 뜻, B '拥挤(붐비다)'는 '한정된 공간에 사람이나 자동차 따위가 들끓다'라는 뜻, C '繁忙(바쁘다)'은 '일이 많고 어수선하여 매우 바쁘다'라는 뜻, D '混乱(혼란하다)'은 '생각이 어지럽거나 질서가 문란하다'는 뜻이므로 소리를 나타내는 A가 적합함을 알 수 있다. 정답은 A이다.

문제 4

在古代，人们常用菊花来配制食品，如菊花羹、菊花糕。菊花还可制成枕头，其清新的 _____ 能够明目，降血压。菊花的品种繁多，_____ 变化多样，非常迷人。菊花还有内在美，人们常 _____ 菊花以某种象征意义，如坚韧、勇敢等美好的 _____。	옛날에, 사람들은 국화를 식품, 예를 들면 국화 국, 국화 떡 등을 만드는 데도 썼다. 국화는 베개를 만드는 데도 쓸 수 있는데, 그 신선하고 맑은 냄새는 눈을 맑게 하고, 혈압을 낮출 수 있다. 국화는 품종이 많고 다양하며, 형태 변화가 다양해서 매우 매력적이다. 국화는 내적 아름다움을 가지고 있어, 사람들은 자주 국화에 어떤 상징적인 의미, 예를 들면 강인하고 용감하다는 등의 아름다운 인품을 부여했다.
A 气味　形态　赋予　品质 B 口味　形状　给予　品行 C 风味　状态　授予　品德 D 气色　情形　赐予　实质	A 냄새　형태　부여하다　인품 B 입맛　형상　주다　품행 C 풍미　상태　수여하다　인품 D 안색　정황　하사하다　실질적이다

해설　**첫 번째 빈칸** – A '气味'는 '냄새', B '口味'는 '입맛' 또는 '취향', C '风味'는 풍미나 지역 특색의 맛, D '气色'는 '안색'을 나타내는데, 밑줄을 포함한 내용이 국화로 만든 베개는 그 신선한 '무엇'이 눈을 맑게 하고, 혈압을 낮춘다고 했으므로 '냄새'가 가장 적합하다는 것을 알 수 있다.

두 번째 빈칸 – 앞의 국화를 설명하는 어휘로 밑줄 뒤의 '변화'와 함께 쓰여 '다양하다'라 할 수 있는 어휘를 찾아야 하는데 A '形态(형태)'는 사물의 생김새나 모양을 나타내고, B '形状(형상)'과는 근의어로 비슷하게 쓰여 '국화의 형태, 형상 변화가 다양하다'는 말에 쓰기 적합하다. C '状态(상태)'는 사물이나 현상이 놓여 있는 모양 혹은 형편을 나타내고, 주로 '精神状态(정신상태)', '固体状态(고체상태)' 등으로 쓰여, 사물에 직접적으로 쓰이지 않기 때문에 '국화의 상태변화가 다양하다'에 적합하지 않다. D '情形(정황)'은 사건이나 일의 사정과 상황을 나타내므로 소재가 국화, 즉 식물인 이 글과는 어울리지 않는다.

세 번째 빈칸 – A '赋予(부여하다)'는 주로 '赋予意义(의미를 부여하다)'로 쓰인다. B '给予(주다)'는 '得到(얻다)'의 반의어로 쓰이고 주로 '给予同情(동정해 주다)', '给予支持(지지해 주다)'로 쓰인다. C '授予(수여하다)'는 '授予奖励(상을 수여하다)'이 가장 잘 쓰이는 조합이다. D '赐予(하사하다)'는 '윗사람이 아랫사람에게 물건을 준다'는 의미이다. 밑줄을 포함한 내용이 국화가 내재된 아름다움이 있기 때문에 사람들이 국화에 어떤 의미를 '준다'는 의미이므로 A의 '赋予(부여하다)'가 가장 적합하다는 것을 알 수 있다.

네 번째 빈칸 – A '品质(인품, 퀄리티)'는 주로 사람의 품성이나 자질을 나타내고, 또한 사람들이 필요로 하는 기준을 만족시키는 의미로서의 퀄리티를 나타낸다. 예를 들면 '最近写作品质下降(최근 글쓰기의 퀄리티가 떨어진다)'이라고 잘 쓰인다. B '品行(품행)'은 몸가짐과 행실을 나타낸다. C '品德(인품)'은 '品质(인품)'와 근의어로 사람의 품성만 나타낼 수 있다. 밑줄 앞의 내용을 보면 국화에게 부여한 무엇이 '강인하고, 용감하다' 등의 의미를 설명하고 있는데, '강인하고 용감하다'는 사람의 자질이나 도덕적 소양을 묘사하는 어휘이므로 '品质'나 '品德'가 어울린다는 것을 알 수 있다. 정답은 A이다.

문제 5

国子监是隋朝以后的中央官学，为中国古代教育 _____ 中的最高学府。由于首都北 _____，明朝在北京、南京 _____ 设有国子监。国子监接纳全国各族学生，还接待外国学生，为促进中外文化的交流 _____ 了积极的作用。	국자감은 수 왕조 이후의 중앙관학이고, 중국고대 교육 체계 중의 최고학부이다. 수도가 북쪽으로 이전되었기 때문에, 명 왕조 때에는 베이징과 난징에 각각 국자감이 세워졌다. 국자감은 전국 각 민족의 학생들을 받았고, 또한 외국학생들도 받아, 중외문화 교류를 위해 적극적인 작용을 발휘했다.
A 系列　移　各自　发扬 B 系统　跨　单独　发动 C 团体　挪　必定　发布 D 体系　迁　分别　发挥	A 계열　이동하다　각자　드높이다 B 계통　넘다　단독으로　시동 걸다 C 단체　옮기다　반드시　선포하다 D 체계　이전하다　각각　발휘하다

해설　**첫 번째 빈칸** – A '系列(계열, 시리즈)'는 관련이 있어 한 갈래로 이어지는 계통이나 조직을 나타내고, B '系统(계통, 시스템)'은 일정한 체계에 따라 서로 관련되어 있는 부분들의 통일적 조직을 나타낸다. C '团体(단체)'는 같은 목적을 달성하기 위해서 모임 사람들의 조직이나 여러 사람이 모여서 이루어진 집단을 의미하며, D '体系(체계, 시스템)'는 일정한 원리에 따라서 낱낱의 부분이 조직되어 통일된 전체를 의미한다. 밑줄 앞의 어휘 '教育(교육)'와 조합을 이루는 어휘를 찾는다면 A, B, C, D가 모두 가능함을 알 수 있다.

두 번째 빈칸 – A '移(이동하다)'는 '移动(이동하다)', '移民(이민 가다)' 등으로 자주 쓰이는 동사이고, B '跨(넘다)'는 시공간을 건너뛰거나 뛰어넘는 것을 설명하는데 주로 '跨界(크로스오버: 두 가지 이상의 분야에 걸친 것)' 혹은 '跨峰(산을 넘다)'으로 쓰인다. C '挪(옮기다)'는 주로 사물의 위치를 옮기는 것을 의미하며, D '迁(이전하다)'은 철새나 수도가 옮겨 가는 것을 나타내어 '迁都(수도를 옮기다)', '候鸟迁徙(철새가 이전하다)'로 가장 많이 쓰인다. 밑줄 앞에 '首都(수도)'와 방향을 가리키는 '北(북쪽)'가 있으므로 '迁(이전하다)'이 가장 적합하다.

세 번째 빈칸 – A '各自'는 '각각', '따로따로'라는 의미이고, B '单独(단독으로)'는 둘이 아닌 '혼자서', '하나만이'라는 의미이다. C '必定'은 '반드시'라는 부사이고, D '分别'는 '각각'과 '분별하다, 헤어지다'라는 뜻이 있지만 주로 '각각'으로 쓰인다는 것을 알아두자. 밑줄을 포함한 내용은 명 왕조에 국자감은 베이징과 난징에 '따로따로' 설치되었음을 말하고 있으므로 D가 가장 적합하다. A는 주로 사람이 따로따로 무엇인가 할 때 쓰인다는 것을 알아두자.

네 번째 빈칸 – A '发扬(드높이다)'은 '널리 알려 발전시키다'라는 의미로, '发扬精神(정신을 드높이다)', '发扬传统(전통을 드높이다)'으로 자주 쓰인다. B '发动(시동 걸다)'은 주로 기계에 전원을 넣는다는 의미로 쓰이므로 기계에 관한 소재인지를 확인해야 한다. C '发布(선포하다)'는 '명령이나 성명을 정식적으로 널리 알린다'는 의미이고 주로 '发布命令(명령을 선포하다)'으로 쓰이며, D '发挥(발휘하다)'는 반드시 '作用'과 결합하여 '发挥作用(작용을 발휘하다)'으로 쓰이는 빈출 어휘임을 알아두자. 밑줄과 호응하는 마지막 명사가 '作用(작용)'이므로 D가 적합하다는 것을 알 수 있다. 정답은 D이다.

문제 6

人们一直认为，女性要获得 _____ 的成功，就应当"表现得像个男人"。然而研究 _____，表现得刚毅而自信的"强势型"女性，_____ 比"温柔型"女性获得升职的机会少。虽然这些性格特征在男性身上广为推崇，但表现在女性身上，则会 _____ "缺乏可爱"。

사람들은 줄곧 여성들이 일의 성공을 얻으려면, '남자처럼 행동'해야 한다고 여겼다. 그런데 연구에서는 다음과 같이 밝혔다. (남자처럼) 강인하고 자신 있게 행동하는 '강한 스타일'의 여성은 통상적으로 '온화하고 부드러운' 여성보다 승진의 기회가 적었다. 이런 성격적인 특징은 남성에게 있다면 널리 추종 받지만, 여성에게서 표현된다면 '귀여움이 부족한 것'처럼 보이게 된다.

A	事业	表明	通常	显得	A	일	표명하다	통상적으로	~처럼 보이다
B	事项	证明	平常	展现	B	사항	증명하다	평상시	펼쳐지다
C	事务	指示	时常	展示	C	사무	지시하다	늘	보여주다
D	行业	显示	照常	流露	D	업종	드러내 보이다	평소대로	(무심코) 드러나다

해설

첫 번째 빈칸 – A '事业(사업, 일)'는 HSK 숙성어휘로 목석과 계획을 가지고 지속적으로 경영하는 일을 의미하고, '家庭(가정)'과 대비되는 어휘로서 우리가 일반적으로 경제활동을 하는 모든 일을 총칭하기도 한다. B '事项(사항)'은 '建议事项(건의사항)'으로 자주 쓰인다. C '事务(사무)'는 자신이 맡은 직책과 관련된 일을 처리하는 것을 의미하는데, '事务繁杂(사무가 번잡하다)'로 자주 쓰인다. D '行业(업종)'는 직업이나 영업의 종류를 나타내고, 주로 동사 '从事(종사하다)'와 함께 쓰여 어떤 업종에 종사하는지를 설명한다. 밑줄을 포함한 내용이 '어떤 것'의 성공이므로 이 어떤 것은 총체적이고 일반적인 '일'을 설명하는 것이므로, A가 가장 적합함을 알 수 있다.

두 번째 빈칸 – A '表明(표명하다)'은 '입장이나 태도를 분명히 밝히다'라는 뜻이지만 주로 '研究表明(연구가 밝혔다)'으로 쓰여 연구를 통해 어떤 내용이 밝혀졌는지를 설명한다. B '证明(증명하다)'은 증거를 들어 밝힌다는 뜻이고, C '指示(지시하다)'는 '윗사람이 아랫사람에게 지도하거나 명령하는 것'을 의미하고, 또 '분명하게 가르쳐주는 것'도 의미하는데, 예를 들면 '指示方向(방향을 가리키다)'으로 주로 쓰인다. D '显示(뚜렷하게 나타내 보이다)'는 '显示天赋(타고난 자질을 드러내 보이다)'로 주로 쓰인다. 밑줄 앞에 '研究'가 있으므로 A가 가장 적합함을 알 수 있다.

세 번째 빈칸 – 밑줄을 포함한 내용이 '강한 여성이 부드러운 여성보다 승진의 기회가 적다'라는 결과를 예사롭게 설명하고 있으므로 A '通常(통상적으로)', B '平常(평상시에)', C '时常(늘)', D '照常(평소대로)' 중에 A '通常'이 가장 적합하다는 것을 알 수 있다.

네 번째 빈칸 – A '显得(~처럼 보이다)'는 주로 '显得 + 형용사구/동사구'의 형태로 쓰는데, 예를 들면 '显得很年轻(젊어 보이다)'로 쓴다. B '展现'은 '(눈앞에) 펼쳐지다'는 뜻으로 주로 '展现新世界(신세계가 펼쳐지다)'로 쓰인다. C '展示(보여주다)'는 주로 '自己(자기 자신)', '优点(장점)', '形象(이미지)' 등과 함께 쓰여 저러한 것들을 '뽐내고 보여준다'는 의미이다. D '流露(무심코 드러나다)'는 주로 사람이 가지고 있는 분위기나 표정, 태도가 은연중에 나타나는 것을 의미하는데, 예를 들면 '流露出自信的神态(자신 있는 표정이 드러났다)'로 쓴다. 밑줄을 포함한 내용을 보면, 강한 성격적인 특징이 남자에게 나타나면 추종을 받지만, 여성에게는 귀여움이 부족해 보인다는 내용이므로 '显得'가 가장 적합함을 알 수 있다. 정답은 A이다.

문제 7

制作一把 _____ 的小提琴，木料的选择可以说是关键。匠人在选择木料时，都非常 _____ 树木年轮的多少。在他们看来，每棵历经岁月洗礼的大树中都 _____ 着一个精灵，而这个精灵正是一把小提琴的 _____ 。				하나의 정교하고 아름다운 바이올린을 제작하는 데는 나무재료의 선택이 관건이라고 말할 수 있다. 장인들은 나무재료를 선택할 때, 모두 나무의 나이테의 많고 적음을 매우 중시한다. 그들이 보기에 세월의 시련을 겪은 큰 나무 속에는 하나의 정령이 깃들어 있는데, 이 정령은 바로 바이올린의 영혼인 것이다.		
A 精致	注视	葬	内涵	A 정교하다	주시하다	매장하다	내포된 의미
B 精确	在乎	扛	灵感	B 정확하다	신경 쓰다	들쳐 메다	영감
C 美观	注重	躲	起源	C 아름답다	중시하다	숨다	기원
D 精美	在意	藏	灵魂	D 정교하고 아름답다	신경 쓰다	깃들다	영혼

해설 **첫 번째 빈칸** – A '精致(정교하다)'는 주로 '만들어져 있는 물건이 정밀하고 교묘하다'의 의미로, '精致的工艺品(정교한 공예품)'처럼 쓰인다. B '精确(정확하다)'는 '계산이나 분석이 정확하다'는 뜻으로 '精确地分析(정확하게 분석하다)'로 쓰인다. C '美观'과 D '精美'는 둘 다 '외관'에 초점을 맞추어 '외관이 아름답다'는 의미로 쓰인다. 밑줄 뒤에 수식하고 있는 어휘가 '小提琴(바이올린)'이므로 바이올린을 수식할 수 있는 어휘는 A, C, D가 적합하다는 것을 알 수 있다.
두 번째 빈칸 – A '注视'는 '주시하다'라는 뜻으로 어떤 일이나 목표물에 주의를 집중하여 보는 것을 의미하고, B '在乎', C '注重', D '在意'는 모두 근의어로 '~에 신경 쓰다, 중시하다'라는 뜻으로 자주 쓰이고, 밑줄을 포함한 내용에서 장인들이 나무를 고를 때 나이테를 '어떻게 하는지'를 묻고 있으므로 B, C, D가 모두 적합함을 알 수 있다.
세 번째 빈칸 – A '葬(묻다)'은 주로 땅에 묻는 것을 의미하고, B '扛(어깨에 메다)'은 한쪽 어깨에 들쳐 메는 것을 나타낸다. C '躲(숨다, 피하다)'는 몸을 피하거나 피하여 숨는 것을 의미하며, D '藏(간직하다, 깃들어 있다)'은 '(사물을) 어떤 장소에 간직하거나 감추는 것'을 의미하는데, 이 중에 시련을 겪은 나무에 하나의 정령이 '어떻게 되어 있는지'를 묻는 문제이므로 D가 가장 적합함을 알 수 있다.
네 번째 빈칸 – 깃들어 있는 요정이 바로 이 바이올린의 '무엇'인지를 묻는 문제이므로 A '内涵(내포된 의미)', B '灵感(영감)', C '起源(기원)', D '灵魂(영혼)' 중에 가장 적합한 것은 '영혼'임을 알 수 있다. 정답은 D이다.

문제 8

登山前，人们优先考虑采购的 _____ 应该是登山鞋，选一双尺寸合适、穿着舒服的登山鞋 _____ 重要。此外，登山途中难免会遇到特别 _____ 的环境，所以，防水性也是选购时要考虑的重要 _____ 。				등산 전에, 사람들이 우선적으로 구매를 고려하는 장비는 등산화일 것이다. 한 켤레의 크기가 맞고, 신었을 때 편한 등산화를 고르는 것은 매우 중요하다. 이 외, 등산하는 중에는 습한 환경을 마주할 수 밖에 없게 되기 때문에 방수성 역시 선택 구매할 때 고려해야 하는 중요한 요소이다.		
A 材料	不免	残酷	形势	A 재료	면할 수 없다	잔혹하다	형세
B 装备	格外	潮湿	因素	B 장비	남달리	습하다	요소
C 设备	过于	湿润	方案	C 설비	과하게	촉촉하다	방안
D 器材	简直	严寒	范畴	D 기자재	그야말로	몹시 춥다	범주

해설 **첫 번째 빈칸** – A '材料(재료)'는 어떤 일을 하기 위해 필요한 서류 또는 물건을 만드는 데 들어가는 구체적인 것들을 의미하며, B '装备(장비)'는 어떤 일을 하는 데 필요한 기술적인 준비와 차림을 의미한다. C '设备(설비)'는 필요한 시설을 의미하며, D '器材(기자재)'는 기계, 기구, 자재 따위를 통틀어 이르는 말이다. 등산을 할 때 반드시 구매를 고려해야 하는 '무엇'을 찾아야 하는데, 등산하는 데 필요한 사물이니 B '装备(장비)'가 가장 적합함을 알 수 있다.
두 번째 빈칸 – A '不免(면할 수 없다)'은 주로 뒤에 보편적으로 일어날 수밖에 없는 일들이 이어지며, B '格外(남달리)'는 '유달리', '특별히'라는 의미로 보통의 경우와는 다른 경우에 주로 쓴다. C '过于(지나치게)'라는 뜻으로 주로 정도가 심하거나 일정한 한도를 넘어간 것에 쓰고, D '简直(그야말로)'는 과장의 어감을 살릴 때 주로 쓰는데 밑줄이 포함된 내용은 한 켤레의 크기가 맞고, 신었을 때 편한 등산화를 고르는 것은 '어떻게' 중요한지를 묻고 있으므로 내용적으로는 B와 D가 적합함을 알 수 있다.
세 번째 빈칸 – A '残酷(잔혹하다)'는 주로 '残酷的训练(잔혹한 훈련)', '残酷的生活(잔혹한 생활)'에 쓰이고, B '潮湿(습하다)'는 주로 '潮湿的空气(습한 공기)'에 쓰이고, C '湿润(촉촉하다)'은 주로 '眼眶湿润(눈가가 촉촉하다, 울다)'에 쓰이고, D '严寒(몹시 춥다)'은 '天气严寒(날씨가 몹시 춥다)'에 주로 쓰인다. 그런데 밑줄이 포함된 내용은 등산할 때에 '어떤' 환경을 마주할 수 있는데, 바로 이어지는 내용에서 '防水性(방수성)'에 관한 내용이 나오므로 물과 관련 있는 환경임을 알 수 있고, B와 D가 가장 적합함을 알 수 있다.

네 번째 빈칸 – A '形势(형세)'는 일의 돌아가는 판세를 나타내고, B '因素(요소)'는 요소 중에서도 원인으로 되는 요소를 의미한다. C '方案(방안)'은 일을 처리하거나 해결해 나갈 방법이나 계획을 의미하는데 주로 서면화한 것을 말하며, D '范畴(범주)'는 동일한 성질을 가진 부류나 범위를 의미한다. 등산 시에 습한 날씨에 처할 경우도 있기 때문에 등산화를 선택해서 구매할 때 방수성도 고려해야 하는 중요한 '무엇'인지를 찾는 것이 문제이므로 '因素(요소)'가 가장 적합하다는 것을 알 수 있다. 정답은 B이다.

쓰기 연습 PT 모범 요약

　　　　　　精诚所至，金石为开
　　　　西周时，有个叫熊渠子的人。他小时候个子不高，很瘦，常拿着弓箭玩儿。他有个志向：长大后，要成为一名"神箭手"。
　　　　熊渠子长大了，他开始练习射箭。但有一次，他用尽全力想把弓拉开，也没能拉满。有人说熊渠子一辈子也不能成为好的弓箭手。熊渠子却坚信只要足够努力，就没有做不成的事。后来，他每天用举大石锁的方式练习臂力，5年后，他变得很强壮。他又开始练眼力，经过刻苦的训练，他的眼力变得十分敏锐。他射箭是百发百中的。人们都夸他是个射箭能手。一天，他去拜访一位智者，智者说："你不能只靠技巧，要用心去射每一支箭！"熊渠子回去便开始琢磨应该怎么用心去射箭。
　　　　一天夜里，熊渠子独自在山路上行走，突然看见前面有一只老虎。他马上用箭射老虎，却没听到老虎的叫声。他走过去一看，才发现他射中的竟是一块儿大石头，而且箭插入了石头里！那位智者知道这件事后，说道："熊渠子因为他精神集中，拥有信念，箭才能射进石头里去。这真是精诚所至，金石为开呀！"
　　　　后来，人们用"精诚所至，金石为开"来

比	喻	一	个	人	只	要	专	心	致	志	去	做	一	件	事	,	什	么	难
题	都	能	解	决	。													

지성이면 감천이다

　서주 때, 웅거자라 불리는 사람이 있었다. 그는 어렸을 때 키가 작고 말랐는데, 항상 활과 화살을 가지고 놀았다. 그는 커서 한 명의 '명궁수'가 되겠다는 포부가 있었다.

　웅거자는 자랐고, 그는 활 쏘기를 연습하기 시작했다. 하지만, 한 번은 그가 온 힘을 다해 활시위를 당겼는데도 완전히 당길 수가 없었다. 어떤 이는 웅거자가 평생 좋은 궁수가 될 수 없을 것이라고 말했다. 웅거자는 오히려 충분히 노력만 하면 이루지 못할 일은 없을 것이라 굳게 믿었다. 후에, 그는 매일 큰 돌포환을 드는 방식으로 팔 힘을 단련시켰다. 5년 후에, 그는 건장하게 변했다. 그는 또 안력을 단련하기 시작했는데, 고생스러운 훈련 끝에, 그의 안력은 매우 예리해졌다. 그가 활을 쏘면 백발백중이었다. 사람들은 모두 그가 활 쏘기의 달인이라고 칭찬했다. 하루는 그가 한 명의 지자를 찾아뵀는데, 지자는 "당신은 기교에만 기대어서는 안 됩니다. 마음을 다해 매 화살을 쏘셔야 합니다!"라고 말했다. 웅거자는 돌아가자마자 어떻게 마음을 다해 활을 쏠 것인지를 고민했다.

　어느 날 밤에, 웅거자는 혼자 산길을 걸었고, 갑자기 앞에 한 마리의 호랑이가 있는 것을 보았다. 그는 바로 활을 써서 호랑이를 맞추었는데, 오히려 호랑이의 울부짖음을 듣지 못했다. 그가 가서 보고 나서야 그가 맞춘 것은 뜻밖에도 하나의 큰 바위였고, 게다가 화살이 바위 속에 박혔다는 것을 알게 되었다. 그 지자는 이 일을 안 후에 "그가 정신을 집중하고, 신념이 있어 화살이 돌 속에 박힌 것입니다. 이것이야말로 정성이 지극하면 금과 돌도 쪼개어진다(지성이면 감천이다)는 것입니다!"라고 말했다.

　후에, 사람들은 '정성이 지극하면, 금과 돌도 쪼개어진다(지성이면 감천이다)'로 한 사람이 정성을 다해 일을 하면 어떤 어려운 문제도 모두 해결할 수 있다는 것을 비유했다.

듣기 제3부분 실전 PT 정답 ▶p.319

1. C   2. A   3. B   4. B   5. D   6. B
7. A   8. B   9. A

문제 1-3

一次京剧大师 ^{1.C} 梅兰芳在演出时，因一时失神忘记了一句唱词，便在表演时多做了几个偷看的动作，大家都以为这是梅兰芳为强调人物的羞涩感而故意做的改动，^{2.A} 演出结束后，大家纷纷称赞梅兰芳改得好，结果梅兰芳却坦诚道："不是我改得好，是我把那句唱词忘了，我实在对不起各位，我要检讨自己。"梅兰芳的话令在场的人都愣住了。后来朋友问梅兰芳："你是不是小题大做了？"梅兰芳认真地回答："^{3.B} 对小失误的放纵，就是对自己人格的放纵，最终必酿成大祸。我们只有看清危险，警示未来，才能有长进。"

한 번은 경극대가인 ^{1.C} 메이란팡이 공연을 할 때, 순간 정신을 딴 데 파느라 노래가사를 잊어서, 연기할 때 훔쳐보는 동작을 몇 번 더 했다. 모두 이것이 메이란팡이 인물의 수줍음을 강조하기 위해 고의로 바꾼 것이라고 여겼다. ^{2.A} 공연이 끝난 후에 모두 메이란팡이 잘 바꿨다고 칭찬했다. 결국 메이란팡은 "내가 잘 바꾼 것이 아니라 가사를 잊었던 것이라서, 정말 관객분들께 죄송하게 생각하고 있습니다. 반성하겠습니다."라고 솔직하게 말했고, 메이란팡의 말은 장내의 사람들을 멍하게 만들었다. 후에 친구가 메이란팡에게 "자네, 작은 일을 굳이 크게 만든 거 아닌가?"라고 묻자, 메이란팡은 "^{3.B} 작은 실수에 대한 방임은 자신의 인격에 대한 방임이므로, 결국 화를 불러일으킨다네. 우리는 위험을 분명히 보고 미래를 경계해야만 발전할 수 있는 걸세."라고 진지하게 대답했다.

문제 1

梅兰芳表演时，发生了什么？	메이란팡이 연기할 때, 무엇이 발생했는가?
A 嗓子发炎了 B 用错道具了	A 목에 염증이 생겼다 B 소품을 잘못 썼다
C 忘词了 D 脚扭伤了	C 가사를 잊었다 D 발을 삐었다

해설   보기가 A '嗓子发炎了(염증이 생겼다)', B '用错道具了(소품을 잘못 샀다)', C '忘词了(가사를 잊었다)' 등이므로 등장하는 인물에 관한 문제임을 짐작할 수 있다. 녹음 앞부분에서 '梅兰芳在演出时，因一时失神忘记了一句唱词(메이란팡이 공연을 할 때, 순간 정신을 딴 데 파느라 노래가사를 잊어서)'라고 했으므로 C가 가장 가능성이 높다는 것을 알 수 있고, 문제가 '메이란팡이 공연할 때 무엇이 발생했는가'이므로 정답은 C이다.

문제 2

大家怎么看梅兰芳的这次表演？	모두 메이란팡의 이번 연기를 어떻게 보았는가?
A 称赞有加 B 发挥得不好	A 매우 칭찬했다 B 제대로 발휘하지 못했다
C 动作不到位 D 难以理解	C 동작이 맞지 않았다 D 이해하기 힘들었다

해설   보기를 보면 '称赞(칭찬했다)'도 있고, '难以理解(이해하기 힘들었다)'도 있으므로 어떤 사람이 한 행동에 대한 평가나 견해임을 짐작할 수 있고, '演出结束后，大家纷纷称赞梅兰芳改得好(공연이 끝난 후에 모두 잘 바꿨다고 메이란팡을 칭찬했다)'라고 했으므로 공연이 끝나고 모두의 반응은 칭찬을 한 것임을 알 수 있다. '모두가 메이란팡의 연기를 어떻게 보았는가'의 문제이므로 정답은 A이다.

Day 16   109

문제 3

这段话主要想告诉我们什么? A 要勇于接受批评 B 不能忽视小失误 C 要积极面对挑战 D 要敢于创新	이 글은 주로 우리에게 무엇을 말하고자 하는가? A 용감하게 비평을 받아들여야 한다 B 작은 실수를 경시해서는 안 된다 C 적극적으로 도전에 마주해야 한다 D 용감하게 창조해야 한다

해설 보기에 '要(~해야 한다)'가 등장한 것을 보고 이 글의 주제나 시사하는 바를 묻는 문제임을 알 수 있고, '메이란팡'이라는 유명인의 일화이므로 이 일화가 주는 교훈을 묻는 문제임을 알 수 있다. 주인공인 메이란팡이 '对小失误的放纵,就是对自己人格的放纵,最终必酿成大祸(작은 실수에 대한 방임은 자신 인격에 대한 방임이므로, 결국 화를 불러일으킨다네)'라고 했으므로 정답은 B 不能忽视小失误(작은 실수를 경시해서는 안 된다)임을 알 수 있다.

문제 4-6

家长教育孩子时应该循循善诱，充分地说明道理。6.B 跟孩子讲道理时不仅要有耐心，还应结合孩子的心理特征，选择恰当的方法和技巧。 　　首先，所讲的道理要合理，4.B 不能苛求孩子。如果大人的要求过分苛刻，孩子是办不到的。比如有的父母要求孩子一点儿零食都不能碰，对孩子大讲吃零食的坏处，这样的"理"，孩子是不会听从的。 　　另外，4.D/5.D 跟孩子说理时，孩子可能会为自己的言行辩解，这时大人应给孩子申辩的机会。家长应该明白，申辩并非强词夺理，而是让孩子把事情讲清楚，这样才能使孩子更加理解你所讲的道理，使教育收到良好的效果。	가장은 자녀를 교육할 때 차근차근 일깨워줘야 하고, 도리를 충분하게 설명해야 한다. 6.B 아이들을 훈계할 때는 인내심을 가져야 할 뿐만 아니라, 또한 아이의 심리 특징에 맞춰 적당한 방법과 기교를 선택해야 한다. 　　먼저, 훈계는 적당해야 하고, 4.B 아이에게 엄격하게 요구해서는 안 된다. 만약에 어른의 요구가 지나치게 엄격하면, 아이들은 해낼 수 없을 것이다. 예를 들면 어떤 부모가 아이에게 약간의 간식도 접해서는 안 된다고 요구하면서 아이들에게 간식의 나쁜 점을 계속 설명한다면, 이런 '도리'는 아이들이 따르지 못할 것이다. 　　그 밖에, 4.D/5.D 아이들을 훈계할 때, 아이들은 아마 자신의 말과 행동에 변명을 할 것이다. 이때, 어른은 아이들에게 변명할 기회를 주어야 한다. 가장은 변명을 하는 것이 억지를 부리는 것이 아니라, 아이가 일을 제대로 말할 수 있게 해주는 것임을 분명히 알아야 한다. 이렇게 해야만 아이들이 당신이 말한 도리를 더 잘 이해하게 하고, 교육이 좋은 효과를 얻게 만들 수 있다.

문제 4

举吃零食的例子是为了说明什么? A 饮食要合理 B 不能苛求孩子 C 父母要以身作则 D 教育孩子要有耐心	간식을 먹는 것에 대한 예는 무엇을 설명하기 위함인가? A 음식을 먹는 것은 적당해야 한다 B 아이에게 엄격해서는 안 된다 C 부모는 솔선수범해야 한다 D 아이가 인내심을 가지도록 교육해야 한다

해설 보기를 보면 '孩子(아이)'와 '父母(부모)'가 언급되었으므로 아이와 관련된 내용임을 짐작할 수 있고, '跟孩子讲道理时不仅要有耐心，还应结合孩子的心理特征，选择恰当的方法和技巧(아이들을 훈계할 때는 인내심을 가져야 하고, 또한 아이의 심리특징에 맞춰 적당한 방법과 기교를 선택해야 한다)' 부분에서 D가 정답일 것이라고 짐작할 수 있고, '不能苛求孩子。如果大人的要求过分苛刻，孩子是办不到的(아이에게 엄격하게 요구해서는 안 된다. 만약에 어른의 요구가 지나치게 엄격하면, 아이들은 해낼 수 없을 것이다)'에서 B의 내용도 언급되었으므로 B 역시 정답이 될 수 있다고 볼 수 있는데, 이렇게 두 개의 보기가 다 언급된 경우에는 반드시 문제의 질문을 확인하여 문제에 해당하는 보기를 골라야 한다. 질문은 '간식을 먹는 것에 대한 예가 무엇을 설명하기 위함인가?'이므로 '比如有的父母要求孩子一点儿零食都不能碰(예를 들면 어떤 부모가 아이에게 약간의 간식도 접해서는 안 된다고 요구한다)'의 앞에 나온 내용과 일치하는 B가 정답임을 알 수 있다.

110 해설 PART 2

문제 5

孩子为自己的言行申辩时，父母应该怎么办?
A 制止他
B 转移话题
C 让孩子自我反省
D 给孩子辩解的机会

아이가 자신의 말과 행동에 변명을 할 때, 부모는 어떻게 해야 하는가?
A 못하게 막아야 한다
B 화제를 바꾸어야 한다
C 아이가 자기반성을 하게 해야 한다
D 아이에게 변명할 기회를 주어야 한다

해설 보기 중에 C '让孩子自我反省(아이가 자기반성을 하게 해야 한다)'이나 D '给孩子辩解的机会(아이에게 변명할 기회를 주어야 한다)'를 보고 부모가 아이에게 어떻게 해야 하는지를 묻는 문제임을 짐작할 수 있다. 녹음 뒷부분에서 '跟孩子说理时，孩子可能会为自己的言行辩解，这时大人应给孩子申辩的机会(아이들을 훈계할 때, 아이들은 아마 자신의 말과 행동에 변명을 할 것이다. 이때, 어른은 아이들에게 변명할 기회를 주어야 한다)'라고 했으므로 정답은 D이다.

문제 6

这段话主要谈的是什么?
A 怎样培养自信
B 如何跟孩子讲道理
C 为什么要制订家规
D 学会跟家长说 "不"

이 글을 주로 무엇을 말하는가?
A 어떻게 자신감을 키워줄 것인가
B 어떻게 아이들을 훈계할 것인가
C 왜 집안의 규칙을 만들어야 하는가
D 가장에게 "아니오"라고 말할 줄 알아야 한다

해설 보기의 '怎样(어떻게)', '如何(어떻게)', '为什么(왜)'를 통해 이 글이 말하고자 하는 바나 제목을 묻는 문제임을 알 수 있고, 전체적으로 무슨 질문에 초점이 맞추어 졌는지 집중해야 한다. 이미 앞문제를 통해 아이에게 엄격해서는 안 되고, 아이가 변명할 기회를 주어야 한다고 했으므로 B가 제일 가까운 정답임을 알 수 있고, 녹음 앞부분 '跟孩子讲道理时不仅要有耐心，还应结合孩子的心理特征，选择恰当的方法和技巧(아이들을 훈계할 때는 인내심을 가져야 하고, 또한 아이의 심리특징에 맞추어 적당한 방법과 기교를 선택해야 한다)'에서 전제조건이 '아이들을 훈계할 때'라고 했으므로 B의 '如何跟孩子讲道理(어떻게 아이들을 훈계할 것인가)'가 정답임을 알 수 있다.

문제 7-9

　　有个评论型电视节目的制作人向一位心理学家请教，怎样才能把节目办得更受欢迎。7.A 那位制作人指出，节目中找来的辩论者都非常优秀，可惜现场气氛不够热烈，辩论难以达到高潮。8.B 心理学家听后，建议他改变每位辩论者的坐向，由以往的并排而坐改成两人相对而坐。自从制作人采用了这个建议后，几乎每期节目都能掀起热烈的讨论，没过多久，这个节目就变得非常有名。
　　心理学家表示，相对而坐往往会使人产生一种强烈的压迫感、不自由感，这是由正面直视的视觉感受所造成的，这种因坐向而产生的心理现象被称为坐向效应。9.A 我们平时与人争辩时总是不知不觉地采取正面相对的姿势，这也属于坐向效应。

　　어떤 토론식 TV프로그램 제작자가 심리학자에게 어떻게 해야 프로그램은 더욱 사랑받게 할 수 있는지 자문을 구했다. 7.A 그 제작자는 프로그램에 모신 패널들은 모두 우수한데 아쉽게도 현장 분위기는 그렇게 뜨겁지 않고, 토론이 고조되기가 어렵다고 설명했다. 8.B 심리학자는 들은 후에 그가 모든 패널들의 좌석방향을 이전의 나란히 앉던 것을 두 사람이 서로 마주하고 앉게 바꾸라고 건의했다. 제작자가 이 건의를 따른 후부터는 거의 매회의 프로그램이 모두 열렬한 토론을 만들어 냈고, 얼마 지나지 않아 이 프로그램은 매우 유명해졌다.
　　심리학자는 서로 마주보고 앉으면 사람이 일종의 강한 압박감을 가지게 하고, 자유롭지 못한 느낌이 들게 만드는데, 이것은 마주보는 시각이 만들어내는 것이고, 이러한 좌석방향 때문에 생기는 심리현상은 좌석방향효과라고 불린다. 9.A 우리는 평소에 다른 사람과 논쟁할 때 늘 자기도 모르게 마주보는 자세를 취하게 되는데 이것 역시 좌석방향효과에 속하는 것이다.

문제 7

节目遇到了什么问题?	프로그램은 어떤 문제가 생겼는가?
A 气氛不够热烈	A 분위기가 뜨겁지 않았다
B 内容不够新颖	B 내용이 참신하지 않았다
C 主持人不幽默	C 진행자가 재미있지 않았다
D 辩论者不出色	D 패널들이 뛰어나지 않았다

해설 보기 C의 '主持人(진행자)'과 D의 '辩论者(패널)'를 보고 토론회와 관련된 문제임을 짐작할 수 있고, '那位制作人指出，节目中找来的辩论者都非常优秀，可惜现场气氛不够热烈(프로그램에 모신 패널들은 모두 우수한데 아쉽게도 현장 분위기는 그렇게 뜨겁지 않다)'에서 A가 정답임을 알 수 있다.

문제 8

心理学家建议怎么做?	심리학자는 어떻게 하는 것을 건의했는가?
A 与心理学家互动	A 심리학자와 교류하라고
B 改变坐向	B 좌석방향을 바꾸라고
C 换辩论者	C 패널을 바꾸라고
D 调亮舞台灯光	D 무대의 조명을 밝게 조정하라고

해설 보기 B의 '改变坐向(자리방향을 바꾸다)', C의 '换辩论者(패널을 바꾸다)', D의 '调亮舞台灯光(무대의 조명을 밝게 조정하다)'을 통해 취해야 하는 조치 등을 묻는 문제임을 짐작할 수 있고, '心理学家听后，建议他改变每位辩论者的坐向，由以往的并排而坐改成两人相对而坐(심리학자는 들은 후에 그가 모든 패널들의 좌석방향을 이전의 나란히 앉던 것을 두 사람이 서로 마주보고 앉게 바꾸라고 건의했다)'에서 정답이 B임을 유추할 수 있다. 문제 역시 심리학자의 건의를 묻는 것이므로 정답은 B이다.

문제 9

下列哪项属于坐向效应?	아래 어느 항이 좌석방향효과에 속하는가?
A 面对面争辩	A 얼굴을 마주하고 논쟁하는 것
B 缺席会议	B 회의에 빠지는 것
C 排队购票	C 줄을 서서 표를 사는 것
D 电话谈判	D 전화로 협상하는 것

해설 마지막 부분에서 '我们平时与人争辩时总是不知不觉地采取正面相对的姿势，这也属于坐向效应(우리는 평소에 다른 사람과 논쟁할 때 늘 자기도 모르게 마주보는 자세를 취하게 되는데 이것 역시 좌석방향효과에 속하는 것이다)'이라고 했고, 문제 역시 좌석방향효과에 관한 문제이므로 정답은 A임을 알 수 있다.

독해 제3부분 실전 PT 정답 ▶p.325

| 1. D | 2. B | 3. C | 4. A | 5. E | 6. E | 7. C |
| 8. D | 9. A | 10. B | | | | |

문제 1-5

毛公鼎是西周宣王时期铸造的一件青铜器物，(1) <u>D 因铸器人为毛公而得名</u>，于1843年在陕西省岐山县被人发现，被誉为晚清"四大国宝"之一。毛公鼎高53.8厘米，重34.7公斤，整体造型浑厚而凝重，纹饰简洁有力、风格古雅朴素。

出土时，毛公鼎几乎完好无损，而且更难能可贵的是，鼎的腹部铸有32行，(2) <u>B 共500字的金文铭文</u>，字数是全世界现已出土的铸铭青铜器中最多的。在当时，人们不仅依据青铜器的质量和年代来判断价格，铭文的字数也是一项重要标准。字数越多，其价格也越昂贵。因此，(3) <u>C 毛公鼎自然成了稀世瑰宝</u>。

毛公鼎上的铭文是西周晚期一篇完整的册命书，用词华丽、内容深奥，对人们了解西周历史很有帮助，极具考古研究价值。此外，(4) <u>A 它在中国古文字学与书法艺术领域</u>，也有着举足轻重的地位。500字的金文纵横有序、结构均匀，长方形的字体，单一看来圆润细腻，整体看来却又雄劲有力，(5) <u>E 它们标志着西周金文已发展到了十分成熟的阶段</u>。仅就其书法艺术方面的成就而言，毛公鼎铭文也可谓名震古今的杰作了。

A 它在中国古文字学与书法艺术领域
B 共500字的金文铭文
C 毛公鼎自然成了稀世瑰宝
D 因铸器人为毛公而得名
E 它们标志着西周金文已发展到了十分成熟的阶段

모공정은 서주시대 현왕시기에 주조한 청동기이고, (1) D 주조한 사람이 모공이어서 이름을 얻었다. 1843년에 산시성 기산현에서 발견되어, 청대 말엽 '4대 국보' 중의 하나로 불렸다. 모공정은 높이가 53.8cm, 무게가 34.7kg이고, 전체적인 조형은 온화하고 두터우며 묵직하다. 무늬와 도안은 깔끔하고 힘이 있으며 스타일은 예스럽고 우아하고 소박하다.

출토되었을 때, 모공정은 거의 손상 하나 없이 완벽했고, 게다가 대견한 것은 정의 복부에는 32행, (2) B 총 500자의 금문(으로 쓰인) 명문이 새겨져 있었는데, 글자 수는 세계 현재 이미 출토된 명문이 새겨진 청동기 중에 가장 많다. 당시에, 사람들은 청동기의 질과 연대를 근거로 가격을 판단했고, 명문의 글자수 역시 하나의 중요한 기준이었다. 글자수가 많을수록 그 가격 또한 비싸졌다. 이 때문에, (3) C 모공정은 자연스럽게 세상에 보기 드문 진귀한 보물이 되었다.

모공정 위의 명문은 서주말기의 한 편의 완벽한 책명서였고, 어휘는 화려하고 내용은 심오해서, 사람들이 서주역사를 이해하는 데 도움이 되어, 높은 고고학 연구가치를 가지고 있다. 이외에, (4) A 그것은 중국 고문자학과 서예예술 영역에서도 영향력이 큰 지위를 가지고 있다. 500자의 금문은 종횡이 질서 있고 구성이 고르며, 장방형의 글자체는 하나하나 보면 반들반들 매끄럽게 섬세하고, 전체적으로 보면 오히려 강하고 힘이 있는데 (5) E 그것들은 서주금문이 이미 성숙한 단계까지 발전했음을 보여주고 있다. 그것의 서예예술 방면의 성과만으로도 모공정 금문 역시 고금을 막론하고 이름을 떨치는 걸작이라고 할 수 있다.

A 그것은 중국 고문자학과 서예예술 영역에서
B 총 500자의 금문(으로 쓰인) 명문
C 모공정은 자연스럽게 세상에서 보기 드문 진귀한 보물이 되었다
D 주조한 사람이 모공이어서 이름을 얻었다
E 그것들은 서주금문이 이미 성숙한 단계까지 발전했음을 보여주고 있다

보기check

A – '在……领域(~의 영역에서)'는 전치사구이고, 앞에 '它(그것)'라는 주어가 있으므로 이어지는 내용은 술어로 시작해야 한다. 또한 앞에서 언급한 그것이 중국 고문자학과 서예예술 영역에서 어떤 역할을 했는지, 어떤 영향을 주었는지 또는 어떤 지위에 있었는지 등이 언급되어야 한다.

B – '총 500자의 금문(으로 쓰인) 명문'이라는 명사구이므로 단독 주어로 쓰였거나, 목적어로 쓰였음을 짐작할 수 있고, 금문으로 쓰인 명문에 관한 설명이 앞이나 뒤에 이어져야 한다.

C – 모공정이 자연스럽게 세상에서 보기 드문 진귀한 보물이 된 원인이나 이유가 앞에 나와야 한다.

D – 모공정의 이름의 유래로, 보통 이름의 유래는 전체적인 대상에 대한 특징을 설명할 때 같이 언급하므로 모공정에 대한 묘사나 설명이 있는 부분에 이어지는 내용임을 짐작할 수 있다.

E – 서주금문이 성숙한 단계까지 발전했음을 보여주는 내용이 앞에 언급되어야 한다.

해설

1. 앞에는 모공정이 어떤 기물인지를 언급했고, 이어지는 내용은 발견된 시점과 별칭을 언급했으므로 모공정에 대한 전체적인 정보를 설명하고 있음을 알 수 있고, D가 가장 어울린다는 것을 알 수 있다. 주조한 사람이 모공이어서 이름을 얻은 것은 모공정이므로 주어로 모공정이 와야 하는데 이 역시 들어맞으므로 정답은 D이다.

2. 밑줄 앞에서 모공정 복부에 있는 32행을 언급했는데, 행은 글자들이 모여 있는 줄을 가리키고, 뒤에서는 글자수에 대한 언급이 있으므로 B가 적합함을 알 수 있다. 보기 파악에서 B는 술어가 필요했는데, 밑줄 앞에 '有'가 있으므로 정답은 B이다.
3. 밑줄 앞에 '因此(이 때문에)'라는 결과를 나타내는 어휘가 있으므로 그 앞의 원인으로 인해 나온 결과가 들어가야 함을 알 수 있다. 앞의 내용은 글자수가 많을수록 가격 역시 비싸진다고 했으므로 이로 인해 모공정이 귀한 물건임을 결과로 설명할 수 있다. 정답은 C이다.
4. 밑줄 앞에서는 '此外(이외에)'라고 해서 또 다른 내용을 설명함을 알 수 있고, 밑줄 뒤에는 영향력이 큰 지위도 가지고 있다고 했으므로 무엇이 어떤 방면에서 영향력이 큰 지위를 가지고 있는지 설명해야 한다. 정답은 A이다.
5. 밑줄 앞에서는 500자의 금문의 형태와 추상적인 묘사가 언급되었고, 밑줄 뒤에는 서예예술 방면의 성과만으로도 걸작이라고 했으므로 500자의 금문 형태와 글자체가 서주금문의 무엇을 설명하는지 이어지는 것이 적합하고, 이것으로 E가 가장 적합하다는 것을 알 수 있다. 정답은 E이다.

문제 6-10

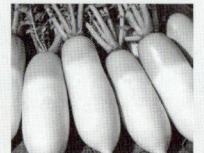

一天，大臣纪晓岚和刘墉陪乾隆皇帝在御花园散步。纪晓岚问刘墉："你们山东的萝卜有多大？"刘墉一听，喜形于色，(6) **E 兴致勃勃地比划着自己家乡远近闻名的大萝卜**。纪晓岚却不以为然地说："你们山东的萝卜再大，也不可能比我们直隶的大。"刘墉听后很不服气，因为谁都知道山东的萝卜畅销各地，是出了名的大。(7) **C 两人为此争论不休**。乾隆皇帝听了觉得很好笑，说："这有什么，你们两个明日各自准备好最大的萝卜，带上朝来让大家评一评。"

第二天，刘墉带着一个大萝卜上朝，大臣们看到那么大的萝卜，(8) **D 个个赞叹不已**。乾隆问纪晓岚："你的大萝卜在哪儿？"纪晓岚从袖口内掏出一个又瘦又小的萝卜。大臣们看了不禁议论纷纷，(9) **A 不知他葫芦里卖的是什么药**。乾隆也有些纳闷儿，对纪晓岚说："你这是开的什么玩笑？"只见纪晓岚不慌不忙，用非常诚恳的语气说："回皇上，我让人找遍了直隶全省，才找到这个最大的萝卜。直隶的土壤较为贫瘠，再加上近半年来天灾不断，农作物普遍收成不佳，百姓无法缴纳太多的粮食。请皇上明鉴。"

乾隆这才明白，(10) **B 纪晓岚是在借机反映直隶省经济困难**。于是，他想了片刻，说："直隶穷就少纳粮，山东富就多纳些粮吧！"

A 不知他葫芦里卖的是什么药
B 纪晓岚是在借机反映直隶省经济困难
C 两人为此争论不休
D 个个赞叹不已
E 兴致勃勃地比划着自己家乡远近闻名的大萝卜

하루는 대신 기효람과 유용이 건륭황제를 모시고 어화원에서 산책을 하고 있었다. 기효람이 유용에게 물었다. "자네 산둥의 무는 얼마나 큰가?" 유용이 듣고 희색이 만면하여 (6) E 신이 나서 자신 고향의 안팎으로 유명한 큰 무를 손짓으로 묘사해 주었다. 기효람은 오히려 수긍하지 않으며 말했다. "자네 산둥의 무가 아무리 커도 우리 즈리의 것만큼은 크지 못할 걸세." 유용은 듣고 나서 굴복할 수 없었다. 왜냐하면 산둥의 무가 각지에 팔려나가고 명성이 자자한 것은 누구나 알고 있기 때문이었다. (7) C 두 사람은 이 때문에 논쟁이 끊이지 않았다. 건륭황제는 듣더니 재미있다고 생각하며 말했다. "이게 뭐 대수인가, 자네들 두 사람 내일 각자 가장 큰 무를 준비해서 조정에 내놓아 모두에게 평가해달라고 하게나."

이튿날 유용은 큰 무 하나를 조정에 가져왔고, 대신들은 그렇게나 큰 무를 보고 (8) D 모두 감탄해 마지 않았다. 건륭은 기효람에게 물었다. "자네 무는 어디에 있는가?" 기효람은 소매에서 하나의 마르고 작은 무를 꺼내었다. 대신들은 보고 나서 (9) A 그가 무슨 속셈인지 알지 못해 의견이 분분했다. 건륭 역시 좀 궁금함에 답답하여 기효람에게 물었다. "자네 이게 무슨 장난인가?" 기효람은 당황하지도 서두르지도 않아 보였고, 매우 간절한 말투로 말했다. "황제께 아뢰옵니다. 저는 즈리 전체를 찾아다녀 겨우 이 가장 큰 무를 찾아내었습니다. 즈리의 토양이 척박하고 게다가 근 반년 동안 재해가 끊이지 않아, 농작물 수확도 좋지 않습니다. 백성들은 너무 많은 세금을 낼 방법조차 없습니다. 부디 황제께서 고명한 판단을 해주시길 청합니다."

건륭은 그제서야 (10) B 기효람이 이 기회를 빌어 즈리 성의 경제가 어렵다는 것을 반영하고 있다는 것을 알게 되었다. 그리하여 그는 잠시 생각하더니 말했다. "즈리는 궁핍하니 세금을 덜 내고, 산둥은 부유하니 세금을 더 내도록 하여라."

A 그가 무슨 속셈인지 알지 못했다
B 기효람은 이 기회를 빌어 즈리성의 경제가 어렵다는 것을 반영하고 있다
C 두 사람은 이 때문에 논쟁이 끊이지 않았다
D 모두가 감탄해 마지 않았다
E 신이 나서 자신 고향의 안팎으로 유명한 큰 무를 손짓으로 묘사하였다

보기check
A – '葫芦里卖的是什么药(무슨 속셈이지)'를 알면 쉽지만, 몰라도 앞에 전체 술어인 '不知(모른다)'에 초점을 맞춰 모를 만한 내용이 이어지는 밑줄에는 A가 떠올라야 한다.
B – 기효람이 조리성의 경제가 어려움을 반영한 내용이 앞에서 설명되어야 한다.
C – 두 사람의 논쟁이 끊이지 않았다고 했으므로 앞에는 '두 사람'과 '어떤 논쟁'인지가 설명되어야 한다.
D – '个个(= 每个)'는 앞에서 언급한 모든 사람을 설명하므로 주어는 많은 사람임을 알 수 있고, 감탄할 만한 내용이나 대상이 언급되어야 한다.
E – 신이 나서 자신의 고향의 무를 손짓으로 묘사하려면 누군가가 무에 대해 묻는 내용이 앞에서 언급되어야만 한다.

해설
6. 밑줄 앞에서 기효람이 유용에게 유용의 고향(산동)에 있는 무의 크기를 물었고, 유용은 희색이 만면했다는 내용이 있으므로 기쁜 마음으로 무에 대한 설명이나 크기가 얼마나 되는지를 설명하는 내용이 이어져야 한다. 또한 신나서 묘사하는 사람(주어) 역시 유용이 되어야 하므로 정답은 E이다.
7. 밑줄 뒤에서 건륭황제가 '这有什么，你们两个明日各自准备好最大的萝卜(이게 뭐 대수인가, 자네들 두 사람 각자 내일 가장 큰 무를 준비하게나)'라고 했으므로 앞에는 두 사람이 무에 대해 어떤 논쟁을 벌이고 있었다는 것을 알 수 있으므로 정답은 C이다.
8. 유용이 큰 무를 조정에 내놓자 대신들이 그 큰 무를 보고 취한 행동이 밑줄에 설명되어야 하므로, 큰 무를 보고 모두 감탄했다는 내용이 가장 적합함을 알 수 있다. 정답은 D이다.
9. 밑줄 앞에는 대신들이 의견이 분분했다는 내용이 언급되고, 뒤에는 건륭 또한 답답했다는 내용이 언급되므로 9번에는 사람들이 이해가 가지 않거나 알 수 없다는 내용이 나와야 하므로 '不知(모른다)'가 있는 A가 적합함을 알 수 있다.
10. 밑줄 앞에서 건륭이 그제서야 알았다고 설명했고, 뒤에는 그 결과로 조리성에 세금을 적게 납부하게 한 내용이 언급되므로 건륭이 알게 된 내용이 기효람이 이 기회를 빌어 조리의 경제가 어렵다는 것을 반영했다는 것을 알 수 있다. 정답은 B이다.

쓰기 연습 PT 모범 요약 ▶p.329

一诺千金

　　秦朝末年楚国有一个叫季布的人，他很乐于助人，只要他答应过的事，就会办到。所以他很受大家的尊敬。
　　秦朝灭亡后，刘邦和项羽展开大战。季布是项羽的部下，他多次使刘邦军队陷入困境。因此，当刘邦打赢了战争，建立了汉朝，成为皇帝后，他下令捉拿季布：举报季布行踪，赏黄金千斤。季布平时非常讲信用，帮助过很多人，所以许多人不但不上报他的行踪，还冒着生命危险保护他。
　　后来，季布藏到了一个叫朱家的人家里。朱家很欣赏季布，所以帮他去找刘邦亲信滕公，让滕公为季布求情。其实，滕公也认为季布是一个不可多得的人才，就答应了。他去对刘邦说："因为季布有责任心，所以尽力为项羽打仗。

您	现	在	这	么	到	处	捉	拿	他	。	假	如	他	因	为	害	怕	,	再
去	别	国	效	力	,	更	麻	烦	。	您	还	不	如	就	给	他	一	个	官
职	,	让	他	为	您	做	事	,	为	汉	朝	做	出	贡	献	。	这	样	的
话	,	百	姓	也	会	赞	扬	您	爱	惜	人	才	,	愿	意	归	顺	您	的。"
		刘	邦	听	后	,	接	受	了	他	的	建	议	,	并	派	人	把	季
布	召	进	宫	,	任	命	他	为	郎	中	。	后	来	,	季	布	果	然	对
刘	邦	十	分	感	激	,	而	且	竭	尽	所	能	为	汉	朝	做	出	了	很
大	的	贡	献	。															

일낙천금

진 왕조 말년에 초나라에는 계포라는 사람이 있었다. 그는 남을 잘 도왔고, 약속했던 일이라면 모두 행동으로 옮겼다. 그래서 그는 모두의 존경을 받았다.

진나라가 멸망한 후에, 유방과 항우는 큰 전쟁을 전개했는데, 계포는 항우의 부하로, 그는 여러 번 유방의 군대가 곤경에 빠지게 하였다. 이 때문에 유방이 전쟁에서 이기고 한 왕조를 세워 황제가 된 후에, 그는 계포의 행방을 신고하는 자에게 황금 2kg을 상으로 걸고 계포를 잡아들이라고 명령을 내렸다. 계포는 평소에 신용을 중시해 많은 사람을 도왔기 때문에 많은 사람들은 그의 행방을 신고하지 않았을 뿐만 아니라 위험을 무릅쓰고 그를 보호했다.

후에, 계포는 주가라는 사람 집에 숨었다. 주가는 계포를 매우 좋아했기 때문에 그는 유방의 측근인 등공을 찾아가 등공이 계포를 위해 인정에 호소해 줄 것을 부탁했다. 사실, 등공 역시 계포를 얻기 힘든 인재라 여겼기에 바로 응낙하였다. 그는 유방에게 "계포는 책임감이 있기 때문에 최선을 다해 항우를 위해 싸울 것입니다. 지금처럼 그를 도처에서 잡아들이려고 해서, 만약에 그가 두려워 다시 다른 나라로 가서 큰 공을 세운다면 더욱 귀찮아집니다. 폐하께서 그에게 관직을 주시고 폐하를 위해 일을 하게 하여, 한 왕조를 위해 공을 세우게 하는 것이 낫습니다. 이렇게 한다면 백성들도 폐하가 인재를 소중히 여긴 것을 찬양하며 폐하를 따르려 할 것입니다."라고 말했다.

유방은 듣고 난 후 그의 의견을 받아들였고, 사람을 보내어 계포를 불러들여 그를 낭중에 임명했다. 후에 계포는 과연 유방에게 감격해 최선을 다해 한 왕조를 위해 큰 공을 세웠다.

독해 제4부분 실전 PT 정답 ▶p.340

1. B	2. B	3. A	4. D	5. C	6. D	7. B
8. A	9. A	10. B	11. C	12. C	13. C	14. A
15. B	16. B	17. A	18. C	19. C	20. D	

문제 1-4

3.A 别涅迪克是法国一位化学博士。有一次，他在做实验时，准备将一种溶液倒入烧瓶，可一不小心，烧瓶"哐当"一声掉在了地上。1.B "又得费时间打扫玻璃碎片了！"他懊恼地想。谁知，烧瓶竟然没有碎。以前也常有烧瓶掉在地上，但无一例外全都摔成了碎片。这只烧瓶看上去和其他烧瓶没什么不同，为什么仅有几道裂痕而没有破碎呢？别涅迪克一时找不到答案，于是给这只烧瓶贴上标签，注明问题，然后保存了起来。

没过多久，别涅迪克偶然看到报纸上的一篇报道，说有两辆客车相撞，车上的许多乘客都被挡风玻璃的碎片划伤了。他一下子联想到了那只裂而不碎的烧瓶，于是连忙跑到实验室，找出那只烧瓶仔细观察起来，2.B 这才发现烧瓶的瓶壁上有一层薄薄的透明膜。别涅迪克用刀片小心地刮下一片进行化验，结果发现，这只烧瓶曾盛过一种叫硝酸纤维素的化学溶液，那层薄薄的膜就是这种溶液蒸发后残留下来的。残留物遇空气后发生了反应，从而牢牢地粘贴在瓶壁上，2.B 对烧瓶起到了保护作用。

别涅迪克想：如果将这种溶液用于汽车玻璃的制造中，以后再发生类似的交通事故，乘客的生命安全岂不是更有保障？4.D 因为这个发现，别涅迪克荣登20世纪法国科学界突出贡献奖的榜首。

3.A 베네딕투스는 프랑스의 화학 박사이다. 한 번은 그가 실험을 할 때, 한 종류의 용액을 플라스크에 붓는데 조심하지 않아서 플라스크가 '쾅당' 소리를 내며 땅에 떨어졌다. 1.B "또 유리파편을 치우느라 시간을 허비해야 하는 군!" 그는 언짢게 생각했다. 누가 알았겠는가? 플라스크는 뜻밖에 깨지지 않았다. 예전에도 플라스크는 자주 땅 바닥에 떨어졌지만, 한 번도 예외 없이 전부 산산조각이 났다. 이 플라스크는 보기에는 다른 플라스크와 다를 것이 없는데 왜 겨우 몇 줄의 균열만 가고 깨지지는 않은 거지? 베네딕투스는 순간 답을 찾지 못하여 이 플라스크에 '문제를 반드시 밝힐 것이라고 라벨만 붙인 다음 보관했다.

얼마 지나지 않아 베네딕투스는 우연히 신문 상에서 보도를 한 편 보았는데, 손님을 실은 두 대의 차량이 서로 부딪쳐서 차 안의 많은 승객들이 모두 차량보호유리의 파편에 베였다는 것이다. 그는 순간 그 균열은 있지만 깨지지 않은 플라스크가 떠올랐다. 그리하여 얼른 실험실로 달려가 그 플라스크를 찾아내어 자세히 관찰했고, 2.B 그제서야 플라스크의 벽면에 한 층의 두꺼운 투명막이 있다는 것을 발견하였다. 베네딕투스는 칼로 조심스레 긁어내어 화학실험을 진행하였다. 결과에서 발견한 것은, 이 플라스크는 일종의 니트로셀룰로오스라 불리는 화학 용액이 담겨 있었는데, 그 얇은 막은 이런 용액이 증발한 후의 잔여물인 것이었고, 잔여물이 공기를 만난 후에 반응이 발생하면서 단단하게 플라스크 벽면에 붙어 2.B 플라스크를 보호하는 작용을 일으킨다는 것이다.

베네딕투스는 '만약에 이런 용액을 자동차 유리의 제조에 쓴다면, 이후에 다시 유사한 교통사고가 발생해도 승객들의 생명안전이 어찌 더욱 보장되지 않겠는가?'라고 생각했다. 4.D 이 발견 덕분에 베네딕투스는 영예롭게 20세기 프랑스 과학계에 뛰어난 공헌을 세운 공로상 명단에 맨 처음 등재되었다.

문제 1

别涅迪克为什么感到懊恼？
A 倒错了溶液
B 要花时间打扫碎玻璃
C 实验结果与假设不符
D 没有多余的烧瓶

베네딕투스는 왜 언짢게 생각했는가?
A 용액을 잘못 부어서
B 유리파편을 치우는 데 시간을 써야 해서
C 실험결과가 가설과 맞지 않아서
D 여분의 플라스크가 없어서

해설 베네딕투스가 왜 언짢게 생각했는지를 묻는 문제이므로 이는 언짢게 생각했다는 내용이 언급된 부분을 찾아가면 '"又得费时间打扫玻璃碎片了！"他懊恼地想("또 유리파편을 치우느라 시간을 허비해야 하는 군." 그는 언짢게 생각했다)'이라고 했으므로 유리 파편을 치우는 데 시간을 써야 해서라는 것을 알 수 있다. 정답은 B이다.

문제 2

根据第2段, 那只烧瓶：	2단락을 근거로 하면, 그 플라스크는?
A 遇到空气会变色　B 瓶壁上有保护膜	A 공기와 만나 색이 변한다　B 유리벽면에 보호막이 있다
C 材质十分罕见　　　D 比其他烧瓶薄	C 재질이 매우 보기 드물다　D 다른 플라스크보다 얇다

해설　2단락에서 힌트를 찾아야 하는 문제이고 플라스크에 관한 문제인데, 보기를 먼저 매칭시키면 핵심어휘는 '空气会变色(공기에 변색된다)', '有保护膜(보호막이 있다)', '罕见(드물다)', '薄(얇다)'인 것을 알 수 있고, 이를 힌트로 2단락을 찾아가면 '这才发现烧瓶的瓶壁上有一层薄薄的透明膜(그제서야 플라스크의 벽면에 한 층의 두꺼운 투명막이 있다는 것을 발견하였다)'라고 하였는데 여기에서는 얇은 막이 있다고만 언급했으므로 아직 정답을 찾기에는 부족하다. 하지만 2단락의 마지막 부분에 '对烧瓶起到了保护作用(플라스크를 보호하는 작용을 일으킨다)'이라고 했으므로 플라스크에 얇은 막이 있는데 이것은 보호막이라는 것을 알 수 있다. 정답은 B이다.

문제 3

关于别涅迪克, 可以知道什么？	베네딕투스에 관해 무엇을 알 수 있는가?
A 是一位博士	A 한 명의 박사이다
B 遇事不够冷静	B 문제가 생기면 냉정하지 못하다
C 被挡风玻璃划伤了	C 바람막이 유리에 베였다
D 获得了物理学奖	D 물리학상을 받았다

해설　베네딕투스에 관해 알 수 있는 것을 찾는 인물정보에 관한 문제이고, 보기를 먼저 매칭시키면 핵심어휘는 '博士(박사)', '不够冷静(냉정하지 못하다)', '被划伤(베였다)', '物理学奖(물리학상)'인 것을 알 수 있고, 이 핵심어휘가 언급이 되었다면 정답일 가능성이 높다. 시작 부분에 '别涅迪克是法国一位化学博士(베네딕투스는 프랑스의 화학 박사이다)'라고 했으므로 정답은 A이다.

문제 4

最适合做上文标题的是：	윗글에 가장 적합한 제목은?
A 如何减少交通事故	A 어떻게 교통사고를 줄일 것인가
B 硝酸纤维素的发现	B 니트로셀룰로오스의 발견
C 小标签大作用	C 작은 라벨의 큰 작용
D 藏在烧瓶中的机遇	D 플라스크 속에 숨겨진 기회

해설　글에 어울리는 제목을 찾는 문제이다. 전체적으로 플라스크와 관련된 베네딕투스의 일화에 관한 설명이고, 마지막 부분을 보면 '因为这个发现, 别涅迪克荣登20世纪法国科学界突出贡献奖的榜首(이 발견 덕분에 베네딕투스는 영예롭게 20세기 프랑스 과학계에 뛰어난 공헌을 세운 공로상 명단에 맨 처음 등재되었다)'라고 했으므로 플라스크를 통해 중요한 발견을 했음을 알 수 있고, 이런 내용과 가장 가까운 보기는 D임을 알 수 있다.

문제 5-8

在鸟类王国中，有很多出类拔萃的"音乐家"。云雀的歌声优美、嘹亮，黄鹂的歌声流畅、圆润，富有韵律，深受人们的喜爱。

然而，很多人都不知道，鸟类是没有声带的。8.A 那么它们又是怎样"唱歌"的呢？通过观察我们发现，鸟的喉部有一根较长的气管，往下分为两支，分别通入左右肺内。而两个支

조류의 왕국에는 많은 출중한 '음악가'들이 있다. 종달새의 소리는 아름답고 맑고 깨끗하며, 꾀꼬리의 소리는 유창하고 풍부하고 달콤하며 리듬도 풍부하게 가지고 있어 사람들의 많은 사랑을 받는다.

그런데, 많은 사람들이 조류는 성대를 가지고 있지 않다는 것을 모른다. 8.A 그러면 그들은 어떻게 '노래를 부르는' 것일까? 관찰을 통해 발견한 것은, 새의 목구멍에는 하나의 비교적 긴 기관이 있는데, 아래로 두 줄기로 나뉘어져 각각 좌우 폐의 안으로 통한다. 그런데, 이 두 줄기의 기관이 갈라지기 시작하는 부분이 바로 조류만이 가지고 있는 발성기관인 명관이

气管开始分叉的地方就是鸟类特有的发声器官——鸣管。鸣管内有声膜，歌声就是由肺里吹出的气流振动声膜而产生的。不过，5.C 鸟类的鸣管发达程度各不相同，有的比较完整，有的就非常简单。所以，鸟类的歌声也不尽相同。这也是为什么云雀、黄鹂等鸟类歌声优美，而有些鸟类却很少发声的原因。

6.D 那么小鸟们究竟在"唱"些什么呢？毫无疑问，它们并不是为取悦人类而"歌唱"的，而是在向同类传递讯息。例如，大多数雄鸟会用歌声向异性发出"请到我这里来"的邀请；还有一些鸟会通过歌声提示同伴"你正在遭遇危险"；或是告诫其他鸟"这是我的领土，切勿入内"等等。

为了深入研究鸟类的语言，最近，有些鸟类学家专门编了一本《鸟语辞典》，里面记录了多种鸟的语言所传达的信息。只要查一查这本辞典，我们就可以知道大多数小鸟在唱些什么了。此外，7.D 鸟类学家还根据这部辞典录制了100多种鸟语唱片。这些唱片可不是用来让你听"音乐"的，它们有很多用途，比如，7.B 有些唱片可以在农田播放，用来驱散鸟群，以达到保护庄稼的目的。

다. 명관 안에는 소리를 내는 막이 있는데, 새의 노랫소리는 폐부에서 불어온 기류가 이 소리 막을 진동시켜 만들어내는 것이다. 하지만, 5.C 조류의 명관 발달정도는 모두 다르다. 어떤 것은 비교적 완벽하고, 어떤 것은 매우 간단하다. 그래서, 조류의 노랫소리도 모두 같지 않다. 이것은 왜 종달새, 꾀꼬리 등의 조류의 노랫소리는 우아하고 아름다운데 어떤 조류들은 오히려 소리를 잘 내지 않는 원인이기도 하다.

6.D 그러면 작은 새들은 도대체 무엇을 '부르는' 것인가? 의심할 여지없이 그들은 인류를 즐겁게 하기 위해 '노래를 부르는' 것이 아니라, 같은 조류 무리에게 정보를 전달하려는 것이다. 예를 들면, 대다수의 수컷 새는 이성에게 '나에게 와주세요'라는 초대를 보낸다. 또한 일부는 노랫소리를 통해 동료들에게 '넌 지금 위험에 처해있어'라고 알려주거나, 혹은 다른 새들에게 '여기는 내 영토이니 들어오지 마라' 등등을 알려준다.

조류의 언어를 깊이 연구하기 위해, 최근에 어떤 조류학자들이 《조어사전》 한 권을 편집했는데, 그 안에는 많은 조류의 언어가 전달하는 정보를 기록했다. 이 사전을 좀 보기만 해도 우리는 대다수의 작은 새들이 무엇을 노래하는지 알 수 있다. 이외에, 7.D 조류학자들은 이 사전을 근거로 100여 종의 조류언어 음반을 녹음하여 제작하였다. 이 음반은 결코 당신이 '음악'을 듣게 하는 데 쓰는 것이 아니라, 그것들은 많은 용도를 가지고 있다. 예를 들면, 7.B 어떤 음반들은 논밭에서 틀어 조류 무리를 쫓아내어 농작물을 보호하는 목적을 이루는 데 쓴다.

문제 5

鸟类的歌声为什么会不相同？ A 肺部的工作原理有差别 B 声带厚薄不一 C 鸣管发达程度不一样 D 发声器官的位置不同	조류의 노랫소리는 왜 같지 않은가？ A 폐부가 일하는 원리가 달라서 B 성대의 두께가 달라서 C 명관의 발달정도가 달라서 D 발성기관의 위치가 같지 않아서

해설 조류의 노랫소리가 다른 이유를 묻는 문제이고, 보기를 먼저 매칭시키면, '肺部的工作原理(폐부 일 원리)'나 '声带厚薄不一(성대두께의 불일치)', '鸣管发达程度不一样(명관 발달정도의 다름)', '发声器官的位置不同(발성기관 위치의 다름)' 등이 있고, 이를 힌트로 지문에서 정답 부분을 찾으면, 두 번째 단락에서 '鸟类的鸣管发达程度各不相同，有的比较完整，有的就非常简单。所以，鸟类的歌声也不尽相同(조류의 명관 발달정도는 모두 다르다. 어떤 것은 비교적 완벽하고, 어떤 것은 매우 간단하다. 그래서, 조류의 노랫소리도 모두 같지 않다)'이라고 했으므로 정답은 C이다.

문제 6

鸟类"唱歌"主要是为了： A 寻找昆虫 B 排出体内的废气 C 取悦人类 D 向同类传递信息	조류가 '노래 부르는' 것은 주로 무엇을 위해서 인가？ A 곤충을 찾기 위해 B 체내의 안 좋은 가스를 배출하기 위해 C 인류를 기쁘게 하기 위해 D 동료들에게 정보를 전달하기 위해

해설 조류가 노래를 부르는 것이 무엇을 위한 것인지 묻는 문제이고, 그 목적을 찾아야 한다. 세 번째 단락에서 '那么小鸟们究竟在 "唱"些什么呢? (그러면 작은 새들은 도대체 무엇을 '부르는' 것인가?)'라고 했으므로 이에 대한 답을 확인하면 되는데, 이어지는 내용에서 '毫无疑问, 它们并不是为取悦人类而 "歌唱"的, 而是在向同类传递讯息(의심할 여지없이 그들은 인류를 즐겁게 하기 위해 '노래를 부르는' 것이 아니라, 같은 조류 무리에게 정보를 전달하려는 것이다)'라고 했으므로 정답은 D임을 알 수 있다.

문제 7

关于鸟语唱片，可以知道什么?	조류언어 음반에 관해, 알 수 있는 것은?
A 鸟类"歌唱"之谜	A 조류가 '노래를 부르는' 수수께끼
B 有些可以用来保护庄稼	B 어떤 것들은 농작물을 보호하는 데 쓸 수 있다
C 比《鸟语辞典》出现得更早	C 《조어사전》보다 더 일찍 출현했다
D 收录了近千种鸟类的声音	D 천 종류에 가까운 조류의 소리를 수록했다

해설 조류언어 음반에 관한 문제이고, 보기를 먼저 매칭시키면 핵심어휘는 '"歌唱"之谜(노래 부르는 수수께끼)', '保护庄稼(농작물 보호)', '出现得更早(일찍 출현)', '千种鸟类(천 종류의 조류)'임을 알 수 있고, 이를 힌트로 지문에서 관련된 내용을 찾으면 '鸟类学家还根据这部辞典录制了100多种鸟语唱片(조류학자들은 이 사전을 근거로 100여 종의 조류언어 음반을 녹음하여 제작하였다)'이라고 했으므로 C는 정답이 될 수 없고, '有些唱片可以在农田播放，用来驱散鸟群，以达到保护庄稼的目的(어떤 음반들은 논밭에서 틀어 조류 무리를 쫓아내어 농작물을 보호하는 목적을 이루는 데 쓴다)'라고 했으므로 정답은 B이다.

문제 8

最适合做上文标题的是:	윗글에 가장 적합한 제목은?
A 鸟类"歌唱"之谜	A 조류가 '노래를 부르는' 수수께끼
B 关爱动物，人人有责	B 동물을 사랑하고 관심을 가지는 것은 모든 사람에게 책임이 있다
C 森林里的舞蹈家们	C 숲 속의 무용가들
D 谁来为动物扰民买单	D 누가 동물이 사람에게 해를 끼치는 것을 위해 돈을 낼 것인가

해설 윗글에 어울리는 제목을 찾는 문제이고, 앞서 푼 문제들을 근거로 추론해보면, 전체적인 글이 조류와 조류의 노랫소리에 관한 글임을 알 수 있다. 더군다나 도입부에서 '那么它们又是怎样 "唱歌"的呢? (그러면 그들은 어떻게 '노래를 부르는' 것일까?)'라고 질문을 던진 후에 이에 대한 대답으로 내용이 이어지므로 A가 제목에 가장 적합함을 알 수 있다. 정보 글에서 서두에 질문이 던져지면 질문자체가 제목과 연계됨을 유의해야 한다.

문제 9-12

人生到底有多少天? 不同的人有不同的答案，在我看来，人的一生只有三天: 昨天、今天、明天。经营好这三天，就经营好了一生。

11.A 昨天的日子很长，但不管有多少天，也不管是受到挫折，还是取得辉煌，都不能代表将来。比如 9.A 昨天贫困潦倒的人将来可能会变成富翁; 昨天锦衣华食的人将来可能沦为乞丐。这就是三十年河东三十年河西。世上没有永远的胜利，也没有永远的失败，11.C 胜利和失败在合适的条件下是能够转化的。因此，我们不必为昨天的挫折而萎靡不振，也不必为昨天

인생은 도대체 며칠이 있는가? 같지 않은 사람들은 같지 않은 답안을 가지고 있다. 내가 보기에, 사람의 인생은 단지 3일 즉, 어제, 오늘, 내일만 있다. 이 3일을 잘 꾸린 것이 바로 일생을 잘 꾸린 것이다.

11.A 어제의 날은 길지만, 며칠이 있든, 또는 좌절을 받든 아니면 눈부신 성과를 얻든 상관없이 모두 미래를 대표할 수 없다. 예를 들면 9.A 어제 궁핍하고 가난한 사람이 미래에는 부호로 변하기도 하고, 어제의 금의호식한 사람이 미래에 거지로 전락할 수도 있다. 이것이 바로 세상의 흥망성쇠가 변화무상하다는 것이다. 세상에는 영원한 승리가 없고, 영원한 실패도 없다. 11.C 승리와 실패는 적합한 조건 아래에서 바뀔 수 있는 것이다. 이 때문에, 우리는 어제의 좌절 때문에 풀이 죽을 필요도 없고, 또 어제의 눈부신 성과 때문에 안하무인 할 필요도 없다. 과거의 좌절과 눈부신 성과를 모두 오늘의 디딤돌

的辉煌而狂妄自大。只有把过去的挫折和辉煌都作为今天的垫脚石，才能攀登美好的明天。

11.A 今天的日子很短。而且正在自己的脚下以秒计算地流逝。今天是昨天和明天的接力处，接力棒交得好，便会走向辉煌的明天；接力出问题，便会前功尽弃。因此，面对今天，我们不要总是怀念过去，过去的就让它过去了，10.B 只有从零开始，脚踏实地，全身心地经营好今天，才会结出丰硕的果实。今天的事一定要今天完成，绝不能推到明天。如果总是面对今天望明日，结果不但今天没有经营好，明天也悄悄地溜走了。

明天的日子还有多长？谁也说不清。明天是辉煌，还是落败？谁也道不明。明天既向我们显示机遇，又向我们发出挑战。明天的希望是美好的，但路途绝不平坦，到处布满荆棘。但有一点是可以肯定的，那就是花好月圆的明天只接纳奋斗不息者。

因此，12.C 我们只有善于汲取昨天的经验和教训，利用今天做好新跨越的准备，斗志昂扬地去挑战明天，才能为人生画上一个圆满的句号。

로 삼아야만, 행복한 내일로 오를 수 있다.

11.A 오늘의 날은 짧아서, 자신의 발 아래서 초(단위)로 계산되어 흘러간다. 오늘은 어제와 내일의 릴레이장소(= 이어주는 곳)로, 바통을 잘 건네면 눈부신 내일로 가게 되고, 바통에 문제가 생기면 공든탑이 무너지게 된다. 이 때문에 오늘을 마주할 때, 우리는 늘 과거를 그리워하지 말고 지나간 것은 바로 지나가게 해야 한다. 10.B 0(처음)부터 시작해서 착실하게 몸과 마음을 다해 오늘을 꾸려야만, 알이 크고 굵은 과실을 맺을 것이다. 오늘의 일은 반드시 오늘 완성해야지, 절대 내일로 미루어서는 안 된다. 만약에, 늘 오늘을 마주하고 내일만 바라본다면, 결과는 오늘 잘 꾸리지 못할 뿐만 아니라, 내일 역시 은밀하게 달아날 것이다.

내일의 날은 얼마나 긴가? 누구도 분명히 말할 수 없다. 내일은 눈부실까, 아니면 실패할까? 누구도 분명히 말할 수 없다. 내일은 우리를 향해 기회를 드러내 보이기도 하고, 또 우리를 향해 도전을 선포하기도 한다. 내일의 희망은 행복한 것이지만, 길은 절대 평탄하지 않고, 도처에 가시가 널려있다. 하지만 확신할 수 있는 점이 있는데, 그것은 바로 원만하고 행복한 내일은 오직 끊임없이 분투하는 자만을 받아들인다는 것이다.

이 때문에, 12.C 우리는 어제의 경험과 교훈을 잘 흡수하고, 오늘을 이용해 새로이 뛰어넘는 준비를 잘 해서 투지 양양하게 내일에 도전해야만, 인생을 위해 하나의 원만한 마침표를 찍을 수 있다.

문제 9

"三十年河东三十年河西"最可能是什么意思？	'三十年河东三十年河西'는 무슨 뜻일 가능성이 가장 큰가？
A 人生变化无常	A 인생이 변화무상하다
B 做事要循序渐进	B 일을 할 때는 순서에 따라 차근차근 진행해야 한다
C 要学会换位思考	C 사고를 바꿀 줄 알아야 한다
D 生活不会一帆风顺	D 생활은 순조롭지 않을 것이다

해설 지문에 언급된 '三十年河东三十年河西'의 뜻을 묻는 문제이다. 보기를 먼저 매칭해서 '变化无常(변화무상)', '循序渐进(순서에 따라 차근차근 진행)', '换位思考(사고를 바꾸다)', '不会一帆风顺(순조롭지 못하다)'을 핵심어휘로 보고, 앞이나 뒤의 내용이 어떤 내용인지 집중해야 하는데, 앞에서 '昨天贫困潦倒的人将来可能会变成富翁；昨天锦衣华食的人将来可能沦为乞丐(어제 궁핍하고 가난한 사람이 미래에는 부호로 변하기도 하고, 어제의 금의호식한 사람이 미래에 거지로 전락할 수도 있다)'라고 했으므로 사람은 언제든지 상황이 바뀔 수 있음을 의미한다는 것을 알 수 있다. 정답은 A이다.

문제 10

第3段主要想告诉我们：	3단락은 우리에게 주로 무엇을 말하고자 하는가？
A 别忘掉过去	A 과거를 잊지 마라
B 要经营好今天	B 오늘을 잘 경영해야 한다
C 不能只顾眼前利益	C 눈앞에 있는 이익만 고려해서는 안 된다
D 人生应该过得从容不迫	D 인생은 태연하게 보내야 한다

해설 3단락의 주요내용을 묻는 문제이고, 보기를 먼저 매칭시켜 보면 '别忘掉过去(과거를 잊지 마라)', '经营好今天(오늘을 잘 경영해라)', '只顾眼前利益(눈앞의 이익만 보지 마라)', '从容不迫(태연해라)'가 핵심어휘인 것을 알 수 있다. 먼저 3단락은 '今天(오늘)'이라는 어휘가 집중되어 있다는 것을 알아야 하고, '只有从零开始, 脚踏实地, 全身心地经营好今天, 才会结出丰硕的果实(0(처음)부터 시작해서 착실하게 몸과 마음을 다해 오늘을 꾸려야만, 알이 크고 굵은 과실을 맺을 것이다)'이라고 했으므로 좋은 결과를 맺기 위해서 꼭 필요한 것은 오늘을 잘 꾸려야 함을 알 수 있다. 정답은 B이다.

문제 11

根据上文，下列哪项正确？	윗글에 따르면, 아래에 어느 항이 정확한가?
A 昨天其实很短	A 어제는 사실 매우 짧다
B 明天比今天更重要	B 내일은 오늘보다 더 중요하다
C 胜利和失败会相互转化	C 승리와 실패는 서로 바뀔 수 있다
D 每个人的人生都是圆满的	D 모든 사람의 인생은 모두 원만하다

해설 글에서 알 수 있는 정보를 묻는 문제로, 보기를 먼저 매칭시켜 보면, '昨天很短(어제가 짧다)', '明天/重要(내일이 중요하다)', '胜利和失败/转化(승리와 실패는 바뀐다)', '人生/圆满(인생은 원만하다)'이 핵심어휘인 것을 알 수 있고, 2단락에서 '昨天的日子很长(어제는 길다)'이라고 했고, 3단락에서 '今天的日子很短(오늘이 짧다)'이라고 했으므로 A는 정답이 아니다. 10번 문제에서 오늘을 잘 보내야 좋은 결과를 맺을 수 있다는 내용을 확인했으므로 B가 정답이 될 가능성이 적다는 것을 알 수 있고, D는 포괄적이고 구체적으로 언급한 내용이 지문에는 없다. 2단락에서 '胜利和失败在合适的条件下是能够转化的(승리와 실패는 적합한 조건 아래에서 바뀔 수 있는 것이다)'라고 했으므로 정답은 C이다.

문제 12

最适合做上文标题的是:	윗글에 가장 적합한 제목은?
A 机遇改变人生	A 기회는 인생을 바꾼다
B 要学会给自己减压	B 자신에게 스트레스를 덜 수 있어야 한다
C 把握现在，经营人生	C 오늘을 잘 파악해, 인생을 경영해라
D 冰冻三尺，非一日之寒	D 얼음 삼 척은 하루의 추위로 되는 것이 아니다

해설 적합한 제목을 묻는 문제이고, 지문에서 정답을 근거로 할 부분을 따로 찾지 않더라도 앞의 문제들에서 정확한 정답을 골랐다면 '人生变化无常(인생은 변화무상)', '要经营好今天(오늘을 잘 경영해야 한다)', '胜利和失败会相互转化(승리와 실패는 바뀔 수 있다)'가 주된 내용이었으므로 '오늘(지금)을 잘 보내라'는 내용의 글임을 알 수 있고, C를 정답으로 유추할 수 있다. 직접적으로도 마지막 부분에 '我们只有善于汲取昨天的经验和教训, 利用今天做好新跨越的准备, 斗志昂扬地去挑战明天, 才能为人生画上一个圆满的句号(우리는 어제의 경험과 교훈을 잘 흡수하고, 오늘을 이용해 새로이 뛰어넘는 준비를 잘 해서 투지 양양하게 내일에 도전해야만, 인생을 위해 하나의 원만한 마침표를 찍을 수 있다)'라고 했으므로 정답은 C이다.

문제 13-16

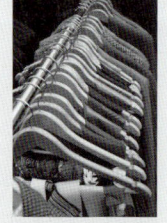

公元1140年7月的一天，杭州城最繁华的街市突然失火，惊慌的人们纷纷冲进火海抢救自己店铺里的财物，以尽量减少损失。此时，14.A 一位裴姓富商并没有让伙计和奴仆去抢救他当铺和珠宝店里的财物，而是 14.A 指挥他们迅速撤离，然后派人去长江沿岸平价购回大量木材、砖瓦等建筑用材。大火烧了数日之后，终于被扑灭了。曾经车水马龙的杭州城，已是面目全非，一片狼藉。不久，朝廷下令重建杭州城，并明文规定，凡经营销

서기 1140년 7월 어느 날, 항저우성의 번화한 상점가에 갑자기 불이 났다. 놀라 허둥대던 사람들은 가능한 손실을 줄이기 위해서 잇달아 불속으로 뛰어들어 자신들의 점포의 물건들을 구했다. 이 때, 14.A 한 배씨 성의 부유한 상인은 결코 점원들과 하인들로 하여금 그의 전당포와 보석가게 안의 물건들을 구해오라고 하지 않고, 14.A 그들에게 신속하게 철수하라고 지휘하고, 그리고 나서 창장 연안으로 사람을 보내어 대량의 목재와 벽돌과 기와 등 건축자재를 보통가격으로 사오라고 하였다. 큰 불은 수일을 태운 후에야 마침내 진압되었다. 일찌감치 거마의 왕래가 끊이지 않은 항저우성은 이미 딴판이 되어 엉망이 되었다. 오래지 않아, 조정에서는 항저우성을 재건하라는 명령이 내려졌고, 게다가, 명문으로 규정하여 건축자재를 판

售建筑用材者一律免税。于是，13.C 城内一时大兴土木，建材供不应求，价格暴涨。裴姓商人趁机抛售，获利远远大于被大火焚毁的损失。

15.B 一个著名企业的总裁谈起他20多年前的一次遭遇。1986年，经商失败的他，背负了一身债务来到一家服装厂打工。15.B 为了还债，他每天都要工作10多个小时。一次，由于工作过度劳累，他在操作电动裁剪机时，竟把一批西装的袖子裁短了一大截。这一剪，他必须赔偿老板几十万元的布款。望着一大堆被剪短的衣料，他欲哭无泪。为了挽回损失，他干脆将错就错，再将衣服的下摆也裁去一截，然后分别在裁短的袖子以及下摆上拼接其他颜色的布料。令人意想不到的是，这种带着早期休闲风格的西服一上市，竟被抢购一空。服装厂老板不但没有亏损，反而多赚了许多。他也因此开创了休闲西装的先河，在服装市场声名大震，为他日后打造自己的"王国"打下了坚实的基础。

16.B 一场危机就是一场灾难。同样，一次危机就是一次机遇。在危机面前，他们都表现出惊人的睿智，成功地将危机变为商机，令人叹服。

매, 경영하는 모든 사람은 일률적으로 면세해주었다. 그리하여, 13.C 성내에는 일시에 대규모 토목공사가 일어났고, 건축자재는 수요를 따르지 못해 가격이 폭등했다. 배씨 상인은 이 기회를 틈타 덤핑판매를 하였고, 수익은 불에 탄 손실보다 훨씬 컸다.

15.B 한 유명한 기업총재가 20여 년 전 한 가지 일을 말하기 시작했다. 1986년, 장사에 실패한 그는 채무를 짊어지고, 한 의류공장에 일을 하러 갔다. 15.B 빚을 갚기 위해 그는 매일 10여 시간 동안 일을 하였다. 한 번은 과도한 피로 때문에 그가 전동재단기를 조작할 때, 뜻밖에 한 더미 양복의 소매를 크게 한 마디 잘라버렸다. 이 한 번 자름으로, 그는 사장에게 몇 십만 위안의 천값을 배상해야만 했다. 한 무더기 짧게 잘린 옷감을 보고, 그는 울고 싶어도 눈물이 나지 않았다(울먹거렸다). 손실을 만회하기 위해 그는 아예 잘못인 줄 알면서도 그대로 밀고 나가기로 하고, 옷의 하단부도 한 마디 잘라버리고, 그리고 나서 각각 짧게 잘려진 소매와 하단부에 다른 색깔의 옷감을 갖다 붙였다. 사람들로 하여금 생각지도 못하게 한 것은 이러한 종류의 초기 캐주얼 스타일의 양복은 시장에 출시되자, 뜻밖에 다 팔렸다는 것이다. 의류공장 사장은 적자가 없었을 뿐만 아니라, 오히려 돈을 더 많이 벌었다. 그도 이 때문에 캐주얼 양복의 효시를 열었고, 의류시장에서 명성이 자자했으며, 그가 후일 자신의 '왕국'을 만들기 위해 튼튼한 기초를 다졌다.

16.B 한 번의 위기는 바로 한 번의 재난이다. 똑같이, 한 번의 위기는 바로 한 번의 기회이다. 위기 앞에서, 그들은 모두 사람을 놀라게 할 만한 슬기로움을 보여주었고, 성공적으로 위기를 상업의 기회로 바꾸어 사람을 탄복하게 했다.

문제 13

关于那场大火，下列哪项正确？
A 很快就被扑灭了
B 发生在杭州城重建时
C 致使建筑材料价格上涨
D 是燃放烟花爆竹引起的

그 화재에 관해, 아래에 어느 항이 정확한가?
A 빨리 꺼졌다
B 항저우성이 재건될 때 발생했다
C 건축재료의 가격 상승을 야기했다
D 폭죽을 터트려 일어난 것이다

해설 화재에 관한 것을 묻는 문제로 먼저 글에서 불이 난 사건이 있음을 파악하고, 보기를 매칭시켜 보면 '很快就被扑灭了(빨리 꺼졌다)', '发生在重建时(재건될 때 발생)', '建筑材料价格上涨(건축재료 값 상승)', '烟花爆竹引起(폭죽으로 인한 것)'가 핵심어휘임을 알 수 있다. 화재가 난 부분을 찾아가면, '城内一时大兴土木，建材供不应求，价格暴涨(성내에는 일시에 대규모 토목공사가 일어났고, 건축자재는 수요를 따르지 못해 가격이 폭등했다)'이라고 했으므로 정답은 C임을 알 수 있다.

문제 14

失火时，裴姓富商：
A 迅速撤离
B 正在外地
C 惊慌失措
D 组织救火

불이 났을 때, 배씨 성의 부유한 상인은?
A 신속하게 철수했다
B 지금 외지에 있다
C 당황해서 어찌할 줄 몰랐다
D 화재진압을 위해 인원을 구성했다

해설 문제에서 불이 났을 때, 배씨 성의 상인이 한 행동을 근거로 푸는 문제임을 먼저 파악해야 하고, 보기를 먼저 확인하고 나서 먼저 '一位裴姓富商(한 배씨 성의 부유한 상인)'이 언급된 부분을 찾고 그 뒤의 내용을 파악해보면, '指挥他们迅速撤离(그들에게 신속하게 철수하라고 지휘했다)'라고 했으므로 정답이 A임을 알 수 있다. '并没有A而是B(A를 하지 않았고, B했다)'는 '不是A，而是B(A가 아니라, B이다)'와 같은 격식으로 A부분을 부정하고, B부분을 긍정한다. 핵심은 긍정한 부분이므로 '而是' 이후만 보면, 좀 더 빠르게 정답을 찾을 수가 있다.

문제 15

关于那位总裁，可以知道什么？	그 총재에 관해, 무엇을 알 수 있는가?
A 学过服装设计	A 패션 디자인을 배웠다
B 曾经欠下很多钱	B 일찍이 많은 돈을 빚졌다
C 因过度劳累而晕倒	C 과로로 쓰러졌다
D 后来被服装厂解雇了	D 후에 의류공장에 의해 해고되었다

해설 이야기 속에 언급된 '总裁(총재)'에 관한 문제로 보기를 먼저 매칭시켜 보면 '服装设计(패션 디자인)', '欠下(빚지다)', '晕倒(쓰러지다)', '被解雇(해고 되다)'가 핵심어휘임을 알 수 있고, '总裁'를 근거로 지문을 찾아가면, 2단락의 시작 부분 '一个著名企业的总裁(한 유명한 기업총재)'에 '总裁'가 언급되므로 2단락을 좀 더 집중해야 하고, 바로 이어지는 내용에서 '为了还债，他每天都要工作10多个小时(빚을 갚기 위해 그는 매일 10여 시간 동안 일을 하였다)'라고 했으므로 정답이 B임을 알 수 있다.

문제 16

上文主要想告诉我们：	윗글은 우리에게 주로 무엇을 말하고자 하는가?
A 人有旦夕祸福	A 사람은 재난이나 행운이 언제든지 찾아올 수 있다
B 危机也是转机	B 위기는 호전의 조짐이기도 하다
C 要有危机意识	C 위기의식을 가져야 한다
D 做生意要讲诚信	D 사업은 신용을 지켜야 한다

해설 이 글이 시사하는 바를 묻는 문제로 보기를 먼저 확인하면 A가 정답이 되려면 이야기의 핵심이 재난과 행운이 언제든지 찾아올 수 있다는 내용이어야 하고, B는 위기가 기회, 또는 더 좋아지는 발판이 되는 내용이어야 한다. C는 위기의식의 중요성이 주된 내용이어야 하고, D는 사업을 할 경우 신용이 얼마나 중요한지에 집중되어야 하는데, 두 개의 이야기 중 하나는 화재가 났으나 대처를 잘해 돈을 번 이야기이고, 하나는 일하는 도중 실수를 했으나 생각을 바꾸어 성공의 발판으로 삼은 이야기로 위기를 하나의 좋은 기회로 바꾼 내용임을 알 수 있다. 위기(재난)는 온 것이라고 볼 수 있지만, 행운이 온 것이 아니라 행운을 만들어간 내용이므로 A는 정답이 될 수 없고, C의 위기의식과 사업의 신용에 대한 전혀 없었으므로 정답이 아님을 아니다. 이 때문에 B가 유력한 정답인데 주로 교훈이나 주제가 언급되는 마지막 부분에서도 '一场危机就是一场灾难。同样，一次危机就是一次机遇(한 번의 위기는 바로 한 번의 재난이다. 똑같이, 한 번의 위기는 바로 한 번의 기회이다)'라고 했으므로 정답은 B이다.

문제 17-20

17.A <u>现在的火力发电一般要白白损失70%的能量</u>，也就是说，燃烧100公斤煤，最多只有30公斤真正被利用，其余70公斤都浪费了。

多年来，科学家们一直在寻找提高发电效率的方法，经过长期努力，终于找到了磁流体发电的方法。

磁流体发电，通俗地讲，就是使气体在磁场作用下发电。我们知道，金属之所以会导电，是因为其内部有可自由移动的电子，发电

17.A <u>현재의 화력발전은 일반적으로 70%의 에너지를 매우 헛되이 소모하고 있다</u>. 다시 말해, 100kg의 석탄을 태우면 많아야 30kg만이 진짜 이용되고 나머지 70kg은 모두 낭비되는 것이다. 오랫동안 과학자들은 줄곧 발전효율을 향상시킬 방법을 찾고 있었고, 장기적인 노력 끝에 자기유체 발전의 방식을 찾아냈다.

자기유체 발전은 통속적으로 말하면, 바로 기체가 자기장의 작용 아래 전기를 만들어내게 하는 것이다. 우리는 금속에 전기가 흐르는 것은 그 내부에 있는 자유롭게 이동할 수 있는 전자가 있기 때문이라는 것을 안다. 발전기는 금속코일을 통해 자기장 내에서 돌면서, 전기를 만들어내는 것이다. 그러나 기체는 전기를 전달하지 못하고, 그 분자 내의 전자는 원자핵의

机通过金属线圈在磁场内转动，就会发出电来。可是，气体是绝缘的，其分子内的电子受原子核的"约束"，不能自由移动。那么，磁流体发电机是怎样利用气体发电的呢？

原来，磁流体发电机所使用的气体是经过高温处理的。20.D 在高温条件下，大多数气体分子都会发生电离，这时，18.C 其外层的电子便能自由地向各个方向移动，当它们急速经过强磁场时就会发出电来。但是气体一般要达到7000℃以上的高温，才能变成磁流体发电所需的导电气体，条件十分苛刻。不过，科学家经过研究发现，如果在气体中加入少许钾、钠等物质，就可以使气体在3000℃的温度下成为导电气体，以驱动机体发电。

磁流体发电本身的效率仅为20%左右，但由于其排出的废气温度很高，可被再次送入锅炉转换为蒸汽，用来驱动汽轮机进行二次发电，从而形成高效的联合循环式发电。这样，不仅能将磁流体发电的热效率提高到50%-60%，还能有效地控制氮氧化物等有害气体的产生。因此，19.D 磁流体发电具有高效率、低污染的优点。

19.A/B 此外，磁流体发电机组结构简单，体积小，使用寿命长。而且发电机启动极其迅速，从点火到发电，仅仅需要几十秒钟，要使它停止运行，也只需很短的时间。

现在，磁流体发电已进入工业性试验阶段。不过，它还存在许多问题，有待进一步解决。

'구속'을 받아서 자유롭게 이동할 수가 없다. 그러면, 자기유체 발전기는 어떻게 기체를 이용하여 전기를 만들어내는 것일까?

알고 보니, 자기유체 발전기가 사용하는 기체는 고온 처리를 거친 것이다. 20.D 고온의 조건 아래, 대다수의 기체분자는 전리가 발생하는데, 이때 18.C 그 바깥층의 전자는 바로 자유롭게 각 방향으로 이동할 수 있게 되어 그들이 급속하게 강한 자기장을 지날 때, 전기를 만들어내는 것이다. 그러나 기체는 일반적으로 섭씨 7,000℃ 이상의 고온에 도달해야만 자기유체 발전에 필요한 전도기체가 될 수 있어서 조건이 매우 까다롭다. 하지만, 과학자들은 연구를 통해 만약에 기체 중에 소량의 칼륨, 나트륨 등의 물질을 넣으면 기체가 섭씨 3,000℃의 온도에서도 전도기체가 되어 전기를 만들어내게 할 수 있다는 것을 발견했다.

자기유체 발전의 자체효율은 겨우 20% 정도 밖에 안 되지만, 기타 배출되는 폐기가스의 온도는 매우 높아서 재차 보일러로 보내져 증기로 변환되고, 2차 발전을 진행하는 증기터빈을 구동하는 데 쓰여서 고효율의 연합순환식의 전기를 만들어낼 수 있다. 이렇게 하면, 자기유체 발전의 열효율을 50%에서 60%까지 향상시킬 수 있고, 또한 효과적으로 질소산화물 등의 유해기체의 생성을 통제할 수 있다. 이 때문에 19.D 자기유체 발전은 고효율, 저오염의 장점을 가지고 있다.

19.A/B 이외에도, 자기유체 발전기의 유닛구조는 간단하며, 부피가 작고 사용수명이 길다. 게다가 발전기가 가동되는 것이 매우 빨라, 점화되는 것부터 전기를 만들어내는 데까지 겨우 몇 십 초 밖에 걸리지 않고, 가동을 멈추게 하는 것에도 짧은 시간만 있으면 된다.

현재 자기유체 발전은 이미 공업적인 테스트 단계에 들어갔지만, 아직 많은 문제가 있어서, 진일보한 해결을 필요로 한다.

문제 17

关于火力发电，可以知道什么？	화력발전에 관해, 알 수 있는 것은?
A 损耗能量　　B 危险系数高	A 에너지를 축낸다　　B 위험계수가 높다
C 选址灵活　　D 机组启动快	C 부지에 구애받지 않는다　　D 유닛가동이 빠르다

해설 화력발전에 관해 알 수 있는 사실을 묻는 문제로 보기를 먼저 확인하고, 화력발전에 관한 설명을 찾아가야 하는데 도입부에 '现在的火力发电一般要白白损失70%的能量(현재의 화력발전은 일반적으로 70%의 에너지를 헛되이 소모하고 있다)'이라고 했으므로 정답은 A이다.

문제 18

第3段主要谈的是：	세 번째 단락은 주로 말하는 것이 무엇인가?
A 耐高温材料的合成	A 내열성이 높은 재료의 합성
B 磁流体发电机的构造	B 자기유체 발전기의 구조
C 磁流体发电的工作原理	C 자기유체 발전의 작업원리
D 金属导电的原因	D 금속이 열을 전도하는 원인

해설 3단락을 근거로 풀어야 하는 문제로 보기를 먼저 확인하면 '耐高温合成(내열성 합성)', '磁流体发电机的构造(자기유체 발전기 구조)', '磁流体发电的工作原理(자기유체 발전의 작업 원리)', '金属导电(금속전도)' 등이 핵심어휘임을 알 수 있고, 3단락을 찾아가면 '其外层的电子便能自由地向各个方向移动，当它们急速经过强磁场时就会发出电来(그 바깥층의 전자는 바로 자유롭게 각 방향으로 이동할 수 있게 되어 그들이 급속하게 강한 자기장을 지날 때, 전기를 만들어내는 것이다)'라는 부분이 있는데 직접적으로 작업이라고 설명하고 있지 않지만 어떻게 전기를 만들어내는지 '发电(발전)'의 과정을 설명하고 있으므로 C가 정답임을 알 수 있다.

문제 19

下列哪项不属于磁流体发电的优点？	아래 어느 항이 자기유체 발전의 장점에 속하지 않는가?
A 机组寿命长　　B 机组体积小	A 유닛 수명이 길다　　B 유닛 부피가 작다
C 成本低　　　　D 低污染	C 원가가 낮다　　　　D 낮은 오염

해설 부정부사 '不'가 들어간 문제는 유의해서 보아야 하는데, 자기유체 발전의 장점이 아닌 것을 묻는 문제로 장점인 보기를 빼거나 단점을 언급한 부분이 있으면 그것을 근거로 정답을 찾아야 한다. 4단락 마지막 부분에 '磁流体发电具有高效率、低污染的优点(자기유체 발전은 고효율, 저오염의 장점을 가지고 있다)'이라고 했으므로 D는 정답이 아니고, 5단락 처음에 '此外，磁流体发电机组结构简单，体积小，使用寿命长(이외에도, 자기유체 발전기의 유닛구조는 간단하며, 부피가 작고 사용수명이 길다)'이라고 했으므로 A와 B 역시 정답이 될 수 없다는 것을 알 수 있다. 정답은 C이다.

문제 20

根据上文，可以知道：	윗글을 근거로 하여, 알 수 있는 것은?
A 钾元素能使气体绝缘	A 칼륨원소는 기체가 전기가 흐르지 않게 할 수 있다
B 磁流体发电处于基础研究阶段	B 자기유체 발전은 기초연구 단계에 처해있다
C 磁流体发电严重污染环境	C 자기유체 발전은 심각하게 환경을 오염시킨다
D 气体在高温下会电离	D 기체는 고온에서 전리된다

해설 글을 근거로 알 수 있는 사실을 찾는 문제로 보기를 먼저 확인하면 '钾元素/气体绝缘(칼륨원소/기체절연)', '基础研究阶段(기초연구단계)', '污染环境(환경을 오염시킴)', '在高温电离(고온에서 전리)'가 핵심어휘임을 알 수 있고, 이 어휘를 근거로 지문을 찾아가면, 3단락에서 '在高温条件下，大多数气体分子都会发生电离(고온의 조건 아래, 대다수의 기체분자는 전리가 발생한다)'라고 했으므로 정답은 D이다.

宁泽涛的成长史

据宁泽涛的父亲回忆,宁泽涛小时候很怕水。2000年,7岁的宁泽涛还是怕水。宁泽涛的母亲很着急,于是,她给宁泽涛报了游泳培训班。没想到,宁泽涛一开始就表现出了游泳天赋。并遇到了启蒙老师——郭红岩。郭老师说:"宁泽涛一教就会,而且特别专心。他的动作非常到位。"宁泽涛进步很快。

四年后,郭老师把他送进省队。三个月后,他又脱颖而出。2007年,14岁的宁泽涛又被送到海军游泳队。在那里遇到了现在的教练——叶瑾。叶瑾认为,宁泽涛很聪明,但蝶泳和仰泳水平不高。所以自由泳才是他要努力的方向。

叶瑾偏好用大运动量的训练方式。通常,100米自游泳运动员一天训练量为6000米左右,但宁泽涛甚至达到15000米。宁泽涛的即刻脉搏,有时训练完能达到180次。除了训练,宁泽涛平时喜欢看书,很少看电视、玩电脑。当他向教练抱怨困难时,叶瑾告诉他要承受常人难以忍受的挑战。

终于,梦想成为现实。2013年全运会,他打破了100米、50米自由泳亚洲记录。2014年亚运会,刷新了100米记录。2015年世锦赛,他又获得了100米自由泳金牌,创造了新的历史!

닝저타오의 성장사

닝저타오의 아버지 기억에 의하면, 닝저타오는 어렸을 때 물을 무서워했다. 2000년, 7세의 닝저타오는 여전히 물을 무서워했다. 닝저타오의 어머니는 조급해져서, 닝저타오에게 수영강습반을 등록해 주었다. 생각지도 못하게, 닝저타오는 처음부터 바로 수영의 재능을 보여주었다. 게다가 일깨움을 줬던 궈훙옌 선생님을 만났다. 궈 선생님은 "닝저타오는 한 번 가르치면 바로 할 줄 알았고, 집중력이 뛰어났으며, 그의 동작은 정확했습니다."라고 말했다. 닝저타오는 빠르게 성장했다.

4년 후에, 궈 선생님은 그를 성 대표팀에 보냈다. 3개월 후에 그는 또 뛰어난 실력을 보였다. 2007년 14세의 닝저타오는 해군수영팀에 보내졌다. 그곳에서 현재의 코치인 예진을 만났다. 예진은 닝저타오가 총명하지만, 접영과 배영 실력이 높지 않아서 자유형이야 말로 그가 노력해야 하는 방향이라고 여겼다.

예진은 엄청난 운동량의 훈련방식을 선호했다. 통상적으로 100m 자유형 선수의 하루 훈련량이 6,000m 정도인데, 닝저타오는 심지어 15,000m에 달했다. 닝저타오의 즉각맥박은 어떤 때 훈련이 끝났을 때에는 180회에 달하기도 했다. 훈련을 제외하고 닝저타오는 평소에 책 보는 것을 좋아하고, TV를 잘 보지 않고, 컴퓨터도 잘 하지 않았다. 그가 코치에게 힘들다고 원망했을 때, 예진은 보통 사람이 참아내기 힘든 도전을 버텨야 한다고 알려 주었다.

마침내 꿈이 현실이 되었다. 2013년 전국체전에서 그는 100m, 50m 자유형에서 아시아 기록을 깼다. 2014년 아시안게임에서 100m 기록을 경신했다. 2015년 세계선수권대회에서 그는 100m 자유형에서 또 금메달을 땄고, 새로운 역사를 만들었다!

듣기 제1부분 실전 PT 정답 ▶p.364

| 1. B | 2. B | 3. D | 4. C | 5. D | 6. D | 7. D |
| 8. C | 9. A | 10. C |

문제 1

A 中年人易得脑血管疾病	A 중년은 쉽게 뇌혈관질병에 걸린다
B 体力劳动后不宜用冷水洗头	B 체력노동 후에 차가운 물로 머리를 감는 것은 적합하지 않다
C 高强度劳动有助于减肥	C 고강도의 노동은 다이어트에 도움이 된다
D 睡姿不正确会压迫神经	D 수면자세가 올바르지 않으면 신경을 압박하게 된다

| 高强度的体力劳动后，人们的脑血管容易扩张。这个时候，如果用冷水洗头，会导致脑血管迅速收缩，从而产生一系列的应激反应，引发头痛等症状，所以体力劳动后，尽量别用冷水洗头。 | 고강도의 체력노동 후에 사람들의 뇌혈관은 쉽게 확장된다. 이 때 차가운 물로 머리를 감으면 뇌혈관이 빠르게 수축되고, 따라서 일련의 스트레스 반응이 생기면서 두통 등의 증상을 유발시킨다. 그래서, 체력노동 후에는 가능한 차가운 물로 머리를 감지 않아야 한다. |

단어 脑血管 nǎoxuèguǎn 명 뇌혈관 | 睡姿 shuìzī 명 수면자세(睡眠姿势 shuìmián zīshì 의 줄임말) | 压迫 yāpò 동 압박하다 | 扩张 kuòzhāng 동 확장하다, 팽창하다(↔ 收缩 shōusuō 수축하다) | 一系列 yíxìliè 형 일련의 | 应激 yìngjī 명 스트레스(= 压力 yālì)

해설 고강도의 체력노동 후 몸 상태에 관한 정보 글로 마지막에 '体力劳动后，尽量别用冷水洗头(체력노동 후에는 가능한 차가운 물로 머리를 감지 않아야 한다)'라고 했으므로 정답은 B이다.

문제 2

A 要养成良好的习惯 B 孩子的世界更自由 C 要拥有乐观的心态 D 成人的生存压力大	A 좋은 습관을 길러야 한다 B 아이의 세계는 더욱 자유롭다 C 낙관적인 마음가짐을 가져야 한다 D 성인의 생존 스트레스는 크다
成人的世界，因为实际生活经验和习惯的限制，所以非常狭小、苦闷。而孩子们的世界，则不受这些限制，因此非常广大、自由。年纪愈小，其所见的世界愈大。	성인의 세계는 실제생활에서의 경험과 습관의 제한을 받기 때문에 매우 협소하고 매우 답답하지만, 아이의 세계는 이런 제한들을 받지 않기 때문에, 매우 광대하고 자유롭다. 나이가 어릴수록, 그가 보는 세계는 크다.

단어 心态 xīntài 명 심리상태, 마음가짐 | 狭小 xiáxiǎo 형 좁고 작다 | 苦闷 kǔmèn 형 고민스럽고 답답하다 | 愈 yù 부 ~하면 ~할수록(=越 yuè)

해설 성인의 세계와 아이의 세계에 관한 사설 글이다. 성인의 세계를 제한받고 답답하다고 했으니 반대의 경우인 아이의 세계가 '자유롭다'고 충분히 짐작할 수 있고, '而孩子们的世界，则不受这些限制，因此非常广大、自由(아이의 세계는 이런 제한들을 받지 않기 때문에, 매우 광대하고 자유롭다)'라고 했으므로 정답은 B이다.

문제 3

A 空气加湿器作用大 B 冬季要多开窗通风 C 要合理安排室内布局 D 水生花草可调节室内湿度	A 공기는 가습기 작용이 크다 B 겨울에는 창문을 자주 열어 통풍해야 한다 C 실내 배치를 합리적으로 해야 한다 D 수생화초는 실내습도를 조절할 수 있다
室内空气干燥对人体健康不利。因此，最好采取一些措施增加空气湿度。最环保也最省钱的方法，就是在室内放置盛水的敞口容器。此外，还可以养一两盆水生花草。这样不仅能调节室内湿度，还能美化空间。	실내공기가 건조한 것은 인체건강에 좋지 않다. 이 때문에, 가장 좋은 것은 공기습도를 증가시키는 조치를 취하는 것이다. 가장 환경을 보호하면서 돈을 절약하는 방법은 바로 실내에 아기리가 벌어진 용기에 물을 담아 놓아두는 것이다. 이 외에, 한두 개 수생화초 화분을 키워도 좋다. 이렇게 하는 것은 실내 습도를 조절할 수 있을 뿐만 아니라 공간을 아름답게 할 수도 있다.

단어 加湿器 jiāshīqì 명 가습기 | 布局 bùjú 명 배치, 안배 | 湿度 shīdù 명 습도 | 采取 cǎiqǔ 동 취하다, 채택하다(= 采取措施 cǎiqǔ cuòshī 조치를 취하다) | 盛水 chéngshuǐ 물을 담다 | 敞口容器 chǎngkǒu róngqì 아가리가 벌어신 용기, 그릇

해설 실내 공기작용에 관한 정보 글이다. '这样不仅能调节室内湿度，还能美化空间(이렇게 하는 것은 실내습도를 조절할 수 있을 뿐만 아니라 공간을 아름답게 할 수도 있다)'이라고 했으므로 정답은 D이다.

문제 4

A 妈妈很严厉 B 儿子撒谎了 C 儿子打碎了两个盘子 D 儿子把碎片藏起来了	A 엄마는 엄하다 B 아들은 거짓말을 했다 C 아들은 두 개의 접시를 깨뜨렸다 D 아들이 부서진 조각을 모았다

| 儿子不小心打碎了一个珍贵的盘子。妈妈看见了碎片，便问是谁打碎的。"是我打碎的。"儿子说。妈妈又问"怎么打碎的？"儿子一时找不到合适的词，一着急便把另一个盘子也摔到地上，说"就是这样打碎的！" | 아들이 조심하지 않아서 하나의 진귀한 접시를 깨뜨렸다. 엄마는 부서진 조각을 보고, 누가 깨뜨렸는지 물었다. "제가 깨뜨렸어요."라고 아이가 말하자, 엄마는 "어떻게 깨뜨린 거야?"라고 또 물었다. 아이는 순간, 적당한 어휘를 찾을 수가 없고, 다급해져서 다른 하나의 접시도 바닥에 떨어트리며 말했다. "이렇게 깨뜨린 거예요!" |

단어 严厉 yánlì 형 엄하다, 호되다 | 撒谎 sāhuǎng 동 거짓말을 하다 | 打碎 dǎsuì 동 부수다, 깨지다 | 藏 cáng 동 숨기다, 감추다 | 摔 shuāi 동 내던지다

해설 아이가 접시를 깨트리며 생긴 에피소드를 담은 이야기 글이다. 이미 접시를 깬 아이가 '一着急便把另一个盘子也摔到地上，说"就是这样打碎的！"(다른 하나의 접시도 바닥에 떨어트리며 말했다. "이렇게 깨뜨린 거예요!")'라고 했으므로 접시를 모두 두 개 깨트렸다는 것을 알 수 있다. 정답은 C이다.

문제 5

| A 婴儿的注意力易分散
B 艺术天赋会遗传
C 两岁是学习语言的关键期
D 双语环境利于儿童认知发育 | A 아기의 주의력은 쉽게 분산된다
B 예술의 천부적 재능은 유전이다
C 두 살은 언어를 공부하는 관건시기이다
D 두 언어 환경은 아동의 인지 발육에 이롭다 |
| 有调查显示，在六个月大的婴儿中，那些双语家庭中的婴儿，可以更快地辨认出熟悉的图像。而且对新奇事物的关注度更高。调查者由此得出结论：双语家庭中的儿童，在认知发育上可能会比同龄人更高一筹。 | 어떤 조사에서 밝히길, 6개월 된 아기 중에 두 언어 가정의 아기는 더 빨리 익숙한 도상을 분별해낼 수 있고, 게다가 신기한 사물에 대해 관심도가 더욱 높다고 한다. 조사원은 이것으로 두 언어 가정의 아동이 인지 발육에 있어서는 같은 나이의 사람보다 더욱 클 가능성이 있다는 결론을 얻었다. |

단어 婴儿 yīng'ér 명 영아, 아기 | 分散 fēnsàn 동 분산시키다, 분산되다(* 均匀分散 jūnyún fēnsàn 고르게 분산시키다) | 天赋 tiānfù 명 타고난 자질 동 타고 나다 | 双语 shuāngyǔ 형 2중 언어의(* 双语家庭 shuāngyǔ jiātíng 두 종류의 언어를 사용하는 가정) | 辨认 biànrèn 동 식별해내다 | 图像 túxiàng 명 이미지, 영상

해설 두 언어 가정이 아이의 인지발육에 끼치는 영향을 설명한 정보 글이다. '双语家庭中的儿童，在认知发育上可能会比同龄人更高一筹(두 언어 가정의 아동이 인지 발육에 있어서는 같은 나이의 사람보다 더욱 클 가능성이 있다)'라고 했으므로 정답은 D이다.

문제 6

| A 要把握好时机
B 不要被经验束缚
C 做事要掌握好分寸
D 智慧多源于对经验的总结 | A 기회를 잘 잡아야 한다
B 경험에 속박되지 마라
C 일을 하는 것에는 정도가 있어야 한다
D 지혜는 대부분이 경험의 종합적인 결론에서 온다 |
| 一个人的智慧三分靠天赐，七分靠自己获得。这里的七分很大程度上来源于人生经验的总结。人的一生只有不断地总结，把有益的东西积累起来，然后融会贯通，才能形成自己的智慧体系。 | 한 사람의 지혜는 30%는 하늘이 주는 것에 기대고, 70%는 자신에 기대어 얻는다. 여기서의 70%는 큰 정도에 있어서는 인생경험의 종합적인 결론에서 온다. 사람의 일생은 끊임없이 종합해서 결론을 내리고, 유익한 것들을 축적한 다음 서로 어우러져 연결되어야만 자신의 지혜 시스템을 형성할 수 있다. |

단어 分 fēn 양 10분의 1, 할(* 三分 sān fēn 3할, 30%) | 融会贯通 rónghuì guàntōng 성 다방면의 도리와 이치를 체계적이고 철저하게 이해하다, 정통하다

해설 | 사람의 지혜가 주로 어떻게 형성되는지에 대한 개인적인 견해를 담은 사설 글이다. '一个人的智慧三分靠天赐，七分靠自己获得。这里的七分很大程度上来源于人生经验的总结(한 사람의 지혜는 30%는 하늘이 주는 것에 기대고, 70%는 자신에 기대어 얻는다. 여기서의 70%는 큰 정도에 있어서는 인생경험의 종합적인 결론에서 온다)'라고 했으므로 정답은 D이다.

문제 7

A 学无止境 B 学习是自己的事 C 学习不能三心二意 D "举一反三"是一种学习能力	A 배움에는 끝이 없다 B 공부는 자신의 일이다 C 공부는 망설여서는 안 된다 D '举一反三'은 일종의 학습능력이다
"举一反三"的意思是从一件事情类推，从而知道其他许多事情。说明善于学习，能够由此及彼，触类旁通。这既是一种学习方式，也是一种学习能力，可以帮助我们有效地提高学习效率。	'举一反三'의 의미는 한 가지 일에서 유추하여 따라서 기타 많은 일들을 아는 것이다. 공부를 잘해서, 여기부터 저기까지 하나를 보고 열을 아는 것을 설명한다. 이것은 일종의 학습방식이기도 하고, 일종의 학습능력이기도 하여, 우리가 효과적으로 학습효율을 높이는 것을 도울 수 있다.

단어 | 举一反三 jǔyī fǎnsān [성] 하나를 들으면 열을 안다 | 类推 lèituī [동] 유추하다 | 由此及彼 yóucǐ jíbǐ [성] 여기부터 저기까지(하나에서 비롯된 일련의 현상을 가리킴) | 触类旁通 chùlèi pángtōng [성] 하나를 들으면 열을 안다

해설 | '举一反三(거일반삼: 하나를 알면 열을 안다)'이라는 성어에 관한 글이다. '这既是一种学习方式，也是一种学习能力(이것은 일종의 학습방식이기도 하고, 일종의 학습능력이기도 하다)'라고 했으므로 정답은 D이다.

문제 8

A 张家界因山多而闻名 B 张家界地势平缓 C 天门山盘山公路弯道多 D 天门山盘山公路海拔100米	A 장지아제는 산이 많아 유명하다 B 장지아제의 땅의 형세는 평탄하다 C 텐먼산의 판산도로는 굽이진 길이 많다 D 텐먼산의 판산도로는 해발 100m이다
张家界天门山盘山公路，素有"通天大道"之称。该公路全长不过11公里，海拔却从200米急剧上升到1300米。公路两侧是陡峭的悬崖。整个路段共有99个弯，这些弯道似玉带环绕、层层迭起，十分险峻。	장지아제 텐먼산의 산을 휘감은 도로(판산도로)는 "하늘로 가는 도로"라는 별명을 가지고 있다. 이 도로는 전체 길이가 11km 밖에 되지 않고, 해발은 오히려 200m에서 급격히 상승하여 1,300m까지 이른다. 도로 양측은 험준한 산세이다. 전체 도로의 구간은 99개의 굽이로 되어 있고, 이 굽이진 길은 마치 옥대로 에워씨고, 겹겹이 일어난 것처럼 매우 험준하다.

단어 | 素 sù [부] 줄곧(* 素有 sù yǒu…之称 sù yǒu…zhī chēng 줄곧 ~의 명칭이 있었다) | 急剧 jíjù [부] 급격하게(* 急剧上升 jíjù shàngshēng 급격하게 상승하다) | 陡峭 dǒuqiào [형] (산세가) 험준하다 | 悬崖 xuányá [명] 벼랑, 위험한 지경 | 弯 wān [명] 굽이(진 길) | 玉带环绕 yùdài huánrào 옥(으로 만든)띠로 에워싸다 | 迭起 diéqǐ [동] 잇달아 출현하다 | 险峻 xiǎnjùn [형] 험준하다

해설 | '张家界(장지아제: 장가계)'라는 지역의 특징을 설명한 정보 글이다. '整个路段共有99个弯(전체도로의 구간은 99개의 굽이로 되어 있다)'이라고 했으므로 정답은 C이다.

문제 9

A 要学会减压 B 知足者常乐 C 做事不要太冲动 D 做事要集中注意力	A 스트레스를 줄일 줄 알아야 한다 B 만족하는 자가 항상 즐겁다 C 일하는 것은 충동적이어서는 안 된다 D 일하는 것은 주의력을 집중해야 한다

当事情超出你的能力和控制范围时，你要试着将困扰自己的事情放一放，把注意力转到自己喜欢的事情上。比如，女士可以通过试穿漂亮衣服来改善心情。这样有助于缓解压力，困扰你的事就不会那么可怕了。	일이 당신의 능력과 통제범위를 벗어났을 때, 당신은 자신을 괴롭혔던 일을 놓아두고, 주의력을 자신이 좋아하는 일에 옮겨보아야 한다. 예를 들면, 여성이 예쁜 옷을 입어보고 기분을 전환시켜 보는 것이다. 이렇게 하는 것은 스트레스를 완화시키는 것에도 도움이 되고, 당신을 괴롭히던 일은 그렇게 두렵지 않게 될 것이다.

단어 超出 chāochū 동 초과하다, 벗어나다 | 试着 shìzhe 한번 시도해보다 | 困扰 kùnrǎo 동 성가시게 하다, 괴롭히다

해설 일이 사람의 능력과 통제범위를 벗어났을 때 어떻게 해야 하는지 견해를 밝힌 사설 글이다. 여성이 예쁜 옷을 입어보고 전환시켜야 '这样有助于缓解压力，困扰你的事就不会那么可怕了(이렇게 하는 것은 스트레스를 완화시키는 것에도 도움이 되고, 당신을 괴롭히던 일은 그렇게 두렵지 않게 될 것이다)'라고 했으므로 하고자 하는 말은 어떤 방법이 되든 스트레스를 완화, 혹은 줄여야 한다는 것을 의미하므로 정답은 A이다.

문제 10

A 夜间不宜喝咖啡 B 能量饮料中的咖啡因极少 C 过多饮用能量饮料对健康不利 D 剧烈运动会导致血压升高	A 야간에 커피를 마시는 것은 좋지 않다 B 에너지 음료 속에는 카페인이 극히 적다 C 과도하게 에너지 음료를 마시는 것은 건강에 좋지 않다 D 격렬한 운동은 혈압 상승을 초래한다
研究表明，一瓶能量饮料所含的咖啡因往往比一杯浓咖啡还多。过多地饮用能量饮料，可能会导致人体血压升高，心率加快等。做完剧烈运动后，大量饮用能量饮料，甚至还可能出现脱水现象。	한 연구에서 한 병의 에너지 음료가 함유한 카페인은 종종 한 잔의 진한 커피보다 많다고 밝혔다. 과도하게 에너지 음료를 마시는 것은 인체 혈압 상승을 초래하고, 심박율이 빨라지게 한다. 격렬한 운동을 한 후에 에너지 음료를 많이 마시면 심지어 탈수현상이 생길 수도 있다.

단어 能量饮料 néngliàng yǐnliào 명 에너지 음료 | 咖啡因 kāfēiyīn 명 카페인 | 剧烈 jùliè 동 격렬하다(* 剧烈运动 jùliè yùndòng 격렬한 운동) | 血压 xuèyā 명 혈압 | 浓 nóng 형 진하다(* 浓咖啡 nóng kāfēi 진한 커피) | 心率 xīnlǜ 명 심장박동률, 심박율 | 脱水现象 tuōshuǐ xiànxiàng 명 탈수현상

해설 에너지 음료에 관한 연구결과를 나타낸 정보 글이다. '大量饮用能量饮料，甚至还可能出现脱水现象(에너지 음료를 많이 마시면 심지어 탈수현상이 생길 수도 있다)'이라고 했으므로 정답은 C이다.

듣기 제2부분 실전 PT 정답 ▶ p.365

11. A	12. B	13. D	14. B	15. C	16. C	17. A
18. B	19. A	20. C				

문제 11-15

女：15.C 您以前在古玉标本研究中心工作，是一个学者。现在开办了博雅收藏文化有限公司，从事文物鉴定培训，成为了一位知识的传播者。促成您身份转变的原因是什么？	여: 15.C 당신은 이전에 고대 옥 표본 연구센터에서 일했고, 한 명의 학자였습니다. 현재는 보야 수집문화 유한회사를 설립하여 문물감정교육에 종사하여 한 명의 지식 전도사가 되었는데요. 당신의 신분을 바꾸게 된 원인은 무엇입니까?

男：我认为，学者和传播者这两者之间，实际上是相通的。如今，古玩的商品化给我们提出了一个问题。文物研究究竟能不能作为商品进入市场？一方面来看，答案是否定的。文物研究创造的是精神产品。它所强调的应该是文物的艺术价值、历史价值而不是经济价值。从另一方面来看，答案又是肯定的。现在，人们对古玩非常感兴趣。如果，能够通过这么一个机会，提高人们对文物的认知水平，11.A 这对文物保护与研究来说，是一种很大的贡献。

女：您作为文物研究和鉴定专家，可以谈谈对收藏市场的看法吗？

男：收藏市场可以用非常火爆来形容。因为，物以稀为贵。而古玩即使没有人为的破坏，也在处于不断损耗的过程中。东西越来越少，而从事收藏和买卖的人越来越多，12.B 市场供不应求。正是由于市场上的供不应求，高仿品也越来越多。这不仅给收藏者带来了损失，而且对那些流失在民间的艺术品的回收与保护，也带来了不利的影响。所以说，目前市场还是比较混乱的。

女：您认为应该怎样改变这种市场状况？

男：13.D 从收藏爱好者的个人角度来讲，必须要提高自己的鉴赏水平，掌握扎实的鉴定技巧。

女：您创办博雅收藏文化有限公司的初衷是什么呢？想达到什么目标？

男：艺术品鉴定是个复杂的体系。通常都是父子相传。一般人想找一个好的师傅，拜师学艺是很难的。我们设立这个公司，就是想将我们这些专业学者所具备的知识，同学员分享，让他们学到实用、有效的鉴定技巧。14.B 我们邀请的专家顾问都是资深学者。而且我们特别强调学员的实践能力。每位学员都可以接受长达两年的培训与指导。此外，我们还专门办了一个标本实验室，可供学员随时学习、观摩。我希望通过我们的努力，让学员树立正确的收藏观念，在藏品升值带来财富的同时，感受艺术品所蕴含的历史文化美。

남: 저는 학자와 전도사 이 둘 간에는 사실 상통하는 것이 있다고 생각합니다. 현재 골동품의 상품화는 우리에게 하나의 문제를 제기했는데요. 문물연구가 도대체 상품으로서 시장에 들어갈 수 있는가 없는가입니다. 한 편으로 답은 부정적이라고 볼 수 있습니다. 문물연구가 만들어내는 것은 정신적인 것이고, 그것이 강조하는 것은 문물의 예술적 가치이고, 역사적 가치이지 경제적인 가치가 아닙니다. 다른 한 편으로 답은 긍정적이라고도 볼 수 있습니다. 현재, 사람들은 골동품에 관심이 매우 많습니다. 만약에 이러한 기회를 통해 사람들의 문물에 대한 인식수준을 높일 수 있다면, 11.A 이것은 문물의 보호와 연구에 있어서는 하나의 큰 공헌이 됩니다.

여: 문물연구와 감정전문가로서 수집시장에 대한 견해를 말씀해주실 수 있나요?

남: 수집시장은 매우 뜨겁다고 묘사할 수 있습니다. 물건은 드물수록 귀하기 때문입니다. 그런데 골동품은 인위적인 파괴가 없을지라도 끊임없는 마모의 과정에 놓여져 있습니다. 물건은 갈수록 적어지고, 수집과 매매에 종사하는 사람을 갈수록 많아져 12.B 시장의 공급이 수요를 따르지 못하고 있죠. 시장에서의 공급부족 때문에 A급의 모조품은 갈수록 많아지고 있습니다. 이것은 수집가들에게 손실을 가져다 주고, 게다가 민간에서 유실되는 예술품들의 회수와 보호에 좋지 않은 영향을 가져다 줍니다. 그래서 현재 시장은 비교적 혼란스럽다고 말할 수 있습니다.

여: 어떻게 이런 시장상황을 바꾸어야 한다고 생각하십니까?

남: 13.D 수집전문가들의 개인적인 각도에서 본다면, 반드시 자신의 감정수준을 높여야 하고, 탄탄한 감정기술을 습득해야 합니다.

여: 당신이 보야 수집문화 유한회사를 설립한 취지는 무엇입니까? 어떤 목표에 도달하고 싶으신가요?

남: 예술품 감정은 복잡한 시스템입니다. 통상적으로 아버지에서 아들로 전해지죠. 일반인이 좋은 스승을 찾아 스승으로 모시고 기술을 배우기는 어렵습니다. 우리가 이 회사를 설립한 것은 바로 우리의 전문적인 학자들이 갖추고 있는 지식을 수강생들과 함께 나누어 그들이 실용적이고, 효과적인 감정기술을 배우게 하는 것입니다. 14.B 우리가 초빙한 전문고문들은 모두 베테랑의 학자들입니다. 게다가 우리는 수강생들의 실전능력을 강조합니다. 모든 수강생들이 길게는 2년간의 훈련과 지도를 받아들일 수 있습니다. 이 외에, 우리는 전문적으로 표본 실험실을 열어 수강생들이 언제든지공부하고, 참관할 수 있게 제공하고 있습니다. 저는 우리의 노력을 통해 수강생들이 정확한 수집관념을 세우게 하고, 수집품의 가치상승이 부를 가져다주는 동시에, 예술품이 가지고 있는 역사문화적 아름다움을 느끼기를 바랍니다.

단어 鉴定 jiàndìng 동 감정하다 | 促成 cùchéng 동 서둘러 성사시키다 | 古玩 gǔwán 명 골동품 | 收藏 shōucáng 동 소장하다, 수집하여 보관하다 | 火爆 huǒbào 형 (분위기나 인기 등이) 뜨겁다, 폭발적이다 | 物以稀为贵 wù yǐ xī wéi guì 성 물건은 적을수록 귀하다 | 损耗 sǔnhào 동 소모되다 | 流失 liúshī 동 유실되다 | 回收 huíshōu 동 회수하다 | 扎实 zhāshi 형 견실하다, 튼튼하다 | 初衷 chūzhōng 명 최초의 소망, 바람 | 相传 xiāngchuán 동 대대로 전해오다 | 顾问 gùwèn 명 고문 [전문적인 지식과 풍부한 경험으로 조언하는 직책이나 직책의 사람] | 观摩 guānmó 동 (경험교류와 배울 목적으로) 참관하다, 견학하다 | 升值 shēngzhí 동 가치가 오르다 | 蕴含 yùnhán 동 내포하다, 함유하다

문제 11

文物研究的商品化，有什么好处？ A 有利于文物保护 B 解决部分人的就业问题 C 加速货币的流通 D 增加财政收入	문물연구의 상품화는 어떤 좋은 점이 있는가? A 문물의 보호에 도움이 된다 B 일부 사람들의 취업문제를 해결한다 C 화폐의 유통을 가속화 시킨다 D 재정수입을 늘린다

단어 流通 liútōng 동 유통되다 | 财政 cáizhèng 명 재정

해설 문물연구의 상품화에 관한 문제이고, 게스트가 '这对文物保护与研究来说，是一种很大的贡献(이것은 문물의 보호와 연구에 있어서는 하나의 큰 공헌이 됩니다)'이라고 했고 공을 세웠다는 것은 도움이 되었다는 말이므로 정답은 A이다.

문제 12

男的觉得，现在的收藏市场怎么样？ A 特别规范　　　B 供不应求 C 缺乏活力　　　D 潜力很大	남자는 현재의 수집시장이 어떻다고 여기는가? A 매우 규범적이다　　B 공급이 수요를 따라가지 못한다 C 활력이 없다　　　D 잠재력이 크다

단어 规范 guīfàn 동 규범화하다 명 규범 | 供不应求 gōngbú yìngqiú 성 공급이 수요를 따르지 못하다

해설 수집시장에 관한 문제로, 진행자가 두 번째로 물은 질문과 매칭이 되고, 이에 대답으로 게스트가 '市场供不应求(시장의 공급이 수요를 따르지 못하고 있죠)'라고 했으므로 정답은 B이다.

문제 13

收藏爱好者应该怎么做？ A 正当竞争 B 摆脱技巧的束缚 C 敢于投资 D 提升个人的鉴赏能力	수집애호가들은 어떻게 해야 하는가? A 정당하게 경쟁해야 한다 B 기술의 속박에서 벗어나야 한다 C 용감하게 투자해야 한다 D 개인의 감정능력을 향상시켜야 한다

단어 束缚 shùfù 명 속박(* 摆脱束缚 bǎituō shùfù 속박에서 벗어나다) | 鉴赏 jiànshǎng 동 (예술품·문물 등을) 감상하다

해설 수집애호가들의 앞으로 방향을 물은 문제이고, 진행자의 수집시장 현 상황을 어떻게 해야 하냐는 질문에 게스트가 '从收藏爱好者的个人角度来讲，必须要提高自己的鉴赏水平(수집전문가들의 개인적인 각도에서 본다면, 반드시 자신의 감정수준을 높여야 합니다)'이라고 했으므로 정답은 D이다.

문제 14

关于男的创办的公司，可以知道什么？ A 免费指导　　　B 邀请了资深顾问 C 学员很少　　　D 经营不善	남자가 설립한 회사에 관해, 무엇을 알 수 있는가? A 무료로 지도한다　　B 베테랑 고문을 초빙했다 C 수강생이 적다　　　D 경영이 뛰어나지 못하다

단어 资深 zīshēn 형 경력이 오랜, 베테랑의(* 资深顾问 zīshēn gùwèn 베테랑 고문) | 不善 búshàn 형 잘하지 못하다

해설 | 남자 즉, 게스트가 설립한 회사에 관한 정보를 묻는 문제이고, 진행자가 회사의 초기 계획을 물은 질문에 대한 대답을 하던 중 게스트가 '我们邀请的专家顾问都是资深学者(우리가 초빙한 전문고문들은 모두 베테랑의 학자들입니다)'라고 했으므로 정답은 B이다.

문제 15

根据对话，下列哪项正确？ A 文物鉴赏理论高于实践 B 文物保护现状不容乐观 C 男的以前是位学者 D 男的出版了鉴赏教材	대화를 근거로, 아래에 어느 항이 정확한가? A 문물감정은 이론이 실전보다 높다 B 문물보호의 현 상태는 낙관적이지 않다 C 남자는 이전에 학자였다 D 남자는 감정교재를 출판했다

단어 | 实践 shíjiàn 명 실천 | 不容 bùróng 동 허락하지 않다(* 不容乐观 bùróng lèguān 낙관적이지 않다)

해설 | 이 인터뷰로 알 수 있는 사실을 묻는 문제로 처음에 진행자가 '以前在古玉标本研究中心工作，是一个学者(당신은 이전에 고대 옥 표본 연구센터에서 일했고, 한 명의 학자였습니다)'라고 언급했으므로 정답은 C이다.

문제 16-20

| 女：此次奥运会你将以卫冕冠军的身份出战，和2004年、2008年的那个林丹相比，现在的你有什么不同？
男：16.C 我为自己感到骄傲，我在国家队用了12年时间证明自己依然是男子单打组中教练首选的运动员之一。20.C 伦敦是我第三次代表中国男单参加的奥运会，我要做的是创造后人难以超越的纪录，这是一个林丹的时代。
女：在羽毛球界也有选手参加三届甚至四届奥运会的先例，但是能够始终保持高水平的几乎没有。
男：对，没错。羽毛球的每一场比赛消耗的体能和要求的精力，和很多项目完全不一样，特别是男子单打，非常辛苦。我在过去12年的职业生涯中，已尽可能把我最好的竞技状态都表现了出来，17.A 只要我还打下去，对很多年轻人来说就是一种鼓励。18.A 一个运动员一辈子没有几次能代表祖国参加奥运会，我格外珍惜。18.B 奥运会很神圣，但不是人生的终点。
女：你的父母也将前往伦敦，我们知道过去你父母很少到现场看你比赛，这次有他们到场是否会觉得更心安？
男：是的，我的家人都会去伦敦看我的比赛，这样我的压力也不会那么大，因为我知道，不管结果如何，在赛场某个小小的角落里，会有他们无私的支持。家人的爱是没有一点私心的，是最无私的，这让我非常幸福。 | 여: 이번 올림픽은 당신이 타이틀을 방어하는 신분으로 출전을 할 텐데요. 2004년, 2008년의 린딴과 비교했을 때 현재의 당신은 어떤 것이 다른가요?
남: 16.C 저는 스스로를 자랑스럽게 여기고 있고, 국가대표팀에서 12년 동안의 시간을 들여 저는 여전히 남자단식 조 중에 코치들이 우선적으로 뽑는 운동선수가 되었습니다. 20.C 런던은 제가 세 번째로 중국 남자단식을 대표하여 참가하는 올림픽이고, 제가 해야 하는 것은 이후의 사람이 넘기 어려운 기록과 지금이 린딴의 시대라는 것을 만드는 것입니다.
여: 배드민턴 계에서 선수가 3회, 심지어 4회 올림픽에 참여한 선례도 있지만, 시종 높은 수준을 유지할 수 있었던 경우는 거의 없었습니다.
남: 예, 맞습니다. 배드민턴은 매 시합에 소모되는 신체적 능력과 요구되는 힘이 많은 종목들과 완전히 다릅니다. 특히, 남자단식이 매우 고생스럽죠. 저는 과거 12년 동안의 직업적 삶에서 저의 가장 좋은 경기상태를 가능한 한 모두 보여주었고, 17.A 제가 더 해 나간다면, 많은 젊은이들에게는 일종의 격려가 되죠. 18.A 운동선수가 조국을 대표해 올림픽에 참가할 수 있는 것은 한 평생 몇 번 되지 않아서 저는 특별히 소중히 생각합니다. 18.B 올림픽은 신성한 것이지만, 인생의 종점은 아닙니다.
여: 당신 부모님도 런던으로 갈 텐데, 우리는 과거에 당신 부모님은 당신의 시합을 보러 경기장에 잘 안 갔던 것으로 아는데, 이번에 그들이 경기장에 가서 마음이 더 편하지 않나요?
남: 그렇습니다. 제 가족은 모두 제 시합을 보러 경기장에 갑니다. 이렇게 하면 제 부담도 그렇게 크지 않게 되죠. 왜냐하면 저는 결과가 어떻게 되든 시합장에서 어떤 작은 모퉁이에서 그들이 사심 없이 응원해주고 있을 것이라는 것을 알기 때문입니다. 가족의 사랑은 조금도 사심이 없고, 이것이 저를 매우 행복하게 만듭니다. |

女: 29岁的你，对幸福的理解是什么？ 男: 不在于你住多大的房子或者是拥有了什么，也许通过你的努力拥有了这些以后，会有一种成就感，但那种成就感并不一定就是幸福感。幸福是早上下楼给家人买早点，是一家人一起聊天，幸福也是回家的时候一抬头就能从窗口看到爸妈在厨房里忙活。19.A 我觉得幸福是家人的爱，比如他们的鼓励和支持。	여: 29세의 당신은 행복에 대한 이해가 어떠한가요？ 남: 당신이 얼마나 큰 집에 있거나, 어떤 것을 가지고 있든지 간에, 어쩌면 당신의 노력을 통해 이러한 이런 것들을 가지게 된 후에, 일종의 성취감이 생기겠지만, 그러한 성취감은 결코 행복감인 것은 아닙니다. 행복은 아침에 가족을 위해 아침식사를 사는 것이고, 가족과 함께 잡담을 나는 것입니다. 행복은 집으로 돌아갈 때, 고개를 드니 창문으로 아빠, 엄마가 주방에서 분주한 것을 볼 수 있는 것이기도 하죠. 19.A 저는 행복은 가족의 사랑이라고 여깁니다. 예를 들면, 그들의 격려와 응원이죠.

단어 奥运会 Àoyùnhuì 명 올림픽(* 亚运会 Yàyùnhuì 아시안게임) | 卫冕 wèimiǎn 동 (우승이나 타이틀을) 방어하다(* 卫冕冠军 wèimiǎn guànjūn 우승을 지키다) | 出战 chūzhàn 동 출전하다 | 单打 dāndǎ 명 단식(↔ 双打 shuāngdǎ 복식) | 超越 chāoyuè 동 넘어서다 | 先例 xiānlì 명 선례 | 消耗 xiāohào 동 소모하다 | 生涯 shēngyá 명 생애, 일생 | 神圣 shénshèng 형 신성하다 | 前往 qiánwǎng 동 ~를 향해 가다(* 前往伦敦 qiánwǎng Lúndūn 런던으로 가다) | 无私 wúsī 형 사심이 없다 | 早点 zǎodiǎn 명 (간단한) 아침식사

문제 16

男的怎么评价现在的自己？ A 体能下降　　　B 追求简单 C 为自己骄傲　　D 有很大的上升空间	남자는 어떻게 현재의 자신을 평가하는가？ A 신체능력이 떨어진다　　B 간단함을 추구한다 C 자신을 자랑스러워 한다　D 매우 큰 발전여지가 있다

단어 体能 tǐnéng 명 몸의 운동능력, 체능

해설 게스트의 자신에 대한 평가를 묻는 문제이고, 첫 번째 질문으로 과거와 현재의 당신이 어떻게 다르냐는 질문에 게스트가 '我为自己感到骄傲(저는 스스로를 자랑스럽게 여기고 있습니다)'라고 했으므로 정답은 C이다.

문제 17

男的认为自己对年轻人有什么作用？ A 激励　　　B 安慰 C 指导　　　D 引以为戒	남자는 자신이 젊은이들에게 어떤 작용이 있다고 여기는가？ A 격려하는　　B 위로하는 C 이끌어주는　D 본보기로 삼는

단어 激励 jīlì 동 격려하다 | 引以为戒 yǐnyǐ wéijiè 거울로 삼다, 본보기로 하다

해설 남자가 젊은이들에게 끼친 영향을 묻는 문제로 두 번째 질문에 대한 대답에서 '只要我还打下去，对很多年轻人来说就是一种鼓励(제가 더 해 나간다면, 많은 젊은이들에게는 일종의 격려가 되죠)'라고 했으므로 정답은 A이다.

문제 18

男的对奥运会是什么看法？ A 不宜经常参加 B 并非奋斗的终点 C 跟其他比赛一样 D 是年轻人的天下	남자는 올림픽에 대해 어떤 견해인가？ A 자주 참가하는 것은 좋지 않다 B 결코 분투의 종점이 아니다 C 다른 시합과 같다 D 젊은이들의 세계이다

단어 终点 zhōngdiǎn 명 종착점, 결승점

해설 남자의 올림픽에 대한 견해를 묻는 문제로, 진행자가 남자의 높은 수준을 유지할 수 있었던 이유를 묻는 질문에 대한 대답을 하던 중에 '奥运会很神圣，但不是人生的终点(올림픽은 신성한 것이지만, 인생의 종점은 아닙니다)'이라고 했으므로 정답은 B이다. A는 '자주 참가하는 것이 좋지 않다'라는 뜻이지 '자주 참가하지 못한다'가 아니므로 '一个运动员一辈子没有几次能代表祖国参加奥运会(운동선수가 조국을 대표해 올림픽에 참가할 수 있는 것은 한 평생 몇 번 되지 않습니다)'를 듣고 A를 선택해서는 안 된다.

문제 19

男的认为幸福是什么? A 家人的关爱　　　B 一种成就感 C 努力后的回报　　D 成功时的喜悦	남자는 행복이 무엇이라고 여기는가? A 가족의 관심과 사랑　　B 일종의 성취감 C 노력 후의 보답　　D 성공했을 때의 희열

단어 回报 huíbào 동 보답하다 | 喜悦 xǐyuè 형 기쁘다 명 희열

해설 남자의 행복에 대한 견해를 묻는 문제인데, 진행자의 마지막 질문 역시 행복에 대한 이해를 물었고, 남자가 마지막 부분에 '我觉得幸福是家人的爱，比如他们的鼓励和支持(저는 행복은 가족의 사랑이라고 여깁니다. 예를 들면, 그들의 격려와 응원이죠)'라고 했으므로 정답은 A이다.

문제 20

关于男的可以知道什么? A 已经退役了 B 是网球新人 C 不止一次参加奥运会 D 不让父母去伦敦看他比赛	남자에 관해 알 수 있는 것은? A 이미 은퇴했다 B 테니스 신예이다 C 올림픽 참가가 한 번에 그치지 않았다 D 부모님이 그의 경기를 보러 런던에 가지 못하게 했다

단어 退役 tuìyì 동 은퇴하다

해설 남자의 정보에 관한 문제로 첫 질문에 대한 대답에서 '伦敦是我第三次代表中国男单参加的奥运会(런던은 제가 세 번째로 중국 남자단식을 대표하여 참가하는 올림픽입니다)'라고 했으므로 정답은 C이다.

듣기 제3부분　실전 PT 정답　　▶p.366

| 21. A | 22. A | 23. D | 24. C | 25. D | 26. C | 27. D |
| 28. C | 29. A | 30. C | 31. C | 32. C | | |

문제 21-23

刘完素是宋朝著名医学家。有一次，他生了病，吃了许多药也不见好转。恰巧他的朋友张元素也是个大夫，**21.A** 张元素主动提出要给刘完素看病，刘完素却有些不情愿。他想：**22.A** 我要是被他治好了，那岂不是很没面子，但他又转念一想，我平时最提倡同行间互相学习，怎么轮到自己，就犯糊涂了呢。于是，他决定请张元素给自己治病，两人一起分析病情，终于找到了病根。不久，刘完素就恢复了健康。

此后，两人经常在一起交流医学上的疑难问题，医术都大有长进。孔子说：三人行，必有我师焉。知识再渊博的人也有不足之处，**23.D** 我们要虚心学习他人的长处，这样才能不断进步。

유완소는 송 왕조 때의 유명한 의학자이다. 한 번은 그가 병이 나 많은 약을 먹었는데도 호전이 되지 않는데, 마침, 그의 친구 장원소 역시 의사여서 **21.A** 장원소가 주동적으로 유완소를 진찰하겠다고 제의했는데, 유완소는 오히려 원하지 않았다. 그는 생각했다. **22.A** '내가 그에게 치료를 받아 좋아지면, 이 어찌 창피한 일이 아니겠는가.' 하지만 그는 또 다시 생각해보니 '내가 평소에 동료간에는 서로 배워야 한다 가장 강조하지 않았는가. 어찌 내가 그렇게 되니 멍청하게 굴 수 있는가?'하는 마음이 들었다. 그리하여 그는 장원소가 자신을 진찰하길 청했고, 두 사람은 함께 병세를 분석하여 마침내 병원 근원을 찾아냈다. 얼마 되지 않아 유완소는 건강을 회복했다.

이후에, 두 사람은 자주 함께 의학 방면의 의문이나 어려운 점을 교류했고, 의술도 모두 큰 발전이 있었다. 공자는 '三人行，必有我师焉(세 사람이 길을 가면 그 가운데 반드시

나의 스승이 있다)'이라고 말했다. 아무리 박학다식한 사람일지라도, 부족한 점은 있고, 23.D 우리는 겸손하게 타인의 장점을 본 받고, 이렇게 해야만 끊임없이 발전할 수 있다.

단어 好转 hǎozhuǎn 동 호전되다 | 恰巧 qiàqiǎo 부 때마침 | 情愿 qíngyuàn 동 진심으로 원하다 | 岂 qǐ 부 어찌 ~하겠는가?(* 岂不是 qǐbúshì 어찌 ~이 아니겠는가?) | 转念 zhuǎnniàn 동 다시 생각하다 | 轮到 lúndào 순서가 되다 | 糊涂 hútu 형 어리석다(* 犯糊涂 fàn hútu 어리석게 굴다) | 病根 bìnggēn 명 병의 근원 | 疑难 yínán 형 의문을 풀기 어렵다 | 长进 zhǎngjìn 동 (학문·능력 등이) 향상되다 | 渊博 yuānbó 형 박식하다

문제 21

张元素主动提出做什么?	장원소는 무엇을 주동적으로 제의했는가?
A 给刘完素治病	A 유완소에게 병을 치료해주는 것
B 安抚患者情绪	B 환자의 마음을 위로해주는 것
C 在当地开药店	C 현지에 약국을 여는 것
D 研制新的药品	D 새로운 약품을 연구 제조하는 것

단어 安抚 ānfǔ 동 위로하다 | 研制 yánzhì 동 연구 제작하다

해설 장원소가 제의한 것을 묻는 문제인데, 유완소가 병이 나서 호전되지 않는 상황에서 '张元素主动提出要给刘完素看病(장원소가 주동적으로 유완소를 진찰하겠다고 제의했다)'이라는 내용이 나오므로 정답은 A이다.

문제 22

刘完素起初为什么不太情愿?		유완소는 처음에 왜 원하지 않았는가?	
A 怕丢面子	B 不信任对方	A 체면을 잃을까 걱정되어서	B 상대방을 믿지 못해서
C 病情不严重	D 已找到治疗方法	C 병세가 심각하지 않아서	D 이미 치료방법을 찾아서

해설 유완소가 처음에는 왜 원하지 않았냐는 문제이고 앞 문제와 연계하면 장원소가 병을 치료해주려고 하자 유완소가 왜 원치 않았느냐는 문제로, 유완소가 생각한 부분인 '我要是被他治好了，那岂不是很没面子(내가 그에게 치료를 받아 좋아지면, 이 어찌 창피한 일이 아니겠는가)'라고 했으므로 체면을 잃을까 걱정되어서 임을 알 수 있다. 정답은 A이다.

TIP 没(有)面子 = 丢面子 체면을 잃다, 부끄럽다

문제 23

这段话主要想告诉我们什么?	이 글은 주로 우리에게 무엇을 알리고자 하는가?
A 要广泛交友	A 광범위하게 친구를 사귀어야 한다
B 待人要宽容	B 사람을 대할 때는 관용을 베풀어야 한다
C 对自己不要过于苛刻	C 자신에 대해 너무 가혹하게 해서는 안 된다
D 要虚心向他人学习	D 겸손하게 다른 사람을 본 받아야 한다

단어 宽容 kuānróng 형 너그럽다 | 苛刻 kēkè 형 (조건·요구 등이) 너무 지나치다

해설 이 글의 교훈을 묻는 문제이고, 결국 유완소는 장원소의 도움으로 병을 치료했을 뿐만 아니라 이후 함께 어려운 점을 교류하며 의술에서 큰 발전을 얻었다는 것만으로도 충분히 서로에게 배워야 한다는 D가 정답임을 짐작할 수 있고, 마지막 부분에 '我们要虚心学习他人的长处，这样才能不断进步(우리는 겸손하게 타인의 장점을 본 받고, 이렇게 해야만 끊임없이 발전할 수 있다)'라고 했으므로 정답은 D이다.

문제 24-26

2012年发表在《消费者研究杂志》上的一篇文章指出，24.C 签名可能会引发人们的自我认同感。当面临一些消费行为时，人们的购买欲望可能会因此而增强。这就是所谓的签名效应。一个简单的动作，为什么会有如此大的影响呢？研究人员发现，25.D 人们在纸上写下自己的名字时，大脑中的自我意识会加强。此时，如果看到自己喜欢的东西，很容易把物品和自己联系起来，产生这个东西真适合我的想法，从而激发购买欲望。例如，有的中介公司，要求租客在看房之前，签订看房协议书，就是为了增强租客的租住愿望。了解了签名效应之后，下次再遇到诸如填会员表或签信用卡等情况时，26.C 我们一定要慎重考虑，看自己是否真的需要这个东西或这项服务，以免花冤枉钱。

2012년 발표한《소비자 연구잡지》의 한 편의 글에서는 24.C 서명을 하는 것은 사람들에게 자기가 인정받는 느낌이 들게 할 수 있다고 밝혔다. 소비행위를 마주했을 때, 사람들의 구매욕망은 아마도 이 때문에 증가될 것이다. 이것이 바로 소위 서명효과이다. 이 간단한 동작이 왜 이렇게 큰 영향을 가지는가? 연구원이 발견한 것은 25.D 사람들이 종이 위에 자신의 이름을 써내려갈 때, 대뇌 속의 자아의식이 강해지는데, 이때, 만약에 자신이 좋아하는 물건을 보면 아주 쉽게 물품을 자신과 연결시켜, 이 물건이 정말 나에게 적합하다는 생각이 들어 구매욕망을 불러 일으킨다는 것이다. 예를 들면, 어떤 (부동산) 중개회사는 임대고객이 집을 보기 전에, 집을 보는 협의서에 서명을 할 것을 요구하는데 바로 임대고객의 임대를 하겠다는 바람을 증가시키기 위함이다. 서명효과를 이해한 후, 다음에 예를 들어 회원 가입서에 기입을 하거나 신용카드 등에 서명을 해야 하는 상황을 맞닥뜨리면, 26.C 우리는 반드시 자신이 진짜 이 물건이나 이 서비스가 필요한지를 신중하게 고려하여 쓸데 없이 돈을 쓰는 것을 피해야 한다.

단어 签名 qiānmíng 동 서명하다 | 认同 rèntóng 동 인정하다 | 激发 jīfā 동 (감정을) 불러일으키다(* 激发欲望 jīfā yùwàng 욕망을 불러일으키다) | 签订 qiāndìng 동 (계약·거래를) 체결하다 | 诸如 zhūrú 동 예를 들면 ~이다 | 以免 yǐmiǎn 접 ~하지 않도록 | 花冤枉钱 huā yuānwangqián 쓸데없이 돈을 쓰다

문제 24

签名行为，会导致什么？	서명을 하는 행위는 무엇을 야기하게 되는가？
A 个人信息泄露　　B 责任感降低 C 购买欲望增强　　D 产生优越感	A 개인 정보가 샌다　　B 책임감이 떨어진다 C 구매욕망이 강해진다　　D 우월감이 생긴다

단어 泄露 xièlòu 동 (비밀을) 누설하다 | 优越感 yōuyuègǎn 명 우월감

해설 서명을 하는 행위가 불러일으키는 효과에 대한 문제이고, 글의 첫 부분에서 '签名可能会引发人们的自我认同感。当面临一些消费行为时，人们的购买欲望可能会因此而增强(서명을 하는 것은 사람들에게 자기가 인정받는 느낌이 들게 할 수 있다. 소비행위를 마주했을 때, 사람들의 구매욕망은 아마도 이 때문에 증가될 것이다)'이라고 했으므로 우선적으로는 '자기에 대한 인정감'을 만들어낸다는 것이고 이로 인해 '구매욕망도 증가하는 것'이라고 했으므로 정답은 C이다.

문제 25

人们在纸上写下自己的名字时，会有什么反应？	사람들은 종이에 자신의 서명을 할 때, 어떤 반응이 생기게 되는가？
A 陷入沉思状态 B 感到疲惫 C 注意力不集中 D 自我意识加强	A 깊은 생각을 하는 상태에 빠지게 된다 B 피로함을 느끼게 된다 C 주의력이 집중되지 않는다 D 자아의식이 강해진다

단어 陷入 xiànrù 동 (불리한 지경에) 빠지다 | 沉思 chénsī 동 심사숙고하다 | 疲惫 píbèi 형 대단히 지치다

해설 사람들의 서명을 했을 때의 반응을 묻는 문제이고, 앞의 문제로 서명행위가 자기 인정감을 준다고 했으므로 D가 정답에 가까움을 짐작할 수 있고, 지문에서 '人们在纸上写下自己的名字时，大脑中的自我意识会加强(사람들이 종이 위에 자신의 이름을 써내려갈 때, 대뇌 속의 자아의식이 강해진다)'이라고 직접적으로 언급했으므로 정답은 D이다.

문제 26

填写会员表时，应该怎么做？ A 明确会员权限 B 确保地址准确 C 考虑自身需求 D 牢记卡号	회원 가입서에 기입할 때, 어떻게 해야 하는가? A 회원의 권한을 명확하게 해야 한다 B 주소를 정확하게 확보해야 한다 C 자신이 필요로 하는 것을 고려해야 한다 D 카드번호를 분명하게 기억해야 한다

단어 权限 quánxiàn 명 권한 | 确保 quèbǎo 동 확실히 보장하다 | 牢记 láojì 동 명심하다 | 卡号 kǎhào 명 카드번호

해설 회원 가입서에 기입할 때 어떻게 해야 하는지를 묻는 문제인데, 지문에서는 부동산 협의서와 신용카드 신청서 등에 서명하는 행위에 대한 예가 언급되었고, 마지막에 '我们一定要慎重考虑，看自己是否真的需要这个东西或这项服务，以免花冤枉钱(우리는 반드시 자신이 진짜 이 물건이나 이 서비스가 필요한지를 신중하게 고려하여 쓸데없이 돈을 쓰는 것을 피해야 한다)'이라고 했으므로 정답은 C이다.

문제 27-29

南极和北极同样是极地，都处于地球自转轴的两端，温度也都非常低，不过南极比北极更冷，是当之无愧的极冷之地。这是为什么呢？第一，**27.D 南极洲是陆地，北极地区则是一片汪洋大海**。由于陆地降温比海洋快，因此，冬季的南极比冬季的北极更冷。这是造成两极温度差异的最重要原因。第二，南极洲的维度高，太阳辐射经过大气的路径长，到达地面的太阳辐射比较少。此外，每年南极圈内，各地都有极夜，**28.C 南极点的极夜期更长达半年**，在这期间，南极点无任何太阳辐射，与此同时，陆地热量也在不断散失，因此南极洲的平均温度比较低。第三，南极洲平均海拔为2350米，是世界上平均海拔最高的大洲，而北极地区的平均海拔仅与海平面相当，而温度会随海拔的上升而降低。所以，**29.A 南极的气温要相对低一些**。	남극과 북극은 똑같이 극지이고, 모두 지구 자전축의 양단에 위치하며, 온도 역시 모두 매우 낮다. 하지만 남극은 북극보다 더욱 추워서 극냉지역으로 손색이 없다. 이것은 무엇 때문인가? 첫째, **27.D 남극대륙은 육지이지만, 북극지역은 망망대해이다**. 육지의 온도하강이 해양보다 빠르기 때문에, 겨울의 남극은 겨울의 북극보다 더욱 춥다. 이것은 양극온도의 차이를 조성하는 가장 중요한 원인이다. 둘째, 남극대륙의 위도가 높고, 태양복사는 대기를 거치는 경로가 길기 때문에 지면에 도달하는 태양복사가 비교적 적다. 이외에, 매년 남극권 내에서는 각지에 극야가 생기는데, **28.C 남극점의 극야기간은 더욱이 반년에 달해** 이 기간에 남극점은 어떠한 태양복사도 없고, 이와 동시에, 육지의 열에너지 역시 끊임 없이 산실되기 때문에 남극대륙의 평균기온은 비교적 낮다. 셋째, 남극대륙의 평균 해발은 2,350m로, 세계에서 평균해발이 가장 높은 대륙인데, 북극지역의 평균해발은 겨우 평균 해수면과 같고, 온도는 해발의 상승과 하강에 따른다. 그래서 **29.A 남극의 기온은 상대적으로 좀 낮다**.

단어 转轴 zhuànzhóu 명 회전축 | 当之无愧 dāngzhī wúkuì 성 그 이름에 부끄럽지 않다 | 南极洲 nánjízhōu 명 남극 대륙 | 汪洋 wāngyáng 형 끝없이 넓은 모양(* 汪洋大海 wāngyáng dàhǎi 망망대해) | 纬度 wěidù 명 위도 | 辐射 fúshè 동 (전자파 등의 미립자가) 방출되다. 방사하다 | 路径 lùjìng 명 경로, 방법 | 散失 sànshī 동 사라지다, 흩어져 없어지다

문제 27

造成两极温差的最重要原因是什么？ A 受温室效应影响程度不一 B 降水量不一样 C 洋流类型差异大 D 海陆分布不同	양극의 온도차이를 조성하는 가장 중요한 원인은 무엇인가？ A 온실효과의 영향을 받는 정도가 같지 않아서 B 강수량이 달라서 C 해류유형의 차이가 커서 D 바다와 육지로 분포가 달라서

단어 洋流 yángliú 명 해류 | 海陆 hǎilù 명 바다와 육지

해설) 남극과 북극, 양극의 온도차를 만드는 원인을 묻는 문제인데 지문에서 '南极洲是陆地，北极地区则是一片汪洋大海(남극대륙은 육지이지만, 북극지역은 망망대해이다)'라고 했으므로 한 곳은 바다 한 곳은 육지로 분포가 다르기 때문인 것을 알 수 있다. 정답은 D.

문제 28

关于南极洲，可以知道什么？	남극대륙에 관해, 무엇을 알 수 있는가?
A 大气层稀薄	A 대기층이 희박하다
B 冰山融化比北极严重	B 빙상융화가 북극보다 심각하다
C 极夜期较长	C 극야기간이 기교적 길다
D 海拔比北极低	D 해발이 북극보다 낮다

단어) 稀薄 xībó 형 희박하다(↔ 浓厚 nónghòu 농후하다, 짙다) | 融化 rónghuà 동 (얼음 따위가) 녹다 | 极夜 jíyè 명 극야 [극지방에서 밤이 계속되는 것을 가리킴](↔ 极昼 jízhòu 백야)

해설) 남극대륙에 관한 정보를 묻는 문제인데, '南极点的极夜期更是长达半年(남극점의 극야기간은 더욱이 반년에 달한다)'이라고 했으므로 C가 가장 적절한 답임을 알 수 있다. D는 지문에서 남극이 해발이 가장 높은 대륙이라고 했으므로 정답이 될 수 없다.

문제 29

根据这段话，下列哪项正确？	이 글에 따르면, 아래에 어느 항이 정확한가?
A 北极平均温度高于南极	A 북극 평균기온이 남극보다 높다
B 南极有许多珍稀矿产资源	B 남극은 많은 진귀한 광물자원이 있다
C 北极生物种类更多	C 북극생물의 종류가 더 많다
D 极地区臭氧层保护较好	D 극지지역의 오존층 보호는 비교적 좋다

단어) 臭氧层 chòuyǎngcéng 명 오존층

해설) 글을 근거로 맞는 보기를 고르는 문제인데, 마지막 부분에서 '南极的气温要相对低一些(남극의 기온은 상대적으로 좀 낮다)'라고 했으므로 북극이 남극과 비교했을 때 상대적으로 기온이 높은 것을 알 수 있다. 정답은 A이다.

문제 30-32

31.C 人脸识别系统的应用范围相当广泛。目前已用于机场、安防等多个重要行业，以及智能门禁、门锁等民用市场。然而 32.C 人脸识别技术也有其自身的局限性，还远远达不到人们预期的100%识别率。

比如，人脸比对时，只要与系统中存储的人脸稍有出入，例如剃了胡子、换了发型、变了表情都有可能导致比对失败。另外，30.C 对于双胞胎，由于相似特征太多，对他们的识别基本不可能成功。随着年龄的增长，人的面部外观会发生变化，特别是青少年，这种变化更加明显。所以在完善人脸识别系统时，年龄变化的影响也需要考虑进来。保守估计，如今，31.B 人脸识别系统的准确率只能达到95%。事实上，任何一项技术，在问市之初，都不是完美的。

理想与现实总是存在一些差距，这一切都需要更多地探索与努力。

31.C 안면인식 시스템의 응용범위는 상당히 광범위하다. 현재 이미 공항, 보안 등의 많은 중요한 업종 및 스마트폰 잠금, 도어락 등 민간용 시장에서 이미 사용되었다. 그런데, 32.C 안면인식 기술 역시 그 자체의 한계성을 가지고 있고, 또한 사람들이 예상한 100%의 식별율에는 많이 미치지 못하고 있다.

예를 들면, 안면을 대조할 때, 시스템 속에 저장된 얼굴과 조금의 오차, 예를 들면 수염을 깎았다든지, 헤어스타일을 바꾸었다든지, 표정만 바꾸어도 대조가 실패하게 된다. 그 밖에 30.C 쌍둥이에 대해서는 서로 닮은 특징이 너무 많아 그들에 대한 식별은 기본적으로 성공할 수가 없다. 나이가 들어감에 따라, 사람의 안면의 외관 역시 변화가 생기고, 특히 청소년은 이러한 변화가 더욱 분명하다. 그래서 안면인식 시스템을 완벽하게 할 때, 연령변화의 영향 역시 고려해보아야 한다. 조심스럽게 예측하자면, 현재, 31.B 안면인식 시스템의 정확율은 95%까지 밖에 달하지 못한다. 사실, 어떠한 기술도 출시 초기에는 모두 완벽한 것이 아니다.

이상과 현실에 늘 약간의 차이는 존재하니, 이 모든 것은 더욱 많이 탐구하고 노력해야 한다.

| 단어 | 安防 ānfáng 명 보안 | 门禁 ménjìn 명 출입구의 경비(* 智能门禁系统 zhìnéng ménjìn xìtǒng 스마트 출입통제 시스템) | 民用 mínyòng 형 민간에서 쓰는(* 民用市场 mínyòng shìchǎng 민간용 시장) | 预期 yùqī 동 예기하다, 예상하다 | 比对 bǐduì 동 비교 대조하다 | 存储 cúnchǔ 동 저장하다 | 出入 chūrù 명 (숫자의) 오차, 불일치 동 드나들다 | 剃 tì 동 (칼로 수염 등을) 깎다, 밀다 | 剃胡子 tì húzi 면도하다 | 完善 wánshàn 동 완벽하게 하다(* 完善系统 wánshàn xìtǒng 시스템을 완벽하게 하다) | 保守估计 bǎoshǒu gūjì 동 줄잡아 예측하다, 여유 있게 헤아려보다 | 问市 wènshì 동 (제품이) 출시되다 | 差距 chājù 명 격차, 차이 | 探索 tànsuǒ 동 탐구하다, 찾다 |

문제 30

| 根据这段话，人脸识别系统可能无法识别下面哪类人？
A 婴儿　　　　B 老人
C 双胞胎　　　D 头发长的 | 이 글에 따르면, 안면인식 시스템은 아래 어느 종류의 사람을 식별할 방법이 없는가?
A 영아　　　　B 노인
C 쌍둥이　　　D 머리가 긴 사람 |

| 단어 | 双胞胎 shuāngbāotāi 명 쌍둥이 |
| 해설 | 안면인식 시스템이 식별하기 어려운 종류의 사람을 묻는 문제인데, 지문에서 언급한 사람의 분류가 쌍둥이와 청소년 밖에 없고, '对于双胞胎，由于相似特征太多，对他们的识别基本不可能成功(쌍둥이에 대해서는 서로 닮은 특징이 너무 많아 그들에 대한 식별은 기본적으로 성공할 수가 없다)'이라고 했으므로 정답은 C이다. |

문제 31

| 关于人脸识别系统，可以知道什么？
A 面临淘汰
B 识别率低
C 应用范围广
D 不受年龄变化影响 | 안면인식 시스템에 관해, 무엇을 알 수 있는가?
A 없어질 상황에 직면했다
B 식별률이 낮다
C 응용범위가 넓다
D 연령변화의 영향을 받지 않는다 |

| 단어 | 淘汰 táotài 동 도태하다 | 识别率 shíbiélǜ 명 식별률 |
| 해설 | 글의 첫 부분에서 '人脸识别系统的应用范围相当广泛(안면인식 시스템의 응용범위는 상당히 광범위하다)'이라고 했으므로 정답은 C이다. 글 내용 중에 '人脸识别系统的准确率只能达到95%(안면인식 시스템의 정확율은 95%까지 밖에 달하지 못한다)'가 있는데 이는 완벽하지 않음을 말하는 것이지, '인식률이 낮다'라고 볼 수 없으므로 B는 정답이 될 수 없다. |

문제 32

| 这段话主要谈的是什么？
A 如何提高防伪技术
B 高新科技带来的便利
C 人脸识别系统的局限性
D 人脸识别系统的工作原理 | 이 글은 주로 말하려는 것이 무엇인가?
A 어떻게 위조방조기술을 향상시킬 것인가
B 최첨단 기술이 가져온 편리함
C 안면인식 시스템의 한계성
D 안면인식 시스템의 동작원리 |

| 단어 | 防伪 fángwěi 동 위조를 방지하다 |
| 해설 | 이 글의 제목으로 어울릴 만한 보기, 즉 전체적으로 설명한 내용을 묻는 문제인데, 앞의 문제들을 통해 안면 안면인식 시스템에 관한 글임을 알고 C와 D로 정답을 압축할 수 있고, 지문에서 역시 앞 문제에서 쌍둥이를 예로 든 것은 100% 식별할 수 없음을 말하고 있다는 것을 알 수 있으므로 C가 제일 정답에 가깝다. 또한 '人脸识别技术也有其自身的局限性(안면인식 기술 역시 그 자체의 한계성을 가지고 있다)'이라고 직접적으로 언급했으므로 정답은 C이다. |

Day 19

독해 제1부분 실전 PT 정답　▶p.374

1. A	2. A	3. C	4. B	5. A	6. C	7. D
8. A	9. D	10. A				

문제 1

A 如今，消费的形式越来越自由变得。
B 正像智慧常常隐藏在字里行间一样，谬误也是如此。
C 冰山是由雪花积压而成的，它属于淡水，不是咸水。
D 使用电器时，一旦发现漏电现象，应当立即切断电源。

A 오늘날, 소비의 형식은 갈수록 자유롭게 변하고 있다.
B 지혜가 종종 행간에 숨겨져 있는 것처럼, 오류도 그러하다.
C 빙산은 눈이 쌓여 만들어지는 것이어서, 그것은 담수에 속하지, 함수가 아니다.
D 전기기구를 사용할 때, 일단 누전현상이 발견되면 즉시 전원을 끊어야 한다.

단어 隐藏 yǐncáng 동 숨기다, 감추다 | 谬误 miùwù 명 오류, 잘못 | 淡水 dànshuǐ 명 담수, 민물(↔ 咸水 xiánshuǐ 함수, 짠물) | 漏电 lòudiàn 동 누전되다 | 切断 qiēduàn 동 자르다, 끊다

해설 어순 오용의 문제이다. 정도보어의 기본형식은 '동사 + 得 + 부사 + 형용사'이므로 '갈수록 자유롭게 변한다'는 '变(동사: 변하다) + 得 + 越来越(부사: 갈수록) + 自由(형용사: 자유롭다)'가 되어야 하므로 A의 문장이 잘못 되었음을 알 수 있고, '消费的形式变得越来越自由'로 바꾸어야 올바른 문장이 된다. 정답은 A이다.

문제 2

A 动物冬眠的主要原因在于不是缺乏睡眠，而是低温。
B 这项实验推翻了前人的错误理论。
C 经过医生的全力抢救，患者终于醒了过来。
D 北京的胡同宽窄不一，宽的能有30多米，窄的却仅有0.4米。

A 동물이 동면하는 주요원인은 수면 부족이 아니라, 저온에 있다.
B 이 실험은 선인의 잘못된 이론을 뒤집었다.
C 의사의 전력을 다한 구조를 통해, 환자가 마침내 깨어났다.
D 베이징의 골목은 폭이 같지 않은데 넓은 것은 30여 m가 되고, 좁은 것은 오히려 40cm 밖에 되지 않는다.

단어 推翻 tuīfān 동 뒤집어엎다(* 推翻理论 tuīfān lǐlùn 이론을 뒤집다) | 抢救 qiǎngjiù 동 구하다

해설 술어 남용의 문제이다. '原因(원인)', '关键(관건)', '难点(어려운 점)' 등을 설명할 때 자주 쓰는 술어는 '是(이다)'와 '在于(~에 있다)'이다. 즉, A의 원인이 B라고 한다면 'A的原因 + 是 + B' 혹은 'A的原因 + 在于 + B'라고 할 수 있다. 그런데 A는 '동물이 동면하는 주요원인이 수면 부족이 아니라 저온이다'라고 말하고 있으므로 마땅히 '原因不是缺乏睡眠，而是低温'이라고 하거나 '原因不在于缺乏睡眠，而在于低温'이라고 해야 올바른 문장이 된다. 보기에서는 '是'가 이미 있으므로 의미가 중복되는 술어 '在于'가 빠져야 올바른 문장이 된다. 정답은 A이다.

🔖 **문제 3**

A 生命不是一场竞赛，而是一步一个脚印的旅程。 B 这次招聘，我们希望能招到一个认真踏实、富有团结精神的人。 C 本产品易受潮，启封后请盖紧，并放于干燥处，以免防止结块。 D 这届"挑战杯"的参赛作品质量，与往年相比有了明显的提高。	A 목숨은 경기가 아니라, 한 걸음에 발자국 하나를 새기는 여정이다. B 이번 초빙에 우리는 한 명의 진지하고 착실하며 단결정신이 많은 사람을 초대할 수 있기를 바란다. C 이 상품은 쉽게 습기가 차서 개봉하고 나면 꽉 닫아야 하고, 덩어리지는 것을 방지하기 위해 건조한 곳에 놓아두어야 한다. D 이번 '챌린지 컵' 참가 작품의 질은 과거와 비교했을 때, 분명한 향상이 있다.

단어 脚印 jiǎoyìn 명 발자취 | 踏实 tāshi 형 착실하다. 마음이 편하다 | 受潮 shòucháo 동 습기가 차다 | 启封 qǐfēng 동 개봉하다 | 结块 jiékuài 동 덩어리지다

해설 어휘 남용의 문제이다. 보기 C의 '以免(접속사: ~하지 않도록)'과 '防止(동사: ~방지하다)'는 품사는 다르지만 결국 뒤에 따라 오는 내용이 피하거나 방지해야 하는 단어여서 문장에서는 같은 역할을 하므로 의미가 중복되어 어휘가 남용되었음을 알 수 있다. '放于干燥处，以免结块(덩어리 지지 않도록 건조한 곳에 놓아 두어야 한다)' 또는 '放于干燥处，防止结块(건조한 곳에 놓아 두어 덩어리지는 것을 방지해야 한다)'로 바꾸어야 올바른 문장이 된다. 정답은 C이다.

🔖 **문제 4**

A 从目前的整体趋势来看，智能电视的前景非常乐观。 B 只有对时光充满敬畏的人，才会他们在岁月的长河中收获希望与成功。 C 正确使用安全带，可以使人在交通事故发生时免受60%的伤害。 D 科学研究表明，气温对人的记忆效果有一定的影响。	A 현재의 전체적인 추세로 봤을 때, 스마트TV의 전망은 매우 낙관적이다. B 시간에 경외가 가득한 사람만이어야만 그들은 세월의 강에서 희망과 성공을 거둘 것이다. C 정확하게 안전벨트를 착용하는 것은 사람이 교통사고가 발생했을 때 60%의 상해를 면하게 할 수 있다. D 과학연구를 통해 밝히길, 기온은 사람의 기억효과에 어느 정도의 영향이 있다고 하였다.

단어 前景 qiánjǐng 명 장래. 앞날 | 敬畏 jìngwèi 동 경외하다(* 充满敬畏 chōngmǎn jìngwèi 경외감으로 가득 차다) | 长河 chánghé 명 긴 과정(* 岁月的长河 suìyuè de chánghé 세월의 긴 과정)

해설 부사어에 부사, 조동사, 전치사구가 모두 있을 경우에 부사어의 어순은 일반적으로는 '부사 + 조동사 + 전치사구'로 주어와 술어 사이에 위치해야 한다. 그런데 보기 B의 후속절의 문장성분을 나누어보면, 아래와 같다.

    才   会   他们   在岁月的长河中   收获   希望与成功。
부사어(부사) 부사어(조동사) 주어   부사어(전치사구)   술어   목적어

부사어인 부사, 조동사, 전치사구는 차례대로 나열되어 있지만 '才(부사)'와 '会(조동사)'가 주어 앞에 있으므로 결국 어순이 잘못 되었음을 알 수 있다. '他们才会在岁月的长河中收获希望与成功(그들은 세월의 강에서 희망과 성공을 거둘 것이다)'가 올바른 문장이다. 정답은 B이다.

🔖 **문제 5**

A 唐诗能够长期受到人们的喜爱，因其特有的文化内涵是分不开的。 B 这款游戏最早流行于西方国家，近几年才传入中国。 C 经过漫长的航行，轮船终于抵达了威海港口。 D 相传，锯子是由鲁班发明的。	A 당대 시는 장기간 사람들의 사랑을 받을 수 있었고, 그 특유의 문화 의미와 떼어놓을 수 없다. B 이 놀이는 제일 먼저 서양국가에서 유행했고, 근 몇 년 사이에 중국에 유입되었다. C 긴 항해를 거쳐 선박은 마침내 웨이하이 항구에 도달했다. D 전해지는 것에 따르면, 톱은 노반이 발명한 것이다.

| 단어 | 内涵 nèihán 몡 (담겨있는) 의미, 내용 | 传入 chuánrù 동 전해져 유입되다 | 航行 hángxíng 동 (배 따위가) 운항하다, 항해하다 | 轮船 lúnchuán 몡 (증)기선 | 抵达 dǐdá 동 도착하다 | 锯子 jùzi 몡 톱 |

해설 보기A의 '分不开'는 '(어떤 두 가지를) 떼어놓을 수 없다'는 뜻으로 떼어놓을 수 없는 두 가지를 설명할 때 주로 '~와'라는 뜻의 '与', '和', '同', '跟'과 잘 쓰인다. 그런데 A는 '唐诗(당대 시)'는 그 특유의 문화 의미와 떼어놓을 수 없다는 내용이므로 '因(~때문에)'이 아니라 '与', '和', '同', '跟' 중의 하나가 쓰여야 하므로 A가 어휘 오용으로 잘못된 문장이. '与其特有的文化内涵是分不开的(그 특유의 문화 의미와 떼어놓을 수 없다)'로 바꾸어야 올바른 문장이 된다. 정답은 A이다.

TIP '因'이 잘 쓰이는 고정격식

① 因A而B: A때문에 B하다
   예 他们**因**自己的迟到**而**自责。 그들은 자신의 지각 때문에 자책했다.

② 因A而得名: A때문에 이름을 얻다
   예 月牙泉**因**水面酷似一弯新月**而得名**。 위에야 샘은 수면이 하나의 초승달을 몹시 닮아 이름을 얻었다.

문제 6

A 北京房山的十渡风景区是中国北方唯一一处大规模的喀斯特岩溶地貌。
B 在竞争日益激烈的今天，人们更愿意看一些轻松愉快的电视节目。
C 新鲜的杨梅最好先用盐水泡20到30分钟，这样才能比较干净洗得。
D 木兰围场坝上草原一年四季景色皆宜，有"天然画廊"之称。

A 베이징 팡산의 10도 관광구역은 중국북방 유일의 대규모 카르스트 지형이다.
B 경쟁이 날로 치열해진 오늘날, 사람들은 더욱 가볍고 유쾌한 TV프로그램들을 보길 원한다.
C 신선한 왁스베리는 가장 좋기는 먼저 소금물에 20~30분 정도 담그두는 것인데, 이렇게 해야 비교적 깨끗하게 씻을 수 있다.
D 목란위장 패상초원은 1년 사계절 경치가 적절하여, '천연화랑'이라는 별칭을 가지고 있다.

단어 喀斯特岩溶 kāsītè yánróng 몡 카르스트[karst: 화학적으로 용해되어 침식되어 나타나는 지형] | 地貌 dìmào 몡 지형 | 杨梅 yángméi 몡 왁스베리, 소귀나무 | 皆宜 jiēyí 모두 적합하다 | 画廊 huàláng 몡 화랑, 갤러리

해설 어순 오용의 문제이다. 정도보어의 기본형식은 '동사 + 得 + 부사 + 형용사'이므로 '비교적 깨끗하게 씻는다'는 '洗(동사: 씻다) + 得 + 比较(부사: 비교적) + 干净(형용사: 깨끗하다)'이 되어야 하므로 C의 문장이 잘못되었음을 알 수 있고, '这样才能洗得比较干净'으로 바꾸어야 올바른 문장이 된다. 정답은 C이다.

문제 7

A 有效的竞争是引导个人努力的最好方法。
B 世界读书日只有一天，但我们要天天读书，因为阅读会让我们终身受益。
C 哲学家的工作是把复杂的世界简单化，而作家却是把简单的世界复杂化。
D 走路时低头含胸容易带来疲劳感，也**反而**影响心肺功能。

A 효과적인 경쟁은 개인의 노력을 이끌어내는 가장 좋은 방법이다.
B 세계 독서의 날은 단지 하루이지만, 우리가 매일 독서하는 것은 독서가 우리의 평생에 도움이 되기 때문이다.
C 철학자의 일은 복잡한 세계를 간단하게 하는 것이고, 작가는 오히려 간단한 세계를 복잡하게 하는 것이다.
D 길을 걸을 때, 고개를 숙이고 구부정한 것은 쉽게 피로감이 생기게 하고, 심폐기능에도 영향을 끼친다.

단어 终身 zhōngshēn 몡 한평생 | 受益 shòuyì 동 이익을 얻다, 수혜를 받다 | 含胸 hánxiōng 동 구부정하다 | 心肺 xīnfèi 몡 심폐

해설 쓸데없는 성분이 있는 어휘 남용의 문제이다. 보기 D에서 '反而(오히려)' 뒤에는 앞에서 언급한 내용과 상반되거나 뜻밖의 일이 벌어지는 상황이 와야 하는데 D는 고개를 숙이고 구부정한 것이 피로감이 생기게도 하고, 심폐기능에 영향도 주는 것이므로 문장에서 말하고자 하는 내용에는 어울리지 않는 어휘이다. 삭제해서 '也影响心肺功能(심폐기능에도 영향을 끼친다)'로 바꾸어야 올바른 문장이 된다. 정답은 D이다.

문제 8

A 情绪能量心理疗法认为：负面的情绪会导致人体内部能量系统混乱，是成为了心理和精神疾病的根源。
B 在现实生活中，做人的学问往往比做事的学问更具有实用价值，但也更难参透。
C 小说是一种以刻画人物形象为中心，通过完整的故事情节和充分的环境描写来反映社会生活的文学体裁。
D 洛阳桥原名万安桥，位于福建省泉州市东郊的洛阳江上，是中国现存最早的跨海梁式大石桥。

A 정서에너지 심리치료법은 부정적인 정서가 인체 내의 에너지 체계에 혼란을 야기하고, 심리와 정신질환의 근원이라고 여긴다.
B 현실생활 속에서 인간됨의 학문은 늘 일을 처리하는 학문보다 더욱 실용적 가치를 가지지만, 깨닫기도 더욱 어렵다.
C 소설은 일종의 인물의 캐릭터를 묘사하는 것을 중심으로, 완벽한 이야기의 줄거리와 충분한 환경묘사를 통해 사회생활을 반영하는 문학장르이다.
D 뤄양교의 원래 이름은 완안교이고, 푸젠성 취안저우시 동쪽 외곽의 뤄양강 위에 있으며, 중국에서 현존하는 가장 일찍 바다를 가로지른 대석교이다.

단어 负面 fùmiàn 명 부정적인 면(* 负面情绪 fùmiàn qíngxù 부정적인 정서) | 混乱 hùnluàn 형 혼란하다, 어지럽다 | 根源 gēnyuán 명 근원 | 参透 cāntòu 동 깊이 깨닫다, 꿰뚫다 | 刻画 kèhuà 동 새기거나 그리다, 묘사하다 | 体裁 tǐcái 명 장르, 표현양식

해설 의미가 중복되는 성분이 두 개 있는 어휘 남용의 문제이다. 'A是B的根源(A는 B의 근원이다)'과 'A成为了B的根源(A는 B의 근원이 되었다)'은 해석상 약간의 차이는 있지만 'A가 B의 근원'이라는 기본적인 의미는 같다. 그런데 보기 A에서는 '是成为了心理和精神疾病的根源'이라고 했으므로 같은 의미의 술어 '是'와 '成为了'를 함께 써서 잘못된 문장임을 알 수 있다. '是心理和精神疾病的根源(심리와 정신질환의 근원이다)' 또는 '成为了心理和精神疾病的根源(심리와 정신질환의 근원이 되었다)'으로 고쳐야 올바른 문장이 된다. 정답은 A이다.

문제 9

A 竹丝扇是用优质竹丝精心编织而成的一种扇子。其扇面呈桃形，薄而透光，堪称中国工艺品中的一颗明珠。
B 我们之所以倡导使用无磷洗衣粉，是因为磷易造成环境水体富营养化，是破坏水质的因素。
C 人们习惯通过颜色来感知春天的步伐。当柳树染上了浓浓的新绿，当樱花绽放如粉红的云霞，当玉兰飘香洁白如玉，春天就来到了我们的身边。
D 莫言从小就醉心于文学艺术，求知欲极强，但是凡能偶然入目的片纸只言，他都如获至宝。

A 죽사 부채는 우수한 질의 죽사를 정성스럽게 엮어 만든 부채이다. 그 부채면은 하트 모양으로, 얇아서 빛이 투과되며 중국공예품 중의 명주라 할 만하다.
B 우리가 인이 없는 세제를 사용하길 권하는 것은 인이 환경의 수체 부영양화를 조성해 수질을 파괴하기 때문이다.
C 사람들은 색깔을 통해 봄의 걸음을 감지하는 데 익숙해져 있다. 버드나무가 짙은 초록으로 물들고, 벚꽃이 분홍 구름처럼 피고, 옥란이 향을 풍기며 백옥같이 새하얘지면, 봄이 바로 우리의 곁에 온 것이다.
D 모옌은 어려서부터 문학예술에 심취해, 알려는 욕망이 강해, 우연히 눈에 들어온 종이 쪼가리의 한 마디 글도 그는 진귀한 보물을 얻은 것처럼 귀히 여겼다.

단어 桃形 táoxíng 명 복숭아 모양, 하트 모양(* 呈桃形 chéng táoxíng 하트 모양을 띠다) | 堪称 kānchēng 동 ~라고 할 만하다 | 明珠 míngzhū 명 보배, 귀중한 물건 | 倡导 chàngdǎo 동 앞장서서 선도하다 | 磷 lín 명 인[Phosphorus] | 水体富营养化 shuǐtǐ fùyíng yǎnghuà 명 수체 부영양화[eutrophication:물에 영양염류의 농도가 높아지다] | 步伐 bùfá 명 걸음걸이, (일 진행) 속도 | 绽放 zhànfàng 동 (꽃이) 피다 | 云霞 yúnxiá 명 꽃구름, 구름과 노을 | 玉兰 yùlán 명 목련나무, 목련꽃 | 飘香 piāoxiāng 향기가 풍기다 | 醉心 zuìxīn 동 심취하다, 푹 빠지다 | 入目 rùmù 동 보다 | 片纸只言 piànzhǐ zhīyán 성 '종이 쪼가리'의 짤막한 말 | 如获至宝 rúhuò zhìbǎo 성 마치 진귀한 보물을 얻은 듯하다

해설 필요 없는 어휘를 쓴 어휘 남용의 문제이다. '但是(그러나)'는 앞의 문장과 상반되거나 전환되는 내용을 연결하는 접속사이다. 그런데 보기 D는 '但是'를 기준으로 앞의 내용은 모옌이 문학예술에 심취해 알려는 욕망이 강하다는 것이고, 뒤의 내용은 종이 쪼가리의 한 마디 글도 귀하게 여겼다는 내용으로 전환이나 상반되는 것이 아니라 같은 맥락의 내용으로 자연스럽게 이어지므로 '但是'가 불필요하게 쓰인 것을 알 수 있다. '但是'를 삭제하거나, 접속사를 써야 한다면 욕망이 강한 이유로 종이 쪼가리의 한 마디 글도 귀하게 여겼으므로 '但是'를 '所以(그래서)'로 바꾸어도 괜찮다. 정답은 D이다.

문제 10

A 瑞安高楼地区的土壤中富含微量元素硒，当地出产的杨梅标准达到了国家富硒果蔬菜类。
B 熟悉他的人都知道，生活中的他是个性格开朗外向、不拘小节的人，与银幕上的形象完全不同。
C 有些错误，我们也许都知道，却很难改掉。那些能改掉的叫做缺点；改不掉的就成了弱点。
D 以网络技术为重要支撑的知识经济革命，极大地改变了人们的生活方式，加快了社会文明的进程。

A 뤼안시의 까오러우현 지역의 토양에는 미량원소 셀레늄을 대량으로 함유하고 있어서, 현지에서 생산한 왁스베리는 국가 셀레늄 풍부 과채류의 기준에 도달했다.
B 그를 잘 아는 사람은 모두 생활 속에서 그는 성격이 명랑하고 외향적이며 작은 일에 얽매이지 않는 사람이고, 스크린에서의 이미지와는 완전 다르다는 것을 안다.
C 어떤 잘못들은 우리가 아마도 모두 알지만, 오히려 고치기가 어렵다. 그것들을 고칠 수 있으면 단점이라고 부르고, 고칠 수 없으면 바로 약점이 된다.
D 인터넷 기술을 중요 지지대로 삼은 지식경제 혁명은 사람들의 생활방식을 매우 크게 바꾸었고, 사회문명의 진전을 빠르게 하였다.

단어 土壤 tǔrǎng 명 토양 | 硒 xī 명 셀레늄(selsnium) | 不拘小节 bùjū xiǎojié 성 사소한 일에는 주의를 기울이지 않다 | 银幕 yínmù 명 은막, 스크린 | 支撑 zhīcheng 동 버티다. 지탱하다 | 进程 jìnchéng 명 경과, 진행 과정

해설 논리적 오류의 문제이다. 보기 A의 내용은 뤼안시 까오러우 지역의 토양이 미량원소인 셀레늄을 대량을 함유하고 있어, 현지에서 생산되는 왁스베리라는 과일이 국가 셀레늄 풍부 과채류의 기준에 도달했다는 것인데 '标准(기준)', '达到(도달하다)', '蔬菜类(과채류)'는 논리적으로 맞지도 않고, 술어와 목적어가 호응되지 않는다. '达到标准(기준에 도달하다)'이 조합어휘이므로 '当地出产的杨梅达到了国家富硒果蔬菜类标准(현지에서 생산된 왁스베리는 국가 셀레늄 풍부 과채류의 기준에 도달했다)'으로 바꾸어야 올바른 문장이 된다. 정답은 A이다.

독해 제2부분 실전 PT 정답 ▶p.376

11. C **12.** C **13.** D **14.** A **15.** C **16.** A **17.** A
18. B **19.** A **20.** B

문제 11

《菜根谭》是明朝洪应明收集编著的一部语录著作，历代以来，人们对其评价_____高。它融儒、道、佛三家思想于一体，从提高人的_____入手，提出了一套完整的_____的方法体系。

《菜根谭》은 명조 때 홍응명이 수집하여 편저한 어록집으로, 긱 시대를 거쳐오면서, 사람들의 그것에 대한 평가는 꽤 높다. 그것은 유교, 도교, 불교 3가의 사상이 일체를 이루어 사람들의 수양을 높이는 것에서부터 시작해서, 완벽한 사람의 됨됨이와 처세의 방법체계를 제시해주었다.

A 愈　教养　知足常乐
B 尤　人质　礼尚往来
C 颇　修养　为人处世
D 亦　素质　天伦之乐

A ~할수록　교양　만족할 줄 알면 즐겁다
B 더욱　사람의 본질　예의상 오고 가다
C 꽤　수양　사람의 됨됨이와 처세
D 역시　자질　가족이 누리는 즐거움

단어 受骗 shòupiàn 동 사기를 당하다. 속다 | 语录 yǔlù 명 어록 | 体系 tǐxì 명 체계

해설 첫 번째 빈칸 – 사람들의 《菜根谭》에 대한 평가가 어떻게 높은지를 설명할 수 있는 부사를 넣어야 하는데, A '愈'는 '越'와 같은 뜻으로 정도가 점점 발전해나감을 설명하는데, 평가가 높을수록 3가의 종교가 일체를 이룬 것이 아니기 때문에 정답이 될 수 없다. B '尤'는 '更'과 같은 뜻으로 비교하여 진일보해진 내용을 설명하는데, 앞에서 비교대상이 없기 때문에 정답이 될 수 없다. C '颇'는 '很'의 뜻으로 정도가 꽤 됨을 설명하고 빈칸에 적합하다. D '亦'는 '也'와 같이 '역시'라는 뜻으로 앞에서 설명한 것과 같은 내용을 설명할 때 쓰는데, 같다고 할 만한 내용이 없으므로 정답이 될 수 없다.

두 번째 빈칸 – 호응하는 어휘인 '提高(향상시키다)'만 놓고 보면 모든 보기가 가능하지만 앞에서 '人的(사람의)'라고 되어 있으므로 B '人质(사람의 본질)'는 정답이 될 수 없다. A '教养(교양)', C '修养(수양)', D '素质(자질)'는 '提高'와 호응은 하지만 A '教养(교양)'은 학문, 지식 사회생활을 바탕으로 이루어지는 품위를 나타내고, C '修养(수양)'은 몸과 마음을 갈고 닦아 품성이나 도덕 등을 높은 경지로 끌어올린 것을 말하며, D '素质(자질)'는 타고난 소질이나 어떤 분야의 일에 대한 능력을 나타내므로 종교와 관련된 내용이므로 수양이 가장 적합하다는 것을 알 수 있다.

세 번째 빈칸 – 《菜根谭》이 완벽한 어떤 방법 체계를 제시해주었는지를 선택해야 하는데, 앞에서 언급한 것을 바탕으로 하면 수양을 향상시킬 수 있는, 즉 품성과 도덕과 관련있는 C '为人处世'가 가장 적합하다는 것을 알 수 있다. 정답은 C이다.

문제 12

"月明星稀"是指皓月当空的夜晚，一些离地球较远，显得较 _____ 的星星不容易被看见，这样天空中的星星看起来就比较 _____ 了。这个成语通常用来比喻一种事物能 _____ 另一种事物。	'月明星稀'는 밝은 달이 뜬 밤에는 지구로부터 멀리 있고, 비교적 어두운 별들은 쉽게 보이지 않아, 이러한 하늘의 별은 보기에는 비교적 드문드문해 보이는 것을 가리킨다. 이 성어는 통상적으로 하나의 사물이 다른 사물을 덮어 가리는 것을 비유하는 데 사용한다.
A 弱　　生疏　　隐瞒 B 浅　　荒芜　　遮挡 C 暗　　稀疏　　掩盖 D 淡　　荒凉　　隔绝	A 약하다　　생소하다　　숨기다 B 얕다　　황폐하다　　가리다 C 어둡다　　드문드문하다　　덮어 가리다 D 옅다, 연하다　　황량하다　　차단하다

단어 月明星稀 yuèmíng xīngxī 달은 밝고 별은 드물다 | 皓月 hàoyuè 명 밝은 달

해설 첫 번째 빈칸 – 밑줄 뒤의 '星星(별들)'을 수식하는 어휘를 찾는 문제인데 앞에서 '皓月(밝은 달)'가 떴을 때 별이 쉽게 보이지 않는다고 했으므로 별들을 수식하는 어휘로는 C '暗(어둡다)'이 가장 적절하다. A '弱'는 '힘(力量)'이 약한 것을 의미하고, B '浅'은 '수심(水深)'이나 '지식(知识)'의 정도가 얕음을 의미하고, D '淡'은 '색깔(颜色)'이 연하거나 음식의 '맛(味道)'이 담백한 것을 의미한다.

두 번째 빈칸 – 앞에서 달빛보다 어둡고 멀리 있는 별이 보기에는 어떤지를 설명할 수 있는 어휘를 찾는 문제이다. A '生疏(생소하다)'는 주로 '环境生疏(환경이 생소하다)'로 생소하고 낯선 것에 쓰고, B'荒芜(황폐하다)'는 주로 '田地荒芜(논밭이 황폐하다)'로 논밭 따위에 농작물이나 풀을 심지 않아 황폐해진 것을 의미하고, D '荒凉'은 주로 '草原荒凉(초원이 황량하다)'으로 쓰여 황폐하고 드넓어서 쓸쓸함이 느껴지는 것을 의미한다. 달빛보다 약한 빛의 별은 보였다 안 보였다 할 가능성이 크고 멀리서는 보이지 않는 별도 많으므로 C '稀疏(드문드문하다)'가 가장 적합하다.

세 번째 빈칸 – 이 성어가 하나의 사물이 다른 사물을 어떻게 하는 것을 비유하는 데 사용하는지를 찾는 문제인데, 밝은 달빛이 어두운 별빛을 가린다는 뜻인데, B '遮挡'은 사물로 무언가를 가리거나 막는다는 뜻이므로 다른 사물을 덮는다는 뜻으로는 적절하지 않는다. 정답은 C '掩盖(덮어 가리다)'가 가장 적절하다. A '隐瞒(감추다)'은 주로 '隐瞒真相(진상을 감추다)'으로 쓰이며 진실이나 사실을 숨기거나 속이는 것을 의미하고, B '遮挡(가리다)'은 주로 '遮挡阳光(햇볕을 가리다)'으로 쓰여 사물로 가린다는 뜻이며, C '掩盖(덮어 가리다)'는 주로 '掩盖缺点(단점을 가리다)'으로 쓰여 단점이나 사물을 덮어서 안 보이게 한다는 것이고, D '隔绝(차단하다)'는 주로 '和外界隔绝(외부세계와 차단하다)'로 쓰여 끊어서 통하지 못하게 한다는 뜻이다. 정답은 C이다.

문제 13

与孩子谈话，不仅能刺激孩子的听觉和视觉的发展，对孩子的 _____ 开发也十分有益。研究 _____ ，如果家长与孩子谈话 _____ 高，尤其是在宝宝9个月至三岁时多与孩子交谈，那么他们的孩子上学后会有明显的 _____ 。	아이들과 대화를 나누는 것은 아이의 청각과 시각의 발전에 자극을 줄 수 있을 뿐만 아니라, 아이에 대한 사고력 개발에도 매우 도움이 된다. 연구를 통해 표명하길, 만약에 가장이 아이와 대화를 나누는 빈도율이 높으면, 특히, 아기가 9개월일 때부터 3세까지 아이와 많이 대화를 나누면, 그들의 아이들은 학교에 들어간 후에 분명한 우세를 가지게 된다고 하였다.
A 智能　　声明　　程度　　声势 B 智商　　表明　　周期　　优点 C 理智　　表示　　幅度　　气势 D 智力　　显示　　频率　　优势	A 지능　　성명하다　　정도　　명성과 위세 B I.Q　　표명하다　　주기　　장점 C 이성과 지혜　　나타내다　　폭　　기세 D 사고력　　드러내다　　빈도율　　우세

단어 促进 cùjìn 동 촉진시키다 | 热量 rèliàng 명 칼로리(calorie)

해설 **첫 번째 빈칸** – 가장이 아이와 대화를 나누면 아이의 무엇의 개발에 도움이 되는지를 선택해야 하는데 첫 번째 열은 모두 개발할 수 있는 대상이므로 모두 정답으로 가능하다.

두 번째 빈칸 – 밑줄 앞의 '研究'와 함께 쓰일 수 있는 어휘를 찾는 문제인데 연구를 통해 어떤 사실을 밝히는 경우 B '研究表明', D '研究显示'를 주로 쓰므로 B와 D가 정답에 적합함을 알 수 있다. A '声明(성명하다)'은 '公开声明(공개적으로 성명하다)'으로, C '表示'는 의미나 의사를 '나타낸다'는 뜻으로 '表示意思(의사를 나타내다)'로 잘 쓰인다.

세 번째 빈칸 – 밑줄 뒤의 술어가 '高(높다)'이므로 높을 수 있는 주어를 찾아야 하는데 B '周期(주기)'는 '长短(길고 짧음)'을 쓰고, C '幅度(폭)'는 '大小(크고 작음)'를 쓰고, A '程度(정도)'와 D '频率(빈도율)'만 '高低(높고 낮음)'를 쓰므로 A와 D가 정답으로 가능하다.

네 번째 빈칸 – 어린아이들과 대화를 많이 나누면 그들이 학교에 들어간 후에 좋은 점 즉, 장점이 있다는 말이 되어야 하므로 '장점'이라는 뜻을 가지고 있는 B '优点'과 D '优势'가 정답으로 가능함을 알 수 있다. A '声势(명성과 위세)'와 C '气势(기세)'는 대화를 나눈다고 아이들이 가지게 되는 대상이 아니므로 정답이 될 수 없다. 정답은 D이다.

문제 14

俗话说："尺有所短，寸有所长。"每个人都有自己的优点和缺点，做人不能太 骄傲 _____ ，总以为自己才是正确的，而要 _____ 学习别人的长处，来 _____ 自己的 不足；同时也不要太 _____ ，觉得自己什么都做不好，其实每个人身上都有值得别人学习的地方。	속담에서 '尺有所短，寸有所长'이라고 했다. 모든 사람은 모두 자신만의 장점과 단점을 가지고 있으니 사람은 너무 거만하고 자만하여, 늘 자신이 맞는 것이라고 여겨서는 안 되고, 겸손하게 다른 사람의 장점을 본받아 자신의 부족을 메워야 한다. 동시에 너무 열등감을 가져 자신이 어떤 것도 잘할 수 없다고 여겨서는 안 된다. 사실 모든 사람에게는 모두 다른 사람이 본받을 점이 있다.

A	自满	虚心	弥补	自卑	A 자만하다	겸손하다	메우다	열등감을 가지다
B	自主	谦虚	补偿	悲观	B 자주적이다	겸손하다	보상하다	비관적이다
C	自私	称心	补救	消极	C 이기적이다	흡족하다	보완하다	부정적이다
D	自觉	甘心	补贴	卑鄙	D 자각하다	달가워하다	보조하다	비열하다

단어 骄傲 jiāo'ào 형 거만하다(* 骄傲自满 jiāo'ào zìmǎn 거만하고 자만하다)

해설 **첫 번째 빈칸** – '骄傲'와 비슷한 형용사를 찾는 문제인데 '骄傲'가 '거만하다, 자랑스럽다'라는 뜻을 가지고 있으므로 A '自满(자만하다)'이 가장 적합하다는 것을 알 수 있다. '骄傲自满(거만하고 자만하다)'은 자주 쓰이는 조합이다.

두 번째 빈칸 – 밑줄 앞의 내용이 자만해서 늘 자신이 맞는 것이라고 여겨서는 안 된다고 했고, 밑줄 뒤에는 장점을 본받아야 한다고 했으므로 앞의 '骄傲自满(자만하고 거만하다)'의 반대되는 어휘가 필요함을 알 수 있다. A '虚心'과 B '谦虚' 둘 다 사전적 의미로는 '겸손하다'로 풀이되지만 '虚心'은 남의 말을 듣거나 행동함에 있어 잘 받아들일 준비가 되어있다는 뜻이고, '谦虚'는 자신을 낮추고 비워두는 태도를 의미하므로 바로 이어지는 내용이 다른 사람의 장점을 배운다는 것이므로 A '虚心'이 적절함을 알 수 있다.

세 번째 빈칸 – '不足'와 호응하는 어휘를 찾는 문제로, 다른 사람에게 장점을 본받아 자신의 부족을 어떻게 하는지 적절한 동사를 선택해야 한다. A '弥补'는 모자라고 부족한 것을 채우다는 뜻으로 주로 '弥补不足(부족함을 메우다)'로 쓰이고, B '补偿'은 남에게 입힌 손실이나 손해를 배상한다는 뜻으로 주로 '补偿损失(손실을 보상하다)'로 쓰이며, C '补救'는 안 좋은 상황을 구하고 보완한다는 뜻으로 주로 '补救缺点(단점, 결점을 보완하다)'으로 쓰이고, D '补贴'는 보조나 보태주는 것으로 주로 '补贴生活费(생활비를 보조하다)'로 쓰인다. 부족한 것은 채워서 메워야 하는 것이므로 A '弥补'가 가장 적절하다.

네 번째 빈칸 – 자신이 아무것도 잘할 수 없다고 어떻게 해서는 안 되는지를 찾는 문제이다. 잘할 수 없다는 것은 부정적이고 비관적이고, 열등감을 가지고 있는 것이기 때문에 D '卑鄙(비열하다)'를 제외하고는 다 가능하다. 정답은 A이다.

> 문제 15

吸烟对儿童的影响有多大？某 _____ 对生活在烟草中的儿童，进行了 _____ 研究。结果发现，与父母不吸烟的孩子相比，父母吸烟的孩子成年后患颈动脉硬化的 _____ 更大。因此，父母戒烟有助于儿童健康 _____ 。	흡연의 아동에 대한 영향은 얼마나 되는가? 어떤 기구가 담배 속에서 생활하는 아동에 대해 추적연구를 진행했다. 그 결과 부모가 흡연을 하지 않는 아이와 비교했을 때, 부모가 흡연을 하는 아이는 성인이 된 후에 경동맥경화를 앓을 위험이 더욱 크다는 것을 발견했다. 이 때문에 부모가 금연을 하는 것은 아동이 건강하게 성장하는 데 도움이 된다.
A 集团 追究 缺陷 生存 B 机关 跟随 弊端 养成 C 机构 跟踪 风险 成长 D 团体 伴随 嫌疑 生长	A 집단 추궁하다 결함 생존하다 B 기관 따르다 폐단 양성하다 C 기구 추적하다 위험 성장하다 D 단체 동반하다 혐의 생장하다

단어 烟草 yāncǎo 몡 연초, 담뱃잎 | 颈动脉 jǐngdòngmài 몡 경동맥(* 颈动脉硬化 jǐngdòngmài yìnghuà 경동맥경화)

해설 **첫 번째 빈칸** – A '集团(집단)'은 여럿이 모여 이룬 모임을 뜻하고, B '机关(기관)'은 사회 생활의 영역에서 일정한 역할과 목적을 위해 설치한 기구나 조직, C '机构(기구)'는 많은 사람이 모여 어떤 목적을 위해 구성한 조직, D '团体(단체)'는 같은 목적을 달성하기 위해 모인 사람들의 조직체를 의미하는데 이 모두가 어떤 것에 대한 연구는 진행할 수 있으므로 다른 보기로 정답에 접근하는 것이 좋다.
두 번째 빈칸 – 담배 속에서 생활하는 아동에 대해 어떤 '研究(연구)'를 진행했는지를 찾는 문제이다. A '追究(추궁하다)'는 따져서 밝힌다는 뜻이지만 특징적인 상황이나 현상이 아니라 사람을 대상으로 하는 어휘이므로 정답이 될 수 없다. B '跟随'와 '伴随'는 '사람과 동행하거나 사람을 따른다'는 뜻으로 역시 정답이 될 수 없다. '跟踪研究(추적연구)'는 어떤 것을 쫓아 그것에 대해 연구를 진행하는 것으로 C가 가장 적절하다.
세 번째 빈칸 – 부모가 흡연을 하는 아이는 성인이 된 후에 경동맥경화를 일으킬 '무엇'이 더욱 큰지를 찾는 문제이다. '경통맥경화'라는 질병을 일으키는 것은 건강에 대한 '위험'이므로 C가 가장 적합하다.
네 번째 빈칸 – 아동이 건강하게 무엇을 하는 데 도움이 되는지를 찾는 문제이다. A '生存(생존하다)'은 살아남는 것을 의미하고, B '养成(양성하다)'은 습관 따위를 키우는 것을 의미해 주로 '养成习惯(습관을 기르다)'으로 쓰이며, D '生长(생장하다)'은 주로 동식물의 성장에 쓰이므로 아이에게 쓸 수 없다. C '成长(성장하다)'이 아이가 자라는 것을 의미하므로 정답으로 가장 적합하다. 정답은 C이다.

> 문제 16

牡丹是中国特有的名贵花卉，花大色艳、雍容华贵、芳香浓郁，而且 _____ 繁多， _____ 有"国色天香""花中之王"的美称，长期以来被人们当做富贵 _____ 、繁荣兴旺的象征。牡丹以洛阳、菏泽牡丹最负 _____ 。	모란은 중국에만 있는 유명하고 진귀한 꽃으로, 꽃이 크고 색깔이 고우며, 온화하고 점잖으며 귀티가 나고, 향이 짙다. 게다가 품종이 매우 많고, 줄곧 '국색천향', '화중지왕'이라는 명성을 누려왔고, 오랫동안 사람들에게 부귀와 상서로움, 번영과 흥성의 상징으로 여겨졌다. 모란은 뤄양과 허저 모란이 가장 명성이 높다.
A 品种 素 吉祥 盛名 B 样品 愈 慈祥 声誉 C 种类 皆 崇高 盛情 D 产品 亦 仁慈 名誉	A 품종 줄곧 상서롭다 명성 B 견본 ~할수록 자애롭다 명성 C 종류 모두 숭고하다 극진함 D 생산품 역시 인자하다 명예

단어 牡丹 mǔdān 몡 모란(꽃) | 花卉 huāhuì 몡 화훼, 화초 | 雍容 yōngróng 혱 온화하고 기품 있다(* 雍容华贵 yōngróng huáguì 온화하고 귀한 티가 나다) | 浓郁 nóngyù 혱 짙다(* 芳香浓郁 fāngxiāng nóngyù 향기가 짙다) | 兴旺 xīngwàng 혱 흥성하다, 번창하다

해설 **첫 번째 빈칸** – 모란, 즉 꽃(식물)이 소재이므로 밑줄 뒤의 A '品种(품종)'이나 C '种类(종류)'가 '繁多(다양하고 많다)'와 함께 호응하는 것이 가장 적절하다.
두 번째 빈칸 – '有"A"美称'은 고정격식으로, 주어가 'A'라는 별칭(명성)을 가지고 있음을 의미하고 '有' 앞에는 '享(향유하다)'과 '素(줄곧)'가 함께 쓰일 수 있으므로 A가 적합하다.

TIP 素有A美称: A라는 별칭을 줄곧 가지고 있다/ 享有A美誉: A라는 명성을 누리고 있다
(愈 = 越: ~할수록, 皆 = 全: 전부, 亦 = 也: 역시)

세 번째 빈칸 – 모란 꽃이 오랫동안 사람들에게 부귀와 어떤 것의 상징으로 여겨졌는지를 찾는 문제이다. A '吉祥(상서롭다)'은 길함을 나타내고, B '慈祥(자애롭다)'은 나이든 사람의 표정을 나타내고, C '崇高(숭고하다, 고상하다)'와 D '仁慈(인자하다)'는 사람의 인품을 나타내는데 A를 제외한 나머지 보기는 사람을 묘사하는 데 주로 쓰이므로 A가 가장 적합하다는 것을 알 수 있다.

네 번째 빈칸 – 보기 중에서 다른 의미의 어휘인 C'盛情(극진함)'은 '冷漠(냉담함)'의 반의어로 쓰여 사람을 대하는 태도를 설명하므로 이 밑줄에는 적합하지 않고, A '盛名', B '声誉', D '名誉'는 모두 '명예, 명성'의 뜻을 가지고 있는 어휘들이지만 명성을 누린다는 뜻으로 쓸 때, '声誉'와 '名誉'는 '享有'와 호응해 '享有盛誉', '享有名誉(명성을 누리다)'로 쓰이지만 '盛名'은 '负'와 호응해 '负盛名(명성을 누리다)'으로 쓰이는데 밑줄 앞에 '最负'가 있으므로 A가 적합하다는 것을 알 수 있다. 정답은 A이다.

문제 17

菊花石是生长在280万年前的一种天然岩石，它质地坚硬，外观呈青灰色，内有 天然 _____ 的白色菊花状结晶体，_____ 自然界中的菊花，故名菊花石。菊花石 _____ 欣赏价值极高，精加雕琢便可成为 _____ 工艺品。

국화석은 280만 년 전에 만들어진 천연석으로 재질은 단단하고 외관은 청회색을 띠며, 안에는 천연으로 형성된 백색국화 형태의 결정체가 있어, 마치 자연 속의 국화 같아서 국화석이라고 부른다. 국화석 자체의 감상 가치는 매우 높아서, 정교하게 조각하면 정교하고 아름다운 공예품이 될 수 있다.

A	形成	犹如	本身	精美	A	형성하다	마치 ~와 같다	그 자체	정교하고 아름답다
B	转变	譬如	各自	精致	B	전환하다	예를 들다	각자	정교하다
C	构成	类似	本人	精密	C	구성하다	유사하다	본인	정밀하다
D	演变	相等	彼此	精确	D	변천하다	같다	서로	정확하다

단어 质地 zhìdì 명 재질, 자질 | 结晶 jiéjīng 명 결정체 | 雕琢 diāozhuó 동 꾸미다, 조각하다(* 精加雕琢 jīngjiā diāozhuó 훌륭한데 더 꾸미다)

해설 **첫 번째 빈칸** – 천연으로 어떻게 된 결정체인지를 설명할 수 있는 어휘를 찾는 문제이다. 사물이나 이미지가 만들어지는 것은 A '形成(형성되다)'를 쓰므로 A가 가장 적합하다. B '转变'은 원래 가지고 있던 사고나 태도를 다른 방향으로 전환하는 것을 의미하고 주로 '转变观念(관념을 바꾸다)'으로 쓰이고, C '构成'은 '이루고, 형성한다'는 뜻이 있지만 주로 부분이나 요소들이 모여서 전체를 짜 이룬다는 뜻으로 주로 '构成要素(구성요소)'로 잘 쓰인다. D '演变(변천하다)'은 변화하고 발전한다는 뜻으로 주로 인류의 변천을 나타내 '人类文明的演变过程(인류문명의 변천과정)' 등으로 잘 쓰인다.

두 번째 빈칸 – 소재가 '국화석'이라는 천연석인데 밑줄 뒤에 '자연 속의 국화'가 있으므로 이 천연석이 국화를 닮았다는 것을 설명할 수 있는 어휘를 찾는 문제임을 알 수 있다. 뒤의 '자연 속의 국화'는 '예'가 아니므로 B '譬如'는 먼저 제외되고, C '类似'와 D '相等'은 각각 '유사하다'와 '같다'는 뜻이므로 답이 될 수 있을 것 같지만 둘 다 'A和B类似(A와B는 유사하다)', 'A和B相等(A와B는 같다)'의 형식으로 쓰이고, '相等'은 '닮았다'의 의미가 아닌 '대등하다'라는 의미이므로 정답이 될 수 없다. '마치 ~와 같다'의 의미를 지닌 A가 가장 적합하다.

세 번째 빈칸 – 국화석은 사물이므로 사람을 지칭하는 B '各自'과 C '本人'은 먼저 제외되고 주어가 국화석 하나이므로 D '彼此(서로)' 역시 정답이 될 수 없다. A '本身'은 앞에서 언급한 사물 '그 자체'를 의미하는 어휘이므로 가장 적합하다.

네 번째 빈칸 – 밑줄 뒤의 '工艺品(공예품)'을 수식할 수 있는 적절한 어휘를 찾는 문제이다. C '精密(정밀하다)'는 기계 따위가 정교하고 치밀하여 빈틈이 없다는 뜻으로 주로 '精密仪器(정밀기기)'로 쓰이고, D '精确(정확하다)'는 계산이나 분석이 자세하고 확실하다는 뜻이므로 둘 다 정답이 될 수 없다. A '精美(정교하고 아름답다)'와 B '精致(정교하다)'는 단지 '精美'가 아름답고 정교하다는 뜻으로 좀 더 구체적인 외관이나 디자인의 시각적 정교함을 강조할 뿐 '정교하다'는 공통적인 해석이 가능하므로 공예품을 수식하는 어휘로는 둘 다 가능하다. 정답은 A이다.

문제 18

一位著名翻译家曾指出：翻译是在第三空间创造更 _____ 的东西。他认为一种语言 _____ 成另一种语言会创造出第三空间。第三空间既是原作者与目标读者 _____ 的 **场域**，也是翻译者将原文所体现出的文化、语义在目标读者的 **社会文化** _____ 中进行定位的场所。

한 명의 유명한 번역가가 일찍이 번역은 제3의 공간에서 더욱 기발한 것을 만들어내는 것이라고 하였다. 그는 한 종류의 언어가 다른 한 종류의 언어로 변환되면 제3의 공간을 만들어내게 된다고 여겼다. 제3의 공간은 원작자와 타켓독자가 소통하는 필드이고, 번역자가 원문에서 살려낸 문화와 어휘의 뜻을 타켓독자의 사회문화 배경 속에서 객관적인 평가를 하는 장소이다.

A	崭新	转移	协调	面貌	A 새롭다	전이하다	협조하다	면모
B	奇妙	转换	沟通	背景	B 기발하다	변환하다	소통하다	배경
C	新颖	转达	探讨	容貌	C 참신하다	전달하다	탐구하다	용모
D	美妙	转变	洽谈	景色	D 아름답다	전환하다	협의하다	경치

단어 场域 chǎngyù 명 도메인 | 语义 yǔyì 명 어의, 단어의 뜻 | 定位 dìngwèi 동 객관적으로 평가하다 명 정해진 위치

해설 **첫 번째 빈칸** – 번역이 제3의 공간에서 더욱 어떤 것을 만들어내는지를 찾아야 하는 문제이다. 번역은 기본적으로 있는 어휘를 바꾸는 것이므로 '기존에 없던'이라는 의미를 가지고 있는 A '崭新'과 C '新颖'은 적합하지 않다. D '美妙(아름답다)'는 아름답고 절묘한 것을 나타내는 어휘로 주로 '美妙的歌声(아름다운 노랫소리)'처럼 들리는 것이나 '美妙的风景(아름다운 풍경)'처럼 보이는 것에 쓰이므로 번역을 설명하는 것에는 적합하지 않으므로 B가 가장 적합함을 알 수 있다.

두 번째 빈칸 – 한 언어가 다른 언어로 바뀌는 것을 설명할 수 있는 어휘를 찾는 문제이다. A '转移(전이하다)'는 원래의 위치에서 다른 위치로 옮겨가는 것을 설명하므로 적합하지 않고, C '传达(전달하다)'는 소식이나 정보 따위를 다른 사람에게 전한다는 뜻이므로 역시 적합하지 않다. D '转变(전환하다)'은 바꾼다는 뜻이 있지만 관념이나 태도 따위가 변해서 달라지는 것을 의미하므로 역시 정답이 될 수 없다. B '转换(변환하다)'은 사물을 아예 다른 것으로 대체하거나 바꾼다는 뜻이 있으므로 B가 가장 적합하다는 것을 알 수 있다.

세 번째 빈칸 – 제3의 공간이 원작자와 타켓독자가 '무엇'을 하는 필드인지를 찾는 문제이다. 좀 더 쉽게 설명하면 번역이라는 공간이 원작자와 그것을 읽는 독자들이 무엇을 하는 장소인지를 묻는 것인데, 결국 번역은 이 둘이 교류하고 소통할 수 있게 해주는 매개체므로 빈칸에 B '沟通(소통하다)'이 가장 적합함을 알 수 있다.

네 번째 빈칸 – '社会文化'와 조합을 이룰 수 있는 명사를 찾는 문제이다. A '面貌(면모)'와 C '容貌(용모)'는 모두 사람의 얼굴 모습을 나타내는 어휘이므로 정답이 될 수 없고, D '景色(경치)' 역시 사회문화와 어울리는 어휘가 아닐 뿐만 아니라 '타켓독자의 경치'라고 타켓독자의 수식을 받을 수 없으므로 정답이 될 수 없다. B의 '背景'을 써 '社会文化背景(사회문화배경)'이라고 하는 것이 가장 자연스럽고 적합함을 알 수 있다. 정답은 B이다.

문제 19

我们看到星星一闪一闪的，不是因为星星 _____ 的亮度出现变化，而是与大气的 _____ 有关。大气隔在我们与星星之间，星光需要穿过不同密度和厚度的大气层才能到达地球。大气不是 _____ 透明的，它的透明度会根据密度的不同而产生变化。所以我们透过它来看星星，就会看到星星 _____ 在闪烁。

우리가 별이 반짝반짝 하는 것을 보게 되는 것은 별 자체의 밝기에 변화가 생겨서가 아니라 대기의 차단과 관련이 있는 것이다. 대기는 우리와 별 사이에 있고, 별빛은 다른 밀도와 두께의 대기층을 통과해야만 지구에 도달할 수 있다. 대기는 절대로 투명한 것이 아니고, 그것의 투명도는 밀도의 차이를 근거로 하여 변화가 발생하게 된다. 그래서 우리는 그것을 통해 별을 보면, 별이 마치 반짝이는 것처럼 보이게 된다.

A	本身	遮挡	绝对	好像	A 그 자체	차단하다	절대로	마치
B	本人	掩盖	完全	仿佛	B 본인	감추다	완전히	마치
C	人家	掩饰	彻底	似乎	C 그 사람	감추다	철저히	마치
D	各自	覆盖	必然	类似	D 각자	덮다	반드시	유사하다

단어 亮度 liàngdù 명 빛의 밝기 | 闪烁 shǎnshuò 동 반짝이다

해설 **첫 번째 빈칸** – 별이 소재이므로 사람을 지칭하는 B, C, D는 정답이 될 수 없다. '별 자체'의 밝기 변화를 설명하고 있으므로 A가 가장 적합하다.

두 번째 빈칸 – A '遮挡'은 사물로 가리거나 막는다는 뜻으로 주로 '遮挡阳光(햇볕을 막다)'으로 잘 쓰이고, B '掩盖'와 C '掩饰'는 둘 다 감춘다는 뜻이나, '掩饰'는 사람이 사상, 감정, 실수 따위를 다른 사람이 알지 못하게 숨긴다는 뜻으로 '缺点(단점)'과 결합하여 단점을 감춘다는 뜻으로 쓰이지만 '掩盖'는 주로 사물에 쓰이고 사물이나 도구로 다른 사물의 단점이나 감추고 싶은 것을 안 보이게 뒤덮는다는 의미이다. D '覆盖(뒤덮다)'는 지면을 덮은 식물을 의미하거나 어떤 장소를 다른 사물이 뒤덮는 것을 가리킨다. 예를 들면 '冰雪覆盖大地(빙설이 대지를 뒤덮다)'로 쓸 수 있다. 글에서는 별이 반짝이는 것이 대기가 우리의 시야를 가리는 것과 관계 있다는 것이므로 대기가 눈앞을 가리어 막는 것, 즉 A '遮挡'이 가장 적합하다.

세 번째 빈칸 – 대기가 어떻게 투명한 것이 아닌지를 찾는 문제이다. C '彻底(철저히)'는 '일 처리가 빈틈없이 완벽하게'라는 뜻이므로 밑줄에 적합하지 않고, D '必然(반드시)'은 필연적으로 발생된다는 의미의 '반드시'이므로 역시 밑줄에 적합하지 않다. 글의 내용상 '완전히 투명한 것이 아니다'와 '절대로 투명한 것이 아니다'는 모두 가능하므로 A와 B 둘 중에 정답이 있음을 알 수 있다.

네 번째 빈칸 – A '好像', B '仿佛', C '似乎'는 모두 근의어로 '마치 ~같다'는 뜻이고, D '类似'는 '유사하다'는 뜻으로 주로 'A与B类似(A와 B는 유사하다)'로 쓰이는데, 밑줄 뒤에 '반짝이고 있다'라는 동사구가 있으므로 '类似'는 정답이 될 수 없음을 알 수 있다. 정답은 보기의 모든 어휘가 밑줄에 적합한 A이다.

문제 20

每个人的发声 _____ 在尺寸和形态方面不同，所以，每个人的声纹图谱也都存在 _____ ，这使得声纹识别成为可能。声纹识别就是根据说话人的发音 _____ ，自动识别说话人身份的一种生物识别方法。由于声音信号便于远程 _____ ，在基于电信和网络的身份识别应用中，声纹识别更有 _____ 。

모든 사람의 발성기관은 길이와 형태 방면에 있어서 다르다. 그래서 모든 사람의 성문도감 역시 차이가 존재하고, 이것은 성문식별이 가능하게 만들었다. 성문식별은 바로 말하는 사람의 발음특징을 근거로 자동적으로 말하는 사람의 신분을 식별하는 일종의 생물학적인 식별방법이다. 목소리 신호는 원거리에도 전송하기 쉽기 때문에 텔레콤과 인터넷을 기초로 한 신분식별 응용 속에서 성문식별은 더욱 우위를 가진다.

A	神经	偏差	要素	运行	意义
B	器官	差异	特征	传输	优势
C	知觉	差别	特色	输入	奇迹
D	细胞	差距	因素	运输	专长

A	신경	편차	요소	운행하다	의미
B	기관	차이	특징	전송하다	우위
C	지각	다른 점	특색	입력하다	기적
D	세포	격차	요소	운송하다	특기

단어 尺寸 chǐcun 명 사이즈, 적절함 | 声纹 shēngwén 명 성문(음성을 그림으로 나타낸 것) (* 声纹图谱 shēngwén túpǔ 성문도감) | 远程 yuǎnchéng 형 장거리의 | 基于 jīyú 전 ~에 근거하다

해설 **첫 번째 빈칸** – '发声(발성: 소리를 내다)'과 조합을 이루는 명사를 찾는 문제이므로 B '发声器官(발성기관)'이 가장 자연스러운 조합임을 알 수 있다.

두 번째 빈칸 – A '偏差(편차)'는 수치, 위치, 방향 따위가 기준에서 벗어난 정도를 의미인데 사람의 성문도감 즉 지문 같은 고유 목소리가 차이가 존재한다는 뜻이 되어야 하므로 정답이 될 수 없다. B '差异'와 C '差别'는 둘 다 '차이'를 나타내는데 '差异'는 서로 같지 않고 다른 정도나 상태를 가리키고, '差别'는 둘 이상의 대상을 등급이나 수준 차이를 두어서 구별하는 것을 가리킨다. 성문도감은 사람마다 가지고 있는 다른 정도, 즉 상태이므로 '差异'가 가장 적합함을 알 수 있다. D '差距(격차)'는 수준, 정도의 격차, 거리를 나타내므로 역시 정답이 될 수 없다.

세 번째 빈칸 – 식별에 관한 내용이므로 사람의 '특징'이 가장 적합함을 알 수 있는데, B '特征'과 C '特色' 모두 '특징'을 가리키는 어휘지만 '特色'는 주로 보통의 것과 다른 점을 가리키고, '特征'은 특별히 눈에 띄는 점 혹은 특별하거나 독특한 점을 가리키므로 사람마다 가지고 있는 발음 특징을 말하는 것에는 '特征'이 적합하다는 것을 알 수 있다. A '要素'와 D '因素'는 어떤 것을 이루거나 원인이 되는 '요소'를 가리키므로 정답이 될 수 없다.

네 번째 빈칸 – 밑줄 앞의 내용에서 언급된 '信号(신호)'가 힌트이다. 목소리 신호가 원거리에서도 전달되기 쉽다는 내용인데, '信号(신호)'는 '전달하다' 외에도 '전송하다'와 호응되는 어휘이므로 B '传输'가 적합하다는 것을 알 수 있다. A '运行'은 (교통수단 등이) 운행하는 것을 가리키고, C '输入(입력하다)'는 '기기에 문자나 숫자를 쳐서 넣다'는 뜻이고 D '运输(운송하다)'는 재화를 실어나른다는 뜻이므로 B가 가장 적합하다.

다섯 번째 빈칸 – 앞문제와 연계해 목소리 신호가 원거리에서도 전송하기 쉽기 때문에 신분식별의 응용 속에서 유리하다는 내용이 이어져야 하는데 유리하다는 것은 우위(우세한 점)를 가지고 있다는 뜻이므로 B '优势(우위)'가 가장 적합함을 알 수 있다.

정답은 B이다.

독해 제3부분   실전 PT 정답   ▶p.380

21. C	22. B	23. E	24. D	25. A	26. A	27. C
28. E	29. D	30. B				

문제 21-25

跳舞草又名情人草，(21) C 是一种极具观赏性的植物。它的株高约为0.6米，叶片两侧长有线形小叶。在阳光的照射下，跳舞草一旦受到声波刺激，侧小叶便会不断地摆动，就像一对舞伴，时而合抱，时而各自旋转。"舞动"中的跳舞草犹如轻舞双翅的蝴蝶，(22) B 又好似舞台上轻舒玉臂的舞者。当夜幕降临之时，(23) E 跳舞草的侧小叶又会贴于枝干上，紧紧依偎在一起，仿佛在安静地休息。这真是植物界罕见的现象！

跳舞草为什么会"跳舞"呢？有植物专家解释道：植物与其他生物一样，都具有很强的生命力，(24) D 为了在自然界生存下来，它们必须努力使自己适应周围的环境条件。强烈的阳光照射，容易使跳舞草的水分迅速蒸发掉，叶片也会受到灼伤。为了避免这种伤害，跳舞草就以不停"跳舞"的方式来调节阳光的直射，以便很好地在强光的环境中生存。(25) A 这种说法听上去有一定的道理，但到目前为止，还没有足够的证据可以证实。要想真正解开这个谜，还需要植物学家们继续深入研究。

A 这种说法听上去有一定的道理
B 又好似舞台上轻舒玉臂的舞者
C 是一种极具观赏性的植物
D 为了在自然界生存下来
E 跳舞草的侧小叶又会贴于枝干上

'무초'는 '연인초'라고도 하고, (21) C 일종의 관상성을 많이 가지고 있는 식물이다. 그것의 높이는 약 0.6m이고, 잎은 양측에 유선형의 작은 잎이 자란다. 햇빛 아래에서, 무초는 일단 소리파동의 자극을 받으면 측면의 작은 잎이 끊임없이 흔들리게 되는데 마치 한 쌍의 춤 파트너가 서로 안기도 했다가, 각자 돌기도 하는 것 같다. '춤 추고' 있는 무초는 마치 두 날개를 가볍게 움직이는 나비와 같기도 하고, (22) B 무대에서 가볍게 팔을 흔드는 무용수 같다. 땅거미가 질 때, (23) E 무초의 측면의 작은 잎은 줄기에 붙게 되는데 한데 붙어 서로 기대고 있는 것이 마치 조용히 쉬는 것 같이 보인다. 이것은 정말 식물계에서는 드문 현상이다!

무초는 왜 '춤 추게' 되는 것일까? 어떤 식물전문가가 설명하길, 식물은 기타생물과 같아서 모두 강한 생명력을 가지고 있고, (24) D 자연계에서 생존해 나가기 위해 그것들은 반드시 자신이 주위의 환경조건에 적응하게 만들어야 한다. 강렬한 햇빛이 내리쬐면 무초의 수분을 빠르게 증발시키고 잎도 화상을 입게 된다. 이러한 해를 피하기 위해 무초는 끊임 없이 '춤 추는' 방식으로 햇빛의 직사를 조절해서, 강한 빛의 환경 속에서 생존하기 쉽도록 한다. (25) A 이러한 설명은 듣기에는 어느 정도의 일리가 있지만, 현재까지 아직 실증할 만한 충분한 증거가 없다. 정말 이 수수께끼를 풀고 싶다면, 식물학자들은 지속적으로 깊이 연구할 필요가 있다.

A 이러한 설명은 듣기에는 어느 정도의 일리가 있다
B 무대에서 가볍게 팔을 흔드는 무용수 같다
C 일종의 관상성을 많이 가지고 있는 식물이다
D 자연계에서 생존해 나가기 위해
E 무초의 측면의 작은 잎은 줄기에 붙게 된다

단어 好似 hǎosì 동 마치 ~와 같다(= 犹如 yóurú) | 跳舞草 tiàowǔcǎo 명 무초(춤추는 식물) | 株 zhū 양 그루, 포기 | 声波 shēngbō 명 음파 | 摆动 bǎidòng 동 흔들거리다 | 时而 shí'ér 부 때때로 | 合抱 hébào 동 양팔로 껴안다 | 旋转 xuánzhuǎn 동 선회하다, 돌다 | 蝴蝶 húdié 명 나비 | 夜幕 yèmù 명 땅거미, 밤의 장막(* 夜幕降临 yèmù jiànglín 땅거미가 지다) | 依偎 yīwēi 동 기대다 | 仿佛 fǎngfú 부 마치 (~인 것 같다) | 罕见 hǎnjiàn 형 보기 드물다 | 灼伤 zhuóshāng 동 화상을 입다 | 证实 zhèngshí 동 사실을 증명하다 | 谜 mí 명 수수께끼(* 解开谜 jiěkāi mí 수수께끼를 풀다)

보기check A - '这种说法(이러한 설명)'가 있으므로 앞에서는 일리가 있는 설명이 나와야 한다.
B - '又'가 있으므로 호응하는 접속사 '既'를 짐작해볼 수 있고, 무용수 같다고 했으므로 팔 흔드는 것 같은 움직임이 설명되어야 한다.
C - 주어는 관상성을 가지고 있는 식물의 이름이거나 그것을 가리키는 대명사여야 한다.
D - 자연계에서 생존해 나가기 위해 어떤 것이 무엇을 해야 하는지가 뒤에 설명되어야 한다.
E - 측면의 작은 잎이 언제 혹은 왜 줄기에 붙는지 이유와 붙어서 어떻게 되는지 결과가 앞뒤로 이어져야 한다.

해설 21 - 밑줄 앞의 내용이 무초의 별칭이고 주어가 무초이므로 무초에 대한 설명이 이어져야 함을 알 수 있다. 어떤 식물에 대한 설명이고, 주어가 식물 이름이어야 하는 C가 가장 적합하다는 것을 알 수 있다.
22 - 밑줄 앞에서 '又'와 연결되는 접속사는 없지만 앞의 내용이 '犹如(마치 ~같다)'를 써서 날개를 가볍게 움직이는 나비와 같다고 했으므로 '又'를 쓰고 '犹如'와 같은 뜻의 '好似'를 사용하여 다른 사물에 비유한 B가 가장 적합하다.

23 – 밑줄 앞의 '땅거미가 질 때'라는 전제 조건이 나왔고, 이어지는 내용은 쉬는 것 같다는 비유를 했으므로 땅거미 질 때 무초가 쉬는 것 같이 잎의 변화가 있는 내용이 나와야 함을 알 수 있다. 정답은 E가 가장 적합하다.

24 – 밑줄 뒤에 그것들이 반드시 주위의 환경조건에 적응하게 만들어야 한다고 했는데 왜 그래야 하는지 원인이나 목적이 없으므로 앞의 내용은 원인이나 목적이 나와야 한다. 그에 어울리는 보기는 '为了(~를 위해)'를 사용해서 목적을 나타낸 D가 가장 적합함을 알 수 있다.

25 – 밑줄 뒤에 '但'이 있으므로 밑줄의 내용은 '但' 이후의 내용과 상반되거나 전환되는 내용임을 알 수 있고, '但' 이후의 내용이 실증할 만한 충분한 증거는 없다고 했으므로 앞에서는 듣기에는 일리가 있다는 보기인 A가 가장 적합함을 알 수 있다.

문제 26-30

硬骨鱼类的腹腔内几乎都有鳔。(26) A 鱼鳔产生的浮力，使鱼在静止状态时，能够自由控制身体处在某一水层。此外，鱼鳔还能使鱼腹腔产生足够的空间，从而防止其内脏器官因水压过大而受损，起到保护内脏器官的作用。可以说，(27) C 鱼鳔掌握着鱼的生死存亡。

有一种鱼却是异类，(28) E 它天生就没有鳔。而且分外神奇的是，它早在恐龙出现之前就已经生活在地球上了，至今已超过4亿年，并且近一亿年来它几乎没有变化。它就是被誉为"海洋霸主"的鲨鱼！鲨鱼用自己的王者风范、强者之姿，创造了无鳔照样追波逐浪的神话。

究竟是什么原因让鲨鱼离开了鳔，仍能在水中活得游刃有余呢？科学家们经过研究发现，鲨鱼由于没长鳔，一旦停下来，身子就会下沉，(29) D 所以它只能依靠肌肉的运动，永不停息地在水中游弋，这使得鲨鱼不仅拥有了强健的体魄，而且练就了非凡的战斗力。

(30) B 原来正是鲨鱼天生的缺陷造就了它的强大。鲨鱼无鳔，这是它的悲，也是它的喜。

경골어류의 복강 내에는 거의 모두 공기주머니가 있다. (26) A 공기주머니가 만들어낸 부력은 물고기가 정지된 상태일 때, 자유롭게 물의 한 층에 머물게 통제할 수 있다. 이 외에 공기주머니는 물고기의 복강이 충분한 공간을 만들어내게 하고, 따라서 그 내장기관이 수압이 과하게 세서 손상을 받는 것을 피하고, 내장기관을 보호하는 작용을 한다. 이것으로 (27) C 공기주머니는 물고기의 생사존망을 쥐고 있다고 말할 수 있다.

어떤 물고기는 오히려 다른 종류로, (28) E 그것은 천성적으로 공기주머니가 없다. 게다가 유난히 신기한 것은 그것이 공룡이 출현하기 전에 이미 지구상에 살고 있었다는 것이고, 지금까지 이미 4억 년을 초과했고, 근 1억 년 동안은 거의 변화가 없었다. 그것은 '바다의 패왕'이라고 불리는 상어이다! 상어는 자신만의 왕자의 품격, 강자의 자태로 공기주머니 없이도 변함없이 파도를 쫓아내는 신화를 만들어냈다.

도대체 어떤 원인이 상어가 공기주머니를 떠나게 하고, 여전히 물 속에서 여유롭게 지낼 수 있는 것일까? 과학자들은 연구를 통해 상어는 공기주머니가 자라지 않아 일단 멈추면 몸이 가라앉게 되는데 (29) D 그래서 그것은 근육의 운동에 기댈 수밖에 없고, 끊임없이 물속을 유영해 다닌다. 이것은 상어가 강건한 체력과 정신을 가지게 할 뿐만 아니라, 비범한 전투력을 연마하게 하였다.

(30) B 알고 보니 상어의 천성적인 결함이 그것의 강대함을 만들어냈다. 상어가 공기주머니가 없는 것은 비극이기도 하고, 희극이기도 하다.

A 鱼鳔产生的浮力
B 原来正是鲨鱼天生的缺陷造就了它的强大
C 鱼鳔掌握着鱼的生死存亡
D 所以它只能依靠肌肉的运动
E 它天生就没有鳔

A 공기주머니가 만들어낸 부력
B 알고 보니 상어의 천성적인 결함이 그것의 강대함을 만들어냈다
C 공기주머니는 물고기의 생사존망을 쥐고 있다
D 그래서 그것은 근육의 운동에 기댈 수밖에 없다
E 그것은 천성적으로 공기주머니가 없다

단어 鱼鳔 yúbiào 명 (어류의) 부레 | 浮力 fúlì 명 부력 | 缺陷 quēxiàn 명 결함 | 造就 zàojiù 동 만들어내다, 양성해내다 | 硬骨鱼 yìnggǔyú 명 경골어 | 腹腔 fùqiāng 명 복강, 배안 | 分外 fènwài 부 유난히, 유달리(* 分外神奇 fènwài shénqí 유난히 신기하다) | 霸主 bàzhǔ 명 지배자, 제왕 | 鲨鱼 shāyú 명 상어 | 照样 zhàoyàng 부 여전히 | 追波逐浪 zhuībō zhúlàng 물결을 뒤따르다 | 游刃有余 yóurèn yǒuyú 성 힘들이지 않고 여유 있게 일을 처리하다, 능숙하고 여유롭다 | 下沉 xiàchén 동 가라앉다 | 游弋 yóuyì 동 (물속에서) 노닐다 | 体魄 tǐpò 명 신체와 정신 | 练就 liànjiù 동 연마해 몸에 익히다(* 练就了战斗力 liànjiù le zhàndòulì 전투력을 마스터 하다)

보기check   A – 명사구이므로 A자체가 주어가 될 확률이 높고 부력이 어떻게 되거나 어떤 작용을 일으킬 것이라는 것을 짐작해야 한다.
B – '原来'는 궁금했던 사실이 풀렸을 때 쓰는 표현인데 뒤에 이어지는 내용이 상어의 천성적인 결함이 강함을 만들어냈다고 했으므로 앞에서는 상어의 천성적인 결함에 대한 설명, 특히 강해지게 만들 수밖에 없는 결함에 대한 설명이 있을 가능성을 짐작할 수 있다.
C – 공기주머니가 물고기의 생사존망을 쥐고 있다는 결론을 내리려면 앞에서 공기주머니의 중요성에 대한 설명이 있어야 한다.
D – '所以'가 있으므로 '因为/由于(~때문에)'를 짐작해볼 수 있고, 왜 근육의 운동에 기댈 수밖에 없는지에 대한 이유나 원인이 이어져야 한다.
E – 그것은 상어라는 것을 짐작할 수 있고, 천성적으로 공기주머니가 왜 없는지 혹은 없어서 어떤 점이 좋고 나쁜지가 주변의 내용으로 이어질 가능성이 크다.

해설   26 – 밑줄 앞에서는 경골어류가 거의 모두 공기주머니가 있다고 설명했고, 이어지는 내용은 정지된 상태일 때 물의 한 층에 머물게 통제할 수 있다고 했으므로 거의 모든 물고기가 가지고 있는 공기주머니가 만들어낸 부력이 들어가야 함을 알 수 있다. 어법적으로도 앞 물고기가 물의 한 층에 머물 수 있게 할 수 있는 주어가 있어야 하므로 정답은 A이다.
27 – '可以说(~라고 할 수 있다)'는 앞에 나열한 사실이나 내용을 근거로 주관적인 결론을 내릴 때 쓰는 표현이므로 결론의 내용을 담고 있는 보기가 와야 하는데, 앞의 내용이 공기주머니에 관한 내용이므로 공기주머니의 특징이나 중요성이 설명되었음을 알 수 있고, 이로 인한 결과인 C가 가장 적합함을 알 수 있다.
28 – 밑줄 앞은 오히려 다른 한 종류의 물고기가 있다고 설명했는데 그 앞의 내용이 공기주머니가 있는 일반적인 물고기와 공기주머니의 역할을 설명했으므로 이어지는 내용은 공기주머니를 가지고 있지 않은 물고기를 언급했을 가능성이 크므로 E가 가장 적합하다.
29 – 밑줄 앞에 이미 '由于'를 써서 상어가 공기주머니가 자라지 않는 원인을 설명했으므로 뒤에는 이것이 없어 몸이 멈췄을 때 어떻게 되는지의 결과가 이어져야 한다. 이에 적합한 보기는 D이다.
30 – 마지막 단락이므로 글의 결론을 내렸을 가능성이 크고, 밑줄 뒤의 내용이 상어가 공기주머니가 없는 것은 비극이기도 하고, 기쁨이기도 하다고 했으므로 앞의 내용을 통해 상어가 천성적으로 공기주머니가 없는 것은 비극이나 이로 인해 강인해진 것은 기쁨이라는 것을 알 수 있고, 앞의 내용으로 상어의 단점이 그의 강대함을 만들었다는 것을 알게 되었고, 그것이 상어의 비극과 기쁨이라는 내용이 이어지는 것이 가장 자연스럽다. 정답은 B이다.

독해 제4부분   실전 **PT** 정답   ▶p.382

| 31. A | 32. D | 33. D | 34. B | 35. D | 36. B | 37. D |
| 38. C | 39. B | 40. C | 41. B | 42. B | | |

문제 31-34

一位航空管理者上任后，31.A 决定推行一项令人瞠目结舌的"倒奖励"制度，即对及时上报自己在工作中所犯错误的飞行员、机械师和地面指挥者等航空从业人员，予以免除惩罚，并且进行奖励，当然引发重大事故者除外。

不过，32.D 这个决定立即遭到了其他高层的反对。他们认为，这会起到鼓励航空从业人员犯错的作用。此外，飞行员、机械师等航空从业人员众多，这笔奖金的发放会在一定程度上加大财政方面的压力。但这位管理者坚称："通过这个倒奖励制度，航空从业人员可以从同行的错误中有所收获，得到警示，这样就能

한 명의 항공관리자가 부임한 후에 31.A 사람들이 놀랄 만한 '역 보상' 제도를 추진할 것을 결정했는데, 이는 바로 자신이 일하는 중에 저지른 잘못을 제때에 상부에 보고한 비행사, 엔지니어, 지상 지휘요원 등 항공업계에 종사하는 인원들에 대해 벌을 면하고, 상을 준다는 것인데, 당연히 중대한 사고를 일으킨 사람은 제외였다.

하지만, 32.D 이 결정은 즉시 다른 고위층 관계자들의 반대에 부딪혔다. 그들은 항공업계 종사자들에게 잘못을 부추기는 효과를 불러일으킬 것이라고 여겼다. 이밖에, 비행사, 엔지니어 등 항공업계 종사자들이 많은데, 이 많은 격려금을 주다 보면 재정 방면의 압박이 있을 수밖에 없었다. 그러나 이 관리자는 "이 역 보상 제도를 통해 항공업계 종사자들은 동료들의 잘못에서 얻는 것들이 있을 것이고, 교훈을 얻을 것입니다. 이렇게 하면 똑같은 잘못이 다시 발생되는 것을 피할 수 있어서 효과적으로 사고 발생률을 줄일 수 있습니다. 게다가

避免同样的错误再次发生，从而有效地减少事故发生率。而且我深信，如果不推行这项制度，一旦他们犯错，所造成的损失一定会远远高于我们所支出的奖金。"最终，这项决策被通过并迅速开始执行。

33.D 这个只奖不罚的倒奖励制度，极大地鼓舞了航空从业人员的"自我揭发"行为。很多人还会专门随身携带一本小册子，以便及时记录并上报自己所犯的错误。此后，航空管理部门平均每月都能收到2500多封错误报告。

为了能让所有航空从业人员从这些错误中吸取教训，该管理者又让人从错误报告中挑选出一部分典型案例，整理后印制成期刊对外发行，结果每月竟有18万读者订阅。这些读者不仅包括正在从事航空事业的工作人员，还有很大一部分来自飞机制造厂以及航空培训学校。

截止到2013年年底，34.B 倒奖励制度支出的奖金已经超过三亿元，然而却极大地降低了飞行的事故发生率，并避免了由此可能带来的18多亿元的损失。

저는 만약에 이 제도를 추진하지 않으면, 일단 그들이 잘못을 해 조성되는 손실은 틀림없이 우리가 지출하는 격려금보다 훨씬 높을 것이라고 믿습니다."라고 완강히 주장하였다. 결국, 이 정책 결정은 통과되어 빠르게 집행되었다.

33.D 이 상만 주고 벌을 주지는 않는 역 보상 제도는 항공업계 종사자들의 '자백' 행위를 아주 크게 격려했다. 많은 사람들이 제때에 자신이 저지른 잘못을 기록하고 보고하기 위해 일부러 한 권의 노트를 들고 다니기도 했다. 이후에 항공관리 부서는 평균 매월 2,500여 통의 실수 보고서를 받을 수 있었다.

모든 항공업계 종사자들이 이 잘못들 속에서 교훈을 얻을 수 있게 하기 위해, 이 관리자는 또한 보고서 중에서 일부 전형적인 사례를 골라내고, 정리한 후에 정기간행물로 만들어 대외적으로 발행하도록 해 결과적으로 매월 뜻밖에 18만 구독자를 가지게 되었다. 이 독자들은 항공업계에 종사하고 있는 인원을 포함하고 있을 뿐만 아니라, 비행기 제조회사 및 항공 훈련학교의 사람들 또한 상당수를 차지하고 있었다.

2013년 말까지, 34.B 역 보상 제도로 지출한 격려금은 이미 3억 위안을 초과했지만, 오히려 비행의 사고발생률은 아주 크게 낮아졌고, 이것으로 가져올 수 있었던 18여 억 위안의 손실을 피했다.

[단어] 上任 shàngrèn 동 부임하다 | 推行 tuīxíng 동 추진하다 | 瞠目结舌 chēngmù jiéshé 성 놀라서 어리둥절한 모습, 넋이 나가다 | 上报 shàngbào 동 상부에 보고하다 | 机械师 jīxièshī 명 엔지니어 | 予以 yǔyǐ ~(해)주다 | 高层 gāocéng 명 고위(층)의 | 引发 yǐnfā 동 일으키다 | 坚称 jiānchēng 완강히 주장하다 | 警示 jǐngshì 동 경고하다(* 得到警示 dédào jǐngshì 경고(로 인해 무엇을) 얻다) | 支出 zhīchū 동 지출하다 | 决策 juécè 명 정책을 결정하다 | 执行 zhíxíng 동 집행하다 | 鼓舞 gǔwǔ 동 격려하다 | 揭发 jiēfā 동 폭로하다 | 吸取 xīqǔ 동 받아들이다(* 吸取教训 xīqǔ jiàoxùn 교훈을 받아들이다) | 案例 ànlì 명 사례 | 期刊 qīkān 명 정기 간행물 | 订阅 dìngyuè 동 구독하다 | 培训 péixùn 동 양성하다 | 截止 jiézhǐ 동 마감하다

문제 31

第1段中的画线词语"瞠目结舌"是什么意思？	첫 번째 단락 속의 밑줄 그은 어휘 '瞠目结舌'는 무슨 뜻인가？
A 极其吃惊　　　B 赞叹不已 C 不知所措　　　D 感到不安	A 매우 놀랐다　　　B 감탄해 마지 않다 C 어찌할 줄을 모르겠다　　　D 불안을 느낀다

[단어] 赞叹 zàntàn 동 감탄하다 | 不知所措 bùzhī suǒcuò 성 어찌할 바를 모르다

[해설] '瞠目结舌(놀라 어리둥절하다)'라는 어휘를 알면 쉽게 풀리는 문제이지만 모른다 하더라도 '即对及时上报自己在工作中所犯错误的飞行员、机械师和地面指挥者等航空从业人员，予以免除惩罚，并且进行奖励(이는 바로 자신이 일하는 중에 저지른 잘못을 제때에 상부에 보고한 비행사, 엔지니어, 지상 지휘요원 등 항공업계에 종사하는 인원들에 대해 벌을 면하고, 상을 준다는 것이다)'에서 잘못을 보고했는데 벌을 면할 뿐만 아니라 오히려 상을 주는 제도를 수식하는 어휘기 때문에 '놀랄 만하다'라는 뜻이 가장 적합하고 이에 해당하는 보기는 A이다.

문제 32

其他高层为什么反对那个决定？	기타 고위층 관계자들은 왜 그 결정에 반대했는가？
A 财政部门没批准 B 怕被乘客投诉 C 奖金分配不均 D 担心会鼓励员工犯错	A 재정부서가 승인하지 않아서 B 승객들에게 신고 당할 것이 두려워서 C 격려금 분배가 고르지 못해서 D 직원들이 잘못을 저지르는 것을 부추길까 걱정되어

| 단어 | 批准 pīzhǔn 동 비준하다 | 投诉 tóusù 동 고발하다, 신고하다 |
| 해설 | 문제의 '고위층 관계자가 반대했다'는 것을 근거로 지문을 찾아가면 '他们认为, 这会起到鼓励航空从业人员犯错的作用(그들은 항공업계 종사자들에게 잘못을 부추기는 효과를 불러일으킬 것이라고 여겼다)'이라고 한 부분이 있으므로 정답은 D이다.

문제 33

"倒奖励"制度实施后，很多航空从业人员:	'역 보상' 제도를 실시한 후에, 많은 항공업계 종사자들은:
A 申请换岗位	A 근무지 변경을 신청했다
B 开始互相监督	B 서로 감독하기 시작했다
C 抱怨待遇差	C 대우가 나쁘다고 원망했다
D 及时上报错误	D 제때에 잘못을 상부에 보고했다

| 단어 | 岗位 gǎngwèi 명 직장, 근무처 | 监督 jiāndū 동 감독하다 |
| 해설 | '역 보상 제도를 실시한 후에'를 힌트로 삼아 찾아가면 '这个只奖不罚的倒奖励制度, 极大地鼓舞了航空从业人员的"自我揭发"行为。很多人还会专门随身携带一本小册子, 以便及时记录并上报自己所犯的错误(이 상만 주고 벌은 주지는 않는 역 보상 제도는 항공업계 종사자들의 '자백' 행위를 아주 크게 격려했다. 많은 사람들이 제때에 자신이 저지른 잘못을 기록하고 보고하기 위해 일부러 한 권의 노트를 들고 다니기도 했다)'라고 했으므로 정답은 D이다.

문제 34

根据上文，下列哪项正确？	윗글을 근거로 하면, 아래에 어느 항이 정확한가?
A 那位管理者被降职了	A 그 관리자는 강직되었다
B 那项制度非常有效	B 그 제도는 매우 효과가 있었다
C 期刊免费赠送给培训学校	C 정기간행물은 훈련학교에 증정되었다
D 错误报告千篇一律	D 실수 보고서는 천편일률적이었다

| 단어 | 降职 jiàngzhí 동 강직되다 | 赠送 zèngsòng 동 증정하다 | 千篇一律 qiānpiān yílǜ 성 천편일률적이다 |
| 해설 | 마지막 부분에 '倒奖励制度支出的奖金已经超过三亿元, 然而却极大地降低了飞行的事故发生率, 并避免了由此可能带来的18多亿元的损失(역 보상 제도로 지출한 격려금은 이미 3억 위안을 초과했지만, 오히려 비행의 사고발생률은 아주 크게 낮아졌고, 이것으로 가져올 수 있었던 18여 억 위안의 손실을 피했다)'라고 했으므로 비행의 사고발생률이 낮아지고 손실을 피했다는 내용이 있으므로 효과가 있었음을 알 수 있다. 정답은 B이다.

문제 35-38

38.C 艺术之间都是互通的，中国山水画与中国园林更是如此，它们被誉为"姐妹艺术"。

35.D 中国山水画与中国园林的创作都是基于人们亲近自然的愿望。人类原本就居住在大自然中，后来由于社会进步、人口不断聚集，才逐渐形成城市。然而，日益喧嚣、忙碌的都市生活使人们感到厌倦，并萌生了亲近自然的想法。山水画由此产生，但它仅仅是一张图，人们虽然能从中一观自然之美，但很难有切身的体验。因此，为了更真切地欣赏自然美景、感受自然气息，古人便挖湖堆山、养花种草，使

38.C 예술끼리는 모두 서로 통하는데, 중국 산수화와 중국 원림은 더욱이 이러하여, 그것들은 '자매예술'로 불린다.

35.D 중국 산수화와 중국 원림의 창작은 모두 사람들의 자연과 가까워지려는 바람을 기초로 하고 있다. 인류는 원래 대자연 속에서 살았는데, 후에 사회가 발달하고, 인구가 끊임없이 집중되면서 도시가 점차 형성되었다. 그러나 나날이 소란스럽고 분주한 도시생활은 사람들을 싫증나게 만들었고, 자연에 가까워지고 싶은 마음이 움트게 만들었다. 산수화는 이 때문에 탄생했지만, 그것은 단지 한 장의 그림일 뿐이어서, 사람들은 비록 그 속에서 자연의 아름다움은 볼 수 있지만, 자신이 직접 체험하기는 어려웠다. 이 때문에 더욱 진정으로 자연의 아름다운 경관을 감상하고, 자연의 숨결을 느끼기 위해, 옛날 사람들은 호수를 파고 산을 쌓고, 꽃을 기르고 풀을 심어 자연산수 경관을 자신들의 정원 속에 재현되게 하였는데 이것이

自然山水景观再现于自家庭院之中，这便是中国园林的由来。

36.B 中国山水画与中国园林的艺术特征也是一致的。中国山水画不仅讲究形象逼真，还追求意境美。38.C 中国园林同样追求意境美：植物不刻意修剪，但疏密有致、高低有情，可谓"寓诗情画意于自然景物之中"。

此外，中国山水画和中国园林都十分注重借助文学来增强自身的艺术感染力。中国山水画上常常配有诗文，这些诗文不仅能使画儿的"诗情"更加浓郁，还能让画儿的意境更加深远。在中国园林中，题名和楹联等更是不可或缺的部分。曹雪芹在《红楼梦》中写道："偌大景致若干亭榭，无字标题，也觉寥落无趣，任有花柳山水，也断不能生色。" 37.D 足见文学对增强中国园林艺术感的重要作用。

바로 중국 원림의 유래이다.

36.B 중국 산수화와 중국 원림은 예술적 특징도 일치한다 중국 산수화는 사실감 있게 묘사하는 것을 중시했고, 또한 예술적 정취도 추구하였다. 38.C 중국 원림 역시 똑같이 예술적 정취를 추구했는데, 식물을 일부러 다듬지는 않았지만 빽빽함의 아름다움이 있었고, 높이의 정감도 있어서 '시의 정감과 그림의 정취가 함축되어 자연의 경치 속에 녹아있다'고 말할 수 있다.

이 외에, 중국 산수화와 중국 원림은 모두 문학의 도움을 빌어 자신의 예술적 감화력을 강화시키는 것을 중시했다. 중국 산수화에는 자주 많은 시문이 곁들여졌는데, 이 시문들은 그림의 '시정(시 속의 감정)'을 더욱 짙게 만들었고, 또한 그림의 예술적 경지를 더욱 깊게 만들었다. 중국 원림에서 이름을 새기는 것과 대련 등은 더욱 없어서는 안 될 부분이었다. 조설근이 《홍루몽》에 "큰 경치에 정자가 있어도 글과 제목이 없으면 쓸쓸하고 재미가 없고, 아무리 꽃과 버드나무와 산수가 있어도 빛을 발할 수 없다."라고 썼다. 37.D 이것으로 문학의 중국 원림의 예술감각을 강화하는 것에 대한 중요한 작용을 충분히 볼 수 있다.

단어 互通 hùtōng 동 서로 통하다 | 园林 yuánlín 명 원림 [특정적으로 키운 숲, 호수 등의 자연환경이 있는 중국의 정원] | 基于 jīyú 전 ~를 기초로 하다 | 聚集 jùjí 동 모으다, 집중하다 | 喧嚣 xuānxiāo 형 소란스럽다 | 忙碌 mánglù 형 분주하다 | 厌倦 yànjuàn 동 싫증나다 | 萌生 méngshēng 동 발생하기 시작하다, 움트다 | 切身 qièshēn 형 자신의 | 真切 zhēnqiè 형 참되다, 분명하다 | 气息 qìxī 명 숨결 | 挖湖堆山 wāhú duīshān 호수를 파고 산을 쌓다 | 再现 zàixiàn 동 재현하다 | 由来 yóulái 명 유래 | 逼真 bīzhēn 형 진짜와 같다 | 意境 yìjìng 명 의경, (작가의 의도가 담긴) 예술적 정취 | 刻意 kèyì 부 일부러 | 修剪 xiūjiǎn 동 (가위로) 다듬다 | 疏密 shūmì 형 빽빽하다 | 有致 yǒuzhì 형 정취가 있다 | 诗情画意 shīqíng huàyì 성 시의 정취와 그림의 분위기 | 借助 jièzhù 동 도움을 받다 | 浓郁 nóngyù 형 짙다, 농후하다 | 深远 shēnyuǎn 형 심원하다, 깊고 크다 | 楹联 yínglián 명 대련[문이나 기둥에 대칭이 되게 써 붙인 글] | 不可或缺 bùkě huòquē 성 없어서는 안 된다, 필수적이다

문제 35

根据第2段, 可以知道什么?	두 번째 단락을 근거로 하여, 무엇을 알 수 있는가?
A 中国山水画的出现晚于园林	A 중국 산수화의 출현은 원림보다 늦었다
B 全球人口数量急剧增长	B 전세계 인구수량은 급격히 증가하였다
C 城市让生活更加便利	C 도시는 생활이 더욱 편리하게 하였다
D 中国园林重视亲近自然	D 중국 원림은 자연 친화를 중시하였다.

단어 急剧 jíjù 부 급격하게

해설 문제의 2단락을 근거로 했다는 것을 힌트로 찾아가면 '中国山水画与中国园林的创作都是基于人们亲近自然的愿望(중국 산수화와 중국 원림의 창작은 모두 사람들의 자연과 가까워지려는 바람을 기초로 하고 있다)'에서 사람들이 자연과 가까워지려는 바람을 기초로 했다는 것은 그만큼 자연친화를 중시했음을 알 수 있다. 정답은 D이다.

문제 36

第3段主要谈的是：	세 번째 단락에서 주로 말한 것은?
A 中国山水画与园林的区别 B 中国山水画与园林的艺术特征 C 城市让生活更加便利 D 中国园林重视亲近自然	A 중국 산수화와 원림의 구별 B 중국 산수화와 원림의 예술적 특징 C 도시는 생활을 더욱 편리하게 하였다 D 중국 원림은 자연 친화를 중시하였다

해설 3단락을 근거로 하여 찾아가면, '中国山水画与中国园林的艺术特征也是一致的(중국 산수화와 중국 원림은 예술적 특징도 일치한다)'라고 한 뒤 뒤에는 이를 뒷받침하는 내용을 정리했으므로 3단락은 전체적으로 예술적 특징을 설명했음을 알 수 있다. 정답은 B이다.

문제 37

《红楼梦》中的那句话说明：	《홍루몽》 속의 그 말은 무엇을 설명하는가?
A 中国介绍园林的著作极多 B 中国山水画倍受诗人青睐 C 中国山水画与书法互通 D 文学能增强园林的艺术感	A 중국에는 원림을 소개한 저작이 매우 많다 B 중국 산수화가 사람들의 환영을 받았다 C 중국 산수화와 서예는 서로 통하였다 D 문학은 원림의 예술적 감각을 강화시킬 수 있다

단어 著作 zhùzuò 명 저서, 작품 | 青睐 qīnglài 명 호감, 인기(* 受青睐 shòu qīnglài 인기를 얻다)

해설 문제에서 '《홍루몽》 속의 말'을 언급했으므로 이를 근거로 《홍루몽》이 있는 부분을 찾아가면 '偌大景致若干亭榭，无字标题，也觉寥落无趣，任有花柳山水，也断不能生色。'라는 말이 있는데 내용을 몰라도 뒤에 '足见(~라고 볼 수 있다)'이 있으므로 뒤에는 결론을 내린 부분이라는 것을 알 수 있고, '文学对增强中国园林艺术感的重要作用(문학의 중국 원림의 예술감각을 강화하는 것에 대한 중요한 작용이 있다)'이라고 했으므로 정답이 D임을 알 수 있다.

문제 38

下列哪项最适合做上文的标题？	아래 어느 항이 윗글의 제목으로 가장 적합한가?
A 论《红楼梦》的写作背景 B 欣赏山水画的小窍门 C 充满诗情画意的"姐妹艺术" D 艺术之母——中国园林	A 《홍루몽》의 글 배경을 논하다 B 산수화를 감상하는 비법 C 시의 정감과 그림의 정취를 충만하게 하는 '자매예술' D 예술의 어머니- 중국 원림

단어 小窍门 xiǎoqiàomén 명 비법, 팁(tip)

해설 이 글에 맞는 제목을 찾는 문제인데, 앞의 문제를 근거로 보면 계속해서 중국 산수화와 원림을 언급하는 것을 확인할 수 있고, 글 서두의 '艺术之间都是互通的，中国山水画与中国园林更是如此，它们被誉为"姐妹艺术"(예술끼리는 모두 서로 통하는데, 중국 산수화와 중국 원림은 더욱이 이러하여, 그것들은 '자매예술'로 불린다) 부분에서 중국 산수화와 원림을 자매예술로 칭한다는 것을 알 수 있으므로 '자매예술'이라는 것이 들어가는 것이 적합하고, B와 D처럼 '산수화' 혹은 '원림'만 들어간 제목은 적합하지 않다는 것을 알 수 있다. 게다가 3단락에서 '中国园林同样追求意境美：植物不刻意修剪，但疏密有致、高低有情，可谓"寓诗情画意于自然景物之中"(중국 원림 역시 똑같이 예술적 정취를 추구했는데, 식물을 일부러 다듬지는 않았지만 빽빽함의 아름다움이 있었고, 높이의 정감도 있어서 '시의 정감과 그림의 정취가 함축되어 자연의 경치 속에 녹아있다'고 말할 수 있다)'이라고 했으므로 정답은 C이다.

문제 39-42

随着网络技术的普及，一场将纸、笔和打印机等传统办公用品"赶"出办公室的"无纸化办公"潮流，开始在世界各大城市的写字楼中蔓延。

39.B 倡导者们相信，无纸化办公既能节约公司耗材、降低成本，又可以大幅度提高工作效率。这一潮流还得到了众多环保人士的支持，他们认为，办公室少用甚至不用纸张能够有效减少木材的消耗，对保护森林资源具有积极意义。然而，他们并未意识到：作为传统办公用品的代替物，电子传媒工具虽然看起来环保，40.C 实际上却是个"隐形杀手"，因为维持它们运转的电不会凭空而来。

这就造成了一个拆东墙补西墙的尴尬局面：从某种程度上来讲，无纸化办公能起到保护植被、净化空气的作用。但为了给电子传媒工具供电就得多烧煤，而煤炭燃烧时会产生二氧化硫、一氧化二氮等大量有害气体，这又加剧了空气质量的恶化。美国能源部的数据显示，目前在美国，电子设备数据中心每年的用电量约等于两万五千个家庭的用电总和。

除了能源消耗方面的糊涂账，无纸化办公在废弃物处理方面也面临着严峻的挑战。41.B 电子传媒工具更新速度快，会源源不断地产生电子垃圾。据联合国环境规划署统计，目前全球电子垃圾年均量约为4000万吨。电子垃圾中含有大量的汞、铬等有害物质，它们不但会污染垃圾场周围的空气、水和土壤，还会对附近居民的身体健康造成威胁，诱发各种炎症、心脑血管疾病，甚至是癌症。

因此，越来越多的人认为，一味地排除纸、笔和打印机的使用，不仅不能真正解决环境问题，反而会加重其负担。42.B 改进技术才是解决问题的根本途径。一方面，要改进陈旧的制浆造纸的技术，研究如何在生产纸张过程中更多地使用可再生原料和可再生能源，使用安全无毒并且易分解的化学添加剂等。另一方面，要逐渐淘汰那种庞大且浪费油墨的打印机，研发并推广更环保的便携式打印机。

인터넷 기술의 보급에 따라, 종이와 펜, 프린터 등의 전통적인 사무용품 등을 '내쫓는' 사무실의 '무지화 사무(서류 없는 사무)'의 유행은 세계 각 대도시의 오피스 빌딩에서 퍼지기 시작했다.

39.B 창도자들은 무지화 사무가 회사의 소모품을 절약하고, 원가를 낮출 수 있을 뿐만 아니라, 큰 폭으로 일의 효율을 높일 수 있다고 믿는다. 이 유행은 많은 환경보호 인사들의 지지를 얻었고, 그들은 사무실에서 종이를 적게 쓰거나 안 쓰면 나무의 소모를 줄일 수 있고, 삼림자원 보호에 적극적인 의미를 지닌다고 여겼다. 그러나, 그들은 전통적인 사무용품의 대체품으로서 전자매체도구들이 비록 보기에는 환경보호를 하는 것 같지만, 40.C 실제로는 '보이지 않는 살인자'라는 것을 인식하지 못했다. 그것들을 유지하는 데 가동되는 전기는 절로 생겨나는 것이 아니기 때문이다.

이것은 동쪽 벽을 허물고 서쪽 벽을 보수하는 난처한 국면을 만들어냈다. 어떤 정도에서 보자면, 무지화 사무는 식물들을 보호하고, 공기를 정화하는 작용을 가지고 있지만, 전자매체 도구들에게 전기를 제공하기 위해서는 많은 석탄을 태워야 하고, 석탄이 연소될 때에는 이산화탄소, 일산화탄소 등 대량의 유해기체가 만들어져 이것이 공기질의 악화를 더욱 심해지게 만든다. 미국 에너지부의 데이터에 의하면, 현재 미국에서는 전자설비 데이터센터의 매년 전기사용량은 25,000개 가정의 사용전력과 같다고 한다.

에너지 소모방면의 애매함을 제외하고도, 무지화 사무는 폐기물처리 방면에서도 심각한 문제를 마주하고 있다. 41.B 전자매체 도구의 갱신속도가 빨라지는 것이 전자제품 쓰레기를 끊임없이 만들어내는 것이다. UNEP통계에 따르면, 현재 전세계 전자제품 쓰레기는 연평균 양이 약 4,000만 톤이라고 한다. 전자제품 쓰레기 중에는 대량의 수은, 크롬 등의 유해물질을 가지고 있고, 그것들은 쓰레기장 주위의 공기와 물, 토양을 오염시킬 뿐만 아니라, 부근주민들의 건강에도 위협을 조성하고, 각종 염증, 심뇌혈관 질병, 심지어 암을 유발시킨다.

이 때문에, 갈수록 많은 사람들이 무턱대고 종이와 펜, 프린터의 사용을 배제하는 것은 진정으로 환경문제를 해결할 수 없을 뿐만 아니라, 오히려 그 부담을 가중시키고 있다고 여긴다. 42.B 기술을 개선시키는 것이야말로 문제를 해결하는 근본적인 방법이다. 한 편으로는 오래된 펄프를 만들어 종이를 제조하는 기술을 개선하고, 종이를 제조하는 과정 중에 어떻게 재생가능 원료와 재생가능 에너지를 더 많이 사용할 것인지, 어떻게 안전하게 독이 없으면서 분해되기 쉬운 화학첨가제 등을 사용할 것인가를 연구해야 한다. 다른 한편으로는 그 크고 인쇄잉크를 낭비하는 프린터기를 점차 없애고, 더욱 환경보호가 되는 휴대하기 편리한 프린터를 연구개발하고 널리 보급해야 한다.

단어 潮流 cháoliú 명 조류, 추세, 유행 | 写字楼 xiězìlóu 명 오피스 빌딩 | 蔓延 mànyán 동 만연하다 | 倡导者 chàngdǎozhě 명 창도자, 선도자 | 无纸化办公 wúzhǐhuà bàngōng 명 무지화 사무[종이나 서류가 없는 사무환경] | 耗材 hàocái 명 소모품 | 成本 chéngběn 명 원가 | 纸张 zhǐzhāng 명 종이 | 传媒 chuánméi 명 대중 매체, 미디어 | 隐形 yǐnxíng 형 모습을 감추다, 투명한(* 隐形杀手 yǐnxíng shāshǒu 보이지 않는 살인자) | 运转 yùnzhuǎn 동 (기계가) 돌아가다 | 凭空而来 píngkōng érlái 성 이유(근거) 없이 생기다 | 拆东墙补西墙 chāi dōngqiáng bǔ xīqiáng 속 한편을 돌보다가 다른 한편을 잃는 곤란한 지경에 빠지다 | 尴尬 gāngà 형 당혹스럽다, 난처하다 | 植被 zhíbèi 명 식생(식물집단) | 二氧化碳 èryǎng huàtàn 명 이산화탄소 | 恶化 è'huà 동 악화시키다 | 总和 zǒnghé 명 총계, 총합 | 更新 gēngxīn 동 갱신하다 | 源源不断 yuányuán búduàn 성 연이어 끊어지지 않다 | 联合国环境规划署 Liánhéguó Huánjìng Guīhuàshǔ 명 국제연합환경계획 [UNEP: 유엔 산하 환경종합조정기관] | 汞 gǒng 명 수은 | 铬 gè 명 크롬 | 土壤 tǔrǎng 명 토양 | 诱发 yòufā 동 유발하다(* 诱发疾病 yòufā jíbìng 질병을 유발하다) | 炎症 yánzhèng 명 염증 | 心脑血管 xīnnǎo xuèguǎn 명 심뇌혈관 | 癌症 áizhèng 명 암(의 통칭) | 途径 tújìng 명 방법, 경로 | 陈旧 chénjiù 형 오래 되다 | 制浆造纸 zhìjiāng zàozhǐ 펄프를 만들어 종이를 제조하다 | 可再生能源 kězàishēng néngyuán 명 재생에너지 | 分解 fēnjiě 동 분해하다 | 添加剂 tiānjiājì 명 첨가제 | 淘汰 táotài 동 도태하다, 제거하다 | 庞大 pángdà 형 매우 크다, 방대하다 | 油墨 yóumò 명 인쇄 잉크 | 便携式 biànxiéshì 형 휴대에 간편한

문제 39

下列哪项不是<mark>倡导者认为</mark>的无纸化办公的好处?
A 节约耗材
B <mark>材料不易丢失</mark>
C 提高工作效率
D 节省成本

아래의 어느 항이 창도자가 여기는 무지화 사무의 좋은 점이 아닌가?
A 소모품 절약
B <mark>서류를 쉽게 잃어버리지 않는 것</mark>
C 일 효율을 높이는 것
D 원가 절약

해설 '창도자'가 여긴 내용이라는 것을 첫 번째 힌트로 삼고, 무지화 사무의 '좋은 점'을 두 번째 힌트로 삼되 좋은 점이 아닌 것을 찾는 문제이므로 좋은 점을 제외하고 나머지를 정답으로 찾거나 좋지 않은 점을 언급했으면 그것을 근거로 정답을 찾으면 되는데, 2단락에서 '倡导者们相信, 无纸化办公既能节约公司耗材、降低成本, 又可以大幅度提高工作效率(창도자들은 무지화 사무가 회사의 소모품을 절약하고, 원가를 낮출 수 있을 뿐만 아니라, 큰 폭으로 일의 효율을 높일 수 있다고 믿는다)'라고 했으므로 언급된 A, C, D를 제외하면 B가 정답임을 알 수 있다.

문제 40

为什么说电子传媒工具是"<mark>隐形杀手</mark>"?
A 有辐射
B 使同事间的关系日渐疏远
C <mark>耗电量大</mark>
D 易引发呼吸道疾病

왜 전자매체도구가 '보이지 않는 살인자'인가?
A 방사능이 있어서
B 동료들의 관계를 날이 갈수록 소원하게 만들어서
C <mark>전력량 소모가 커서</mark>
D 호흡기관의 질병을 쉽게 불러 일으켜서

단어 辐射 fúshè 동 방사하다 명 방사(능) | 疏远 shūyuǎn 형 소원하다 | 呼吸道 hūxīdào 명 호흡기관

해설 '보이지 않는 살인자'를 힌트로 찾아가면 '实际上却是个"隐形杀手", 因为维持它们运转的电不会凭空而来(실제로는 '보이지 않는 살인자'라는 것이다. 그것들을 유지하는 데 가동되는 전기는 절로 생겨나는 것이 아니기 때문이다)'에서 그것들을 유지하는 데 가동되는 전기가 절로 생겨나는 것이 아니라고 했으므로 글에서 언급한 이것을 유지하는 데에도 전력이 소모됨을 알 수 있다. 정답은 C이다. A, B, D는 언급되지 않았다.

문제 41

第4段主要谈的是什么?
A 新能源的开发
B <mark>电子垃圾的危害</mark>
C 气候变化对人体的影响
D 废弃物的处理方法

네 번째 단락이 주로 말하는 것은 무엇인가?
A 새로운 에너지의 개발
B <mark>전자제품 쓰레기의 해</mark>
C 기후변화의 인체에 대한 영향
D 폐기물 처리방법

162 해설 PART 3

해설 | 4단락을 근거로 찾아가면 '电子传媒工具更新速度快，会源源不断地产生电子垃圾(전자매체 도구의 갱신속도가 빨라지는 것이 전자제품 쓰레기를 끊임없이 만들어내는 것이다)'라고 했고 뒤에 이어지는 내용 역시 전자제품 쓰레기가 만들어내는 폐해에 대해 설명하고 있으므로 정답은 B이다.

문제 42

根据上文，如何才能真正解决环境问题？
A 宣传环保知识
B 改进技术
C 提倡绿色出行
D 植树造林

윗글에 따르면, 어떻게 해야 진정으로 환경문제를 해결할 수 있는가?
A 환경보호 지식을 선전한다
B 기술을 개선시킨다
C 녹색외출(환경을 생각한 외출)을 캠페인 한다
D 나무를 심어 숲을 조성한다

단어 | 出行 chūxíng 동 외출하다 | 植树造林 zhíshù zàolín 나무를 심어 숲을 만들다

해설 | 문제의 '환경문제 해결'을 근거로 찾아가면 마지막 단락에서 '改进技术才是解决问题的根本途径(기술을 개선시키는 것이야말로 문제를 해결하는 근본적인 방법이다)'이라고 했으므로 정답은 B임을 알 수 있다.

쓰기 연습 PT 모범 요약

▶p.390

张良的故事

　　张良是汉高祖刘邦的谋臣，在他年轻时，曾有过一段故事。

　　一天，他看到桥头坐着一个老头。老头脱下鞋子丢到桥下，让张良去捡回来。张良觉得老头侮辱自己，可是他看到老头年纪很大了，只好忍着气给老头捡回了鞋子。谁知老头让张良帮他穿鞋。尽管张良很生气，但他还是帮老头将鞋子穿上了。

　　老头笑着离开了，又转身回来了。他对张良说："我看你是个人才，值得培养。5天后的早上，到这儿来等我。"张良答应了。第5天一早，老头已经现在桥头等候。他见到张良，责

备	张	良	为	什	么	迟	到	。	说	完	，	他	对	张	良	说	：	"	5	天
后	再	会	吧	！	"	张	良	有	些	懊	悔	。								
		到	了	第	5	天	，	老	人	又	早	到	了	。	老	头	责	骂	张
良	为	什	么	又	迟	到	了	，	让	他	5	天	后	早	点	过	来	。	张
良	感	到	很	惭	愧	。	又	过	了	5	天	，	还	不	到	半	夜	，	张
良	就	赶	到	桥	头	。	过	了	一	会	儿	，	老	头	见	张	良	早	到
了	，	就	称	赞	了	他	，	然	后	，	老	头	交	给	张	良	一	本	书，
说	：	"	读	了	这	部	书	，	就	可	以	帮	助	君	王	治	国	家	了	。"	说
完	，	老	头	离	开	了	。												
		张	良	发	现	得	到	的	书	是	早	已	失	传	的	《	太	公	兵
法	》	，	他	感	到	很	惊	讶	。	从	此	以	后	，	张	良	日	夜	学	习
这	部	书	，	后	来	真	的	成	了	大	军	事	家	，	为	汉	王	朝	的
建	立	，	做	出	了	很	大	的	贡	献	。	张	良	能	尊	敬	老	人	，
所	才	能	成	就	大	事	业	。											

장량의 이야기

장량은 한 고조 유방의 책략가이고, 그가 젊을 때, 이야기가 하나 있었다.

하루는 그가 다리 앞쪽에 앉아 있는 한 노인을 보았다. 노인은 신발을 벗어 다리 아래로 던지고는, 장량에게 주워오라고 시켰다. 장량은 노인이 자신을 모욕한다고 여겼지만, 그는 노인이 연세가 많은 것을 보고는 어쩔 수 없이 화를 참고 노인에게 신발을 주워 돌려드렸다. 노인이 장량에게 신발을 신기라고 할 줄 누가 알았겠는가? 장량은 화가 났지만, 그래도 노인에게 신발을 신겨주었다.

노인은 웃으며 떠났다가, 다시 몸을 돌려왔다. 그는 장량에게 말했다. "내가 보기에 자네는 인재라서 가르칠 필요가 있네. 5일 후 아침에 여기 와서 나를 기다리게나." 장량은 동의했다. 5일째 아침에, 노인은 이미 먼저 다리 앞에서 기다리고 있었다. 그는 장량을 보고, 왜 늦었냐며 꾸짖었다. 말이 끝나자, 그는 장량에게 말했다. "5일 후에 다시 만나세!" 장량은 조금 후회가 되었다.

5일째가 되었는데, 노인은 또 일찍 도착했다. 노인은 장량이 어째서 또 늦었냐고 꾸짖었고, 그에게 5일 후에는 일찍 오라고 했다. 장량은 몹시 부끄러웠다. 또 5일이 지나, 한밤중이 되지도 않았는데, 장량은 다리 앞에 갔다. 조금 후에, 노인은 장량이 일찍 도착한 것을 보고, 그를 칭찬했다. 그런 후에, 노인은 장량에게 책 한 권을 주며 말했다. "이 책을 읽으면, 왕이 나라를 다스리는 것을 도울 수 있을 걸세." 말이 끝나자, 노인은 떠났다.

장량은 얻은 책이 이미 전해지지 않는 《태공병법》이라는 것을 알게 외었고, 그는 놀랐다. 이때 이후부터, 장량은 밤낮으로 이 책을 공부했고, 후에 정말 대군사가가 되어, 한 왕조 건립을 위해 큰 공을 세웠다. 장량은 노인을 공경할 줄 알았기 때문에 큰 일을 이루어낼 수 있었다.

做事费力的钱斌

　　钱斌做事总比别人费力。尽管他学习努力，但到初三，也区分不了化学和物理变化。高中时，他很刻苦，最后勉强考进一所师范大学。

　　尽管他很勤奋，他读了四年，才拿到别人三年就能拿到的硕士学位。他又考了三次才考上博士。大学同学都认识他，因为，他的博士开题报告做了23遍才通过。七年后，他才博士毕业了。此时，钱斌已经40岁了，他只有一纸文凭。但他有一个惊人的梦想——上中央电视台的《百家讲坛》栏目，讲他最喜爱的科学巨著《梦溪笔谈》。

　　一次机会，钱斌认识了《百家讲坛》的一位编导马晓燕。马导委婉地拒绝了他。钱斌却不放弃，在家练习演讲，录视频发给马导。第73份视频中，钱斌发生了很大的变化。马导告诉他要把《梦溪笔谈》讲得通俗易懂、生动有趣。他想了一个办法：写稿子给孩子听，如果孩子们听得迷糊，就重写。就这样，讲稿修改了300多次。

　　终于，钱斌去北京试讲了。他克服了紧张，讲得很好。马导让他继续准备后面的演讲。钱斌成功了，终于成为了主讲人。他评价自己："我是一只笨鸟，但一直努力，总有一天能找到自己的蓝天。"

일을 할 때 남들보다 더 힘을 들인 첸삔

첸삔은 일을 할 때 늘 남보다 힘을 들였다. 그는 공부를 열심히 했지만, 중학교 3학년이 되어서도 화학변화와 물리변화의 구별도 잘 하지 못했다. 고등학교 기간동안, 매우 애써서 가까스로 한 사범대학에 합격해 들어갔다.

그는 석사에 합격했고, 4년을 공부하여 다른 사람들이 3년 만에 따는 석사학위를 받았다. 그는 다시 3번 만에 비로소 박사시험에 붙었다. 대학 동문들이 모두 그를 알았는데, 그의 박사논문 연구계획은 스물 세 번만에 겨우 통과했기 때문이다. 7년 후 그는 비로소 박사를 졸업했다. 이때, 첸삔은 이미 40세가 되었고, 졸업증서만이 있었다. 그러나 그는 놀랄 만한 꿈, 즉 중앙TV방송국 ≪백가강단≫ 칼럼에서, 그가 가장 좋아하는 과학대작 ≪몽계필담≫을 강의하는 것이었다.

한 번의 기회로 첸삔은 ≪백가강단≫의 PD 마샤오옌을 알게 되었다. 마PD는 완곡하게 그를 거절했다. 첸삔은 오히려 포기하지 않고, 집에서 강연 연습을 했고, 강연 동영상을 마PD에게 보냈다. 73번 째 동영상에서 첸삔은 큰 변화가 생겼다. 마PD는 첸삔에게 ≪몽계필담≫을 대중적이고 이해하기 쉽게, 생동감 있고, 재미있게 강의해야 한다고 알려줬다. 그는 방법을 하나 생각해냈다. 원고를 써서 아이에게 들려주고 만약에 애매하게 듣는 것 같으면 바로 다시 쓰는 것이다. 이렇게 해서, 강의원고를 300여 번을 고쳐 썼다.

마침내 첸삔은 베이징에 가서 시범 강연을 초대 받았다. 그는 긴장됨을 극복하고 강연을 잘 해냈다. 마PD가 그에게 다음 편 강의도 계속 준비하라고 했다. 첸삔은 성공했고, 마침내 주 강연자가 되었다. 그는 자신을 ≪나는 한 마리의 멍청한 새이지만, 끊임없이 노력하여 결국에는 자신만의 푸른 하늘을 찾아냈다.≫라고 평가했다.

STEP 1 > 큰 사건으로 대략적인 내용 기억하기

	큰 사건	대강의 내용
1	钱斌做事总比别人费力。 첸삔은 일을 할 때 남들보다 더 힘을 들였다.	→ 인물에 관한 기본 정보는 숙지해야 한다. – 중학교 3학년에 화학과 물리변화도 구분하지 못함 – 가까스로 사범대학에 들어감
2	钱斌辛辛苦苦考取了硕士研究生。 첸삔은 고생스럽게 석사에 합격했다.	→ 석사를 합격한 후의 행보가 정리되어야 한다. – 4년 만에 석사학위를 땀 – 세 번 시험 끝에 박사 합격 – 7년 후에 박사 졸업, 이때 40세로 졸업증서 밖에 없음
3	但他有一个惊人的梦想 그는 사람들을 놀라게 할 만한 꿈이 있었는데	→ 화제를 전환시킬 만한 내용이므로 어떤 꿈인지 정확하게 기술하고 이후 어떤 일이 전개되는지 정리되어야 한다. – 중앙TV방송국의 ≪백가강단≫ 프로에 출연하는 게 꿈 – 과학 대작 ≪몽계필담≫을 강연하고 싶어함
4	一次偶然的机会 한 번의 우연한 기회로	→ 우연한 기회로 생긴 사건을 정리해야 한다. – ≪백가강단≫ 마PD를 알게 됨 – 마PD는 강연을 거절했으나 포기하지 않고 동영상을 계속 보냄 – 73번째 동영상에 변화가 생김 – 대중적으로 강의해야 한다는 충고 들음 – 원고를 써서 아이에게 들려주는 방법을 생각해냄
5	终于有一天，钱斌收到了去北京试讲的邀请。 마침내 어느 날, 첸삔은 베이징에 가서 시범 강연할 것을 초대 받았다.	→ 시범 강연 이후의 사건전개가 정리되어야 한다. – 시범 강의를 잘 끝냄 – 마PD가 후속강연 요청 – 강연의 주 진행자가 됨 – 자신에 대해 '멍청한 새지만 노력 끝에 자신만의 하늘을 찾아냈다'고 평가

STEP 2 요약의 기술 1- 처음

钱斌做事总比别人费力。尽管他学习努力，但~~一~~直到初三，~~也~~没有弄清化学变化和物理变化的区别。~~整个~~高中期间，~~他都~~十分刻苦，~~成绩还算过得去，~~最后勉勉强强考进了一所师范大学。	→ 钱斌做事总比别人费力。尽管他学习努力，但到初三，也区分不了化学和物理变化。高中时，他很刻苦，最后勉强考进一所师范大学。
첸삔은 일을 할 때 늘 남보다 힘을 들였다. 그는 공부를 열심히 했지만, 중학교 3학년이 되어서도 화학변화와 물리변화의 구별도 잘 하지 못했다. 고등학교 기간 내내, ~~그는~~ 매우 애써서 성적은 겨우 무난했고, ~~마지막에는~~ 가까스로 한 사범대학에 합격해 들어갔다.	첸삔은 일을 할 때 늘 남보다 힘을 들였다. 그는 공부를 열심히 했지만, 중학교 3학년이 되어서도 화학변화와 물리변화의 구별도 잘 하지 못했다. 고등학교 기간 동안, 매우 애써서 가까스로 한 사범대학에 합격해 들어갔다.

단어 刻苦 kèkǔ 형 몹시 애를 쓰다 | 过得去 guòdeqù 동 무난하다(* 算过得去 suànguòdeqù 무난한 편이다) | 勉强 miǎnqiǎng 형 간신히 ~하다

해설 1. 내용에 큰 영향을 주는 수식어들을 삭제하는 것이 좋다
2. 가까스로 대학에 합격했다는 내용이 있으므로 성적이 무난했다는 내용은 삭제해도 좋다.

STEP 3 요약의 기술 2 – 중간 1

~~后来，~~钱斌辛辛苦苦考取了硕士研究生。尽管他比任何~~一~~位同学都要勤奋，可别人读了三年就拿到了硕士学位，他却读了四年。~~之后，~~他又打算考博，连考三次才如愿以偿。~~在他就读的大学里，~~几乎所有的同学都认识他，~~不过并不是什么好名声。~~因为，他的博士开题报告做了23遍才通过！~~这真是"前无古人，后无来者"的记录。~~最后，他折腾了七年多才拿到博士毕业证书。 此时，钱斌已到了不惑之年。~~他曾经的同学大多已经事业有成，~~而他除了一纸文凭，~~什么也没有。可就是这样一个看似愚拙的人，~~却有一个惊人的梦想——上中央电视台的《百家讲坛》栏目，为全国观众讲授他最喜爱的科学巨著《梦溪笔谈》。	→ 尽管他很勤奋，他读了四年，才拿到别人三年就能拿到的硕士学位。他又考了三次才考上博士。大学同学都认识他，因为，他的博士开题报告做了23遍才通过。七年后，他才博士毕业了。此时，钱斌已经40岁了，他只有一纸文凭。但他有一个惊人的梦想——上中央电视台的《百家讲坛》栏目，讲他最喜爱的科学巨著《梦溪笔谈》。

후에, 첸뻔은 고생스럽게 석사에 합격했고, 비록 그가 어떤 학우들보다도 부지런했지만, 그러나, 다른 사람들이 3년 만에 따는 석사학위를 그는 4년이나 걸렸다. 그 후에, 그는 다시 박사 시험을 계획했고, 세 번 만에 뜻을 이루었다. 그가 공부한 대학에서는 거의 모든 학생들이 그를 알았지만, 좋은 의미는 아니었다. 그의 박사논문 연구계획은 스물 세 번만에 겨우 통과했기 때문이다! 이것은 정말 '전무후무'한 기록이었다. 결국, 그는 7년을 고생한 끝에 비로소 박사 졸업장을 가질 수 있었다. 이때, 첸뻔은 이미 불혹의 나이가 되었다. 그와 이전 동창들 대부분이 사업에서 성과를 거두고 있었지만, 그는 졸업증서 외에는 아무것도 없었다. 그러나 이 보기에 우둔한 사람이 놀랄만한 꿈, 즉 중앙TV방송국 ≪백가강단≫ 칼럼에서, 전국의 관중들을 위해 그가 가장 좋아하는 과학대작 ≪몽계필담≫을 강의하게 되었다.

그는 석사에 합격했고, 4년을 공부하여 다른 사람들이 3년 만에 따는 석사학위를 받았다. 그는 다시 3번 만에 비로소 박사시험에 붙었다. 대학 동문들이 모두 그를 알았는데, 그의 박사논문 연구계획은 스물 세 번만에 겨우 통과했기 때문이다. 7년 후 그는 비로소 박사를 졸업했다. 이때, 첸뻔은 이미 40세가 되었고, 졸업증서만이 있었다. 그러나 그는 놀랄만한 꿈, 즉 중앙TV방송국 ≪백가강단≫ 칼럼에서, 그가 가장 좋아하는 과학대작 ≪몽계필담≫을 강의하는 것이었다.

단어 硕士 shuòshì 명 석사(* 博士 bóshì 박사) | 如愿以偿 rúyuàn yǐcháng 성 바람이 이루어지다 | 开题报告 kāití bàogào 명 논문연구 계획 발표 | 折腾 zhēteng 동 되풀이하다 | 不惑 búhuò 명 불혹, 40세 | 文凭 wénpíng 명 졸업 증서 | 愚拙 yúzhuō 형 어리석고 우둔하다 | 栏目 lánmù 명 칼럼(column) | 巨著 jùzhù 명 대작

해설
1. 앞에서 실력이 좋지 않아 힘들게 합격하고 고생한 내용이 이미 언급되었으므로 중복되는 내용으로 삭제하는 것이 좋다.
2. 그가 다른 사람보다 많이 뒤처지는 것을 설명하기 위해 다른 사람 3년 걸린 석사학위가 4년 걸렸다는 것과 박사 역시 세 번 만에 뜻을 이루었다는 내용은 쓰는 것이 좋다.
3. 이 글에 등장한 '如愿以偿(뜻을 이루다)'은 결국 박사시험에 합격한 것을 의미하므로 '考上博士(박사에 합격했다)'로 바꾸어도 좋다.
4. 박사논문 연구계획이 23번 만에 통과했다는 것을 썼다면 '전무후무한 기록'이라는 부연설명은 삭제해도 좋다.
5. '到了不惑之年(불혹의 나이가 되었다)'는 것은 '40岁了(40세가 되었다)'와 같은 의미이므로 쉽고 간단한 표현을 쓰는 것이 좋다.
6. 그가 졸업할 당시 동료들의 상황은 중요한 내용이 아니다. 그가 졸업 증서 하나 밖에 없었다는 것이 핵심이다.
7. 앞에서 이미 여러 차례 첸뻔이 여러모로 부족한 실력을 가지고 있다는 것을 설명했으므로 더 이상 반복되는 '우둔하다' 등의 수식어는 삭제하는 것이 좋다.

STEP 4 요약의 기술 3 – 중간 2

一次偶然的机会，钱斌认识了《百家讲坛》的一位编导马晓燕。马导告诉他："要想上《百家讲坛》，你得像主持人那样，在镜头前侃侃而谈。"这其实是委婉地拒绝了他。但是钱斌却当真了，此后，他开始练习演讲，还让妻子帮他录制演讲视频，他从中挑了几段比较满意的发给马导，马导看后忍俊不禁，连连摇头，可他还是没有放弃……
有一天，当马导看到他发来的第73份视频时，忽觉眼前一亮，那个曾经笨拙、滑稽的演讲者，如今已发生了脱胎换骨的变化。她对钱斌说："第一关你过了，但第二关难度要大得多，你必须得把《梦溪笔谈》讲得深入浅出，能让十二三岁的初中生听懂，并且乐意听。"对于一部科学巨著而言，讲深可能比较容易，但要讲得通俗易懂、生动有趣绝非易事。他想了一个办法：每写一段就读给同事的孩子听，如果他们听得津津有味，稿子就留下；如果他们听得迷迷糊糊，就重写。就这样，10讲的讲稿他总共修改了300多次。

→ 一次机会，钱斌认识了《百家讲坛》的一位编导马晓燕。马导委婉地拒绝了他。钱斌却不放弃，在家练习演讲，录视频发给马导。第73份视频中，钱斌发生了很大的变化。马导告诉他要把《梦溪笔谈》讲得通俗易懂、生动有趣。他想了一个办法：写稿子给孩子听，如果孩子们听得迷糊，就重写。就这样，讲稿修改了300多次。

한 번의 우연한 기회로 첸삔은 《백가강단》의 PD 마샤오옌을 알게 되었다. 마PD는 그에게 "《백가강단》에 참여하고 싶으면, 진행자처럼 카메라 앞에서 차분하고 당당하게 말해야 해요."라고 말했다. 이것은 사실 완곡하게 그를 거절하는 것이었다. 그러나 첸삔은 진짜로 여겨, 이후에, 그는 강연 연습을 시작했고, 또한 아내가 그를 도와 강연 동영상을 녹화하도록 했다. 그는 그 중에서 만족스러운 몇 개를 골라 마PD에게 보내었고, 마PD는 보고 웃음을 금할 수 없었고, 연이어 고개를 가로저었다. 그러나 그는 포기하지 않았다……
어느 날, 마PD는 그가 보내온 73번 째 동영상을 보는데, 갑자기 눈앞이 번쩍였다. 그 아둔하고, 우스꽝스럽던 강연자가 지금은 이미 환골탈태의 변화가 생긴 것이었다. 그녀는 첸삔에게 "첫 번째 관문은 통과했어요. 하지만 두 번째 관문은 난이도가 더 큽니다. 당신은 반드시 《몽계필담》을 쉽게 이끌어내서 열두세 살의 중학생들도 알아 듣고, 또 재미있게 듣게 만들도록 강의해야 해요." 한 부의 과학 대작입장에서 보면, 깊이 있게 강의하는 것은 비교적 쉬울 수 있으나, 대중적이고 이해하기 쉽게, 생동감 있고, 재미있게 강의하는 것은 결코 쉬운 일이 아니다. 그는 방법을 하나 생각해냈다. 매 단락을 써서 동료들의 아이에게 읽어주고 만약에 그들이 흥미진진하게 들으면 원고는 남겨두고, 그들이 애매하게 듣는 것 같으면 바로 다시 쓰는 것이다. 이렇게 해서, 10강의 강의원고를 그는 총 300여 번을 고쳐 썼다.

한 번의 기회로 첸삔은 《백가강단》의 PD 마샤오옌을 알게 되었다. 마PD는 완곡하게 그를 거절했다. 첸삔은 오히려 포기하지 않고, 집에서 강연 연습을 했고, 강연 동영상을 마PD에게 보냈다. 73번 째 동영상에서 첸삔은 큰 변화가 생겼다. 마PD는 첸삔에게 《몽계필담》을 대중적이고 이해하기 쉽게, 생동감 있고, 재미있게 강의해야 한다고 알려줬다. 그는 방법을 하나 생각해냈다. 원고를 써서 아이에게 들려주고 만약에 애매하게 듣는 것 같으면 바로 다시 쓰는 것이다. 이렇게 해서, 강의원고를 300여 번을 고쳐 썼다.

단어 编导 biāndǎo 몡 연출자, PD | 镜头 jìngtóu 몡 (카메라) 렌즈 | 侃侃而谈 kǎnkǎn értán 솅 차분하고 당당하게 말하다 | 委婉 wěiwǎn 혱 완곡하다(* 委婉地拒绝 wěiwǎn de jùjué 완곡하게 거절하다) | 当真 dàngzhēn 됭 정말로 여기다 | 录制 lùzhì 됭 녹음하다, 녹화하다 | 视频 shìpín 몡 동영상 | 忍俊不禁 rěnjùn bùjīn 솅 웃음을 금할 수 없다 | 眼前一亮 yǎnqián yíliàng 눈 앞이 번쩍이다, (어떤 것이) 눈에 띄다 | 滑稽 huájī 혱 익살스럽다 | 脱胎换骨 tuōtāi huàngǔ 솅 환골탈태하다 | 过关 guòguān 됭 관문을 통과하다 | 深入浅出 shēnrù qiǎnchū 솅 심오한 내용을 알기 쉽게 표현하다 | 乐意 lèyì 됭 기꺼이 ~하다 | 津津有味 jīnjīn yǒuwèi 솅 흥미진진하다 | 迷糊 míhu 혱 모호하다

해설
1. 중간2의 핵심사건은 첸삔이 《백가강단》의 마PD를 만나 거절을 당했지만, 계속해서 연습하며 동영상을 촬영하며 포기하지 않았다는 것과 73번 째 동영상에서 변화가 생겨 마PD가 쉽고 간단하게 강연해야 한다는 충고를 들은 첸삔이 아이에게 들려주는 방법을 생각했다는 것이다.
2. 불필요한 대화체와 수식어는 모두 삭제하는 것이 좋다.
3. 아이에게 들려주는 방법을 생각한 것은 중심사건이므로 반드시 넣어야 하는데, 아이들이 이해하지 못하면 반복해서 고쳤다는 내용이 있으므로 아이들이 흥미진진하게 들으면 남겼다는 내용은 충분히 예상되므로 같이 정리할 필요가 없다.
4. 반복해서 고친 것이 생각보다 많다는 것을 설명하기 위해 300번이라는 횟수는 정리해서 쓰는 것이 좋다.

STEP 5 ▶ 요약의 기술 4 - 끝

终于有一天，钱斌收到了去北京试讲的邀请。站在令人眩晕的镁光灯下，面对黑乎乎的摄像机镜头时，他突然感觉有点儿紧张。不过，他很快就平静了下来，心想："我付出了那么多努力，做了那么充分的准备，还有什么可紧张的呢？"他一下子找回了之前练习时的感觉，开始滔滔不绝地演讲。观众们也听得异常入神。
下了讲坛，马导微笑着对他说："钱老师，麻烦您回去继续准备后面的演讲吧。"那一刻，钱斌知道，自己终于成功了。曾经被人认为愚拙的钱斌，如今成了中央电视台《百家讲坛》栏目的一位主讲人。钱斌这样评价自己："我是一只笨鸟，飞得不快，但如果不停地飞、拼命地飞，总有一天能找到属于自己的一片蓝天。"

→ 终于，钱斌去北京试讲了。他克服了紧张，讲得很好。马导让他继续准备后面的演讲。钱斌成功了，终于成为了主讲人。他评价自己："我是一只笨鸟，但一直努力，总有一天能找到自己的蓝天。"

마침내 어느 날, 첸삔은 베이징에 가서 시범 강연을 초대 받았다. 사람 현기증 나게 하는 플래시들 아래에서 까만 촬영카메라 렌즈를 마주했을 때, 그는 갑자기 좀 긴장됨을 느꼈다. 하지만, 그는 아주 빠르게 평정심을 찾았고, 마음속으로 '내가 그렇게 많이 노력했고, 그렇게 충분한 준비를 했는데 긴장할 것이 뭐가 있겠어?'라고 생각했다. 그는 단번에 예전에 연습할 때의 감각을 찾았고, 막힘 없이 강연하기 시작했다. 관중들도 대단히 넋을 잃고 들었다.
강단에서 내려오자 마PD가 웃으면서 그에게 "첸 선생님, 번거롭겠지만 돌아가셔서 다음 편 강의도 계속 준비해주세요."라고 말했다. 그때 첸삔은 자신이 마침내 성공했음을 알았다. 사람들에게 어리석다고 여겨졌던 첸삔이 지금 중앙TV방송국의 《백가강단》 칼럼의 주 강연자가 되었다. 첸삔은 이렇게 자신을 평가했다. "나는 한 마리의 멍청한 새여서 빠르게 날지는 못합니다. 하지만 만약에 끊임없이, 필사적으로 날면, 결국 언젠가는 자신만의 푸른 하늘을 찾아낼 수 있을 것입니다."

마침내 첸삔은 베이징에 가서 시범 강연을 초대 받았다. 그는 긴장됨을 극복하고 강연을 잘 해냈다. 마PD가 그에게 다음 편 강의도 계속 준비하라고 했다. 첸삔은 성공했고, 마침내 주 강연자가 되었다. 그는 자신을 "나는 한 마리의 멍청한 새이지만, 끊임없이 노력하여 결국에는 자신만의 푸른 하늘을 찾아냈다."라고 평가했다.

| 단어 | 眩晕 xuànyùn 동 현기증이 나다 | 镁光灯 měiguāngdēng 명 플래시(flash) |

| 해설 | 1. 끝 부분의 핵심은 첸삔이 긴장을 극복하여 강연이 성공적이었다는 것과 마PD가 계속 강연을 부탁한 것이다.
2. 마지막의 첸삔이 자신을 평가한 내용은 이 글의 핵심부분이자 첸삔이 어떤 인물인지를 알 수 있는 중요한 부분이므로 정리하여 쓰는 것이 좋다.

STEP 6 〉 제목 정하기

| 해설 | 1. 주인공 이름이 첸삔이므로 되도록 '钱斌(첸삔)'이라는 이름이 들어가는 것이 좋다.
2. 간단하게 제목을 쓴다면 첸삔이 성공한 이야기를 담고 있으므로 '钱斌的成功故事(첸삔의 성공스토리)'가 좋다
3. 인물에 관한 이야기에 제목을 붙일 때는 인물의 이름을 넣고 인물을 설명할 수 있는 간단한 수식어를 붙이는 것이 좋은데 첸삔은 일을 할 때 남들보다 더 힘을 들이는 편이었으므로 '做事费力的钱斌(일을 할 때 남들보다 더 힘을 들인 첸삔)'이 적절하다.

新HSK
PT 6급

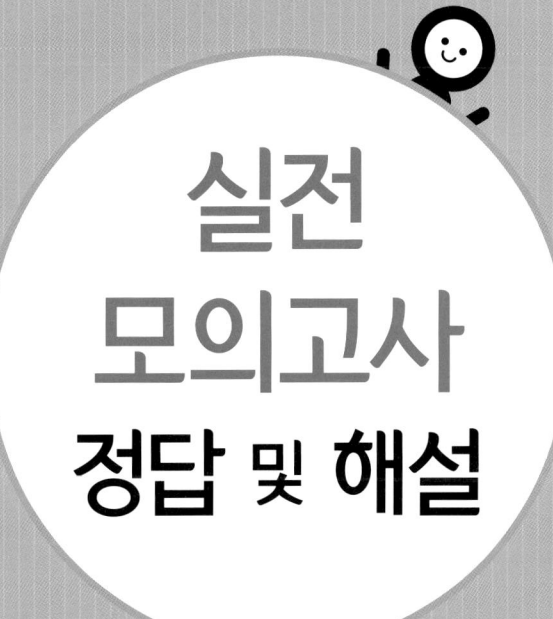

실전 모의고사 1회

听力

第一部分
1. A 2. B 3. A 4. D 5. B 6. B 7. D 8. A 9. A 10. B
11. B 12. D 13. C 14. B 15. B

第二部分
16. A 17. A 18. D 19. D 20. A 21. C 22. C 23. B 24. D 25. D
26. C 27. C 28. D 29. D 30. D

第三部分
31. B 32. B 33. A 34. A 35. D 36. D 37. D 38. A 39. C 40. B
41. B 42. C 43. C 44. C 45. B 46. C 47. D 48. C 49. D 50. D

阅读

第一部分
51. B 52. C 53. B 54. B 55. B 56. C 57. D 58. C 59. D 60. B

第二部分
61. D 62. C 63. B 64. B 65. C 66. B 67. C 68. C 69. C 70. B

第三部分
71. A 72. E 73. C 74. B 75. D 76. C 77. A 78. D 79. E 80. B

第四部分
81. A 82. B 83. B 84. C 85. D 86. A 87. B 88. A 89. B 90. B
91. A 92. D 93. C 94. D 95. D 96. C 97. C 98. D 99. A 100. D

书写

					诚	实	的	豆	豆					
		很	久	以	前	,	有	位	国	王	年	纪	很	大	了	,	但	并	无
子	女	。	有	一	天	,	他	想	出	了	一	个	办	法	,	要	在	全	国
挑	选	出	一	个	孩	子	,	继	承	他	的	王	位	。	他	吩	咐	给	每
个	孩	子	一	些	花	种	,	说	谁	能	种	出	最	美	丽	的	花	朵	,
便	是	将	来	的	继	承	人	。											
		孩	子	们	都	种	下	了	花	种	,	护	理	得	非	常	精	心	。

有个叫豆豆的小男孩，他也用心培育花种，但是过了很久，也没有发芽。豆豆去问妈妈花种为什么不发芽，妈妈让豆豆换一下土。豆豆照做了，但是依然没有发芽。

　　国王观花的日子到了，孩子们捧着鲜花盛开的花盆来到街上。但是，国王看到以后，却没有高兴起来。忽然，国王发现了正在流泪的豆豆，豆豆端着空花盆。国王问他为什么端着空花盆，豆豆把事情的经过告诉了国王。国王宣布豆豆就是继承人，百姓们都很不解。国王说发给孩子们的种子都是煮熟的，不可能发芽开花，只有豆豆最诚实。孩子们听到以后，都很惭愧。

　　诚实是做人最起码的道德，是做人的根本。因为诚实，豆豆才可以拥有美好的未来。

실전 모의고사 1회 – 듣기 제1부분

문제 1

A 手稿馆展品中包括书法作品 B 上海图书馆无需预约 C 上海图书馆面积不大 D 手稿馆成立于2006年	A 수고관 전시품에는 서예작품을 포함하고 있다 B 상하이도서관은 예약할 필요가 없다 C 상하이도서관은 면적이 크지 않다 D 수고관은 2006년에 설립되었다
上海图书馆开设的中国文化名人手稿馆的前身，是中国文化名人手稿室，1996年改为现名，该馆常年向参观者展示中国现当代各界名人的手稿、签名本和书法作品等，让参观者能进一步了解名家名作。	상하이도서관이 설립한 중국 문화명인 수고관의 전신은 중국 문화명인 수고실이다. 1996년 현재의 이름으로 바뀌었고, 이 관은 일년 내내 관람객들에게 중국 현당대 각계 명인들의 수고와 사인본, 서예작품 등을 전시하고 관람객들이 명가의 명작을 한 층 더 이해할 수 있게 만들었다.

단어 手稿馆 shǒugǎoguǎn 명 수고관 | 预约 yùyuē 동 예약하다 | 开设 kāishè 동 설립하다 | 手稿室 shǒugǎoshì 명 수고실

해설 '展示中国现当代各界名人的手稿、签名本和书法作品等(중국 현당대 각계 명인들의 수고와 사인본, 서예작품 등을 전시했다)'이라고 했으므로 수고관 전시품에는 서예작품도 포함하고 있다는 것을 알 수 있다. 정답은 A이다.

문제 2

A 常戴耳机有损听觉 B 戴耳机唱歌容易跑调 C 噪音会分散人的注意力 D 大脑对声音不敏感	A 이어폰을 자주 착용하면 청각에 손실이 온다 B 이어폰을 착용하고 노래를 부르면 음이 쉽게 이탈된다 C 소음은 사람의 주의력을 분산시킨다 D 대뇌는 목소리에 민감하지 않다
很多人戴着耳机唱歌都会跑调，这是因为声音的传播是由耳朵传到听神经，再到听觉中枢，戴耳机唱歌，耳朵很难听到你的声音，大脑无法接收到全部声音，并对音准进行校正，因此很容易跑调。	많은 사람들이 이어폰을 착용하고 노래를 부르면 음 이탈이 나는데 이것은 소리의 전파는 귀에서 청신경으로 전해지고, 다시 청각중추로 전해져 이어폰을 착용하고 노래를 부르면 귀가 당신의 목소리를 듣기가 어려워지는데, 대뇌는 모든 소리를 받아들이는 것뿐만 아니라, 음의 정확도를 교정할 방법이 없어진다. 이 때문에 음이 쉽게 이탈된다.

단어 跑调 pǎodiào 동 음 이탈이 나다 | 噪音 zàoyīn 명 소음 | 分散 fēnsàn 동 분산시키다 | 大脑 dànǎo 명 대뇌 | 敏感 mǐngǎn 형 민감하다 | 传播 chuánbō 동 전파하다 | 听神经 tīngshénjīng 명 청신경 | 中枢 zhōngshū 명 중추 | 音准 yīnzhǔn 명 음의 정확도 | 校正 jiàozhèng 동 교정하다

해설 듣기 앞부분에 '很多人戴着耳机唱歌都会跑调(많은 사람들이 이어폰을 착용하고 노래를 부르면 음 이탈이 난다)'라고 직접적으로 언급되었으므로 정답은 B이다.

문제 3

A 要学会独立思考 B 读书要循序渐进 C 要阅读经典书籍 D 要总结失败经验	A 독립적으로 사고할 줄 알아야 한다 B 독서할 때 순서에 따라 차근차근 진행해야 한다 C 경전서적을 읽어야 한다 D 실패의 경험을 총괄할 줄 알아야 한다

"尽信书不如无书"出自《孟子》一书，它告诉我们：读书时不能盲目地相信或拘泥于书本上的知识，应该具备独立思考的能力，具有怀疑精神，并学会辩证地分析问题。

'책만 신뢰하는 것은 책이 없는 것만 못하다'는 《맹자》에서 나온 말로 그것이 우리에게 일깨워주고자 하는 것은 독서를 할 때, 맹목적으로 책에 있는 지식을 믿거나 얽매이면 안 되며 독립적으로 사고하는 능력을 갖추고, 의심하는 정신을 가지고 문제를 변증법적으로 분석할 줄 알아야 한다는 것이다

단어 循序 xúnxù 동 순서를 좇다 | 渐进 jiànjìn 동 점차적으로 발전하다 | 经典 jīngdiǎn 명 고전, 경전 | 书籍 shūjí 명 서적 | 总结 zǒngjié 동 총괄하다 | 经验 jīngyàn 명 경험 | 盲目 mángmù 형 맹목적인 | 拘泥 jūnì 동 얽매이다 | 怀疑 huáiyí 동 의심하다 | 辩证 biànzhèng 형 변증법적이다 | 分析 fēnxī 동 분석하다

해설 '应该具备独立思考的能力(독립적으로 사고하는 능력을 갖추어야 한다)'라고 직접적으로 언급했으므로 정답은 A이다.

문제 4

A 冬季应少吃冷饮
B 腹痛患者不可久坐
C 凉茶有利于增进食欲
D 凉茶不能过量饮用

A 겨울에는 차가운 음료를 덜 먹어야 한다
B 복통환자는 오래 앉아있으면 안 된다
C 차가운 차는 식욕증진에 유리하다
D 차가운 차는 과도하게 많은 양을 마시면 안 된다

凉茶具有清热降火的作用，在炎热的夏季适量饮用，可以解渴消暑，但如果饮用过量，则会损伤脾胃，进而影响食欲和消化功能，使人出现腹痛、腹胀等症状，严重者可能会全身乏力，不能正常工作。

차가운 차는 체내의 열을 내리는 작용을 가지고 있어, 무더운 여름에 적당히 마시면 더위와 갈증을 해소할 수 있다. 하지만 만약에 과도하게 많은 양을 마시면 비위에 손상을 주고, 나아가 식욕과 소화기능에 영향을 주어 복통이 생기고 복부팽창 등의 증상이 생기게 한다. 심각한 사람은 전신에 힘이 없어지고, 정상적으로 일을 하기 어려워질 수 있다.

단어 腹痛 fùtòng 명 복통 | 过量 guòliàng 형 양을 초과하다 | 饮用 yǐnyòng 동 마시다 | 清热 qīngrè 동 체온을 내리다 | 降火 jiànghuǒ 동 체내의 열을 내리다 | 炎热 yánrè 형 무덥다 | 适量 shìliàng 형 적당량이다 | 解渴 jiěkě 동 갈증을 해소하다 | 消暑 xiāoshǔ 동 더위를 가시게 하다 | 脾胃 píwèi 명 비위 | 腹胀 fùzhàng 동 복부가 팽창하다 | 症状 zhèngzhuàng 명 증상 | 全身乏力 quánshēnfálì 몸이 퍼지다

해설 '如果饮用过量，则会损伤脾胃，进而影响食欲和消化功能，使人出现腹痛、腹胀等症状(만약에 과도하게 많은 양을 마시면 비위에 손상을 주고, 나아가 식욕과 소화기능에 영향을 주어 복통이 생기고 복부팽창 등의 증상이 생기게 한다)'이라며 차가운 차를 마시게 되면 생기는 나쁜 증상을 언급했으므로 정답은 D이다.

문제 5

A 要勇于实践
B 要懂得克服自身弱点
C 要追求心灵享受
D 做事前应深思熟虑

A 용감하게 실천해야 한다
B 자신의 약점을 극복할 줄 알아야 한다
C 마음의 향유를 추구해야 한다
D 일을 하기 전에 심사숙고해야 한다

一个人想要提高自身价值、有所作为，就必须克服自身的弱点。例如：想做好学问，就要做好克服自己的浮躁之心。要成就一番事业，就得克服自己的畏难情绪。

사람이 자신의 가치를 높이고, 원하는 대로 하고 싶으면 반드시 자신의 약점을 극복해야 한다. 예를 들면, 학문을 잘 하고 싶으면 자신의 경솔한 마음을 잘 극복해야 하고, 하나의 사업을 이루어내고 싶으면 자신의 어려움을 겁내는 마음을 극복해야 한다.

[단어] 实践 shíjiàn 동 실천하다 | 克服 kèfú 동 극복하다 | 心灵 xīnlíng 명 정신 | 熟虑 shúlǜ 동 심사숙고하다 | 浮躁 fúzào 형 경솔하다 | 番 fān 양 종류, 가지 | 畏难 wèinán 동 어려움을 두려워하다 | 情绪 qíngxù 명 마음, 기분

[해설] '必须克服自身的弱点(반드시 자신의 약점을 극복해야 한다)'이라고 직접적으로 언급했으므로 정답은 B이다.

문제 6

A 理想要符合实际 **B 梦想不是固定的** C 不要害怕挫折 D 要挖掘自己的潜力	A 이상은 실제에 부합해야 한다 **B 꿈은 고정적인 것이 아니다** C 좌절을 두려워 마라 D 자신의 잠재능력을 캐내야 한다
著名作家余秋雨曾说过，"**梦想之所以美丽，是因为它是流动的，而不是固定的**。人们在不同的时期，会有不同的梦想，也正因为这些流动的梦想，我们才有动力，在人生之路上奋勇前进。我们的生活才会更加美好。"	유명한 작가 위치우위는 이런 말을 한 적이 있다. "꿈이 아름다운 것은 그것이 움직여서이지 고정되어 있어서가 아니다. 사람들은 다른 시기에 다른 꿈을 가지게 되는데, 이런 유동적인 꿈들 때문에 우리가 비로소 동력을 가지고 인생이라는 길에서 분투하며 용감하게 전진하게 되는 것이고, 우리의 생활이 더욱 아름다워질 것이다."

[단어] 符合 fúhé 동 부합하다 | 挫折 cuòzhé 명 좌절, 실패 | 挖掘 wājué 동 찾아내다, 발굴하다 | 潜力 qiánlì 명 잠재력 | 流动 liúdòng 동 유동하다, 옮겨 다니다

[해설] '梦想之所以美丽，是因为它是流动的，而不是固定的(꿈이 아름다운 것은 그것이 움직여서이지 고정되어 있어서가 아니다)'라고 했으므로 꿈은 고정되어 있는 것이 아님을 알 수 있다. 정답은 B이다.

문제 7

A 小行星偏离了运行轨道 B 肉眼无法看到火流星 C 火流星百年一遇 **D 小行星没给地球带来危险**	A 소행성은 운행궤도를 벗어났다 B 유성은 육안으로 볼 방법이 없다 C 유성은 백 년에 한 번 볼 수 있다 **D 소행성은 지구에 위험을 가져다 주지 않았다**
过去几十年，地球被小行星光顾了几百次，幸运的是这些小行星的直径不大，而且它们通常会在大气层中被烧毁，所以并**没有给地球带来危害**，这些小行星在大气层中燃烧时，就变成了我们肉眼可以看到的火流星。	과거 몇 십 년 동안 지구는 소행성을 몇 백 번이나 맞이하게 되었지만 행운인 것은 이런 소행성들의 지름이 크지 않고, 게다가 그것들이 통상적으로 대기층에서 소멸되어 지구에는 해를 가져다 주지는 않았다. 이런 소행성들은 대기에서 연소될 때 우리가 육안으로 볼 수 있는 유성으로 변한다.

[단어] 小行星 xiǎoxíngxīng 명 소행성 | 偏离 piānlí 동 벗어나다 | 运行 yùnxíng 동 운행하다 | 肉眼 ròuyǎn 명 육안 | 火流星 huǒliúxīng 명 화구, (매우 밝은) 유성 | 地球 dìqiú 명 지구 | 烧毁 shāohuǐ 동 소각하다 | 燃烧 ránshāo 동 연소하다, 타다

[해설] '没给地球带来危害(지구에는 해를 가져다 주지는 않았다)'라고 직접적으로 언급했으므로 정답은 D이다.

문제 8

A 露水有助于农作物生长 B 露水富含有机物 C 露水非常容易蒸发 D 露水采集难度大	**A 이슬은 농작물의 생장에 도움이 된다** B 이슬은 유기물을 풍부하게 가지고 있다 C 이슬은 매우 쉽게 증발된다 D 이슬채집은 난이도가 높다

露水是凝结在物体表面的水珠，对农作物的生长很有利。白天，农作物进行光合作用，会蒸发掉大量水分，发生轻度枯萎。到了夜间，露水能使农作物恢复生机。此外，露水还有利于农作物进行有机物的运输和转化。

이슬은 물체표면에 응결된 액체방울로 농작물의 생장에 유리하다. 낮에 농작물은 광합성 작용을 하면서 대량의 수분을 증발시켜 약간 시들게 된다. 밤이 되면, 이슬은 농작물이 생기를 회복하게 할 수 있다. 이 외에 이슬을 농작물이 유기물의 운송과 전환에 이롭다.

단어 露水 lùshuǐ 명 이슬 | 蒸发 zhēngfā 동 증발하다 | 采集 cǎijí 동 채집하다 | 凝结 níngjié 동 응결하다 | 水珠 shuǐzhū 명 물방울 | 掉 diào 동 떨어지다, 잃다 | 轻度 qīngdù 형 경미한, 적은 | 枯萎 kūwěi 동 시들다 | 恢复 huīfù 동 회복하다 | 生机 shēngjī 명 활력, 생기 | 运输 yùnshū 동 운송하다 | 转化 zhuǎnhuà 동 전환하다

해설 '对农作物的生长很有利(농작물의 생장에 유리하다)'라고 직접적으로 언급했으므로 정답은 A이다.

문제 9

A 舒缓的闹铃能使人放松
B 睡眠不佳的人慎用闹铃
C 长期听劲爆音乐有损听觉
D 闹铃的音量不能太低

A 느리고 편안한 알람소리는 사람을 느슨하게 만들 수 있다
B 수면이 안 좋은 사람은 알람소리를 신중하게 써야 한다
C 장기간 폭발적이고 강렬한 음악을 듣는 것은 청각을 손상시킨다
D 알람소리 음량은 너무 낮게 해서는 안 된다

有些人习惯将劲爆的音乐，设成闹钟铃声。其实，从吵闹的铃声中突然惊醒，往往会使人心情烦躁。心理医生建议：最好将闹钟铃声，设置为比较舒缓的音乐，让自己从放松地状态中醒来。

어떤 이들은 폭발적이고 강렬한 음악을 알람소리로 설정하는데 익숙하다. 사실 시끄러운 알람소리로 갑자기 놀라 깨는 것은 사람의 심리를 초조하게 한다. 정신과 의사들은 알람소리는 비교적 느리고 편안한 음악으로 설정해서 자신을 느슨한 상태에서 깨게 만드는 것이 좋다고 건의했다.

단어 劲爆 jìnbào 형 폭발적인 | 设 shè 동 설치하다 | 闹钟铃声 nàozhōng língshēng 명 알람소리(=闹铃) | 惊醒 jīngxǐng 동 놀라서 깨다 | 烦躁 fánzào 형 초조하다 | 设置 shèzhì 동 설치하다 | 舒缓 shūhuǎn 형 느리다, 온화하다

해설 '最好将闹钟铃声，设置为比较舒缓的音乐，让自己从放松地状态中醒来(알람소리는 비교적 느리고 편안한 음악으로 설정해서 자신을 느슨한 상태에서 깨게 만드는 것이 좋다)'라고 했으므로 느리고 편안한 알람소리가 사람을 느슨하게 만들 수 있다는 것을 알 수 있다. 정답은 A이다.

문제 10

A 待人要宽容
B 不要推卸责任
C 遇到挫折不要退缩
D 要避免犯相同的错误

A 사람을 대할 때 관용을 베풀어야 한다
B 책임을 미루지 마라
C 좌절했을 때 위축되지 마라
D 같은 잘못을 저지르는 것을 피해야 한다

生活和工作中我们难免会犯错误，而犯错误后最忌讳的就是推卸责任。一个爱推卸责任的人很难获得别人的尊重和谅解。所以当我们做错事时，首先应该检讨自己，搞清楚自己的责任。

생활과 일에서 우리는 실수하는 것을 면하기 어렵지만, 실수를 저지른 후에 가장 삼가야 하는 것은 책임을 미루는 것이다. 책임을 잘 미루는 사람은 다른 사람의 존중과 이해를 얻기 어렵다. 그래서 우리가 잘못했을 때는 먼저 자신을 검토해 자신의 책임을 분명하게 해야 한다.

단어 宽容 kuānróng 형 너그럽다 | 挫折 cuòzhé 명 좌절, 실패 | 退缩 tuìsuō 동 위축되다 | 避免 bìmiǎn 동 피하다 | 错误 cuòwù 명 잘못, 실수 | 难免 nánmiǎn 동 피하기 어렵다 | 忌讳 jìhuì 동 꺼리다 | 推卸 tuīxiè 동 책임을 미루다 | 卸责 xièzé 동 책임을 미루다 | 谅解 liàngjiě 동 양해하다

해설 '一个爱推卸责任的人很难获得别人的尊重和谅解(책임을 잘 미루는 사람은 다른 사람의 존중과 이해를 얻기 어렵다)'라고 했으므로 결국 책임을 미루지 말라는 주장을 담고 있다. 정답은 B이다.

문제 11

A 规则具有强制性	A 규칙은 강제성을 가지고 있다
B 规则重在普遍实施	B 규칙은 보편적으로 시행하는 데 중점을 둔다
C 交通法规有待完善	C 교통법규는 완벽해야 한다
D 制定规则前要做好调查	D 규칙을 정하기 전에 조사를 잘 해야 한다

规则重在得到普遍实施。这一点甚至比规则的内容更重要。比如，我们开车时，究竟应该靠左边行驶，还是靠右边行驶，其实是无所谓的。只要我们都做相同的事就行。	규칙은 보편적으로 시행하는 데 중점을 둔다. 이 점은 심지어 규칙의 내용보다 더욱 중요하다. 예를 들면 우리가 운전할 때 도대체 왼쪽에 붙어 달려야 하는지 아니면 오른쪽에 붙어 달려야 하는지 사실 상관이 없다. 우리가 모두 같은 행동을 하기만 하면 되는 것이다.

단어 强制性 qiángzhìxìng 명 강제성 | 实施 shíshī 동 실시하다 | 究竟 jiūjìng 부 도대체 | 行驶 xíngshǐ 동 통행하다, 달리다 | 无所谓 wúsuǒwèi 상관없다, 개의치 않다

해설 '规则重在得到普遍实施(규칙은 보편적으로 시행하는 데 중점을 둔다)'라고 직접적으로 언급했으므로 정답은 B이다.

문제 12

A 中国将重点推广民间文化	A 중국은 중점적으로 민간문화를 홍보할 것이다
B 中国文化历史悠久	B 중국의 문화와 역사는 유구하다
C 中国和世界处于文化交锋期	C 중국과 세계는 문화 논쟁기에 처해 있다
D 中国文化的发展需要世界文化	D 중국문화의 발전은 세계문화를 필요로 한다

多元化发展的世界需要中国文化，而中国文化只有在和世界文化交流、交锋和交融的过程中，才能真正地发展。现阶段，中国和世界的对话，仅停留在文化交流的层面，离交锋和交融还有很长的路。	다각화로 발전한 세계는 중국문화를 필요로 하지만 중국문화는 세계문화와 교류하고 논쟁하고 융합하는 과정 속에서만 진정으로 발전할 수 있다. 현 단계에서 중국과 세계의 대화는 단지 문화교류의 단계에 머물러, 논쟁과 융합까지는 아직 갈 길이 멀다.

단어 悠久 yōujiǔ 형 유구하다 | 交锋期 jiāofēngqī 명 논쟁기 | 多元化 duōyuánhuà 동 다원화하다 | 交锋 jiāofēng 동 논쟁하다 | 交融 jiāoróng 동 융합하다, 뒤섞이다 | 停留 tíngliú 동 머물다, 정체하다 | 层面 céngmiàn 명 범위, 방면

해설 '中国文化只有在和世界文化交流、交锋和交融的过程中，才能真正地发展(중국문화는 세계문화와 교류하고 논쟁하고 융합하는 과정 속에서만 진정으로 발전할 수 있다)'이라고 했으므로 중국 문화가 발전하려면 세계문화가 있어야 한다는 말이다. 정답은 D이다.

문제 13

A 工作态度很关键	A 일하는 태도가 매우 관건이다
B 要与同事和睦相处	B 동료와 화목하게 잘 지내야 한다
C 职场中说话技巧很重要	C 직장에서 말하기 기술을 매우 중요하다
D 工作中要少说话多做事	D 일할 때는 적게 말하고 많이 일해야 한다

在职场中虽然工作能力是首要因素，但适当掌握些职场说话技巧也是至关重要的。这种技巧不但能让你在某些重要时刻脱颖而出，还有可能帮你化解危机，让你成为上司的得力助手。	직장에서는 비록 작업능력이 우선시 되는 요소이지만, 적당하게 직장에서 말하기 기술을 습득하는 것도 매우 중요하다. 이런 기술은 당신이 어떤 중요한 시기에 두드러지게 하고, 또한 당신을 도와 위기를 없앨 가능성도 있고, 당신이 상사의 유능한 조수가 되게 만들 수 있다.

단어 职场 zhíchǎng 명 직장 | 因素 yīnsù 명 요소, 요인 | 适当 shìdàng 형 적합하다 | 掌握 zhǎngwò 동 장악하다 | 脱颖而出 tuōyǐng érchū 송곳 끝이 주머니를 뚫고 나오다. 매우 두드러지다 | 化解 huàjiě 동 없애다 | 危机 wēijī 명 위기 | 上司 shàngsi 명 상사 | 得力助手 délì zhùshǒu 유능한 조수

해설 '适当掌握些职场说话技巧也是至关重要的(적당하게 직장에서 말하기 기술을 습득하는 것도 매우 중요하다)'라고 직접적으로 언급했으므로 정답은 C이다.

문제 14

A 管理者要多与员工沟通 B 员工的价值需时间检验 C 员工需要更多的自主权 D 管理者是企业发展的关键	A 관리자는 직원과 많이 소통해야 한다 B 직원의 가치는 검사하고 테스트할 시간이 필요하다 C 직원들은 더욱 많은 자주권을 필요로 한다 D 관리자는 기업발전의 관건이다
员工价值的高低，绝不能仅凭管理者一时的观察或只通过表面现象来判断。要真正了解一个人，需要长时间的、持续的观察。只有这样，才能正确评估出一个人的价值，然后给他安排合适的工作。	직원가치의 높고 낮음은 절대 관리자의 일시적인 관찰이나 겉으로 보이는 현상을 바탕으로 판단해서는 안 된다. 진정으로 한 사람을 알고 싶으면 장기적이고 지속적인 관찰이 필요하다. 이렇게 해야만 한 사람의 가치를 정확하게 평가한 후에 그에게 적합한 일을 안배해줄 수 있다.

단어 沟通 gōutōng 동 잇다, 교류하다 | 检验 jiǎnyàn 동 검사하다 | 自主权 zìzhǔquán 명 자주권 | 评估 pínggū 동 평가하다

해설 '要真正了解一个人，需要长时间的、持续的观察(진정으로 한 사람을 알고 싶으면 장기적이고 지속적인 관찰이 필요하다)'라고 했으므로 직원의 가치를 알고 싶으면 살펴볼 시간이 필요하다는 말이다. 정답은 B이다.

문제 15

A 顾客青睐大型商场 B 商场布置要科学 C 店员的态度要好 D 商场要定期举行促销活动	A 고객은 대형상점을 좋아한다 B 상점의 배치는 과학적이어야 한다 C 점원의 태도는 좋아야 한다 D 상점은 정기적으로 판촉행사를 거행해야 한다
商场不应该是仅仅陈列商品的地方，也要注重布置的合理性。科学的布置可以为顾客创造更舒适的购物环境，吸引更多的人来购物。所以，商场要想赢得顾客的青睐，就要重视布置的作用。	상점은 단지 상품만을 진열하는 곳이어서는 안 되고, 배치의 합리성을 중시해야 한다. 과학적인 배치는 고객들을 위해 더욱 쾌적한 구매환경을 만들어, 더 많은 사람들이 구매하게 이끌 수 있다. 그래서 상점은 고객의 호감을 얻고 싶으면 배치의 작용을 중시해야 한다.

단어 青睐 qīnglài 명 호감, 인기 | 布置 bùzhì 동 배치하다, 계획하다 | 促销 cùxiāo 동 판촉하다 | 陈列 chénliè 동 진열하다 | 注重 zhùzhòng 동 중시하다 | 创造 chuàngzào 동 창조하다 | 舒适 shūshì 형 편안하다

해설 '也要注重布置的合理性。科学的布置可以为顾客创造更舒适的购物环境，吸引更多的人来购物(배치의 합리성을 중시해야 한다. 과학적인 배치는 고객들을 위해 더욱 쾌적한 구매환경을 만들어, 더 많은 사람들이 구매하게 이끌 수 있다)'라고 했으므로 상점의 배치는 과학적이어야 한다는 주장을 펼치고 있다는 것을 알 수 있다. 정답은 B이다.

실전 모의고사 1회 - 듣기 제2부분

문제 16-20

女: 好的建筑设计，必然有着深刻的人文底蕴。那么我们该如何把握建筑和人文的关系呢？

男: 我从来没有把建筑当做纯技术的东西。16.A 在我看来，现代城市中的摩天大楼与人的情感缺乏联系。它们只是矗立于城市中，标榜人如何征服自然的纪念碑。为了批判纪念碑式的摩天大楼，我设计了"梦露大厦"。它是一种自然而柔软的建筑。17.A 每一户的阳台错落开来，形成露台，给居住其中的人以更大的接触自然的空间，赋予摩天大楼以生命感，使其不再是冰冷的建筑。

女: 从世界范围看，建筑基本上都是一种跨时代传承的固定存在。历经数代而依然被人赞赏的建筑，一定凝聚着一代甚至几代人的智慧。而且更多的是一种哲学式的智慧。

男: 对。建筑的永恒实际上是人的永恒。人的情感不会改变。过去能够打动人心的，未来依然可以。东西方的哲学观不一样，建筑的形式往往也就不同。比如说，18.D 东方的哲学观是以群体性为基础的。所以，我们少有的是单体建筑，更多的是群体建筑。目的是达到与环境的统一。

女: 那么，您如何看待中外不同的建筑智慧？

男: 这个时代的智慧就体现在建筑之中。例如，摩天大楼，它是西方的建筑智慧，而东方的建筑智慧，则是我所赞赏的新文明。我称其为"山水城市"。19.D 这种新文明相对于现代城市文明是颠覆性的。它是对自然的回归，对中国传统文明的回归。

女: 随着人们需求的改变，建筑的形式也在不断改变。那么建筑始终不变的内核是什么呢？

男: 20.A 建筑的内核实际上就是，人对自身意义的思考，它是无法改变的。以中国为例，院落可以更新，但是以家庭生活为中心的哲学思想不会改变。中国人这种蕴含人文的群居式建筑哲学历久弥新，并必然成为未来的发展趋势。

여: 좋은 건축설계는 반드시 깊은 인문배경을 가지고 있습니다. 그러면 우리는 어떻게 건축과 인문의 관계를 파악해야 하나요?

남: 저는 지금껏 건축을 순수 기술로 된 것이라고 여긴 적이 없습니다. 16.A 제가 보기에 현대도시 속에서의 마천루는 사람의 감정결핍과 관련이 있습니다. 그것들은 단지 도시 속에 우뚝 솟아 사람이 어떻게 자연을 정복하는지를 표방하는 기념비일 뿐입니다. 기념비적인 마천루를 비판하기 위해 저는 '멍루빌딩'을 설계했습니다. 그것은 자연적이고 부드러운 건축물입니다. 17.A 매 가구의 베란다는 들쭉날쭉하게 발코니를 형성해 그 속에 거주하는 사람들에게 더욱 큰 자연과 접하는 공간을 주고, 마천루에게 생명력을 부여해 그것이 더 이상 차디찬 건축물이 되지 않게 만들었습니다.

여: 세상이라는 범위에서 볼 때 건축은 기본적으로 모두 시대를 넘어 전승되는 고정적인 존재입니다. 수대를 겪고도 여전히 사람들에게 찬양 받는 건축물은 틀림없이 한 대 심지어 몇 대 사람들의 지혜가 응집되어 있고, 게다가 더 많은 것은 일종의 철학적인 지혜이죠.

남: 맞습니다. 건축의 영원은 실제로는 사람의 영원입니다. 사람의 감정은 바뀌지 않죠. 과거에 사람을 감동시킬 수 있었던 것은 미래에도 여전히 가능합니다. 동서양의 철학관은 같지가 않습니다. 건축의 형식 또한 늘 같지 않습니다. 예를 들면 18.D 동양의 철학관은 집단성을 기초로 합니다. 그래서 우리가 적게 가지고 있는 것이 개체적인 건축물이고, 더 많은 것은 집단적인 건축물이죠. 목적은 환경과의 통일에 도달하는 것입니다.

여: 그러면 당신은 외국의 다른 건축 지혜를 어떻게 보십니까?

남: 이 시대의 지혜는 바로 건축물에서 구현됩니다. 예를 들어 마천루, 그것은 서양의 건축 지혜입니다. 그런데 동양의 건축 지혜는 제가 찬양하는 신 문명이죠. 저는 그것을 '산수도시'라고 부릅니다. 19.D 이러한 신 문명은 현대의 도시문명과는 상대적으로 전복적입니다. 그것은 자연에 대한 회귀이고, 중국 전통문명에 대한 회귀입니다.

여: 사람들이 필요로 하는 것이 바뀜에 따라, 건축의 형식 또한 끊임없이 바뀌고 있습니다. 그러면 건축에서 줄곧 바뀌지 않는 핵심은 무엇입니까?

남: 20.A 건축의 핵심은 실제로는 바로 자신의 의의에 대한 인간의 사고이고, 그것은 바뀔 방법이 없습니다. 중국을 예로 들면, 정원은 새로 바꿀 수 있지만 가정생활을 중심으로 한 철학사상은 바뀌지 않습니다. 중국인은 이러한 인문을 내포한 집단적인 철학이 더욱 새로워지고 게다가 틀림없이 미래의 발전추세가 될 것입니다.

단어 深刻 shēnkè 형 (인상이) 깊다 | 底蕴 dǐyùn 명 상세한 내용 | 把握 bǎwò 동 파악하다 | 摩天大楼 mótiāndàlóu 명 마천루 | 缺乏 quēfá 동 결핍되다 | 矗立 chùlì 동 우뚝 솟다 | 标榜 biāobǎng 동 표방하다 | 征服 zhēngfú 동 정복하다 | 柔软 róuruǎn 형 유연하다 | 错落 cuòluò 형 가지런하지 않다 | 露台 lùtái 명 발코니 | 接触 jiēchù 동 접촉하다 | 赋予 fùyǔ 동 부여하다, 주다 | 跨 kuà 동 뛰어넘다 | 传承 chuánchéng 동 전승하다 | 赞赏 zànshǎng 동 칭찬하다 | 凝聚 níngjù 동 맺히다, 모이다 | 永恒 yǒnghéng 형 영원하다 | 单体 dāntǐ 명 개체 | 群体 qúntǐ 명 단체 | 颠覆 diānfù 동 전복하다 | 院落 yuànluò 명 정원 | 蕴含 yùnhán 동 포함하다, 내포하다 | 趋势 qūshì 명 추세

문제 16

男的怎么看现代城市中的摩天大楼?	남자는 현대 도시 속의 마천루를 어떻게 보는가?
A 与人缺乏情感联系	A 사람의 감정이 결핍되어 있는 것과 관련 있다
B 是未来的趋势	B 미래의 추세이다
C 是现代文明的标志	C 현대문명의 지표이다
D 建造难度太大	D 건축 난이도가 너무 높다

단어 标志 biāozhì 명 지표, 상징 | 建造 jiànzào 동 세우다, 건축하다

해설 '在我看来，现代城市中的摩天大楼与人的情感缺乏联系(제가 보기에 현대도시 속에서의 마천루는 사람의 감정결핍과 관련이 있습니다)'라고 했으므로 정답은 A이다.

문제 17

关于"梦露大厦"，可以知道什么?	'멍루빌딩'에 관해 무엇을 알 수 있는가?
A 有生命感　　B 阳台朝向一致	A 생명력이 있다　　B 베란다 방향이 일치한다
C 露台面积较小　D 是纪念碑式建筑	C 발코니 면적이 비교적 작다　D 기념비적인 건축이다

해설 '每一户的阳台错落开来，形成露台，给居住其中的人以更大的接触自然的空间，赋予摩天大楼以生命感(매 가구의 베란다는 들쑥날쑥해 발코니를 형성해 그 속에 거주하는 사람들에게 더욱 큰 자연과 접하는 공간을 주고, 마천루에게 생명력을 부여했습니다)'이라고 했으므로 멍루빌딩은 생명력이 있다는 것으로 이해할 수 있다. 정답은 A이다.

문제 18

男的认为，东方哲学观以什么为基础?	남자는 동양철학관이 무엇을 기초로 삼는다고 여기는가?
A 宗法制度　　B 实用主义	A 종법제도　　B 실용주의
C 公平性　　　D 群体性	C 공평성　　　D 단체성

단어 宗法 zōngfǎ 명 종법 | 实用主义 shíyòngzhǔyì 명 현실주의

해설 '东方的哲学观是以群体性为基础的(동양의 철학관은 단체성을 기초로 합니다)'라고 했으므로 정답은 D이다.

문제 19

关于新文明，下列哪项正确?	신 문명에 관해 아래에 어느 항이 정확한가?
A 推崇节能材料	A 에너지와 재료를 절약하는 것을 추앙하다
B 存在诸多争议	B 많은 논쟁이 있다
C 属于西方建筑风格	C 서양건축 스타일에 속한다
D 倡导回归自然	D 자연으로의 회귀를 선도한다

단어 诸多 zhūduō 형 많은 | 争议 zhēngyì 동 논쟁하다 | 倡导 chàngdǎo 동 선도하다 | 回归 huíguī 동 회귀하다

해설 '这种新文明相对于现代城市文明是颠覆性的。它是对自然的回归，对中国传统文明的回归(이러한 신 문명은 현대의 도시 문명과는 상대적으로 전복적입니다. 그것은 자연에 대한 회귀이고, 중국전통문명에 대한 회귀입니다)'라고 했으므로 정답은 D이다.

문제 20

建筑的内核是什么? A 人对自身意义的思考 B 摆脱束缚 C 与时俱进 D 满足人的需求	건축의 핵심은 무엇인가? A 자신의 의미에 대한 인간의 사고 B 속박을 벗어나는 것 C 시대와 같이 전진하는 것 D 사람의 요구를 만족시키는 것

단어 摆脱 bǎituō 동 벗어나다 | 束缚 shùfù 동 구속하다, 제한하다

해설 '建筑的内核实际上就是，人对自身意义的思考(건축의 핵심은 실제로는 바로 자신의 의미에 대한 인간의 사고입니다)'라고 했으므로 정답은 A이다.

문제 21-25

女: 听说您17岁就开始参与文物修复工作了，能谈谈您与文物修复的情缘吗? 男: 我们家是家传做文物修复的，我父亲是修复青铜器的专家，在国家博物馆工作。我小时候父亲常常带一些做坏的唐三彩、小马、小俑人等给我当玩具，后来我去了文物局上班，主要的工作职责就是修复青铜器。在首都博物馆的时候，我也修复了很多的文物，像孔庙大堂的大匾、郭沫若给吴晗的条幅等。25.D 后来农业博物馆成立，那时候没有人来工作，我就自己报名来到了农博，直到现在。 女: 您认为修复青铜器的关键是什么? 男: 21.C 修复青铜器的关键是复制。比如一个鼎丢了两个足，那么就要复制出两个和原先一模一样的来，连专家都分辨不出来。而且，学会了复制就自然学会鉴定了，因为一个人什么都会复制了，东西是真是假一眼就能辨别出来。 女: 在众多收藏品中，青铜器成了收藏爱好者们竞相追逐的宝贝，这是为什么呢? 男: 中国的青铜器地位之高，源于它自古以来就被蒙上了一层神秘而尊贵的面纱。青铜器的制作工艺复杂，造价高，平常百姓是不容易得到的，它是皇室贵族 22.C 用来祭祖祭天地的专用礼器，青铜器的地位也就被打上了皇室贵族的烙印。自古以来，收藏青铜器被奉为一种非常高雅的艺术，收藏者大多是文人士大夫等。从宋代的金石学到近代出版过的几百本书中，很少有专门写中国艺术品的，唯一例外的便是青铜器。近期以来，关于青铜器的拍卖逐渐多	여: 듣기로는 17세 때 문물 복원 작업에 참여하기 시작했다고 하던데 당신과 문물 복원의 인연을 말해줄 수 있으신가요? 남: 저희 집은 대대로 문물 복원일을 하고 있었고, 아버지는 청동기 복원 전문가로, 국가박물관에서 일을 하십니다. 제가 어렸을 때 아버지는 자주 잘못 만든 당삼채, 소마, 소용인 등을 저에게 장난감으로 주셨고, 후에는 저는 문물국으로 출근했는데 주요직책은 바로 청동기 복원이었습니다. 수도박물관에 있을 때 저는 많은 문물을 복원했습니다. 공묘대당의 큰 액자, 곽말약이 오함에게 준 족자와 같은 것들입니다. 25.D 후에 농업박물관이 설립되었고, 그때 일하러 오는 사람이 없어 제가 직접 신청하여 농업박물관에 왔고 그때부터 지금까지 오게 된 것입니다. 여: 당신은 청동기를 복원하는 것의 관건이 무엇이라고 생각합니까? 남: 21. C 청동기를 복원하는 것의 관건은 복제입니다. 예를 들어 하나의 정이 두 개의 다리를 잃어버렸다면, 두 개의 원래 먼저 있었던 것과 똑같은 것으로 복제해서 전문가들 조차 분별할 수 없게 해야 합니다. 게다가 복제를 하다 보면 자연스럽게 감정을 할 줄 알게 됩니다. 무엇이든 복제할 줄 알게 되면 물건이 진짜인지 가짜인지 한 눈에 알아볼 수 있기 때문이죠. 여: 많은 수집품 중에 청동기가 수집애호가들의 앞다투어 찾는 보물이 되었는데 이것은 무엇 때문인가요? 남: 중국 청동기의 지위가 높은 것은 그것이 옛날부터 하나의 신비하고 귀한 실크로 덮여 있는 것에서 비롯되었습니다. 청동기의 제작공예는 복잡하고 제조가격이 높아서 평범한 백성들은 쉽게 얻을 수가 없었고, 그것은 황실귀족이 22. C 조상이나 하늘에 제사를 지내는 전용 예기로 쓰이면서 청동기의 지위도 황실귀족의 낙인이 찍혔습니다. 옛날부터 청동기 수집은 일종의 고상한 예술로 받들어졌고, 수집자들 대다수가 문인, 사대부 등이었습니다. 송대의 금석학에서부터 근대에 이르러 출판한 적 있는 몇 백 권의 책 중에는 전문적으로 중국예술품에 관해 쓴 것이 많지 않은데,

了起来，尤其是铜镜的价格成百倍地涨，所以另一个方面来讲，23.B 收藏家也是看中了青铜器的升值潜力，才进行投资的。

女：青铜器的收藏似乎还不是普通的收藏爱好者可以轻易涉足的，对吗？

男：是的，收藏青铜器确实不是普通的收藏爱好者可以做到的。24.D 首先要求收藏爱好者有雄厚的经济基础，此外还得有相当好的眼力和丰富的经验。所以我觉得普通的收藏爱好者还是不要轻易去触及青铜器，这是我自己的一点看法。

유일한 예외가 바로 청동기입니다. 최근에 청동기에 관한 경매가 많아지기 시작했고, 특히 구리 거울의 가격은 백배가 될 정도로 올랐습니다. 그래서 다른 방면으로 볼 때, 23. B 수집가들 역시 청동기의 가치상승 잠재력이 마음에 들어 투자하게 된 것입니다.

여: 청동기의 수집은 평범한 수집애호가들이 가볍고 쉽게 발을 들여 놓을 수 있는 것이 아닌 것 같은데 맞나요?

남: 그렇습니다. 청동기를 수집하는 것은 확실히 평범한 수집애호가들이 할 수 있는 것이 아닙니다. 24. D 먼저 수집애호가가 넉넉한 경제력이 있어야 하고, 이 외에도 상당히 좋은 안목과 풍부한 경험이 있어야 합니다. 그래서 저는 평범한 수집애호가들이 쉽게 청동기를 건드리지 않아야 한다고 생각합니다. 이것이 저의 짧은 견해입니다.

> [단어] 修复 xiūfù [동] 수리하여 복원하다 | 情缘 qíngyuán [명] 인연 | 青铜器 qīngtóngqì [명] 청동기 | 唐三彩 Tángsāncǎi [명] 당삼채 | 小马 xiǎomǎ [명] 조랑말 | 孔庙大堂 Kǒngmiào Dàtáng [명] 공자묘 | 郭沫若 Guō Mòruò [명] 곽말약 | 农博 nóngbó [명] 농업박물관 | 鼎 dǐng [명] 정 | 分辨 fēnbiàn [동] 분별하다 | 鉴定 jiàndìng [동] 감정하다. 평가하다 | 追逐 zhuīzhú [동] 뒤쫓다 | 源于 yuányú [동] ~에서 발원하다 | 面纱 miànshā [명] 면사포 | 造价 zàojià [명] 건설비 | 高雅 gāoyǎ [형] 우아하다 | 唯一 wéiyī [형] 유일한 | 铜镜 tóngjìng [명] 구리 거울 | 升值 shēngzhí [동] 가치가 오르다 | 潜力 qiánlì [명] 잠재력 | 轻易 qīngyì [형] 경솔하다. 쉽다 | 涉足 shèzú [동] 발을 들여놓다 | 雄厚 xiónghòu [형] 풍부하다

문제 21

修复青铜器的关键是什么？	청동기를 복원하는 것의 관건은 무엇인가?
A 鉴定文物真假	A 문물의 진위를 감정하는 것
B 判断破损程度	B 파손 정도를 판단하는 것
C 学会复制	C 복제할 줄 아는 것
D 测定文物年代	D 문물의 연대를 측정하는 것

> [단어] 测定 cèdìng [동] 측정하다

> [해설] 남자의 두 번째 대답에서 '修复青铜器的关键是复制(청동기를 복원하는 것의 관건은 복제입니다)'라고 했으므로 정답은 C이다.

문제 22

青铜器在古代主要的用途是什么？	청동기는 고대에 주로 용도가 무엇이었는가?
A 饮酒器皿　　B 军事器械	A 음주용기　　B 군사기계
C 祭祀礼器　　D 烹饪用具	C 제사예기　　D 조리도구

> [단어] 用途 yòngtú [명] 용도 | 烹饪 pēngrèn [동] 요리하다

> [해설] 남자의 세 번째 대답에서 '用来祭祖祭天地的专用礼器(조상이나 하늘에 제사를 지내는 전용 예기로 쓰였습니다)'라고 했으므로 정답은 C이다.

문제 23

为什么很多人爱收藏青铜器？	왜 많은 사람들이 청동기 수집을 좋아하는가?
A 寓意美好　　B 升值潜力大	A 담겨있는 의미가 아름다워서　　B 가치상승 잠재력이 커서
C 观赏性强　　D 保护文物	C 관상성이 강해서　　D 문물을 보호하려고

단어	**寓意** yùyì 명 함축된 의미	**观赏** guānshǎng 동 감상하다

해설	'收藏家也是看中了青铜器的升值潜力，才进行投资的(수집가들 역시 청동기의 가치상승 잠재력이 마음에 들어 투자하게 된 것입니다)'라고 했으므로 가치 잠재력이 크다고 볼 수 있다. 정답은 B이다.

문제 24

青铜器适合什么样的爱好者收藏？ A 想提升鉴赏水平的 B 业余时间多的 C 懂雕刻艺术的 D 有一定财力的	청동기는 어떤 애호가들이 수집하는 것이 적합한가? A 감상 수준을 높이고 싶은 사람 B 여유시간이 많은 사람 C 조각예술을 잘 아는 사람 D 어느 정도의 재력이 있는 사람

단어	**提升** tíshēng 동 진급하다	**雕刻** diāokè 명 조각품

해설	남자의 마지막 대답에서 '首先要求收藏爱好者有雄厚的经济基础(먼저 수집애호가들은 넉넉한 경제력이 있어야 합니다)'라고 했으므로 경제력 즉, 재력이 있는 사람이 적합하다는 것을 알 수 있다. 정답은 D이다.

문제 25

关于男的，下列哪项正确？ A 曾是大学教授 B 出版过专著 C 父亲是文物局局长 D 在农业博物馆工作	남자에 관해 아래의 어느 항이 정확한가? A 이전에 대학교수였다 B 전문서적을 출판한 적이 있다 C 아버지가 문물국 국장이다 D 농업박물관에서 일한다

단어	**专著** zhuānzhù 명 전문서적	**局长** júzhǎng 명 국장

해설	남자의 첫 번째 대답에서 '后来农业博物馆成立，那时候没有人来工作，我就自己报名来到了农博，直到现在(후에 농업박물관이 설립되었고, 그때 일하러 오는 사람이 없어 제가 직접 신청하여 농업박물관에 왔고 그때부터 지금까지 오게 된 것입니다)'라고 했으므로 남자는 아직 농업박물관에서 일하고 있다는 것을 알 수 있다. 정답은 D이다.

문제 26-30

女：您从小就开始练习书法和篆刻，那时候会觉得枯燥吗？ 男：我八岁起练书法，十一岁开始学刻印，练习书法的第一阶段就是临帖，我觉得临帖有点儿枯燥，是父亲的督促让我坚持了下来。26.C 学习篆刻的过程就相对有趣多了，那时每到周六，我便兴高采烈地背着装好石章用具的书包，到篆刻学校写印稿，练刀法。 女：您是如何走上玺印鉴定研究这条学术道路的呢？ 男：我曾向一位老师请教，他告诉我不要满足于一般的了解，而要作为一门学问来研究，这句话对我的触动很深，于是我就读了几百部印谱，近百万字的印学著述，30.D 这为我进入玺印鉴定研究这一领域奠定了	여: 당신은 어려서부터 서예와 전각을 연습하기 시작했는데 그때는 지루하다 느끼지는 않았나요？ 남: 저는 여덟 살 때 서예를 연습하기 시작했고, 열한 살 때 도장 파는 것을 배웠습니다. 서예 연습의 첫 번째 단계가 바로 따라 연습하는 것입니다. 저는 따라 쓰는 것이 좀 지루하다 느꼈지만 아버지의 독촉으로 계속 해나가게 된 것입니다. 26.C 전각을 배우는 과정은 상대적으로 재미있었고, 그때 토요일마다 저는 신나서 석장도구들을 잘 담은 책가방을 메고 전각학교에 가서 인쇄원고를 쓰고 칼 쓰는 법을 연습했습니다. 여: 어떻게 옥쇄감정이라는 이 학술의 길에 들어서게 되셨습니까? 남: 예전에 한 선생님께 가르침을 청한 적이 있는데 그 분이 저는 일반적인 지식에 만족하지 말고, 하나의 학문으로 삼아 연구해야 한다고 알려주셨습니다. 이 말이 저에게는 깊이 와닿아서 몇 백 편의 도장보감과 백만 자에 가까운 인

初步的基础。后来，为了编撰《两汉官印汇考》一书，我查阅了大量的材料，这其中鉴真、辩伪和断代是第一步工作，也是以往玺印研究中比较薄弱又缺乏系统理论的环节。作为文物工作者，去伪存真的眼力是基本功，30.D 因此几十年来，我始终将此作为研究的一个重点。

女：您认为当前玺印研究的重点是什么？玺印收藏与学术研究又有什么关系？

男：近三十年来，玺印研究的广度和深度都大大超过了过去，热点也确实有了一定的转移，不过总体上来讲，27.C 玺印史料研究仍然是当前的重点。收藏的热点与学术趋势有联系，但并不同步。学术研究的动态，会影响收藏的观念，而收藏界又往往能较快地接触到新的信息，带出学术研究的新问题。

女：您曾受邀到世界各地进行学术交流，在印章研究方面，您认为国外的研究对我们有什么启示？

男：28.D 西方学者的研究方法和视角对于我们而言，有不少值得借鉴的地方，他们对其他文化圈的印章进行过研究，这对将中国印章置于人类社会发展进程中做出共性与个性的审视也有积极的意义，这恰恰是过去我们不太关注的地方。

女：对于玺印收藏的爱好者，您有什么建议？

男：坦率地讲，29.D 鉴赏玺印对我们的文化储备要求更高，至少需要系统地研读中国印史专门著述，了解中国玺印的发展演化谱系，掌握断代、辩伪的基本学理，这样在收藏时可以保持最起码的判断力，避免盲目性，并从中品味出丰富的文化含义，透过视觉快感，寻找到更深刻的愉悦。

학저술을 읽었습니다. 30.D 이것은 제가 옥새감정 연구라는 이 영역에 들어갈 수 있도록 처음 단계의 기초를 다지게 해주었습니다. 후에 《两汉官印汇考》라는 책을 편찬하기 위해 저는 대량의 자료들을 찾아보았는데 이 가운데 진위감별, 시대구분이 첫 단계의 일이었고, 과거의 옥새연구 중에서는 비교적 취약하고 계통이론이 부족한 일환이기도 했습니다. 문물관련 종사자로서 거짓된 것을 버리고 진실만 남기는 안목이 기본기이고, 30.D 이 때문에 몇 십 년 동안 저는 줄곧 이것을 연구의 중점으로 삼아왔습니다.

여: 현재 옥새연구의 중점은 무엇이라고 생각합니까? 옥새 수집과 학술연구는 또 어떤 관계를 가지고 있습니까?

남: 근 30년 동안 옥새연구의 범위와 폭은 모두 과거를 크게 넘어섰고, 핫스팟 역시 확실히 어느 정도의 이동이 있었습니다. 하지만 전체적으로 봤을 때, 27. C 옥새사료 연구는 여전히 현재의 중점입니다. 수집의 핫스팟은 학술의 추세와도 연계되지만, 행보가 같지 않습니다. 학술연구의 동태는 수집의 관념에 영향을 주었지만 수집계는 빠르게 새로운 정보와 접촉해 학술연구의 새로운 문제를 자아냅니다.

여: 일찍감치 세계각지의 초대를 받아 학술교류를 진행하셨는데 인장연구 방면에서 외국의 연구가 우리에게 어떤 가르침을 준다고 생각하십니까?

남: 28. D 서양학자들의 연구방법과 시각은 우리의 입장에서는 적지 않은 참고할 만한 곳이 있습니다. 그들은 기타문화권의 인장에 대해 연구를 진행했었고, 이는 중국인장을 인류사회 발전의 과정 속에 두고 공통성과 개성을 자세히 살펴보는 데에도 적극적인 의미를 가지는데, 이것이 공교롭게도 과거에 우리가 그다지 관심을 가지지 않았던 부분입니다.

여: 옥새수집 애호가들에게 어떤 건의가 있습니까?

남: 솔직히 말해, 29. D 옥새감상의 우리에 대한 문화비축 요구가 더욱 높기 때문에, 적어도 체계적으로 중국인장 역사저서를 연구해 읽고, 중국 옥새발전 진화계보를 알고, 시대를 파악하며 진위를 구분하는 기본적인 학문상의 이치를 습득해야 합니다. 이렇게 해서 수집할 때, 가장 기본적인 판단력을 유지하고, 맹목성을 피하며 그 속에서 풍부한 문화적 함의를 깨닫고, 시각적인 쾌감을 통해 더욱 깊은 즐거움을 찾을 수 있습니다.

단어 篆刻 zhuànkè 동 전각하다 | 枯燥 kūzào 형 무미건조하다 | 刻印 kèyìn 동 도장을 새기다 | 临帖 líntiè 동 따라 쓰다 | 督促 dūcù 동 감독하다 | 兴高采烈 xìnggāo cǎiliè 매우 기쁘다 | 石章 shízhāng 명 석인 | 玺 xǐ 명 옥새 | 印谱 yìnpǔ 명 인보 | 奠定 diàndìng 동 닦다, 안정시키다 | 编撰 biānzhuàn 동 편집하다 | 查阅 cháyuè 동 열람하다 | 转移 zhuǎnyí 동 옮기다 | 启示 qǐshì 동 계시하다 | 借鉴 jièjiàn 동 참고로 하다 | 审视 shěnshì 동 자세히 살펴보다 | 恰恰 qiàqià 부 바로 | 坦率 tǎnshuài 형 솔직하다 | 储备 chǔbèi 동 저장하다 | 研读 yándú 동 책을 읽으며 연구하다 | 著述 zhùshù 동 저술하다 | 愉悦 yúyuè 형 기쁘다

문제 26

男的觉得学习篆刻怎么样? A 极易受伤 B 需有人监督 C 特别有趣 D 能磨练意志	남자는 전각을 공부하는 것이 어떻다고 여기는가? A 매우 쉽게 다친다고 B 감독할 사람이 있어야 한다고 C 매우 재미있다고 D 의지를 단련할 수 있다고

단어 监督 jiāndū 동 감독하다 | 磨练 móliàn 동 단련하다

해설 '学习篆刻的过程就相对有趣多了(전각을 배우는 과정은 상대적으로 재미있었습니다)'라고 했으므로 정답은 C이다.

문제 27

当前玺印研究的重点是什么? A 收藏理论　　B 材质 C 史料　　　　D 实际价值	현재 옥쇄연구의 중점은 무엇인가? A 수집이론　　B 재질 C 사료　　　　D 실제적인 가치

해설 '玺印史料研究仍然是当前的重点(옥쇄사료 연구는 여전히 현재의 중점입니다)'이라고 했으므로 정답은 C이다.

문제 28

男的怎么看西方的印章研究? A 宗教色彩浓厚 B 更侧重微观 C 不够深入 D 值得中国借鉴	남자는 서양의 인장연구를 어떻게 보는가? A 종교색채가 농후하다고 B 미시적인 관점에 더욱 편중되어 있다고 C 깊이 들어가기에 부족하다고 D 중국이 참고할 만하다고

단어 宗教 zōngjiào 명 종교 | 侧重 cèzhòng 동 치중하다

해설 '西方学者的研究方法和视角对于我们而言,有不少值得借鉴的地方(서양학자들의 연구방법과 시각은 우리의 입장에서는 적지 않은 참고할 만한 곳이 있습니다)'이라고 했으므로 정답은 D이다.

문제 29

男的建议玺印收藏爱好者怎么做? A 多参加拍卖会 B 结合自己的财力 C 听取学者的意见 D 扩充文化储备	남자는 옥쇄수집 애호가들에게 어떻게 할 것을 건의했는가? A 경매에 많이 참가하라고 B 자신의 재력을 결합하라고 C 학자의 의견을 귀담아 들으라고 D 문화 비축을 확충하라고

단어 扩充 kuòchōng 동 확충하다

해설 '鉴赏玺印对我们的文化储备要求更高,至少需要系统地研读中国印史专门著述,了解中国玺印的发展演化谱系,掌握断代、辩伪的基本学理(옥쇄감상의 우리에 대한 문화비축 요구가 더욱 높기 때문에, 적어도 체계적으로 중국인장 역사저서를 연구해 읽고, 중국 옥쇄발전 진화계보를 알고, 시대를 파악하며 진위를 구분하는 기본적인 학문상의 이치를 습득해야 합니다)'라고 했으므로 기본적인 학문상의 이치를 습득해야 하는 것은 문화비축 요구가 높아진 연유이고 이를 넓히기 위한 것임을 알 수 있다. 정답은 D이다.

문제 30

关于男的可以知道什么?
A 已经退休
B 中年时开始学中国画
C 实践经验不足
D 以玺印鉴定研究为重点

남자에 관해 무엇을 알 수 있는가?
A 이미 은퇴했다
B 중년 때 중국화를 배우기 시작했다
C 실전 경험이 부족하다
D 옥쇄감정 연구를 중점으로 삼는다

해설 '这为我进入玺印鉴定研究这一领域奠定了初步的基础(이것은 제가 옥쇄감정 연구라는 이 영역에 들어갈 수 있도록 처음 단계의 기초를 다지게 해주었습니다)'라는 내용에 이어져 '因此几十年来，我始终将此作为研究的一个重点(이 때문에 몇 십 년 동안 저는 이것을 연구의 중점으로 삼아왔습니다)'이라고 했으므로 여기서 말하는 이것이 '옥쇄감정 연구'라는 것을 알 수 있다. 정답은 D이다.

실전 모의고사 1회 - 듣기 제3부분

문제 31-33

32.B 沈庆之是南北朝时一位著名的将军，专门负责防守边疆。有一段时间，31.B 皇帝想要向北边扩展领土。沈庆之知道后，极力劝阻皇帝："这件事万万不可，以前几位皇帝都曾试图往北边扩展领土，但都以失败而告终。"皇帝听后，极不耐烦，就对沈庆之说："我不想听了，我叫别人来跟你理论。"于是，皇帝找来了两个文官和沈庆之辩论。两个文官滔滔不绝地向沈庆之讲述了扩展领土的益处。沈庆之无奈地对皇帝说："治国和治家是一个道理，要讨论耕田的事，就要找擅于耕田的农民。要问织布的事，就要找擅长织布的女性。现在，您要去攻打别国，却找了两个从来没有打过仗的白面书生来和我辩论。这怎么能行呢？"皇帝生气地说："你不必再说了！我决定的事是不会再改变的。"最终，皇帝没有采纳沈庆之的意见，坚持向北扩展领土。结果，军队打了个败仗回来了。后来，33.A 大家就用沈庆之说的"白面书生"用来形容那些只知道书本上的知识，却不懂得实际应付事情的方法的读书人。

32.B 심경지는 남북조 때 유명한 장군으로 변경 방어를 전담하였다. 시간이 좀 흐르자 31.B 황제는 북쪽으로 영토를 확장하고 싶었다. 심경지는 이 사실을 알고 난 후 필사적으로 황제를 만류하며 "이 일은 절대 해서는 안 됩니다. 이전의 몇 분의 황제가 모두 북쪽으로 영토확장을 시도했지만 모두 실패로 끝났습니다."라고 말했다. 황제는 듣고 난 후 매우 못마땅해 하며 심경지에게 "듣고 싶지 않네. 다른 사람을 불러 자네와 논쟁토록 하겠네."라고 말했다. 그리하여 황제는 심경지와 논쟁할 두 명의 문관을 찾아왔다. 두 명의 문관은 끊임없이 심경지에게 영토확장의 이점을 설명했다. 심경지는 어쩔 수 없이 황제에게 "나라를 다스리는 것과 집안을 다스리는 것은 하나의 이치입니다. 경작을 논하고 싶으면 경작을 잘하는 농부를 찾아와야 합니다. 베 짜는 것을 묻고 싶으면 베를 잘 짜는 여성을 찾아와야 합니다. 지금 황제께서는 다른 나라를 공격하려 하시면서 전쟁을 해본 적도 없는 백면서생 둘을 데려와 저와 논쟁을 시키시면 이 어찌 되겠습니까？"라고 말했다. 황제는 화가 나 "더 이상 말할 것도 없네! 나는 결정한 일을 다시 바꾸지 않을 걸세."라고 말했다. 결국 황제는 심경지의 의견을 받아들이지 않고 북으로 영토를 확장하겠다는 것을 고수했다. 결과는 군대가 전쟁에 패해 돌아왔다. 33.A 후에 사람들은 심경지가 말했던 '백면서생'을 책의 지식만 알고 오히려 실제로 일을 대처하는 방법을 모르는 독서인을 말하는 데 쓴다.

단어 将军 jiāngjūn 명 장군 | 防守 fángshǒu 동 수비하다 | 边疆 biānjiāng 명 국경 지대 | 扩展 kuòzhǎn 동 확장하다 | 劝阻 quànzǔ 동 그만두게 말리다 | 耐烦 nàifán 형 번거로움을 참다 | 滔滔不绝 tāotāo bùjué 끊임없이 계속되다 | 讲述 jiǎngshù 동 서술하다 | 擅长 shàncháng 동 뛰어나다 | 辩论 biànlùn 동 논쟁하다 | 采纳 cǎinà 동 받아들이다

문제 31

沈庆之阻止皇帝做什么事情？	심경지는 황제가 무슨 일을 하는 것을 저지했는가?
A 征收重税　　　B 扩展领土	A 중과세를 징수하는 것　　B 영토를 확장하는 것
C 废除文官制　　D 建造宫殿	C 문관제도를 폐지하는 것　　D 궁전을 건조하는 것

단어 征收 zhēngshōu 동 징수하다 | 重税 zhòngshuì 명 중과세 | 废除 fèichú 동 취소하다, 폐지하다 | 文官制 wénguānzhì 명 문관제 | 建造 jiànzào 동 세우다, 건축하다

해설 '皇帝想要向北边扩展领土。沈庆之知道后，极力劝阻皇帝："这件事万万不可(황제는 북쪽으로 영토를 확장하고 싶었다. 심경지는 이 사실을 알고 난 후 필사적으로 황제를 만류하며 "이 일은 절대 해서는 안 됩니다."라고 말했다)'라고 했으므로 심경지가 반대한 것은 영토확장이라는 것을 알 수 있다. 정답은 B이다.

문제 32

关于沈庆之，下列哪项正确？	심경지에 관해, 아래에 어느 항이 정확한가?
A 说服了皇帝　　　B 负责防守边疆	A 황제를 설득시켰다　　B 변경 방어를 전담한다
C 擅长辩论　　　　D 重视农业发展	C 논쟁에 능하다　　　　D 농업발전을 중시한다

단어 说服 shuōfú 동 설득하다

해설 '沈庆之是南北朝时一位著名的将军，专门负责防守边疆(심경지는 남북조 때 유명한 장군으로 변경 방어를 전담하였다)'이라고 첫부분에서 밝혔으므로 정답은 B이다.

문제 33

这段话，主要谈的是什么？	이 글에서 주로 말하는 것이 무엇인가?
A 白面书生的来历　　B 南北朝的土地政策	A 백면서생의 유래　　　B 남북조의 영토 정책
C 古代的礼节　　　　D 南北朝的文艺思想	C 고대의 예절　　　　　D 남북조의 문예사상

단어 礼节 lǐjié 명 예절

해설 '大家就用沈庆之说的"白面书生"用来形容那些只知道书本上的知识，却不懂得实际应付事情的方法的读书人(사람들은 심경지가 말했던 '백면서생'을 책의 지식만 알고 오히려 실제로 일을 대처하는 방법을 모르는 독서인을 말하는 데 쓴다)'이라고 마지막에 밝혔으므로 이 글은 '백면서생'이라는 말이 어떻게 시작되었는지 유래를 알려주는 이야기 글임을 알 수 있다. 정답은 A이다.

문제 34-36

很多人抱怨飞机上的食物难吃，但这并不是厨师的错。也并非食物的质量存在问题，而是人们的味蕾在作怪。某大学做了一项实验，研究人员把四十八名志愿者分成两组。**34.A 第一组头戴发出类似飞机飞行时的噪音的耳机**，第二组则不戴。然后蒙上志愿者的眼睛，让他们吃甜食和咸食。结果表明，受噪音影响的那组志愿者对咸味儿和甜味儿的感知能力明显降低。另外，**36.D 人在干燥、密闭的环境中，味蕾的敏感度会降低**，吃起食物来就会觉得索然无味，再加上 **35.D 机舱里的气压很高，气味分子的活跃度会降低**，人很难通过嗅觉来感知食物	많은 사람들이 비행기 안에서의 음식이 맛이 없다고 원망하지만 이것은 결코 요리사의 잘못이 아니고, 음식의 질에 문제가 있는 것도 아니며, 사람들의 미뢰에 말썽이 생겨서이다. 모 대학에서 한 실험을 진행하였는데, 연구인원은 48명의 지원자를 두 조로 나누었다. **34.A 1조는 머리에 비행기가 비행할 때의 소음을 내는 이어폰을 착용했고**, 2조는 착용하지 않았다. 그런 후에 지원자들의 눈을 가리고 그들이 단 음식과 짠 음식을 먹게 하였다. 그 결과 소음의 영향을 받은 그 조의 지원자들은 짠 맛과 단 맛의 감지능력이 현저하게 떨어진다는 것이 밝혀졌다. 그 밖에, **36.D 사람은 건조하고 밀폐된 환경 속에서 미뢰의 민감도가 낮아져 음식을 먹으면 싱겁게 느껴지고**, 게다가 **35.D 기내의 기압이 높아서 맛 분자의 활성도가 떨어져 사**

的味道。由此可知，当人处在有噪音、干燥密闭和高气压的机舱中时，感知味道的能力会下降，自然会觉得食物没那么好吃了。

람들은 후각을 통해 음식의 맛을 감지하기 어려워진다는 것이 밝혀졌다. 이것으로 사람은 소음이 있고, 건조하고 밀폐된 그리고 높은 기압의 기내에서 있을 때, 맛 감지 능력이 떨어져 자연스럽게 음식이 별로 맛있게 느껴지지 않는다는 것을 알 수 있다.

단어 抱怨 bàoyuàn 동 원망하다 | 味蕾 wèilěi 명 미뢰 | 作怪 zuòguài 동 말썽을 일으키다 | 实验 shíyàn 명 실험 | 噪音 zàoyīn 명 소음 | 咸食 xiánshí 명 절인 음식 | 干燥 gānzào 동 건조하다 | 密闭 mìbì 동 밀폐하다 | 索然无味 suǒrán wúwèi 단조롭고 무미건조하다 | 机舱 jīcāng 명 기내, 객실 | 活跃 huóyuè 형 활기차다 | 嗅觉 xiùjué 명 후각, 감각

문제 34

关于第一组志愿者，可以知道什么?
A 戴了发出噪音的耳机
B 吃的食物更油腻
C 食欲不佳
D 年纪更大

1조 지원자에 관해 무엇을 알 수 있는가?
A 소음을 내는 이어폰을 착용했다
B 먹은 음식이 더욱 느끼했다
C 식욕이 좋지 않았다
D 나이가 더 많았다

단어 油腻 yóunì 형 기름지다

해설 '第一组头戴发出类似飞机飞行时的噪音的耳机(1조는 머리에 비행기가 비행할 때의 소음을 내는 이어폰을 착용했다)'라고 했으므로 정답은 A이다.

문제 35

在高气压状态下，人为什么很难闻到食物的味道?
A 人呼吸不畅
B 食物保质期变短
C 大脑反应变慢
D 气味分子不够活跃

높은 기압의 상태에서 사람은 왜 음식의 냄새를 맡기 힘든가?
A 사람의 호흡이 원활하지 않아서
B 음식 보존기간이 짧게 변해서
C 대뇌의 반응이 느려져서
D 맛 분자가 활성화 되지 않아서

단어 畅 chàng 형 시원하다, 순조롭다

해설 '机舱里的气压很高，气味分子的活跃度会降低(기내의 기압이 높아서 맛 분자의 활성도가 떨어진다)'라고 했으므로 활성도가 떨어진다는 말은 활성화 되지 않았다는 뜻임을 알 수 있다. 정답은 D이다.

문제 36

根据这段话，下列哪项正确?
A 在飞机上用餐对胃不好
B 甜食比咸食更能刺激味觉
C 常坐飞机有损听觉
D 在机舱内味蕾的敏感度不高

이 글을 근거로 아래에 어느 항이 정확한가?
A 비행기 안에서 식사를 하는 것은 위에 좋지 않다
B 단 음식은 짠 음식보다 더욱 미각을 자극한다
C 자주 비행기를 타면 청각에 손상이 간다
D 기내에서 미뢰의 민감도는 높지 않다

단어 刺激 cìjī 동 자극하다

해설 '人在干燥、密闭的环境中，味蕾的敏感度会降低(사람은 건조하고 밀폐된 환경 속에서 미뢰의 민감도가 낮아진다)'라고 했고, 여기서 건조하고 밀폐된 환경은 기내를 가리키므로 정답은 D임을 알 수 있다.

문제 37-39

　　一位作家经过精心策划，创作了一本仅有30页的书。37.D 这本书讲述了一位养蜂者的故事，并配有了多幅彩色插图。书中的文字和幻想式的插图，隐含着一个谜语，而谜底就是该书的名字。1984年5月25日，这本没有书名的书，在多个国家同时发行。这位作家承诺：猜中该书书名的读者，可以得到一个礼物。38.A 揭晓谜底的日期，定为该书发行一周年那天。届时，他将从一个密封的匣子里，取出那本唯一写有书名的书。结果不到一年时间，这本书在全世界的发行总量，就超过了2000万册。后来，获奖者是谁，鲜为人知。倒是 39.C 那位作家，凭借这本极富创意的书而扬名于世。

　　한 작가가 심혈을 기울인 계획을 거쳐 겨우 30페이지 되는 한 권의 책을 창작했다. 37.D 이 책은 한 명의 양봉하는 사람의 이야기를 서술하였고, 여러 장의 컬러 삽화도 있었다. 책 속의 글과 환상적인 삽화는 하나의 수수께끼를 숨기고 있었는데 수수께끼의 답은 바로 이 책의 이름이었다. 1984년 5월 25일, 이 이름없는 책은 많은 국가에서 동시에 발행되었다. 이 작가는 이 책의 책이름을 맞추는 독자는 선물을 받을 것이라고 약속했다. 38.A 수수께끼의 비밀을 밝히는 날은 이 책이 발행된 지 1주년 되는 날로 정했다. 그때가 되자, 그는 하나의 밀봉된 작은 상자 속에서 그 유일하게 책이름이 적혀 있는 책을 꺼냈다. 1년도 되지 않는 시간 동안 이 책은 전세계의 발행 총량이 2,000만 부를 넘었다. 후에 수상자가 누구였는지는 잘 알려지지는 않았다. 하지만 오히려 39.C 이 작가는 이 창의성이 넘치는 책으로 세상에 이름을 떨쳤다.

단어 精心 jīngxīn 형 정성을 들이다 | 策划 cèhuà 동 계획하다 | 讲述 jiǎngshù 동 진술하다 | 养蜂 yǎngfēng 동 양봉하다 | 配有 pèiyǒu 동 배치되어 있다 | 插图 chātú 명 삽화 | 谜语 míyǔ 명 수수께끼 | 发行 fāxíng 동 발행하다 | 承诺 chéngnuò 동 대답하다 | 揭晓 jiēxiǎo 동 발표하다 | 届时 jièshí 동 정한 기일이 되다 | 密封 mìfēng 동 밀봉하다 | 匣子 xiázi 명 작은 상자 | 取出 qǔchū 동 꺼내다 | 扬名于世 yángmíng yúshì 세상에 이름을 날리다

문제 37

那本书，主要讲的是什么？	그 책은 주로 무엇을 서술했는가?
A 作者的自传　　B 旅行家的梦想 C 漫画历史　　　D 养蜂人的故事	A 작자의 자전　　B 여행가의 꿈 C 만화역사　　　D 양봉하는 사람의 이야기

단어 自传 zìzhuàn 명 자서전

해설 '这本书讲述了一位养蜂者的故事(이 책은 한 명의 양봉하는 사람의 이야기를 서술하였다)'라고 했으므로 정답은 D이다.

문제 38

谜底在什么时候揭晓？	수수께끼의 답은 언제 밝혔는가?
A 那本书发行一周年之日 B 作者生日当天 C 1984年年底 D 书的销量达200万册时	A 그 책이 발행된 지 1주년이 되는 날 B 작자 생일 당일 C 1984년 말 D 책의 판매량이 200만 부에 달했을 때

단어 销量 xiāoliàng 명 판매량

해설 '揭晓谜底的日期，定为该书发行一周年那天(수수께끼의 비밀을 밝히는 날은 이 책이 발행된 지 1주년 되는 날로 정했다)'이라고 했으므로 정답은 A이다.

문제 39

关于那本书，可以知道什么?	그 책에 관해 무엇을 알 수 있는가?
A 赢得了大奖　　B 无配图	A 대상을 받았다　　B 그림이 없다
C 富有创意　　D 有500页	C 창의성이 풍부하다　　D 500페이지가 된다

해설　'那位作家，凭借这本极富创意的书而扬名于世(그 작가는 창의성이 넘치는 이 책으로 세상에 이름을 떨쳤다)'를 통해 창의성이 넘치는 책임을 알 수 있으므로 정답은 C이다.

문제 40-43

　　一次，我看见一个果农正在给果树施肥，果农在离果树两米左右的地方，挖了一个坑，然后把肥料埋下去。40.B 我很好奇：为什么他不直接把肥料堆放在果树的根部，而要隔开一段距离呢？果农大概看出了我的疑惑，笑着说："如果把肥料直接堆放到树的根部，它的根就长不大，长不深。果树的生长就会受到影响。""把肥料直接堆放到根部，果树不是更好地能吸收肥料的养分，更有利于成长吗？"我说。

　　果农风趣地说："对果树来说，这种 42.C '饭来张口，衣来伸手'的生活，只会让它失去追求的动力。"果农见我还是不理解他说的话，继续解释："你想，41.B/43.C 把肥料直接堆放在根部，那些根还用得着伸展到远处深处去吸收养分吗？没有了追求，它的根系就会逐渐萎缩，从而影响到整棵果树的生长。"

　　人生不也是如此吗？正是有了一段追求的距离，一段憧憬的距离，人生之路才能走得更成功、更长远！

한 번은 나는 한 명의 과수재배농이 과일나무에 비료를 주고 있는 것을 보았는데 과수재배농은 나무로부터 2미터 정도 떨어져 구덩이를 판 다음 비료를 묻었다. 40.B 나는 왜 그가 비료를 과일나무의 뿌리에 바로 뿌리지 않고 간격을 두는 건지 궁금했다. 과수재배농은 내가 궁금해하는 것을 알아차린 것처럼 웃으며 말했다. "만약에 비료를 바로 뿌리 부분에 뿌리면, 그것의 뿌리는 크게 자라지 못하고 깊이 자라지 못해서 과일나무의 생장은 영향을 받게 되죠.""비료를 바로 뿌리 부분에 뿌리면 과일나무가 비료의 영양분을 더 잘 흡수해서 생장에 더 유리하지 않나요?"라고 내가 말했다.

과수재배농은 흥미롭게 말했다. "과일나무한테는 이러한 42.C '입 벌리면 밥이 들어가고 팔 뻗으면 옷 입혀지는' 생활은 단지 추구하는 동력을 잃게 만들죠." 과수재배농은 내가 여전히 그의 말이 이해하지 못하는 것을 보고 이어서 설명했다. "생각해보세요. 41.B/43.C 비료를 바로 뿌리 부분에 뿌리면 그 뿌리들이 멀리 그리고 깊이 뻗어나가 영양분을 흡수할 필요가 있을까요? 추구할 것이 없어지면 그 뿌리는 점차 말라서 시들어가고, 따라서 전체 과일나무의 생장에까지 영향을 줍니다."

인생 역시 이렇지 아니한가? 어느 정도의 추구하는 거리와 동경하는 거리가 있어야만 인생의 길이 비로소 더욱 성공적이고 멀리 오래두록 갈 수 있는 것이다!

단어　施肥 shīféi 동 비료를 주다 | 肥料 féiliào 명 비료 | 埋 mái 동 덮다. 묻다. 숨기다 | 隔开 gékāi 동 분리시키다 | 疑惑 yíhuò 동 의심하다 | 风趣 fēngqù 형 유머러스 하다 | 饭来张口，衣来伸手 fànlái zhāngkǒu, yīlái shēnshǒu 안일하고 나태한 생활 | 吸收 xīshōu 동 흡수하다 | 萎缩 wěisuō 형 마르다

문제 40

说话人对什么感到好奇？	화자는 어떤 것에 대해 궁금해 했는가？
A 种树步骤　　B 施肥方法	A 나무를 심는 순서　　B 비료를 주는 방법
C 浇水时间　　D 挖坑技巧	C 물을 주는 시간　　D 구덩이를 파는 기술

단어　步骤 bùzhòu 명 순서 | 浇水 jiāoshuǐ 동 물을 뿌리다 | 挖坑 wākēng 동 구덩이를 파다

해설　'我很好奇：为什么他不直接把肥料堆放在果树的根部，而要隔开一段距离呢？(나는 왜 그가 비료를 과일나무의 뿌리에 바로 뿌리지 않고 간격을 두는 건지 궁금했다)'라고 했으므로 비료를 주는 방법에 궁금증을 가졌다는 것을 알 수 있다. 정답은 B이다.

문제 41

把肥料放到树的根部有什么坏处？	비료를 나무 뿌리에 뿌리는 것은 어떤 나쁜 점이 있는가?
A 污染土壤	A 토양을 오염시킨다
B 使树根萎缩	B 나무의 뿌리가 시들게 만든다
C 影响周围植物生长	C 주위식물의 생장에 영향을 준다
D 不利于植物吸收阳光	D 식물이 햇볕을 흡수하는 것에 이롭지 않다

단어 污染 wūrǎn 동 오염시키다

해설 '把肥料直接堆放在根部，那些根还用得着伸展到远处深处去吸收养分吗？没有了追求，它的根系就会逐渐萎缩(비료를 바로 뿌리 부분에 뿌리면 그 뿌리들이 멀리 그리고 깊이 뻗어나가 영양분을 흡수할 필요가 있을까요? 추구할 것이 없어지면 그 뿌리는 점차 말라서 시들어갑니다)'라고 했으므로 정답은 B이다.

문제 42

这段话中，"饭来张口，衣来伸手"是什么意思？	이 글 속의 '饭来张口, 衣来伸手'는 무슨 뜻인가?
A 民以食为天	A 백성은 식량을 생존의 근본으로 삼는다
B 不要以貌取人	B 외모로 사람을 판단하지 마라
C 不努力就能得到	C 노력하지 않아도 바로 얻을 수 있다
D 独立性需从小培养	D 독립성은 어려서부터 길러야 한다

해설 ''饭来张口，衣来伸手'的生活，只会让它失去追求的动力('입 벌리면 밥이 들어가고 팔 뻗으면 옷 입혀지는' 생활은 단지 추구하는 동력을 잃게 만들죠)'라고 언급한 뒤, 41번 정답의 근거인 내용이 이어지는데 비료를 뿌리에 직접적으로 뿌리는 것, 즉 손쉽게 원하는 것을 얻게 만드는 것을 비유하고 있고, 직접적인 해석도 '입만 벌려도 밥이 들어가고 손만 뻗어도 옷이 입혀진다'고 했으므로 본인이 직접 추구하거나 노력 없이 남이 쉽게 해주는 것을 뜻한다고 볼 수 있다. 정답은 C이다.

문제 43

这段话主要是想告诉我们什么？	이 글은 주로 우리에게 무엇을 설명하고자 하는가?
A 要扬长避短	A 장점을 널리 알리고 단점을 피해야 한다
B 要居安思危	B 언제든지 위험에 대처할 수 있도록 준비해야 한다
C 有追求才有动力	C 추구가 있어야만 동력이 있다
D 不要被挫折打败	D 좌절에 지지 마라

단어 扬长避短 yángcháng bìduǎn 장점을 발양하고 단점을 피하다 | 居安思危 jū'ān sīwēi 언제든지 위험에 대처할 수 있도록 준비하다 | 挫折 cuòzhé 명 좌절, 실패

해설 앞의 두 문제를 통해 본인이 하려는 의지 즉, 추구가 있어야만 발전하고 성장한다고 했으므로 정답은 C임을 알 수 있다.

문제 44-47

　　北京时间2015年7月31日，北京联合张家口成功获得2022年冬季奥运会的举办权。为铭记这一重大历史时刻，**44.C 中国邮政特别发行了申冬奥成功纪念邮票。**该套邮票全套一枚，由北京邮票厂印制。邮票设计突出表现了北京申办2022年冬奥会的标志，**45.B 同时以白雪覆盖的长城为衬托**，带给人们冬季白雪茫茫的视觉感受。整体设计简洁、清晰，较好地诠释了北京申办冬奥会的主题。邮票上珠光炫彩的效果，与北京申办冬奥会的口号'纯洁的冰雪，激情的约会'，达到了完美的结合。此套邮票由中国邮政集团公司负责发行，**46.C 整个流程完全在保密状态下进行**，一方面从策划、设计到印刷都做到了严格保密，另一方面，中国邮政集团对所有邮政销售点进行了统一的协调部署。据介绍，**47.D 首批邮票现已开始发售**，集邮爱好者可以通过中国集邮网上营业厅，或指定销售点进行购买。

베이징 시간으로 2015년 7월 31일에 베이징은 장자커우와 연합하여 성공적으로 2022년 동계올림픽 개최권을 획득했다. 이 역사적인 순간을 기록하기 위해 **44.C 중국우정국은 특별히 동계올림픽을 개최지 신청 성공을 기념하는 우표를 발행하였다.** 이 우표세트는 전체세트를 베이징 우표공장에서 인쇄했다. 우표디자인은 베이징 2022년 동계올림픽 개최 엠블럼을 두드러지게 나타냈고, **45.B 동시에 흰 눈으로 덮여 있는 만리장성을 부각시켜** 사람들에게 겨울에 흰 눈이 끝없이 펼쳐져 있는 시각적인 느낌을 가져다 주었다. 전체적인 디자인은 간결하고 분명하게 베이징이 동계올림픽을 개최하는 주제를 비교적 잘 설명했다. 우표에 반짝이게 펄 감을 준 효과는 베이징이 개최하는 동계올림픽의 슬로건인 '순수한 빙설, 열정적인 만남'과 완벽한 조화에 도달하였다. 이 우표세트는 중국우정그룹회사가 발행을 책임지고, **46.C 전체적인 공정과정은 완전히 보안유지의 상태에서 진행되었다.** 한편으로는 기획, 디자인부터 인쇄까지 엄중하게 보안을 유지했고, 다른 한편으로는 중국우정그룹이 모든 우표 판매처에 대해 통일된 조화로운 배치를 진행했다. 안내에 따르면, **47.D 초기물량의 우표는 현재 이미 발매를 개시했고**, 우표수집 애호가들은 중국우정그룹 인터넷 쇼핑몰이나 지정된 판매처를 통해 구매할 수 있다.

단어 铭记 míngjì 동 깊이 새기다 | 覆盖 fùgài 동 덮다 | 衬托 chèntuō 동 부각시키다 | 简洁 jiǎnjié 형 깔끔하다 | 清晰 qīngxī 형 또렷하다 | 诠释 quánshì 동 해석하다 | 激情 jīqíng 명 열정적인 감정 | 保密 bǎomì 동 기밀로 하다 | 协调 xiétiáo 형 조화롭다

문제 44

为什么要发行这套邮票?
A 向奥运冠军致敬
B 庆祝张家口体育馆建成
C 纪念北京申办冬奥会成功
D 号召全民健身

왜 이 우표를 발행하는가?
A 올림픽 우승자들에게 경의를 표하기 위해
B 장자커우 경기장 건설을 경축하기 위해
C 베이징이 동계올림픽 개최지 신청이 성공한 것을 기념하기 위해
D 전 국민이 건강을 챙길 것을 호소하기 위해

단어 致敬 zhìjìng 동 경의를 표하다 | 号召 hàozhào 동 호소하다

해설 '中国邮政特别发行了申冬奥成功纪念邮票(중국우정국은 특별히 동계올림픽을 개최지 신청 성공을 기념하는 우표를 발행하였다)'라고 했으므로 정답은 C이다.

문제 45

这套邮票的设计有什么特点?
A 以红色为主色调　　B 以长城为衬托
C 立体感十足　　　　D 极其复杂

이 우표세트의 디자인은 어떤 특징이 있는가?
A 붉은 색을 주 색조로 썼다　　B 만리장성을 부각시켰다
C 입체감이 넘쳐흐른다　　　　D 매우 복잡하다

단어 衬托 chèntuō 동 부각시키다

해설 '同时以白雪覆盖的长城为衬托(동시에 흰 눈으로 덮여 있는 만리장성을 부각시켰다)'라고 했으므로 정답은 B이다.

문제 46

关于这套邮票的发行，可以知道什么？ A 由张家口邮局负责 B 日期多次更改 C 整个流程严格保密 D 前期并未宣传	이 우표세트의 발행에 관해 무엇을 알 수 있는가？ A 장자커우 우체국이 책임을 진다 B 날짜가 여러 번 바뀌었다 C 전체적인 공정과정이 엄격하게 보안유지 되었다 D 초반에는 알려지지 못했다

단어 流程 liúchéng 명 과정

해설 '整个流程完全在保密状态下进行(전체적인 공정과정은 완전히 보안유지의 상태에서 진행되었다)'이라고 했으므로 공정과정이 엄격하게 보안유지 되었음을 알 수 있다. 정답은 C이다.

문제 47

根据这段话，下列哪项正确？ A 全套邮票共20枚 B 这套邮票仅限在网上购买 C 每人限购一枚邮票 D 首批邮票已开售	이 글을 근거로 아래 어느 항이 정확한가？ A 전체세트가 모두 20매이다 B 이 우표세트는 인터넷 구매로만 제한되어 있다 C 한 사람 당 한 매의 우표 구매로 제한되어 있다 D 초도물량의 우표는 이미 판매를 개시했다

해설 '首批邮票现已开始发售(초도물량의 우표는 현재 이미 발매를 개시했다)'라고 했으므로 정답은 D이다.

문제 48-50

最近一项研究发现，通过想象来锻炼身体，可以达到健身的效果。研究者选取了两组身体健康的人进行试验。要求他们每天静坐11分钟，每周坚持五天，一共持续四周。同时，48.C 在第一组参与者的手腕上，缠上了医用高分子绷带，并让他们在静坐过程中，想象着身体在做强烈的肌肉收缩动作，即想象锻炼。研究结果显示：四周后，第一组参与者身体强壮程度是第二组的两倍。此外，想象锻炼还让第一组参与者的大脑中生成了更为强壮的神经肌肉通路。49.D 这项研究结果表明，身体与大脑的连接，比我们想象的还要紧密。一位生理学教授认为，50.D 想象锻炼不但可以起到健身的作用，还能够用于神经功能康复治疗。	최근 한 연구에서 상상으로 몸을 단련하는 것도 헬스의 효과에 도달할 수 있다는 것을 발견했다. 연구자는 두 조의 신체 건강한 사람들을 선발하여 실험을 진행했다. 그들이 매일 평온하게 11분 동안 앉아 있는 것을 매주 5일을 진행해 총 4주 동안 지속할 것을 요구했다. 동시에 48.C 1조 참여자들의 손목에는 고분자 붕대를 감쌌고 그들이 평온하게 앉아 있는 중에 신체는 강렬한 근육수축동작을 하고 있다고 상상하도록, 즉 상상단련을 시켰다. 연구결과는 4주 후에 1조 참여자들의 몸의 강함 정도가 2조의 두 배를 보였다. 이 외에 상상단련은 1조 참여자들의 대뇌 속에 더욱 강한 신경근육통로가 형성되게 만들었다. 49.D 이 연구결과는 신체와 대뇌의 연결은 우리가 상상한 것보다 더욱 긴밀하다는 것을 분명하게 밝혔다. 한 생리학교수는 50.D 상상단련은 헬스의 작용을 일으킬 뿐만 아니라 신경기능의 재활치료에도 사용할 수 있다고 여겼다.

단어 试验 shìyàn 동 실험하다 | 静坐 jìngzuò 동 차분히 앉다 | 缠 chán 동 휘감다 | 绷带 bēngdài 명 붕대 | 收缩 shōusuō 동 수축하다 | 紧密 jǐnmì 형 긴밀하다 | 康复 kāngfù 동 건강을 회복하다

문제 48

关于第一组参与者，可以知道什么？ A 手腕上有伤 B 耐力不好 C 做了想象锻炼 D 在健身房完成的试验	1조 참여자에 관해 무엇을 알 수 있는가? A 손목에 상처가 있다 B 인내력이 안 좋다 C 상상단련을 했다 D 헬스장에서 테스트를 완성했다

단어 耐力 nàilì 명 인내력

해설 1조를 언급한 후에 '想象着身体在做强烈的肌肉收缩动作，即想象锻炼(신체는 강렬한 근육수축동작을 하고 있다고 상상하도록, 즉 상상단련을 시켰다)'이라고 했으므로 정답은 C임을 알 수 있다.

문제 49

这项研究结果表明了什么？ A 运动员更易得肌肉萎缩症 B 遗传因素决定肌肉的强健度 C 肌肉太强健对健康有害 D 身体与大脑的连接非常紧密	이 연구결과는 무엇을 분명하게 밝혔는가？ A 운동선수들은 더욱 쉽게 근육위축증을 얻는다 B 유전요소는 근육의 강도를 결정짓는다 C 근육이 너무 강하면 건강에 해롭다 D 신체는 대뇌와의 연결성이 매우 긴밀하다

단어 萎缩症 wěisuōzhèng 명 위축증 | 遗传 yíchuán 동 유전하다

해설 '这项研究结果表明，身体与大脑的连接，比我们想象的还要紧密(이 연구결과는 신체와 대뇌의 연결은 우리가 상상한 것보다 더욱 긴밀하다는 것을 분명하게 밝혔다)'라고 했으므로 정답은 D이다.

문제 50

根据这段话，下列哪项正确？ A 试验持续了8周 B 第二组参与者身体状况更好 C 静坐能够修身养性 D 想象锻炼可用于医学治疗	이 글을 근거로 아래에 어느 항이 정확한가？ A 실험은 8주간 지속되었다 B 2조 참여자의 몸 상태가 더 좋다 C 평온하게 앉아 있는 것은 몸을 수양할 수 있다 D 상상단련은 의학치료에도 쓸 수 있다

해설 '想象锻炼不但可以起到健身的作用，还能够用于神经功能康复治疗(상상단련은 헬스의 작용을 일으킬 뿐만 아니라 신경기능의 재활치료에도 사용할 수 있다고 여겼다)'라고 했으므로 의학 방면의 치료에도 상상단련을 쓸 수 있다는 것을 알 수 있다. 정답은 D이다.

실전 모의고사 1회 – 독해 제1부분

문제 51

A 石库门是最具上海特色的居民住宅。 B 声波在沿直线传播时，既然碰到障碍，就会反射回来，形成回声。 C 秋千起源于几十万年前的上古时代。 D 1873年成立的轮船招商局，发行了中国最早的股票。	A 석고문은 상하이의 특색을 가장 많이 가지고 있는 서민주택이다. B 소리의 파동이 직선을 따라 전파될 때, 만약에 장애를 만나게 되면 반사해서 돌아오게 되어 메아리를 형성한다. C 그네는 몇 십만 년 전의 상고대에서 기원되었다. D 1873년 설립된 증기선 초상국은 중국 최초의 주식을 발행하였다.

단어 沿 yán 통 물길 따라 내려가다 | 障碍 zhàng'ài 몡 장애물 | 轮船 lúnchuán 몡 증기선

해설 보기 B에서 '既然(~인 마당에)' 뒤에는 기정사실이 나와야 하는데 소리의 파동이 장애를 만나는 것은 기정사실이 아니다. 뒤에 오는 절의 '就'와 호응하고 가정을 나타내야 내용이 올바르므로 '如果(만약에)'로 고치는 것이 올바르다.

수정 → 声波在沿直线传播时，如果碰到障碍，就会反射回来，形成回声。

문제 52

A 互联网为人们带来便利的同时，也侵蚀着人们面对面交流的能力。 B 绿草如茵的草原上有一条细细的河流，远远望去，仿佛一条银项链。 C 这首歌一下子勾起了他针对童年的回忆。 D 中国复杂多样的气候使得多种农作物都能在这里找到适宜生长的地方。	A 인터넷은 사람들에게 편리함을 가져다 준 동시에 사람들의 얼굴을 마주하고 교류하는 능력을 침식시키고도 있다. B 푸른 풀이 융단 같은 초원에 가는 한 줄기의 하류가 있어서, 멀리서 내다보면 마치 하나의 은 목걸이 같다. C 이 노래는 단번에 그의 어린 시절에 대한 추억을 불러일으켰다. D 중국의 복잡하고 다양한 기후는 여러 종류의 농작물이 모두 이곳에서 생장에 적합한 곳을 찾아낼 수 있게 하였다.

단어 互联网 hùliánwǎng 몡 인터넷 | 侵蚀 qīnshí 통 침식하다 | 勾起 gōuqǐ 통 불러일으키다

해설 보기 C의 '针对'는 '겨누다, 초점을 맞추다, 겨냥하다'라는 뜻의 동사로 뒤에는 겨냥이나 초점이 맞춰지는 대상이 와야 한다. '어린 시절을 겨냥한 추억'이 아니라 '어린 시절에 대한 추억'이므로 일반적인 대상을 나타내는 전치사 '对'가 와야 올바르다.

수정 → 这首歌一下子勾起了他对童年的回忆。

문제 53

A 指甲能保护末节指腹免受损伤，增强手指触觉的敏感性。 B 在化工生产所用的固体原料和煤炭中，常需粉碎到一定粒径。 C 活动临近尾声，来参观的人也渐渐散去。 D 保持童心是维持快乐的一种手段。	A 손톱은 손가락 마지막 마디 살 부분이 상처 입는 것을 막고, 손가락 촉각의 민감성을 높인다. B 화학공업 생산에서 사용하는 고체원료와 석탄은 항상 일정한 입자의 알갱이로 분쇄해야 한다. C 행사가 막바지에 다다르자 참관하러 온 사람들도 점점 흩어지기 시작했다. D 동심을 유지하는 것은 즐거움을 유지하는 일종의 수단이다.

단어 指甲 zhǐjia 몡 손톱 | 免受 miǎnshòu 통 받지 않다 | 煤炭 méitàn 몡 석탄 | 粒径 lìjìng 몡 입자 알갱이

해설 보기 B의 '常(부사: 항상)' 앞의 절에는 주어가 있어야 하는데 '在……中(전치사구: ~중에)'이 왔으므로 주어가 없는 문장이 된다. '在……中'을 제거하면 '화학공업 생산에서 사용하는 고체원료와 석탄'이 주어가 되어 올바른 문장이 된다.

수정 → 化工生产所用的固体原料和煤炭，常需粉碎到一定粒径。

문제 54

A 如何将以生漆为底层的艳丽的秦俑彩绘保留下来成为当务之急。	A 생칠을 바탕으로 한 아름다운 진용채를 어떻게 보존해 나갈 것인가가 급선무가 되었다.
B 陡峭的山峰和高原融雪河导致了七彩瀑布群这一旷世奇观。	B 험준한 산봉우리와 고원의 융설하천이 칠채폭포 같은 이런 견줄만한 것이 없는 신비로운 경관을 만들어냈다.
C 梁山伯与祝英台的凄美爱情故事，在中国可谓家喻户晓。	C 양산백과 축영대의 애절한 사랑이야기는 중국에서는 모든 사람이 알고 있다고 말할 수 있다.
D 夜深人静，想起白天发生的一连串事情，我怎么也睡不着。	D 밤이 깊어지고 인적이 드물어 조용해지자 낮에 발생한 일련의 사건들이 떠올라 나는 어떻게 해도 잠들 수가 없었다.

단어 生漆 shēngqī 명 생칠 | 艳丽 yànlì 형 아름답고 곱다 | 秦俑 qínyǒng 명 병마용 | 陡峭 dǒuqiào 형 험준하다 | 瀑布 pùbù 명 폭포 | 凄美 qīměi 형 애절하다 | 家喻户晓 jiāyù hùxiǎo 집집마다 다 알다

해설 보기 B의 '导致(초래하다)'는 앞의 상황이 뒤의 상황을 야기할 때 쓰는 어휘인데 내용상 융설하천이 신비로운 경관을 '초래한 것'이 아니라 '만들어낸 것'이므로 '造就(만들어내다)'로 바꾸는 것이 올바르다.

수정 → 陡峭的山峰和高原融雪河造就了七彩瀑布群这一旷世奇观。

문제 55

A 她用优美的语言、感人的情愫，表达了自己对美好生活的渴望。	A 그녀는 아름다운 언어와 사람을 감동시키는 진심으로 자신의 행복한 생활에 대한 갈망을 표현했다.
B 演出即将开始，正在井然有序地排队入场。	B 공연이 곧 시작되려 하자 사람들이 질서정연하게 줄을 서서 입장하고 있다.
C 升级改造后的北戴河火车站已经成为当地的地标性建筑。	C 업그레이드 시켜 개조한 후의 베이따이허 기차역은 이미 현지의 랜드마크 건축물이 되었다.
D 接受一种理念很容易，培养一个习惯却很难。	D 일종의 이념은 받아들이기는 쉬우나 습관을 양성시키는 것은 오히려 어렵다.

단어 情愫 qíngsù 명 진심 | 渴望 kěwàng 동 갈망하다 | 井然有序 jǐngrán yǒuxù 성 질서 정연하다 | 地标 dìbiāo 명 랜드마크, 지표

해설 보기 B의 두 번째 절에 질서정연하게 줄을 서서 입장하는 것이 누구인지 주어가 없으므로 입장하는 주체 '人们', '大家' 등을 넣어야 올바른 문장이 된다. 정답은 B이다.

수정 → 演出即将开始，人们正在井然有序地排队入场。

문제 56

A 夏季是肠道疾病的高发季节，因此，我们要更加注意饮食卫生。	A 여름은 장내질환이 쉽게 발병되는 계절이다. 이 때문에 우리는 음식 위생에 더욱 주의해야 한다.
B 世界上第一次关于哈雷彗星的确切记录见于《春秋》。	B 세계에서 첫 번째 핼리혜성에 관한 확실한 기록은 《춘추》에서 보여졌다.
C 云片糕是江苏、广东潮州等地有名的糕点，按照片薄、色白而得名。	C 운편떡은 쟝쑤, 광둥 차오저우 등지에서 유명한 떡으로 얇고 흰색이어서 이름을 얻었다.
D 痛苦并不总是代表着"摧毁"，它同样能赋予一个人新生。	D 고통은 결코 늘 '파괴'를 대표하지는 않고, 그것은 한 사람에게 새로운 인생을 부여할 수 있다.

단어 肠道 chángdào 명 장 | 高发 gāofā 형 발병률이 높다 | 季节 jìjié 명 계절 | 哈雷彗星 Hāléihuìxīng 명 핼리혜성(Halley's comet) | 摧毁 cuīhuǐ 동 파괴하다 | 赋予 fùyǔ 동 부여하다

해설 보기 C의 '因……而得名(~때문에 이름을 얻다)'은 고정격식이다. '按照'는 근거를 나타내는 전치사로 일의 이치나 착안점 등을 주로 이끈다.
  예 一切都按照计划进行着，很顺利。 모든 것이 모두 계획대로 진행되고 있어 순조롭다.

수정 → 云片糕是江苏、广东潮州等地有名的糕点，因片薄、色白而得名。

문제 57

A 作为铁观音、乌龙茶的发源地，泉州市安溪县素有"中国茶都"之美誉。 B 在古代，道路上大约隔10里设一个长亭，5里设一个短亭，以供人休息。 C 虽然我只去过一次玄武湖，但它却在我梦中出现了千百次。 D 他的这一举动引来了使很多人的关注。	A 철관음, 우롱차의 발원지로서 취안저우시 안시현은 줄곧 "중국 차도"라는 명성을 가지고 있었다. B 옛날에는 도로에 약 10리의 간격을 두고 긴 정자가, 5리의 간격을 두고 짧은 정자를 사람들에게 휴식을 제공하기 위해 설치하였다. C 비록 쉬안우호를 한 번 밖에 가보지 않았지만 그것은 오히려 내 꿈속에서 수천 번 출현했다. D 그의 이 행동은 많은 사람들의 관심을 불러일으켰다.

단어 铁观音 tiěguānyīn 명 철관음 | 举动 jǔdòng 명 동작 | 关注 guānzhù 명 관심

해설 보기 D에서 그의 행동이 사람들의 관심을 불러 일으킨 것으로 주어는 '举动(행동)', 술어는 '引来(불러 일으키다)', 목적어는 '关注(관심)'로 사역동사 '使(~하게 하다)'는 필요 없는 성분이다.

수정 → 他的这一举动引来了很多人的关注。

문제 58

A 私塾是中国古代私人创办的学校，一般规模不大，多用《三字经》《千字文》等作课本进行教学。 B 所谓人的自我实现，不过是在实现人生的意义。因此，实现了人生的意义也就实现了人的自我。 C 看着今天上证指数3.11%的涨幅，让很多人目瞪口呆，很多人没有想到今日指数这么强势。 D 火药气与新年，在我的感觉上有不可分离的联系。直到现在，偶尔闻到火药气的时候，我还能立刻联想到新年及儿时的欢乐呢。	A 사숙(서당)은 중국고대 개인이 만든 학교였고, 일반적으로 규모는 크지 않고, 대부분《삼자경》,《천자문》등을 교재로 수업을 진행하였다. B 소위 말하는 사람의 자아실현은 단지 인생의 의미를 실현시키고 있는 것일 뿐이다. 이 때문에 사람의 인생 의의를 실현시키게 되면, 사람의 자아가 실현된다. C 오늘 상하이 종합주가지수의 3.11%의 상승폭은 많은 사람들을 놀라게 만들었고, 많은 사람들이 오늘의 지수가 이렇게 강세일지 생각하지 못했다. D 화약냄새와 춘제는 내 생각으로는 떼려야 뗄 수 없는 관계가 있다. 지금까지도 가끔씩 화약냄새를 맡게 되면 나는 즉시 춘제와 어린 시절의 즐거움을 연상할 수 있다.

단어 私塾 sīshú 명 사숙, 서당 | 创办 chuàngbàn 동 창립하다 | 上证指数 shàngzhèng zhǐshù 명 상하이 종합주가지수 | 涨幅 zhǎngfú 명 상승폭 | 目瞪口呆 mùdèng kǒudāi 놀라게 하다

해설 보기 C에서 '让(사역동사)' 앞에는 주어가 있어야 하는데 '看着今天上证指数3.11%的涨幅(오늘 상하이 종합주가지수의 3.11%의 상승폭을 보고)'는 동사구로 주어가 없다. 무엇이 사람을 놀라게 만들었는지 주어가 있어야 하는데 '看着'를 제거해야 사람들을 놀라게 만든 주체이자 주어인 '今天上证指数3.11%的涨幅(오늘 상하이 종합주가지수의 3.11%의 상승폭)'가 되어 올바른 문장이 된다.

수정 → 今天上证指数3.11%的涨幅，让很多人目瞪口呆，很多人没有想到今日指数这么强势。

문제 59

A 艰苦的外在环境往往能给我们带来机会，让我们超越自己，从而得到精神上的成长。
B 华山因险峻、雄伟而名冠天下，道路蜿蜒曲折，处处是悬崖绝壁，所以人们常用"自古华山一条道"来形容其险要之势。
C 曹操的性格具有双重性，他的雄才大略和奸诈凶狠对任何一个扮演他的演员来说都很有挑战性。
D 莲花是有花植物中最古老的一种，目前已知最早的莲叶化石距今将近已有一亿多年的历史。

A 힘든 외적인 환경은 늘 우리에게 기회를 가져다줄 수 있고, 우리가 자신을 뛰어넘게 만들어 정신적인 성장을 얻게 한다.
B 화산은 험준하고 웅대하고 위세가 넘쳐서 세상에 이름을 떨치고, 길이 구불구불하게 이어지고 곳곳이 험준한 절벽이라 사람들은 자주 '自古华山一条道'로 험준하고 위험한 지세를 묘사한다.
C 조조의 성격은 양면성을 가지고 있는데, 그의 뛰어난 재능과 원대한 계략, 간사함과 흉악함은 그를 연기하는 모든 배우에게는 상당한 도전성을 가지고 있다.
D 연꽃은 꽃이 피는 식물 중에서 가장 오래된 한 종류로 현재 이미 알고 있는 최초의 연꽃화석은 지금으로부터 이미 일억 년이 넘는 역사를 가지고 있다.

[단어] 艰苦 jiānkǔ 형 어렵고 고달프다 | 超越 chāoyuè 동 뛰어넘다 | 险峻 xiǎnjùn 형 험준하다 | 雄伟 xióngwěi 형 웅대하다 | 蜿蜒 wānyán 형 (길이) 구불구불 이어져 있다 | 悬崖绝壁 xuányá juébì 명 험준한 산세 | 大略 dàlüè 명 원대한 계략 | 奸诈 jiānzhà 형 간사하다 | 凶狠 xiōnghěn 형 흉악하다 | 扮演 bànyǎn 동 연기하다, 출연하다

[해설] 보기 D에서 '已(이미)'는 과거를 나타내는 부사로 앞으로 다가올 일에 쓰이는 '将近(장차 ~에 이르다)'과 하나의 술어를 수식할 수 없다. '将近'을 제거해야 올바른 문장이 된다.

[수정] → 莲花是有花植物中最古老的一种，目前已知最早的莲叶化石距今已有一亿多年的历史。

문제 60

A 新购置的家具最好不要置于暖气片附近，更不要放在阳光下暴晒，以防止家具因木材含水率变化过大而变形。
B 岱庙是历代皇帝举行大典、祭祀山神的地方，与北京故宫、曲阜孔庙一起被誉为中国三大宫殿式建筑之一。
C 人的一生路程很长，稍不留神就有可能摔倒，我们无法排除一切摔倒的可能性，但必须要有重新站起来的勇气。
D 手上如果沾上了油漆，不妨涂抹一些奶油，用干布擦拭后，再用香皂洗手，这样就能把油漆弄掉。

A 새로 구매하여 배치한 가구는 난방기 부근에 두지 않는 것이 가장 좋고, 더욱이 햇볕이 내리쬐는 곳에는 두지 않아야 하는데, 이는 가구가 목재의 함수율 변화가 너무 커져 변형이 오는 것을 막기 위함이다.
B 대묘는 역대 황제들이 대전을 거행하고 산신령에게 제사를 지내는 곳으로, 베이징 고궁, 취푸 공묘와 함께 중국 3대 궁전식 건축물로 불린다.
C 사람의 인생여정은 길고 조금만 주의하지 않아도 넘어질 수 있다. 우리는 모든 넘어질 가능성을 배제할 방법은 없지만 새로 일어날 용기는 반드시 기져야 한다.
D 손에 만약에 페인트가 묻으면 약간의 버터를 바르고, 마른 헝겊으로 닦아낸 후에 다시 비누로 손을 씻는 것도 괜찮다. 이렇게 하면 페인트를 벗겨낼 수 있다.

[단어] 购置 gòuzhì 동 사들이다 | 岱庙 dàimiào 명 대묘 | 大典 dàdiǎn 명 대전 | 曲阜孔庙 Qūfù Kǒngmiào 명 취푸 공묘 | 油漆 yóuqī 명 페인트 | 涂抹 túmǒ 동 바르다 | 擦拭 cāshì 동 닦다 | 香皂 xiāngzào 명 비누

[해설] 보기 B에서 '대묘', '베이징 고궁', '취푸 공묘'는 중국 3대 궁전식 건축물인데 세 곳을 모두 언급했기 때문에 문장 끝의 '……之一(~중의 하나)'와 호응하지 않는다. '……之一'를 제거해야 올바른 문장이 된다.

[수정] → 岱庙是历代皇帝举行大典、祭祀山神的地方，与北京故宫、曲阜孔庙一起被誉为中国三大宫殿式建筑。

실전 모의고사 1회 – 독해 제2부분

문제 61

新闻直播的 ＿＿＿ 同步性决定了其播出时间的不可预见性。新闻事件最终的 ＿＿＿ 如何，连记者也无法预测。而这种终极 ＿＿＿ 也会使观众产生一种紧张的期待感。	뉴스가 생방송 되는 현장은 동시적으로 그것이 방송으로 내보내지는 시간의 예측 불가성을 결정짓는다. 최신 사건의 최종적인 결말이 어떠한지는 기자조차도 예측할 방법이 없다. 이러한 종극적인 궁금점 또한 시청자들이 일종의 긴장된 기대감이 생기게 만들 것이다.
A 现象　局面　疑问 B 现状　全局　谜语 C 现实　结论　疑惑 D 现场　结局　悬念	A 현상　국면　의문 B 현상　전체 판, 대국　수수께끼 C 현실　결론　의혹 D 현장　결말　서스펜스, 궁금함

단어 直播 zhíbō 동 생중계하다, 직접 중계하다 | 播出 bōchū 동 방송하다 | 可预见性 kěyùjiànxìng 예측 가능성 | 预测 yùcè 동 예측하다 | 局面 júmiàn 명 국면 | 疑问 yíwèn 명 의문 | 全局 quánjú 명 대국 | 谜语 míyǔ 명 수수께끼 | 结论 jiélùn 명 결론 | 疑惑 yíhuò 명 의혹 | 结局 jiéjú 명 결말 | 悬念 xuánniàn 궁금함

해설 **첫 번째 빈칸** – '新闻直播的(뉴스가 생방송 되는)'의 수식을 받으므로 D '现场(현장)'이라는 어휘가 가장 적절하다.
두 번째 빈칸 – '新闻事件最终的(최신 사건의 최종적인)'의 수식받는 어휘므로 사건이나 이야기의 끝을 나타내는 D '结局(결말)'가 적합하다.
세 번째 빈칸 – '终极(종극적인)'의 수식을 받는 어로 사람들에게 기대감을 가지게 만드는 어휘가 들어가야 하는데 A '疑问(의문)'과 C '疑惑(의혹)'는 어떤 일에 의심하여 수상쓰럽게 여기는 일에 쓰이는 것으로 뉴스와는 어울리지 않고, 수수께끼 또한 직접적으로 설명하지 않은 대상을 문제 형식으로 내는 놀이나 궁금함이기 때문에 뉴스를 소재로 한 글과는 어울리지 않는다. D '悬念(서스펜스. 궁금함)'은 어떤 이야기나 줄거리에 갖게 되는 기대심리와 궁금함을 나타내므로 가장 적절하다. 정답은 D이다.

문제 62

当我们竭尽全力按照自己的远大 ＿＿＿ 缔造我们的未来时，结果却发现，我们竟然在 ＿＿＿ 中，创造出了与我们一直为之 ＿＿＿ 的东西截然相反的结果。谁还能想象得出比这更大的悲剧吗？	우리가 전력을 다해 자신의 원대한 꿈에 따라 우리의 미래를 건설할 때, 마지막에는 오히려 우리는 뜻밖에도 자신이 모르는 사이에 우리가 줄곧 그것을 위해 분투하는 것과는 완전 상반된 결과를 만들어낸다. 누가 이보다 더 큰 비극을 상상해낼 수 있겠는가?
A 梦想　无能为力　斗争 B 信仰　不可思议　搏斗 C 理想　不知不觉　奋斗 D 信念　莫名其妙　战斗	A 꿈　무능하다　투쟁하다 B 신앙　불가사의하다　격투하다 C 이상, 꿈　모르는 사이에　분투하다 D 신념　영문을 모르다　전투하다

단어 竭尽全力 jiéjìn quánlì 모든 힘을 다 기울이다 | 缔造 dìzào 동 건설하다 | 不知不觉 bùzhī bùjué 모르는 사이에 | 奋斗 fèndòu 동 분투하다 | 截然 jiérán 부 뚜렷이, 분명하게 | 无能为力 wúnéng wéilì 무능하다 | 斗争 dòuzhēng 동 투쟁하다 | 信仰 xìnyǎng 명 신앙 | 不可思议 bùkě sīyì 불가사의하다 | 搏斗 bódòu 동 격투하다 | 莫名其妙 mòmíng qímiào 영문을 모르다 | 战斗 zhàndòu 동 전투하다

해설 **첫 번째 빈칸** – '远大(원대한)'의 수식을 받는 어휘여야 하므로 A '梦想(꿈)'과 C '理想(꿈)'이 둘 다 되지만, 미래를 건설하게 되는 근거가 되므로 C '理想'이 가장 적합함을 알 수 있다. A '梦想'은 주로 '비현실적이고 이루기 힘든 바람이 강한 꿈'을 나타내므로 미래를 건설하는 근거로는 부적절하다.
두 번째 빈칸 – 앞에 '竟然(뜻밖에)'이 있고 전치사구를 만드는 '在……中'이 있으므로 C '不知不觉(자신도 모르는 사이에)'가 가장 적합하다.

세 번째 빈칸 – 미래의 꿈을 위해 무엇을 하는지를 설명할 수 있는 어휘가 들어가야 하는데 B '搏斗(격투하다)'나 D '战斗(전투하다)'는 싸움의 의미가 크므로 적합하지 않고, A '斗争(투쟁하다)'은 '어떤 것을 얻기 위해 다투고 맞서다'라는 뜻이므로 역시 적합하지 않다. 목적이 꿈을 이루는 것이므로 '있는 힘을 다해 노력하다'인 C '奋斗(분투하다)'가 가장 적합하다. 정답은 C이다.

문제 63

一位植物学家曾把不同时间开放的花放在一起，把花圃 _____ 得像钟面一样，组成花的"时钟"。这些花在24小时内 _____ 开放。你只要看看刚刚开放的是什么花，就知道现在 _____ 是几点钟，这是不是很有趣？	한 명의 식물학자는 일찍이 다른 시간에 피는 꽃을 한데 두고, 꽃밭을 시계 면과 같이 만들어, 꽃의 '시계'를 조성했다. 이 꽃들은 24시간 내에 계속해서 피었다. 당신은 방금 핀 꽃이 어떤 꽃인지만 안다면 지금이 대략 몇 시인지 알 수 있다. 재미있지 않은가?

A	维修	顿时	大约	A 수리하다	갑자기	대략
B	修建	陆续	大致	B 짓다, 만들다	속속, 계속해서	대략
C	修复	一向	终究	C 수리 복원하다	줄곧	마침내
D	装修	一贯	暂且	D 인테리어 하다	일관되게	잠시

단어 花圃 huāpǔ 명 꽃밭 | 修建 xiūjiàn 동 짓다, 만들다 | 陆续 lùxù 부 계속해서 | 大致 dàzhì 부 대략 | 维修 wéixiū 동 수리하다 | 顿时 dùnshí 부 갑자기 | 修复 xiūfù 동 수리 복원하다 | 一向 yíxiàng 부 줄곧 | 终究 zhōngjiū 부 마침내 | 一贯 yíguàn 형 일관되다 | 暂且 zànqiě 부 잠시

해설 **첫 번째 빈칸** – A '维修(수리하다)'는 주로 기계나 사물이 고장 나거나 망가졌을 때 쓰고, B '修建(짓다, 만들다)'은 목재, 진흙, 기와 등의 사물을 이용해 무엇인가를 '짓다, 만들다'라는 뜻이다. C '修复(수리 복원하다)'는 주로 문물 등에 손상이나 훼손이 있을 때 그것을 수리해서 고친다는 뜻이고, D '装修(인테리어 하다)'는 집을 꾸미거나 개조할 때 쓰는 어휘이므로 꽃밭을 시계면처럼 만드는 것은 B '修建'이 가장 적합하다.

두 번째 빈칸 – 각기 다른 꽃들이 24시간 내에 계속 핀다는 것을 설명할 수 있어야 하는데 B '陆续'가 바로 시간차를 두고 어떤 것이 계속 이어진다는 뜻이므로 가장 적합하다.

세 번째 빈칸 – 피는 꽃만 보고도 시간을 알 수 있다는 내용이 이어지므로 '대략'이라는 뜻인 A '大约'와 B '大致' 둘 다 가능하다. 정답은 B이다.

문제 64

奠基者效应是指生物种群中的少数 _____ 迁至别处，在与原种群隔离的情况下 _____ 生息，导致后代群体虽然不断扩大，但整个种群的多样性却逐渐降低的一种 _____ 。在这种情况下，种群后代对环境的适应性会变差，容易被自然 _____ 。	창시자효과는 생물 개체군 속의 소수 개체가 다른 곳으로 이전하여 원 개체군에서 떨어진 상황 아래 번식하여 후대 군체는 비록 끊임없이 확대되지만 개체군의 다양성은 오히려 점차 떨어지는 일종의 현상을 가리킨다. 이러한 현상 아래, 개체군 후대의 환경에 대한 적응성은 나빠지고 쉽게 자연에 도태된다.

A	团体	繁殖	模式	取缔	A 단체	번식하다	패턴	금지를 명하다
B	个体	繁殖	现象	淘汰	B 개체	번식하다	현상	도태되다
C	成员	生育	形态	消灭	C 구성원	출산하다	형태	없애다
D	伙伴	生存	情形	废除	D 동반자	생존하다	정황	폐지하다

단어 奠基者 diànjīzhě 명 창시자 | 效应 xiàoyìng 명 효과 | 个体 gètǐ 명 개체 | 隔离 gélí 동 분리시키다, 떼어놓다 | 繁衍 fányǎn 동 번식하다 | 生息 shēngxī 동 성장시키다, 자라나게 하다 | 淘汰 táotài 동 도태되다 | 繁殖 fánzhí 동 번식하다 | 模式 móshì 명 패턴 | 取缔 qǔdì 동 금지를 명하다 | 生育 shēngyù 동 출산하다 | 形态 xíngtài 명 형태 | 消灭 xiāomiè 동 없애다 | 伙伴 huǒbàn 명 동반자 | 情形 qíngxing 명 정황 | 废除 fèichú 동 폐지하다

해설 **첫 번째 빈칸** – '少数(소수)'의 수식을 받는 어휘가 들어가야 하면서 개체군 안의 것이므로 개체군을 이루고 있는 B '个体(개체)'가 가장 적합하다.

두 번째 빈칸 – '生息(번식하다)'와 함께 쓰일 수 있는 어휘를 찾아야 하는데 같은 의미로는 A '繁殖(번식하다)', B '繁衍(번식하다)'가 있지만 A '繁殖'는 단순히 대를 이어간다는 개념이고 B '繁衍'은 대를 이어나갈 뿐만 아니라 하나의 군체를 형성해 이어간다는 큰 개념이므로 더욱 내용과 적합하고 '繁衍生息(번식하다)'는 하나의 어휘처럼 쓰이는 고정조합이므로 암기해 두는 것이 좋다. 이 외에 B '繁衍'과 자주 호응하는 어휘조합은 '栖息繁衍(서식하고 번식하다)'이 있다.
세 번째 빈칸 – 창시자효과가 무엇을 가리키는지를 설명하는 어휘가 들어가야 하므로 '效应(효과)'은 일반적으로 어떤 사물이나 특징적인 대상을 반영한 사회적인 현상을 설명하므로 B '现象(현상)'이 가장 적합하다.
네 번째 빈칸 – 개체군 후대의 환경에 대한 적응성이 나빠지면 자연에 의해 어떻게 되는 것인지를 설명할 수 있는 어휘가 들어가야 하는데 A '取缔'는 하지 말라고 명령을 내리는 것이고, C '消灭'는 아예 없애는 것을 나타내고, '废除'는 제도나 조약들을 폐지하는 것이므로 내용과 맞지 않다. B '淘汰'는 '좋지 않고 불필요한 것이 가려져 줄어들고 없어지다'라는 뜻이므로 가장 적합하다. 정답은 B이다.

문제 65

冰灯的起源与人们的生活 _____ 相关。相传，古时候，北方人为了 _____ 照明用具的不足，便用水桶盛水，将其 _____ 成冰块儿，再把冰块儿中心掏空，放入油灯，这样能防止火被风吹灭。后来，有人在新春佳节或上元之夜，在门前摆放冰灯来增添节日 _____ 。随着时间的推移，冰灯渐渐变成了观赏品。		빙등의 기원은 우리의 생활과 서로 밀접한 관계가 있다. 전하는 바에 따르면, 옛날에 북방인은 조명도구의 부족을 메우기 위해 물통으로 물을 담아 그것을 얼려 얼음덩어리로 만든 다음 다시 얼음덩어리 중간에 구멍을 파내어 호롱불을 넣었는데 이렇게 하면 불이 바람에 꺼지는 것도 막을 수 있었다. 후에 어떤 이가 춘제나 정월대보름 밤에 문 앞에 빙등을 놓아두어 명절 분위기를 더했다. 세월이 바뀜에 따라 빙등은 점차 관상용품으로 바뀌었다.	

A	周密	补充	烫	光彩	A 주도면밀하다	보충하다	데이다	빛, 광채
B	严密	补贴	晒	风气	B 엄밀하다	보조하다	(햇빛을) 쬐다	풍조
C	密切	弥补	冻	气氛	C 밀접하다	메우다	얼다	분위기
D	亲密	补偿	晾	趣味	D 친밀하다	보상하다	(그늘에) 말리다	취미

단어 密切 mìqiè 형 밀접하다 | 弥补 míbǔ 동 메우다 | 水桶 shuǐtǒng 명 물통 | 掏 tāo 동 파내다 | 推移 tuīyí 동 변화하다 | 周密 zhōumì 형 주도 면밀하다 | 烫 tàng 동 데이다 | 严密 yánmì 형 엄밀하다 | 补贴 bǔtiē 동 보조하다 | 补偿 bǔcháng 동 보상하다 | 晾 liàng 동 (그늘에) 말리다 | 趣味 qùwèi 명 취미

해설 첫 번째 빈칸 – 빙등의 기원이 우리 생활과 어떻게 관계가 있는지를 설명할 수 있는 어휘이므로 관계와 관련 있는 어휘인 C '密切'와 D '亲密'를 우선적으로 확인해야 하는데 D '亲密'는 '지내는 사이가 친하고 가깝다'는 뜻이므로 사람이나 동물간의 관계를 설명할 때 쓰는 것이 적합하여 이 글과는 맞지 않으므로 C '密切'가 적합함을 알 수 있다.
두 번째 빈칸 – '不足(부족함)'를 목적어로 가질 수 있는 동사를 찾아야 하므로 A '补充'과 C '弥补'가 '보충하다'는 뜻이 있으므로 가능함을 알 수 있다. B '补贴(보조하다)'는 재정상으로 보태주는 것을 말하고 D '补偿(보상하다)'은 '损失(손실)'과 함께 쓰이는 어휘이므로 빈칸에 맞지 않다.
세 번째 빈칸 – 뒤에 얼음덩어리로 만드는 과정에 어울리는 동사를 찾아야 하므로 '얼다'라는 뜻의 C '冻'이 가장 적합하다.
네 번째 빈칸 – 빙등으로 명절의 무엇을 더해주었는지를 설명할 수 있는 어휘가 들어가야 하므로 '节日气氛(명절 분위기)'이 가장 적합함을 알 수 있다. 정답은 C이다.

문제 66

图解电影是一种 _____ 于网络的观影方式。网友将电影中的一些画面截成 _____ 张图片，并在每张图上配以文字说明，然后 _____ 到网上。这种通过几十张图片即可讲述一 _____ 电影主要剧情的展现方式，深受网友喜爱。	도해영화는 일종의 인터넷 상에서 유행하는 영화감상 방식이다. 네티즌들이 영화 속의 일부 화면을 약간의 장면으로 자르고, 매 장면에 글 설명을 넣은 후에 인터넷에 선포한다. 몇십 장의 장면을 통해 한 편의 영화의 주요 줄거리를 설명할 수 있는 이런 전개방식은 네티즌들의 환영을 받았다.

A	流通	其余	公布	套	A 유통되다	그 나머지의	공표하다	조, 벌
B	流行	若干	发布	部	B 유행하다	약간	선포하다	부, 편
C	流传	任何	发行	幅	C 전해지다	어떠한	발행하다	폭
D	传播	各自	运行	项	D 전파하다	각자	운행하다	항

단어 图解电影 tújiě diànyǐng 명 도해영화 | 若干 ruògān 대 약간 | 发布 fābù 동 선포하다 | 讲述 jiǎngshù 동 서술하다 | 深受 shēnshòu 동 깊이 받다 | 流通 liútōng 형 유통하다 | 公布 gōngbù 동 공표하다 | 流传 liúchuán 동 전해지다 | 发行 fāxíng 동 발행하다 | 传播 chuánbō 동 전파하다 | 运行 yùnxíng 동 운행하다

해설 **첫 번째 빈칸** – '图解电影(도해영화)'이 인터넷 상에서 어떻게 되고 있는 영화감상 방식인지를 찾아야 하므로 B '流行(유행하다)'이 가장 적합하다. C '流传'은 인터넷과 연결 지으면 동영상이나 사진 따위가 전해질 때 쓸 수 있고, D '传播'는 소식이나 정보가 퍼지는 것이므로 적합하지 않다.

두 번째 빈칸 – 영화 속의 일부 화면을 어떻게 자르는지를 찾아야 하는데 A '其余'는 '그 나머지'라는 뜻이므로 앞에서 어떤 행위를 하고 남은 것을 설명해야 하고, C '任何'는 '어떠한'으로 모든 명사를 설명한다. D '各自(각자)'는 주체가 둘 이상이 언급되어야 하므로 올바르지 않다. 내용상 도해영화는 영화 속의 화면에서 몇 장면을 잘라 만든다는 것이므로 B '若干(약간의)'이 가장 올바르다.

세 번째 빈칸 – 만든 도해영화를 인터넷에 어떻게 하는지 적합한 어휘를 찾아야 하는데 A '公布(공표하다)'는 성적이나 명단 등을 공식적으로 알리는 것에 쓰므로 어울리지 않고, C '发行(발행하다)'은 출판물이나 우표 등을 세상에 펴낸다는 뜻이므로 적합하지 않다. B '发布'는 명령, 지시 등을 널리 알린다는 뜻이지만 사물, 즉 영화나 음악을 널리 퍼뜨린다는 뜻도 있으므로 빈칸에 적합하다.

네 번째 빈칸 – 영화를 세는 양사가 들어가야 하므로 B '部'가 적합하다. A '套'는 세트나 조를 이룬 물건을 세고, C '幅'는 그림, D '项'은 운동종목이나 프로젝트 항목을 세는 양사이다. 정답은 B이다.

문제 67

近地小行星因运行轨道与地球的运行轨道 _____ ，所以可能会带来撞击地球的危险。 据观测 _____ 显示，目前可能存在成千上万个 _____ 大于1000米的近地小行星。它们 _____ 撞击地球，将会带来毁灭性的灾害。

지구에 근접해 있는 소행성들은 운행궤도가 지구의 운행궤도와 서로 교차하기 때문에 지구와 부딪칠 위험을 가져올 수 있다. 예측 데이터에 따르면 현재 대단히 많은 직경이 1,000m보다 큰 지구에 근접해 있는 소행성들이 존재할 수 있다고 나타났다. 그것들이 일단 지구에 부딪히게 되면 치명적인 재해를 가져다줄 것이다.

A	接近	纪要	比例	假如	A 접근하다	요록	비율	만약에
B	垂直	资料	角度	除非	B 수직이다	자료	각도	~해야만
C	相交	数据	直径	一旦	C 교차하다	데이터, 수치	직경	일단
D	平行	记录	重量	哪怕	D 평행하다	기록	중량	설령

단어 相交 xiāngjiāo 동 교차하다 | 撞击 zhuàngjī 동 부딪치다 | 数据 shùjù 명 데이터 | 直径 zhíjìng 명 직경 | 一旦 yīdàn 부 일단 | 毁灭性 huǐmièxìng 명 치명적인 성격 | 纪要 jìyào 명 요록 | 垂直 chuízhí 형 수직이다 | 除非 chúfēi 접 오직 ~해야만 | 哪怕 nǎpà 접 설령 ~라 해도

해설 **첫 번째 빈칸** – 소행성의 궤도가 지구의 운행궤도와 어떻게 되는지를 찾아 넣어야 하는데 이어지는 내용에서 충돌의 위험이 있다고 했으므로 C '相交(서로 교차하다)'가 적합하다. B '垂直(수직이다)'도 만나는 지점이 있기는 하지만 궤도가 수직이 되지는 않기 때문에 적합하지 않다.

두 번째 빈칸 – '观测(관측)'와 함께 쓰일 수 있으면서 결과를 드러낼 수 있는 어휘를 찾아야 하는데 A '纪要(요록)'는 회의 등에서 진행한 내용의 요점을 담은 기록본을 가리키므로 적합하지 않고, 나머지 B, C, D는 '观测(관측)'와 모두 연결될 수 있다.

세 번째 빈칸 – 1,000m라는 거리나 길이의 수치를 설명할 수 있는 어휘여야 하는데 A '比例'는 백분율, B '角度'는 각도, D '重量'은 무게를 나타내는 단위가 와야 하므로 적합하지 않다.

네 번째 빈칸 – 이어지는 절의 '将会(장차 ~할 것이다)'와 호응하는 접속사를 찾아야 하는데 가정을 나타내는 A '假如(만약에)'와 C '一旦(일단)'이 적합하다. B '除非(~해야만)'는 '才(비로소)'와 호응하고, D '哪怕(설령)'는 '也(역시)'와 호응한다. 정답은 C이다.

문제 68

当握住一个生鸡蛋时，无论你怎样用力都捏不碎它。蛋壳之所以能 _____ 这么大的压力，是因为它能够把受到的压力均匀地 _____ 到蛋壳的各个部分。建筑师由此得到 _____ ，设计出了许多既 _____ 又省料的建筑物。	날달걀을 손에 쥐었을 때, 당신이 어떻게 힘을 써도 그것을 집어서 깨뜨릴 수 없다. 계란 껍질이 이렇게 큰 압력을 감당할 수 있는 것은 그것이 받는 압력을 고르게 껍질의 각 부분으로 분산시킬 수 있기 때문이다. 건축가들은 이것에서 영감을 얻어 많은 견고하고 재료를 덜 수 있는 건축물을 설계했다.
A 负担　分解　示意　牢固 B 承担　扩散　启蒙　坚定 C 承受　分散　启发　坚固 D 遭受　解散　启示　坚强	A 부담　분해하다　의사를 나타내다　견고하다 B 맡다　확산하다　계몽하다　확고하다 C 감당하다　분산하다　계발하다　견고하다 D 당하다　해산하다　계시하다　강하다

단어 蛋壳 dànké 몡 달걀 껍데기 | 捏 niē 동 (엄지손가락과 다른 손가락으로) 집다, 잡다 | 承受 chéngshòu 동 맡다 | 启发 qǐfā 동 계발하다 | 坚固 jiāngù 동 견고하다 | 负担 fùdān 몡 부담 | 分解 fēnjiě 동 분해하다 | 示意 shìyì 동 의사를 나타내다 | 牢固 láogù 형 견고하다 | 承担 chéngdān 동 맡다 | 扩散 kuòsàn 동 확산하다 | 启蒙 qǐméng 동 계몽하다 | 坚定 jiāndìng 형 확고하다 | 遭受 zāoshòu 동 (주로 나쁜 일을) 당하다 | 解散 jiěsàn 동 해산하다 | 启示 qǐshì 동 계시하다 | 坚强 jiānqiáng 형 강하다

해설 첫 번째 빈칸 – '压力(압력)'와 호응할 수 있는 어휘로 앞에서 계란이 깨지지 않는다고 했으므로 C '承受(감당하다)'가 가장 적합하다. '承受压力(압력/스트레스를 감당하다)'는 자주 쓰이는 조합이다. D '遭受(당하다)'는 주로 나쁜 일을 당할 때 쓴다.
두 번째 빈칸 – 받는 압력이 계란 껍질에 어떻게 되는지를 찾아야 하는데 깨지지 않으려면 고르게 분산되어야 하므로 C '分散'이 가장 적합하다.
세 번째 빈칸 – '得到'와 호응될 수 있는 어휘를 찾아야 하는데, 그 중 어떤 현상이나 상황을 근거로 영감을 얻는 것은 B '得到启蒙', C '得到启发', D '得到启示'가 다 가능하다.
네 번째 빈칸 – '建筑物(건축물)'를 수식할 수 있는 어휘여야 하므로 '견고하다'가 가장 적합하므로 A '牢固'와 C '坚固'가 가능하다. 정답은 C이다.

문제 69

滑草是一项十分 _____ 的运动。它和滑雪一样，能给运动者带来动感和刺激，_____ 是对于少雪地区的人们来说，就显得更新鲜了。滑草场的场地一般都比较大，而且，滑草场会根据运动者的熟练 _____ 划分不同的区域，让人由浅入深地 _____ 各种技巧。	잔디스키는 하나의 전위적인 운동이다. 그것은 스키와 똑같이 운동자에게 생동감과 자극을 가져다 주고, 특히 눈이 적은 지역의 사람들의 입장에서는 더욱 신선하게 보일 수 있다. 잔디스키의 터는 일반적으로 비교적 크고, 게다가 잔디스키장은 운동한 사람의 숙련 정도를 근거로 각기 다른 구역을 나누어 사람들이 각종 기술을 쉬운 것부터 심도 있게 습득하게 만들 것이다.
A 时髦　简直　角度　领悟 B 时尚　过于　密度　领会 C 前卫　尤其　程度　掌握 D 先进　格外　宽度　把握	A 최신식이다　그야말로　각도　깨닫다 B 트렌디하다　과하게　밀도　깨닫다 C 전위적이다　특히　정도　습득하다 D 선진적이다　남달리　폭　파악하다

단어 滑草 huácǎo 잔디스키(Grass Ski) | 前卫 qiánwèi 형 전위적이다 | 刺激 cìjī 동 자극하다, 고무하다 | 熟练 shúliàn 형 능숙하다, 숙련되어 있다 | 掌握 zhǎngwò 동 습득하다 | 时髦 shímáo 형 유행이다 | 简直 jiǎnzhí 부 그야말로 | 领悟 lǐngwù 동 깨닫다 | 时尚 shíshàng 몡 트렌디하다 | 过于 guòyú 부 과하게 | 领会 lǐnghuì 동 깨닫다 | 先进 xiānjìn 형 선진적이다 | 格外 géwài 부 남달리 | 把握 bǎwò 동 파악하다

해설 첫 번째 빈칸 – 잔디스키가 어떤 운동인지를 설명하는 것이기 때문에 보기는 모두 가능하다.
두 번째 빈칸 – 앞에서 잔디스키가 스키와 같이 운동자에게 생동감과 자극을 가져다 준다고 했는데 뒤에 이어지는 내용은 눈이 적은 지역의 사람, 즉 운동하는 사람 중에서도 눈이 적은 지역 사람들에게는 더욱 신선해 보일 수 있다고 했으므로 앞의 내용 범위에서 두드러진 것을 설명하는 C '尤其'가 가장 적합하다.

세 번째 빈칸 – 구역을 '运动者的熟练_____ (운동한 사람의 숙련 무엇)'에 따라 나누는지를 찾아야 하는데 잘하고 못하고, 즉 '숙련 정도(정도)'에 따라 나눈다는 것이 가장 적합하다.
네 번째 빈칸 – '技巧(기술)'를 취할 수 있는 동사를 찾아야 하는데 기술이나 교육 지식 등을 파악해서 습득하면 C '掌握'를 써야 올바르다. D '把握'는 '把握机会(기회를 잡다)', '把握情绪(정서를 통제하다)', '有把握(자신감 있다)' 등으로 쓰인다. 정답은 C이다.

문제 70

曲面屏幕是 _____ 手机屏幕发展的一个方向。相对于直面屏幕，曲面屏幕有很多优点，比如，它 _____ 更好的立体效果，而且采用特殊的塑料制作而成， _____ 更好、不易破碎。另外，微妙的曲线能使坐在旁边的人无法看到手机屏幕上 _____ 内容，这便有效 _____ 了信息的私密性。	곡면액정은 미래 휴대전화 액정 발전의 한 방향이다. 평면액정과는 상대적으로 곡면액정은 많은 장점을 가지고 있는데, 예를 들면 그것은 더욱 좋은 입체효과를 갖추었고, 게다가 특수한 플라스틱으로 만들어서 탄성이 더욱 좋고, 쉽게 깨지지 않는다. 그밖에 미묘한 곡선이 옆에 있는 사람이 휴대전화 액정상에 나타난 내용을 볼 방법이 없게 만들 수 있다. 이는 정보의 개인 보안성을 효과적으로 보장하게 된다.
A 当代　储存　元素　识别　拥护 B 未来　具备　弹性　显示　保障 C 起初　包含　比例　曝光　抵抗 D 昔日　蕴藏　款式　扩散　防御	A 당대　저장하다　원소　식별하다　옹호하다 B 미래　갖추다　탄성　나타내다　보장하다 C 처음　포함하다　비율　드러나다　저항하다 D 옛날　잠재하다　스타일　확산하다　방어하다

단어 屏幕 píngmù 명 스크린 | 塑料 sùliào 명 플라스틱 | 曲线 qūxiàn 명 곡선 | 弹性 tánxìng 명 탄성 | 显示 xiǎnshì 동 나타내다 | 储存 chǔcún 동 저장하다 | 识别 shíbié 동 식별하다 | 拥护 yōnghù 동 옹호하다 | 曝光 bàoguāng 동 드러나다 | 抵抗 dǐkàng 동 저항하다 | 昔日 xīrì 명 옛날 | 蕴藏 yùncáng 동 잠재하다 | 扩散 kuòsàn 동 확산하다 | 防御 fángyù 동 방어하다

해설
첫 번째 빈칸 – 곡면액정이 어떤 휴대전화 액정 발전의 한 방향이라고 설명하는지를 찾아야 하는데 적어도 지금 이후의 발전 방향이라고 해야 하므로 A '当代(당대)'와 B '未来(미래)'가 적합하다.
두 번째 빈칸 – '立体效果(입체효과)'를 취할 수 있는 동사를 찾아야 하는데, 자격이나 조건을 갖춘다는 의미를 가진 어휘는 B '具备'이다.
세 번째 빈칸 – 어떤 성질이 좋아서 깨지지 않는지를 찾아야 하는데, 곡면액정이기도 하고 이런 제품이 깨지지 않으려면 탄성이 좋아야 하므로 B '弹性'이 적합하다.
네 번째 빈칸 – 보이지 않는 하드웨어의 내용을 스크린이나 디스플레이 장치에 '나타내다'라는 뜻의 어휘를 찾아야 하므로 B '显示(나타내다)'가 가장 적합하다. C '曝光(드러나다)'은 안 좋은 사실이나 소문 등이 폭로되고 노출되는 것을 나타내므로 적합하지 않다.
다섯 번째 빈칸 – 곡면액정의 특징으로 보안성을 효과적으로 어떻게 하는지를 찾아야 하는데, 어떤 일이 어려움 없이 이루어지도록 조건을 마련하여 '보증하거나 보호하다'라는 뜻의 B '保障(보장하다)'이 가장 적합함을 알 수 있다. 정답은 B이다.

실전 모의고사 1회 - 독해 제3부분

문제 71-75

作为汽车内的基本安全保障设备，安全带的主要功能是当事故发生时，固定驾驶员和乘员的位置，减少人体因与汽车碰撞而造成的伤害，从而大大降低人们在交通事故中的伤亡率。据专业人士介绍，发生碰撞事故时，(71) **A 安全带所起到的保护作用能达到90%**，再加上安全气囊，保护作用就可达到95%。而如果没有安全带，安全气囊这5%的作用也很难保证。安全带自面世以来，挽救了无数人的生命。因此，每个人都要提高安全意识，(72) **E 养成上车即系安全带的好习惯**。

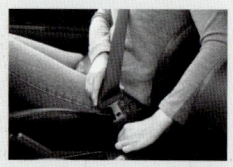

不过，安全带必须正确使用，否则其作用会大打折扣。第一，要经常检查安全带，(73) **C 一旦发现有损坏**，应立即更换。第二，在使用三点式腰部安全带时，应尽可能把它系在髋部，不要系在腰部；(74) **B 肩部安全带应斜跨胸前**，别放在胳膊下面。第三，不要让安全带压在坚硬或者易碎的物体上，如口袋内的手机、眼镜、钢笔等。第四，座椅背部不可过于倾斜，否则会使安全带无法正常伸长或收缩，影响使用效果。最后 (75) **D 一个安全带仅限一个人使用**，严禁双人使用。

A 安全带所起到的保护作用能达到90%
B 肩部安全带应斜跨胸前
C 一旦发现有损坏
D 一个安全带仅限一个人使用
E 养成上车即系安全带的好习惯

자동차 안의 기본적인 안전을 보장하는 장치로서 안전벨트의 주요기능은 사고가 발생했을 때 운전자와 탑승자의 위치를 고정시켜 인체가 자동차와 부딪혀 조성되는 상해를 줄이는 것이고, 따라서 사람들이 교통사고에서의 사망률을 크게 낮춘다. 전문 인사의 소개에 따르면 충돌사고가 발생했을 때 (71) **A 안전벨트가 일으키는 보호작용은 90%에 달할 수 있고**, 게다가 에어백은 보호작용이 95%에 달한다고 한다. 그런데 만약에 안전벨트가 없다면 에어백의 이 5%의 작용도 보장하기 어렵다. 안전벨트가 세상에 나온 이후로 무수한 사람들의 생명을 구했다. 그렇기 때문에 모든 사람들은 안전의식을 높여 (72) **E 차에 오르면 바로 안전벨트를 매는 좋은 습관을 길러야 한다**.

하지만 안전벨트는 반드시 정확하게 사용해야지 그렇지 않으면 그 작용은 크게 떨어진다. 첫째, 자주 안전벨트를 검사해서 (73) **C 일단 훼손이 있으면 즉시 교체해야 한다**. 둘째, 삼점식 허리 안전벨트를 사용할 때는 그것을 가능한 한 엉덩이 부분에 매야지, 허리에 매서는 안 된다. (74) **B 어깨 부분의 안전벨트는 가슴을 대각선으로 지나게 매야지** 팔 아래에 넣어서는 안 된다. 셋째, 안전벨트가 단단하거나 쉽게 부서지는 물건을 압박하지 않게 해야 하는데, 예를 들면 주머니 속의 휴대전화, 안경, 만년필 등이 그렇다. 넷째, 등받이 부분은 너무 경사지게 해서는 안 된다. 그렇지 않으면 안전벨트가 정상적으로 늘어나고 수축할 방법이 없게 만들어 사용효과에 영향을 준다. 마지막으로 (75) **D 하나의 안전벨트는 한 사람만이 사용해야 하고** 두 사람이 사용하는 것을 엄격히 금한다.

A 안전벨트가 일으키는 보호작용은 90%에 달할 수 있다
B 어깨 부분의 안전벨트는 가슴을 대각선으로 지나게 매야 한다
C 일단 훼손이 있는 것을 발견하면
D 하나의 안전벨트는 한 사람만이 사용해야 한다
E 차에 오르면 바로 안전벨트를 매는 좋은 습관을 길러야 한다

단어 伤亡率 shāngwánglǜ 명 사망률 | 气囊 qìnáng 명 에어백 | 髋部 kuānbù 명 엉덩이 부분 | 肩部 jiānbù 명 어깨 | 斜跨 xiékuà 명 크로스 백 | 胳膊 gēbo 명 팔 | 坚硬 jiānyìng 형 단단하다 | 易碎 yìsuì 형 깨지기 쉽다 | 倾斜 qīngxié 형 경사지다 | 伸长 shēncháng 동 길게 늘이다 | 收缩 shōusuō 동 수축하다

해설
71 – '发生碰撞事故时(충돌사고가 발생했을 때)'를 전제조건으로 발생되는 일이나 상황이 와야 되고, 이어지는 내용은 에어백 보호작용의 수치를 설명했으므로 A가 가장 적합하다.
72 – 모든 사람이 안전의식을 높여야 하는 내용이 나와야 하고, 전체적인 내용이 안전벨트에 관한 내용이므로 '차에 오르면 바로 안전벨트를 매는 습관을 길러야 한다'는 E가 가장 적합하다.
73 – 밑줄 앞은 안전벨트를 자주 검사해야 한다는 내용이고, 뒤의 내용은 즉시 교체해야 한다는 내용이 이어지므로 검사했을 때 어떤 상태이면 교체해야 되는지를 설명할 수 있는 보기를 찾아야 하므로 C의 '일단 훼손이 있으면'이 가장 적합하다.

74 - 앞의 내용이 엉덩이에 매야지 허리에 매서는 안 된다고 했고, 밑줄 뒤에 이어지는 내용은 팔 아래에 넣어서는 안 된다고 했으므로 팔 아래에 넣지 말고 어떻게 매야 하는지를 설명하는 내용이 나와야 한다. 어깨 부분의 안전벨트를 언급했고 대각선으로 매야 한다는 내용이 있는 B가 가장 적합하다.

75 - 밑줄 뒤의 내용이 두 사람이 사용하는 것을 금한다고 했으므로 앞의 내용은 하나의 안전벨트는 한 사람이 사용해야 한다는 D가 가장 적합하다. 정답은 각각 A, E, C, B, D이다

문제 76-80

北京大观园是一张有着传统文化特色的京城名片。

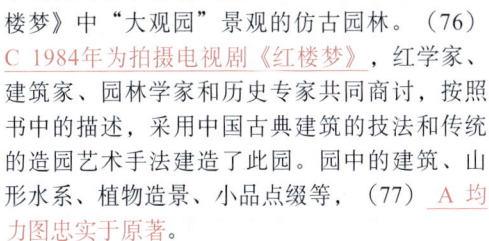

大观园是一座再现中国古典文学名著《红楼梦》中"大观园"景观的仿古园林。(76) C 1984年为拍摄电视剧《红楼梦》，红学家、建筑家、园林学家和历史专家共同商讨，按照书中的描述，采用中国古典建筑的技法和传统的造园艺术手法建造了此园。园中的建筑、山形水系、植物造景、小品点缀等，(77) A 均力图忠实于原著。

红学界认为大观园实现了《红楼梦》的梦外梦，(78) D 是展示红楼文化的园林；建筑界认为它把红楼学术、古典建筑技法、传统造园艺术三者融为一体；园林学家认为它为中国园林界增加了"名著园"的新内容；文物界认为它是红楼文化艺术博物馆，也是百年后的真文物。总之，(79) E 大观园的艺术魅力和价值得到了社会的认可。

大观园现已成为集古典园林外观、红楼文化内涵、博物馆功能于一身的旅游场所。每年农历正月初一至初六，(80) B 这里都要举办"红楼庙会"。其内容包括文艺演出、民间花会、风味小吃等。其中，"元妃省亲"古装巡游是大观园庙会的传统项目。每年农历八月十五这里还会举办"北京大观园'中秋之夜'"，这是京城中秋活动的传统品牌项目。

베이징 대관원은 하나의 정통적인 문화특색을 가진 수도의 명함이다.

대관원은 하나의 중국 고전문학 명작《홍루몽》속의 '대관원'의 경관을 재현한 모방원림이다. (76) C 1984년 TV드라마 《홍루몽》을 찍기 위해 홍학자, 건축학자, 원림학자와 역사전문가들이 함께 모여 의논을 하였고, 책 속의 묘사에 따라 중국 고전건축 기술과 전통적인 조원예술수법으로 이 원림을 건조했다. 원림 속의 건축물, 산의 형세와 물의 줄기, 식물의 조경, 소품의 꾸밈 등을 (77) A 모두 원작에 충실하는 데 힘썼다.

홍학계에서는 대관원《홍루몽》꿈 밖의 꿈을 실현해 (78) D 홍루문화를 뽐낸 원림이라고 여겼다. 건축계에서는 그것이 홍루학술, 고전건축기법, 전통조원예술의 세 가지를 하나로 융합했다고 여겼다. 원림학자들은 그것이 중국원림계에 '명작원림'의 새로운 내용을 증가시켰다고 여겼다. 문물계에서는 그것은 홍루문화 예술박물관이고, 백 년 후의 진문물이기도 하다고 여겼다. 결론적으로 말하면, (79) E 대관원의 예술적 매력과 가치는 사회의 인정을 얻었다.

대관원은 현재 이미 중국원림의 외관, 홍루문화의 내포된 의미, 박물관 기능이 한데 집중된 관광장소가 되었다. 매년 음력 정월 초하루에서 엿새까지 (80) B 이곳에서는 '홍루묘회'가 열린다. 그 내용은 문예공연, 민간 화회, 재미와 먹거리 등을 포함하고 있다. 그중에서 '元妃省亲'의 전통복장 퍼레이드는 대관원 묘회의 전통적인 프로그램이다. 매년 음력 8월 15일에는 이곳에 '베이징 대관원 – 추석의 밤'이 열린다. 이것은 수도 추석행사의 전통적인 이름난 프로그램이다.

A 均力图忠实于原著
B 这里都要举办"红楼庙会"
C 1984年为拍摄电视剧《红楼梦》
D 是展示红楼文化的园林
E 大观园的艺术魅力和价值得到了社会的认可

A 모두 원작에 충실하는 데 힘썼다
B 이곳에서는 모두 '홍루묘회'가 열린다.
C 1984년에 TV드라마《홍루몽》을 찍기 위해
D 홍루문화를 뽐내는 원림이다
E 대관원의 예술적 매력과 가치는 사회의 인정을 얻었다

단어 描述 miáoshù 동 묘사하다 | 采用 cǎiyòng 동 적합한 것을 골라 쓰다 | 建造 jiànzào 동 건축하다 | 山形 shānxíng 명 산의 형세 | 点缀 diǎnzhuì 동 꾸미다 | 原著 yuánzhù 명 원작 | 融为一体 róngwéi yìtǐ 일체가 되다 | 认可 rènkě 동 허락하다 | 古装 gǔzhuāng 명 고대의 복장 | 巡游 xúnyóu 동 유람하다

해설 76 - 밑줄에 이어지는 내용이 여러 방면의 전문가들이 함께 모여 의논을 해서 이 원림을 건조했다는 내용이 나오므로 그 목적이 될 수 있는 C '1984년 TV드라마《홍루몽》을 찍기 위해'가 가장 적합하다.

77 – 밑줄 앞에 원림 속의 환경적인 요소들이 거의 모두 언급되었으므로 이 모든 것을 원작에 충실하려고 애썼다는 것이 내용상 알맞고, '均' 앞에는 복수 개념의 주어가 와야 하므로 A가 가장 적합하다.

78 – 홍학계에 관한 내용이 들어가야 하고, D의 주어로 '대관원'이 와야 하는데 밑줄 앞에 대관원이 주어로 있는 문제는 78번 밖에 없고, D가 홍루문화에 대해서 설명하고 있으므로 D는 홍루문화에 관련된 홍학을 언급하고 있는 78번에 가장 적합함을 알 수 있다.

79 – '总之(결론적으로 말하면)'는 앞의 내용을 간단하게 혹은 종합해서 결론내릴 때 쓰는 어휘이므로 뒤에는 앞의 내용을 총괄한 결론이 나와야 하고, '주+술+목'을 갖춘 온전한 문장이어야 한다. 앞에서 다양한 분야의 홍루몽에 대한 가치나 의의를 설명했으므로 대관원의 예술적 매력과 가치가 사회의 인정을 받았다는 E가 들어가는 것이 가장 적합하다.

80 – 밑줄 앞에 '음력 정월 초하루에서 엿새까지'라는 기간이 나왔으므로 이어지는 내용에는 이 기간 동안 어떤 일이 있거나 무슨 일이 발생하는지를 설명해야 하므로 '홍루묘회'가 열린다'고 한 B가 가장 적합하다. 정답은 각각 C, A, D, E, B이다.

실전 모의고사 1회 – 독해 제4부분

문제 81-84

最近, 一家面包店新推出的一款甜甜圈风靡了整座城市。81.A 该面包店每天只做200个这种甜甜圈, 且限定每位顾客一次最多只能购买两个。与此同时, 他们还在网上向顾客传授抢购"秘籍", 建议他们在面包店开门前两个小时就去排队。

有些人认为, 面包店的做法会让顾客在排队中失去耐心, 最终放弃购买。然而出乎意料的是, 82.B 大多数人表示对排队并不反感。

为什么人们会有这种看似有违常理的消费行为呢?

心理学家对此做出了解释, 他们将这种行为称做"自我传递信号", 也就是说, 人们倾向于通过自身的行为来进行自我认知。82.B 面包店发出限购的消息, 并在网站上发布秘籍来鼓励顾客排队, 进而使排队抢购甜甜圈成为一种潮流, 而顾客希望通过排队抢购这种行为来证明自己是紧跟潮流的人。

关于自我传递信号, 心理学上有这样一个实验: 心理学家先让参与者将自己的胳膊浸泡在冰水里, 直至忍受不了为止。然后再进行第二阶段的冰水任务。

第一阶段之后, 83.B 心理学家告诉部分参与者高耐痛是心脏健康的标志。得知这一信息的参与者在进行第二阶段的任务时, 都会坚持把胳膊在冰水里泡上更长时间。与此同时, 其他参与者则被告知低耐痛是心脏健康的标志。结果可想而知, 这些参与者在第二阶段中将胳膊泡在冰水中的时间明显减少了很多。

최근에 한 빵집이 도넛을 새롭게 내놓아 전체 도시를 휩쓸었다. 81.A 이 빵집은 매일 단지 200개의 이 도넛만 만들었고, 매 손님마다 한 번에 최대 두 개만 살 수 있게 제한하였다. 이와 동시에, 그들은 인터넷에도 고객들에게 빨리 살 수 있는 '비법'을 전수하였는데, 빵집이 열기 두 시간 전에 줄을 서있으면 된다는 것이었다.

어떤 이는 빵집의 대처가 고객들이 줄을 서다가 인내심을 잃어 결국 구매를 포기할 것이라고 여겼다. 하지만 뜻밖인 것은 82.B 대다수의 사람들이 줄을 서는 것에 결코 반감을 나타내지 않았다.

왜 사람들은 보기에는 일반적인 도리를 위반한 것 같은 이러한 소비행위를 가지고 있는 것일까?

심리학자는 이에 대해 설명했다. 그들은 이런 행위를 '자기전달신호'라고 불렀는데, 바로 사람들이 자신의 행위를 통해 스스로 인지하는 경향이 있다는 것이다. 82.B 빵집은 구매 제한 정보를 내보냈고, 인터넷에서는 비법을 공지하여 고객들이 줄을 서는 것을 격려했다. 나아가 줄을 서서 앞다투어 도넛을 사는 것이 일종의 유행이 되게 만들었고, 고객들은 줄을 서서 구매하는 이러한 행위를 통해 자신이 유행을 따르는 사람이라는 것을 증명하길 바랐다.

자기전달신호에 관해, 심리학에서는 이런 실험이 있었다. 심리학자가 먼저 참여자들이 자신의 팔을 얼음물에 담그고 참을 수 없을 때까지 진행하게 하였다. 그런 후에 다시 두 번째 단계의 얼음물 임무를 주었다.

첫 번째 단계 후에는 83.B 심리학자는 일부 참여자들에게 통증을 오래 견디는 것이 심장이 건강하다는 지표라고 알려주었다. 이 소식을 알게 된 참여자들은 두 번째 단계의 임무를 진행할 때, 모두 팔을 얼음물에 더 오랜 시간 담그고 있으려 했다. 이와 동시에 다른 참여자들은 통증을 잘 참지 못하는 것이 심장건강의 지표라는 것을 알게 되었다. 결과는 예상대로 이 참여자들은 두 번째 단계에서 팔을 얼음물 속에 담그는 시간이 확실히 많이 줄었다.

显然，当参与者得知胳膊泡在冰水里的时间长短与健康的关系后，就主动延长或缩短了在冰水里的时间，想以此来暗示自己是健康的。84.C 这就是自我传递信号现象。

面包店所采用的营销方式正是运用了这个原理，让消费者在等待中获得了自我认同。手机预订机制也是如此，顾客不断向自身传递"我是最前沿的科技迷"这一信号，从而使等待这一过程变得心甘情愿。

확실히, 참여자들이 팔을 얼음물 속에 담그는 시간이 길고 짧음이 건강과 관계가 있다는 것을 안 후에, 주동적으로 얼음물 속의 시간을 연장하거나 단축시켰고, 이것으로 자신이 건강하다는 것을 암시하고 싶어했다. 84.C 이것이 바로 자기전달 신호 현상이다.

빵집이 사용한 영업방식은 바로 이 원리를 응용해서 쓴 것으로, 소비자들이 기다림 속에서도 자기의 인정을 얻게 하였다. 휴대전화 예약시스템 역시 이러하다. 고객들이 끊임없이 스스로에게 "나는 얼리어답터야"라는 이 신호를 전달해서, 기다림이라는 과정을 기꺼이 하고 싶어하는 마음으로 변하게 하는 것이다.

| 단어 | 甜甜圈 tiántiánquān 명 도너츠 | 风靡 fēngmǐ 동 유행하다, 휩쓸다 | 传授 chuánshòu 동 전수하다 | 抢购 qiǎnggòu 동 다투어 구매하다 | 出乎意料 chūhū yìliào 예상 밖이다 | 潮流 cháoliú 명 추세, 경향 | 实验 shíyàn 명 실험 | 浸泡 jìnpào 동 담그다 | 心脏健康 xīnzàng jiànkāng 명 심장 건강 | 明显 míngxiǎn 형 뚜렷하다 | 传递 chuándì 동 전달하다 | 运用 yùnyòng 동 응용하다

문제 81

那家面包店：
A 一天仅做200个甜甜圈
B 开设了多家分店
C 只在网上销售新品
D 常举行促销活动

그 빵집은:
A 하루에 겨우 200개의 도넛을 만든다
B 많은 분점을 열었다
C 인터넷에서만 신제품을 판매했다
D 판촉행사를 자주 했다

단어 销售 xiāoshòu 동 팔다, 판매하다 | 促销 cùxiāo 동 판매를 촉진시키다, 판촉하다

해설 '该面包店每天只做200个这种甜甜圈(이 빵집은 매일 단지 200개의 이 도넛만 만들었다)'이라고 언급했으므로 하루에 겨우 200개의 도넛을 만든다는 것을 알 수 있다. 정답은 A이다

문제 82

第4段中的画线部分"这种行为"指的是什么？
A 顾客投诉增多
B 顾客排队抢购甜甜圈
C 面包店缩短营业时间
D 面包店调整甜甜圈价格

네 번째 단락 속의 밑줄 그은 '이런 행위'가 가리키는 것은 무엇인가?
A 고객의 불평이 많이 늘었다
B 고객이 도넛을 줄을 서서 앞다투어 구매한다
C 빵집이 영업시간을 줄였다
D 빵집은 도넛의 가격을 조정했다

단어 投诉 tóusù 동 (기관·관계자에게) 하소연하다, 불평하다

해설 두 번째 단락에 있는 '这种行为'를 근거로 찾아가면 앞에는 '大多数人表示对排队并不反感(대다수의 사람들이 줄을 서는 것에 결코 반감을 나타내지 않았다)'이라고 나오고, 이어지는 내용에도 '面包店发出限购的消息, 并在网站上发布秘籍来鼓励顾客排队, 进而使排队抢购甜甜圈成为一种潮流(빵집은 구매 제한 정보를 내보냈고, 인터넷에서는 비법을 공지하여 고객들이 줄을 서는 것을 격려했다. 나아가 줄을 서서 앞다투어 도넛을 사는 것이 일종의 유행이 되게 만들었다)'라고 했으므로 고객이 도넛을 줄을 서서 구매하는 행위가 들어가야 하므로 B가 가장 적합하다.

문제 83

| 在实验的第二阶段，在冰水中坚持更长时间的参与者：
A 腹部出现了不适
B 以为高耐痛代表心脏健康
C 赢得了更多的报酬
D 没有得到提示 | 실험의 두 번째 단계에서 얼음물 속에 더 많은 시간을 견딘 참여자는:
A 복부에 불편함이 생겼다
B 통증을 잘 버티는 것이 심장이 건강하다는 것을 나타낸다고 여겼다
C 더 많은 보수를 얻었다
D 힌트를 얻지 못했다 |

단어 报酬 bàochou 명 월급, 보수 | 提示 tíshì 동 힌트를 주다

해설 두 번째 단계의 실험을 근거로 찾아가면 '心理学家告诉部分参与者高耐痛是心脏健康的标志。得知这一信息的参与者在进行第二阶段的任务时，都会坚持把胳膊在冰水里泡上更长时间(심리학자는 일부 참여자들에게 통증을 오래 견디는 것이 심장이 건강하다는 지표라고 알려주었다. 이 소식을 알게 된 참여자들은 두 번째 단계의 임무를 진행할 때, 모두 팔을 얼음물에 더 오랜 시간 담그고 있으려 했다)'이라고 했으므로 참여자들이 더 오래 얼음물에 담그려고 했던 것은 앞에서 오래 견디는 것이 심장이 건강하다는 지표라고 알려준 것의 영향을 받았기 때문이라고 볼 수 있다. 정답은 B이다.

문제 84

| 关于手机预订机制，下列哪项正确？
A 只适用于知名品牌
B 易打消顾客的积极性
C 利用了自我传递信号原理
D 目的不在于盈利 | 휴대전화 예약시스템에 관해 아래에 어느 항이 정확한가?
A 이름있는 상표에만 적용된다
B 고객의 적극성을 쉽게 없앤다
C 자기전달신호 원리를 이용했다
D 목적은 이윤에 있지 않다 |

단어 适用 shìyòng 동 적용하다 | 打消 dǎxiāo 동 없애다 | 盈利 yínglì 명 이익

해설 휴대전화 예약시스템을 근거로 찾아가면 '也是如此'라고 했으므로 앞의 내용을 살펴야 하고, 앞의 내용을 보면 '这就是自我传递信号现象。面包店所采用的营销方式正是运用了这个原理，让消费者在等待中获得了自我认同。手机预订机制也是如此(이것이 바로 자기전달신호 현상이다. 빵집이 사용한 영업방식은 바로 이 원리를 응용해서 쓴 것으로, 소비자들이 기다림 속에서도 자기의 인정을 얻게 하였다. 휴대전화 예약시스템 역시 이러하다)'라고 했으므로 C가 가장 적합하다.

문제 85-88

你可能已经注意到，大多数人习惯于用右手写字、拿筷子，大多数人的右手比左手灵活。如果不是的话，我们常称他们为"左撇子"。

88.A 为什么右手比左手灵活呢？这不仅仅是习惯上的原因，而且与人脑左右两半球的功能分工有关。科学研究表明，人的大脑两半球各部位的功能是不尽相同的，而且有分工。总体上讲，左半球负责人的右半身的动作；而右脑则负责左半身的动作。具体来讲，85.D 左脑是"文学脑"，主要处理人的语言和与之相关的读、写、听、说以及计算等活动，具有理解、分析、判断等抽象思维功能，有理性和逻辑性的特点，所以又称为"理性

당신은 아마 이미 대다수의 사람이 오른손으로 글을 쓰고, 젓가락을 잡는 것이 익숙해서 대다수의 사람이 오른손은 왼손보다 민첩하다는 것을 알아차렸을 것이다. 만약에 이렇지 않다면, 우리는 그들을 '왼손잡이'라고 부른다.

88.A 왜 오른손은 왼손보다 더 민첩할까? 이것은 습관상의 원인일 뿐만 아니라, 사람 뇌의 좌우 양반구의 기능이 나뉘어져 일하는 것과 관련이 있다. 과학자들은 연구에서 사람 뇌 양반구는 각 부위의 기능이 다 같지는 않고, 게다가 나뉘어져 일한다고 밝혔다. 총체적으로 말하자면, 좌반구는 사람의 우반신의 동작을 책임지고, 우뇌는 좌반신의 동작을 책임진다. 구체적으로 말하면, 85.D 좌뇌는 '문학 뇌'로, 주로 사람의 언어와 그것과 관련 있는 읽기, 쓰기, 듣기, 말하기 및 계산 등의 활동을 처리하고, 이해하고, 분석하고, 판단하는 등의 추상적인 사고기능이 있고, 이성적이고, 논리적인 특징이 있어, '이성 뇌'라고 부르기도 한다. 우뇌는 '이미지 뇌'라고 불리고, 도형

脑"；而右脑被称为"图像脑"对记忆图形、把握空间、音乐、美术、技术等方面有较大优越性，因为它有感性和直观的特点，所以又被称为"感性脑"。

　　86.A 由于人们的大量思维活动更多地集中在左脑，左脑的使用频率较高。因此，右手、右眼作为左脑支配的对象，相对来说比左手、左眼使用较多。87.B 懂得了这个道理，我们就能明白为什么"右撇子"多、"左撇子"少了。

　　86.A 对一般人来说，右手该比左手灵活。不过，如果你是个左撇子，也不要因此而烦恼。科学家们的一些研究结果表明，左撇子对于开发人的右脑大有益处。因为在3岁以前，活跃的主要是右脑，然而在我们成长过程中，对左脑使用得越来越多，而右脑却使用得越来越少，再加上左脑式的应试教育使右脑功能长期被压抑并逐渐进入沉睡状态，因而右脑所特有的想象力、创造力、超高速记忆能力和灵感等这些成为天才的能力就没有得到发展的机会。所以要想培养真正的精英人才甚至天才，就得要把拥有巨大潜能而又处于沉睡状态的右脑开发和利用起来！

기억, 공간 파악, 음악, 미술, 기술 등의 방면에서 비교적 큰 우월성이 있다. 그것은 우월성과 직관의 특징이 있기 때문에, '감성 뇌'라고 불리기도 한다.

　　86.A 사람들의 대량의 사고활동은 좌뇌에 더욱 많이 집중되어 있기 때문에, 좌뇌의 사용은 빈도율이 비교적 높다. 이 때문에 오른손, 오른쪽 눈은 좌뇌가 지배하는 대상으로 삼아, 상대적으로 봤을 때 왼손, 왼쪽 눈보다 더 많이 사용한다. 87.B 이런 도리를 이해했다면, 우리는 왜 '오른손잡이'가 많고, '왼손잡이'가 적은지 알 수 있다.

　　86.A 일반인의 입장에서 봤을 때, 오른손은 왼손보다 민첩하다. 하지만, 만약에 당신이 왼손잡이라면 이 때문에 고민하지 마라. 과학자들은 일부 연구에서 왼손잡이가 사람의 우뇌를 개발하는 것에 큰 이익이 있다는 것을 밝혔다. 세 살 이전에 활약하는 것은 주로 우뇌인데, 우리의 성장과정 중에는 좌뇌에 대한 사용이 갈수록 많아지지만 우뇌의 사용은 오히려 갈수록 적어지고, 게다가 좌뇌식의 시험 위주의 교육은 우뇌 기능을 장기간 억압하여, 깊은 수면상태에 들어가게 하고, 그리하여, 우뇌 특유의 상상력, 창조력, 초고속 기억능력과 영감 등 이러한 천재가 되는 능력들은 발전의 기회를 얻지 못한다. 그래서 진정한 영재 심지어 천재를 양성하고 싶다면, 거대한 잠재력을 가지고도 깊은 수면상태에 처해있는 우뇌를 개발하고 이용하기 시작해야 한다!

> 단어　灵活 línghuó 형 민첩하다 | 左撇子 zuǒpiězi 명 왼손잡이 | 不尽相同 bújìn xiāngtóng 다 같은 것은 아니다 | 逻辑 luóji 명 논리 | 图像 túxiàng 명 이미지 | 频率 pínlǜ 명 빈도 | 支配 zhīpèi 동 지배하다, 통제하다 | 烦恼 fánnǎo 형 번뇌하다, 걱정하다 | 大有 dàyǒu 동 많이 있다, 많이 가지고 있다 | 益处 yìchu 명 좋은 점, 장점 | 精英 jīngyīng 명 걸출한 인물, 난사람 | 沉睡 chénshuì 동 숙면하다

문제 85

关于左脑，下列哪项正确？
A 反应比右脑快
B 负责左半身的动作
C 又被称为"图像脑"
D 主要处理与语言相关的活动

좌뇌에 관해 아래의 어느 항이 정확한가?
A 반응이 우뇌보다 빠르다
B 좌반신의 동작을 책임진다
C '이미지 뇌'라고도 불린다
D 주로 언어와 상관 있는 활동을 처리한다

> 해설　좌뇌를 근거로 찾아가면 '左脑是"文学脑"，主要处理人的语言和与之相关的读、写、听、说以及计算等活动(좌뇌는 '문학 뇌'로, 주로 사람의 언어와 그것과 관련 있는 읽기, 쓰기, 듣기, 말하기 및 계산 등의 활동을 처리한다)'이라고 했으므로 언어와 상관있는 활동을 처리한다는 것을 알 수 있다. 정답은 D이다.

문제 86

一般人右手比左手灵活，是因为：
A 左脑使用频率高
B 右手不依赖于左脑
C 右手的触觉更灵敏
D 右脑得到了更充分的开发

일반적으로 오른손이 왼손보다 민첩한 것은 무엇 때문인가?
A 좌뇌 사용의 빈도율이 높아서
B 오른손은 좌뇌에 의지하지 않아서
C 오른손은 촉각이 더욱 민감해서
D 우뇌가 더욱 충분한 개발을 얻기 때문에

> 단어　依赖 yīlài 동 의지하다 | 触觉 chùjué 명 촉각 | 灵敏 língmǐn 형 영민하다, 재빠르다

해설 | 오른손잡이와 왼손잡이의 비교를 나타낸 내용을 찾아가면 '由于人们的大量思维活动更多地集中在左脑，左脑的使用频率较高(사람들의 대량의 사고활동은 좌뇌에 더욱 많이 집중되어 있기 때문에, 좌뇌의 사용은 빈도율이 비교적 높다)'라고 했고, 이로 인해 이어지는 내용에서 오른손을 많이 사용한다는 내용과 '对一般人来说，右手该比左手灵活(일반인의 입장에서 봤을 때, 오른손은 왼손보다 민첩하다)'는 내용이 언급되므로 A가 가장 적합하다는 것을 알 수 있다. 정답은 A이다

문제 87

根据上文，下列哪项正确？	윗글을 근거로, 아래의 어느 항이 정확한가?
A 左脑具有直观性	A 좌뇌는 직관성을 가지고 있다
B "左撇子"占少数	B '왼손잡이'는 소수를 차지한다
C 右脑思维更适合应试教育	C 우뇌의 사고는 시험위주의 교육에 더욱 적합하다
D 右眼一般比左眼视力更好	D 오른쪽 눈은 일반적으로 왼쪽 눈보다 시력이 더욱 좋다

해설 | '懂得了这个道理，我们就能明白为什么"右撇子"多、"左撇子"少了(이런 도리를 이해했다면, 우리는 왜 '오른손잡이'가 많고, '왼손잡이'가 적은지 알 수 있다)'라고 언급했으므로 왼손잡이가 소수의 인원을 차지한다는 것을 알 수 있다. 정답은 B이다.

문제 88

最适合做上文标题的是：	윗글에 가장 적합한 제목은?
A 人脑的分工	A 사람 뇌의 분업
B 告别"左撇子"	B '왼손잡이'와 작별하라
C 怎样开发你的大脑	C 당신의 대뇌를 어떻게 개발할 것인가?
D 怎样训练你的左脑	D 당신의 좌뇌를 어떻게 훈련할 것인가?

단어 | 训练 xùnliàn 동 훈련하다

해설 | 마지막 단락에서는 왜 왼손을 개발해야 하는지 언급하고 있지만 전체적인 서두에서 '为什么右手比左手灵活呢？这不仅仅是习惯上的原因，而且与人脑左右两半球的功能分工有关(왜 오른손은 왼손보다 더 민첩할까? 이것은 습관상의 원인일 뿐만 아니라, 사람 뇌의 좌우 양반구의 기능이 나뉘어져 일하는 것과 관련이 있다)'이라고 언급하며 좌뇌와 우뇌의 역할을 설명했으므로 A가 가장 적합하다. D의 좌뇌의 지배를 받는 것은 오른손잡이이므로 정답이 될 수 없다.

문제 89-92

　　湛蓝的海洋上面也会长出森林，这种景象一般只有在科幻片里才能看到。其实，现实中真的存在海上森林，那就是红树林！

　　89.B 红树林中的植物生长于陆地与海洋交界带的滩涂上。每当潮水上涨，它们的躯干大半儿淹没于水中，只有郁郁葱葱的树冠露在水面。退潮后，那千姿百态的身躯又显露出来。

　　90.B 红树林中的植物叶子比一般陆生植物的叶子厚很多，因为这样的叶子可以防止水分过度蒸发。叶子的表层还长有一层蜡膜，这使得浓度较高的咸水不易渗透到植物内部。此外，

　　짙푸른 바다 위에도 삼림이 자라게 되는 이런 경치는 일반적으로 SF영화에서나 볼 수 있다. 사실, 현실 속에 진짜 바다 위의 삼림이 존재하는데, 그것은 바로 홍수림이다!

　　89.B 홍수림 속의 식물은 육지가 바다와 인접한 간석지에서 생장한다. 매번 조수의 수위가 높아질 때 그들의 몸통의 절반은 물속에 잠기고 단지 잎이 무성한 수관만이 수면 위로 드러나 있다. 썰물 후에는 그 가지각색의 몸집도 드러낸다.

　　90.B 홍수림의 식물 잎은 일반 육지에서 자라는 식물(육생식물)의 잎보다 많이 두꺼운데, 이런 잎은 수분이 과도하게 증발되는 것을 막을 수 있기 때문이다. 잎의 표피에는 또한 한 층의 납막이 있어 이것은 농도가 비교적 높은 염수가 쉽게 식물 내부에 스며들지 않게 만든다. 이외에, 그들의 잎은 또한 자신의 잎 속의 염분 배출라인을 통해 염분을 체외로 배출하고, 자신이 고염분이 가져오는 고통을 면하게 만든다.

它们的叶子还能通过自身叶片中的排盐线把盐分排出体外，使自己免受高盐带来的痛苦。

覆盖在滩涂上的层层红树林植物的落叶，再加上海水退潮后留下的大量的浮游生物和沉淀物质，为一些海洋生物的生存繁衍提供了一定的环境。纵横交错的树根，则是海洋生物躲避风浪和安心睡觉的好地方。发达的潮沟和充足的食物使这里成了鱼、虾和蟹等海洋生物的"育儿所"。

91.A 红树林中茂密高大的枝体可以有效地抵御风浪对沿岸建筑物的侵袭，盘根错节的根系能滞留住陆地上的沙土、减少近岸海域的含沙量。可以说，红树林是名副其实的"海岸卫士"。

然而，由于围海造田工程和海产品养殖业的发展，92.D 红树林遭大量砍伐。这样一来，人类造出的田地就无法抵御海浪的侵蚀，而且，海洋中的浮游生物不断减少，海水养殖也受到了重创。所幸的是，人类如今已经意识到了这一点，建立起了红树林保护区，以维持生态系统的平衡。

간석지를 덮은 층층의 홍수림 식물의 낙엽에 해수가 썰물이 된 후에 남긴 대량의 부유생물과 침전물은 일부 해양생물의 생존번식을 위해 일정한 환경을 제공한다. 종횡으로 얽혀있는 뿌리는 해양생물이 풍랑을 피하고, 안심하고 잘 수 있는 좋은 장소이다. 발달된 갯골과 충분한 먹이가 이곳이 물고기와 새우, 게 등의 해양생물의 '육아소'가 되게 만들었다.

91.A 홍수림 속의 무성하고 높고 큰 가지는 효과적으로 풍랑과 연안의 건축물에 대한 침습을 막아준다. 휘감긴 뿌리는 육지상의 모래와 흙을 머무르게 하고, 연안 해수지역의 모래 함유량을 감소시킬 수 있다. 홍수림은 명실상부한 '해안의 호위무사'라 말할 수 있는 것이다.

그런데, 바다를 메워 밭을 만드는 공사와 해산물 양식업의 발전 때문에, 92.D 홍수림은 대량의 벌목을 당했다. 계속 이렇게 하면 인류가 만들어낸 밭은 파도의 침식을 막을 방법이 없게 되고, 게다가 바다 속의 부유생물이 끊임없이 감소해서 해수양식 역시 큰 타격을 입는다. 다행인 것은 인류는 현재 이미 이 점을 인식했고, 생태시스템의 균형을 유지하기 위해 홍수림 보호구역을 만들었다는 것이다.

단어 湛蓝 zhànlán 형 짙푸르다 | 滩涂 tāntú 명 간석지 | 躯干 qūgàn 명 몸통 | 退潮 tuìcháo 동 썰물이 되다 | 陆生植物 lùshēng zhíwù 명 육생식물 | 蒸发 zhēngfā 동 증발하다 | 蜡膜 làmó 명 납막 | 渗透 shèntòu 동 스며들다 | 浮游生物 fúyóu shēngwù 명 부유생물 | 沉淀 chéndiàn 명 침전물 | 繁衍 fányǎn 동 번식하다 | 躲避 duǒbì 동 피하다 | 风浪 fēnglàng 명 풍랑 | 茂密 màomì 형 빽빽이 무성하다 | 抵御 dǐyù 동 막아내다 | 侵袭 qīnxí 동 침입하여 습격하다 | 盘根错节 pángēn cuòjié 나무 뿌리가 휘감기고 줄기가 뒤얽히다 | 砍伐 kǎnfá 동 벌목하다 | 侵蚀 qīnshí 동 침식하다 | 重创 zhòngchuāng 동 심한 타격을 주다

문제 89

关于红树林的生长地，可以知道什么？
A 土质比较硬
B 有涨潮现象
C 气候炎热
D 海拔很高

홍수림의 생장지에 관해, 무엇을 알 수 있는가?
A 토질이 비교적 딱딱하다
B 조수의 수위가 높아지는(밀물이 들어오는) 현상이 있다
C 기후가 무덥다
D 해발이 높다

단어 涨潮 zhǎngcháo 동 밀물이 들어오다 | 海拔 hǎibá 명 해발

해설 '红树林中的植物生长于陆地与海洋交界带的滩涂上。每当潮水上涨，它们的躯干大半儿淹没于水中(홍수림 속의 식물은 육지가 바다와 인접한 간석지에서 생장한다. 매번 조수의 수위가 높아질 때 그들의 몸통의 절반은 물속에 잠긴다)'에서 조수가 높아질 때가 있다는 것을 알 수 있으므로 조수의 수위가 높아지는 현상이 있다고 볼 수 있다. 정답은 B이다.

문제 90

红树林中植物的叶子有什么作用？ A 分解毒素 B 防止水分过度蒸发 C 抵御紫外线 D 贮存盐分	홍수림 속의 식물의 잎은 어떤 작용을 가지고 있는가? A 독소를 분해한다 B 수분이 과도하게 증발되는 것을 막는다 C 자외선을 막는다 D 염분을 저장한다

단어 分解 fēnjiě 동 분해하다 | 毒素 dúsù 명 독소 | 紫外线 zǐwàixiàn 명 자외선 | 贮存 zhùcún 동 저장하다

해설 '红树林中的植物叶子比一般陆生植物的叶子厚很多，因为这样的叶子可以防止水分过度蒸发(홍수림의 식물 잎은 일반육지에서 자라는 식물의 잎보다 많이 두꺼운데. 이런 잎은 수분이 과도하게 증발되는 것을 막을 수 있기 때문이다)'라고 했으므로 홍수림 속의 식물의 잎은 수분 증발을 막는 작용이 있음을 알 수 있다. 정답은 B이다.

문제 91

红树林： A 能抵御风浪　　　B 树木含盐量大 C 树木根系不发达　D 能够消除噪音	홍수림은： A 풍랑을 막을 수 있다　　B 나무의 염분함량이 크다 C 나무 뿌리는 발달하지 않았다　D 소음을 없앨 수 있다

단어 消除 xiāochú 동 없애다 | 噪音 zàoyīn 명 소음

해설 '红树林中茂密高大的枝体可以有效地抵御风浪对沿岸建筑物的侵袭(홍수림 속의 무성하고 높고 큰 가지는 효과적으로 풍랑과 연안의 건축물에 대한 침습을 막아준다)'라고 했으므로 풍랑을 막을 수 있다는 것을 알 수 있다. 정답은 A이다.

문제 92

根据上文，下列哪项正确？ A 红树林对浮游生物造成了威胁 B 海产品养殖业很不景气 C 围海造田工程造福人类 D 红树林曾遭砍伐	윗글을 근거로 하면, 아래에 어느 항이 정확한가? A 홍수림은 부유생물에 위협을 조성했다 B 해산물 양식업은 불경기이다 C 바다를 메워 밭을 만드는 공사는 인류에 복을 가져다준다 D 홍수림은 이미 벌목을 당했다

단어 威胁 wēixié 동 위협하다 | 养殖业 yǎngzhíyè 명 양식업 | 围海造田 wéihǎi zàotián 바다를 메워 밭을 만들다 | 造福 zàofú 동 행복하게 하다

해설 '红树林遭大量砍伐(홍수림은 대량의 벌목을 당했다)'라고 언급한 부분이 있으므로 이미 벌목 당했다는 사실을 알 수 있다. 정답은 D이다.

문제 93-96

93.C 东晋初年，宰相王导的兄弟王旷有个爱子，叫王羲之。他从小受到父亲舞文弄墨、爱好书法的熏陶，也喜欢上了书法。十几岁时，常在父亲书房里翻弄前人的书迹、碑帖。王旷见儿子如此心诚，就以一本《笔说》为教材，教他笔法、笔势、笔意。过不了多久，王羲之的书法已打下了很好的基础。后来，王羲之的书法出了

93.C 동진 초년에 재상 왕도의 형제 왕광은 왕희지라고 부르는 아들이 있었다. 그는 어려서부터 글재주가 뛰어나고 서예를 좋아하는 아버지의 영향을 받아 서예를 좋아하게 되었다. 열몇 살이 되었을 때는 자주 아버지의 서재에서 선인들의 서적과 비첩을 뒤적였다. 왕광은 아들의 이러한 진실된 마음을 보고 《笔说》을 교재로 삼아 그에게 필법, 필체, 필의 등을 가르쳤다. 오래 지나지 않아 왕희지의 서예는 이미 좋은 기초를 다지게 되었다. 후에 왕희지의 서예는 명성을 떨쳐, 많은 사람들이 그의 글자를 얻는 것을 영광으로 여겼고, 도시의 고위

名，许多人都以得到他的字为荣，连京城王的大官、地方上的豪富都争相求他的墨宝。

羲之也做过官，当过刺史、右军将军、会稽内史。当时人们爱称他为"王右军"。四十多岁时，94.D 因为和上司意见不合，辞去了会稽地方官的职务。从此他经常游山玩水、吟诗会友，并有了更多的时间来潜心于书法艺术。这以后，95.D 王羲之书法的造诣达到了登峰造极的地步。

有一年春天，王羲之请了许多宾客，来到会稽兰渚山麓的兰亭聚会。王羲之提议来一次传统的"曲水流觞"助兴，得到了众人的赞同。于是，大伙来到一条弯曲的小溪边，每个人各自找到溪旁的石头坐下。王羲之命书童在小溪的上流将几只装满酒的觞，放在一个木盘里，然后让盘子顺着小溪流向下游。当盘子流经哪个人身边时，那个人就得赶快作一首诗，作不出诗，就得罚酒三杯。这一场"曲水流觞"的游戏进行得十分尽兴，结果做出了二三十首好诗。为纪念这次聚会，大家提议把这些诗编成一册集子，取名《兰亭集》，并公推王羲之写一个序。王羲之也不推辞，命书童在兰亭摆下笔墨。在众人的簇拥下，他环顾崇山峻岭、松林竹园、溪水瀑布，不由得心绪万千。过一会，序的腹稿已在胸中打好，王羲之在书案前盘腿坐下，拿起毛笔，在纸上飞笔一挥而就。被誉为"天下第一行书"的325个字的《兰亭集序》，就在这会稽群山中诞生了。96.C 可惜这"天下第一行书"的真迹已经失传，只留下来一些古人的临摹本。

관리나 지방의 부호들 모두 그의 친필서화를 얻으려 하였다.

왕희지 역시 관리가 되어, 자사, 우군장군, 회계내사로 지낸 적이 있다. 당시에 사람들은 그를 '왕우군'이라고 높여 불렀다. 40세가 좀 넘었을 때, 94.D 상사와 의견이 맞지 않아 회계지방관의 직무를 사직했다. 이때부터 그는 자주 산과 물을 거닐며 시를 읊으며 친구를 사귀었고, 서예 예술에 몰두할 더 많은 시간이 생겼다. 이 이후 95.D 왕희지의 서예의 조예는 최고의 경지에 이르렀다.

어느 해 봄. 왕희지는 많은 손님을 청하여 회계난저의 산기슭의 난정모임에 왔다. 왕희지는 전통적인 '곡수유상'으로 흥을 돋우길 제의했고, 사람들의 찬성을 얻었다. 그리하여, 모두 하나의 구불구불한 시냇가로 가서 각자 냇가 옆에 있는 바위에 앉았다. 왕희지는 시동에게 시냇물의 상류에서 술을 가득 담은 술잔 몇 개를 나무쟁반에 놓고 나서 그 쟁반을 시냇물을 따라 아래로 떠내려가게 하라고 명했다. 쟁반이 어떤 사람의 곁을 지날 때, 그 사람은 얼른 시를 한 수 지어야 하고, 지어내지 못하면, 벌주 석 잔을 마셔야 했다. 이 '곡수유상'의 놀이는 매우 흥을 다해 진행되었고, 20~30여 수의 좋은 시를 만들어냈다. 이 모임을 기념하기 위해, 모두 이 시를 편집하여 시집을 만들어《난정집》이라 이름 짓자고 제의했고, 왕희지가 머리말을 쓰는 것을 모두가 추천했다. 왕희지도 거절하지 않고, 시동에게 붓과 먹을 준비하라 명했다. 그는 많은 사람에게 둘러싸여 높은 산과 우뚝 선 봉우리, 송림죽원, 시냇물과 폭포를 둘러보니 마음 속에 절로 생각이 많아졌다. 좀 지나자, 머리말의 초고는 마음 속에서 잘 정리되었고, 왕희지는 책상 앞에 양반다리를 하고 앉아, 붓을 들고 종이에다가 한 번에 휘갈겨 썼다. '天下第一行书'라 불리는 325자의《난정집서》는 이렇게 회계난저의 산 속에서 탄생되었다. 96.C 아쉬운 것은 이 '천하제일행서'의 진본은 이미 전해져 내려오지 않고, 옛 사람들의 약간의 모사본들만이 남아있다는 것이다.

단어 宰相 zǎixiàng 명 재상 | 舞文弄墨 wǔwén nòngmò 성 글재주를 부리다 | 熏陶 xūntáo 명 영향 | 碑帖 bēitiè 명 비첩 | 笔法 bǐfǎ 명 필법 | 笔势 bǐshì 명 필체 | 笔意 bǐyì 명 필의 | 豪富 háofù 명 무뚝하고 권세가 있는 사람. 부호 | 墨宝 mòbǎo 명 친필 서화 | 刺史 cìshǐ 명 자사 | 会稽 Huìjī 지명 회계 [춘추시대 저장(浙江)성 동쪽에 있던 도시] | 辞去 cíqù 동 사직하다 | 吟诗 yínshī 동 시를 읊다 | 潜心 qiánxīn 형 몰두하다 | 造诣 zàoyì 명 조예, 성취 | 登峰造极 dēngfēng zàojí 최고봉에 오르다 | 山麓 shānlù 명 산기슭 | 装满 zhuāngmǎn 동 가득 채우다 | 觞 shāng 명 술잔 | 罚酒 fájiǔ 동 벌주를 마시게 하다 | 尽兴 jìnxìng 동 흥을 다하다 | 众人 zhòngrén 명 중인. 여러 사람 | 簇拥 cùyōng 동 빽빽하게 둘러싸다 | 环顾 huángù 동 사방을 둘러보다 | 峻岭 jùnlǐng 명 높고 험한 고개 | 腹稿 fùgǎo 명 구상 | 盘腿 pántuǐ 동 책상다리를 하다. 양반다리하다 | 临摹 línmó 동 모사하다

문제 93

关于王羲之可以知道：	왕희지에 관해 알 수 있는 것은?
A 父亲是宰相	A 아버지가 재상이다
B 一生怀才不遇	B 평생 재능은 가지고 있으나 기회를 만나지 못했다
C 从小就热爱书法	C 어려서부터 서예를 몹시 좋아했다
D 是《笔说》的作者	D《笔说》의 작자이다

| 해설 | '东晋初年，宰相王导的兄弟王旷有个爱子，叫王羲之。他从小受到父亲舞文弄墨、爱好书法的熏陶，也喜欢上了书法(동진 초년에 재상 왕도의 형제 왕광은 왕희지라고 부르는 아들이 있었다. 그는 어려서부터 글재주가 뛰어나고 서예를 좋아하는 아버지의 영향을 받아 서예를 좋아하게 되었다)'라고 했으므로 왕희지가 어려서부터 서예를 몹시 좋아했음을 알 수 있다. 정답은 C이다. |

문제 94

| 王羲之为什么辞官？
A 薪水太少　　　　B 受到同事排挤
C 工作强度太大　　D 和领导看法不一致 | 왕희지는 왜 관직을 그만 두었는가?
A 급여가 너무 적어서　　B 동료에게 배척당해서
C 업무 강도가 너무 세서　D 상사와 견해가 맞지 않아서 |

| 단어 | 薪水 xīnshuǐ 명 급여 | 排挤 páijǐ 동 배척하다 |

| 해설 | '因为和上司意见不合，辞去了会稽地方官的职务(상사와 의견이 맞지 않아 회계지방관의 직무를 사직했다)'라고 언급한 부분이 있으므로 상사와 견해가 맞지 않았다는 것을 알 수 있다. 정답은 D이다. |

문제 95

| "登峰造极"的意思最可能是：
A 非常专心
B 具有冒险精神
C 受到很多人的关注
D 水平达到了很高的境界 | '登峰造极'의 의미는 어떤 것일 가능성이 가장 큰가?
A 매우 전념하다
B 모험정신을 가지고 있다
C 많은 사람의 관심을 받는다
D 수준이 매우 높은 경지에 이르다 |

| 단어 | 冒险 màoxiǎn 동 모험하다 | 关注 guānzhù 명 관심 |

| 해설 | '王羲之书法的造诣达到了登峰造极的地步(왕희지의 서예는 최고의 경지에 이르렀다)'에서 밑줄 앞에 '达到(도달하다)'라는 술어를 쓴 것으로 보아 '登峰造极'가 어떤 수준을 나타내는 말임을 알 수 있으므로 D가 가장 적합하다는 것을 알 수 있고, '登峰造极'의 뜻이 원래 '최고 경지에 이르다'이다. 정답은 D이다. |

문제 96

| 关于《兰亭集序》，下列哪项正确？
A 只完成了一部分
B 是王羲之的个人诗集
C 现在只有一些临摹本
D 是王羲之醉酒之后完成的 | 《兰亭集序》에 관해 아래에 어느 항이 정확한가?
A 일부만 완성했다
B 왕희지의 개인시집이다
C 현재 일부 모사본만 남아있다
D 왕희지가 술에 취한 후에 완성한 것이다 |

| 단어 | 诗集 shījí 명 시집 |

| 해설 | '可惜这"天下第一行书"的真迹已经失传，只留下来一些古人的临摹本(아쉬운 것은 이 '天下第一行书'의 진본은 이미 전해져 내려오지 않고, 옛 사람들의 약간의 모사본들만이 남아있다는 것이다)'라고 언급했으므로 C가 가장 적합하다. |

문제 97-100

改革开放30多年来，97.C 中国正在从全球最大的外资引进国，逐渐转变为资本输出国。

中国商务部部长助理张向晨近期表示："中国现在已经是一个资本输出国，并

개혁개방 30년 이래로 97.C 중국은 전세계에서 가장 큰 외국 자본 도입국가에서, 점차 자본 수출국가로 전환하고 있다.

중국 상무부장관 보좌관 장샹천은 최근에 "중국은 현재 이미 자본 수출국이고, 98.D 장차 순자본 수출국이 될 것이다. 중국의 대외자본 금액은 외국자본을 끌어들인 금액을 초과하는 것은 단지 시간문제일 뿐이다."라고 말했다. 9월 16일에 상무부 대변인 션딴양 역시 2015년 중국의 대외투자규모는 아마

98.D 即将成为一个资本净输出国。中国对外投资的金额超过吸引外资的金额，只是一个时间问题。"9月16日，商务部发言人沈丹阳也指出：2015年中国的对外投资规模可能会超过利用外资的规模。

中国的对外投资额迅速增长，与此同时，外国对华直接投资增速则明显放缓。以2014年前9个月的数据来看，外商对华直接投资规模为873.6亿美元，而中国对外累计投资为749.6亿美元，两者相差只有100多亿美元。98.D 如果从中国对外投资高达20%的增长速度，而外商对华投资持续负增长的方面考虑，中国成为资本净输出国的确指日可待。

从外商对华的直接投资来看，大概从2012年起，投资增速就已经开始告别高速增长，呈现拐点趋势，2014年7月和8月，外商直接投资更是同比下降17%和14%。99.A 外商对华投资的热情下降，主要是因为当初中国吸引外资的几大因素都出现了重大变化：首先，中国经济的增速逐渐放缓，外国资本在中国的投资回报率不如从前；其次，中国的劳动力市场开始出现变化，尤其是和东南亚、非洲的一些国家相比，中国劳动力的廉价优势不再明显，100.D 这使得一些外国制造业开始转移；最后，外资在华的税收优惠政策在过去几年逐渐被取消，这在一定程度上降低了对外资的吸引力。

在外国对华投资出现萎缩之际，中国对外的投资规模却迅猛增长，2009到2013年，中国对外直接投资规模从433亿美元飙升至1078亿美元，4年时间增长了一倍多。从2012年开始，中国已成为全球第三大对外投资国，如果将香港地区计算在内，中国实际上已经是全球第二大对外投资国。

외국 자본을 이용한 규모를 넘어설 것이라고 밝혔다.

중국의 대외투자액은 급속히 증가하고 있고, 이와 동시에, 외국의 중국에 대한 직접적인 투자 증가속도는 확연히 주춤하고 있다. 2014년의 앞 9개월 동안의 수치로 봤을 때, 외국인 투자자의 중국에 대한 직접적인 투자규모는 873.6억 달러인데, 중국의 대외 투자누계는 749.6억 달러였고, 양자의 차는 겨우 100여 억 달러 밖에 되지 않는다. 98.D 만약에 중국의 대외투자가 20%의 증가속도에 달하고, 외국인의 중국에 대한 투자가 마이너스성장이 지속된다는 방면에서 고려해본다면, 중국은 순자본 수출국이 되는 것은 확실히 머지않았다.

외국인 투자자의 중국에 대한 직접적인 투자로 본다면, 대략 2012년부터 투자증가속도는 이미 고속성장과 멀어지고, 전환추세를 나타내기 시작하고, 2014년 7월과 8월은 외국인의 직접적인 투자는 전년도 같은 시기와 비교했을 때, 17%와 14% 하락했다. 99.A 외국인투자자들의 중국에 대한 투자 열기가 떨어지는 것은 주로 당초 중국이 외국자본을 끌어들인 몇 개의 큰 요소에 모두 중대한 변화가 생겼기 때문이다. 먼저, 중국경제의 성장속도가 점차 늦어지고 있고, 외국자본의 중국에서의 투자 수익률이 이전과 같지 않다. 그 다음으로, 중국의 노동력 시장에 변화가 나타나기 시작했고, 특히 동남아와 아프리카의 일부 국가와 비교했을 때, 중국노동력의 값 싸다는 장점이 더 이상 뚜렷하지 않아, 100.D 이것은 일부 외국제조업이 다른 곳으로 옮겨가게 만들었다. 마지막으로, 외국인 투자자의 중국에서의 세수혜택 정책이 몇 년이 지나면 점차 취소될 것으로, 이는 어느 정도에 있어서 외국인 투자자에 대한 흡인력을 떨어뜨린 것이다.

외국인 투자자의 중국에 대한 투자가 위축되기 시작할 즈음에, 중국의 대외투자규모는 오히려 급격히 증가했고, 2009년에서 2013년까지 중국의 대외 직접적인 투자규모가 433억 달러에서 1078억 달러까지 급등했고, 4년의 시간 동안 한 배 넘게 증가하였다. 2012년부터 시작해서, 중국은 이미 전세계 3대 대외투자국가가 되었고, 만약에 홍콩지역을 계산에 넣으면 중국은 실제로는 전세계 두 번째 대외투자국가가 된다.

단어 | 输出国 shūchūguó 명 수출국가 | 指出 zhǐchū 동 가리키다 | 迅速 xùnsù 형 신속하다 | 放缓 fànghuǎn 동 주춤하다 | 累计 lěijì 동 합계하다 | 呈现 chéngxiàn 동 나타나다 | 廉价 liánjià 명 싼 값 | 税收 shuìshōu 명 세금 수입 | 萎缩 wěisuō 형 위축하다, 쇠퇴하다 | 迅猛 xùnměng 형 급격하다 | 飙升 biāoshēng 동 급증하다 | 计算 jìsuàn 동 계산하다

문제 97

中国经济呈现什么趋势？	중국경제는 어떤 추세가 나타났는가？
A 民族产业发展迅速	A 민족산업 발전이 빠르다
B 服务业占生产总值的比重增大	B 서비스업이 생산총액에 차지하는 비중이 커지고 있다
C 由外资引进向资本输出转变	C 외국자본을 끌어들이는 것에서 자본을 수출하는 것으로 바뀌고 있다
D 区域间的合作越来越紧密	D 지역간의 합작이 갈수록 긴밀해지고 있다

해설 '中国正在从全球最大的外资引进国，逐渐转变为资本输出国(중국은 전세계에서 가장 큰 외국 자본 도입국가에서, 점차 자본 수출국가로 전환하고 있다)'라고 언급했으므로 외국에서 자본을 도입하는 것에서 지금은 외국으로 자본을 수출하고 있다는 것을 알 수 있다. 정답은 C이다.

문제 98

第3段中的画线词语"指日可待"是什么意思？ A 等待了多日 B 增速放缓 C 暂时无法判断 D 不久就能实现	세 번째 단락 속의 밑줄 그은 어휘 '指日可待'는 무슨 의미인가？ A 많은 날을 기다렸다 B 증가속도가 주춤하고 있다 C 잠시 판단할 방법이 없다 D 머지않아 실현될 수 있다

해설 세 번째 단락을 근거로 찾아가면 '如果从中国对外投资高达20%的增长速度，而外商对华投资持续负增长的方面考虑，中国成为资本净输出国的确指日可待(만약에 중국의 대외투자가 20%의 증가속도에 달하고, 외국인의 중국에 대한 투자가 마이너스 성장이 지속된다는 방면에서 고려해본다면, 중국은 순자본 수출국이 되는 것은 확실히 머지 있다)'를 찾아가면 어휘 자체의 뜻을 알고 있지 않는 이상 파악하기가 어렵다. 하지만 두 번째 단락에서 같은 내용을 먼저 다룬 부분이 '即将成为一个资本净输出国。中国对外投资的金额超过吸引外资的金额，只是一个时间问题(장차 순자본 수출국이 될 것이다. 중국의 대외자본 금액은 외국자본을 끌어들인 금액을 초과하는 것은 단지 시간문제일 뿐이다)'에서 시간문제일 뿐이라는 것은 머지않아 이루어진다고 볼 수 있어 D가 가장 적합하다는 것을 알 수 있다. '指日可待(머지않다)'의 뜻도 암기해 두자. 정답은 D이다.

문제 99

下列哪项不是外商对华投资热情下降的原因？ A 人民币开始贬值 B 中国渐失劳动力优势 C 优惠政策被取消 D 投资回报率变低	아래 어느 항이 외국인투자자의 중국에 대한 열기가 떨어진 원인이 아닌가？ A 인민폐가 평가절하되기 시작해서 B 중국이 점차 노동력의 우세한 점이 사라져서 C 우대정책이 취소되어서 D 투자 수익률이 낮아져서

단어 贬值 biǎnzhí 통 평가 절하되다

해설 '外商对华投资的热情下降，主要是因为当初中国吸引外资的几大因素都出现了重大变化：首先，中国经济的增速逐渐放缓，外国资本在中国的投资回报率不如从前(외국인투자자들의 중국에 대한 투자 열기가 떨어지는 것은 주로 당초 중국이 외국자본을 끌어들인 몇 개의 큰 요소에 모두 중대한 변화가 생겼기 때문이다. 먼저, 중국경제의 성장속도가 점차 늦어지고 있고, 외국 자본의 중국에서의 투자 수익률이 이전과 같지 않다)'에서는 인민폐 평가절하만 다루고 있지 않으므로 A가 외국인 투자의 열기가 떨어진 원인이 아니라는 것을 알 수 있다. 정답은 A이다.

문제 100

根据上文，下列哪项正确？ A 中国已是全球第一大对外投资国 B 目前全球经济不景气 C 中国正在改善外商投资环境 D 部分外国制造业已转向别国	윗글에 따르면 아래 어느 항이 정확한가？ A 중국은 이미 전세계 제일 큰 대외투자국가이다 B 현재 전세계 경제는 불경기이다 C 중국은 외국투자자들의 환경을 개선하고 있다 D 일부 외국제조업은 이미 다른 나라로 전향하고 있다

해설 '这使得一些外国制造业开始转移(이것은 일부 외국제조업이 다른 곳으로 옮겨가게 만들었다)'라고 언급했으므로 D가 적합하다. 정답은 D이다.

실전 모의고사 1회 – 쓰기

很久很久以前，有位贤明而受百姓爱戴的国王。这位国王的年纪已经很大了，但膝下并无子女。这件事一直压在国王的心上，让他很伤脑筋。有一天，国王想出了一个办法，他告诉大臣说："我要在全国范围内，亲自挑选一个孩子，收为我的义子，让他来继承我的王位。"他吩咐下去，给全国的每个孩子都发了一些花种，并宣布："如果谁能用这些种子培育出世界上最美丽的花朵，那么，这个孩子便是我的继承人。"

아주 오래오래 전에 현명하고 백성에게 추대 받는 국왕이 있었다. 이 국왕의 나이는 이미 많았지만 그는 슬하에 자녀를 두고 있지 않았다. 이 일은 줄곧 국왕의 마음을 압박하며 그가 골치를 앓게 하였다. 어느 날 국왕은 하나의 방법이 떠올라 대신들에게 말했다. "나는 전국에서 직접 아이를 선발해 나의 양아들로 삼아 그가 나의 왕위를 계승하게 하겠네." 그는 분부를 내려 전국의 모든 아이들에게 모두 약간의 꽃씨를 나누어 주었고, 또한 "만약에 이 꽃씨들을 세상에서 가장 예쁜 꽃으로 키워낸다면 그 아이가 바로 나의 계승자가 될 것이다."라고 선포했다.

단어 贤明 xiánmíng 형 현명하다, 총명하다 | 爱戴 àidài 동 우러러 섬기다, 추대하다 | 膝下 xīxià 명 슬하 [자녀의 유무 상황을 나타냄] | 脑筋 nǎojīn 명 두뇌, 머리 | 义子 yìzǐ 명 수양아들, 양자 | 继承 jìchéng 동 이어받다, 계승하다 | 吩咐 fēnfù 동 분부하다, 명령하다

요약 很久以前，有位国王年纪很大了，但并无子女。有一天，他想出了一个办法，要在全国挑选出一个孩子，继承他的王位。他吩咐给每个孩子一些花种，说谁能种出最美丽的花朵，便是将来的继承人。

拿到花种后，所有的孩子都种下了那些花种，他们从早到晚守护着着自己的小花盆，浇水、施肥、松土，护理得非常精心。

꽃씨를 받은 후에 모든 아이들은 다 그 꽃씨들을 심었고, 그들은 아침부터 밤까지 자신의 어린 화분을 지키며 물을 주고, 비료를 주고, 흙을 갈아주며 정성스럽게 보호했다.

단어 浇水 jiāoshuǐ 동 관개하다 | 施肥 shīféi 동 시비하다, 비료를 주다 | 松土 sōngtǔ 동 (파종하기 적합하도록 흙을) 푹신푹신하게 하다, 부드럽게 하다

요약 孩子们都种下了花种，护理得非常精心。

有个名叫豆豆的小男孩，他也整天用心培育花种。但是，10天过去了，半个月过去了，一个月过去了……两个月过去了，花盆里的种子依然如故，没有发芽。

또우또우라는 남자아이가 있었는데 그도 하루 종일 정성스럽게 꽃씨를 재배했다. 하지만 10일이 지났고, 반 개월이 지났고, 한 달이 지났고……2개월이 지났는데도 화분 속의 씨앗은 여전히 원래와 같았고, 싹이 트지 않았다.

요약 有个叫豆豆的小男孩，他也用心培育花种。但是过了很久，也没有发芽。

"真奇怪！怎么一点儿动静都没有呢？"豆豆有些纳闷。最后，他去问母亲："妈妈，为什么我种的花不发芽呢？"

'정말 이상해! 왜 조금도 움직임이 없는 거지?' 또우또우는 좀 답답했다. 결국 그는 엄마에게 가서 물었다. "엄마, 왜 제 꽃씨만 싹이 트지 않는 걸까요?"

단어 纳闷 nàmèn 동 (궁금하거나 이해가 되지 않아) 답답해하다, 갑갑해하다

요약 豆豆去问妈妈花种为什么不发芽。

母亲也同样为此事操心，她说："你把花盆里的土换一换，看行不行。"

엄마도 똑같이 이 때문에 걱정이었다. 그녀는 말했다. "화분 안에 흙을 바꾸어 보고 싹이 트는지 안 트는지 보렴."

요약 妈妈让豆豆换一下土。

豆豆按照妈妈的意见，去花园里挖了些土，在新的土壤里重新播下新的种子，但是又一个月过去了，它们仍然没有发芽。	또우또우는 엄마의 의견대로, 꽃밭에서 흙을 파 새로운 토양에 새로이 새로운 씨앗을 심었지만, 또 1개월이 지나도 그것은 여전히 싹이 트지 않았다.

단어 挖 wā 동 (공구나 손으로) 파다, 파내다 | 播 bō 동 파종하다, 씨를 뿌리다

요약 豆豆照做了，但是依然没有发芽。

国王决定观花的日子来到了。孩子们穿着漂亮的衣服，涌上街头，他们都捧着鲜花盛开的花盆，每个人都希望自己能够继承王位。但是，不知道为什么，当国王从一个个孩子面前走过，看着一盆盆鲜艳的花朵时，他的脸上没有一丝高兴的表情。	국왕이 꽃을 보기로 한 날이 되었다. 아이들은 예쁜 옷을 입고, 거리로 쏟아져 나왔고, 그들은 생화가 활짝 핀 화분들을 들고 모두 자신이 왕위를 계승할 수 있기를 바랐다. 하지만 왜 인지는 모르지만 국왕은 한 명 한 명 아이의 앞을 지나며 모든 화분들의 아름다운 꽃들을 봤을 때 그의 얼굴에는 약간의 기쁜 표정도 없었다.

단어 涌 yǒng 동 (액체·기체가) 위로 솟다, 솟아오르다 | 捧 pěng 동 두 손으로 받쳐 들다, 받들다 | 一丝 yìsī 형 한 오라기, 한 가닥, 조금

요약 国王观花的日子到了，孩子们捧着鲜花盛开的花盆来到街上。但是，国王看到以后，却没有高兴起来。

忽然，在一个店铺旁，国王发现了正在流泪的豆豆，这个孩子端着一个空花盆，孤零零地站在那里。国王把他叫到自己的跟前，和蔼地问道："你为什么端着空花盆呢？你的花呢？"	갑자기 한 점포의 옆에서 국왕은 눈물을 흘리고 있는 아이를 보았는데, 이 아이는 빈 화분을 들고 외로이 거기에 서 있었다. 국왕은 아이에게 자신의 곁으로 오라고 해 온화하게 물었다. "너는 왜 빈 화분을 들고 있니? 네 꽃은?"

단어 端 duān 동 받들다, 받쳐 들다 | 孤零零 gūlínglíng 형 외롭다, 고독하다 | 和蔼 hé'ǎi 형 상냥하다, 부드럽다

요약 忽然，国王发现了正在流泪的豆豆，豆豆端着空花盆。国王问他为什么端着空花盆。

豆豆抽泣着，把自己如何种花，如何悉心照料，但花种却始终不发芽的经过告诉了国王，并说，他已经尽力了。国王听了豆豆的回答，高兴地拉着他的双手，向众人大声宣布："这就是我诚实的儿子！我将把我的国家交给他！"	또우또우는 훌쩍거리며 자신이 어떻게 꽃을 심었고, 어떻게 정성스럽게 보살폈지만 꽃씨는 오히려 시종일관 싹 트지 않았다는 경과를 국왕에게 말해주었다. 또한 그는 이미 최선을 다했다고 말했다. 국왕은 또우또우의 대답을 듣고 나서 기뻐하며 아이의 손을 잡고 사람들에게 큰 소리로 선포했다. "이 아이가 바로 나의 정직한 아들이다! 나는 내 나라를 이 아이에게 줄 것이다!"

단어 抽泣 chōuqì 동 훌쩍거리다, 흐느끼다 | 悉心 xīxīn 부 온 마음으로, 전심전력으로

요약 豆豆把事情的经过告诉了国王，国王宣布豆豆就是继承人。

百姓们很不解，纷纷议论起来："为什么您选择了一个端着空花盆的孩子来继承王位呢？"	백성들은 이해가 가지 않아서 의견이 분분했다. "왜 빈 화분을 든 아이를 선택해 왕위를 계승하십니까?"

요약 百姓们都很不解。

| 国王说："我发给孩子们的种子，其实都是煮熟了的种子，根本不可能发芽开花。只有这个孩子，端来了空的花盆，所以他是最诚实的，把国家交到这样的孩子手中，我们的国家才有希望。" | 국왕은 말했다. "내가 아이들에게 나누어 준 씨앗은 사실 모두 삶은 씨앗이라서 근본적으로 꽃을 피울 수가 없다. 오직 이 아이만 빈 화분을 들고 왔으니 그래서 그가 가장 정직한 아이이고, 국가는 이런 아이의 손에 전해져야 우리 국가에도 희망이 생길 것이다." |

요약 国王说发给孩子们的种子都是煮熟的，不可能发芽开花，只有豆豆最诚实。

| 听了国王这些话，那些捧着美丽鲜花的孩子们，个个面红耳赤，羞愧地低下了头。因为他们的鲜花种子，都是后来重新找的。 | 국왕이 이 말들을 듣고 그 아름다운 꽃을 들고 있던 아이들은 모두 얼굴과 귀가 빨개졌고, 부끄러워 고개를 떨구었다. 그들의 꽃의 씨앗은 모두 후에 새로 찾아온 것이었다. |

단어 面红耳赤 miànhóng ěrchì [성] 얼굴이 귀밑까지 빨개지다 | 羞愧 xiūkuì [형] 부끄럽다

요약 孩子们听到以后，都很惭愧。

| 诚实是做人最起码的道德，是做人的根本。治理国家更需要道德和良知。豆豆没有种出最美丽的花，但是他有一颗诚实的心，这为他赢得了美好的未来。 | 정직함은 사람됨의 가장 기본적인 도덕이고, 사람됨의 근본이다. 국가를 다스리는 데는 더욱이 도덕과 양심이 필요하다. 또우또우는 아름다운 꽃은 피워내지 못했지만, 정직한 마음을 가지고 있었기에 행복한 미래를 얻을 수 있었다. |

단어 起码 qǐmǎ [형] 최소한의, 기본적인 | 良知 liángzhī [명] 양심

요약 诚实是做人最起码的道德，是做人的根本。因为诚实，豆豆才可以拥有美好的未来。

실전 모의고사 2회

听力

第一部分
1. D 2. C 3. D 4. B 5. C 6. A 7. D 8. C 9. B 10. A
11. C 12. C 13. C 14. D 15. C

第二部分
16. B 17. D 18. B 19. D 20. B 21. B 22. B 23. C 24. A 25. B
26. B 27. A 28. D 29. D 30. A

第三部分
31. B 32. D 33. B 34. C 35. B 36. B 37. B 38. C 39. A 40. B
41. B 42. C 43. B 44. C 45. D 46. C 47. C 48. A 49. A 50. D

阅读

第一部分
51. D 52. C 53. A 54. B 55. D 56. C 57. B 58. A 59. B 60. A

第二部分
61. A 62. C 63. D 64. B 65. A 66. C 67. C 68. D 69. C 70. D

第三部分
71. E 72. A 73. D 74. C 75. B 76. A 77. E 78. D 79. B 80. C

第四部分
81. B 82. C 83. D 84. C 85. C 86. D 87. B 88. B 89. A 90. B
91. D 92. B 93. C 94. C 95. B 96. C 97. C 98. A 99. D 100. D

书写

					李	克	的	酒	店	梦	想								
		李	克	是	一	名	酒	店	职	员	，	喜	欢	登	山	和	冒	险	活
动	。	虽	然	他	攀	登	了	无	数	的	高	山	，	但	是	最	让	他	留
恋	的	，	还	是	阿	尔	卑	斯	山	。									
		一	天	，	李	克	和	朋	友	们	登	上	一	座	雪	山	。	傍	晚
的	时	候	，	他	们	才	到	达	山	顶	，	由	于	已	经	没	有	力	气
下	山	，	所	以	他	们	决	定	在	山	顶	过	夜	。	吃	过	晚	饭	后，

他们便睡了。突然，几个人被尖叫声吵醒。原来，是一位朋友欣赏到了阿尔卑斯山的夜景。他们看到夜景后也都惊叹起来。当时，李克有了在山顶建立一座酒店的想法。回去以后，李克便计划这件事。但上司看了他的商业计划书后，直接拒绝了他。李克的自尊心受到了打击，于是辞职了。离开公司以后，李克决定自己完成这个梦想。

　　他计划建立一座露天酒店。每个卧室里面只放上双人床和床头柜，洗手间和浴室建在离卧室一米远的地方，每个房间都会安排一名管家。计划是美好的，但酒店在建立过程中，遇到了很多难题。家人和朋友们都反对李克的计划。但最后，酒店还是开张了。山顶酒店只接受网上预订，这个项目吸引了无数的登山客，并且所有预订已经排到第二年的三月份。

　　后来，李克在接受采访时说道："我的目的不是赚钱，而是想让更多人欣赏到美丽的风景。"

실전 모의고사 2회 – 듣기 제1부분

문제 1

A 记者很尴尬 B 年轻人对评奖结果不满 C 余光中是颁奖嘉宾 **D 余光中言语幽默**	A 기자는 매우 어색해했다 B 젊은이들은 수상결과에 대해 불만스러웠다 C 위광중은 시상자이다 **D 위광중은 유머러스 하다**
一次颁奖礼上，获奖者除了著名文学家余光中是满头白发的老者外，其他都是年轻人。记者问余光中是否尴尬，**他风趣地答道**："年长者与年轻人一同得奖，表示他尚未落伍，且雄心仍在。"话音一落，满堂喝彩。	어느 시상식에서 수상자는 백발노인인 유명한 문학가 위광중을 제외하고는 모두 젊은 사람이었다. 기자는 위광중에게 어색하지 않은지 물었고, **그는 재미있게 대답했다**. "연장자와 젊은이가 함께 상을 받는다는 것은 아직 뒤떨어지지 않았다는 것이고 게다가 여전히 포부가 있다는 거예요." 말이 끝나자, 모든 사람들이 박수갈채를 보냈다.

단어 颁奖礼 bānjiǎnglǐ 명 시상식 | 获奖者 huòjiǎngzhě 명 수상자 | 尴尬 gāngà 형 곤란하다 | 风趣 fēngqù 형 흥미롭다 | 尚未 shàngwèi 부 아직 ~하지 않다 | 落伍 luòwǔ 동 뒤떨어지다 | 雄心 xióngxīn 명 포부 | 满堂喝彩 mǎntáng hècǎi 박수갈채를 보내다

해설 '他风趣地答道(그는 재미있게 대답했다)'라고 언급했으므로 위광중이 유머러스 한 사람이라는 것을 알 수 있다. 정답은 D이다.

문제 2

A 供求影响价格 B 不能浪费粮食 **C 付出越多收获越大** D 价值不能用金钱衡量	A 공급과 수요는 가격에 영향을 미친다 B 식량을 낭비하면 안 된다 **C 들이는 것이 많을수록 수확도 많다** D 가치는 돈으로 비교하면 안 된다
小和尚问师傅："一碗米有多大的价值？"师傅说："要看你怎么做了。**用十五分钟蒸成米饭，值一块钱，花两个小时做成粽子，值三块钱，在米里加点儿酒曲，几个月后酿成一瓶美酒，那就是二三十块钱的价值了。**"	어린 승려가 스승에게 물었다. "한 그릇의 쌀은 얼마만큼의 가치가 있나요?" 스승이 말했다. "네가 어떻게 하는지에 달려있단다. 15분만에 밥을 지으면 1위안의 가치가 되고, 두 시간만에 쫑즈를 만들면 3위안의 가치가 되고, 밥에 누룩을 더하면 몇 달 뒤에 맛있는 술로 만들어지니, 그것은 20~30위안의 가치가 된단다."

단어 供求 gōngqiú 동 공급하고 수요되다 | 付出 fùchū 동 (대가를)지급하다 | 衡量 héngliáng 동 비교하다 | 小和尚 xiǎohéshang 명 어린 승려 | 蒸 zhēng 동 찌다 | 粽子 zòngzi 명 쫑즈 | 酒曲 jiǔqū 명 누룩 | 酿 niàng 동 술을 빚다

해설 '用十五分钟蒸成米饭，值一块钱，花两个小时做成粽子，值三块钱，在米里加点儿酒曲，几个月后酿成一瓶美酒，那就是二三十块钱的价值了(15분만에 밥을 지으면 1위안의 가치가 되고, 두 시간 만에 쫑즈를 만들면 3위안의 가치가 되고, 밥에 누룩을 더하면 몇 달 뒤에 맛있는 술로 만들어지니, 그것은 20~30위안의 가치가 된단다)'에서 들이는 시간이 많을수록 돈의 가치가 늘어났으므로 '들이는 것이 많을수록 수확도 많다'라고 볼 수 있다. 정답은 C이다

문제 3

A 小孩子摔伤了 B 摩托车出了故障 C 交警拦住了出租车 **D 摩托车速度非常快**	A 아이는 넘어져 다쳤다 B 오토바이가 고장 났다 C 교통경찰은 택시를 막았다 **D 오토바이의 속도가 매우 빠르다**

226 해설

一位出租车司机开车时看见前面有个人疯狂地骑着摩托车，在他的后座上的小孩子快要被甩出去了。司机追上那个人说："伙计，你的孩子快要掉下去了。"此人听后回头一看，吃惊的问："儿子，你妈妈呢？"	한 택시기사가 운전할 때 앞쪽에 어떤 이가 미친 듯이 오토바이를 타고 있고 그의 뒷자리에 앉은 어린아이가 곧 떨어져 나가려고 하는 것을 보았다. 기사는 그 사람을 뒤쫓아가 말했다. "이봐요, 당신의 아이가 곧 떨어지겠어요." 그 사람이 듣고는 뒤를 돌아보며 깜짝 놀라 물었다. "아들아, 네 엄마는?"

단어 疯狂 fēngkuáng 형 미치다 | 甩 shuǎi 동 떨어지다, 내던지다 | 追 zhuī 동 쫓아가다 | 伙计 huǒji 명 친구, 동료 | 掉 diào 동 떨어지다

해설 '有个人疯狂地骑着摩托车(어떤 이가 미친 듯이 오토바이를 타고 있었다)'라고 했는데 여기서 '미친 듯이'는 그만큼 속도가 빨랐음을 알 수 있다. 정답은 D이다.

문제 4

A 魔术师撒谎了 B 交警认出魔术师了 C 魔术师遇到堵车了 D 魔术师开车时喝酒了	A 마술사는 거짓말을 했다 B 교통경찰은 마술사를 알아봤다 C 마술사는 교통체증을 겪었다 D 마술사가 음주운전을 했다
一个著名的魔术师开车超速，被交警拦住，开了罚单。交警递罚单的时候，惊讶地说："你就是那个魔术师吧！"魔术师一听很高兴，以为可以得到通融，没想到交警手拿罚单笑着对他说："你能把它变没了吗？"	한 유명한 마술사가 과속운전을 해서, 교통경찰이 막아 서서 벌금을 부과했다. 교통경찰이 벌금통지서를 전달할 때 깜짝 놀라며 말했다. "당신이 바로 그 마술사군요!" 마술사는 융통성을 얻어낼 수 있을 거라고 생각했기 때문에 듣고 기뻐했다. 하지만 생각지도 못하게 교통경찰이 벌금통지서를 들고 웃으면서 그에게 말했다. "당신은 이것을 없앨 수 있습니까?"

단어 拦住 lánzhù 동 막다 | 罚单 fádān 명 벌금통지서 | 递 dì 동 전달하다 | 通融 tōngróng 동 융통성을 발휘하다 | 撒谎 sāhuǎng 동 거짓말하다

해설 '你就是那个魔术师吧！(당신이 바로 그 마술사군요!)'에서 '그' 마술사라고 한 것은 교통경찰은 그가 누군지를 알고 있다는 것이므로 정답은 B이다.

문제 5

A 堂屋一般不住人 B 古代房屋普遍较高 C "高堂"是对父母的尊称 D "一拜高堂"指夫妻对拜	A 안채는 일반적으로 사람이 살지 않는다 B 옛날 건물은 보통 비교적 높다 C "高堂"은 부모님에 대한 존칭이다 D "一拜高堂"은 부부가 맞절하는 것을 가리킨다
古代，父母的居室一般称为旁屋，它处于房子正中的位置，而且比其他房间高一些。所以子辈为尊重父母，在外人面前称父母为"高堂"。中国传统婚礼仪式上的"一拜高堂"指的就是拜父母。	옛날에 부모님의 방은 일반적으로 旁屋라고 불렀는데, 그것은 방의 정 중앙에 위치에 있었고 게다가 다른 방보다 조금 높았다. 그래서 자식은 부모님을 존경하기 위해서 다른 사람 앞에서 부모님을 '高堂'이라고 불렀다. 중국 전통결혼식의 '一拜高堂'은 부모님께 절하는 것을 가리킨다.

단어 居室 jūshì 명 방 | 一拜高堂 yíbài gāotáng 부모님께 절하다 | 堂屋 tángwū 명 안채 | 尊称 zūnchēng 동 존칭하다

해설 '子辈为尊重父母，在外人面前称父母为"高堂"(자식은 부모님을 존경하기 위해서 다른 사람 앞에서 부모님을 '高堂'이라고 불렀다)'이라고 했으므로 '高堂'이라는 것은 부모님에 대한 존칭이라는 것을 알 수 있다. 정답은 C이다.

문제 6

A 眼光要长远
B 不能急于求成
C 做事要精益求精
D 人的潜力是无限的

A 시선을 멀리 두어야 한다
B 급하게 이루려 해서는 안 된다
C 일을 할 때는 완벽을 추구해야 한다
D 사람의 잠재력은 무한하다

"人无远虑必有近忧",这是一句古老的中国谚语,字面意思是人如果没有长远的谋划忧患,就会有即将到来的忧患。它告诫我们要未雨绸缪,不能只顾眼前而忘却了奋斗的方向和最终目标。

'人无远虑必有近忧' 이것은 오래된 중국의 속담인데, 글자의 표면적인 의미는 사람이 만약 먼 계획에 대한 걱정이 없다면 곧 도래하는 우환이 생긴다는 것이다. 그것은 우리가 사전에 미리 준비해야지, 눈앞에 것만 보살피느라 분투하고 있는 방향과 최종적인 목표를 잊어서는 안 되는 것을 깨우쳐준다.

[단어] 求成 qiúchéng 동 성공을 바라다 | 精益求精 jīngyìqiújīng 완벽을 추구하다 | 潜力 qiánlì 명 잠재력 | 人无远虑必有近忧 rén wú yuǎnlǜ bìyǒu jìnyōu 사람은 먼 앞일을 미리 생각하지 않으면 필시 가까운 우환에 부딪히게 된다 | 谚语 yànyǔ 명 속담 | 谋划 móuhuà 동 계획하다 | 忧患 yōuhuàn 명 우환 | 告诫 gàojiè 동 훈계하다 | 绸缪 chóumóu 동 미리 준비하다, 대비하다 | 忘却 wàngquè 동 잊어버리다 | 奋斗 fèndòu 동 분투하다

[해설] '不能只顾眼前而忘却了奋斗的方向和最终目标(눈앞에 것만 보살피느라 분투하고 있는 방향과 최종적인 목표를 잊어서는 안 된다)'라고 했으므로 앞에 있는 것만 보지 말고 시선을 멀리 두고 멀리 내다볼 줄 알아야 한다는 것을 강조하고 있다. 정답은 A이다.

문제 7

A 做事要有分寸
B 度量大的人更敏感
C 脾气好的人更受欢迎
D 有抱负的人往往度量大

A 일을 할 때 정도를 지켜야 한다
B 배포가 큰 사람은 더 예민하다
C 성격이 좋은 사람은 더 환영을 받는다
D 포부가 있는 사람은 대부분 아량이 넓다

"宰相肚里能撑船"被用来形容一个人很有度量。一个人度量的大小与他是否志存高远有很大关系。有远大抱负的人是不会计较眼前得失和个人荣辱的。只有胸怀大志才能胸襟开阔。

'宰相肚里能撑船'은 한 사람의 아량이 넓다는 것을 묘사하는 데 쓰인다. 한 사람의 아량이 크고 작은 것을 그가 원대한 꿈을 가지고 있는지 아닌지와 큰 관계가 있다. 큰 포부가 있는 사람은 눈앞에 있는 득과 실 그리고 개인의 영예와 치욕을 계산하지 않을 것이다. 가슴에 큰 포부를 품어야만 비로소 마음이 넓어질 수 있다.

[단어] 敏感 mǐngǎn 형 예민하다 | 宰相肚里能撑船 zǎixiàng dùli néng chēngchuán 아량이 넓다 | 度量 dùliàng 명 아량 | 抱负 bàofù 명 포부 | 计较 jìjiào 동 계산하고 비교하다 | 胸襟开阔 xiōngjīn kāikuò 마음이 트이다

[해설] '只有胸怀大志才能胸襟开阔(가슴에 큰 포부를 품어야만 비로소 마음이 넓어질 수 있다)'라고 했으므로 포부가 있는 사람이 아량이 넓다라는 것을 알 수 있다. 정답은 D이다.

문제 8

A 交友要慎重
B 人的潜力是无限的
C 成功需要别人的帮助
D 不要忽略眼前的幸福

A 친구를 사귀는 것은 신중해야 한다
B 사람의 잠재력은 무한한 것이다
C 성공은 다른 사람의 도움이 필요하다
D 눈앞의 행복을 소홀히 하지 마라

"一个篱笆三个桩，一个好汉三个帮。"在社会生活中，任何一个人都不可能孤立地存在。当他处于孤立无援的境地时，就会感到力量单薄；相反，如果有许多人支持和帮助他，就会使他振作精神，产生巨大的力量。	'一个篱笆三个桩，一个好汉三个帮.' 사회생활 중에 누구도 혼자 고립된 채로 존재할 수 없다. 그가 혼자 도움이 없는 상황에 처했을 때, 힘이 약하다고 느낄 것이다. 반대로, 그를 지지하고 도와주는 많은 사람이 있다면 그가 기운을 내게 하고 거대한 힘이 생기게 할 것이다.

단어 慎重 shènzhòng 형 신중하다 | 无限 wúxiàn 형 무한하다 | 忽略 hūlüè 동 소홀히 하다 | 一个篱笆三个桩，一个好汉三个帮 yí ge líba sān ge zhuāng, yí ge hǎohàn sān ge bāng 사람은 혼자 살 수 없다 | 孤立无援 gūlì wúyuán 고립되고 도움이 없다 | 单薄 dānbó 형 부족하다 | 相反 xiāngfǎn 접 반대로 | 振作精神 zhènzuò jīngshén 기운을 내다

해설 '如果有许多人支持和帮助他，就会使他振作精神，产生巨大的力量(그를 지지하고 도와주는 많은 사람이 있다면 그가 기운을 내게 하고 거대한 힘이 생기게 할 것이다)'이라고 했으므로 주변에 도와주는 사람이 없다면 성공하기 힘든 것을 말하고 있으므로 성공에는 다른 사람의 도움이 필요하다는 것을 알 수 있다. 정답은 C이다.

문제 9

A 有得必有失	A 얻는 것이 있다면 반드시 잃는 것도 있다
B 立志要趁早	B 일찍 뜻을 세워야 한다
C 莲花花期较短	C 연꽃의 개화시기는 비교적 짧다
D 莲花象征纯洁	D 연꽃은 순수를 상징한다

一位花贩告诉我，清晨买莲花要挑那些盛开的。因为早上是莲花开放的最好时间。如果一朵莲花早上不开，那中午和晚上就更不会开了。看人也一样，一个人年轻时若没有志气，中年或晚年就更难有志气了。	꽃을 파는 한 상인이 나에게 이른 아침에 연꽃을 사면 꽃이 활짝 피어있는 것으로 골라야 한다고 알려주었다. 아침은 연꽃이 개화하기에 가장 좋은 시간이기 때문이다. 만약 한 연꽃이 아침에 피지 않는다면, 점심, 저녁에는 더욱 피지 않을 것이다. 사람을 봐도 마찬가지다. 만약 한 사람이 젊었을 때 포부가 없다면 중년, 또는 노년에는 더욱 포부가 없을 것이다.

단어 纯洁 chúnjié 형 순수하다 | 化贩 huàfàn 명 꽃 파는 상인 | 清晨 qīngchén 명 이른 아침 | 盛开 shèngkāi 동 꽃이 활짝 피다 | 志气 zhìqì 명 포부

해설 '一个人年轻时若没有志气，中年或晚年就更难有志气了(만약 한 사람이 젊었을 때 포부가 없다면 중년, 또는 노년에는 더욱 포부가 없을 것이다)'라고 했으므로 젊었을 때 포부를 가져야 한다는 말이고 다시 말해 뜻을 일찍 세워야 한다는 것임을 알 수 있다. 정답은 B이다.

문제 10

A 要学会放松	A 느슨해질 줄 알아야 한다
B 旅行能开阔眼界	B 여행은 안목을 넓힐 수 있다
C 工作让人充满活力	C 일은 사람으로 하여금 활기 넘치게 한다
D 过度运动会损害健康	D 과도한 운동은 건강을 손상시킬 수 있다

人的身体就像一部机器，有损耗就要加油。所以放下手边的工作去做一些让自己充满活力的事情吧。例如，到健身房挥汗如雨，和朋友出去玩，抑或和家人去郊区踏青，这些都是给自己加油的好办法。	사람의 몸은 기계와 같아서 소모가 있으면 기름을 넣어야 한다. 그래서 수중의 일을 놓고 자신을 활력이 충만하게 하는 일을 하러 가자. 예를 들면, 헬스장에 가서 비처럼 흐르는 땀을 닦고, 친구와 함께 나가 놀고, 혹은 가족과 함께 교외지역에 나가 봄나들이를 하는 이러한 모든 것들은 자기에게 힘을 주는 좋은 방법이다.

단어 开阔 kāikuò 동 넓히다 | 过度 guòdù 형 과도하다 | 损害 sǔnhài 동 손상시키다 | 机器 jīqì 명 기기, 기계 | 损耗 sǔnhào 명 손실, 소모 | 挥汗 huīhàn 동 땀을 닦다 | 抑或 yìhuò 접 혹은 | 踏青 tàqīng 동 답청하다

| 해설 | '放下手边的工作去做一些让自己充满活力的事情吧(수중의 일을 놓고 자신을 활력이 충만하게 하는 일을 하러 가자)'라고 했으므로 일에서 벗어나 느슨하게 보낼 줄 알아야 한다는 말임을 알 수 있다. 정답은 A이다. |

문제 11

A 西安人口众多	A 시안의 인구는 많다
B 西安古城墙建于清代	B 시안 옛 성벽은 청대에 세워졌다
C 西安古城墙保存完整	C 시안 옛 성벽은 완벽하게 보전되어 있다
D 西安自然风景优美	D 시안의 자연풍경은 아름답다

| 西安古城墙建于明代，至今已有六百多年的历史，作为中国目前保存最为完整的古代城园建筑，西安古城墙为研究明代的历史，军事和建筑等，提供了不可多得的实物资料。 | 시안 옛 성벽은 명대에 세워졌고, 지금까지 600년이 넘는 역사를 가지고 있으며, 중국에서 현재 가장 완벽하게 보존된 고대 건축물로서 서안 옛 성벽은 명대의 역사와 군사, 건축물 등을 연구하기 위해 흔히 얻기 어려운 실물자료를 제공했다. |

| 단어 | 古城墙 gǔchéngqiáng 명 옛 성벽 | 完整 wánzhěng 형 완정하다, 완벽하다 | 不可多得 bùkě duōdé 흔히 얻기 어렵다 | 实物资料 shíwù zīliào 명 실물자료 | 众多 zhòngduō 형 아주 많다 [주로 사람이 많은 것을 형용함] |

| 해설 | '作为中国目前保存最为完整的古代城园建筑(중국에서 현재 가장 완벽하게 보존된 고대 건축물로서)'라고 했으므로 시안 옛 성벽은 완벽하게 보전되어 있음을 알 수 있다. 정답은 C이다. 보기 B는 지문 첫 마디에서 '西安古城墙建于明代(시안 옛 성벽은 명대에 세워졌고)'라고 했으므로 답이 아니다. |

문제 12

A 坐姿体现人的修养	A 앉은 자세로 사람의 교양이 드러난다
B 长时间端坐有害健康	B 오랜 시간 바르게 앉아있으면 건강에 해롭다
C 坐姿影响人的情绪	C 앉은 자세는 사람의 정서에 영향을 준다
D 运动可以释放压力	D 운동은 스트레스를 풀 수 있다

| 研究人员通过观察发现，坐得直的人往往显得更自信和有活力。他们认为，这是因为肌肉状态会影响人体激素和神经系统，进而影响情绪。因此，端坐可能是一种简便易行的抗压方法。 | 연구원은 관찰을 통해 똑바로 앉은 사람이 종종 더 자신감 있고 활력이 있다는 것을 발견했다. 그들은 이것이 근육상태가 사람의 호르몬과 신경계에 영향을 줄 수 있고, 더 나아가 정서에도 영향을 줄 수 있기 때문이라고 생각했다. 이 때문에 바르게 앉는 것은 어쩌면 스트레스는 막을 수 있는 간편한 방법이다. |

| 단어 | 研究人员 yánjiū rényuán 명 연구원 | 观察 guānchá 동 관찰하다 | 发现 fāxiàn 동 발견하다 | 活力 huólì 명 활력 | 肌肉 jīròu 명 근육 | 激素 jīsù 명 호르몬 | 神经系统 shénjīng xìtǒng 명 신경계 | 进而 jìn'ér 접 더 나아가 | 简便易行 jiǎnbiàn yìxíng 간편해서 하기 쉽다 | 释放 shìfàng 동 석방하다 |

| 해설 | 똑바로 앉는 것이 '影响情绪(정서에도 영향을 줄 수 있다)'라고 했으므로 앉는 자세가 정서에 영향을 줄 수 있다는 것을 알 수 있다. 정답은 C이다. |

문제 13

A 企业内部要保持良性竞争	A 기업 내부에서는 좋은 경쟁을 유지해야 한다
B 企业应提高员工薪酬	B 기업은 직원의 급여를 올려주어야 한다.
C 员工最好接受职业化培训	C 직원은 전문적인 훈련을 받는 것이 가장 좋다
D 员工要有业余爱好	D 직원은 여가취미가 있어야 한다

| 通常受过职业化培训的人，潜力能够得到更充分地挖掘，能力也会得到更大程度地提高。所以，企业要想将员工从业余选手转变为职业高手，就应该为员工提供系统的职业化培训。 | 통상적으로 전문적인 훈련을 받은 사람은 잠재력을 더욱 충분하게 끌어낼 수 있고, 능력 역시 더 큰 정도로 향상될 수 있다. 그래서 기업들은 직원을 아마추어 선수에서 프로 고수로 바꾸고 싶다면 직원들에게 체계적인 전문화 훈련을 제공해야 한다. |

[단어] 培训 péixùn [동] 훈련하다 | 潜力 qiánlì [명] 잠재력 | 挖掘 wājué [동] 발굴하다 | 薪酬 xīnchóu [명] 급여

[해설] '应该为员工提供系统的职业化培训(직원들에게 체계적인 전문화 훈련을 제공해야 한다)'이라고 했으므로 직원은 전문적인 훈련을 받는 것이 가장 좋다라는 것을 알 수 있다. 정답은 C이다.

문제 14

A 要主动帮助别人 B 饮食营养要均衡 C 做事情要量力而行 D 自己的人生自己做主	A 주동적으로 다른 사람을 도와야 한다 B 음식영양은 균형을 이루어야 한다 C 일하는 것은 능력껏 해야 한다 D 자신의 인생은 자신이 주인이다
人生就像一顿自助餐。只要你愿意付费，想要什么都可以拿，但是必须自己动手。如果只是一味地等着别人把食物拿给你，你可能很难吃得开心。因为只有你自己知道你想要什么，什么最合你的胃口。	인생은 한 끼의 뷔페와 같다. 당신이 비용을 지불하기만 한다면 원하는 것을 다 가질 수 있지만, 반드시 스스로가 시작해야 한다. 만약에 무턱대고 다른 사람이 음식을 가져다주길 기다린다면 당신은 즐겁게 먹을 수가 없다. 오직 당신만이 자신이 무엇을 원하고, 무엇이 당신의 입맛에 맞는지 알기 때문이다.

[단어] 自助餐 zìzhùcān [명] 뷔페 | 付费 fùfèi [동] 비용을 지불하다 | 动手 dòngshǒu [동] 시작하다 | 均衡 jūnhéng [형] 균형이 잡히다 | 量力 liànglì [동] 역량을 가늠하다

[해설] '必须自己动手(반드시 스스로가 시작해야 한다)'라는 했는데 이 말은 다른 사람이 아닌 자신이 주체가 되어야 한다는 말이므로 정답은 D이다.

문제 15

A 儿子十分调皮 B 修理工疲惫极了 C 小张对修理工不满 D 小张把水管修好了	A 아들은 장난기가 많다 B 수리공은 몹시 피곤해했다 C 샤오짱은 수리공에게 불만이다 D 샤오짱은 수도관을 다 고쳤다
小张家水管漏水了，他打电话给修理工，对方说马上就来。结果等了大半天，才看到修理工懒洋洋地走来。修理工问："现在情况怎么样了？"小张看了他一眼，说："在等你的时间里，我儿子已经学会游泳了。"	샤오짱의 집 수도관에서 물이 새서 그가 수리공에게 전화했더니 상대가 곧 오겠다고 말했다. 결과적으로는 한참을 기다리고 나서야 수리공이 늑장을 부리며 왔다. 수리공이 "지금 상황은 어떤가요?"라고 묻자, 샤오짱은 그를 한 번 보더니 말했다. "당신을 기다리는 시간 동안, 제 아들은 이미 수영을 배워 할 줄 알게 되었네요."

[단어] 漏水 lòushuǐ [동] 물이 새다 | 修理工 xiūlǐgōng [명] 수리공 | 懒洋洋 lǎnyángyáng [형] 기운이 없는 | 调皮 tiáopí [형] 장난스럽다 | 疲惫 píbèi [형] 피곤하다

[해설] '在等你的时间里，我儿子已经学会游泳了(당신을 기다리는 시간 동안, 제 아들은 이미 수영을 배워 할 줄 알게 되었네요)'라는 말은 수리공이 늦게 와서 그 시간이 아들이 수영을 배워 할 줄 알 정도의 긴 시간이었음을 풍자해서 한 말이므로 샤오짱은 수리공이 늦게 온 것에 대해 불만이라는 것을 알 수 있다. 정답은 C이다.

실전 모의고사 2회 - 듣기 제2부분

문제 16-20

女：我们都知道您创造了万达的商业发展模式，但这样的模式难免会被别人模仿，您是如何看待这个问题的？

男：商业模式是我们创造的，这种模式确实也有被别人模仿的可能性，不过 **16.B 这也逼着我们不断地去创新，并加速转型**，在商业地产方面我们已经走出了一条比较顺的路。几年前，我们逐渐向文化和旅游方面转型，也许两年以后大家会看到一个完全不同的万达。

女：您能跟我们谈谈万达未来的发展重点是什么吗？

男：两个方面，**17.D 文化产业和旅游产业**。文化方面我们投资了全世界最大规模的电影产业园区，包括电影、娱乐、科技以及其他文化产业，几年后这些成果会逐渐展示出来。**20.B 旅游产业方面，我们投资了四个旅游度假区**，每个度假区的规模和投资额都非常大，我相信万达的主业会逐渐从现代商业地产发展为文化、旅游、商业地产三者并重。

女：您觉得万达之所以发得展这么好，归根于哪些方面呢？

男：我认为主要有三个方面，**18.D 第一是我前面说的敢创新**；第二是能执行，而且 **18.A 执行得比较好**，我们可以说到做到；第三就是有文化，**18.C 我们特别注重企业文化**，而且这种企业文化还得到了员工的认同。

女：能跟我们谈谈您的用人留人之道吗？

男：虽然我们的企业也有人才流失的情况，但总体来讲，流失率并不高，收入比较高是一个方面，**19.D 另一个原因可能是团队人际关系比较简单，团队氛围也比较好**，这些因素组合在一起，可能就会产生比单纯的收入更值得员工留恋的东西。所以，我觉得企业要想稳定骨干队伍，最重要的是要靠收入以外的东西。

여: 우리는 당신이 완다의 상업발전 모델을 창조해냈다는 것을 압니다. 그러나 이러한 모델은 다른 사람들에게 모방되는 것을 피하기는 어렵습니다. 당신은 이 문제를 어떻게 봅니까?

남: 상업 모델은 우리가 만들어낸 것입니다. 이런 모델은 확실히 다른 사람들에게 모방될 가능성이 있습니다. 그러나 **16.B 이것은 우리를 끊임없이 창조하고, 빠르게 전환하도록 압박하고 있습니다**. 우리는 상업자산 방면에서는 이미 순조로운 길을 가고 있습니다. 몇 년 전에 우리는 점차적으로 문화와 관광 방면으로 전향하였고, 어쩌면 2년 후에는 모두들 완전히 달라진 완다를 볼 수 있을 것 입니다.

여: 저희들에게 완다의 미래 발전의 중점이 무엇인지 이야기해 줄 수 있나요?

남: **17.D 문화산업과 관광산업**, 두 가지 방면이 있습니다. 문화 방면에서 우리는 전세계 가장 큰 규모의 영화산업 단지와 영화, 오락, 과학 아울러 기타 문화산업에 투자하는데, 몇 년 후에 이러한 성과들이 점차적으로 드러날 것 입니다. **20.B 관광산업 방면에서 우리는 4개의 휴양지에 투자를 했습니다**. 휴양지마다 규모와 투자액은 모두 굉장히 커서, 저는 완다의 주업이 현재의 상업자산에서 문화, 관광, 상업자산, 세 가지 모두 중시하는 것으로 발전할 것이라 믿습니다.

여: 완다가 이렇게 발전이 잘된 이유가 결국 어느 방면 때문이라고 생각합니까?

남: 저는 주로 세 방면으로 생각합니다. **18.D 첫 번째는 제가 앞에서 말했듯이 과감하게 창조하는 것**이고 두 번째는 시행하는 것입니다. 게다가 **18.D 시행을 잘해야 하고 우리가 말한 것을 할 수 있어야 합니다**. 세 번째는 바로 문화가 있어야 합니다. **18.D 우리는 특히 기업문화를 중시하고** 게다가 이러한 기업문화는 직원들의 인정을 받고 있습니다.

여: 인재를 남기는 방법에 대하여 얘기해줄 수 있나요?

남: 비록 우리 기업도 인재를 잃어버리는 경우가 있지만, 그러나 전체적으로 말하자면 유실률이 크지는 않습니다. 한편으로는 소득이 비교적 높은 것도 있고 **19.D 다른 이유로는 아마도 팀의 대인관계가 비교적 간단하고 팀 분위기도 비교적 좋기 때문일 것입니다**. 이러한 요소들이 함께 합쳐져서 아마도 단순한 수입보다 직원들이 더 떠나기 아쉬운 마음이 들 만한 것을 만들어낸 것입니다. 그래서 저는 기업이 안정적인 핵심집단이 되고 싶다면 가장 중요한 것은 수입 이외의 것에 기대야 한다고 생각합니다.

| 단어 | 创造 chuàngzào 图 창조하다 | 万达 Wàndá 중국 따렌의 한 대기업 ['大连万达集团股份有限公司'가 정식 명칭임] | 模式 móshì 图 패턴 | 难免 nánmiǎn 图 피하기 어렵다 | 模仿 mófǎng 图 모방하다, 본뜨다 | 逼 bī 图 위협하다 | 转型 zhuǎnxíng 图 전환하다 | 投资 tóuzī 图 (특정 목적을 위해) 투자하다 | 度假区 dùjiàqū 图 휴양지 | 并重 bìngzhòng 图 똑같이 중대시하다 | 执行 zhíxíng 图 실행하다 | 注重 zhùzhòng 图 중시하다 | 认同 rèntóng 图 인정하다, 승인하다 | 总体来讲 zǒngtǐ lái jiǎng 전체적으로 말하면 | 团队 tuánduì 图 단체, 팀 | 留恋 liúliàn 图 차마 떠나지 못하다, 그리워하다 | 骨干 gǔgàn 图 기본이며 핵심적인 부분

문제 16

男的认为被别人模仿对万达有什么影响?	남자는 다른 사람에게 모방되면 완다에 어떤 영향이 있을 것이라 생각하는가?
A 阻碍产品更新	A 상품이 더 새로워지는 것을 방해한다
B 加速企业转型	B 기업의 전환을 가속시킨다
C 降低销售利润	C 판매이윤을 내린다
D 有损企业形象	D 기업이미지의 손상이 있다

단어: 阻碍 zǔ'ài 图 가로막다 | 更新 gēngxīn 图 경신하다, 갱신하다 | 销售利润 xiāoshòu lìrùn 판매이익

해설: 완다가 다른 사람에게 모방되는 문제를 어떻게 보는가 질문에 '这也逼着我们不断地去创新,并加速转型(이것은 우리를 끊임없이 창조하고, 빠르게 전환하도록 압박하고 있습니다)'이라고 했으므로 오히려 기업의 전환을 가속화시킨다고 여긴다는 것을 알 수 있다. 정답은 B이다.

문제 17

万达未来发展的重点是什么?	완다의 미래발전의 중점은 무엇인가?
A 机械制造业 B 电子信息产业	A 기계제조업 B 전자정보산업
C 食品加工业 D 文化与旅游产业	C 식품가공업 D 문화와 관광산업

단어: 机械 jīxiè 图 기계, 기계 장치 | 电子信息 diànzǐ xìnxī 图 전자정보

해설: 두 가지라고 말하며 '文化产业和旅游产业(문화산업과 관광산업)'라고 언급했다. 정답은 D이다.

문제 18

下列哪项不是万达发展得较好的原因?	다음 중 완다의 발전이 잘된 이유가 아닌 것은?
A 执行力强 B 获得了政府支持	A 시행력이 강하다 B 정부의 지지를 받았다
C 重视企业文化 D 勇于创新	C 기업문화를 중시한다 D 용감하게 창조한다

단어: 政府 zhèngfǔ 图 정부

해설: 완다의 발전이 잘된 이유가 아닌 것을 물었으므로 잘된 이유를 설명한 부분에서 '第一是我前面说的敢创新(첫 번째는 제가 앞에서 말했듯이 과감하게 창조하는 것입니다)', '执行得比较好(시행을 잘해야 합니다)', '我们特别注重企业文化(우리는 특히 기업문화를 중시합니다)'라고 했으므로 정부의 지지를 받은 내용은 없다는 것을 알 수 있다. 정답은 B이다.

문제 19

万达为什么人才流失率低?	완다는 인재 유실률이 왜 낮은가?
A 工作压力小 B 升职空间大	A 업무스트레스가 적다 B 승진할 자리가 많다
C 假期非常多 D 团队氛围好	C 휴가기간이 많다 D 팀의 분위기가 좋다

단어: 升职 shēngzhí 图 승진하다

해설: '另一个原因可能是团队人际关系比较简单,团队氛围也比较好(다른 이유로는 아마도 팀의 대인관계가 비교적 간단하고 팀 분위기도 비교적 좋기 때문일 것입니다)'라고 했으므로 팀의 분위기가 좋은 것이 인재 유실이 적은 이유 중의 하나임을 알 수 있다. 정답은 D이다.

문제 20

根据对话，下列哪项正确？ A 万达员工待遇不高 B 万达投资了度假区 C 万达涉足慈善事业 D 万达前景不容乐观	대화를 근거로 다음 중 옳은 것은? A 완다의 직원대우가 높지 않다 B 완다는 휴양지에 투자했다 C 완다는 자선사업에 발을 들여놓았다 D 완다는 전망이 밝지 않다

[단어] 慈善事业 císhàn shìyè 명 자선사업

[해설] '我们投资了四个旅游度假区(관광산업 방면에서 우리는 4개의 휴양지에 투자를 했습니다)'라고 언급한 부분이 있으므로 완다가 휴양지에 투자했다는 것을 알 수 있다. 정답은 B이다.

문제 21-25

男: 您能谈谈在新的市场环境下，供应商和消费者对电视购物的认知有哪些改变吗？

女: 供应商和消费者对电视购物的整体认知，概括成一句话，**21.B 就是有所期待**。以前与供应商谈合作时，它们的第一反应往往是靠儿谱吗？现在，他们还是愿意坐下来跟我们谈一谈的。消费者的态度也有了一个大的转变，这是行业的巨大进步。**25.B 电视购物频道，应不断地提高规范程度和服务能力**。逐渐实现供应商和消费者的期待，打消其顾虑。

男: 电视购物有哪些营销功能？

女: **22.B 电视购物渠道具有试销功能，只需几天时间，就可以让消费者知道你。快速验证你的产品好不好卖**。如果卖得不好，企业就应该重新改进产品或开发新产品。不必再浪费大量的人力和资金去生产试销了。如果卖得好，则有助于企业开拓线下市场。所以精明的商人会选择电视购物。电视购物，实际上是一种共赢。我们帮助企业发现问题，把产品做得更完美。同时，产品好了，我们才能卖得好。

男: 在产品定位上，你们与其它电视购物频道相比，有哪些不同？

女: 一开始，我们对定位还是很纠结的。低端产品好卖，但已经有很多频道在做了。最终，我们还是决定卖中高端产品。另外，电视购物之前给人的印象是售卖新、奇、特的产品，消费者在其他渠道买不到，而 **23.C 我们更愿意卖贴近百姓的产品**，

남: 새로운 시장 환경에서 공급업자와 소비자의 홈쇼핑에 대한 인식이 어떤 부분이 바뀌었는지 얘기해주시겠어요?

여: 공급업자와 소비자의 홈쇼핑에 대한 전체적인 인식은 한 마디로 요약하자면 **21.B 바로 어느 정도 기대가 있다는 것입니다**. 예전에 공급업자와 합작했을 때, 그들의 첫 번째 반응은 늘 이치에 맞는가? 였습니다. 지금도 그들은 여전히 우리와 앉아서 협상하길 원합니다. 소비자의 태도에도 한 가지 큰 변화가 있는데, 그것은 업종의 큰 발전입니다. **25.B 홈쇼핑 채널은 끊임없이 규범의 정도와 서비스 능력을 높여야 합니다**. 공급업자와 소비자의 기대를 점차 실현시켜 그 걱정을 없앱니다.

남: 홈쇼핑에는 어떤 마케팅 기능이 있습니까?

여: **22.B 홈쇼핑에는 테스트용 판매기능이 있습니다. 소비자가 당신을 알게 할 며칠의 시간만 필요합니다. 당신의 상품이 좋은지 안 좋은지 빠르게 검증합니다**. 만약 잘 팔리지 않는다면, 기업은 다시 상품을 개선하거나 신상품을 개발해야 합니다. 대량의 인력과 자금을 테스트용 판매상품을 생산하는 데 낭비할 필요가 없습니다. 만약에 잘 팔린다면 기업이 오프라인 시장을 개척하는 데 도움이 됩니다. 그래서 똑똑한 상인은 홈쇼핑을 선택하게 됩니다. 홈쇼핑은 실제로 다같이 이익을 얻는 것입니다. 우리는 기업이 문제를 발견하여 상품을 더욱 완벽하게 하는 것을 도와주고, 동시에 상품이 좋아졌다면 우리는 비로소 잘 팔 수 있습니다.

남: 상품을 정하는 데 있어서 당신들은 다른 홈쇼핑채널과 비교하여 어떤 점이 다릅니까?

여: 처음에, 우리는 상품을 정하는 것에 대하여 고민했습니다. 가격대가 낮은 상품이 팔기 좋지만 그러나 이미 많은 채널에서 하고 있어서 최종적으로 우리는 중, 고급의 상품을 팔기로 결정했습니다. 이 외에도, 홈쇼핑이 이전에 사람들에게 줬던 인상은 새로운 것, 신기한 것, 특별한 것을 파는 것이었습니다. 소비자는 다른 경로로 살 수 없는데도, **23.C 우리는 사람들에게 친밀한 상품을 팔길 더욱 원했습**

去掉电视购物的神秘感。走了一年多之后，事实证明，我们的定位是对的。随着消费水平越来越高，我们的路会越来越好走。

男：您觉得未来电视购物的商业生态会有哪些改变？

女：24.A 未来我们会寻求多种形式的合作。比如，与电商合作，这样我们就不用担心被电商吃掉了。从对手到伙伴，或许是商业生态最大的改变。而且，我们会与各类新媒体开拓业务合作。把一切可能的渠道串联起来。24.A 相信跨界合作的尝试，最终会帮助电视购物，成为高品质产品交易的平台。

니다. 홈쇼핑의 신비감은 버렸습니다. 일 년 정도가 지난 후에, 우리가 상품을 맞게 정했다는 사실이 증명되었습니다. 소비자의 수준이 점점 높아짐에 따라서 우리의 길도 점점 좋아질 것입니다.

남: 미래의 홈쇼핑 비즈니스 생태의 어떤 부분이 달라질 것이라고 생각하십니까?

여: 24.A 우리는 미래에 다양한 형태의 합작을 찾을 것입니다. 예를 들면, 인터넷 쇼핑몰과 합작하는 것인데 이렇게 하면 우리는 인터넷쇼핑몰에 잠식당할 걱정을 하지 않아도 됩니다. 적에서 동료가 되는 것은 어쩌면 비즈니스 생태의 가장 큰 변화일지도 모릅니다. 게다가 우리는 각종 새로운 매개체와 업무합작을 개척할 것입니다. 가능한 모든 방법을 하나로 이을 것입니다. 24.A 크로스오버 합작의 테스트가 최종적으로 홈쇼핑에 도움을 주고 고품질 상품 교역의 플랫폼이 될 것이라 믿습니다.

단어 供应商 gōngyìngshāng 명 공급업자 | 电视购物 diànshì gòuwù 명 TV홈쇼핑 | 认知 rènzhī 동 인식하다 | 频道 píndào 명 채널 | 顾虑 gùlǜ 동 걱정하다 | 渠道 qúdào 명 방법, 경로 | 验证 yànzhèng 동 검증하다 | 改进 gǎijìn 동 개선하다 | 开发 kāifā 동 개발하다 | 试销 shìxiāo 동 시험 판매하다 | 开拓 kāituò 동 개척하다 | 线下市场 xiànxià shìchǎng 명 오프라인 | 相比 xiāngbǐ 동 비교하다 | 纠结 jiūjié 동 고민하다 | 低端产品 dīduān chǎnpǐn 명 저급제품 | 中高端产品 zhōnggāoduān chǎnpǐn 명 중고급제품 | 贴近 tiējìn 동 접근하다 | 百姓 bǎixìng 명 백성 | 伙伴 huǒbàn 명 동료 | 串联 chuànlián 동 하나하나 잇다 | 跨界 kuàjiè 크로스오버, 인터미디어 | 尝试 chángshì 동 시도해보다 | 交易 jiāoyì 동 거래하다 | 平台 píngtái 명 플랫폼

문제 21

目前，供应商和消费者对电视购物的态度是什么？
A 表示怀疑
B 有所期待
C 有些反感
D 毫不关心

현재, 공급업자와 소비자의 홈쇼핑에 대한 태도는 어떠한가?
A 의심한다
B 기대한다
C 약간의 반감이 있다
D 전혀 관심이 없다

단어 怀疑 huáiyí 동 의심하다 | 反感 fǎngǎn 동 반감을 가지다 | 毫不关心 háobù guānxīn 관심 없다

해설 홈쇼핑에 대한 인식을 물은 질문에 '就是有所期待(바로 어느 정도 기대가 있다라는 것입니다)'라고 언급했으므로 공급업자와 소비자는 홈쇼핑에 대해 기대를 하고 있다는 것을 알 수 있다. 정답은 B이다.

문제 22

女的说的"试销"，是什么意思？
A 打折销售
B 检验产品是否好卖
C 参加产品展览会
D 以旧换新

여자가 말한 '试销'는 무슨 의미인가?
A 할인판매하다
B 상품이 팔기 좋은지 아닌지를 검증하다
C 상품전람회에 참가하다
D 옛 것을 새 것으로 바꿔주다

단어 检验产品 jiǎnyàn chǎnpǐn 동 제품을 검사하다 | 展览会 zhǎnlǎnhuì 명 전람회 | 以旧换新 yǐjiù huànxīn 옛 것을 새 것으로 바꿔주다

해설 '电视购物渠道具有试销功能，只需几天时间，就可以让消费者知道你。快速验证你的产品好不好卖(홈쇼핑에는 테스트용 판매기능이 있습니다. 소비자가 당신을 알게 할 며칠의 시간만 필요합니다. 당신의 상품이 좋은지 안 좋은지 빠르게 검증합니다)'라고 했으므로 테스트용 판매, 즉 좋은 물건인지 아닌지를 검증할 수 있다는 뜻이다. 정답은 B이다.

문제 23

女的更愿意卖什么样的产品?	여자는 어떤 상품을 팔기를 더 원하는가?
A 比较新奇的　　B 国外进口的 C 贴近百姓的　　D 专门定制的	A 비교적 신기한 것　　B 외국에서 수입한 것 C 사람에게 친밀한 것　　D 전문적으로 맞춤 제작한 것

단어 新奇 xīnqí 형 신기하다 | 进口 jìnkǒu 동 수입하다 | 定制 dìngzhì 동 맞춤 제작하다

해설 '我们更愿意卖贴近百姓的产品(우리는 사람들에게 친밀한 상품을 팔길 더욱 원했습니다)'이라고 했으므로 사람에게 친밀한 상품을 팔고 싶어한다는 것을 알 수 있다. 정답은 C이다.

문제 24

女的如何看待，未来电视购物的商业生态?	여자는 미래의 홈쇼핑 비즈니스 상태를 어떻게 보는가?
A 会谋求跨界合作 B 会成立电视购物平台联盟 C 应寻求政府的支持 D 消费市场不断紧缩	A 크로스오버 합작을 모색할 것이다 B 홈쇼핑 동맹을 설립할 것이다 C 정부의 지지를 구해야 한다 D 소비시장은 끊임없이 축소된다

단어 谋求 móuqiú 동 모색하다 | 联盟 liánméng 명 연맹, 동맹 | 紧缩 jǐnsuō 동 축소하다

해설 '未来我们会寻求多种形式的合作(우리는 미래에 다양한 형태의 합작을 찾을 것입니다)'라고 언급한 부분의 마지막에 보면, '相信跨界合作的尝试，最终会帮助电视购物(크로스오버 합작의 테스트가 최종적으로 홈쇼핑에 도움을 줄 것을 믿습니다)'라고 했으므로 크로스오버 합작을 모색할 것이라는 것을 알 수 있다. 정답은 A이다.

문제 25

根据对话，下列哪项正确?	대화에 근거하여, 다음 중 옳은 것은?
A 电视购物产品品质没保障 B 电视购物频道要改善服务 C 电视购物相当成熟 D 高端产品利润大	A 홈쇼핑 상품품질은 보장되지 않는다 B 홈쇼핑 채널의 서비스를 개선해야 한다 C 홈쇼핑은 상당히 성숙되었다 D 고급 상품의 이윤이 크다

단어 保障 bǎozhàng 동 보장하다 | 改善 gǎishàn 동 개선하다 | 成熟 chéngshú 형 성숙하다

해설 '电视购物频道，应不断地提高规范程度和服务能力(홈쇼핑 채널은 끊임없이 규범의 정도와 서비스 능력을 높여야 합니다)'라고 언급한 부분이 있으므로 홈쇼핑 채널은 서비스를 개선해야 한다는 것을 알 수 있다. 정답은 B이다.

문제 26-30

| 女：你是如何走上设计道路的？为什么在网上很少看到你工作中创作的作品？
男：我大学时的专业是工业设计，后来阴差阳错地做了手机主题设计工作。而且发现这个更契合自己的喜好。我个人把创作和工作分得比较开，26.B 因为工作中的设计任务不能完全受自己控制，我不太愿意与大家分享。而工作以外设计出来的作品完全是出于自己的意愿，因此我更愿意拿出来 | 여: 어떻게 하다가 디자이너의 길로 들어서게 되었나요? 왜 인터넷에서는 당신이 작업 중에 창작한 작품을 보기 어려운가요?
남: 저는 대학교 때 전공이 산업디자인이었습니다. 후에 어찌어찌하여 휴대전화 테마디자인 일을 했습니다. 게다가 이것이 더 제 자신의 기호에 부합하다는 것을 발견했죠. 저는 개인적으로 창작과 일을 비교적 나누는 편인데, 26.B 일 속에서의 디자인 임무는 완전하게 제 자신의 통제를 받을 수 없어, 모두와 함께 나누어 누리는 것을 그다지 원하지 않습니다. 그런데 일 외에 디자인 해내는 작품은 완전히 자 |

与大家分享。这些作品能够反映我当时的心情、灵感、甚至是一段经历或体验的记录。每当回过头看这些作品的时候，就能回忆起当时的心境与情境。

女：你认为手机主题设计中的哪个部分最花精力？

男：27.A 最花精力的是构思。怎样把功能识别与图标创意相结合是一个难点。并且还要保持统一。所以构思的时间加起来可能要比实际做的时间长。

女：30.A 你经常在手机主题设计大赛中获奖，方不方便透露一下心得？怎么才能让作品脱颖而出呢？

男：平时的所见所闻都可以作为设计的素材，比如去过的地方、看过的电影，每个你接触到的新鲜事物，都可以作为灵感的来源。28.D 当有比赛的时候，就可以随时调用平时积累的这些素材或感触，把它们具象化。总之，就是要多看多观察，这种影响是潜移默化的。从历届比赛来看，由于设计潮流的改变和评委喜好的不同，每届手机主题设计大赛的大奖得主风格都各不相同，很难找到一个可以遵循的规律。我认为只要不盲目跟风，用心去做，都有可能让作品脱颖而出。

女：你认为一个优秀的手机主题设计师应该具备什么样的能力？

男：总体来说，29.D 作为设计师，首先要有卓越的审美能力。至于其他技法、软件操作方面都是次要的，可以后期摸索练习。另外，对产品的理解能力以及对用户需求的准确定位也是必不可少的。而这一切的前提是，喜欢自己所做的事，并坚持下去。只要做到这些，变得优秀就会是必然的结果。

기의 바람에서 나오는 것이기 때문에 저는 더욱 더 끄집어 내어 사람들과 함께 나누길 원합니다. 이 작품들은 저의 당시의 기분, 영감, 심지어는 경험이나 체험한 기록까지 반영할 수 있습니다. 매번 이 작품들을 돌아볼 때 당시의 심정과 장면을 기억할 수 있습니다.

여: 휴대전화 테마디자인에서 어느 부분에 가장 힘을 쏟나요?

남: 27.A 가장 힘을 쓰는 곳은 구상입니다. 어떻게 기능식별과 독창적인 아이콘 구상을 서로 결합시키냐 하는 것은 하나의 난점입니다. 게다가 통일을 유지해야 합니다. 그래서 구상을 하는 시간이 합쳐보면 아마 실제 만드는 시간보다 길 것입니다.

여: 30.A 자주 휴대전화 테마디자인 대회에서 상을 받는데, 노하우를 알려주긴 어렵나요? 어떻게 해야 작품이 두각을 나타내게 할 수 있을까요?

남: 평소에 보고 들은 것은 모두 디자인의 소재로 삼을 수 있습니다. 예를 들면 가본 곳, 본 영화, 당신이 접촉한 모든 신선한 사물들이 모두 영감의 근원이 될 수 있습니다. 28.D 대회가 있을 때에 평소 쌓아놓은 이 소재들이나 감촉 등을 언제든지 사용해, 그것들을 구체적으로 이미지화 할 수 있습니다. 한 마디로 말하자면, 많이 보고 많이 관찰해야 하고 이러한 영향은 은연중에 감화되는 것입니다. 그 동안의 대회를 보면 디자인 유행의 변화와 심사위원의 기호가 다르기 때문에 매회 휴대전화 테마디자인 대회의 대상수상자들의 스타일은 모두 달랐고, 하나의 따를 수 있는 규율을 찾기가 힘들었습니다. 저는 맹목적으로 유행을 따르지 않고 마음을 다해 하기만 하면, 모두 작품이 두각을 나타내게 할 수 있다고 생각합니다.

여: 우수한 휴대전화 테마디자이너는 어떠한 능력을 갖춰야 한다고 생각합니까?

남: 종합적으로 말하자면 29.D 디자이너로서 먼저 탁월한 심미능력이 있어야 합니다. 기타 기법, 소프트웨어 조작 방면은 모두 그 다음이라 후에 연습을 모색해도 됩니다. 이밖에, 상품에 대한 이해 능력 및 사용사의 요구에 대한 징획한 평가 역시 필수적입니다. 이 모든 것의 전제조건은 자신이 하는 일을 좋아하고 꾸준히 해나가는 것입니다. 이런 것들을 하기만 하면 우수하게 변하는 것은 필연적인 결과일 것입니다.

단어 设计 shèjì 동 설계하다 | 道路 dàolù 명 과정, 길 | 阴差阳错 yīnchā yángcuò 여러 가지 원인으로 인하여 일이 잘못되다 | 契合 qìhé 동 부합하다 | 控制 kòngzhì 동 제어하다 | 分享 fēnxiǎng 동 함께 나누다 | 灵感 línggǎn 명 영감 | 体验 tǐyàn 동 체험하다 | 回头 huítóu 동 고개를 돌리다 | 心境 xīnjìng 명 심경 | 情境 qíngjìng 명 광경, 상황 | 花精力 huājīnglì 명 에너지를 쏟다 | 构思 gòusī 동 구상하다 | 图标 túbiāo 명 아이콘 | 创意 chuàngyì 동 독창적인 의견을 제시하다 | 大赛 dàsài 명 큰 경기 | 透露 tòulù 동 누설하다 | 脱颖而出 tuōyǐng érchū 성 자기의 재능을 전부 드러내다 | 素材 sùcái 명 소재 | 接触 jiēchù 동 접촉하다 | 感触 gǎnchù 명 감동, 느낌 | 潜移默化 qiányí mòhuà 성 한 사람의 사상이나 성격 등이 영향을 받아 변화가 생기다 | 评委 píngwěi 명 심사위원 | 遵循 zūnxún 동 따르다 | 盲目 mángmù 형 맹목적인 | 总体来说 zǒngtǐ lái shuō 전체적으로 말하자면 | 卓越 zhuóyuè 형 탁월하다 | 审美 shěnměi 동 아름다움을 감상하고 평가하다 | 软件 ruǎnjiàn 명 소프트웨어 | 操作 cāozuò 동 조작하다

문제 26

男的为什么不愿意分享工作中设计的手机主题?	남자는 왜 작업 중에 디자인한 휴대전화 테마를 함께 나누길 원하지 않는가?
A 借鉴了他人的经验	A 다른 사람의 경험을 참고로 해서
B 不完全符合自己的意愿	B 자기의 바람과 완전히 부합하지 않아서
C 来征得领导同意	C 상관의 동의를 얻어야 해서
D 担心泄露公司机密	D 회사 기밀이 누설될까 봐

단어 借鉴 jièjiàn 동 참고로 하다 | 泄露 xièlòu 동 누설하다

해설 '因为工作中的设计任务不能完全受自己控制,我不太愿意与大家分享。而工作以外设计出来的作品完全是出于自己的意愿,因此我更愿意拿出来与大家分享(일 속에서의 디자인 임무는 완전하게 제 자신의 통제를 받을 수 없어, 모두와 함께 나누어 누리는 것을 그다지 원하지 않습니다. 그런데 일 외에 디자인 해내는 작품은 완전히 자기의 바람에서 나오는 것이기 때문에 저는 더욱 더 끄집어내어 사람들과 함께 나누길 원합니다)'에서 사람들과 함께 나누고 싶은 것은 자신의 바람에서 나오는 것이라고 했으므로 일에서 디자인한 것은 자신의 바람과는 부합하지 않아서라는 것을 알 수 있다. 정답은 B이다.

문제 27

男的认为,设计手机主题时哪个部分最花精力?	남자는 휴대전화 테마를 디자인할 때, 어느 부분에 가장 힘을 쏟는가?
A 构思　　　B 与客户沟通	A 구상　　　B 고객과의 소통
C 软件操作　D 实际制图	C 소프트웨어 조작　D 실제로 이미지로 제작하는 것

해설 '最花精力的是构思(가장 힘을 쓰는 곳은 구상입니다)'라고 했으므로 구상에 힘을 가장 많이 쏟는 것을 알 수 있다. 정답은 A이다.

문제 28

怎样才有可能让作品在大赛中脱颖而出?	어떻게 해야 작품이 대회에서 두각을 나타나게 할 수 있는가?
A 参考往届参赛作品	A 지난 대회의 작품을 참고해야 한다
B 请专家指点	B 전문가의 지적을 청해야 한다
C 了解评委的喜好	C 심사위원의 기호를 알아야 한다
D 多积累素材	D 소재를 많이 쌓아야 한다

단어 往届 wǎngjiè 명 전회, 지난번 | 参赛 cānsài 동 시합에 참가하다, 경기에 나가다

해설 '当有比赛的时候,就可以随时调用平时积累的这些素材或感触,把它们具象化(대회가 있을 때에 평소 쌓아 놓은 이 소재들이나 감촉 등을 언제든지 사용해, 그것들을 구체적으로 이미지화할 수 있습니다)'라고 했으므로 소재를 많이 쌓는 것이 중요하다고 볼 수 있다. 정답은 D이다.

문제 29

优秀的手机主题设计师首先应具备什么能力?	우수한 휴대전화 테마디자이너는 먼저 어떤 능력을 갖춰야 하는가?
A 丰富的想象力	A 풍부한 상상력
B 较强的抗压能力	B 비교적 강한 스트레스 극복 능력
C 扎实的绘图功底	C 탄탄한 회화기초
D 卓越的审美能力	D 탁월한 심미 능력

단어 抗压 kàngyā 동 압력에 저항하다 | 扎实 zhāshi 형 튼튼하다 | 绘图 huìtú 동 제도하다 | 功底 gōngdǐ 명 기초, 기본

해설 '作为设计师,首先要有卓越的审美能力(디자이너로서 먼저 탁월한 심미능력이 있어야 합니다)'라고 한 것을 근거로 삼으면 된다. 정답은 D이다.

문제 30

关于男的，可以知道什么？ A 多次获奖 B 经营了一家手机店 C 博士还未毕业 D 想当设计大赛的评委	남자에 관해서 무엇을 알 수 있는가? A 여러 번 상을 받았다 B 한 휴대전화 가게를 경영했다 C 박사를 아직 졸업하지 않았다 D 디자인 대회의 심사위원이 되고 싶어한다

단어 经营 jīngyíng 동 운영하다

해설 '你经常在手机主题设计大赛中获奖(당신은 자주 휴대전화 테마 디자인대회에서 상을 받았는데)'이라고 진행자가 언급했으므로 남자는 상을 여러 번 받았다는 것을 알 수 있다. 정답은 A이다.

실전 모의고사 2회 - 듣기 제3부분

문제 31-33

夏天，人们喜欢用花露水驱蚊。然而很多人不知道，如果花露水使用不当，很可能会造成危险。原来，花露水的主要成分是酒精。酒精具有杀菌、消毒的作用。同时，它还对有机物具有可溶性。花露水中的驱蚊成分，如：避蚊胺或驱蚊脂等有机化合物，都不能溶于水，31.B 只有溶在酒精中才能更好地发挥驱蚊作用。但由于酒精属于易燃物，在常温下遇到明火就会燃烧。因此，要格外注意花露水的使用方法。涂抹花露水前，33.B 最好加入一定比例的水进行稀释。另外，32.D 一定要远离明火。最后，并将花露水放在阴凉且儿童不易碰到的地方。	여름에 사람들은 화장수로 모기 쫓기를 좋아한다. 그러나 많은 사람들이 만약 화장수를 적절하지 못하게 사용하면 위험을 조성할 가능성이 크다는 것을 모른다. 원래 화장수의 주요 성분은 알코올이다. 알코올은 살균, 소독의 효과를 가지고 있는 동시에 그것은 유기화합물에 대해 가용성을 가지고 있다. 화장수 속의 모기 퇴치 성분, 예를 들면 모기를 피하는 아민이나 모기 퇴치 유지 등 유기화합물은 모두 물에 녹일 수가 없다. 31.B 오직 알코올에 녹여야만 비로소 모기 쫓는 효과를 더 잘 발휘할 수 있다. 그러나 알코올은 인화성 물질에 속하기 때문에 상온에서 불을 만나면 타오르게 된다. 이 때문에 화장수의 사용방법은 각별히 주의해야 한다. 화장수를 바르기 전에 33.B 일정 비율의 물을 넣어서 희석하는 것이 가장 좋다. 이 밖에 32.D 반드시 불을 멀리해야 한다. 마지막으로 화장수를 서늘하고 아이가 만날 수 없는 곳에 두어야 한다.

단어 花露水 huālùshuǐ 명 화장수 | 驱蚊 qūwén 동 모기를 퇴치하다 | 酒精 jiǔjīng 명 알코올 | 杀菌 shājūn 동 살균하다 | 消毒 xiāodú 동 소독하다 | 可溶性 kěróngxìng 명 가용성 | 避蚊胺 bìwén'àn 명 모기 퇴치제 | 有机化合物 yǒujī huàhéwù 명 유기화합물 | 溶 róng 동 녹이다 | 易燃物 yìránwù 명 인화성 물질 | 燃烧 ránshāo 동 연소하다 | 涂抹 túmǒ 동 칠하다 | 稀释 xīshì 동 희석하다

문제 31

花露水中为什么含有酒精？ A 利于提神 B 使驱蚊效果更佳 C 延长保质期 D 使其味道更好闻	화장수에 왜 알코올이 함유되어 있는가？ A 정신을 차리게 하는 데 이롭다 B 모기 퇴치 효과를 더 좋게 한다 C 유통기한을 연장한다 D 냄새를 더 좋게 한다

단어 提神 tíshén 동 기운나게 하다

해설 '只有溶在酒精中才能更好地发挥驱蚊作用(오직 알코올에 녹여야만 비로소 모기 쫓는 효과를 더 잘 발휘할 수 있다)'이라고 언급한 부분이 있으므로 B가 정답이 된다.

문제 32

使用花露水时，要注意什么?	화장수를 사용할 때 무엇을 주의해야 하는가?
A 不能涂抹伤口　　B 不宜过量 C 先清洁皮肤　　　D 远离明火	A 상처에 바르지 않는다　　B 한계량을 초과하지 않는다 C 먼저 피부를 청결하게 한다　D 불을 멀리한다

단어 伤口 shāngkǒu 명 상처 | 清洁 qīngjié 동 깨끗하게 하다

해설 '一定要远离明火(반드시 불을 멀리해야 한다)'라고 언급했으므로 불은 멀리해야 것을 주의해야 함을 알 수 있다. 정답은 D이다.

문제 33

根据这段话，下列哪项正确?	이 글을 근거로 아래에 어느 항이 정확한가?
A 儿童易对花露水过敏 B 花露水可以稀释 C 花露水的成本很低 D 花露水驱蚊效果一般	A 아동은 쉽게 화장수에 민감해진다 B 화장수는 희석시킬 수 있다 C 화장수의 원가는 낮다 D 화장수의 모기를 쫓는 효과는 보통이다

단어 过敏 guòmǐn 동 알레르기 반응을 일으키다

해설 '最好加入一定比例的水进行稀释(일정 비율의 물을 넣어서 희석하는 것이 가장 좋다)'라고 언급한 부분이 있으므로 화장수는 희석할 수 있다는 것을 알 수 있다. 정답은 B이다.

문제 34-36

体操运动员在上器械之前，会在手掌心上抹一种白色粉末，有时也会在器械上抹一些。36.B 为什么要抹这种白色粉末呢? 这种白色粉末叫"碳酸镁"，俗称"镁粉"。34.C 它很轻，具有很强的吸湿性。运动员在比赛时，掌心常会冒汗，这对体操运动员来说非常不利，因为湿滑的掌心会使摩擦力减小，35.B 使得运动员握不住器械。这样不仅影响动作质量，严重时还会使运动员从器械上跌落下来，造成失误，甚至受伤。而碳酸镁不仅能吸去掌心的汗水，同时还能增加掌心与器械之间的摩擦力，这样运动员就能握紧器械，动作质量也会有所保证。	체조선수는 기구에 오르기 전, 손바닥에 흰색가루를 바르고 어떤 때에는 기구 위에 바르기도 한다. 36.B 왜 이러한 흰색가루를 바를까? 이 흰색가루를 '탄산 마그네슘'이라고 하는데, 속칭 '초크'라 한다. 34.C 그것은 매우 가볍고 매우 강한 흡습성을 가지고 있다. 운동선수가 시합을 할 때 손바닥에는 자주 땀이 나는데, 이는 체조선수에게 아주 불리하다. 축축하고 미끄러운 손바닥은 마찰력을 감소시키기 때문에 35.B 선수가 기구를 꽉 잡지 못하게 한다. 이는 동작의 퀄리티에 영향을 줄 뿐만 아니라 심할 때는 선수를 기구 위에서 떨어뜨려 실수를 만들어내고, 심지어 다치게 하기까지 한다. 탄산 마그네슘은 손바닥의 땀을 흡수할 수 있을 뿐만 아니라 동시에 손바닥과 기구 사이의 마찰력을 증가시키는데, 이렇게 하면 선수는 기구를 꽉 잡을 수 있고 동작의 퀄리티 역시 어느 정도 보장된다.

단어 体操 tǐcāo 명 체조 | 器械 qìxiè 명 기계 | 手掌心 shǒuzhǎngxīn 명 손바닥 | 抹 mǒ 동 바르다 | 粉末 fěnmò 명 가루 | 碳酸镁 tànsuānměi 명 탄산 마그네슘 | 镁粉 měifěn 명 초크 | 吸湿性 xīshīxìng 명 흡습성 | 冒汗 màohàn 동 땀을 흘리다, 땀이 나다 | 湿滑 shīhuá 형 미끄럽다 | 摩擦力 mócālì 명 마찰력 | 失误 shīwù 동 실수하다 | 受伤 shòushāng 동 부상 당하다 | 汗水 hànshuǐ 명 땀 | 握紧 wòjǐn 동 움켜쥐다 | 保证 bǎozhèng 동 보증하다

문제 34

关于这种白色粉末，下列哪项正确？	이 흰색 가루에 관해 맞는 것은?
A 有剧毒　　　　B 比赛禁用 C 能吸收水分　　D 易使皮肤过敏	A 맹독이 있다　　　B 대회에서 사용을 금지한다 C 수분을 흡수할 수 있다　D 쉽게 피부를 민감하게 한다

단어 剧毒 jùdú 명 맹독, 극독 | 禁用 jìnyòng 동 사용을 금하다

해설 흰색 가루를 언급하다가 '它很轻，具有很强的吸湿性(그것은 매우 가볍고 매우 강한 흡습성을 가지고 있다)'이라고 했으므로 이 흰색가루는 수분을 흡수할 수 있다는 것을 알 수 있다. 정답은 C이다.

문제 35

体操运动员掌心出汗，会带来什么问题？	체조선수의 손바닥에 땀이 나면 어떤 문제를 가져오는가?
A 腐蚀器材　　　B 抓不牢器械 C 加剧紧张感　　D 增加身体负担	A 기구를 부식시킨다　　　B 기구를 꽉 잡지 못한다 C 긴장감을 악화시킨다　　D 신체부담을 증가시킨다

단어 腐蚀 fǔshí 동 부식하다 | 加剧 jiājù 동 격화되다, 악화되다

해설 손바닥에 땀이 난다는 부분에서 '使得运动员握不住器械(선수가 기구를 꽉 잡지 못하게 한다)'라고 했으므로 땀이 나면 기구를 꽉 잡지 못한다는 것을 알 수 있다. 정답은 B이다.

문제 36

这段话主要谈的是什么？	이 글에서 주로 하고자 하는 말은?
A 体操比赛规则　　B 碳酸镁的作用 C 比赛注意事项　　D 运动器械的保养	A 체조대회 규칙　　　B 탄산 마그네슘의 작용 C 대회 주의사항　　　D 운동기구들의 관리

해설 앞부분에서 '为什么要抹这种白色粉末呢？这种白色粉末叫"碳酸镁"(왜 이러한 흰색가루를 바를까? 이 흰색가루를 '탄산 마그네슘'이라고 한다)'라고 화두를 던지며 이 흰색가루에 대해서 계속 설명하는 내용이 나오므로 반드시 '탄산 마그네슘'이나 '흰색가루'는 제목에 들어가야 하는데 B만 언급하고 있고 너무나나 땀으로 인해 꽉 잡지 못하는 것을 잡을 수 있게 해주는 역할도 한다고 앞의 문제에서 언급했으므로 탄산 마그네슘의 작용을 설명하고 있다는 것이 가장 알맞다. 정답은 B이다.

문제 37-39

研究发现，具有深海潜水本领的动物都有一个神奇的肺。面对深海中的高压，它们的肺即使被压扁收缩到原来体积的15%也不会受到任何伤害。并且可以在短时间内自行恢复。研究者曾研究过海豹的肺组织，发现海豹的肺部表面覆盖着一层由特殊化学物质构成的活性剂，37.B 这种物质使得海豹的肺足够坚韧，可以抵抗高压。另外动物的肌肉中，都 38.B 有一种能将血液中的氧吸收并储存起来的蛋白质——肌红蛋白。根据实验数据，王企鹅、海豹和抹香鲸等深潜高手的肌肉中，肌红蛋白的含量也远远高于陆地动物，所以，它们肌肉中存储的氧气自然也更多，这样凭肌肉中的氧气，它们便可长时间地待在深海中。此外，39.A 具有深潜本领的

한 연구에서 심해 잠수능력을 가지고 있는 동물들은 모두 신기한 폐를 가지고 있는 것을 발견했다. 심해의 높은 압력을 만났을 때 그들의 폐는 설령 원래 체적의 15%까지 눌러서 수축되더라도 어떠한 손상도 받지 않는다. 게다가 짧은 시간 내에 스스로 회복할 수도 있다. 연구자는 일찍이 바다표범의 폐 조직을 연구했는데, 바다표범의 폐부 표면에는 한 층의 특수 화학물질로 구성된 활성제가 덮여 있고 37.B 이러한 물질은 바다표범의 폐를 충분히 단단하고 질기게 하여 높은 압력에 저항할 수 있다는 것을 발견했다. 그밖에 동물의 근육에는 모두 38.C 혈액 중의 산소를 흡수하고 쌓아 두는 단백질—미오글로빈이 있다. 실험 데이터에 따르면, 킹 펭귄, 바다표범과 향유고래 등 심해 잠수 고수들의 근육은 미오글로빈의 함량이 육지 동물보다 훨씬 높다. 그래서 그들의 근육에 저장된 산소 역시 자연히 더 많고 이러한 근육 속의 산소를 바탕으로 그들은 긴

> 动物在下潜过程中，心率会降低，这有助于它们减少能量消耗。研究者发现，小海象在陆地上的平均心率约为每分钟107次，而当它开始下潜时，心跳则为每分钟39次，不过随着下潜深度的不断加大，心率下降的速度会越来越慢。

시간 동안 심해에 머무를 수 있는 것이다. 이 외에, 39.A 심해 잠수 본능을 가진 동물들이 잠항하는 과정에서 심장 박동율이 내려가는데 이는 그들이 에너지 소모를 감소시키는 데 도움이 된다. 연구자는 어린 바다코끼리가 육지에 있을 때 평균 심장박동이 1분에 약 107차례로 잠항을 시작할 때 심장 박동 수는 1분에 39차례지만 잠항의 깊이가 끊임없이 깊어짐에 따라 심장 박동율이 떨어지는 속도가 점점 느려지는 것을 발견했다.

단어 潜水 qiánshuǐ 동 잠수하다 | 本领 běnlǐng 명 본능 | 肺 fèi 명 폐 | 高压 gāoyā 명 고압 | 压扁 yābiǎn 동 눌러서 납작해지다 | 收缩 shōusuō 동 수축하다 | 体积 tǐjī 명 체적 | 恢复 huīfù 회복하다 | 海豹 hǎibào 명 바다표범 | 覆盖 fùgài 동 뒤덮다 | 特殊化学物质 tèshū huàxué wùzhì 명 특수화학물질 | 活性剂 huóxìngjì 명 활성제 | 坚韧 jiānrèn 형 단단하고 질기다 | 肌肉 jīròu 명 근육 | 氧 yǎng 명 산소 | 储存 chǔcún 동 모아두다 | 企鹅 qǐ'é 명 펭귄 | 抹香鲸 mǒxiāngjīng 명 향유고래 | 深潜 shēnqián 동 심해 잠수하다 | 高手 gāoshǒu 명 고수 | 氧(气) yǎng(qì) 명 산소 | 能量消耗 néngliàng xiāohào 명 에너지 소비량

문제 37

关于海豹的肺，可以知道什么?
A 无法收缩　　　　B 非常坚韧
C 构造简单　　　　D 体积很大

바다표범의 폐에 관해 알 수 있는 것은?
A 수축할 방법이 없다　　B 매우 단단하고 질기다
C 구조가 간단하다　　　　D 체적이 크다

해설 '这种物质使得海豹的肺足够坚韧，可以抵抗高压(이러한 물질은 바다표범의 폐를 충분히 단단하고 질기게 하여 높은 압력에 저항할 수 있다)'라고 언급했으므로 바다표범의 폐가 매우 단단하고 질기다는 것을 알 수 있다. 정답은 B이다.

문제 38

肌红蛋白有什么功能?
A 使皮肤更有光泽　　B 杀灭细菌
C 存储氧气　　　　　D 增强免疫力

미오글로빈은 어떤 기능이 있는가?
A 피부에 더 광택이 있게 한다　　B 세균을 박멸한다
C 산소를 저장한다　　　　　　　　D 면역력을 강하게 한다

단어 光泽 guāngzé 명 광택 | 细菌 xìjūn 명 세균 | 存储 cúnchǔ 동 저장하다

해설 '有一种能将血液中的氧吸收并储存起来的蛋白质——肌红蛋白(혈액 중의 산소를 흡수하고 쌓아 두는 단백질-미오글로빈이 있다)'라고 언급했으므로 미오글로빈은 산소를 저장하는 기능이 있다는 것을 알 수 있다. 정답은 C이다.

문제 39

动物在下潜过程中，是如何减少能量消耗的?
A 降低心率　　　　B 调节体温
C 屏住呼吸　　　　D 暂不进食

동물이 잠항하는 과정 중에 어떻게 에너지 소모를 감소시키는가?
A 심장 박동율을 떨어뜨린다　　B 체온을 조절한다
C 호흡을 억제한다　　　　　　　D 잠시 밥을 먹지 않는다

단어 调节 tiáojié 동 조절하다 | 屏住 bǐngzhù 동 억제하다 | 呼吸 hūxī 동 호흡하다 | 进食 jìnshí 동 식사하다

해설 '具有深潜本领的动物在下潜过程中，心率会降低，这有助于它们减少能量消耗(심해 잠수 본능을 가진 동물들이 잠항하는 과정에서 심장 박동율이 내려간다. 이는 그들이 에너지 소모를 감소시키는 데 도움이 된다)'라고 했으므로 동물이 잠항하는 과정 중에 심장 박동율을 떨어뜨려 에너지 소모를 감소시킨다는 것을 알 수 있다. 정답은 A이다.

문제 40-43

　　某快餐店为了吸引顾客，专门印制了一批带有打折字样的促销宣传单在闹市区发放，然而 40.B 宣传单全部发完后，他们的销售额并没有明显增加。于是，快餐店马上暂停了这一促销活动。几天后，这家快餐店的店面以及网站首页上，同时出现了一则优惠公告，公告规定：顾客如果能满足以下条件中的任意一项，便可享受七五折优惠，41.B 如果满足了所有条件，则有资格享受五折优惠。公告中的条件千奇百怪，比如，顾客要有胡子，梳马尾等，42.C 这引起了不少人的关注。假如有顾客满足公告中的条件，他们在点餐前，需拍照进行证明，并将照片分享到社交网站上，此外，送餐人员上门送餐时，顾客必须以自己传到社交网站上的照片的模样来开门。这其实是给顾客享受优惠设置了门槛，但令人奇怪的是，快餐店的顾客反而越来越多。快餐店的做法 43.C 启示经营者：要想获得成功，就得懂得顾客的心理，激起他们的好奇心，让他们乐于参与到自己设计的活动中来。

어느 패스트푸드점에서 고객을 끌기 위해 할인 문구가 있는 판촉광고 전단을 전문적으로 인쇄하여 번화가에 뿌렸는데 40.B 전단지를 모두 뿌린 이후 그들의 매출 금액에는 뚜렷한 증가가 없었다. 그리하여 패스트푸드점은 곧 바로 이 판촉행사를 잠시 중단했다. 며칠 후, 이 패스트푸드점의 매장과 홈페이지의 첫 페이지에는 동시에 혜택 공고가 등장했는데, 공고 규정은 고객이 만약 이하 조건 중 한 가지를 만족시키면 25%의 할인혜택을 누릴 수 있고, 41.B 만약 모든 조건을 만족시켰다면 50% 할인혜택을 누릴 수 있는 자격을 가지게 된다는 것이었다. 공고에 있는 조건은 특이한 것이 많았다. 예를 들면, 손님은 수염이 있어야 하거나 포니테일 머리를 하고 있어야 한다 등이었는데, 42.C 이는 많은 사람들의 주목을 끌었다. 만약 손님이 공고 속의 조건을 만족시켰다면 그들이 음식을 주문하기 전에 사진을 찍어 증명하고 사진을 SNS에 공유해야 한다. 그 외에 배달원이 배달을 할 때 손님은 반드시 자신이 SNS에 올린 사진의 모습으로 문을 열어야 한다. 이는 사실 손님이 혜택을 누리게 해주는 데에 문턱을 설치한 것인데, 하지만 의아하게 만든 것은 패스트푸드점의 고객이 오히려 점점 갈수록 많아진 것이다. 패스트푸드점의 방법은 43.B CEO들에게 성공을 얻고 싶다면 고객의 심리를 알아야 하고, 그들의 호기심을 불러 일으켜서 그들이 기꺼이 자신들이 설계한 활동에 참여할 수 있게 해야 한다는 것을 일깨워주었다.

단어 快餐店 kuàicāndiàn 명 패스트푸드 | 促销 cùxiāo 동 판매를 촉진시키다 | 宣传单 xuānchuándān 명 전단지 | 发放 fāfàng 동 (돈·물자를) 방출하다 | 销售额 xiāoshòu'é 명 매출 금액 | 促销活动 cùxiāo huódòng 명 판촉행사 | 优惠 yōuhuì 명 특혜 | 公告 gōnggào 동 공포하다 | 资格 zīgé 명 자격 | 千奇百怪 qiānqí bǎiguài 기이하고 나양하다 | 胡子 húzi 명 수염 | 梳马尾 shūmǎwěi 포니테일 머리를 하다 | 引起 yǐnqǐ 동 야기하다 | 关注 guānzhù 동 주시하다 | 证明 zhèngmíng 동 증명하다 | 门槛 ménkǎn 명 문지방, 문턱 | 启示 qīshì 동 계시하다

문제 40

快餐店为什么暂停发放宣传单?	패스트푸드점은 왜 전단지 뿌리는 것을 잠시 중단했는가?
A 扰乱了周围的秩序	A 주위의 질서를 어지럽혀서
B 营业额没增加	**B 매상이 오르지 않아서**
C 遭到了环保组织的抵制	C 환경보호 조직의 저지를 받아서
D 印刷费用太高	D 인쇄비용이 너무 비싸서

단어 扰乱 rǎoluàn 동 혼란시키다 | 抵制 dǐzhì 동 억제하다

해설 '宣传单全部发完后，他们的销售额并没有明显增加。于是，快餐店马上暂停了这一促销活动(전단지를 모두 뿌린 이후 그들의 매출 금액에는 뚜렷한 증가가 없었다. 그리하여 패스트푸드점은 곧 바로 이 판촉행사를 잠시 중단했다)'이라고 했으므로 패스트푸드점은 매상의 변화가 없어서, 즉 매상이 오르지 않아서 전단지 뿌리는 것을 중단했다는 것을 알 수 있다. 정답은 B이다.

문제 41

顾客怎样才能享受五折优惠?	고객은 어떻게 해야 50% 할인혜택을 받을 수 있는가?
A 单次消费超过750元	A 한 번에 750위안 이상을 소비해야
B 满足公告中的所有条件	B 공고 속의 모든 조건을 만족시켜야
C 成为高级会员	C 고급등급의 회원이 되어야
D 通过网络订餐	D 인터넷을 통해 음식을 주문해야

단어 订餐 dìngcān 음식을 주문하다

해설 '如果满足了所有条件，则有资格享受五折优惠(만약 모든 조건을 만족시켰다면 50% 할인혜택을 누릴 수 있는 자격을 가지게 된다는 것이었다)'라고 했으므로 공고 속의 모든 조건을 만족시켜야만 혜택, 즉 50% 할인을 받을 수 있다는 것을 알 수 있다. 정답은 B이다.

문제 42

关于那则公告，下列哪项正确?	그 공고에 관해 정확한 것은?
A 张贴于各大商场门口	A 각 큰 상점 입구에 게시했다
B 内容每周更新一次	B 내용이 매주 한 번씩 갱신된다
C 引起了顾客的关注	C 고객의 주목을 끌었다
D 侵犯了人们的肖像权	D 사람들의 초상권을 침범했다

단어 张贴 zhāngtiē 동 (공고·광고·표어 등을) 게시하다, 내붙이다 | 侵犯 qīnfàn 동 침범하다 | 肖像权 xiàoxiàngquán 명 초상권

해설 '这引起了不少人的关注(이는 많은 사람들의 주목을 끌었다)'라고 언급한 부분이 있으므로 고객들의 주목을 끌었음을 알 수 있다. 정답은 C이다.

문제 43

这段话给经营者的启示是什么?	이 글이 CEO들에게 시사하는 것은?
A 要不断改进产品工艺	A 끊임없이 상품공예를 개선해야 한다
B 要把握顾客的心理	B 고객의 심리를 파악해야 한다
C 要了解市场最新动态	C 시장의 최신동태를 잘 알아야 한다
D 要有较强的服务意识	D 비교적 강한 서비스 의식을 가져야 한다

단어 意识 yìshí 명 의식

해설 '启示经营者：要想获得成功，就得懂得顾客的心理(CEO들에게 성공을 얻고 싶다면 고객의 심리를 알아야 한다는 것을 일깨워 준다)'라고 언급한 부분이 있으므로 고객의 심리를 파악해야 한다고 일깨워주고 있다는 것을 알 수 있다. 정답은 B이다.

문제 44-47

折旧是指电脑或者车、床等固定资产，在使用过程中，因磨损老化或技术陈旧，导致其价值逐渐损失的现象。44.C 固定资产折旧会降低企业生产的效率。如果企业不及时添置或者更新固定资产，就很难在市场竞争中获胜。其实，在社会上还流行着"知识折旧"的说法。这种说法认为，45.D 一年不学习，我们所拥有的知识总量将会折旧80%。根据这种说法，假如我们一年之内，不获取新知识，就很难跟上这个社会的节奏。这让很多人意识到了，知识储备的紧迫性和重要性。所以，47.C 我们要"活到老，学到老"。46.C 不断学习，以丰富自己的知识储备，这样就无需惧怕知识折旧了。另外，我们在储备知识时，要注意扩大自己的知识面，不要局限于对自己有用，或者自己感兴趣的领域。这样才能适应当下不断变化的社会。

감가상각은 컴퓨터나 자동차、침대 등 고정자산이 사용 과정 중에 마모와 노화 혹은 기술이 오래되어 그것의 가치를 점차 잃게 되는 현상을 가리킨다. 44.C 고정자산의 감가상각은 기업생산의 효율을 떨어뜨린다. 만약 기업이 고정자산을 즉시 추가 구입하거나 새롭게 바꾸지 않으면 시장 경쟁에서 이기기 어렵다. 사실 사회에서는 '지식의 감가상각'이라는 말이 유행하고 있다. 이런 설명은 45.D 1년간 공부를 하지 않으면 우리가 가진 지식의 총량이 80%로 감가상각 될 것이라고 여겨진다. 이 설명에 따르면, 만약 우리가 1년 안에 새로운 지식을 얻지 않으면 이 사회의 템포를 따라가기 어렵다. 이는 많은 사람들이 지식 비축의 시급성과 중요성을 깨닫게 했다. 그래서 47.C 우리는 '살아있는 한 배우기를 멈추지 않아야' 한다. 46.C 스스로의 지식 비축을 풍부하게 하기 위해 끊임없이 공부하고, 이렇게 하면 지식의 감가상각을 두려워할 필요가 없다. 이밖에 우리가 지식을 비축할 때 자신의 지식의 폭을 확대시키는 것에 주의해야 하고, 자기에게 쓸모가 있거나 흥미가 있는 영역에만 국한되어서는 안 된다. 이렇게 해야만 비로소 즉각적이고 끊임없이 변화하는 사회에 적응할 수 있다.

단어 折旧 zhéjiù 동 감가상각을 하다 | 资产 zīchǎn 명 자산, 산업 | 磨损 mósǔn 동 마모되다 | 老化 lǎohuà 동 노화하다 | 技术陈旧 jìshù chénjiù 명 오래된 기술 | 添置 tiānzhì 동 추가 구입하다 | 知识 zhīshi 명 지식 | 节奏 jiézòu 명 리듬, 템포 | 紧迫性 jǐnpòxìng 명 시급성 | 惧怕 jùpà 동 겁내다 | 局限 júxiàn 동 한정하다

문제 44

固定资产折旧对企业有什么影响？	고정자산 감가상각은 기업에게 어떤 영향을 끼치는가?
A 品质没有保障	A 품질에 보장이 없다
B 打击员工积极性	B 직원의 적극성에 타격을 준다
C 降低生产效率	C 생산효율을 떨어뜨린다
D 赔偿一定违约金	D 일정 정도의 위약금을 배상한다

단어 保障 bǎozhàng 동 보장하다 | 打击 dǎjī 동 공격하다 | 积极 jījí 형 적극적이다 | 赔偿 péicháng 동 배상하다 | 违约金 wéiyuējīn 명 위약금

해설 '固定资产折旧会降低企业生产的效率(고정자산의 감가상각은 기업생산의 효율을 떨어뜨린다)'라고 했으므로 C가 가장 적합하다.

문제 45

一年不学习，我们的知识会折旧多少？	1년간 공부하지 않으면 우리 지식의 감가상각은 얼마인가?
A 70% B 60%	A 70% B 60%
C 90% D 80%	C 90% D 80%

해설 '一年不学习，我们所拥有的知识总量将会折旧80%(1년간 공부를 하지 않으면 우리가 가진 지식의 총량이 80%로 감가상각 될 것이다)'라고 직접적으로 언급했으므로 D가 답이 된다.

문제 46

根据知识折旧的说法，人们应该怎么做?
A 广泛交友　　　　B 培养自身兴趣
C 增加知识储备　　D 要有个性

지식 감가상각의 의견에 따르면 사람들은 어떻게 해야 하는가?
A 폭넓게 친구를 사귄다　　B 자신의 흥미를 기른다
C 지식 비축을 늘린다　　　D 개성이 있어야 한다

단어 交友 jiāoyǒu 동 친구를 사귀다, 교제하다

해설 '不断学习, 以丰富自己的知识储备, 这样就无需惧怕知识折旧了(스스로의 지식 비축을 풍부하게 하기 위해 끊임없이 공부하고, 이렇게 하면 지식의 감가상각을 두려워할 필요가 없다)'라고 했으므로 끊임없이 공부해야 하는데 이는 지식 비축을 위한 것이라는 것을 알 수 있다. 정답은 C이다.

문제 47

下列哪项与这段话的观点一致?
A 一寸光阴一寸金
B 温故而知新
C 学无止境
D 坚持就是胜利

다음 중 이 글의 관점과 일치하는 것은?
A 시간은 금이다
B 옛 것을 배우고 익혀 새로운 것을 알다
C 학문에는 끝이 없다
D 견지하는 것이 곧 승리다

단어 温故知新 wēngù zhīxīn 온고지신 | 学无止境 xuéwú zhǐjìng 학문에는 끝이 없다

해설 '我们要"活到老, 学到老"(우리는 '살아있는 한 배우기를 멈추지 않아야' 한다)'라고 언급한 부분이 있는데 우리가 살아있는 한 배우기를 멈추지 않아야 한다는 말은 학문에는 나이가 없고, 끝이 없음을 가리킨다. 정답은 C이다.

문제 48-50

　　很多人认为, 光滑的冰面比凹凸不平的冰面更滑。但事实并非如此, 如果 48.A 你曾在凹凸不平的冰面上, 拖过满载重物的小雪橇, 你就会发现, 这比在光滑的冰面上更省力。也就是说, 凹凸不平的冰面比光滑的冰面更滑。这是为什么呢? 拿滑冰来说, 我们滑冰时, 只有鞋底下冰刀的刃口接触冰面。我们整个身体的重量, 都作用在面积仅为几平方毫米的刃口上。此时, 冰刀的刃口和冰面之间的压强就会增大。而冰的融化, 除了和温度有关外, 还受压强影响。49.A 压强越大, 冰越易融化。这样一来, 冰面就会形成一层水。有水作为润滑剂, 冰面自然就变得更滑了。50.D 在凹凸不平的冰面上, 重物只作用在几个凸起的点上。重物与冰面的接触面变小, 压强增大, 接触面同样会融化出一层水。所以, 也就变得更滑了。

　　많은 사람들은 매끈한 얼음 면이 울퉁불퉁한 얼음 면보다 더 미끄럽다고 생각한다. 하지만 사실은 결코 이와 같지 않다. 만약 48.A 당신이 울퉁불퉁한 얼음 면에서 무거운 것을 가득 실은 눈썰매를 끈다면 평평한 얼음 면에서 끄는 것보다 더 수월하다는 것을 발견할 것이다. 바로 울퉁불퉁한 얼음 면이 매끈한 얼음 면보다 더 미끄럽다고 말할 수 있다. 이는 왜 그런 것일까? 스케이트로 이야기하자면, 우리가 스케이트를 탈 때 신발 바닥의 칼날만이 얼음 면에 접촉한다. 우리의 모든 신체 중량은 모두 면적이 겨우 몇 제곱 밀리미터 밖에 되지 않는 칼날 위에 작용한다. 이때, 스케이트 날의 칼날과 얼음 면 사이의 압력이 더 커진다. 그런데 얼음이 녹는 것은 온도와 관련있는 것 외에도 압력이 강한 것도 영향을 받는다. 49.A 압력이 크면 클수록 얼음은 쉽게 녹는다. 이렇게 해서 얼음 면은 한 층의 물을 형성한다. 윤활제로 삼는 물이 생기면, 얼음 면은 자연스럽게 더 미끄럽게 변한다. 50.D 울퉁불퉁한 얼음 면 위에서 무거운 것은 단지 몇 개의 볼록한 부분에서만 작용을 한다. 무거운 것은 얼음 면과의 접촉면이 작게 변하면 압력의 강도는 세지면서, 접촉면이 똑같이 한 층의 물을 녹여낸다. 그래서 역시 더 미끄럽게 변하게 되는 것이다.

단어 凹凸 āotū 형 울퉁불퉁하다 | 拖 tuō 동 끌다 | 满载 mǎnzài 동 가득 싣다 | 雪橇 xuěqiāo 명 눈썰매 | 省力 shěnglì 동 수고롭지 않다 | 刃口 rènkǒu 명 칼날 | 接触 jiēchù 동 접촉하다 | 此时 cǐshí 명 지금 | 压强 yāqiáng 명 압력 | 融化 rónghuà 동 녹다 | 润滑剂 rùnhuájì 명 윤활제 | 重物 zhòngwù 명 무거운 것

문제 48

在凹凸不平的冰面上拖雪橇会怎么样？	울퉁불퉁한 얼음 면에서 눈썰매를 끌면 어떠한가?
A 更省力	A 더 수월하다
B 雪橇会被损坏	B 눈썰매가 파손될 수 있다
C 人不易摔倒	C 사람이 쉽게 넘어지지 않는다
D 方向难控制	D 방향을 통제하기 어렵다

단어 损坏 sǔnhuài 동 손상시키다 | 控制 kòngzhì 동 제어하다

해설 '你曾在凹凸不平的冰面上, 拖过满载重物的小雪橇, 你就会发现, 这比在光滑的冰面上更省力(울퉁불퉁한 얼음 면에서 무거운 것을 가득 실은 눈썰매를 끈다면 평평한 얼음 면에서 끄는 것보다 더 수월하다는 것을 발견할 것이다)'라고 했으므로 울퉁불퉁한 얼음 면에서 눈썰매를 끄는 것이 훨씬 더 수월함을 알 수 있다. 정답은 A이다.

문제 49

压强增大到一定程度后，冰面会发生什么变化？	압력의 강도가 일정 정도 강해졌을 때 얼음 면에는 어떤 변화가 발생하는가?
A 融化　　　B 更透明	A 녹는다　　　B 더 투명해진다
C 更坚硬　　　D 裂开	C 더 단단해진다　　　D 벌어진다

단어 透明 tòumíng 형 투명하다 | 坚硬 jiānyìng 형 단단하다 | 裂开 lièkāi 동 벌어지다

해설 '压强越大, 冰越易融(압력이 크면 클수록 얼음은 쉽게 녹는다)'이라고 했으므로 A가 정답임을 알 수 있다.

문제 50

根据这段话下列哪项正确？	이 글을 근거로 아래에 어느 항이 정확한가?
A 滑冰鞋与冰的接触面越大越好	A 스케이트화는 얼음과의 접촉면이 크면 클수록 좋다
B 温度越低冰面越不平	B 온도가 낮을수록 얼음 면은 평평하지 않다
C 滑冰能锻炼平衡力	C 스케이트는 균형감을 단련시킬 수 있다
D 凹凸的冰面更滑	D 울퉁불퉁한 얼음 면이 더 미끄럽다

해설 48번 문제에서도 눈썰매를 끌기 쉬운 것이 울퉁불퉁한 얼음 면이라고 했고 '在凹凸不平的冰面上, 重物只作用在几个凸起的点上。重物与冰面的接触面变小, 压强增大, 接触面同样会融化出一层水。所以, 也就变得更滑(울퉁불퉁한 얼음 면 위에서 무거운 것은 단지 몇 개의 볼록한 부분에서만 작용을 한다. 무거운 것은 얼음 면과의 접촉면이 작게 변하면 압력의 강도는 세지면서, 접촉면이 똑같이 한 층의 물을 녹여낸다. 그래서 역시 더 미끄럽게 변하게 되는 것이다)'에서 울퉁불퉁한 면이 왜 더 미끄러운지에 대해 설명하고 있으므로 D가 가장 적합하다.

실전 모의고사 2회 – 독해 제1부분

문제 51

A 宋代城市经济的繁荣，有力地促进了年画艺术的发展。 B 许多水生植物都有吸收水中重金属元素的能力，可用来净化污水。 C 符合条件的考生请于5月10号以前办理报名手续。 D 船身在狭窄的河流中特别显得很庞大。	A 송대 도시경제의 번영은 녠화예술의 발전을 크게 촉진시켰다. B 많은 수생식물들은 모두 물 속의 중금속 원소를 흡수하는 능력이 있어서 오수를 정화하는 데 쓸 수 있다. C 조건에 부합하는 수험생들은 5월 10일 이전에 등록수속을 해주세요. D 선체는 좁은 하류에서는 매우 거대해 보인다.

단어 促进 cùjìn 동 촉진시키다 | 年画 niánhuà 명 녠화, 연화 [설날 때 실내에 붙이는 즐거움과 상서로움을 나타내는 그림] | 重金属元素 zhòngjīnshǔ yuánsù 명 중금속 성분 | 符合 fúhé 동 부합하다 | 狭窄 xiázhǎi 형 협소하다 | 庞大 pángdà 형 거대하다

해설 '显得 + 부사 + 형용사'는 '~해 보인다'라는 격식으로 어떻게 보이는지의 정도를 나타내는 부사는 '显得' 뒤에 가야 하는데, '特别(매우)'는 '显得' 앞에 있고, 정도를 나타내는 부사가 이미 '很(매우)'이 있으므로 있을 필요가 없는 성분이 된다. 남용으로 '特别'를 제거하는 것이 올바르다. 정답은 D이다.

수정 → 船身在狭窄的河流中显得很庞大。

문제 52

A 就算不快乐也不要皱眉，因为你永远不知道谁会爱上你的笑容。 B 这时，全场所有人的目光都集中到了他身上。 C 蝉声在朦胧的晨光中显得特别分外轻逸，似远似近，又似有似无。 D 志在巅峰的攀登者，不会陶醉在沿途的某个脚印之中。	A 설령 즐겁지 않더라도 눈살을 찌푸리지는 마라. 왜냐하면 누군가가 당신의 미소를 사랑하게 될지 당신은 영원히 알 수 없기 때문이다. B 이때, 공연장의 모든 사람의 시선이 모두 그의 몸에 집중되었다. C 매미 울음소리는 몽롱한 아침햇살 속에서 유난히 가볍게 흩어지고, 먼 듯 가까운 듯, 있는 듯 없는 듯하다. D 최고봉에 뜻을 둔 등반자는 길을 따라 난 어떠한 발자국에도 도취되지 않는다.

단어 就算 jiùsuàn 접 설령 ~하더라도 | 皱眉 zhòuméi 동 눈살을 찌푸리다 | 目光 mùguāng 명 시선 | 蝉 chán 명 매미 | 朦胧 ménglóng 형 몽롱한 | 晨光 chénguāng 명 아침햇살 | 逸 yì 동 흩어져 날리다 | 似 sì 부 마치 ~같다 | 巅峰 diānfēng 명 최고봉 | 攀登者 pāndēngzhě 명 등반자 | 陶醉 táozuì 동 도취하다 | 沿途 yántú 부 길을 따라 | 脚印 jiǎoyìn 명 발자국

해설 '轻逸(가볍게 흩어지다)' 앞에 같은 의미를 나타내는 부사 '特别(매우)'와 '分外(유난히)'가 함께 쓰였으므로 남용이다. '特别'를 제거하는 것이 올바르다. 정답은 C이다.

수정 → 蝉声在朦胧的晨光中显得分外轻逸，似远似近，又似有似无。

문제 53

A 作为一种新兴的旅游休闲形式，让农家乐取得了较好的经济效益。 B 创造人的是自然，而启迪和教育人的却是社会。 C 国家大剧院的"蛋壳"形屋顶最大跨度为212米。 D 这部作品结构严谨、语言优美，达到了古典小说的高峰。	A 일종의 새로운 트렌드인 여행휴양 형식은 농가체험 프로그램이 비교적 좋은 경제적 효과와 이익을 얻게 하였다. B 사람을 창조한 것은 자연이지만, 사람을 일깨우고 교육한 것은 오히려 사회이다. C 국가대극장의 '달걀 껍데기' 형태의 꼭대기 층은 최대 폭이 212m이다. D 이 작품은 구성이 깔끔하고, 어휘는 아름다워서 고전소설의 최고봉에 달했다.

| 단어 | 作为 zuòwéi 동 ~로 여기다 | 新兴 xīnxīng 형 신흥의 | 效益 xiàoyì 명 효과와 수익 | 创造 chuàngzào 동 창조하다 | 启迪 qǐdí 동 깨우치다 | 蛋壳 dànké 명 달걀껍데기 | 屋顶 wūdǐng 명 천장 | 跨度 kuàdù 명 간격 | 严谨 yánjǐn 형 엄격하다 | 优美 yōuměi 형 우아하다 | 高峰 gāofēng 명 고봉, 절정

해설 '让(사역동사)'이 술어이므로 쉼표 앞에는 주어가 와야 하는데 '作为'가 들어간 구는 자격을 나타내는 부사어로서 주어가 아니다. 그러므로 이 문장은 주어가 없는 문장이 되어 오용이 된다. '作为(~로서)'를 제거하면 '一种新兴的旅游休闲形式(일종의 새로운 트렌드인 여행휴양 형식)'가 주어가 될 수 있으므로 올바른 문장이 된다. 정답은 A이다.

수정 → 一种新兴的旅游休闲形式，让农家乐取得了较好的经济效益。

문제 54

A 在他转身的那一刻，他看到母亲眼里泛起了泪花。 B 打败我们的不是往往挫折，而是面对挫折时的消极心态。 C 长时间穿高跟鞋走路容易引发脚部疾病。 D 卢沟桥两旁有281根汉白玉栏杆，柱头上雕刻着神态各异的石狮子。	A 그가 몸을 돌리던 그때, 그는 어머니의 눈에 글썽거리는 눈물이 솟구치는 것을 보았다. B 우리를 지게 만드는 것은 늘 좌절이 아니라, 좌절을 마주할 때의 부정적인 마음가짐이다. C 장시간 하이힐을 신고 걷는 것은 쉽게 발 부분의 질병을 유발시킨다. D 노구교 양쪽에는 281개의 한백옥의 난간이 있고, 기둥머리에는 분위기가 각기 다른 돌 사자가 새겨져 있다.

단어 泛起 fànqǐ 동 오르다 | 泪花 lèihuā 명 글썽거리는 눈물 | 挫折 cuòzhé 명 좌절 | 消极 xiāojí 형 소극적인 | 心态 xīntài 명 마음가짐 | 引发 yǐnfā 동 유발하다 | 脚部 jiǎobù 명 다리와 발 부분 | 疾病 jíbìng 명 질병 | 卢沟桥 Lúgōu Qiáo 명 노구교 | 汉白玉 hànbáiyù 명 한백옥, 흰대리석 | 柱头 zhùtóu 명 기둥머리 | 神态 shéntài 명 기색과 자태 | 各异 gèyì 형 각기 다른

해설 '往往(늘, 항상)'은 부사로서, 이 문장의 전체가 '늘 그렇다'는 뜻으로 접속사인 구문인 '不是A，而是B'에서 먼저 나온 '不是'보다는 앞에 위치해야 하는데 뒤에 있으므로 어순 오용이 된다. '不是' 앞으로 자리를 옮겨야 올바르다. 정답은 B이다.

수정 → 打败我们的往往不是挫折，而是面对挫折时的消极心态。

문제 55

A 新政策对抑制农产品价格过快上涨起到了很好的作用。 B 往刚盛过冰水的玻璃杯里倒开水，玻璃杯很容易炸裂。 C 影楼的楼梯间内贴满了客人们的照片。 D 新疆关于我是一个美丽而神秘的地方，令我心驰神往。	A 새로운 정책은 농산품 가격이 과도하게 빨리 오르는 것에 대해 좋은 작용을 일으킨다. B 막 얼음물을 담았던 유리잔에 끓는 물을 따르면 유리잔은 아주 쉽게 금이 간다. C 사진관의 계단 사이에는 손님들의 사진이 가득 붙어 있다. D 신장은 나에게는 하나의 아름답고 신비한 곳으로, 내 마음을 쏠리게 만든다.

단어 抑制 yìzhì 동 억제하다 | 上涨 shàngzhǎng 동 (가격이) 오르다 | 盛 chéng 동 담다, 넣다 | 玻璃杯 bōlibēi 명 유리잔 | 炸裂 zhàliè 동 갈라지다 | 影楼 yǐnglóu 명 사진관 | 贴 tiē 동 붙이다 | 令 lìng 동 ~하게 하다 | 心驰神往 xīnchí shénwǎng 동경하다

해설 '关于(~에 관하여)'는 대상 전치사로 부사어 역할은 하지 않는 어휘이기 때문에 위치상 오용이고, 또한 문장 내용상 '나에 관해'가 아니라 '내 입장에서'가 필요하므로 '关于我'가 아니라 '对我来说'가 되어야 올바르기 때문에 고쳐야 한다. 정답은 D이다.

수정 → 新疆对我来说是一个美丽而神秘的地方，令我心驰神往。

문제 56

A 与1900年前相比，全球75%的农作物品种已经消失。
B 他埋头写起作业来，屋里静悄悄的，只听到钢笔在纸上写字的沙沙声。
C 酒后适量喝蜂蜜水有解酒的效果起作用。
D 人类的渔业历史可追溯到旧石器时代，那时人们就以渔猎为生。

A 1900년 이전과 비교했을 때, 전세계 75%의 농작물 품종은 이미 사라졌다.
B 그는 몰두해서 숙제를 하느라, 방안은 쥐 죽은 듯 조용하고, 단지 종이 위에 글을 쓰는 '슥삭' 소리만 들릴 뿐이었다.
C 음주 후 적정량의 꿀물을 마시면 숙취효과가 있다.
D 인류의 어업역사는 구석기시대로 거슬러 올라가는데, 그때 인류는 물고기 사냥으로 생활했다.

단어 相比 xiāngbǐ 동 ~와 비교하다 | 埋头 máitóu 동 몰두하다 | 静悄悄 jìngqiāoqiāo 쥐 죽은 듯 하다 | 沙沙声 shāshāshēng 명 바스락거리는 소리 | 适量 shìliàng 명 적정량 | 蜂蜜水 fēngmìshuǐ 꿀물 | 解酒 jiějiǔ 명 숙취 | 追溯 zhuīsù 동 시간을 거슬러 올라 사물의 근본을 탐구하다 | 旧石器时代 jiùshíqì shídài 구석기 시대 | 渔猎 yúliè 동 물고기 사냥

해설 '有效果(효과가 있다)'와 '起作用(작용을 일으키다)'은 기본적으로 같은 의미이기 때문에 같이 쓸 수 없고, '起作用'은 이미 '주 + 술 + 목'을 갖춘 올바른 문장 뒤에 붙었으므로 어법적으로도 맞지 않는다. '起作用'을 제거하는 것이 가장 올바르다. 정답은 C이다.

수정 → 酒后适量喝蜂蜜水有解酒的效果。

문제 57

A 屋子里飘出一股淡淡的薄荷清香。
B 交通拥堵的很大一部分是一些司机不遵守交通规则。
C 大家敬重她，不只因为她拥有丰富的学识，更因为她有强大的人格魅力。
D 此次调研覆盖1200多家企业，涉及15个行业。

A 방안에 은은하게 박하 향이 피어올라 흩날렸다.
B 교통정체의 가장 큰 한 부분은 일부 운전사들이 교통규칙을 준수하지 않는 것으로 인한 것이다.
C 모두 그녀를 존경하는데, 그녀가 풍부한 학식을 가지고 있어서 일 뿐만 아니라, 더욱이 그녀가 강한 인격적 매력을 가지고 있기 때문이다.
D 이번 조사연구는 1,200여 개 기업을 대상으로, 15개 업종을 포함하고 있다.

단어 飘 piāo 동 흩날리다 | 淡淡 dàndàn 형 희미하다 | 薄荷 bòhe 명 박하 | 拥堵 yōngdǔ 동 길이 막히다 | 敬重 jìngzhòng 형 존경하다, 공경하다 | 拥有 yōngyǒu 동 가지다 | 学识 xuéshí 명 학식 | 调研 diàoyán 동 연구하다 | 覆盖 fùgài 동 덮다 | 涉及 shèjí 동 관련되다

해설 '交通拥堵的很大一部分(교통정체의 가장 큰 한 부분)'은 '一些司机不遵守交通规则(일부 운전사들이 교통규칙을 준수하지 않다)'가 아니라 이로 인해 일어난 것이므로 문장 말미에 '引起的'가 있어야 올바른 문장이 된다. 정답은 B이다.

수정 → 交通拥堵的很大一部分是一些司机不遵守交通规则引起的。

문제 58

A 张家界天门山植被丰富，森林覆盖率高达约90%左右，山顶保存着较为完整的原始次生林。	A 장지아제 텐먼산의 식물은 풍부하고, 숲의 복개율은 약 90%에 달하며 산 정상에는 비교적 완벽한 원시 재생림을 보존하고 있다.
B 为减少汽车尾气对城市空气的污染，不少城市都开展了"无车日"的相关活动，以鼓励更多市民乘坐公共交通工具出行。	B 도시 공기를 오염시키는 차량매연을 줄이기 위해, 적지 않은 도시들이 '차가 없는 날'과 관련 있는 행사를 전개해 더욱 많은 시민들이 대중교통을 이용하여 외출할 것을 격려했다.
C 茂腔是一种流行于山东东部的地方戏曲剧种，因独特的艺术魅力和浓郁的地方特色而深受当地群众喜爱。	C 마오치앙은 일종의 산둥 동부지역에서 유명한 지방극의 극종인데, 독특한 예술매력과 농후한 지역특색으로 인해 대중들의 많은 사랑을 받았다.
D 常做自我反省不仅可以振奋精神、活跃思维，还能增强自信心，从而更好地调整自己的整体状态。	D 자주 자기반성을 하는 것은 사기를 진작시키고, 사고를 활발하게 하고, 또한 자신감을 증가시켜 자신의 전체적인 컨디션을 더욱 잘 조정하게 된다.

단어 覆盖率 fùgàilǜ 명 복개율 | 原始次生林 yuánshǐ cìshēnglín 명 원시 재생림 | 尾气 wěiqì 명 배기가스 | 开展 kāizhǎn 동 전개하다 | 鼓励 gǔlì 동 격려하다 | 戏曲 xìqǔ 명 희곡극 | 浓郁 nóngyù 형 진한, 짙은 | 深受 shēnshòu 깊이 받다 | 振奋 zhènfèn 동 고무하다 | 活跃 huóyuè 형 활동적이다 | 从而 cóng'ér 접 그렇게 함으로써 | 调整 tiáozhěng 동 조정하다

해설 '约(약, 대략)'와 '左右(좌우)'는 둘 다 어림수를 나타내는 표현으로 하나의 수에 같이 쓸 수 없다. 둘 중 하나는 제거해야 올바른 문장이 된다. 정답은 A이다.

수정 → 张家界天门山植被丰富，森林覆盖率高达约90%，山顶保存着较为完整的原始次生林。

문제 59

A 一个设计者应该完全了解与其设计有关的特殊生产过程，否则只会事倍功半。	A 설계자라면 마땅히 해당 설계와 관련있는 특수한 생산과정을 완전히 알아야 한다. 그렇지 않으면 힘만 들고 성과는 적게 된다.
B 他非常喜欢鲁迅的小说，对鲁迅的《呐喊》曾反复阅读，一直被翻得破烂不堪，只好重新装订。	B 그는 루쉰이 소설을 매우 좋아하여 루쉰의 《呐喊》을 반복해서 읽었는데, 너무 많이 읽어 헤져서 새로이 제본할 수밖에 없었다.
C 书法学习要经过入贴、出贴两个阶段。入贴需要勤奋，达到忘我的程度；出贴则要在手熟的基础上，创出自己的风格。	C 서예 공부는 입첩, 출첩 두 단계를 거쳐야 한다. 입첩은 나를 잊을 정도에 이를 때까지 부지런해야 하고, 출첩은 숙련된 기초로 자신의 스타일을 만들어내야 하는 것이다.
D 四羊方尊是商朝晚期的青铜礼器、祭祀用品，也是中国现存的商代青铜方尊中最大的一件。	D 사양방존은 상 왕조 말기의 청동예기, 제사용품이고, 중국에서 현존하는 상대 청동방존 중에서 가장 큰 것이다.

단어 特殊生产过程 tèshū shēngchǎn guòchéng 명 특수생산과정 | 事倍功半 shìbèi gōngbàn 힘은 많이 들이고 성과는 적다 | 破烂不堪 pòlàn bùkān 헐어빠지다 | 装订 zhuāngdìng 동 제본하다 | 阶段 jiēduàn 명 단계 | 风格 fēnggé 명 성격, 기질 | 商朝晚期 Shāng Cháo wǎnqī 상 왕조 말기 | 祭祀 jìsì 동 제사를 지내다 | 现存 xiàncún 동 현존하다

해설 전체 문장의 주어는 '他(그)'인데 마지막 두 절의 너무 많이 읽혀서 해진 것과 제본되어진 주어는 '《呐喊》'이라는 작품이므로 주어가 맞지 않는다. '一直被翻得破烂不堪, 只好重新装订' 제일 앞에 주어로 '《呐喊》'이 와야 올바른 문장이 된다. 정답은 B이다.

수정 → 他非常喜欢鲁迅的小说，对鲁迅的《呐喊》曾反复阅读，《呐喊》一直被翻得破烂不堪，只好重新装订。

문제 60

A "天河一号"的问世表明，中国已经具备了研制运算速度为每秒千万亿次的超级计算机。
B 这里毗邻多个大型居民住宅区，并有多条公交线路经过，地理位置十分优越。
C 漱口水有抑菌、杀菌的功效，但若不先把牙齿刷干净就使用漱口水，其效果很难保证。
D 攀登过峰峦雄伟的泰山，游览过红叶似火的香山，但我依然对故乡的山情有独钟。

A '천하1호'의 발표는 중국이 이미 연산속도가 초당 천만 억 번의 슈퍼컴퓨터를 연구 제작한 나라가 되었음을 밝혔다.
B 이곳은 많은 대형 주택지와 인접하였고, 게다가 경유하는 많은 대중교통 노선이 있어 지리적 위치는 매우 뛰어나다.
C 구강 청결제에는 세균을 억제하고 살균하는 효과가 있지만, 만약에 양치를 깨끗하게 하지 않고, 구강청결제를 사용하면 그 효과는 보장하기 어렵다.
D 산봉우리가 웅장한 타이산을 등반했고, 낙엽이 불타는 것 같은 시앙산도 유람했지만 나는 여전히 고향의 산에 대한 정이 각별하다.

단어 问世 wènshì 동 발표되다 | 表明 biǎomíng 동 표명하다 | 研制 yánzhì 동 연구제작하다 | 运算 yùnsuàn 동 계산하다 | 毗邻 pílín 동 인접하다 | 优越 yōuyuè 형 우월하다 | 漱口水 shùkǒushuǐ 명 구강 청결제 | 抑菌 yìjūn 세균 억제 | 攀登 pāndēng 동 등반하다 | 峰峦 fēngluán 명 산봉우리 | 游览 yóulǎn 동 (풍경·명승 등을) 유람하다 | 情有独钟 qíngyǒu dúzhōng 성 사람이나 사물에 각별한 애정을 보이다

해설 '具备(갖추다)'는 '조건, 자격, 능력 등을 갖추다'라는 뜻이므로 '计算机(컴퓨터)'를 목적어로 취할 수 없고, 내용상 중국이 슈퍼컴퓨터를 연구 제작한 나라가 되었다는 것이므로 '具备'를 제거하고 술어로 '成为(되다)'를 쓰고 이에 맞추기 위해 마지막에 '的国家(~한 국가)'를 넣어야 올바른 문장이 된다. 정답은 A이다.

수정 → "天河一号"的问世表明，中国已经成为了研制运算速度为每秒千万亿次的超级计算机的国家。

실전 모의고사 2회 - 독해 제2부분

문제 61

在投资的过程中，你 _____ 会遇到一些问题。你最好提前做好心理准备， _____ 清楚，并有自己的理解。这 _____ 比技巧或者知识更能决定你投资的广度和深度。

투자하는 과정 중에 당신은 머지않아 몇 가지 문제들이 생기게 될 것이다. 당신은 가장 좋기는 분명하게 생각해두고, 자신만의 이해를 가지는 마음의 준비를 잘 해두어야 한다. 이것은 아마 기교 또는 지식보다 당신이 투자하는 폭과 깊이를 더욱 결정할 수 있다.

A 迟早	琢磨	或许
B 未免	反思	倘若
C 将近	辨认	难怪
D 近来	设想	宁可

A 머지않아	깊이 생각하다	아마, 어쩌면
B ~을 면할 수 없다	반성, 사색하다	만일 ~한다면
C 거의~에 근접하다	식별해내다	어쩐지
D 요즘	가상하다	차라리 ~할지언정

단어 迟早 chízǎo 부 조만간 | 琢磨 zhuómó 동 깊이 생각하다 | 或许 huòxǔ 부 아마, 어쩌면 | 未免 wèimiǎn 부 ~을 면할 수 없다 | 反思 fǎnsī 동 반성하다 | 倘若 tǎngruò 접 만일 ~한다면 | 将近 jiāngjìn 동 거의 ~에 근접하다 | 辨认 biànrèn 동 식별해내다 | 难怪 nánguài 부 어쩐지 | 近来 jìnlái 명 요즘 | 设想 shèxiǎng 동 가상하다 | 宁可 nìngkě 부 차라리 ~할지언정

해설 **첫 번째 빈칸** – 문제가 생긴다는 내용을 수식할 수 있는 어휘여야 하므로 A '迟早(머지않아)'와 B '未免(면할 수 없다)'이 문제가 곧 생길 것을 암시하거나 문제가 발생되는 것을 면할 수 없다는 내용이 되므로 가장 적합하다.

두 번째 빈칸 – '清楚'를 보어로 쓰면서 내용상 어떤 마음의 준비를 해야 하는지 설명할 수 있는 동사가 와야 하는데 B '反思'는 '반성', 즉 되돌아 생각해보는 것이므로 '提前(미리)'과 어울리지 않는다. C '辨认(식별하다)' 역시 분별하여 알아본다는 뜻으로 내용하고는 어울리지 않으므로 A와 D가 가장 적합하다.

세 번째 빈칸 – 제시된 접속사와 부사의 특징을 잘 파악해야 하는데 앞에서 설명한 내용이 뒤에 있는 것을 결정할 수도 있다는 추측

이 가장 잘 어울리므로 A '或许'가 가장 적합하고 B '倘若'는 '如果(만약)'와 같은 의미로 '那么(그러면)'와 호응해 뒤에는 가정의 결과도 함께 제시되어야 하므로 정답이 아니다. C '难怪(어쩐지)'는 주로 '原来(알고보니)'와 함께 쓰여 궁금했던 사실이 풀렸음을 의미한다. D '宁可(차라리)'는 '也(역시)'와 호응하여 대비되는 두 가지 사실이 모두 마땅치 않을 때 상대적으로 나음을 나타내므로 글의 내용과는 적합하지 않다. 정답은 A이다.

문제 62

如今，与文化关联最 _____ 的技术当属平板电脑和手机，这些 _____ 正在成为最重要的阅读 载体。质疑的声音已不再新鲜，在无法逆转的情况下，人们应早日 _____ 这种转变，而不是等待自己的阅读习惯被改变。

오늘날 문화와 관련이 가장 긴밀한 기술은 단연 태블릿 PC와 휴대전화이다. 이런 장치들은 가장 중요한 읽을거리의 저장장치가 되었다. 의심의 소리들은 이제 더 이상 신선하지 않다. 되돌릴 수 없는 상황에서, 사람들은 신속하게 이러한 변화에 적응해야지 자신의 읽기습관이 바뀌길 기다려서는 안 된다.

A	紧迫	装备	对抗	A 긴박하다	장비/ 장착하다	저항하다
B	周密	设施	对应	B 주도면밀하다	시설	대응하다
C	紧密	设备	适应	C 긴밀하다	설치/ 갖추다	적응하다
D	紧急	配备	对付	D 긴급하다	한 벌의 설비	대처하다

단어 平板电脑 píngbǎn diànnǎo 태블릿 PC | 质疑 zhìyí 동 질의하다 | 逆转 nìzhuǎn 동 역전하다, 뒤집다 | 转变 zhuǎnbiàn 동 전변하다, 바꾸다 | 紧迫 jǐnpò 형 긴박하다 | 装备 zhuāngbèi 명 장비 동 장착하다 | 对抗 duìkàng 동 저항하다 | 周密 zhōumì 형 주도면밀하다 | 设施 shèshī 명 시설 | 对应 duìyìng 동 대응하다 | 紧密 jǐnmì 형 긴밀하다 | 设备 shèbèi 명 설비 동 갖추다 | 适应 shìyìng 동 적응하다 | 紧急 jǐnjí 형 긴급하다 | 配备 pèibèi 명 한 벌의 설비, 한 세트의 설비 | 对付 duìfu 동 대처하다

해설 **첫 번째 빈칸** – '关联(관련 있다)'과 가장 어울리는 어휘를 찾아야 하는데 관계나 연계와 관련 있는 어휘는 C '紧密(긴밀하다)' 밖에 없다.
두 번째 빈칸 – 태블릿 PC와 휴대전화를 지칭할 수 있는 어휘를 찾아야 하는데 이러한 도구나 장치들을 가리키는 어휘는 A, C, D이다. B '设施(시설)'는 어느 공간에 설치되어 있는 장비들을 말하므로 적합하지 않다. 그리고 장비를 가리키긴 하지만 A '装备'는 어떤 활동을 하는 데 필요하거나 시설에 설치해야 하는 장비들을 가리키고, D '配备'는 부품들을 장착한 한 벌, 혹은 한 세트의 기기나 장비들을 가리킨다. 그러므로 기본 개체를 가리키는 어휘로는 C가 가장 적합하다.
세 번째 빈칸 – 사람들이 이런 변화들을 어떻게 해야 하는가를 찾아야 하는데 내용상 A '对抗(저항하다)'은 될 수 없고, B '对应(대응하다)'과 D '对付(대처하다)'는 '어떻게'가 중요한데 설명이 없으므로 C '适应(적응하다)'이 가장 적합함을 알 수 있다. 정답은 C이다.

문제 63

有人推测，地图的 _____ 比文字还早。远在史前时期，人类就已会用符号来记录自己生活的环境、走过的 _____ 。据学者考证，早在一万年前就出现了在地上用简单符号来标识地物的 _____ 地图。

어떤 이는 지도의 기원은 문자보다 더 이르다고 추측했다. 아주 먼 선사시대에 인류는 이미 부호를 사용하여 자신의 생활환경과 걸어온 노선을 기록했다. 학자가 고증에 따르면 일찍이 일만 년 전 땅에 간단한 부호로 지형지물을 표시한 원시의 지도가 출현했다.

A	根源	方位	最初	A 근원	방향과 위치	최초
B	来源	轨道	原装	B 유래, 출처	궤도	원산지 생산의
C	来历	途径	初步	C 경력, 내력	경로	시작 단계의
D	起源	路线	原始	D 기원	노선	원시의

단어 推测 tuīcè 동 추측하다 | 考证 kǎozhèng 동 고증하다 | 根源 gēnyuán 명 근원 | 来源 láiyuán 명 유래 | 轨道 guǐdào 명 궤도 | 原装 yuánzhuāng 형 원산지 생산의, 원산지 완제품의 | 来历 láilì 명 경력, 내력 | 途径 tújìng 명 경로, 과정 | 初步 chūbù 형 시작 단계의 | 起源 qǐyuán 명 기원 동 기원하다 | 路线 lùxiàn 명 노선 | 原始 yuánshǐ 형 원래의

해설 **첫 번째 빈칸** – '地图(지도)'의 수식을 받는 어휘를 찾고, 뒤의 내용을 근거로 지도의 시작이 어땠는지를 설명할 어휘를 찾아야 하는데 A '根源'은 사건의 근본 원인이나 물의 원천 등을 나타내므로 맞지 않고, C '来历'는 사람이나 사물의 내력을 설명하는 어휘로 그동안 어떻게 살아오고 지내왔는지를 나타내는 어휘이므로 적합하지 않다. B '来源'은 '유래'라는 뜻으로 지도와는 호응이 잘 되지만 뒤의 내용이 지도가 어떻게 해서 만들어졌는가가 아니라 지도의 초기 형태가 어땠는지를 설명하므로 D '起源(기원)'이 가장 적합하다.

두 번째 빈칸 – '走过的(걸어온)'의 수식을 받을 수 있는 어휘를 찾아야 하는데 A '方位는 방향과 위치 즉, 지도와 연계시키면 어느 지점인지를 설명하는 어휘이므로 '走过的(걸어온)'와는 어울리지 않는다. B '轨道'는 기차 등의 교통수단이 지나는 '선로'를 뜻하므로 적합하지 않고, C '途径'은 일의 처리방향이나 방법, 경로 등을 설명하는 데 주로 쓰이므로 역시 적합하지 않다. 걸어온 D '路线(노선, 길)'이 가장 적합하다.

세 번째 빈칸 – 바닥에 부호를 써서 표시한 지도가 어떤 지도라고 할 수 있는지 설명할 어휘를 찾아야 하는데 원산지의 완제품을 나타내는 B '原装'과 일의 처리 단계 중에서 시작 단계를 나타내는 C '初步'는 적합하지 않다. A '最初'는 '最初地图(최초의 지도)'라는 말로는 자연스럽고 적합하지만 이는 지도라고 불리는 사물 중에 처음의 것을 설명하므로 땅에 부호로 표시한 것은 원시의 1차적인 지도라고 볼 수 있기 때문에 D '原始'가 가장 적합하다. 정답은 D이다.

문제 64

鸡首壶是西晋时出现的一种瓷壶，因壶嘴为鸡首状而得名，鸡首起初只具起 _____ 作用。至东晋，鸡首与壶腹 _____ ，成为可以出水的流部，才具有了实用性。唐代以后，鸡首壶逐渐淡出了历史 _____ 。"鸡"与"吉"谐音，鸡首壶表达了古代人们追求 _____ 生活的美好愿望。

'鸡首壶(계수호: 닭 머리 모양의 주전자)'는 서진 때 발견된 자기 주전자이다. 주전자의 주둥이가 닭 머리의 형상이어서 이름이 지어졌고, 닭의 머리는 처음에는 단지 장식의 효과를 낸 것이었다. 동진에 이르러 닭 머리는 주전자 몸통과 서로 통하여 물이 나갈 수 있는 주둥이가 되어 실용성을 가지게 되었다. 당대 이후 계수호는 점차 역사의 무대에서 서서히 사라졌다. '鸡(jī)'와 '吉(jí)'가 같은 음이어서 계수호는 옛날 사람들이 길한 생활을 추구하는 아름다운 바람을 표현하였다.

A	修复	接连	平台	慈祥
B	装饰	想通	舞台	吉祥
C	装修	衔接	平面	光明
D	掩饰	相应	台阶	如意

A 수리 복원하다 / 잇달아, 연속해서 / 옥상 테라스 / 자애롭다
B 장식하다 / 서로 통하다 / 무대 / 길하다
C 인테리어 하다 / 맞물리다 / 평면 / 빛나다
D 감추다 / 상응하다, 적합하다 / 계단 / 뜻대로 되다

단어 瓷壶 cíhú 자기 주전자 | 淡出 dànchū 동 (사람·사물이) 소리 소문 없이 서서히 사라지다 | 谐音 xiéyīn 동 (글자의) 독음이 같거나 비슷하다 | 修复 xiūfù 동 수리하여 복원하다 | 接连 jiēlián 부 잇달아 | 平台 píngtái 명 옥상 테라스 | 慈祥 cíxiáng 형 자상하다 | 装饰 zhuāngshì 동 장식하다 | 舞台 wǔtái 명 무대 | 吉祥 jíxiáng 형 길하다 | 衔接 xiánjiē 동 맞물리다 | 平面 píngmiàn 명 평면 | 光明 guāngmíng 형 빛나다 | 掩饰 yǎnshì 동 감추다 | 相应 xiāngyìng 동 적합하다 | 台阶 táijiē 명 계단 | 如意 rúyì 동 뜻대로 되다

해설 첫 번째 빈칸 – 계수호의 닭 머리 부분이 처음에 어떤 작용을 했는지를 설명할 수 있는 어휘를 찾아야 하는데 A '修复'는 유물 등을 '수리 복원한다'는 뜻이고, C '装修'는 실내구조 따위를 '인테리어 하다'는 뜻이고, D '掩饰'는 잘못이나 단점 등을 '감추다'는 뜻이므로 적합하지 않다. 처음에는 장식의 의미만 있었음을 알 수 있으므로 B가 가장 적합하다.

두 번째 빈칸 – 닭의 머리 부분과 주전자 몸통이 어떻게 되었는지를 설명할 어휘를 찾아야 하는데 A '接连'은 '연거푸, 잇달아'라는 뜻으로 '接连发生(잇달아 발생하다)'처럼 쓰이고, C '衔接'는 '맞물리다'라는 뜻으로 사물과 사물이 붙어서 '이어지다'로만 본다면 가능해 보이지만 주전자는 안이 연결되어 통하는 것이기 때문에 단순히 사물이 붙어 맞물린다는 뜻의 '衔接'는 적합하지 않다. D '相应'은 '상응하다'는 뜻으로 서로 적합함을 나타내므로 '相应的待遇(상응하는 대우)'처럼 쓰이고 내용에는 적합하지 않다. 안이 서로 뚫려 통한다는 B '相通'이 가장 적합하다.

세 번째 빈칸 – 역사와 조합을 이루고 '淡出(서서히 사라지다)'와 호응을 하는 명사를 찾아야 하는데 '淡出舞台(무대에서 조용히 사라지다)'가 조합으로 자주 쓰이기 때문에 B가 가장 적합하고, A '平台'는 '옥상 테라스' 등의 용도에 따라 다양하게 활용될 수 있는 공간을 설명하므로 내용상 맞지가 않고, C '平面(평면)'과 D '台阶(계단)' 역시 내용과는 거리가 멀다.

네 번째 빈칸 – '生活'를 수식할 수 있는 어휘를 먼저 찾으면 B, C, D가 모두 가능한데 앞에서 '吉(길하다)'의 언급이 있었으므로 쉽게 B '吉祥(길하다)'이 적합함을 알 수 있다. A의 '慈祥'은 나이든 사람의 얼굴 표정이 '자애롭다'라는 뜻이므로 내용과 어울리지 않는다. 정답은 B이다.

문제 65

所谓暴走就是沿着一定的路线徒步行走，时间由一日到数日不等。_____ 一种极限运动，暴走 _____ 着人们的心理素质和身体素质。不过，暴走不同于其他野外 _____ 等极限运动，因为它不需要付出较大的经济 _____ 去购买设备，只需要一双好鞋和一瓶水，外加几片面包就可以了。

A 作为　挑战　探险　代价
B 对于　挑衅　勘探　价值
C 按照　考验　冒险　资本
D 依据　检验　保险　物资

소위 '暴走(폭주)'라는 것은 바로 일정한 노선을 따라 걸어서 이동하는 것인데 시간은 하루에서 수일까지 같지 않다. 일종의 극한 운동으로서, 폭주는 사람들의 심리자질과 신체능력에 도전한다. 하지만 폭주는 기타 다른 야외탐험 등과는 다른 극한운동이다. 왜냐하면 그것은 비교적 많은 경제적 대가를 지불하여 장비를 구매할 필요가 없고, 단지 한 켤레의 좋은 신발과 한 병의 물, 추가로 몇 조각의 빵만 있어도 되기 때문이다.

A ~로서　도전하다　탐험하다　대가
B ~에 대해　도전하다　조사하다　가치
C ~에 따라　시험하다　모험하다　자본, 자금
D 근거하다　검증하다　보험　물자

단어 沿着 yánzhe 〈개〉 (일정한 노선을) 따라서 | 徒步行走 túbù xíngzǒu 걸어서 이동하다 | 作为 zuòwéi 〈동〉 ~로 여기다, ~의 자격으로서 | 探险 tànxiǎn 〈동〉 탐험하다 | 代价 dàijià 〈명〉 대가 | 挑衅 tiǎoxìn 〈동〉 도전하다 | 勘探 kāntàn 〈동〉 조사하다 | 考验 kǎoyàn 〈동〉 시험하다 | 冒险 màoxiǎn 〈동〉 모험하다 | 资本 zīběn 〈명〉 자본, 자금 | 依据 yījù 〈동〉 근거하다 | 检验 jiǎnyàn 〈동〉 검증하다 | 保险 bǎoxiǎn 〈명〉 보험 | 物资 wùzī 〈명〉 물자

해설 첫 번째 빈칸 – '暴走(폭주)'가 한 종류의 극한 운동이라는 분류, 자격을 설명하고 있으므로 신분이나 자격을 나타내는 A '作为'가 가장 적합하다.
두 번째 빈칸 – '暴走(폭주)'도 일종의 운동이므로 자신의 능력에 '도전하다'는 뜻으로는 A와 B가 가장 적합하지만 B '挑衅'은 남에게 싸움을 걸거나 도발한다는 개념의 '도전하다'이므로 내용과는 맞지 않아, A가 가장 적합함을 알 수 있다.
세 번째 빈칸 – '野外(야외)'와 어울리는 내용이어야 하므로 A '探险(탐험)'이 가장 적합하다. C '冒险'은 위험을 무릅쓴다는 내용으로 운동을 설명하는 내용과는 어울리지 않는다.
네 번째 빈칸 – '暴走(폭주)'가 돈이 많이 안 든다는 내용이므로 경제적인 비용, 즉 '经济代价(경제적 대가)'가 가장 적합하다. 정답은 A이다.

문제 66

从第一届奥运会开始，奥运与营销的缘分就已注定。经过100多年的 _____ ，奥运营销之路越走越顺畅，营销方式也 _____ 。奥运所带来的 _____ 逐渐被人们所认知，吸引着世界各国 _____ 申办奥运会，各大企业也为与奥运挂钩而不断努力。

A 检测　与时俱进　丰收　逐年
B 探讨　千方百计　成效　照样
C 探索　日新月异　效益　争相
D 摸索　与日俱增　收益　随即

제1회 올림픽부터 시작해서 올림픽과 마케팅의 인연은 이미 운명으로 정해져 있었다. 100여 년 동안의 탐색을 거쳐 올림픽 마케팅의 길은 갈수록 순조로웠고, 마케팅 방식 역시 나날이 새로워졌다. 올림픽이 가져오는 효과와 수익은 점차 사람들에게 알려져 세계 각국이 서로 앞다투어 올림픽을 신청하고, 각 대기업 역시 올림픽과 제휴를 맺기 위해 끊임없이 노력하게 이끌어냈다.

A 검사, 측정하다　시대와 같이 전진하다　풍년이 들다　해마다
B 연구 토론하다　갖은 방법을 다 써보다　효능, 효과　그대로 하다
C 탐색하다　나날이 새로워지다　효과와 수익　서로 다투어
D 모색하다　날이 갈수록 많아지다　이득, 수입　바로, 즉시

단어 缘分 yuánfèn 〈명〉 인연, 연 | 营销 yíngxiāo 〈동〉 (상품을) 판매하다, 마케팅하다 | 注定 zhùdìng 〈동〉 운명으로 정해져 있다 | 顺畅 shùnchàng 〈형〉 순조롭다, 원활하다 | 挂钩 guàgōu 〈동〉 손을 잡다, 제휴하다 | 检测 jiǎncè 〈동〉 검사하다 | 与时俱进 yǔshí jùjìn 시대

와 같이 전진하다 | **丰收** fēngshōu 동 풍년이 들다 | **逐年** zhúnián 부 해마다 | **探讨** tàntǎo 동 연구 토론하다 | **千方百计** qiānfāng bǎijì 갖은 방법을 다 써보다 | **成效** chéngxiào 명 효능, 효과 | **照样** zhàoyàng 동 그대로 하다 | **探索** tànsuǒ 동 탐색하다 | **日新月异** rìxīn yuèyì 나날이 새로워지다 | **效益** xiàoyì 명 효과와 수익 | **争相** zhēngxiāng 부 서로 다투어 | **摸索** mōsuǒ 동 모색하다 | **与日俱增** yǔrì jùzēng 날이 갈수록 많아지다 | **收益** shōuyì 명 이득, 수입 | **随即** suíjí 부 바로, 즉시

[해설] **첫 번째 빈칸** – 100여 년 간의 '무엇'을 거쳐 올림픽 마케팅의 길이 순조로울 수 있었는지 적합한 어휘를 찾아야 하는데 어떤 일을 고민하고 찾는다는 내용은 C '探索'와 D '摸索'가 적합하다.
두 번째 빈칸 – '营销方式(영업방식)'이 어떻게 변했는지를 설명할 수 있어야 하므로 A '与时俱进', C '日新月异', D '与日俱增'이 모두 적합하다.
세 번째 빈칸 – 각국이 올림픽을 신청하고, 대기업들이 연계하고 싶어하게 만든 올림픽이 가져온 장점을 설명할 수 있는 어휘여야 하므로 '수익', '효과'라는 뜻의 C '效益'와 D '收益'가 적합하다. B '成效'는 일 처리의 성과나 보람을 말하므로 내용과는 적합하지 않다.
네 번째 빈칸 – 세계 각국이 올림픽 신청을 어떻게 했는가를 설명할 수 있어야 하므로 C '争相(서로 다투어)'이 가장 적합함을 알 수 있다. 정답은 C이다.

문제 67

如今，很多商品都唾手可得，许多人反而觉得喜悦感和 _____ 感越来越少。这就是所谓的 _____ ，也是拒买族出现的原因。拒买族 _____ 理性购物，减少浪费，不让泛滥的物质掩盖生活的 _____ 。	오늘날, 많은 상품들은 모두 쉽게 손에 넣을 수 있어, 많은 사람들은 오히려 희열감과 만족감이 점점 감소하고 있다. 이것이 바로 소위 사물의 발전이 극에 달하면 반드시 반전한다는 것이며, 선택적 구매족이 생겨난 원인이기도 하다. 선택적 구매족은 이성적으로 구매하고, 낭비를 줄여서 넘쳐나는 물질이 생활의 본질을 가리지 못하게 해야 한다고 주장한다.
A 知足　乐极生悲　提倡　气质 B 充实　南辕北辙　宣扬　品质 **C 满足　物极必反　主张　本质** D 充足　苦尽甘来　倡议　实质	A 만족스럽게 여기다　한창 즐거울 때 슬픈 일이 생기다 　 제창하다　기질, 성격 B 충실하다　하는 행동과 목적이 상반되다 　 널리 알리다　품질 **C 만족하다　사물의 발전이 극에 달하면 반드시 반전한다 　 주장하다　본질** D 충분하다　고진감래 　 제안하다　실질

[단어] **唾手可得** tuòshǒu kědé 성 쉽게 손에 넣을 수 있다. 식은죽먹기이다 | **拒买族** jùmǎizú 선택적 구매족 | **泛滥** fànlàn 동 (못된 것이) 범람하다 | **掩盖** yǎngài 동 덮어 가리다. 감추다 | **乐极生悲** lèjí shēngbēi 한창 즐거울 때 슬픈 일이 생기다 | **提倡** tíchàng 동 제창하다 | **气质** qìzhì 명 기질, 성격 | **充实** chōngshí 형 충분하다 | **南辕北辙** nányuán běizhé 하는 행동과 목적이 상반되다 | **宣扬** xuānyáng 동 널리 알리다 | **物极必反** wùjí bìfǎn 사물의 발전이 극에 달하면 반드시 반전한다 | **主张** zhǔzhāng 동 주장하다 | **本质** běnzhì 명 본질 | **苦尽甘来** kǔjìn gānlái 고진감래 | **倡议** chàngyì 동 제안하다 | **实质** shízhì 명 실질, 본질

[해설] **첫 번째 빈칸** – 물건을 얻음으로써 가지는 감정으로 '感'과 함께 쓰일 수 있는 어휘를 찾아야 하는데 '喜悦感(희열감)'이 앞에 있으므로 '만족감'이 가장 적합하고, 이에 해당하는 보기는 A '知足'와 C '满足'이다. D '充足'는 에너지나 자원이 충분하다는 뜻으로 내용과 맞지 않고, B '充实'는 내용이나 생활이 '알차다, 충실하다'는 뜻으로 적합하지 않다.
두 번째 빈칸 – 손쉽게 물건을 얻을 수 있는 반면에 점점 희열감과 만족감은 떨어진다는 내용을 담고 있는 성어를 찾아야 하므로 C '物极必反(사물의 발전이 극에 달하면 반드시 반전한다)'이 가장 적합하다.
세 번째 빈칸 – 선택적 구매족의 주관적 생각을 밝혔으므로 C '主张(주장하다)'이 가장 적합함을 알 수 있다. A '提倡'은 불특정 대상을 향해 일반적인 도리나 이치를 호소하는 것이므로 적합하지 않고, B '宣扬'은 정신이나 전통 따위를 널리 알린다는 뜻으로 적합하지 않고, D '倡议'는 '제안하다'는 뜻이지만 정식적으로 발의한다는 뜻이므로 내용과는 어울리지 않는다.
네 번째 빈칸 – '생활'의 수식을 받을 수 있는 어휘여야 하고 범람하는 물질이 생활의 무엇을 가리지 않게 해야 하는지가 힌트이므로 C '本质'가 가장 적합함을 알 수 있다. 정답은 C이다.

문제 68

脊兽是中国古建筑檐角、屋脊上所安放的兽件，它经历了 _____ 的发展历程，从功能性的建筑 _____ ，变成了具有多种风格和寓意的 _____ 艺术。梁思成曾这样 _____ 脊兽：本来极无趣笨拙的实际部分成了整个建筑物美丽的冠冕。

'脊兽(척수: 중국 고대건축물 처마나 지붕 위의 동물 형상의 조형물)'는 중국 고대건축물 처마 끝이나 지붕 등마루에 설치되어 있는 동물형상의 조형물로, 그것은 기나긴 발전과정을 거쳐 기능성의 건축물 구조재에서 많은 스타일과 우의를 가지고 있는 민속예술로 변하였다. 양사성은 일찍이 척수를 본래 둔하고 재미도 없는 실제 부분이 전체 건축물의 아름다운 모자가 되었다고 평가했다.

A	频繁	硬件	风气	揭露	A	빈번하다	하드웨어	풍조, 기풍	폭로하다
B	遥远	零件	习俗	确信	B	까마득하다	부속품	풍속	확신하다
C	定期	附件	作风	吹捧	C	날짜를 정하다	부속품	태도	치켜세우다
D	漫长	构件	民俗	评价	D	멀다, 길다	구조재(구성재료)	민속	평가하다

단어 屋脊 wūjǐ 명 용마루 | 寓意 yùyì 명 함축된 의미 | 无趣 wúqù 형 재미 없다. 취미가 없다 | 笨拙 bènzhuō 형 멍청하다 | 冠冕 guānmiǎn 명 고대 제왕이나 관원이 쓰던 모자 | 频繁 pínfán 형 빈번하다 | 硬件 yìngjiàn 명 하드웨어 | 风气 fēngqì 명 풍조 | 揭露 jiēlù 동 폭로하다 | 遥远 yáoyuǎn 형 까마득하다 | 零件 língjiàn 명 부속품 | 习俗 xísú 명 풍속 | 确信 quèxìn 동 확신하다 | 定期 dìngqī 동 날짜를 정하다 | 附件 fùjiàn 명 부속품 | 作风 zuòfēng 명 태도 | 吹捧 chuīpěng 동 치켜세우다 | 漫长 màncháng 형 멀다, 길다 | 构件 gòujiàn 명 구조재 | 评价 píngjià 동 평가하다

해설 **첫 번째 빈칸** – 척수가 어떤 발전과정을 거쳤는지를 설명할 수 있는 어휘를 찾아야 하는데 A '频繁'은 빈번함을 나타내고, C '定期'는 '정기적'이라는 뜻과 '날짜를 정한다'는 뜻으로 적합하지 않다. B '遥远'과 D '漫长'이 의미상은 둘 다 긴 시간을 나타내지만 B '遥远'은 먼 시간이나 장소를 말할 때 쓰는 어휘이므로 발전과정을 수식하는 데는 적합하지 않다.
두 번째 빈칸 – 척수가 기능성의 건축물 '무엇'이었는지를 설명할 수 있는 어휘를 찾아야 하는데 '功能性(기능성)'이라는 수식어가 있으므로 건축물의 재료, 즉 '구조재'라는 설명이 가장 적합하다. 그러므로 D '构件'이 가장 적합하다. B '零件'과 C '附件'은 주로 기기나 기계에 쓰인다.
세 번째 빈칸 – 척수가 다양한 스타일과 우의를 담고 있는 어떤 예술로 바뀌었는지 설명할 수 있는 어휘를 찾아야 하는데 A '风气'는 한 사회의 기풍이나 풍조를 나타내고, C '作风'은 사람의 기품이나 태도를 나타내는 어휘이므로 적합하지 않다. B '习俗'과 D '民俗'가 적합하다.
네 번째 빈칸 – 이어지는 내용이 '梁思成(양사성: 건축가)'의 척수에 대한 개인 견해이므로 D '评价(평가하다)'가 가장 적합하다. 정답은 D이다.

문제 69

华罗庚把读书过程总结为"由厚到薄"和"由薄到厚"两个阶段。当你对书的内容有了 _____ 的了解，抓住了全书的 _____ 时，书就由厚变薄了。如果在读书过程中，你还能对各章节做深入 _____ ，在每页上添加注解， _____ 参考资料，书又会愈读愈厚。读书就是由厚到薄，再由薄到厚的双向过程。

화뤄건은 독서과정을 '두꺼운 것에서 얇게'와 '얇은 것에서 두껍게'의 두 단계로 총결하였다. 당신이 책의 내용에 분명한 이해를 가지고, 책의 요점을 포착해냈을 때 책은 두꺼운 것에서 얇게 변한다. 만약에 책을 읽는 과정 중에 당신이 각 장과 절에 깊이 탐구할 수 있고, 매 페이지에 주해를 달아 참고자료를 보충할 수 있다면 책은 읽을수록 두꺼워질 것이다. 독서는 바로 두꺼운 것에서 얇게 다시 얇은 것에서 두껍게 변하는 쌍방향 과정이다.

A	细致	课题	检讨	补救	A	섬세하다	프로젝트	검토하다	보완하다
B	精致	主题	探测	弥补	B	정교하고 치밀하다	주제	관측하다	보충하다
C	透彻	要点	探讨	补充	C	분명하다	요점	탐구하다	보충하다
D	彻底	重心	探索	补偿	D	철저하다	(일의) 중심	탐색하다	보상하다

| 단어 | 细致 xìzhì 형 세밀하다 | 课题 kètí 명 프로젝트 | 检讨 jiǎntǎo 동 검토하다 | 补救 bǔjiù 동 보완하다 | 精致 jīngzhì 형 정교하고 치밀하다 | 主题 zhǔtí 명 주제 | 探测 tàncè 동 관측하다 | 弥补 míbǔ 동 보충하다 | 透彻 tòuchè 형 투철하다, 분명하다 | 探讨 tàntǎo 동 탐구하다 | 补充 bǔchōng 동 보충하다 | 彻底 chèdǐ 동 철저하다 | 探索 tànsuǒ 동 탐색하다 | 补偿 bǔcháng 동 보상하다 |

| 해설 | **첫 번째 빈칸** – 당신이 책에 어떤 이해를 가지고 있는지를 설명할 수 있는 어휘로 '了解'와 조합을 이루는 어휘를 찾아야 한다. A '细致', C '透彻', D '彻底'는 모두 가능하지만, B의 '精致(정교하다)'는 주로 정교하게 만들어진 제품 등에 쓰이므로 적합하지 않다.
두 번째 빈칸 – 책의 무엇을 '抓住(포착하다, 잡다)'하는지를 설명할 수 있는 어휘를 찾아야 하는데 프로젝트를 나타내는 A '课题'와 일의 요점과 사물의 무게 중심을 나타내는 D '重心'은 적합하지 않으므로 B '主题'와 C '要点'이 적합하다.
세 번째 빈칸 – 각 장과 절에 깊이 무엇을 할 수 있는지를 설명할 수 있는 어휘를 찾아야 하는데 A '检讨(검토하다)'는 '어떤 사실이나 내용을 분석하여 따지다'라는 뜻으로 깊이 할 수 있는 부분이지만 일반사람들이 일반적인 책에 진행할 수 있는 어휘가 아니라, 자신이 잘 알고 있는 분야나 전문적인 분야의 지식이 있는 사람이 그 방면의 자료 등을 검토할 때 쓰이는 어휘이므로 적합하지 않다. B '探测(탐측하다)'는 '기상이나 적의 동정 따위를 탐색하여 측량하다'는 뜻이므로 역시 적합하지 않다. '탐구하다, 찾다'의 뜻의 C '探讨'와 D '探索'가 적합하다.
네 번째 빈칸 – A '补救缺点(단점을 보완하다)', B '弥补不足(부족함을 메우다)', D '补偿损失(손실을 보상하다)'는 고정적으로 쓰이는 조합이므로 암기해두는 것이 좋다. 책에 주해를 달아 참고자료를 넣는 것은 보충하는 내용이므로 C '补充'이 가장 적합하다. 정답은 C이다. |

문제 70

1960年，世界上第一部水墨动画片《小蝌蚪找妈妈》在中国 _____ 。作为世界动画史上的一大创举，它将中国传统的水墨画融入到动画中 _____ 。片中虚虚实实的意境和轻灵优美的 _____ ，体现了中国画"似与不似之间"的美学 _____ ，使动画片的艺术格调有了重大 _____ 。	1960년 세계 첫 번째 수묵애니메이션《小蝌蚪找妈妈》가 중국에서 탄생했다. 세계 애니메이션 역사상 전례 없는 시도로서, 그것은 중국전통의 수묵화를 애니메이션에 융합시켜 제작하였다. 애니메이션 속의 여백을 담은 예술적 분위기와 생동감 있고 아름다운 화면이 중국화의 '닮은 듯 안 닮은 듯한' 미학적 특징을 구현했고, 애니메이션의 예술격조가 중대한 돌파구를 가지게 만들었다.
A 产生　鉴定　屏幕　专长　改善 B 呈现　操作　侧面　特长　改进 C 降临　制定　镜头　特色　超越 D 诞生　制作　画面　特征　突破	A 생기다　감정하다　스크린 　　특기, 전문기술　개선하다 B 나타나다　조작하다　측면 　　특기, 장기　개선, 개량하다 C 일어나다　제정하다　렌즈, 장면 　　특색, 특징　넘다, 넘어서다 D 탄생하다　제작하다　화면 　　특징　돌파하다

| 단어 | 水墨 shuǐmò 명 수묵 | 创举 chuàngjǔ 명 최초의 시도 | 融入 róngrù 동 융합하다 | 虚虚实实 xūxūshíshí 명 허실, 거짓과 진실 | 意境 yìjìng 명 예술적 경지 | 轻灵 qīnglíng 형 가볍고 재빠르다 | 体现 tǐxiàn 동 구현하다 | 鉴定 jiàndìng 동 감정하다 | 屏幕 píngmù 명 스크린 | 专长 zhuāncháng 명 전문기술 | 改善 gǎishàn 동 개선하다 | 呈现 chéngxiàn 동 나타나다 | 操作 cāozuò 동 조작하다 | 侧面 cèmiàn 명 측면 | 改进 gǎijìn 동 개선하다 | 降临 jiànglín 동 일어나다 | 制定 zhìdìng 동 제정하다 | 镜头 jìngtóu 명 렌즈, 장면 | 超越 chāoyuè 동 넘다, 넘어서다 | 诞生 dànshēng 동 탄생하다 | 制作 zhìzuò 동 제작하다 | 特征 tèzhēng 명 특징 | 突破 tūpò 동 돌파하다 |

| 해설 | **첫 번째 빈칸** – 첫 수묵애니메이션이 중국에서 만들어졌다는 것을 설명할 수 있는 동사를 찾아야 하는데 이러한 사물이 없었는데 생겨난 것은 D '诞生'이 가장 적합하다. A '产生'은 주로 감정이 '생기다', B '呈现'은 상황이나 경치가 '나타나다', '降临'은 어둠 등이 '깔리다'는 뜻으로 적합하지 않다.
두 번째 빈칸 – 이 애니메이션을 '제작하다'는 의미가 와야 하므로 D '制作'가 가장 적합하다. A '鉴定'은 제품이나 사람을 '감정하다'는 의미로, B '操作'는 기기를 '조작하다'는 뜻이고, C '制定'은 목표나 계획을 '정하다'는 뜻으로 적합하지 않다.
세 번째 빈칸 – 이 애니메이션이 보여주는 영상적인 '화면'을 뜻하는 어휘가 와야 하므로 D '画面'이 가장 적합하다.
네 번째 빈칸 – A '专长'과 B '特长'은 전문적인 기술이나 특징을 나타내므로 적합하지 않고, C '特色'와 D '特征'이 적합하다.
다섯 번째 빈칸 – 이 애니메이션의 아름다운 화면이 애니메이션의 예술적인 격조에 무엇을 가져오게 했는지를 찾아야 하는데 '부닥친 어려움이나 문제를 해결할 수 있는 통로'를 나타내는 D '突破(돌파구)'가 가장 적합하다. 정답은 D이다. |

실전 모의고사 2회 - 독해 제3부분

문제 71-75

众所周知，缺乏运动有许多害处，(71) <u>E 比如会导致肥胖、血压升高等</u> 。其实，缺乏运动可能还会对骨骼造成伤害。也许很多人会对此产生疑问：运动不当会导致骨骼损伤，不运动为什么也会伤害到骨骼呢？

科学研究表明：骨骼是一种具有独特构造的高密度结缔组织，(72) <u>A 在结构上主要分为皮质骨和松质骨两类</u> 。其中，松质骨对维持骨骼形态的作用更大，它虽然仅占人类骨量的20%，但却构成了80%的骨表面。换句话说，松质骨是保护人类骨骼不受伤害的第一道防线。不过，人类的松质骨的密度却不是很理想，这就增加了骨折和骨质疏松的风险。

其实，(73) <u>D 原始人的松质骨密度远比现代人的大</u> 。这主要归功于他们艰苦卓绝的生存方式——狩猎。研究人员发现，原始人的骨骼几乎与猿类动物的同样强壮，然而，进入农业文明后，(74) <u>C 随着狩猎活动逐渐消失</u> ，体力劳动有所减少，人类松质骨的密度也随之减小。研究人员因此得出结论：运动的缺乏导致了人类松质骨密度的减小，也使得骨骼的强健度越来越低。

所以，(75) <u>B 要想让骨骼变得更加强壮</u> ，不妨多运动运动。

운동 부족이 많은 나쁜 점, (71) <u>E 예를 들면 비만과 혈압 상승 등을 초래할 수 있다</u>는 것을 모든 사람이 다 알고 있다. 사실 운동이 부족한 것은 골격에도 상해를 조성한다. 어쩌면 많은 사람들이 이에 대해 '운동이 적당하지 않다고 골격손상을 초래한다니, 운동을 하지 않으면 왜 골격을 손상하게 되는 걸까?'하는 의문이 생길 것이다.

과학자들은 연구를 통해 다음과 같이 밝혔다. 골격은 일종의 독특한 구조의 고밀도 결체조직으로 (72) <u>A 구조적으로 봤을 때 주로 피질골과 해면골 두 종류로 나뉜다</u>. 그중에서 해면골의 골격형태 유지에 대한 작용이 더 크다. 그것은 비록 사람 골량의 20%를 차지하지만, 오히려 80%의 골표면을 조성한다. 바꿔 말하면, 해면골은 사람의 골격이 상처를 입지 않게 보호하는 첫 번째 방어선인 것이다. 하지만 사람 해면골의 밀도가 오히려 이상적이지 않으면 이것은 골절과 골다공증의 위험을 증가시킨다.

사실, (73) <u>D 원시인들의 해면골의 밀도는 현대인의 것보다 훨씬 컸는데</u>, 이것은 주로 그들이 고생스러운 생활방식인 '수렵'에 공을 돌린다. 연구원이 원시인의 골격이 거의 원원류 동물의 것과 똑같이 강했지만 농업문명에 들어서고 난 후, (74) <u>C 수렵활동이 점차 사라짐에 따라</u> 육체적 노동이 다소 감소하면서 사람의 해면골의 밀도 역시 그것에 따라 감소하였다는 것을 발견했다. 연구원은 이것으로 운동의 부족이 사람의 해면골의 밀도 감소를 초래했고, 골격의 강도 역시 갈수록 낮게 만들었다는 결론을 얻었다.

그래서 (75) <u>B 골격을 더욱 강하게 만들고 싶다면</u> 많이 운동하는 것이 좋다.

A 在结构上主要分为皮质骨和松质骨两类
B 要想让骨骼变得更加强壮
C 随着狩猎活动逐渐消失
D 原始人的松质骨密度远比现代人的大
E 比如会导致肥胖、血压升高等

A 구조적으로 봤을 때 주로 피질골과 해면골 두 종류로 나뉜다
B 골격을 더욱 강하게 만들고 싶다면
C 수렵활동이 점차 사라짐에 따라
D 원시인들의 해면골의 밀도는 현대인의 것보다 훨씬 컸다
E 예를 들면 비만과, 혈압상승 등을 초래할 수 있다

단어 肥胖 féipàng 형 비만이다 | 骨骼 gǔgé 명 골격 | 结缔组织 jiédì zǔzhī 명 결체조직 | 皮质骨 pízhìgǔ 명 피질골 | 松质骨 sōngzhìgǔ 명 해면골 | 防线 fángxiàn 명 방어선 | 骨折 gǔzhé 동 골절되다 | 骨质疏松 gǔzhì shūsōng 골다공증 | 艰苦卓绝 jiānkǔ zhuójué 비할 바 없이 고생스럽다 | 猿类 yuánlèi 명 원원류 | 强壮 qiángzhuàng 형 건장하다

해설 71 - 밑줄 앞에 운동 부족에도 나쁜 점이 있다고 했으므로 어떤 나쁜 점이 있는지 설명이 필요하므로 나쁜 점의 예로 E가 가장 적합하다.
72 - 밑줄 뒤에 '其中(그 중에서)'이라는 어휘를 써서 해면골의 작용을 언급했으므로 앞에서는 해면골이 포함되어 있는 더 큰 범위나 해면골과 다른 골(뼈)가 언급되어야 하므로 A가 적합함을 알 수 있다.
73 - 밑줄 뒤에 이어지는 내용이 '그들의 고생스러운 생활방식인 '수렵'에 그 공을 돌린다'라고 했는데 여기서 '그들'은 수렵을 생활방식으로 삼는 원시인을 가리키므로 밑줄에는 원시인에 관한 설명이 들어 있어야 함을 알 수 있다. 그러므로 밑줄에는 D가 가장 정합하다.

74 - 밑줄 뒤의 내용인 육체적 노동이 다소 감소하고 사람의 해면골의 밀도가 감소한 이유가 언급되어야 하는데 앞에서는 원시인이 수렵활동으로 인해 해면골의 밀도가 크다고 했으므로 수렵활동이 사라지면서 육체적 노동과 사람들의 해면골의 밀도가 감소했다고 짐작할 수 있다. C가 가장 자연스럽다.

75 - 밑줄 앞에는 '所以(그래서)'가 있고, 이어지는 내용에는 많이 운동해야 한다고 나왔으므로 왜 해야 하는지에 대한 원인이나 목적이 언급되어야 하고, 결론 부분이므로 골격에 강한 정리가 나오는 것이 가장 적합하다. 정답은 B이다.

문제 76-80

在人类社会中，我们很少能看到像狼那样把个体与团体结合得如此完美的团队。我们总是走到两个极端，要么太过于追求个体的价值实现而忽视了整体的利益，要么注重整体的利益而牺牲了个体的利益，(76) A 很难达到两者的平衡。

在一个企业或者团队中，每一个成员都要面临这样的问题，走哪个极端都不是好的解决办法。一个优秀的员工一定要在两者之间取得平衡。同时，个体与整体之间并不一定是互相抑制、此消彼长的绝对对立。相反，优秀的员工不仅能在两者之间取得平衡，(77) E 还能让两者产生互相促进的作用。

一个优秀的团队，能把各种人才聚合在一起。大家会在工作中对别人进行了解，(78) D 在沟通中发现别人的许多优点。这时，聪明的员工总能发现自己的不足和别人的长处，取长补短，虚心向周围的人学习。同时，大家也会为了共同的目标而改变自己以前不好的生活和工作习惯，使自己变得更加优秀。

员工是一个团队最为宝贵的财富。(79) B 团队为员工提供了施展才华的舞台，实现理想的机会。但作为团队的一员，即使再受重视、再有才华，也不能以自我为中心。(80) C 团队的性质决定了每个员工只是团队的一部分，而不是整体。员工所有工作都应该是以实现团队的目标为中心的。

인류사회 속에서 우리는 늑대처럼 그렇게 개체와 단체의 결합이 이처럼 완벽한 팀을 거의 볼 수 없다. 우리는 늘 두 개의 극단으로 간다. 너무 과도하게 개체의 가치실현을 추구하기 위해 전체의 이익을 소홀히 하거나, 전체의 이익을 중요시 해서 개체의 이익을 희생하거나 하여 (76) A 양자의 균형에 도달하기는 매우 어렵다.

한 기업 혹은 팀에서 매 구성원은 모두 어느 극단으로 가든 모두 좋은 해결방법이 아니게 되는 이러한 문제를 맞닥뜨리게 된다. 한 명의 우수한 직원은 반드시 양자간의 균형을 얻는다. 동시에 개체와 전체간에 결코 서로 억압하고, 한쪽이 내려가면 한쪽이 올라가는 절대적인 대립은 아니다. 반대로 우수한 직원은 양자간에 균형을 얻을 수 있을 뿐만 아니라 (77) E 또한 양자가 서로 촉진하는 작용이 생기게 할 수 있다.

하나의 우수한 팀은 각종인재를 한데 모을 수 있다. 모두가 일에서 다른 사람을 알아가고, (78) D 소통하는 중에 다른 사람의 많은 장점을 발견한다. 이때, 똑똑한 직원은 늘 자신의 부족과 다른 사람의 장점을 발견하여 장점을 취하고 단점을 보완하고, 겸손하게 주위사람들을 본받을 수 있다. 동시에 모두 공통의 목표를 위해 자신의 이전의 안 좋은 생활과 작업 습관을 바꾸어 자신을 더욱 우수하게 만들 수 있다.

직원은 하나의 팀의 가장 귀중한 재산이다. (79) B 팀은 직원들에게 재능을 펼칠 무대와 꿈을 실현시킬 기회를 제공한다. 하지만 팀의 일원으로서 설령 아무리 중시받고, 재능이 있을지라도 자신을 중심으로 삼아서는 안 된다. (80) C 팀의 성질은 모든 직원이 단지 팀의 일부분이지 전체는 아니라는 것을 결정짓는다. 직원의 모든 일은 모두 팀의 목표를 실현시키는 것을 중심으로 해야 하는 것이다.

A 很难达到两者的平衡
B 团队为员工提供了施展才华的舞台
C 团队的性质决定了每个员工只是团队的一部分
D 在沟通中发现别人的许多优点
E 还能让两者产生互相促进的作用

A 양자의 균형에 도달하기는 매우 어렵다
B 팀은 직원들에게 재능을 펼칠 무대를 제공한다
C 팀의 성질은 모든 직원이 단지 팀의 일부분이라는 것을 결정짓는다
D 소통하는 중에 다른 사람의 많은 장점을 발견한다
E 또한 양자가 서로 촉진하는 작용이 생기게 할 수 있다

| 단어 | 极端 jíduān 명 극단 | 忽视 hūshì 동 소홀히 하다 | 注重 zhùzhòng 동 중시하다 | 牺牲 xīshēng 동 희생하다 | 平衡 pínghéng 형 균형이 맞다 | 抑制 yìzhì 동 억제하다 | 此消彼长 cǐxiāo bǐzhǎng 성 잃는 것이 있으면 얻는 것도 있기 마련이다 | 聚合 jùhé 동 모으다 | 取长补短 qǔcháng bǔduǎn 성 장점을 취하여 단점을 보완하다 | 虚心 xūxīn 형 겸손하다 | 施展才华 shīzhǎn cáihuá 재능을 발휘하다

| 해설 | 76 – 앞에 '我们总是走到两个极端(우리는 늘 두 개의 극단으로 간다)'이라는 내용이 있고, 균형을 맞추기 힘든 두 가지 상황이 나오므로 A가 가장 적합하다.
77 – 앞에 '不仅(~뿐만 아니라)'이 있으므로 호응하는 '还(또한)'가 있는 E를 제일 먼저 짐작해볼 수 있고, '相反(반대로)'이 있으므로 앞에서 양자의 안 좋은 점이나 잘 안 되는 내용이 언급되었다면 이어지는 내용은 양자에 대한 좋은 내용이 언급되어야 하므로 이를 만족하는 E가 정답이다.
78 – 밑줄 앞에 모두가 일 속에서 다른 사람을 알아간다고 했으므로 이어지는 내용도 비슷한 맥락인 소통하는 중에 다른 사람의 장점을 발견한다는 D가 가장 적합하고, D에는 장점을 발견할 수 있는 주체가 필요한데 앞의 '大家'를 연결하면 자연스러우므로 정답은 D이다.
79 – 밑줄 앞 직원을 팀의 가장 귀한 재산이라고 설명했고, 이어지는 내용은 '이상을 실현시키는 기회'라는 명사가 이어졌으므로 가장 귀한 재산을 위해 '이상을 실현시키는 기회'를 어떻게 해야 하는지 설명할 수 있는 부분이 들어가야 하므로 '提供(제공하다)'을 술어로 쓰고 있는 B가 가장 적합하다.
80 – 밑줄에 이어지는 내용이 전체는 아니라고 했으므로 앞에서는 '전체'의 반대 개념인 '부분'이라는 말이 들어가는 것이 가장 자연스럽다. 정답은 C이다.

실전 모의고사 2회 – 독해 제4부분

문제 81-84

水泥发明后，人们在使用过程中发现，这种人造"石头"虽然很硬，却 81.B 存在不足之处：脆，经不起冲击，抗拉强度低。为解决这些问题，人们绞尽了脑汁。

有一位名叫莫尼埃的法国园艺师，他家有个很大的花园，来赏花的游客络绎不绝。不过，82.C 花坛经常被游客不小心踩坏，这让莫尼埃烦恼不已。怎样才能让花坛变得更坚固呢？

一天，莫尼埃在花园里移栽花木时不小心将花盆掉到了地上，花盆被摔得粉碎。然而，花根四周的泥土却紧紧抱成一团，并没有散开。83.D "原来是花的根系纵横交错，把松软的泥土牢牢地连在一起了！"莫尼埃不禁感叹道。

受此启发，莫尼埃仿照花的根，用铁丝织成网架，又把水泥、砂石浇在上面，混在一起，砌成了花坛，用这种方法做成的花坛果然比从前坚固。就这样，一位既不是工程师，也不是建筑材料专家的园艺师发明了一种崭新的建筑材料——钢筋混凝土。直到现在，钢筋混凝土仍然是主要建筑材料之一。

시멘트가 발명된 후에, 사람들은 사용하는 과정 중에 이런 인조 '돌'이 매우 단단하지만, 오히려 81.B 부족한 부분이 있다는 것을 발견했는데 잘 부서지고, 충격을 버티지 못하고, 장력이 낮다는 것이다. 이런 문제를 해결하기 위해, 사람들은 머리를 짜내었다.

모니에라는 프랑스 원예사가 있었는데, 그의 집에는 큰 화원이 있었고, 꽃을 구경하러 오는 여행객들이 끊이지 않았다. 하지만 82.C 화단은 자주 여행객들이 조심하지 않아 밟혀 망가졌고, 이것은 모니에를 고민하게 만들었다. 어떻게 해야 화단을 더욱 견고하게 할 수 있을까?

하루는 모니에가 화원에서 꽃을 옮겨 심는데 조심하지 않아서 화분을 땅에 떨어뜨렸고, 화분은 산산조각이 났다. 그런데, 꽃뿌리 주위의 진흙은 오히려 단단하게 뭉쳐져 있어 떨어지지 않았다. 83.D "꽃의 뿌리가 엉켜있어서 말랑한 진흙을 단단히 한데 뭉쳐놓았던 것이구나!" 모니에는 감탄했다.

영감을 받은 모니에는 꽃의 뿌리를 본떠 철사로 그물망을 만들었고, 또한 시멘트와 모래, 자갈을 위에 뿌려 한데 섞이게 하고, 층층이 화단으로 만들었다. 이런 방법으로 만든 화단은 과연 이전보다 견고했다. 바로 이렇게 해서, 엔지니어도, 건축 재료 전문가도 아닌 한 명의 원예사가 일종의 새로운 건축재료인 강철콘크리트를 발명했다. 지금까지 강철콘크리트는 여전히 주요 건축재료 중 하나이다.

摔破花盆是生活中常见的事情，但是莫尼埃却能从中获得灵感，最终发明了混凝土。正如一位名人所说："在观察的领域中，机遇只偏爱那种有准备的头脑。" 84.C 细心观察、抓住机遇，每个人都可以创造出不平凡的业绩。

화분을 깨트리는 것은 생활 속에서 흔한 일이지만, 모니에는 오히려 그 속에서 영감을 얻었고, 결국 콘크리트를 발명했다. 한 유명인사가 "관찰이라는 영역에서 기회는 준비된 머리만을 편애합니다."라고 말했듯이, 84.C 세심하게 관찰하고 기회를 잡으면, 모든 사람이 평범하지 않은 업적을 만들어낼 수 있다.

> **단어** 水泥 shuǐní 명 시멘트(cement) | 移栽 yízāi 동 (주로 새싹을) 옮겨 심다 | 脆 cuì 형 쉽게 부서지다 | 冲击 chōngjī 명 충격 | 经不起 jīngbuqǐ 동 감당할 수 없다 | 抗拉强度 kànglā qiángdù 명 항장력 [잡아당겨 물체가 파괴되는 파괴강도] | 绞尽 jiǎojìn 동 쥐어짜다 | 园艺师 yuányìshī 명 원예사 | 赏 shǎng 동 감상하다 | 络绎不绝 luòyì bùjué 성 왕래가 끊이지 않다 | 花坛 huātán 명 화단 | 抱成一团 bàochéng yìtuán 성 똘똘 뭉치다 | 散开 sànkāi 동 흩어지다 | 交错 jiāocuò 동 엇갈리다, 뒤얽히다 | 松软 sōngruǎn 형 말랑말랑하다 | 启发 qǐfā 동 깨우침, 영감 | 仿照 fǎngzhào 동 모방하다, 본뜨다 | 铁丝 tiěsī 명 철사 | 砂石 shāshí 명 모래와 자갈 | 砌 qì 동 층계를 쌓다 | 崭新 zhǎnxīn 형 (기존에 없던) 새로운 | 钢筋混凝土 gāngjīn hùnníngtǔ 명 철근콘크리트 | 灵感 línggǎn 명 영감 | 偏爱 piān'ài 동 편애하다 | 机遇 jīyù 명 기회 | 平凡 píngfán 형 평범하다 | 业绩 yèjì 명 업적

문제 81

水泥存在哪方面的不足？	시멘트는 어떤 방면의 부족함이 존재했는가?
A 造价高　　　　B 经不住冲击	A 가격이 높게 형성되었다　　B 충격을 버틸 수 없다
C 不可循环利用　D 不够硬	C 재활용을 할 수 없다　　　　D 단단하지 못하다

> **단어** 经不住 jīngbuzhù 동 감당할 수 없다 | 循环 xúnhuán 동 순환하다

> **해설** '存在不足之处：脆，经不起冲击，抗拉强度低(부족한 부분이 있다는 것을 발견했는데 잘 부서지고, 충격을 버티지 못하고, 장항력이 낮다는 것이다)'라고 언급했으므로 B가 적합하다.

문제 82

莫尼埃因为什么而烦恼？	모니에는 어떤 문제 때문에 고민했는가?
A 游客越来越少	A 여행객들이 갈수록 적어져서
B 花的种类不多	B 꽃의 종류가 많지 않아서
C 花坛常被踩坏	C 화단이 자주 밟혀서 망가져서
D 花园面积太小	D 화원의 면적이 너무 작아서

> **해설** '花坛经常被游客不小心踩坏，这让莫尼埃烦恼不已(화단은 자주 여행객들이 조심하지 않아 밟혀 망가졌고, 이것은 모니에를 고민하게 만들었다)'라고 했으므로 C가 가장 적합함을 알 수 있다.

문제 83

根据第3段，下列哪项正确？	세 번째 단락을 근거로 하면, 아래 어느 항이 정확한가?
A 移栽的花没有成活	A 옮겨 심은 꽃이 살지 못했다
B 花盆完好无损	B 화분은 조금의 손상도 없었다
C 莫尼埃成了一名工程师	C 모니에는 한 명의 엔지니어가 되었다
D 花的根使泥土更牢固	D 꽃의 뿌리가 시멘트를 더욱 견고하게 만들었다

> **단어** 栽 zāi 동 심다, 재배하다 | 无损 wúsǔn 동 손상이 없다 | 牢固 láogù 형 견고하다

> **해설** '原来是花的根系纵横交错，把松软的泥土牢牢地连在一起了! (꽃의 뿌리가 엉켜있어서 말랑한 진흙을 단단히 한데 뭉쳐놓았던 것이구나!)'라고 한 부분에서 꽃의 뿌리가 시멘트를 견고하게 만들었다는 사실을 유추할 수 있다. 정답은 D이다.

문제 84

上文主要想告诉我们: A 做事要果断 B 不要害怕挫折 C 要善于观察 D 要勇于挑战权威	윗글은 우리에게 무엇을 말하고자 하는가? A 일에는 결단력이 있어야 한다 B 좌절을 두려워하지 마라 C 관찰을 잘해야 한다 D 용감하게 권위에 도전해야 한다

단어 果断 guǒduàn [형] 과단성이 있다 | 挫折 cuòzhé [명] 좌절, 실패 | 权威 quánwēi [형] 권위 있다

해설 앞의 문제를 풀면서 이미 주인공이 관찰을 통해 어떤 사실을 발견했다는 것을 알 수 있고, 지문에서 '细心观察、抓住机遇，每个人都可以创造出不平凡的业绩(세심하게 관찰하고 기회를 잡으면, 모든 사람이 평범하지 않은 업적을 만들어낼 수 있다)'라고도 직접적으로 언급했으므로 D가 가장 적합함을 알 수 있다.

문제 85-88

内蒙古鄂尔多斯市有一个地处沙漠腹地的小村庄。85.C 这里常年干旱，每当刮风时，都会卷起铺天盖地的黄沙，水成了当地人朝思暮想的期盼。为此，先人为这个村子取了一个和水有关的名字，泊江海。然而，期盼并未能变成现实。由于沙漠面积不断扩大，许多人不得不离开家园。而如今，泊江海却绿树成荫，还成了一个木材生产基地。这个奇迹是如何产生的呢？

原来，为了防风固沙，人们想尽了办法，20世纪90年代初，当地政府号召老百姓种植沙柳，86.D 沙柳是极少数可以生长在盐碱地的沙漠植物之一。而且，杨树、柳树等大径木被砍掉以后，很难再存活，而沙柳生长两三年左右，如果把它的枝干全部砍掉，它还能长出通直而粗壮的主干来。

人们发现，除了可以防风固沙，沙柳还是制造纤维板的上好原料。于是，泊江海又建起了人造板厂，87.B 工厂高价收购沙柳充分调动了人们种沙柳的积极性，无垠的沙漠开始被成片的沙柳覆盖，卖沙柳也成了当地很多家庭最主要的收入来源。

另外，沙柳还可以用来发电，研究发现，沙柳的发热量很高，甚至超过了许多常规火力发电厂所采用的煤种。2007年，泊江海建起了中国第一个地处沙漠，以沙生灌木为原料的生物质热电厂，离电厂不到两公里的地方是一个甲醇化工厂，电厂的用水全部都来自这个化工

네이멍구 어얼둬쓰 시에는 사막 한 가운데 위치한 작은 마을이 있다. 85.C 이곳은 일년 내내 건조하고, 매번 바람이 불 때마다 온 천지를 뒤덮는 모래를 말아 올려, 물이 현지인들이 늘 고대하는 바람이 되었다. 이 때문에 선인들은 이 마을에 하나의 물과 관련된 포장하이(호수, 강, 바다)라는 이름을 지어주었다. 그러나 기대는 결코 현실이 되지는 않았다. 사막의 면적이 끊임없이 넓어져 많은 사람들이 고향을 떠날 수밖에 없었다. 그런데 지금은 포장하이는 오히려 녹음이 우거지고, 목재생산의 기지가 되었다. 이 기적은 어떻게 생긴 것인가?

알고 보니, 바람을 막고 모래를 고정시키기 위해, 사람들은 최선을 다해 방법을 찾았고, 20세기 90년대 초에 현지 정부가 시민들에게 사막버드나무를 심을 것을 호소했다. 86.D 사막버들은 알카리 토양인 사막에서 자랄 수 있는 극히 드문 식물 중 하나이다. 게다가, 백양나무와 버드나무 등 지름이 큰 나무는 잘린 후에, 다시 생존하기 어려우나, 사막버들은 2,3년 생장하고, 만약에 그것의 가지를 전부 베어버리면, 그것에서 또 곧고 굵직한 줄기가 자랄 수 있다.

사람들은 바람을 막고 모래를 고정시킬 수 있는 것 외에에도 사막버들이 섬유패널을 제조하는 고급재료라는 것을 발견했다. 그리하여 포장하이에는 인조패널 공장이 세워졌고, 87.B 공장이 고가로 사막버들을 구매하여 사람들이 사막버들을 심는 적극성을 불러일으켰다. 끝이 없던 사막은 드넓은 사막버들로 뒤덮였고, 사막버들 판매도 현지 많은 가정의 가장 주요한 수입원이 되었다.

그 밖에, 사막버들은 전기를 만드는 데에도 쓸 수 있다. 연구를 통해 사막버들이 내는 열에너지가 높고, 심지어 많은 통상적인 화력발전소가 쓰는 석탄을 뛰어넘는다는 것을 발견했다. 2007년 포장하이에 중국 첫 번째 사막에 위치한, 사막에서 생장하는 관목을 원료로 한 생물질 열 발전소를 지었고, 발전소로부터 2km도 떨어지지 않은 곳에 메틸알코올 공장을 지었다. 발전소의 용수는 전부 이 화학공장의 공업폐수에서 온 것이고, 생물질 발전이 완성된 이후에 잔여의 초목을 태우고

厂的工业废水，生物质发电完成以后，残余的草木灰又是制作钾肥的原料。**88.B 废物从头到尾得到利用**，整个过程也没有其他废物产生。

沙柳不仅起到了改造沙漠的作用，还支撑起了沙漠里的两个支柱产业，其实，大自然是不会亏待人类的，只要善于发现，就一定能制造出奇迹。

난 재는 또 다시 칼륨비료의 원료가 되었다. **88.B 폐기물이 처음부터 끝까지 이용되어**, 전체적인 과정에서도 기타 폐기물은 만들어지지 않았다.

사막버들은 사막을 개조하는 데 작용을 일으켰을 뿐만 아니라, 사막 내 두 개의 기둥산업을 지탱해주었다. 사실, 대자연은 인류를 푸대접하지 않는다. 잘 발견하기만 하면 틀림없이 기적을 만들어낼 수 있다.

단어 地处 dìchǔ 통 ~에 위치하다 | 腹地 fùdì 명 중심지역, 한 가운데 | 干旱 gānhàn 형 가물다, 건조하다 | 卷起 juǎnqǐ 통 말아올리다 | 铺天盖地 pùtiān gàidì 성 온 천지를 뒤덮다 | 朝思暮想 zhāosī mùxiǎng 성 아침 저녁으로 그리워하다 | 期盼 qīpàn 통 기대하다 명 바람 | 家园 jiāyuán 명 고향, 집의 정원 | 绿树成荫 lǜshù chéngyīn 푸른 나무가 그늘을 이루다, 녹음이 우거지다 | 号召 hàozhào 통 (정부나 단체가 국민에게) 호소하다 | 沙柳 shāliǔ 명 사막버들 | 盐碱 yánjiǎn 형 알카리의, 염분기가 있는 | 砍 kǎn 통 베다 | 存活 cúnhuó 통 생존하다, 살아남다 | 通直 tōngzhí 형 곧다 | 粗壮 cūzhuàng 형 굵고 단단하다 | 主干 zhǔgàn 명 (식물의) 줄기 | 纤维板 xiānwéibǎn 명 섬유판 | 上好 shànghǎo 형 매우 좋다, 고급의 | 收购 shōugòu 통 사들이다, 매입하다 | 调动 diàodòng 통 동원하다, 불러일으키다 | 无垠 wúyín 형 무한하다 | 成片 chéngpiàn 형 대단위의, 드넓은 | 覆盖 fùgài 통 뒤덮다 | 常规 chángguī 형 통상적인, 정규적인 | 采用 cǎiyòng 통 채택해서 쓰다 | 煤种 méizhǒng 명 석탄 종류 | 灌木 guànmù 명 관목 [줄기가 땅에서부터 갈라져 나는 나무] | 甲醇 jiǎchún 명 메틸알코올 | 残余 cányú 통 잔존하다, 남다 | 草木灰 cǎomùhuī 명 초목을 태운 재 | 支撑 zhīchēng 통 지탱하다, 버티다 | 支柱产业 zhīzhù chǎnyè 명 기둥산업 | 亏待 kuīdài 통 푸대접하다, 부당하게 대하다

문제 85

根据第1段，泊江海：
A 经济发达　　　　B 气候宜人
C 缺乏水资源　　　D 人口密度大

첫 번째 단락을 근거로, 포장하이는:
A 경제를 발달했다　　B 기후가 적합하다
C 수자원이 부족하다　D 인구밀도가 크다

단어 宜人 yírén 통 사람에게 적합하다 | 密度 mìdù 명 밀도, 비중

해설 '这里常年干旱，每当刮风时，都会卷起铺天盖地的黄沙，水成了当地人朝思暮想的期盼。为此，先人为这个村子取了一个和水有关的名字，泊江海(이곳은 일년 내내 건조하고, 매번 바람이 불 때마다 온 천지를 뒤덮는 모래를 말아 올려, 물이 현지인들이 늘 고대하는 바람이 되었다. 이 때문에 선인들은 이 마을에 하나의 물과 관련된 포장하이(호수, 강, 바다)라는 이름을 지어주었다)'에서 물은 현지인들이 고대하는 바람이고, 이로 인해 '포장하이'라고 이름지었다는 사실을 알 수 있으므로 포장하이는 수자원이 부족함을 알 수 있다. 정답은 C이다.

문제 86

关于沙柳，可以知道什么？
A 主干很细
B 存活率低
C 能用做药材
D 可生长在盐碱地

사막버들에 관해, 알 수 있는 것은?
A 줄기가 가늘다
B 생존율이 낮다
C 약재로 쓸 수 있다
D 알카리 토양에서 생장할 수 있다

해설 '沙柳是极少数可以生长在盐碱地的沙漠植物之一(사막버들은 알카리 토양인 사막에서 자랄 수 있는 극히 드문 식물 중 하나이다)'라고 언급한 부분이 있으므로 사막버들이 알카리 토양에서 생장할 수 있다는 것을 알 수 있다. 정답은 D이다.

문제 87

人们种植沙柳的积极性是怎样被调动起来的?	사람들이 사막버들을 심는 적극성은 어떻게 생긴 것인가?
A 自身危机意识的增强	A 스스로 위기의식이 강화되어서
B 工厂高价收购	B 공장이 고가로 사들여서
C 公益组织的倡导	C 공익조직의 호도로
D 国家发放补贴	D 국가가 보조해주어서

단어 倡导 chàngdǎo 동 앞장서서 선도하다 | 发放 fāfàng 동 (돈이나 물자를) 방출하다 | 补贴 bǔtiē 동 보조해주다

해설 '工厂高价收购沙柳充分调动了人们种沙柳的积极性(공장이 고가로 사막버들을 구매하여 사람들이 사막버들을 심는 적극성을 불러일으켰다)'이라고 했으므로 B가 가장 적합함을 알 수 있다.

문제 88

根据第5段，下列哪项正确?	다섯 번째 단락을 근거로, 아래에 어느 항이 정확한가?
A 甲醇化工厂距电厂20公里	A 메틸알코올 화학공장은 발전소로부터 20km 떨어져 있다
B 生物质发电非常环保	B 생물질 발전은 환경을 보호할 수 있다
C 沙柳发电停留在研究阶段	C 사막버들이 전기를 만드는 것은 연구단계가 정체되어 있다
D 草木灰不可被再次利用	D 초목을 태운 재는 다시 이용될 수 없다

단어 停留 tíngliú 동 정체하다, 침체하다

해설 '废物从头到尾得到利用，整个过程也没有其他废物产生(폐기물이 처음부터 끝까지 이용되어, 전체적인 과정에서도 기타 폐기물은 만들어지지 않았다)'에서 기타 폐기물이 만들어지지 않았다는 것은 환경보호에도 도움이 된다는 것을 알 수 있다. 그러므로 B가 가장 적합하다.

문제 89-92

人与人交往时总是希望获得别人的赞同，所以，人们会非常注意自己在他人面前和社交场合中的形象。心理学家把这种现象叫做"印象管理"。89.A 印象管理是一个社会的基本事实，每个人有意无意的都在进行印象管理。

无论我们认为从外表衡量人是多么肤浅和愚蠢的观念，但人们每时每刻在根据你的服饰、发型、手势、声调、语言等方式判断着你。当你走进一个房间，即使房间里没有人认识你，但是，90.B 他们仅仅凭你的外表就可以对你做出10个方面的判断，包括你的品行、经济水平、文化程度、可信任程度、社会地位、老练程度、家庭教育以及你是不是成功人士等。无论你愿意与否，你都在留给别人一个关于你形象的印象。这个印象在工作时影响你的升迁，在商业上影响你的交易，在生活中影响

사람과 사람이 교류할 때 늘 다른 사람의 동의를 얻기를 바란다. 그래서 사람들은 자신의 다른 사람 앞과 사교장소에서의 이미지에 매우 신경 쓴다. 심리학자는 이러한 현상을 '인상관리'라고 부른다. 89.A 인상관리는 한 사회의 기본적인 사실로, 모든 사람은 의식적이든 무의식적이든 인상관리를 진행하고 있다.

우리가 외모로 사람을 평가하는 게 얼마나 천박하고, 어리석은 관념인지 생각하고 있음에도 불구하고, 사람들은 매순간 모두 당신의 복장과 악세서리, 헤어스타일, 손짓, 목소리, 언어 등을 근거로 당신을 판단하고 있다. 당신이 어떤 방에 들어갈 때, 설령 방 안에 당신을 아는 사람이 없을지라도, 90.B 그들은 단지 당신의 외모를 근거로 당신에 대해 10가지 방면의 판단을 해낼 것이다. 이것에는 당신의 품행, 경제수준, 학력, 신뢰도, 사회적 지위, 노련한 정도, 가정교육 및 당신이 성공한 사람인지 아닌지 등이 포함된다. 당신이 원하든 그렇지 않든, 당신은 다른 사람에게 당신 이미지에 관한 인상을 남기게 된다. 이 인상은 일에서는 당신의 승진에 영향을 끼치고, 사업에서는 당신의 장사에 영향을 끼치며, 생활 속에서는 당신의 인간관계와 애정관계에 영향을 끼치고, 최종적으로 당신의 행복에 영향을 끼친다.

着你的人际关系和爱情关系，最终影响着你的幸福感。

鉴于"印象管理"的重要性，考虑到职员的个人形象就是公司的形象，许多公司把形象作为一个职员的最为重要的基本素质。因为他们知道职员的形象不仅通过他们的外表，而且还通过沟通行为、职业礼仪等留给客户一个印象，这种印象反映了公司的信誉、产品及服务的质量、公司管理者的素质及层次等。91.D 许多跨国公司不惜重金为自己企业的人员进行形象培训和设计，以提高职员个人素质。有关媒体曾对世界排名前100位公司的执行总裁进行调查，他们普遍认为如果公司职员能展示给客户一个良好的形象，公司可以从中受益，员工的形象等于公司的形象；公司的形象直接影响着公司的利润，因此保持优秀的公司形象是管理者努力的目标之一。

'인상관리'의 중요성을 감안하면, 직원의 개인 이미지가 곧 회사의 이미지라는 것을 생각하게 되어, 많은 회사가 이미지를 직원의 가장 중요한 기본자질로 여긴다. 왜냐하면 그들은 직원의 이미지가 그들의 외모를 통해서일 뿐만 아니라 소통행위, 직업예절 등을 통해서 고객에게 인상을 남기고, 이러한 인상은 회사의 신뢰, 상품 및 서비스의 질, 회사의 관리자의 자질 및 단계 등을 반영한다는 것을 알기 때문이다. 91.D 많은 다국적기업은 자신들 기업의 직원들의 개인능력을 높이기 위해 이미지훈련과 설계를 진행하는 데 많은 비용을 아끼지 않는다. 관련 미디어는 세계순위 100위 회사의 대표이사를 대상으로 조사를 진행했었는데, 그들은 보편적으로 만약에 회사직원이 고객에게 좋은 인상을 보여준다면, 회사는 그 속에서 수익을 낼 수 있을 것이라고 여겼다. 직원의 이미지는 회사의 이미지와 같으며, 회사의 이미지는 직접적으로 회사의 이윤에 영향을 끼친다. 이 때문에, 우수한 회사의 이미지를 유지하는 것은 관리자가 노력하는 목표 중의 하나이다.

> [단어] 赞同 zàntóng 동 찬성하다 | 有意无意 yǒuyì wúyì 성 의식적이든 무의식적이든 | 衡量 héngliáng 동 평가하다, 재다 | 肤浅 fūqiǎn 형 천박하다 | 愚蠢 yúchǔn 형 우둔하다 | 手势 shǒushì 명 손짓 | 升迁 shēngqiān 동 높은 지위에 오르다 | 鉴于 jiànyú 동 ~에 비추어 보아 | 层次 céngcì 명 단계 | 跨国公司 kuàguó gōngsī 명 다국적기업 | 利润 lìrùn 명 이윤

문제 89

关于"印象管理"，下列哪项正确？	'인상관리'에 관해, 아래의 어느 항이 정확한가?
A 是普遍的社会现象	A 보편적인 사회현상이다
B 是一种无意识行为	B 일종의 무의식적인 행위이다
C 人们在熟人面前更自然	C 사람들은 아는 사람 앞에서 더욱 자연스럽다
D 第一印象往往是美好的	D 첫인상은 늘 아름답다

> [단어] 熟人 shúrén 명 잘 아는 사람

> [해설] '印象管理是一个社会的基本事实，每个人有意无意的都在进行印象管理(인상관리는 한 사회의 기본적인 사실로, 모든 사람은 의식적이든 무의식적이든 인상관리를 진행하고 있다)'에서 기본적인 사실이라는 것은 보편적인 사회현상이라는 것으로 유추할 수 있으므로 A가 가장 적합하다.

문제 90

根据第2段，下列哪项正确？	두 번째 단락을 근거로 하면 아래의 어느 항이 정확한가?
A 成功人士更注重外表	A 성공한 사람들은 외모를 더욱 중시한다
B 人们都在以"貌"取人	B 사람들은 모두 '외모'로 평가한다
C 外貌和幸福感没有关系	C 외모는 행복감과 관계가 없다
D 别轻易对别人做出判断	D 다른 사람에 대해 쉽게 판단하지 마라

> [단어] 轻易 qīngyì 형 경솔하다, 쉽다

> [해설] '他们仅仅凭你的外表就可以对你做出10个方面的判断(그들은 단지 당신의 외모를 근거로 당신에 대해 10가지 방면의 판단을 해 낼 것이다)'에서 외모를 근거로 당신을 판단해낸다는 것은 외모로 평가한다는 말이므로 B가 가장 적합하다.

문제 91

"印象管理"带给企业什么启示?
A 完善企业奖惩机制
B 创造轻松的企业氛围
C 提高管理者的管理水平
D 重视员工个人形象的培训

'인상관리'는 기업에게 어떤 것을 시사했는가?
A 기업의 상벌시스템 완벽하게 해야 한다
B 가벼운 기업 분위기를 만들어야 한다
C 관리자의 관리수준을 높여야 한다
D 직원 개인의 이미지 훈련을 중시해야 한다

단어 奖惩 jiǎngchéng 동 장려를 하고 처벌을 내리다 | 机制 jīzhì 명 체제

해설 '许多跨国公司不惜重金为自己企业的人员进行形象培训和设计，以提高职员个人素质(많은 다국적기업은 자신들 기업의 직원들의 개인능력을 높이기 위해 이미지훈련과 설계를 진행하는 데 많은 비용을 아끼지 않는다)'라고 했으므로 '인상관리'가 직원 개인의 이미지 훈련을 중시하라고 시사하고 있음을 알 수 있다. 정답은 D이다.

문제 92

上文主要谈的是:
A 人际交往的技巧
B 印象管理的重要性
C 怎样给人留下好的印象
D 怎样保持良好的公司形象

윗글이 주로 말하는 것은:
A 교제의 기술
B 인상관리의 중요성
C 어떻게 사람에게 좋은 인상을 남길 것인가
D 어떻게 좋은 회사이미지를 유지할 것인가

해설 전체적으로 인상관리에 대해 말하고 있으므로 반드시 '인상관리'는 들어가야 하고, 앞서 푼 문제에서 인상관리가 왜 필요한지에 대한 설명이 나왔으므로 인상관리의 중요성에 대한 글임을 알 수 있다. 정답은 B이다.

문제 93-96

扬州本地并不产玉，但从古至今，93.C 扬州的便利交通却为玉雕业的发展创造了良好的条件。来自各地的珍贵玉石都汇集于此进行加工，然后又以不菲的价格输向全世界。

扬州玉雕在数千年的传承中逐渐形成了各具特色的艺术品类。其中，山子雕和器皿件技艺独具一格，它们代表了扬州玉雕最高的技术实力和艺术成就。

山子雕的题材多为山水人物，它要求制作者有较高的构思能力和艺术修养。94.C 山子雕在构思创作中注意利用玉石的自然形态，把人物山水、亭台楼阁等统一在一个画面上，着力表现作品的情节和寓意。优秀的山子雕作品层次分明、构图严谨、主题突出，给人以十分和谐的视觉感观。而局部刻画更是细腻，并合理利用俏色、皮色，使作品看起来生动逼真。

代表扬州玉雕技艺另一个高峰的器皿件技艺更是历史悠久。器皿件中的一朵奇葩是花卉

양저우 현지에서는 결코 옥을 생산하지 않지만, 옛날부터 지금까지 93.C 양저우의 편리한 교통은 오히려 옥조업의 발전에 좋은 조건을 만들어주었다. 각지에서 온 진귀한 옥석은 모두 여기에 모여 가공되었고, 그런 후에 또 싸지 않은 가격으로 전세계로 운송되었다.

양저우의 옥 조각은 수천 년 동안 전해지면서 각각 특색을 가지고 있는 예술품들을 만들어냈다. 그중에서도 샨즈 조각과 용기 기술이 독특했고, 그것들은 양저우 조각의 최고의 기술실력과 예술성과를 대표했다.

샨즈 조각의 소재는 대부분이 산수와 인물이었고, 그것은 제작자가 비교적 높은 구상능력과 예술적 수양을 가지기를 요구했다. 94.C 샨즈 조각은 구상을 하는 과정에서 옥석의 자연스러운 형태를 이용하여, 인물과 산수, 정자와 누각 등을 통일적으로 한 화면에 담는 것을 주의하고, 작품의 줄거리와 함축된 의미를 표현하는 데 힘써야 한다. 우수한 샨즈 조각품은 단계가 분명하고, 구도가 치밀하며, 주제가 두드러져 사람들에게 매우 조화로운 시각적 이미지를 보여주었다. 뿐만 아니라 부분적인 묘사는 더욱 섬세하고, 적당하게 아름다운 본연의 색과 겉색을 이용하여 작품이 진짜처럼 생동감 넘치게 만들었다.

양저우 옥 조각 기술의 또 다른 최고봉을 대표하는 옥 용기 기술은 더욱 역사가 유구하다. 용기 작품들 중에 걸작은 화훼

摆件，代表作品是中国工艺美术大师江春源先生所创作的白玉"螳螂白菜"。**95.A 这件国家级珍宝**根叶茂盛、**95.B 层次清晰**、造型饱满，叶瓣翻卷和菜根的纹理都处理得非常精炼自然，该紧密处紧密，该奔放处奔放，可谓还原了白菜的生活气息。"螳螂白菜"展现了扬州玉雕中花卉摆件创作的最高技艺。

另外，扬州玉雕中对飞禽走兽的创作也颇具韵味，尤其是对动物嘴、舌、爪、毛的刻画极其细致，惟妙惟肖。而扬州玉雕中的人物作品也刻画得栩栩如生，且尝试融入各种背景来衬托人物的感情。

진열품이다. 대표작품은 중국공예 미술대가 쟝춘위엔 선생이 만든 백옥 '사마귀와 배추'이다. **95.A 이 국가적인 진귀한 보물**은 뿌리와 잎이 무성하고, **95.B 단계가 분명하며**, 이미지가 충만하다. 잎사귀와 꽃잎의 휘날림과 배추 뿌리의 무늬는 모두 자연스럽고, 긴밀해야 할 부분은 긴밀하고, 분방하고 힘있어야 할 부분은 분방하고, 그야말로 배추가 살아있는 듯한 정취를 그대로 복원했다고 할 수 있다. '사마귀와 배추'에는 양저우 옥조각 속 화훼 진열품 창작의 최고 기예가 드러났다.

그밖에, 양저우 조각 중에는 금수조류에 대한 창작 역시 운치를 꽤 가지고 있다. 특히, 동물의 입, 혀, 발톱, 털에 대한 조각이 매우 세밀하고, 진짜처럼 생동감이 넘쳐 흐른다. 양저우 옥조각 중의 인물에 관한 작품 역시 생동감 넘치게 조각되었고, 각종 배경을 조화롭게 시도하여 인물의 감정을 부각시켰다.

단어 玉雕业 yùdiāoyè 몡 옥조업 [옥을 조각하는 업종이나 산업] | 汇集 huìjí 동 집중시키다 | 不菲 bùfěi 혱 싸지 않다 | 输向 shūxiàng ~로 운송하다 | 传承 chuánchéng 동 전수하고 계승하다 | 器皿 qìmǐn 몡 생활 용기의 총칭, 그릇 | 独具一格 dújù yìgé 셩 독자적으로 하나의 품격을 갖추다 | 亭台楼阁 tíngtái lóugé 셩 (공원·정원에 건조된) 정자, 누각 등 | 着力 zhuólì 동 애쓰다, 힘을 쓰다 | 层次 céngcì 몡 단계, 순서 | 构图 gòutú 몡 구도 | 严谨 yánjǐn 혱 치밀하다, 엄격하다 | 和谐 héxié 혱 조화롭다 | 细腻 xìnì 혱 (묘사가) 섬세하다, 세밀하다 | 俏色 qiàosè 몡 아름다운 색 | 逼真 bīzhēn 혱 진짜와 같다 | 奇葩 qípā 몡 수준 높은 문학작품, 걸작 | 花卉 huāhuì 몡 화훼, 꽃 | 摆件 bǎijiàn 몡 진열품, 장식품 | 茂盛 màoshèng 혱 무성하다 | 螳螂 tángláng 몡 사마귀 | 清晰 qīngxī 혱 분명하고 또렷하다 | 造型 zàoxíng 몡 이미지, 조형 | 饱满 bǎomǎn 혱 가득 차다 | 瓣 bàn 몡 꽃잎 | 翻卷 fānjuǎn 동 소용돌이치다, 휘날리다 | 纹理 wénlǐ 몡 무늬, 결 | 精炼 jīngliàn 동 제련하다 | 奔放 bēnfàng 혱 분방하다, 힘차게 내뿜다 | 还原 huányuán 동 복원하다, 환원하다 | 气息 qìxī 몡 숨결, 정취 | 展现 zhǎnxiàn 동 나타나다, 펼쳐지다 | 飞禽走兽 fēiqín zǒushòu 몡 금수, 조류와 짐승 | 颇具 pōjù 부 꽤 | 韵味 yùnwèi 몡 정취, 운치 | 爪 zhuǎ 몡 (짐승의) 발톱, 발 | 细致 xìzhì 혱 섬세하다, 꼼꼼하다 | 惟妙惟肖 wéimiào wéixiào 셩 실물처럼 생동감 있게 묘사하다 | 栩栩如生 xǔxǔ rúshēng 셩 생동감이 넘쳐 흐르다 | 融入 róngrù 동 녹아들다 | 衬托 chèntuō 동 부각시키다, 두드러지게 하다

문제 93

扬州玉雕业的发展有什么便利条件?	양저우 옥조업의 발전은 어떤 편리한 조건이 있는가?
A 人才特别集中	A 인재가 매우 집중되어 있다
B 经济十分发达	B 경제가 매우 발달했다
C 交通非常便捷	**C 교통이 매우 편리하고 빠르다**
D 玉石产量丰富	D 옥석 생산량이 풍부하다

단어 便捷 biànjié 혱 빠르고 편리하다

해설 '扬州的便利交通却为玉雕业的发展创造了良好的条件(양저우의 편리한 교통은 오히려 옥조업의 발전에 좋은 조건을 만들어주었다)'이라고 했으므로 교통이 매우 편리하고 빠른 조건이 있음을 알 수 있다. 정답은 C이다.

문제 94

关于山子雕，可以知道什么?	샨즈 조각에 관해, 무엇을 알 수 있는가?
A 重整体轻局部	A 전체를 중시하고 부분을 부차적으로 했다
B 淡化主题	B 주제가 약해졌다
C 善于利用玉石的自然形态	**C 옥석의 자연형태를 잘 이용했다**
D 题材多为飞禽走兽	D 소재가 대부분이 금수나 조류이다

단어 淡化 dànhuà 동 약해지다, 약화되다

해설 '山子雕'를 찾아보면 세 번째 단락 처음에 등장하는데, '山子雕在构思创作中注意利用玉石的自然形态(산즈 조각은 구상을 하는 과정에서 옥석의 자연스러운 형태를 이용했다)'라고 했으므로 옥석의 자연형태를 잘 이용했다는 것을 알 수 있다. 정답은 C이다.

문제 95

根据第4段，螳螂白菜： A 现藏于国家博物馆中 B 层次比较清晰 C 色彩艳丽 D 充满浪漫主义色彩	네 번째 단락을 근거로, 사마귀와 배추는: A 현재 국가박물관 안에 소장되어 있다 B 단계가 비교적 분명하다 C 색채가 아름답고 곱다 D 낭만주의 색채가 가득하다

단어 艳丽 yànlì [형] 아름답고 곱다

해설 네 번째 단락 중간 부분에서 '螳螂白菜'를 찾아보면 '层次清晰(단계가 분명하다)'라고 언급한 부분이 있으므로 B가 가장 적합하다. '国家级珍宝(국가적인 진귀한 보물)'라고 하여 A 藏于国家博物馆中(국가박물관 안에 소장되어 있다)과 헷갈릴 수 있지만 엄연히 다른 내용임을 알아야 한다.

문제 96

最适合做上文标题的是： A 风格多变的人物玉雕 B 玉雕大师江春源 C 精美绝伦的扬州玉雕 D 玉雕品鉴小技巧	윗글에 가장 적합한 제목은: A 스타일이 많이 변한 인물 옥 조각 B 옥 조각의 대가 장춘위엔 C 정교하고 뛰어난 양저우의 옥 조각 D 옥 조각 감정의 작은 기술

단어 绝伦 juélún [형] 뛰어나다 | 品鉴 pǐnjiàn [동] 평가하여 판정하다

해설 앞에서 푼 문제를 근거로 가장 많이 설명하고 있는 것이 양저우의 옥 조각에 관한 것이고, 또한 그 정교하고 뛰어난 아름다움을 말하고 있으므로 C가 가장 적합한 제목임을 알 수 있다.

문제 97-100

如果你对葡萄酒有所了解，也许会发现：30多年前，葡萄酒的酒精含量多为12%或12.5%，而现在一般都在14%以上。这是为什么呢？原来大多数人都相信酒精含量高的葡萄酒味道更浓烈、醇厚，于是 97.C 葡萄酒制造商为了迎合人们的口味，便提高了葡萄酒中的酒精含量。不过，品酒专家认为我们的大脑对酒精含量较低的葡萄酒可能更加"情有独钟"。

为验证这一说法，有人专门做了一项研究。不过，98.A 由于嗅觉与味觉均难以量化，并且易受其他因素的影响，因此，要想得出一个

만약에 당신이 포도주에 대한 이해가 있다면 어쩌면 30여 년 전에 포도주의 알코올 함량이 많아야 12% 또는 12.5%였는데, 지금은 일반적으로 모두 14% 이상이라는 것을 알 것이다. 이것은 왜인가? 원래 대다수의 사람들이 모두 알코올 함량이 높은 포도주의 맛이 더 깔끔하고 진하다고 믿었고, 그리하여 97.C 포도주 제조사들은 사람들의 입맛에 맞추어 포도주 속의 알코올 함량을 높인 것이다. 하지만, 주류전문가는 우리의 대뇌는 알코올 함량이 비교적 낮은 포도주에 더 '각별한 애정을 보인다'라고 여겼다.

이 말을 검증하기 위해, 어떤 전문가가 연구를 진행했다. 하지만 98.A 후각과 미각은 모두 수치화하기가 어렵고, 기타요소의 영향을 쉽게 받기 때문에, 입맛에 관한 믿을 만한 결과를 얻기가 결코 쉽지 않았다. 그리하여, 연구자들은 기능적 자기 공명 영상 기술을 이용하여 피실험자가 각기 다른 알코올 함량의 포도주를 음용한 후 대뇌활동을 기록하기로 결정하였다.

关于口味偏好的可靠结果并不容易。于是，研究者们决定利用功能性磁共振成像的技术，记录被试者饮用不同酒精含量的葡萄酒后的大脑活动。研究者招募了一批平时有喝葡萄酒习惯的被试者进行实验。在实验中，研究者让被试者一边接受功能性磁共振扫描，一边随机喝下两种酒精含量不同的葡萄酒。为了最大限度地排除其他变量产生的干扰，研究者对实验所用的两种葡萄酒样品进行了严格的控制，比如它们的产地、品种和年份等都是一致的。

功能性磁共振扫描结果显示，与人们对酒精含量高的葡萄酒味道更浓郁的印象相反，酒精含量较低的葡萄酒在右侧脑岛和小脑引起的活动更强，而这两个脑区均与味觉强度的加工有关。

研究者解释道，99.D 酒精含量较低时，大脑能更深入地搜索葡萄酒的味道，从而使得神经反应更活跃，这一过程并不受主观意识的控制。这个结果与品酒专家的看法是一致的。

尽管这一结果并不能直接反映人们对酒精含量不同的葡萄酒的实际喜好，但葡萄酒制造商依旧能从中获得一些启示。此外，100.D 这项研究还提供了一种新的测量方法，即用功能性磁共振技术来记录大脑对复杂化学感觉刺激的反应。

연구자는 한 무리의 평소에 포도주를 마시는 습관이 있는 피실험자를 모집하여 실험을 진행하였다. 실험 중에 연구자는 피실험자가 fMRI(기능적 자기공명 영상장비)의 스캔을 받게 하면서, 무작위로 두 종류의 알코올 함량이 다른 포도주를 마시게 하였다. 최대한도로 기타 변수의 발생으로 인한 간섭을 받지 않기 위해, 연구자는 실험에서 사용된 두 종류의 포도주의 샘플을 엄격하게 관리하였는데, 예를 들면 그것들의 생산지와 품종, 연도 등은 모두 같은 것이었다.

fMRI의 결과는 사람들의 알코올함량이 높은 포도주의 맛이 더욱 진하다는 인상과는 반대였고, 알코올 함량이 비교적 낮은 포도주는 우측 뇌도와 소뇌에서 일으킨 활동이 더욱 강했는데, 이 두 뇌구역은 모두 미각강도의 가공과 관련이 있다는 것을 나타냈다.

연구자가 설명하길, 99.D 알코올 함량이 비교적 낮을 때, 대뇌가 더욱 깊이 포도주의 맛을 탐구하고, 따라서 신경반응을 더욱 활발하게 만드는데, 이 과정은 결코 주관적인 인식의 통제를 받지 않는다고 하였다. 이 결과는 주류전문가의 견해와 일치했다.

이 결과는 사람들의 알코올 함량이 다른 포도주에 대한 실제 기호를 직접적으로 반영할 수는 없지만, 포도주 제조사들이 여전히 그 속에서 영감을 얻고 있다. 이 외에, 100.D 이 연구는 일종의 새로운 측량방법을 제공하였고, 기능적 자기공명 기술을 이용하여 대뇌의 복잡한 화학적 감각자극에 대한 반응을 기록하였다.

| 단어 | 葡萄酒 pútáojiǔ 명 포도주 | 酒精 jiǔjīng 명 알코올 | 浓烈 nóngliè 형 농후하다, 강렬하다 | 醇厚 chúnhòu 형 깔끔하고 진하다 | 迎合 yínhé 동 영합하다, (비위를) 맞추다 | 品酒 pǐnjiǔ 동 술의 질을 평가하다 | 情有独钟 qíngyǒu dúzhōng 성 사람이나 사물에 각별한 애정을 보이다 | 验证 yànzhèng 동 검증하다 | 嗅觉 xiùjué 명 후각 | 量化 liànghuà 동 수치화하다 | 功能性磁共振 gōngnéngxìng cígòngzhèn 명 기능적 자기공명 (* 功能性磁共振成像 gōngnéngxìng cígòngzhèn chéngxiàng fMRI, 기능성 자기공명 영상장비) | 成像 chéngxiàng 명 영상, 이미지 | 被试者 bèishìzhě 명 피실험자 | 招募 zhāomù 동 (사람을) 모집하다 | 扫描 sǎomiáo 동 스캐닝(scanning)하다 | 随机 suíjī 부 무작위로 | 干扰 gānrǎo 동 방해하다, 교란시키다 | 年份 niánfèn 명 연도 | 脑岛 nǎodǎo 명 뇌도 [측두엽의 측열에 깊게 놓여 있는 삼각형의 뇌부분] | 启示 qǐshì 명 계시, 계발 |

문제 97

| 制造商提高葡萄酒中的酒精含量是为了：
A 延长保质期
B 使其色泽更鲜明
C 迎合大众的口味
D 减少酿造环节 | 제조사들이 포도주 속의 알코올 함량을 높인 것은 무엇을 위해서인가?
A 보존기한을 늘리기 위해
B 색깔과 광택을 더욱 선명하게 하기 위해
C 대중의 입맛에 맞추기 위해
D 양조과정의 일환을 줄이기 위해 |

| 단어 | 色泽 sèzé 명 색깔과 광택 | 酿造 niàngzào 동 (술을) 양조하다 | 环节 huánjié 명 일환, 부분 |

| 해설 | '葡萄酒制造商为了迎合人们的口味，便提高了葡萄酒中的酒精含量(포도주 제조사들은 사람들의 입맛에 맞추어 포도주 속의 알코올 함량을 높인 것이다)'이라고 언급한 부분이 있으므로 C가 가장 적합하다.

문제 98

根据第2段，可以知道什么？	두 번째 단락에 따르면, 무엇을 알 수 있는가?
A 味觉很难量化	A 미각은 수치화하기 어렵다
B 葡萄酒制造商参与了实验	B 포도주 제조사들이 실험에 참여하였다
C 被试者无饮酒习惯	C 피실험자는 음주습관이 없다
D 两种葡萄酒的产地不同	D 두 종류의 포도주의 생산지가 다르다

해설 '由于嗅觉与味觉均难以量化(후각과 미각은 모두 수치화하기가 어렵다)'라고 언급했으므로 A가 가장 적합하다.

문제 99

酒精含量较低的葡萄酒：	알코올 함량이 낮은 포도주는:
A 会损伤右侧脑岛	A 우측 뇌도를 손상시킨다
B 利润更大	B 이윤이 더 크다
C 没有被试者饮用	C 피실험자가 음용하지 않았다
D 使神经反应更活跃	D 신경반응을 더욱 활발하게 만들었다

해설 '酒精含量较低时，大脑能更深入地搜索葡萄酒的味道，从而使神经反应更活跃(알코올 함량이 비교적 낮을 때, 대뇌가 더욱 깊이 포도주의 맛을 탐구하고, 따라서 신경반응을 더욱 활발하게 만든다)'라고 언급한 부분이 있으므로 D가 가장 적합하다.

문제 100

根据上文，那项研究：	윗글에 따르면, 그 연구는:
A 推翻了品酒专家的观点	A 주류전문가의 관점을 뒤집었다
B 是在密闭的空间进行的	B 밀폐된 공간에서 진행된 것이다
C 改变了葡萄酒的营销模式	C 포도주의 영업패턴을 바꾸었다
D 开创了一种新的测量法	D 하나의 새로운 측량법을 만들었다

단어 推翻 tuīfān 동 뒤집어엎다 | 营销模式 yíngxiāo móshì 명 영업 패턴 | 开创 kāichuàng 동 창립하다, 열다

해설 '这项研究还提供了一种新的测量方法(이 연구는 일종의 새로운 측량방법을 제공하였다)'라고 한 부분에서 그 연구가 새로운 측량법을 만들었다는 것을 알 수 있다. 정답은 D이다.

실전 모의고사 2회 – 쓰기

| 李克是一名普通的酒店职员，他喜欢登山和参加冒险活动。每逢周末或节假日，立刻就会约上几位好友去参访世界各地的名山大川。虽然他攀登了无数的高山，但是最让李克留恋的，还是那座阿尔卑斯山。 | 리커는 한 명의 평범한 호텔직원이고, 그는 등산과 모험적인 활동에 참가하는 것을 좋아한다. 매 주말 또는 휴일이 되면 바로 몇 명의 친구들과 약속해 세계 각지의 명산대천을 탐방하러 갔다. 그는 무수히 많은 높은 산을 올랐지만 가장 리커에게 미련을 가지게 만드는 것은 에베레스트 산이었다. |

단어 冒险 màoxiǎn 동 모험하다 | 每逢 měiféng 때마다 | 攀登 pāndēng 동 등반하다, 타고 오르다 | 留恋 liúliàn 동 그리워하다

요약 李克是一名酒店职员，喜欢登山和冒险活动。虽然他攀登了无数的高山，但是最让他留恋的，还是阿尔卑斯山。

一天，李克和朋友们登上了一座海拔约为2000多米的雪山。到达山顶以后，已经是傍晚时分，他们几个人也已经是精疲力尽了。看到天色已晚，也没有力气下山，他们打算在山顶过夜。搭好帐篷以后，他们点起了篝火，几个人做了一些简单的便餐。吃过便餐以后，李克和朋友们便倒头呼呼大睡起来。	어느 날 리커는 친구들과 해발 약 2,000여 m의 설산에 올랐다. 정상에 오르고 나자, 이미 해질 무렵이었고, 그들 몇 사람은 이미 기진맥진하였다. 하늘이 이미 어두워진 것을 보았지만 하산할 기력이 남아 있지 않아 그들은 산 정상에서 밤을 보내기로 하였다. 텐트를 친 후에 그들은 모닥불을 피웠고, 몇 사람은 간단한 식사를 준비했다. 간단하게 식사를 한 후에 리커는 친구들과 바로 눕자마자 쿨쿨 잠들었다.

단어 精疲力尽 jīngpí lìjìn 기진맥진하다 | 过夜 guòyè 밤을 지내다 | 搭 dā 동 (천막이나 텐트를) 치다 | 帐篷 zhàngpeng 명 천막 | 点 diǎn 동 (불을) 피우다 | 篝火 gōuhuǒ 명 모닥불, 캠프파이어 | 呼呼大睡 hūhū dàshuì 쿨쿨거리며 자다

요약 一天，李克和朋友们登上一座雪山。傍晚的时候，他们才到达山顶，由于已经没有力气下山，所以他们决定在山顶过夜。吃过晚饭后，他们便睡了。

突然，几个人在睡梦中听到一声尖叫。几个人慌慌张张爬起身来，以为发生了什么惊天动地的大事。原来，是一位朋友欣赏到了阿尔卑斯山的夜景。月色下的阿尔卑斯山格外动人，实在叫人流连忘返，几个人不知不觉惊叹起来。当时，李克心想："如果以后在山顶建立一座酒店的话，一定会有很多游客前来。"	갑자기 몇 사람이 꿈속에서 비명소리를 들었다. 몇 사람은 당황하여 몸을 일으켰고 무슨 엄청난 일이 발생한 줄 알았다. 알고 보니, 한 친구가 에베레스트 산의 야경을 감상하는 것이었다. 달빛 아래의 에베레스트 산은 남다른 감동을 주었고, 실제로 아름다움에 발길이 떨어지지 않게 만들었다. 몇 사람은 자기도 모르게 감탄하기 시작했다. 당시에 리커는 마음속으로 생각했다. '만약에 이후에 산 정상에 호텔을 짓는다면 틀림없이 많은 여행객들이 찾게 될 거야.'

단어 尖叫 jiānjiào 동 날카로운 소리를 내다 | 惊天动地 jīngtiān dòngdì 성 기세가 엄청나고 영향력이 대단하다 | 月色 yuèsè 명 달빛 | 动人 dòngrén 형 감동적이다 | 流连忘返 liúlián wàngfǎn 아름다운 경치에 빠져 떠나기 싫어하다 | 不知不觉 bùzhī bùjué 자기도 모르는 사이에

요약 突然，几个人被尖叫声吵醒。原来，是一位朋友欣赏到了阿尔卑斯山的夜景。他们看到夜景后也都惊叹起来。当时，李克有了在山顶建立一座酒店的想法。

回去以后，李克便筹划此事。他先做好了商业计划书，然后递交给了自己的上司。上司看到以后，不屑地说："这怎么可能？简直是天方夜谭！"李克的自尊心受到了打击，心情十分失落。他觉得上司无法理解自己，就向上司递交了辞呈。离开公司以后，李克决定依靠自己的力量，完成在山顶建立酒店的梦想。	돌아간 이후에 리커는 바로 이 일을 기획했다. 그는 먼저 상업 계획서를 만들었고, 그런 후에 자신의 상사에게 건네주었다. 상사는 보고 나서 시큰둥하게 말했다. "이게 가능해? 그야말로 꿈 같은 이야기잖아!" 리커는 자존심에 상처를 입었고, 매우 실망하였다. 그는 상사는 자신을 이해하지 못할 것이라고 여겨 상사에게 사직서를 냈다. 회사를 떠난 이후에 리커는 자신의 힘만으로 산 정상에 호텔을 세우는 꿈을 완성하기로 결정했다.

단어 筹划 chóuhuà 동 기획하다 | 不屑 búxiè 동 경시하다 | 天方夜谭 tiānfāng yètán 허황되고 터무니없는 소식 | 递交 dìjiāo 동 직접 내다 | 辞呈 cíchéng 명 사직서

요약 回去以后，李克便计划这件事。但上司看了他的商业计划书后，直接拒绝了他。李克的自尊心受到了打击，于是辞职了。离开公司以后，李克决定自己完成这个梦想。

| 他的计划是建立一座露天的酒店，屋顶没有天花板，抬头就可以欣赏到美丽的星空。每个卧室里面只是放上双人床和床头柜，洗手间和浴室建立在距离卧室大概一米远的地方。而且，每个房间都会配备一名管家，可以享受到热心周到的服务。天气恶劣的时候，管家有权力可以随时通知顾客取消入住服务。等到天气恢复正常以后，再安排酒店入住。 | 그의 계획은 호텔 꼭대기의 천장을 없애, 고개를 들면 아름다운 별이 총총한 하늘을 감상할 수 있는 노천호텔을 만드는 것이었다. 모든 침실 안에는 더블침대와 협탁만 놓아두고, 화장실과 욕실은 침실로부터 대략 1m 떨어진 거리에 짓는 것이다. 게다가 모든 방에는 한 명의 메이드를 배치해 친절하고 꼼꼼한 서비스를 받을 수 있게 한다. 날씨가 열악할 때에는 메이드는 언제든지 손님에게 체크인 서비스를 취소할 권한을 가지게 된다. 날씨가 정상적으로 회복된 이후에 다시 호텔 체크인을 배치하게 된다. |

단어 露天 lùtiān 명 노천 | 配备 pèibèi 동 배치하다 | 管家 guǎnjiā 명 메이드, 관리인 | 周到 zhōudào 동 빈틈없다 | 雇佣 gùyōng 동 고용하다

요약 他计划建立一座露天酒店。每个卧室里面只放上双人床和床头柜，洗手间和浴室建在离卧室一米远的地方，每个房间都会安排一名管家。

| 虽然这个计划听起来很美好，但是在建设过程中，却遇到了很多想象不到的难题。酒店建立初期，需要雇佣建筑队在山顶用挖掘机开凿岩石。而且，所有的家具是通过人工的方式运送到山顶的。 | 비록 이 계획은 듣기에는 완벽하지만, 짓는 과정 중에는 오히려 많은 상상하지 못했던 난제들이 생겼다. 호텔 건립 초기에는 고용한 건축팀이 굴착기로 암벽을 굴착해야 했다. 게다가 모든 가구들은 사람의 노동을 쓰는 방식을 통해 산의 정상에 운송되었다. |

단어 挖掘机 wājuéjī 명 굴착기, 채굴기 | 开凿 kāizáo 동 뚫다, 파다 | 岩石 yánshí 명 암석

요약 计划是美好的，但酒店在建立过程中，遇到了很多难题。

| 李克遭到了家人和朋友们的强烈反对，他们认为李克的计划根本不可能实现。尽管如此，酒店还是如此开张了。山顶酒店只接受网络预定，酒店项目一推出，便吸引了无数的登山客，人气变得空前高涨。因为过于火爆，预定服务已经排到第二年的三月份。 | 리커는 가족과 친구들의 강력한 반대에 부딪쳤다. 그들은 리커의 계획이 아예 실현되지 못할 것이라고 여겼다. 그럼에도 불구하고 호텔은 이렇게 개장을 했다. 산 정상의 호텔은 단지 인터넷으로만 예약을 받았고, 호텔의 프로젝트가 광고되자 무수히 많은 등산객들을 매료시켰고, 인기는 전례 없이 높아졌다. 너무나 뜨거운 인기로 예약 서비스는 이듬해 3월 분까지 스케줄이 찼다. |

단어 空前高涨 kōngqián gāozhǎng (정서·물가 등이) 전에 없이 고조하다 | 火爆 huǒbào 형 굉장하다 | 排 pái 동 순서대로 정렬하다, 줄을 서다

요약 家人和朋友们都反对李克的计划。但最后，酒店还是开张了。山顶酒店只接受网上预订，这个项目吸引了无数的登山客，并且所有预订已经排到第二年的三月份。

| 后来，李克接受记者采访时说道："我的目的根本不是赚钱，而是想让更多的人有机会可以欣赏到美丽的风景。" | 후에 리커는 기자의 취재를 받을 때 말했다. "제 목적은 돈을 버는 것이 전혀 아니었고, 더 많은 사람들이 아름다운 풍경을 감상할 수 있는 기회를 가지게 만들고 싶었던 것이었습니다." |

요약 后来，李克在接受采访时说道："我的目的不是赚钱，而是想让更多人欣赏到美丽的风景。"

▶전문적인 커리어를 내세운 "*Pro Team*"
▶완벽한 교육을 의미하는 "*Perfect Teaching*"
▶밀착형 커리큘럼을 의미하는 "*Personal Training*"

新 HSK PT
3단계 코칭 시스템!

1단계 워밍업
본격적인 수업을 위한 준비 학습 **어휘PT**

2단계 집중훈련
두뇌를 불태우는 초집중 학습 **전략PT&실전PT**

3단계 스트레칭
주요 표현을 정리하는 마무리 학습 **마무리PT**

新HSK PT 종합서는 PT 코칭 시스템에 따라 파트 1, 2, 3의 유형별, 부분별 학습에서 영역별 학습으로의 전개, 그리고 실전 모의고사로 이어지는 단계별 학습법을, 그리고 Day별 학습에서는 듣기, 독해, 쓰기 각 영역을 골고루 학습하는 것을 기본으로 하여 먼저 어휘력을 강화하고 전략을 익힌 후, 실전과 복습으로 구성된 20일 Daily 학습법을 담았습니다.

기존의 학습 스타일을 탈피하여 더욱 효과적이고 체계적으로 구성한 커리큘럼으로 新HSK PT와 함께 학습하는 여러분이 꼭 HSK 합격의 목표를 달성하기를 바랍니다.

HSK 목표 달성을 도와줄 20일 완벽 코칭 시스템!
오프라인 수업을 그대로! 매일매일 강의 영상으로 1:1 개인 과외!

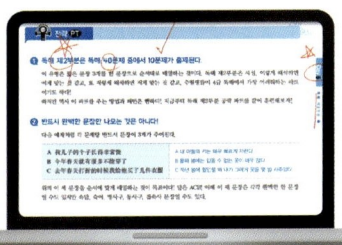

◀HSK PT의 선생님을 직접 만나보세요!

◀HSK PT 강의 영상을 지금 바로 확인하세요!

👉 20일간 매일매일 세 영역을 골고루 코칭 영상과 함께 학습!
👉 저자가 직접 꼼꼼하게 짚어주는 전략 포인트와 문제 풀이 해설!
👉 시사중국어사 홈페이지 및 유튜브 등에서 PC와 스마트폰으로 간편하게 시청!

新HSK 20일 PT 코칭 프로그램
데일리 체크

Daily Check

Day 1	Day 2	Day 3	Day 4	Day 5
듣기 ☐ 독해 ☐ 쓰기 ☐	듣기 ☐ 독해 ☐ 쓰기 ☐	듣기 ☐ 독해 ☐ 쓰기 ☐	듣기 ☐ 독해 ☐ 쓰기 ☐	듣기 ☐ 독해 ☐ 쓰기 ☐

Day 6	Day 7	Day 8	Day 9	Day 10
듣기 ☐ 독해 ☐ 쓰기 ☐	듣기 ☐ 독해 ☐ 쓰기 ☐	듣기 ☐ 독해 ☐ 쓰기 ☐	듣기 ☐ 독해 ☐ 쓰기 ☐	듣기 ☐ 독해 ☐ 쓰기 ☐

Day 11	Day 12	Day 13	Day 14	Day 15
듣기 ☐ 독해 ☐ 쓰기 ☐	듣기 ☐ 독해 ☐ 쓰기 ☐	듣기 ☐ 독해 ☐ 쓰기 ☐	듣기 ☐ 독해 ☐ 쓰기 ☐	듣기 ☐ 독해 ☐ 쓰기 ☐

Day 16	Day 17	Day 18	Day 19	Day 20
듣기 ☐ 독해 ☐ 쓰기 ☐	듣기 ☐ 독해 ☐ 쓰기 ☐	듣기 ☐	독해 ☐	쓰기 ☐

➕ Day	➕ Day
실전 모의고사 1회 ☐ 오답 확인 ☐	실전 모의고사 2회 ☐ 오답 확인 ☐

체계적인 20일 코칭 시스템

新 HSK
PT
퍼스널 트레이닝

고강민 저

PT 학습서 **6급**

시사중국어사

新 HSK PT 6급

초판발행	2017년 12월 5일
1판 3쇄	2020년 7월 20일

저자	고강민
책임 편집	최미진, 가석빈, 高霞
펴낸이	엄태상
디자인	박경미
조판	이서영
콘텐츠 제작	김선웅, 전진우
마케팅	이승욱, 왕성석, 노원준
전략홍보	전한나, 정지혜, 조인선, 조성민
경영기획	마정인, 최성훈, 정다운, 김다미, 전태준, 오희연
물류	정종진, 윤덕현, 양희은, 신승진

펴낸곳	시사중국어사(시사북스)
주소	서울시 종로구 자하문로 300 시사빌딩
주문 및 교재문의	1588-1582
팩스	0502-989-9592
홈페이지	http://www.sisabooks.com
이메일	book_chinese@sisadream.com
등록일자	1988년 2월 13일
등록번호	제1-657호

ISBN 979-11-5720-090-0 14720
　　　　979-11-5720-086-3(set)

* 이 교재의 내용을 사전 허가없이 전재하거나 복제할 경우 법적인 제재를 받게 됨을 알려 드립니다.
* 잘못된 책은 구입하신 서점에서 교환해 드립니다.
* 정가는 표지에 표시되어 있습니다.

머리말

　　체계적인 수업을 만들어보겠다는 의지 하나만으로 뜻이 맞는 열정적인 선생님들을 모시고 처음 HSKPT라는 커리큘럼을 구상해 PT팀이라는 HSK전문강사 팀을 만들 때만 해도 '잘 될 거야'라는 격려 반, '잘 될까?'라는 걱정 반이 주위 반응의 전부였습니다.

　　처음에는 PT라는 어휘만 들었을 때 PPT 즉, 'Power Point'의 약자로 각종 프레젠테이션에 시각적 보조 자료로 사용하는 소프트웨어로 인식하거나, 'Personal Training'의 약자로 휘트니스 센터에서의 개인지도라는 개념으로 인식된다는 반응이 대다수였습니다. 하지만 저는 오히려 이것에 기인해 *'Personal Training'*처럼 좀더 밀착형으로, 그리고 *'Power Point'*의 뜻처럼 진짜 핵심만 짚어주는 것이야말로 학생들이 바라는, 또 제가 가장 중요시 여기는 효율 면에서 최고의 교육이 아닐까 생각이 들었고, 이를 교육에 연결시켜 완벽한 교육을 의미하는 *'Perfect Teaching'*, 전문적인 커리어를 내세운 *'Pro Team'*, 밀착형 커리큘럼을 의미하는 *'Personal Training'*의 슬로건을 내걸고 2013년 7월부터 HSKPT수업을 시작했습니다.

　　HKPT수업은 총 *3단계의 PT*로 이루어져 있는데, 운동의 워밍업을 대신한 본격적인 수업을 위한 예습 격인 *어휘PT*, 본 운동에 해당하는 *본 수업PT*, 마무리 스트레칭에 해당하는 마무리 개념의 *스터디PT*, 이렇게 3단계의 커리큘럼으로 진행이 되었고, 5년 차가 된 지금 HSK수업을 한 번이라도 검색해봤으면 한 번은 들어봤을 법한 그야말로 '*빡센 수업*'으로 유명세를 떨치며 지금의 자리에 서게 되었습니다. 말로만 빡센 수업이 아니라 전국에서 유일하게 4,5,6급 전체 각 '한 달 합격 보장'을 내걸기 위해 우리 PT팀도, 수업 받는 학생들도 최선을 다 할 수 밖에 없는 유일무이한 커리큘럼을 만든 것은 그야말로 저와 저희 팀의 자부심이었습니다.

　　하지만, 완벽한 수업을 표방한 커리큘럼임에도 세상에 완전한 것은 없는 것처럼 저의 가르침에 대한 갈증은 끊임이 없었고, 방학이면 전국 각지에서 서울로 와 방을 얻으면서까지 수업을 듣는 학생들의 열정을 보며 '나 역시 여기에 멈춰 있으면 안 되지 않나' 하는 고민은 늘 있어 왔습니다. 그러던 중 내 생각을 꿰뚫어 보기라도 한 듯 출판사의 HSK 종합서 제안이 있었고, 저는 이것이야 말로 그동안의 교육을 정리할 수 있는 좋은 기회이자 학생들의 열정에 보답할 수 있는 기회라고 여겨 이 교재의 집필을 결정하게 되었습니다.

　　오프라인 수업을 그대로 담았다고 하기에는 부족함이 있겠지만 그동안 오프라인에서 검증 받은 시스템을 기반으로 적어도 기존의 학습 스타일을 탈피하여 좀 더! 체계적인 교재를 만들기 위해 고민하고 최선을 다한 것은 틀림이 없습니다.

　　부분별 학습에서 영역별 학습으로의 전개 그리고 실전연습으로 이어지는 *단계별 학습법*이나, 문제풀이 후 어휘 학습이었던 기존의 방식에서 '先어휘 학습'을 통한 어휘력 강화를 시작으로 반복적인 복습 효과의 마무리PT로 구성한 *데일리 학습법* 등, 이 책으로 학습하는 분들이 하나라도 더 얻어 갈 수 있기를 바라는 마음을 담았습니다. 또한 쉬어가는 페이지의 관련 상식도 기출에서 나왔던 것만으로 구성하여 기존에 어떤 문제, 어떤 어휘, 어떤 내용들이 나왔는지 알려드리기 위해 애썼습니다. '저는 본 저서가 단지 HSK 6급을 따기만 위한'이 아닌 '*HSK 6급의 실력도 갖추기 위한*' 수단이 되길 진심으로 기원합니다.

　　아울러 저에게는 도전이었던 본 교재의 집필을 무사히 끝낼 수 있게 응원과 격려를 아끼지 않은 PT팀의 대들보 5급 우선경 선생님, 4급의 끝판여왕 이주희 선생님, 든든했던 시사중국어사 편집팀 최미진 차장님, 그리고 좋은 기회를 주신 시사중국어학원 엄태상 원장님, 심우익 부원장님께 감사의 말씀 전합니다.

저자 고강민

이 책의 차례

📖 본책

- 차례 ··· 4
- 이 책의 특징 및 활용법 ··· 6
- 新HSK 6급 20일 학습법 및 20일 프로그램 ·· 10
- 新HSK 시험 소개 ·· 12
- 新HSK 6급 Q&A ·· 14
- 新HSK 6급 영역별 전략 소개 ·· 16

PART 01

Day1	듣기 제1부분 ①	정보 글I – 유명한 지역/인물/문화/예술작품을 알려주마!	40
	독해 제1부분 ①	어휘의 오용 – ① 접속사 ② 기타 어휘	45
	쓰기 ①	문장성분 파악 – 성분이 보이면 내용이 보인다!	52
Day2	듣기 제1부분 ②	정보 글II – 동·식물/연구내용/과학상식을 알려주마!	57
	독해 제1부분 ②	'把/被/使/在'의 오용 – 틀린 구문을 찾아라!	62
	쓰기 ②	기초 쌓기I – '삭제의 기술' 요약의 기본은 삭제!	67
Day3	듣기 제1부분 ③	사설/철학 글 – 나의 견해와 사상을 들어줘!	73
	독해 제1부분 ③	남용을 찾아라! – ① 의미 중복 ② 성분 남용	78
	쓰기 ③	기초 쌓기II – '표현 교환의 기술' 더 쉽게! 더 간단하게!	84
Day4	듣기 제1부분 ④	이야기 글 – 웃기거나, 재치 있거나, 교훈을 주거나!	90
	독해 제1부분 ④	어순 오용/성분 결여 – 잘못된 어순과 빠진 성분 찾기!	94
	쓰기 ④	기초 쌓기III – '결합의 기술' 반복되는 것은 합쳐라!	100
Day5	듣기 제1부분 ⑤	성어/신조어/속담/인용구 – 이 말의 의미를 알려주마!	105
	독해 제1부분 ⑤	논리적 오류 – 말이 되지 않는 문장을 찾아라!	109
	쓰기 ⑤	기본기 다지기I – 단계별 요약 기술을 쌓아라!	114
Day6	듣기 제2부분 ①	스포츠 분야 인사의 인터뷰	121
	독해 제2부분 ①	품사별로 접근해라!I – 동사/형용사/명사	128
	쓰기 ⑥	기본기 다지기II – 단계별 요약 기술을 쌓아라!	135
Day7	듣기 제2부분 ②	예술 분야 인사의 인터뷰	141
	독해 제2부분 ②	품사별로 접근해라!II – 양사/접속사/성어	148
	쓰기 ⑦	기본기 다지기III –단계별 요약 기술을 쌓아라!	155
Day8	듣기 제2부분 ③	기업가/창업자의 인터뷰	161
	독해 제2부분 ③	어휘의 조합으로 접근해라!	168
	쓰기 ⑧	문장부호와 원고지 사용법 – 글쓰기의 기본 중의 기본	174
Day9	듣기 제2부분 ④	기타 전문분야 및 일반인 인터뷰	180
	독해 제2부분 ④	소재와 어휘의 특징으로 접근해라!	187
	쓰기 ⑨ 요약 연습I	요약 연습I – 짧은 글 연습 (400자 → 200자 줄이기)	194

Day10	듣기 제3부분 ①	정보 글 – 알려주는 정보 소재에 집중하라!	201
	독해 제3부분 ①	정보 글 – 설명하는 내용이 어려울수록 힌트는 많다!	206
	쓰기 ⑩	요약 연습Ⅱ – 짧은 글 연습 (500자 → 250자 줄이기)	211
Day11	듣기 제3부분 ②	사설 글 – 관건은 화자가 하고자 하는 말이다!	220
	독해 제3부분 ②	사설 글 – 문맥의 흐름을 따라라!	226
	쓰기 ⑪	요약 연습Ⅲ – 짧은 글 연습 (550자 → 250자 줄이기)	231
Day12	듣기 제3부분 ③	이야기 글 – 6하원칙을 쫓아라!	239
	독해 제3부분 ③	이야기 글 – 사건의 흐름을 따라라!	245
	쓰기 ⑫	요약 연습Ⅳ – 짧은 글 연습 (550자 → 250자 줄이기)	250
Day13	독해 제4부분	지문 읽기와 문제 파악 – 문제유형 파악으로 한 번에 끝!	258

PART 02

Day14	듣기 제1부분	기출어휘, 나오는 것만 알려주마!	272
	독해 제1부분	빈출 오용만 파악해도 정답이 보인다!	278
	쓰기 ⑬	시간 흐름으로 요약하기Ⅰ – 실전분량(1,000자) 훈련하기!	285
Day15	듣기 제2부분	빈출 게스트의 특징을 파악하면 정답이 들린다!	292
	독해 제2부분	기출어휘, 특징만 파악하면 정답이 보인다!	299
	쓰기 ⑭	시간 흐름으로 요약하기Ⅱ– 실전 분량(1,000자) 훈련하기!	306
Day16	듣기 제3부분	빈출어휘와 패턴을 파악하면 정답이 들린다!	314
	독해 제3부분	특정어휘로 힌트를 파악하면 정답이 보인다!	320
	쓰기 ⑮	큰 사건으로 요약하기Ⅰ– 실전 분량(1,000자) 훈련하기!	327
Day17	독해 제4부분	지문 읽기와 문제 파악 – 문제유형 파악으로 한 번에 끝!	334
	쓰기 ⑯	큰 사건으로 요약하기Ⅱ– 실전 분량(1,000자) 훈련하기!	346

PART 03

Day18	듣기	듣기 영역 Final	354
Day19	독해	독해 영역 Final	367
Day20	쓰기	쓰기 영역 Final	387

📖 해설서

PART 01 실전 PT 해설 6
PART 02 실전 PT 해설 89
PART 03 실전 PT 해설 128
실전 모의고사 1회 해설 172
실전 모의고사 2회 해설 222

이 책의 특징

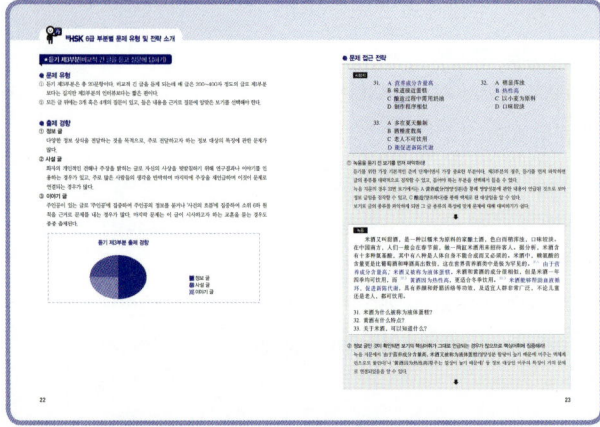

新HSK 6급 영역별 전략 소개
'知彼知己, 百戰百勝!'
6급 시험에 어떤 문제들이 나오는지 각 영역 및 부분별 문제유형을 소개하고 그에 따른 최근 출제경향을 100% 공개하였습니다. 실제 문제를 분석하면서 풀이 전략까지 꼼꼼히 제시하여 20일 학습을 시작하기 전에 워밍업 하기에 좋습니다.

PART 01

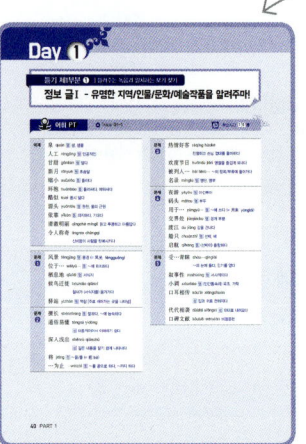

어휘 PT
외국어 학습의 기본은 어휘! 그날 배울 어휘를 미리 학습해두면 예제도, 문제도 술술~ 풀립니다. 시험 전 어휘PT만 쓱~ 훑어보아도 큰 도움이 됩니다.

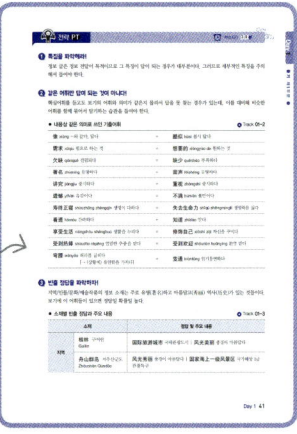

전략 PT
시험 필수 전략만을 뽑아 간단명료하게 설명하였습니다. 모범생의 잘 정리된 노트처럼 이해하기 쉽게 예문과 함께 제시하였습니다.

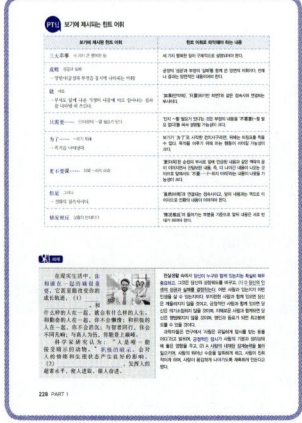

PT팁
전략PT와 함께 꼭 알아야 할 주제별 추가 어휘 및 표현들을 따로 모아 정리해놓았습니다. 병음 표기 및 예문 추가로 학습의 이해도를 높였습니다.

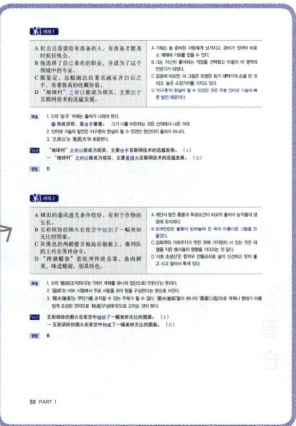

예제
전략PT로 익힌 내용을 그대로 적용하여 예제를 풀어본 후, 상세한 해설로 문제에 좀더 자세히 접근하여 실력을 높여보세요.

기출상식 PT

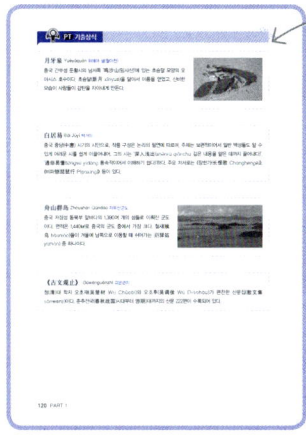

다양한 상식이 의외로 시험에 큰 도움이 될 수 있습니다. 기출문제에 등장했던 내용을 뽑아 놓았으니 가볍게 상식을 늘려보세요.

실전 PT

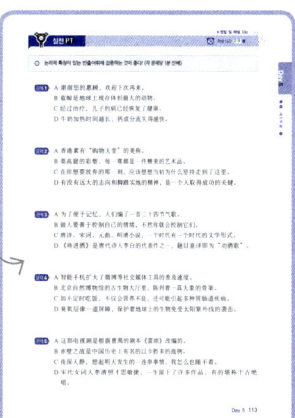

영역별 주어진 학습이 끝났다면 실전 PT로 마무리해보세요. 전략PT에서 학습했던 내용을 적용하여 풀면 문제가 착착 풀립니다.

마무리 PT

하루 학습의 마무리 정리 코너입니다. 하루치 빈출어휘들을 반복 학습하여 확실한 내 실력으로 만들어보세요.

PART 02 ~ 03

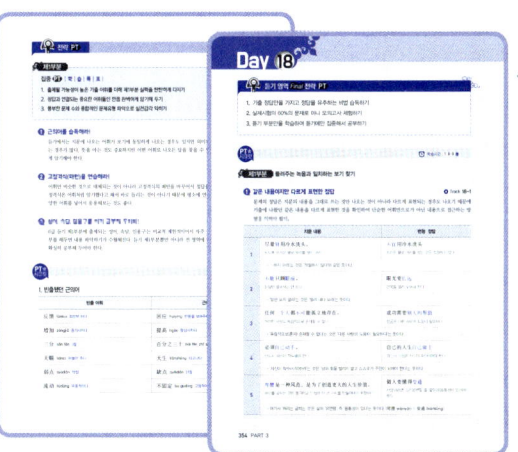

PT 시크릿

다년간의 기출문제를 분석하여 빈출하였거나 또는 답이 됐던 어휘와 구문들을 영역별로 정리하였습니다. 新HSK PT 선생님들만의 시크릿 공식으로 최고득점에 도전하세요.

실전 PT 미니 모의고사

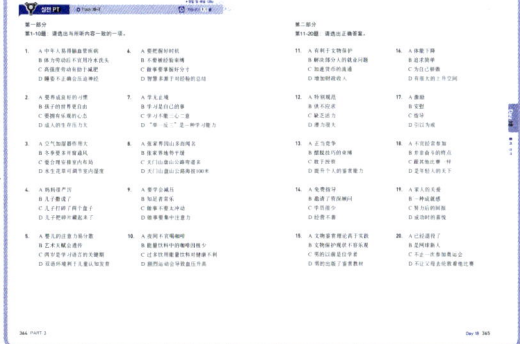

영역별·부분별 모든 학습을 끝내고 마무리 실력 점검을 할 수 있습니다. 전략PT와 시크릿PT 등 新HSK PT로 학습했던 내용에 집중해서 미니 모의고사를 풀어보세요.

7

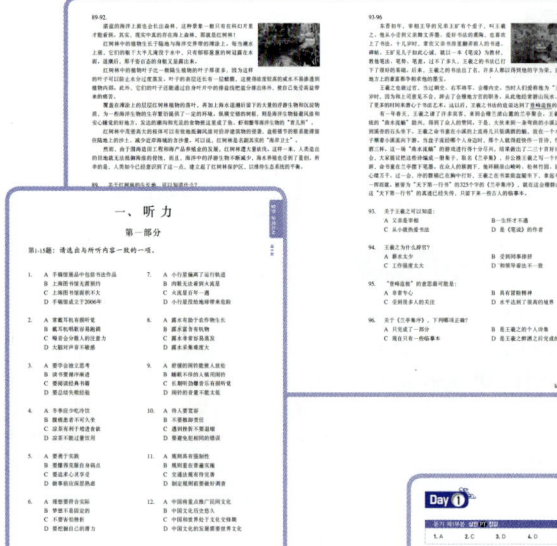

실전 모의고사 2세트(별책)

최신 기출문제를 모아 최고의 실전 모의고사 2세트를 뽑아냈습니다.
시험 보기 전에 꼼꼼히 풀어보고 맞은 부분과 틀린 부분을 체크하여 여러 번 학습해보세요.

해설서(별책)

이보다 더 상세하고 참신하며 친절할 수 없다!
新HSK PT 선생님들만의 노하우를 그대로 담아낸 해설서! 상세한 해설은 물론 문제를 공략하고 푸는 법이 고스란히 담겨 있습니다. 해설서를 읽기만 해도 실력이 쑥쑥 자랍니다.

PT어휘집(별책)

新HSK 6급 필수어휘 2,500개는 기본! 다년간 빈출했던 주요 어휘들을 모두 모아놓은, 시험 준비에 꼭 필요한 금쪽같은 어휘집으로 시험장으로 가는 발걸음이 가벼워집니다!

 **이렇게 활용해보세요!**

❶ PT 학습서 학습할 때

+ PT 학습서
+ MP3 파일
+ 20일 코칭 영상
+ 해설서
+ 시사중국어사 온라인 카페에서 스터디 참가!

① PT 학습서로 학습하고!
② 20일 코칭 영상을 보며 복습하고!
③ MP3 파일을 들으며 문제를 풀고!
④ 해설서로 마무리하고!
⑤ 친구들과 같이 공부하고!

❷ 실전 모의고사를 풀 때

+ 실전 모의고사 2세트
+ MP3 파일
+ 해설서

① MP3 파일을 들으며 실전 모의고사 풀고!
② 해설서로 마무리하고!

❹ 시험장에서

+ PT 어휘집
+ MP3 파일

① 시험 전날에도, 시험장에 가는 길에도, 시험장에서도! PT 어휘집으로 최종 확인!
② MP3 파일로 들으면서 시험 준비 끝!

❸ 도서관·지하철에서 스마트폰으로

+ 20일 코칭 영상
+ MP3 파일
+ PT 어휘집

① 20일 코칭 영상을 어디서든 Play!
② MP3 파일을 들으며 귀로 쏙쏙!
③ PT 어휘집으로 단어 외우기!

新HSK 6급 PT 학습 20일 코칭 시스템

20일 동안 매일매일 新HSK 6급 듣기/독해/쓰기 전 영역을 모두 다루면서 어느 한 영역에도 치우치지 않게 체계적으로 학습하면 新HSK 6급을 처음 공부하더라도 시험에서 고득점을 노려볼 수 있습니다.

PT 학습법 ① 단계

1일~13일차,

각 영역의 유형별 전략PT 비법을 학습합니다.
최근 시험에 출제되고 있는 출제경향 및 시험의 전망을 완벽히 정리하였습니다. 13일 간 꾸준하게 학습한다면 시험에 출제되는 모든 비법을 확실하게 마스터 할 수 있습니다. 중요한 것은 매일 (13일차 제외) '듣기/독해/쓰기'를 골고루 학습해야 한다는 것입니다.
본 교재는 매일 전 영역을 고루 학습함으로써 하나의 비법이 듣기에서 쓰기까지 적용되어 좀 더 효율적으로 학습할 수 있도록 하였습니다.

	Day 1	Day 2	Day 3
	유형별 비법학습	유형별 비법학습	유형별 비법학습
1주	듣기 제1부분 ① 독해 제1부분 ① 쓰기 ①	듣기 제1부분 ② 독해 제1부분 ② 쓰기 ②	듣기 제1부분 ③ 독해 제1부분 ③ 쓰기 ③
	Day 6	**Day 7**	**Day 8**
	유형별 비법학습	유형별 비법학습	유형별 비법학습
2주	듣기 제2부분 ① 독해 제2부분 ① 쓰기 ⑥	듣기 제2부분 ② 독해 제2부분 ② 쓰기 ⑦	듣기 제2부분 ③ 독해 제2부분 ③ 쓰기 ⑧
	Day 11	**Day 12**	**Day 13**
	유형별 비법학습	유형별 비법학습	유형별 비법학습
3주	듣기 제3부분 ② 독해 제3부분 ② 쓰기 ⑪	듣기 제3부분 ③ 독해 제3부분 ③ 쓰기 ⑫	독해 제4부분
	Day 16	**Day 17**	**Day 18**
	실전 다지기	실전 다지기	영역별 최종점검
4주	듣기 제3부분 독해 제3부분 쓰기 ⑮	독해 제4부분 쓰기 ⑯	듣기 전 영역 최종 정리

PT 학습법 ② 단계

14일~17일차,

13일 동안 학습한 전략PT 비법들을 가지고 실력 다지기에 돌입합니다.
14일부터 17일 4일간, 앞에서 학습했던 시험 유형과 비법들을 다시 한번 점검하면서, 핵심포인트를 정리하는 시간입니다. 13일간의 학습비법을 한 번에 정리하여 다양한 문제를 통해 그동안 학습한 비법이 실전에 적용되는지 확인하면서 실력을 다질 수 있습니다.

Day 4	Day 5
유형별 비법학습	유형별 비법학습
듣기 제1부분 ④ 독해 제1부분 ④ 쓰기 ④	듣기 제1부분 ⑤ 독해 제1부분 ⑤ 쓰기 ⑤

Day 9	Day 10
유형별 비법학습	유형별 비법학습
듣기 제2부분 ④ 독해 제2부분 ④ 쓰기 ⑨	듣기 제3부분 ① 독해 제3부분 ① 쓰기 ⑩

Day 14	Day 15
실전 다지기	실전 다지기
듣기 제1부분 독해 제1부분 쓰기 ⑬	듣기 제2부분 독해 제2부분 쓰기 ⑭

Day 19	Day 20
영역별 최종점검	영역별 최종점검
독해 전 영역 최종 정리	쓰기 전 영역 최종 정리

PT 학습법 ❸단계

18일~20일차,

新HSK 6급 듣기/독해/쓰기 전 영역을 최종 점검합니다.
마지막 3일은 영역별로 미니 모의고사 형식의 최종 마무리 학습을 합니다. 그동안 공부한 학습 비법 중에서도 더욱 빈번하게 출제되고 있는 패턴들을 한 눈에 볼 수 있도록 정리해 놓았습니다.
즉 18일은 듣기 전 영역, 19일은 독해 전 영역, 20일은 쓰기를 집중적으로 학습하여 시험에 반드시 출제되는 핵심 중의 핵심만을 쏙쏙! 골라 학습할 수 있습니다. 시험 직전에는 이 부분만을 반복해서 학습하여도 좋은 점수를 받을 수 있습니다.

PT 학습법 ❹단계

실전 모의고사 2세트로 실전 테스트를 진행합니다.

20일차 진도를 따라 열심히 공부해 나갔다면, 이제 실제 기출문제를 100% 활용한 실전 모의고사 테스트를 실시하여 실전감각을 익힙니다. 반드시 시간에 맞춰 실전과 똑같이 테스트를 진행한다면 시험에서 당황하지 않게 되어 좋은 점수를 받을 수 있습니다.

 新HSK 소개

新HSK는 제1언어가 중국어가 아닌 사람의 중국어 능력을 평가하기 위해 만들어진 중국 정부 유일의 국제 중국어능력 표준화 시험으로, 생활, 학습, 업무 등 실생활에서의 중국어 운용능력을 중점적으로 평가하는 시험입니다.

1. 시험 구성

新HSK는 국제 중국어능력 표준화 시험으로, 중국어가 모국어가 아닌 학생들이 생활, 학습, 업무 면에서 중국어로 교류하는 능력을 중점적으로 테스트합니다. 新HSK는 필기시험과 구술시험의 두 가지 부분으로 나누어지고, 필기시험과 구술시험은 서로 독립적입니다. 필기시험은 1급, 2급, 3급, 4급, 5급과 6급 시험으로 나누어지고, 구술시험은 초급, 중급, 고급으로 나누어지며 구술시험은 녹음의 형식으로 이루어집니다.

필기 시험	구술 시험
新HSK(1급)	新HSK(초급)
新HSK(2급)	
新HSK(3급)	新HSK(중급)
新HSK(4급)	
新HSK(5급)	新HSK(고급)
新HSK(6급)	

2. 시험 등급

新HSK의 각 등급에 따른 단어 수와 중국어 학습 능력 수준은 아래의 표와 같습니다.

新HSK	단어 수	중국어 학습 능력 수준
1급	150	매우 간단한 중국어 단어와 구문을 이해하고 사용할 수 있으며, 구체적인 의사소통 요구를 만족시키며, 한 걸음 더 나아간 중국어 능력을 구비합니다.
2급	300	익숙한 일상생활을 주제로 하여 중국어로 간단하게 바로 의사소통 할 수 있으며, 초급 중국어의 우수한 수준에 준합니다.
3급	600	중국어로 생활, 학습, 비즈니스 등 방면에서 기본적인 의사소통 임무를 수행할 수 있으며, 중국에서 여행할 때도 대부분의 의사소통을 할 수 있습니다.
4급	1,200	중국어로 비교적 넓은 영역의 주제로 토론을 할 수 있고, 비교적 유창하게 원어민과 대화할 수 있습니다.
5급	2,500	중국어로 신문과 잡지를 읽고, 영화와 텔레비전을 감상할 수 있으며, 중국어로 비교적 높은 수준의 강연을 할 수 있습니다.
6급	5,000이상	중국어로 된 소식을 가볍게 듣고 이해할 수 있고, 구어체나 문어체의 형식으로 자신의 견해를 자유롭게 표현할 수 있습니다.

3. 접수 방법
① **인터넷 접수** : HSK 한국사무국 홈페이지(http://www.hsk.or.kr)에서 접수
② **우편접수** : 구비서류를 동봉하여 등기우편으로 접수
　　＊구비서류 : 응시원서(사진 1장 부착) + 사진 1장 + 응시비 입금 영수증
③ **방문접수** : 서울공자아카데미에서 접수

4. 접수 확인 및 수험표 수령 안내
① **접수 확인** : 모든 응시자는 접수를 마친 후 HSK 홈페이지에서 접수 확인 후 수험표를 발급합니다.
② **수험표 수정** :
　수험표는 홈페이지 나의 시험정보 〈접수내역〉 창에서 접수 확인 후 출력 가능합니다.
　우편접수자의 수험표는 홈페이지를 통해 출력 가능하며, 방문접수자의 수험표는 접수 시 방문접수 장소에서 발급해 드립니다.

5. 성적 결과 안내
인터넷 성적 조회는 시험일로부터 1개월 후이며, HSK 성적표는 '성적 조회 가능일로부터 2주 후' 발송됩니다.

6. 주의사항
접수 후에는 응시등급, 시험일자, 시험장소의 변경이 불가능합니다.
고시장은 학교 사정과 정원에 따라 변동 및 조기 마감될 수 있습니다. (변경 시 홈페이지 공지)
천재지변·특수상황 등 이에 준하는 상황 발생시 시험일자의 변경이 가능합니다. (변경 시 홈페이지 공지)
HSK 정기시험은 관련규정에 근거하여 응시 취소신청이 가능합니다.

 新HSK 6급 Q&A

Q 新HSK 6급 구성과 시험시간 배점은 어떻게 되나요?

A 新HSK 6급은 총 101문제로 듣기/독해/쓰기 세 영역으로 나뉩니다. 101문항을 약 135분 동안 풀어야 합니다. 각 영역별로 배점은 100점으로 총 300점 만점입니다. 듣기 영역이 끝난 후에는 5분의 답안 작성시간이 따로 주어집니다.

시험 내용		문항수 / 배점		시험시간
1 듣기	제1부분	15	50문항 / 100점	약 35분
	제2부분	15		
	제3부분	20		
듣기 영역에 대한 답안 작성시간				5분
2 독해	제1부분	10	50문항 / 100점	50분
	제2부분	10		
	제3부분	10		
	제4부분	20		
3 쓰기	제1부분	1	1문항 / 100점	읽기 10분 쓰기 35분
총계			101문항 / 300점	약 135분

Q 몇 점이면 합격인가요?

A 新HSK 6급은 듣기/독해/쓰기 세 영역으로 총 101문항, 300점 만점입니다. 2017년부터 4급을 제외한 5급과 6급은 증서에 합격의 여부는 표시되지 않고 점수만 표시됩니다. 하지만 통상적으로 총점 180점 이상을 합격으로 보고 있으며 성적표에 각 영역별로 성적이 모두 표시되기 때문에 영역별 점수차가 크지 않도록 하는 것이 좋습니다. 또한 요즘에는 180점을 통상적인 합격의 점수로 보아도 200점 이상의 성적을 요구하는 곳이 많으므로 200점 이상은 넘길 수 있도록 공부하는 것이 좋습니다.

Q 얼마나 공부하면 新HSK 6급을 취득할 수 있나요?

A 최근에는 중국어 시험도 호흡이 빨라짐에 따라 단기간 합격보장을 내걸고 강의하는 오프라인 학원과 교재들이 많아졌습니다. 덕분에 4,5급은 학원의 도움을 받거나 마음만 먹으면 보통 '딱 한 달'만으로 합격하는 경우가 적지 않습니다. 하지만 6급의 경우 어휘량이 4,5급을 합친 것의 두 배이고, 영역별 난이도가 높으며 쓰기의 경우 기본적인 글을 읽고 쓰는 실력이 되지 않으면 점수를 얻기 힘들기 때문에 4,5급을 쉽게 취득한 사람도 6급의 문턱에서 좌절하는 경우가 많습니다. 6급은 5급을 취득한 실력이

라는 전제 하에, 일반적인 오프라인 학원의 주 5일, 하루 2시간 이상의 수업, 3시간 이상의 개인학습(복습, 어휘 암기, 숙제)을 진행한다면 두 달(총 학습시간: 200시간 내외) 정도가 걸리는 것이 일반적입니다. 하지만 필자는 6급 한 달 커리큘럼을 오프라인 학원에서 진행하고 있으며 전국에서 유일하게 '한 달 합격 보장'을 내걸고 수많은 합격자를 배출한 만큼 그 노하우를 이 한 권에 최대한 담아냈기 때문에 이 교재 한 권으로 6급도 한 달 안에 충분히 취득할 수 있을 것이라고 자신합니다. 다만 이론적으로만 계산하여 공부하지 말고 6급이 HSK의 난이도가 높은 최고 급수인 만큼 6급을 공부하는 동안은 HSK에만 전념하며 꾸준히 복습하고 연구하는 태도가 꼭 필요합니다. 할 수 있습니다. 자신감을 가지세요!

Q 이 교재 한 권으로 정말 新HSK 6급을 취득할 수 있을까요?

A 이 책에 실린 모든 문제는 실제 기출문제를 가공한 문제들로 이루어져 있어 현재 시험 출제경향을 100% 담았다고 할 수 있습니다. 또한 20일 만에 6급 합격자를 배출한 경험과 노하우가 모두 담겨 있으므로 이 교재에서 벗어나는 유형은 나오지 않는다고 자부합니다. 학습자 여러분이 20일 커리큘럼을 잘 따라와준다면 여러분도 반드시 新HSK 6급의 합격자가 될 수 있습니다.

Q 新HSK 6급 시험의 난이도는 어떻게 되나요?

A 新HSK의 출제경향과 시험의 난이도는 해마다 또, 달마다 달라지고 있습니다. 다양한 표현과 새로운 유형들이 출제되고 있지만 중요한 것은 HSK는 급수마다 출제되는 필수어휘가 정해져 있기 때문에 이 필수어휘를 기본으로 문제접근 방식을 이해하고 충실히 문제를 파악했다면 난이도가 높고 낮고를 떠나 합격은 크게 문제되지 않습니다. 본 교재는 시험에서 반복적으로 빠지지 않고 출제되고 있는 유형과 표현들을 집중적으로 학습시키고자 노력하였으며 기본에 충실하다면 새로운 문제가 나와도 유연하게 대처할 수 있습니다.

Q IBT HSK는 무엇인가요?

A 기존에는 대부분 新HSK 시험방식이 지류시험 방식(PBT)이었습니다. 하지만 최근에는 컴퓨터를 사용하여 문제를 푸는 방식인 IBT 역시 많은 수험생들이 선택하여 시험을 치르고 있습니다. PBT 방식이든, IBT 방식이든 모두 같은 공인급수입니다. IBT의 장점은 듣기는 개개인이 헤드셋을 착용하고 듣기 때문에 좀 더 집중할 수 있고, 쓰기의 경우 워드(Word)를 작성하는 것과 같은 방식으로 진행되기 때문에 워드 정도만 다룰 줄 안다면 글자를 몰라 헤매거나 지우개로 지웠다 썼다 하는 수고를 덜 수 있습니다. 단점은 오로지 모니터로만 지문을 봐야 하기 때문에 독해의 경우 평소에 지류시험에 익숙한 수험생들은 집중력이 떨어지는 경우가 많기 때문에 충분한 연습을 하고 응시해야 합니다. 수험생 여러분에게 맞는 좀 더 편한 방식을 선택하여 시험에 응시하면 됩니다.

Q **시험일자와 접수방법이 어떻게 되나요?**

A 기존에는 新HSK 시험이 매달 1회씩, 12회가 실시되었습니다. 하지만 IBT라고 하는 컴퓨터를 사용하여 시험에 응시하는 방식이 생기면서 추가시험이 진행되고 있어 응시의 기회가 더 많아졌습니다. 이에 따라 HSK시험을 진행하는 대행사 또한 많아져 접수방식에 조금씩 차이가 있으므로, HSK 한국사무국(www.hsk.or.kr) 또는 HSK 탕차이니즈(www.hskkorea.co.kr) 등의 대행사 홈페이지를 통해 정확한 일정과 접수방식을 확인하는 것이 좋습니다.

新HSK 6급 부분별 문제유형 및 전략 소개

🎧 听力

★듣기 제1부분(녹음과 일치하는 내용 찾기)

● 문제유형
① 4,5급과 달리 6급의 듣기 제1부분은 녹음 뒤에 질문이 없다. 응시생들은 녹음을 듣고 나서 녹음의 내용과 일치하는 보기를 하나 선택하면 된다.
② 녹음 내용은 모두 짧은 글이고, 일반적으로 100자를 넘지 않는다. 대화가 없고, 모두 한 사람이 읽어준다. 내용은 정보, 사설, 이야기 등이다.

● 출제경향
① **정보 전달을 목적으로 한 글**
  유명한 지역, 인물, 문화 예술 등 중국과 관련된 정보를 전달하거나 동·식물, 연구내용, 과학상식 등 일반적인 정보를 전달하는 것이 목적인 글로 문제 출제비율이 가장 높다. 적게는 5문제에서 많게는 10문제까지 출제된다.

② **화자의 견해나 철학을 밝힌 글**
  화자의 개인적인 견해나 철학, 또는 사상을 밝힌 글이지만, 그 견해와 사상은 일반적인 처세와 비슷하여 성공을 위해 좌절은 필요하다는 등의 보편적인 내용이 주를 이룬다. 보통 2~4문제 출제된다.

③ **유머나 재치 위주의 이야기 글**
  주인공이 등장하는 스토리가 있는 글로 그 스토리는 주인공의 재치 있는 대처나 유머러스 한 상황인 경우가 많다. 하지만 정답으로 연결되는 경우는 보통 이야기에서 드러난 사실임을 주의해야 한다. 보통 2~4문제 출제된다.

④ **성어, 신조어, 속담 등의 특정어휘에 대한 글**
  6급 필수성어나 최근 중국에서 이슈가 되는 신조어 또는 유행어에 관한 글로 제시된 특정어휘의 의미나 사용되는 환경을 묻는 경우가 많다. 보통 1~2문제 출제된다.

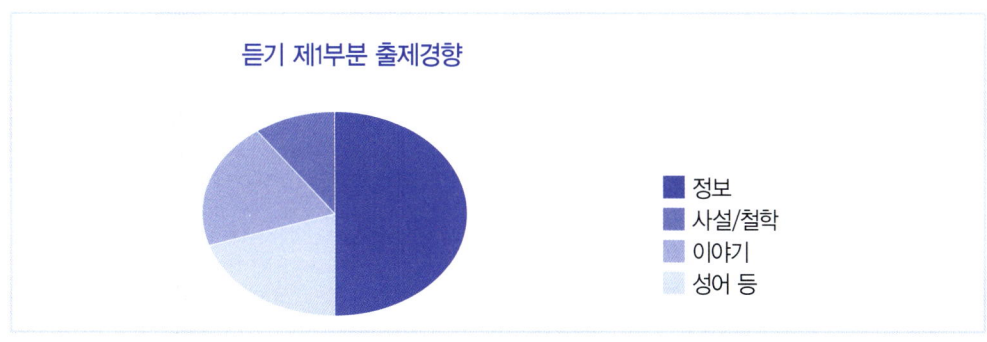

新HSK 6급 부분별 문제유형 및 전략 소개

● 문제 접근 전략

> **시험지**
> A 月牙泉是人工泉
> B 月牙泉泉水甘甜
> C 月牙泉形状像新月
> D 月牙泉的面积在缩小

① 녹음을 듣기 전, 보기를 먼저 확인하고 핵심어휘들을 체크한다.
이때 보기는 10초 안에 볼 수 있도록 연습을 많이 하고 핵심어휘(색 부분)는 그대로 나오는 경우도 있지만 근의어(비슷한 의미의 어휘)로 나오는 경우가 있기 때문에 발음이 아니라 뜻에 신경 써야 한다.

↓

② 첫 번째 문장을 반드시 들어라!
어떤 유형의 글이 되든 첫 번째 문장을 이해하면 적어도 무슨 내용에 대한 글인지를 파악할 수 있기 때문에 첫 문장을 잘 들으려고 노력해야 한다.

↓

③ 녹음이 끝나기 전에 정답이 나왔다면 더 이상 확인하지 마라. 그것이 정답이다!
제1부분은 따로 질문이 있는 것이 아니라 들려주는 내용과 일치하는 보기를 찾는 것이기 때문에 정답이라 생각하는 내용이 나왔다면 끝까지 확인하지 말고 다음 문제로 넘어가야 보기를 볼 시간을 더 길게 확보할 수 있다.

> **녹음**
> 月牙泉被鸣沙山环抱，长约一百五十米，宽约五十米，因水面酷似一弯新月而得名。月牙泉的源头是党河，依靠河水的不断补给，在四面黄沙的包围中，泉水清澈明丽，且千年不干，令人称奇。

↓

④ 보기에 맞춰서 필요한 부분만 들어야 한다.
녹음의 첫 내용은 위에야 샘의 환경과 크기에 대해서 나왔지만 보기에서 환경에 대한 언급이 없으므로 가볍게 넘겨도 되고 D에서 '在缩小(줄어들고 있다)'라는 내용이 있긴 하지만 녹음은 길이와 폭이 얼마인지를 언급했지 면적에 대한 내용이 없으므로 넘겨도 된다. '因A而得名(A 때문에 이름을 얻었다)'이라는 부분에서 위에야 샘의 이름의 유래가 '酷似一弯新月(하나의 초승달을 몹시 닮았다)'라고 언급되었으므로 같은 의미의 C를 정답으로 간주하고 다음 문제로 넘어가 보기를 볼 시간을 더 확보하면 된다.

★듣기 제2부분(인터뷰를 듣고 질문에 답하기)

● 문제유형

듣기 제2부분은 총 15문항이다. 수험생은 세 개의 인터뷰 녹음을 듣게 된다. 각각의 인터뷰 후에는 5개의 질문이 있고, 수험생들은 들은 인터뷰 내용을 근거로 정확한 답을 선택해야 한다.

● **출제경향**

① 스포츠 분야 인사의 인터뷰

운동선수나 관련 코치 등을 인터뷰한 것으로 주로 훈련과정, 해당종목에 대한 견해, 앞으로의 목표, 그리고 그동안의 심리변화 과정에 관한 질문이 많다.

② 예술 분야 인사의 인터뷰

작가, 디자이너, 무용수 등을 인터뷰한 것으로 주로 작품에 관한 내용, 현재 해당 분야가 가지고 있는 문제점, 인물에 관한 정보 등을 묻는 경우가 많다.

③ 기업가/창업자의 인터뷰

중국 내의 유명 기업가나 창업자, 또는 유명 회사의 임원을 인터뷰한 것으로 회사의 초기 계획, 발전과정, 앞으로의 계획에 관한 질문이 많다.

④ 기타 전문 분야 및 일반인 인터뷰

환경, 유물, 동·식물에 관한 인사를 인터뷰한 것으로 범위가 넓고 다양하다. 해당 분야의 전문지식보다는 해당분야를 선택하게 된 동기나 그 분야에 관한 게스트의 견해 등을 많이 묻는다.

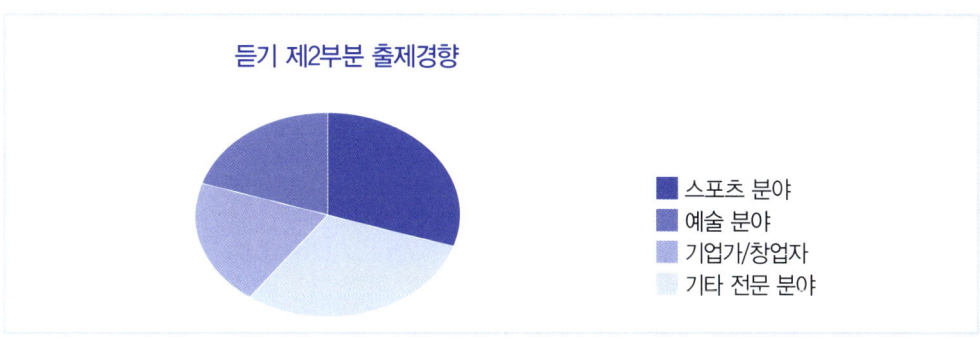

● **문제 접근 전략**

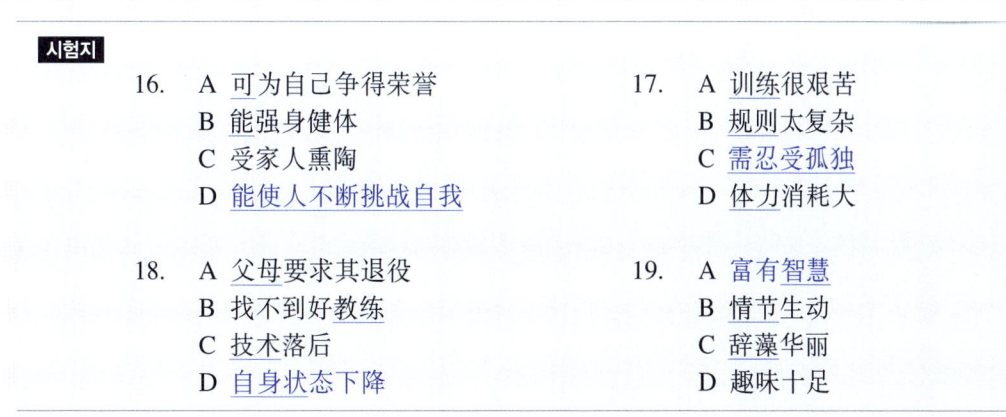

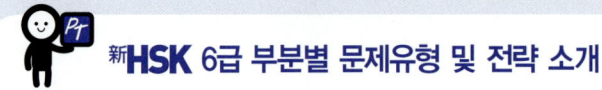

```
20.  A 是出于对胜利的渴望
     B 想迷惑对手
     C 是为了发泄不满
     D 对比赛不利
```

① **최대한 보기를 먼저 파악해라!**

5개의 보기를 다 파악하기는 쉽지 않지만 최대한 틈을 이용해 2~3개의 보기는 미리 파악해 두어야 한다. PBT의 경우 듣기가 시작될 때 음악이 나오는 부분에 보통 듣기 제1부분의 보기를 보는 경우가 많은데 이때 제2부분의 보기를 최대한 봐둔다면 다시 제2부분에 왔을 때 좀 더 쉽게 보기가 보인다. 제1부분 보기는 10초면 충분하다. IBT의 경우(2017년 현재) 듣기가 시작되기 전에 보기를 볼 시간을 먼저 1분을 주는데, 이 시간을 활용하는 것이 좋다.

⬇

녹음

男：李娜，感谢你接受我们的采访。请问，¹⁶·你为什么会对网球有着如此大的热情？

女：¹⁶·ᴅ 网球是一个可以让你不断挑战自己的项目。它会给人很大的挫败感，也会给人很大的成就感。因为你会觉得，连这么难的事我都能做好，其他的，我会做不好吗？

男：那么，¹⁷·网球这项运动的艰难之处在哪儿呢？

女：¹⁷·ᶜ 网球是一项非常孤独的运动，运动员在赛场上，没有教练，没有队友。只有对手和自己。有人形容网球是"孤岛运动"。就是说，运动员站在场上，就像一座孤岛。周围观众环绕，自己却非常孤独。不过，虽然只有我自己一个人在比赛，但其实我的团队还在。他们虽然不上场，但是对我很重要。

男：¹⁸·你眼下面临的挑战是什么？

女：我已经不年轻了，¹⁸·ᴅ 自身状态在下滑。到不同的国家打比赛，我还要倒时差，饮食也不习惯。有时早上醒来甚至不知道自己在哪里。我需要克服这些不舒服的感觉。另外，我还得应对伤病问题。

男：听说你不打比赛的时候，放松的方式是读书。¹⁹·那你最喜欢的书是什么？

女：我原来不太喜欢读书，回到学校上学这两年，渐渐喜欢上了读书。年龄大了，人就会对社会、历史和心灵方面的东西感兴趣，会想扎进更深的地方。¹⁹·ᴬ 有一本书叫《遇见未知的自己》我特别喜欢。这本书，虽然没有华丽的文字，但是充满智慧。当时，我处于一个很低迷的状态。读完之后，我觉得人生没有什么过不去的坎儿。

男：很多人说你比赛的时候情绪波动得太厉害。但是 ²⁰·ᴬ 你的丈夫姜山却说，"你情绪波动是因为对胜利的渴望，这是一件好事。"别人看到的是你的外在，而他看到的是你情绪背后的动机。

女：对。他完全知道我在做什么，知道我要什么。我很庆幸能遇见一个这么了解我、包容我的人。我很感谢他！

16. 女的为什么会对网球充满热情?
17. 女的觉得网球运动的艰难之处是什么?
18. 女的现在面临的最大挑战是什么?
19. 女的认为《遇见未知的自己》这本书怎么样?
20. 女的的丈夫怎么看待她在赛场上的情绪波动?

② 진행자의 질문과 문제의 질문은 보통 일치한다!
녹음 지문에서 굵은 글씨체로 되어 있는 진행자의 질문과 마지막 실제문제의 질문이 비슷한 것을 알 수 있다. 반드시 한 질문이 하나의 문제로 연결되지는 않지만 60% 이상의 문제가 진행자의 질문을 토대로 출제되기 때문에 모든 인터뷰를 듣고 문제의 질문을 들어야 풀 수 있는 것이 아니라 들으면서 진행자의 질문에 대한 답으로 여겨지는 보기를 선택하면서 내려가는 것이 좋다.

③ 인물에 관한 정보는 항상 캐치해 두자!
인물 정보에 관한 문제는 보통 반반의 확률로 나오며, 나온다면 진행자의 순서와 상관없이 나오는 경우가 많다. 그렇기 때문에 게스트의 정보, 즉, 신분, 별명, 좋아하는 것, 바람, 현재의 상황, 이전의 이력 등은 기억해 두는 것이 좋고, 먼저 파악한 보기에 인물 정보처럼 보이는 내용이 있으면 그러한 사실이 언급되는지 확인만 하면 된다.
녹음 지문에서 '我已经不年轻了, 自身状态在下滑(나는 이미 젊지가 않고, 몸의 상태가 하락세입니다)'에서 본인의 현 상태 즉, 자신에 관한 정보를 언급했는데, 18번 문제의 정답으로 연결된 것을 볼 수 있다.

④ 게스트의 개인적 견해나 정의를 놓치지 마라!
게스트는 항상 자신이 종사하고 있는 분야에 대한 견해를 밝히는데 이것이 문제로 이어지는 경우가 많기 때문에 게스트의 해당분야에 대한 견해나 정의를 놓치지 않아야 한다.
녹음 지문에서 테니스 선수에 관한 인터뷰인데 두 번째 질문에 대답에서 '网球是一项非常孤独的运动(테니스는 매우 고독한 운동입니다)'이라고 주관적 견해를 밝힌 것이 17번의 문제의 정답으로 연결된 것을 볼 수 있다.

⑤ 문제를 확인하려 하지 마라!
앞에서 언급했듯이 듣기 제2부분은 진행자의 질문에 맞춰만 들어도 정답을 선택할 수 있는 문제가 대다수이기 때문에 초보자의 경우에는 실제문제가 나오는 경우 확인보다는 이미 고른 보기를 정답으로 간주하고 다음 인터뷰의 보기를 빨리 파악하는 것이 좋다. 6급을 처음 접하는 초보의 응시자들이 듣기의 최대 큰 난제를 보기 확보 시간의 부족을 꼽는 만큼, 문제가 나오는 부분에 다음 인터뷰의 보기를 미리 파악한다면 전략적으로 더 효율적으로 볼 수 있다. HSK 6급 초보인 경우 들으면서 정답을 고르지 못했다면 문제의 질문을 들어도 어차피 답을 골라낼 수 없다는 것을 인지하자. 듣기 실력이 어느 정도 갖춰진 응시생의 경우는 정확도를 높이기 위해 다음 인터뷰의 보기를 보면서 문제의 질문이 나오는 때에 확인만 하면 된다.

新HSK 6급 부분별 문제유형 및 전략 소개

★듣기 제3부분(비교적 긴 글을 듣고 질문에 답하기)

● 문제유형
① 듣기 제3부분은 총 20문항이다. 비교적 긴 글을 듣게 되는데 매 글은 200~400자 정도의 글로 제1부분보다는 길지만 제2부분의 인터뷰보다는 짧은 편이다.
② 모든 글 뒤에는 3개 혹은 4개의 질문이 있고, 들은 내용을 근거로 질문에 알맞은 보기를 선택해야 한다.

● 출제경향
① 정보 글
다양한 정보 상식을 전달하는 것이 목적인 글로, 주로 전달하고자 하는 정보 대상의 특징에 관한 문제가 많다.
② 사설 글
화자의 개인적인 견해나 주장을 밝히는 글로 자신의 사상을 뒷받침하기 위해 연구결과나 이야기를 인용하는 경우가 있고, 주로 많은 사람들의 생각을 반박하며 마지막에 주장을 재언급하며 이것이 문제로 연결되는 경우가 많다.
③ 이야기 글
주인공이 있는 글로 '주인공'에 집중하여 주인공의 정보를 묻거나 '사건의 흐름'에 집중하여 소위 6하원칙을 근거로 문제를 내는 경우가 많다. 마지막 문제는 이 글이 시사하고자 하는 교훈을 묻는 경우도 종종 출제된다.

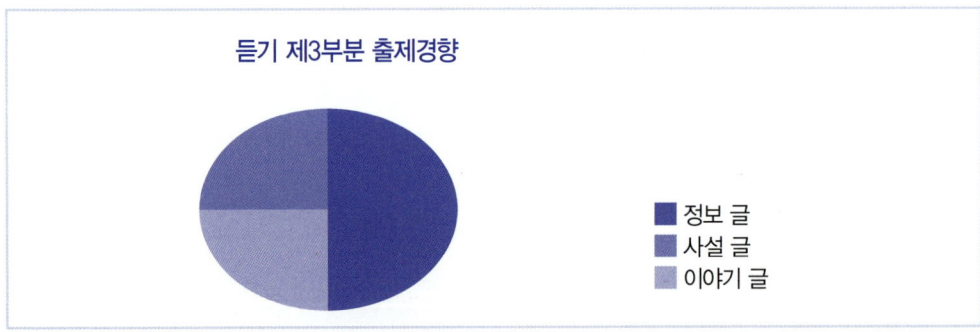

● 문제 접근 전략

> **시험지**
>
> 31. A 营养成分含量高
>   B 味道接近蛋糕
>   C 酿造过程中需用奶油
>   D 制作程序相似
>
> 32. A 稍显浑浊
>   B 热性高
>   C 以小麦为原料
>   D 口味较淡
>
> 33. A 多在夏天酿制
>   B 酒精度数高
>   C 老人不可饮用
>   D 能促进新陈代谢

① 녹음을 듣기 전 보기를 먼저 파악해라!
  듣기를 위한 가장 기본적인 준비 단계이면서 가장 중요한 부분이다. 제3부분의 경우, 듣기를 먼저 파악하면 글의 종류를 대략적으로 짐작할 수 있고, 들어야 하는 부분을 선택해서 들을 수 있다.
  녹음 지문의 경우 31번 보기에서는 A 营养成分(영양성분)을 통해 영양성분에 관한 내용이 언급된 것으로 보아 정보 글임을 짐작할 수 있고, C 酿造(양조하다)를 통해 액체로 된 대상임을 알 수 있다.
  보기로 글의 종류를 파악하게 되면 그 글 종류의 특성에 맞게 문제에 대해 대비하기가 쉽다.

> **녹음**
>
>   米酒又叫甜酒，是一种以糯米为原料的家酿土酒，色白而稍浑浊，口味较淡。在中国南方，人们一般会在春节前，做一两缸米酒用来招待客人。据分析，米酒含有十多种氨基酸，其中有八种是人体自身不能合成而又必须的。米酒中，赖氨酸的含量更是比葡萄酒和啤酒高出数倍，这在世界营养酒类中是极为罕见的。³¹·ᴬ 由于营养成分含量高，米酒又被称为液体蛋糕。米酒和黄酒的成分很相似，但是米酒一年四季均可饮用，而 ³²·ᴮ 黄酒因为热性高，更适合冬季饮用。³³·ᴰ 米酒能够帮助血液循环，促进新陈代谢，具有养颜和舒筋活络等功效，及适宜人群非常广泛，不论儿童还是老人，都可饮用。
>
> 31. 米酒为什么被称为液体蛋糕?
> 32. 黄酒有什么特点?
> 33. 关于米酒，可以知道什么?

② 정보 글인 것이 확인되면 보기의 핵심어휘가 그대로 언급되는 경우가 많으므로 핵심어휘에 집중해라!
  녹음 지문에서 '由于营养成分含量高，米酒又被称为液体蛋糕(영양성분 함량이 높기 때문에 미주는 액체계란으로도 불린다)'나 '黄酒因为热性高(황주는 열성이 높기 때문에)' 등 정보 대상인 미주의 특징이 거의 문제로 연결되었음을 알 수 있다.

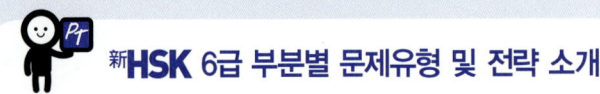

③ 사설 글인 것이 확인되면 '但是(그러나)', '实际上(실제로는)', '事实上(사실상)', '关键的是(관건은)'가 언급되는 부분에 주목해라!

④ 이야기 글인 것이 확인되면 주로 인물의 정보, 핵심 사건에 관해 묻는 경우가 많으므로 보기를 토대로 사실만을 체크해라!

阅读

★독해 제1부분(틀린 문장 찾기)

● **문제유형**

독해 제1부분은 총 10문항이다. 네 개의 보기 중 틀린 문장 즉, 오용이 있는 문장을 찾아야 한다.

● **출제경향**

① 어휘 오용(잘못 쓰인 어휘 찾기)

'把/被/使자문' 및 접속사 그리고 기타 어휘 등이 잘못 쓰인 것을 찾아야 한다. '把/被/使자문'의 경우에는 각각의 구문 특징을 정확하게 파악하고 있어야 한다. 접속사의 경우는 주로 호응하는 어휘가 잘못되었거나 관계가 잘못된 경우가 많고, 기타 어휘는 특징이 있는 어휘들이 그 특징을 무시하고 쓰인 경우이거나 비슷해 보이는 어휘를 잘못 쓴 경우가 대부분이다.

② 남용(의미가 중복되었거나 쓸데없이 첨가한 어휘 찾기)

의미가 중복되는 어휘를 둘 다 쓴 경우나, 이미 필요한 성분이 다 존재하기 때문에 더 이상의 성분이 필요치 않으나 굳이 집어 넣은 경우가 출제된다.

③ 어순 오용(어법적으로 어휘 또는 구문의 위치가 잘못된 것 찾기)

문장의 기본어순(주어 + 술어 + 목적어)이나 부사어(부사 + 조동사 + 전치사구), 관형어의 어순을 파악해야 하는 문제가 많이 출제된다.

④ 성분 결여(있어야 할 성분이나 어휘 빠진 문장 찾기)

성분으로는 주로 주어나 술어로 쓰인 '是'가 빠진 경우가 많고, 어휘로는 전치사 '在', 조사 '的'가 빠진 경우가 많다.

⑤ 논리적 오류(말이 되지 않는 문장 찾기)

'防止(방지하다)'라는 어휘 뒤에는 방지해야 할 나쁜 내용이 와야 하는데 좋은 내용이 온 경우나, 한 문장에서 '一定(반드시)' 같이 100% 확신을 나타내는 어휘와 '估计(예측하다)' 같이 확신하지 못하는 추측의 의미의 어휘를 함께 써서 두 어휘가 모순이 되는 경우가 많다.

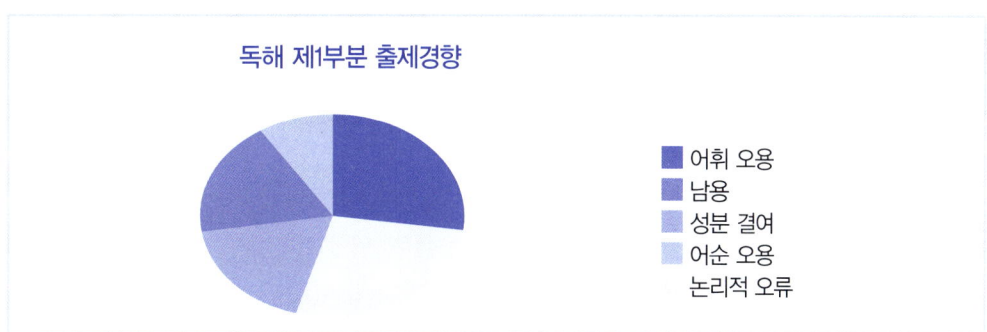

● 문제 접근 전략

> **시험지**
>
> 51. A 机会总是留给有准备的人，有准备才能及时抓住机会。
>   B 他选择了自己喜欢的职业，并成为了这个领域中的专家。
>   C 据鉴定，这幅画出自著名画家齐白石之手，有着极高的收藏价值。
>   D "地球村"之所以能成为现实，主要出于互联网技术的迅猛发展。

① 눈에 띄는 접속사나 6급 학습을 하면서 특징이 있었던 어휘를 먼저 주목한다.

A에서는 '才'의 특성에 따라 앞의 내용이 '필요 조건'이고 뒤의 내용이 그에 따른 '결과'임을 확인해본다. '준비가 있어야 기회를 잡을 수 있다'는 내용으로 문제가 없음을 확인한다.

B에서는 '成为'의 특성에 따라 뒤의 목적어가 명사(구)이고 될 수 있는 대상인지를 확인해본다. '전문가가 되었다'이므로 문제가 없음을 확인한다.

C에서는 '出自'의 특성에 따라 뒤의 내용이 앞의 출처임을 파악해야 한다. 그림이 제백석의 손에서 나왔다는 것으로 문제가 없음을 확인한다.

D에서는 '之所以'가 있으므로 이어지는 절에 호응하는 어휘인 '是因为'가 있는지 확인하거나, '出于'의 특성에 따라 뒤의 내용이 앞의 내용의 출처임을 파악해야 한다. 지구촌이 현실화 된 이유를 인터넷의 발전으로 꼽았으므로 '主要' 이후의 내용은 '원인'이지 출처가 아니므로 '出于'가 적합하지 않은 어휘임을 알 수 있고, '之所以'와 호응하는 어휘는 '是因为'이므로 D가 틀린 문장임을 알 수 있다.

↓

② 어휘에 문제가 없으면 문장 성분을 확인한다.

어휘에 문제가 없는 경우 '주어 + 술어 + 목적어'만 나누어도 겹친 성분(남용)이나 없는 성분(결여)를 파악할 수 있다.

↓

③ 기본적인 문장 성분에 문제가 없다면 수식어의 사용이나 어순을 확인한다.

부사어가 '술어 앞'에 위치하고, 관형어가 '명사 앞'에 위치하는 것은 기본이다. 이런 기본적인 어순이 잘못되었다면 바로 정답으로 고르면 된다.

↓

新HSK 6급 부분별 문제유형 및 전략 소개

④ 해석으로 찾으려고 하지 마라.
　원어민 수준의 중국어 구사능력을 가진 자가 아니라면 해석을 하거나 읽는 것은 크게 도움되지 않는다. 본인이 해석이 안 되거나 모르면 정답으로 간주해버리기 때문에 오히려 오용 범위만 넓어지고 실력은 늘지 않게 된다.

⬇

⑤ 틀린 정답들을 기억해라.
　정답만 계속해서 복습해도 어떤 유형이 주로 틀리는지 감을 잡기 쉽다. 독해 제1부분은 푼 문제는 정답만 정리해 자주 확인해주는 것이 좋다.

★독해 제2부분(빈칸에 알맞은 어휘 채우기)

● 문제유형
독해 제2부분은 총 10문항이다. 100~150자 내외의 짧은 글에 있는 세 개에서 다섯 개의 빈칸에 들어갈 알맞은 어휘만 있는 보기를 고르는 부분이다.

● 출제경향
① 대부분이 동사와 형용사를 찾는 문제이다.
　품사 중에는 동사와 형용사의 출제율이 가장 높으며 6급에서 자주 보게 되는 빈출어휘나 특징이 있는 어휘가 주로 답이 되는 경우가 많다.
② 어휘조합(搭配)을 묻는 경우가 많다.
　자주 쓰이는 어휘조합이 많이 출제된다. 독해 제2부분을 제외한 다른 부분의 지문에서 자주 보이는 조합이 정답이 되는 경우가 확실히 많다.
③ 성어는 필수이다.
　보기의 20~30% 정도는 반드시 성어가 차지하기 때문에 6급 필수어휘에 포함된 성어는 물론 5급에서 언급되었던 성어는 필히 암기해야 한다.
④ 명사/접속사/양사도 종종 출제된다.
　출제율은 낮으나 한두 문제는 꼭 나오는 품사로 주로 자연스러운 조합을 많이 묻기 때문에 평소에 다양한 표현을 습득해 두는 것이 좋다. 접속사는 호응하는 어휘만 알고 있어도 정답을 찾기 용이하다.

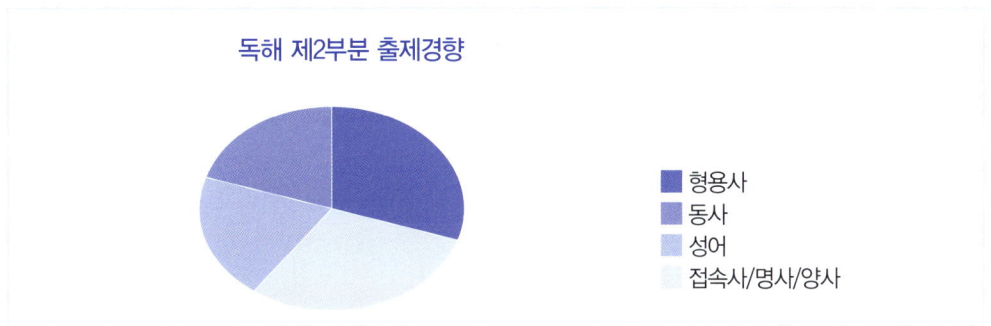

● 문제 접근 전략

> **시험지**
>
> 61. 中国是风筝的故乡，而潍坊是 _____ 风筝和放飞风筝最早的地方。风筝是潍坊 _____ 艺术中的一朵奇葩。从有文字 _____ 至今，风筝已有2000多年历史。
>
> | | | |
> |---|---|---|
> | A 发现 | 生活 | 说明 |
> | B 发明 | 民间 | 记载 |
> | C 制作 | 表演 | 记录 |
> | D 制造 | 文化 | 应用 |

① 소재를 반드시 먼저 확인한다.

독해 제2부분은 비교적 짧은 글이기 때문에 보통 첫 구절만 읽어도 글의 소재를 파악할 수 있다. 소재를 파악하면 사물에 쓰이는 어휘인지, 사람이나 생명체에 쓰이는 어휘인지를 판단하는 것만으로도 풀 수 있는 어휘들이 있으므로 반드시 소재를 먼저 파악하고 시작하도록 한다.

② 모든 열을 다 볼 필요는 없다.

보기의 열은 3개부터 5개까지 있을 수 있고, 모든 열의 어휘가 다 맞아 떨어져야만 정답이 되지만 보통 하나만 안 되게 하는 경우는 거의 없기 때문에 내가 알고 있는 어휘이거나 공부했던 어휘가 있는 열 2개에서 3개 정도만 확인해도 충분히 정답을 유추할 수 있다.

③ 빈칸과 호응하는 어휘 또는 조합되는 어휘를 찾아야 한다.

첫 번째 빈칸은 '风筝(연)'을 목적어로 가지는 동사를 찾아야 하고, 두 번째 빈칸은 '艺术(예술)'와 자연스러운 조합의 명사를 찾아야 하고, 세 번째 빈칸은 '有文字(글이 있다)'를 수식할 수 있는 어휘를 찾아야 한다.

④ 어휘의 특징을 확인해야 한다.

'发明'은 '새로운 사물이나 새로운 방법을 찾아내었다'는 뜻으로 웨이팡에서 처음으로 연을 만들었다는 내용이므로 첫 번째 빈칸에 알맞다.

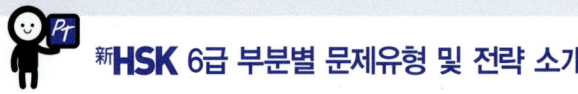

두 번째 열은 보기의 명사가 모두 예술과 조합은 가능하기 때문에 이 열에서 함부로 정답을 판단해서는 안 된다. 하지만 '民间艺术形式(민간예술 형식)'가 6급에서 가장 많이 나오는 조합이다.
'记载'는 동사로는 '일을 기재하다'라는 뜻이고 명사는 '글로 남겨진 기록'이라는 뜻으로 역사서나 어떤 자료에 기록되어 있다는 내용에 자주 쓰여 '据记载(기재된 것에 따르면)', '有记载(기록이 있다)'의 조합 형태로 잘 쓰인다. '문자로 되어 있는 기록이 있고부터'라는 내용이므로 세 번째 빈칸에 알맞다. 그러므로 정답은 B임을 알 수 있다.

★독해 제3부분(문맥에 맞는 답 고르기)

● 문제유형
독해 제3부분은 총 10문항으로, 두 개의 사진이 있는 지문으로 되어 있고, 사진은 주로 소재와 관련되어 있다. 하나의 지문은 400~500자 내외의 글이고, 글 속의 5개의 빈칸에 들어갈 알맞은 보기를 찾는 부분이다.

● 출제경향
① 문맥의 흐름과 논리성 파악의 문제
　제3부분의 핵심은 문장의 흐름을 얼마나 파악하냐에 있기 때문에 글 즉, 문맥의 흐름과 논리성을 묻는 문제가 많이 출제된다.
② 핵심어휘를 힌트로 푸는 문제
　여기서 핵심어휘는 문제를 푸는 Key를 찾는 것인데, 주로 접속사나 대명사 그리고 어휘의 특성으로 전후 내용의 분위기를 짐작할 수 있는 어휘들을 제시하여 힌트를 주는 문제가 많이 출제된다.
③ '주어의 유/무/중복'을 활용하여 푸는 문제
　단순히 내용만 맞는 보기를 찾는 것이 아니라 어법적으로도 완벽하게 맞는 보기를 찾아야 하기 때문에 어휘가 중복되었는지 혹은 없는지를 잘 파악해도 풀 수 있는 문제가 많이 출제된다.

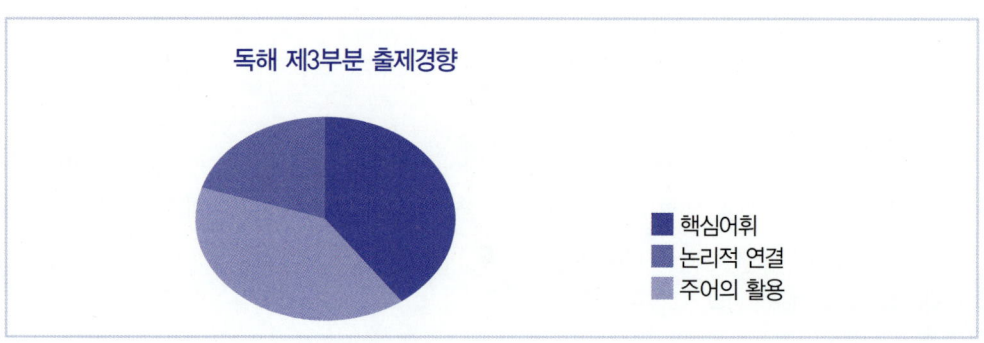

● 문제 접근 전략

> **시험지**
>
> 　　药品大多是五颜六色的，这并不单纯是为了好看，更是为了便于保存和治疗。
> 　　部分药品出于避光保存的需要会添加遮光的色素，比如胶囊中一般会加入着色剂和遮光剂，(71) _____。不过，也有人担心，药品上的色素是否会对身体产生不利影响。实际上，药品常用的色素分为天然色素和人工合成色素两大类，(72) _____，这些对人体是无害的；而合成色素只有在经过严格的安全性测试，证明对人体没有副作用后，才能被批准用在药品上。
> 　　不少患者，(73) _____，可能需要长期服用各种药品，不同的颜色能帮助他们区分不同的药，从而避免漏服或误服。
> 　　此外，五颜六色的药品更容易被患者接受，如某些儿童服用的制剂有浅黄、淡蓝等颜色，(74) _____，这能减少儿童对吃药的畏惧感。
> 　　最后，药品的颜色还可以帮助我们判断药品是否过期。如果药品本来鲜艳的颜色变淡或变色，(75) _____，此时应立即停止服用。
>
> A 特别是慢性病患者和老年患者
> B 以提高药品中光敏感活性成分的稳定性
> C 看起来像糖果一样
> D 那么它可能已经变质或者过了保质期
> E 常用的天然色素有焦糖、叶绿素和胡萝卜素等

① 우측 상단의 사진을 먼저 확인한다.

　간과하는 경우가 많은데 제3부분의 사진은 글의 핵심내용을 대표하는 이미지로 소재나 주제를 파악하는 데 힌트가 된다. 위 예제에는 알약 이미지가 나와 있으므로 알약과 관련된 글이라는 것을 알 수 있다.

⬇

② 지문이 아니라 보기를 먼저 파악해야 한다.

　보기 파악은 다음의 4단계로 확인해야 한다.

술어 중심의 대략적인 내용 파악 → key가 되는 핵심어휘 파악 → 전후 내용 짐작 → 어법파악

- 예제의 A 特别是慢性病患者和老年患者의 경우, 먼저 '특히 만성병 환자와 노인 환자'라고 해석해서 내용을 파악하고
- Key가 되는 어휘는 '特别(특히)'이다. '특히'는 앞에서 언급한 범위에서 두드러진 것을 설명할 때 쓰는 부사이므로 앞에는 '만성병 환자와 노인 환자'가 포함되는 범위의 '환자들' 정도의 어휘가 있음을 짐작할 수 있다.
- 이렇게 보기를 파악해 두면 (3)번 빈칸 앞에 '不少患者'만 보고도 A가 정답이 되는 것을 알 수 있다.

⬇

新HSK 6급 부분별 문제유형 및 전략 소개

③ 어법 파악은 '주어의 유무'가 가장 핵심이다.

중국어는 같은 주어를 한 문장에서 쓰지 않고 사람과 사물 주어를 구분하는 편이기 때문에 주어가 있는지 없는지만 파악해도 이어지는 문장을 짐작하기 쉽다.

A나 C는 주어가 없기 때문에 이 문장의 주어로 어울릴 만한 내용을 본문에서 찾아야 한다. C의 경우 '보기에는 사탕과 같다'라고 되어 있는데 사진에서 알록달록한 알약이 소재임을 알고 알약이 보기에는 사탕과 같다는 내용일 가능성이 크므로 알약이나 약이 주어인 문장에 자연스럽다는 것을 알 수 있다. 그래서 (74)번 앞의 '如某些儿童服用的制剂有浅黄、淡蓝等颜色(만약에 어떤 아동들이 복용하는 제제(약)가 연노랑이나 연파랑 등의 색깔이라서)' 뒤에 C의 내용이 이어지는 것이 자연스럽다는 것을 알 수 있다.

④ 보기가 단독 전치사구인 경우에는 마침표를 찍을 수 없다.

제3부분의 보기에 전치사가 나온 경우는 모두 부사어인 경우 밖에 없으므로 마침표가 올 수 없다는 것을 알아두자.

⑤ 확인할 때는 내용의 흐름만 확인하자.

응시자들의 가장 큰 실수가 빈칸과 거리가 먼 첫 문장부터 일일이 꼼꼼하게 해석하며 문제풀이를 진행하는 것인데, 이는 시간이 지체될 뿐만 아니라 신중함 때문에 정답이 아닌 문장으로 정답으로 오역해 정답으로 간주해버리면 더 이상 정답을 바꾸지 않는 경향이 있어 이로 인해 나머지 문제가 틀리거나 헤매게 되는 경우가 많다. 대략적인 흐름으로 정답을 선택하고 시간이 여유로운 경우 다시 확인하는 연습을 많이 해야 한다.

대략적인 흐름만 파악하면, 예제의 (71)번 앞에는 '캡슐에 무엇인가를 넣는다고 나왔는데 왜 넣어야 하는지에 대한 이유가 이어져야 하고, (72)번 앞의 내용은 '색소를 두 종류로 나누었다'는 내용과 '천연과 합성'을 언급했으므로 이 뒤에는 천연과 합성색소를 나누어 설명했을 가능성이 크다. (73)의 앞에는 '적지 않은 환자들'이라고 언급했으므로 이 환자들이 무엇을 했는지 혹은 어떤 환자들이 설명했을 가능성을 짐작할 수 있고, (74) 앞에는 '아이들이 먹는 약'에 대한 설명이고 뒤에는 '아이들의 약에 대한 공포감을 경감시킨다'는 내용이므로 아이들이 왜 약에 대한 공포심이 경감되는지를 생각해보아야 한다. (75)번 뒤에는 '즉시 복용을 중지해야 한다'고 했으므로 복용을 중지해야 할만한 상황이 나와야 함을 알 수 있다.

이와 같이 전후 내용이 대략 어떤 흐름인지만 알아도 미리 파악한 보기를 빠르게 정답으로 선택할 수 있다.

★ 독해 제4부분(질문을 읽고 질문에 답하기)

● 문제유형

독해 제4부분은 총 20문항으로, 5개의 사진이 있는 지문으로 되어 있고, 사진은 주로 소재와 관련되어 있다. 하나의 지문은 500~600자 내외의 글이고, 한 지문당 4개의 질문과 각 질문에는 선택할 수 있는 네 개의 보기가 있는데 질문에 알맞은 보기를 고르는 부분이다.

● **출제경향**

① 문제에서 힌트를 주는 경우

네 문제 중에 주로 앞의 두 문제는 밑줄 친 어휘의 뜻, 제시된 어휘에 관련된 문제로 문제를 잘 읽으면 지문의 어떤 내용에 집중하는지를 찾기가 쉬우므로 문제를 정확하게 파악해야 한다.

② 일치/불일치, 혹은 알 수 있는 사실을 찾아야 하는 문제

독해 제4부분과 비슷한 형식인 듣기 제3부분에서는 웬만해선 틀린 것을 찾으라는 문제는 잘 나오지 않지만 독해 제4부분의 세 번째 문제는 주로 이 경우인 경우가 많다. 더불어 지문과 일치하는 내용을 찾아야 하거나 본문을 근거로 알 수 있는 것을 고르라는 문제 역시 비슷한 빈도율로 출제되는데 보기를 일일이 대조해서 확인해야 하므로 시간이 제일 많이 걸리는 문제유형이다.

③ 주제 혹은 소재를 찾으라는 문제

네 문제 중 마지막 문제는 주로 주제나 제목을 찾으라는 경우로 꽤 높은 빈도율로 한 문제는 꼭 출제되는 편이다.

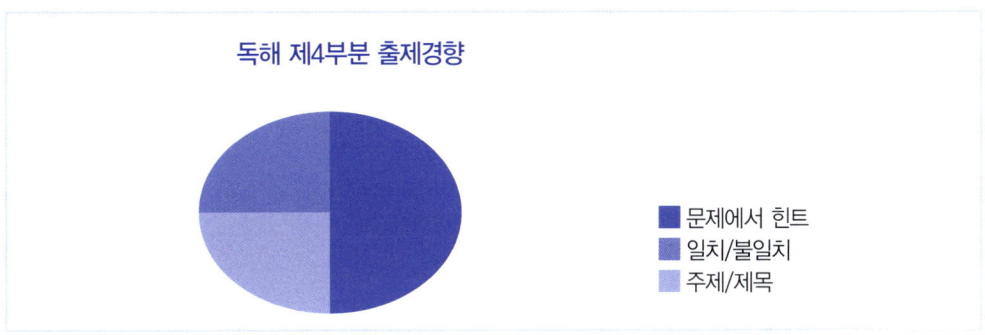

독해 제4부분 출제경향
- 문제에서 힌트
- 일치/불일치
- 주제/제목

● **문제 접근 전략**

시험지

　　汉朝的蔡邕不但是位文学家，还是一个著名的书法家。

　　一天，蔡邕到皇家藏书的鸿都门学送自己写好的文章。在等待接见的时候，他看到有几个工匠正在用扫帚蘸着石灰水刷墙。^{81.C} 为了消磨时间，他就站在一旁看来起来。

　　只见工匠一扫帚下去，墙上便出现了一道白印。由于扫帚苗比较稀，蘸不了多少石灰水，而且墙面又不太光滑，所以，白道里有些地方还露出了墙皮。蔡邕不由得眼前一亮。他想，以往人们写字总是要蘸足墨汁，写出的字每一笔都是全黑的。^{82.B} 要是能像工匠刷墙一样，让黑笔道里露出些帛或纸的底色来，岂不是更加生动自然吗？想到这儿，他一下来了兴致，交了文章后，便迫不及待地往家赶。

　　到家后，蔡邕顾不上休息，立刻准备好笔墨纸砚，仿照工匠刷墙的方式，提笔就写。谁知这种书写方式并没有他想的那么容易。一开始，他写出的笔道里不是露

新HSK 6급 부분별 문제유형 및 전략 소개

不出纸来，就是露出的部分太生硬，一点儿也不好看。但他毫不气馁，83.A 经过一段时间的反复练习，最终，蔡邕掌握了蘸墨量、用笔力度和行笔速度等方面的分寸，写出了黑中隐隐露白的笔道，使字变得飘逸飞动，别有韵味。84.A 这种字体就是书法界所说的"飞白书"。

　　蔡邕独创的飞白书很快就被推广开来，直到今天，仍被不少书法家所推崇。

81. 蔡邕起初为什么要看工匠刷墙？
　　A 监督工匠干活儿　　　　B 了解工程进程
　　C 打发时间　　　　　　　D 想学粉刷

82. 蔡邕认为笔道里露出纸会：
　　A 更省力　　　　　　　　B 使字显得灵动
　　C 使笔画更清晰　　　　　D 节约墨水

83. 根据第4段，下列哪项正确？
　　A 蔡邕尝试了多次才成功　B 蔡邕专门请教了工匠
　　C 写飞白书速度越快越好　D 墨水中应加入适量石灰水

84. 上文主要谈的是：
　　A 飞白书的由来　　　　　B 工匠的智慧
　　C 中国书法的分类　　　　D 蔡邕的为官之道

① 우측 상단의 이미지를 먼저 확인한다.
　독해 제3부분의 이미지와 같이 글의 핵심 내용을 대표하는 이미지로 소재나 주제를 파악하는 데 힌트가 된다. 예제의 이미지는 글씨이므로 글씨 또는 글씨체와 관련된 내용임을 짐작할 수 있다.

② 지문이 아니라 문제를 먼저 파악해야 한다.
　5급의 경우에는 지문이 6급에 비해 짧고 비교적 쉬운 편이기 때문에 지문의 내용을 속독하고 문제를 푸는 경우가 있지만 6급은 지문의 양도 많고, 내용이 어려워 절대 지문부터 보는 것은 피하고, 거꾸로 문제를 먼저 파악하고 거기에 관련된 내용을 찾아 그 부분만 빠르게 이해하는 것이 좋다.
　예제의 81번 문제의 경우 '蔡邕起初为什么要看工匠刷墙？(채옹이 처음에 왜 도장공이 칠하는 것을 보았는가?)'이라고 했으므로 도장공이 칠하고 있는 모습을 채옹이 보는 부분을 찾아가면 정답을 찾기 쉽다.

③ 문제를 파악할 때는 보기까지 확인해야 한다.
　문제의 질문만 읽고 지문을 찾아갔을 경우에는 그 부분을 일일이 보기와 대조를 해야 하는데 이 경우는 내용보다 같은 어휘에 집중하는 경향이 있기 때문에 오히려 오답을 고르게 되는 원인이 된다. 6급은 같은 어휘를 쓰기도 하지만 내용으로 이해를 해야 하기 때문에 반드시 보기까지 파악한 후 보기의 내용을 언급하는 부분을 지문에서 찾아야지 같은 어휘를 찾는 것이 아님을 주의하자.

예제의 81번 경우 문제만 확인하고 지문을 찾아갔다면 지문의 내용을 찾아가서 일일이 보기를 대조하면서 집중력이 흐트러지거나 어휘에 집중하게 되는 경우가 있지만 보기의 '감독을 하려고 했는지/ 공정과정을 이해하려고 했는지/ 시간을 때우려고 했는지/ 배우려고 했는지'를 먼저 대략적으로 알고 가면 지문의 '为了消磨时间(시간을 보내기 위해)'을 보고 바로 정답을 고를 수 있고, 같은 어휘가 있어서가 아니라 정확하게 내용을 인지 하고 넘어갈 수 있다.

④ 제목은 반드시 전체적으로 설명한 대상이 들어간 것 중에 하나이다.
제목은 전체적으로 설명하고자 하는 대상이 들어가야 하고 반드시 전체 내용을 포괄할 수 있는 것이어야 한다. 예제 84번이 제목을 찾는 문제인데, 일단 주인공이 채옹이기 때문에 채옹이 들어간 것이거나 82번과 83번을 풀면서 글씨체와 관련된 것임을 알 수 있고, 마지막 부분에 '飞白书'의 언급이 많으므로 '飞白书'가 들어간 것이 정답일 확률이 높은데, D의 경우 채옹은 있지만 채옹의 관직에 관한 부분은 전혀 언급되지 않았으므로 정답이 A임을 알 수 있다.

⑤ 주제를 찾는 문제는 글의 마지막 부분을 확인해야 한다.
주제는 처음에 언급했다 하더라도 마지막에 다시 언급하는 경우가 많으므로 마지막에 집중하는 것이 좋다.

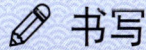

★쓰기(글 요약하기)

● 문제유형
① 1,000자 내외의 글을 읽고 400자 내외로 요약해서 써야 한다.
② 10분간 원문을 읽고 35분간 원고지에 요약하기를 진행한다. 원문을 읽을 때는 펜을 손에 쥘 수 없고, 35분간의 요약하기가 진행될 때는 원문을 볼 수 없다.
③ 원고지 형식을 지켜야 하고, 원문의 내용을 토대로만 써야지 자신의 견해가 들어가서는 안 된다.

● 출제경향
① 글의 종류는 이야기 한 가지이다.
요약해야 하는 글의 종류는 모두 이야기 글이다. 주인공이 무조건 등장하기 때문에 정보나 사설 글이 나오는 경우는 없다.
② 옛 이야기는 성어의 유래나 신화와 관련된 것이 많다.
성어는 이야기가 있는 고사성어의 유래가 많고, 신화나 전설 또한 중국인이라면 한 번쯤 들어봤을 법한

新HSK 6급 부분별 문제유형 및 전략 소개

유명한 내용이 출제되는 경우가 많기 때문에 평소에 고사성어를 많이 알고 있거나 중국신화나 전설을 봐둔다면 도움이 많이 된다.

③ 현대 이야기는 특정인물(기업가, 스포츠인 등)의 성공담 혹은 특별한 에피소드를 담은 것이 많다.
현대 이야기의 주인공은 중국과 관련된 사람일 뿐 아니라 최근에는 세계적으로 이슈가 되는 사람과 이전에 유명한 일화를 가진 세계적인 인물들이 많이 나오는 편이므로 중국어로 바꾼 이름만 잘 파악한다면 좀 더 쉽게 이야기를 이해할 수 있다.

● 문제 접근 전략

> **시험지**
>
> 　　据宁泽涛的父亲回忆，宁泽涛小时候特别怕水，就连洗头发的时候都要用毛巾捂着眼睛。2000年，已经7岁的宁泽涛对水的恐惧依然没有减弱。这可把宁泽涛的母亲急坏了："他是个男孩子，怎么能这么怕水？"于是，母亲立即给宁泽涛报了个游泳培训班。
> 　　出人意料的是，宁泽涛一开始就表现出了游泳天赋。也就是在那时，宁泽涛遇到了自己游泳生涯的启蒙老师——郭红岩。宁泽涛的表现让郭红岩眼前一亮，她说："宁泽涛悟性特别好，动作一教就会，才两堂课就掌握了蛙泳的基本要领。"
> 　　说起宁泽涛，郭红岩总是赞不绝口。她说："我讲技术动作的时候，宁泽涛听得特别专心，学得很快。游泳看起来简单，其实技术动作很复杂，宁泽涛善于调动身体的每一块肌肉，动作非常到位。"
> 　　在郭红岩的悉心指导下，宁泽涛进步很快。4年后，她把宁泽涛送到了省队。令人惊讶的是，短短三个月，宁泽涛就已从同批队员中脱颖而出。
> 　　2007年，刚满14岁的宁泽涛又被省队送到了海军游泳队。在那里他遇到了现在的教练叶瑾。在叶瑾看来，刚进队时，宁泽涛的优点和缺点同样明显：一方面，他比较聪明，其他人很难领会的技术动作，他一点就通；另一方面，他的蝶泳和仰泳水平太差。那时，宁泽涛主项的是蛙泳，可经过一段时间的观察后，叶瑾觉得自由泳才应该是他重点努力的方向。
> 　　曾培养出不少有用名将的叶瑾，偏好运用大运动量的训练方式。通常，100米自由泳运动员一天的训练量为6000米左右，但叶瑾一开始对宁泽涛的要求就是8000米

到9000米，最多的一次甚至达到了15000米，而且还不包括各种冲刺训练。在专业游泳训练中有一个指标叫做即刻脉搏，正常情况下，一般人每分钟的脉搏在70至80次，而宁泽涛有时训练完能达到180次。

除了日复一日、年复一年的艰苦训练，训练之余的枯燥生活也考验着宁泽涛。当被问到有什么休闲方式时，宁泽涛笑道："我平时有空就看看书，很少看电视，也基本不玩儿电脑。"

和很多青春期的孩子一样，宁泽涛也曾叛逆过。遇到困难或者各种突发情况时，他也向教练抱怨过，但叶瑾向来严格，只会告诉他："当职业运动员不是普通的事业，如果承受不了常人难以忍受的挑战，你不如不干。"

在叶瑾的精心栽培下，宁泽涛成长得很快，也慢慢体会到了教练的良苦用心。在不断的进步中，他更加坚定了自己的目标——打破亚洲记录！梦想照进了现实。在2013年全运会上，宁泽涛接连打破男子100米和50米自由泳亚洲纪录。在2014年亚运会男子100米自由泳决赛中，宁泽涛又刷新了亚运会记录。在2015年游泳世锦赛上，宁泽涛又获得男子100。

---

① 10분 안에 읽기는 두 번을 읽어라. 가능하다면 세 번은 더 좋다!

가장 흔한 실수가 어법에 자신 없다고 원문을 통째로 암기하려는 버릇이다. 암기할 수도 없을 뿐더러 암기한다 해도 줄이는 방법을 모르기 때문에 결코 좋은 요약쓰기가 나올 수 없다. 처음 읽을 때는 무작정 읽히는 부분만 읽으면서 전체적인 내용의 대략적인 흐름만 파악해야 한다. 두 번째 읽을 때는 시간 흐름, 또는 큰 사건 흐름을 위주로 쓸 내용만 다시 확인해야 한다. 세 번째는 시간이 있다면 한 번 더 내용을 확인하고, 부족하다면 마지막으로 주요한 이름이나 시간 등을 확인해야 한다.

② 큼지막한 사건이나 시간의 흐름으로 기억해라!

문장은 쓰면서 만들면 되기 때문에 일단 시간의 흐름이나 사건의 흐름 중 어떤 것으로 기억할 건지를 정하고 정했으면 관련된 어휘만 기억하면 된다.

예제의 원문을 근거로 큼지막한 사건의 흐름으로 정리한다면 '닝저타오의 아버지 기억 → 성 대표팀에 간 후의 행적 → 코치 예진의 영향 → 아시아 기록을 깸'을 큰 사건으로 놓고 거기에 해당하는 디테일 한 내용을 덧붙이는 방법을 써야 한다.

③ 요약하기의 핵심은 주요한 내용만!이다.

그러므로 중복된 어휘는 한 번만, 성어나 어려운 어휘는 간단한 어휘로, 수식어는 되도록 삭제하는 것이 좋다. 특히 이야기 흐름과 상관없는 회상이나 자세한 감정묘사 등은 과감하게 생략하는 것이 좋다.

④ 되도록 간접화법으로 표현하라!

대화체는 간접화법으로 정리해야 어법적으로 틀리지도 않고 부호 때문에 감점 당하는 일이 적다. 꼭 필요한 대화 부분을 제외하고는 되도록 간접화법으로 바꾸도록 하자.

新HSK 6급 부분별 문제유형 및 전략 소개

⑤ 제목은 간단하게!
주인공 이름이 들어가거나 가장 중요한 핵심 소재만 들어가면 된다. 조금 더 좋은 글로 보이고 싶으면 그 어휘를 꾸며주는 간단한 수식어만 더해도 충분하다.

⑥ 부호나 격식을 정확하게 사용해라!
부호나 격식은 딱 한 번만 정독해도 충분하고 틀렸으면 고쳐서 한 번 더 써보기만 해도 된다. 대신 틀리면 감점이 있는 부분이기 때문에 간과해서는 안 된다.

⑦ 유종의 미가 중요하다!
중간 내용에 치중하다가 시간이 없어 마무리는 하지 못한 채 제출하는 경우가 많은데 가운데를 조금 생략하더라도 마무리를 반드시 해야 온전한 글로 보이기 때문에 점수가 덜 감점된다는 것을 잊지 말아야 한다.

⑧ 최대한 또박또박 써라!
쓰기는 사람이 일일이 채점하는 부분이기 때문에 주관적인 평가가 들어갈 수 밖에 없다. 내용이 좋아도 글씨가 엉망이면 점수를 덜 주진 않더라도 더 주고 싶은 마음은 사라질 수도 있다는 것을 명심하자.

⑨ 원고지 작성법을 기억해라!
요약글은 원고지에 직접 적어야 하므로, 원고지 작성법을 반드시 숙지하고 그에 맞게 작성해야 감점이 없다.

● 모범요약

					宁	泽	涛	的	成	长	史								
		据	宁	泽	涛	的	父	亲	回	忆	,	宁	泽	涛	小	时	候	很	怕
水	。	20	00	年	,	七	岁	的	宁	泽	涛	还	是	怕	水	。	宁	泽	涛
的	母	亲	很	着	急	,	于	是	,	她	给	宁	泽	涛	报	了	游	泳	培
训	班	。	没	想	到	,	宁	泽	涛	一	开	始	就	表	现	出	了	游	泳
天	赋	。	并	遇	到	了	启	蒙	老	师	—	郭	红	岩	。	郭	老	师	说:
"	宁	泽	涛	一	教	就	会	,	而	且	特	别	专	心	。	他	的	动	作
非	常	到	位	。"	宁	泽	涛	进	步	很	快	。							
		四	年	后	,	郭	老	师	把	他	送	进	省	队	。	三	个	月	,
他	又	脱	颖	而	出	。	20	07	年	,	14	岁	的	宁	泽	涛	又	被	送

到海军游泳队。在那里遇到了现在的教练叶瑾。叶瑾认为，宁泽涛很聪明，但蝶泳和仰泳水平不高。所以自由泳才是他要努力的方向。

　　叶瑾好用大运动量的训练方式。通常，100米自游泳运动员一天训练量为6000米左右，但宁泽涛甚至达到15000米。宁泽涛的即刻脉搏，有时训练完能达到180次。

　　除了训练，宁泽涛平时喜欢看书，很少看电视、玩电脑。当他向教练抱怨困难时叶瑾告诉他要承受常人难以忍受的挑战。

　　终于，梦想成为现实。2013全运动会，他打破了100米、50米自由泳亚洲记录。2014年亚运会，刷新了100米纪录。2015年世锦赛，他又获得了100米自由泳金牌，创造了新的历史！

新HSK PT 6급

PART 01
유형별 학습

DAY 1 ~ DAY 13

- 어휘PT · 예제와 실전PT의 어휘 미리 보기
- 전략PT · HSK PT만의 핵심 전략 공개
- PT팁 · 전략을 탄탄히 하는 팁 제공
- 예제 · 맞춤 예제로 실력 키우기
- 실전PT · 맞춤 기출문제로 실력 확인
- 마무리PT · 핵심표현 짚어보기로 마무리
- 기출상식 · 시험에 잘 나오는 배경지식 쌓기

Day 1

듣기 제1부분 ❶ | 들려주는 녹음과 일치하는 보기 찾기
정보 글 I - 유명한 지역/인물/문화/예술작품을 알려주마!

어휘 PT ● Track 01-1 학습시간 10분

예제	泉 quán 명 샘, 샘물		문제 3	热情好客 rèqíng hàokè 친절하고 손님 접대를 좋아하다
	人工 réngōng 형 인공적인			欢度节日 huāndù jiérì 명절을 즐겁게 보내다
	甘甜 gāntián 형 달다			被列入… bèi lièrù… ~의 항목/부류에 들어가다
	新月 xīnyuè 명 초승달			名录 mínglù 명 명단, 명부
	缩小 suōxiǎo 동 줄이다		문제 4	夜游 yèyóu 명 야간투어
	环抱 huánbào 동 둘러싸다, 에워싸다			码头 mǎtou 명 부두
	酷似 kùsì 몹시 닮다			用于… yòngyú… 동 ~에 쓰다 (= 用来 yònglái)
	源头 yuántóu 명 원천, 물의 근원			交界处 jiāojièchù 명 경계 부분
	依靠 yīkào 의지하다, 기대다			渡江 dù jiāng 강을 건너다
	清澈明丽 qīngchè mínglì 맑고 투명하고 아름답다			船只 chuánzhī 명 선박, 배
	令人称奇 lìngrén chēngqí 신비함이 사람을 탄복시키다			启航 qǐháng 동 (선박이) 출항하다
문제 1	风景 fēngjǐng 명 풍경 (= 风光 fēngguāng)		문제 5	受…青睐 shòu…qīnglài ~의 눈에 들다, 인기를 얻다
	位于… wèiyú… 동 ~에 위치하다			叙事性 xùshìxìng 형 서사적이다
	栖息地 qīxīdì 명 서식지			小调 xiǎodiào 명 (민간통속의) 곡조, 가락
	候鸟迁徙 hòuniǎo qiānxǐ 철새가 (서식지를) 옮겨가다			口耳相传 kǒu'ěr xiāngchuán 성 입과 귀로 전해지다
	驿站 yìzhàn 명 역참 [주로 쉬어가는 곳을 나타냄]			代代相袭 dàidài xiāngxí 성 대대로 내려오다
문제 2	擅长 shàncháng 동 잘하다, ~에 능숙하다			口碑文献 kǒubēi wénxiàn 비평문헌
	通俗易懂 tōngsú yìdǒng 성 대중적이어서 이해하기 쉽다			
	深入浅出 shēnrù qiǎnchū 성 깊은 내용을 알기 쉽게 나타내다			
	将 jiāng 전 ~을/를 (= 把 bǎ)			
	…为止 …wéizhǐ 동 ~를 끝으로 하다, ~까지 하다			

 전략 **PT**  학습시간 3 0 분

❶ 특징을 파악해라!
정보 글은 정보 전달이 목적이므로 그 특징이 답이 되는 경우가 대부분이다. 그러므로 세부적인 특징을 주의해서 들어야 한다.

❷ 같은 어휘만 답이 되는 것이 아니다!
핵심어휘를 듣고도 보기의 어휘와 의미가 같은지 몰라서 답을 못 찾는 경우가 있는데, 이를 대비해 비슷한 어휘를 함께 묶어서 암기하는 습관을 들여야 한다.

● 내용상 같은 의미로 쓰인 기출어휘 　　　　　　　　　　　　　　　　　　　◯ Track 01-2

像 xiàng ~와 같다, 닮다	=	酷似 kùsì 몹시 닮다
需求 xūqiú 필요로 하는 것	=	想要的 xiǎngyào de 원하는 것
欠缺 qiànquē 결핍되다	=	缺少 quēshǎo 부족하다
著名 zhùmíng 유명하다	=	蜚声 fēishēng 유명하다
讲究 jiǎngjiu 중시하다	=	重视 zhòngshì 중시하다
遗憾 yíhàn 유감이다	=	不满 bùmǎn 불만이다
寿终正寝 shòuzhōng zhèngqǐn 생명이 다하다	=	失去生命力 shīqù shēngmìnglì 생명력을 잃다
看透 kàntòu 간파하다	=	知道 zhīdào 알다
享受生活 xiǎngshòu shēnghuó 생활을 누리다	=	修饰自己 xiūshì zìjǐ 자신을 꾸미다
受到热捧 shòudào rèpěng 열렬한 추종을 받다	=	受到欢迎 shòudào huānyíng 환영 받다
弯腰 wānyāo 허리를 굽히다 [→ (상황에) 유연함을 가지다]	=	变通 biàntōng 임기응변하다

❸ 빈출 정답을 파악하자!
지역/인물/문화/예술작품의 정보 소재는 주로 유명(著名)하고 아름답고(秀丽) 역사(历史)가 있는 것들이다. 보기에 이 어휘들이 있으면 정답일 확률일 높다.

● 소재별 빈출 정답과 주요 내용 　　　　　　　　　　　　　　　　　　　◯ Track 01-3

소재		정답 및 주요 내용
지역	桂林 구이린 Guìlín	国际旅游城市 국제관광도시 ❘ 风光美丽 풍경이 아름답다
	舟山群岛 저우산군도 Zhōushān Qúndǎo	风光秀丽 풍경이 아름답다 ❘ 国家海上一级风景区 국가해상 1급 관광특구

	天字码头 톈즈부두 Tiānzì Mǎtou	广州第一码头 광저우의 제1 항구丨现在多用于观光 현재는 관광에 주로 쓰임
	青海湖 칭하이호 Qīnghǎi Hú	适宜避暑 피서하기에 적합하다
인물	张衡 장형 Zhāng Héng	天文学家 천문학자丨对地震学很有研究 지진학에 조예가 깊다
	白居易 백거이 Bái Jūyì	白居易的诗通俗易懂 백거이의 시는 통속적이어서 이해하기 쉽다
문화	京剧 경극 Jīngjù	京剧表演对演员要求高 경극 공연은 배우들에 대한 요구가 높다
	中秋节 중추절 Zhōngqiū Jié	团圆的日子 온 가족이 한자리에 모이는 날
	高堂 까오탕 gāotáng	对父母的尊称 부모님에 대한 존칭
	四月八 4월 초파일 sì yuè bā	苗族传统节日 묘족의 전통명절
	百花奖 백화상 Bǎihuā Jiǎng	中国举办历史最长的一项电影大奖 중국이 개최하는 역사가 가장 긴 영화상
	白玉兰奖 백옥란상 Báiyùlán Jiǎng	中国第一个国际性电视节目奖项 중국 제일의 국제적인 TV프로그램 상
예술작품	《西游记》《서유기》 《Xīyóujì》	长篇神话小说 장편 신화소설丨想象力丰富 상상력이 풍부하다
	《围城》《위성》 《Wéichéng》	长篇小说 장편소설丨讽刺小说 풍자소설
	《红楼梦》《홍루몽》 《Hónglóumèng》	中国古典四大名著之一 중국 고전 4대 명작 중 하나

 **예제** Track 01-4

A 月牙泉是人工泉 B 月牙泉泉水甘甜 C 月牙泉形状像新月 D 月牙泉的面积在缩小	A 위에야 샘은 인공샘이다 B 위에야 샘의 샘물은 달다 C 위에야 샘의 형상은 초승달을 닮았다 D 위에야 샘의 면적은 줄어들고 있다

보기
1. 보기에 모두 있는 '月牙泉'이 정보 대상이다.
2. A가 정답이 되려면 사람이 인위적으로 만든 샘이라는 설명이 있어야 한다.
3. B가 정답이 되려면 샘물의 맛과 관련된 내용이 있어야 한다.
4. D가 정답이 되려면 '면적이 줄어들고 있다' 등의 면적, 크기에 대한 내용이 나와야 한다.

月牙泉被鸣沙山环抱，长约一百五十米，宽约五十米，因水面酷似一弯新月而得名。月牙泉的源头是党河，依靠河水的不断补给，在四面黄沙的包围中，泉水清澈明丽，且千年不干，令人称奇。	위에야 샘은 밍샤 산에 의해 둘러싸여 있고, 길이는 약 150m, 폭은 약 50m이고, 수면이 하나의 초승달을 몹시 닮아 이름을 얻었다. 위에야 샘의 근원은 탕강으로 강물의 끊임없는 보급으로 사면이 사막으로 포위되어 있음에도, 샘물이 맑고 깨끗하며, 아울러 천 년 동안 마르지 않아 그 신비함에 탄복을 자아내게 만든다.

해설
1. '酷似(몹시 닮다) = 像(닮다)'의 뜻을 아는지 확인하는 문제이다.
2. 지문의 '因水面酷似一弯新月而得名(수면이 하나의 초승달을 몹시 닮아 이름을 얻었다)'과 보기 C의 '月牙泉形状像新月(위에야 샘의 형상은 초승달을 닮았다)'는 같은 내용이다.
3. A와 B의 내용은 언급되지 않았다.
4. D는 면적이 언급되었으나 길이와 폭의 구체적인 수치만 나왔을 뿐, 면적이 줄고 있다는 내용은 언급되지 않았다.

정답 C

> 실전 PT　　Track 01-5　　학습시간 20분

> 보기에서 반복되는 어휘는 제외하고 나머지 특징에 집중하는 것이 좋다!

문제 1　A 舟山群岛风景秀丽
　　　　B 舟山群岛没有鸟类
　　　　C 舟山群岛面积很小
　　　　D 舟山群岛是国家自然保护区

문제 2　A 白居易很浪漫
　　　　B 白居易不擅长改诗
　　　　C 白居易的诗通俗易懂
　　　　D 白居易教老妇人作诗

문제 3　A 苗族人热情好客
　　　　B "四月八"每两年举办一次
　　　　C 苗族服装经过了改良
　　　　D "四月八"是苗族传统节日

문제 4　A 珠江夜游是免费的
　　　　B 天字码头新建不久
　　　　C 天字码头在北京南部
　　　　D 天字码头现多用于观光

문제 5　A 吴歌不受文人青睐
　　　　B 吴歌的演唱难度极大
　　　　C 吴歌歌词多为叙事性的
　　　　D 吴歌流行于明清时期

독해 제1부분 ❶ | 틀린 문장 찾기
어휘의 오용 - ① 접속사 ② 기타 어휘

어휘 PT
학습시간 10분

예제 1
- 地球村 dìqiúcūn 몡 지구촌
- 出于… chūyú… 통 ~에서 나오다
- 互联网 hùliánwǎng 몡 인터넷 (= 网络 wǎngluò)
- 迅猛发展 xùnměng fāzhǎn 급격히 발전하다

예제 2
- 五彩缤纷 wǔcǎi bīnfēn 성 울긋불긋, 오색찬란하다
- 烟火 yānhuǒ 몡 불꽃, 연기와 불
- 美妙 měimiào 형 아름답다
- 无比 wúbǐ 형 더 비할 바가 없다

문제 1
- 润肺化痰 rùnfèi huàtán 폐를 촉촉하게 해 가래를 삭이다
- 生津止咳 shēngjīn zhǐké 침이 생겨 갈증을 해소하다
- 功效 gōngxiào 몡 (약·약초의) 효과
- 磨难 mónàn 몡 고난, 어려움
- 即便 jíbiàn 접 설령 (= 即使 jíshǐ)
- 碱性电池 jiǎnxìng diànchí 몡 알카리전지
- 耐用 nàiyòng 형 오래가다
- 储存寿命 chǔcún shòumìng 몡 사용 수명
- 腐蚀 fǔshí 통 부식하다

문제 2
- 一味 yíwèi 부 무턱대고
- 搭配 dāpèi 통 배합하다, 짝을 이루다
- 佳肴 jiāyáo 몡 맛있는 요리
- 古来有之 gǔlái yǒuzhī 예전부터 있어 왔다

문제 3
- 满载旅客 mǎnzài lǚkè 여행객을 가득 싣다
- 驶向 shǐxiàng 통 (교통수단이) ~를 향해 운전하다
- 偏远 piānyuǎn 형 외지다
- 亚健康状态 yàjiànkāng zhuàngtài 몡 아건강상태
- 肉眼 ròuyǎn 몡 육안
- 喜帖 xǐtiě 몡 청첩장
- 即将 jíjiāng 부 곧, 머지않아
- 邀请函 yāoqǐnghán 몡 초대장 (= 喜柬 xǐjiǎn)

문제 4
- 朝 cháo 통 향하다
- 凝聚 níngjù 통 응집하다, 모으다
- 慕名而来 mùmíng érlái 성 명성을 흠모하여 찾아오다
- 既然 jìrán 접 이미 ~한 마당에 (+ 기정 사실)

문제 5
- 筛选 shāixuǎn 통 선별하다, 골라내다
- 硕果 shuòguǒ 몡 큰 과실
- 精华 jīnghuá 몡 정화 [중심, 핵심이 될 만한 것]
- 敬业 jìngyè 통 직업의식이 투철하다
- 从业 cóngyè 통 취직하다, 취업하다
- 拨打 bōdǎ 통 전화를 걸다
- 接听 jiētīng 통 (전화를) 받다
- 语音信箱 yǔyīn xìnxiāng 몡 음성사서함
- 问世以来 wènshì yǐlái 세상에 나온 이래로
- 广为 guǎngwéi 부 널리, 광범하게
- 不失为 bù shī wéi 통 ~라고 (간주)할 수 있다
- 选本 xuǎnběn 몡 선집 [모아 엮은 책]

 학습시간 30분

1. 접속사 오용

① 호응하는 어휘는 달달 외워라!

시험은 시간 싸움이다. 호응하는 것을 떠올리려다가 시간 안배에 실패한다. 반드시 호응하는 어휘들은 확실하게 암기해 두어야 시간이 지체되지 않는다.

② 관계를 파악해라!

보통 접속사를 뜻으로만 암기하는 경우가 많은데 그렇게 해서는 독해 제1부분의 오용을 찾기 어렵다. 앞뒤의 관계를 정확하게 파악해야 오용을 찾아내기 쉽다.

● 주요 빈출 접속사

접속사	관계	설명
不但/不仅 A 而且 B A할 뿐만 아니라, 게다가 B하다	순접관계	A와 B는 같은 분위기를 나타내는 내용이어야 한다.
虽然 A 但是 B 비록 A하지만, B하다	역접관계	A와 B는 상반되거나 전환되는 내용이어야 한다.
因为 A 所以 B(= 之所以 B 是因为 A) A 때문에 (그래서) B하다	인과관계	A가 원인, B가 결과여야 한다.
只有 A 才 B A해야만 (비로소) B하다	조건관계	A라는 조건이 되어야만 B가 가능한 내용이어야 한다.
只要 A 就 B A를 하기만 하면 바로 B하다	조건관계	A의 조건이 충족되면 바로 B의 결과가 나오는 내용이어야 한다.
如果 A 那么 B 만약에 A한다면, 그러면 B하다	가정관계	A라는 가정에 따라 B의 결과가 바뀌는 내용이어야 한다.
A 要不然 B A해라, 그렇지 않으면 B하다	가정관계	앞의 내용을 하지 않았을 경우 생기는 가정의 상황을 뒤에 쓴다. 여기에서 B는 주로 부정적인 내용이다.
不是 A 而是 B A가 아니라 B이다	선택관계	중요한 것은 B임을 강조해야 한다. 변형형태인 '不在乎 A 而在乎 B'도 A를 중시하는 것이 아니라 B를 중시한다.
(只)是 A 而不是 B (단지) A이지, B가 아니다	선택관계	'不是 A 而是 B'의 변형으로 먼저 인정하는 A를 설명하고 뒤에서 B를 부정한 경우이다.
A 或者 B A 또는 B	선택관계	A와 B 둘 중 하나를 가리킨다.

③ 변형된 접속사를 주의해라!

기본 형태의 접속사만 나오는 것이 아니라 변형된 접속사도 자주 출현하므로 응용된 접속사도 함께 파악해 두어야 한다.

2. 기타 어휘의 오용 (동사/명사/형용사/성어 등)

❶ '搭配(조합 어휘)'를 암기해라!

어휘를 조합으로 외우는 것은 중국어 공부의 기본이다. 만약 암기했던 조합 어휘가 아닌 다른 어휘와 조합되어 있으면 틀렸을 가능성이 높다는 것에 주의해야 한다.

● 빈출 조합의 예

잘못된 조합	올바른 조합	이유
恢复病	→ 恢复健康 건강을 회복하다	'病(병)'을 회복할 수 없다.
实习了经验	→ 有经验 경험이 있다	'实习经验'은 동목 구조로는 사용할 수 없다.
申请功能	→ 有功能 기능이 있다	'功能(기능)'은 '有(있다)' 또는 '没有(없다)'로 표현해야 한다.
平均分布	→ 均匀分布 고르게 분포하다	'平均(평균)'은 '分布(분포하다)'와 쓰이지 않는다.
做作用	→ 发挥作用 작용을 발휘하다	'作用(작용)'은 '有(있다)', '起(일으키다)', '发挥(발휘하다)'와 호응한다.
凝聚人	→ 吸引人 사람을 끌어들이다	'凝聚(응집하다)'는 사람과 호응하지 않으며, 주로 '力量(힘)'과 호응한다.
随着很多人度过童年	→ 伴随着很多人度过童年 여러 사람을 동반해 어린시절을 보내다	전치사 '随着(따라서)'는 사람과 호응하지 않으며, 주로 '发展(발전)', '提高(향상되다)'와 호응한다.
提高知识	→ 丰富知识 지식을 풍부하게 하다	'提高(향상시키다)'는 '知识(지식)'와 호응하지 않으며, 정도나 수준을 나타내는 어휘와 호응한다.

❷ 특징을 암기해라!

비슷하지만 구별해서 써야 하는 어휘는 뜻만 외워서는 실전에서 구분하기 어렵다. 따라서 특징까지 잘 파악해 두어야 빠르게 어휘의 오용을 찾아낼 수 있다.

● 주요 빈출 구별어

治疗 zhìliáo (질병을) 치료하다	治疗疾病 질병을 치료하다
治理 zhìlǐ (나라를) 다스리다	治理国家 국가를 다스리다

功劳 gōngláo (사람이 세운) 공로, 업적	表彰他生前的功劳 그의 생전 공로를 치하하다
功能 gōngnéng (사물·인체가 발휘하는) 기능	消化器官的功能 소화기관의 기능

实现 shíxiàn 실현시키다 [현실이 됨]	实现理想 이상을 실현시키다
再现 zàixiàn 재현하다 [다시 보여줌]	再现辉煌历史 찬란한 역사를 재현하다

吸引 xīyǐn (사람을) 매료시키다	吸引参观者 참관자를 매료시키다
凝聚 níngjù (힘을) 응집시키다	凝聚大家的力量 모두의 힘을 응집시키다

通过 tōngguò (매개체를) 통하다	通过显微镜观察 현미경을 통해 관찰하다
经过 jīngguò (과정을) 거치다	经过培训得到 훈련을 거쳐 얻다

构成 gòuchéng (요소·색채·형태를 조화롭게) 구성하다	由两种色彩构成 두 가지 색깔로 구성하다
组织 zǔzhī (여러 개체를 하나의 집단으로) 조직하다	创业者要有组织能力 창업자는 조직능력이 있어야 한다

流传 liúchuán (소문·정보 따위가) 전해지다	这个故事流传很广 이 이야기는 널리 전해졌다
遗传 yíchuán (성격·체질 따위가) 유전되다	这种病不会遗传 이런 병은 유전되지 않는다

分清 fēnqīng 분명하게 하다 [+ 목적어를]	分清主次 주와 부를 분명하게 하다
分明 fēnmíng [주어가 +] 분명하다	四季分明 사계가 분명하다

书籍 shūjí 서적 [권 수를 셀 수 없음]	买技术书籍 기술서적을 사다
书 shū 책 [권 수를 셀 수 있음]	买三本书 세 권의 책을 사다

领地 lǐngdì 영지 [영토, 땅]	占据领地 영토를 점거하다
领域 lǐngyù 영역 [분야, 방면]	艺术领域 예술영역

外部 wàibù 외부	外部因素 외부요소
外向 wàixiàng (성격이) 외향적이다	性格外向 성격이 외향적이다

滔滔不绝 tāotāo bùjué (말이) 끊이지 않다	滔滔不绝地说 끊임없이 말하다
川流不息 chuānliú bùxī (차나 사람의 행렬이) 끊이지 않다	行人川流不息 행인이 끊임없이 오가다

❸ 어휘 환경을 파악해라!

'搭配'만큼이나 중요한 것이 주변 환경이다. 어떤 내용, 어떤 어휘들과 함께 자주 출현하는지를 잘 봐두어야 한다. 문장 전체까지는 아니어도 어휘가 들어간 구문자체를 암기하는 것도 좋은 방법이다.

● 자주 함께 쓰이는 어휘

중점 어휘	문장 환경 상 함께 잘 쓰이는 어휘
流传 liúchuán 전해지다	중점 어휘로 이야기나 말 따위가 전해진다는 뜻으로 '广(널리)'이라는 어휘와 함께 자주 쓰인다. ⑩ 流传很广 = 广为流传 = 流传广泛 널리 전해지다
吉祥 jíxiáng 길하다	① 길한 것을 가장 많이 찾는 때는 명절이기 때문에 문장 주변에 명절과 관련된 어휘가 있는 경우 눈여겨 보아야 한다. ⑩ 传统节日 전통명절(春节 설, 端午节 단오절 등) ② 신년이나 명절에는 길한 상징이 되는 물건이나 동물 등을 많이 언급하므로 '象征(상징)'과도 자주 함께 쓰인다.
举足轻重 jǔzú qīngzhòng 영향력이 크다	중점 성어로 어떤 사람의 지위를 나타낼 때 자주 함께 쓰인다. ⑩ 占有举足轻重的地位 영향력이 큰 지위를 차지하다

예제 1

A 机会总是留给有准备的人，有准备才能及时抓住机会。 B 他选择了自己喜欢的职业，并成为了这个领域中的专家。 C 据鉴定，这幅画出自著名画家齐白石之手，有着极高的收藏价值。 D "地球村"之所以能成为现实，主要出于互联网技术的迅猛发展。	A 기회는 늘 준비된 사람에게 남겨지고, 준비가 있어야 비로소 제때에 기회를 잡을 수 있다. B 그는 자신이 좋아하는 직업을 선택했고 아울러 이 영역의 전문가가 되었다. C 검증에 따르면, 이 그림은 유명한 화가 제백가의 손을 탄 것이고, 높은 소장가치를 가지고 있다. D '지구촌'이 현실이 될 수 있었던 것은 주로 인터넷 기술의 빠른 발전 때문이다.

해설
1. D의 '出于' 뒤에는 출처가 나와야 한다.
   예) 他批评你，是出于善意。 그가 너를 비판하는 것은 선의에서 나온 거야.
2. 인터넷 기술의 발전은 지구촌이 현실이 될 수 있었던 원인이지 출처가 아니다.
3. '之所以'는 '是因为'와 호응한다.

Point "地球村"之所以能成为现实，主要出于互联网技术的迅猛发展。 （X）
→ "地球村"之所以能成为现实，主要是因为互联网技术的迅猛发展。 （O）

정답 D

예제 2

A 梯田的通风透光条件较好，有利于作物的生长。 B 五彩缤纷的烟火在夜空中组织了一幅美妙无比的图案。 C 灰黑色的鸬鹚整齐地站在船舷上，像列队的士兵在等待命令。 D "西湖醋鱼"是杭州传统名菜，鱼肉鲜美，味道酸甜，别具特色。	A 계단식 밭은 통풍과 투광조건이 비교적 좋아서 농작물의 생장에 유리하다. B 오색찬란한 불꽃이 밤하늘에 한 폭의 아름다운 그림을 만들었다. C 검회색의 가마우지가 뱃전 위에 가지런히 서 있는 것은 대열을 지은 병사들이 명령을 기다리는 것 같다. D '시호 초생선'은 항저우 전통요리로 살이 신선하고 맛이 좋고 시고 달아서 특색 있다.

해설
1. B의 '组织(조직하다)'는 '(여러 개체를 하나의 집단으로) 만든다'는 뜻이다.
2. '组织'는 HSK 시험에서 주로 사람을 모아 팀을 구성한다는 뜻으로 쓰인다.
3. '烟火(불꽃)'는 무언가를 조직할 수 있는 주체가 될 수 없다. '烟火(불꽃)'들이 하나의 '图案(그림)'으로 색채나 형태가 아름답게 조성된 것이므로 '构成(구성하다)'으로 고치는 것이 맞다.

Point 五彩缤纷的烟火在夜空中组织了一幅美妙无比的图案。 （X）
→ 五彩缤纷的烟火在夜空中构成了一幅美妙无比的图案。 （O）

정답 B

실전 PT

> 접속사 및 빈출어휘, ('주 + 술 + 목'의) 명사, 동사 순으로 확인하는 것이 좋다. (각 문제당 1분 안배)

문제 1
A 梨羹是老北京常见的冬日小食，具有润肺化痰、生津止咳之功效。
B 影响一个人快乐的，有时并不是困境或磨难，而是一个人的心态。
C 有人说："有两种东西，即便失去才知道可贵：一是青春，一是健康。"
D 碱性电池与普通干电池相比，具有耐用、储存寿命长、不易腐蚀等优点。

문제 2
A 穿衣服不必一味追求名牌，但一定要注意搭配。
B 美酒配佳肴，古来有之，酒是节日餐桌上的必备品。
C 这是我同事小李的女儿，不仅年纪小，而且非常懂事。
D 这场雨断断续续一直下到第二天上午9点左右才停止。

문제 3
A 满载旅客的列车飞一般地驶向偏远的山区小站。
B 所谓亚健康状态，是指介于健康与疾病之间的状态。
C 经过显微镜，我们可以清楚地看到肉眼看不见的微生物。
D 喜帖，是即将结婚的新人所印制的邀请函，又称为喜柬。

문제 4
A 人生重要的不是所站的位置，而是所朝的方向。
B 秦始皇陵兵马俑凝聚了世界各地慕名而来的参观者。
C 既然你这么在乎这次机会，那就应该尽全力做好准备。
D 说到河南，有一个地方不能不提，那就是"七朝古都"开封。

문제 5
A 名著是经时间筛选而留下的硕果，是古今中外文化的精华。
B 敬业不应被看做是一种境界，而应是从业者必备的基本素质。
C 对不起，您拨打的用户暂时无法接听，将为您转接至语音信箱。
D《古文观止》自问世以来，广为遗传，至今仍不失为一部有价值的选本。

쓰기 ❶ | 글 요약하기
문장성분 파악 - 성분이 보이면 내용이 보인다!

어휘 PT

학습시간 1 0 분

연습 1	显示 xiǎnshì 동 (나타내) 보여주다 过人 guòrén 동 (남을) 능가하다 天赋 tiānfù 명 천부적인 소질, 자질

연습 2	荒漠 huāngmò 명 황무지 种 zhòng 동 심다 (* 种 zhǒng 종류) 片 piàn 양 (지면·수면의) 한 부분을 세는 양사 胡杨 húyáng 명 (중국 서북부에서 자라는) 포플러의 일종 树苗 shùmiáo 명 묘

문제 1	隋朝 Suí Cháo 고유 수왕조 石匠 shíjiàng 명 석장 [돌을 다루어 물건을 만드는 사람] 设计 shèjì 동 설계하다

문제 2	紧紧地 jǐnjǐn de 꽉, 타이트 하게 握手 wòshǒu 동 손을 쥐다, 악수하다

문제 3	闪着泪花 shǎnzhe lèihuā (맺힌) 눈물이 반짝이다 激动 jīdòng 동 (감정이) 격하게 움직이다, 감동하다

문제 4	探索 tànsuǒ 동 탐구하다, 찾다 奥秘 àomì 형 (자연·우주의) 신비, 비밀

문제 5	养成习惯 yǎngchéng xíguàn 습관을 기르다 检查 jiǎnchá 동 검사하다

문제 6	群 qún 양 무리를 세는 양사 吞食 tūnshí 동 삼키다 漂 piāo 동 (물에) 떠다니다 菜叶 càiyè 명 채소 잎

문제 7	非凡 fēifán 형 비범하다 毅力 yìlì 명 의지 (= 意志 yìzhì)

문제 8	蔚蓝 wèilán 형 쪽빛의, 파란 (* 蔚蓝天空 wèilán tiānkōng 파란 하늘)

문제 9	爱戴 àidài 동 우러러 섬기다, 추대하다

문제 10	五彩缤纷 wǔcǎi bīnfēn 형 오색찬란하다 烟火 yānhuǒ 명 불꽃, 연기와 불 美妙无比 měimiào wúbǐ 아름답기가 비할 바 없다 图案 tú'àn 명 도안, 그림

전략 PT

학습시간 20분

❶ 문장성분의 특징을 파악해라!

읽고 쓰기의 기본은 문장성분의 이해이다. 문장성분을 알아야 핵심만을 파악해서 기억할 수 있고, 문장성분을 알아야 어법에도 자신감이 생겨 작문을 잘 할 수 있게 된다.

● 중국어 문장성분의 특징

주어	서술하는 핵심 대상 중국어에서는 의미로 주어를 결정하는 것이 아니라 위치로 결정함을 알아두자.
	① 술어 왼쪽(술어 앞)에 위치한다. 　예 他显示了天赋。　그는 천부적인 자질을 보여주었다. → 주어는 他 ② 주어의 품사는 주로 '명사/대명사'로, '的'가 있을 경우 '的' 뒤의 '명사/대명사'에 집중하는 것이 좋다. 　예 他的孩子显示了天赋。　그의 아이는 천부적인 자질을 보여주었다.
술어	주어의 움직임, 상태, 성질 따위를 서술하는 말 동사 술어는 목적어를 취할 수 있고, 형용사 술어는 주어의 상태를 설명하는 것이 일반적이다.
	① 주로 동사나 형용사이다. (동사는 목적어를 취할 수 있으나 형용사는 불가능!) 　예 我很喜欢她。　나는 그녀를 좋아한다. (O) → 喜欢 동 (목적어를) 좋아하다 　　 我好她。　(X) 　　 我身体好。　내 건강이 좋다 (O) → 好 형 (주어의 상태가) 좋다 ② 주로 뒤에 동태조사 '了/着/过'를 동반한다. 　예 他显示了天赋。　그는 천부적인 자질을 보여주었다.
목적어	동작(동사)을 받는 대상 관형어의 수식을 제일 많이 받는 성분으로 '的'가 있을 경우 '的' 뒤부터 집중하자.
	① 술어 오른쪽(술어 뒤)에 위치한다. 　예 他显示了天赋。　그는 천부적인 자질을 보여주었다. → 목적어는 天赋 ② 목적어의 품사는 주로 '명사/대명사'로 '的'가 있을 경우 '的' 뒤의 '명사/대명사'에 집중하는 것이 좋다. 　예 他显示了过人的天赋。　그는 뛰어난 천부적인 자질을 보여주었다.
부사어	술어(동사/형용사)를 꾸며주는 성분 일반적으로 '부사 → 조동사 → 전치사구 → ……地'의 순서로 나열된다.
	① 술어 왼쪽(술어 앞)에 위치한다. (술어 왼쪽의 주어를 제외한 나머지 모든 성분을 말한다.) 　예 他一开始就显示了。　그는 처음부터(바로) 천부적인 자질을 보여주었다. ② 주로 '地'를 동반하여 동사를 꾸며준다. 　예 他渐渐地显示了天赋。　그는 점점 천부적인 자질을 보여주었다.
관형어	명사를 꾸며주는 성분(的)만 찾아내도 관형어와 그 수식 받는 대상을 빨리 찾아낼 수 있다.
	① 명사 왼쪽(명사 앞)에 위치한다. ② 주로 '的'를 동반하여 명사를 수식한다. 　예 他显示了过人的天赋。　그는 뛰어난 천부적인 자질을 보여주었다.

보어	술어의 부족한 내용을 보충하는 성분 보충하는 내용에 따라 정도/결과/방향/가능/시량/동량보어로 나뉜다. 술어 오른쪽(술어 뒤)에 위치한다. ⓔ 它显示出了天赋。 그는 천부적인 자질을 (내)보여주었다.

❷ 핵심성분인 주어, 술어, 목적어를 파악하자!

중국어의 문장 어순을 반드시 알자. 이중 '주+술+목'만 파악해도 내용을 기억하기 쉬울 뿐만 아니라, 작문할 때 문장을 구성하기도 쉽다.

● 중국어 문장어순

[부사어] + (관형어)(的) 주어 + [부사어](地) 술어 + 〈보어〉 + (관형어)(的) + 목적어 〈보어〉。

❸ 특징은 간단하게 기억해라!

문장성분을 파악할 줄 알아도 시간이 걸리면 의미가 없다. 빨리 파악할 수 있는 훈련을 하자.

연습 1

他一开始就显示出了过人的天赋。	그는 처음부터 뛰어난 천부적인 자질을 보여주었다.

Point   他 一开始就 显示 出了 过人的 天赋。
         주어 부사어   술어 보어 관형어 목적어

해설   핵심은 '他显示天赋。(그는 천부적인 자질을 보여준다.)'이다.

연습 2

两个人在荒漠中各自种下了一片胡杨树苗。	두 사람은 황무지에 각자 포플러 묘목을 하나 심었다.

Point   两个人 在荒漠中各自 种 下了 一片胡杨 树苗。
         주어   부사어   술어 보어   관형어   목적어

해설   핵심은 '两个人种树苗。(두 사람은 묘목을 심는다.)'이다.

실전 PT

▶모범요약 및 해설 10p
학습시간 10분

문장성분을 파악해 핵심성분(주 + 술 + 목)만으로 줄여보자. 주어와 목적어는 주로 명사이고 명사는 '的' 뒤의 어휘에 집중하면 된다.

문제 1 隋朝的石匠李春亲自设计了赵州桥。
→ _____

문제 2 我紧紧地握着台湾教师的手。
→ _____

문제 3 赵宇的眼里闪着激动的泪花。
→ _____

문제 4 我们要努力探索大自然的奥秘。
→ _____

문제 5 我养成了做完作业认真检查的习惯。
→ _____

문제 6 一群水鸟正在吞食漂在水面上的菜叶。
→ _____

문제 7 他以非凡的毅力刻苦地学习文化知识。
→ _____

문제 8 一架银白色的飞机在蔚蓝的天空中飞行。
→ _____

문제 9 三班的学生十分爱戴亲切、温和、知识丰富的王老师。
→ _____

문제 10 五彩缤纷的焰火在夜空中构成了一幅美妙无比的图案。
→ _____

 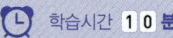

1 주어 + 因 A 而得名   주어는 A로 인해 이름을 얻었다
因水面酷似一弯新月而得名。   수면이 하나의 초승달을 몹시 닮아서 이름을 얻었다.

2 주어 + 由 A + 동사구   주어는 A가 ~한다
它由观众投票产生。   그것은 관중의 투표가 만들었다.

3 주어 + 之所以 A 是因为 B   주어가 A하는 것은 B 때문이다
"地球村"之所以能成为现实，主要是因为互联网技术的迅猛发展。
'지구촌'이 현실이 될 수 있었던 것은 주로 인터넷 기술의 급속한 발전 때문이다.

4 주어 + 把 A 作为 B   주어는 A를 B로 삼는다
我们应该把过去的挫折作为今天的垫脚石。
우리는 마땅히 과거의 좌절을 오늘의 디딤돌로 삼아야 할 것이다.

5 형용사구 + 无比   ~비할 바 없는(가장 ~한)
烟火在夜空中构成了一幅美妙无比的图案。
불꽃은 밤 하늘에 한 폭의 가장 아름다운 그림을 만들어냈다.

6 只有 A 才 B   A를 해야만 비로소 B하다
有两种东西，只有失去才知道可贵：一是青春，一是健康。
잃어야만 비로소 귀한 것을 아는 두 가지가 있다. 하나는 청춘이고, 하나는 건강이다.

7 주어 + 被 A 所 + 동사   주어는 A에 의해 ~당하다
人要学会控制自己的欲望，而不应当被欲望所支配。
사람은 자신의 욕망을 다스릴 줄 알아야지 욕망에 지배되어서는 안 된다.

8 通过 + 매개체 + 동사구   매개체를 통해 ~하다
通过显微镜，我们可以清楚地看到肉眼看不见的微生物。
현미경을 통해, 우리는 육안으로 볼 수 없는 미생물을 또렷하게 볼 수 있다.

9 吸引 + 参观者/游客   참관인/여행객을 매료시키다
兵马俑吸引了世界各地慕名而来的参观者。
빙마용은 세계각지에서 명성을 듣고 온 견학자들을 매료시켰다.

10 广为流传   널리 전해지다
《古文观止》自问世以来，广为流传，至今仍不失为一部有价值的选本。
《고문관지》는 세상에 나온 이래로 널리 전해져 지금까지 가치있는 선집이라 할 수 있다.

Day 2

듣기 제1부분 ❷ | 들려주는 녹음과 일치하는 보기 찾기
정보 글Ⅱ - 동·식물/연구내용/과학상식을 알려주마!

어휘 PT

Track 02-1   학습시간 1 0 분

예제
- 杜鹃花 dùjuānhuā 명 두견화, 진달래
- 治(疗) zhì(liáo) 동 치료하다
- 咳嗽 késou 동 기침하다
- 被誉为 bèi yùwéi ~라 불리다, 칭송되다
- 故 gù 접 그래서
- 风湿 fēngshī 명 류머티즘(rheumatism)

문제 1
- 芦荟 lúhuì 명 알로에(aloe)
- 净化 jìnghuà 동 정화하다
- 顽强 wánqiáng 형 완강하다
- 土壤 tǔrǎng 명 토양
- 喜阴 xǐyīn 음지를 좋아하다
- 观赏性 guānshǎngxìng 명 관상성
- 甲醛 jiǎquán 명 포름알데히드(formaldehyde)
- 好手 hǎoshǒu 명 달인, 전문가
- 吸附 xīfù 동 흡착하다
- 灰尘 huīchén 명 먼지
- 杀灭 shāmiè 동 소멸시키다, 박멸하다

문제 2
- 鱼纹 yúwén 명 어문 [물고기 비늘 패턴]
- 窄 zhǎi 형 좁다 (↔ 宽 kuān)
- 指纹 zhǐwén 명 지문
- 年轮 niánlún 명 (식물의) 나이테
- 鳞片 línpiàn 명 비늘
- 轮纹 lúnwén 명 (비늘의) 층 무늬
- 大致 dàzhì 부 대략, 대체로 (= 大约 dàyuē)
- 推测 tuīcè 동 추측하다, 헤아리다

문제 3
- 湖泊 húpō 명 호수
- 类似 lèisì 동 유사하다
- 攻击性 gōngjīxìng 명 공격성
- 五彩缤纷 wǔcǎi bīnfēn 성 울긋불긋하다, 오색찬란하다
- 图案 tú'àn 명 도안, 그림

문제 4
- 体检 tǐjiǎn 명 건강검진
- 噪音 zàoyīn 명 소음
- 隔间 géjiān 칸막이
- 导致 dǎozhì 동 초래하다
- 分心 fēnxīn 동 걱정하다, 마음을 쓰다

문제 5
- 缺氧 quēyǎng 산소가 부족하다
- 循序渐进 xúnxù jiànjìn 성 순차적으로 진행하다
- 新陈代谢 xīnchén dàixiè 명 신진대사
- 熬夜 áoyè 동 밤을 새다
- 损伤 sǔnshāng 동 손상시키다
- 大户 dàhù 명 큰손, 큰 고객
- 占用 zhànyòng 동 차지하여 쓰다
- 随之 suízhī 그것에 따라
- 呼吸 hūxī 동 호흡하다

1 빈출 소재를 파악해 두자!

HSK 시험에 출제된 동식물의 소재 범위는 제한적이다. 자주 출제된 소재와 관련 어휘를 파악해 기본상식을 습득해 두면 정답에 접근하기 쉽다.

● 주요 빈출 소재 　　　　　　　　　　　　　　　　　　　　　　　　　　Track 02-2

花青素 huāqīngsù 안토시안(anthocyan)	花青素是一种特殊色素，遇到酸就变红。 안토시안은 일종의 특수한 색소로 산을 만나면 빨개진다.	
牡丹 모란(꽃) mǔdān	牡丹是中国特有的名贵花卉，有"国色天香""花中之王"的美称。 모란은 중국 특유의 유명하고 진귀한 꽃으로, '국색천향', '화중지왕'이라는 미칭을 가지고 있다.	
杏仁 아몬드 xìngrén	杏仁可以延缓大脑衰老。 아몬드는 대뇌가 노쇠하는 것을 늦출 수 있다.	
菊花 국화 júhuā	在古代，人们常用菊花来搭配食品。 고대에는 사람들이 국화를 음식에도 배합하여 썼다.	
鲸 고래 jīng	鲸的眼睛都很小，视力较差。 고래의 눈은 작고, 시력이 비교적 나쁘다.	
鲨鱼 상어 shāyú	鲨鱼由于没长鳔，一旦停下来，身子就会下沉。 상어는 공기주머니가 없어서 일단 멈추면 몸이 바로 가라앉는다.	
北极熊 북극곰 běijíxióng	北极熊是名副其实的北极霸主。 북극곰은 명실상부한 북극의 패왕이다.	
花生 땅콩 huāshēng	花生具有很高的营养价值。 땅콩은 매우 높은 영양가치를 가지고 있다.	
蝴蝶鱼 가시나비고기 húdiéyú	蝴蝶鱼是一种热带观赏鱼。 가시나비고기는 일종의 열대관상어이다.	
芦荟 알로에(aloe) lúhuì	芦荟不仅观赏性强，还可以净化居室环境。 알로에는 관상성이 강할 뿐 아니라, 실내환경을 정화시킬 수도 있다.	

2 자신의 상식을 동원해라!

연구내용이나 과학상식은 새로운 사실뿐만 아니라 우리가 이미 알고 있는 상식내용이 출제되는 경우가 많다. 이미 알고 있는 상식내용이라면 보기에서 우선순위로 집중하는 것이 좋다.

● 주요 빈출 연구내용 및 과학상식 　　　　　　　　　　　　　　　　　　Track 02-3

연구 내용과 관련된 기출 내용	黄色 노란색 huángsè	黄色让人轻松愉快。 노란색은 사람을 홀가분하고 즐겁게 만든다.
	维生素 비타민 wéishēngsù	维生素可以延缓大脑早衰。 비타민은 대뇌가 일찍 노쇠하는 것을 늦출 수 있다.

	步行 걷기 bùxíng	步行对治疗忧郁症和减轻心理压力有很好的效果。 걷기는 우울증을 치료하고 심리적 스트레스를 경감시키는 데에 좋은 효과가 있다.
	衣服颜色 yīfu yánsè 옷의 색깔	衣服颜色能反映女性的性格。 옷의 색깔은 여성의 성격을 반영할 수 있다.
	左脸表情 zuǒliǎn biǎoqíng 왼쪽 얼굴의 표정	左脸表情比右脸丰富。 왼쪽 얼굴의 표정이 오른쪽 얼굴보다 풍부하다.
	露水 이슬 lùshuǐ	露水有助于农作物生长。 이슬은 농작물의 생장에 도움이 된다.
	发脾气时 fā píqì shí 화가 났을 때	发脾气时，及时宣泄出来，会有利于身心健康。 화가 났을 때, 제때에 푸는 것이 심신건강에 이롭다.
	台风 태풍 táifēng	台风有利有弊。 태풍은 좋은 점도 있고 나쁜 점도 있다.
상식과 관련된 기출 내용	喝西红柿汁 hē xīhóngshì zhī 토마토주스를 마시면	喝西红柿汁能起到解酒的作用。 토마토 주스를 마시는 것은 해장의 작용을 할 수 있다.
	食疗 식이요법 shíliáo	食疗多用来调理身体。 식이요법은 몸을 관리하는 데 많이 쓰인다.
	白细胞 백혈구 báixìbāo	白细胞能保障人体健康。 백혈구는 인체 건강을 보장할 수 있다.

❸ 숫자와 관련된 표현을 익혀라!

듣기 제1부분에서는 수치를 계산하거나 정리해서 풀어야 하는 문제는 출제되고 있지 않지만 백분율이나 분수 또는 숫자와 관련된 관용어는 종종 출현하므로 미리 파악해 두자.

● 주요 숫자 관련 표현　　　　　　　　　　　　　　　　　　　　　　　　　　◎ Track 02-4

翻了一番　두 배가 되다	他接手那本杂志的两年间，杂志销量翻了一番。 그가 그 잡지를 인수한 2년간, 잡지 판매량은 두 배가 되었다.
一 양사 又 一 양사 地 한 (양사) 한 (양사)씩	妈妈一件又一件地试穿衣服。 엄마는 옷을 한 벌 한 벌씩 입어 보았다.
几千名　몇 천 명	研究人员把几千名就业者的资料加以分析。 연구원들은 몇 천 명의 취업자의 자료를 분석했다.
大有人在 그와 같은 사람이 많다	中途放弃导致失败的大有人在。 중도에 포기해서 실패를 초래하는 그와 같은 사람이 많다.

几分 몇 할 (= 几成)	一个人的智慧三分靠天赐，七分靠自己获得。 한 사람의 지혜는 3할(30%)은 하늘이 주신 것에 기대고, 7할(70%)은 자신에 의지해 얻는다.	
几分之几 몇 분의 몇, 몇/몇	他现在起码有三分之一的时间在登山。 그는 지금 적어도 1/3의 시간을 등산에 쓴다.	
百分之百 100%	人百分之百是情绪化的。 사람은 100% 정서화되어 있다.	
百分之多少 몇 %, 백분의 몇	在各种睡眠姿势中，仰卧的占百分之六十。 각종 수면자세 중에 똑바로 눕는 사람은 60%를 차지한다.	

예제

Track 02-5

A 杜鹃花冬季开放　　　　　　A 두견화는 겨울에 핀다
B 杜鹃花能治咳嗽　　　　　　B 두견화는 기침을 치료할 수 있다
C 杜鹃花的品种繁多　　　　　C 두견화의 품종은 많다
D 杜鹃花分布于高山地区　　　D 두견화는 고산지역에 분포한다

보기
1. 모든 보기에 등장하는 '杜鹃花(두견화)'가 정보 소재이다.
2. A가 정답이 되려면 겨울에 핀다는 정보가 있어야 한다.
3. B의 '治'는 '治疗(치료하다)'의 줄임말이다.
4. C의 '繁多'는 '很多'이다.

杜鹃花是中国十大名花之一，被誉为"花中西施"。它的花期是每年3月到6月。那时满花皆红。故杜鹃花又名映山红。杜鹃花有很高的药用价值，可治疗咳嗽、风湿等疾病。

두견화(진달래)는 중국의 10대 명화 중의 하나로 '꽃 중의 서시'라고 불린다. 그것의 개화 시기는 매년 3월에서 6월이고, 그 때 모두 빨갛게 꽃이 만개하여 두견화는 영산홍(산을 붉게 물들이다)이라고도 부른다. 두견화는 매우 높은 약용가치를 가지고 있고 기침과 류머티즘 등의 질병을 치료할 수 있다.

해설
1. '它的花期是每年3月到6月(그것의 개화 시기는 매년 3월에서 6월이다)'라고 했으므로 A 杜鹃花冬季开放(두견화는 겨울에 핀다)은 정답이 아니다.
2. B의 '能治'는 녹음의 '可治疗(치료할 수 있다)'이므로 정답은 B 杜鹃花能治咳嗽(두견화는 기침을 치료할 수 있다)이다.

정답　B

실전 PT

Track 02-6

이미 습득한 기출상식을 최대한 활용해서 문제를 풀어보자.

문제 1
A 芦荟可净化空气
B 芦荟生命力顽强
C 芦荟能改善土壤
D 芦荟是喜阴植物

문제 2
A 鱼纹是后天形成的
B 鱼纹往往很窄
C 鱼纹与鱼的种类有关
D 鱼纹能表明鱼的生长环境

문제 3
A 蝴蝶鱼生长在湖泊中
B 蝴蝶鱼能改变体色
C 蝴蝶鱼的习性与蝴蝶类似
D 蝴蝶鱼有攻击性

문제 4
A 在开放式办公室工作压力大
B 开放式办公室便于管理
C 企业应为员工安排体检
D 办公室楼层越高噪音越小

문제 5
A 大脑缺氧会导致记忆力下降
B 体育锻炼要循序渐进
C 青少年的新陈代谢更快
D 熬夜会损伤大脑

독해 제1부분 ❷ | 틀린 문장 찾기
'把/ 被/ 使/ 在'의 오용 – 틀린 구문을 찾아라!

어휘 PT

학습시간 10분

예
- 挫折 cuòzhé 명 좌절
- 垫脚石 diànjiǎoshí 명 디딤돌
- 鸟类 niǎolèi 명 조류
- 迁徙期 qiānxǐqī 이동시기, 이동철
- 定向 dìngxiàng 동 방향을 정하다

예제 1
- 照明光 zhàomíngguāng 명 조명광
- 候鸟 hòuniǎo 명 철새
- 迷失方向 míshī fāngxiàng 방향을 잃다

예제 2
- 小巧 xiǎoqiǎo 형 작고 깜찍하다
- 薄 báo 형 얇다
- 文件袋 wénjiàndài 명 서류봉투

문제 1
- 松树 sōngshù 명 소나무
- 吉祥如意 jíxiáng rúyì (매사가) 상서롭고 뜻하는 대로 되다
- 敬酒 jìngjiǔ 동 삼가 술을 올리다
- 主次 zhǔcì 명 주된 것과 부차적인 것

문제 2
- 针对 zhēnduì 동 겨누다
- 突发 tūfā 동 돌발하다, 갑자기 발생하다
- 采取 cǎiqǔ 동 채택하다 (* 采取措施 cǎiqǔ cuòshī 조치를 취하다)
- 控制 kòngzhì 동 통제하다
- 欲望 yùwàng 명 욕망
- 支配 zhīpèi 동 지배하다
- 赖以 làiyǐ 동 의지하다, 믿다
- 揭开 jiēkāi 동 떼다, 벗기다
- 奥秘 àomì 명 신비, (자연과 우주의) 비밀

문제 3
- 耽误 dānwu 동 (시간·일을) 그르치다
- 告辞 gàocí 동 이별을 고하다
- 尚待 shàngdài 동 아직 ~가 필요하다
- 蕴藏 yùncáng 동 잠재하다, 묻히다
- 商机 shāngjī 명 사업기회

문제 4
- 维生素 wéishēngsù 명 비타민
- 场景 chǎngjǐng 명 장면, 신(scene)
- 从事 cóngshì 동 종사하다 (* 从事行业 cóngshì hángyè 업종에 종사하다)
- 疲惫 píbèi 형 피곤하다

문제 5
- 休闲 xiūxián 동 한가롭게 보내다
- 效益 xiàoyì 명 효과와 이익
- 启迪 qǐdí 명 깨우침
- 蛋壳 dànké 명 껍데기
- 屋顶 wūdǐng 명 옥상, 지붕
- 跨度 kuàdù 명 간격, 사이
- 严谨 yánjǐn 형 엄격하다, 빈틈없다

전략 PT

학습시간 30분

❶ 문장에 '把 / 被 / 使 / 在'가 있는지 제일 먼저 확인해라!
'把 / 被 / 使 / 在' 구문은 HSK 시험에서 자주 출현하는 구문으로 문제로 연결되는 경우가 많다. 이 구문은 해당 글자가 있는지 없는지 파악하기도 쉽기 때문에 먼저 정리하는 습관을 기르자.

❷ 형식과 특징을 정확하게 습득해라!
'把 / 被 / 使 / 在' 구문은 해석으로는 오용을 찾기가 쉽지 않다. 형식과 특징을 정확하게 습득해야 잘못된 문장을 찾고, 또한 다른 영역에서도 쉽게 활용할 수 있다.

❸ '把 / 被 / 使 / 在' 구문은 강조되는 대상과 내용을 이해해라!
특수구문은 강조하고자 하는 대상이나 내용이 명확하다. 그 대상만 정확하게 파악해도 오용을 찾기 쉽다.

● '把 / 被 / 使 / 在' 구문의 형식과 특징

把자문 (= 将)	형식	주어 + 把 A + 동사 + 기타성분(조사/보어)
	특징	① 주어는 동사의 주체여야 하고 주로 사람이다. ② 대상의 처리방식(동사)을 강조한다. ③ 동사는 처리방식을 설명하기 때문에 동사 '成为(되다)'는 쓸 수 없다. ④ 일반적으로 부사와 조동사는 '把' 앞에 위치해야 한다.
	예	我们把挫折作为垫脚石。 우리는 좌절을 디딤돌로 삼았다.
被자문	형식	주어 + 被 (A) + (所) 동사 + 기타성분(조사/보어)
	특징	① 주어는 동사를 당하는 대상(동사의 피해자)이다. ② 당하는 대상(주어)을 강조한다. ③ A는 동사의 주체(가해자)로 생략 가능하다. ④ 동사 앞에 '所'를 쓸 수 있다. (주로 기타성분이 없는 경우) ⑤ 일반적으로 부사와 조동사는 '被' 앞에 위치해야 한다.
	예	人不应当被情绪所支配。 사람은 정서에 의해 지배 당해서는 안 된다.
使자문 (= 让자문)	형식	주어 + 使 A + 동사/형용사
	특징	① 주어는 사역동사(使) 이후의 내용을 진행시키는 주체이다. ② A는 동사/형용사의 주체이다.
	예	照明光使候鸟迷失方向。 조명 빛은 철새가 방향을 잃게 만든다.
在구문 ① (진행)	형식	在 + 동사구 ('在'는 부사로서 진행을 나타냄)
	특징	진행을 나타내는 '在' 구문에는 '了'를 쓰지 않는다.
	예	学生们在学游泳呢。 학생들은 수영을 배우고 있는 중이다.

在구문 ② (장소)	형식	在 + 장소/시간 어휘 在 + 일반명사 + 上/中/下/里/前/后/方面/时
	특징	'在' 뒤에 장소/시간 어휘가 아니라 일반명사가 온다면 반드시 '在 + 일반명사 + 上/中/下/里/前/后/方面/时' 형식을 취해야 한다.
	예	在中国的民歌中，陕北民歌有独特的地位。 중국의 민요 중에 산베이 민요는 특별한 지위를 가지고 있다.

> **예** **'把'자문이 잘못 쓰인 문장**
> 1. 我们应该把过去的挫折成为今天的垫脚石。（×）
> 2. 我们把过去的挫折应该作为今天的垫脚石。（×）
> 3. 过去的挫折应该把我们作为今天的垫脚石。（×）
> → 我们应该把过去的挫折作为今天的垫脚石。（○）
>
> 해석 우리는 마땅히 과거의 좌절을 오늘의 디딤돌로 삼아야 한다.
> Point 1. '把'자문은 처리의 방식을 강조하므로 '成为(되다)'를 술어로 쓸 수 없다.
> 2. '把'는 전치사이므로 조동사는 '把' 앞에 와야 한다.
> 3. '把'자문의 주어는 일반적으로 동작을 진행할 수 있는 사람이나 동물이다.

예제 1

A 成语"东山再起"常用来形容一个人退隐后再度出任要职，也比喻失势后重新得势。
B 黄鹤楼始建于公元223年，最初是用做军事望楼，后来才成为人们登高揽胜的地方。
C 制作一把精美的小提琴，木料的选择很关键。匠人们在选择木料时，非常在意树木的年轮。
D 鸟类在迁徙期最容易受人工光源的干扰。它们原本是以星星定向的，城市的照明光却常常被它们迷失方向。

A 성어 '东山再起(동산에서 재기하다)'는 사람이 은퇴한 후 재차 요직을 맡게 된 것을 묘사하는 데 자주 쓰이며, 세력을 잃은 후에 새로이 세력을 얻은 것을 비유하기도 한다.
B 황학루는 서기 223년에 지어졌고, 처음에는 군사들이 망을 보는 망루로 썼지만, 나중에서야 사람들이 높은 곳에 올라 주변을 감상하는 곳이 되었다.
C 하나의 정교한 바이올린을 제작하는 것은 나무 재료의 선택이 관건이다. 장인들은 나무 재료를 고를 때, 나무의 나이테를 매우 중요시 한다.
D 조류는 이동시기에 인공적인 불빛에 간섭을 받기 가장 쉽다. 그들은 본래 별로써 방향을 정하는데, 도시의 조명광은 자주 철새가 길을 잃게 만든다.

해설
1. D의 '照明光(조명광)'은 '迷失方向(길을 잃다)'을 당하는 대상이 아니므로 피동(被)문이 아니다.
2. '迷失方向(길을 잃다)'의 주체가 '候鸟(철새)'이므로 사역(使)문이어야 한다.

Point 城市的照明光常常被候鸟迷失方向。（X）
→ 城市的照明光常常使候鸟迷失方向。（O）

정답 D

예제 2

A 有些电脑设计得很小巧，甚至可以放给一个很薄的文件袋里。
B 快乐有助于长寿，有助于增加食欲，有助于提高工作效率。
C 草原上的天气变幻莫测，刚刚还是晴空万里，转眼间便乌云密布了。
D 重新认识农业，开拓农业新的领域，已成为当今世界农业发展的新趋势。

A 어떤 컴퓨터는 작고 깜찍하게 설계되어 있는데 심지어 얇은 서류봉투 안에 넣을 수 있다.
B 즐거움은 장수에 도움이 되고, 식욕증가에도 도움이 되고, 일 효율을 높이는 데에도 도움이 된다.
C 초원 위의 날씨는 변화무상하고, 방금 구름 한 점 없이 맑았던 하늘이 한 순간에 먹구름으로 덮인다.
D 농업을 새로이 인식하고, 농업의 새로운 영역을 개척하는 것은 이미 현 세계의 농업발전의 새로운 추세가 되었다.

해설
1. A의 '文件袋(서류봉투)' 뒤에 '里(안)'라는 방위사가 붙어 장소 어휘가 되었다.
2. 목적어가 장소 어휘이고 이는 컴퓨터가 넣어져 존재하는 장소이지, 컴퓨터를 얻는 대상이 아니기 때문에 보어는 '给'가 아니라 장소와 결합하는 '在'여야 한다.

Point 有些电脑设计得很小巧，甚至可以放给一个很薄的文件袋里。（X）
→ 有些电脑设计得很小巧，甚至可以放在一个很薄的文件袋里。（O）

정답 A

 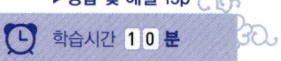

> '把 / 被 / 使 / 在'가 있는 문장부터 확인하는 것이 좋다. (각 문제당 1분 안배)

문제 1　A 光线太强或太弱，都容易使眼睛感到疲劳。
　　　　　B 中国人被松树看作吉祥如意的象征。
　　　　　C 一般情况下，敬酒一定要充分考虑好敬酒的顺序，分清主次。
　　　　　D 世界上没有完全相同的两片树叶，更没有完全相同的两个人。

문제 2　A 针对这一突发事件，公司及时采取了应对措施。
　　　　　B 人要学会控制自己的欲望，而不应当把欲望所支配。
　　　　　C 空气、水、能源和土地，是人类赖以生存的基本要素。
　　　　　D 他对昆虫进行了长达30年的观察，揭开了昆虫世界的许多奥秘。

문제 3　A 批评孩子时，要注意别伤了孩子的自尊心。
　　　　　B 快9点半了，我怕耽误他休息，便起身告辞。
　　　　　C 这家银行目前在全球76个国家1300万客户提供服务。
　　　　　D 他们看到了这个尚待开发的市场中所蕴藏的巨大商机。

문제 4　A 树木不但能提供氧气，而且是造纸的原料。
　　　　　B 桔子、苹果、香蕉等水果含有丰富的维生素。
　　　　　C 电影的发明，让人们第一次可以真实地再现活动的生活场景。
　　　　　D 长期从事一种工作会让人感到无聊，而无聊会把身体感到疲惫。

문제 5　A 作为一种新兴的旅游休闲形式，让农家乐取得了较好的经济效益。
　　　　　B 创造人的是自然，而启迪和教育人的却是社会。
　　　　　C 国家大剧院的"蛋壳"形屋顶最大跨度为212米。
　　　　　D 这部作品结构严谨、语言优美，达到了古典小说的高峰。

쓰기 ❷ | 글 요약하기

기초 쌓기 I – '삭제의 기술' 요약의 기본은 삭제!

어휘 PT

학습시간 1 0 분

연습 1	热气腾腾 rèqì téngténg 열기가 뜨끈뜨끈하다 汤饭 tāngfàn 명 국밥 端 duān 동 받들다 (* 端上桌 테이블에 올리다) 碗 wǎn 명 그릇 推 tuī 동 밀다
연습 2	整洁 zhěngjié 형 단정하다, 깔끔하다
연습 3	震惊 zhènjīng 동 놀라게 하다 闪烁 shǎnshuò 동 반짝이다 泪光 lèiguāng 명 (반짝이는) 눈물 嘴唇 zuǐchún 명 입술 颤抖 chàndǒu 동 떨다 泪流满面 lèiliú mǎnmiàn 　　얼굴이 눈물로 범벅이 되도록 울다

문제 1	漫步 mànbù 동 한가로이 거닐다 桥头 qiáotóu 명 다리 목, 다리 어귀 破旧 pòjiù 형 오래되어 허름하다
문제 2	高峰 gāofēng 명 최고봉 拥挤 yōngjǐ 형 붐비다 散 sàn 동 흩어지다
문제 3	贫穷 pínqióng 형 빈곤하다 卑微 bēiwēi 형 비천하다 尊严 zūnyán 명 존엄 给予 jǐyǔ 동 주다 　(* 给予支持 jǐyǔ zhīchí 지지해주다) 体面 tǐmiàn 형 떳떳하다 명 체면
문제 4	贤明 xiánmíng 형 현명하다 爱戴 àidài 동 추대하다 　(* 受到爱戴 shòudào àidài 사랑받다)
문제 5	天使 tiānshǐ 명 천사 飞翔 fēixiáng 동 비상하다

❶ 불필요한 수식어는 삭제해라!

명사를 수식하는 관형어와 동사/형용사를 수식하는 부사어는 내용상 꼭 필요한 부분이 아니라면 대체로 생략하는 것이 간결하고 깔끔한 줄여 쓰기가 된다.

문장 수식어 확인	수식어 삭제 후
那位教导他用心射箭的智者知道这件事后，⋯ 그 그에게 마음을 다해 화살을 쏘라고 지도했던 지자가 이 일을 안 후에⋯	→ 那位智者知道这件事后，⋯ 그 지자가 이 일을 안 후에⋯
那支箭居然深深地插进了石头里。 그 화살은 뜻밖에 돌 속에 깊어 박혔다.	→ 那支箭插进了石头里。 그 화살은 돌 속에 박혔다.

❷ 접속사에 주목해라!

접속사는 해석이 아니라 접속사로 연결한 문장의 관계를 파악해야 한다. 관계를 파악하면 필요한 부분과 필요하지 않은 부분을 알 수 있다. 접속사의 관계를 파악해서 중요하지 않은 부분과 그렇지 않은 부분을 미리 습득해 두자.

● 쓰기에 자주 출현하는 접속사의 관계와 Point

无论/不论/不管 A 都 B A를 막론하고 모두 B하다	无论刮风还是下雨，他都准时到学校上课。 바람이 불든 비가 내리든, 그는 모두 정시에 학교에 도착해 수업을 받는다.
	어떠한 가정의 상황에도 결과/결론은 바뀌지 않음을 나타낸다. **Point** 바뀌지 않는 결과/결론 부분이 중요한 부분임 → '都' 이하의 내용이 중요함
虽然/尽管 A 但 B (비록) A하지만 B하다	尽管接连几部电影作品的票房收入不佳，但这丝毫不影响他的广告价值。 비록 연이은 몇 편의 영화작품의 흥행수입이 안 좋지만, 이것은 그의 광고가치에 조금도 영향을 주지 않는다.
	먼저 어떤 사실을 인정한 후에 그와 상반되거나 전환된 사실을 나타낸다. **Point** 전환된 사실을 강조 → '但' 이하의 내용이 중요함 (앞에 '虽然/尽管'이 없어도 강조되는 부분은 같다)
A 否则 B A를 해라, 그렇지 않으면 B한다	你必须远离他们，否则他们会在不知不觉中偷走你的梦想。 당신은 반드시 그들을 멀리해라. 그렇지 않으면, 그들은 모르는 사이에 당신의 꿈을 훔쳐 달아날 것이다.
	말하고자 하는 내용을 강조하기 위해 그렇지 않았을 때의 가정 상황을 뒤에 나열한다. **Point** 말하고자 하는 내용이 중요 → '否则' 이전의 내용이 중요함

❸ 상황이나 심리상태를 자세하게 묘사한 부분은 과감하게 삭제해라!

이야기 흐름에 꼭 필요한 설명이 아니라면 상황을 자세하게 기술하거나 심리상태를 묘사한 부분은 삭제해도 좋다. 내용상 중심인물의 심리상태를 밝혀야 한다면 적당한 어휘 하나면 충분하다.

문장 수식어 확인	수식어 삭제 후
他小时候特别怕水，就连洗头发的时候都要用毛巾捂着眼睛。 그는 어렸을 때 물을 특히 무서워해서 머리 감을 때 조차도 수건으로 눈을 가렸다.	→ 他小时候特别怕水。 그는 어렸을 때 물을 특히 무서워했다.

 연습 1

热气腾腾的汤饭很快就端上桌后，奶奶把碗推到了孙子面前。	열기가 뜨끈뜨끈한 국밥이 매우 빠르게 테이블에 나온 후, 할머니는 그릇을 손자 앞으로 밀었다.

Point
1. '热气腾腾的(열기 뜨끈뜨끈한)'는 '汤饭(국밥)'의 상태를 묘사한 관형어이다.
2. '很快(매우 빠르다)', '就(바로)'는 '端上(내오다)'을 꾸며주는 부사어이다.
3. 상태묘사를 하는 수식어(관형어/부사어)는 생략하는 것이 좋다.

참고답안 汤饭端上桌后，奶奶把碗推到了孙子面前。   국밥이 테이블에 나온 후 할머니는 그릇을 손자 앞으로 밀었다.

 연습 2

两人身上的衣服都很旧了，特别是老奶奶的衣服，是早就不流行的样式，但是却都干干净净的，看上去很整洁。	두 사람이 입은 옷은 모두 오래 되었고, 특히 노부인의 옷은 일찍이 유행이 지난 스타일이었지만, 오히려 모두 매우 깔끔하고, 단정해 보였다.

Point
1. '但是' 이하의 내용이 핵심이다.
2. 매우 깔끔하고(干干净净的) 단정한(很整洁) 것의 주어가 설명되지 않아서 앞의 부분에서 주어만 따로 정리한다.
3. 중첩 형태는 원형으로 쓰는 것이 좋다. '干干净净' → '干净'

참고답안 两人的衣服都很干净，看上去很整洁。   두 사람의 옷은 모두 깔끔하고, 단정해 보였다.

 연습 3

他的儿子感到非常震惊，注视着父亲的两只大眼睛里闪烁着泪光，他的嘴唇也开始颤抖。他看着父亲，泪流满面地说："爸爸，我本想明天要自杀，以为你根本不爱我。"	그의 아들은 매우 놀랐고, 아버지를 지켜보고 있는 두 큰 눈에 눈물이 반짝이고, 입술도 떨리기 시작했다. 그는 아버지를 보며 눈물로 얼굴이 범벅이 되어 말했다. "아빠, 나는 원래 내일 자살하려고 했어요. 아빠가 저를 전혀 사랑하지 않는다고 여겼거든요."

Point
1. '注视着父亲的两只大眼睛里闪烁着泪光，他的嘴唇也开始颤抖(아버지를 지켜보고 있는 두 큰 눈에 눈물이 반짝이고, 입술도 떨리기 시작했다)'는 주인공의 상태를 묘사한 부분으로 생략한다.
2. '感到非常震惊(매우 놀랐다)'과 '泪流满面(눈물로 얼굴이 범벅이 되다)'은 아들이 놀라고 감동한 심리를 묘사한 부분으로 생략하는 것이 일반적이지만, 내용의 흐름상 주인공인 아들의 감정선이 꼭 필요하다면 '泪流满面'만으로도 아들이 감동했음을 충분히 나타낼 수 있다.
3. '根本(전혀)'은 부정을 강조하는 부사로 생략한다. 불필요한 부사들은 생략하는 것이 좋다.

참고답안 他的儿子(泪流满面地)说："爸爸，我本想明天要自杀，以为你不爱我。"
그의 아들이 (눈물로 얼굴이 범벅이 되어) 말했다. "아빠, 나는 원래 내일 자살하려고 했어요. 아빠가 저를 사랑하지 않는다고 여겼거든요."

> 관형어/부사어/묘사 표현 등 불필요한 수식어와 중요하지 않은 내용은 과감하게 삭제하는 것이 좋다.

문제 1 一天，张良漫步来到一座桥上，看到桥头坐着一个衣衫破旧的老头儿。

→ _____

문제 2 下午2:30，午餐高峰时间过去了，原本拥挤的小吃店，客人都已慢慢散去了。

→ _____

문제 3 无论多么贫穷，多么卑微，每个人都有尊严，给予一个人尊严，才能让他体面地活。

→ _____

문제 4 很久很久以前，有位贤明而很受百姓爱戴的国王。这位国王的年纪已经很大了。

→ _____

문제 5 副院长对六个同学说："将来无论你们走到哪里，无论从事什么职业，都应该记住一句话——天使能够飞翔，是因为把自己看得很轻。"

→ _____

 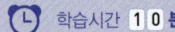

1 주어 + 被誉为 A 주어는 A라 불린다

杜鹃花是中国十大名花之一，被誉为"花中西施"。
두견화는 중국 10대 명화 중의 하나로, '꽃 중의 서시'라 불린다.

2 不仅 A 还 B A할 뿐만 아니라 또한 B하다

芦荟不仅观赏性强，还可以净化居室环境。
알로에는 관상성이 강할 뿐만 아니라, 또한 실내환경을 정화시킬 수 있다.

3 주어 + 与 A 相似 주어는 A와 서로 닮다

蝴蝶鱼身上有着五彩缤纷的图案，与陆地上的蝴蝶相似。
가시나비고기 몸에는 오색찬란한 무늬가 있어, 육지상의 나비와 서로 닮았다.

4 A 是因为 B A한 것은 B 때문이다

这是因为开放式办公室噪音更大。   이것은 개방형 사무실의 소음이 더 크기 때문이다.

5 A 随之 B A는 그것에 따라 B하다

如果大脑供氧不足，人的记忆功能就会随之下降。
만약에 대뇌가 산소공급이 부족하면, 사람의 기억 기능은 그것에 따라 떨어질 것이다.

6 A 导致 B A하는 것이 B를 초래하다

大脑缺氧会导致记忆力下降。   대뇌에 산소가 부족한 것은 기억력 저하를 초래할 수 있다.

7 주어 + 给 A 提供 B 주어가 A에게 B를 제공하다

这家银行目前给全球76个国家1300万客户提供服务。
이 은행은 현재 전세계 76개 국가 1,300만 고객에게 서비스를 제공한다.

8 주어 + 使 A + 동사/형용사 주어가 A로 하여금 ~하게 하다

照明光使候鸟迷失方向。   조명광은 철새들이 방향을 잃게 한다.

9 放在 A 里 A 안에 넣(어 놓)다

有些电脑设计得很小巧，甚至可以放在一个很薄的文件袋里。
어떤 컴퓨터는 작고 깜찍하게 설계되어서, 심지어 얇은 서류봉투 안에 넣을 수 있다.

10 无论 A 还是 B 都 + 동사구 A든 B든 모두 ~하다

无论刮风还是下雨，他都准时到学校上课。
바람이 불든 비가 내리든, 그는 모두 정시에 학교에 도착해 수업을 받는다.

Day 3

듣기 제1부분 ❸ | 들려주는 녹음과 일치하는 보기 찾기
사설/철학 글 – 나의 견해와 사상을 들어줘!

어휘 PT   ● Track 03-1   학습시간 1 0 분

예	三思而后行 sān sī ér hòu xíng [성] (일을 할 때) 마땅히 심사숙고하고 나서 행동해야 한다
	轻易 qīngyì [형] 쉽다, 간단하다
	表露 biǎolù [동] 나타내다, 드러내다
	挫折 cuòzhé [명] 좌절, 실패 [동] 좌절시키다, 패배시키다
	异常 yìcháng [형] 심상치 않다, 정상이 아니다
	积累 jīlěi [동] (조금씩) 쌓이다, 누적되다

예제	配 pèi [동] 배치하다
	珍惜 zhēnxī [동] 소중히 여기다
	拥有 yōngyǒu [동] 보유하다, 소유하다
	追逐名利 zhuīzhú mínglì 명예와 이익을 쫓다
	工具 gōngjù [명] 공구, 도구
	看重 kànzhòng [동] 중시하다

문제 1	尝试 chángshì [동] 시도해보다
	适时 shìshí [부] 적시에, 제때에
	拼图 pīntú [동] 퍼즐을 맞추다
	促进 cùjìn [동] 촉진시키다
	蓝图 lántú [명] 청사진, 미래상
	铺好 pūhǎo (바닥에) 잘 깔다
	康庄大道 kāngzhuāng dàdào [명] 탄탄대로
	版图 bǎntú [명] 판도

문제 2	光明 guāngmíng [명] 광명, 빛
	价值 jiàzhí [명] 가치
	阅读 yuèdú [동] 읽다, 독서하다
	遮住 zhēzhù [동] 막다, 가리다
	假如 jiǎrú [접] 만약에 (= 如果 rúguǒ = 若 ruò)
	闪光 shǎnguāng [명] 섬광, 반짝이는 불빛
	星辰 xīngchén [명] 별
	磨难 mónàn [명] 고난, 고생

문제 3	跳槽 tiàocáo [동] 이직하다
	虚心 xūxīn [동] 겸손하다
	承认错误 chéngrèn cuòwù 잘못을 인정하다
	艰苦 jiānkǔ [형] 어렵고 고생스럽다
	抱怨 bàoyuàn [동] 원망하다
	不管 bùguǎn [접] ~을 막론하고 (= 不论 búlùn)
	长辈 zhǎngbèi [명] 연장자, 손윗사람

문제 4	乐于助人 lèyú zhùrén 다른 사람을 기꺼이 돕다
	榜样 bǎngyàng [명] 모범, 본보기
	反省 fǎnxǐng [동] 반성하다
	降临 jiànglín [동] 강림하다

문제 5	孝敬 xiàojìng [동] 효도하고 존경하다
	和睦相处 hémù xiāngchǔ 화목하게 잘 지내다
	莫如 mòrú [동] ~만 못하다 (= 不如 bùrú)
	广义 guǎngyì [명] 광의 [넓은 의미]

 전략 PT　　　학습시간 30분

1 보기에 '要', '应该'가 들어 있으면 사설이다!

사설은 결국 화자의 개인적인 견해를 밝히는 글로서 주장하고자 하는 말로 마무리 하는 경우가 많다. 그렇기 때문에 '(마땅히) ~해야 한다'는 뜻의 '要', '应该'가 보기에 있으면 사설 유형임을 알고 풀이를 진행하는 것이 좋다. 또한 이 유형은 지극히 상식적이고 도덕적인 것이 주로 정답이 된다.

> **예**
>
> A 要三思而后行　세 번 생각하고 행동해야 한다
> B 可以表达不同观点　같지 않은 관점을 표현해도 된다
> C 不要轻易表露自己的观点　자신의 관점을 쉽게 표출하지 마라
> D 观点相同能让人关系亲密　관점이 같은 것은 인간관계를 친밀하게 만들 수 있다
>
> **TIP**
> 1. A에 '要(~해야 한다)'와 C에 '不要(~하지 마라)'가 있는 것으로 보아 사설 유형의 문제임을 알 수 있다.
> 2. C와 D는 결국 자신의 관점은 감추고 많은 사람들과 같은 관점을 가지라는 뜻으로 같은 의미라고 볼 수 있어 답이 2개가 될 수 없으므로 C와 D는 정답이 되지 못한다.
> 3. 실제 정답은 B로 남들과는 다른 관점을 대담하게 말해도 인간관계를 개선할 수 있다는 문제였다.

2 사설 유형이라면 반드시 마지막을 들어라!

듣기 제1부분의 대부분의 문제가 첫 문장을 듣고서 문제의 화제를 파악해야 하는 유형인 반면에 사설/철학 글의 유형은 화자가 하고자 하는 말이 주로 마지막에 나오기 때문에 마지막을 반드시 들어야 한다.

3 추상적인 보기에 주목해라!

보기에 구체적인 보기와 추상적인 보기가 함께 있는 문제라면 구체적인 보기는 화자의 철학을 설명하기 위한 도구나 수단일 뿐 정답이 되지 않는다. 즉, 정답은 추상적인 보기에서 고르는 것이 맞다.

> **예**
>
> A 风雨过后一定能见彩虹　비바람 후에는 반드시 무지개를 볼 수 있다
> B 挫折让人生很异常　좌절은 인생을 이상하게 만든다
> C 挫折是一种灾难　좌절은 일종의 재난이다
> D 经历挫折能积累经验　좌절을 겪는 것은 경험을 쌓을 수 있다
>
> **TIP**
> 1. A는 '비바람'과 '무지개'라는 구체적인 어휘를 사용했지만 B, C, D는 '좌절'이라는 추상적인 어휘를 사용했다. 이런 경우 철학적인 문제로 구체적인 어휘는 추상적인 내용을 설명하기 위한 수단으로 쓰였기 때문에 정답은 B, C, D 중 하나가 된다.
> 2. 만약 보기 모두에 '비바람'이나 '무지개'라는 어휘가 있다면 이는 정보 글 유형의 문제이므로 특징을 들어야 한다.
> 3. 실제 정답은 D로, 비바람을 거치면 무지개를 볼 수 있듯 좌절을 겪어야 밝은 미래를 볼 수 있다는 내용이었다.

자주 출제되는 사설/철학 글의 소재　　　　　　　　　Track 03-2

1	漂亮和成功的关系很大。 예쁜 것과 성공의 관계는 크다.	예쁘다 → 자신감 → 다른 사람의 호감을 얻음 → 일에 큰 도움 → 성공
2	安全性是设计婴儿房时需考虑的重点之一。 안전성은 영아의 방을 설계할 때 고려해야 하는 중점 중의 하나이다.	영아의 방을 설계할 때 가장 중요한 것은 안전성 → 안전성 강조
3	倾听表明你很尊重对方。 경청은 당신이 상대방을 매우 존중함을 나타낸다.	→ 경청의 중요성 강조
4	人生最重要的是要有一个健康的身体。 인생에서 가장 중요한 것은 건강한 몸을 가지는 것이다.	→ 건강이 제일 중요함을 강조
5	父亲是儿子的第一个男子汉榜样。 아버지는 아들의 첫 번째 사내대장부의 모범이다.	아버지는 아들의 모범 → 아들에 대한 아버지의 영향을 강조
6	只有赞扬，对孩子终身有效。 칭찬만이 아이에게 한평생 효과가 있다.	아이 교육의 관리에서 칭찬만이 한평생 효과가 있음 → 칭찬의 중요성 강조
7	世上有些东西，最好别看透。 세상의 어떤 것들은 간파하지 않는 것이 가장 좋다.	모든 것을 다 간파(알려고) 하지 마라 → 간파에 대한 부정적인 견해를 강조
8	朋友之间的感情，是一切人情的基础。 친구간의 감정은 모든 인정의 기초이다.	감정의 기초는 우정 → 친구간의 감정을 강조
9	年轻人都拥有更多的机会。 젊은이들은 모두 더 많은 기회를 가지고 있다.	젊은이들은 기회가 많다 → 다양한 사회생활 강조
10	我们难以承受的痛苦磨难，也有价值。 우리가 감당하기 어려웠던 고통, 고난도 가치가 있다.	고통, 고난도 가치가 있다 → 고통, 고난의 중요성 강조

 예제

A 好茶要配好杯子	A 좋은 차는 좋은 잔과 맞추어야 한다
B 春季喝茶有讲究	B 봄철에 차를 마실 때는 주의해야 한다
C 要珍惜现在拥有的	C 지금 가진 것을 소중히 해야 한다
D 不要过分追逐名利	D 과도하게 명예와 이익을 쫓지 마라

보기
1. A와 B는 모두 실제 차와 찻잔 즉, 구체적인 대상에 대해 언급했고, C와 D는 추상적인 내용이므로 이 글의 종류가 철학적인 글이고, 정답은 C와 D 둘 중 하나임을 짐작할 수 있다. 차와 찻잔은 화자의 철학을 설명하기 위한 도구에 불과하다.
2. C가 정답이 되려면 이미 가지고 있는 것에 대한 소중함에 초점이 맞춰져야 한다.

| 如果生活是茶水，那么金钱、地位都是杯子。没有杯子，我们喝不到茶水。但杯子只是工具，所以杯子不一定要最好。茶好才是最重要的。有时候，我们的烦恼就是因为过分看重手中的杯子，而忘了杯中的茶香。 | 만약에 생활이 차라면, 그러면 돈과 지위는 모두 찻잔이다. 찻잔이 없으면 우리는 차를 마실 수 없지만, 찻잔은 단지 도구일 뿐이라서 찻잔이 꼭 좋아야 하는 것은 아니다. 차가 좋은 것이 비로소 가장 중요하다. 때로는, 우리의 고민은 바로 손에 있는 찻잔을 과도하게 중시하다가 차의 향을 잊는다는 것이다. |

해설
1. '如果生活是茶水，那么金钱、地位都是杯子(만약에 생활이 차라면, 그러면 돈과 지위는 모두 찻잔이다)'에서 생활은 차, 돈과 지위는 찻잔으로 비유했다.
2. '我们的烦恼就是因为过分看重手中的杯子，而忘了杯中的茶香(우리의 고민은 바로 손에 있는 찻잔을 과도하게 중시하다가 차의 향을 잊는다는 것이다)'에서 화자가 문제로 생각하는 것은 사람들이 겉으로 보이는 잔, 즉 돈과 지위를 과도하게 중시한다는 것이므로 화자가 말하고자 하는 바는 D 不要过分追逐名利(과도하게 명예와 이익을 쫓지 마라)이다.
3. '찻잔(겉모습)'보다 거기에 담기는 '내용물(차와 차의 향)'이 중요함을 강조하는 내용이지, 가지고 있는 것에 대한 소중함을 말하는 것이 아니므로 C는 답이 될 수 없다.

정답 D

문제1
A 人生需要不停地尝试
B 要适时放弃
C 目标要远大
D 拼图可促进智力发育

문제2
A 光明无处不在
B 痛苦是有价值的
C 阅读让人变得更成熟
D 黑夜遮住了我们的眼睛

문제3
A 年轻人更爱跳槽
B 年轻人机会更多
C 年轻人要虚心学习
D 年轻人要敢于承认错误

문제4
A 要乐于助人
B 要以他人为榜样
C 要珍惜每一天
D 要学会改变自我

문제5
A 要孝敬长辈
B 要与人和睦相处
C 夫妻应该互相理解
D 友谊是人情的基础

독해 제1부분 ❸ | 틀린 문장 찾기
남용을 찾아라! - ① 의미 중복 ② 성분 남용

어휘 PT 학습시간 10분

예	
情商 qíngshāng 명 사람의 정서와 사회에 대한 적응 능력, EQ
须 xū 동 반드시(마땅히) ~해야 한다
分享 fēnxiǎng 동 (기쁨·행복·좋은 점 등을) 함께 나누다

예제	
安全剂量 ānquán jìliàng 명 안전량
损害健康 sǔnhài jiànkāng 건강을 해치다

문제 1	
归根到底 guīgēn dàodǐ 성 근본으로 돌아가다
不禁 bùjīn 부 금치 못하고
忍不住 rěnbúzhù 동 견딜 수 없다
推崇 tuīchóng 동 추종하다

문제 2	
牛郎织女 Niúláng Zhīnǚ 견우와 직녀
家喻户晓 jiāyù hùxiǎo 성 집집마다 다 알다
执行标准 zhíxíng biāozhǔn 기준을 세워 수행하다
持之以恒 chízhī yǐhéng 성 오랫동안 견지하다
不打折扣 bùdǎ zhékòu 소홀히 하지 않다, 다 이행하다
障碍 zhàng'ài 명 장애(물)
未知 wèizhī 동 아직 모르다

문제 3	
增添 zēngtiān 동 더하다, 보태다
依托 yītuō 동 의지하다
平台 píngtái 명 환경, 플랫폼(platform)
营销模式 yíngxiāo móshì 명 마케팅 패턴
大批 dàpī 형 대량의 (= 大量 dàliàng)
摊开 tānkāi 동 늘어 놓다, 펼치다
握紧 wòjǐn 동 움켜쥐다
指缝间 zhǐfèngjiān 손가락 틈 사이
一点一滴 yì diǎn yì dī 한 점 한 방울, 조금
流淌 liútǎng 동 흐르다, 유동하다
玛瑙 mǎnǎo 명 마노 [광물의 일종]

문제 4	
跨越 kuàyuè 동 뛰어넘다
纬度 wěidù 명 위도
地貌 dìmào 명 지구 표면의 형태, 지모
纯净 chúnjìng 형 순수하고 깨끗하다
热泪盈眶 rèlèi yíngkuàng 성 뜨거운 눈물이 눈에 그렁그렁하다
勾起回忆 gōuqǐ huíyì 추억을 불러일으키다
驼峰 tuófēng 명 낙타의 혹
贮存 zhùcún 동 저축해 두다, 저장하다
脂肪 zhīfáng 명 지방
分解 fēnjiě 동 분해하다

문제 5	
据悉 jùxī 동 아는 바에 의하면 ~라 한다
维护 wéihù 동 유지하고 보호하다
燃烧 ránshāo 동 연소하다, 타다
烟熏火燎 yānxūn huǒliǎo 성 연기로 그을리고 불로 태우다
提倡 tíchàng 동 제창하다, 주장하다

1. 의미 중복

❶ 수식하는 부사가 여러 개라면 무조건 의심해라!

가장 찾기 쉬운 의미 중복은 부사의 남용이다. 부사 남용은 같은 의미의 어휘를 연이어 쓴 경우이기 때문에 부사가 여러 개 쓰였거나 같은 의미의 어휘가 여러 번 쓰였는지 확인하는 것이 좋다.

● 의미가 중복되는 어휘들

就是即	'就是(바로 ~이다)'는 '即'와 같은 의미이기 때문에 둘 중 하나만 써야 한다.
仿佛像	'仿佛(마치 ~같다)'는 '像'과 같은 의미이기 때문에 둘 중 하나만 써야 한다. **TIP** 仿佛 = 像 = 犹如 = 如同 = 好比
不禁忍不住	'不禁(참지 못하다)'은 '忍不住'와 같은 의미이기 때문에 둘 중 하나만 써야 한다.
已经很久以前	'已经(이미)'과 '很久以前(오래 전에)'은 이미 지난 것을 설명한다는 것에서 의미가 같기 때문에 둘 중 하나만 써야 한다.

❷ 중첩된 어휘를 확인해라!

형용사, 동사, 양사의 중첩 앞에 의미가 중복되는 성분이 오는 경우가 있으므로 확인해 두자.

● 중첩이 오용된 경우

형용사 중첩	형용사의 의미를 이미 강조한 상태이기 때문에 '很/非常(매우)' 등의 정도부사와 함께 쓰면 의미가 중복된다. 예 很老实实 매우 정직하다 → 很老实 / 老老实实
동사 중첩	짧은 시간 동안의 행위 시도를 나타내므로 같은 의미를 나타내는 '一下'를 함께 쓰면 의미가 중복된다. 예 商量商量一下 상의 좀 해보다 → 商量一下 / 商量商量
양사 중첩	양사를 중첩하면 '모든'의 뜻을 더하기 때문에 '每'를 함께 쓰면 의미가 중복된다. 예 每家家公司 모든 회사 → 每家公司 / 家家公司

❸ 의미가 중복되는 빈출 유형을 습득하자!

독해 제1부분은 기출문제가 재출제되는 확률이 높지는 않으나 어휘나 유형은 계속 반복 출제되기 때문에 빈출 유형을 파악해 두면 의미가 중복된 부분을 쉽게 찾아낼 수 있다.

● 의미가 중복되는 패턴

동사 + 得一尘不染干净	'一尘不染(먼지 하나 없다)'은 '干净(깨끗하다)'과 의미상 같다. 예 깨끗이 닦았다 → 擦得一尘不染 / 擦得干净
该个 + 명사	'该(= 这个)'는 이미 '个'의 의미를 포함하고 있어 의미가 중복된다. 예 이 국가 → 该国家 / 这个国家

要……重要	'要(~해야 한다)'는 '……重要(~하는 것이 중요하다)'와 의미상 같다. 예 중국어를 배워야 한다 → 要学汉语 / 学汉语重要
형용사 + 得很/不得了	'……得很(매우 ~하다)'과 '……得不得了(대단히 ~하다)'는 같은 의미이다. 예 날씨가 매우 덥다 → 天气热得很 / 天气热得不得了
A 原因是因为 B	'A 原因是 B(A한 원인은 B이다)'는 'A 是因为 B(A한 것은 B 때문이다)'와 의미상 같은 내용이다. 예 그가 불합격한 것은 평소에 노력하지 않아서이다. → 他不及格的原因是平时不努力。 / 他不及格是因为平时不努力。

> **예**
>
> 要提高情商，须做多方面的努力，其中，要学会分享十分重要。(X)
> → 要提高情商，须做多方面的努力，其中，要学会分享。(O)
>   要提高情商，须做多方面的努力，其中，学会分享十分重要。(O)
>
> 해석 E.Q를 높이려면 다방면의 노력을 해야 하는데, 그 중에서 함께 누릴 줄 아는 것이 매우 중요하다.
> Point 1. '要……'와 '……重要'는 같은 의미이다.
>   2. 의미가 중복되었으므로 남용이고, 둘 중 하나의 패턴만 사용해야 한다.

2. 성분 남용

❶ 성분을 나누어라!

어렵게 나누는 것이 아닌 주어, 술어, 목적어로만 나누어도 불필요한 성분을 찾기 쉽다. 내용상 필요한 성분을 찾았는데 그 주변에 불필요한 성분이 있다면 오용을 의심해볼 만하다.

> **예**
>
> 父母的年纪比我们大，有经验比我们多，他们的想法有他们的道理。
> → 父母的年纪比我们大，(父母的)经验比我们多，他们的想法有他们的道理。
>
> 해석 부모님의 나이는 우리보다 많고, 경험도 우리보다 많으니, 그들의 생각에는 그들만의 일리가 있다.
> Point 1. 먼저 성분을 나눈다.
>
>   父母的年纪 比我们 大， 有 经验 比我们 多，他们的想法有他们的道理。
>   주어1   부사어1 술어1 주어2 부사어2 술어2
>
> 2. '年纪'와 '经验'은 모두 주어이고, 둘 다 '父母的'의 수식을 받으려면 명사의 형태를 유지해야 한다.
> 3. '有'는 어법상 필요 없는 성분이 되어 동사 남용이다.

❷ 동사에 주목하라!

성분 남용의 유형 중 가장 많은 부분을 차지하는 것은 술어가 남용되는 것이다. 술어는 주로 동사와 형용사이지만 문제로는 주로 동사가 힌트가 되는 경우가 많다. 특히, 실제 시험에서는 '是/有'와 관련된 문제가 많이 출제되었으므로 더 주의하자.

 **예제**

A 吸烟没有安全剂量，每吸一支烟都会有损害健康。 B 一个成年人所表现出来的性格特点，大家都可以在童年找到缘由。 C 乐观的人看见问题后面的机会，悲观的人只看到机会后面的问题。 D 果汁的营养和水果比起来有相当大的差异，一定不要把两者混为一谈。	A 흡연은 안전량이라는 것이 없어 한 개비를 피울 때마다 모두 건강을 해친다. B 성인이 표현해내는 성격 특징은 모두 어린 시절에서 원인을 찾아낼 수 있다. C 낙관적인 사람은 문제 뒤에 있는 기회를 보고, 비관적인 사람은 기회 뒤에 있는 문제를 본다. D 과일주스의 영양은 과일과 비교하면 상당히 큰 차이가 있어 두 개를 절대 하나로 묶어 얘기해서는 안 된다.

해설 1. A에서 술어는 동사 '损害(해 끼치다)'이므로 동사 '有(있다)'는 필요 없는 성분이다.
2. '损害健康(건강을 해치다)'은 중점조합 어휘이므로 암기해 두자.

Point 吸烟没有安全剂量，每吸一支烟　都会　有　损害　健康。（ X ）
　　　　　　주어　　　　　　　　　　　　부사어　술어　목적어

→ 吸烟没有安全剂量，每吸一支烟都会损害健康。（ O ）

정답 A

실전 PT

▶정답 및 해설 21p

학습시간 10분

'주 + 술 + 목'을 나누고, 같은 의미가 중복되거나 성분이 남용된 문장을 찾아보자. (각 문제당 1분 안배)

문제 1 A 企业的竞争归根到底是人才的竞争。
B 他看着手机里的这个短信不禁忍不住笑出声来。
C 每天睡8个小时，意味着一年有120多天在睡觉。
D "君子之交淡如水"，是中国人长期以来推崇的理想的交友境界。

문제 2 A 牛郎织女的爱情故事在中国几乎家喻户晓。
B 分析问题既要全面，又要切中要害，不能"眉毛胡子一把抓"。
C 执行标准并不困难，更难的在于是持之以恒、不找借口、不打折扣。
D 很多时候，学习的最大障碍来自我们已知的部分，而不是未知的部分。

문제 3 A 新春佳节，每个家家户户张贴大红春联，给节日增添了不少欢乐祥和的气氛。
B 依托于电子商务平台，家具行业有了新的营销模式，满足了大批年轻人的购买需求。
C 时间像倒在掌心里的水，无论你摊开还是握紧，它总会从指缝间一点一滴地流淌干净。
D 天然的玛瑙冬暖夏凉，人工合成的则会随外界温度的变化而变化，天热它也热，天凉它也凉。

문제 4 A 黄河东西跨越23个经度，南北相隔10个纬度，流域内地形和地貌变化很大。

B 这个石灰岩洞穴内的钟乳石，质地纯净、形态完美，具有很高的研究价值，应当予以保护。

C 一首好的曲子往往会令我们感动得热泪盈眶，原因之一，就是因为它能勾起我们对往事的回忆。

D 骆驼的驼峰里贮存着脂肪，在缺少食物的时候，这些脂肪能够分解成它所需要的养分，以维持其生存。

문제 5 A 据悉，此次展览将持续至9月23日，是历年来在福州举办的古代文物展中级别最高的。

B 本站将于5月18日22:00至23:30进行网络设备维护，在此期间暂停服务。不便之处，敬请谅解。

C 鼎有三足，可直接置于地面，做饭时将木柴放在腹下燃烧就行。不少鼎出土后，腹下有烟熏火燎的痕迹，就是这个原因。

D 孔子之所以提倡"因材施教"的原因是因为每个人的想法和接受能力都不同，所以，老师应根据学生的特点，有针对性地教学。

쓰기 ❸ | 글 요약하기
기초 쌓기Ⅱ - '표현 교환의 기술' 더 쉽게! 더 간단하게!

어휘 PT

 학습시간 1 0 분

연습 1
- 乞丐 qǐgài 명 거지
- 乞讨 qǐtǎo 동 구걸하다
- 手臂 shǒubì 명 팔뚝

연습 2
- 递 dì 동 건네다
- 脖子 bózi 명 목

연습 3
- 书屋 shūwū 명 서재, 책방
- 摆设 bǎishè 명동 장식/장식하다
- 雅致 yǎzhì 형 고상하고 우아하다
- 鱼缸 yúgāng 명 어항
- 金鱼 jīnyú 명 금붕어
- 兰花 lánhuā 명 난(초)
- 开阔 kāikuò 형 (면적이) 넓어지다, (마음이) 확 트이다

문제 1
- 抢匪 qiǎngfěi 명 강도
- 闯入 chuǎngrù 동 난입하다
- 心路历程 xīnlù lìchéng 명 심리변화 과정

문제 3
- 额头 étóu 명 이마
- 汗水 hànshuǐ 명 땀
- 缺少 quēshǎo 동 부족하다
- 救护 jiùhù 동 구호하다, 구급 치료하다

문제 4
- 厨房 chúfáng 명 주방
- 愿意 yuànyì 동 (기꺼이) 원하다
- 跟着 gēnzhe 동 따르다, 동행하다

문제 5
- 支持 zhīchí 동 지지하다
- 骄傲 jiāo'ào 형 거만하다, 자랑스럽다 명 거만, 자랑
- 热泪盈眶 rèlèi yíngkuàng 성 뜨거운 눈물이 눈에 그렁그렁하다, 감격하다, 감동하다

❶ 대명사를 활용해라!

구체적인 대상이나 여러 사람을 설명한 경우는 그에 알맞은 대명사로 바꾸는 것이 좋다.

● 활용도 높은 인물관련 어휘

| 同学 tóngxué 같은 반 친구, 같은 학교 친구 | 同事 tóngshì 같이 일하는 동료 | 邻居 línjū 이웃 | 伙伴 huǒbàn 파트너 | 夫妻 fūqī 부부, 남편과 아내 | 领导 lǐngdǎo 보스, 리더 | 总经理 zǒngjīnglǐ 사장 | 上司 shàngsi 상사 | 下属 xiàshǔ 부하 | 救护人员 jiùhù rényuán 구급치료 요원(의사/간호사 등) | 检察人员 jiǎnchá rényuán 검사 요원(검사하는 사람들) | 研究人员 yánjiū rényuán 연구 요원(연구하는 사람들) |

❷ 상용어휘를 습득해라!

간단히 표현할 수 있거나 더 쉽게 바꿀 수 있는 어휘를 습득해 두는 것이 좋다. 어려운 표현은 최대한 간단하고 쉽게 표현하는 것도 실수를 줄이는 방법이다.

● 활용도 높은 바꿔 쓰기 표현

灵机一动 língjī yídòng / 영감이 탁 떠오르다 急中生智 jízhōng shēngzhì 다급한 가운데 좋은 생각이 떠오르다	→	机智 jīzhì 기지를 발휘하다
热泪盈眶 rèlèi yíngkuàng / 뜨거운 눈물이 눈에 그렁그렁하다, 감동하다 眼眶湿润 yǎnkuàng shīrùn 눈가에는 눈물이 비치다	→	哭 kū 울다 / 感动 gǎndòng 감동하다
络绎不绝 luòyì bùjué / 왕래가 빈번해 끊이지 않다 滔滔不绝 tāotāo bùjué 끊임없이 계속되다	→	不停 bùtíng 끊임없이
咬牙切齿 yǎoyá qièchǐ / 격분하여 이를 부득부득 갈다 气愤不已 qìfèn bùyǐ 분통이 터지다	→	生气 shēngqì 화 내다
无可奈何 wúkě nàihé 어찌해 볼 도리가 없다, 방법이 없다	→	无奈 wúnài 어쩔 수 없이
迎刃而解 yíngrèn érjiě 핵심적인 문제만 해결하면 다른 것들은 잇따라 풀린다	→	顺利地解决 shùnlì de jiějué 순조롭게 해결되다
需求 xūqiú 수요, 필요	→	想要的(东西) xiǎngyào de (dōngxi) 필요로 하는 (것)

❸ 사역문('让'자문)을 활용해라!

감정을 불러일으킨 내용과 어떤 일을 시킨 내용은 사역문을 이용하면 쉽고 간단하게 고쳐서 내용을 요약할 수 있다. 정확한 문장구조를 파악해서 활용하는 것이 좋다.

> **예**
>
> 看了那部电影后，我们感动得热泪盈眶。
>
> [해석] 그 영화를 본 후에, 우리는 감동해서 눈물을 흘렸다.
>
> [Point] 1. 영화를 보고 우리가 감동했다는 것은 영화가 우리를 감동하게 만들었다는 사역('让' 사용)의 의미로 바꿀 수 있다.
> 2. '热泪盈眶(눈물을 흘리다)'은 감동한 것의 세부내용이므로 생략해도 좋다.
>
> [요약] 那部电影让我们感动。 그 영화는 우리를 감동시켰다.

연습 1

一个乞丐来到我家门口，向我母亲乞讨。这个乞丐很可怜，他的整条右手臂断掉了。	한 거지가 우리집 현관에 와서 어머니에게 구걸을 했다. 이 거지는 불쌍하게도 그의 오른팔 전체가 잘려 없었다.

Point
1. '我家门口(우리집 현관)'는 '我家(우리집)'라는 말이기 때문에 '门口(현관)'는 삭제해도 된다.
2. 뒷 문장의 '这个乞丐(저 거지는)'는 앞에서 이미 한 번 나왔으므로 대명사 '他'로 정리하자.
3. '右手臂断掉了(오른팔이 잘려 없었다)'는 오른팔이 없다는 말이므로 '没有右手臂' 같은 간단한 표현으로 바꾸어도 좋다.

참고답안 一个乞丐来我家向母亲乞讨。他没有右手臂，很可怜。
한 거지가 우리집에 와서 어머니에게 구걸하였다. 그는 오른팔이 없어 불쌍했다.

연습 2

母亲递给乞丐一条雪白的毛巾。乞丐接过去，用毛巾很仔细地把脸和脖子擦一遍，雪白的毛巾变成了黑毛巾。	어머니는 거지에게 하나의 새하얀 수건을 건넸다. 거지는 받아들고, 수건으로 꼼꼼하게 얼굴과 목을 한 번 닦았고, 새하얀 수건이 검은 수건으로 변했다.

Point
1. '一条雪白的(하나의 새하얀)'는 수건을 수식한 상태묘사 표현이기 때문에 삭제해도 좋다.
2. '乞丐接过去(거지는 받아들었다)'는 불필요한 설명이기 때문에 삭제해도 된다.
3. 건넨 것이 수건이기 때문에 '用毛巾(수건을 써서)'은 중복되는 부분이라 삭제한다.
4. '雪白的毛巾变成了黑毛巾(새하얀 수건이 검은 수건으로 변했다)'은 '毛巾黑了(수건이 까매졌다)'라는 간단한 표현으로 바꿀 수 있다.

참고답안 母亲递给乞丐毛巾，乞丐把脸和脖子擦一遍，毛巾就黑了。
어머니가 거지에게 수건을 건네자, 거지는 얼굴과 목을 한 번 닦았고 수건은 까매졌다.

연습 3

我们在一个叫会心书屋的地方会面，书屋的摆设也很雅致，在沙发上坐下来，看着窗台上鱼缸里的红色金鱼和几盆兰花，心里一下子就开阔了起来。	우리는 하나의 회심서재라 불리는 곳에서 만났는데, 서재의 장식도 매우 우아했고, 소파에 앉아 창턱 위에 있는 어항 속 빨간 금붕어와 몇 개의 난초 화분을 보자 마음 속이 갑자기 탁 트였다.

Point
1. '一个叫会心书屋的地方(하나의 회심서재라 불리는 곳)'은 '会心书屋(회심서재)'로 직접 표현할 수 있다.
2. '在沙发上坐下来，看着窗台上鱼缸里的红色金鱼和几盆兰花(소파에 앉아서 창턱 위에 있는 어항 속 빨간 금붕어와 몇 개의 난초 화분을 보았다)'는 장소의 풍경을 묘사한 것으로 내용상 중요하지 않기 때문에 삭제해도 된다.
3. '心里一下子就开阔了起来(마음 속이 갑자기 탁 트였다)'는 앞의 풍경이 마음 상태를 그렇게 만든 것이므로 사역동사(让)를 써서 간단하게 표현하는 것이 좋다.

참고답안 我们在会心书屋会面，那里的摆设很雅致，让人心里开阔了起来。
우리는 회심서재에서 만났는데, 그곳의 장식은 매우 우아해서 사람 마음 속이 탁 트이게 했다.

실전 PT

제시어를 사용하여 문장을 요약해보자. 이때 삭제의 기술도 함께 활용하여 줄여보는 연습을 하는 것이 좋다.

문제 1 事件发生六个月之后，我遇到老赵，问他当抢匪闯入的时候他的心路历程。

▶ 제시어: 当时

___

문제 2 梅子是在一所医学院学习的学生。梅子与跟她生活在同一个宿舍里的四个朋友到了一所省内最高等级的医院实习。

▶ 제시어: 同学

___

문제 3 梅子擦着额头的汗水回答道："车上有那么多医生和护士，缺少我不会影响救护的。"

▶ 제시어: 救护人员

___

문제 4 老赵是一家餐厅的服务员，他换工作的时候，餐厅的另一个服务员小丽和在厨房里工作的小张都愿意跟着他从这家餐厅换到另一家。

▶ 제시어: 同事

___

문제 5 她接到了爸爸的短信。大意是：爸爸、妈妈、哥哥、姐姐，我们这一家人都会支持你，以你为最大的骄傲。她看着这条短信，就感动得热泪盈眶。

▶ 제시어: 让

___

 마무리 PT 학습시간 10분

1 A 才是 B　A야말로 B이다
茶好才是最重要的。　좋은 차야말로 가장 중요한 것이다.

2 不管 + 多 + 형용사 + 都 A　얼마나 ~하든지 상관없이 모두 A하다
年轻人不管起点多低，与长辈们相比，他们都拥有更多的机会。
젊은이는 시작점이 얼마나 낮든지 상관없이 연장자와 비교했을 때, 그들은 모두 더 많은 기회를 가지고 있다.

3 只有 A 才 B　A를 해야만 (비로소) B하다
只有改变自己，幸运才会降临。　자신을 바꾸어야만 행운이 (비로소) 강림한다.

4 是 A 不是 B　A이지 B가 아니다
人生是拼图，不是蓝图。　인생은 퍼즐이지, 청사진(미래상)이 아니다.

5 即使 A 也 B　설령 A일지라도 B하다
即使是我们曾经难以承受的痛苦磨难，也不会完全没有价值。
설령 우리가 일찍이 감당하기 어려웠던 고통과 고난일지라도, 완전히 가치가 없지는 않을 것이다.

6 주어 + 使 A……，B……　주어는 A가 ~하게 하고, B가 ~하게 하다
它可使我们的意志更坚定，思想更成熟。
그것은 우리의 의지를 더욱 확고하게 하고, 사상을 더욱 성숙하게 할 수 있다.

7 A 令 B 感动得热泪盈眶　A는 B가 눈물을 흘릴 정도로 감동하게 하다
一首好的曲子往往会令我们感动得热泪盈眶。
한 곡의 좋은 노래는 종종 우리가 눈물을 흘릴 정도로 감동하게 한다.

8 주어 + 根据 A + 동사구　주어는 A를 근거로 하여 ~하다
老师应根据学生的特点，有针对性地教学。
선생님은 학생의 특징을 근거로 하여 맞춤형으로 가르쳐야 한다.

Day 4

듣기 제1부분 ❹ | 들려주는 녹음과 일치하는 보기 찾기

이야기 글 – 웃기거나, 재치 있거나, 교훈을 주거나!

어휘 PT ○ Track 04-1 학습시간 10분

예	超载 chāozài 동 과다 적재하다, 정원을 초과하다 无奈 wúnài 동 어찌해볼 도리가 없다, 방법이 없다 掏出 tāochū 동 꺼내다, 끄집어 내다 匆忙 cōngmáng 형 매우 바쁘다 怪 guài 동 책망하다, 원망하다 比分 bǐfēn 명 (경기에서의) 점수, 득점	문제 3	舍不得 shěbude 헤어지기 섭섭해하다, 미련이 남다 收藏家 shōucángjiā 명 수집가 劈 pī 동 (도끼 등으로) 쪼개다 嫌 xián 동 싫어하다 不屑 búxiè 동 (어떤 일을) 할 가치가 없다 破玩意儿 pòwányìr 명 품질이 형편 없는 물건 柴火 cháihuo 명 땔감 爽快 shuǎngkuài 형 시원시원하다, 상쾌하다
예제	喧哗 xuānhuá 형 떠들썩하다 机智 jīzhì 형 기지가 넘치다 　　　　(= 灵机一动 língjī yídòng) 傻瓜 shǎguā 명 멍청이, 바보 愣 lèng 동 멍해지다 署名 shǔmíng 명동 서명/서명하다	문제 4	承担 chéngdān 동 맡다 风险 fēngxiǎn 명 위험, 리스크(risk) 耕种 gēngzhòng 동 땅을 갈고 파종하다 庄稼 zhuāngjia 명 농작물 确保 quèbǎo 동 확보하다
문제 1	沮丧 jǔsàng 형 낙담하다 赞助 zànzhù 동 찬조하다 安全隐患 ānquán yǐnhuàn 　　　　명 안전에 도사리고 있는 위험 致力于 zhìlìyú ~에 힘쓰다 (* 致力于孩子教育 　　　　zhìlìyú háizi jiàoyù 아이교육에 힘쓰다) 实验 shíyàn 명동 실험/실험하다	문제 5	狐狸 húli 명 여우 讨好 tǎohǎo 동 비위를 맞추다 有勇无谋 yǒuyǒng wúmóu 성 힘만 세고 꾀가 없다 居安思危 jū'ān sīwēi 　　　　성 언제든지 위험에 대처할 수 있게 준비하다 爪子 zhuǎzi 명 (짐승의) 발톱 锋利 fēnglì 형 날카롭다 磨牙齿 mó yáchǐ 이빨을 갈다 追逐 zhuīzhú 동 쫓다
문제 2	临时 línshí 부 일시적인, (때가 되어) 갑자기 侧幕 cèmù 명 측면 무대 장막 缝隙 fèngxì 명 틈 寥寥无几 liáoliáo wújǐ 성 수량이 매우 적다 沉住气 chénzhùqì (마음을) 진정시키다 占优势 zhàn yōushì 우위를 차지하다		

전략 PT

학습시간 20분

❶ Fact를 파악해라!

이야기 글은 대부분이 웃음을 유발하는 재미있는 내용이 주로 출제되며, 정답은 글에 나타난 사실인 경우가 대부분이다. 따라서 주인공의 흐름을 따라 이야기에 드러난 사실을 반드시 파악해야 한다.

> **예**
>
> 电梯门刚要关上，一个男的冲了进来，却听到电梯"滴滴滴滴"地响了起来。"怎么才几个人就超载了啊"说完，他无奈地走了出去。电梯门关上后，一个人掏出手机说："我手机响，他干嘛出去了？"
>
> 해석 엘리베이터 문이 막 닫히려고 할 때, 한 남자가 뛰어들어 왔는데, 오히려 엘리베이터에서 '띠띠띠띠' 하는 소리가 울렸다. "왜 겨우 몇 사람 밖에 없는데 인원 초과야"라고 말하고 그는 어쩔 수 없이 내렸다. 엘리베이터 문이 닫힌 후에, 한 사람이 휴대전화를 꺼내며 말했다. "내 휴대전화가 울린 건데, 그 분은 왜 나간 거죠?"
>
> Point 1. 줄거리는 엘리베이터에 탄 사람이 휴대전화 소리를 인원 초과 경보음으로 착각해 내린 가볍게 웃을 만한 내용이다.
> 2. 글에 나타난 사실은 남자의 말 속에서 '才几个人(겨우 몇 사람)'이라는 부분을 근거로 엘리베이터 안의 사람이 적었음을 알 수 있다.
> 3. 실제 문제의 정답은 '电梯里的人并不多(엘리베이터 안의 사람은 결코 많지 않았다)'이다.

❷ 주인공의 말에 집중해라!

이야기 글의 정답이 대부분 사실에서 찾아야 한다면 그 사실은 설명일 수도 있지만 주로 주인공이 말하는 대화체에서 힌트를 주는 경우가 많고 말 자체가 정답이 되는 경우가 많음을 명심하자.

> **예**
>
> 一个学生匆匆忙忙跑进教室，说："老师，对不起，我迟到了。都怪我梦见了足球赛。" "足球赛和迟到有什么关系？" 老师问。"踢完全场后，发现比分是二比二，所以他们又踢了半小时加时赛。"
>
> 해석 한 학생이 급하게 교실로 뛰어들어 오며 말했다. "선생님 죄송해요, 지각했습니다. 모두 제가 꿈에서 축구시합을 본 탓이에요." "축구시합과 지각이 무슨 관계가 있니?" 선생님이 물었다. "경기가 끝나고, 2대2 동점이어서 그들이 30분간 연장전을 더 치렀거든요."
>
> Point 1. 주인공은 학생이다.
> 2. 학생이 말한 내용은 '지각했다'와 '꿈속의 경기를 연장전까지 봤다'라는 것이다.
> 3. 사실을 언급한 내용은 '지각했다'이다.
> 4. 실제 문제의 정답은 학생의 말에서 드러난 '学生迟到了(학생은 지각했다)'이다.

❸ 보기의 '有意思', '幽默', '机智', '灵机一动'에 주목해라!

이야기 글의 주인공들은 거의 모두 재치 있고(有意思 재미있다 = 幽默 유머러스 하다), 기지를 발휘해 임기응변(机智 기지를 발휘하다 = 灵机一动 임기응변하다)을 보여주는 경우가 많으므로 이 어휘들 자체가 정답이 되는 경우가 많다.

 예제

A 演讲者不知如何回答 B 观众在大声喧哗 C 观众的疑问很多 D 那位演讲者很机智	A 강연자는 어떻게 대답해야 할지 몰랐다 B 관중들은 큰 소리로 떠들어대고 있다 C 관중들의 질문이 많았다 D 그 강연자는 기지를 발휘했다

보기
1. A가 정답이 되려면 강연자가 대답을 하지 못해야 한다.
2. B가 정답이 되려면 관중들이 떠들고 있는 내용이 나와야 한다.
3. 관중의 질문이 많았으면 C가 정답이다.
4. D의 '机智'는 '기지를 발휘하다'는 뜻이므로 강연자가 재치 있게 임기응변하는 내용이 나오면 정답이다.

某知名人士受邀给观众们做演讲，快结束时他收到一张纸条，打开一看，上面只写了"傻瓜"二字，他先是一愣，然后说："光写内容不署名的纸条我见得多了，像这种只署名不写内容的还是第一次见。"	어떤 유명인사가 관중들의 초대를 받아 강연을 하는데 막 끝내려고 할 때 한 장의 쪽지를 받았다. 펴보니 위에 '바보'라는 두 글자만이 적혀 있었다. 그는 순간 멍했다가 말했다. "내용은 있고 서명은 없는 쪽지는 많이 봤지만 이렇게 서명만 있고 내용이 없는 것은 처음 보는군요."

해설
1. 한 장의 쪽지를 받았을 뿐이므로 C 观众的疑问很多(관중들의 질문이 많았다)는 답이 될 수 없다.
2. 마지막에 강연자가 말을 했으므로 A 演讲者不知如何回答(강연자는 어떻게 대답해야 할지 몰랐다)는 정답이 아니다.
3. '바보'라는 두 글자가 적힌 메모를 보고 당황할 수 있음에도 그 '바보'라는 글자가 쪽지의 내용이 아니라 쪽지를 보낸 사람의 서명(이름)이라고 대처한 것으로 보아 강연자가 기지를 발휘하여 임기응변을 잘한 것으로 볼 수 있기에 정답은 D 那位演讲者很机智(강연자는 기지를 발휘했다)이다.

정답 D

실전 PT　　Track 04-3　　학습시간 1 0 분

▶ 정답 및 해설 25p

○ 이야기의 사실 내용과 주인공이 이야기하는 부분에 집중해서 문제를 풀어보자.

문제 1 ▶ A 科学家很沮丧
B 实验没得到赞助
C 新型电池存在安全隐患
D 科学家认为自己没失败

문제 2 ▶ A 观众很少
B 临时换了个演员
C 那场话剧很精彩
D 导演很生气

문제 3 ▶ A 主人舍不得卖柜子
B 收藏家很诚实
C 柜子被劈成了柴火
D 收藏家嫌柜子太重

문제 4 ▶ A 农夫考虑周到
B 农夫怕承担风险
C 农夫完全不懂耕种
D 农夫今年庄稼收成不错

문제 5 ▶ A 狐狸在讨好狼
B 狐狸有勇无谋
C 狼懂得居安思危
D 狼的爪子十分锋利

독해 제1 부분 ❹ | 틀린 문장 찾기
어순 오용/성분 결여 - 잘못된 어순과 빠진 성분 찾기!

어휘 PT

 학습시간 10분

예	佩戴 pèidài 동 (장식품·렌즈 등을) 달다, 착용하다
	隐形眼镜 yǐnxíng yǎnjìng 명 콘택트렌즈
	菜谱 càipǔ 명 메뉴
	震惊 zhènjīng 형 경악하게 하다
	体坛 tǐtán 명 스포츠 계
	魅力 mèilì 명 매력
	深受鼓舞 shēnshòu gǔwǔ 깊이 격려 받아 힘이 나다
	演唱会 yǎnchànghuì 명 콘서트
	捐献 juānxiàn 동 기부하다
	引导 yǐndǎo 동 인도하다
	陆续 lùxù 부 속속 (* 陆续到 lùxù dào 속속 도착하다)
예제	开阔 kāikuò 동 넓히다 (* 开阔眼界 kāikuò yǎnjiè 시야를 넓히다)
문제 1	引起反响 yǐnqǐ fǎnxiǎng 반향을 불러일으키다
	改编 gǎibiān 동 각색하다, 편곡하다
	数 shǔ 동 손꼽다, 세다
	一席话 yìxíhuà 명 한 말씀, 일장 연설
	博得赏识 bódé shǎngshí 높은 평가를 얻다
	闲暇时光 xiánxiá shíguāng 한가한 시절, 한가한 때
문제 2	变幻莫测 biànhuàn mòcè 성 변화가 무상하여 예측할 수 없다
	晴空万里 qíngkōng wànlǐ 구름 한 점 없이 맑은 하늘
	转眼间 zhuǎnyǎnjiān 별안간, 눈 깜짝할 사이
	乌云密布 wūyún mìbù 먹구름이 짙게 깔리다
	开拓 kāituò 동 개척하다 (* 开拓领域 kāituò lǐngyù 영역을 개척하다)
	趋势 qūshì 명 추세
문제 3	谨慎 jǐnshèn 형 (언행이) 신중하다, 조심스럽다
	挑剔 tiāoti 형 지나치게 트집잡다
	木本植物 mùběn zhíwù 명 목본식물 [줄기나 가지가 목질로 된 식물]
	银杏 yínxìng 명 은행나무
	比比皆是 bǐbǐ jiēshì 성 어느 것이나 모두 그렇다, 무척 많다
문제 4	销售人员 xiāoshòu rényuán 영업 직원
	腐蚀性 fǔshíxìng 명 부식성
문제 5	苦瓜 kǔguā 명 여주 [식물명]
	渗入 shènrù 동 스며들다
	察觉 chájué 동 알아채다
	粮食 liángshi 명 양식, 식량
	酿制 niàngzhì 동 양조하다
	酿造 niàngzào 동 (술·식초·간장 따위를) 양조하다
	份额 fèn'é 명 몫, 할당
	缓解压力 huǎnjiě yālì 스트레스를 완화시키다

전략 PT

학습시간 30분

1. 어순 오용

❶ 기본구조 '주 + 술 + 목'을 먼저 파악해라!

어법적인 부분의 오용을 찾는 것은 항상 '주 + 술 + 목'이 관건이다. '주 + 술 + 목' 중에서도 핵심어휘만 파악해도 좋다.

> **예**
>
> 专家建议，每天佩戴隐形眼镜的时间超过8个小时不宜。 （✕）
>   　　　　　　　　　　　　　　　 주어　+　목적어　+　술어
>
> → 专家建议，每天佩戴隐形眼镜的时间不宜超过8个小时。 （○）
>
> 해석 전문가들은 매일 콘택트렌즈를 착용하는 시간이 8시간을 초과하면 좋지 않다고 건의했다.
>
> Point 1. 주어는 '时间(시간)'이고, 술어가 될 수 있는 것은 동사인 '不宜(~에 맞지 않다)'와 동사구인 '超过8个小时(8시간을 초과하다)' 밖에 없다.
> 2. '不宜'는 동사이기 때문에 뒤에는 뜻에 맞게 '적합하지 않은' 명사나 동사구가 목적어로 와야 한다.
> 3. 문장 내용상 '超过8个小时(8시간을 초과하다)'가 적합하지 않은 내용이므로 동사구이지만 '不宜'의 목적어로 와야 한다. 즉, '不宜'보다는 뒤에 와야 한다.

❷ 관형어와 부사어의 어순을 확인해라!

어순 오용 문제로 가장 많이 나오는 유형인 만큼 관형어와 부사어(부사 → 조동사 → 전치사)의 어순이 올바른지 확인해야 한다.

> **예** 관형어의 어순
>
> 看到这家菜谱，不禁让我想起小时候 菜 妈妈做的。 （✕）
>   　　　　　　　　　　　　　　　　　명사　관형어
>
> → 看到这家菜谱，不禁让我想起小时候妈妈做的菜。 （○）
>
> 해석 이 메뉴를 보니 내가 어렸을 때 엄마가 만든 요리가 생각나지 않을 수 없게 했다.
>
> Point 1. '的'가 붙어 있는 구는 주로 명사를 수식하는 관형어로 쓰인다.
> 2. 관형어는 명사를 수식하는 성분으로 수식하고자 하는 명사 왼쪽(앞)에 있어야 한다.
> 3. '妈妈做的(엄마가 만든)'는 관형어이므로 '菜(음식)'보다 오른쪽에 있어서 틀린 것이다.

> **예** 부사어의 어순
>
> 第二天，世界各大报纸都做了详细报道对这起震惊国际体坛的事件。 （✕）
>   　　　　　　　　　　　술어　　목적어　　　부사어 (对 + 전치사구)
>
> → 第二天，世界各大报纸都对这起震惊国际体坛的事件做了详细报道。 （○）
>
> 해석 이튿날, 세계 각지의 대형 신문사들이 모두 이 국제 스포츠계를 뒤흔든 사건에 대해 상세한 보도를 했다.
>
> Point 1. 술어는 '做(하다)', 목적어는 '报道(보도)'이다.
> 2. 부사어는 술어를 수식하는 성분으로 수식하고자 하는 술어 왼쪽에 있어야 한다.
> 3. '对这起震惊国际体坛的事件(이 국제스포츠 계를 뒤흔든 사건에 대해)'은 전치사구로서 문장성분상 부사어인데 목적어보다도 뒤에 있기 때문에 틀린 것이다.

PT팁 어순 오용을 빨리 찾는 방법

① '的' 오른쪽에는 명사(구)만 가능: 명사(구)가 아닌 동사나 부사가 있으면 오용.

青蛙水井里的 (X) → 水井里的青蛙 (O) 우물 안의 개구리
명사   명사

② 부사는 부사어이고 술어 왼쪽에 위치: 부사가 동사 뒤에 있으면 오용.

是 无疑奢侈的 (X) → 无疑 是奢侈的 (O) 틀림없이 사치스러운 것이다
동사 부사   부사 동사

③ '对(~에 대해)'를 사용한 전치사구는 부사어이고, 술어 왼쪽에 위치: 술어 오른쪽에 있으면 오용.

写报告对昨天发生的事情 (X) → 对昨天发生的事情写报告 (O) 어제 발생한 일에 대해 보고서를 썼다
술어 부사어(전치사구)   부사어(전치사구)   술어

④ 부사와 조동사는 일반적으로 전치사구보다 앞에 위치: 특히, 조동사가 전치사구보다 뒤에 있는 경우는 없으므로 오용.

学生们在这儿可以吃饭 (X) → 学生们可以在这儿吃饭 (O) 학생들은 여기에서 식사를 해도 된다
      전치사구 조동사   조동사 전치사구

2. 성분 결여

❶ '주 + 술 + 목'을 먼저 파악해라!

문장의 기본성분을 파악해야 어떤 성분이 빠져있는지를 쉽게 파악할 수 있다.

예

他 是个很有魅力的人，我每次看到他的时候都保持着他那独特的微笑。 (X)
주어1 술어1   목적어1 주어2   술어2   목적어2

→ 他是个很有魅力的人，我每次看到他的时候他都保持着那独特的微笑。 (O)

해석 그는 매우 매력적인 사람으로, 내가 매번 그를 볼 때마다 그는 모두 그 독특한 미소를 띤다.

Point 1. 앞 절은 '他(그)'가 주어이고, 뒷 절은 '我(나)'가 주어이다.
2. 내용상 미소를 띠는 사람은 '他(그)'이므로 뒷 절은 주어가 없는 문장이 된다.
3. 주어 결여는 첫 절에 주어가 없는 문장이 아니라, 내용상 언급해야 할 주어가 빠진 경우를 주로 말한다.
4. 위 예의 올바른 주어 변화: 그가 매력적인 사람 → 내가 그를 봄 → 그가 미소를 띰

❷ 주어 결여는 동사 앞의 ', (쉼표)'만 확인해도 알 수 있다!

> **예**
>
> 看到他在网上给我的留言后，让我深受鼓舞。（×）
> [부사어]　　　　　　　　　　　　　[술어][목적어]
>
> → 他在网上给我的留言，让我深受鼓舞。（○）
>
> **해석** 그가 인터넷에서 나에게 남긴 메모는 나로 하여금 깊이 격려 받아 힘이 나게 하였다.
>
> **Point** 1. 전체 문장의 술어는 '让(사역동사: ~하게 하다)'으로 목적어인 내가 힘이 나게 만든 주어가 필요하다.
> 2. '看到他在网上给我的留言后(그가 인터넷에서 나에게 남긴 메모를 본 후)'는 '때'를 나타낸 부사어이므로 주어가 될 수 없다.
> 3. '看到'와 '后'를 빼면 '他在网上给我的留言(그가 인터넷에서 나에게 남긴 메시지)'이 명사구가 되고, 이는 '让(사역동사)'을 술어로 한 전체문장의 주어가 되어 올바른 문장이 된다.
>
> **TIP** 1. 동사(让/使 사역동사 포함) 앞에 ', (쉼표)'가 있을 경우 반드시 그 앞은 주어여야 한다.
> 2. 주체 없는 '동사구 + 前/后/时(~전에/후에/할 때)'는 '~한 때'를 나타내는 부사어로 주어가 될 수 없다.

❸ '把'자문의 술어 뒤에 있는 목적어에 주의해라!

'把'자문은 동사 뒤에 명사구 성분이 있다면 반드시 '给 / 到 / 在 / 成'이 보어로 와야 한다.

일반적인 '把'자문 형식	주어 + 把 + A(목적 대상) + 동사 + (보어)
주의해야 할 '把'자문 형식	주어 + 把 + A(목적 대상) + 동사 + 给 / 到 / 在 / 成 + 명사구 　　　　　　　　　　　　　　　　　　　반드시 필요

> **예**
>
> 他将这次演唱会的门票收入全部捐献一家儿童医院。（×）
> [주어]　[将 + A]　　　　　　　　　　　[동사]　[명사구]
>
> → 他将这次演唱会的门票收入全部捐献给一家儿童医院。（○）
>
> **해석** 그는 이 콘서트의 입장권 수입을 전부 한 아동병원에 기부하였다.
>
> **Point** 1. '儿童医院(아동병원)'은 장소이지만 내용상 수입을 기부 받는 대상이다.
> 2. '주어 + 把(=将) + A + 동사 + 보어(给/到/在/成) + B'는 고정형식이다.
> 3. 보어는 B에 따라 달라지는데, 위 문장처럼 B가 동작을 받는 대상일 경우에는 '给'가 동사 뒤에 와야 한다.

❹ '在'구문을 습득해라!

앞서 Day 2에서 배웠던 '在'구문을 복습한다는 생각으로 다시 확인하면 성분 결여 문장을 찾는 데 도움이 된다.

> **예**
>
> 在工作人员的引导，代表们陆续走进会场。（×）
>
> → 在工作人员的引导下，代表们陆续走进会场。（○）
>
> **해석** 스텝들의 인도 아래, 대표들은 속속 회의장으로 입장하였다.
>
> **Point** 1. '在' 뒤에는 장소 어휘나 일반어휘 뒤에 방위사가 와야 한다.
> 2. '引导(인도)'는 장소 어휘가 아니므로 '在'와 쓰여 전제조건을 나타내는 '下'를 써야 한다.

 예제

A 通过这次活动，使我们开阔了眼界，增长了见识。
B 一提起健身，很多人马上就会想到设施齐全的健身房。
C 避讳是中国古代社会的一种习俗，也是一种特有的文化现象。
D 在危险情况下人的嗅觉会变灵敏，并向大脑发出避开危险的"警报"。

A 이번 행사는 우리가 안목을 높이고 견문을 넓히게 하였다.
B 헬스를 이야기하자면, 많은 사람들이 바로 시설이 완전히 갖춰진 헬스장을 떠올릴 것이다.
C '피휘'는 중국 고대사회의 일종의 풍습이자, 특유의 문화현상이기도 했다.
D 위험한 상황에서 사람의 후각은 예민해지고, 대뇌가 위험을 피하라는 '경보'를 내보낸다.

해설 1. A에서 동사구 '通过这次活动(이번 행사를 통해)'은 '수단/방식'을 나타내는 부사어로 주어를 포함하고 있지 않다.
2. '使(사역동사: ~하게 하다)'가 술어이므로 이 문장은 앞에 부사어만 있을 뿐 주어가 없다.
3. '通过这次活动'에서 '通过'를 빼면 '这次活动(이번 행사)'만 남아 내용이나 어법적으로 올바른 문장이 된다.

Point 通过这次活动， 使我们开阔了眼界，增长了见识。 （X）
        부사어   술어(사역동사)
        → 这次活动，使我们开阔了眼界，增长了见识。 （O）

정답 A

 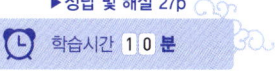

> 주요 어휘 특징에 맞추어 빠진 성분이 있는지, 어순이 올바른지 잘 살펴보자! (각 문제당 1분 안배)

문제 1 A 他的演讲在社会上引起了巨大的反响。
B 在王洛宾改编的歌曲，最著名的要数《在那遥远的地方》了。
C 他这一席话博得了老总的赏识，最终被录用为这个部门的经理。
D 我喜欢在午后，坐在咖啡馆的一角，静静地享受美好的闲暇时光。

문제 2 A 有些电脑设计得很小巧，甚至可以放一个很薄的文件袋里。
B 快乐有助于长寿，有助于增加食欲，有助于提高工作效率。
C 草原上的天气变幻莫测，刚刚还是晴空万里，转眼间便乌云密布了。
D 重新认识农业，开拓农业新的领域，已成为当今世界农业发展的新趋势。

문제 3 A 历史是人写出来的，我们所走的每一步都是在书写自己的历史。
B 专家建议，求职者谨慎的态度找工作是对的，但也不可过于挑别。
C 藏族的毛织技艺有着悠久的历史，其制品以围裙和地毯最为著名。
D 这里已发现的木本植物有517种，有"活化石"之称的银杏比比皆是。

문제 4 A 经过三天的培训，使员工的业务素质得到了很大的提高。
B 不到两年时间，他就成为这家汽车公司最优秀的销售人员。
C 因品种和环境条件的不同，小麦中营养成分的差别会非常大。
D 在海边的拍摄一定要注意器材的防水问题，因为海水有较强的腐蚀性。

문제 5 A 苦瓜虽苦，但与其他食材搭配时并不会将苦味渗入别的材料中，被人们称为"君子菜"。
B 天气的变化，直接影响着动物的生活，往往能及时察觉到天气的变化。
C 在中国，酒主要以粮食为原料酿制而成，其中由谷物粮食酿造的酒一直处于优势地位，而果酒所占的份额很小。
D 经研究发现，一个人缓解压力的能力与他的社会经验有关，30岁以下的上班族的减压能力明显弱于资深上班族。

쓰기 ❹ | 글 요약하기
기초 쌓기Ⅲ – '결합의 기술' 반복되는 것은 합쳐라!

어휘 PT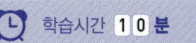

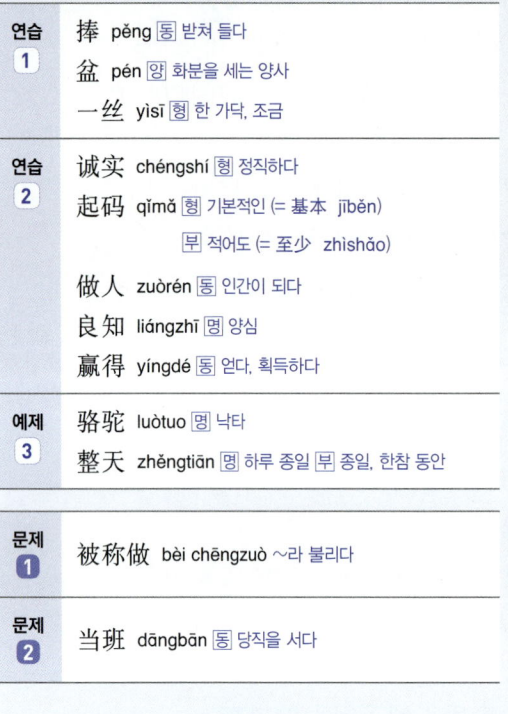

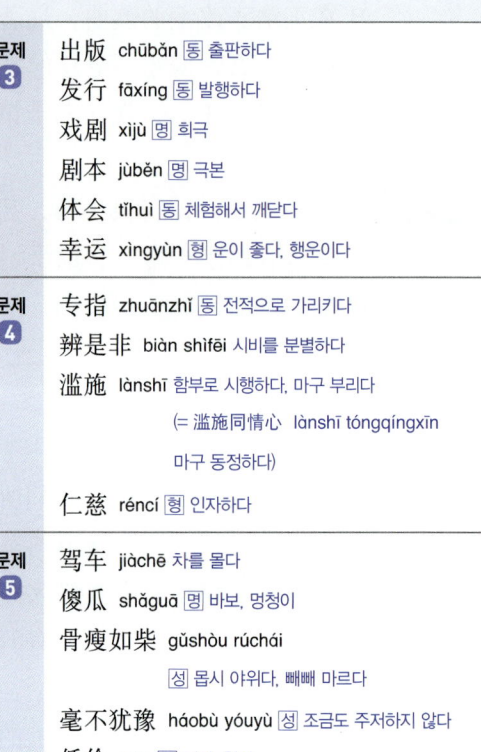

 전략 **PT**  학습시간 **30분**

① 하나의 주어로 합쳐라!
같은 주어가 반복되거나 술어가 나열되어 있으면 불필요한 부분을 삭제하고 주어를 하나로 두고 정리하는 것이 좋다.

② 겹치는 내용이 많으면 통일해라!
중요한 내용이 여러 번에 걸쳐 설명되었다면 하나의 내용으로 간단하게 요약해보자.

③ 간단하게 줄여라!
자세하게 설명한 부분은 합쳐서 그 내용을 포괄적으로 다 담을 수 있는 내용으로 줄이는 것이 좋다.

PT팁 쓰기에 활용도가 높은 접속사

……了, 就…… ~하자마자, 바로 ~	앞 동작이 끝나자마자 뒤의 동작이 진행됨을 나타낸다.
	每天他下了班，就回家上网和他的女朋友聊天儿。 매일 그는 퇴근하자마자, 바로 집으로 돌아가 인터넷에서 그의 여자친구와 채팅을 한다.
又……, 又…… ~하기도 하고, ~하기도 하다	형용사의 병렬을 나타낸다. 여러 번 언급된 형용사를 한 번에 정리하기 좋다.
	商人又失望，又生气。 상인은 실망하기도 하고, 화도 났다.
……, 而且…… ~하고, 게다가 ~하다	진행된 동사구의 나열을 병렬해 정리하기 좋다.
	他认为二兄弟骗了他，而且偷走了骆驼。 그는 삼형제가 그를 속이고, 게다가 낙타를 훔쳐 갔다고 여겼다.
……, 但…… ~하지만, ~하다	진행된 동사구의 역접/전환을 이어 정리하기 좋다.
	他用心培育花种。但过了好几个月，他的种子也没有发芽。 그는 정성스럽게 꽃의 씨앗을 길렀지만, 몇 개월이 지나도 그의 씨앗은 발아하지 않았다.
因为…… ~때문에	줄여 쓰기에서는 '所以'와 함께 쓰는 경우가 적다. 원인 문장을 명확하게 나타내고자 할 때만 쓴다.
	他看着一匹马正在拉盐车。因为盐多，马看起来非常累。 그는 한 필의 말이 소금 수레를 끄는 것을 보았다. 소금이 많기 때문에, 말은 매우 피곤해 보였다.
所以…… 그래서 ~	줄여 쓰기에서는 '因为'와 함께 쓰는 경우가 적다. 앞의 이유로 인한 결과라는 것을 표현하고자 할 때만 쓴다.
	他尊敬长辈，所以才成就了一番大事业。 그는 연장자를 존중했고, 그래서 비로소 한 번의 큰 사업을 이뤘낸다.
然后…… 그런 후에 ~	사건의 선후관계를 나타낼 때 쓴다.
	老人在街上卖苹果时，一个小孩子买了一个又红又大又甜的苹果，然后一大群小孩儿都来买。 노인이 길에서 사과를 팔 때, 한 아이가 하나의 붉고 크고 단 사과를 하나 샀다. 그런 후에 한 무리의 아이들이 모두 사러 왔다.

연습 1

| 国王从一个个孩子面前走过，看着他们捧着的一盆盆鲜花时，他的脸上却没有一丝高兴的表情。 | 국왕이 한 명 한 명 아이들 앞으로 지나면서, 그들이 받쳐들고 있는 화분 한 개 한 개의 생화를 보았을 때, 그의 얼굴에는 오히려 조금의 기쁜 표정도 없었다. |

Point
1. 핵심내용은 꽃을 보고 있는 국왕의 표정이다.
2. 내용상 어떤 꽃인지를 설명해야 하기 때문에 앞에 국왕이 지나친 대상인 '孩子们(아이들)'과 '他们(그들)'을 동일시하여 한 번에 '孩子们捧着的(아이들이 들고 있는)'로 정리하는 것이 좋다.
3. 국왕의 표정이 기쁘지 않은 것이 핵심이기 때문에 정도를 나타낸 '一丝(조금)'는 생략한다.

참고답안 国王看着每个孩子捧着的鲜花时，他的脸上没有高兴的表情。
국왕이 모든 아이들이 받쳐들고 있는 생화를 보았을 때, 그의 얼굴에는 기쁨의 표정이 없었다.

연습 2

| 诚实是做人最起码的道德，是做人的根本。治理国家更需要道德和良知。豆豆有一颗诚实的心，这为他赢得了美好的未来。 | 정직함은 인간됨의 가장 기본적인 도덕이고, 인간됨의 근본이다. 국가를 다스리는 데에는 도덕과 양심이 필요하다. 또우또우는 정직한 마음을 가지고 있었고, 이것은 그에게 행복한 미래를 가져다 주었다. |

Point
1. 핵심은 '诚实(정직함)'의 정의와 '豆豆诚实的心(또우또우의 정직한 마음)'이다.
2. 수식어인 '最起码(가장 기본적인)'를 삭제하고, 중복되는 '做人(인간됨)'은 한 번으로 합쳐 작성해보자.
3. '治理国家更需要道德和良知(국가를 다스리는 데에는 도덕과 양심이 필요하다)'는 인간됨의 도덕, 근본과 겹치므로 삭제한다.

참고답안 诚实是做人的道德和根本，豆豆诚实的心，为他赢得了美好的未来。
정직함은 인간됨의 도덕과 근본이고, 또우또우의 정직한 마음은 그에게 행복한 미래를 가져다 주었다.

연습 3

| 一天，有个商人丢了一头骆驼，他急得到处去找。但是他从早上找到晚上，问了许多人，还是没找到他的骆驼。 | 하루는 어떤 상인이 한 마리의 낙타를 잃어버렸고, 그는 초조해져 곳곳을 찾으러 다녔다. 그러나 그는 아침부터 저녁까지 찾고 많은 사람에게 물어봤지만, 여전히 그의 낙타를 찾지 못했다. |

Point
1. 핵심은 상인이 낙타를 잃어버렸는데 찾지 못한 것이다.
2. '他急得到处去找。但是他从早上找到晚上，问了许多人(그는 초조해져 곳곳을 찾으러 다녔다. 그러나 그는 아침부터 저녁까지 찾고, 많은 사람에게 물어봤다)'은 하루 종일 찾아 다녔다는 말이기 때문에 이 말을 포괄하는 '找了一整天(하루 종일 찾았다)'으로 간단하게 줄이면 된다.
3. '找了一整天(하루 종일 찾았다)'과 '还是没找到他的骆驼(여전히 그의 낙타를 찾지 못했다)'를 '找了一整天也没找到(하루 종일 찾았지만 찾지 못했다)'로 합쳐서 줄여보자.
4. 마지막 문장의 목적어인 '骆驼(낙타)'는 앞에서 언급했기 때문에 불필요하므로 삭제하는 것이 좋다.

참고답안 一天，有个商人丢了一头骆驼。他找了一整天也没找到。
하루는 어떤 상인이 한 마리의 낙타를 잃어버렸다. 그는 하루 종일 찾았지만 찾지 못했다.

문제 1 第一个被称做伯乐的人叫孙阳，他是春秋时代的人。由于他对马很有研究，人们都称他为伯乐。

문제 2 她对我说："刘先生，我们每一层的当班小姐都要记住每一个房间客人的名字。"

문제 3 现在，我已经写了很多作品，出版、发行了一部部小说、戏剧和电影剧本。我越来越体会到我当初是多么幸运。

문제 4 现在，"东郭先生"已经成为汉语中的固定词语，专指那些不辨是非而滥施同情心、对坏人讲仁慈的人。

문제 5 那个驾车的人认为伯乐是个十足的大傻瓜，他觉得自己的这匹马实在太普通了，拉车没什么气力，吃得又多，还骨瘦如柴的，于是，毫不犹豫地把马以低价卖给了伯乐。

 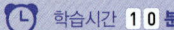

1 和 A 相比，B…… A와 비교했을 때, B는 ~하다

和观众相比，我们在数量上占绝对优势。
관중과 비교했을 때, 우리는 수량상으로 절대적인 우위를 차지한다.

2 A 不如 B A하는 것은 B하는 것만 못하다

这个破玩意儿，只能当柴火，不如便宜点儿卖给我。
이 낡고 오래된 것을 땔감으로 쓸 수밖에 없는 것은 싸게 나에게 팔아버리는 것만 못합니다.

3 주어 + 把 A + 동사 成 + B 주어는 A를 B로 ~하다

他把柜子劈成了柴火。 그는 궤짝을 땔감으로 잘랐다.

4 주어 + 将 A + 동사 给 + B 주어는 A를 B에게 ~해주다

他将演唱会的门票收入全部捐献给一家儿童医院。
그는 콘서트의 입장권 수입을 전부 한 아동병원에 기부했다.

5 引起……的反响 ~한 반향을 불러 일으키다

他的演讲在社会上引起了巨大的反响。 그의 강연은 사회에서 큰 반향을 불러 일으켰다.

6 在……中，最 A 的要数 B ~중에서, 가장 A한 것은 B로 손꼽힌다

在王洛宾改编的歌曲中，最著名的要数《在那遥远的地方》了。
왕루오삔이 편곡한 노래 중에서, 가장 유명한 것은 《在那遥远的地方》으로 손꼽힌다.

7 동사 + 了 + 一整天也 + 没 + 동사 하루 종일 ~해도 ~하지 못하다

他找了一整天也没找到。 그는 하루 종일 찾았지만 찾아내지 못했다.

8 A 专指 B A는 전적으로 B를 가리킨다

"东郭先生"专指那些不辨是非而滥施同情心、对坏人讲仁慈的人。
'동곽선생'은 전적으로 시비를 분별하지 못하고, 동정심이 과하여 나쁜 사람에게도 인자한 사람을 가리킨다.

Day 5

듣기 제1부분 ❺ | 들려주는 녹음과 일치하는 보기 찾기
성어/신조어/속담/인용구 - 이 말의 의미를 알려주마!

 어휘 PT　　○ Track 05-1　　학습시간 1 0 분

예	屡屡 lǚlǚ [부] 여러 차례, 누차	
	伤痕累累 shānghén lěilěi 상처투성이이다	
	经不起 jīngbùqǐ [동] 감당할 수 없다	
	折腾 zhēteng [동] (육체적·정신적으로) 고통스럽게 하다, 괴롭히다	

예제
- 扬长避短 yángcháng bìduǎn [성] 장점을 발양하고 단점을 피하다
- 在意 zàiyì [동] 마음에 두다
- 释放 shìfàng [동] 풀다 (* 释放压力 shìfàng yālì 스트레스를 풀다)
- 宽容 kuānróng [형] 너그럽다
- 风平浪静 fēngpíng làngjìng [성] 풍랑이 없이 잔잔하다
- 海阔天空 hǎikuò tiānkōng [성] 바다와 하늘이 한없이 넓다, 끝없이 넓다
- 相处 xiāngchǔ [동] 함께 살다
- 摩擦 mócā [동] 마찰하다
- 意气用事 yìqì yòngshì [성] 감정적으로 일을 처리하다
- 余地 yúdì [명] 여지 (* 留余地 liú yúdì 여지를 남기다)

문제 1
- 草莓族 cǎoméizú [명] 딸기족 [겉모양은 산뜻하지만 금방 물러지는 90년대 이후 세대]
- 敏捷 mǐnjié [형] 민첩하다
- 注重 zhùzhòng [동] 중시하다 (= 讲究 jiǎngjiu = 重视 zhòngshì)
- 仪表 yíbiǎo [명] 외모
- 一碰即烂 yípèng jílàn 한번 부딪치면 물러지다
- 逃避问题 táobì wèntí 문젯거리를 피하다

문제 2
- 刀刃 dāorèn [명] 칼날
- 优柔寡断 yōuróu guǎduàn [성] 우유부단하다
- 磨刀 módāo [동] 칼을 갈다
- 砍柴 kǎnchái [동] 나무를 베다, 땔감을 하다
- 钝 dùn [형] 무디다
- 锋利 fēnglì [형] (공구·무기 등이) 날카롭다, 예리하다

문제 3
- 赞扬 zànyáng [동] 칭찬하다
- 维护 wéihù [동] 보호하다
- 知足 zhīzú [동] 만족스럽게 여기다
- 宽阔 kuānkuò [형] 넓다
- 待人处事 dàirén chǔshì 사람을 대하고 일을 처리하다

문제 4
- 忍受 rěnshòu [동] 참아 내다
- 顾名思义 gùmíng sīyì [성] 명칭을 보고 그 뜻을 짐작할 수 있다, 이름 그대로
- 屡屡 lǚlǚ [부] 누차
- 折腾 zhēteng [명] 고통

문제 5
- 坚持不懈 jiānchí búxiè 게으르지 않고 꾸준히 하다
- 百尺竿头 bǎichǐ gāntóu [성] 학문이나 사업의 높은 성취
- 现状 xiànzhuàng [명] 현상
- 固步自封 gùbù zìfēng [성] 제자리걸음하다

 전략 **PT**  학습시간 **30분**

1 당황하지 마라!

이런 종류의 글은 제시어부터 언급하면서 시작하기 때문에 익숙하지 않은 어휘가 먼저 시작되면서 당황해서 문제를 놓치는 경우가 많다. 하지만 듣기 제1부분의 경우에는 제시어의 의미가 무엇인지 혹은 어떤 경우에 쓰는 건지 지문 중 정확히 밝히기 때문에, 그 설명을 차분히 기다려야 한다. 그 설명은 6급 시험 학습자라면 충분히 들을 수 있는 어휘를 사용한다.

> **예**
>
> "伤不起"是一个网络新的流行语，意为屡屡受伤，伤痕累累，已经经不起折腾，经不起伤害了。
>
> 해석 '伤不起'는 새로운 인터넷 유행어로, 상처가 누적되고, 쌓여서 이미 고통을 감당하지 못하고, 상처를 견디지 못한다는 뜻이다.
>
> Point 1. HSK 상용어휘가 아닌 '伤不起'로 문장이 시작했기 때문에 당황할 수 있지만, 분명 쓰임새나 의미가 바로 연이어 나올 것이라 예측하고 기다려야 한다.
> 2. 바로 뒤에 '一个网络新的流行语'를 통해 '伤不起'는 새로운 인터넷 유행어임을 알 수 있다.
> 3. 동사 '意为(~라는 뜻이다)' 뒤의 내용 중에 '伤痕(상처)', '伤害(상처 입히다)' 등의 알고 있는 어휘를 통해 '伤不起'는 '무엇인가를 아프게 하다'라는 뜻을 유추할 수 있다.
> 4. '伤不起'는 '마음이 아프다, 힘들다'를 의미한다.

2 두 번 이상 출제된 제시어들은 미리 파악해 두자!

6급 필수어휘가 아니어도 출제되는 경우가 많기 때문에 꼭 듣기 부분이 아니더라도 6급에서 두 번 이상 본 제시어라면 미리 그 뜻을 파악해 두는 것이 좋다.

3 글자를 하나하나 해석해라!

제시어가 보기에 있는 경우에는 글자를 하나하나 해석해보면 대략적인 의미를 알 수 있다. 이때 주의할 점은 직역보다는 왜 이 말을 썼는지 파악하여 상황에 맞게 의역을 하는 것이 좋다.

 빈출 제시어

○ Track **05-2**

尽信书不如无书。 jìn xìn shū bùrú wú shū. 책을 다 믿는 것은 책이 없는 것만 못하다.	读书时应该具备独立思考的能力，具有怀疑精神，并学会辩证地分析问题。 책을 읽을 때에는 마땅히 독립사고의 능력을 갖추고, 의혹을 가지고 변증적으로 문제를 분석할 줄 알아야 한다.
亡羊补牢 wángyáng bǔláo 양을 잃은 후에라도 서둘러 울타리를 수리하면 늦은 것은 아니다	出了问题以后及时采取补救措施，就可以避免遭受更大的损失。 문제가 생긴 이후 제때에 보완조치를 취하면 더 큰 손실을 얻는 것을 피할 수 있다.
举一反三　하나를 알면 열을 알다 jǔyī fǎnsān	从一件事情类推，从而知道其他许多事情。 한 가지 일에서 유추하여, 따라서 기타 많은 일을 안다.

一个篱笆三个桩，一个好汉三个帮。 yí ge líba sān ge zhuāng, yí ge hǎohàn sān ge bāng. 하나의 울타리는 세 개의 말뚝이 필요하고 하나의 사나이는 세 사람의 도움이 필요하다.	在社会生活中，任何一个人都不可能孤立地存在。 사회생활 속에서 어떠한 사람도 모두 고립적으로 존재할 수 없다. → 需要别人的帮助(다른 사람의 도움을 필요로 하다)
前三分钟定终身。 qián sān fēnzhōng dìng zhōngshēn. 처음 3분이 평생을 결정한다.	找工作时你给面试考官的第一印象直接影响你被录取的机会有多大。 직장을 구할 때, 당신이 면접관에게 보여주는 첫 번째 인상이 당신이 뽑힐 기회가 얼마나 큰지에 직접적으로 영향을 준다.
晒工资 shài gōngzī (인터넷 상에서) 익명으로 월급을 공개하다	很多人正热衷于把自己的详细收入甚至日常开支都展示出来。 많은 사람들이 자신의 상세한 수입, 심지어 일상의 지출을 모두 보여주는 데 열중하고 있다.
笨鸟先飞 멍청한 새가 먼저 난다 bènniǎo xiānfēi	笨拙的人应该早做准备，及早把想法付诸实践。 멍청한 사람은 마땅히 먼저 준비하고 생각을 먼저 실천에 옮겨야 한다.

 예제

Track 05-3

A 要扬长避短 B 不要在意他人的看法 C 要及时释放情绪 D 要宽容他人	A 장점을 널리 알리고 단점을 피해야 한다 B 타인의 견해를 신경 쓰지 마라 C 제때에 기분을 풀어야 한다 D 타인에게 관용을 베풀어야 한다

보기
1. A의 '扬长避短(장점을 널리 알리고 단점을 피하다)'의 의미를 알아야 한다.
2. B의 '在意(신경 쓰다)'는 '在乎(신경 쓰다)', '重视(중시하다)'와 같은 의미이다.
3. D의 '宽容(관용을 베풀다)'은 '放任错误(잘못을 봐주다)', '理解别人(남을 이해하다)'의 뜻이다.

"忍一时风平浪静，退一步海阔天空。"这句话告诉我们，与人相处，难免会出现各种摩擦，但我们不能意气用事，而是要理解和宽容他人，为自己和他人都留一些余地。	"한 번 참으면 바람과 파도가 잔잔해지고, 한 발 양보하면 바다와 하늘이 한없이 넓어진다." 이 구절이 우리에게 말하고자 하는 바는, 우리가 다른 사람과 함께 지내면 각종 마찰이 생길 수밖에 없지만, 그러나 감정적으로 일을 처리해서는 안 되고, 타인을 이해하고 관용을 베풀어, 자신과 타인을 위해 약간의 여지를 남겨야 한다는 것이다.

Point
1. '与人相处(다른 사람과 함께 지내다)'를 듣고 인간관계가 화제임을 알 수 있다.
2. 항상 '但(그러나)' 뒤에는 화자가 강조하거나 말하고자 하는 내용이 오는 경우가 대부분이므로 집중해야 한다.
3. '不是A，而是B(A가 아니라 B이다)', '并非A，而是B(결코 A가 아니라 B이다)', '不能A，而是要B(A를 해서는 안 되고 B해야 한다)'의 공통점은 모두 강조하고자 하는 부분이 '而是' 이후임을 알고 주의해서 들어야 한다.
4. '而是要理解和宽容他人(타인을 이해하고 관용을 베풀어야 하는 것이다)'에서 직접적으로 D 宽容他人이 출현했으므로 정답이다.

정답 D

실전 PT Track 05-4

모르는 제시어로 시작해도 당황하지 않고 침착하게 설명을 기다려보자!

문제 1
A 草莓族思维敏捷
B 草莓族很注重仪表
C 草莓族容易受挫
D 草莓族不在乎收入

문제 2
A 好钢用在刀刃上
B 行动之前要先做准备
C 做决定不要优柔寡断
D 要合理安排自己的时间

문제 3
A 待人要宽容
B 要常赞扬他人
C 要维护集体利益
D 要懂得知足

문제 4
A "伤不起"是个成语
B "伤不起"现在很流行
C "伤不起"的意思是很流行
D "伤不起"表示的意思是还可以忍受

문제 5
A 要懂得知足
B 付出未必有收获
C 要把握时机
D 坚持不懈才能进步

독해 제1부분 ❺ | 틀린 문장 찾기
논리적 오류 - 말이 되지 않는 문장을 찾아라!

어휘 PT   학습시간 1 0 분

예	传世 chuánshì [동] 세상[후세]에 전해지다
	修建 xiūjiàn [동] 짓다, 만들다

예제	世家 shìjiā [명] 집안, 세가
	陌生 mòshēng [형] 낯설다

문제 ❶	惠顾 huìgù 자주 왕림해 주십시오
	蓝鲸 lánjīng [명] 흰긴수염고래
	钙成分 gàichéngfèn 칼슘 성분
	流失 liúshī [동] 떠내려가다, 유실되다

문제 ❷	彩塑 cǎisù 채색한 지점토 인형
	尊 zūn [양] 기 [소조품을 세는 단위]
	精美 jīngměi [형] 정교하고 아름답다
	脚踏实地 jiǎotà shídì [성] 일하는 것이 착실하고 건실하다

문제 ❸	控制 kòngzhì [동] 통제하다, 제어하다
	意译 yìyì [동] 의역하다
	智能手机 zhìnéng shǒujī [명] 스마트폰(smart phone)

문제 ❹	扩大 kuòdà [동] 확대하다
	社交媒体工具 shèjiāo méitǐ gōngjù [명] SNS(Social Network Services)
	陈列 chénliè [동] 진열하다
	骨架 gǔjià [명] 골격, 뼈대
	臭氧层 chòuyǎngcéng [명] 오존층
	屏障 píngzhàng [명] 장벽, 보호벽
	紫外线 zǐwàixiàn [명] 자외선
	袭击 xíjī [동] 습격하다

문제 ❺	战例 zhànlì [명] 전쟁의 구체적인 실례
	夜深人静 yèshēn rénjìng [성] 밤이 깊어지자 인적이 드물어 고요하다
	一连串事情 yìliánchuàn shìqíng 일련의 사건
	才思敏捷 cáisī mǐnjié 창작 구상이 빠르다
	堪称 kānchēng [동] ~라고 할 만하다
	千古绝唱 qiāngǔ juéchàng 오랜 세월 절세의 시문

❶ '주어와 목적어' 또는 '주어와 술어'의 호응을 확인해라!

술어가 형용사일 경우에는 주어에 쓸 수 있는 표현인지를 확인해야 하고, 술어가 '是'일 경우에는 주어와 목적어가 반드시 서로 상응해야 하므로 특히 주의해서 봐야 한다.

> **예** 주어와 목적어 호응
>
> 《富春山居图》是元朝画家黄公望的作品，是中国十大传世名画。（X）
>   [주어]   [목적어]
>
> → 《富春山居图》是元朝画家黄公望的作品，是中国十大传世名画之一。（O）
>
> [해석] 《富春山居图》는 원 왕조의 화가 황공망의 작품으로 중국 10대 전세명화 중의 하나이다.
>
> [Point] 1. 주어는 '《富春山居图》'이고, 목적어는 '十大传世名画(10대 전세명화)'이다.
>   2. 주어는 한 개의 작품인데 목적어는 10개의 작품을 가리키므로 호응이 되지 않는다.

❷ 모순이 있는 두 어휘를 확인해라!

주로 하나의 술어를 두 개의 부사어가 수식할 경우 이 두 어휘를 잘 살펴보는 것이 좋다. 모순이 되는 어휘일 경우 논리적 오류가 되고, 의미가 중복될 경우 앞서 배운 남용이 된다.

> **예**
>
> 这座桥修建于公元612年至618年，到现在已有快1400多年的历史了。（X）
>
> → 这座桥修建于公元612年至618年，到现在已有1400多年的历史。（O）
>
> [해석] 이 다리는 서기 612년에서 618년에 지어졌고, 현재까지 이미 1,400여 년의 역사를 가지고 있다.
>
> [Point] 1. '快 + 수치 + 了(곧 수치가 되는)'는 '多 + 수치(수치를 넘은)'와 모순이 되어 함께 쓸 수 없다.
>   2. '快1400了'는 곧 1,400이 되는 것이고, '1400多'는 1400이 넘은 것이다.
>   3. 술어 '有'가 있기 때문에 '有1400多年的历史(1,400여 년의 역사를 가지고 있다)'가 올바르다.

❸ 특징이 있는 어휘에 주목해라!

중국어는 제한적인 특징이 있는 어휘가 많다. 이 어휘들이 있는 경우는 먼저 주목해서 올바르게 쓰였는지 확인하는 것이 좋다.

● 논리적 특징이 있는 어휘

防止 (나쁜 상황을) 방지하다	뒤에 좋은 상황이 올 수 없다. (= 避免) 我们应该防止不再发生事故。（X） 我们应该防止再发生事故。（O） 우리는 다시 사고가 발생하는 것을 방지해야 한다.
估计 예측하다	100% 확신을 나타내는 부사이므로 같은 의미인 '一定(반드시)'과 함께 쓸 수 없다. 我估计他一定会来。（X） 我估计他会来。（O） 나는 그가 올 것이라고 예측한다.

尽量 jǐnliàng 가능한 한	혼자 쓰일 수 없고, 뒤에 술어(동사/형용사)가 와야 한다. 我会尽量的。（X） 我会尽量努力的。（O） 나는 가능한 한 노력할 것이다.	
突然 갑자기	돌연히 발생한 일에 쓰는 부사로 '渐渐(점점)'과 함께 술어를 수식할 수 없다. 他突然渐渐地放慢了速度。（X） 他渐渐地放慢了速度。（O） 그는 점점 속도를 늦추었다.	
想起 생각이 떠오르다	'起'는 이미 있는 것이 일어나는 것을 나타내어 '想起'는 '생각이 떠오르다'라는 뜻으로 '明天(내일)'과 같은 미래시제와 함께 쓸 수 없다. 我突然想起明天发生的事情。（X） 我突然想起今天上午发生的事情。（O） 나는 갑자기 오늘 오전에 발생한 일이 떠올랐다.	
成为 ~이 되다	① 뒤에 나오는 대상은 오직 명사(구)만 가능하기 때문에 동사구가 오면 오용이다. 它可以成为找到黄金。（X） 它可以成为找到黄金的依据。（O） 그것은 황금을 찾는 근거가 될 수 있다. ② 처리 방식을 나타내는 '把'자문에는 쓸 수 없다. 我把她成为偶像。（X） 我把她作为偶像。（O） 나는 그녀를 우상으로 삼았다.	
不同 + 명사 같지 않은 (명사)	호응하는 어휘는 긍정적이거나 부정적인 한 방면의 어휘가 될 수 없고, 똑같이 '不同'이 붙는 것이 일반적이다. 不同的声音会产生积极的心理刺激。（X） 不同的声音会产生不同的心理刺激。（O） 같지 않은 소리는 같지 않은 심리자극을 만들어낸다.	
能否 + 술어 ~할 수 있는지 없는지	양면의 개념(긍정과 부정)을 나타내는 표현으로 호응하는 부분 역시 양면의 개념을 나타내는 '能否(=是否/有无)' 등의 어휘와 쓰였거나 양면적인 개념을 나타내는 어휘여야 한다. 一个企业能否获得成功取决于管理者有经营理念。（X） 一个企业能否获得成功取决于管理者有无经营理念。（O） 한 기업이 성공할 수 있는지 없는지는 관리자가 경영이념을 가지고 있는지 없는지에 의해 결정된다.	

 예제

A 对错误，我们应该用辩证的眼光来看待。 B 我生长在"梨园世家"，京剧对我一点儿都不陌生。 C 不要站在旁边羡慕他人的幸福，其实你的幸福一直都在你身边。 D 胡同，也叫"巷"，是指城镇或乡村主要街道之间的、比较小的街道。	A 틀린 것에 대해, 우리는 마땅히 변증적인 안목으로 대해야 한다. B 나는 '梨园世家(희극계 집안)'에서 자라서 경극에 대해 조금도 낯설지 않다. C 옆에 서서 다른 사람의 행복을 부러워하지 마라. 사실 너의 행복은 줄곧 네 곁에 있다. D '胡同(골목)'은 '巷'이라고도 하며, 도시나 시골의 주요도로 사이의, 비교적 좁은 길을 가리킨다.

해설
1. 내용은 내가 '梨园世家(희극계 집안)'에서 자라 경극이 낯설지 않다는 것이다.
2. 뒷절의 주어는 '京剧(경극)'이기 때문에 경극이 나에 대해 낯설지 않다는 것은 논리적으로 맞지 않다. 낯선 것을 느끼는 주체는 사람이다. '我(나)'와 '京剧(경극)'의 자리를 바꾸어야 한다.
3. 앞 절에서 동일한 주어가 이미 있기 때문에 뒷절의 '我'는 생략해야 한다.

Point 我生长在"梨园世家"，京剧对我一点儿都不陌生。（ⅹ）
　　　　　　　　　　　　　　주어　　　　　　　술어
→ 我生长在"梨园世家"，对京剧一点儿都不陌生。（○）

정답　B

 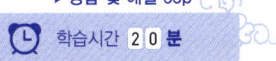

논리적 특징이 있는 빈출어휘에 집중하는 것이 좋다! (각 문제당 1분 안배)

문제 1 A 谢谢您的惠顾，欢迎下次再来。
B 蓝鲸是地球上现存体积最大的动物。
C 经过治疗，儿子的病已经恢复了健康。
D 牛奶加热时间越长，钙成分流失得越快。

문제 2 A 香港素有"购物天堂"的美称。
B 莫高窟的彩塑，每一尊都是一件精美的艺术品。
C 在你想要放弃的那一刻，应该想想当初为什么坚持走到了这里。
D 有没有远大的志向和脚踏实地的精神，是一个人取得成功的关键。

문제 3 A 为了便于记忆，人们编了一首二十四节气歌。
B 做人要善于控制自己的情绪，不然你就会控制它们。
C 唐诗、宋词、元曲、明清小说，一个时代有一个时代的文学形式。
D 《将进酒》是唐代诗人李白的代表作之一，题目意译即为"劝酒歌"。

문제 4 A 智能手机扩大了微博等社交媒体工具的普及速度。
B 北京自然博物馆的古生物大厅里，陈列着一具大象的骨架。
C 如不定时吃饭，不仅会营养不良，还可能引起多种胃肠道疾病。
D 臭氧层像一道屏障，保护着地球上的生物免受太阳紫外线的袭击。

문제 5 A 这部电视剧是根据曹禺的剧本《雷雨》改编的。
B 赤壁之战是中国历史上有名的以少胜多的战例。
C 夜深人静，想起明天发生的一连串事情，我怎么也睡不着。
D 宋代女词人李清照才思敏捷，一生留下了许多作品，有的堪称千古绝唱。

쓰기 ⑤ | 글 요약하기
기본기 다지기 I - 단계별 요약 기술을 쌓아라!

어휘 PT

 학습시간 1 0 분

| 연습 | 宾馆 bīnguǎn 명 호텔
免费 miǎnfèi 동 무료로 하다
毛巾 máojīn 명 수건
牙膏 yágāo 명 치약
牙刷 yáshuā 명 칫솔 |

| 문제 1 | 替 tì 동 대신하다
随着 suízhe 동 따르다
逐渐 zhújiàn 부 점점
成熟 chéngshú 형 성숙하다
优秀 yōuxiù 형 우수하다
律师 lǜshī 명 변호사
吃惊 chījīng 동 놀라다
害羞 hàixiū 동 수줍어하다
竟然 jìngrán 부 뜻밖에 (= 居然 jūrán) |

| 문제 2 | 遗传 yíchuán 동 유전하다, 유전되다
坚韧 jiānrèn 형 강인하다
刻苦 kèkǔ 동 노고를 아끼지 않다
出色 chūsè 형 뛰어나다
职位 zhíwèi 명 직위
提升 tíshēng 동 진급하다 (= 晋升 jìnshēng) |

전략 PT

학습시간 2 0 분

① 요약하기는 암기가 아니다!
흔하게 하는 실수가 글 요약하기를 암기로 착각하고 무작정 내용을 기억하려는 경우가 있다. 암기를 통해 요약하려면 시간이 턱없이 부족할 뿐만 아니라 오히려 양이 많아져 '요약하기'라는 주제에서 벗어나게 된다. 문장이 아닌 내용을 파악하려고 애써야 한다.

② 요약하기도 단계가 있다!
'원문 내용 속독 → 핵심내용 파악 → 주요 어휘 기억 → 요약하기'가 기본적인 단계이다. 짧은 글부터 꾸준히 연습해서 실전의 1,000자 정도 되는 전체 글을 요약할 수 있는 실력의 기반을 만들어 두어야 한다.

③ 문장 요약과 전체 글 요약은 다르다!
문장을 요약하는 것은 말 그대로 문장에서 불필요한 수식어만 삭제해도 충분하다. 하지만 글 요약은 문장 요약을 활용해 불필요한 수식어만 뺄 수도 있고, 내용에 따라 불필요한 내용의 문장 전체를 빼야 할 수도 있다. 그렇기 때문에 이번 '기본기 다지기 I, II, III' 편에서는 앞서 배운 문장의 요약을 복습하면서 글을 단계별로 요약하는 기술을 쌓도록 하자!

④ 표현 바꾸는 연습을 꾸준히 해라!
단순히 문장만 줄이는 것은 한계가 있다. 다양한 표현으로 바꾸는 연습을 꾸준히 해야 한다.

PT팁 표현 바꾸기 ①

원문의 표현	바꾼 표현
毛巾、牙膏和牙刷等一次性用品 수건, 치약 그리고 칫솔 등의 일회용품	一次性用品 일회용품
这些东西 이런 것들 (= 이런 물건들)	这一切 이 모든 것
很少用 잘 사용하지 않는다	不太喜欢用 사용을 그다지 좋아하지 않는다 / 不愿意用 사용하는 것을 원하지 않는다
一说话脸就红，声音也小 말하자마자 얼굴이 빨개지고, 목소리도 작다	很内向 내성적이다 / 很害羞 부끄러움이 많다
……让A吃惊 ~한 것이 A를 놀라게 했다 예 他成了一名优秀的医生让我吃惊。 그가 한 명의 우수한 의사가 된 것이 나를 놀라게 했다.	没想到A(竟然)…… A가 (뜻밖에) ~하는 것을 생각지 못했다 예 我没想到他(竟然)成为一名优秀的医生。 나는 그가 (뜻밖에) 한 명의 우수한 의사가 될 것을 생각지 못했다.
遗传了聪明的头脑，坚韧的性格 총명한 두뇌와 강인한 성격을 물려받았다	又聪明又坚韧 총명하고 강인하다
刻苦 노고를 아끼지 않다	努力 노력하다

연습) 단계별 요약하기

> 虽然还有一部分宾馆会向客人提供免费的毛巾、牙膏和牙刷等一次性用品，但是，每次出差，她都会自己带这些东西，所以很少用宾馆里的一次性用品。

1 문장을 줄여 핵심만 파악하기

STEP 1 앞부분 요약

虽然还有一部分宾馆会向客人提供免费的毛巾、牙膏和牙刷等一次性用品。 비록 아직 일부 호텔은 고객에게 무료로 수건과 치약, 칫솔 등 일회성 용품을 제공한다.	→ 部分宾馆会向客人免费提供一次性用品。 일부 호텔은 고객에게 무료로 일회성 용품을 제공한다.

핵심내용 호텔에서 일회용품 무료제공

Point
1. '毛巾、牙膏和牙刷(수건과 치약, 칫솔)'는 '一次性用品(일회성 용품)'과 겹치므로 둘 중에 하나를 쓰는 것이 적합하고 좀 더 간단한 '一次性用品'만 쓰는 것이 더 좋다.
2. '虽然(비록)' 같은 접속사는 내용상 꼭 필요하지 않으면 쓸 필요가 없다.
3. '还有一部分宾馆(일부 ~한 호텔도 있다)'는 '部分宾馆……(일부 호텔이 ~하다)'으로 고치는 것이 더 깔끔하다.

STEP 2 뒷부분 요약

每次出差，她都会自己带这些东西，所以很少用宾馆里的一次性用品。 매번 출장 갈 때마다 그녀는 이런 것들을 직접 가져간다. 그래서 호텔 안의 일회성 용품은 잘 사용하지 않는다.	→ 每次出差，她都会自己带这一切，很少用宾馆里的。 매번 출장 갈 때마다 그녀는 이 모든 것을 직접 가져가 호텔 안의 것을 잘 사용하지 않는다.

핵심내용 매번 출장 갈 때마다 그녀가 직접 용품 가져감 → 호텔용품 잘 쓰지 않음

Point
1. '这些东西(이것들)'는 굳이 고칠 필요는 없으나 한 글자라도 줄인다면 '这一切(이 모든 것)'로 바꿀 수 있다.
2. '一次性用品'은 이미 앞에서 언급했으므로 다시 언급할 필요가 없다.

2 핵심내용 정리를 통한 요약하기

虽然还有 ~~一部分宾馆会向客人提供免费的毛巾、牙膏和牙刷等~~ 一次性用品，但是，每次出差，她都会自己带这些东西，所以很少用宾馆里的~~一次性用品~~。 → 비록 아직 일부 호텔에서는 고객에게 무료로 수건과 치약, 칫솔 등 일회성 용품을 제공하지만, 매번 출장 갈 때마다, 그녀는 이런 것들을 ~~직접 가져간다~~. 그래서 호텔 안의 일회성 용품은 잘 사용하지 않는다.

핵심내용 호텔에서 일회용품 무료제공 → 매번 출장 갈 때마다 그녀가 직접 용품 가져감 → 호텔용품 잘 쓰지 않음

최종요약 그녀는 매번 출장 갈 때마다 호텔용품을 사용하는 것을 원하지 않는다(꺼린다).

Point
1. '虽然A, 但是B(비록 A하지만, B하다)' 구문은 '但是' 후의 내용이 핵심이다. 이 때문에 중요한 것은 호텔이 무료 제품을 제공한다는 것이 아니라 그녀가 출장 갈 때마다 이 제품들을 잘 쓰지 않는다는 것을 알 수 있다.
2. '그녀가 출장 갈 때마다'는 하나의 전제 조건이기 때문에 내용상 남겨야 한다.
3. 내용의 핵심은 그녀가 직접 용품을 가져간다는 내용이 아니라 호텔용품을 잘 쓰지 않는다는 결과이다.
4. '很少用(잘 쓰지 않는다)'은 잘 안 쓰는 여러 가지 이유가 있을 수 있지만, 내용상 쓰는 것을 원하지 않는다는 의미이므로 '不愿意(~하려 하지 않는다)'로 바꾸어 표현할 수 있다.

핵심어휘 宾馆用品 호텔용품 | 出差 출장 가다 | 不太使用 잘 사용하지 않는다

모범요약 每次出差她都不愿意用宾馆用品。 매번 출장 갈 때마다 그녀는 호텔용품을 사용하는 것을 원하지 않는다(꺼린다).

실전 PT

▶모범요약 및 해설 35p
학습시간 2 0 분

다음 글을 해석 후 핵심내용 정리를 통해 요약하되, 연습을 하기 전에 PT팁을 다시 한번 확인해보자.

문제 1 儿子小时候一说话就脸红，回答老师问题的时候声音也很小，我当时很替他担心。但随着年龄的增长，他逐渐成熟了，大学毕业后成了一名优秀的律师，真让人吃惊。

▶ 해석 _____

▶ 핵심내용 정리 _____

▶ 요약하기 _____

문제 2 儿子遗传了父亲聪明的头脑和坚韧的性格，再加上自己的刻苦，他在公司工作干得非常出色，职位也一步步提升。

▶ 해석 _____

▶ 핵심내용 정리 _____

▶ 요약하기 _____

 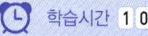

1 热衷于…… ~에 열중하다

很多人正热衷于把自己的详细收入甚至日常开支都展示出来。
많은 사람들이 자신의 상세한 수입, 심지어 일상의 지출을 모두 보여주는 데 열중하고 있다.

2 花些时间 + 동사구 약간의 시간을 들여 ~하다

做一件事，先花些时间做准备，会大大提高办事效率。
일을 하는 데, 먼저 약간의 시간을 들여 준비를 하면, 일 처리 효율을 크게 높이게 된다.

3 顾名思义 명칭을 보고 그 뜻을 짐작할 수 있다 → 이름 그대로, 말 그대로다

网络流行语，顾名思义就是网络上流行的语言，是网民们约定俗成的表达方式。
인터넷 유행어는 이름 그대로 인터넷 상에서 유행하는 언어로, 네티즌들이 약속해서 대중화한 표현방식이다.

4 只有 A 才能 B A해야만 비로소 B할 수 있다

只有坚持不懈地努力，才能不断地进步。
꾸준히 게으르지 않게 노력해야만 끊임없이 진보할 수 있다.

5 A 取决于 B A하는 것은 B하는 것에 의해 결정된다

一个企业能否获得成功取决于管理者有无经营理念。
한 기업이 성공할 수 있는지 없는지는 관리자가 경영이념이 있는지 없는지에 의해 결정된다.

6 经过 A, 주어 …… A를 거쳐, 주어가 ~하다

经过治疗，儿子已经恢复了健康。 치료를 거쳐, 아들은 이미 건강을 회복했다.

7 주어 + 素有 "A" 美称 주어는 줄곧 "A"라는 미칭을 가지고 있다

香港素有"购物天堂"的美称。 홍콩은 줄곧 '쇼핑의 천국'이라는 미칭을 가지고 있다.

8 一连串事情 일련의 일

夜深人静，想起今天发生的一连串事情，我怎么也睡不着。
밤이 깊어지고 조용해지자, 오늘 발생한 일련의 일들이 떠올라. 나는 어떻게 해도 잠들 수 없었다.

月牙泉 Yuèyáquán 위에야 샘(월아천)

중국 간쑤성 둔황시의 남서쪽 '鸣沙山(밍샤산)'에 있는 초승달 모양의 오아시스 호수이다. 초승달(新月 xīnyuè)을 닮아서 이름을 얻었고, 신비한 모습이 사람들이 감탄을 자아내게 만든다.

白居易 Bái Jūyì 백거이

중국 중당(中唐) 시기의 시인으로, 작품 구성은 논리의 필연에 따르며, 주제는 보편적이어서 일반 백성들도 알 수 있게 어려운 시를 쉽게 이끌어내어, 그의 시는 '深入浅出(shēnrù qiǎnchū 깊은 내용을 얕은 데까지 끌어내다)', '通俗易懂(tōngsú yìdǒng 통속적이어서 이해하기 쉽다)'하다. 주요 저서로는 《장한가(长恨歌 Chánghèngē)》, 《비파행(琵琶行 Pípaxíng)》 등이 있다.

舟山群岛 Zhōushān Qúndǎo 저우산군도

중국 저장성 동북부 앞바다의 1,390여 개의 섬들로 이뤄진 군도이다. 면적은 1,440㎢로 중국의 군도 중에서 가장 크다. 철새(候鸟 hòuniǎo)들이 겨울에 남쪽으로 이동할 때 쉬어가는 곳(驿站 yìzhàn) 중 하나이다.

《古文观止》 Gǔwénguānzhǐ 고문관지

청(清)대 학자 오초재(吴楚材 Wú Chǔcái)와 오조후(吴调侯 Wú Diàohóu)가 편찬한 산문집(散文集 sǎnwénjí)이다. 춘추전국(春秋战国)시대부터 명(明)대까지의 산문 222편이 수록되어 있다.

Day 6

듣기 제2부분 ❶ | 인터뷰를 듣고 보기에서 정답 고르기
스포츠 분야 인사의 인터뷰

어휘 PT Track 06-1 학습시간 10분

예제 1-5

荣誉	róngyù	명	영예
熏陶	xūntáo	명	훈도, 좋은 영향
忍受	rěnshòu	동	참아내다
消耗	xiāohào	동	소모하다
退役	tuìyì	동	은퇴하다
辞藻	cízǎo	명	사조 [시문의 문체]
发泄	fāxiè	동	털어놓다, 쏟아 내다
挫败感	cuòbàigǎn	명	좌절과 실패감
孤岛	gūdǎo	명	고도, 외딴 섬
环绕	huánrào	동	둘러싸다, 에워싸다
下滑	xiàhuá	동	아래로 미끄러지다, 하락세가 되다
应对	yìngduì	동	대처하다
伤病	shāngbìng	동	다치고 병들다
扎进	zhājìn	동	꽂다, 틀어박다
低迷	dīmí	형	낮아지다, 불황이다
坎儿	kǎnr	명	핵심, 정곡
情绪波动	qíngxù bōdòng	명	감정기복
包容	bāoróng	동	포용하다

문제 1-5

尴尬	gāngà	형	어색하다
置信	zhìxìn	동	믿다
花样滑冰	huāyàng huábīng	명	피겨스케이팅
速成	sùchéng	동	빨리 이루다, 속성하다
经营状态	jīngyíng zhuàngtài	명	경영상태
崇拜	chóngbài	동	숭배하다
经商	jīngshāng	동	장사하다, 상업에 종사하다
奥运会	Àoyùnhuì	명	올림픽

(* 亚运会 Yàyùnhuì 아시안 게임)

奖牌	jiǎngpái	명	메달
世界花样滑冰锦标赛	Shìjiè huāyàng huábīng jǐnbiāosài		세계 피겨스케이팅 선수권 대회
冠军	guànjūn	명	우승

(* 亚军 yàjūn 준우승)

连续两届	liánxù liǎng jiè		연속 2회
巡回表演	xúnhuí biǎoyǎn	명	순회공연
冰球教练	bīngqiú jiàoliàn		아이스하키 감독
专辑	zhuānjí	명	특집 프로그램
偶像	ǒuxiàng	명	우상
领悟	lǐngwù	명	깨달음, 이해 동 깨닫다
俱乐部	jùlèbù	명	클럽, 동호회
顶级	dǐngjí	형	정상급의
成型	chéngxíng	동	모양·모습을 갖추다
昂贵	ángguì	형	비싸다
随之	suízhī		그것에 따라
热爱	rè'ài	동	몹시 좋아하다 (= 酷爱 kù'ài)
接班	jiēbān	동	계승하다
喜好	xǐhào	명	기호 동 애호하다

① 감정을 나타내는 어휘에 주목해라!

스포츠 분야의 인터뷰는 게스트의 다양한 심경을 묻는 문제가 많이 출제되므로 게스트가 감정을 표출한 부분은 꼭 기억하도록 하자.

● 감정을 나타내는 어휘와 표현   ● Track 06-2

骄傲 jiāo'ào 거만하다/자랑스럽다	喜悦 xǐyuè 기쁘다/희열
踏实 tāshi 마음이 편하다	心安 xīn'ān 마음이 편하다
幸福 xìngfú 행복하다	成就感 chéngjiùgǎn 성취감
信心 xìnxīn 자신감	负担 fùdān 부담
渴望 kěwàng 갈망	对胜利的渴望 duì shènglì de kěwàng 승리에 대한 갈망
庆幸 qìngxìng (결과가 좋아) 다행스러워하다	波动 bōdòng 기복 (* 情绪波动 qíngxù bōdòng 감정 기복)
不服输 bù fúshū 실패를 인정하지 않다/ 지기 싫어하다 (= 不服气 bù fúqì)	

② 스포츠 분야에서 자주 쓰이는 표현을 습득해라!

스포츠 분야에서 쓰는 어휘는 제한적이기 때문에 자주 쓰이는 표현을 알아두면 듣기가 용이해진다.

● 스포츠 분야에서 자주 쓰이는 어휘와 표현   ● Track 06-3

退役 tuìyì 은퇴하다	获得奖牌 huòdé jiǎngpái 메달을 따다
奖牌得主 jiǎngpái dézhǔ 메달리스트	训练旅行 xùnliàn lǚxíng 전지훈련
巡回表演 xúnhuí biǎoyǎn 순회공연	战胜困难 zhànshèng kùnnán 어려움을 싸워 이기다
优秀的素质 yōuxiù de sùzhì 우수한 자질	卓越的记录 zhuóyuè de jìlù 탁월한 기록
打破记录 dǎpò jìlù 기록을 깨다	刷新记录 shuāxīn jìlù 기록을 갱신하다
专业运动员/职业运动员 zhuānyè yùndòngyuán/ zhíyè yùndòngyuán 프로선수	

③ 신체상태/종목 등에 대한 게스트의 생각을 나타내는 표현을 파악해라!

스포츠와 관련된 인터뷰인 만큼 신체상태를 나타내는 표현이나 해당 종목에 관한 게스트의 생각을 나타내는 표현이 많이 나오기 때문에 관련 표현을 알아두면 더 많은 정보를 이해할 수 있다.

● 신체상태와 종목에 관한 게스트의 생각을 나타내는 표현   ● Track 06-4

出于喜欢 chūyú xǐhuan 좋아하는 것에서 나오다, 이유가 좋아해서이다
勉强自己 miǎnqiáng zìjǐ 자신에게 강요하다, 억지로 하다
被人遗忘 bèirén yíwàng 사람들에게 잊혀지다
坚持到最后 jiānchídào zuìhòu 마지막까지 꾸준히 하다
至高愿望 zhìgāo yuànwàng 최고의 바람
终极幸福 zhōngjí xìngfú 종극적인 행복, 마지막 행복
激流勇退 jīliú yǒngtuì 절정일 때 용감하게 물러나다, 박수칠 때 떠나다

默默耕耘 mòmò gēngyún 묵묵히 밭을 갈다, 묵묵하게 열심히 일하다
强壮的身体 qiángzhuàng de shēntǐ 건장한 몸
身体条件符合 shēntǐ tiáojiàn fúhé 신체조건이 부합되다, 신체조건이 해당분야에 맞다
我会听从我身体的指令。 나는 내 몸의 명령을 따를 것이다. 몸이 허락하는 데까지 할 것이다.
高强度的连续作战让我不能承受了。 고강도의 연속적인 시합이 나를 버티지 못하게 했다.

④ 스포츠 분야 인터뷰의 질문유형을 파악해라!

스포츠 분야에 맞는 질문유형을 알아두면 질문에 맞는 보기를 파악하기가 쉽다.

● 스포츠 분야 질문유형   ○ Track 06-5

질문	설명
为什么会对 A 充满热情? 왜 A에 대한 열정이 가득한가?	게스트가 A라는 종목을 선택한 이유를 묻는 것이다.
A 时感觉怎么样? A할 때 느낌이 어땠는가?	주로 수상이나 좌절, 성공했을 때의 기분을 묻는다.
对 A 有什么看法? A에 대해 어떤 견해를 가지고 있는가?	A는 주로 게스트가 종사하는 스포츠 분야이고 그에 대한 견해를 묻는 것이다.
怎么评价现在的自己? 지금의 자신을 어떻게 평가하고 있는가?	현재의 자신의 위치를 어떻게 생각하는지를 묻는 것이다.
打算什么时候退役? 언제 은퇴할 계획인가?	시기로 이야기하거나 구체적인 상황을 이야기하기도 한다.
最大的幸福/愿望是什么? 가장 큰 행복/바람은 무엇인가?	'最大/最重要' 같은 어휘가 나오는 부분에 집중해야 한다.
现在面临的最大挑战是什么? 현재 마주한 가장 큰 도전은 무엇인가?	주로 고민하고 있는 부분이나 힘든 부분을 묻는 것이다.
为什么觉得 A 是值得的? 왜 A하는 것이 가치가 있다고 여기는가?	종사하는 분야의 가치를 묻는 것이다.
失去/得到的是什么? 잃은 것/얻은 것은 무엇인가?	돈, 명예보다는 주로 건강, 자유, 희열 등이 답이 된다.

 예제 1-5　　　　　　　　　　　　　　　　　　　　　　　　　　　◉ Track 06-6

1. A 可为自己争得荣誉 B 能强身健体 C 受家人熏陶 D 能使人不断挑战自我	1. A 자신을 위해 영예를 쟁취할 수 있어서 B 몸을 건강하게 할 수 있어서 C 가족의 좋은 영향을 받을 수 있어서 D 사람이 끊임없이 스스로에게 도전하게 만들 수 있어서

보기 1. 보기에 '可'와 '能(~할 수 있다)'이 있으면 '为什么(왜)'에 대한 답일 가능성이 크다.
　　　2. 진행자의 첫 번째 질문이 테니스에 왜 큰 열정을 가지고 있느냐는 것이기 때문에 이 이유에 대한 대답이 정답이 될 것이다.

2. A 训练很艰苦 B 规则太复杂 C 需忍受孤独 D 体力消耗大	2. A 훈련하는 것이 고생스럽다 B 규칙이 너무 복잡하다 C 외로움을 견뎌야 한다 D 체력 소모가 크다

보기 1. 보기의 '训练(훈련)', '规则(규칙)', '体力(체력)'이라는 어휘를 통해 운동에 관한 질문이라는 것을 알 수 있다.
　　　2. 밑줄친 부분이 대부분 부정적인 느낌이므로 어렵고 힘든 점에 귀기울여 들어야 한다.

3. A 父母要求她退役 B 找不到好教练 C 技术落后 D 自身状态下降	3. A 부모님은 그녀가 은퇴하길 요구한다 B 좋은 코치를 찾지 못했다 C 기술이 뒤처진다 D 자신의 몸 상태가 안 좋아졌다

보기 1. 보기의 '父母要求(부모님의 요구)', '教练(코치)', '技术(기술)', '自身状态(자신의 몸 상태)'가 나열된 것으로 보아 게스트의 현 상황에 관한 질문이라는 것을 알 수 있다.
　　　2. 게스트의 근황이 나오면 보기의 어휘가 그대로 출현할 가능성이 높으니 집중하여 이 어휘들에 귀 기울여야 한다.

4. A 富有智慧 B 情节生动 C 辞藻华丽 D 趣味十足	4. A 지혜로 가득 차 있다 B 줄거리가 생동감 넘친다 C 문체가 화려하다 D 재미가 넘친다

보기 1. 보기의 '情节(줄거리)'와 '辞藻(문체)'라는 어휘를 근거로 운동이 아닌 글이나 책에 관한 질문임을 알 수 있다.
　　　2. 스포츠 분야의 인터뷰에서 책이나 글에 관한 것이 언급되면 주로 영향을 받은 책이나 좋아하는 책에 관한 언급이다.

5. A 是出于对胜利的渴望 B 想迷惑对手 C 是为了发泄不满 D 对比赛不利	5. A 승리에 대한 갈망에서 나온 것이다 B 상대를 정신차리지 못하게 하고 싶어한다 C 불만을 토로하기 위해서이다 D 시합에 불리하다

보기 1. A의 '出于 + 감정' 형태의 보기는 어떤 행위의 출처를 묻는 경우이다.
　　　2. C의 '是为了'는 어떤 행위의 목적을 나타낸다.
　　　3. 위의 두 힌트로 어떤 행위에 대한 문제임을 알 수 있다.

男: 李娜，感谢你接受我们的采访。请问，1. 你为什么会对网球有着如此大的热情？
女: 1.D 网球是一个可以让你不断挑战自己的项目。它会给人很大的挫败感，也会给人很大的成就感。因为你会觉得，连这么难的事我都能做好，其他的，我会做不好吗？
男: 那么，2. 网球这项运动的艰难之处在哪儿呢？
女: 2.C 网球是一项非常孤独的运动，运动员在赛场上，没有教练，没有队友。只有对手和自己。有人形容网球是"孤岛运动"。就是说，运动员站在场上，就像一座孤岛。周围观众环绕，自己却非常孤独。不过，虽然只有我自己一个人在比赛，但其实我的团队还在。他们虽然不上场，但是对我很重要。
男: 3. 你眼下面临的挑战是什么？
女: 我已经不年轻了，3.D 自身状态在下滑。到不同的国家打比赛，我还要倒时差，饮食也不习惯。有时早上醒来甚至不知道自己在哪里。我需要克服这些不舒服的感觉。另外，我还得应对伤病问题。
男: 听说你不打比赛的时候，放松的方式是读书。4. 那你最喜欢的书是什么？
女: 我原来不太喜欢读书，回到学校上学这两年，渐渐喜欢上了读书。年龄大了，人就会对社会、历史和心灵方面的东西感兴趣，会想扎进更深的地方。4.A 有一本书叫《遇见未知的自己》我特别喜欢。这本书，虽然没有华丽的文字，但是充满智慧。当时，我处于一个很低迷的状态。读完之后，我觉得人生没有什么过不去的坎儿。
男: 很多人说你比赛的时候情绪波动得太厉害。但是 5.A 你的丈夫姜山却说，"你情绪波动是因为对胜利的渴望，这是一件好事。"别人看到的是你的外在，而他看到的是你情绪背后的动机。
女: 对。他完全知道我在做什么，知道我要什么。我很庆幸能遇见一个这么了解我、包容我的人。我很感谢他！

남: 리나, 저희의 인터뷰에 응해주셔서 감사합니다. 1. 당신은 왜 테니스에 이렇게 큰 열정을 가지고 있는 건가요?
여: 1.D 테니스는 당신이 끊임없이 자신에게 도전하게 할 수 있는 종목입니다. 그것은 사람에게 큰 좌절과 실패감을 주기도 하고, 큰 성취감을 주기도 합니다. '이런 어려운 일도 다 해내는데, 다른 것은 못할 게 뭐가 있겠어?'라고 여기게 되기 때문이죠.
남: 그러면, 2. 테니스라는 운동의 힘든 점은 어디에 있을까요?
여: 2.C 테니스는 매우 외로운 운동입니다. 선수는 경기장에서 코치도 없고, 팀원도 없죠. 오직 상대와 자신 뿐이에요. 어떤 사람은 테니스가 "고도(외딴 섬) 운동"이라고 묘사했는데, 이것은 선수가 경기장에 서있으면 외딴 섬에 있는 것 같다는 것이죠. 주위에 관중들이 에워싸고 있어도 자신은 오히려 매우 외롭죠. 오직 나 혼자서 시합을 하지만 사실 제 운동팀은 존재합니다. 그들은 경기장에는 나오지 않지만 저에게는 매우 중요하죠.
남: 3. 당신이 지금 마주한 도전은 무엇입니까?
여: 저는 이미 젊지 않고, 3.D 제 몸 상태는 안 좋아지고 있습니다. 다른 국가에 가서 시합을 하면 시차에도 적응해야 하고, 음식도 익숙지가 않습니다. 어떤 때에는 아침에 일어나면 심지어 제가 어디에 있는지조차 모릅니다. 저는 이런 불편한 느낌들을 극복해야 하고, 이 외에 부상 문제도 대처해야 합니다.
남: 당신은 시합을 하지 않을 때, 긴장을 완화시키는 방식이 독서라고 하던데, 4. 어떤 책을 가장 좋아하시나요?
여: 저는 원래 책 읽는 것을 그다지 좋아하지는 않았습니다. 학교로 돌아와 수업을 받는 2년간, 점차 독서를 좋아하게 되었습니다. 나이가 많아지니 사회, 역사 그리고 마음 방면의 것들에 흥미가 생기기 시작했고, 더 깊이 파고들고 싶어졌습니다. 4.A 《미지의 자신을 만나다》라는 책이 있는데 제가 매우 좋아하는 책입니다. 이 책은 비록 화려한 글은 없지만, 지혜로 가득 차 있습니다. 당시에, 저는 슬럼프 상태에 빠져있었는데, 다 읽고 나서 저는 인생에는 넘어가지 못할 고비는 없다고 느꼈습니다.
남: 많은 사람들이 당신이 시합할 때 감정기복이 너무 심하다고 말하는데, 5.A 당신의 남편 장산은 오히려 "당신의 감정기복은 승리에 대한 갈망 때문이고, 이것은 좋은 일입니다."라고 말했죠. 다른 사람이 본 것은 당신의 외적인 것인데, 그가 본 것은 당신 감정 배후의 동기인 거군요.
여: 맞습니다. 그는 제가 무엇을 하는지, 무엇을 원하는지 완전히 알고 있어요. 저는 이렇게 저를 이해하고, 포용해주는 사람을 만나 행운입니다. 그에게 정말 고마워하고 있어요!

1. 女的为什么会对网球充满热情？ 2. 女的觉得网球运动的艰难之处是什么？ 3. 女的现在面临的最大挑战是什么？ 4. 女的认为《遇见未知的自己》这本书怎么样？ 5. 女的的丈夫怎么看待她在赛场上的情绪波动？	1. 여자는 왜 테니스에 열정이 가득한가? 2. 여자는 테니스의 힘든 점을 무엇이라고 여겼는가? 3. 여자가 현재 마주하고 있는 가장 큰 도전은 무엇인가? 4. 여자는 《미지의 자신을 만나다》라는 이 책을 어떻게 생각하는가? 5. 여자의 남편은 그녀의 경기장에서의 감정기복을 어떻게 보는가?

Point
1. 1, 2, 3번의 문제가 진행자의 첫 번째, 두 번째, 세 번째 질문 내용과 각각 일치한다는 것을 주목해야 한다.
2. 4번은 직접적으로 진행자의 질문이 문제와 같지는 않지만 진행자가 네 번째 질문으로 책에 대한 화제를 이끌어내고 게스트가 그에 대한 대답을 하는 과정에서 4번 문제의 정답이 출현했다.
3. 5번 문제처럼 게스트의 대답에서만 정답이 나오는 것이 아니라 진행자가 게스트의 감정이나 정보를 전달하는 경우가 있다.

해설
1. '网球是一个可以让你不断挑战自己的项目(테니스는 당신이 끊임없이 자신에게 도전하게 할 수 있는 종목입니다)'라고 말했으므로 보기의 D 能使人不断挑战自我(사람이 끊임없이 스스로에게 도전하게 만들 수 있어서)가 정답임을 알 수 있다.
2. '网球是一项非常孤独的运动(테니스는 매우 외로운 운동입니다)'이라고 말했으므로 보기의 C 需忍受孤独(외로움을 견뎌야 한다)가 정답임을 알 수 있다.
3. '自身状态在下滑(제 몸 상태는 안 좋아지고 있습니다)'라고 말했으므로 보기의 D 自身状态下降(자신의 몸 상태가 안 좋아졌다)이 정답임을 알 수 있다. '下滑(하락하다, 떨어지다, 미끄러지다)'는 '下降(떨어지다)'과 같은 의미이다.
4. '有一本书叫《遇见未知的自己》我特别喜欢。这本书，虽然没有华丽的文字，但是充满智慧(《미지의 자신을 만나다》라는 책이 있는데 제가 매우 좋아하는 책입니다. 이 책은 비록 화려한 글은 없지만, 지혜로 가득 차 있습니다)'라고 말했으므로 정답은 A 富有智慧(지혜로 가득 차 있다)가 정답임을 알 수 있다. '富有(많이 가지고 있다)'와 '充满(가득 차다)'은 목적어를 충분히 가지고 있다는 점에서 같은 의미이다.
5. '你的丈夫姜山却说，"你情绪波动是因为对胜利的渴望，这是一件好事。"(당신의 남편 장산은 오히려 "당신의 감정기복은 승리에 대한 갈망 때문이고, 이것은 좋은 일입니다."라고 말했죠)'라고 말했으므로 A 是出于对胜利的渴望(승리에 대한 갈망에서 나온 것이다)이 정답이다.

정답 1. D 2. C 3. D 4. A 5. A

🔵 보기를 먼저 파악해 어떤 질문과 연관이 있는지를 찾아내는 것이 관건이다.

[1 - 5]

문제 1
A 很难过
B 非常自豪
C 有些尴尬
D 难以置信

문제 2
A 可以速成
B 必须用心投入
C 不属于竞技运动
D 适合性格活泼的人

문제 3
A 缺少专业教练
B 经营状况不好
C 现有三四千名会员
D 培养了许多优秀运动员

문제 4
A 很崇拜父亲
B 准备明年退役
C 和父母住在一起
D 被称为"冰上蝴蝶"

문제 5
A 送他出国留学
B 鼓励他去经商
C 让他学习滑冰
D 尊重他的兴趣

독해 제2부분 ❶ | 빈칸에 알맞은 어휘 채우기
품사별로 접근해라! I - 동사/형용사/명사

어휘 PT
학습시간 10분

예	透气 tòuqì 동 환기시키다 污染指数 wūrǎn zhǐshù 명 오염지수 指出 zhǐchū 동 지적하다 茅 máo 명 띠(식물이름)나 솔잎의 묶음 旗子 qízi 명 깃발
예제	风筝 fēngzheng 명 연 放飞 fàngfēi 동 (새나 연을) 날리다, 날려 보내다 奇葩 qípā 명 수준 높은 문학작품, 걸작
문제 1	滑草 huácǎo 명 잔디스키 前卫 qiánwèi 형 전위적이다, 혁신적이다 刺激 cìjī 명 동 자극/자극하다 熟练 shúliàn 형 숙련되다 划分 huàfēn 동 나누다, 구분하다 由浅入深 yóuqiǎn rùshēn 　　　　　　성 얕은 것에서 깊은 내용으로 들어가다 技巧 jìqiǎo 명 기교, 스킬
문제 2	适宜 shìyí 동 적합하다, 적절하다 荔枝 lìzhī 명 여지, 리치 [과일의 한 종류] 色泽鲜艳 sèzé xiānyàn 　　　　　　색깔과 광택이 산뜻하고 아름답다 肉多核小 ròuduō héxiǎo 과육이 많고 씨가 작다 口感爽滑 kǒugǎn shuǎnghuá 　　　　　　식감이 시원하고 부드럽다 享誉 xiǎngyù 동 명성을 떨치다
문제 3	压轴戏 yāzhóuxì 　　　　명 압축극 [순서상 뒤에서 두 번째 나오는 극] 倒数 dàoshǔ 동 거꾸로 세다 戏班 xìbān 명 (중국 전통극의) 극단 离场 líchǎng 경기장을 떠나다 比喻 bǐyù 동 비유하다
문제 4	云锣 yúnluó 명 운라 [타악기의 한 종류로 작은 징 10개 　　　　　로 구성된 악기] 厚度 hòudù 명 두께 若干 ruògān 대 약간, 조금 小槌 xiǎochuí 명 작은 망치 击打 jīdǎ 동 때리다, 치다 声响 shēngxiǎng 명 소리
문제 5	眼花缭乱 yǎnhuā liáoluàn 　　　　　　성 눈이 부시다, 눈을 현혹시키다 贬值 biǎnzhí 동 가치가 절하되다 报废 bàofèi 동 폐기하다, 폐품 처리하다 奋发 fènfā 동 분발하다 夺 duó 동 빼앗다

1 동사 문제는 명사와 조합을 이룬 빈출 '搭配'를 숙지해라!

'搭配(함께 잘 어울리는 어휘의 조합)'는 주로 동사와 명사의 구조가 많아서 HSK에 자주 출제되는 동사와 명사의 어휘조합을 미리 숙지해 둔다면 동사에 관한 문제풀이가 용이해진다.

● 빈출 '搭配'로 구별하는 비슷한 동사의 예

掌握 zhǎngwò	동 (기술·지식을) 습득하다, 마스터하다 掌握技术 기술을 습득하다
把握 bǎwò	① 동 (기회를) 잡다 / (감정을) 통제하다 　　把握机会 기회를 잡다 / 把握情绪 기분을 통제하다 ② 명 자신감 　　有把握 자신감이 있다
遭受 zāoshòu	동 (불행·손해를) 입다, 당하다 遭受损失 손실을 입다 ǀ 遭受白眼 차가운 시선을 받다
面临 miànlín	동 (문제·상황에) 직면하다 面临风险 리스크에 직면하다 ǀ 面临挑战 도전에 직면하다
更正 gēngzhèng	동 (실수·잘못을) 정정하다 更正报道 보도를 정정하다
更新 gēngxīn	동 (이미 있던 것을) 고쳐 새롭게 하다, 혁신하다 更新技术 기술을 혁신하다

2 동사는 '무엇을'이 중요하다.

한국어로 비슷한 뜻을 가진 동사들은 '무엇을' 동사 하는지 특징 파악이 중요한데, 이때 '무엇을'은 한국어로 정리하는 것이 오히려 기억하기 쉽고 정확하게 활용할 수 있다.

● '막다'라는 뜻을 가진 동사의 구별

阻止 zǔzhǐ	(사물이나 확산을) 막아서 못 나아가게 하다 阻止病毒扩散 바이러스의 확산을 막다
制止 zhìzhǐ	(행동을) 말려서 못하게 하다 制止他人的不良行为 타인의 불량행위를 못하게 하다
防止 fángzhǐ	(주로 나쁜 일이나 현상을 사전준비를 통해) 일어나지 못하게 하다 这样做是为了防止再发生类似的事故。 이렇게 하는 것은 같은 사고가 다시 발생하는 것을 방지하기 위함이다.

> **예**
>
> 堵车时，许多人都习惯 _____ 下车窗透气，殊不知，越是堵车严重的地方，污染指数越高。
>
> A 拔　　　　　B 拆　　　　　C 摇　　　　　D 掏
>
> 해석 차가 막힐 때, 많은 사람들이 차창을 아래로 _____ 해서 환기시키는데, 차가 심각하게 막히는 곳일수록 오염지수가 높다는 것을 전혀 모른다.
>
> 보기 A 拔 bá 뽑다, 선발하다　예 拔牙(이를 뽑다), 拔草(풀을 뽑다), 选拔(선발하다) 등
> 　　 B 拆 chāi (조립하거나 붙여 놓은 것을) 헐다, 뜯다　예 拆房子(집을 허물다), 拆开(뜯다) 등
> 　　 C 摇 yáo 흔들어 움직이다　예 摇头(고개를 흔들다), 摇车窗(차창을 돌려 내리다) 등
> 　　 D 掏 tāo (손이나 도구로) 꺼내다　예 掏钱(돈을 꺼내다), 掏手机(휴대전화를 꺼내다) 등
>
> Point 지금 차량들은 차창을 전동으로 여닫지만, 이전의 차량들은 손잡이를 돌려서 차창을 내렸기 때문에 동사 '摇(흔들어 움직이다)'를 썼고 그것이 어휘로 굳어져 '차창을 열다'라는 보편적인 표현은 '摇车窗'을 쓴다. 이런 경우 어휘의 뜻만으로는 유추하기 어렵기 때문에 자주 쓰이는 조합어휘(搭配)를 반드시 함께 외워야 한다. 정답은 C.

❸ 형용사 문제는 주어와의 관계를 살펴라!

형용사의 경우 한국어로는 의미가 같아서 구별하기 어려운 경우가 많다. 이 경우 반드시 형용사가 술어로 쓰인 문장의 주어와의 관계가 성립되는지 확인해야 하고, 이때 '어떤 것이' 형용사 한 것인지가 중요하다.

● 주어로 구별하는 비슷한 형용사의 예

充分 chōngfèn	(추상적인 것이) 충분하다 理由充分 이유가 충분하다 ｜ 条件充分 조건이 충분하다
充足 chōngzú	(자연이나 구체적인 물질이) 넉넉하다 阳光充足 햇빛이 충분하다 ｜ 雨量充足 강우량이 넉넉하다
充沛 chōngpèi	(주로 정신 방면의 추상적인 개념이) 왕성하다 精神充沛 기운이 왕성하다 ｜ * 雨量充沛 강우량이 넉넉하다 (= 充足)
充实 chōngshí	(내용이) 알차다 内容充实 내용이 알차다 ｜ 生活充实 생활이 알차다

> **예**
>
> 一位著名翻译家曾指出：翻译是在第三空间创造更 _____ 的东西。
>
> A 崭新　　　　B 奇妙　　　　C 新颖　　　　D 美妙
>
> 해석 한 유명한 번역가가 일찍이 번역은 제3의 공간에서 더욱 _____ 한 것을 창조하는 것이라고 밝힌 바 있다.
>
> 보기 A 崭新 zhǎnxīn (완전히) 새롭다 → 사물에 주로 쓴다.　예 崭新的车(새 차)
> 　　 B 奇妙 qímiào 기발하다 → 아이디어나 상상력에 쓴다.　예 奇妙的想象力(기발한 상상력)
> 　　 C 新颖 xīnyǐng 참신하다 → 디자인, 발상 등에 쓴다.　예 款式很新颖(디자인이 참신하다)
> 　　 D 美妙 měimiào 아름답다 → 풍경, 목소리 등에 쓴다.　예 美妙的歌声(아름다운 노랫소리)
>
> Point 비슷해 보이는 형용사를 구분할 줄 아는가가 관건이다. '崭新'은 이전에 없던 것, 즉 새로운 것이라는 것에 초점을 맞추고, '新颖'은 별나고 특이하고 새로운 것이라는 것에 초점을 맞춘다. '奇妙'는 기발함이 감탄을 자아낼 정도로 뛰어나다는 것에 초점을 맞춘다.
> 　　 새로운 것을 창조한다는 것에 있어서는 A, B, C가 모두 적합한 것처럼 보이지만 번역이라는 것은 결국 기존의 것을 토대로 작업하는 일이기 때문에 기존에 없는 새로움에 초점을 맞춘 '崭新'과 '新颖'은 내용상 적합하지 않다. 정답은 B.

4 '的' 뒤의 명사에 주목해라!

형용사는 관형어, 즉 명사를 수식하는 성분으로도 쓰이는데, 밑줄에 들어가야 할 어휘가 형용사이고 뒤에 '的'가 있다면 명사를 수식할 수 있는 형용사를 찾는 문제이다. 어떤 명사를 수식할 수 있는지 여부를 확인하면 비슷한 어휘라도 구별하기가 쉬워진다.

● 수식하는 명사로 구별하는 비슷한 형용사의 예

精彩 jīngcǎi	(공연·경기·행동이) 멋지다, 훌륭하다 精彩的表演 멋진 공연 ｜ 精彩的比赛 멋진 시합
精致 jīngzhì	(조형물이) 정교하다 精致的手表 정교한 손목시계

5 명사의 특징을 파악해라!

명사는 동사와의 조합도 중요하지만 어휘 자체의 특징을 알아야 구별하기 쉽다. 비슷한 명사는 어떤 상황에 적합한 명사인지 생각해보는 것만으로도 정답을 찾기 수월해진다.

● 비슷한 명사 구별의 예

秩序 zhìxù	질서: 혼란 없이 순조롭게 이루어지게 하는 사물의 순서나 차례 → 사회적인 질서의 중요성을 설명하는 내용에 적합
次序 cìxù	차례: 순서에 따라 구분하여 진행해 나감 → 선후순서에 맞춰 일을 처리해 나가는 방식을 설명하는 내용에 적합
名次 míngcì	석차: 성적의 순위 → 시합이나 시험의 등수, 성적을 언급한 내용에 적합
程序 chéngxù	절차: 업무 처리의 순서나 방법 / (컴퓨터의) 프로그램 → 컴퓨터에 관한 설명이나 업무 처리 방식을 설명하는 내용에 적합

예

"名列前茅"是指在考试或者比赛中_____靠前。春秋时期，楚国行军时，有人举着茅当旗子，走在队伍的最前面，这就是"前茅"最初的意思。

A 秩序　　　　B 名次　　　　C 程序　　　　D 次序

해석 '명렬전모'는 시험이나 시합 중에 _____가 앞에 있는 것을 가리킨다. 춘추시대에, 초나라가 행군할 때, 어떤 이가 띠(볏과의 풀 이름)를 들어 깃발로 삼아, 대열의 제일 앞으로 나섰는데 이것이 바로 '전모'의 최초의 의미이다.

보기 A 秩序 zhìxù 질서 → 공공질서를 언급할 만한 내용이어야 정답이 될 가능성이 크다.
B 名次 míngcì 석차 → 시합이나 시험의 성적을 언급하는 내용에 잘 쓰인다.
C 程序 chéngxù 프로그램, 순서 → 컴퓨터와 관련된 내용이거나 절차상의 내용이어야 한다.
D 次序 cìxù 순서 → 일의 선후 순서, 차례를 의미하므로 보편적인 일 처리에 관한 내용에 잘 쓰인다.

Point '名列前茅'라는 어휘를 몰라도 뒤에서 시합과 관련이 있고, 앞에 있다는 것을 설명하고 있으므로 '성적'이 가장 잘 어울린다는 것을 알 수 있다. '名列前茅'는 '성적이 선두에 있다'는 뜻으로 HSK 필수어휘는 아니지만 자주 출현하는 성어이므로 암기해 두는 것이 좋다. 정답은 B.

예제

中国是风筝的故乡，而潍坊是_____风筝和放飞风筝最早的地方。风筝是潍坊_____艺术中的一朵奇葩。从有文字_____至今，风筝已有2000多年历史。	중국은 연의 고향으로 웨이팡은 연을 발명하고 연을 날린 가장 이른 곳이다. 연은 웨이팡 민간예술 중의 꽃이다. 문자기록이 있은 후부터 지금까지 연은 이미 2,000여 년의 역사를 가지고 있다.
A 发现　　生活　　说明 B 发明　　民间　　记载 C 制作　　表演　　记录 D 制造　　文化　　应用	A 발견하다　　생활　　설명(하다) B 발명하다　　민간　　기재, 기록(하다) C 제작하다　　공연　　기록(하다) D 제조하다　　문화　　응용(하다)

Point

1. 비슷한 동사를 구별하는 것으로 '风筝(연)'과의 조합이 중요하다.

    发现: '이전에 모르던 것을 알게 되거나 연구나 조사를 통해 알게 되었다'는 뜻으로 '연'과 쓰인다면 이전에 없던 연의 존재를 알게 되었다는 뜻이 되므로 내용과 맞지 않다.

    发明: '새로운 사물이나 새로운 방법을 찾아내었다'는 뜻으로 웨이팡에서 처음으로 연을 만들었다는 내용이므로 밑줄에 알맞다.

    制作: '원재료로 각종 사물을 만들어냈다'는 뜻으로 연과 조합은 어울리지만 연의 재료로 만드는 방법 즉 '制作风筝的方法(연을 제작하는 방법)' 등에 쓰여야 한다.

    制造: '원재료를 가공해서 물건을 만들다' 또는 '분위기나 국면을 만들어내다'라는 뜻으로 쓰이므로 정답에는 어울리지 않는다. HSK에서는 '制造……氛围(~한 분위기를 만들다)'으로 자주 쓰인다.

2. '艺术(예술)'와 자연스러운 조합이 되는 명사를 찾아야 한다. 보기의 명사가 모두 '예술'과 조합은 가능하기 때문에 이 열에서 함부로 정답을 판단해서는 안 된다. 하지만 '民间艺术形式(민간예술 형식)'가 HSK에 자주 나오는 조합임은 기억해 두는 것이 좋다.

3. '记载'와 '记录'의 차이를 정확하게 알아야 한다.

    记载: 동사로는 '일을 기재하다'라는 뜻이고 명사로는 '글로 남겨진 기록'이라는 뜻으로 어딘가에 쓰여진 기록에 초점을 맞추고 역사서나 어떤 자료에 기록되어 있다는 내용에 자주 쓰여 '据记载(기재된 것에 따르면)', '有记载(기록이 있다)'의 조합 형태로 잘 쓰인다. '문자로 되어 있는 기록이 있은 후부터'라는 내용이므로 밑줄에 적합하다.

    记录: 동사로는 '보고 들은 것을 어떤 수단을 통해 남긴다'는 뜻으로 남은 흔적이 아니라 사람이 무엇인가를 기록한다는 그 행위 자체에 초점을 맞춘다. '……了(기록했다)', '……过(기록한 적 있다)'로 자주 쓰이고, '打破记录(기록을 깨다)'라는 명사의 조합도 자주 쓰인다.

정답　B

> 앞의 전략PT와 예를 바탕으로, 동사/형용사/명사에 집중하여 문제를 풀어보자. (각 문제당 1분 안배)

문제 1 滑草是一项十分前卫的运动。它和滑雪一样，能给运动者带来动感和刺激，_____是对于少雪地区的人们来说，就显得更新鲜了。滑草场的场地一般都比较大，而且，滑草场会根据运动者的熟练_____划分不同的区域，让人由浅入深地_____各种技巧。

A 简直　　角度　　领悟
B 过于　　密度　　领会
C 尤其　　程度　　掌握
D 格外　　宽度　　把握

문제 2 广东省茂名市气候温和、雨量_____，而且红壤丘陵山地多，非常适宜荔枝的生长。这里出产的荔枝，色泽_____、肉多核小、口感爽滑，享誉国内外_____。茂名市也因此被称为"荔乡"。

A 充分　　单纯　　场所
B 充足　　单调　　场合
C 充沛　　鲜艳　　市场
D 充实　　鲜明　　现场

문제 3 压轴戏_____指一场戏的倒数第二出节目。过去，一场戏都很长，戏班为_____观众中间离场，会把最_____的部分排在倒数第二出，也就是压轴戏上。现在，人们多用"压轴戏"来比喻_____的、最后出现的事件。

A 通常　　防止　　精彩　　引人注目
B 时常　　终止　　精确　　锦上添花
C 照常　　阻止　　精简　　举世瞩目
D 平常　　制止　　精致　　津津有味

문제 4 云锣最早出现于唐代，它 _____ 大小相同而厚度和音高不同的若干铜制小锣组成。人们按照小锣的音高 _____，用绳子将其 _____ 于木架上，以小槌击打使之发出声响。云锣常被用于 _____ 音乐、地方戏曲和寺庙音乐的演奏中。

A 凭　　秩序　　粘贴　　公民
B 由　　次序　　悬挂　　民间
C 朝　　名次　　装修　　民族
D 趁　　程序　　布置　　种族

문제 5 眼花缭乱的技术 _____，使每一项具体的技术都 _____ 贬值的风险。你辛辛苦苦学到的知识随时可能"报废"。然而，在学习过程中所发展出来的 _____，如奋发向上、敢于冒险、_____ 等，却会成为谁也夺不去的个人资产。因此，_____ 有效的学习能力、学习习惯，比学到具体东西更重要。

A 更正　　遭受　　品质　　聚精会神　　培训
B 更新　　面临　　素质　　锲而不舍　　培养
C 改革　　应付　　品德　　精益求精　　操练
D 改正　　抵制　　道德　　实事求是　　操作

쓰기 ⑥ | 글 요약하기
기본기 다지기 Ⅱ – 단계별 요약 기술을 쌓아라!

어휘 PT

학습시간 분

연습
- 当回事 dàng huíshì 문제 삼다, 중요시 하다
- 如此 rúcǐ [대] 이와 같다
- 能干 nénggàn [형] 유능하다
- 破产 pòchǎn [동] 파산하다
- 就算 jiùsuàn [접] 설령 ~하더라도 [也와 호응]
- 一大笔钱 yídà bǐqián 큰 돈
- 相信 xiāngxìn [동] 믿다

문제 ①
- 在A看来 zài A kàn lái A가 보기에
- 小提琴 xiǎotíqín [명] 바이올린
- 锯木头 jù mùtou 나무토막을 톱질하다
- 沮丧 jǔsàng [형] 낙담하다
- 无意中 wúyìzhōng [부] 무의식중에, 뜻밖에
- 于是 yúshì [접] 그리하여
- 练琴 liànqín 바이올린을 연습하다

문제 ②
- 功夫 gōngfu [명] 시간
- 当上 dāngshang ~이 되다
- 总经理 zǒngjīnglǐ [명] 최고경영자
- 娶 qǔ [동] 얻다 (* 娶妻子 qǔ qīzi 아내를 얻다)
- 贤惠 xiánhuì [형] 어질고 총명하다
- 美满 měimǎn [형] 아름답고 원만하다
- 前所未有 qiánsuǒ wèiyǒu [성] 이전에는 없었다
- 充实 chōngshí [형] (내용·생활 등이) 알차다, 보람차다

전략 PT

1 생각은 간접화법으로 바꾸어라!
글 요약에서는 생각을 나타내는 부분은 보통 삭제해도 크게 문제가 되지 않지만 그 부분이 전체 내용에 중요한 역할을 할 경우에는 간접화법으로 간단히 바꾸는 것이 좋다. 이때 반드시 왜 그런 생각을 했는지에 주목해서 정리해야 한다.

2 묘사는 생략해라!
글의 흐름상 꼭 필요한 중심소재의 묘사가 아니라면 일반적으로 인물이나 장소, 사물에 대한 자세한 묘사는 모두 생략해도 좋다.

3 핵심어휘를 기억해라!
내용을 쉽게 기억하는 가장 좋은 방법은 핵심어휘들을 기억하는 것이다. 핵심어휘를 기억하면 그 어휘를 중심으로 사건을 구성하기가 쉽기 때문에 내용을 파악하고 나면 전반적인 내용의 주가 되었던 어휘들을 기억해 두어야 한다.

PT팁 표현 바꾸기 ②

원문의 표현	바꾼 표현
怎么会…… 어떻게 ~하게 되겠는가? 예 怎么会破产? 어떻게 파산하겠는가?	不会…… 할 리가 없다 = 不相信会…… ~하는 것을 믿지 않는다 예 不会破产 파산할 리 없다 = 不相信会破产 파산하는 것을 믿지 않는다
从来没有当回事 지금껏 진지하게 여기지 않았다	没想过 생각해본 적 없다
一大笔钱 큰 돈	很多钱 많은 돈
死后留下的一大笔钱 죽은 후 남긴 큰 돈	遗产 유산
拉小提琴 바이올린을 켜다 / 练小提琴 바이올린을 연습하다	练琴 바이올린을 연습하다
不几年的功夫 몇 년 되지 않은 시간 동안	没过几年 몇 년 되지도 않아
娶了一个贤惠的妻子, 家变得美满 지혜로운 아내를 얻어, 가정이 화목하고 행복하게 변했다	建立了幸福的家庭 행복한 가정을 꾸렸다

 단계별 요약하기

　　儿子从来没有当回事，如此能干的父亲怎么会破产呢? 他心想: 就算他死了，也会给我留下一大笔钱。

1 문장을 줄여 핵심만 파악하기

STEP 1 앞부분 요약

| 儿子从来没有当回事，如此能干的父亲怎么会破产呢? → 儿子不相信父亲会破产。 |

아들은 지금껏 진지하게 생각하지 않았다. 이렇게나 능력 있는 아버지가 어떻게 파산을 해?

아들은 아버지가 파산할 것이라는 것을 믿지 않았다.

Point　1. '从来没有当回事(지금껏 진지하게 생각하지 않았다)'에서 '진지하게 생각하지 않았다'는 것이 중요한 것이 아니라 어떤 것에 대해 진지하게 생각하지 않았는지 혹은 왜 진지하게 생각하지 않았는지가 중요하다. 그래서 이 부분은 삭제하는 것이 좋다.
2. '如此能干的父亲(이렇게나 능력 있는 아버지)'에서 아버지를 수식한 '如此能干(이렇게나 능력 있는)'은 삭제해도 된다.
3. '父亲怎么会破产呢? (아버지가 어떻게 파산을 해?)'라는 말은 '아버지가 파산할 리 없다'는 것이고, 결국 이 문장은 '아들은 아버지가 파산할 것이라 믿지 않는다'로 바꿔 표현할 수 있다.

핵심내용　아들은 아버지가 파산할 것이라 믿지 않음

STEP 2 뒷부분 요약

他心想: 就算他死了，也会给我留下一大笔钱。 → 他相信父亲会给他留下遗产。

그는 마음속으로 '설령 아버지가 돌아가신다고 해도, 큰 돈을 나에게 남겨주실 거야'라고 생각했다.

그는 아버지가 그에게 유산을 남겨줄 것이라고 믿었다.

Point　1. '就算(설령)'은 '即使'와 같은 어휘로 '也'와 호응해 '설령 ~라도~하다'라는 뜻으로 해석된다.
2. '아버지가 돌아가셔도 큰 돈을 남겨주실 거야'라고 생각한 것은 그가 그렇게 믿고 있다는 것이다.
3. '一大笔钱'은 '큰 돈'이라는 뜻으로 '很多钱(많은 돈)'으로 바꿔도 되지만, 가설이 '아버지가 돌아가셔도'이기 때문에 '遗产(유산)'으로 바꾸는 것이 더 적절하다.

핵심내용　아들은 아버지가 유산을 남겨줄 것이라 믿음

2 핵심내용 정리를 통한 요약하기

> 儿子从来没有当回事，如此能干的父亲怎么会破产呢？他心想：就算他死了，也会给我留下一大笔钱。

→ 아들은 지금껏 진지하게 생각하지 않았다. 이렇게나 능력 있는 아버지가 어떻게 파산을 해? 그는 마음속으로 '설령 돌아가신다고 해도, 큰 돈을 나에게 남겨주실 거야.'라고 생각했다.

핵심내용 아들은 아버지가 파산할 것이라고 믿지 않음 → 그는 아버지가 그에게 유산을 남겨줄 것이라고 믿음

최종요약 아들은 아버지가 파산할 것이라고 믿지 않는다.

Point
1. 요약할 때 보통 마음속 생각은 삭제해도 상관이 없지만 내용상 중요하다면 간접화법으로 돌려서 핵심내용만 간단히 정리하는 것이 좋다.
2. 주인공인 아들과 아버지는 반드시 들어가야 할 요소이다.
3. 핵심요약은 '아들이 아버지가 파산할 것이라고 믿지 않는 것'과 '유산을 남겨줄 것을 믿는다'는 것인데, 파산할 것이라는 것을 부정하며 부가적으로 유산을 남겨줄 것이라는 바람을 담았으므로 간단하게 요약한다면 전자를 남기는 것이 적절하다.

핵심어휘 儿子 아들 | 想 생각하다 | 父亲 아버지 | 会破产 파산할 것이다

모범요약 儿子不相信父亲会破产。 아들은 아버지가 파산할 것이라는 것을 믿지 않았다.

> 다음 글을 '해석 → 핵심내용 정리 → 요약하기' 순서로 완성하되, 연습을 하기 전에 PT팁을 다시 확인하여 내용을 충분히 숙지 후 풀어보자.

문제 1 ▶ 在爸爸和妈妈看来，我拉小提琴简直就像在锯木头，很难听。他们的看法让我沮丧，也让我不敢在家里练小提琴了。后来，我无意中发现了一个练小提琴的好地方，那儿环境十分安静。于是我到那儿拉小提琴。

▶ 해석

▶ 핵심내용 정리

▶ 요약하기

문제 2 ▶ 不几年的功夫，他就当上了公司的总经理，并且娶了一个贤惠的妻子。看着自己的家因为自己的努力变得越来越美满，他感到前所未有的充实。

▶ 해석

▶ 핵심내용 정리

▶ 요약하기

 마무리 PT   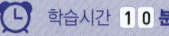 학습시간 10분

1 连 A 都……   A까지도 모두 ~하다
连这么难的事我都能做好。   이렇게 어려운 일까지도 나는 모두 잘 해낼 수 있다.

2 处于……的状态   ~한 상태에 처하다
我处于一个很低迷的状态。   나는 하나의 침체된 상황에 처해있다(슬럼프에 빠져있다).

3 把 A 作为偶像   A를 우상으로 삼다
从此就把她作为偶像，一直努力着。   이때부터 그녀를 우상으로 삼고, 줄곧 노력하고 있다.

4 越 A 越……   A할수록 ~하다
越是堵车严重的地方，污染指数越高。   교통체증이 심한 곳일수록 오염지수가 높다.

5 A 越……, B 也随之……   A가 ~할수록, B도 그것에 따라 ~하다
花样滑冰是一项比较昂贵的运动，水平越高，费用也随之增长。
피겨스케이팅은 하나의 비교적 고가 운동으로, 수준이 높아질수록 비용도 그것에 따라 증가한다.

6 让 A 接 B 的班   A가 B의 직업을 이어받게 하다
你有没有考虑让孩子接你的班？
당신은 아이가 당신의 직업을 이어받게 할 고려를 해보지 않았나요?

7 用 A 来比喻 B   A로 B를 비유하다
现在，人们多用"压轴戏"来比喻引人注目的、最后出现的事件。
현재 사람들은 '압축극'으로 이목을 끌거나, 마지막에 나타난 사건을 비유한다.

8 A 由 B 组成   A는 B로 조성되다
它由大小相同而厚度和音高不同的若干铜制小锣组成。
그것은 크기가 같지만 두께와 음높이가 다른 약간의 동으로 만든 작은 운라로 구성되어 있다.

9 A 被用于 B   A는 B에 쓰이다
云锣常被用于民间音乐、地方戏曲和寺庙音乐的演奏中。
운라는 민간음악, 지방희곡과 사찰음악의 연주에 자주 쓰였다.

10 就算 A 也 B   A할지라도 B하다
就算他死了，也会给我留下一大笔钱。   그가 죽더라도, 나에게 큰 돈을 남길 것이다.

Day 7

듣기 제2부분 ❷ | 인터뷰를 듣고 보기에서 정답 고르기
예술 분야 인사의 인터뷰

어휘 PT ● Track 07-1 학습시간 1 0 분

예제 1-5

| 稿费 gǎofèi 명 원고료
| 灵感 línggǎn 명 영감
| 改编 gǎibiān 동 각색하다
| 银幕 yínmù 명 은막, 스크린
| 失学儿童 shīxué értóng
| 　명 실학아동 [학업을 중단한 아동]
| 畅销书 chàngxiāoshū 명 베스트셀러
| 扼杀 èshā 동 목졸라 죽이다, 억누르다
| 起码 qǐmǎ 부 적어도 (= 至少 zhìshǎo)
| 定位 dìngwèi 동 객관적으로 평가하다
| 起步 qǐbù 동 (어떤 일을) 시작하다
| 稚嫩 zhìnèn 형 미숙하다 (↔ 成熟 chéngshú)
| 掌控 zhǎngkòng 동 조종하다, 주무르다
| 转折点 zhuǎnzhédiǎn 명 전환점
| 陷入 xiànrù 동 빠지다
| 题材 tícái 명 소재

문제 1-5

| 策划 cèhuà 동 기획하다
| 魔术 móshù 명 마술
| 报酬 bàochou 명 보수, 대가
| 临场 línchǎng 동 현장에 오다
| 抽象 chōuxiàng 형 추상적이다
| 收藏 shōucáng 동 소장하다
| 愉悦 yúyuè 형 기쁘다
| 启人深思 qǐrén shēnsī
| 　사람으로 하여금 깊이 생각하게 하다
| 堪忧 kānyōu 동 심히 걱정되다
| 动手能力 dòngshǒu nénglì 명 착수능력

契机 qìjī 명 계기, 동기
沙画 shāhuà 명 샌드애니메이션(sand animation)
链接 liànjiē 동 링크하다, 연계하다
视频 shìpín 명 동영상
犹如 yóurú 동 마치 ~와 같다
变幻 biànhuàn 동 변환하다
灵动 língdòng 형 재빠르다, 민첩하다
为之倾倒 wèizhī qīngdǎo
　그것(앞서 언급한 것)에 매료되다
转向 zhuǎnxiàng 동 전향하다
鬼使神差 guǐshǐ shénchāi
　성 귀신이 곡할 노릇이다, 귀신에 홀린 듯하다
单子 dānzi 명 리스트, 명세서
闯劲 chuǎngjìn 명 추진력, 돌파력
舒了一口气 shū le yīkǒuqì 한숨 돌리다
融于一体 róngyú yìtǐ
　하나로 융합되다, 조화를 이루다
即兴 jíxìng 동 즉흥적으로 하다
升值 shēngzhí 동 가치가 오르다
倾向于… qīngxiàngyú… ~쪽으로 치우치다,
　~하는 경향이 있다

❶ 자주 나오는 예술가의 종류를 파악해 두자!

예술가는 큰 범위이기 때문에 좀 더 구체적인 종류를 알아둘 필요가 있다. 종류와 관련 표현을 알아둔다면 인터뷰를 이해하기 수월하다.

❷ 해당 분야에 대한 견해는 놓치지 마라!

실제 시험에 나온 예술가들을 해당분야와 연관 지어 그 분야에 대한 견해를 미리 파악해 둔다면 같은 분야의 예술가가 나왔을 때 인터뷰를 이해하기가 훨씬 쉽다. 아래 정리된 내용은 소리 내어 읽어봐야 비슷한 내용이 들리므로 반드시 읽어보는 것이 좋다.

● 빈출 예술가 종류 및 문제와 관련 있었던 견해 　　　　　　　　　　　Track 07-2

作家 zuòjiā 작가	创造是非常自然的。 창작은 매우 자연스러운 것이다.
小说家 xiǎoshuōjiā 소설가	小说家应该有对整个社会的深刻认识和判断。 소설가는 마땅히 전체 사회에 대한 인식과 판단이 있어야 한다.
文学家 wénxuéjiā 문학가	网络文学绝对有它的价值，也有它的空间。 인터넷 문학은 절대적으로 그것의 가치가 있고, 그것의 공간도 있다.
指挥家 zhǐhuījiā 지휘자	学指挥不需要很多时间，但至少要对一到两件乐器非常熟悉，而且是一个专业的水准。 지휘를 배우려면 많은 시간이 필요하지는 않으나, 적어도 한두 개의 악기에 대해 매우 잘 알아야 하고, 게다가 전문적인 수준이어야 한다.
服装设计师 패션 디자이너 fúzhuāng shèjìshī	设计师不是明星，应该踏踏实实埋头苦干。 디자이너는 스타가 아니다. 마땅히 기본적인 것에 전심전력을 다해야 한다.
建筑设计师 건축 설계사 jiànzhù shèjìshī	建筑的内核是人对自身意义的思考。 건축의 핵심은 사람의 자기자신 의미에 대한 사고이다.
手机主题设计师 shǒujī zhǔtí shèjìshī 휴대전화 (바탕화면) 테마 디자이너	手机主题设计师应该具备卓越的审美能力。 휴대전화 테마 디자이너는 탁월한 심미적 능력을 갖추어야 한다.
舞蹈家 wǔdǎojiā 무용가	舞蹈都跟生命和情感有关，都不是简单的形式。 무용은 모두 생명과 감정과 관련이 있고, 모두 간단한 형식이 아니다.
钢琴家 gāngqínjiā 피아니스트	天才是通过刻苦勤奋得来的，有天分没有刻苦追求，不会有任何成绩。 천재는 고생과 부지런함을 통해 얻는 것으로, 재능은 있으되 고생을 추구하지 않으면 어떠한 성적도 있지 않을 것이다.
漫画家 mànhuàjiā 만화가	漫画是一种有意思的表达方式。 만화는 일종의 재미있는 표현 방식이다.

魔术师 móshùshī 마술사	现代的魔术应该更生活化，就是魔术师穿的衣服应该跟普通人一样。 현대의 마술은 마술사가 입는 옷이 보통사람과 같아야 하는 것처럼 더욱 생활화되어야 한다.
演员 yǎnyuán 배우	觉得生活中的交往好像是一个编排的戏剧，很多是可有可无的，可多可少的。 생활 속의 교류는 마치 각본대로 연습한 희극과 같아서, 대부분이 있을 수도 없을 수도, 많을 수도 적을 수도 있는 것이다.
沙画表演艺术家 shāhuà biǎoyǎn yìshùjiā 모래아트 공연예술가	沙画是一种瞬间艺术，沙画的价值在于创新。 모래아트는 일종의 순간적인 예술로, 모래아트의 가치는 창의성에 있다.
修复家 xiūfùjiā 복원가	修复文物的关键是学会复制。 문물 복원의 관건은 복제할 줄 아는 것이다.
玺印篆刻家 xǐyìn zhuànkèjiā 옥쇄 전각가(도장 파는 전문가)	玺印研究的重点是史料。 옥쇄 연구의 중점은 역사 자료이다.

❸ 예술 분야에 자주 나오는 질문유형을 습득해라!

진행자의 질문을 근거로 정답이 짐작되는 보기를 미리 파악할 수 있는 만큼 질문 유형을 미리 습득해 놓으면 정답 접근이 쉽다.

● 예술 분야 질문유형　　　　　　　　　　　　　　　　　　　　　　Track 07-3

第一次/最初 A 怎么样? 처음으로 A했을 때 어땠는가?	→	처음의 의도나 처음의 행동에 대해 묻는 경우가 많다.
什么时候开始以 A 为职业? 언제부터 A를 직업으로 삼기 시작했는가?	→	구체적인 시기나 사건의 발생으로 설명하는 경우가 많다.
从事 A 多长时间了? A에 종사한 지 얼마나 되었는가?	→	숫자로 대답하므로 정답을 찾기 쉬운 편이다.
把 A 看做什么? A를 무엇으로 보는가?	→	A에 대한 견해로 비유한 사물이나 대상에 집중해야 한다.
看重什么? 무엇을 중시하는가?	→	'중시하다'라는 표현은 '重视/讲究/注重/在乎' 등이 있다.
A 的价值在于什么? A의 가치는 어디에 있는가?	→	중요하게 생각하는 부분을 묻는 것이다.
为什么选择做 A? 왜 A가 되길 선택했는가?	→	A를 직업으로 선택한 이유를 묻는 것이다.
A 对 B 有什么影响? A는 B에 어떤 영향이 있는가?	→	A와 B의 관계를 묻는 것으로 자주 나오는 표현이다.
怎么看待 A? A를 어떻게 보는가?	→	A에 대한 견해를 묻는 것이다.

 예제 1-5　　　　　　　　　　　　　　　　　　　　　　　Track 07-4

1. A 比较公平 B 稿费更多了 C 不利于作家创作 D 给自己造成一定压力	1. A 비교적 공평하다 B 원고료가 더 많아진다 C 작가의 창작물에 이롭지 않다 D 자신에게 일정한 부담을 조성한다

보기
1. 보기에 나온 '稿费(원고료)'와 '作家创作(작가의 창작물)'라는 어휘를 근거로 글, 문학작품 등에 관한 것이라는 것을 알 수 있다.
2. '不利于(도움이 되지 않는다)'라는 내용과 '造成一定压力(부담을 조성한다)'라는 내용으로 어떤 것의 영향에 대한 문제임을 추측할 수 있다.

2. A 创作自然就好 B 创作需要灵感 C 创作心态很重要 D 创作环境最关键	2. A 창작은 자연스러운 게 좋다 B 창작은 영감을 필요로 한다 C 창작은 마음가짐이 중요하다 D 창작은 환경이 가장 관건이다

보기
1. 보기의 공통적인 어휘가 '创作(창작)'이므로 창작에 관한 내용이 나오면 집중해야 한다.
2. 핵심은 '自然(자연스럽다)', '灵感(영감)', '心态(마음가짐)', '环境(환경)'이다.

3. A 两年　　　　B 十几年 C 30多年　　D 40多年	3. A 2년　　　　B 십 몇 년 C 30여 년　　D 40여 년

보기
1. 보기만으로 시간에 관한 문제임을 알 수 있다.
2. 한자로 되어 있는 수 표현은 아라비아 숫자로 고쳐두면 한눈에 파악하기 쉽다.

4. A 是短篇小说 B 被改编成话剧 C 以农村为背景 D 被搬上了银幕	4. A 단편소설이다 B 연극으로 각색되었다 C 농촌을 배경으로 한다 D 스크린에 옮겨졌다

보기
1. A의 보기 '短篇小说(단편소설이다)'를 근거로 작품, 즉 소설 정보에 관한 문제임을 알 수 있다.
2. C의 '以A为B'는 'A를 B로 삼다'는 의미이다.
3. D 被搬上了银幕(스크린에 옮겨졌다)는 '被改编成电影(영화로 각색되었다)'과 같은 의미이다.

5. A 现在是导演 B 生活在上海 C 关心失学儿童 D 是畅销书作家	5. A 지금은 감독이다 B 상하이에서 생활한다 C 실학(배움의 기회가 없는) 아동에게 관심을 갖고 있다 D 베스트셀러 작가이다

보기
1. A의 '지금은 감독이다'와 D의 '베스트셀러 작가이다'를 근거로 인물 정보에 관한 문제임을 알 수 있다.
2. '导演(감독)', '上海(상하이)', '失学儿童(실학아동)', '畅销书(베스트셀러)' 등의 핵심어휘에 집중해야 한다.

男：王安忆老师，感谢您接受我们的采访。有人说，市场化和商业化在扼杀作家的创作环境，1. 您如何看待市场和作家之间的关系？

女：我觉得市场化相对来说是好的，1.A 起码市场化是比较公平、比较民主的，虽然我并不是一个畅销书作者，可是我觉得我的书销量是比较合适的。我的书卖两三万册，这就对了，销量太高就不像我的书了。我认为市场可以比较准确地给作家进行定位。所以，我对市场化没有太大的反感。

男：您是否感受到 2. 创作环境的改变？它是否影响了您的创作？

女：我对环境没有太大的感觉。对我自己来说创作环境是越来越好了。环境和作家本身的情况是相关的。我刚刚起步的时候，其实写得非常稚嫩。现在，我个人的思想已经比较成熟了，我觉得我能够掌控自己的创作，创作的状态也越来越好。

男：您在不同的时期，2. 是否会因为心态的不同而影响到创作的本身？

女：3.C 我从一开始写作到现在已经三十多年了，写作成了我非常自然的生活状态。应该说，我没有抱着什么特殊的心态来创作，2.A 对我来讲，创作是非常自然的。所以，我根本不去想我要用什么心态去创作。

男：4.D 您的长篇小说《长恨歌》曾经先后被改编为电影和电视剧，并都获得了很大的成功，为大众所熟悉。有些文学批评家认为，《长恨歌》是您创作上的重要转折点，自那之后，您就开始陷入了自我重复，总是描写上海小女人的生活，您如何看待这些评价？

女：我认为，《长恨歌》是我创作转折点的说法并不准确。5.B 我生活在上海，自然就会写上海。但是，别人似乎只注意到了我写上海的作品，其实我也写过其他很多农村题材的作品。

---

1. 女的如何看待市场化？
2. 女的如何看待创作？
3. 女的从事写作多长时间了？
4. 关于《长恨歌》，下列哪项正确？
5. 关于女的，可以知道什么？

남: 왕안이 선생님, 저희의 인터뷰에 응해주셔서 감사합니다. 어떤 이는 시장화와 상업화가 작가의 창작환경을 목 조른다고 하는데, 1. 선생님은 시장과 작가의 관계를 어떻게 보십니까?

여: 저는 시장화는 상대적으로 좋다고 여깁니다. 1.A 적어도 시장화는 비교적 공평하고, 민주적이니까요. 비록 제가 베스트셀러 작가는 아니지만, 저는 제 책 판매량이 비교적 적당하다고 생각합니다. 제 책은 2, 3만 권 팔리는데 이것은 옳은 것이고, 판매량이 너무 높아도 제 책 같지가 않습니다. 저는 시장이 비교적 정확하게 작가를 객관적으로 평가해줄 수 있다고 생각합니다. 그래서, 시장화에 그렇게 큰 반감은 없습니다.

남: 선생님은 2. 창작환경의 변화를 느끼시나요? 그것이 선생님의 창작에 영향을 주지 않습니까?

여: 저는 환경에 대해서는 그다지 큰 느낌은 없습니다. 제 입장에서 창작환경은 갈수록 좋아지고 있습니다. 환경과 작가 자체의 상황은 관련이 있지요. 제가 막 시작했을 때, 사실 글 쓰는 것이 매우 미숙했습니다. 지금은 제 개인의 사상이 이미 비교적 성숙되었고, 저는 제가 제 창작을 컨트롤할 수 있고, 창작환경도 갈수록 좋다고 생각합니다.

남: 선생님은 다른 시기에 2. 마음가짐의 다름으로 창작자체에 영향을 주지는 않습니까?

여: 3.C 저는 글쓰기를 시작해서 지금까지 이미 30여 년이 넘었고, 글쓰기는 저의 매우 자연스러운 생활상태가 되었습니다. 저는 어떤 특별한 마음을 가지고 창작을 하지 않았고, 2.A 제 입장에서는 창작이 매우 자연스러운 것이라고 말씀드릴 수 있습니다. 그래서, 저는 전혀 어떤 마음상태를 가지고 창작을 하지 않습니다.

남: 4.D 선생님의 장편소설 《장한가》는 이미 일찍이 영화와 드라마로 각색되었고, 큰 성공을 얻으며 대중들에게 많이 알려졌습니다. 어떤 문학비평가들은 《장한가》가 선생님 인생의 중요한 전환점이고, 그때 이후부터 자기복제에 빠져 늘 상하이의 어린 아가씨의 생활을 쓴다고 합니다. 선생님은 이 평가를 어떻게 보시나요?

여: 저는 《장한가》가 제 창작의 전환점이라는 설명은 그다지 정확하지 않다고 생각합니다. 5.B 저는 상하이에서 생활했고, 자연스럽게 상하이를 쓰게 되었습니다. 하지만, 다른 사람들은 마치 제가 상하이를 쓴 작품에만 주의를 기울이는 것 같은데, 사실 저도 기타 많은 농촌을 소재로 한 작품도 썼었습니다.

---

1. 여자는 시장화를 어떻게 보는가?
2. 여자는 창작을 어떻게 보는가?
3. 여자는 글쓰기에 종사한 지 얼마나 되었는가?
4. 《장한가》에 관해서, 아래에 어느 항이 맞는가?
5. 여자에 관해, 무엇을 알 수 있는가?

Point
1. 1번 문제가 진행자의 첫 번째 질문 내용과 일치한다는 것을 주목해야 한다.
2. 진행자가 두 번째 질문에서 환경과 창작에 관계를 물었고, 세 번째 질문에서 마음가짐과 창작에 관해서 물은 것에 집중한다면 2번 문제의 보기 C와 D의 정답 여부를 알 수 있다. 게스트는 둘 다 크게 느끼는 바가 없고 개의치 않는다고 했으므로 오히려 C와 D가 정답이 아님을 알 수 있다.
3. 4번 문제는 여자의 대답에서 농촌이라는 어휘가 나와서 C 以农村为背景(농촌을 배경으로 하다)을 잘못 선택하는 경우가 있다. 진행자의 질문이 ≪장한가≫라는 작품에 관한 것이었다는 것에 유의해야 한다.
4. 4번 D의 '被搬上了银幕(스크린에 옮겨졌다)'는 인터뷰 내용 중 '被改编成电影(영화로 각색되었다)'과 같은 뜻이다.

해설
1. 여자의 첫 번째 대답에서 '起码市场化是比较公平、比较民主的(적어도 시장화는 비교적 공평하고 민주적이다)'라고 말했으므로 보기의 A 比较公平(비교적 공평하다)이 정답임을 알 수 있다.
2. 여자의 세 번째 대답에서 '对我来讲，创作是非常自然的(제 입장에서는 창작이 매우 자연스러운 것입니다)'라고 말했으므로 보기의 A 创作自然就好(창작은 자연스러운 게 좋다)가 정답임을 알 수 있다.
3. 여자의 세 번째 대답 앞 부분에서 '我从一开始写作到现在已经三十多年了(저는 글쓰기를 시작해서 지금까지 이미 30여 년이 넘었다)'라고 말했으므로 보기의 C 30多年(30여 년)이 정답임을 알 수 있다.
4. 마지막 질문에서 '您的长篇小说《长恨歌》曾经先后被改编为电影和电视剧(장편소설 ≪장한가≫는 이미 일찍이 영화와 드라마로 각색되었다)'라고 말했으므로 정답은 D 被搬上了银幕(스크린에 옮겨졌다)가 정답임을 알 수 있다.
5. 여자의 마지막 대답에서 '我生活在上海(나는 상하이에서 생활했다)'라고 말했으므로 B 生活在上海(상하이에서 생활한다)가 정답이다

정답 1. A 2. A 3. C 4. D 5. B

[1-5]

문제 1
A 装修
B 节目策划
C 广告宣传
D 魔术

문제 2
A 很顺利
B 用时长
C 没有报酬
D 是临场发挥

문제 3
A 瞬间美
B 抽象美
C 创新
D 收藏

문제 4
A 愉悦大众
B 有明确定位
C 得到大力推广
D 启人深思

문제 5
A 打算放弃沙画
B 认为沙画艺术前景堪忧
C 动手能力强
D 在音乐领域很有成就

독해 제2부분 ❷ | 빈칸에 알맞은 어휘 채우기
품사별로 접근해라! Ⅱ - 양사/접속사/성어

어휘 PT

학습시간 **10**분

예	瑞雪 ruìxuě 명 서설, 상서로운 눈
	阳面 yángmiàn 명 볕이 드는 면
	冰消雪化 bīngxiāo xuěhuà 눈송이가 녹다
	呈现 chéngxiàn 동 나타나다 (* 呈现出…的景象 ~한 광경이 나타나다)
	鱼缸 yúgāng 명 어항
	透明度 tòumíngdù 명 투명도
	一清二楚 yìqīng èrchǔ 성 아주 명확하다
	左右 zuǒyòu 동 좌우하다
	所谓 suǒwèi 형 소위, ~라는 것은
	陈述 chénshù 동 진술하다
	一旦 yídàn 부 일단 ~한다면 [아직 일어나지 않은 가정의 상황을 나타냄]

예제	陈述 chénshù 동 진술하다
	顺序 shùnxù 명 순서, 차례

문제 ❶	创办 chuàngbàn 동 창설하다
	举办 jǔbàn 동 거행하다, 개최하다
	技艺 jìyì 명 기예, 기술
	增进友谊 zēngjìn yǒuyì 우의를 다지다, 친목을 도모하다
	平台 píngtái 명 마당, 장

문제 ❷	嗜好 shìhào 명 기호, 취미
	皆 jiē 부 전부
	足以 zúyǐ 부 ~하기에 족하다
	初起 chūqǐ 명 처음, 시작
	在意 zàiyì 동 마음에 두다
	回视 huíshì 동 둘러보다

문제 ❸	遵循规律 zūnxún guīlǜ 규율을 따르다
	操之过急 cāozhī guòjí 성 너무 성급하게 일 처리를 하다
	事倍功半 shìbèi gōngbàn 성 힘은 많이 들고 성과는 적다

문제 ❹	自传体 zìzhuàntǐ 명 자서전
	笔触 bǐchù 명 (글·그림 등의) 필치, 글에 나타난 개성
	画卷 huàjuàn 명 웅장하고 아름다운 자연환경이나 감동적인 장면

문제 ❺	哭泣 kūqì 동 흐느껴 울다
	愈合 yùhé 동 (상처가) 아물다
	告诫 gàojiè 동 훈계하다, 타이르다
	劝慰 quànwèi 동 달래다, 위로하다
	毫不 háobù 부 조금도 ~하지 않다
	排解 páijiě 동 중재하다, 해결하다
	精神焕发 jīngshén huànfā 생기를 발산하다
	责备 zébèi 동 탓하다
	陷入低谷 xiànrù dīgǔ 동 슬럼프에 빠지다
	久而久之 jiǔ'ér jiǔzhī 성 오랜 시일이 지나다

① 양사는 명사와 함께 암기해라!

독해 제2부분에 출제되는 양사는 비교적 일상회화에서는 자주 사용하지 않는 난이도가 높은 어휘가 출제되는 경향이 있으므로 뜻만으로는 정답을 유추하기 어렵다. 반드시 어떤 명사에 쓸 수 있는 양사인지를 파악하고 함께 외워야 한다.

● 자주 출제되는 양사

幢 zhuàng	건물을 세는 데 쓰임	예 一幢大楼 한 채의 빌딩
届 jiè	정기적인 대회나 회의 등을 세는 데 쓰임	예 第一届奥运会 첫 번째 올림픽
幅 fú	그림을 세는 데 쓰임	예 一幅画 한 폭의 그림
副 fù	짝으로 된 것/ 얼굴표정을 세는 데 쓰임	예 一副手套 한 짝의 장갑 / 一副笑脸 웃는 얼굴
卷 juǎn	말려 있는 사물을 세는 데 쓰임	예 一卷胶片 한 통의 필름
册 cè	책을 세는 데 쓰임	예 一册书 한 권의 책
派 pài	경치를 세는 데 쓰임 [온통 그런 경치일 경우]	예 一派春光 온통 봄 경치
番 fān	횟수/종류를 세는 데 쓰임	예 讨论一番 한 번 토론하다 / 一番风景 한 (종류의) 풍경
丛 cóng	무리로 있는 화초를 세는 데 쓰임	예 一丛花草 한 떨기의 꽃들
串 chuàn	한 줄로 꿰어 있거나 달려 있는 것을 세는 데 쓰임	예 一串葡萄 한 송이 포도

> **예**
>
> 每当瑞雪初晴，断桥的阳面已冰消雪化，呈现出一＿＿＿＿"雪残桥断"的美丽景象。
>
> A 派　　　　B 幢　　　　C 届　　　　D 副
>
> 해석 매번 눈이 내렸다가 날이 맑아지기 시작하면, 뚜안치아오의 볕이 들어오는 면은 이미 얼음이 녹고 눈이 사라져 '雪残桥断(눈이 녹은 부분이 다리가 끊어진 것처럼 보임)'의 아름다운 광경이 나타난다.
>
> 보기 A 派 pài 경치나 풍경을 세는 단위
> 　　B 幢 zhuàng 채 [건물을 세는 단위]
> 　　C 届 jiè 회 [정기적인 대회나 경기, 회의 등을 세는 단위]
> 　　D 副 fù 짝으로 된 것이나 얼굴표정을 세는 단위
>
> Point 1. 양사는 수사와 명사 사이에 위치하는 것으로 독해 제2부분에서 수사 뒤에 빈칸이 있으면 양사이다.
> 　　　 2. 빈칸이 포함되어 있는 명사구 마지막 명사가 '景象(광경, 경치)'이므로 빈칸에 들어갈 알맞은 어휘는 풍경이나 경치에 쓸 수 있는 양사여야 한다.
> 　　　 3. A의 '派'는 주로 파벌에 쓰는 양사이나 경치, 기상, 언어 등에도 쓸 수 있고, 앞에 숫자는 '一'만 붙을 수 있다. 정답은 A.

② 접속사는 호응하는 부사를 확인해라!

독해 제2부분에 출제되었던 접속사는 거의 모두 호응하는 부사를 찾는 문제였기 때문에, 호응하는 부사를 미리 파악해 두면 정답을 찾아내기 쉽다.

● 자주 출제되는 접속사와 호응어휘

접속사	호응하는 어휘
无论 = 不论 = 不管 ~를 막론하고	都 모두 / 也 역시
假使 = 假如 = 如果 만약에 ~	那么 그러면 / 就 바로 / 会 ~할 것이다
尽管 = 虽然 비록 ~	但是 그러나
除非 = 只有 ~해야만	才 비로소
与其 ~하는 것은	不如 ~만 못하다
即使 = 即便 설령 ~	也 ~하더라도
宁可 차라리 ~	也 ~할지언정

> **예**
>
> 鱼缸透明度很高，_____从哪个角度观察，里面的情况都一清二楚。
>
> A 无论　　　　B 假使　　　　C 尽管　　　　D 除非
>
> 해석 어항의 투명도는 매우 높아서, 어느 각도에서 관찰 _____, 안의 상황은 모두 분명하게 보인다.
>
> 보기 A 无论 wúlùn → 주로 '都/也'와 호응한다. 논할 필요 없는 내용이 사이에 들어가며 주로 의문형태로 쓰인다.
> B 假使 jiǎshǐ → 주로 '就'와 호응하며, 가정관계에 쓰인다.
> C 尽管 jǐnguǎn → 주로 '但是'와 호응하며, 전환관계에 쓰인다.
> D 除非 chúfēi → 주로 '才'와 호응하며, 반드시 해야 하는 조건이 사이에 들어간다.
>
> Point 1. '里面的情况' 뒤에 '都'가 있음을 확인해야 한다.
> 2. 빈칸에 이어지는 내용은 '从哪个角度观察'로 '哪个角度(어느 각도)' 즉, 의문형태임을 알 수 있다.
> 3. 두 가지 조건을 만족하는 접속사는 '无论'이다. 정답은 A.

③ 성어는 진짜 의미를 기억해라!

자주 출제되는 성어는 반드시 암기해야 한다. 단, 사전적인 의미를 그대로 암기하지 말고 최종적인 의미가 무엇인지 본인이 알기 쉽게, 간단하게 의미를 부여해 암기해야 잊지 않고 문제에 적용하기 쉽다.

● 자주 출제되는 성어

爱屋及乌 àiwū jíwū	어떤 사람을 좋아해 그의 집과 지붕에 앉은 까마귀도 좋아하다	→	어떤 것을 좋아해 그것과 관계된 것까지도 좋아하게 되다
一举两得 yìjǔ liǎngdé	일거양득	→	한 번에 두 가지를 얻게 되다

성어	뜻	의미
雪上加霜 xuěshàng jiāshuāng	설상가상	→ 엎친 데 덮치다
相辅相成 xiāngfǔ xiāngchéng	상부상조	→ 서로 도와 서로 뜻한 바를 이루다
恍若隔世 huǎngruò géshì	격세지감	→ 마치 딴 세상 같다
不屑一顾 búxiè yígù	거들떠 볼 가치가 없다	→ 중요시 여기지 않다
不可思议 bùkě sīyì	불가사의하다	→ 이해할 수 없다
恍然大悟 huǎngrán dàwù	문득 모든 것을 깨치다	→ 문득 깨닫다
事与愿违 shìyǔ yuànwéi	일과 바람이 어긋나다	→ 일이 뜻대로 되지 않다
急于求成 jíyú qiúchéng	서둘러 이루려고 하다	→ 서두르다
半途而废 bàntú érfèi	가는 길에 버리다	→ 도중에 포기하다
南辕北辙 nányuán běizhé	남쪽으로 가려고 하면서 수레는 북쪽으로 몰다	→ 하는 행동과 목적이 상반되다
热泪盈眶 rèlèi yíngkuàng	뜨거운 눈물이 눈에 그렁그렁하다	→ 매우 감격하다
苦尽甘来 kǔjìn gānlái	고진감래	→ 고생 끝에 낙이 오다
无精打采 wújīng dǎcǎi	기운이 없다	→ 풀이 죽다

예

人们越喜欢一个人，越容易被这个人的意见左右，所谓 _____ 。

A 爱屋及乌　　　B 一举两得　　　C 雪上加霜　　　D 相辅相成

해석 사람들은 한 사람을 좋아할수록 이 사람의 의견에 좌지우지되기 쉬운데, 이를 소위 _____ 라 한다.

보기 A 爱屋及乌 àiwū jíwū 애옥급오 → 좋아하는 것과 관련된 것이 좋아질 때 쓴다.
　　B 一举两得 yìjǔ liǎngdé 일거양득 → 한 번에 두 가지를 얻을 때 쓴다.
　　C 雪上加霜 xuěshàng jiāshuāng 설상가상 → 엎친 데 덮친 격으로 안 좋은 일이 쌓일 때 쓴다.
　　D 相辅相成 xiāngfǔ xiāngchéng 상부상조 → 서로 돕는 내용에 쓴다.

Point 1. 앞에서 이미 좋아하는 사람의 의견에 좌우된다는 내용을 설명했으므로 알맞은 성어는 '爱屋及乌'이다. 정답은 A.
　　2. '爱屋及乌'를 몰랐다 하더라도 나머지 성어를 알 경우 그 보기들이 내용상 부적합하다는 것을 안다면 과감하게 남은 것을 고르는 것도 좋은 방법이다.

예제

表达时，陈述的顺序_____，一旦顺序错误，_____讲的是同一件事，给人的印象也会有180度的_____。			표현할 때, 진술의 순서는 매우 중요하다. 일단 순서가 틀리면, 설령 말한 것이 같은 일이라 하더라도, 사람에게 주는 인상은 180도 전환이 있을 수 있다.		
A 各抒己见	即便	转让	A 각자 자기의견을 떠들어대다	설령	양도하다
B 至关重要	即使	转变	B 지극히 중요하다	설령	전환되다
C 举足轻重	反之	转移	C 영향력이 크다	바꾸어 말하면	전이되다
D 不言而喻	总之	转折	D 말하지 않아도 안다	요컨대	전환하다

Point

1. 성어의 뜻을 파악하고 있어야 하고, 주어인 바로 앞 어휘 '顺序(순서)'와 어울려야 한다.
   各抒己见: 많은 사람들이 의견을 말하며 떠드는 상황에 쓰이는데 주어가 '순서'이므로 맞지 않다.
   至关重要: 매우 중요한 일에 쓰이며 뒤의 내용이 순서만 틀려도 인상이 달라진다고 하였으므로 지문 내용에 적합하다.
   举足轻重: 영향력이 크다는 뜻으로 지문 내용에 적합하지 않다. 주로 사람의 '地位(지위)'와 호응한다.
   不言而喻: 말할 필요도 없는 내용, 즉, 도리적으로 당연한 사실에 쓰인다. 순서의 중요성을 말하는 지문의 내용과는 적합하지 않다. 주로 '理由(이유)', '影响(영향)', '事实(사실)' 등과 함께 쓰인다.

2. 두 번째 밑줄의 힌트: 뒷 절의 '也'와 호응하는 접속사를 찾아야 한다.
   即便 = 即使: A와 B는 같은 의미로 '也'와 호응하므로 둘 다 적합하다.
   反之: 바꾸어 말한다고 해서 반대의 의미를 말하는 것이 아니라 다른 표현으로 앞의 말을 중복해서 말한다는 뜻이다. 앞은 '순서가 틀리다면'이라는 가정이 나왔으므로 이어지는 '말한 것이 같은 일이다'와 같은 뜻이 되지 않으므로 밑줄에 적합하지 않다.
   总之: 앞에서 말한 것을 결론 또는 종합적으로 간단히 요약해서 말할 때 쓰는 것이므로 밑줄에 적합하지 않다.

3. '转变', '转移', '转折'의 차이점을 알아야 한다.
   转变: 한 가지 형식, 상태, 특징에서 다른 형식, 상태, 특징으로 바뀐다는 뜻이므로 말한 내용이 사람마다 다르게 전해진다는 지문 내용에 적합하다.
   转移: 다른 곳으로 옮겨가는 것을 의미하지 바뀐다는 의미가 아니므로 밑줄에 적합하지 않다. 주로 '癌症(암)', '喜爱(관심과 사랑)' 등이 다른 곳으로 옮겨가는 것에 쓰인다.
   转折: 발전과정 중에 원래의 방향을 바꾸는 것을 강조하고, 바뀐 상태를 강조하는 것이므로 내용과는 적합하지 않다. 주로 '方向(방향)', '人生(인생)' 등의 어휘와 함께 쓰인다.

정답   B

실전 PT

▶정답 및 해설 45p
학습시간 2 0 분

PT팁을 먼저 학습한 뒤, 양사/접속사/성어에 집중해 앞뒤를 살펴보고 빈칸을 채워보자. (각 문제당 1분 안배)

문제 1 ▶ 中国吴桥国际杂技艺术节创办于1987年，是以"中国杂技之乡"河北省吴桥县_____的。该艺术节每两年举行一次，现已成功举办十二_____，成为世界各国杂技团体_____形象、交流技艺、增进友谊的平台。

A 称呼　　卷　　呈现
B 任命　　番　　展现
C 报名　　册　　提示
D 命名　　届　　展示

문제 2 ▶ 历史上有许多事是起于_____的，个人的嗜好、一时的错误，皆足以打开一个新_____。当其初起时，谁也不在意。以后越走越远，回视作始之时，_____。

A 偶然　　局面　　恍若隔世
B 偶尔　　局部　　不屑一顾
C 果然　　结局　　不可思议
D 忽然　　全局　　恍然大悟

문제 3 ▶ 无论做什么事情，都应该按照一定的_____，遵循一定的规律，_____向前，千万不可操之过急。否则，必将事倍功半，_____。

A 次序　　逐步　　事与愿违
B 秩序　　依旧　　急于求成
C 名次　　逐渐　　半途而废
D 规范　　仍旧　　南辕北辙

Day 7　153

문제 4　《城南旧事》是作家林海音以其7岁到13岁的生活为 _____ 写成的一部自传体短篇小说集。全书用 _____ 的笔触，描绘出一 _____ 二十世纪二三十年代老北京的生活画卷，_____ 了很多读者。

A 背景	细腻	幅	感染
B 情节	精确	丛	激励
C 情景	细致	副	勉励
D 前景	精致	串	感慨

문제 5　哭泣是孩子愈合感情创伤的 _____ 过程。哭泣时，孩子的注意力完全集中在自己的感受上，对周围人的告诫和劝慰毫不 _____ 。通过哭泣排解烦恼后，他们又会精神焕发地面对生活。_____ 父母在孩子哭泣时对其加以责备，他们会觉得 _____ ，情绪陷入低谷，久而久之，孩子可能会变得 _____ 。

A 必要	在意	假如	雪上加霜	自卑
B 难免	操心	与其	热泪盈眶	谦逊
C 必然	在乎	即使	苦尽甘来	虚伪
D 难得	当心	宁可	无精打采	镇定

쓰기 ❼ | 글 요약하기
기본기 다지기 Ⅲ – 단계별 요약 기술을 쌓아라!

어휘 PT

학습시간 1 0 분

연습
- 躺 tǎng 동 눕다
- 响 xiǎng 동 (소리가) 울리다
- 敲门声 qiāoménshēng 명 노크 소리
- 猜 cāi 동 추측하다
- 租房 zūfáng 동 방을 빌리다
- 钥匙 yàoshi 명 열쇠
- 马虎 mǎhu 형 덤벙대다
- 抱歉 bàoqiàn 동 미안해하다
- 打扰 dǎrǎo 동 폐를 끼치다, 귀찮게 하다

문제 ❶
- 惊奇 jīngqí 형 놀라며 의아해하다
- 失传 shīchuán 동 실전하다, 전해 내려오지 않다
- 珍贵 zhēnguì 형 (동물·사물이) 진귀하다
- 惊异不已 jīngyì bùyǐ 놀라움을 금치 못하다
- 捧 pěng 동 두 손으로 받쳐들다
- 日夜攻读 rìyè gōngdú 밤낮으로 공부하다
- 勤奋钻研 qínfèn zuānyán 부지런히 깊이 탐구하다
- 得力助手 délì zhùshǒu 유능한 조수
- 卓著 zhuózhù 형 탁월하다, 출중하다
- 功勋 gōngxūn 명 공로 (* 立下功勋 lìxià gōngxūn 공로를 세우다)
- 名噪一时 míngzào yìshí 성 이름이 한 때 널리 알려지다

문제 ❷
- 期末考试 qīmò kǎoshì 명 기말고사
- 功课 gōngkè 명 숙제, 과목
- 如此 rúcǐ 동 이와 같다
- 紧迫 jǐnpò 형 긴박하다
- 形势 xíngshì 명 형세, 형편
- 破坏 pòhuài 동 파괴하다, 훼손시키다
- 临睡前 línshuì qián 자기 전에
- 叮嘱 dīngzhǔ 동 신신 당부하다
- 务必 wùbì 부 반드시 (= 势必 shìbì)

  학습시간 2 0 분

① 시간을 기억해라!

시간은 요약에 필수로 들어가야 하는 내용이다. 언제 일이 발생했는지, 얼마나 흘렀는지 등의 시간과 관련된 표현은 꼭 기억해서 써야 한다. 단, 사건이 반복적으로 일어날 경우에는 '总是(늘)', '每次(매번)' 등의 어휘로 대체하고, 시간의 변화를 굳이 기억할 필요가 없는 경우에는 생략해도 좋다.

② 원문을 고집하지 마라!

원문의 어법이나 어휘를 고집하면 암기해야 할 내용이 많아져 다 기억하지 못하거나 쓸데없는 내용이 많이 들어가게 되어 요약하기의 취지와는 멀어지는 경우가 많다. 내용을 이해했다면 본인이 자신 있는 표현이나 간단한 어휘 또는 문장으로 바꾸어도 좋다.

③ '让'을 활용해라!

부탁하거나 시키는 내용, 혹은 어떤 일로 인한 감정의 발생은 모두 '사역동사(让)'로 표현하는 것이 간단하다. 평소에 '让'을 사용하여 문장 만드는 연습을 많이 해두어야 한다.

> 他叮嘱我好好照顾自己。　그는 나에게 자신을 잘 보살피라고 당부했다.
> → 他让我照顾自己。　그는 내가 자신을 돌보라고 했다.

PT팁 표현 바꾸기 ③

원문의 표현	바꾼 표현
一起租房的人　함께 집을 빌린 사람	同屋　룸메이트
等到天亮　날이 밝아지자	天亮了　날이 밝아지자
捧着《A》日夜攻读，勤奋钻研 《A》를 들고 주야로 공부하고 부지런히 연구하다	努力学习《A》 《A》를 열심히 공부하다
某次　(언제) 한 번은	有一次　(언제) 한 번은
功课还有一半没看过　과목을 아직 반도 보지 않았다	功课很多没复习　과목을 대부분 복습하지 않았다
一天的时间已经过去一半了 하루의 시간이 이미 절반이 지나갔다	时间已经过去半天了 시간이 이미 반나절이 지나갔다
不能破坏每天一个午觉的习惯 매일 낮잠을 자는 습관을 어길 수가 없다	不想放弃午睡 낮잠을 포기하고 싶지 않다
叮嘱他把我……　그에게 나를 ~하라고 당부했다 ◉ 叮嘱他下午两点务必把我叫起来。 　그에게 오후 2시에 반드시 나를 깨워달라고 당부했다.	让他……我　그에게 나를 해달라고 했다 ◉ 让他下午两点叫我。 　그에게 오후 2시에 나를 깨워달라고 했다.

연습 단계별 요약하기

> 晚上，我刚刚躺下，就响起了敲门声。一猜就知道是和我一起租房的那个人又没带钥匙。他好像特别马虎，虽然每次都红着脸向我说抱歉、打扰了，可过不了几天，就又能听到他的敲门声了。

1 문장을 줄여 핵심만 파악하기

STEP 1 앞부분 요약

| 晚上，~~我刚刚躺下，就响起了敲门声。~~ ~~一猜就知道是~~和我一起租房的那个人又没带钥匙。 | → | 晚上，我的同屋又没带钥匙所以敲门了.
저녁에, 내 룸메이트가 또 열쇠를 가져가지 않아서 문을 두드렸다. |

저녁에, ~~내가 막 눕자 문을 두드리는 소리가 울렸다.~~ 나와 함께 방을 빌린 사람이 ~~그 사람이~~ 또 열쇠를 가지고 가지 않았음을 ~~단번에 알 수 있었다.~~

핵심내용 저녁에 룸메이트가 열쇠를 가져가지 않아 문을 두드림.

Point
1. '晚上(저녁)'은 사건 발생의 시간을 나타내므로 쓰는 것이 좋다.
2. '我刚刚躺下，就响起了敲门声(내가 막 눕자 문을 두드리는 소리가 울렸다)'에서 '누웠다'는 것은 내용상 중요하지 않은 내용이고, 문 두드리는 소리가 울렸다는 것은 결국 누군가가 문을 두드렸다는 것이므로 누군가가 '敲门(문을 두드리다)'했다는 것으로 줄이는 것이 적절하다.
3. '和我一起租房的那个人(나와 함께 집을 빌린 그 사람)'이라는 것은 집을 함께 쓰는 사람, 즉, '同屋(룸메이트)'로 요약하면 된다.
4. 내용이 룸메이트가 열쇠를 가져가지 않아서라고 추측한 것이 실제로도 맞으므로 '룸메이트가 열쇠를 가져가지 않아 문을 두드렸다'로 요약하는 것이 적절하다.

STEP 2 뒷부분 요약

| 他好像特别马虎，~~虽然每次都红着脸向我说抱歉、打扰了，~~ ~~可过不了几天，就又能听到他的敲门声了。~~ | → | 他马虎，总是不带钥匙，每次叫我开门。
그는 덤벙대서, 늘 열쇠를 가져가지 않아서, 매번 나에게 문을 열어달라고 한다. |

그는 정말 덤벙대는 것 같다. 매번 얼굴을 붉히면서 ~~나에게 귀찮게 해서 미안하다고 하지만,~~ 며칠이 지나면 또 그의 문 두드리는 ~~소리를 들을 수 있게 된다.~~

핵심내용 그는 덤벙대고, 늘 열쇠를 가져가지 않아, 매번 나에게 문을 열게 함.

Point
1. 그가 얼굴을 붉히고 나에게 미안해 하는 이유는 매번 열쇠를 가져가지 않고 나에게 문을 열어 달라고 하기 때문이다.
2. '马虎(덤벙대다)'는 주인공인 룸메이트의 성격을 잘 나타낸 어휘이므로 남겨두는 것이 좋다.
3. 핵심은 그가 덤벙댄다는 것이고, 매번 귀찮게 해서 미안하다고 하는 것은 '不带钥匙(열쇠 안 가져가다)'해서 '叫我开门(나에게 문을 열어달라고 한다)'하는 일이 '总是(늘)' 있는 일임을 알 수 있다.
4. 며칠 지나서 문 두드리는 소리를 들을 수 있었다는 것은 또 같은 일, 즉 룸메이트가 또 열쇠를 가져가지 않고 문을 열어달라고 했다는 것을 알 수 있고, '늘 열쇠를 가져가지 않는다'에 내용이 포함되므로 빼도 괜찮다.

2 핵심내용 정리를 통한 요약하기

晚上，我刚刚躺下，就响起了敲门声。一猜就知道是和我一起租房的那个人又没带钥匙。他好像特别马虎，虽然每次都红着脸向我说抱歉、打扰了，可过不了几天，就又能听到他的敲门声了。

→ 저녁에, 내가 막 눕자 문을 두드리는 소리가 울렸다. 나와 함께 방을 빌린 그 사람이 또 열쇠를 가지고 가지 않았음을 단번에 알 수 있었다. 그는 정말 덤벙대는 것 같다. 매번 얼굴을 붉히면서 나에게 귀찮게 해서 미안하다고 하지만, 며칠이 지나면 또 그의 문 두드리는 소리를 들을 수 있게 된다.

핵심내용 저녁에 룸메이트가 열쇠를 가져가지 않아 문을 두드림 → 그는 덤벙댐 → 늘 열쇠를 가져가지 않아 매번 나에게 문을 열게 함

최종요약 내 룸메이트는 덤벙거려서 늘 열쇠를 가져가지 않아 매번 나에게 문을 열게 한다.

Point
1. 문장을 나눠 봤을 때는 사건의 때를 나타내는 '晚上(저녁)'이 중요하지만, 전체 글은 저녁의 사건이 핵심이 아니라, 늘 열쇠를 가져가지 않는 룸메이트의 덤벙거리는 행태이므로 전체요약에서는 빼는 것이 적절하다. 그리고 항상 매번 그렇다는 것을 알리기 위해 '总是(늘)'와 '每次(매번)'를 넣어야 한다.
2. 룸메이트의 행동은 '不带钥匙(열쇠를 가져가지 않다)'와 '叫我开门(나에게 문을 열어달라고 한다)'의 두 가지로 요약할 수 있다.

핵심어휘 敲门 문 두드리다 | 不带钥匙 열쇠를 가져가지 않다 | 开门 문 열다 | 马虎 덤벙대다 | 每次 매번 | 打扰 귀찮게 하다

모범요약 我的同屋马虎，总是不带钥匙，每次叫我开门。
내 룸메이트는 덤벙대서, 늘 열쇠를 가져가지 않아서 매번 나에게 문을 열어달라고 한다.

> 다음 글을 '해석 → 핵심내용 정리 → 요약하기' 순서로 완성하되, 연습을 하기 전에 PT팁을 다시 확인하고 내용을 숙지한 후 풀어보자.

문제 1 等到天亮，他打开手中的书，他惊奇地发现自己得到的是《太公兵法》，这可是天下早已失传的极其珍贵的书呀，他惊异不已。从此后，他捧着《太公兵法》日夜攻读，勤奋钻研。后来真的成了大军事家，做了刘邦的得力助手，为汉王朝的建立立下了卓著功勋，名噪一时。

▶ 해석 _____

▶ 핵심내용 정리 _____

▶ 요약하기 _____

문제 2 某次期末考试的前一天，她的功课还有一半没看过，而这一天的时间也已经过去一半了。如此紧迫的形势都不能破坏她每天一个午觉的习惯，但临睡前，她叮嘱我下午两点务必把她叫起来。

▶ 해석 _____

▶ 핵심내용 정리 _____

▶ 요약하기 _____

 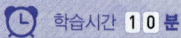

1 A 相对来说是……的　A는 상대적으로 봤을 때 ~한 것이다
我觉得市场化相对来说是好的，起码市场化是比较公平的。
나는 시장화가 상대적으로 봤을 때 좋고, 적어도 시장화는 비교적 공평한 것이라고 여긴다.

2 A 给 B 定位　A는 B에게 객관적인 평가를 해준다
我认为市场可以比较准确地给作家定位。
나는 시장이 작가에게 비교적 정확하게 객관적인 평가를 해줄 수 있다고 여긴다.

3 抱着 A 的心态来……　A한 마음을 품고 ~하다
我没有抱着什么特殊的心态来创作。　나는 어떤 특별한 마음을 품고 창작하지 않았다.

4 犹如 A 般的……　마치 A 같은 ~
A 让 B 为之倾倒　A는 B가 그것에 빠져들게 하다
犹如魔术般的变幻与灵动表演，让我为之倾倒。
마치 마술 같은 변환과 재빠른 연출이 나를 빠져들게 했다.

5 融于一体　일체가 되다, 조화롭게 되다
我找到了一个能将自身所有特长融于一体的表演形式。
나는 자신의 모든 장기를 조화롭게 만드는 하나의 공연형식을 찾아냈다.

6 倾向于 A　A에 치우치다
你觉得它更倾向于表演艺术还是绘画艺术？
당신은 그것이 표현 예술에 더욱 치우친다고 생각하나요? 아니면 회화 예술에 더욱 치우친다고 생각하나요?

7 呈现出……的景象　~한 광경을 나타내다
它呈现出一派"雪残桥断"的美丽景象。
그것은 하나의 '雪残桥断(눈이 녹은 부분이 다리가 끊어진 것처럼 보임)'의 아름다운 광경을 나타냈다.

8 无论 A 都 B　A에 상관없이 모두 B하다
鱼缸透明度很高，无论从哪个角度观察，里面的情况都一清二楚。
어항의 투명도는 매우 높아서, 어느 각도에서 관찰하든 안의 상황이 모두 훤히 들여다 보인다.

9 以 A 为 B　A를 B로 삼다
《城南旧事》是作家林海音以其7岁到13岁的生活为背景写成的一部自传体短篇小说集。
《성남구사》는 작가 린하이인이 7세부터 13세까지의 생활을 배경으로 삼아 쓴 자전적 단편소설집이다.

10 把 A 叫起来　A를 깨우다
她叮嘱我下午两点务必把她叫起来。　그녀는 나에게 오후 2시에 반드시 그녀를 깨워달라고 당부했다.

Day 8

듣기 제2부분 ❸ | 인터뷰를 듣고 보기에서 정답 고르기
기업가/창업자의 인터뷰

어휘 PT   Track 08-1   학습시간 10분

예제 1-5

波动 bōdòng 명 파동, 기복
放缓 fànghuǎn 둔화되다, 주춤하다
供不应求 gōngbú yìngqiú 성 공급이 달리다
垄断 lǒngduàn 동 독점하다
混乱 hùnluàn 형 혼란하다
营销体系 yíngxiāo tǐxì 명 영업체계
奉献 fèngxiàn 동 바치다, 기여하다
雄厚 xiónghòu 형 풍부하다, 충분하다
堪忧 kānyōu 동 심히 우려되다
世家 shìjiā 명 명문가, 집안
   (* 医药世家 yīyào shìjiā 의약집안)
升职 shēngzhí 동 승진하다
净利润 jìnglìrùn 명 순이익
回落 huíluò 동 반락하다
   (↔ 回升 huíshēng 반등하다)
厚积薄发 hòujī bófā 준비를 충분히 해야 일이 잘 처리된다
并购 bìnggòu 동 인수 합병하다
外延 wàiyán 명 외연 [일정한 개념이 적용되는 사물의 전 범위]
重组 chóngzǔ 동 재편성하다, 구조조정하다
心血管 xīnxuèguǎn 명 심혈관
排位 páiwèi 명 등수 동 순위를 배열하다
互补 hùbǔ 동 서로 보충하고 보완하다
事业 shìyè 명 사업, 일
卓越 zhuóyuè 형 탁월하다, 출중하다

문제 1-5

创新 chuàngxīn 명 창의성
拼搏 pīnbó 동 끝까지 싸우다
稳妥 wěntuǒ 형 안전하다, 적절하다
规避 guībì 동 피하다 (* 规避风险 guībì fēngxiǎn 리스크를 피하다)
坚持不懈 jiānchí búxiè 성 조금도 느슨해지지 않고 끝까지 꾸준히 하다
激情 jīqíng 명 격정, 열정적인 감정
闲适 xiánshì 형 한적하다

受益 shòuyì 동 이익을 얻다, 수혜를 받다
承受 chéngshòu 동 감당하다
宁可 nìngkě 부 차라리 ~할지라도
承担 chéngdān 동 맡다, 책임지다
哪怕 nǎpà 접 설령 (= 即使 jíshǐ)
跌跟头 diēgēntou 동 거꾸러지다, 곤두박질치다
输得起 shūdeqǐ 패배에 승복하다, 실패를 받아들이다
放手一搏 fàngshǒu yìbó 성 대담하게 한 번 부딪치다
忠实 zhōngshí 동 충실하다
迷茫 mímáng 형 자욱하게 깔려 있다, 막막하다
定位 dìngwèi 동 객관적으로 평가하다 명 지위, 위치
试图 shìtú 동 시도하다

1 기출 관련 어휘와 견해를 습득해라!

기업가는 전문가 인터뷰에 비해 어휘들이 제한적이기 때문에 관련 어휘를 알아둔다면 훨씬 듣기가 쉽고, 견해는 고객이나 기업마인드인 경우가 많으므로 기출 어휘를 통해 미리 파악해 두는 것이 좋다.

● 기업가 및 창업자 관련 기출 어휘와 견해　　　　　　　　　　　　　　Track 08-2

游乐园副总经理 yóulèyuán fùzǒngjīnglǐ 놀이공원 부사장	建立初衷 jiànlì chūzhōng 설립할 때의 최초의 바람, 소망 | 经营情况 jīngyíng qíngkuàng 경영상태 | 主题公园 zhǔtí gōngyuán 테마파크
	相信每位游客都可以在我们游乐园充分享受欢乐。 모든 고객들이 우리 놀이공원에서 즐거움을 만끽할 수 있을 것이라고 믿는다.
博雅收藏有限公司创立者 Bóyǎ shōucáng yǒuxiàn gōngsī chuànglìzhě 보야 수집유한회사 창업자	古玩 gǔwán 골동품 | 收藏市场 shōucáng shìchǎng 수집 시장 | 艺术品鉴定 yìshùpǐn jiàndìng 예술품 감정
	从收藏爱好者的个人角度来讲，必须要提高自己的鉴赏水平，掌握扎实的鉴定技巧。 수집애호가들 개인의 입장에서 보자면, 반드시 자신의 감정수준을 향상시키고, 견고한 감정 기술을 습득해야 한다.
企业总裁 qǐyè zǒngcái 기업총수	净利润 jìnglìrùn 순이익 | 增速放缓 zēngsù fànghuǎn 성장속도 둔화 | 回升 huíshēng 반등하다(떨어졌다 다시 오름) ↔ 回落 huíluò 반락하다 | 并购重组 bìnggòu chóngzǔ 인수합병 구조조정
	不管从事什么事业，要想获得成功，前提就是要热爱这项事业。 어떤 일에 종사하든 상관없이 성공을 하고 싶으면 전제는 이 일을 사랑하는 것이어야 한다.
成功的女性企业家 chénggōng de nǚxìng qǐyèjiā 성공한 여성 기업가	受益 shòuyì 이익을 얻다 | 进取精神 jìnqǔ jīngshén 진취적인 정신 | 比较稳妥 bǐjiào wěntuǒ 비교적 안정적이다 | 对于风险的承受能力 duìyú fēngxiǎn de chéngshòu nénglì 위험에 대한 감당 능력
	觉得只要按照自己想过的方式去生活就是成功。 자신이 생각한 방식을 따라 생활하면 성공할 수 있다고 여긴다.
	做最精彩的自己，千万不要试图做别人。 절대 다른 사람이 되려고 시도하지 말고, 가장 훌륭한 자신이 되어라.

2 주인공의 성공 스토리를 놓치지 마라!

회사의 힘들었던 시기와 게스트가 그것을 극복하고 발전해나간 성공의 비결 등에 관해 인터뷰가 진행되는 경우가 많다. 힘들었던 점이나 게스트가 생각하는 성공의 전제조건 등을 놓치지 않아야 한다.

3 관련 질문유형을 미리 파악해 두자!

진행자의 질문유형을 파악해 두면 보기만으로도 정답에 접근이 쉬워지므로 어떤 유형의 질문이 주로 이루어지는지 파악해 두는 것이 좋다.

● 기업 및 주요기관 책임자 관련 글의 질문유형

怎样看待 A? A를 어떻게 보는가? / 怎么评价 A? A를 어떻게 평가하는가?	→	'对我来说(내 입장에서는)'와 '在我看来(내가 보기에)'라는 말 뒤에는 게스트의 견해가 나온다는 것에 유의하자.
与 A 相比，B 有什么特点? A와 비교해서, B는 어떤 특징이 있는가?	→	결국 비교대상과 다른 점을 묻는 문제로 연결되는 경우가 많으니 특히 차이점을 정확하게 파악해야 한다.
B 对 A 有什么好处/优势? B하는 것은 A에 어떤 좋은 점/우세한 점이 있는가?	→	장단점, 특히 장점은 항상 집중해서 들어야 한다.
作为 A 最重要的责任是什么? A로서, 가장 중요한 책임은 무엇인가?	→	게스트의 역할과 그 역할의 중요성에 집중해야 한다.
A 的目的是什么? A하는 목적은 무엇인가?	→	목적에 관한 대답은 '为了……(~를 위해)' 혹은 'A是为了……(A하는 것은 ~하기 위함이다)'로 표현하는 경우가 많다.
成功的前提是什么? 성공의 전제는 무엇인가?	→	기업가나 창업자로 나온 게스트는 자수성가한 경우가 많기 때문에 성공스토리를 묻는 경우가 많다. 성공과 관련된 부분은 항상 집중해야 한다.
你说"A"主要是什么意思? 당신은 'A'라고 말했는데 무슨 의미인가?	→	게스트가 했던 말은 문제와 이어지는 경우가 많기 때문에 그 말과 의미에 집중해야 한다.

 예제 1-5　　　　　　　　　　　　　　　　　　　　　　　　　　　　　 Track 08-4

1. A 波动较大 　B 增速放缓 　C 供不应求 　D 竞争激烈	1. A 기복이 비교적 크다 　B 증가속도가 둔화되었다 　C 공급이 달린다 　D 경쟁이 치열하다

보기　1. A의 '波动(기복)'이나 B의 '增速(증가속도)', D의 '竞争激烈(경쟁이 치열하다)'를 보면 어떤 분야에 관해 알 수 있는 정보를 묻는 문제임을 짐작할 수 있다.
　　　　2. C의 '供不应求'는 공급이 수요를 따르지 못해 '공급이 달린다'라는 뜻으로 생산과 관련이 있다.

2. A 加重了企业负担 　B 实现了行业垄断 　C 属于强强联合 　D 导致人员管理混乱	2. A 기업의 부담을 가중시켰다 　B 업종의 독점을 실현시켰다 　C 강강(强强)연합에 속한다 　D 직원관리에 혼란을 야기했다

보기　1. A의 '加重了(가중시켰다)', B의 '实现了(실현시켰다)', C의 '属于(속한다)', D의 '导致(야기했다)'라는 동사들만 보아도 어떤 행위가 미치는 영향이나 결과를 묻는 문제임을 짐작할 수 있다.
　　　　2. C의 '强强联合(강강연합)'는 약한 회사를 흡수시키는 구조가 아닌 강한 기업끼리 동등한 위치에서 서로 부족한 점을 보완하며 합치는 합병방식을 말한다.

3. A 有独特的营销体系 　B 感冒类药品销量最佳 　C 生产方式落后 　D 规模持续缩小	3. A 독특한 영업시스템을 가지고 있다 　B 감기와 관련된 약품 판매량이 가장 좋다 　C 생산방식이 낙후되었다 　D 규모가 지속적으로 줄고 있다

보기　1. A의 '营销体系(영업방식)', B의 '药品销量(약품 판매량)', C의 '生产方式(생산방식)', D의 '规模(규모)' 등이 있는 것으로 보아 약을 제조하는 회사에 관한 문제임을 알 수 있다.
　　　　2. 위의 2번에서 '합병'을 언급했으므로 합병하는 회사 중의 한 회사가 가지는 특징일 가능성이 높다.

4. A 热爱所从事的事业 　B 懂得奉献社会 　C 有良好的人际关系 　D 有雄厚的经济基础	4. A 종사하는 일을 몹시 좋아한다 　B 사회에 기여할 줄 안다 　C 좋은 인간관계를 가지고 있다 　D 두터운 경제기초가 있다

보기　1. A의 '热爱……事业(~일을 몹시 좋아하다)'와 C의 '有……人际关系(~한 인간관계를 가지고 있다)'와 D의 '有……经济基础(~한 경제기초를 가지고 있다)' 등을 보면 인물에 관한 문제이거나 특정대상이 가져야 하는 조건일 가능성이 높다.
　　　　2. A의 '热爱(몹시 좋아하다)'는 같은 의미의 '酷爱(kù'ài)'로 바뀌어 본문에 나오는 경우가 많으니 유의하자!

5.　A 药品质量问题堪忧
　　B **男的出身医药世家**
　　C 医药公司纷纷倒闭
　　D 男的即将升职

5.　A 약품의 질 문제가 심각하게 걱정된다
　　B **남자는 의약집안 출신이다**
　　C 의약회사가 연이어 도산했다
　　D 남자는 곧 진급될 것이다

> 보기
> 1. B의 '男的出身(남자의 출신)' 언급이나 C의 '医药公司……倒闭(의약회사 도산)', D의 '男的……升职(남자의 ~ 진급)'에 관한 언급으로 보아 인터뷰에서 알 수 있는 사실을 묻는다는 것을 알 수 있다.
> 2. 인터뷰로 인해 알 수 있는 내용을 묻는 질문은 한 질문에서 나오는 것이 아니라 전체적인 인터뷰 내용 중에서 맞는 보기가 답이므로 보기를 먼저 파악해 두어야 놓치지 않는다는 것을 유념해야 한다.

女: 胡总，您好，我们看到了一个新闻，说贵公司上半年的净利润达到了2.88亿，同比增长近四成，**1.B 在整个医药行业增速放缓时**，**1.** 贵公司的利润为什么能增长这么多？

男: **1.B 医药行业今年整体的发展速度有所回落**，大概在13%左右，我们公司今年的经营规模之所以能够保持在22%左右的增速，一方面是我们厚积薄发的结果，另一方面也有我们并购外延扩张的因素。

女: 那么 **2/3.** 这次并购重组，给贵公司带来了什么好处？

男: 过去的并购大部分是强弱式并购，**2.C 今年的这一次收购使我们进入了一个强强式并购的时代**，收购的这家企业本身有两大优势，第一，他们生产的药品中，有一个是在心血管儿领域排位前十的，市场规模已经达到了二十多亿，**3.A 第二，他们在医药行业里面有一套独特的营销体系**，而这些正好是我们公司所缺乏、所需要的，所以这次并购给我们带来了快速发展，同时，也使我们公司的一些资源和它实现了互补，使得我们的内生发展可以更快一些。

女: 您是不是把做药品这件事当成了一辈子要做的事业？

男: 对，因为 **5.B 我本身出生于医药世家**，我外公是学医的，到国外留学过，我父母也都是学医药的，所以受家庭影响，我当年考大学就考了药学专业。

女: 也许正是 **4.** 这种热爱，使得您把公司经营得如此卓越吧？

여: 후 사장님, 안녕하세요? 우리가 본 신문에서는 귀사의 상반기 순이익이 2.88억에 달하고, 전년도 동기와 대비해 40% 가까이 성장했다고 하던데, **1.B 전체적인 의약업종의 성장속도가 둔화되었을 때**, **1.** 귀사의 이윤은 어떻게 이렇게 많이 성장할 수 있었습니까?

남: **1.B 의약업종은 올해 전체적인 발전속도가 다소 반락했는데**, 대략 13% 정도 됩니다. 우리 회사의 올해 경영규모가 22% 정도의 증가속도를 유지할 수 있었던 것은, 한편으로는 우리가 그동안 준비한 것들이 누적되어 천천히 드러나고 있는 결과이고, 다른 한편으로는 우리의 인수합병 외연이 확장된 이유도 있습니다.

여: 그러면 **2/3.** 이번 인수합병의 구조조정은 귀사에 어떤 좋은 점을 가져다 주었습니까?

남: 과거의 인수합병은 대부분이 강약(强弱)식의 합병이었는데, **2.C 올해의 이번 인수는 우리가 하나의 강강(强强)식의 입수합병시대로 들어가게 했습니다**. 인수한 이 기업자체도 두 가지 큰 우세한 점을 가지고 있었는데, 첫 번째는 그들이 생산한 약품 중에 심혈관 영역의 등수가 10위권 내인 것이 있었고, 시장규모도 이미 20여 억에 달했습니다. **3.A 두 번째는 그들은 의약업종에서 독특한 영업시스템을 가지고 있었는데**, 이것들은 마침 우리 회사에는 없어서 필요한 것이었습니다. 그래서 이번 인수합병은 우리에게 빠른 발전을 가져왔고, 동시에 우리회사의 일부 자위이 그것과 서로 보완하게 만들어 우리의 내생적 발전을 더 빠르게 만들 수 있었습니다.

여: 당신은 약품 만드는 일을 평생의 일로 여기십니까?

남: 맞습니다. **5.B 저 자체가 의약집안에서 태어났고**, 외조부는 의학을 배워, 일찍이 외국에서 유학을 한 적이 있습니다. 저희 부모님 역시 의약을 공부하셨기 때문에, 가족의 영향을 받아 저는 대학에 진학할 때 약학을 응시했습니다.

여: 어쩌면 **4.** 이런 애정이 당신이 회사를 이렇게나 훌륭하게 경영하게 만들었던 것이겠죠?

男：是的，不管从事什么事业，4.A 要想获得成功，前提就是要热爱这项事业，如果没有对它的强烈热爱，是不可能成功的，另外，还要有一种强烈的社会责任感，你现在所做的一切都是为了社会。	남: 그렇습니다. 어떤 일에 종사하든 4.A 성공하려면, 전제는 이 일을 몹시 좋아해야 합니다. 만약에 그것에 대한 강렬한 애정이 없다면, 성공할 수 없을 겁니다. 이 외에도, 당신이 하는 모든 것이 사회를 위하는 강한 사회적 책임감도 있어야 합니다.
1. 医药行业今年整体发展怎么样？ 2. 男的怎么看这次并购？ 3. 关于那家被并购的公司可以知道什么？ 4. 男的认为获得事业成功的前提是什么？ 5. 根据对话，下列哪项正确？	1. 의약업종은 올해 전체적인 발전이 어떠한가? 2. 남자는 이번 인수합병을 어떻게 보는가? 3. 그 인수합병 된 회사에 관해 무엇을 알 수 있는가? 4. 남자는 일에서의 성공 전제를 무엇이라고 여기는가? 5. 대화에 따르면, 아래 어느 항이 정확한가?

Point

1. 첫 번째 질문의 '……时(~할 때)'처럼 전제조건을 언급하고 질문할 경우에는 문제와 직결되는 경우가 많음을 주의해야 한다.
2. 두 번째 질문에서 합병을 언급했으므로 합병되는 두 회사의 공통점이나 차이점을 반드시 파악해야 하고, 합병의 방식이나 이유에 집중해야 한다.
3. 세 번째 대답에서 나온 게스트와 그 집안에 관한 정보는 인물에 관해 기억해 두어야 할 힌트들이다.
4. 네 번째 질문에서 진행자가 게스트에게 '이런 애정이 회사를 훌륭하게 경영하게 만들었던 것이죠?'라고 추측해서 물었기 때문에 남자가 긍정적인 대답을 하면 일에 대한 애정이 문제의 힌트가 되고, 부정적인 대답을 한 뒤 다른 것을 언급한다면 새로 언급하는 요소를 확인해야 한다.

해설

1. 진행자가 첫 질문에서 '在整个医药行业增速放缓时，贵公司的利润为什么能增长这么多？(전체 의약업종의 증가 속도가 둔화되었을 때, 귀사의 이윤은 어떻게 이렇게 많이 성장할 수 있었습니까?)'라고 질문을 하면서 현재의 의약업종의 상태를 설명했으므로 정답은 B 增速放缓이 정답이다.
2. 게스트가 두 번째 대답에 '今年的这一次收购使我们进入了一个强强式并购的时代(올해의 이번 인수는 우리가 하나의 강강식(强强式)의 입수합병시대로 들어가게 했습니다)'라고 했으므로 이 합병에 관해 맞는 사실은 C 属于强强联合가 정답임을 알 수 있다.
3. 게스트가 두 번째 질문의 대답에서 합병한 회사의 우세한 점을 언급하며 두 번째 우세한 점으로 '他们在医药行业里面有一套独特的营销体系(그들은 의약업종에서 독특한 영업시스템을 가지고 있습니다)'라고 했으므로 A 有独特的营销体系가 정답임을 알 수 있다.
4. '要想获得成功，前提就是要热爱这项事业(성공하려면, 전제는 이 일을 몹시 좋아해야 합니다)'라고 말한 부분에서 성공의 전제가 A 热爱所从事的事业임을 알 수 있다.
5. 세 번째 질문에 대한 대답에서 게스트가 '我本身出生于医药世家(저 자체가 의약집안에서 태어났습니다)'라고 말했으므로 B 男的出身医药世家가 정답이다.

정답 1. B 2. C 3. A 4. A 5. B

○ 보기를 먼저 파악해 어떤 질문과 연관이 있는지를 찾아내는 것이 관건이다.

[1 – 5]

문제 1
A 创新
B 拼搏
C 勇敢
D 自信

문제 2
A 做事要稳妥
B 努力规避风险
C 学会自我鼓励
D 不要被失败吓退

문제 3
A 勇于尝试
B 谦虚学习
C 处事谨慎
D 坚持不懈

문제 4
A 充满激情
B 轻松闲适
C 拥有自己的事业
D 按自己喜欢的方式生活

문제 5
A 并不存在
B 无法形容
C 不依靠别人
D 兼顾事业与家庭

독해 제2부분 ❸ | 빈칸에 알맞은 어휘 채우기
어휘의 조합으로 접근해라!

어휘 PT
학습시간 **1 0** 분

예	免疫 miǎnyì 몡 면역		문제 2	变速 biànsù 동 변속하다
				促进 cùjìn 동 촉진하다
	云锣 yúnluó 몡 운라 [10개의 작은 징을 틀에 매단 악기]			热量燃烧 rèliàng ránshāo 칼로리가 연소되다
	厚度 hòudù 몡 두께		문제 3	心理资本 xīnlǐ zīběn 몡 심리자본
	若干 ruògān 대 약간, 조금			超越 chāoyuè 동 초월하다
	铜制 tóngzhì 동으로 제조하다			实践 shíjiàn 동 실천하다, 실행하다
				拓宽 tuòkuān 동 확장하다, 넓히다
예제	眼睑 yǎnjiǎn 몡 눈꺼풀		문제 4	培养 péiyǎng 동 (인재·능력을) 양성하다
	肝肾 gānshèn 몡 간과 신장			幼儿 yòu'ér 몡 유아
	衰竭 shuāijié 동 극도로 쇠약해지다			首要 shǒuyào 형 가장 중요하다
	就医 jiùyī 동 (의사에게 가서) 진찰을 받다, 치료를 받다			把握 bǎwò 동 파악하다
				放手 fàngshǒu 동 손을 놓다, 포기하다
문제 1	香料 xiāngliào 몡 향료		문제 5	位于 wèiyú 동 ~에 위치하다
	异域色彩 yìyù sècǎi 몡 이국적인 색채			呈棋盘式 chéng qípánshì 바둑판 형식을 띠다
	樟脑 zhāngnǎo			风水观 fēngshuǐguān 몡 풍수관
	몡 장뇌 [녹나무를 증류하여 얻은 화합물]			山川形势 shānchuān xíngshì 몡 산천형세
	丝绸之路 sīchóu zhī lù			融为一体 róngwéi yìtǐ 하나로 융합하다, 조화를 이루다
	몡 비단길, 실크 로드(Silk Road)			
	醒神 xǐngshén 동 정신차리다			
	止痛 zhǐtòng 동 통증을 멈추게 하다			

전략 PT

학습시간 30분

❶ 명사 조합의 관건은 자연스러움이다!

명사의 조합은 해석을 해도 보통 우리가 일상생활에서 많이 쓰는 어휘인 경우가 많다. 해석을 해서 자연스럽게 읽히는지 확인하는 것이 좋다.

● 명사가 활용된 조합 어휘

免疫系统 miǎnyì xìtǒng	면역시스템	药用功效 yàoyòng gōngxiào	약용효과, 약용효능
工业体系 gōngyè tǐxì	공업체계	成效显著 chéngxiào xiǎnzhù	성과가 분명하다
工作程序 gōngzuò chéngxù	작업 프로세스, 작업절차	血液循环 xuèyè xúnhuán	혈액순환
出毛病 chū máobìng	고장이 나다	核心要素 héxīn yàosù	핵심요소
患有疾病 huànyǒu jíbìng	질병을 앓다	拓宽视野 tuòkuān shìyě	시야를 넓히다
产生弊病 chǎnshēng bìbìng	병폐가 생기다, 문제점이 생기다	保存完好 bǎocún wánhǎo	보존이 완벽하다
中病毒 zhòng bìngdú	바이러스에 걸리다	调整情绪 tiáozhěng qíngxù	감정을 조절하다
身体功能 shēntǐ gōngnéng	신체기능	研究表明 yánjiū biǎomíng	연구가 밝히다

예

心态对生理和免疫_____有着直接或间接的影响。

A 秩序　　　　B 次序　　　　C 系统　　　　D 程序

해석 마음가짐은 생리와 면역 _____ 에 직접 혹은 간접적인 영향을 가지고 있다.

보기 A 秩序 zhìxù 질서 → 사회적인 문제나 내용에 자주 쓰인다.
　　 B 次序 cìxù 순서 → 일의 진행과 관련된 내용에 자주 쓰인다.
　　 C 系统 xìtǒng 계통, 시스템 → 연관된 통일조직을 의미한다.
　　 D 程序 chéngxù 절차, 프로그램 → 컴퓨터나 작업절차와 관련된 내용에 잘 쓰인다.

Point 1. '생리'와 '면역'과 어울리는 자연스러운 명사는 '계통', 즉 '시스템' 밖에 없다.
　　　 2. '生理和免疫系统(생리와 면역시스템)'으로 정답은 C.

❷ 구문도 조합이 있다!

구문 형식으로 나오는 조합도 있기 때문에 자주 출현하는 상용구문은 미리 정리해서 암기해 두는 것이 좋다.

● 자주 출제되는 고정격식

凭感觉…… píng gǎnjué…… ~감각에 의지하여, ~감각을 바탕으로	他们凭感觉估计行程时间和距离。 그들은 감각에 의지하여 여정 시간과 거리를 예측하였다.
由 A 组成 yóu A zǔchéng A로 구성되다/조성되다	计算机是由硬件系统和软件系统两部分组成的。 컴퓨터는 하드웨어와 소프트웨어 두 부분으로 구성된다.
朝……方向 cháo……fāngxiàng ~방향을 향해	这些马毫不犹豫地朝一个方向行进。 이 말들은 조금도 주저 않고 한 방향으로 행진하였다.
趁年轻 chèn niánqīng 젊음을 틈타, 젊을 때	趁年轻多读书，多交往，多游历。 젊을 때, 많이 읽고, 많이 사귀고, 많이 돌아다녀라.
素有 A 美称(= 之称/之誉/美誉) sùyǒu A měichēng 줄곧 A라는 미칭(아름다운 별칭)을 가지고 있었다	牡丹素有"花中之王"的美称。 모란꽃은 줄곧 '꽃 중의 왕'이라는 미칭을 가지고 있었다.

예

云锣最早出现于唐代，它 ____ 大小相同而厚度和音高不同的若干铜制小锣组成。

A 凭　　　　　B 由　　　　　C 朝　　　　　D 趁

해석　운라는 당대에 최초로 출현했고, 그것은 크기는 같지만 두께와 음높이가 다른 약간 작은 운라 ____ 구성되어 있다.

보기　A 凭 píng ~를 바탕으로 → '知识(지식)', '基础(기초)', '感觉(감각)' 등의 어휘와 함께 자주 쓰인다.
　　　B 由 yóu ~으로 → '组成/构成(조성/구성되다)'과 함께 자주 쓰인다.
　　　C 朝 cháo ~를 향해 → '方向(방향)'과 함께 자주 쓰인다.
　　　D 趁 chèn ~ 한 틈을 타 → '年轻/机会(젊음/기회)'와 함께 자주 쓰인다.

Point　1. '由A组成(A로 구성되다)'은 고정격식이다.
　　　　2. 술어가 '组成'이므로 정답은 '由'이다.

❸ 하나의 조합만으로 정답을 확신하지 마라!

한 번 정답으로 나왔던 조합이 나오면 다른 보기는 확인하지 않고 하나의 보기만으로 정답을 고르는 경우가 있다. 대부분 조합으로 암기한 어휘가 정답일 확률이 높지만, 독해 제2부분 문제의 핵심은 선택한 보기의 모든 어휘가 맞아야 한다는 것을 명심하자. 확신하는 어휘가 있어도 적어도 두 개 이상의 열을 확인하는 것이 좋다.

 **예제**

俗话说"眼睛是心灵的窗户"。事实上，眼睛不仅能折射出人的内心世界，还能_____机体的健康状况。例如，眼睑发黑表示机体可能患有重度神经衰弱或者肝肾功能衰竭等_____。所以，眼睑发暗时，一定要_____就医。	'눈은 마음의 창'이라는 말이 있다. 사실, 눈은 사람의 마음 세계를 반영시켜낼 뿐만 아니라, 또한 유기체의 건강상황을 반영할 수 있다. 예를 들면 눈꺼풀이 까매지는 것은 인체가 아마도 심각한 신경쇠약이나 간과 신장기능이 극도로 쇠약해지는 등의 질병을 앓고 있을 수 있음을 나타낸다. 그래서 눈꺼풀이 까매지면, 반드시 제때에 진료를 받아야 한다.
A 推测　　毛病　　不时 B 反映　　疾病　　及时 C 反馈　　弊病　　临时 D 探测　　病毒　　随时	A 추측하다　　문제점　　불시에, 자주 B 반영하다　　질병　　제때에 C 피드백하다　병폐　　갑자기 D 탐측하다　　바이러스　수시로

Point

1. '健康状况(건강상황)'을 목적어로 가질 수 있는 동사를 찾아야 한다.
   推测: 뒤에는 추측할 수 있는 내용이 와야 하는데 '건강상황'이 목적어로 왔으므로 '건강상황을 추측한다'는 것이 내용상 적합하다.
   反映: 객관적인 사물의 본질이나 상황을 표현해낸다는 뜻이고, 지문은 유기체의 건강상태의 문제점을 나타낸다는 내용이므로 밑줄에 적합하다.
   反馈: 진행된 행동이나 반응의 결과를 다시 알려주는 것을 의미하여 보통 사람과 사람 사이에서 쓰이므로 눈과 건강상황 사이에서 사용하는 것은 적합하지 않다.
   探测: 상황을 탐색해서 측량하는 것으로 주로 '气象(기상)', '天气预报(일기예보)'에 관한 내용에서 쓰이므로 밑줄에 적합하지 않다.

2. 동사 '患有(앓다)'와 호응하는 목적어를 찾아야 한다.
   毛病: 기계의 고장이나 사람의 문제점을 뜻하고 '患有(앓다)'와 호응하지 않고 '出毛病(문제가 생기다)'으로 쓰인다.
   疾病: 사람이 앓고 있는 '질병'의 의미로 밑줄에 적합하다. '患有疾病(질병을 앓다)'은 搭配어휘이다.
   弊病: 사회적 병폐나 폐단을 뜻하여 사람의 '질병'의 의미는 전혀 없으므로 적합하지 않다.
   病毒: 바이러스를 뜻하고 컴퓨터와 관련된 내용에서 '中病毒(바이러스에 걸리다)'로 자주 쓰인다. 밑줄에는 적합하지 않다.

3. 눈꺼풀이 까매졌을 때 어떻게 치료를 받아야 하는지 적합한 어휘를 찾아야 한다. '눈꺼풀이 까매졌을 때'라는 전제조건이 있으므로 '자주, 갑자기, 언제든지'는 어울리지 않고 '제때에'가 적합하다.

정답　B

> PT팁을 먼저 학습한 뒤, 조합어휘가 적절한지 집중하여 풀어보도록 하자. (각 문제당 1분 안배)

문제 1 说起香料，似乎总带有异域色彩，然而，樟脑却是个 _____ 。樟脑的原产地是中国，在海上丝绸之路的贸易中，它曾 _____ 到多个国家。樟脑还具有药用 _____ ，可以醒神、止痛。

    A 极限   开拓   成效
    B 意外   发布   功能
    C 例外   出口   功效
    D 分歧   延伸   性质

문제 2 很多跑步爱好者都喜欢快慢变速跑，即在 _____ 距离内，快跑一分钟、慢跑5分钟 _____ 进行。这样快慢变速跑，能更有效地促进血液 _____ 和热量燃烧，达到更佳的锻炼效果。

    A 规定   交替   循环
    B 拟定   交换   调整
    C 确定   代替   压缩
    D 制定   交叉   流通

문제 3 心理资本是指个体在成长过程中表现出来的一种积极心理 _____ ，是超越人力资本和社会资本的一种 _____ 心理要素。它将心理学和管理学的理论与实践相结合，拓宽了管理的 _____ 。拥有过人心理资本的员工能以积极的情绪 _____ 工作，工作效率也会更高。

    A 形态   热门   视线   处置
    B 状态   核心   视野   投入
    C 情景   中央   局限   征服
    D 情形   焦点   界限   施展

문제 4 ▶ 家庭是培养幼儿独立性的首要场所。儿童心理学研究_____：孩子在幼儿时期，心里活动的主动性明显增强，喜欢自己去_____新事物。父母应该把握孩子这个时期的心理特点，_____，在确保孩子安全的_____下，放手让他们去做自己感兴趣的事情。

A 表明　　　体验　　　因势利导　　　前提
B 声明　　　领会　　　因地制宜　　　背景
C 公认　　　示范　　　实事求是　　　处境
D 认可　　　履行　　　统筹兼顾　　　情形

문제 5 ▶ 阆中古城位于四川省，距今已有三千多年的历史，是中国"_____最为完好的四大古城"之一。阆中古城的_____呈棋盘式，融南北建筑风格于一体，_____了中国古代的居住风水观。这里山川形势独特，山、水、城融为一体，有"天下第一江山"的_____。

A 保存　　　格局　　　体现　　　美誉
B 遗传　　　规格　　　展现　　　称呼
C 遗失　　　布局　　　展示　　　称号
D 保持　　　局势　　　表达　　　荣誉

쓰기 ❽ | 글 요약하기
문장부호와 원고지 사용법 - 글쓰기의 기본 중의 기본

어휘

 학습시간 1 0 분

연습 1	贤明 xiánmíng [형] 현명하다 受爱戴 shòu àidài 사랑 받다
연습 2	务实 wùshí [형] 실무적이다 蜚声 fēishēng [동] 이름을 날리다, 유명해지다 文坛 wéntán [명] 문단, 문학계
연습 3	胡萝卜 húluóbo [명] 당근
연습 4	宏伟 hóngwěi [형] 웅장하다, 웅대하다 志向 zhìxiàng [명] 포부 神箭手 shénjiànshǒu [명] 명궁수

문제 1	桥 qiáo [명] 다리 老头儿 lǎotóur [명] 늙은이 交给 jiāogěi ~에게 건네다 失传 shīchuán [동] 실전되다, 전해 내려오지 않다

전략 PT

1. 문장부호

① 문장부호의 특징을 파악해라!

문장부호의 정확한 사용도 점수에 반영되는 사항이다. 특징을 파악해서 정확하게 사용하는 연습을 해두는 것이 좋다.

② 모든 부호를 다 쓰지 마라!

원문에 나오는 모든 부호를 쓸 필요는 없다. 글을 요약해서 쓰는 데 필요한 것만 사용하는 것이 좋다.

 PT팁 글 요약쓰기에 사용되는 문장부호

부호	이름	설명
。	마침표	평서문에 끝에 사용한다.
，	쉼표	글쓴이가 말하고자 하는 내용을 구나 절 단위로 끊을 때 사용한다.
、	모점	단어나 구를 병렬로 나열할 때 사용한다.
" "	큰 따옴표	대화 내용을 나타낼 때 사용한다.
……	말 줄임표	대화에서 말을 흐리거나 마무리 짓지 않았을 때 사용한다.
《 》	큰 괄호	문학이나 예술 작품의 제목을 쓸 때 사용한다.
:	쌍점(콜론)	대화 내용을 제시할 때와 특정어휘의 정의나 부연설명을 붙일 때 사용한다.
;	쌍반점(세미콜론)	예를 두 개 이상 들어 설명할 경우 그 구분을 나타낼 때 사용한다.

TIP 말 줄임표/쌍반점은 글 요약쓰기의 원문에서는 볼 수 있으나, 수험생이 사용할 필요가 없음을 알아둔다.

2. 원고지 사용법

① 글쓰기의 기본이다!
채점자가 가장 먼저 보게 되는 것은 내용이 아니라 격식이다. 격식도 점수에 반영되는 요소이기 때문에 정확한 격식을 알아두어야 한다.

② 연습이 최선이다!
격식은 알고 있으니까 '시험 때 잘 해야지'라고 생각만 하고 연습을 미루면 시험 때 실수하기 쉽다. 눈으로만 보지 말고, 원고지에 직접 써보는 연습을 게을리 하지 않는 것이 좋다.

PT팁 원고지 사용법

제목	첫 줄의 가운데 쓴다. (제목이 길면 네 칸을 띄우고 쓴다.)
단락	단락이 바뀌면 처음 두 칸은 비워놓아야 한다.
글자	한자는 한 칸에 한 자만 써야 한다.
부호	한 칸에 한 개만 쓰는 것이 기본이다. * 예외 사항이 있으니 주의한다. (하단 TIP 참고)
숫자	앞에서부터 한 칸에 두 자씩 써야 한다.

TIP

						①聪	明	的	三	兄	弟			
		到	了	法	官	那	里	,	法	官	也	觉	得	很	奇	怪	。	他	②问:
③"	你	们	怎	么	知	道	骆	驼	的	样	子	?"④	老	大	、	老	二	、	老
三	分	别	解	释	⑤:"	草	只	被	吃	了	一	半	,	所	以	它	的	一	只
眼	睛	瞎	了	。"															

① 제목은 첫 줄 가운데 쓰는 것이 일반적이다. 다소 긴 경우 네 칸을 띄우고 쓰지만 최근 경향은 짧고 함축된 의미의 제목으로 간결하게 쓰므로 가운데에 맞추는 것이 좋다.
② 부호는 한자와 함께 쓰지 않는 것이 일반적이나 줄의 마지막 칸일 경우에는 한자와 부호를 함께 써야 한다.
③ 줄의 첫 칸은 。, ，, 、, "(오른쪽 쌍따옴표), :, ;를 쓸 수 없다. 즉, "(왼쪽 쌍따옴표)만 가능하다.
④ 부호는 일반적으로 한 칸에 한 개의 부호만 쓰는 것이 일반적이지만, "(오른쪽 쌍따옴표)는 다른 부호와 함께 쓰고(예 。", ?"), "(왼쪽 쌍따옴표)는 쌍점과는 함께 써야 한다(예 :").
⑤ 대화의 시작을 나타내는 :(콜론)과 "(왼쪽 쌍따옴표)는 한 칸에 함께 써야 한다.(예 :")

 연습 1

| 很久以前，有位贤明而受百姓爱戴的国王。 | 아주 오래 전에, 어떤 현명하고 백성들의 사랑을 받는 국왕이 있었다. |

 Point
1. 시간의 표현을 집중해서 보여주기 위해 '很久以前'이라는 구를 쓴 뒤에 ，를 사용하였다.
2. 문장을 마쳤다는 것을 보여주기 위해 '国王' 뒤에 。를 사용하였다.

 연습 2

| 阿来是一个务实的作家，他因《尘埃落定》蜚声文坛。 | 아라이는 실무능력이 뛰어난 작가이고, 그는 ≪尘埃落定≫으로 인해 문학계에서 유명하다. |

Point 아라이가 문학계에서 유명해진 작품 제목을 언급했기 때문에 관련 문장 부호인 《 》를 사용하였다.

 연습 3

| 女儿回答说："还能有什么，当然是胡萝卜、鸡蛋和咖啡了。" | 딸이 대답하였다. "또 뭐가 있겠어요? 당연히 당근, 달걀 그리고 커피죠." |

Point
1. 대화 부분이라는 것을 설명하기 위해 '说' 뒤에 ：를 사용하였다.
2. 대화 부분은 " "를 사용하였다.
3. 당근과 달걀이 내용상 성질이 같은 명사로 나열되어 '胡萝卜'와 '鸡蛋' 사이에 、를 사용하였다.

 연습 4

| 他就有个宏伟的志向：长大以后，一定要成为一名"神箭手"。 | 그는 바로 웅대한 포부, 즉 자라서 반드시 한 명의 '명궁수'가 되겠다는 것이 있었다. |

Point
1. 포부를 다시 부연 설명하기 위해 '志向' 뒤에 ：를 사용하였다.
2. 되고 싶은 꿈인 '명궁수'라는 명사를 강조하기 위해 '神箭手'에 " "를 사용하였다.

다음 글을 원고지 격식에 맞추어 그대로 써보자! 이 연습은 한자와 부호를 격식에 제대로 맞추어 써보는 것이 핵심이다.

연습

张良的故事

　　五天后早上，张良来到桥上。但老头儿已经先到了等他。老头儿生气地说："五天后再见！"五天后，张良很早就来到桥上。过了一会儿，老头儿来了。他很满意地说："年轻人就应该这样！"然后交给张良一本书。这本书就是失传已久的《太公兵法》。

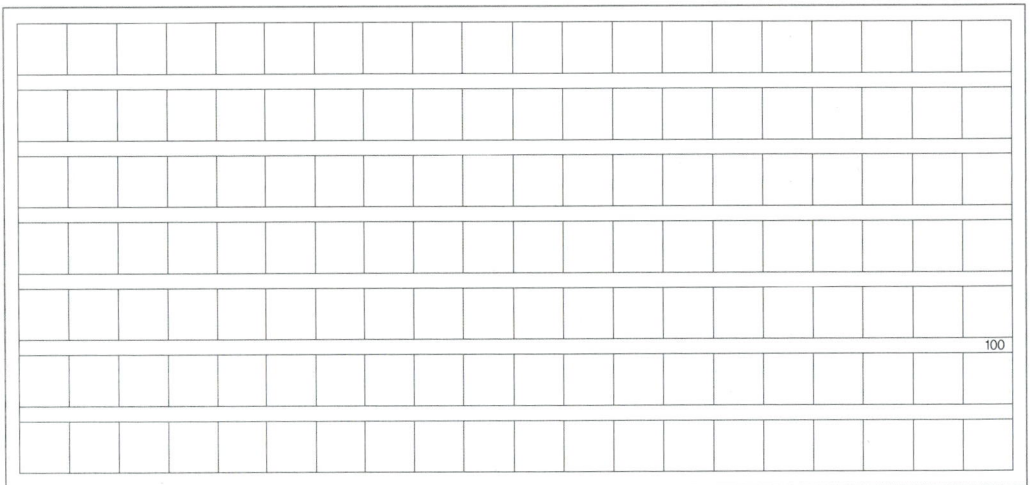

 마무리 PT　　　　　　　　　　 학습시간 1 0 분

1 以 A……　A로 ~하다

我希望以科技网站的方式，凝聚作品的力量。
나는 과학기술 사이트의 방식으로 작품의 힘을 응집시키길 바란다.

2 A 导致 B　A는 B를 초래하다

互联网的崛起导致了信息的碎片化。
인터넷의 출현이 정보의 파편화를 초래했다.

3 A 离不开 B　A는 B를 떠날 수 없다

我渐渐发现自己离不开手机了。
나는 점점 자신이 휴대전화를 떠날 수 없다는 것을 발견했다.

4 A 让 B 产生……感　A는 B가 ~감이 생기게 만들다

这样的生活终于让我产生了一种恐惧感。
이러한 생활은 결국 내가 일종의 공포감이 생기게 만들었다.

5 受 A 的青睐　A의 환영을 받다

这种碎片化的阅读方式很受年轻人的青睐。
이러한 파편화된 읽기 방식은 젊은 사람들의 환영을 받는다.

6 沉湎于 A　A에 빠지다

对于沉湎于新媒体的年轻人，我希望他们多看纸质书。
새로운 대중매체에 빠진 젊은이들에 대해, 나는 그들이 지류로 된 책을 많이 보길 희망한다.

7 A 有 "B" 的美誉　A는 'B'의 미칭(아름다움 호칭)을 가지고 있다

这里山川形势独特，山、水、城融为一体，有"天下第一江山"的美誉。
이곳의 산과 시내의 형세는 독특하고 산, 물, 성이 조화를 이루어 '천하제일의 강산'이라는 미칭을 가지고 있다.

8 因 A 蜚声文坛　A로 인해(때문에) 문학계에서 유명하다

阿来是一个务实的作家，他因《尘埃落定》蜚声文坛。
아라이는 한 명의 실무능력이 뛰어난 작가이고, 그는 《尘埃落定》으로 인해 문학계에서 유명하다.

Day 9

듣기 제2부분 ❹ | 인터뷰를 듣고 보기에서 정답 고르기
기타 전문분야 및 일반인 인터뷰

어휘 PT　○ Track 09-1　　학습시간 10분

예제 1-5

随性而为 suíxìng érwéi 하고 싶은 대로 하다
成立 chénglì 동 설립하다 (* 成立公司 chénglì gōngsī 회사를 설립하다)
激励 jīlì 동 격려하다 (= 鼓励 gǔlì)
活跃 huóyuè 동 활약하다, 활발하다
泛读 fàndú 동 범독하다, 대충대충 읽다
精读 jīngdú 동 정독하다, 꼼꼼하게 읽다
合理 hélǐ 형 합리적이다, 적합하다
抽空儿 chōu kòngr 동 짬을 내다, 시간을 내다

科普专栏 kēpǔ zhuānlán 명 과학칼럼
似乎 sìhū 동 마치 ~같다
跨度 kuàdù 명 간격, 사이
规划 guīhuà 동 기획하다
凝聚 níngjù 동 응집하다
途径 tújìng 명 방법, 수단, 경로
诱惑 yòuhuò 동 유혹하다
专注度 zhuānzhùdù 명 집중도
沉心 chénxīn 동 (마음을) 가라앉히다
端正 duānzhèng 형 단정하다
崛起 juéqǐ 동 우뚝 솟다
碎片化 suìpiànhuà 형 파편화(세분화) 되다
迷失 míshī 동 (방향을) 잃다
逆转 nìzhuǎn 동 역전하다, 뒤집다
外包 wàibāo 외주
比方 bǐfang 명 비유, 예
节点 jiédiǎn 명 접점, 교환점
势必 shìbì 부 반드시, 필연코 (= 务必 wùbì)
浅尝辄止 qiǎncháng zhézhǐ 성 노력을 기울여 깊이 파고들려 하지 않다
成瘾 chéngyǐn 동 버릇이 되다, 중독되다

玩物丧志 wánwù sàngzhì 성 좋아하는 것에 정신이 팔려 진취적인 마음을 잃어버리다

문제 1-5

三栖动物 sānqī dòngwù 명 3서 동물 [책·컴퓨터·휴대전화에 빠져 있는 사람]
微信达人 wēixìn dárén 명 웨이신(중국 SNS) 달인
书虫 shūchóng 명 책벌레
泄露 xièlòu 동 (비밀 등을) 누설하다
缺乏 quēfá 동 부족하다
居多 jūduō 동 다수를 차지하다
受众群体 shòuzhòng qúntǐ 명 시청자(관객) 집단
回忆录 huíyìlù 명 회고록
媒体 méitǐ 명 대중 매체

纸质书 zhǐzhìshū 명 지류책
俘虏 fúlǔ 명 포로
人性 rénxìng 명 인성
沉迷 chénmí 동 깊이 빠지다
耗费 hàofèi 동 낭비하다, 소모하다
脑细胞 nǎoxìbāo 명 뇌세포
资讯 zīxùn 명 자료와 정보
受青睐 shòu qīnglài 환영받다 (↔ 受白眼 shòu báiyǎn 냉대 받다)
沉湎 chénmiǎn 동 탐닉하다, 빠지다

  학습시간 30분

1 기출 게스트를 파악해라!

범위가 없는 부분이기 때문에 기존에 어떤 게스트가 나왔는지 파악해 두면 정해진 분야의 게스트가 나오지 않아도 당황하지 않고 문제에 접근할 수 있다.

2 게스트의 견해를 습득해라!

단순하게 신분만 알아서는 내용을 파악하기 어려우므로 기존에 나왔던 게스트가 사용했던 표현이나 견해 등을 습득해 두면 어떤 내용 위주로 인터뷰가 진행되는지 파악하기 쉽다.

● 기타 전문분야 및 일반인 게스트의 종류와 견해　　　　　　　　　　　　　◯ Track 09-2

电视节目编导 diànshì jiémù biǎndǎo TV프로그램 PD(연출가)	做节目　프로그램을 만들다 只是起串场的作用　단지 카메오로 출연하다. 잠깐 등장하는 정도이다 重新演绎五百个人物、六百个经典场景。 5백 명의 인물, 6백 개의 최고 장면을 새로이 이끌어내야 한다.
妇联主席 fùlián zhǔxí 여성연합회 의장	女性要有独立意识。　여성은 독립의식을 가져야 한다. 女性承担着不一样的社会角色。　여성은 같지 않은 사회적 역할을 맡고 있다. 女性受到社会一定政策的支持是应该的。 여성이 사회의 일정한 정책적 지지를 받는 것은 마땅한 것이다.
大学教授 dàxué jiàoshòu 대학교수	比较重视师生之间的关系　사제관계를 비교적 중시하다 从内心讲不把他们当学生看，而是当同事看。 그들을 학생으로 보지 않고 동료로 보고 진심에서 우러나 말한다. 博士论文意味着我们科学研究有了一个进步，也是在培养人才上的收获。 박사논문은 우리 과학연구에 진보가 있었고, 인재 양성에서도 수확이 있었음을 의미하고 있다.
残疾人 cánjírén 장애인	接受自己是残疾人的现实。　스스로가 장애인인 현실을 받아들여야 한다. 尽量不要给别人带来麻烦。　가능한 다른 사람에게 번거로움을 주지 마라. 网络缩短了残疾人和健全人的差距。 인터넷은 장애인과 비장애인의 거리를 좁힌다
一个女儿 yí ge nǚ'ér 한 명의 딸 (부녀 관계 인터뷰)	现在出去旅行好像是我带着爸爸去玩儿。 지금 여행을 나가는 것은 마치 내가 아버지를 모시고 가는 것 같다. 又是保姆又是翻译，而且还是秘书，要掌管一切。 보모이자, 통역사이고, 게다가 비서이다. 모든 것을 통제하고 관리한다. 爸爸一直支持我，以我为最大的骄傲。 아버지는 줄곧 나를 지지하였고 나를 가장 큰 자랑거리로 여겼다.
节目主持人 jiémù zhǔchírén 프로그램 진행자	要核实很多东西。　많은 것들을 맞추어 보고 확인해야 한다. 把已掌握的知识又重新温习一遍。 이미 습득한 지식을 다시 새로이 한 번 복습한다. 觉得学术性的东西，通过电视大众化是好事。 학술적인 것들이 TV를 통해 대중화되는 것은 좋은 일이라고 여긴다.

自称三栖动物的人 zìchēng sānqī dòngwù de rén 자신을 3서 동물이라고 부르는 사람(세 군데 서식, 즉 여러 방면에서 두루 활동하는 사람)	建议中年人多加入新媒体。 중년들이 새로운 매체를 많이 접해보기를 건의한다. 资讯是以快速、迅捷为特征的，所以它势必是碎片化的。 정보는 신속하고 민첩한 것을 특징으로 하기 때문에 그것은 반드시 파편화(세분화)가 되어야 한다. 手机阅读不会太耗费脑细胞，不怎么需要思考，看过、乐过也就忘了。 휴대전화를 보는 데는 뇌세포가 그렇게 많이 소모되지 않고, 사고할 필요가 별로 없어서, 본 것, 즐긴 것들은 금방 잊는다.

3 관련 질문유형을 파악해라!

진행자의 질문이 문제로 연결되는 경우가 많은 만큼 질문유형을 파악해 두면 문제의 정답에 접근하기가 쉽다.

● 기타 전문분야와 일반인 게스트 인터뷰의 질문유형　　　　　　　　　　○ Track 09-3

A的主要原因是什么? A의 주요 원인은 무엇인가?	→	원인은 주로 '因为/由于' 뒤에 나오는 내용이다.
称 A 为什么? / 怎么称呼 A? A를 무엇이라 부르는가?/ A를 어떻게 부르는가?	→	호칭에 관한 질문이다. 호칭이 될 만한 어휘에 집중해야 한다.
与 A 相比，B 有什么特点? A와 비교해서, B는 어떤 특징이 있는가?	→	비교 대상과 그 특징에 집중해야 한다.
男的/女的建议 A 怎么做? 남자/여자는 A가 어떻게 하길 건의하는가?	→	전문가 분야의 인터뷰인 만큼 건의와 견해에 집중해야 한다.
对 A 有什么期望? A에 대해 어떤 기대가 있는가?	→	게스트의 다른 사람들에 대한 바람을 집중해서 들어야 한다. 주로 자녀나 학생인 경우가 많다.
面对 A 我们应该怎么做? A에 직면해, 우리는 어떻게 해야 하는가?	→	문제나 어려움에 관한 내용이 나오면 견해에 집중해야 한다.
怎样看待 A? A를 어떻게 보는가?	→	'对我来说(내 입장에서는)'와 '在我看来(내가 보기에)' 뒤에는 게스트의 견해가 나온다는 것에 유의하자.
A 有什么好处/优势? A하는 것은 어떤 좋은 점/우세한 점이 있는가?	→	장단점, 특히 장점은 항상 집중해서 들어야 한다.
A 时，应该怎么样? A때, 마땅히 어떻게 해야 하는가?	→	특정 시기를 언급하는 부분에 집중해야 한다.
要具备什么素质? 어떤 자질을 갖추어야 하는가?	→	조건, 자격 등은 문제로 자주 출제된다.

 **예제 1-5**　　　　　　　　　　　　　　　　　　　　　　　　　　　　Track **09-4**

1. A 多听取他人意见 B 应尽早制定 C 随性而为 D 越具体越好	1. A 타인의 의견을 많이 받아들여야 한다 B 가능한 일찍 세워야 한다 C 마음대로 해야 한다 D 구체적일수록 좋다

보기　1. B에서 가능한 일찍 세워야 한다는 것으로 보아 계획이나 목표에 관한 질문임을 알 수 있다.
　　　2. '越A越B'는 'A할수록 B하다'라는 고정격식이다.

2. A 鼓励大学生创业 B 是计算机专业的研究生 C 曾当过作家 D 成立了一家出版社	2. A 대학생 창업을 격려한다 B 컴퓨터 전공의 연구생이다 C 작가였던 적이 있다 D 출판사를 설립했다

보기　1. 보기에 어떤 것에 대한 입장(A 대학생 창업을 격려한다), 현재의 신분(B 컴퓨터 전공 연구생), 과거의 직업(C 작가였던 적이 있다), 현재의 상황(D 출판사를 설립했다) 등이 나열된 것으로 보아 인물 정보에 관한 문제임을 알 수 있다.
　　　2. 진행자가 게스트의 정보를 언급하는 경우도 많다는 것을 유의하자.

3. A 激励学习者 B 快速提高成绩 C 活跃思维 D 减轻学习负担	3. A 학습자를 격려한다 B 성적을 빠르게 향상시킨다 C 사고를 활발하게 한다 D 학습부담을 경감시킨다

보기　1. 모두 각기 다른 동사구가 언급된 것으로 보아 목적이나 원인, 효과나 작용에 관한 질문일 가능성이 높다.
　　　2. 핵심은 '激励(격려하다)', '提高(향상하다)', '活跃(활발하게 하다)', '减轻(경감시키다)' 등의 동사이다.

4. A 认真记笔记 B 转向传统的课本学习 C 只阅读对自己有用的 D 泛读和精读相结合	4. A 열심히 필기해라 B 전통적인 교재로 공부하는 것으로 바꾸어라 C 자신에게 유용한 것만 읽어라 D 범독과 정독을 결합해라

보기　1. C에서 '자신에게 필요한 것만을 읽는다'는 것으로 보아 어떻게 해야 하는지 게스트의 견해를 구하는 질문일 가능성이 높다.
　　　2. '只(오직, 단지)'가 들어간 보기 C는 제한적인 견해가 되는데, 인터뷰의 내용은 개인의 견해로 구성되긴 하지만 제한적인 보기들이 정답이 되는 경우는 거의 없다는 것을 알아두자.

5. A 合理引导 B 抽空儿陪他们 C 给他们足够的空间 D 与老师沟通	5. A 적절하게 인도해야 한다 B 시간을 내서 그들과 함께 해야 한다 C 그들에게 충분한 공간을 주어야 한다 D 선생님과 소통해야 한다

보기　1. B의 '抽空儿陪他们(시간을 내서 그들과 함께 해야 한다)'과 D의 '与老师沟通(선생님과 소통해야 한다)'으로 보아 자녀나 학생에 관한 질문임을 알 수 있다.
　　　2. 보기 A에 언급되는 '合理'는 '합리적이다'보다 '적절하다'라는 의미로 파악하는 것이 이해하기 쉽다.

女：从生物学博士到 2.C 科普专栏作家，再到后来做科技网站，您的职业转换似乎跨度很大。那么，1. 您是怎样规划职业道路的呢？

男：其实计划不如变化快，1.C 我更喜欢随性而为。最早我觉得科学很重要，所以去搞科研。后来觉得未必要亲自去研发，做一个传递者也很好，我就开始写作。再后来，我希望以科技网站的方式，凝聚作品的力量，促使更多人来分享、传播科技，就做了网站。当你对一件事情的理解越来越深，变化就自然而然地发生了。

女：很多人都知道您创办的"果壳儿网"、"科学松鼠会"等。在您的努力下，科普学习呈现出越来越多样化的模式。你都采用了哪些途径来传播科学呢？

男：不多，无非是网络和出版。根据不同受众、不同目的，我会设计不同的项目。但是主要还是集中在网络上。

女：我们都知道，互联网本身充满诱惑。而 3. 学习又是一个对持续性和专注度要求非常高的活动。您觉得，应如何协调这两者的关系？

男：学习者一定要沉下心来端正学习态度。在互联网时代，需要线上和线下相结合。3.A 设计一套好的学习模式，既要有激励作用，又要适合互联网的特征。

女：4. 互联网的崛起导致了信息的碎片化，我们应该如何正确面对这种现象？又该怎样避免迷失在信息的海洋里？

男：首先，碎片化是大势所趋，不可逆转。因此，我们要迅速调整学习模式来迎合信息碎片化现象。其次，我们要试着将记忆外包给网络和各种工具，利用网络迅速找到知识、合理过滤，从而建立起自己的知识体系。打个不恰当的比方，人脑要从一个知识容器转变成一个知识搜索节点。最后在获取信息时，4.D 要注意泛读和精读结合，浏览和思考结合，对感兴趣的问题不要浅尝辄止，试着深入一些。

女：飞速发展的网络学习势必会影响传统的教育模式。对于中小学生，5. 您认为，他们应该怎样平衡网络学习与网络成瘾的问题？

여: 생물학 박사에서 2.C 과학칼럼 작가로, 그리고 나서는 과학기술 웹사이트를 만들기까지, 당신의 직업 전환은 폭이 매우 커 보입니다. 그러면 1. 당신은 어떻게 직업의 길을 계획했었나요?

남: 사실 계획은 변화만큼 빠르지 못해서, 1.C 저는 하고 싶은 대로 하는 것을 더 좋아합니다. 처음에는 과학이 중요하다고 여겨서 과학연구를 했습니다. 후에는 꼭 직접 연구할 필요는 없고, 전달자가 되는 것도 좋다고 생각되어 글을 쓰기 시작했습니다. 그리고 다시 과학기술 사이트의 방식으로 작품의 역량을 응집시켜, 더 많은 사람들이 함께 누리고 과학기술을 전파하기를 바라서 웹 사이트를 만들었습니다. 당신의 일에 대한 이해가 점점 깊어지면, 변화는 자연스럽게 발생하게 됩니다.

여: 많은 사람들이 당신이 만든 'guokr.com'과 'kexuesongshuhui.com' 등을 알고 있습니다. 당신의 노력으로, 과학 보급의 학습은 갈수록 다양한 패턴을 나타내고 있습니다. 당신은 어떤 경로들을 통해 과학을 전파했나요?

남: 많지는 않고, 인터넷과 출판뿐입니다. 같지 않은 관객과 같지 않은 목적을 근거로 하여 같지 않은 프로그램을 만들지만, 그래도 여전히 주로 인터넷에 집중하고 있습니다.

여: 우리는 인터넷 그 자체는 유혹으로 가득 차 있다는 것을 알고 있습니다. 그런데 3. 학습은 또한 하나의 지속성과 집중도에 대한 요구가 매우 높은 활동입니다. 당신이 생각하기에 어떻게 이 양자의 관계를 조화롭게 해야 할까요?

남: 학습자는 반드시 마음을 가라 앉히고 학습태도를 단정하게 해야 합니다. 인터넷 시대에서는 온라인과 오프라인의 결합을 필요로 합니다. 3.A 하나의 좋은 학습패턴을 설계하는 데는 격려 작용이 있어야 하고, 또 인터넷의 특징에 부합해야 하기도 합니다.

여: 4. 인터넷의 급부상은 정보의 파편화를 야기했는데, 우리는 어떻게 정확하게 이 현상을 마주해야 할까요? 또 어떻게 해야 정보의 바닷속에서 길을 잃지 않게 될까요?

남: 먼저 파편화는 큰 추세이고, 바꿀 수가 없습니다. 이 때문에, 우리는 신속하게 학습패턴을 조정해 정보 파편화 현상에 영합해야 합니다. 그 다음에, 우리는 기억을 인터넷과 각종 도구에 내주고, 인터넷을 이용해서 신속하게 지식을 찾아내고 합리적으로 여과해서 자신의 지식체계를 세워야 합니다. 뇌가 하나의 지식 용기에서 하나의 지식검색의 교환점이 되어야 한다는 것은 부적절한 비유입니다. 마지막으로 정보를 더 얻었을 때, 4.D 범독과 정독의 결합, 열람과 사고의 결합에 주의해야 하고, 흥미 있는 문제에 대해서는 조금 해보다 그만두지 말고, 좀 더 깊이 들어가봐야 합니다.

여: 급격히 발전한 인터넷 학습이 필연코 전통적인 교육패턴에 영향을 끼치게 되었습니다. 초중고 학생들에 대해, 5. 당신은 그들이 인터넷 학습과 인터넷 중독의 문제를 어떻게 균형잡아야 한다고 여기나요?

男：我对中小学生的基础教育不太了解。但我认为，任何东西都得有个度。网络对扩大中小学生的视野有一定的帮助，但也不可玩物丧志。有的学生自制力差，因此，5.A 家长的合理引导，还是很有必要的。	남: 저는 초중고 학생들의 기초교육에 대해서는 잘 알지 못합니다. 그러나, 저는 무엇이든 정도가 있다고 생각합니다. 인터넷은 초중고 학생들의 시야를 넓히는 데에 어느 정도 도움이 되지만 정신이 팔려 진취적인 마음을 상실해서는 안 됩니다. 어떤 학생들의 자제력은 떨어지는데 이 때문에 5.A 가장의 적절한 인도가 아직 매우 필요합니다.
1. 男的怎样看待职业规划？ 2. 关于男的，可以知道什么？ 3. 男的认为，好的学习模式，应具有什么作用？ 4. 面对信息碎片化现象，我们应该怎么做？ 5. 对于自制力差的学生，男的建议家长怎么做？	1. 남자는 직업 계획을 어떻게 보는가？ 2. 남자에 대해 알 수 있는 것은？ 3. 남자는 좋은 교육패턴은 어떤 작용을 가지고 있어야 한다고 보는가？ 4. 정보 파편화 현상에 대해 우리는 어떻게 해야 하는가？ 5. 자제력이 떨어지는 학생에 대해 남자는 가장에게 어떻게 하기를 건의하는가？

Point

1. 1, 4, 5번의 문제는 진행자가 한 첫 번째, 네 번째, 다섯 번째 질문의 내용과 일치한다는 것을 주목해야 한다.
2. 다섯 번째 질문의 '成瘾(버릇 되다, 중독되다)'과 5번 문제의 '自制力差(자제력이 떨어진다)'는 같은 의미이다.
3. 진행자가 첫 번째 질문을 하기 전에 게스트의 직업변화를 설명하면서 2번 문제의 힌트를 준다. 인물 정보 문제는 순서에 상관없이 나온다는 것을 항상 유의해야 한다.
4. 세 번째 질문과 3번 문제가 일치하지는 않지만 결국 세 번째 질문이었던 학습의 지속성과 집중도의 관계에 관한 대답에서 3번 문제인 교육패턴의 작용에 관한 답을 들을 수 있다는 것에 주목해야 한다.

해설

1. '我更喜欢随性而为(저는 마음대로 하는 것을 더 좋아합니다)'라고 말했으므로 보기의 C 随性而为가 정답임을 알 수 있다.
2. '科普专栏作家(과학칼럼작가)'라고 말했으므로 보기의 C 曾当过作家가 정답이다.
3. '设计一套好的学习模式，既要有激励作用，又要适合互联网的特征(하나의 좋은 학습패턴을 설계하는 데는 격려 작용이 있어야 하고, 또 인터넷의 특징에 부합해야 하기도 합니다)'이라고 말했으므로 보기의 A 激励学习者가 정답이다.
4. '要注意泛读和精读结合(범독과 정독에 주의해야 한다)'라고 말했으므로 정답은 D 泛读和精读相结合가 정답임을 알 수 있다.
5. '家长的合理引导，还是很有必要的(가장의 적절한 인도가 아직은 매우 필요합니다)'라고 말했으므로 A 合理引导가 정답이다.

정답 1. C 2. C 3. A 4. D 5. A

◉ 보기를 먼저 파악해 어떤 질문과 연관이 있는지를 찾아내는 것이 관건이다.

[1 - 5]

문제 1 A 三栖动物
        B 微信达人
        C 书虫
        D 电脑专家

문제 2 A 视力不如从前
        B 小说写得越来越差
        C 个人信息被泄露了
        D 缺乏阅读书本的时间

문제 3 A 娱乐类居多
        B 无需过多思考
        C 受众群体小
        D 让人印象深刻

문제 4 A 能提升智力
        B 制约人的思维
        C 传播慢
        D 以碎片化形式存在

문제 5 A 常听讲座
        B 注意网络安全
        C 写回忆录
        D 多接触新媒体

독해 제2부분 ④ | 빈칸에 알맞은 어휘 채우기
소재와 어휘의 특징으로 접근해라!

어휘 PT

학습시간 10분

예	
粒子	lìzǐ 소립자(素粒子)
磁场	cíchǎng 명 자장, 자기장
夜空	yèkōng 명 밤 하늘
极光	jíguāng 명 극광, 오로라(aurora)
盛行	shèngxíng 동 성행하다, 유행하다
一带	yídài 명 일대

예제	
描绘	miáohuì 동 베끼다, 그리다, 묘사하다
炕	kàng 명 온돌, 방구들
窗花	chuānghuā 신년에 창에 붙이는 종이 장식
从容	cóngróng 형 여유롭다, 태연하다
自信	zìxìn 동 자신하다, 자부하다
神态	shéntài 명 (얼굴에 드러난) 표정, 기색
活计	huójì 명 수공예품

문제 2	
回声	huíshēng 명 메아리
收回	shōuhuí 동 거둬들이다 (↔ 送出 sòngchū 내보내다)
对待	duìdài 동 (상)대하다, 대처하다

문제 3	
专指	zhuānzhǐ 동 전적으로 ~을 가리키다
比例	bǐlì 명 비율, 비례
传奇	chuánqí 명 (평범함을 넘은) 기이함, 신비로움
秘诀	mìjué 명 비결
隐藏	yǐncáng 동 숨기다, 감추다
伙伴	huǒbàn 명 동료, 친구

문제 4	
遵循	zūnxún 동 따르다 (* 遵循规律 zūnxún guīlǜ 규율을 따르다)
焦虑	jiāolǜ 형 초조하다, 걱정스럽다
愤怒	fènnù 형 분노하다
激昂	jī'áng 형 (감정이) 격앙되다
亢奋	kàngfèn 형 극도로 흥분하다
发泄	fāxiè 동 (불만 등의 감정을) 털어놓다

문제 5	
散热	sànrè 동 열을 발산하다
竖	shù 동 곧게 세우다
敌人	dírén 명 적
逃跑	táopǎo 동 도망가다

❶ 소재를 파악해라!

어휘의 특징과 조합으로 푸는 것 외에도 문제로 나온 글의 소재를 이용하면 정답에 접근하기가 쉽다. 소재는 정확한 뜻을 알기 어려운 고유명사라면 종류만 파악해도 문제를 푸는 데 도움이 되므로 소재나 소재의 종류를 파악하려는 습관을 키우는 것이 좋다.

> **예**
>
> 当太阳带电粒子进入地球磁场时，地球南北两极附近的夜空，会出现 _____ 美丽的极光。…… 如果有机会亲眼看到极光，你一定会惊叹于大自然的 _____ ，……。
>
> A 耀眼　　欣欣向荣　　　　B 灿烂　　奇光异彩
> C 珍贵　　出神入化　　　　D 崭新　　日新月异
>
> **해석** 태양대전입자가 지구 자기장에 들어갈 때, 지구 남북극 양극 부근의 밤하늘에는 _____ 한 아름다운 극광(오로라)이 나타난다. …… 만약에 직접 극광을 볼 기회가 있다면, 당신은 대자연의 _____ 에 감탄하게 될 것이다.……
>
> **Point** 이 글의 소재는 '극광(오로라)'이다. 어휘의 뜻을 정확히 몰라도 '光(빛, 광)'만 보고도 빛과 관련된 내용이라는 것을 알 수 있고, 이 사실만으로도 첫 번째 보기에서는 A 또는 B를 정답과 관련 있는 보기로 볼 수 있고, 두 번째 보기에서는 B가 제일 유력하다는 것을 알 수 있다. 실제로도 B가 정답이다.

❷ 차이점은 확실히 파악해라!

구별해야 하는 어휘들 중에 표면적으로는 유의어처럼 뜻이 비슷해 보이는 어휘들이 있다. 이런 어휘일수록 차이점이나 특징을 확실하게 습득해야 한다.

> **예**
>
> 清初，徽剧盛行于安徽及江浙一带，在南方 _____ 很广。
>
> A 流传　　　　B 流通　　　　C 遗传　　　　D 宣传
>
> **해석** 청조 초기에, 휘극은 안후이 및 저장 일대에서 성행했고, 남방에서 널리 _____ 다.
>
> **보기** A 流传 liúchuán '(말·속담·문화 등이) 전해지다'라는 뜻으로 '广(널리)'과 함께 자주 쓰인다.
> 　　 B 流通 liútōng '유통되다'라는 뜻으로 '货币(화폐)', '空气(공기)' 등과 함께 자주 쓰인다.
> 　　 C 遗传 yíchuán '유전되다'라는 뜻으로 조상으로부터 물려받아 내려오는 것에 쓰인다.
> 　　 D 宣传 xuānchuán '선전하다'는 주장이나 사물의 존재 등을 교육이나 설명을 통해 '널리 알린다'는 뜻이다.
>
> **Point** 1. 宣传(선전하다)은 '广(널리)'과 자주 쓰이지만, 주로 목적을 가지고 사물의 존재를 널리 알리는 데 쓰이므로 적합하지 않다.
> 　　　　 2. 휘극의 유래를 설명하고 있는 내용이므로 '流传(전해지다)'이 가장 적합하다. 정답은 A.

❸ 사전적인 뜻만으로는 부족하다!

표면적으로 비슷해 보이는 어휘는 한국어로도 같은 경우가 많기 때문에 사전적인 뜻만 암기해서는 문제를 푸는 데 오히려 혼란을 줄 수 있다. 같은 한국어로 해석되는 어휘는 상황이나 빈출 조합으로 암기해 두는 것이 좋다.

PT팁 비슷하지만 구별해야 하는 어휘들의 특징

避免 bìmiǎn	(어떤 일이 발생되거나 형성되지 않도록) 피하다 避免错误 실수를 피하다 | 避免发生麻烦 번거로움이 발생하는 것을 피하다
逃避 táobì	(원하지 않는 상황이나 문제로부터) 피하다 逃避现实 현실을 피하다 | 逃避问题 문제를 피하다
回避 huíbì	① (책임져야 할 일을 꾀를 부려) 피하다 回避责任 책임을 피하다 ② (나서기 힘든 일을 꺼려서) 피하다 回避答复他的问题 그의 문제에 답하는 것을 꺼리다

流传 liúchuán	(속담·소식·문화 등이) 전해지다 广为流传的谚语 널리 전해진 속담 | 流传后世 후세에 전해지다
流通 liútōng	① (상품이나 화폐 등이) 유통되다 资金流通顺畅 자금 유통이 원활하다 ② (공기가) 막힘없이 잘 통하다 空气流通很好 공기가 잘 통한다

暴露 bàolù	(비밀을) 폭로하다 暴露秘密 비밀을 폭로하다
流露 liúlù	(감정·표정 등이 무의식 중에 저절로) 드러나다, 나타나다 流露出从容不迫的神态 여유로운 표정이 드러나다 | 流露不满 불만이 나타나다

拥护 yōnghù	(정책·입장 등을) 옹호하다 拥护他的决定 그의 결정을 옹호하다
拥有 yōngyǒu	(추상/구체적인 사물을) 가지고 있다, 소유하다 拥有信心 자신감을 가지고 있다 | 拥有大量现金 대량의 현금을 가지고 있다
拥抱 yōngbào	껴안다, 포옹하다 拥抱孩子 아이를 끌어안다

赋予 fùyǔ	(의미·가치 등을) 부여하다 赋予意义 의미를 부여하다 | 赋予价值 가치를 부여하다
授予 shòuyǔ	(상을) 수여하다 授予奖项 상을 수여하다
给予 jǐyǔ	(추상적인 사물이나 행동을) 주다, 해주다 给予支持 지지해주다 | 给予照顾 돌봐주다

占有 zhànyǒu	(지위·권한 등을) 점유하다, 취득하다 占有地位 지위를 점유하다 | 占有率 점유율
占据 zhànjù	(지역을) 점거하다, (힘으로) 차지하다 占据一半 절반을 차지하다 | 占据地区 지역을 점거하다

调和 tiáohé	① (분쟁을) 중재하다 (= 调解 tiáojiě) 　调和纠纷 분쟁을 중재하다 ② 타협하다 [주로 부정적인 내용] 　没有调和的余地 타협의 여지가 없다
调节 tiáojié	(수량·정도·규모 등을) 조절하다 调节情绪 정서를 조절하다 | 调节气氛 분위기를 조절하다

解放 jiěfàng	(속박에서) 해방되다 从考试中解放出来 시험에서 해방되다
释放 shìfàng	풀다 释放不良情绪 안 좋은 감정을 풀다

敏捷 mǐnjié	(행동이나 사고가) 민첩하다 敏捷的动作 민첩한 동작 | 敏捷的思维能力 민첩한 사고능력
灵敏 língmǐn	(감각이) 예민하다 听觉灵敏 청각이 예민하다
灵活 línghuó	(신체 부위가) 민첩하고 날쌔다 手指灵活 손가락이 민첩하다

 예제

《剪窗花》这个作品描绘了陕北妇女家庭生活的情景。那位妇女＿＿＿＿＿地坐在炕上，在剪过新年时用的窗花，一双儿女陪伴在左右。母亲＿＿＿＿＿出从容自信的神态，孩子们＿＿＿＿＿着母亲手里的活计，眼中全是好奇。整幅画面充满着＿＿＿＿＿的气氛。	《剪窗花》이 작품은 산시 여성의 가정생활의 정경을 묘사했다. 그 여성은 차분하게 온돌에 앉아, 신년에 쓸 창화를 자르고 있고, 아들과 딸은 양옆에 함께 앉아있다. 어머니는 차분하고 자신 있는 표정이 드러나고 아이들은 어머니 손에 있는 일감을 주시하고 있는데, 눈에는 호기심이 가득하다. 전체적인 그림은 즐거운 분위기로 가득 차 있다.
A 吉祥　　展示　　望　　热烈 B 安宁　　暴露　　眨　　活跃 C 安详　　流露　　盯　　喜悦 D 慈祥　　流传　　睹　　融洽	A 길하다　　보여주다　　바라보다　　열렬하다 B 안녕하다　　폭로하다　　깜빡이다　　활약하다 C 차분하다　(무심코) 드러나다　주시하다　즐겁다 D 자애롭다　　전해지다　　보다　　(사이가) 좋다

Point

1. 앉아 있는 모습을 묘사할 수 있는 형용사를 찾아야 한다.
   - 吉祥: '길하다'는 뜻으로 '象征(상징)'이나 길한 것을 설명하기 좋은 '전통명절'과 함께 잘 쓰이고, 사물이나 대상을 묘사하는 데 쓰이므로 동작을 수식해야 하는 밑줄에는 적합하지 않다.
   - 安宁: '안녕하다'는 뜻으로 '(마음이) 편하거나, (환경이) 평온해졌음'을 나타내므로 밑줄에는 적합하지 않다.
   - 安详: '차분하다'는 뜻으로 동작을 묘사하는 데 주로 쓰인다. '安详地坐(차분하게 앉다)'로 쓸 수 있으므로 밑줄에 적합하다.
   - 慈祥: '자애롭다'는 뜻으로 나이 든 사람의 표정을 묘사하는 어휘이므로 밑줄에는 적합하지 않다.

2. '神态(표정, 기색)'와 호응하는 동사를 찾아야 한다.
   - 展示: '뽐내다, 보여주다'라는 뜻으로 '优势(장점)', '形象(이미지)', '真相(진상)' 등과 함께 자주 쓰이고 밑줄에는 적합하지 않다.
   - 暴露: '폭로하다'라는 뜻으로 '秘密(비밀)'와 함께 자주 쓰이므로 밑줄에는 적합하지 않다.
   - 流露: '무심코 드러나다'라는 뜻으로 '感情(감정)'이나 '神态(표정)' 등과 함께 잘 쓰이므로 밑줄에 적합하다.
   - 流传: '전해지다'라는 뜻으로 속담이나 전통적인 예술에 자주 쓰이고 '广'과 함께 쓰여 '广为流传(널리 전해지다)'으로 자주 쓰인다. 밑줄에는 적합하지 않다.

3. 아이들이 어머니 손에 있는 '活计(일감)를 어떻게 하고 있다'에서 어떻게 하고 있는지를 찾아야 한다.
   - 望: '바라보다'라는 뜻으로 대상을 보고 있는 경우에 쓸 수 있으므로 밑줄에 가능하다.
   - 眨: '깜빡이다'라는 뜻으로 '眨眼睛(눈을 깜빡이다)'으로 주로 쓰이므로 밑줄에 적합하지 않다.
   - 盯: '주시하다'라는 뜻으로 대상에 시선을 고정하고 본다는 의미에 자주 쓰이므로 어머니의 손에 있는 일감을 보고 있다는 것에 가장 잘 어울린다.
   - 睹: '보다'라는 뜻이지만 단독으로 쓰이는 경우가 드물고 '目睹(눈으로 보다)'로 '목격'의 개념으로 잘 쓰인다.

4. '气氛(분위기)'과 호응하는 어휘를 찾아야 한다. 또한 명절의 분위기를 나타내야 한다.
   - 热烈: '열렬하다'라는 뜻으로 주로 어떤 것에 대한 다수의 열정적인 태도나 애정을 나타내기 때문에 분위기를 설명할 때 많이 쓰이기는 하지만 주로 콘서트, 강연장의 분위기와 어울리므로 집에서 어머니의 일을 구경하는 분위기를 설명하기에는 적합하지 않다.
   - 活跃: '활약하다'라는 뜻이므로 밑줄에는 적합하지 않고, '활발하다'는 뜻이 있긴 하지만 주로 '细胞(세포)' 등의 인체를 이루는 인체기관들의 활발한 움직임을 나타내므로 밑줄에는 적합하지 않다.
   - 喜悦: '희열', '기쁘다'라는 뜻으로 분위기를 설명할 수 있으므로 밑줄에 적합하다.
   - 融洽: 주로 '关系(사이가) 좋다'라는 뜻으로 쓰이므로 밑줄에는 적합하지 않다.

정답　C

> PT팁을 먼저 학습한 뒤, 조합 어휘에 집중하여 실제 시험처럼 다음 문제를 풀어보자. (각 문제당 1분 안배)

문제 1 小时候，幸福是一件东西，_____就幸福；长大后，幸福是一个_____，达到就幸福；成熟后，发现幸福原来是一种心态，_____就幸福。

　　A 拥护　　梦想　　奉献
　　B 占有　　目光　　歌颂
　　C 拥有　　目标　　领悟
　　D 拥抱　　标志　　觉悟

문제 2 生命就像回声，你送出什么就收回什么，_____什么就得到什么。别人怎样对待你，_____于你怎样对待他们，这是普遍的_____，爱别人就是爱自己。

　　A 赋予　　奠定　　真相
　　B 授予　　采取　　道理
　　C 给予　　取决　　真理
　　D 供给　　收获　　理由

문제 3 蓝色地带，专指世界上长寿人口比例很高的地区。在这些地方，人们的寿命长得_____，他们到了90岁、100岁还依然_____良好的身体状态和生活能力。_____是什么呢？这些美好的生命传奇和他们的生活习惯密切相关，长寿秘诀就隐藏在他们吃的食物、_____的伙伴以及他们的价值观中。

　　A 难能可贵　　占有　　机密　　交叉
　　B 不可思议　　拥有　　秘密　　交往
　　C 不相上下　　拥护　　奥秘　　交涉
　　D 不言而喻　　占据　　焦点　　交换

문제 4 音乐可以 _____ 情绪，而且遵循"同质" _____ 。简单来说，就是当一个人痛苦时应该听悲痛的音乐，把痛苦的情绪完全 _____ 出来。而一个焦虑或愤怒的人应该选择激昂亢奋的音乐，使 _____ 的情绪有所发泄。

A 调和	原则	解放	拘束
B 调节	原理	释放	不安
C 缓和	道理	播放	沮丧
D 调解	规律	开放	悲哀

문제 5 兔子的长耳朵有两个功能。首先，长耳朵能够帮助它在 _____ 的夏季散热降温。其次，长耳朵使它的听力更加 _____ 。人们常常看到兔子竖起耳朵，以为它只是简单地 _____ 周围的声音，其实，它还能在听到声音后确定声音的 _____ ，这样就能在敌人靠近前及时逃跑。

A 炎热	灵敏	倾听	来源
B 温暖	机灵	辨认	起源
C 灿烂	敏捷	打听	源泉
D 闷热	灵活	分辨	根源

쓰기 ⑨ | 글 요약하기
요약 연습 I - 짧은 글 연습 (400자 → 200자 줄이기)

어휘 PT
학습시간 10 분

연습

村庄 cūnzhuāng 명 마을
犹豫 yóuyù 동 주저하다
随身携带 suíshēn xiédài 몸에 지니다
斧头 fǔtóu 명 도끼
砍倒 kǎndǎo 베어 넘어뜨리다
树干 shùgàn 명 나무 줄기
凿 záo 동 (끌이나 정으로) 구멍을 내다
简易 jiǎnyì 형 간편하다, 간단하고 쉽다
佩服 pèifú 동 탄복하다, 감탄하다
对岸 duì'àn 명 맞은편 기슭
管用 guǎnyòng 동 쓸모 있다, 유용하다
假如 jiǎrú 접 만약 (= 假使 jiǎshǐ = 如果 rúguǒ = 若 ruò)
丢弃 diūqì 동 내다 버리다
背 bēi 동 (등에) 짊어지다
不时之需 bùshí zhī xū 불시의 수요
满头大汗 mǎntóu dàhàn 온 얼굴이 땀투성이다
步伐 bùfá 명 발걸음
愈 yù 부 ~할수록 (= 越 yuè)
汗流浃背 hànliú jiābèi 형 땀이 흘러 등이 흠뻑 젖다
平坦 píngtǎn 형 (길이) 평탄하다
旅程 lǚchéng 명 여정
始料不及 shǐliào bùjí 성 당초 예상하지 못하다
束手无策 shùshǒu wúcè 성 속수무책이다
一时之需 yìshí zhī xū 일시적인

문제 1

船翻了 chuán fān le 배가 뒤집히다
幸亏 xìngkuī 부 다행히도, 운 좋게도
漂游 piāoyóu 동 느리게 떠다니다
失去信心 shīqù xìnxīn 믿음을 잃다
捡 jiǎn 동 줍다
远望 yuǎnwàng 동 멀리 바라보다
打雷 dǎléi 동 천둥이 치다
打闪 dǎshǎn 동 번개가 치다
升起浓烟 shēngqǐ nóngyān
　　　짙은 연기가 피어오르다
雷电 léidiàn 명 천둥과 번개, 벼락
点燃 diǎnrán 동 불을 붙이다, 점화하다
浇灭 jiāomiè 물을 뿌려 (불을) 끄다
一滴雨 yì dī yǔ 한 방울의 비
烧成灰 shāochéng huī 타서 재가 되다
停止呼吸 tíngzhǐ hūxī 호흡을 멈추다
坚持 jiānchí 동 지속해서 버티다, 꾸준히 하다
得救 déjiù 동 구조되다
等待 děngdài 동 기다리다
黎明 límíng 명 여명, 동틀 무렵

전략 PT

학습시간 2 5 분

❶ 짧은 글로 먼저 연습해라! (400자 → 200자)
처음부터 실제 시험의 원문 길이로 요약연습을 하면 부담만 커진다. 앞서 배운 내용을 토대로 이제는 문장이 아닌 주제를 가지고 있는 짧은 글로 요약하는 감각을 늘려야 한다.

❷ 바꾼 표현을 암기해라!
한 문장이라도 정확하게 바꾸거나 줄이는 연습을 했다면 그것을 정확하게 암기해 두어야만 다음에 비슷한 문장을 만나면 자연스럽게 줄일 수 있다.

❸ 제목은 간단하게 만들어라!
내용을 파악하고 나면 제목을 정해야 한다. 그러나 제목이라 해서 추상적이거나 어렵게 생각하고, 제목을 정하는 데 불필요한 시간을 소비하는 경우가 많은데, 제목은 간단하게 소재, 주인공 이름, 또는 핵심사건으로 만들면 충분하다.

● 제목 정하기 팁

주인공의 이름에 이야기 (故事)를 붙인 제목	예 张良的故事 장량의 이야기 → 주인공이 '张良(장량)'이고 그와 관련된 일화에 관한 이야기
주인공의 성격, 성품 등을 수식어로 붙인 제목	예 诚实的豆豆 진실한 또우또우 → '诚实(진실된)' 성품을 가진 주인공 '豆豆(또우또우)'에 관한 이야기
성어를 그대로 쓴 제목	예 笨鸟先飞 멍청한 새가 먼저 난다 → 보통 마지막에 관련된 성어를 말하므로 그대로 옮겨 쓰면 된다. 성어는 밝히지 않고 유래에 관한 이야기만 나온다면 주요 소재나 주인공만 쓰면 된다. '笨鸟(멍청한 새)'
소재만 쓴 제목	예 阿里巴巴与马云 알리바바와 마윈 → 웹사이트 '阿里巴巴(알리바바)'와 알리바바의 CEO인 '马云(마윈)'에 관한 이야기 → 현대 이야기는 주인공의 성공담이나 일화를 이야기하는 경우가 많은데 이때 성공한 분야나 소재, 그리고 주인공 이름만 써도 충분하다.

PT팁 표현 바꾸기 기술 ④

원문의 표현	바꾼 표현
到 A 去 + 走路去 A에 가다 + 걸어가다	走路去 A A에 걸어가다
A，不然就得…… A하거나, 그렇지 않으면 ~해야 한다	要 A 或者…… A 또는 ~해야 한다
把大树砍倒，且将树干砍凿成小船 나무를 베어 쓰러뜨리고 나뭇가지를 작은 배로 자르고 다듬었다	砍倒了树并做了小船 (并 = 且) 나무를 베어 작은 배를 만들었다

累得满头大汗 얼굴이 땀 범벅이 될 정도로 피곤했다	→	出了很多汗 땀이 많이 났다
没有再遇到河流 다시는 강을 만나지 못했다	→	再没有河 더 이상 강은 없었다

연습 200자 내외로 요약하기

　　古时候，有一个农民要到另外一个村庄去办事。由于当时交通不便，他只能走路去。不久他发现，要到达那个村子必须经过一条河，不然就得爬过一座高山。怎么办呢？是过河还是爬山？他正犹豫的时候，突然看到附近有一棵大树，于是他用随身携带的斧头把大树砍倒，且将树干慢慢地砍凿成一条简易的小船。这个农民很佩服自己的聪明才智，他坐着自造船很轻松地就到达了对岸。
　　上岸后，农民觉得这条船实在很管用，假如丢弃在岸边太可惜了。而且万一前面再遇到河的话，他还得再砍树，辛苦地做成船。所以，他决定把船背在身上以备不时之需。走啊走，背着船的农民累得满头大汗，步伐也愈走愈慢，因为船实在是太重了。他一直汗流浃背地走，却发现一路上都很平坦，在抵达那个村庄前没有再遇到河流，可他却多花了三倍的时间才到达目的地。
　　人生不就是一场旅程吗？我们无法预测自己人生的道路会是什么样的，各种困难总是会突然出现，令我们始料不及，束手无策。但没有什么"船"能够始终让我们走得自在，轻松，它对我们而言，只能满足一时之需。

요약

STEP 1 첫 번째 단락 요약

古时候，有一个农民要到另外一个村庄去办事。由于当时交通不便，他只能走路去。 옛날에, 한 농민이 볼일을 보러 다른 마을에 가야 했다. 당시에는 교통이 불편했기 때문에 그는 걸어서 갈 수밖에 없었다.	→	古时候，有一个农民要走路去另外一个村庄办事。 옛날에, 한 농민이 걸어서 다른 마을에 볼일을 보러 가려고 했다.
不久他发现，要到达那个村子必须经过一条河，不然就得爬过一座高山。怎么办呢？是过河还是爬山？ 얼마 되지 않아 그는 그 마을에 가려면 반드시 강을 건너야 하고 그렇지 않으면 높은 산 하나를 넘어야 한다는 것을 알게 되었다. 어떻게 해야 하지? 강을 건너야 할까 아니면 산을 넘어야 할까?	→	他发现要到那儿必须经过一条河，或者爬过一座山。 그는 반드시 강 하나를 건너야 하거나, 산 하나를 넘어야 한다는 것을 알게 되었다.

他正犹豫的时候，突然看到附近有一棵大树，于是他用随身携带的斧头把大树砍倒，且将树干慢慢地砍凿成一条简易的小船。 그가 머뭇거리고 있을 때, 문득 부근에 큰 나무 한 그루가 있는 것을 보았다. 그리하여 그는 지니고 있던 도끼로 나무를 베어 쓰러뜨리고 나뭇가지를 천천히 작은 간이 배로 자르고 다듬었다.	→ 他看到了一棵大树，于是他砍倒了那棵树并做了一条小船。 그는 큰 나무 하나를 보았고, 그리하여 그는 그 나무를 베어 작은 배를 만들었다.
这个农民很佩服自己的聪明才智，他坐着自造船很轻松地就到了对岸。 이 농민은 자신의 총명함과 커지에 감탄했고, 그는 직접 만든 배를 타고 수월하게 맞은편 기슭에 도달했다.	→ 他佩服自己聪明，坐着船到达了对岸。 그는 자신의 총명함에 감탄했고, 배를 타고 맞은편 기슭에 도달했다.

STEP 2 ▶ 두 번째 단락 요약

上岸后，农民觉得这条船实在很管用，假如丢弃在岸边太可惜了。而且万一前面再遇到河的话，他还得再砍树，辛苦地做成船。 육지에 오른 후에, 그는 이 배가 매우 쓸모 있다고 생각해, 물가에 버리기가 아깝다고 여겼다. 게다가 만일 앞에 다시 강을 만나게 되면 그는 또 나무를 베고 고생스럽게 배를 만들어야 했다.	→ 上岸后，他又觉得把船丢了太可惜，万一前面再有河，还得做船。 육지에 오른 후에, 그는 배를 버리기 너무 아까웠고, 만약에 앞에 또 강이 있으면 배를 또 만들어야 한다고 생각했다.
所以，他决定把船背在身上以备不时之需。走啊走，背着船的农民累得满头大汗，步伐也愈走愈慢，因为船实在是太重了。 그래서 그는 불시의 수요를 대비하기 위해 배를 짊어지고 가기로 결정했다. 배가 너무 무거운 탓에, 걷고 또 걸으니 배를 짊어진 농민은 온 얼굴이 땀투성이가 될 정도로 피곤했고 걸음도 갈수록 느려졌다.	→ 所以他决定背着船走。船特别重，他出了很多汗。 그래서 배를 짊어지고 가기로 결정했다. 배는 매우 무거웠고 그는 땀이 많이 났다.
他一直汗流浃背地走，却发现一路上都很平坦，在抵达那个村庄前没有再遇到河流，可他却多花了三倍的时间才到达目的地。 그는 술곧 땀이 흘러 등이 섲은 채 걸였지만, 오히려 길은 배우 평탄하다는 것을 알게 되었다. 그 마을에 도착하기 전까지 다시 강은 만나지 못했지만, 그는 오히려 세 배의 시간을 쓰고 나서야 목적지에 도착했다.	→ 但是路上再没有河，他花了三倍时间才到。 그러나 가는 길에 더 이상 강은 없었고, 그는 세 배의 시간을 쓰고 나시야 도착했다.

STEP 3 세 번째 단락 요약

人生不就是一场旅程吗？我们无法预测自己人生的道路会是什么样的，各种困难总是会突然出现，令我们始料不及，束手无策。但没有什么"船"能够始终让我们走得自在，轻松，它对我们而言，只能满足一时之需。

인생은 한 번의 여정이 아니던가? 우리는 자신의 인생의 길이 어떤지 예측할 방법이 없고, 각종 어려움은 늘 갑자기 나타나 우리가 예상치 못하고 속수무책이게 만든다. 하지만, 우리가 자유롭고 수월하게 가도록 할 수 있는 그 어떤 '배'는 존재하지 않는다. 그것은 우리의 입장에서는 단지 일시적인 수요를 만족시킬 뿐이다.

→ 人生就是一场旅程。没有"船"能始终让我们走得轻松，它只能满足一时之需。

인생은 한 번의 여정이다. 우리가 늘 수월하게 가게 만드는 '배'는 없다. 그것은 단지 일시적인 수요를 만족시킬 뿐이다.

STEP 4 제목 정하기

背船 (배를 짊어지다)

Point
1. 제목은 이야기를 끌고 나가는 사건의 소재나 전체적인 주제가 적합하다.
2. 이 이야기의 핵심 소재는 '배'이다.
3. 배를 짊어가는 것이 이야기의 주 사건이므로 그냥 '船(배)'보다는 '背船(배를 짊어지다)'가 더 적합하다.

핵심어휘 农民 농민 | 走路 걸어가다 | 一条河 강 | 砍倒 나무를 베다 | 小船 작은 배 | 上岸 기슭 | 背船 배를 짊어지다 | 重 무겁다 | 满头大汗 온 얼굴이 땀투성이다 | 人生 인생 | 旅程 여정 | 满足 만족시키다 | 一时之需 일시적인 수요, 비상시

요약개요
처음 – 옛날, 농민이 볼일을 보러 다른 마을에 감 / 가는 길에 강 하나, 산 하나 거쳐야 함 / 나무로 배를 만들어 강을 건넘
가운데 – 한 번 쓰고 버리기 아까워 짊어지고 감 / 매우 무거워 땀이 나고 힘듦 / 세 배의 시간을 써서 목적지 도착
마지막 – 수월하게 가도록 만드는 배는 없음 / 단지 일시적인 수요를 만족시킴

모범요약

背船

　　古时候，有一个农民要走路去另外一个村庄办事。他发现要到那儿必须经过一条河，或者爬过一座山。他看到了一棵大树，于是他砍倒了那棵树并做了一条小船。他佩服自己聪明，坐着船到达了对岸。
　　上岸后，他又觉得把船丢了太可惜，万一前面再有河，还得做船。所以他决定背着船走。船特别重，他出了很多汗。但是路上再没有河，他花了三倍时间才到。
　　人生就是一场旅程。没有"船"能始终让我们走得轻松，它只能满足一时之需。

배를 짊어지다

　옛날에, 한 농민이 걸어서 다른 마을에 볼일을 보러 가려고 했다. 그는 반드시 강 하나를 건너야 하거나, 산 하나를 넘어야 한다는 것을 알게 되었다. 그는 큰 나무 하나를 보았고, 그리하여 그는 그 나무를 베어 작은 배를 만들었다. 그는 자신의 총명함에 감탄했고, 배를 타고 맞은편 기슭에 도달했다.
　육지에 오른 후에, 그는 배를 버리기 너무 아까웠고, 만약에 앞에 또 강이 있으면 배를 또 만들어야 한다고 생각했다. 그래서 배를 짊어지고 가기로 결정했다. 배는 매우 무거웠고 그는 땀이 많이 났다. 그러나 가는 길에 더 이상 강은 없었고, 세 배의 시간을 쓰고 나서야 도착했다.
　인생은 한 번의 여정이다. 우리가 늘 수월하게 가도록 만드는 '배'는 없다. 그것은 단지 일시적인 수요를 만족시킬 뿐이다.

실전 PT

▶모범요약 및 해설 61p

읽기 0 5 분 / 쓰기 2 0 분

> 아래 글을 200자 내외로 요약하여 원고지에 써보자. 암기가 아니라 속독으로 내용의 줄거리를 기억하는 연습을 해야 한다.

문제

　一条船在海上遇到大风，船翻了，有一个人幸亏抓住了木头漂游到无人岛上。他并没有失去信心，而是很努力地把能吃的东西都找了来，并用木头建了一个小屋子来保存捡来的食物。这段时间，如果有船从这里经过，他就可以得救了。

　他每天都登上高处远望，看海上有没有船，可一个星期过去了。连一只船的影子也没看见，他有些着急。第10天，他又登上高处去看，天阴了下来，又是打雷又打闪，忽然，他看见小木屋的方向升起了浓烟。他急忙跑过去，原来是雷电点燃了木屋，他希望下起雨来，一场大雨把火浇灭，因为木屋里有他所有的食物，可是一滴雨也没下，大火把他的食物和木屋一起烧成灰。他心灰意冷地在一棵树上结束了自己的生命。

　就在他停止呼吸不久，一只船开了过来，船长看见了岛上的小屋和树上的这个人，然后明白了一切。其实是浓烟把他们引到这里来的，他只要再坚持一会就可以得救了。

　机会常常在意想不到的时刻到来，对于我们来说，不仅要有创造机会的能力，还要有等待机会的勇气，就像在漫漫长夜等待黎明，太阳总是在最黑暗的时刻之后升起。

*쓰기 원고지는 399p에 있습니다. 절취하여 사용하세요.

 마무리 PT 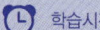 학습시간 05분

1 A 不如 B   A는 B만 못하다
计划不如变化快，我更喜欢随性而为。
계획은 변화만큼 빠르지 못하여, 저는 하고 싶은 대로 하는 것을 더 좋아합니다.

2 A 还是很有必要的   A가 아직은 필요하다
家长的合理引导，还是很有必要的。   가장의 적절한 인도가 아직은 필요합니다.

3 以 A 方式，凝聚……的力量   A의 방식으로 ~의 역량을 응집시키다(모으다)
我希望以科技网站的方式，凝聚作品的力量。
저는 과학기술 사이트의 방식으로 작품의 역량을 응집시키기를 바랍니다.

4 A导致了……   A한 것은 ~를 야기했다
互联网的崛起导致了信息的碎片化。   인터넷의 급부상은 정보의 파편화를 야기했다.

5 A 离不开 B   A는 B를 떠날 수 없다
我渐渐发现自己离不开手机了。   저는 점점 자신이 휴대전화를 떠날 수 없다는 것을 발견했습니다.

6 A 让 B 产生 + 감정   A는 B가 ~한 감정이 생기게 하다
这样的生活终于让我产生了一种恐惧感。
이러한 생활은 결국 제가 일종의 공포감이 생기게 만들었어요.

7 受 A 的青睐   A의 인기를 얻다(환영을 받다)
这种碎片化的阅读方式很受年轻人的青睐。
이러한 파편화된 읽기 방식은 젊은이들의 인기를 얻었다.

8 沉湎于 A   A에 깊이 빠지다
对于沉湎于新媒体的年轻人，我希望他们多看纸质书。
새로운 매체에 푹 빠진 젊은이들에 대해서, 저는 그들이 지류로 된 책을 더 많이 보기를 바랍니다.

9 A 取决于 B   A는 B에 의해 결정되다
别人怎样对待你，取决于你怎样对待他们。
다른 사람이 당신을 어떻게 대하는지는 당신이 다른 사람을 어떻게 대하는지에 의해 결정된다.

10 秘诀隐藏在……中   비결은 ~속에 숨겨져 있다
长寿秘诀就隐藏在他们吃的食物、交往的伙伴以及他们的价值观中。
장수 비결은 바로 그들이 먹는 음식, 사귀는 친구 및 그들의 가치관 속에 숨겨져 있다.

Day 10

> **듣기 제3부분 ❶** | 녹음을 듣고 보기에서 정답 고르기
> ## 정보 글 - 알려주는 정보 소재에 집중하라!

어휘 PT ● Track 10-1   학습시간 10분

예제 1-3

酿造	niàngzào	동	(술·식초 등을) 양조하다
			(= 酿制 niàngzhì)
奶油	nǎiyóu	명	버터, 크림
制作程序	zhìzuò chéngxù	명	제작 절차, 제작 순서
浑浊	húnzhuó	형	혼탁하다, 흐리다
口味	kǒuwèi	명	맛, 취향, 입맛
酒精	jiǔjīng	명	주정, 알코올
新陈代谢	xīnchéndàixiè	명	신진대사
米酒	mǐjiǔ	명	미주 [쌀로 담근 술]
糯米	nuòmǐ	명	찹쌀
家酿土酒	jiāniàng tǔjiǔ	집에서 만든 토속주
缸	gāng	양	항아리, 단지 등을 세는 단위
			(* 一缸米酒 한 단지의 미주)
氨基酸	ānjīsuān	명	아미노산(Amino酸)
赖氨酸	lài'ānsuān	명	리신[Lysine: 아미노산의 일종]
罕见	hǎnjiàn	형	보기 드물다, 희한하다
促进	cùjìn	동	촉진하다
养颜	yǎngyán	동	얼굴을 가꾸다, 관리하다
舒筋活络	shūjīn huóluò		
		동	근육을 풀어 잘 움직이게 하다
功效	gōngxiào	명	효능, 효과
适宜	shìyí	동	적합하다

문제 1-3

擅长	shàncháng	동	(어떤 방면에) 뛰어나다, 재주가 있다 (= 善于 shànyú)
心态	xīntài	명	마음가짐, 심리상태
稳定	wěndìng	형	안정되다
辐射	fúshè	명	방사 [열·전자기파 등이 사방으로 방출됨]

延缓衰老	yánhuǎn shuāilǎo	노화를 완화시키다
采光	cǎiguāng	명	채광
选购	xuǎngòu	동	골라 사다
临窗	línchuāng		창가
呈现	chéngxiàn	동	나타나다 (* 呈现出…的趋势 ~한 추세가 나타나다)
得出结论	déchū jiélùn		결론을 얻어내다, 결론을 내리다
警觉性	jǐngjuéxìng	명	경각성
典型	diǎnxíng	형	전형적인

문제 4-6

结果	jiéguǒ	동	열매를 맺다
存活	cúnhuó	동	생존하다, 살아남다
摇钱树	yáoqiánshù	명	돈줄, 돈이 되는 사람이나 물건
用途	yòngtú	명	용도
成活率	chénghuólǜ	명	활착률 [옮겨 심거나 접목한 식물이 살아난 비율]
银杏	yínxìng	명	은행나무
恐龙	kǒnglong	명	공룡
栽种	zāizhòng	동	심다, 재배하다
粗大	cūdà	형	굵직하다, 두껍다
树龄	shùlíng	명	나무의 나이
根径	gēnjìng	명	뿌리가 시작되는 밑둥 부분의 지름
胸径	xiōngjìng	명	나무 몸통의 사람 가슴 높이 부분의 지름
围抱	wéibào	동	에워싸다
素有	sùyǒu		줄곧 가지고 있었다 (* 素有'A'之称 'A'라는 칭호를 줄곧 가지고 있었다)

 전략 PT    학습시간 30분

① 기출 소재를 파악해라!

같은 문제는 나오지 않더라도 한 번 나왔던 소재는 다시 나올 확률이 높기 때문에 시험에 나왔던 정보 글의 소재를 파악해 발음을 익혀두면 내용 파악이 훨씬 쉬워진다.

● 기출 소재   ◯ Track 10-2

| 海豹 hǎibào 바다표범 | 鲨鱼 shāyú 상어 | 鲸鱼 jīngyú 고래 | 水獭 shuǐtǎ 수달 | 鲤鱼 lǐyú 잉어 | 弹涂鱼 tántúyú 망둥어 | 米酒 mǐjiǔ 미주(가정에서 양조한 토속주) | 地窨子 dìyìnzi 지하실, (저장용) 토굴 | 攀缘植物 pānyuán zhíwù 덩굴식물 | 牵牛花 qiānniúhuā 나팔꽃 | 花露水 huālùshuǐ 플로럴 워터(floral water) | 养蜂人 yǎngfēngrén 양봉업자(벌을 기르는 사람) | 蚂蚁 mǎyǐ 개미 | 蚁丘 yǐqiū 개미굴 | 火星 huǒxīng 화성 | 激光 jīguāng 레이저(laser) | 冰箱的辐射 bīngxiāng de fúshè 냉장고의 방사능 방출 | 太阳能地暖 tàiyángnéng dìnuǎn 태양에너지를 이용한 온돌 | 睡眠质量 shuìmián zhìliàng 수면의 질 | 平衡系统 pínghéng xìtǒng 균형 시스템 | 人脸识别系统 rénliǎn shíbié xìtǒng 안면인식 시스템 | 从众效应 cóngzhòng xiàoyìng 군중심리효과(= 随大流 suí dàliú 대세를 따르다) |

② 보기가 먼저다!

전체지문을 다 듣고 나서 보기를 보고 문제를 푸는 경우가 있는데, 지문을 소화할 수 있는 실력자이면 상관이 없지만, 초보자가 이 방식으로 문제를 풀면 지문 전체를 놓치는 경우가 많다. 더군다나 정보 글은 어휘가 낯선 경우가 많아 더욱 어렵게 느껴지기 때문에, 지문 내용이 어려울수록 보기를 먼저 파악해 필요한 부분만 듣는 연습을 꾸준히 해두어야 한다.

> **예**
>
> A 不再结果   B 已存活数千年
> C 每20年开一次花   D 三个人才能抱过来
>
> [해석] A 더 이상 열매를 맺지 않는다/ B 이미 수천 년 동안 존재해 왔다
> C 20년마다 한 번 꽃이 핀다/ D 세 사람이 있어야만 안을 수 있다
>
> Point 1. A에서 열매를 언급했으므로 나무에 관한 정보 글임을 짐작할 수 있다. 정답이 되려면 열매를 더 이상 맺지 않는다는 내용이 있어야 한다.
> 2. B를 근거로 나무의 나이가 언급될 것이라는 것을 짐작할 수 있다. 정답이 되려면 '수천 년'이 언급되어야 하고 오래 존재한 것에 관한 설명이 있어야 한다.
> 3. C를 근거로 꽃을 피우는 나무임을 짐작할 수 있다. 정답이 되려면 20년이라는 숫자가 정확하게 제시되어야 한다.
> 4. D를 근거로 굵은 나무임을 짐작할 수 있다. 정답이 되려면 세 사람이라는 사람 수가 정확하게 언급되어야 한다.

③ 정보 관련 지문의 문제유형을 알아두자!

다음의 정보 관련 지문의 문제유형을 알아두면 문제와 정답에 접근하기가 훨씬 쉽다.

● 정보 관련 지문 문제유형   ◯ Track 10-3

| A 有什么特点(功能/作用/优点)?
A하는 것은 어떤 특징(기능/작용/장점)이 있는가? | 정보를 전달하고자 하는 대상의 특징에 집중해야 한다. |

B，对 A 有什么影响？ B하는 것은 A에 대해 어떤 영향이 있는가? B，给 A 会带来什么影响？ B하는 것은 A에게 어떤 영향을 줄 수 있는가?	'影响(영향)'이라는 어휘에 집중하고 영향을 주는 대상과 어떤 부분에 있어 영향을 주는지와 어떤 영향을 주는지에 집중해야 한다.
关于 A，可以知道什么？ A에 관해, 알 수 있는 것은 무엇인가?	광범위한 문제유형이기 때문에 반드시 보기를 선(先) 파악해야 한다. 보기에 있는 내용이 언급되면 체크해 두도록 하자.
A 如何/怎么 B 的？ A는 어떻게 B한 것인가?	방법을 묻는 문제이다. '用/利用/采用/靠/以A동사구: A로 ~하다' 등의 패턴을 이용해 수단/방식을 나타내는 경우가 많다.
在 A 下，B 为什么 C？ A(전제/상황) 아래, B는 왜 C하는가?	지문 역시 '在……下(~ 아래)'를 써서 알려주는 경우가 많다.
最重要原因是什么？ 가장 중요한 원인은 무엇인가?	원인을 나타내는 '因为(= 由于 ~때문에)', '是由于(= 是由于 ~때문이다)' 등의 어휘가 들리는 부분에 집중해야 한다.
A 目的是什么？ A하는 목적은 무엇인가?	'目的(목적)'라는 어휘를 직접적으로 언급하거나 '为了(~를 위해)'를 써서 나타내는 경우가 많다.
A 时，要注意什么？ A할 때, 무엇을 주의해야 하는가?	'我们要注意(우리는 주의해야 한다)'와 같이 '注意'를 그대로 써서 나타낸다.
根据这段话，下列哪项正确？ 이 글에 따르면, 아래의 어느 항이 정확한가?	보기가 반드시 먼저 파악이 되어야 하고, 설명이 틀리거나 나오지 않은 내용은 하나씩 제거한다.
这段话主要谈的是什么？ 이 글은 주로 무엇을 말하는가?	정보 글의 정보 대상, 즉, 소재나 제목을 묻는 문제이다. 들리는 어휘에 의존하는 경우가 많아서 한 번이라도 언급된 어휘가 있는 보기를 고르기 쉬우나, 반드시 전체적으로 설명한 대상이 무엇인지 고려해서 선택해야 한다.
这项研究结果表明了什么？ 이 연구결과는 무엇을 밝혔는가?	'研究(结果)表明(연구결과가 밝히길)', '调查显示(조사에서 드러나길)' 등의 어휘와 마지막 부분에 집중해야 한다.

 예제 1-3

○ Track 10-4

1. A 营养成分含量高
   B 味道接近蛋糕
   C 酿造过程中需用奶油
   D 制作程序相似

1. A 영양성분 함량이 높다
   B 맛이 케이크에 가깝다
   C 양조과정에 버터를 써야 한다
   E 제작 순서가 서로 닮았다

보기
1. C의 '酿造(양조하다)'를 보고 술이나 식초 등의 액체류에 관한 것임을 알 수 있다.
2. D의 '相似(서로 닮다)'를 보고 두 가지를 비교하거나 특징을 묻는 것임을 알 수 있다.

2. A 稍显浑浊
   B 热性高
   C 以小麦为原料
   D 口味较淡

2. A 조금 혼탁해 보인다
   B 열성이 높다
   C 밀을 원료로 한다
   D 맛이 비교적 담백하다

> [보기]
> 1. C는 '以A为B(A를 B로 삼는다)'로 '밀을 원료로 한다'로 해석한다.
> 2. D의 '口味(맛)'를 보고, 정보 대상은 먹는 것이고 그 특징을 묻는 것임을 알 수 있다.

3. A 多在夏天酿制
   B 酒精度数高
   C 老人不可饮用
   D 能促进新陈代谢

3. A 대부분 여름에 만든다
   B 알코올 도수가 높다
   C 노인은 마실 수 없다
   D 신진대사를 촉진시킬 수 있다

> [보기]
> 1. A는 여름에 만드는 것이냐가 관건이고, B의 '酒精'은 '알코올(주정)'을 의미한다.
> 2. C 老人不可饮用(노인은 마실 수 없다)을 보고 정보 대상에 관해 알 수 있는 것을 묻는 문제임을 알 수 있다.

米酒又叫甜酒，是一种以糯米为原料的家酿土酒，色白而稍浑浊，口味较淡。在中国南方，人们一般会在春节前，做一两缸米酒用来招待客人。据分析，米酒含有十多种氨基酸，其中有八种是人体自身不能合成而又必须的。米酒中，赖氨酸的含量更是比葡萄酒和啤酒高出数倍，这在世界营养酒类中是极为罕见的。1.A 由于营养成分含量高，米酒又被称为液体蛋糕。米酒和黄酒的成分很相似，但是米酒一年四季均可饮用，而 2.B 黄酒因为热性高，更适合冬季饮用。3.D 米酒能够帮助血液循环，促进新陈代谢，具有养颜和舒筋活络等功效，及适宜人群非常广泛，不论儿童还是老人，都可饮用。

미주는 단 술이라고도 하는데, 찹쌀을 재료로 하는 가정에서 만든 토속주이다. 흰색이지만, 조금 혼탁하고 맛은 비교적 담백하다. 중국 남방에서 사람들은 일반적으로 설 전에 한두 항아리의 미주를 만들어 손님을 접대한다. 분석에 따르면, 미주는 10여 종이 넘는 아미노산을 함유하고 있는데 그중 8종은 인체 스스로가 합성할 수 없어 반드시 필요한 것이다. 미주 속의 리신의 함량은 포도주와 맥주보다 수배가 높고, 이것은 세계 영양주류 중에 극히 드문 것이다. 1.A 영양성분 함량이 높기 때문에 미주는 액체 케이크라고도 불린다. 미주와 황주의 성분은 매우 비슷하지만, 미주는 일년 사계절 내내 고르게 마셔도 되지만, 2.B 황주는 열성이 높아서 겨울에 마시는 것에 더 적합하다. 3.D 미주는 혈액순환을 돕고, 신진대사를 촉진시킬 수 있으며, 얼굴을 관리하고, 근육을 풀어 잘 움직이게 하는 등의 효능을 가지고 있다. 또한 적합한 군중도 매우 광범위해서 아동, 노인에 상관없이 모두 마셔도 된다.

1. 米酒为什么被称为液体蛋糕?
2. 黄酒有什么特点?
3. 关于米酒，可以知道什么?

1. 미주는 왜 액체 케이크라고 불리는가?
2. 황주는 어떤 특징이 있는가?
3. 미주에 관해, 알 수 있는 것은?

> [Point]
> 1. 시작 부분의 '米酒又叫甜酒(미주는 단 술이라고도 부른다)'를 듣고 미주에 관한 정보 글임을 알 수 있다.
> 2. 미리 파악한 보기 위주로 집중해서 들어야 한다.

> [해설]
> 1. 1번은 '由于营养成分含量高，米酒又被称为液体蛋糕(영양성분 함량이 높기 때문에 미주는 액체 케이크라고도 불린다)' 부분으로 보아 정답은 A 营养成分含量高(영양 성분 함량이 높다)라는 것을 알 수 있다.
> 2. 2번은 '黄酒因为热性高(황주는 열성이 높아서)' 부분이 그대로 등장하므로 B 热性高(열성이 높다)가 정답임을 알 수 있고, 황주에 관한 문제임을 확인하기만 하면 된다.
> 3. 3번은 '米酒能够帮助血液循环，促进新陈代谢(미주는 혈액순환을 돕고, 신진대사를 촉진시킬 수 있다)'라고 했으므로 정답은 D 能促进新陈代谢(신진대사를 촉진시킬 수 있다)이다.

> [정답] 1. A 2. B 3. D

실전 PT Track 10-5 학습시간 2 0 분

보기 파악이 관건이므로 문제와 문제 사이의 시간 간격이 있을때 마다 보기를 확인해 두는 것이 좋다.

[1 - 3]

문제 1
A 睡眠质量高
B 注意力难以集中
C 擅长交际
D 心态消极

문제 2
A 很不稳定
B 有助于人体健康
C 比人造光辐射强
D 能够延缓衰老

문제 3
A 考虑采光情况
B 保证室内通风
C 控制阳台面积
D 选购节能材料

[4 - 6]

문제 4
A 不再结果
B 已存活数千年
C 每20年开一次花
D 三个人才能抱过来

문제 5
A 活化石
B 摇钱树
C 千年树王
D 植物界的熊猫

문제 6
A 用途广
B 成活率低
C 生长迅速
D 叶子不可入药

독해 제3부분 ❶ | 밑줄에 적절한 문장 넣기
정보 글 - 설명하는 내용이 어려울수록 힌트는 많다!

어휘 PT

학습시간 10분

예제 1-5

- 五颜六色 wǔyán liùsè 성 색깔이 알록달록하다, 가지각색이다
- 单纯 dānchún 형 단순하다 부 단순히
- 治疗 zhìliáo 명동 치료/치료하다
- 出于 chūyú 동 ~에서 비롯되다 (* 出于…的需要 ~의 필요 때문에)
- 添加 tiānjiā 동 보태다, 첨가하다
- 遮光 zhēguāng 동 빛을 가리다
- 色素 sèsù 명 색소
- 胶囊 jiāonáng 명 캡슐
- 合成 héchéng 동 합성하다
- 测试 cèshì 동 테스트하다
- 副作用 fùzuòyòng 명 부작용
- 批准 pīzhǔn 동 비준하다, 승인하다
- 区分 qūfēn 동 구분하다
- 漏服 lòufú 동 복용을 누락하다, 복용하는 것을 빼먹다
- 误服 wùfú 동 오복용하다, 잘못 복용하다
- 制剂 zhìjì 명 제제
- 畏惧感 wèijùgǎn 명 공포심
- 鲜艳 xiānyàn 형 화려하다
- 慢性疾病 mànxìng jíbìng 명 만성질환
- 光敏感 guāngmǐngǎn 명 광민감성 [빛에 민감함]
- 稳定性 wěndìngxìng 명 안정성
- 糖果 tángguǒ 명 사탕, 캔디
- 保质期 bǎozhìqī 명 품질보증기한
- 焦糖 jiāotáng 명 캐러멜
- 叶绿素 yèlǜsù 명 엽록소
- 胡萝卜素 húluóbosù 명 카로틴(carotin)

문제 1-5

- 讲究 jiǎngjiu 동 중시하다 (= 重视 zhòngshì = 注重 zhùzhòng = 着重 zhuózhòng)
- 古朴大气 gǔpǔ dàqi 소박하고 예스러우며 대범하다
- 和谐共生 héxié gòngshēng 조화롭게 공존하다
- 精雕细刻 jīngdiāo xìkè 성 정밀하게 다듬다
- 仿古 fǎnggǔ 동 옛 건물이나 예술품을 모조하다
- 分配 fēnpèi 동 배치하다
- 下沉 xiàchén 동 가라앉다
- 游廊 yóuláng 명 긴 복도
- 遵循 zūnxún 동 따르다
- 布局 bùjú 명 배치
- 覆瓦坡屋顶 fùwǎ pōwūdǐng 기와로 덮은 경사진 지붕
- 循章守旧 xúnzhāng shǒujiù 옛 것을 지키려 규칙을 그대로 따르다
- 自成一体 zìchéng yìtǐ 독자적인 스타일을 이루다
- 模样 múyàng 명 모습, 형상
- 吸收 xīshōu 동 흡수하다
- 风格 fēnggé 명 풍격, 태도, 스타일
- 别具一格 biéjù yìgé 성 독특한 풍격을 띠고 있다 (= 独具一格 dújù yìgé)
- 赋予 fùyǔ 동 부여하다
- 神韵 shényùn 명 (예술 작품의) 운치, 기품
- 精髓 jīngsuǐ 명 정수, 진수

전략 PT

학습시간 30분

① 보기가 우선이다!

지문을 읽어 내려가면서 보기를 넣어 완성하는 경우가 있는데 어려운 지문일 경우 시간이 많이 소모되고 확신하기 어렵다. 반드시 보기를 파악하는 습관을 키워야 한다.

② 접속사와 연결되는 어휘에 주목해라!

독해 제3부분에 자주 출제되는 접속사는 한정적이다. 접속사와 호응하는 어휘를 정리해서 암기해 두면 보기에 접속사나 연결어휘가 나왔을 경우 손쉽게 풀 수 있다.

> **예**
>
> A 无论是别具一格的江南庭院
>
> **해석** 독특한 지앙난 정원임을 막론하고
>
> **Point**
> 1. '无论(是) A 还是 B, 都/也……' 또는 '无论 + 의문사, 都/也……' 형식을 알아야 한다.
> 2. 위 두 형식을 근거로 이어지는 절에는 '都/也'가 있을 것이라는 것을 짐작할 수 있다.
> 3. '无论' 뒤에 '是'가 있으므로 '无论(是) A 还是 B'가 될 것이라는 것을 짐작할 수 있다.
> 4. 내용은 '지앙난 정원이든 아니면 ~이든 막론하고, 모두 ~하다'로 설명될 것이다.
> 5. '还是'와 함께 '~'에 들어갈 내용을 찾는 것이 관건이다.

③ 어휘에만 집착하지 마라!

독해 제3부분을 풀면서 가장 많이 실수하는 것이 같은 어휘가 주변에 있어서 답으로 고르는 경우이다. 완벽한 해석이 아니더라도 술어를 중심으로 대략적인 내용을 이해하려고 노력해라. 충분히 매끄러운 보기를 골라 넣을 수 있다.

> **예**
>
> E 新中式建筑更加关注居住环境的舒适度
>
> **해석** 새로운 중식건축은 거주지 환경의 쾌적도에 더욱 관심을 가지게 되었다
>
> **Point**
> 1. 밑줄 주변에서 '新中式建筑'나 '舒适度'를 찾는다고 해결되는 것이 아니다.
> 2. '새로운 중식 건축이 관심을 가지는 것은 쾌적함'이라는 내용만 이해하면 된다.
> 3. 뒤에 이어지는 내용은 쾌적함을 나타내는 구체적인 어휘 또는 예가 나올 가능성이 크고, 그게 아니라면 '왜' 쾌적도에 관심을 가지게 되었는지 이유가 설명될 가능성이 크다.

PT팁 자주 출제되는 접속사 조합

보기에 제시된 힌트 어휘	힌트 어휘로 파악해야 하는 내용
如果 = 假如 = 若 만약에 ~한다면 → 가정을 나타낸다.	那么 그러면 → 가정의 접속사 '如果'와 호응해 가정에 따른 변화 내용이 따라 온다.

不是…… ~가 아니다 → 부정하는 내용을 쓴다.	**而是 = 只是** ~이다 → '不是'와 호응해, 긍정하는 내용이 따라온다.
无论 = 不论 = 不管 ~에 상관없이 → 논할 필요 없는 내용이 나온다.	**都/也** 모두/역시 → 접속사 '无论'과 호응하는 부사들이다.
TIP 두 연결사 사이에는 반드시 '什么/哪/谁/哪儿/怎么' 등의 의문사나 'A还是B'의 형식이 쓰인다.	
虽然 = 尽管 비록 ~하지만 → 전환관계를 나타낸다.	**但(是) = 可是** 그러나 / **却** 오히려 → 화자가 말하고자 하는 내용은 이 뒤에 쓰인다.
特别 = 尤其 특히 → 뒤에는 앞에서 언급한 대상의 더 구체적인 예를 강조한다.	→ 앞에는 뒤에 언급되는 어휘가 포함되는 큰 범위가 나오고 뒤에는 그 범위 안에서의 두드러진 내용이 나온다. 예 艺术方面尤其是写作 예술 방면, 특히 글 쓰기
……以 = 是为了…… ~하기 위해 ~하다 → 행위의 목적을 나타낸다.	→ 동사구 사이에 쓰여 뒤에는 목적 내용이 나온다. 예 用这种方法以记事。 일을 기록하기 위해 이런 방법을 쓴다.

예제 1-5

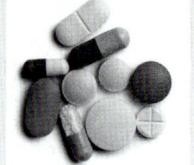

药品大多是五颜六色的，这并不单纯是为了好看，更是为了便于保存和治疗。

部分药品出于避光保存的需要会添加遮光的色素，比如胶囊中一般会加入着色剂和遮光剂，（1）_____。不过，也有人担心，药品上的色素是否会对身体产生不利影响。实际上，药品常用的色素分为天然色素和人工合成色素两大类，（2）_____，这些对人体是无害的；而合成色素只有在经过严格的安全性测试，证明对人体没有副作用后，才能被批准用在药品上。

不少患者，（3）_____，可能需要长期服用各种药品，不同的颜色能帮助他们区分不同的药，从而避免漏服或误服。

此外，五颜六色的药品更容易被患者接受，如某些儿童服用的制剂有浅黄、淡蓝等颜色，（4）_____，这能减少儿童对吃药的畏惧感。

약은 대부분 색깔이 다양한데, 이것은 단순히 예쁘게 보이기 위해서일 뿐만 아니라, 더욱이 편리하게 보관하고 치료하기 위해서이다.

일부 약은 빛을 피해 보관해야 하는 필요 때문에 빛을 막는 색소를 첨가하는데, 예를 들면 캡슐에는 일반적으로 착색제와 차광제가 들어가는데, (1) B 약 속에 있는 광민감 활성성분의 안정성을 높이기 위해서이다. 그러나 어떤 이는 약의 색소가 몸에 안 좋은 영향을 주지 않을까 걱정한다. 실제로는 약에 자주 사용하는 색소는 천연색소와 인공합성색소 두 가지로 크게 나뉘는데, (2) E 자주 쓰는 천연색소에는 캐러멜, 엽록소, 카로틴 등이 있다. 이것들은 인체에는 무해하다. 그러나 합성색소는 엄격한 안전성 테스트를 거쳐서 인체에 부작용이 없는 것을 증명한 뒤에야 약에 사용되는 것이 승인될 수 있다.

적지 않은 환자, (3) A 특히 만성병 환자와 노년 환자는 아마 장기간 각종 약을 복용해야 할 것이다. 같지 않은 색깔은 그들이 약을 구분하게 해주고, 그렇게 함으로써 복용을 누락하거나 잘못 복용하는 것을 피하도록 도와줄 것이다.

이 외에, 다양한 색깔의 약은 환자들이 더욱 쉽게 받아들이도록 만들 것이다. 예를 들면 어떤 아이들이 복용하도록 제조된 약에는 연한 노랑, 옅은 파랑 등의 색깔이 있는데, (4) C 보기에 마치 사탕과 같아서 이것은 아이들이 약 먹는 것에 대한 두려움을 줄여줄 수 있다.

最后，药品的颜色还可以帮助我们判断药品是否过期。如果药品本来鲜艳的颜色变淡或变色，（5）_____，此时应立即停止服用。	마지막으로 약의 색깔은 우리가 약의 기한이 지났는지 판단하는 것을 도울 수 있다. 만약에 약 본래의 화려한 색깔이 옅게 변하거나 색이 변한다면, (5) D 그러면 그것은 이미 변질되었거나 보존기간이 지났을 것이고, 이때에는 즉시 복용을 중지해야 한다.

A	特别是慢性病患者和老年患者	A	특히 만성병 환자와 노년 환자
B	以提高药品中光敏感活性成分的稳定性	B	약 속에 있는 광민감 활성성분의 안정성을 높이기 위해서이다
C	看起来像糖果一样	C	보기에 마치 사탕과 같다
D	那么它可能已经变质或者过了保质期	D	그러면 그것은 이미 변질되었거나 보존기간이 지났을 것이다
E	常用的天然色素有焦糖、叶绿素和胡萝卜素等	E	자주 쓰는 천연색소는 캐러멜, 엽록소, 카로틴 등이 있다

보기

1. A의 '特别(특히)'는 앞의 큰 범위의 내용에서 두드러진 것을 뒤에 설명하므로 앞에는 '患者(환자)'에 관해 언급했을 가능성이 크다.
2. B의 '以'는 일반적으로 전치사로 쓰여 '~으로'라는 뜻으로 쓰이지만 뒤에 동사구가 이어진다면 뒤의 내용이 '以' 앞에서 설명한 동사구의 목적임을 알아두어야 한다. B가 들어갈 자리의 앞은 약품 속의 광민감 활성성분을 높이기 위해 어떤 것을 하는지에 관한 내용일 것이다.
3. 보기 C에 '像糖果(사탕과 같다)'는 모양이 동그랗거나 색깔에 대한 설명이 주변 문장에 있을 가능성이 크다.
4. D의 '那么(그러면)'는 주로 '如果(만약에)', '既然(~한 마당에)'과 호응하여 쓰인다.
5. E에서는 자주 쓰는 천연색소를 언급했으므로 앞에서 천연색소에 관해 다뤘을 가능성이 크다.

해설

1. 1번 앞의 '胶囊中一般会加入着色剂和遮光剂(캡슐 안에는 일반적으로 착색제와 차광제가 들어간다)'라고 했으므로 들어가는 목적으로 B 以提高药品中光敏感活性成分的稳定性(약 속에 있는 광민감 활성성분의 안정성을 높이기 위해서)이 가장 알맞다.
2. 2번 앞에 '常用的色素分为天然色素和人工合成色素两大类(자주 사용하는 색소는 천연색소와 인공합성색소 두 가지로 크게 나뉜다)'라고 자주 사용하는 색소에 대해 설명했고, 밑줄 뒤에 전환의 접속사 '而(그러나)'과 '合成色素(합성색소)'를 언급했으므로 앞에는 천연색소에 관해 설명하는 것이 적합하다. 따라서 정답은 E이다.
3. 3번 앞에 '不少患者(적지 않은 환자)'가 있으므로 보기 A의 '特别是慢性病患者和老年患者(특히 만성병 환자와 노년 환자)'가 포함되는 큰 범위임을 알 수 있다.
4. 4번 앞의 '儿童服用的制剂有浅黄、淡蓝等颜色(아이들이 복용하는 제조한 약에는 연한 노랑, 옅은 파랑 등의 색깔이 있다)'에서 색깔에 대해 설명하고 있고 뒤에서는 '这能减少儿童对吃药的畏惧感(이것은 아이들이 약 먹는 것에 대한 두려움을 줄여줄 수 있다)'이라고 설명했으므로 C 看起来像糖果一样(보기에 마치 사탕과 같다)이 가장 적합하다.
5. 5번이 포함된 문장의 시작이 접속사 '如果(만약에)'이므로 호응하는 어휘인 '那么(그러면)'가 있는 D를 넣고 내용상 무리가 없는지 확인만 하면 된다.

정답 1. B 2. E 3. A 4. C 5. D

 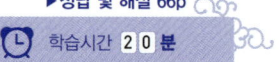

풀기 전에 PT팁을 다시 한번 정리하고 충분히 내용을 숙지한 후, 다음의 문제를 실제처럼 풀어보자.

[1-5]

新中式建筑是将中式建筑元素和现代建筑手法相结合而产生的一种建筑形式。

中国的传统建筑主张"天人合一""浑然一体",居住环境讲究"静"和"净"。（1）＿＿＿＿＿＿＿＿＿＿＿＿＿＿＿,还是古朴大气的北方四合院,都追求人与环境的和谐共生。

新中式建筑在传承中国传统建筑精髓的同时,还注重对现代生活价值的"精雕细刻"。与单纯的仿古建筑不同,（2）＿＿＿＿＿＿＿＿＿＿＿＿＿＿＿,比如在设计中更多地考虑房间的采光和通风,更有效地提高卫生间、厨房在居室中的地位,更合理地分配家庭成员的居室等等。另外,外庭院、下沉庭院、内游廊等设计,（3）＿＿＿＿＿＿＿＿＿＿＿＿＿＿＿。

新中式建筑在空间结构上有意遵循了传统建筑的布局,并延续了传统建筑一贯采用的覆瓦坡屋顶。不过它并不循章守旧,（4）＿＿＿＿＿＿＿＿＿＿＿＿＿＿＿,自成一体。

新中式建筑虽然从外在已看不到传统建筑的模样,（5）＿＿＿＿＿＿＿＿＿＿＿＿＿＿＿。而且与之相比,舒适性得到了很大提高。

A 而是吸收了各地的建筑风格
B 无论是别具一格的江南庭院
C 又赋予了新中式建筑更多的现代元素
D 但整体风格上仍保留着其神韵和精髓
E 新中式建筑更加关注居住环境的舒适度

요약 연습 II - 짧은 글 연습 (500자 → 250자 줄이기)

쓰기 ⑩ | 글 요약하기

어휘 PT

 학습시간 1 0 분

연습
- 接连 jiēlián 부 연이어, 계속해서
- 印刷 yìnshuā 동 인쇄하다
- 翻看 fānkàn 동 (책 따위를) 펼쳐보다
- 裁 cái 동 재단하다, 자르다, 제거하다
- 抱怨 bàoyuàn 동 원망하다
- 随后 suíhòu 부 뒤이어, 뒤따라
- 忍不住 rěnbuzhù 동 견딜 수 없다
- 何必 hébì 부 구태여 ~할 필요가 있는가
- 计较 jìjiào 동 따지다, 문제시하다
- 失误 shīwù 명 실수, 실책
- 干脆 gāncuì 부 아예, 차라리
- 糊 hú 동 풀로 붙이다
- 郁闷 yùmèn 형 답답하다, 침울하다
- 糟糕 zāogāo 형 엉망이 되다, 망치다
- 退换 tuìhuàn 동 (상품을) 교환하다
- 掀开 xiānkāi 동 젖히다, 들어올리다
- 更正 gēngzhèng 동 정정하다, 고치다
- 半信半疑 bànxìn bànyí 성 반신반의하다
- 包容 bāoróng 동 포용하다

문제
- 乘客 chéngkè 명 승객
- 请求 qǐngqiú 동 요청하다
- 空姐 kōngjiě 명 승무원, 스튜어디스
- 微笑 wēixiào 동 미소 짓다 명 미소
- 平稳 píngwěn 형 안정되다, 평온하다
- 客舱 kècāng 명 객실
- 小心翼翼 xiǎoxīn yìyì 성 조심스럽다
- 跟前 gēnqián 명 부근, 곁
- 疏忽 shūhū 동 소홀히 하다, 부주의하다
- 耽误 dānwu 동 시간을 허비하다, 시기를 놓치다
- 歉意 qiànyì 명 미안한 마음
- 询问 xúnwèn 동 알아보다
- 不理 bùlǐ 동 상대하지 않다, 무시하다
- 留言本 liúyánběn 명 방명록, 게스트 북, 고객의 소리노트
- 显然 xiǎnrán 형 명백하다
- 投诉 tóusù 동 불만을 신고하다, 불평하다
- 委屈 wěiqu 형 억울하다
- 真诚 zhēnchéng 형 진실하다, 진심 어리다
- 欣然 xīnrán 부 기꺼이, 흔쾌히
- 陆续 lùxù 부 속속, 계속해서
  (* 陆续离开 lùxù líkāi 속속 떠나다)
- 打动 dǎdòng 동 감동시키다
- 表扬信 biǎoyángxìn 명 칭찬편지

전략 PT

학습시간 25분

❶ 쉬운 것으로 기억해라!

뜻은 알지만 기억하기 어렵거나 쓰기 힘든 어휘는 비슷한 뜻의 어휘 중에 자신이 확실히 아는 어휘로 바꾸어 써도 무관하다. 틀리지 않기 위해서는 평소에 비슷한 어휘로 바꿔보는 연습을 많이 해두어야 한다.

❷ 감정표현은 대표적인 어휘로 표현해라!

감정 상태의 설명이 길 경우 그것을 다 기억하려 하지 말고 대표할 수 있는 감정어휘로 간단하게 정리해라. 내용상 꼭 필요하지 않은 것들은 과감하게 생략해도 좋다.

❸ 간접화법을 사용해라!

직접화법을 쓰려다 보면 대화 내용을 다 기억해야 하기 때문에 내용상 설명은 필요하지만 꼭 직접화법을 쓸 필요가 없는 경우는 내용을 간추려서 간접화법을 사용하는 것이 좋다. 이때 간접화법에 들어가는 주어에 유의해야 한다.

> **예**
>
> 母亲指着一堆砖对乞丐说: "你帮我把这堆砖搬到屋后去吧。"
>
> **해석** 어머니는 한 더미의 벽돌을 가리키며 거지에게 말했다. "당신 저를 도와 이 벽돌더미를 집 뒤로 옮겨주세요."
>
> **Point** 직접화법의 '你'는 거지이고 '我'는 어머니이므로, 각각 '他'와 '她'로 바꿀 수 있다.
> → 母亲对乞丐说,让他帮她把砖搬到屋后。
> 　어머니는 거지에게 그가 그녀를 도와 벽돌을 집 뒤로 옮기라고 말했다.

PT팁 표현 바꾸기 기술 ⑤

원문의 표현	바꾼 표현
都很满意 모두 만족했다	→ 都很喜欢 모두 좋았다
没翻几下 몇 페이지 뒤적이지 않았다	→ 没看几页 몇 페이지 보지 않았다
理查德郁闷了,心想:这杂志可真糟糕,等我看清糊纸下面的字,一定找他们退换。 리차드는 답답했다. '이 잡지는 정말 엉망이네, 종이 밑에 글자를 보고 나서 꼭 환불해야겠군.'하고 속으로 생각했다.	→ 他很生气 그는 화가 났다
上面竟印着几行大字 위에 몇 줄의 큰 글자가 인쇄되어 있었다	→ 看见几行字 몇 줄의 글자를 보았다.
奖金 상금	→ 钱 돈

信："……" 편지에 다음과 같이 쓰여 있었다. "~" (→ 직접화법)	→	信上说，…… 편지에는 ~라고 쓰여 있었다 (→ 간접화법)
中奖机会 당첨의 기회	→	得奖机会 상 받을 기회
想告诉人们 사람들에게 알리고 싶었다	→	想说 말하고 싶었다
会收获更多 더 많이 얻을 것이다	→	会有收获 수확이 있을 것이다

 250자 내외로 요약하기

　　19世纪末，美国人理查德订了一本叫《智者》的杂志。他接连看了几期，对杂志的内容、设计、印刷等都很满意。
　　这天，新的杂志到了，理查德拿起来翻看。可没翻几下就发现有几个页面没裁开，他抱怨道："这么畅销的杂志竟然犯这种低级错误！"随后，把杂志丢在了一边。
　　晚上，理查德实在无事可做，忍不住又拿起杂志："何必计较这点小小的失误呢？干脆自己动手裁开得了。"当他裁开连页时，发现中间一节又被纸糊住了。理查德郁闷了，心想：这杂志可真糟糕，等我看清糊纸下面的字，一定找他们退换。谁知，当他掀开糊纸，上面竟印着几行大字："感谢您帮我们更正错误，请把这本杂志寄给我们，您将获得1000元奖金和全新的杂志！"
　　理查德半信半疑地把杂志寄了回去。不久，他真的收到了奖金和新杂志，里面还夹着一封信："感谢您的参与！在这次活动中，我们故意印错了5000本杂志，却只有18人幸运得到了奖金，绝大多数人在发现连页后便直接要求更换，因此错失了中奖机会。"
　　原来，杂志社是想通过这次活动告诉人们，要学会包容和善意地去对待他人的错误，这样也许会收获更多。

요약

STEP 1 ▶ 첫 번째 단락 요약

19世纪末，美国人理查德订了一本叫《智者》的杂志。他接连看了几期，对杂志的内容、设计、印刷等都很满意。 19세기 말, 미국인 리차드는 한 권의 《지혜로운 사람》이라는 잡지를 주문했다. 그는 연이어 몇 호를 봤는데 잡지의 내용, 디자인, 인쇄 등 모든 것이 만족스러웠다.	→ 19世纪末，美国人理查德订了一本杂志，他连续看了几期，都很喜欢。 19세기 말, 미국인 리차드는 한 권의 잡지를 주문했고, 연이어 몇 호를 봤는데 모두 마음에 들었다.

STEP 2 ▶ 두 번째 단락 요약

这天，新的杂志到了，理查德拿起来翻看。可没翻几下就发现有几个页面没裁开，他抱怨道："这么畅销的杂志竟然犯这种低级错误！"随后，把杂志丢在了一边。 어느 날, 새로운 잡지가 도착했고, 리차드는 펼쳐 보았다. 그러나 몇 번 뒤적이지도 않았는데 몇 개의 페이지가 붙어있는 것을 발견했고, 그는 '이렇게 잘 팔리는 잡지가 이런 저급한 실수를 하다니!'라고 말하며 원망했다. 그런 후에, 잡지를 한 쪽에 내버려 두었다.	→ 这天，杂志到了。他没看几页就发现有几页没有裁开。他抱怨："这么畅销的杂志居然会犯这种低级的错误！" 어느 날, 잡지가 도착했다. 그는 몇 페이지 보지 않는데 몇 개의 페이지가 붙어 있는 것을 발견했다. 그는 '이렇게 잘 팔리는 잡지가 이런 저급한 실수를 하다니!'라며 원망했다.

STEP 3 ▶ 세 번째 단락 요약

晚上，理查德实在无事可做，忍不住又拿起杂志：～"何必计较这点小小的失误呢？干脆自己动手裁开得了。"当他裁开连页时，发现中间一节又被纸糊住了。理查德郁闷了，心想：这杂志可真糟糕，等我看清糊纸下面的字，一定找他们退换。 저녁에, 리차드는 정말 할 일이 없어서, 어쩔 수 없이 다시 잡지를 들었다. '굳이 이런 작은 실수를 문제 삼을 필요가 있을까? 그냥 내가 떼면 되지.' 그가 페이지를 떼어낼 때, 중간의 한 마디에 종이가 또 붙어 있는 것을 발견했다. 리차드는 답답했다. '아 잡지는 정말 엉망이군. 종이 밑에 글자를 보고 나서 꼭 환불해야겠어.'하고 속으로 생각했다.	→ 晚上，他决定自己动手裁开。裁开时，他又发现中间一节被纸糊住了，很生气。 저녁에, 그는 자신이 직접 떼어내기로 결정했다. 떼어낸 후, 그는 중간의 한 마디에 종이가 또 붙여진 것을 보았고, 화가 났다.
谁知，当他掀开糊纸，上面竟印着几行大字："感谢您帮我们更正错误，请把这本杂志寄给我们，您将获得1000元奖金和全新的杂志！" 누가 알았겠는가? 그가 붙어 있는 종이를 젖혀 올리자, 위에는 뜻밖에도 몇 행의 큰 글자가 인쇄되어 있었다. '우리의 실수를 고쳐주셔서 감사합니다. 어 잡지를 저희에게 부쳐주시면 당신은 1,000위안의 상금과 새 잡지를 받게 될 것입니다!'	→ 他掀开糊纸后，看见两行字：感谢更正错误，把杂志寄给我们，可以获得1000元和一本新杂志。 그는 붙어있는 그 종이를 젖혀 올린 후에 몇 줄의 글– 실수를 고쳐주어 감사하고, 잡지를 우리에게 부쳐주면 1,000위안과 새 잡지를 받을 수 있다는 글을 보았다.

214 PART 1

STEP 4 > 네 번째 단락 요약

理查德半信半疑地把杂志寄了回去。~~不久，~~他真的收到了奖金和新杂志，~~里面还夹着~~一封信："~~感谢您的参与！在这次活动中，~~我们故意印错了5000本杂志，却只有18人~~幸运~~得到~~了~~奖金，绝大多数人在发现~~连页~~后便直接要求更换，~~因此~~错失~~了中~~奖机会。"

리차드는 반신반의하며 잡지를 부쳤다. 얼마 되지 않아, 그는 정말 상금과 새 잡지를 받았는데, 안에 한 통의 편지가 끼워져 있었다. '당신의 참여에 감사 드립니다! 이 행사를 진행하는 동안 우리는 고의로 5,000권의 잡지를 잘못 인쇄했지만, 단지 18명만이 운 좋게 상금을 얻고, 대다수의 사람은 붙여진 페이지를 발견한 후에 바로 교환을 원했고, 당첨의 기회를 잃게 되었습니다.'

→ 他寄了回去，真的收到了钱和杂志，还有一封信。信上说，杂志社故意印错5000本书，却只有18人得奖。大多数人直接要求更换，错失得奖机会。

그는 부쳤고, 정말 돈과 잡지를 받았고, 또한 한 통의 편지도 있었다. 편지에는 잡지사가 고의로 5,000권을 잘못 인쇄했고, 단지 18명만이 상을 얻었으며 대다수의 사람들이 바로 교환을 원해 당첨될 기회를 잃었다고 쓰여 있었다.

STEP 5 > 다섯 번째 단락 요약

原来，杂志社是想~~通过这次活动~~告诉人们，要学会包容和善意地去对待他人的错误，~~这样也许会收获更多~~。

알고 보니, 잡지사는 ~~이번 행사를 통해서,~~ 포용과 선의로 타인의 잘못을 대할 줄 알아야 하고, ~~이렇게 하는 것이 어쩌면 더 많이 얻을 것이~~라는 것을 사람들에게 알리고자 했던 것이었다.

→ 原来，杂志社想说，包容他人的错误，会有收获。

알고 보니, 잡지사는 타인의 잘못을 포용해야 얻는 것이 있을 것이라는 것을 말하고자 했던 것이었다.

STEP 6 > 제목 정하기

印错杂志   잡지를 잘못 인쇄하다

Point
1. 소재는 '잡지'이다.
2. 잡지사가 시사하고자 한 내용은 잘못 인쇄한 잡지를 통해 나타났다.
3. '印错杂志(잡지를 잘못 인쇄하다)' 혹은 '印错的杂志(잘못 인쇄한 잡지)'가 제목으로 적합하다.

핵심어휘   19世纪末 19세기 말 | 理查德 리차드 | 订杂志 잡지를 주문하나 | 很满意 만족하다 | 没裁开 뜯어지지 않다 | 发现 발견하다 | 糊住 붙어있다 | 字 글자 | 奖金 상금 | 更换 교체하다 | 错失 잘못 | 机会 기회 | 包容 포용하다 | 收获 수확

요약개요   처음 – 19세기 말, 미국인 리차드는 잡지를 주문했는데 만족스러웠음
가운데 – 어느 날, 잡지의 몇 페이지가 붙어있는 것을 발견하고 화가 남 / 저녁에 직접 뜯어냈는데 종이가 붙어있고 아래에 글이 적혀 있음 / 글은 잡지를 보내면 상금 1,000위안과 새 잡지 보내준다는 내용 / 잡지를 부치고 진짜 상금과 잡지를 받음
끝 – 잡지사는 타인의 잘못을 포용할 줄 알면 얻는 것이 많다는 것을 알려줌

모범요약

印错杂志

19世纪末，美国人理查德订了一本杂志，他连续看了几期，都很喜欢。

这天，杂志到了。他没看几页就发现有几页没裁开。他抱怨："这么畅销的杂志居然会犯这种低级的错误！"

晚上，他决定自己动手裁开。裁开时，他又发现中间一节被纸糊住了，很生气。他掀开糊纸后，看见几行字：感谢更正错误，把杂志寄给我们，可以获得1000元和一本新杂志。

他寄了回去，真的收到了钱和杂志，还有一封信。信上说，杂志社故意印错5000本书，却只有18人得奖。大多数人直接要求更换，错失得奖机会。

原来，杂志社想说，包容他人的错误，会有收获。

잡지를 잘못 인쇄하다

19세기 말, 미국인 리차드는 한 권의 잡지를 주문했고, 연이어 몇 호를 봤는데 모두 마음에 들었다.

어느 날, 잡지가 도착했다. 그는 몇 페이지 보지 않았는데 몇 개의 페이지가 붙어있다는 것을 발견했다. 그는 '이렇게 잘 팔리는 잡지가 이런 저급한 실수를 하다니!'라며 원망했다.

저녁에, 그는 자신이 직접 떼어내기로 결정했다. 떼어낸 후, 그는 중간의 한 마디에 종이가 또 붙여진 것을 보았고, 화가 났다. 그는 붙어있는 그 종이를 젖혀 올린 후에 몇 줄의 글–실수를 고쳐주어 감사하고, 잡지를 우리에게 부쳐주면 1,000위안과 새 잡지를 받을 수 있다는 글을 보았다.

그는 부쳤고, 정말 돈과 잡지를 받았고, 또한 한 통의 편지도 있었다. 편지에는 잡지사가 고의로 5,000권을 잘못 인쇄했고, 단지 18명만이 상을 얻었으며 대다수의 사람들이 바로 교환을 원해 당첨될 기회를 잃었다고 쓰여 있었다.

알고 보니, 잡지사는 타인의 잘못을 포용해야 얻는 것이 있을 것이라는 것을 말하고자 했던 것이었다.

> 아래 글을 250자로 요약하여 원고지에 써보자! 암기가 아니라 속독으로 내용의 줄거리를 기억하는 연습을 충분히 한 후 원고지에 요약하자.

문제

　　飞机即将起飞时，一位乘客请求空姐给他倒一杯水吃药。空姐面带微笑地说："先生，为了您的安全，请稍等片刻，等飞机进入平稳飞行状态后，我会立刻给您送水。"

　　15分钟后，飞机早已进入了平稳飞行状态，这时，空姐突然意识到：糟了，忘记给那位客人送水了！她来到客舱，小心翼翼地把水送到那位乘客跟前，面带微笑地说："先生，实在对不起，由于我的疏忽，耽误了您吃药的时间。"乘客生气地指着手表说："你看看，这都过了多久了？"

　　在接下来的飞行中，为了表示歉意，每次去客舱时，空姐都会特意走到那位乘客跟前，面带微笑地询问他是否需要帮助。但是，那位乘客不理会她。快到目的地时，那位乘客向空姐要留言本，很显然，他要投诉这名空姐，这时空姐虽然很委屈，但仍然面带笑地说道："先生，请允许我再次向您表示真诚的歉意，无论您提什么意见，我都欣然接受！"那位乘客脸色一紧，好像想说什么，却没有开口，他接过留言本就写了起来。

　　等飞机降落，所有的乘客陆续离开后，空姐紧张地翻开那本留言本，没想到，那位乘客写的并不是投诉信，而是一封表扬信。信中写到："在整个飞行过程中，您表现出的真诚，特别是你的十二次微笑，深深地打动了我，使我最终决定将投诉信改成表扬信。你的服务质量很高，下次如果有机会，我还将乘坐你的这趟航班！"

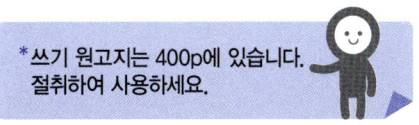

 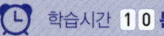

1 由于 A, B 被称为 C　　A 때문에, B는 C라고 불린다
由于营养成分含量高，米酒又被称为液体蛋糕。
영양성분 함량이 높기 때문에 미주는 액체 케이크라고도 불린다.

2 对 A 发挥(着)……的作用　　A에 ~한 작용을 발휘하고 있다
自然光对人们的健康也发挥着巨大的作用。　　자연광은 사람들 건강에도 거대한 작용을 발휘하고 있다.

3 除了 A 外, B 也……　　A 외에, B도 ~하다
自然光除了能节约能源外，对居住者的健康也是极为重要的。
자연광은 에너지를 절약할 수 있는 것 외에도 거주자들의 건강에도 매우 중요하다.

4 集 A、B、C 于一体　　A, B, C가 한데 모여 있다
这种古老而珍贵的树种，集食用、材用、药用等多种用途于一体。
이런 오래되고 진귀한 나무는 식용, 재료용, 약용 등의 다양한 용도가 한데 모여 있다.

5 素有 A 之称　　줄곧 A라는 호칭을 가지고 있었다
这种树种素有"活化石"、"摇钱树"，"植物界的熊猫"之称。
이런 나무는 줄곧 '살아있는 화석', '돈줄', '식물계의 판다'라는 호칭을 가지고 있었다.

6 出于……的需要　　~한 필요에서 비롯되어(= ~하는 필요 때문에)
部分药品出于避光保存的需要会添加遮光的色素。
일부 약은 빛을 피해 보관해야 하는 필요 때문에 빛을 막는 색소를 첨가한다.

7 不(是) A 而是 B　　A가 아니라 B이다
它并不循章守旧，而是吸收了各地的建筑风格，自成一体。
그것은 결코 옛 것을 지키려 규칙을 따르지만은 않고, 각지의 건축스타일을 흡수해, 스스로 하나의 독자적인 스타일을 이루었다.

8 幸亏　　다행히도, 운 좋게
有一个人幸亏抓住了木头漂游到无人岛上。
어떤 이는 운 좋게 나무토막을 잡아 무인도에 떠밀려갔다.

9 将 A + 동사 + 成 B　　A를 B로 (동사)하다
他将树干慢慢地砍凿成一条简易的小船。　　그는 나뭇가지를 천천히 작은 간이 배로 자르고 다듬었다.

10 A(동사구) 以 B(동사구)　　B하기 위해서 A하다
他决定把船背在身上以备不时之需。
그는 불시의 수요를 대비하기 위해 배를 짊어지고 가기로 결정했다.

PT 기출상식

岁寒三友 suìhán sānyǒu 세한삼우

소나무(松 sōng), 대나무(竹 zhú), 매화나무(梅 méi)를 가리키며, 추운 겨울에도 완강한 생명력을 유지할 수 있어 이름을 얻었고, 고상하고 강인한 인품을 비유하는 데 주로 쓰인다. 중국에서는 중국화의 가장 흔한 소재로 쓰인다.

相声 xiàngsheng 만담

민간의 우스갯소리를 기초로 발전한 민간예술형식으로, 혼자서 하는 1인 만담(单口相声 dānkǒu xiàngsheng), 둘이서 하는 2인 만담(对口相声 duìkǒu xiàngsheng), 셋이나 셋 이상이 하는 무리 만담(群口相声 qúnkǒu xiàngsheng) 등이 있고, 중국 사회에서 광범위하게 전해지고 있다.

折旧 zhéjiù 감가상각

컴퓨터나 자동차, 침대 등의 고정자산(固定资产 gùdìng zīchǎn)이 사용하는 과정 중에 파손되거나 노화되어 그 가치가 점차 감소되는데, 그 가치감소를 산정하여 그 액수를 고정자산의 금액에서 공제함과 동시에 비용으로 계산하는 절차를 말한다.

夏打盹 xiàdǎdǔn 하곤증

'여름 권태증(夏季倦怠症 xiàjì juàndàizhèng)'이라고도 불리며, 여름에 더워서 사람들이 땀을 흘릴 때 대량의 칼륨원소(钾元素 jiǎyuánsù)가 땀과 함께 배출되는데, 제때 칼륨원소를 보충해주지 않으면 피곤(疲倦 píjuàn)하고, 기력부진(精神不振 jīngshén búzhèn) 등의 증상이 나타난다.

Day 11

> **듣기 제3부분 ❷** | 보기에서 정답 고르기
> # 사설 글 - 관건은 화자가 하고자 하는 말이다!

어휘 PT　　◉ Track 11-1　　⏰ 학습시간 10 분

예제 1-3

- 集体 jítǐ 몡 집체, 무리
- 辅导班 fǔdǎobān 몡 학원
- 教导 jiàodǎo 동 가르치다
- 衡量 héngliáng 동 가늠하다, 재다
- 指标 zhǐbiāo 몡 지표, 수치
- 自豪 zìháo 형 자랑스럽다 (= 骄傲 jiāo'ào)
- 成 chéng 양 10분의 1할 (* 二成 2할, 20%)
- 取得 qǔdé 동 취득하다, 얻다 (* 取得好成绩 qǔdé hǎo chéngjì 좋은 성적을 얻다)
- 具备 jùbèi 동 갖추다 (* 具备能力 jùbèi nénglì 능력을 갖추다)
- 取决于… qǔjuéyú… 동 ~에 의해 결정되다
- 势利 shìlì 형 속물적인, 이익에 따라 차별하여 대하는
- 乐于助人 lèyú zhùrén 다른 사람을 기꺼이 돕다
- 人缘 rényuán 몡 인연, 인간관계
- 在乎 zàihu 동 신경 쓰다 (= 在意 zàiyì)

문제 1-3

- 肢体动作 zhītǐ dòngzuò 몡 사지동작, 몸짓, 제스처
- 来源 láiyuán 몡 근원, 출처, 유래
- 复制 fùzhì 동 복제하다
- 倾听 qīngtīng 동 경청하다
- 坚定 jiāndìng 형 확고하다 (* 信念坚定 xìnniàn jiāndìng 신념이 확고하다)
- 彻底 chèdǐ 형 철저하다
- 导致 dǎozhì 동 야기하다, 불러일으키다
- 大有人在 dàyǒu rénzài 성 그(앞서 언급한 사람)와 같은 사람이 많다

- 思维模式 sīwéi móshì 몡 사고패턴
- 持续不断 chíxù búduàn 계속되다, 끊이지 않고 있다
- 模仿 mófǎng 동 모방하다
- 主角 zhǔjué 몡 주인공

문제 4-6

- 发出者 fāchūzhě 몡 발설자, (소리·정보 등을) 내보내는 사람
- 平静 píngjìng 형 (기분·환경·국면이) 평온하다
- 约束 yuēshù 동 단속하다, 규제하다
- 瀑布 pùbù 몡 폭포(수)
- 专注 zhuānzhù 동 집중하다 (* 专注于… zhuān zhùyú… ~에 집중하다)
- 户外活动 hùwài huódòng 몡 야외활동
- 无心 wúxīn 동 무심코 하다
- 激起 jīqǐ 동 (물결이) 솟구치다 (* 激起千层浪 jīqǐ qiāncénglàng 수많은 물결이 일다)
- 效应 xiàoyìng 몡 효과
- 随之 suízhī 그것(앞서 언급한)에 따라
- 上游 shàngyóu 몡 (강의) 상류
- 峡谷 xiágǔ 몡 협곡
- 一泻千里 yíxiè qiānlǐ 성 일사천리 [어떤 일이 거침없이 빨리 진행됨]
- 无意间 wúyìjiān 부 모르는 사이에
- 压抑 yāyì 형 딱딱하다, 어색하다
- 反之 fǎnzhī 접 이와 반대로
- 关系融洽 guānxì róngqià 관계가 좋다

❶ 도입부를 놓치지 마라!

사설이라고 하면 보통 마지막 문장에만 집중하는 경향이 있는데 도입부를 이해해야 화자가 말하고자 하는 내용의 갈피를 잡고 이해할 수 있다. 항상 첫 문장을 어떻게 시작하는지 집중해서 듣는 습관을 키워야 한다.

> **예**
>
> 某人随口一句无心的话，却在另一个人心中激起了千层浪。这种现象，在心理学上被称为 "瀑布心理效应"。
>
> [해석] 어떤 이가 아무렇게나 무심코 한 말이 오히려 다른 사람 마음 속에서 수많은 물결을 일으킨다. 이러한 현상을 심리학에서는 '폭포심리효과'라 부른다.
>
> [Point] 1. 짐작할 수 있는 내용: 이 글은 '폭포심리효과'가 중요한 소재임을 알 수 있고, '폭포심리효과' 어휘 자체는 어려울 수 있으나 도입부를 이해했다면 무심코 한 말이 다른 사람의 마음속에서는 큰 영향을 준다는 것을 짐작할 수 있고, 그만큼 말을 신경 써서 해야 한다는 것을 짐작해볼 수 있다.
> 2. 실제 문제의 예: 이 글의 마지막 문제는 이 글이 우리에게 시사하고자 하는 것, 즉, 화자의 견해를 묻는 것이었고, 정답은 '要注意自己的言行(자신의 언행에 주의해야 한다)'이다.

❷ '但是(그러나)', '事实上(사실상)', '重要的(중요한 것)'가 등장하는 부분에 주목해라!

사설은 결국 화자의 견해를 밝히는 것이다. 자신이 하고자 하는 말을 할 때 강조하는 말은 전환의 어휘들이 주로 쓰이고 전체적인 주제, 즉 화자의 주장은 주로 그 뒤에 이어지므로 집중해서 들어야 한다.

> **예**
>
> <u>不少人认为</u>，个人交往的范围，是交往成果的重要标志。<u>事实上</u>，这种说法过于笼统。交往的范围只是交往成果的一个方面，<u>更重要的</u>，应当是交往的质量。
>
> [해석] <u>적지 않은 사람들은</u>, 개인 교류의 범위를 교류 성과의 중요한 지표로 여긴다. <u>사실상</u>, 이러한 설명은 지나치게 막연하다. 교류의 범위는 단지 교류 성과의 한 부분일 뿐이고, <u>더욱 중요한 것은</u> 마땅히 교류의 질인 것이다.
>
> [Point] 1. 도입부만 보면 개인 교류의 범위가 교류 성과의 중요한 지표인 것처럼 보인다.
> 2. '事实上' 등장 부분: '사실상'이라는 어휘를 사용함으로써 뒤에는 실제로 부합하는 내용이 나오며 이는 화자가 말하고자 하는 내용과 관련이 있음을 알 수 있고, 더욱이 뒤에서 '更重要的(더 중요한 것은)'로 강조하면서 이 글의 핵심은 '交往的质量(교류의 질)'임을 알 수 있다.
> 3. 실제 문제의 예: 이 글의 마지막 문제는 이 글이 우리에게 말하고자 하는 것을 묻는 것이었고, 정답은 '要交真正的朋友(진정한 친구를 사귀어야 한다)'이다.
> 4. '不少人认为……(적지 않은 사람들이 여기기에 ~이다)'는 사설의 전형적인 도입부로 '적지 않은(= 많은) 사람들이 그렇게 여기지만 내 생각은 다르다'는 것이 주요내용이 이어질 것이라는 것을 짐작할 수 있다.

❸ 질문이 힌트이다!

듣기는 보통 보기를 선 파악해서 듣는 도중에 답을 체크하는 경우가 많다. 하지만 사설 글은 개인의 글이라 할지라도 보편적인 생각이 주를 이루기 때문에 문제를 묻는 질문만 잘 들어도 어떤 정답을 요구하는지 알기 쉬우므로 사설이라 판단되면 문제까지 확인하는 것이 좋다.

❹ 사설 지문의 문제유형을 알아두자!

3번에서 언급했다시피, 문제에 대한 질문이 중요하므로 유형을 알아두면 정답에 접근하기가 더 쉬워진다.

● 사설 지문 문제유형　　　　　　　　　　　　　　　　　　　　　　　🔵 Track 11-2

A 要关注什么/哪方面? A하는 것은 무엇/어느 방면에 신경을 써야 하는가? A 更在乎(在意/重视/讲究)什么? A하는 것은 무엇을 더욱 중시해야 하는가?	'关注/重视(중시해야 한다)' 등의 어휘와 '最重要的(가장 중요한 것)'를 언급하는 부분에 집중해야 한다.
为了 A, B 应该怎么做? A하기 위해서, B는 어떻게 해야 하는가? A 时, B 应该怎么做? A할 때, B는 어떻게 해야 하는가?	전제조건에 맞추어 '应该要(마땅히 해야 한다)' 뒤에 나오는 내용에 집중해야 한다.
关于"A", 可以知道什么? 'A'에 관해, 알 수 있는 것은? 关于 A, 下列哪项正确? A에 관해, 아래 어느 항이 정확한가?	보기를 먼저 파악한 후 언급되는 내용을 체크해야 한다.
"A"给我们的启示是什么? 'A'는 우리에게 어떤 깨달음을 주는가?	말하고자 하는 'A' 화제가 우리에게 시사하는 바를 묻는 것으로 '给我们提醒的(우리에게 일깨워주는 것)' 뒤에 나오는 내용에 집중해야 한다.
要 A, 首先/其次/最后要什么? A하려면, 먼저/두 번째로/마지막에 무엇을 해야 하는가?	보통 첫 번째를 묻는 경우가 많지만 언급되는 순서를 보기에 표시해 두는 것이 좋고, 문제를 반드시 확인해서 몇 번째를 묻는지 확인해야 한다.
A, 会导致什么? A하는 것은 무엇을 초래하는가? A 时, 会有什么反应? A할 때, 어떤 반응이 있는가? A, 对 B 有什么影响? A하는 것은 B에 어떤 영향이 있는가?	어떤 영향을 주는지를 묻는 문제이다. '让(~하게 만들다)', '导致(초래하다)', '引起(불러일으키다)', '影响(영향을 주다)' 등의 어휘에 집중해야 한다.
作为 A, 应该具备什么能力/素质? A하는 것은 마땅히 어떤 능력/자질을 갖추어야 하는가?	'作为' 뒤에는 신분을 나타내는 어휘가 오는데, 그 신분으로서 갖추어야 하는 능력이나 자질을 묻는 것이다. '能力(능력)', '……力(~력)', '素质(자질)', '精神(정신)' 등의 어휘와 보기에 언급되는 어휘에 주목해야 한다.
"A" 是什么意思? 'A'는 무슨 뜻인가? 这段话中的"A"最可能是什么意思? 이 글 속의 'A'는 어떤 뜻일 가능성이 가장 많은가?	A의 직접적인 뜻보다는 문장 환경상 가장 가까운 의미를 지닌 보기를 고르는 것이 좋다.
下列哪项与这段话的观点一致? 아래의 어느 항이 이 글의 관점과 일치하는가? 根据这段话, A 有什么好处? 이 글에 따르면, A는 어떤 좋은 점이 있는가? 说话人认为什么更重要? 화자는 어떤 것이 가장 중요하다고 여기는가? 这段话主要想要告诉我们什么? 이 글은 주로 우리에게 무엇을 알려주려고 하는가?	'주제 = 화자'의 견해를 묻는 문제로 사설에서는 주로 마지막 문제 유형으로 자주 출제된다. 반드시 마지막 부분에 집중해야 하고, '其实(사실)', '实际上(실제로는)', '事实上(사실상)', '但是(그러나)', '我们应该(우리는 마땅히 ~해야 한다)', '我们一定要(우리는 반드시 ~해야 한다)'가 출현하는 부분에 주목해야 한다.

 예제 1-3

1. A 成绩
   B 身体发育
   C 性格培养
   D 心理
	1. A 성적
	   B 신체발육
	   C 성격 양성
	   D 심리

보기 1. B의 '身体发育(신체발육)'와 C의 '性格培养(성격 양성)'을 보고 자녀교육과 관련된 문제임을 알 수 있다.
       2. 보기에 분야나 방면을 나타내는 명사만 있는 경우는 중시하거나 관심을 가지는 대상을 묻는 경우가 많다.

2. A 能否在集体中实现价值
   B 能否当上班干部
   C 能否常被老师表扬
   D 作业是否及时完成
	2. A 무리 속에서 가치를 실현시킬 수 있는지의 여부
	   B 반의 간부가 될 수 있는지의 여부
	   C 선생님에게 자주 칭찬받을 수 있는지의 여부
	   D 숙제를 제때 완성하는가의 여부

보기 1. '能否/是否'와 동사구가 함께 있으면 동사구의 여부를 나타낸다.
       2. C의 '被老师表扬(선생님에게 칭찬받다)'으로 아이에 관한 문제임을 알 수 있다.

3. A 鼓励孩子帮助同学
   B 让孩子上课外辅导班
   C 教导孩子要尊重老师
   D 常与老师交流
	3. A 아이가 학교친구를 돕는 것을 격려해야 한다
	   B 아이가 학원을 다니게 해야 한다
	   C 아이가 선생님을 존경하는 것을 가르쳐야 한다
	   D 자주 선생님과 교류해야 한다

보기 1. A의 '鼓励孩子帮助同学(아이가 학교친구를 돕는 것을 격려해야 한다)'를 보아 가장에게 건의하는 문제임을 알 수 있다.
       2. B의 '辅导班'은 통상적으로 학원을 의미한다.

长期以来, 1.A 学习成绩一直被家长当做衡量孩子优秀与否的重要指标。而 2.A 孩子最重视的却是与同学的关系，以及能否在集体中实现自己的价值。一项调查显示，超过46%的孩子表示，最让他们感到自豪的，是可以帮助同学解决问题。只有约两成的孩子认为，考试取得好成绩或在竞赛中得奖是最值得开心的事。

其实，孩子从小就具备交往能力，他们的童年快乐与否，常常取决于与同学的关系如何。专家指出，孩子在交友方面，并不像大人那么势利。那些性格好，乐于助人的孩子，不管学习成绩如何，在学校的人缘都不错。3.A 家长应该多鼓励孩子帮助同学，为集体服务，让他们觉得自己是一个有用的人，从而获得真正的快乐。

오랫동안, 1.A 학습성적은 줄곧 가장에 의해 아이들이 우수한지 여부를 가늠하는 중요한 지표로 여겨졌다. 하지만 2.A 아이들이 가장 중시하는 것은 오히려 학교친구들과의 관계이고, 또한 무리 속에서 자신의 가치를 실현시킬 수 있는지의 여부이다. 한 조사에서 밝히길, 46%가 넘는 아이들이 그들을 가장 자랑스럽게 만드는 것이 학교친구가 문제를 해결하는 것을 도울 수 있는 것이라 답했다. 단지 20%의 아이들만이 좋은 성적을 거두거나 시합에서 상을 받는 것이 가장 즐거워할 가치가 있는 일이라고 여겼다.

사실 아이들은 어려서부터 교제 능력을 갖추는데, 그들의 어린 시절이 즐거웠는가의 여부가 대체로 학교친구들과의 관계가 어떠한지를 결정짓는다. 전문가들은 아이가 교우방면에서 결코 어른처럼 그렇게 속물적이지 않다고 한다. 성격이 좋고 남을 돕는 것을 좋아하는 아이들은 학습성적이 어떠하든 학교에서의 인간관계는 모두 나쁘지 않다. 3.A 가장은 마땅히 아이들이 학교친구들을 돕고, 무리를 위해 희생하는 것을 격려해서 그들이 자신이 쓸모 있는 사람인 것을 느끼게 해주고, 따라서 진정한 즐거움을 얻게 해주어야 한다.

1. 家长更关注孩子的哪方面? 2. 孩子更在乎什么? 3. 家长应该怎么做?	1. 가장은 아이들의 어느 방면에 더욱 관심을 가지는가? 2. 아이들은 무엇에 더욱 신경을 쓰는가? 3. 가장은 어떻게 해야 하는가?

Point
1. 도입부의 '学习成绩一直被家长当做衡量孩子优秀与否的重要指标。而孩子最重视的却是与同学的关系(학습성적은 줄곧 가장에 의해 아이들이 우수한지 여부를 가늠하는 지표로 여겨졌다. 하지만 아이들이 가장 중시하는 것은 오히려 학교친구들과의 관계이다)'에서 자녀교육에 관한 내용임을 알 수 있다.
2. 자녀교육과 관련된 사설 글은 결국 아이들을 어떤 부분에 주의해서 키워야 하는가가 관건이므로 이 글에서 강조하는 자녀교육의 핵심, 즉 마지막 부분을 꼭 집중해서 들어야 한다.

해설
1. 1번은 '学习成绩一直被家长当做衡量孩子优秀与否的重要指标(학습성적은 줄곧 가장에 의해 아이들이 우수한지 여부를 가늠하는 지표로 여겨졌다)'에서 가장들이 중요하게 여기는 기준을 성적이라 들었기 때문에 1번의 정답은 A 成绩(성적)라는 것을 알 수 있다.
2. 2번은 '孩子最重视的却是与同学的关系，以及能否在集体中实现自己的价值(아이들이 가장 중시하는 것은 오히려 학교친구들과의 관계이고, 또한 무리 속에서 자신의 가치를 실현시킬 수 있는지의 여부이다)'에서 아이들이 중시하는 것은 교우관계와 가치 실현, 두 가지이므로 정답은 A 能否在集体中实现价值(무리 속에서 가치를 실현시킬 수 있는지의 여부)가 정답임을 알 수 있다.
3. 3번은 앞의 문제를 통해 아이들이 교우와의 관계를 중시한다고 했으므로 가장은 아이가 중시하는 것에 맞춰 키우라는 내용이 가장 자연스럽고, 지문에서는 '家长应该多鼓励孩子帮助同学，为集体服务(가장은 마땅히 아이들이 학교친구들을 돕고, 무리를 위해 희생하는 것을 격려해라)'라고 했으므로 정답은 A 鼓励孩子帮助同学(학교친구를 돕는 것을 격려해야 한다)이다.

정답 1. A 2. A 3. A

[1 - 3]

문제 1
A 信念
B 策略
C 肢体动作
D 人生经历

문제 2
A 是动力的来源
B 与行动方式无关
C 指做事情的先后顺序
D 表现为对工作的热情

문제 3
A 成功不可复制
B 要重视知识的积累
C 生活中要善于倾听
D 成功需要积极的心理暗示

[4 - 6]

문제 4
A 发生在关系亲密的人之间
B 信息接收者更有表达欲望
C 信息发出者心理较为平静
D 已被用来治疗心理创伤

문제 5
A 不要约束学生的行为
B 保持心情愉快
C 平等对待学生
D 多与家长沟通

문제 6
A 要专注于工作
B 要学会倾听
C 要注意自己的言行
D 要多进行户外活动

독해 제3부분 ❷ | 밑줄에 적절한 문장 넣기
사설 글 - 문맥의 흐름을 따라라!

어휘 PT

학습시간 10 분

예제 1-5

的确 díquè 뷔 확실히
成长轨迹 chéngzhǎng guǐjì 명 성장궤도
勤奋 qínfèn 형 부지런하다
懒惰 lǎnduò 형 게으르다
消沉 xiāochén 형 의기소침하다
凡响 fánxiǎng 명 평범한 사물
为伍 wéiwǔ 동 동료가 되다
巅峰 diānfēng 명 최고봉
暗示 ànshì 명 암시
催 cuī 동 재촉하다 (* 催人奋进 cuī rén fènjìn 용감하게 나아가도록 재촉하다)
远离 yuǎnlí 동 멀리 떠나다
颓废 tuífèi 동 허물어지다, 못쓰게 되다
平庸 píngyōng 형 평범하다
成家 chéngjiā 동 (남자가) 결혼하다
伴侣 bànlǚ 명 반려자, 배우자
甜美 tiánměi 형 (주로 추상적인 것이) 달콤하다
温馨 wēnxīn 형 (주로 추상적인 것이) 따뜻하다
问候 wènhòu 명 안부

内在 nèizài 형 내재적인
潜能 qiánnéng 명 잠재 능력
不知不觉 bùzhī bùjué 성 부지불식간에, 자기도 모르는 사이에
成败 chéngbài 명 성공과 실패
与众不同 yǔzhòng bùtóng 성 남다르다, 남보다 뛰어나다
光彩照人 guāngcǎi zhàorén 성 눈부셔서 사람의 이목을 끌다, 빛나다

문제 1-5

喊 hǎn 동 외치다
丧失 sàngshī 동 잃어버리다 (* 丧失冷静 sàngshī lěngjìng 냉정함을 잃다)
七嘴八舌 qīzuǐ bāshé
  성 제각기 떠들어 대다, 말이 많다
轻声细语 qīngshēng xìyǔ
  작고 낮은 소리로 속삭이다
耳语 ěryǔ 동 귓속말 하다

眼神 yǎnshén 명 눈의 표정, 눈짓
传情 chuánqíng
  동 (남녀 사이에) 사랑의 감정을 전하다
刚好 gānghǎo 뷔 공교롭게, 딱

 전략 PT  학습시간 30분

❶ '相反/而' 등 전환을 나타내는 어휘에 주목해라!

'相反(반대로)'을 기준으로 앞과 뒤의 내용은 상반을 이루고, '而(그런데)'을 기준으로 앞과 뒤의 내용은 전환을 나타내므로 앞뒤 내용을 추측하기 용이하다.

> **예**
>
> E 情况刚好相反
>
> 해석 상황은 딱 반대이다
>
> Point 1. E가 들어갈 곳을 기준으로 앞이든 뒤든 상반되는 내용이 이어짐을 알 수 있다.
> 2. 실제 E가 들어갈 곳의 주변 내용은 다음과 같다.
>   "当两个人生气的时候,……。"……他接着继续说:"当两个人相恋时又会怎么样呢?情况刚好相反,"("두 사람이 화가 났을 때는 ~였다." ……그는 이어서 말했다. "두 사람이 서로 사랑을 할 때는 또 어떠한가? 상황은 딱 반대이다.")

❷ 긍정과 부정에 주목해라!

접속사 중에 '不是A, 而是B(A가 아니라 B이다)'가 있는데, HSK 시험에 자주 출제되는 지문에서는 긍정을 다루면 이어서 부정을, 부정을 다루면 이어서 긍정을 설명하는 경우가 많다. 특히 독해 제3부분에 '부정(不是, 非是)'/'긍정(是, 只是)'으로 시작하는 보기가 있으면 반대의 경우가 나열될 것이라는 것을 추측해보는 것이 좋다.

> **예**
>
> (80) ＿＿＿＿＿＿, 而不是整体。
>
> 해석 ＿＿＿＿＿＿, 전체는 아니다.
>
> Point 1. '而不是'를 보고, '不是A, 而是B(A가 아니라 B이다)'의 응용형태 '(只)是B, 而不是A(B이지, A가 아니다)'를 짐작할 수 있다.
> 2. 전체가 아니라는 것은 앞은 전체의 반대개념인 '부분'이나 '일부'라는 뜻을 가진 어휘가 있을 가능성이 크다.
> 3. 실제 사용된 보기는 다음과 같다.
>   团队的性质决定了每个员工只是团队的一部分, 而不是整体。(팀의 성질은 모든 직원이 단지 팀의 일부이지, 전체는 아니라는 것을 결정 짓는다.)

❸ 마지막 부분에 집중해라!

사설의 핵심은 화자의 견해와 주장이고, 그것을 마지막에 밝히는 것이 일반적이다. 마지막 부분에 밑줄이 쳐진 문제가 있다면 주장이나 글의 결론임을 알고 있어야 한다. 문제가 연결되지 않더라도 마지막 부분을 이해하면 글쓴이가 어떤 의도로 글을 썼는지가 파악되기 때문에 글을 이해하기가 쉬워진다.

PT팁 보기에 제시되는 힌트 어휘

보기에 제시된 힌트 어휘	힌트 어휘로 파악해야 하는 내용
三大幸事 세 가지 큰 행복한 일	세 가지 행복한 일이 구체적으로 설명되어야 한다.
成败 성공과 실패 → 양면사(긍정과 부정을 동시에 나타내는 어휘)	긍정의 '성공'과 부정의 '실패'를 함께 쓴 양면의 어휘이다. 전제나 결과는 양면적인 내용이어야 한다.
就 바로 → 부사로 앞에 나온 가정의 내용에 바로 일어나는 결과를 나타낼 때 쓰인다.	'如果(만약에)', '只要(하기만 하면)'와 같은 접속사와 연결되는 부사이다.
只需要…… 단지(오직) ~할 필요가 있다	'단지 ~할 필요가 있다'는 것은 부정의 내용을 '不需要(~할 필요 없다)'를 써서 설명할 가능성이 크다.
为了…… ~하기 위해 → 목적을 나타낸다.	보기가 '为了'로 시작한 전치사구라면, 뒤에는 마침표를 찍을 수 없다. 목적을 이루기 위해 하는 행동이 이어질 가능성이 크다.
更不要说…… 더욱 ~하지 마라	'更(더욱)'은 순접의 부사로 앞에 언급된 내용과 같은 맥락의 글이 이어지면서 진일보한 내용, 즉, 더 나아간 내용이 나오는 것이므로 앞에서도 '不要……(~하지 마라)'라는 내용이 나왔을 가능성이 크다.
但是 그러나 → 전환의 접속사이다.	'虽然(비록)'과 연결되는 접속사이고, 앞의 내용과는 역으로 이어지므로 전환의 내용이 이어져야 한다.
情况相反 상황이 반대이다	'情况相反'이 들어가는 부분을 기준으로 앞뒤 내용은 서로 반대가 되어야 한다.

예제

在现实生活中，你和谁在一起的确很重要，它甚至能改变你的成长轨迹，(1) _____。和什么样的人在一起，就会有什么样的人生。和勤奋的人在一起，你不会懒惰；和积极的人在一起，你不会消沉；与智者同行，你会不同凡响；与高人为伍，你能登上巅峰。

科学家研究认为："人是唯一能接受暗示的动物。" 积极的暗示，会对人的情绪和生理状态产生良好的影响，(2) _____，发挥人的超常水平，使人进取，催人奋进。

현실생활 속에서 당신이 누구와 함께 있는지는 확실히 매우 중요하고, 그것은 당신의 성장궤도를 바꾸고, (1) D 당신의 인생의 성공과 실패를 결정짓는다. 어떤 사람과 있는지가 어떤 인생을 살 수 있는지이다. 부지런한 사람과 함께 있으면 당신은 게을러지지 않을 것이고, 긍정적인 사람과 함께 있으면 당신은 의기소침하지 않을 것이며, 지혜로운 사람과 함께하면 당신은 평범해지지 않을 것이며, 명인과 동료가 되면 최고봉에 오를 수 있을 것이다.

과학자들은 연구에서 '사람은 유일하게 암시를 받는 동물이다.'라고 밝히며, 긍정적인 암시가 사람의 기분과 생리상태에 좋은 영향을 주고, (2) A 사람의 내재된 잠재능력을 불러일으키며, 사람의 뛰어난 수준을 발휘하게 하고, 사람이 진취적이게 하며, 사람이 용감하게 나아가도록 재촉하게 만든다고 했다.

远离消极的人吧！否则，(3) _____，使你渐渐颓废，变得平庸。积极的人像太阳，照到哪里哪里亮；消极的人像月亮，初一十五不一样。态度决定一切。有什么态度，就有什么样的未来；性格决定命运。有怎样的性格，就有怎样的人生。

有人说，(4) _____：上学时遇到好老师，工作时遇到一位好领导，成家时遇到一个好伴侣。有时他们一个甜美的笑容，一句温馨的问候，(5) _____。

A 激发人的内在潜能
B 他们会在不知不觉中偷走你的梦想
C 人生有三大幸事
D 决定你的人生成败
E 就能使你的人生与众不同，光彩照人

부정적인 사람을 멀리해라! 그렇지 않으면, (3) B 그들은 모르는 사이에 당신의 꿈을 훔쳐 달아날 것이고, 당신을 점점 망가뜨리고, 그저그렇게 만들 것이다. 긍정적인 사람은 태양과 같아서 어디든 밝게 비추고, 부정적인 사람은 달과 같아서 초하루부터 보름까지(처음부터 끝까지) 다 다르다. 태도는 모든 것을 결정한다. 어떤 태도가 있느냐가 어떤 미래를 가지게 한다. 성격은 운명을 결정한다. 어떤 성격을 가졌는지가 어떤 인생을 가지게 한다.

어떤 이는 (4) C 인생에는 세 개의 큰 행복한 일 — 학교 다닐 때 좋은 스승을 만나는 것, 일할 때 좋은 지도자를 만나는 것, 결혼했을 때 좋은 배우자를 만나는 것 — 이 있다고 했다. 어떤 때에는 그들의 달콤한 미소와 따뜻한 말 한 마디가 (5) E 당신의 인생이 남들과 다르고 빛나게 할 수 있다.

A 사람의 내재된 잠재 능력을 불러일으키다
B 그들은 모르는 사이에 당신의 꿈을 훔쳐 달아날 것이다
C 인생에는 세 개의 큰 행복한 일이 있다
D 당신의 인생의 성공과 실패를 결정짓는다
E 당신의 인생이 남들과 다르고 빛나게 할 수 있다

보기

1. A는 '潜能(잠재 능력)'을 불러일으킬 만한 주어를 찾는 것이 관건이다.
2. B에서 '他们偷走梦想(그들이 꿈을 훔쳐 달아난다)'이라고 했으므로 '그들'은 긍정적인 어휘를 대신한 것일리가 없다. '그들'을 대신할 만한 내용이 앞에서 나와야 한다.
3. C에서 '三大幸事(세 가지 행복한 일)'를 언급했으므로 앞뒤에 틀림없이 '세 가지 행복한 일'에 관한 설명이 있을 것이다.
4. D에서 '决定人生的成败(인생의 성공과 실패를 결정짓는다)'라고 했으므로 성공과 실패를 불러일으킬 만한 주어를 찾아야 한다. 주의할 것은 '성공(긍정)'과 '실패(부정)'를 결정지을 수 있어야 하기 때문에 양면의 개념이 다 나올 수 있는 주어여야 한다.
5. E에 부사 '就'가 있으므로 연결되는 접속사를 확인하고 내용상으로는 사역동사 '使(~하게 하다)'를 써서 '与众不同, 光彩照人(남들과 다르고, 빛이 나다)'이라고 했으므로 그럴 수 있는 주어를 찾는 것이 관건이다.

해설

1. 1번 앞의 '你和谁在一起的确很重要(당신이 누구와 함께 있는지가 확실히 중요하다)'라고 했으므로 여기서 당신은 좋은 사람이어서 좋은 결과를 낼 수도 있고 나쁜 사람이어서 나쁜 결과를 낼 수도 있으므로 D 决定人生的成败(인생의 성공과 실패를 결정짓는다)가 가장 적합하다.
2. 2번 앞뒤가 동사구의 나열이므로 2번 역시 동사구가 들어갈 수 있어 보기항 A, D, E가 유력하지만, 2번이 포함된 전체 문장의 주어는 '积极的暗示(긍정적인 암시)'로 긍정적인 어휘이므로 양면의 개념이 들어간 D는 답이 될 수 없고, 긍정적인 암시를 주어로 하여 동사구의 나열 중 가운데 비워진 부분이므로 '就'를 쓸 수 없기에 E도 정답이 되지 않는다. 어법과 내용상으로 적합한 것은 A 激发人的内在潜能(사람의 내재된 잠재능력을 불러일으키다)이 가장 적합하다.
3. 3번 앞에 '远离消极的人吧(부정적인 사람을 멀리해라!)'라는 내용이 있고 '否则(그렇지 않으면)'가 있으므로 뒤에는 부정적인 사람을 가까이했을 경우의 가정, 즉 부정적인 결과가 예측되어야 한다. 정답은 B 他们会在不知不觉中偷走你的梦想(그들은 모르는 사이에 당신의 꿈을 훔쳐 달아날 것이다)이다
4. 4번 뒤에 부연설명으로 '遇到(만나다)', '好老师(좋은 선생님)', '好领导(좋은 지도자)', '好伴侣(좋은 배우자)' 이렇게 세 가지의 좋은 일이 나열되었으므로 정답은 C이다.
5. 5번 앞은 '笑容(미소)'과 '问候(안부)'가 있는 명사구이다. 이것을 주어로 하는 술어구가 이어져야 하는데 E 就能使你的人生与众不同, 光彩照人(당신의 인생이 남들과 다르고 빛나게 할 수 있다)이 가장 어울린다. 또한, 이 글의 마지막 부분이므로 종합적인 결론에 가까운 보기 역시 E이다.

정답 1. D 2. A 3. B 4. C 5. E

실전 PT

> 풀기 전에 PT팁을 다시 한번 정리하고 확인하는 것이 좋다.

[1-5]

　　一个教授问他的学生：“为什么人生气时说话要用喊？”其中一个学生说：“因为我们丧失了冷静。”

　　“（1）_____，你还是用喊的，难道就不能小声地说吗？”教授又问。

　　学生们又七嘴八舌地说了一堆，但是没有一个答案是让教授满意的。最后教授解释说：“当两个人生气的时候，心的距离是很远的，（2）_____，所以必须用喊，但是在喊的同时人会更生气，距离就更远，距离更远就又要喊得更大声些……”

　　他接着继续说：“当两个人相恋时又会怎么样呢？（3）_____，不但不会用喊的，而且说话都很轻声细语，为什么？因为他们的心很近，心与心之间几乎没有距离，所以相恋中的两个人通常是耳语式的说话，但是心中的爱因而更深，到后来根本不需要言语，（4）_____，而那时心与心之间早已经没有距离了……”

　　最后教授作了一个总结：“当两个人争吵时，不要让心的距离变远，（5）_____，等过几天，等到心的距离近一些时，再好好地说吧。”

A　只需要用眼神就可以传情
B　为了能使对方在这么远的距离也能听见
C　更不要说些让心的距离更远的话
D　但是为什么别人就在你旁边
E　情况刚好相反

쓰기 ⑪ | 글 요약하기
요약 연습Ⅲ - 짧은 글 연습 (550자 → 250자 줄이기)

어휘 PT

학습시간 1 0 분

연습		문제	
迎头撞	yíngtóuzhuàng 정면으로 맞닥뜨리다	村庄	cūnzhuāng 명 마을
随口	suíkǒu 부 입에서 나오는 대로, 아무렇게나	秸秆	jiēgǎn 명 (농작물의) 줄기, 대
吩咐	fēnfù 동 분부하다, (말로) 시키다	柔韧性	róurènxìng 명 유연성
盒饭	héfàn 명 도시락	编织	biānzhī 동 엮다, 짜다, 뜨다
尽管	jǐnguǎn 접 비록 (= 虽然 suīrán)	遮阳帽	zhēyángmào 명 차양모자, 썬캡(sun cap)
随意	suíyì 부 마음대로, 내키는 대로	时髦	shímáo 형 유행이다, 최신식이다
责备	zébèi 동 탓하다, 꾸짖다 (* 受到责备 shòudào zébèi 질책 받다)	传播	chuánbō 동 전파하다
		值钱	zhíqián 형 값어치가 있다, 값지다
失落	shīluò 형 낙담하다, 풀이 죽다	传授	chuánshòu 동 전수하다
教训	jiàoxùn 명 교훈	承诺	chéngnuò 동 승낙하다, 약속하다
灵活	línghuó 형 융통성이 있다	成品	chéngpǐn 명 완성품, 완제품
助理	zhùlǐ 명 보좌관, 비서	错过	cuòguò 동 놓치다 (* 错过机会 cuòguò jīhuì 기회를 놓치다)
意识	yìshí 명 동 인식/인식하다		
推掉	tuīdiào 동 사양하다, 거절하다	摇头	yáotóu 동 고개를 가로젓다 [부정, 거부의 의미를 나타냄]
困境	kùnjìng 명 곤경, 궁지		
出任	chūrèn 동 (임무나 관직을) 맡다	转眼间	zhuǎnyǎnjiān 눈 깜짝할 새
客服部	kèfúbù 명 고객센터, 고객서비스 부서	荒	huāng 형 황량하다, 황폐하다
主管	zhǔguǎn 명 팀장	团团转	tuántuánzhuàn 동 쩔쩔매다, 허둥지둥하다
领导	lǐngdǎo 동 이끌다	争相	zhēngxiāng 부 서로 다투어
升职	shēngzhí 동 승진하다	劲儿	jìnr 명 힘, 기운 (* 费劲儿 fèijìnr 힘 쓰다)

❶ '让(사역)'을 사용해라!

'~하게 만드는' 내용, 또는 '~하게 시키는' 내용이나 감정을 조성하는 내용은 사역구문으로 정리하면 훨씬 더 간단하게 글을 요약할 수 있다.

> **예**
>
> 看了他给我留下的纸条后，我感动得热泪盈眶。
>
> 해석 그가 나에게 남긴 메모를 보고, 나는 눈물 흘릴 정도로 감동했다.
>
> Point → 他的纸条让我感动。 그의 메모는 나를 감동시켰다.

❷ 능동태로 표현해라!

그렇지만 수동태 표현은 한국어에서는 잘 쓰지 않기 때문에 중국어 수동태를 한국어로 암기하는 것은 번거로울 수 있으므로 수동태는 바로 능동태로 바꾸어 기억하면 써낼 때 훨씬 쉽게 요약할 수 있다.

> **예**
>
> 他被这些恶意中伤的话激怒了。
>
> 해석 그는 이런 악의적인 중상하는 말에 의해 분노를 불러일으키게 되었다.
>
> Point 1. → 这些恶意中伤的话激怒了他。 이런 악의적인 중상하는 말은 그를 분노하게 만들었다.
> 　　　 2. → 恶意中伤的话让他生气。 중상하는 말은 그를 화나게 만들었다.
> 　　　 3. 감정은 직설적인 간단한 표현이나 사역으로 요약하는 것이 좋다.

❸ 시간의 흐름을 기억해라!

단락은 꼭 지키지 않아도 되기 때문에 단락의 개수보다 시간의 흐름을 나타내는 어휘를 기억해서 시간별로 핵심내용을 기억하는 것이 효율적이다.

 표현 바꾸기 기술 ⑥

원문의 표현	바꾼 표현
老板微笑着随口吩咐："你能不能帮我订一份盒饭，或者让王主任回来时帮我带一份？" 사장은 미소를 띠며 "도시락 하나만 주문해 주거나, 왕 주임에게 돌아올 때 사 들고 돌아오라고 전해줄 수 있겠어요?"라고 아무렇게나 지시했다.	老板让他替自己订一份盒饭，或让王主任带来一份。 사장은 그가 자신을 대신해 도시락을 주문하거나, 왕 주임에게 사오라고 시켰다.
不知道怎么办，红着脸告诉老板。 어찌할 바를 몰라 얼굴을 붉힌 채, 사장에게 알렸다.	只好红着脸告诉老板。 어쩔 수 없이 얼굴을 붉힌 채 사장에게 알렸다.

没有受到老板的责备。(→ 수동태) 사장의 질책을 받지 않았다.	→	老板没责备他。(→ 능동태) 사장은 그를 질책하지 않았다.
给了他深刻的教训，…… 그에게 ~라는 깊은 교훈을 주었다	→	他明白了…… 그는 ~을 깨달았다
他回答老板说："……。" (→ 직접화법) 그는 사장에게 대답했다. "……."	→	他告诉老板，…… (→ 간접화법) 그는 ~라고 사장에게 알렸다
这里有小张、小王还有我。 여기 샤오짱과 샤오왕 그리고 제가 있습니다.	→	还有自己和其他人在。 자신과 다른 사람이 있다.
他工作三年 그가 일한 지 3년(째 되던 해)	→	三年后 3년 후
有一天老板找他谈话，希望他出任客服部主管。 하루는 사장이 그를 찾아 고객센터의 팀장을 맡아 주었으면 좋겠다고 말했다.	→	一天，老板让他出任客服部主管。 하루는 사장이 그가 고객센터 팀장을 맡아달라고 했다.

 250자로 요약하기

　　他初入职场，对一切都感到新鲜、陌生。一天中午，他刚吃完饭，就迎头撞上老板。老板微笑着随口吩咐："你能不能帮我订一份盒饭，或者让王主任回来时帮我带一份？"这是老板给他的第一个任务，尽管有几分随意。他既紧张又兴奋，他给快餐店打电话，盒饭已经卖完了。王主任出去吃饭，没有带手机，他也一直联系不上。

　　他紧张极了，不知道怎么办，红着脸告诉老板没有订到盒饭也没有联系到王主任。虽然没有受到老板的责备，但是他心里很失落。这件事给了他深刻的教训。如果他灵活一点，帮老板买到一份盒饭并不是什么难事。

　　不久，他又遇到一件事。老板打电话来找李助理。他回答老板说："李助理还没有回来。"但他意识到自己不应该这样随口就推掉老板的问题，于是接着说："我马上让她联系您。"老板说："我有急事，别人也可以。"他立即问道："这里有小张、小王还有我，您需要哪一位？"这样，老板的问题解决了。

　　他工作三年，渐渐变得和别人不同。因为他接电话和别的同事是不同的。"没有""不清楚""不知道"不再是他的常用语，他会给对方提供更多的选择和更多的信息，而不是把所有的时间浪费在一个无法解决的困境中。

　　他就这样一点一点变得不同。他总是比别人多做一点，哪怕只是多说几句话，但是他总能够及时地解决问题。有一天老板找他谈话，希望他出任客服部主管，因为他接电话的方式让老板相信他可以领导好一个客服部。他成功升职。

요약

STEP 1 첫 번째 단락 요약

他初入职场，对一切都感到新鲜、陌生。一天中午，他刚吃完饭，就迎头撞上老板。老板微笑着随口吩咐："你能不能帮我订一份盒饭，或者让王主任回来时帮我带一份？"这是老板给他的第一个任务，尽管有几分随意。他既紧张又兴奋，他给快餐店打电话，盒饭已经卖完了。王主任出去吃饭，没有带手机，他也一直联系不上。

그는 처음에 직장에 들어가서는 모든 것이 신선하고, 낯설었다. 어느 날 점심에, 그는 막 밥을 다 먹고는 사장과 정면으로 마주쳤다. 사장은 미소를 띠며 "도시락 하나만 주문해주거나, 왕 주임에게 돌아올 때 사 들고 돌아오라고 할 수 있겠어요?"라고 아무렇게나 지시했다. 이것은 비록 좀 정식적이지는 않았지만 사장이 그에게 준 첫 번째 임무였다. 그는 긴장되고 흥분되었다. 그가 패스트푸드점에 전화를 걸었는데, 도시락은 이미 다 팔렸고, 왕 주임은 밥 먹으러 나갔는데 휴대전화를 들고 가지 않아서 그 역시 계속 연락이 되지 않았다.

→ 他初入职场，对一切感到新鲜、陌生。一天中午，他遇到老板。老板让他替自己订一份盒饭，或让王主任带来一份。因为这是老板给他的第一个任务，他又紧张又兴奋。但快餐店却说盒饭卖完了，而且他联系不上王主任。

그는 처음에 직장에 들어가서는 모든 것이 신선하고, 낯설었다. 어느 날 점심에, 그는 사장과 마주쳤다. 사장은 그가 자신을 대신해 도시락을 주문하거나, 왕 주임에게 사오라고 시켰다. 이것이 사장이 그에게 처음 준 임무였기 때문에 그는 긴장되고 흥분되었지만, 패스트푸드점은 도시락이 다 팔렸다고 말했고, 게다가 그는 왕 주임과도 연락이 되지 않았다.

STEP 2 두 번째 단락 요약

他紧张极了，不知道怎么办，红着脸告诉老板没有订到盒饭也没有联系到王主任。虽然没有受到老板的责备，但是他心里很失落。这件事给予他深刻的教训。如果他灵活一点，帮老板买到一份盒饭并不是什么难事。

그는 매우 긴장되었고, 어찌할 바를 몰라 얼굴을 붉힌 채, 사장에게 도시락을 주문해주지도 못했고, 왕 주임과도 연락이 되지 않았다라고 알렸다. 비록 사장의 질책을 받지는 않았지만, 그는 마음이 의기소침해졌다. 이 일은 그에게 깊은 교훈을 주었다. 만약에 그가 조금만 더 융통성이 있었다면 사장을 도와 도시락을 사오는 일은 그렇게 어려운 일이 아니었을 것이다.

→ 他只好红着脸告诉了老板。老板没责备他，但他很失落，明白了自己要灵活一点。

그는 어쩔 수 없이 얼굴을 붉히며 사장에게 알렸다. 사장은 그를 꾸짖지 않았지만, 그는 의기소침해졌고, 자신이 좀 더 융통성이 있어야 했다는 것을 깨달았다.

STEP 3 　세 번째 단락 요약

不久，他又遇到一件事。老板打电话来找李助理。他回答老板说："李助理还没有回来。"但他意识到自己不应该这样随口就推掉老板的问题，于是接着说："我马上让她联系您。"老板说："我有急事，别人也可以。"他立即问道："这里有小张、小王还有我，您需要哪一位？"这样，老板的问题解决了。

얼마 되지 않아서, 그는 또 하나의 일을 맞닥뜨렸다. 사장이 전화를 걸어 리 비서를 찾았다. 그는 사장에게 "리 비서는 돌아오지 않았습니다."라고 말했다. 하지만 그는 자신이 이렇게 사장의 문제를 아무렇게나 넘겨버려서는 안 된다는 것을 인식했고, 이어서 말했다. "제가 바로 그녀에게 연락을 드리라고 하겠습니다." 사장은 "급한 일이 있어서 그러는데, 다른 사람도 됩니다."라고 말했고, 그는 즉시 "여기 샤오짱과 샤오왕, 그리고 제가 있는데 누가 필요하십니까?"라고 물었다. 이렇게 해서 사장의 문제는 해결되었다.

→ 不久，老板打电话来找李助理。他告诉老板，李助理没回来，但还有自己和其他人在。这样，老板的问题解决了。

얼마 되지 않아서 사장은 전화를 걸어 리 비서를 찾았다. 그는 사장에게 리 비서는 돌아오지 않았지만, 자신과 다른 사람이 있다고 알렸다. 이렇게 해서 사장의 문제는 해결되었다.

STEP 4 　네 번째 단락 요약

他工作三年，渐渐变得和别人不同。因为他接电话和别的同事是不同的。"没有""不清楚""不知道"不再是他的常用语，他会给对方提供更多的选择和更多的信息，而不是把所有的时间浪费在一个无法解决的困境中。

그가 일한 지 3년이 되었고, 점점 다른 사람과는 달라졌다. 그는 전화를 받는 것이 다른 동료와 달랐다. '없습니다', '잘 모르겠습니다', '모릅니다'는 더 이상 그가 자주하는 말이 아니었기 때문에 그는 상대방에게 더 많은 선택과 더 많은 정보를 주게 되었고, 모든 시간을 해결할 수 없는 곤경에 허비하지 않았다.

→ 三年后，他变得和别人不同。接电话时，也给对方更多的选择和信息，不把时间浪费在困境中。

3년 후에 그는 다른 사람과 달라졌다. 전화를 받을 때, 상대방에게 더 많은 선택과 정보를 주었고, 시간을 곤경에 허비하지 않았다.

STEP 5 　다섯 번째 단락 요약

他就这样一点一点变得不同。他总是比别人多做一点，哪怕只是多说几句话，但是他总能够及时地解决问题。有一天老板找他谈话，希望他出任客服部主管，因为他接电话的方式让老板相信他可以领导好一个客服部。他成功升职。

그는 이렇게 조금씩 조금씩 달라졌다. 그는 늘 다른 사람보다 조금 더 행동했고, 설령 겨우 몇 마디 더 말을 한 것일 뿐이더라도, 그는 늘 제때에 문제를 해결했다. 어느 날 사장은 그를 찾아 고객센터의 팀장을 맡아주면 좋겠다고 말했다. 그가 전화를 받는 방식이 사장이 그가 고객센터를 잘 이끌 것이라고 믿게 만들었기 때문이었다. 그는 성공적으로 승진했다.

→ 他总能多做一点，及时解决问题。一天，老板让他出任客服部主管，因为他的接电话方式。他成功升职了。

그는 늘 좀 더 행동했고, 제때에 문제를 해결했다. 하루는 사장이 그에게 고객센터 팀장을 맡아 달라고 했는데, 그의 전화받는 방식 때문이었다. 그는 성공적으로 승진했다.

STEP 6 > 제목 정하기

多做一点 좀 더 행동해라

Point
1. 주인공이 어떻게 성공적으로 승진했는지에 집중해야 한다.
2. 내용상 언급된 어휘 중에 가장 핵심어휘는 '灵活(융통성 발휘하다)'와 '多做(더하다)'이다.
3. '灵活一点(융통성을 좀 발휘해라)' 또는 '多做一点(좀 더 행동해라)'이 적합하다.

핵심어휘 初入职场 처음에 직장에 들어가다 | 陌生 낯설다 | 一天 어느 날 | 老板 사장 | 吩咐 분부하다 | 失落 의기소침해지다 | 教训 교훈 | 灵活 융통성을 보이다 | 打电话 전화 걸다 | 解决 해결하다 | 三年 3년 | 不同 다르다 | 选择 선택 | 信息 정보 | 多做 더 행동하다 | 出任 관직을 맡다 | 升职 승진하다

요약개요 처음 – 그는 직장에 처음 들어가서 모든 것이 낯섦 / 어느 날 사장과 마추침 / 사장이 도시락을 주문해주거나 왕 주임에게 사오라고 하라고 분부함 / 도시락은 다 팔리고 왕 주임은 연락이 안 됨
가운데 – 그는 의기소침해지고 융통성이 있어야 한다는 것을 깨달음 / 얼마 되지 않아, 사장이 리 비서를 전화로 찾음 / 리 비서는 없으나 자신과 다른 사람이 있다고 전해 문제를 해결함 / 3년 후에, 그는 다른 사람들과 다르게 전화를 받으면 상대의 시간을 낭비하지 않게 함
끝 – 그는 늘 다른 사람보다 더 행동함 / 사장은 그에게 고객센터 팀장을 맡게 함 / 그는 성공적으로 승진함

모범요약

多做一点

他初入职场，对一切感到新鲜、陌生。一天中午，他遇到老板。老板让他替自己订一份盒饭，或让王主任带来一份。因为这是老板给他的第一个任务，他又紧张又兴奋。但快餐店却说盒饭卖完了，而且他联系不上王主任。

他只好红着脸告诉了老板。老板没责备他，但他很失落，明白了自己要灵活一点。

不久，老板打电话来找李助理。他告诉老板，李助理没回来，但还有自己和其他人在。这样，老板的问题解决了。

三年后，他变得和别人不同。接电话时，也给对方更多的选择和信息，不把时间浪费在困境中。

他总能多做一点，及时解决问题。一天，老板让他出任客服部主管，因为他的接电话方式。他成功升职了。

좀 더 행동해라

그는 처음에 직장에 들어가서는 모든 것이 신선하고, 낯설었다. 어느 날 점심에, 그는 사장과 마주쳤다. 사장은 그가 자신을 대신해 도시락을 주문하거나, 왕 주임에게 사오라고 시켰다. 이것이 사장이 그에게 처음 준 임무였기 때문에 그는 긴장되고 흥분되었지만, 패스트푸드점은 도시락이 다 팔렸다고 말했고, 게다가 그는 왕 주임과도 연락이 되지 않았다.

그는 어쩔 수 없이 얼굴을 붉히며 사장에게 알렸다. 사장은 그를 꾸짖지 않았지만, 그는 의기소침해졌고, 자신이 좀 더 융통성이 있어야 했다는 것을 깨달았다.

얼마 되지 않아서 사장은 전화를 걸어 리 비서를 찾았다. 그는 사장에게 리 비서는 돌아오지 않았지만, 자신과 다른 사람이 있다고 알렸다. 이렇게 해서 사장의 문제는 해결되었다.

3년 후에 그는 다른 사람과 달라졌다. 전화를 받을 때, 상대방에게 더 많은 선택과 정보를 주었고, 시간을 곤경에 허비하지 않았다.

그는 늘 좀 더 행동했고, 제때에 문제를 해결했다. 하루는 사장이 그에게 고객센터 팀장을 맡아달라고 했는데, 그의 전화받는 방식 때문이었다. 그는 성공적으로 승진했다.

> 아래 글을 250자로 요약하여 원고지에 써보자! 암기가 아니라 속독으로 내용의 줄거리를 기억하는 연습을 충분히 한 후 원고지에 요약하자.

문제

　　一年秋天，有位商人来到一个村庄看望亲戚。他意外地发现，当地的玉米秸秆柔韧性很强，特别适合编织一种遮阳帽。这种帽子看上去很时髦，在市场上很受欢迎。

　　这个好消息立刻在村里传播开来。原本不值钱的秸秆突然成了宝贝，大家都有些不敢相信。不久，商人请来技术人员向大家传授了遮阳帽的编制方法，并承诺高价购买所有成品。于是，从这年秋天一直到第二年夏天，几乎全村的人都忙着编帽子，家家都赚到了钱。然而，有一户人家却没有加入到编织遮阳帽的队伍中，他们每天跑去山里干活儿。有人劝他们不要错过发财的机会，他们总是摇头拒绝。

　　转眼间，秋天又来了。村里人突然发现了一个严重的问题：因为只顾着编帽子，没人去种玉米，不少地都荒了，原来存的秸秆也用完了，没法再继续编织遮阳帽了。

　　就在大家急得团团转时，有人发现那一家人不知从什么时候开始已经在远处的荒山上种满了玉米。村里人只好争相去买他们的秸秆。就这样，那家人没费多大劲儿，就赚了很多钱。

　　当他人追求眼前的利益时，有智慧和远见的人却把目光放到了将来。

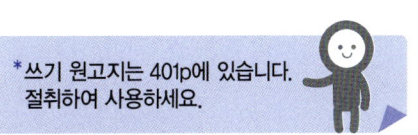

 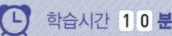

1 两成 2할(= 20%)

只有约两成的孩子认为，考试取得好成绩或在竞赛中得奖是最值得开心的事。
단지 20%의 아이들만이 시험에서 좋은 성적을 거두거나 시합에서 상을 받는 것이 가장 즐거워할 가치가 있는 일이라고 여겼다.

2 A 取决于 B A는 B에 의해 결정된다

他们的童年快乐与否，常常取决于与同学的关系如何。
그들의 어린 시절이 즐거웠는가의 여부는 대체로 학교친구들과의 관계가 어떠했는지에 의해 결정된다.

3 大有人在 그와 같은 사람이 많다

中途放弃而导致失败的人大有人在。 도중에 포기해서 실패하는 그와 같은 사람이 많다.

4 透过 A, 동사구 A를 통해, ~하다

透过积极向上的肢体动作，给自己积极的心理暗示。
적극적이고 진취적인 몸짓을 통해, 자신에게 적극적인 심리적 암시를 준다.

5 激起千层浪 수많은 물결을 일게 하다 (= 큰 반응을 불러일으키다)

某人随口一句无心的话，却在另一个人心中激起了千层浪。
누군가가 아무렇게나 무심코 꺼낸 말이 오히려 다른 이의 마음속에서는 큰 반응을 불러일으킨다.

6 A 否则 B A해라, 그렇지 않으면, B한다

远离消极的人吧！否则，他们会在不知不觉中偷走你的梦想。
부정적인 사람을 멀리해라! 그렇지 않으면, 그들은 모르는 사이에 당신의 꿈을 훔쳐 달아날 것이다.

7 주어 + 使 A …… 주어는 A가 ~하게 한다

有时他们一个甜美的笑容，一句温馨的问候，就能使你的人生与众不同，光彩照人。
어떤 때에는 그들의 달콤한 미소, 따뜻한 안부가 당신의 인생을 남다르고 빛나게 할 수 있다.

8 耽误……的时间 ~한 시간을 지체시키다

实在对不起，由于我的疏忽，耽误了您吃药的时间。
제 부주의로 인해 당신의 약 먹는 시간을 지체시켜 정말 죄송합니다.

9 何必…… 구태여 ~할 필요가 있는가? (= 구태여 ~할 필요 없다)

何必计较这点小小的失误呢？ 구태여 이런 작은 실수를 문제 삼을 필요 있는가?

듣기 제3부분 ❸ | 녹음을 듣고 보기에서 정답 고르기
이야기 글 - 6하원칙을 쫓아라!

어휘 PT   Track 12-1   학습시간 10분

예제 1-4

沿海	yánhǎi	명	바닷가
批发	pīfā	동	도매하다
收购	shōugòu	동	사들이다, 매입하다
懒惰	lǎnduò	형	게으르다
解雇	jiěgù	동	해고하다
酗酒	xùjiǔ	동	술주정하다

承包 chéngbāo 동 도맡다
贴 tiē 동 붙이다
狂风大作 kuángfēng dàzuò 세찬 바람이 불다
不紧不慢 bùjǐn búmàn 너무 서두르지도 않고 여유 부리지도 않다
当场 dāngchǎng 부 당장, 즉석에서
强压 qiángyā 동 억누르다 (* 强压怒气 qiángyā nùqì 화를 참다)
防水布 fángshuǐbù 명 방수포 (방수되는 천)
棚 péng 명 (천)막, 우리
笼 lóng 명 바구니, 장
未雨绸缪 wèiyǔ chóumóu 성 사전에 준비하다
应对 yìngduì 동 대처하다

문제 1-3

射箭 shèjiàn 동 활 쏘다
箭杆 jiàngǎn 명 화살대
折断 zhéduàn 동 꺾다, 부러뜨리다
花纹 huāwén 명 무늬와 도안
厌恶 yànwù 동 혐오하다, 몹시 싫어하다
草率 cǎoshuài 형 대강하다, 건성으로 하다
(↔ 郑重 zhèngzhòng 정중하다)

将军 jiāngjūn 명 장군, 장교
精于 jīngyú 동 ~에 정통하다
破碎 pòsuì 동 산산조각이 나다
损伤 sǔnshāng 동 손상되다 (* 受到损伤 shòudào sǔnshāng 손상을 입다)

문제 4-6

陶罐 táoguàn 명 단지(작은 항아리)
烹饪 pēngrèn 동 요리하다
鱼钩 yúgōu 명 낚싯바늘
愈合 yùhé 동 (상처가) 아물다
股骨 gǔgǔ 명 대퇴골
茫然 mángrán 형 망연하다, 멍하다
不以为然 bùyǐ wéirán 성 그렇게 여기지 않다
议论纷纷 yìlùn fēnfēn 성 의견이 분분하다
奉献 fèngxiàn 동 봉사하다, 기여하다
怜悯 liánmǐn 동 연민하다, 가엾게 여기다

发掘 fājué 동 발굴하다
遗址 yízhǐ 명 유적지
迷茫 mímáng 형 (표정·기색이) 멍하다 (* 一脸迷茫 yīliǎn mímáng 멍한 얼굴이 되다)
野蛮 yěmán 형 미개하다, 야만적이다
奉行 fèngxíng 동 명령을 받들어 수행하다
优胜劣汰 yōushèng liètài 성 우승열패, 강자가 이기고 약자는 도태된다
丛林守则 cónglín shǒuzé 밀림의 수칙
照料 zhàoliào 동 돌보다, 보살피다
意味深长 yìwèi shēncháng 성 의미심장하다
标志 biāozhì 명 상징 동 명시하다, 상징하다

① 주인공의 정보를 파악해라!

이야기 글은 주인공이 존재하고, 그 주인공의 감정상태, 신분, 별명, 성격 등의 정보가 문제로 연결되는 경우가 많다. 평소에 주인공의 정보를 파악하는 습관을 길러야 한다.

② 세부내용은 보기를 통해 점검해라!

이야기 글의 핵심은 6하원칙, 즉, '누가', '언제', '어디서', '무엇을', '어떻게', '왜'이지만 그것을 다 기억하기란 어렵다. 보기를 먼저 파악하여 어떤 세부 내용이 나올지 미리 예측해 두어야 한다.

> **예**
>
> A 非常勇敢　　B 棋艺高明　　C 厌恶战争　　D 做事草率
>
> 해석 A 매우 용감하다 / B 기예가 뛰어나다 / C 전쟁을 몹시 싫어한다 / D 일을 대충한다
>
> Point 보기의 어휘가 모두 사람에 대한 정보이므로, 보기를 먼저 파악함으로써 등장인물 즉, 주인공에 대한 묘사나 설명에 집중하면 필요한 부분만 들어도 되기 때문에 정답 접근이 훨씬 쉽다.

③ 교훈은 마지막에 나온다!

이야기 글의 마지막 문제는 교훈을 묻는 경우가 많다. 이야기와 상관없이 화자가 따로 마지막에 언급하거나 이야기 말미 부분에 주인공의 말을 통해 교훈을 언급하므로 마지막까지 집중해서 들어야 한다.

> **예**
>
> 梅兰芳认真地回答："对小失误的放纵，就是对自己人格的放纵，最终必酿成大祸。"
>
> 해석 메이란팡은 진지하게 대답했다. "작은 실수를 방종하는 것은 바로 자신의 인격에 대한 방종이고, 결국엔 틀림없이 큰 화를 초래하게 될 것입니다."
>
> Point 1. 작은 실수를 방종하는 것은 큰 화를 초래한다고 했으므로 화를 초래하지 않기 위해서는 작은 실수도 그냥 넘어가서는 안 된다는 것을 말한다.
> 2. 주제는 '不能忽视小失误(작은 실수를 소홀히 해서는 안 된다)'이다.

④ 이야기 글의 문제유형을 알아두자!

다음의 이야기 글의 문제유형을 알아두면 문제를 파악하고 정답을 찾기 쉽다.

● 이야기 글 문제유형 ○ Track 12-2

听完 A 后，大家(村里人/朋友们)有什么反应? A를 듣고 나서, 모두(마을사람/친구들)는 무슨 반응이 있었는가? **大家怎么看待 A?** 모두 A를 어떻게 보았는가?	주인공뿐만 아니라 등장하는 사람들의 반응을 묻는 문제도 자주 출제된다. 주로 처음 발생한 일이나 주인공의 행동에 대한 반응을 묻는 경우가 많다.
A 为什么 B? A는 왜 B했는가?	원인을 묻는 문제로 '因为/由于(~때문에)'가 출현하는 부분에 주목해야 한다.
A 时，发生了什么? A할 때, 무엇이 발생했는가? **A 遇到了什么困难/事情?** A는 어떤 어려움/일을 맞닥뜨렸는가?	전체적인 이야기의 핵심사건을 묻는 문제로 이야기에서 어떤 일이 벌어졌는지에 집중해야 한다.
A 对什么感到(감정)? A는 무엇에 대해 ~(감정)을 느꼈는가?	빈출 감정어휘 '吃惊 = 惊讶(놀람)', '遗憾(유감)', '高兴(기쁨)', '疑惑(의혹)'에 관해 묻는 경우가 많다.
一开始/起初 A 觉得怎么样? 처음에 A는 어떻다고 여겼는가?	등장인물의 감정 변화가 있었을 경우 처음의 감정을 묻는 경우가 많다. 어휘 '一开始/起初(처음에)'에 주목해야 한다.
关于 A，下列哪项正确? A에 관해, 아래에 어느 항이 정확한가?	등장인물, 사물, 사건 등의 정보를 묻는 문제로 보기를 먼저 파악하고 언급되는 것을 체크해야 한다.
A 擅长什么? A는 무엇을 잘하는가?	주인공에 관한 정보는 꼭 문제로 연결되지 않더라도 듣는 연습을 충실히 해두어야 한다.
这段话，主要想告诉我们什么? 이 글은 우리에게 무엇을 말하고자 하는가?	이야기의 교훈(시사하는 바)을 묻는 문제로 주로 해당 지문의 마지막 문제에 출제된다. 이야기를 파악해 정답을 고르는 경우가 있지만 대부분 마지막에 언급한 내용이 답이 된다.

 예제 1-4  Track 12-3

1. A 一个小岛上 B 沿海地带 C 高原上 D 草原上	1. A 하나의 작은 섬에 B 바닷가 지역 C 고원에 D 초원에

보기 | 전체 보기가 위치를 나타내고 있으므로 지역에 관한 문제임을 알 수 있다.

2. A 批发农产品 B 收购干草 C 出租房屋 D 招聘工人	2. A 농산품 도매 B 건초 매입 C 집 임대 D 일꾼 구인

보기 | A의 '农产品(농산품)', B의 '干草(건초)', C의 '工人(일꾼)' 등으로 농사와 관련된 이야기임을 알 수 있다.

3. A 并不懒惰 B 被解雇了 C 经常酗酒 D 特别勇敢	3. A 결코 게으르지 않다 B 해고되었다 C 자주 술주정한다 D 매우 용감하다

보기 | 1. A의 '不懒惰(게으르지 않다)'와 D의 '勇敢(용감하다)'으로 인물에 관한 정보를 묻는 문제임을 알 수 있다.
2. C의 '酗酒'는 '술주정하다'는 의미이다.

4. A 要提前做好准备 B 做事要竭尽全力 C 要以诚待人 D 要谦虚	4. A 미리 준비를 잘 해야 한다 B 일을 할 때에는 전력을 다해야 한다 C 정직함으로 사람을 대해야 한다 D 겸손해야 한다

보기 | 보기에 모두 '要(해야 한다)'가 있는 것으로 보아 이 이야기 글의 교훈이나 시사하는 바에 관한 문제임을 알 수 있다.

1.B 一位农场主在沿海地区承包了一个农场，2.D 他贴了一张雇佣工人的广告。可一直没有人来应聘。直到有一天，一个又矮又瘦的中年人来到了农场。"你会是一个好帮手吗？"农场主问他。"这么说吧，即使暴风雨来了，我都能睡着。"中年人回答。农场主听后有些失望，觉得这个中年人太懒惰。不过，他还是雇佣了这个中年人。因为，他太需要人手了。不久后的一天晚上，狂风大作。农场主赶紧跳下床，急急忙忙地跑到中年人的屋里。大叫道："快起来！暴风雨要来了。"中年人不紧不慢地翻了个身，对农场主说："先生，我告诉过你，当暴风雨来的时候，我都能睡得着。"农场主被他的回答气坏了，3.B 真想当场就把他解雇了。他强压着怒气跑到农场准备自己收拾。可令他吃惊的是：干草早已被盖上了防水布；牛在棚里；鸡在笼中；房间门窗紧闭。农场主这才明白中年人当初说的话是什么意思。3.A 中年人之所以能睡得着，是因为他提前为农场能安全度过暴风雨，做足了准备。4.A 只有未雨绸缪，才能更好地应对风险。

1.B 한 농장주가 바닷가에서 농장 하나를 도맡고 있었는데, 2.D 그는 일꾼 고용광고를 한 장 붙였었다. 그러나 줄곧 지원하러 오는 사람이 없었다. 어느 날, 한 키가 작고 마른 중년이 농장에 왔다. "당신은 좋은 조수가 될 수 있나요?" 농장주가 그에게 물었다. "이렇게 말하죠. 설령 폭풍우가 오더라도, 저는 잠잘 수 있어요."라고 중년이 대답했다. 농장주는 듣고 나서 이 중년은 너무 게으르게 느껴져 조금 실망했다. 그러나 그는 그래도 이 중년을 고용했다. 왜냐하면 그는 일손이 너무 필요했기 때문이다. 그로부터 얼마 지나지 않은 어느 날 저녁에, 거친 바람이 불었다. 농장주는 서둘러 침대에서 내려와 얼른 중년의 방으로 갔다. "빨리 일어나요! 폭풍우가 와요."라고 소리쳤다. 중년은 빠르지도 느리지도 않게 몸을 돌리며 농장주에게 말했다. "선생님, 제가 폭풍우가 와도 저는 잠을 잘 수 있다고 말씀드렸잖아요." 농장주는 그의 대답에 화가 나서, 3.B 당장 그를 해고하고 싶었다. 그는 화를 억누르며 농장으로 달려가 직접 치울 준비를 했다. 그러나 그를 놀라게 한 것은, 건초는 이미 방수포로 덮여 있었고, 소들은 천막 안에 있었고, 닭들은 닭장에 있었고, 문과 창이 모두 꽉 닫혀 있었던 것이다. 농장주는 그제서야 중년이 당초에 한 말이 무슨 뜻인지 이해했다. 3.A 중년이 잘 수 있었던 것은 미리 농장이 안전하게 폭풍우를 넘길 수 있게 하기 위해, 준비를 충분히 했기 때문이었다. 4.A 미리 준비해두어야만, 위험에 더욱 잘 대처할 수 있다.

1. 农场主承包的农场位于哪儿？
2. 那个广告是关于什么的？
3. 关于中年人，下列哪项正确？
4. 这段话，主要想告诉我们什么？

1. 농장주가 도맡은 농장은 어디에 위치하는가?
2. 그 광고는 무엇에 관한 것인가?
3. 중년에 관해, 아래의 어느 항이 정확한가?
4. 이 글은 우리에게 무엇을 말하고자 하는가?

Point

1. 도입부의 '一位农场主在沿海地区承包了一个农场，他贴了一张雇佣工人的广告(한 농장주가 바닷가에서 농장 하나를 도맡고 있었는데, 그는 일꾼 고용광고를 한 장 붙였었다)'에서 농장주가 사람을 구하는 이야기임을 알 수 있고, 먼저 파악해 두었던 보기를 떠올리면 인물에 관한 문제는 농장주 아니면 고용한 일꾼에 관한 것으로 추측할 수 있다.

2. 마지막 문장의 '只有A才能B(A를 해야만, B한다)'는 사설 글이나 이야기 글의 마지막 부분에서 많이 쓰는 표현이다. '只有'에 이어지는 내용이 반드시 해야 하는 조건이므로 좀 더 집중해야 한다.

해설

1. 시작 부분의 '一位农场主在沿海地区承包了一个农场，他贴了一张雇佣工人的广告(한 농장주가 바닷가에서 농장 하나를 도맡고 있었는데, 그는 일꾼 고용광고를 한 장 붙였었다)'에서 1번의 정답은 B 沿海地带(바닷가 지역)이고, '雇佣工人'은 '招聘工人'과 같은 뜻이므로, 2번의 정답은 D 招聘工人(일꾼 구인)이다.

2. 3번은 '中年人之所以能睡得着，是因为他提前为农场能安全度过暴风雨，做足了准备(중년이 잘 수 있었던 것은 미리 농장이 안전하게 폭풍우를 넘길 수 있게 하기 위해, 준비를 충분히 했기 때문이었다)'에서 중년이 계속해서 잔 것은 농장주가 처음 생각한 것처럼 게으른 것이 아니라, 미리 준비해두었기 때문에 할 일이 없어서이므로 중년은 결코 게으르지 않다고 한 A 并不懒惰가 정답이다. 해고는 하고 싶었던 거지 실제로 한 것이 아니기 때문에 B 被解雇了(해고되었다)는 정답이 될 수 없다.

3. 4번은 마지막 부분의 '只有未雨绸缪，才能更好地应对风险(미리 준비해두어야만, 위험에 더욱 잘 대처할 수 있다)'만으로도 정답을 찾을 수 있지만, 앞서 풀었던 문제를 떠올린다면 중년에게서 본받을 점은 미리 준비를 하는 것임을 알 수 있다. 따라서 정답은 A 要提前做好准备(미리 준비를 잘 해야 한다)가 될 수밖에 없다.

정답 1. B 2. D 3. A 4. A

실전 PT Track 12-4

> 보기 파악이 관건이므로 문제와 문제 사이 시간 간격이 있을 때마다 보기를 확인해 두는 것이 좋다.

[1 - 3]

문제 1
A 射箭
B 钓鱼
C 写诗
D 画虎

문제 2
A 老虎跑了
B 箭杆折断了
C 箭射入石头中
D 石头上有花纹

문제 3
A 非常勇敢
B 棋艺高明
C 厌恶战争
D 做事草率

[4 - 6]

문제 4
A 研究陶罐的年代
B 看是否有烹饪工具
C 观察鱼钩的形状
D 看是否有大量愈合的股骨

문제 5
A 鼓掌赞同
B 非常茫然
C 不以为然
D 议论纷纷

문제 6
A 有奉献精神
B 文字的使用
C 懂得怜悯
D 分工明确

독해 제3부분 ❷ | 밑줄에 적절한 문장 넣기
이야기 글 – 사건의 흐름을 따라라!

어휘 PT

학습시간 1 0 분

예제 1-5

干旱 gānhàn 형 가물다, 건조하다
湖泊 húpō 명 호수
灌溉 guàngài 동 관개하다 (* 灌溉庄稼 guàngài zhuāngjia 농작물에 물을 대다)
水井 shuǐjǐng 명 우물
时常 shícháng 부 늘, 자주
专门 zhuānmén 부 전문적으로, 오로지, 일부러
提水 tíshuǐ 동 물을 끌어올리다
掐头去尾 qiātóu qùwěi 성 거두절미하다, 중요하지 않은 부분 혹은 앞뒤를 제거하다
挖出 wāchū 파내다
国君 guójūn 명 국왕
惊动 jīngdòng 동 놀라게 하다
派 pài 동 (사람을) 보내다, 파견하다
询问 xúnwèn 동 알아보다, 물어보다
地头 dìtóu 명 논밭의 가장자리, 논두렁
凡事 fánshì 명 모든 일
流言蜚语 liúyán fēiyǔ 성 유언비어, 근거 없는 소문

查明 chámíng 동 조사하여 밝히다
取水 qǔshuǐ 물을 얻다, 취수하다
纷纷 fēnfēn 부 쉴 새 없이 / 형 분분하다
道喜 dàoxǐ 동 축하하다
疲惫 píbèi 형 몹시 피곤하다

문제 1-5

篆刻 zhuànkè 명 전각 [인장을 제작하는 예술]
无一不通 wúyí bùtōng 정통하지 않은 것이 없다, 모두 능통하다
擅长 shàncháng 동 뛰어나다, 잘 하다 (= 善于 shànyú)
享有声誉 xiǎngyǒu shēngyù 큰 명예를 누리다
避讳 bìhuì 동 회피하다, 삼가다
欣赏 xīnshǎng 동 감상하다, 좋아하다
不慎流落 búshèn liúluò (사물 등이) 간수를 잘 하지 못해 돌아다니다
名气 míngqì 명 명성
千金难求 qiānjīn nánqiú 천금을 주고도 구하기 어렵다
登门拜访 dēngmén bàifǎng 댁으로 방문하다
不迭 bùdié (동사 뒤에 쓰여) 더 이상 이르지 못함 (* 后悔不迭 hòuhuǐ bùdié 후회 막급이다)
对不住 duìbuzhù 상대(적수)가 되지 못하다
题字 tízì 명 기념글 / 동 (작품에) 기념으로 몇 자 적다
风波 fēngbō 명 풍파, 분쟁, 소란
誓言 shìyán 명 맹세 (* 立下誓言 lìxià shìyán 맹세하다)
追捧 zhuīpěng 동 열렬하게 추종하다 (* 受到追捧 shòudào zhuīpěng 추종 받다)
卓有成就 zhuóyǒu chéngjiù 성 뛰어난(탁월한) 성과를 얻다
绝缘 juéyuán 동 (사람이나 사물과) 인연을 끊다
赞赏有加 zànshǎng yǒujiā 칭찬을 더하다, 더욱더 칭찬하다

❶ 주어를 확인해라!

이야기 글에는 사람이 많이 등장하는 만큼 주어와의 호응만으로 풀리는 문제가 많이 나온다. 이때는 주어의 유무, 중복을 확인해야 한다.

> **예**
>
> （72）小小的司马光遇事沉着冷静，从小就是一副小大人模样。
>
> **해석** 어린 사마광은 일이 생기면 침착하고 냉정했고, 어려서부터 작은 어른의 모습이었다.
>
> **Point** 1. 밑줄 뒤에 바로 이어진 내용이 '어려서부터'이므로 이 문장의 주어는 사람임을 알 수 있다.
> 2. '小大人模样(작은 어른의 모습)'은 어린이가 어른의 모습을 하고 있다는 내용이므로, 어리지만 어른의 모습을 하고 있다는 내용의 보기를 골라야 한다.

❷ 앞뒤의 개연성을 확인해라!

이야기는 대화가 빠지지 않고 나오는 경우가 많은데 문제 앞뒤의 질문과 대답의 개연성, 혹은 술어를 이용하여 대략적인 내용의 맥락만 이해해도 문제 풀기가 한결 쉬워진다.

> **예**
>
> 徐悲鸿温和地点头笑了，（79）承认这话很有道理。
>
> **해석** 쉬뻬이홍은 온화하게 고개를 끄덕이며 웃었고, 이 말에도 일리가 있다고 인정했다.
>
> **Point** '点头(고개를 끄덕이다)'는 '인정, 긍정, 동의'를 나타내므로 '承认(인정하다)'과 내용상 연결이 자연스럽다.

❸ 내용의 순서를 파악해라!

이야기는 줄거리가 있는 글이므로 시간의 변화에 따라 사건이 진행된다. 결국 보기도 내용의 순서를 따라야 하므로 보기의 내용만으로 대략적인 순서를 구성만 해보아도 정답 접근이 쉬워진다.

> **예**
>
> A 很快在竞争激烈的香港文学圈站稳了脚
> B 他曾同时为12家报纸写连载小说
> C 收入居然比打工要好得多
>
> **해석** A 아주 빨리 경쟁이 치열한 홍콩문학계에서 입지를 굳혔다/ B 그는 일찍이 동시에 12개의 신문사에 연재소설을 썼다/ C 수입은 뜻밖에 아르바이트보다 많았다
>
> **Point** 1. A를 근거로 어떻게 해서 빨리 문학계에서 자리를 잡았는지 궁금해해야 한다. 또한, 이전에는 문학계의 사람이 아니었음을 짐작할 수 있다.
> 2. B를 근거로 아직 미숙한 사람이 12개의 신문기사를 쓸 가능성이 없으므로 시간의 흐름상 A보다는 뒤에 일어난 일임을 알 수 있다.
> 3. C를 근거로 아르바이트는 글 쓰는 것과 관련이 없었고 주인공 역시 글을 쓰던 사람이 아니었다는 것을 짐작할 수 있고, 수입이 뜻밖에 많았던 일이 바로 글 쓰는 것과 관련 있었음을 짐작할 수 있다. 즉, C가 제일 먼저 나와야 할 내용임을 알 수 있다.
> 4. 위 세 개의 보기만으로도 '수입이 아르바이트보다 뜻밖에 많음 → 경쟁이 치열한 홍콩문학계에서 자리잡음 → 12개의 신문사에서 연재소설을 씀'으로 내용의 순서를 구성해볼 수 있다.

PT팁 보기에 제시되는 힌트 어휘

보기에 제시된 힌트 어휘	힌트 어휘로 파악해야 하는 내용
为了… ~위해서 → 목적을 나타낸다.	목적을 위해 한 내용이 뒤에 이어져야 한다. 전치사구이므로 답이 되는 밑줄 뒤에는 마침표가 있을 수 없다. 예) 为了查明事情的真相，……(목적을 위해 한 내용)
是… ~이다 → 정의를 내리거나 긍정을 나타낸다.	정의를 내린 경우에는 주어와 목적어가 호응이 되는가를 확인하고, 긍정을 나타낸 경우는 부정의 내용이 이어져야 하므로 이 점 알아두자. 부정을 나타내는 접속사는 '不是…… = 非是……(~이 아니다)'가 있다. 예) 是我们家多了一个干活儿的人手，而不是……
纷纷 잇달아, 쉴새 없이 → 많은 사람의 행동을 나타낸다	주어는 많은 사람을 나타내는 어휘여야 한다. 예) 村里人(마을 사람들), 人们(사람들), 大家(모두) + 纷纷
这幅画 이 (한 폭의) 그림	대명사는 명사를 대신하는 어휘이므로 앞에서 그림이 언급되었음을 알 수 있다. 예) 有一次，张大千酒后画了一幅《虎图》，这幅画很……，
他们两人 그들 두 사람	보기에 나오는 수량은 힌트가 되는 경우가 많다. 앞에 어떤 두 사람인지가 언급되어야 한다.
特别 특히 (= 尤其) → 두드러진 것을 나타낸다.	앞 내용의 범위에 들어가는 두드러진 내용이 뒤에 이어진다. 예) 人需要表露出自己的情绪，特别是小孩子。
反而 오히려 → 뜻밖이거나 상반되는 내용의 점층을 나타낸다.	주로 일어나지 말아야 할 일이 더 크게 일어나는 경우에 쓴다. 뒤에는 뜻밖인 내용이어야 한다.

예제

春秋时期的宋国，气候干旱少雨，境内又缺少江河湖泊，所以农民种庄稼主要靠井水浇灌。当时有一户姓丁的人家，因为他们家的地里没有水井（1）＿＿＿＿＿＿＿＿＿，所以时常要有一个人一天到晚专门干提水、运水和浇地的农活儿。日子久了，（2）＿＿＿＿＿＿。后来，丁家决定打一口水井来解决这个难题。水井打好后，丁家人高兴地对邻居说："我们家打了一口井，得了一个人！"

춘추시기의 송나라는 기후가 건조하고 비가 적게 내렸는데, 국경 내에는 강과 호수도 부족했다. 그래서 농민이 농작물을 심는 것은 주로 우물에 의지하여 농작물에 물을 대야 했다. 그 당시, 성이 정씨인 한 집안이 있었는데, 그들 집의 땅에는 우물이 없고, (1) C 농작물에 물을 주려면 멀리 있는 강가에 가서 물을 길어와야 했기 때문에, 늘 한 사람이 아침부터 밤까지 오로지 물을 긷고, 물을 운반하고, 땅에 물을 주는 농사일을 해야 했다. 그런 날이 오래되자 (2) E 온 가족이 모두 몹시 피곤했다. 후에, 정씨는 우물을 파서 이 어려운 문제를 해결하기로 결정했다. 우물을 다 판 후에, 정씨는 기뻐하며 이웃들에게 말했다. "우리가 우물 하나를 팠더니, 한 사람을 얻었소!" 마을 사람들이 듣고 나서, (3) D 잇달아 그들 집에 와서 축하해주었다. 그러나 누군지는 모르겠지만, 정씨 집이 우물을 판 일을,

村里的人听说后，(3)＿＿＿＿。然而不知是谁把丁家打井的事掐头去尾地传了出去，说丁家在打井的时候从地底下挖出来一个人。一传十，十传百，连宋国国君也被惊动了。(4)＿＿＿＿。宋国国君特地派人去丁家询问。丁家人说："我家打的那口井给浇地带来了很大方便，过去总要派一个人常年在地头为农田灌溉，现在不用了。(5)＿＿＿＿，而不是从井里挖出来一个人。"

这个故事告诉我们，凡事只有经过调查研究，才能弄清真相，千万不要轻信流言蜚语。

중요한 부분은 빼먹은 채 '정씨 집이 우물을 팔 때 바닥에서 사람 한 명을 파냈다'라고 퍼트렸다. 한 사람에서 열 사람으로 전해지고, 열 사람에서 백 사람으로 전해져, 송나라 국왕도 놀라게 되었다. (4) A 일의 진상을 밝히기 위해, 송나라 국왕은 특별히 정씨 집에 사람을 보내어 알아보게 하였다. 정씨가 말했다. "우리집이 판 그 우물은 농지에 큰 편리함을 가져다주었습니다. 과거에는 늘 한 사람을 보내어 1년 내내 논밭 가장자리에서 논밭에다 물을 주어야 했는데, 지금은 그럴 필요가 없습니다. (5) B 우리집에 일손이 하나 더 늘었다는 것이지, 우물 안에서 사람을 하나 파냈다는 것이 아닙니다."

이 이야기는 우리에게 모든 일은 조사와 연구를 통해야만 진상을 분명히 알 수 있고, 절대로 쉽게 유언비어를 믿지 말라는 것을 말해준다.

A 为了查明事情的真相
B 是我们家多了一个干活儿的人手
C 灌溉庄稼要到很远的河边取水
D 纷纷来他们家道喜
E 全家人都很疲惫

A 일의 진상을 밝히기 위해
B 우리집에 일손이 하나 더 늘었다는 것이다
C 농작물에 물을 주려면 멀리 있는 강가에 가서 물을 길어와야 한다
D 잇달아 그들 집에 와서 축하해주었다
E 온 가족이 모두 몹시 피곤했다

보기

1. A는 '为了查明真相(진상을 밝히기 위해)' 한 행동을 찾아야 한다. 일반적으로 일의 진상을 밝히려면 조사하고 알아보는 것이 상식이다. 또한 '为了 + 전치사구'이기 때문에 마침표가 있는 밑줄에는 들어갈 수 없다.
2. B의 '是(~이다)'는 정의를 내리거나 긍정을 강조한다. 제3부분에서는 긍정을 강조하는 내용이 나오면 부정의 내용이 같이 언급되는 경우가 많다.
3. C는 '要到河边取水(강가에 가서 물을 길어야 한다)'에서 물을 길어야 하는 이유를 찾아야 한다.
4. D는 주어가 없는 상태이고, '纷纷'은 많은 사람들이 정신 없이 행동하는 것을 나타내는 부사이므로 복수의 주어를 찾는 것이 관건이다.
5. E 全家人很疲惫(온 가족이 몹시 피곤하다)를 보고 피곤함의 이유가 앞뒤에 나올 것이라는 것을 추측할 수 있다.

해설

1. '所以时常要有一个人……提水, 运水(항상 한 사람이 ……물을 들고, 물을 운반해야 했다)'라고 했으므로 원인은 우물이 없어서임을 알 수 있고, 더 나아가 농작물에 물을 대야 했기 때문에 필요한 결과였음을 알 수 있다. 정답은 C이다.
2. 2번은 1번과 연계해서 물을 긷고 운반하는 일들이 오랜 시간 이어졌으니 모두가 피곤했을 것이라는 것을 짐작할 수 있다. 정답은 E 全家人都很疲惫(온 가족이 모두 몹시 피곤했다)이다.
3. 3번은 앞의 '村里的人听说后(마을사람들이 듣고 나서)'를 보면 마을사람들이 듣고 나서 취한 행동이 이어져야 하기 때문에 정답은 D 纷纷来他们家道喜(잇달아 그들 집에 와서 축하해주었다)이다.
4. 4번 뒤에 이어진 내용이 '宋国国君特地派人去丁家询问(송나라 국왕은 특별히 정씨 집에 사람을 보내어 알아보게 했다)'이므로 진상을 알아보기 위한 행위로 볼 수 있고 정답은 A 为了查明事情的真相(일의 진상을 밝히기 위해)이다.
5. 5번 뒤에 부정을 나타내는 '而不是'에 이어지는 내용이 '从井里挖出来一个人(우물 안에서 사람을 하나 파냈다)'이라는 유언비어이므로 긍정을 강조하려면 앞에, 사건의 진상인 '我们家多了一个干活儿的人手(우리 집에 일손이 하나 더 늘었다는 것이다)'가 오는 것이 적합하다. 정답은 B이다.

정답 1. C 2. E 3. D 4. A 5. B

[1-5]

　　张大千是20世纪中国著名的艺术大师，绘画、书法、篆刻、诗词无一不通，（1）＿＿＿＿＿＿＿＿＿＿＿＿＿＿。很多人可能不知道，张大千的二哥张善子也是一位画家，而且尤其擅长画老虎。早年，（2）＿＿＿＿＿＿＿＿＿＿＿＿＿＿，经常是二哥画虎，画完之后再由张大千加上一些山水景物。其实，张大千也会画虎，但因为二哥以画虎享有盛誉，为了二哥，他一直避讳画虎。

　　有一次，张大千酒后画了一幅《虎图》，本来打算自己留着欣赏，却不慎流落到他人手中。以他当时的名气，（3）＿＿＿＿＿＿＿＿＿＿＿＿＿＿，成了千金难求的佳作。此后，不少商人登门拜访张大千，出高价请他画虎。张大千后悔不迭，觉得自己对不住二哥。其实，张善子并未因此不高兴，（4）＿＿＿＿＿＿＿＿＿＿＿＿＿＿，并且还为那幅画题了字。但是，张大千仍然不能原谅自己。

　　原本张大千是很爱饮酒的，经历这场风波之后，他立下誓言："从今往后誓不饮酒，也誓不画虎。"从此，（5）＿＿＿＿＿＿＿＿＿＿＿＿＿＿。

A　这幅画很快受到了追捧
B　他们两人曾经合作画画
C　特别是在山水画方面卓有成就
D　张大千跟饮酒和画虎都绝了缘
E　反而对张大千画的那幅《虎图》赞赏有加

쓰기 ⑫ | 글 요약하기
요약 연습 Ⅳ - 짧은 글 연습 (550자 → 250자 줄이기)

어휘 PT

학습시간 1 0 분

연습

工程师 gōngchéngshī 명 엔지니어
抱怨 bàoyuàn 동 원망하다
早出晚归 zǎochū wǎnguī
　　　성 하루 종일 밖에서 부지런히 일하다
图纸 túzhǐ 명 도면, 설계도
漆黑 qīhēi 명 칠흑 같은 어둠
蜡烛 làzhú 명 양초, 초
敲门声 qiāoménshēng 명 노크 소리
不情愿地 bù qíngyuàn de 마지못해
气不打一处来 qì bùdǎ yíchù lái 무척 화가 나다
怎么得了 zěnme dé liǎo 큰일이구나
牢骚 láosāo 명 불평, 불만
　　　(* 发牢骚 fā láosāo 투덜거리다)
估计 gūjì 동 예측하다
顿时 dùnshí 부 갑자기
愣住 lèngzhù 동 멍해지다
缓过神来 huǎnguo shén lái 정신이 들다
热心 rèxīn 형 (마음씨가) 따뜻하다
瞬间 shùnjiān 명 순간
拆 chāi 동 헐다, 해체하다
珍惜 zhēnxī 동 소중히 여기다 (* 珍惜时间 zhēnxī
　　　shíjiān 시간을 아끼다)
虚心 xūxīn 형 겸손하다
享受 xiǎngshòu 동 누리다 (* 享受生活 xiǎngshòu
　　　shēnghuó 생활을 누리다)

문제

菜园 càiyuán 명 채소밭
宽 kuān 명 너비, 폭
厘米 límǐ 양 센티미터
搁置 gēzhì 동 내버려 두다
碰到 pèngdào 동 부딪히다
跌倒 diēdǎo 동 넘어지다
擦伤 cāshāng 동 찰과상을 입다
挖 wā 동 파다
早就 zǎojiù 부 일찌감치
埋 mái 동 파묻다
娶 qǔ 동 장가들다
媳妇 xífù 명 며느리
公公 gōnggong 명 시아버지
摔 shuāi 동 넘어지다
轻而易举 qīng'ér yìjǔ 성 매우 쉽다
辈 bèi 명 세대
可想而知 kěxiǎng érzhī 성 짐작할 수 있다
对付 duìfu 동 대응하다
不是滋味 búshì zīwèi 기분이 안 좋다
锤头 chuítóu 명 망치, 장도리
泥土 nítǔ 명 진흙
搅松 jiǎosōng 동 휘저어 섞다
出乎意料 chūhū yìliào 성 예상 밖이다
　　　(= 出人意料 chūrén yìliào)
松动 sōngdòng 동 부드러워지다, 풀어지다
蒙骗 mēngpiàn 동 속이다, 기만하다
盖 gài 동 짓다 (* 盖房子 gài fángzi 집을 짓다)
吓倒 xiàdǎo 동 놀라 자빠지다

전략 PT

학습시간 25분

1 핵심어휘를 기억해라!

핵심어휘라는 것은 사건의 흐름에 있어 중요한 어휘들을 말한다. 읽기를 제 시간에 끝낸다 하더라도 머릿속에 내용을 정리해서 남기기는 쉽지가 않은데 핵심어휘를 기억해 두면 관련 사건을 이끌어내기 쉽고, 한결 정리된 내용이라 쓰기에도 수월하다.

2 어휘력을 높여라!

어려운 어휘를 쓰라는 것이 아니다. 평소에 같은 표현을 다양한 어휘로 바꾸어 연습해보아 실제 시험 시 어휘가 생각나지 않을 때에는 언제든지 연습했던 다른 어휘로 대체할 수 있는 힘을 키워야 한다는 것이다. 본 교재의 어휘PT와 PT팁만 확실하게 습득해도 어휘력은 쑥쑥 늘 테니 걱정하지 않아도 된다.

3 연습은 직접 써봐야 한다!

보통 쓰기 공부는 눈으로만 보고 이해했으니 안 써봐도 된다고 생각하는 경우가 있다. 하지만 눈으로 보는 것과 써보는 것은 상당한 차이가 있다. 설령 IBT 시험에 참가하는 학생이라 할지라도 문장을 구성하는 능력과 써내는 능력은 직접 해보지 않으면 실전에서 실력 발휘하기 쉽지 않다는 것을 명심하고, 매 일차마다 나오는 실전PT는 미루거나 생략하지 말고 꼭 직접 해봐야 한다.

PT팁 표현 바꾸기 ⑦

원문의 표현	바꾼 표현
在生活中遇到了很多麻烦，事业总是不顺利。 생활 속에서 많은 번거로운 일을 만나고 일은 늘 순조롭지 않았다.	생활 속에서 번거로운 일이 많았다는 표현도 순조롭지 못하다고 묶어서 표현할 수 있으므로 다음과 같이 바꾼다. 生活和事业都很不顺利。 생활과 일이 모두 순조롭지 않았다.
发脾气 성질을 부리다 气不打一处来 몹시 화가 나다	어려운 어휘는 쉬운 어휘로 암기해 둔다. 生气 화 내다
抱怨工作环境不好，生活中邻居不互相关心，缺少温暖等等。 업무 환경이 안 좋고, 생활에서도 이웃이 서로 관심을 가지지 않으며, 온정이 부족한 것 등을 원망했다.	일과 생활 속에서 겪는 일체의 모든 것(= 一切)을 원망한다는 내용으로 아래와 같이 간단히 바꿀 수 있다. 抱怨一切 모든 (일체의) 것을 원망했다
就在他发牢骚的时候，敲门声又响了起来。 그가 투덜거릴 때, 노크 소리가 또 울렸다.	감정 표현은 내용상 필요하지 않으면 생략이 가능하다. 또한 시간이 얼마 지나지 않았음은 '不到一会儿(얼마 되지 않아서)'로 표현하면 된다. 不到一会儿，敲门声又响了。 얼마 지나지 않아 노크 소리가 또 울렸다.

后悔没有提前准备些蜡烛。 미리 초를 준비하지 않은 것을 후회했다.	→	일용품을 미리 준비하지 못했다는 것은 사두지 않았다는 것이다. 后悔没买蜡烛。 초를 사지 않은 것을 후회했다.
她说："奶奶叫我送给你们。" 그녀는 "할머니께서 저에게 당신들에게 주라고 하셨어요."라고 말했다.	→	내용상 중요하지 않은 대화 부분은 간접화법으로 바꾸는 것이 좋다. 단, 인칭에 주의해야 한다. 她说，奶奶让她送来。 할머니께서 그녀에게 주라고 했다고 말했다.
他说："谢谢你和你的奶奶，你们真是热心人。" 그는 "너(어린 소녀)와 너의 할머니께 정말 감사하단다. 정말 친절하구나."라고 말했다.	→	내용상 중요하지 않은 대화 부분은 상황으로 간단하게 묘사할 수 있다. 단, 인칭에 주의해야 한다. 他向小姑娘道了谢。 그는 어린 소녀에게 고마워했다.
明白了　이해했다	→	바꿔 쓸 수 있는 동의어를 많이 알아두는 것이 좋다. 知道了　알았다　＝　发现了　발견했다

연습　250자로 요약하기

　　老王是一个工程师，在生活中遇到了很多麻烦，事业也总是不顺利。因此，他常常发脾气，抱怨工作环境不好，生活中邻居不互相关心，缺少温暖等等。终于有一天，他决定搬家，换个环境。
　　他和妻子来到了一个新的城市，搬进新居，这是一栋普通的楼房。老王忙于工作，早出晚归，也没有注意过周围的邻居。
　　一天晚上，老王正在赶一份第二天开会要用的图纸。楼里突然停电了，屋子里一片漆黑。老王很后悔没有提前准备些蜡烛，看来工作是没法完成了，老王又抱怨起来。
　　这时，门口传来了敲门声。老王不情愿地开了门。门口站着一个小女孩，"您家有蜡烛吗？"小女孩问。"没有。"老王气不打一处来，"砰"的一声把门关上了。"真是麻烦，"老王对妻子抱怨道，"什么邻居，我们刚搬来就来借东西，这么下去怎么得了！"就在他发牢骚的时候，敲门声又响了起来。打开门，门口站着的还是那个小姑娘，只是她的手里多了两根蜡烛。"刚才我没说清楚，真是不好意思。我奶奶说，你们刚刚搬来，估计没有蜡烛，就叫我给你们送两根来。"老王顿时愣住了，一时不知说什么好，好不容易才缓过神来，接过蜡烛，他说："谢谢你和你的奶奶，你们真是热心人。"
　　在接过蜡烛的那一瞬间，老王突然明白了自己失败的原因，他缺少的就是这份热心啊。屋子亮了，心也亮了。

요약

STEP 1 첫 번째 단락 요약

老王是一个工程师，~~在生活中遇到了很多麻烦，~~事业也总是不顺利。因此，他常常发脾气，抱怨工作环境不好，~~生活中邻居不互相关心，缺少温暖等等~~。终于~~有一天~~，他决定搬家，换个环境。

라오왕은 한 명의 엔지니어인데, 생활 속에서 많은 귀찮은 일이 생기고, 일도 줄곧 순조롭지 않았다. 이 때문에 그는 자주 화를 냈고, 일 환경이 안 좋다, 생활 속에서 이웃들이 서로 관심을 안 가진다, 따스함이 부족하다 등의 불만을 터뜨렸다. 결국 어느 날, 그는 이사를 해 환경을 바꾸기로 결정했다.

→ 老王是一个工程师，生活和事业都很不顺利。因此，他常常生气，抱怨一切。终于，他决定换个环境。

라오왕은 한 명의 엔지니어로, 생활과 일이 모두 순조롭지 않았다. 이 때문에 그는 자주 화를 냈고, 모든 것에 불만을 터뜨렸다. 마침내, 그는 환경을 바꾸기로 결정했다.

STEP 2 두 번째 단락 요약

他和妻子来到了一个新的城市，搬进新居，~~这是一栋普通的楼房。~~老王忙于工作，~~早出晚归，~~也没有注意过周围的邻居。

그와 아내는 하나의 새로운 도시로 와서 새 집에 이사했는데 이곳은 하나의 평범한 아파트였다. 라오왕은 일이 바빠 아침에 나가 늦게 돌아왔고, 주위의 이웃은 신경 쓰지도 못했다.

→ 老王和妻子来到了新的城市，搬进新居。他每天忙于工作，没有注意过邻居。

라오왕과 아내는 새로운 도시로 와서 새 집에 이사했다. 그는 매일 일이 바빠 이웃은 신경 쓰지 못했다.

STEP 3 세 번째 단락 요약

一天晚上，老王正在赶一份第二天开会要用的图纸。楼里突然停电了，屋子里一片漆黑。老王很后悔没有提前准备些蜡烛，~~看来工作是没法完成了，~~老王又抱怨起来。

어느 날 밤, 라오왕은 이튿날 회의에서 써야 하는 도면 하나를 서둘러 만들고 있었다. 아파트 안에 갑자기 정전이 되었고, 방안은 온통 어두웠다. 라오왕은 미리 초를 준비해두지 않은 것을 후회했고, 보아하니 일은 완성할 방법이 없었다. 라오왕은 또 불만을 터뜨리기 시작했다.

→ 一天晚上，老王正在赶图纸。突然停电了，老王后悔没买蜡烛，又抱怨起来。

어느 날 밤, 라오왕은 서둘러 도면을 만들고 있었는데 갑자기 정전이 되었다. 라오왕은 초를 사지 않은 것을 후회했고, 또 불만을 터뜨리기 시작했다.

STEP 4 네 번째 단락 요약

这时，~~门口传来了~~敲门声。老王不情愿地开了门。门口站着一个小女孩，"您家有蜡烛吗？"小女孩问。"没有。"老王气不打一处来，"砰"的一声把门关上了。"真是麻烦，"老王对妻子抱怨道，"什么邻居，我们刚搬来就来借东西，这么下去怎么得了！"

이때, 문에서 노크 소리가 들려왔다. 라오왕은 마지 못해 문을 열었다. 문 입구에는 한 명의 여자아이가 서 있었는데, "집에 초가 있나요?"라고 여자아이는 물었다. "없다." 라오왕은 화가 나 '쾅' 소리가 나게 문을 닫았다. "정말 귀찮아." 라오왕은 아내에게 불만을 터뜨렸다. "이웃이라는 사람이, 막 이사왔는데 물건을 빌리러 오면 어쩌자는 거야!"

→ 这时，有人敲门。老王不情愿地开门，门口的小女孩问老王家里有没有蜡烛。老王说没有，生气地关上了门。老王抱怨道，刚搬来就借东西，以后怎么得了。

이때, 어떤 이가 문을 두드렸다. 라오왕은 마지 못해 문을 열었는데 문 입구의 여자아이가 라오왕에게 집에 초가 없냐고 물었다. 라오왕은 없다고 말하고 화가 나 문을 닫았다. 라오왕은 막 이사왔는데 물건을 빌리면 어쩌자는 거냐며 불만을 토로했다.

就在他发牢骚的时候，敲门声又响了起来。打开门，门口站着的还是那个小姑娘，只是她的手里多了两根蜡烛。"刚才我没说清楚，真是不好意思。我奶奶说，你们刚刚搬来，估计没有蜡烛，就叫我给你们送两根来。"老王顿时愣住了，一时不知说什么好，好不容易才缓过神来，接过蜡烛，他说："谢谢你和你的奶奶，你们真是热心人。"

그가 불평을 늘어놓고 있을 때, 노크 소리가 다시 들려왔다. 문을 열어보니 문 입구에 서 있는 것은 여전히 그 어린 소녀였는데, 다만, 그녀의 손에는 두 개의 초가 더 들려 있었다. "조금 전에는 제가 제대로 말을 하지 못했어요. 정말 죄송해요. 우리 할머니가 막 이사 와서 초가 없을 거라고 저에게 두 개의 초를 가져다 주라고 했어요." 라오왕은 갑자기 멍해졌고, 순간 어떤 말을 해야 좋을지 몰랐다. 가까스로 정신을 차려, 초를 받아 들고 그는 말했다. "정말 너와 할머니께 감사드린단다. 정말 친절하구나."

→ 不到一会儿，敲门声又响了。还是那位小姑娘，手里拿着蜡烛。她说道，刚才没有说清楚，奶奶让她来送蜡烛。老王愣住了，向小姑娘道了谢。

얼마 되지 않아서 문 두드리는 소리가 또 울렸다. 여전히 그 어린 여자아이였고, 손에는 초를 들고 있었다. 그녀는 조금 전에 할머니가 그녀에게 초를 가져다 주라고 했다는 것을 제대로 말하지 못했다고 말했다. 라오왕은 멍해졌고, 어린 소녀에게 감사함을 전했다.

STEP 5 ▶ 다섯 번째 단락 요약

在接过蜡烛的那一瞬间，老王突然明白了自己失败的原因，他缺少的就是这份热心啊。屋子亮了，心也亮了。

초를 받아든 그 순간, 라오왕은 갑자기 자신이 실패한 원인을 알았다. 그가 부족한 것은 바로 이 따뜻한 마음이었다. 방이 밝아지자, 마음도 환해졌다.

→ 在接过蜡烛的瞬间，老王发现自己缺少的是热心。屋子亮了，心也亮了。

초를 받아든 순간, 라오왕은 자신이 부족한 것이 따스한 마음이라는 것을 발견했다. 방이 밝아지자, 마음도 환해졌다.

STEP 6 ▶ 제목 정하기

点亮心中的蜡烛　마음 속의 초를 밝히다 / 热心的邻居　친절한 이웃

Point
1. 제목으로는 이야기를 끌고 나가는 사건의 소재나 전체적인 주제가 적합하다.
2. 이 이야기의 핵심 소재는 '초', '따스함'이므로, '蜡烛', '热心'만으로도 제목이 가능하다.
3. 주인공인 라오왕이 결국 부족하다고 느낀 것이 '친절함(따스함)'이다.
4. 이웃집이 초로 인해 따스함을 느낀 주인공의 마음에도 불이 켜졌다는 내용이므로 '마음 속의 초를 밝히다'가 가장 적절하다.
5. 좀 더 간단하게 제목을 만들고자 한다면 주인공인 소녀와 할머니를 '邻居(이웃)'로 정리하고 친절함을 붙여 '热心的邻居(친절한 이웃)'이라고만 해도 좋다.

핵심어휘 老王 라오왕 | 不顺利 순조롭지 않다 | 换个环境 환경을 바꾸다 | 邻居 이웃 | 停电 정전되다 | 小女孩 여자아이 | 蜡烛 초 | 生气 화 내다 | 奶奶 할머니 | 送 보내다 | 愣住 멍해지다 | 热心 친절하다 | 亮了 밝아지다

요약개요 처음 – 라오왕은 엔지니어로 생활과 일이 순조롭지 못함/ 자주 화를 내고 불만스러워 함/ 환경을 바꾸기로 결정
　　　　가운데 – 새 도시로 이사하고 일이 바빠 이웃은 신경 안 씀/ 어느 날 밤, 일하는데 정전이 됨/ 이웃집 여자아이가 와서 초 있냐고 물어봄/ 막 이사 온 자신에게 초를 빌리는 것에 화가 남/ 다시 여자아이가 와서 사실은 할머니가 초를 가져다 드리라고 했다고 말하고 사과함/ 고마움을 전함
　　　　끝 – 이웃의 따스함에 라오왕의 마음도 환해짐

모범요약

点亮心中的蜡烛

　　老王是一个工程师，生活和事业都很不顺利。因此，他常常发脾气，抱怨一切。终于，他决定换个环境。
　　老王和妻子来到了新的城市，搬进新居。他每天忙于工作，没有注意过邻居。
　　一天晚上，老王正在赶图纸。突然停电了，老王后悔没买蜡烛，又抱怨起来。
　　这时，有人敲门。老王不情愿地开门，门口的小女孩问老王家里有没有蜡烛。老王说没有，生气地关上了门。老王抱怨道，刚搬来就借东西，以后怎么得了。不到一会儿，敲门声又响了。还是那位小姑娘，手里拿着蜡烛。她说道，刚才没有说清楚，奶奶让她来送蜡烛。老王愣住了，向小姑娘道了谢。
　　在接过蜡烛的瞬间，老王发现自己缺少的是热心。屋子亮了，心也亮了。

마음 속의 초를 밝히다

라오왕은 한 명의 엔지니어로, 생활과 일이 모두 순조롭지 않았다. 이 때문에 그는 자주 화를 냈고, 모든 것에 불만을 터뜨렸다. 마침내, 그는 환경을 바꾸기로 결정했다.

라오왕과 아내는 새로운 도시로 와서 새 집에 이사했다. 그는 매일 일이 바빠 이웃은 신경 쓰지 못했다.

어느 날 밤, 라오왕은 서둘러 도면을 만들고 있었는데 갑자기 정전이 되었다. 라오왕은 초를 사지 않은 것을 후회했고, 또 불만을 터뜨리기 시작했다.

이때, 어떤 이가 문을 두드렸다. 라오왕은 마지 못해 문을 열었는데 문 입구의 여자아이가 라오왕에게 집에 초가 없느냐고 물었다. 라오왕은 없다고 말하고 화가 나 문을 닫았다. 라오왕은 막 이사 왔는데 물건을 빌리면 어쩌자는 거냐며 불만을 토로했다. 얼마 되지 않아서 문 두드리는 소리가 또 울렸다. 여전히 그 어린 여자아이였고, 손에는 초를 들고 있었다. 그녀는 조금 전에 할머니가 그녀에게 초를 가져다 주라고 했다는 것을 제대로 말하지 못했다고 말했다. 라오왕은 멍해졌고, 어린 소녀에게 감사함을 전했다.

초를 받아든 순간, 라오왕은 자신이 부족한 것이 따스한 마음이라는 것을 발견했다. 방이 밝아지자, 마음도 환해졌다.

아래 글을 250자로 요약하여 원고지에 써보자! 암기가 아니라 속독으로 내용의 줄거리를 기억하는 연습을 충분히 한 후 원고지에 요약하자.

문제

　　从前，有一户人家的菜园里有一块石头，大约宽40厘米，高20厘米，也不知从什么时候开始就搁置在那里了。到菜园里的人，一不小心就会碰到那块大石头，不是跌倒就是擦伤。这户人家的基本上都有过这种痛苦的经历。儿子问："爸爸，那块大石头这么讨厌，为什么我们不把它挖走呢？"爸爸回答说："从我记事起，它就放在那儿了，要是能挖走，你爷爷或者你太爷爷早就把它运走了，可见埋在地下的部分一定很深，与其花时间挖石头，还不如走路小心点。"

　　几年过去了，当年的儿子娶了媳妇，当了爸爸，那块石头还是在那里。有一天，儿媳妇对公公说："爸爸，因为那块石头我都摔了好几次，我们还是把它搬走好了。"爸爸回答说："那块大石头很重的，如果能轻而易举地搬走的话，你们爷爷或太爷爷那一辈早就把它运走了，可想而知，它不是那么好对付的，你以后小心点就是了。"儿媳妇听了非常不是滋味，决定试着把那块让她跌倒许多次的大石头搬走。

　　一天早上，儿媳妇来到菜园，她将一桶水倒到石头的四周，十几分钟后，儿媳妇用锤头把大石头四周的泥土搅松。出乎意料的是，几分钟之后石头开始松动了，不一会儿石头就被挖出来了，看看大小，石头并没有父亲所说的那么大。父亲知道这件事情后，很不好意思地说："这块石头竟然蒙骗了我们家几代人！"

 마무리 PT　　　학습시간 10분

1 주어 + 被 A ……　주어는 A에 의해 ~당하다
农场主被他的回答气坏了。　농장주는 그의 대답에 몹시 화가 났다.

2 只有 A 才 B　A해야만, 비로소 B하다
只有未雨绸缪，才能更好地应对风险。
미리 준비해 두어야만, 비로소 위험에 더욱 잘 대처할 수 있다.

3 没想到……　~이라고 생각지 못하다, 생각지도 못하게 ~하다
没想到射中的竟然是一块形状很像老虎的大石头，箭几乎全部射入石头当中。
생각지도 못하게 맞춘 것은 뜻밖에도 형상이 호랑이를 닮은 큰 바위였고, 화살은 거의 전부 바위 속에 박혔다.

4 A 标志着 B　A는 B를 뜻하고 있다
这标志着原始人类，开始懂得怜悯。　이것은 원시인류가 연민을 알기 시작했다는 것을 뜻하고 있다.

5 靠 A + 동사구　A에 기대어 ~하다
农民种庄稼主要靠井水浇灌。　농민은 농작물을 심고 주로 우물에 의지해 (농작물에) 물을 댔다.

6 是 A 而不是 B　A이지 B가 아니다
是我们家多了一个干活儿的人手，而不是从井里挖出来一个人。
우리집에 일손이 한 명 더 늘었다는 것이지, 우물에서 사람을 한 명 파냈다는 것이 아니다.

7 只有 A 才能 B　A를 해야만 비로소 B할 수 있다
凡事只有经过调查研究，才能弄清真相。
모든 일은 조사연구를 거쳐야만 진상을 분명히 알 수 있다.

8 把目光放到 A　시선을 A에다 두다
有智慧和远见的人把目光放到了将来。　지혜가 있고 멀리 내다보는 사람은 시선을 미래에다 둔다.

9 把……的时间浪费在 A 中　~한 시간을 A에 낭비하다
不是把所有的时间浪费在一个无法解决的困境中。
모든 시간을 해결할 방법이 없는 곤경 속에 낭비하는 것이 아니다.

Day 13

독해 제4부분 | 지문을 읽고 보기에서 정답 고르기

지문 읽기와 문제 파악 – 문제유형 파악으로 한 번에 끝!

어휘 PT

학습시간 30분

예문 1-4

藏书	cángshū	동 책을 소장하다
扫帚	sàozhou	명 빗자루
蘸	zhàn	동 찍다, 묻히다
消磨	xiāomó	동 소모하다 (* 消磨时间 xiāomó shíjiān 시간을 보내다)
露出	lùchū	동 드러내다
不由得	bùyóude	부 저절로, 저도 모르게
以往	yǐwǎng	명 종전, 이전
墨汁	mòzhī	명 먹물
岂	qǐ	부 어찌 ~하겠는가? (* 岂不是…吗? qǐbúshì…ma? 어찌 ~하지 않겠는가?)
兴致	xìngzhì	명 흥미
迫不及待	pòbù jídài	성 절실하다, 시급하다
顾不上	gùbushàng	동 돌볼 틈이 없다
笔墨纸砚	bǐmòzhǐyàn	명 문방사우 [붓, 먹, 종이, 벼루]
仿照	fǎngzhào	동 모방하다, 따르다 (* 仿照…方式 fǎngzhào…fāngshì ~한 방식을 따르다)
生硬	shēngyìng	형 부자연스럽다
气馁	qìněi	형 의기소침하다, 낙담하다
分寸	fēncun	명 분수, 정도
隐隐	yǐnyǐn	형 은은하다
飘逸	piāoyì	형 우아하다, 품위 있다
韵味	yùnwèi	명 우아한 맛, 정취
推崇	tuīchóng	동 추앙하다, 떠받들다
工匠	gōngjiàng	명 (한 분야의) 장인, 공예가
监督	jiāndū	동 감독하다
进程	jìnchéng	명 진행과정
粉刷	fěnshuā	동 바르다, 칠하다
笔道	bǐdào	명 글씨의 선

省力	shěnglì	동 수월하다, 수고롭지 않다
灵动	língdòng	형 재빠르다, 생동감 있다
笔画	bǐhuà	명 필획
清晰	qīngxī	형 또렷하다
石灰水	shíhuīshuǐ	명 석회수
由来	yóulái	명 유래
为官之道	wéiguān zhīdào	명 관료가 된 방법, 관료가 가져야 하는 도덕

문제 1-4

艰苦	jiānkǔ	형 고생스럽다
行业	hángyè	명 업종, 업계 (* 钢琴行业 gāngqín hángyè 피아노 업계)
严峻	yánjùn	형 심각하다
闲置	xiánzhì	명 장치, 시설 동 방치하다
布满	bùmǎn	동 가득 널려 있다 (* 布满灰尘 bùmǎn huīchén 먼지가 가득 쌓여 있다)
占有	zhànyǒu	동 점유하다 (* 占有率 zhànyǒulǜ 점유율)
趋于	qūyú	동 ~로 기울다, ~ 되다 (* 趋于饱和 qūyú bǎohé 포화상태가 되다)
出路	chūlù	명 활로, 살길, 발전 여지
装置	zhuāngzhì	명 장치, 시설 동 설치하다
重放	chóngfàng	동 다시 내보내다 (* 重放音乐 chóngfàng yīnyuè 음악을 다시 틀다)
创收	chuàngshōu	동 창출하다
激起	jīqǐ	동 일어나게 하다 (* 激起…的兴致 jīqǐ…de xìngzhì ~한 흥미가 일게 하다)
指南	zhǐnán	명 지침서, 안내서
眼光	yǎnguāng	명 안목
审视	shěnshì	동 자세히 살펴보다

| 纷纷 fēnfēn 부 연이어, 잇달아
| 罢工 bàgōng 동 파업하다
| 恶性竞争 èxìng jìngzhēng 명 부당경쟁
| 需求 xūqiú 명 수요, 필요로 하는 것
| 薪酬 xīnchóu 명 급여, 임금
| 削减 xuējiǎn 동 삭감하다, 줄이다
| 成本 chéngběn 명 원가
| 续约 xùyuē 동 재계약하다
| 惨重 cǎnzhòng 형 극심하다 (* 损失惨重 sǔnshī cǎnzhòng 손실이 극심하다)
| 案例 ànlì 명 사례
| 挖掘 wājué 동 캐다, 발굴하다 (* 挖掘潜能 wājué qiánnéng 잠재력을 발굴하다)
| 留住 liúzhù 동 만류하다, 잡아 두다

문제 5-8

| 烈日 lièrì 명 작열하는 태양 (* 烈日炎炎 lièrì yányán 무더위가 기승을 부리다)
| 酷热 kùrè 형 몹시 덥다
| 遮阳伞 zhēyángsǎn 명 양산
| 防晒 fángshài 동 자외선을 차단하다
| 琳琅满目 línláng mǎnmù 성 눈앞에 아름다운 물건이 가득하다
| 紫外线 zǐwàixiàn 명 자외선
| 挑选 tiāoxuǎn 동 고르다, 선택하다
| 涂层 túcéng 명 도료를 칠한 층, 코팅 층
| 挡住 dǎngzhù 동 저지하다, 막다
| 面料 miànliào 명 면직재료, 원단
| 配件 pèijiàn 명 부품
| 品牌 pǐnpái 명 상표
| 阻挡 zǔdǎng 동 가로막다
| 磨损脱落 mósǔn tuōluò 마모되어 벗겨지다
| 防护 fánghù 동 방어하여 보호하다
| 涤纶 dílún 명 폴리에스테르(polyester)
| 尼龙 nílóng 명 나일론(nylon)
| 腐蚀 fǔshí 동 부식하다
| 蘸取 zhànqǔ 동 찍어 묻히다
| 擦拭 cāshì 동 닦다
| 理性 lǐxìng 형 이성적이다
| 偏爱 piān'ài 동 편애하다
| 精美 jīngměi 형 정교하게 아름답다

| 生锈 shēngxiù 동 녹슬다
| 窍门 qiàomén 명 비법
| 防御 fángyù 동 방어하다

문제 9-12

| 海鸥 hǎi'ōu 명 갈매기
| 拣 jiǎn 동 선택하다, 줍다
| 丢弃 diūqì 동 (내)버리다
| 残羹剩饭 cángēng shèngfàn 성 먹다 남은 찌꺼기
| 故 gù 접 그래서 (= 所以, 因此)
| 清洁工 qīngjiégōng 명 청소부
| 轮船 lúnchuán 명 증기선
| 航海 hánghǎi 동 항해하다
| 触礁 chùjiāo 동 암초에 부딪치다
| 搁浅 gēqiǎn 동 (배가) 좌초되다
| 行踪 xíngzōng 명 행방, 종적
| 暗礁 ànjiāo 명 암초
| 浅滩 qiǎntān 명 얕은 물목
| 鸣噪 míngzào 동 (새나 곤충이) 요란스럽게 울다
| 提防 dīfang 동 조심하다, 경계하다
| 港口 gǎngkǒu 명 항구
| 迷途 mítú 동 길을 잘못 들다
| 贴近 tiējìn 동 바싹 다가가다
| 远离 yuǎnlí 동 멀리 떠나다
| 成群 chéngqún 동 무리를 이루다
| 缝 féng 명 갈라진 곳, 틈
| 预示 yùshì 동 예시하다, 미리 보이다
| 预见 yùjiàn 동 예견하다
| 骨骼 gǔgé 명 골격
| 羽管 yǔguǎn 명 깃털 관
| 空心 kōngxīn 형 속이 빈
| 气压 qìyā 명 기압
| 感知 gǎnzhī 동 감지하다

| 海浪 hǎilàng 명 파도
| 波动 bōdòng 명 파동
| 海潮 hǎicháo 명 해조, 조수
| 海啸 hǎixiào 명 해일
| 辨别 biànbié 동 판별하다
| 奇妙 qímiào 형 신기하다
| 拯救 zhěngjiù 동 구조하다
| 濒危 bīnwēi 동 위기에 처하다

1 읽기 능력을 키워라!

6급은 기본적인 읽기 실력이 없으면 문제의 힌트를 찾아도 정확한 답을 선택하기 어렵다. 꾸준한 어휘 암기와 패턴 습득으로 읽기 능력을 키워야 한다. 특히, 단순 해석보다는 내용 파악에 초점을 맞춰 연습해야 한다.

2 문제유형을 파악해라!

독해 제4부분은 다른 지문이 있는 문제들과 달리 문제유형이 제한적이다. 유형만 파악하면 나머지는 읽기 능력에 좌우된다. 유형은 아래와 같이 나뉜다.

① 문제의 힌트로 세부내용 맞추기
② 맞거나 틀리거나 알 수 있는 것 찾기
③ 글의 주제나 제목 찾기

위 세 가지 유형에 대해서는 아래 PT팁을 참고하여 학습해보자.

3 실전 연습은 시간 안배가 관건이다!

6급의 독해 제4부분은 5급의 독해 제3부분과 같은 유형이기 때문에 5급을 통과한 학생이라면 대략적인 내용을 이해하고 충분히 문제를 맞출 수 있다.

하지만, 6급은 지문이 더 길고 어휘나 내용의 난이도가 더 높음에도 주어진 시간이 5급 때와 차이가 나지 않기 때문에 시간 안배가 매우 중요하다. 실전 연습을 할 때는 반드시 엄격하게 시간을 재서 푸는 연습을 해야 시험에서 시간이 부족한 경우가 생기지 않는다는 것을 명심해야 한다.

PT팁 문제유형 및 접근 순서

① 질문의 힌트로 세부내용 맞추기

특징	* 주로 첫 번째, 두 번째 문제로 나온다. * 질문에 힌트가 주어진다.
접근 순서	① 질문을 정확하게 파악한다. ② 힌트가 될 만한 부분을 체크해 둔다. ③ 지문에서 힌트를 찾기 전에 보기 네 개를 모두 매칭시켜 말을 만들어본다. ④ 지문에서 힌트가 언급된 내용을 찾는다. ⑤ 매칭시켰던 보기가 언급되어 있는 부분까지 확인한다. ⑥ 다시 한번 질문을 확인하고 내용이 일치하면 정답으로 간주한다.

> **예**

汉朝的蔡邕不但是位文学家，还是一个著名的书法家。

一天，蔡邕到皇家藏书的鸿都门学送自己写好的文章。 ¹·ᶜ 在等待接见的时候，他看到有几个工匠正在用扫帚蘸着石灰水刷墙。为了消磨时间，他就站在一旁看了起来。

只见工匠一扫帚下去，墙上便出现了一道白印。由于扫帚苗比较稀，蘸不了多少石灰水，而且墙面又不太光滑，所以，白道里有些地方还露出了墙皮。蔡邕不由得眼前一亮。他想，以往人们写字总是要蘸足墨汁，写出的字每一笔都是全黑的。²·ᴮ 要是能像工匠刷墙一样，让黑笔道里露出些帛或纸的底色来，岂不是更加生动自然吗？想到这儿，他一下来了兴致，交了文章后，便迫不及待地往家赶。……

1. 蔡邕起初为什么要看工匠刷墙？
   A 监督工匠干活儿　　B 了解工程进度　　C 打发时间　　D 想学粉刷
2. 蔡邕认为笔道里露出纸会：
   A 更省力　　B 使字显得灵动　　C 使笔画更清晰　　D 节约墨水

[해석] 한 나라의 채옹은 문학가일 뿐만 아니라, 유명한 서예가이기도 하다.

하루는 채옹이 황실에서 책을 소장하는 홍도문 학교에 자신이 쓴 글을 보내러 갔다. 그가 접견을 기다릴 때, 몇 명의 도장공이 석회수를 찍어서 벽에다 바르고 있는 것을 보았다. 시간을 때우기 위해, 그는 한 쪽에 서서 보기 시작했다.

도장공이 아래로 비질을 하자, 벽에는 한 줄의 하얀 자국이 생겼다. 빗자루 솔이 비교적 성글어 석회수는 얼마 묻힐 수가 없었고, 벽 또한 그다지 매끄럽지 않았기 때문에, 하얗게 칠한 부분에는 벽면이 드러나기도 했다. 채옹은 자신도 모르게 눈에서 빛이 났다. 이전의 사람들은 글자를 쓸 때, 늘 먹물을 충분히 찍어 써낸 글자는 모든 획이 전부 까맸지만, 도장공들이 벽을 칠하는 것처럼 검은 글자에 면이나 종이의 바탕색이 드러나게 한다면, 이 어찌 더욱 생동감 있고, 자연스럽지 않겠는가? 여기까지 생각이 미치자, 그는 순간 흥미가 생겨 글을 내자마자 얼른 집으로 서둘러 갔다. ……

1. 채옹은 처음에 왜 도장공이 벽을 칠하는 것을 보았는가？
   A 도장공이 일을 하는 것을 감독하려고　　B 공정의 진행과정을 알아 보려고
   C 시간을 때우려고　　D 도장일을 배우고 싶어서
2. 채옹은 붓의 흔적에 종이가 드러나는 것이 어떻게 될 것이라고 여겼는가：
   A 더욱 수월할 것이라고　　B 글자를 생동감 있게 보이게 할 것이라고
   C 붓글씨를 더욱 선명하게 할 것이라고　　D 먹물을 절약할 수 있을 것이라고

[Point] 1. ① 질문(채옹은 처음에 왜 도장공이 벽을 칠하는 것을 보았는가?)을 먼저 파악한다.
② '看工匠刷墙(도장공이 벽을 칠하는 것을 보다)'이 힌트이다.
③ 채옹이 처음에 도장공이 벽을 칠하는 것을 본 것은 'A 도장공이 일을 하는 것을 감독하려고/ B 공정의 진행과정을 알아 보려고/ C 시간을 때우려고/ D 도장일을 배우고 싶어서'와 매칭시켜 본다.
④ 채옹은 도장공이 벽을 칠하는 것을 보았다는 내용이 언급된 부분을 지문에서 찾는다.
⑤ 질문의 내용은 지문에서 순서대로 나오는 경우가 일반적이므로 첫 번째 단락부터 확인해야 한다.
⑥ 두 번째 단락에서 힌트가 언급된 '在等待接见的时候，他看到有几个工匠正在用扫帚蘸着石灰水刷墙。为了消磨时间，他就站在一旁看起来(그가 접견을 기다릴 때, 몇 명의 도장공이 석회수를 찍어서 벽에다 바르고 있는 것을 보았다. 시간을 때우기 위해, 그는 한 쪽에 서서 보기 시작했다)'를 찾아낸다.
⑦ 질문이 '为什么要看(왜 보는가)'이므로 목적을 나타내는 '为了'가 있는 '为了消磨时间(시간을 때우기 위해)' 부분을 근거로 C 打发时间(시간을 때우다)이 정답임을 알 수 있다.
⑧ '打发时间(시간을 때우다)'과 '消磨时间(시간을 허비하다)'은 같은 뜻이다.

2. ① 질문(채옹은 붓의 흔적에 종이가 드러나는 것이 어떻게 될 것이라고 여겼는가)을 먼저 파악한다.
② '笔道里露出纸(붓의 흔적에 종이가 드러나다)'가 힌트이다.
③ 채옹은 붓의 흔적에 종이가 드러나는 것이 'A 더욱 수월할 것이라고/ B 글자를 생동감 있게 보이게 할 것이라고/ C 붓글씨를 더욱 선명하게 할 것이라고/ D 먹물을 절약할 수 있을 것이라고' 여겼다로 매칭시켜 본다.
④ 붓의 흔적에 종이가 드러났다는 내용이 언급된 부분을 지문에서 찾는다.
⑤ 두 번째 문제이므로 첫 번째 문제를 찾은 부분 이후부터 보는 것이 효율적이다.

⑥ 세 번째 단락에서 힌트가 언급된 '要是能像工匠刷墙一样，让黑笔道里露出些帛或纸的底色来(도장공들이 벽을 칠하는 것처럼 검은 글자에 면이나 종이의 바탕색이 드러나게 한다면)' 부분을 찾아낸다.
⑦ 질문에서 '蔡邕认为(채옹이 여기기에)'가 있었으므로 채옹의 생각이 중요하다. 바로 뒤에 이어지는 '岂不是更加生动自然吗？想到这儿……(이 어찌 더욱 생동감 있고, 자연스럽지 않겠는가? 여기까지 생각이 미치자 ……)'을 근거로 B 使字显得灵动(글자를 생동감 있게 보이게 할 것이다)이 정답임을 알 수 있다.
⑧ '生动(생동감 있다)'과 '灵动(생기 있다)'은 의미가 비슷한 근의어이다.

② 맞거나 틀리거나 알 수 있는 것 찾기

특징	* 구체적으로 단락을 지정하는 경우가 있다. (根据第2段，…… / 根据第4段，……) * 전체적인 내용을 근거로 알 수 있는 것을 찾아야 하는 경우도 있다. * 맞는 것을 찾을 경우에는 나머지가 틀렸다는 것을, 틀린 것을 찾을 경우에는 나머지가 맞다는 것을 확인해야 한다. * 다른 유형의 문제보다 시간이 더 걸리는 편이다. * 이미 앞에서 푼 문제의 내용과 겹치는 보기는 지문을 다시 확인할 필요가 없다.
접근 순서	① 맞는 것을 찾는 것인지 틀린 것을 찾는 것인지 정확하게 파악한다. (특히 '不是'를 주의해야 한다.) ② 먼저 보기를 모두 확인한다. (하나씩 찾으면 시간이 많이 걸리므로 한 번에 보기 네 개를 다 파악하는 습관을 길러야 한다.) ③ 앞 문제를 통해 이미 알고 있는 사실이 보기에 있는 경우 이를 활용한다. ④ 보기를 근거로 지문에서 내용을 찾아 하나씩 제거 혹은 선택한다. ⑤ 남은 것 혹은 바로 확인이 된 것을 정답으로 간주한다.

예

……到家后，蔡邕顾不上休息，立刻准备好笔墨纸砚，仿照工匠刷墙的方式，提笔就写。谁知这种书写方式并没有他想的那么容易。一开始，他写出的笔道里不是露不出纸来，就是露出的部分太生硬，一点儿也不好看。但他毫不气馁，3.A 经过一段时间的反复练习，最终，蔡邕掌握了蘸墨量、用笔力度和行笔速度等方面的分寸，写出了黑中隐隐露白的笔道，使字变得飘逸飞动，别有韵味。这种字体就是书法界所说的"飞白书"。……

3. 根据第4段，下列哪项正确？
A 蔡邕尝试了多次才成功　　　　B 蔡邕专门请教了工匠
C 写飞白书速度越快越好　　　　D 墨水中应加入适量石灰水

[해석] 집에 도착한 후, 채옹은 쉴 새도 없이, 즉시 붓, 먹, 종이, 벼루를 준비해 도장공들이 벽을 칠한 방식을 따라, 붓을 들고 썼다. 이런 글 쓰는 방식이 그가 생각만큼 쉽지 않을 줄 누가 알았겠는가? 처음에 그가 썼던 글자에는 종이가 드러나지 않거나, 드러난 부분이 너무 부자연스러웠고, 조금도 예쁘지 않았다. 그러나 그는 낙담하지 않고, 한동안의 반복적인 연습 끝에, 결국 먹을 찍는 양, 붓에 가하는 힘, 붓을 움직이는 속도 등의 방면의 적당한 정도를 습득했고, 검은색 속에서 은은하게 붓의 하얀 흔적이 드러나 글자를 우아하게 만들었다. 이러한 글자체가 바로 서예계에서 말하는 '비백체'이다.

3. 네 번째 단락에 따르면, 아래의 어느 항이 정확한가?
A 채옹은 여러 번 시도해본 끝에 성공하였다　　B 채옹은 특별히 도장공에게 가르침을 청했다
C 비백체를 쓸 때에는 속도가 빠를수록 좋다　　D 먹물에는 적당량의 석회수를 넣어야 한다

[Point] 3. ① 질문에 '根据第4段(네 번째 단락을 근거로 하여)'이 있으므로 지문을 찾아갈 때는 네 번째 단락만 봐야 한다는 것을 인지해야 한다.
② 보기를 먼저 확인한다.
③ 1번 문제를 통해 채옹이 도장공이 벽을 칠하는 것을 보았으니 도장공과 관련이 있음을 알고 있고, 2번 문제를 통해 붓의 흔적에 종이가 드러나는 것이 글자를 생동감 있게 보이게 할 거라고 생각했다는 것도 알고 있으므로 A에 여러 번 시도해봤다는 것이 글자가 드러나게 쓰는 거라는 추측과 C에 언급된 비백체가 붓 흔적에 하얀 종이가 드러나는 것을 뜻하진 않는지, 이런 글씨체를 쓰기 위해 혹시 먹물에 석회수를 넣어야 하는 건 아닌지까지 추측해볼 수 있다.

④ 네 번째 단락으로 가서 보기의 내용이 언급될 때까지 대충 훑으며 본다.
⑤ '经过一段时间的反复练习，最终，蔡邕掌握了……(한동안의 반복적인 연습 끝에, 결국 채옹은 ~를 습득했다.)' 부분에서 한동안 반복적으로 연습했다는 것을 알 수 있고, '最终(결국에)'과 '掌握(습득하다, 장악하다)', '写出(써내다)'를 통해 이 연습이 성공적으로 끝났음을 알 수 있다. 따라서 정답은 A일 것이다.
⑥ 도장공은 네 번째 단락에서는 언급되지 않았으므로 B는 정답이 아니다.
⑦ 네 번째 단락의 마지막 부분에 채옹이 성공한 글씨체가 비백체라는 것이 나와 있고 속도가 언급은 되어 있으나 '掌握分寸'은 '적당한 정도를 습득했다'이므로 빠를수록 좋다는 말은 맞지 않아 C는 정답이 아니다.
⑧ D의 내용은 언급되지 않았으므로 정답은 확실하게 A이다.

③ 글의 주제나 제목 찾기

특징	* 네 문제 중 마지막 문제로 출제된다. * 제목이나 글의 소재를 묻는 문제는 문장의 내용을 전체적으로 설명한 것이 정답에 들어가야 하는 것이 일반적이다. * 첫 단락에서 '如何'와 같은 의문사를 사용해 시작된 글은 질문 자체가 제목이 되는 경우가 많다. * 사설과 이야기의 주제는 글의 마지막에 언급되는 경우가 많다. * 이미 앞서 푼 세 문제를 통해 내용을 많이 파악했다면 지문을 다시 확인하지 않아도 풀 수 있는 경우가 많다.
접근 순서	① 주제나 제목을 찾는 문제임을 확인한다. ② 보기를 파악하고 이미 앞의 문제를 통해 습득한 정보로 풀 수 있으면 바로 답을 선택한다. ③ 기존 정보로 풀리지 않는다면 도입부와 마지막 단락만 확인해서 구체적인 내용이 아닌 포괄적인 내용을 확인한다.

예

　　……最终，蔡邕掌握了蘸墨量、用笔力度和行笔速度等方面的分寸，写出了黑中隐隐露白的笔道，使字变得飘逸飞动，别有韵味。4.A 这种字体就是书法界所说的"飞白书"。
　　蔡邕独创的飞白书很快就被推广开来，直到今天，仍被不少书法家所推崇。

4. 上文主要谈的是：
　A 飞白书的由来　　　　　　B 工匠的智慧
　C 中国书法的分类　　　　　D 蔡邕的为官之道

해석　결국 먹을 찍는 양, 붓에 가하는 힘, 붓을 움직이는 속도 등의 방면의 적당한 정도를 습득했고, 검은색 속에서 은은하게 붓의 하얀 흔적이 드러나 글자를 우아하게 만들었다. 이러한 글자체가 바로 서예계에서 말하는 '비백체'이다.
　　채옹의 독특한 비백체는 아주 빠르게 널리 퍼졌고, 오늘날까지 여전히 적지 않은 서예가들의 추종을 받는다.

4. 위의 글이 주로 말하는 것은:
　A 비백체의 유래　　　　　　B 도장공의 지혜
　C 중국 서예의 분류　　　　　D 채옹의 관리가 된 방법

Point　4. ① 질문 '上文主要谈的是(윗글이 주로 말하는 것은)'를 보고 글의 중심소재를 찾는 문제임을 먼저 파악한다.
② 보기의 내용을 파악한다.
③ 도장공이 언급은 되었지만 주인공은 채옹이므로 B의 '도장공의 지혜'는 정답이 아님을 알 수 있다.
④ 채옹이 주인공이나 글자체 연구에 대한 글이므로 D 관리가 된 방법과는 상관이 없음을 알 수 있다.
⑤ 앞서 3번 문제를 풀면서 네 번째 단락의 마지막 문장을 확인했다면 '这种字体就是书法界所说的"飞白书"。(이러한 글자체가 바로 서예계에서 말하는 '비백체'이다)를 확인할 수 있다. 앞의 내용은 새로운 글씨체를 연구한 내용이고 그것이 비백체라고 정의했으므로 이 글은 비백체의 유래에 관한 글임을 알 수 있다. 정답은 A이다.
⑥ 서예와 연관은 있으나 비백체 하나만 언급되었으므로 분류라고 설명할 수 없어 C는 정답이 아니다.

독해 지문 내용 파악을 위한 주요 어휘

为了…… ~를 위해서	뒤에는 '목적'이 이어진다. '为什么……? (왜 ~하는가?)', '目的是什么? (목적이 무엇인가?)'와 같은 질문의 답을 찾을 때 확인해야 한다. 예 **为了**消磨时间，他就站在一旁看了起来。 　　시간을 때우기 위해 그는 한 쪽에 서서 보기 시작했다. → 그가 보기 시작한 이유를 묻는다면 '시간을 때우기 위함'이다.
因为 = 由于 때문에	뒤에는 '원인'이 이어진다. 질문에서 가장 많이 나오는 것이 '원인'이므로 항상 체크하는 습관을 키워야 한다. 예 **因为**不小心，烧瓶"哐当"一声掉在了地上。 　　조심하지 않아서 플라스크가 '쾅당' 소리를 내며 땅에 떨어졌다. → 주인공이 실수로 플라스크를 땅에 떨어뜨린 사건이 일어났음을 알 수 있다.
但是 그러나	'전환'의 접속사로 '虽然(비록)'과 함께 잘 쓰인다. 뒤의 내용에 집중해야 한다. 화자가 하고자 하는 말이나 강조하고 싶은 부분에 쓰는 경우가 많다. 예 **虽然**遮阳伞的涂层可以在内侧也可以在外侧，**但**涂层在内侧的防紫外线效果更佳，这是因为外侧的涂层很容易磨损脱落。 　　양산의 코팅은 안쪽에도 해도 되고, 바깥쪽에 해도 되지만, 안쪽에 코팅을 한 것이 자외선 차단 효과가 더욱 좋다. 이것은 외측의 코팅은 아주 쉽게 마모되어 떨어져 나가기 때문이다. → 코팅을 해야 한다면 안쪽이 더 낫다는 것을 '但' 뒤에서 강조하고 있다. → 만약 안쪽에 코팅을 해야 하는 원인을 묻는 문제가 있다면 '因为' 뒤의 내용을 집중해야 한다.
如何……? 어떻게/어찌하여 ~하는가?	첫 단락에서 언급된다면 글의 화제를 설명하는 경우가 많다. 제목을 묻는 문제에 대한 답의 힌트로 많이 나온다. 예 我们**如何**才能买到真正能防紫外线的伞呢? 　　우리는 어떻게 해야 진정으로 자외선을 차단할 수 있는 양산을 살 수 있는가? → 글의 화제 또는 제목이 '자외선을 차단할 수 있는 양산을 고르는 방법'이라는 것을 알 수 있다.
要注意…… ~하는 것을 주의해야 한다	설명문에서 주로 많이 나오는 표현으로 주의해야 할 사항을 언급한다. 주의사항은 문제로 자주 연결된다.
重要的是…… 중요한 것은 ~이다	중요한 것은 정답과 관계없이 글을 파악하는 기본이다.
不小心…… 조심하지 않아 (실수로) ~하다	이야기에서 주로 사건의 발단을 설명하는 데 쓰인다. 고의가 아니므로 우연찮게 일어난 일임을 설명한다.

才发现…… 그제서야 ~를 발견했다 才能…… (~해야만) 비로소 할 수 있다	발견하거나 할 수 있었던 이유나 과정이 앞에 나온다. 뒤에는 알게 된 사실이나 앞의 과정으로 비로소 해낼 수 있는 결과가 나온다. 앞, 뒤의 내용 모두 문제의 힌트로 나오는 경우가 많으니 주의해야 한다. 예 这**才发现**烧瓶的瓶壁上有一层薄薄的透明膜。 　　그제서야 플라스크의 벽면에 한 층의 두꺼운 투명 막이 있다는 것을 발견하였다. → 그전에는 몰랐던 투명 막이 있다는 사실을 어떤 과정이나 행동을 통해 비로소 발견했음을 알 수 있다.	
否则 그렇지 않으면	앞의 내용은 '~해라/~하지 마라' 어투의 명령이나 권유인 것이 많고, 뒤의 내용으로 그 명령이나 권유를 따르지 않았을 경우에 대한 가정이 오곤 한다. 이 가정은 통상적으로 부정적인 내용이다. 문장을 빨리 파악해야 한다면 앞의 내용만 보면 된다. 예 但要注意，清洗遮阳伞不宜过于频繁，**否则**遮阳伞防紫外线的效果将受到影响。 　　그러나, 주의해야 할 것은 양산을 너무 빈번하게 청소하는 것은 좋지 않다는 것이다. 그렇지 않으면 (자주 청소를 하게 되면), 양산의 자외선 차단 효과에 영향을 받을 것이다. → '但(그러나)', '要注意(주의해야 한다)' 둘 다 문장을 파악하는 주요어휘이므로 뒤의 내용은 중요한 내용을 언급하고 있다는 것을 알 수 있다. → 핵심은 '否则' 앞의 내용인 양산을 빈번하게 청소하지 말라는 것이다.	
相反 반대로	뒤의 내용은 앞과 상반된 내용이 나온다. 앞이나 뒤 둘 중에 한 부분만 이해해도 나머지는 반대의 상황을 떠올리면 되기 때문에 지문을 빨리 파악하는 데 도움을 준다.	
以为…… ~라고 여겼다	그렇게 여겼으나 사실은 다름을 설명할 때 많이 쓰인다. 뒤에 이어지는 내용은 함정으로 나오는 경우가 많으니 보기에서 답으로 고르지 않도록 조심해야 한다.	
最终 최종적으로, 결국에는	최종적인 결과나 상황을 설명하는 데 쓰이는 어휘이기 때문에 사건이나 이야기의 결과를 파악하는 데 도움을 준다.	

실전 PT

학습시간 60분

> 배운 내용을 토대로 접근 순서에 따라 문제유형을 인지하며 풀어보자. (지문 당 4분 안배)

[1-4]

雅马哈是一家著名的钢琴制造公司。经过多年的艰苦努力，该公司控制了整个世界钢琴市场40%的销售量。但与此同时，市场对钢琴的需求量却以每年10%的速度下降，钢琴行业面临危机。雅马哈该以什么样的策略来应对这个严峻的现实呢？

公司经过深入调查和分析后发现，从莫扎特时代开始到现在，钢琴的结构和功能几乎没有变化。而且，现代人由于生活节奏快，对学钢琴的兴趣越来越小，许多钢琴都被闲置在家里或者音乐厅，上面布满了灰尘。

雅马哈的管理者们认识到：此时再进一步扩大钢琴市场占有率已没有任何意义，因为市场需求已趋于饱和。即使产品质量再好、成本再低，也解决不了雅马哈目前面临的问题。他们认为，唯一的出路就是改变钢琴的结构，增加其功能。

于是，雅马哈运用数控技术与光学技术开发了一种先进的装置，钢琴装上这种装置后，可以区分出92种击键的速度和强度，还能精确地记录和重放音乐。客户不用花太多钱就可以让自己的钢琴拥有新的功能。这受到了大部分客户的欢迎，雅马哈从中创收6000亿元。

新型钢琴还激起了一些潜在客户学弹钢琴的兴致。受此影响，钢琴使用指南、钢琴演奏磁带等也成了新的收入增长点。虽然，钢琴行业的潜在市场比想象中要大得多，这一案例充分表明，用全新的眼光来审视现有客户真正的内在需求，挖掘潜在的市场，并以此来制定战略才能够获得持久的发展。

문제1 钢琴行业面临的危机是什么？

A 工人纷纷罢工　　　　B 零件价格上涨
C 恶性竞争频现　　　　D 市场需求量减少

문제2 雅马哈的管理者们认为应该怎么解决那个问题？

A 进行薪酬改革　　　　B 寻求合作伙伴
C 增加钢琴功能　　　　D 削减生产成本

问题3 根据第4段，下列哪项正确？
A 没有厂商愿意续约
B 新型钢琴大受欢迎
C 雅马哈损失惨重
D 钢琴维修费用高

问题4 雅马哈的案例告诉我们：
A 要有品牌意识
B 要善于挖掘潜在市场
C 要勇于承担社会责任
D 要争取留住人才

[5-8]

夏季烈日炎炎、天气酷热，遮阳伞无疑成了许多人必不可少的防晒"武器"。但是面对市场上琳琅满目的遮阳伞，我们如何才能买到真正能防紫外线的伞呢？

俗话说"一分钱一分货"，挑选遮阳伞首先要看价格。一把合格的遮阳伞需要经过特殊的涂层处理，即使采用最普通的材料，成本也得20元左右。价格过低的遮阳伞只能挡住部分阳光，是无法抵挡紫外线的。有些遮阳伞的价格很高，这与伞的面料、配件、制作工艺、包装以及品牌等都有关系。

其次要看是否有涂层处理。遮阳伞的涂层一般有两种颜色——黑色和银色。这两种颜色的涂层都能防紫外线。黑色的可以吸收紫外线，而银色的则有反射和阻挡紫外线的作用。另外，虽然遮阳伞的涂层可以在内侧也可以在外侧，但涂层在内侧的防紫外线效果更佳，这是因为外侧的涂层很容易磨损脱落。此外，遮阳伞的颜色与紫外线防护性能也有关。在同等条件下，遮阳伞的颜色越深，其防紫外线的性能越好。

第三要看面料。一般面料较厚且紧密的遮阳伞防紫外线效果更好，涤纶面料的要比棉、丝和尼龙的好。

正常来说，遮阳伞在雨天也可以使用。不过，由于雨水对遮阳伞的涂层具有腐蚀作用，所以，最好不要在雨天使用遮阳伞。同时，别忘了做好遮阳伞的保养工作。伞面要是脏了，可以用质地较软的清洗工具蘸取清水轻轻擦拭。但要注意，清洗遮阳伞不宜过于频繁，否则遮阳伞防紫外线的效果将受到影响。

问题 5 "一分钱一分货"的意思是：
　　A 商品的价格与质量成正比　　B 消费者购物不够理性
　　C 消费者偏爱包装精美的商品　　D 商家需要加大广告投入

问题 6 关于遮阳伞的涂层，可以知道什么？
　　A 主要起防风的作用　　B 仅一种颜色
　　C 含化学物质　　D 在内侧防护效果更好

问题 7 根据最后一段，下列哪项正确？
　　A 遮阳伞面料越薄越好　　B 涂层不会被腐蚀
　　C 雨伞易生锈　　D 遮阳伞不宜频繁清洗

问题 8 上文主要谈的是什么？
　　A 紫外线对肌肤的伤害　　B 遮阳伞与雨伞的区别
　　C 挑选遮阳伞的窍门　　D 怎样防御紫外线

[9 - 12]

海鸥是一种常见的海鸟。由于分布范围广，种群数量比较稳定，海鸥被评为"无生存危机的物种"。海鸥以鱼、虾和蟹等为食，除此之外，它们还爱拣食人们丢弃的残羹剩饭，故又有"海港清洁工"之称。

海鸥还是海上航行安全的"预报员"。轮船在海上航行时，常因航海者不熟悉水域环境而触礁、搁浅。有经验的航海者往往会根据海鸥的行踪来判断周围的环境。海鸥习惯在暗礁或浅滩周围活动，如果看到它们长时间停落在一处鸣噪，航海者就要提防触礁或搁浅的发生了；海鸥还有沿港口出入飞行的习性，航行迷途的话，航海者可以通过观察海鸥的飞行方向，寻找港口。

另外，海鸥还能预报天气。如果海鸥贴近海面飞行，那么未来几天天气可能晴好；如果它们在海边飞来飞去，那么天气将可能变坏；如果它们远离水面，成群聚集在沙滩上或岩石缝里，则预示着一场暴风雨即将来临。海鸥之所以能预见暴风雨，是因为它的骨骼和翅膀上的羽管都是空心管状的，里面充满了空气，它们就像气压表一样能感知气压的变化。

문제 9. 航海者往往根据什么来判断周围环境？
A 海鸥飞行时的队形　　　　　B 海浪的波动幅度
C 海鸥的行踪　　　　　　　　D 海水温度

문제 10. 海鸥成群聚集在沙滩上可能预示着什么？
A 海潮将要退去　　　　　　　B 暴风雨即将来临
C 可能会发生海啸　　　　　　D 附近会有地震

문제 11. 关于海鸥，可以知道什么？
A 羽管是空心的　　　　　　　B 靠尾巴辨别方向
C 时常攻击航海者　　　　　　D 以海草为食

문제 12. 最适合做上文标题的是：
A 奇妙的海洋世界　　　　　　B 勇敢的航海者
C 海上预报员——海鸥　　　　D 谁来拯救濒危动物

 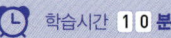

1 岂不是……?　　어찌 ~하지 않겠는가? (반어법= ~이다)

要是能像工匠刷墙一样，让黑笔道里露出些帛或纸的底色来，岂不是更加生动自然吗？
도장공들이 벽을 칠하는 것처럼 검은 글자에 면이나 종이의 바탕색이 드러나게 한다면, 이 어찌 더욱 생동감 있고, 자연스럽지 않겠는가?

2 经过 A 最终 B　　A를 한 끝에, 결국 B하다

经过一段时间的反复练习，最终，蔡邕掌握了蘸墨量、用笔力度和行笔速度等方面的分寸。
한동안의 반복적인 연습 끝에, 결국 먹을 찍는 양, 붓에 가하는 힘 그리고 붓을 움직이는 속도 등 적당한 정도를 습득했다.

3 对 A 起到了……(的)作用　　A에 ~한 작용을 일으켰다

残留物遇空气后发生了反应，从而牢牢地粘贴在瓶壁上，对烧瓶起到了保护作用。
잔여물이 공기를 만난 후에 반응이 발생하면서 플라스크 벽면에 단단하게 붙어 플라스크를 보호하는 작용을 일으켰다.

4 以 A 速度下降　　A의 속도로 떨어지다

市场对钢琴的需求量却以每年10%的速度下降，钢琴行业面临危机。
시장의 피아노에 대한 수요량이 오히려 매년 10%의 속도로 떨어져 피아노 업계는 위기에 부딪혔다.

5 趋于……　　~로 기울어지다, ~로 되다, ~해지다

市场需求已趋于饱和。　　시장의 수요가 이미 포화상태가 되었다.

6 如何才能……?　　어떻게 해야만 (비로소) ~할 수 있는가?

我们如何才能买到真正能防紫外线的伞呢？
우리는 어떻게 해야만 (비로소) 진정으로 자외선을 차단할 수 있는 양산을 살 수 있는가?

7 不宜过于……　　과도하게 ~하는 것은 좋지 않다

清洗遮阳伞不宜过于频繁，否则遮阳伞防紫外线的效果将受到影响。
양산을 너무 빈번하게 청소하는 것은 좋지 않다. 그렇지 않으면(자주 청소를 하게 되면), 양산의 자외선 차단 효과는 영향을 받을 것이다.

8 ……，故又有"A"之称　　~한다. 그래서 'A'라는 별칭도 가지고 있다

它们还爱拣食人们丢弃的残羹剩饭，故又有"海港清洁工"之称。
그들은 사람들이 버린 음식찌꺼기를 잘 주워먹기 때문에 '항구의 청소부'라는 별칭도 가지고 있다.

9 根据 A 来判断……　　A를 근거로 ~를 판단하다

有经验的航海者往往会根据海鸥的行踪来判断周围的环境。
경험 있는 항해사는 늘 갈매기의 행적을 근거로 주위 환경을 판단한다.

10 像 A 一样……　　A처럼 (똑같이) ~하다

它们就像气压表一样能感知气压的变化。　　그들은 마치 기압계처럼 기압의 변화를 감지할 수 있다.

PART 02
부분별 강화

DAY 14 ~ DAY 17

- **어휘PT**   예제와 실전PT의 어휘 미리 보기
- **전략PT**   HSK PT만의 핵심 전략 정리
- **PT시크릿**   기출 핵심 어휘 제시
- **실전PT**   다양한 문제로 실력 다지기
- **기출상식**   시험에 잘 나오는 배경지식 쌓기

Day 14

듣기 제1부분 | 들려주는 녹음과 일치하는 보기 찾기
기출어휘, 나오는 것만 알려주마!

어휘 PT ● Track 14-1 학습시간 1 0 분

문제 1	献血 xiànxuè 동 헌혈하다
	报酬 bàochou 명 급여, 보수
	挽救 wǎnjiù 동 (위험에서) 구해내다
	拯救 zhěngjiù 동 구조하다
	呼吁 hūyù 동 (동정이나 지지를) 구하다, 호소하다
문제 2	正视 zhèngshì 동 똑바로 (쳐다)보다
	适时 shìshí 형 시기가 적절하다
	给予 jǐyǔ 동 (~해)주다 (* 给予反馈 jǐyǔ fǎnkuì 피드백 해주다)
	反馈 fǎnkuì 명 피드백(feedback) 동 (반응이) 되돌아오다 (= 回应 huíyìng)
	通讯工具 tōngxùn gōngjù 명 통신수단, 통신기기
문제 3	适宜 shìyí 동 적절하다, 적합하다
	候鸟 hòuniǎo 명 철새
	支柱产业 zhīzhù chǎnyè 명 기둥 산업
	地势险峻 dìshì xiǎnjùn 지세가 험하다
	植被覆盖率 zhíbèi fùgàilǜ 명 녹지 복개율 [녹지가 덮고 있는 비율]
	迁徙 qiānxǐ 동 옮겨 가다
	聚集 jùjí 동 합류하다, 한데 모이다
문제 4	启迪 qǐdí 동 일깨우다 명 깨우침
	激发 jīfā 동 (감정을) 불러일으키다
	上进心 shàngjìnxīn 명 진취심
	完善 wánshàn 동 완벽하게 하다
	潜移默化 qiányí mòhuà 성 은연 중에 감화되다, 모르는 사이에 닮아가다
	榜样 bǎngyàng 명 모범, 본보기
문제 5	欺骗 qīpiàn 동 속이다, 사기치다
	赞扬 zànyáng 동 칭찬하다
	利诱 lìyòu 동 이익을 미끼로 꼬드기다
	失灵 shīlíng 동 (방법 등이) 효력을 잃다
	终身 zhōngshēn 명 평생
	光芒 guāngmáng 명 빛
문제 6	吃苦 chīkǔ 동 고생하다
	爱面子 ài miànzi 체면을 중시하다
	不算话 búsuàn huà 말에 책임지지 않다 (* 说话不算话 shuōhuà búsuàn huà 책임지지 않을 말을 하다)
	探险家 tànxiǎnjiā 명 탐험가
문제 7	龙骨 lónggǔ 명 선체(배)의 용골 [선체의 뼈대를 이루는 부자재]
	铺设 pūshè 동 배치하다, 깔다
	逆风 nìfēng 명 역풍 동 역풍을 맞으며 가다
	航行 hángxíng 동 (배 따위가) 항해하다
	承重力 chéngzhònglì 무게를 지탱하는 힘, 반력
	步骤 bùzhòu 명 (일이 진행되는) 순서, 절차
	转向 zhuǎnxiàng 동 방향을 바꾸다
	尤为 yóuwéi 부 특히, 유달리
문제 8	脚踏实地 jiǎotà shídì 성 일하는 것이 착실하고 견실하다
	放慢 fàngmàn 동 (속도를) 늦추다
	斩断 zhǎnduàn 동 잘라내다
	侥幸 jiǎoxìng 형 뜻밖의 운수가 좋다 (* 心存侥幸 xīncún jiǎoxìng 요행을 바라다)

 전략 PT  학습시간 30분

제1부분

집중 PT | 학 | 습 | 목 | 표 |
1. 출제될 가능성이 높은 기출 어휘를 더해 제1부분 실력을 탄탄하게 다지기
2. 정답과 연결되는 중요한 어휘들인 만큼 완벽하게 암기해 두기
3. 풍부한 문제 수와 종합적인 문제유형 파악으로 실전감각 익히기

① 근의어를 습득해라!

듣기에서는 지문에 나오는 어휘가 보기에 동일하게 나오는 경우도 있지만 의미가 가깝거나 동의어로 대체되는 경우가 많다. 뜻을 아는 것도 중요하지만 어떤 어휘로 나오든 답을 찾을 수 있게 근의어도 묶어서 정확하게 암기해야 한다.

② 고정격식(패턴)을 연습해라!

어휘만 비슷한 것으로 대체되는 것이 아니라 고정격식의 패턴을 바꾸어서 정답을 찾게 하는 경우도 많다. 고정격식은 어휘처럼 암기했다고 해서 바로 들리는 것이 아니기 때문에 평소에 연습을 많이 해두어야 한다. 다양한 어휘를 넣어서 응용해보는 것도 좋다.

③ 성어, 속담, 인용구를 미리 공부해 두어라!

6급 듣기 제1부분에 출제되는 성어, 속담, 인용구는 비교적 제한적이어서 자주 출제되었던 어휘들 위주로 공부를 해두면 내용 파악하기가 수월해진다. 듣기 제1부분뿐만 아니라 전 영역에 걸쳐 나오는 것이 비슷하므로 확실히 공부해 두어야 한다.

1. 빈출됐던 근의어

○ Track 14-2

빈출 어휘	근의어
反馈 fǎnkuì 피드백 하다	回应 huíyìng 반응을 보여주다
增加 zēngjiā 증가시키다	提高 tígāo 향상시키다
三分 sān fēn 3할	百分之三十 bǎi fēn zhī sānshí 30%
天赐 tiāncì 하늘이 주다	天生 tiānshēng 타고나다
弱点 ruòdiǎn 약점	缺点 quēdiǎn 단점
流动 liúdòng 유동적이다	不固定 bú gùdìng 고정적이지 않다

举一反三 jǔyī fǎnsān 하나를 알면 열을 알다	触类旁通 chùlèi pángtōng 하나를 알면 열을 알다
弯 wān 굽이	弯道 wāndào 굽이진 길
缓解压力 huǎnjiě yālì 스트레스를 완화시키다	减压 jiǎnyā 스트레스를 줄이다
饮用 yǐnyòng 음용하다	喝 hē 마시다
危害 wēihài 해롭다	危险 wēixiǎn 위험하다
观察 guānchá 관찰하다, 자세히 살펴보다	检验 jiǎnyàn 검증하다, 검열하다
动手 dòngshǒu 착수하다	开始做 kāishǐ zuò 시작하다
需求 xūqiú 필요로 하는 것	想要的 xiǎngyào de 하고 싶은 것, 원하는 것
灵机一动 língjī yídòng 임기응변하다	机智 jīzhì 기지를 발휘하다
风趣 fēngqù 재미있다	幽默 yōumò 유머러스 하다
无援 wúyuán 도움이 없다	没有帮助 méiyǒu bāngzhù 도움이 없다
振奋 zhènfèn 기운 내다	振作精神 zhènzuò jīngshen 사기를 진작시키다
著名 zhùmíng 유명하다	蜚声 fēishēng 명성을 떨치다

2. 기출에 자주 출제된 구문 패턴

● Track 14-3

빈출 구문 패턴	같은 표현
B由A举办 B yóu A jǔbàn B는 A가 주최하다	A主办B A zhǔbàn B A가 B를 주최하다
尽量别…… jǐnliàng bié…… 가능한 ~하지 마라	不适宜…… bú shìyí…… ~하는 것은 적절하지 않다
比A高 bǐ A gāo A보다 높다	高于A gāoyú A A보다 높다
展示A zhǎnshì A A를 전시하다	展品中有A zhǎnpǐn zhōng yǒu A 전시품 중에 A가 있다
应该具备A的能力 A한 능력을 갖추어야 한다 yīnggāi jùbèi A de nénglì	要学会A yào xuéhuì…… ~할 줄 알아야 한다
对A有利 duì A yǒulì A에 이롭다	有助于A yǒuzhùyú A A에 도움이 된다
合理地…… hélǐ de…… 합리적으로 ~하다	科学地…… kēxué de…… 과학적으로 ~하다
疯狂地…… fēngkuáng de…… 미친 듯이 ~하다	……速度非常快 ~하는 속도가 매우 빠르다 ……sùdù fēicháng kuài

3. 기출에 자주 출제된 속담/성어/인용구

Track 14-4

빈출 속담/성어/인용구	정답으로 나온 핵심 내용
留得青山在，不怕没柴烧。 Liúdé qīngshān zài, búpà méi cháishāo. 푸른 산을 남겨두면 땔감 땔 나무가 없을까 두렵지 않다. → 근본적인 것이 충실하면 걱정할 것 없다.	只要还有生命，就有将来和希望。 Zhǐyào háiyǒu shēngmìng, jiù yǒu jiānglái hé xīwàng. 살아만 있어도 장래와 희망은 있다.
磨刀不误砍柴工。 Mó dāo bú wù kǎn cháigōng. 칼을 갈아두면 나무를 베는 시간이 지체되지 않는다. → 미리 준비를 해두면 일이 순조로워진다.	提前准备。　미리 준비하다. Tíqián zhǔnbèi.
车到山前必有路。 Chē dào shān qián bì yǒu lù. 차가 산 앞까지 이르면 반드시 길이 있다. → 일정한 시간이 지나면 결국 해결할 방법이 생긴다.	总会有解决的办法。　결국에는 해결할 방법이 생긴다. Zǒng huì yǒu jiějué de bànfǎ.
一个篱笆三个桩，一个好汉三个帮。 Yí ge líba sān ge zhuāng, yí ge hǎohàn sān ge bāng. 하나의 울타리에는 세 개의 말뚝, 한 명의 대장부는 세 명의 도움이 필요하다. → 혼자서는 할 수 없다.	需要别人的帮助。　다른 사람의 도움이 필요하다. Xūyào biérén de bāngzhù.
好钢要用在刀刃上。　좋은 철은 칼날에 써야 한다. Hǎo gāng yào yòng zài dāorèn shang. → 적재적소에 써야 한다.	东西要用在关键的地方。 Dōngxi yào yòng zài guānjiàn de dìfang. 물건은 (그에 맞는) 중요한 곳에 써야 한다.
长江后浪推前浪。 Cháng Jiāng hòulàng tuī qiánlàng. 창강(양자강)의 뒷 물결이 앞 물결을 밀다. → 끊임없이 세대교체를 하다.	新人新事代替旧人旧事。 Xīnrén xīnshì dàitì jiùrén jiùshì. 새로운 사람이나 일이 옛사람과 옛일을 대체하다.
冰冻三尺非一日之寒。 Bīngdòng sān chǐ fēi yí rì zhī hán. 얼음 3척은 하루의 추위로 되는 것이 아니다. → 어떤 일이든 긴 시간을 거쳐 형성된다.	经过长时间积累。　긴 시간을 거쳐서 쌓이다. Jīngguò cháng shíjiān jīlěi.
前三分钟定终身。　앞의 3분이 평생을 결정짓는다. Qián sān fēnzhōng dìng zhōngshēn. → 처음이나 시작 부분이 중요하다.	第一印象很重要。　첫인상이 중요하다. Dì yī yìnxiàng hěn zhòngyào.
笨鸟先飞。　멍청한 새는 먼저 난다. Bènniǎo xiānfēi. → 부족한 사람은 먼저 준비를 해야 한다.	应该早做准备。　일찍 준비해야 한다. Yīnggāi zǎozuò zhǔnbèi.

亡羊补牢。　양을 잃고 우리를 보수하다. Wángyáng bǔláo. → 문제가 발생했지만 바로 보완하여 더 큰 문제가 생기지 않게 하다.	问题及时采取补救措施。 Wèntí jíshí cǎiqǔ bǔjiù cuòshī. 문제는 제때에 보완조치를 취해야 한다.
宰相肚里能撑船。　재상의 뱃속은 배도 저을 수 있다. Zǎixiàng dù lǐ néng chēngchuán. → 도량이 넓다.	一个人很有度量。　사람이 도량이 넓다. Yí ge rén hěn yǒu dùliàng.
人无远虑必有近忧。 Rén wú yuǎnlǜ bìyǒu jìnyōu. 사람은 멀리 있는 앞일을 고려하지 않으면 가까운 시일에 우환이 생긴다. → 멀리 내다봐야 한다.	眼光要长远。　장기적인 안목이 있어야 한다. Yǎnguāng yào chángyuǎn.
百尺竿头更进一步。　백척간두에서 다시 한 발 내딛다. Bǎichǐ gāntóu gèng jìnyíbù. → 이미 대단한 경지에 이르렀지만 더욱 분발하고 노력하다.	达到很高程度，继续争取。 Dádào hěn gāo chéngdù, jìxù zhēngqǔ. 높은 정도에 이르렀지만 계속 애쓰다.
尽信书不如无书。　책만 믿는 것은 책이 없는 것만 못하다. Jìn xìn shū bùrú wú shū. → 책의 지식이 전부가 아니다.	要学会独立思考。　독립적으로 사고할 줄 알아야 한다. Yào xuéhuì dúlì sīkǎo.
忍一时风平浪静，退一步海阔天空。 Rěn yìshí fēngpíng làngjìng, tuì yíbù hǎikuò tiānkōng. 한순간을 참으면 풍랑이 잔잔해지고, 한 걸음 물러나면 바다와 하늘이 끝없이 넓어진다. → 한순간 참으면 일이 더욱 쉽게 해결된다.	要宽容他人。　타인에게 관용을 베풀어야 한다. Yào kuānróng tārén.

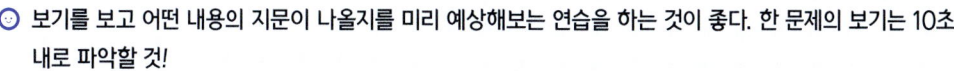

● 보기를 보고 어떤 내용의 지문이 나올지를 미리 예상해보는 연습을 하는 것이 좋다. 한 문제의 보기는 10초 내로 파악할 것!

문제 1
A 献血有年龄限制
B 这次活动由中国主办
C 献血有报酬
D 这次活动推迟了

문제 2
A 要积极回应面试官
B 要避免正视面试官
C 要提前到达面试场所
D 面试时着装要正式

문제 3
A 秦皇岛适宜候鸟聚集
B 渔业是秦皇岛的支柱产业
C 秦皇岛地势险峻
D 秦皇岛植被覆盖率低

문제 4
A 文学能给人以启迪
B 道德教育是第一位
C 教育要激发人的学习兴趣
D 学校要安排音乐课

문제 5
A 不能欺骗孩子
B 威胁不是管教方法
C 赞扬对男孩子更有效
D 赞扬让孩子充满自信

문제 6
A 儿子不怕吃苦
B 爸爸很爱面子
C 儿子想吃冰激凌
D 爸爸说话不算话

문제 7
A 龙骨缩小了船的侧面面积
B 龙骨的铺设不利于逆风航行
C 龙骨提高了船的承重力
D 龙骨设于船的顶部

문제 8
A 做事要脚踏实地
B 要学会放慢脚步
C 要勇于斩断自己的退路
D 做事要给别人留有余地

독해 제1부분 | 틀린 문장 찾기
빈출 오용만 파악해도 정답이 보인다!

어휘 PT

학습시간 10분

문제 1
- 推出 tuīchū 동 출시하다
- 礼盒 lǐhé 명 선물세트
- 雕刻 diāokè 명 조각품
- 风筝 fēngzheng 명 연
- 栩栩如生 xǔxǔ rúshēng 성 살아있는 것 같이 생생하다

문제 2
- 均 jūn 부 모두, 다 (= 都 dōu)
- 非凡 fēifán 형 보통이 아니다 (* 非凡的成就 fēifán de chéngjiù 엄청난 성취)
- 远行 yuǎnxíng 동 먼 길을 가다

문제 3
- 招商 zhāoshāng 동 (기업의) 투자를 유치하다
- 一经 yìjīng 부 ~하자마자 (* '就'와 호응)
- 泄露 xièlòu 동 (비밀을) 폭로하다
- 节奏 jiézòu 명 리듬, 흐름

문제 4
- 眼光 yǎnguāng 명 안목
- 压岁钱 yāsuìqián 명 세뱃돈
- 长辈 zhǎngbèi 명 연장자 (→ 晚辈 wǎnbèi 손아랫사람)
- 寓意 yùyì 명 (언어의) 함축된 의미
- 迫不及待 pòbù jídài 성 (심정이) 절박하다

문제 5
- 土生土长 tǔshēng tǔzhǎng 성 현지에서 나고 자라다
- 宗教 zōngjiào 명 종교
- 分歧 fēnqí 명 불일치 형 어긋나다
- 林立 línlì 동 빽빽이 늘어서다 (* 高楼林立 gāolóu línlì 고층건물이 즐비하다)
- 奢侈 shēchǐ 형 사치스럽다

문제 6
- 黄昏 huánghūn 명 황혼, 해질 무렵
- 钻进 zuànjìn 동 파고들다
- 停顿 tíngdùn 동 잠시 멈추다
- 平凡 píngfán 형 평범하다

문제 7
- 善待 shàndài 동 잘 대하다, 우대하다
- 宽容 kuānróng 형 너그럽게 받아들이다
- 倘若 tǎngruò 접 만약 (= 若 ruò = 如果 rúguǒ)
- 水库 shuǐkù 명 저수지, 댐
- 航运 hángyùn 명 수상 운수업
- 防洪供水 fánghóng gōngshuǐ 명 홍수 방지와 용수 공급
- 奠基人 diànjīrén 명 창시자 [초석을 다진 사람]

문제 8
- 地处 dìchǔ 동 ~에 위치하다
- 闻名遐迩 wénmíng xiá'ěr 명성이 두루 알려져 있다
- 香郁 xiāngyù 향이 짙다
- 著称于世 zhùchēng yúshì 세상에 이름나다
- 遗产 yíchǎn 명 유산
- 丢失 diūshī 동 잃다

제1부분

집중 PT | 학 | 습 | 목 | 표 |

1. 기출문제에 출현했던 오용을 종류별로 핵심만 파악하기
2. 틀린 유형(정답)만 파악해 더 쉽게 정답에 접근하기
3. 다양한 문제들로 실전감각 익히기

① 어휘가 잘못 사용된 경우

어휘가 잘못 사용된 경우는 오용 어휘의 범위가 넓기 때문에 정답을 찾기가 쉽지가 않다. 기출문제에 출현했던 어휘들의 특징들을 습득해 어떤 어휘들이 주로 잘못 사용되었는지를 파악해야 한다.

② 어순이 잘못된 경우

술어 앞에 항상 위치해야 하는 부사나 명사 앞에 위치해야 하는 관형어 외에도, 어휘의 특징들을 습득해 어순이 잘못된 경우를 빨리 파악할 수 있어야 한다. 기출문제의 예를 통해 주로 오용이 되는 어순을 파악해야 한다.

③ 어휘 남용의 경우

어휘가 남용되는 경우는 술어 역할의 어휘가 두 개가 있거나 두 어휘의 의미가 중복되는 경우, 쓸데없는 성분이 더 있는 경우 등으로 나뉜다. 기출문제의 어휘들을 습득해 어휘 남용의 유형을 파악해야 한다.

④ 잘못된 호응의 경우

어휘들이 호응이 안 되는 경우를 파악하기 위해서는 주로 주어와 술어, 술어와 목적어가 호응을 하는지 확인해야 한다. 기출문제의 예를 통해 어떤 호응을 주의해야 하는지 파악해야 한다.

1. 어휘가 잘못 사용된 경우

어휘와 특징	예문
在 ~에서 → 뒤에는 사람이 전치사의 목적어로 올 수 없다.	在客人提供 (×) 给客人提供 (○) 손님에게 제공하다
迫不及待地 절실하게 → 절실한 마음을 꾸며주고 동작동사를 꾸밀 수 없다.	迫不及待地长大 (×) 迫不及待地希望 (○) 절실하게 바라다

어휘와 특징	예문
何况 하물며 → 앞절에 쓰이지 않고, '那么(그러면)'와 호응하지 않는다.	何况这些东西丢失了，那么精神个性就没有了 (×) 如果这些东西丢失了，那么精神个性就没有了 (○) 만약에 그것들을 잃으면, 그러면 정신과 개성이 바로 없어진다
领地 영토 → 땅을 나타내는 어휘로 '文学(문학)'의 수식을 받지 못한다.	在文学领地中 (×) 在文学领域中 (○) 문학 영역에서
能 ~할 수 있다 → '(능력이 되거나 상황·허락을 받아) 할 수 있다'는 뜻으로 근거로 인한 결론을 내릴 수 없다.	能说广阔的视野 (×) 可以说拥有广阔的视野 (○) 광활한 시야를 가지고 있다고 말할 수 있다
不是 ~이 아니다 → 접속사로는 '但是'와 호응하지 않고, 'A가 아니라 B이다'는 '不是A而是B'이다.	不是瞬间，但是过程 (×) 不是瞬间，而是过程 (○) 순간이 아니라 과정이다
随 (~에) 따라서 → 행동이나 절 앞에 쓰여 동작, 행위, 사건 등의 발생이 의지하는 조건에 쓰인다. 사람에 쓰이지 않는다.	随着很多人度过童年 (×) 伴随着很多人度过童年 (○) 많은 사람들과 함께 어린 시절을 보냈다
逃避 피하다 → 주로 원하지 않거나 접촉하기 어려운 상황에 쓰인다. '现实(현실)'와 자주 쓰이고, 행위에는 쓰이지 않는다.	逃避多次加热 (×) 避免多次加热 (○) 여러 번 가열하는 것을 피하라
功能 기능 → 사물이나 방법이 발휘하는 유리한 작용을 의미하고, 주로 인체기관이나 장기의 기능을 나타낼 때 쓰인다.	他的功能 (×) 他的功劳 (○) 그의 공로
'把'자문과 '让'자문 → '把'자문의 '동작(溜走)'의 주체는 '把' 앞의 명사이고, '让'자문의 '동작(溜走)'의 주체는 '让' 뒤의 명사이다.	把机会从手中溜走 (×) 让机会从手中溜走 (○) 기회가 손에서 달아나게 만든다 → 기회가 달아나는 것이다

2. 어순이 잘못된 경우

어휘와 특징	예문
开始 시작하다 → 술어 → 주어인 '万物(만물)'보다 뒤에 위치해야 한다.	开始万物复苏 (×) 万物开始复苏 (○) 만물이 소생하기 시작하다
无疑 틀림없이 → 부사어 → 술어인 '是(~이다)'보다 앞에 위치해야 한다.	是无疑很奢侈的 (×) 无疑是很奢侈的 (○) 틀림없이 사치스러운 것이다

其实非常困难 사실 매우 어렵다 → 술어 → 주어인 '去完成一件事情(한 가지 일을 완성하는 것)' 뒤에 위치해야 한다.	其实非常困难去完成一件事情 （X） 去完成一件事情其实非常困难 （O） 한 가지 일을 완성하는 것은 사실 매우 어렵다	
之一 ~중의 하나 → 명사구 마지막에만 올 수 있다. '秘诀(비결)' 뒤에 위치해야 한다.	保持年轻的之一秘诀 （X） 保持年轻的秘诀之一 （O） 젊음을 유지하는 비결 중의 하나	
农田里的 논밭의 → 관형어 → 관형어로, 관형어는 명사 앞에 위치해야 한다.	害虫农田里的 （X） 农田里的害虫 （O） 논밭의 해충	
用 쓰다 → '方法(방법)'를 목적어로 취하는 동사이기 때문에 '方法'보다는 앞에 위치해야 한다.	人们在石头上刻画符号的方法用以记事 （X） 人们用在石头上刻画符号的方法以记事 （O） 사람들은 돌 위에 부호를 새기는 방법으로 일을 기록했다	
明显 분명하다 → 부사어 → 동사와 함께 쓰인 경우, 부사어(분명히)로서 동사 '加快(속도를 올리다)' 앞에 위치해야 한다.	加快明显起来 （X） 明显加快起来 （O） 분명히 속도가 빨라지기 시작했다	

3. 남용(의미 중복, 성분 남용)인 경우

남용으로 틀린 경우	남용이 된 이유			
就是即	A就是B A는 바로 B이다	=	A即B A는 바로 B이다	
在于是	原因在于A 원인은 A에 있다	=	原因是A 원인은 A이다	
仿佛像	A仿佛B A는 B와 같다	=	A像B A는 B를 닮았다	
有损害健康	有害健康 건강을 해친다	=	损害健康 건강에 해롭다	
很老老实实	老老实实 매우 정직하다	=	很老实 매우 정직하다	
是呈现出	A是……的景象 A는 ~한 정경이다	=	A呈现出……的景象 A는 ~한 정경을 나타낸다	
任何每个人	任何一个人都 어떠한 사람 모두	=	每一个人都 매사람 모두	
要……非常重要	要…… ~해야 한다	=	……非常重要 ~하는 것이 매우 중요하다	
从小很早	从小 어려서부터	=	很早 일찍이	
商量商量一下	商量商量 상의 좀 해보다	=	商量一下 상의 좀 해보다	

4. 잘못 호응된 문장 올바르게 고치기

잘못된 호응	올바른 호응의 예
他的病已经恢复了健康 (×) 그의 병은 이미 건강을 회복했다 → 그가 병을 회복한 거지, 병이 건강을 회복할 수 없다.	他的病已经好了 그의 병은 이미 좋아졌다 他恢复了健康 그는 건강을 회복했다
扩大了普及速度 (×) 보급 속도를 확대시켰다 → 속도는 늦추거나 올릴 수 있는 대상이지, 확대의 대상이 아니다.	扩大了普及范围 보급 범위를 확대시켰다 提高了普及速度 보급 속도를 높였다
应聘这个职位需要有相关经验的人 (×) 이 직위에 지원하는 데는 관련 경력이 있는 사람을 필요로 한다 → 직위에 지원하는 데 필요한 것은 조건이지, 사람이 아니다.	应聘这个职位需要有相关经验 이 직위에 지원하는 데는 관련 경력이 있어야 한다 这个职位需要有相关经验的人 이 직위는 관련 경력이 있는 사람을 필요로 한다
凝聚了参观者 (×) 참관자들을 응집시켰다 → 사람은 응집시킬 수 없다.	凝聚了力量 힘을 응집시켰다 吸引了参观者 참관자들을 매료시켰다
深秋的香山是……的好时候 (×) 늦가을의 시앙산은 ~한 좋은 때이다 → 장소를 '때'라고 정의할 수 없다.	深秋的香山是……的好地方 늦가을의 시앙산은 ~한 좋은 곳이다 香山的深秋是……的好时候 시앙산의 늦가을은 ~한 좋은 때이다
提高和丰富了我们的知识 (×) 우리의 지식을 향상시키고 풍부하게 했다 → 지식은 풍부하게는 할 수 있으나 향상시킬 수 있는 대상은 아니다.	丰富了我们的知识 우리의 지식을 풍부하게 했다 提高了我们的知识水平 우리의 지식 수준을 향상시켰다
他的祖籍是江苏泰州人 (×) 그의 고향은 장쑤 타이저우 사람이다 → 고향은 사람이 될 수 없다.	他的祖籍是江苏泰州 그의 고향은 장쑤 타이저우이다 他是江苏泰州人 그는 장쑤 타이저우 사람이다

▶ 정답 및 해설 93p

학습시간 2 0 분

◉ 접속사 빈출어휘에 집중하고, 문장성분을 나누어 오류나 남용이 있는지 확인하는 것이 좋다. (각 문제당 1분 안배)

문제 1 A 春节前夕，许多厂家都推出了物美价廉的节日礼盒。
B 南通拥有红木雕刻，板鹞风筝等多种特色传统工艺品。
C 这个雕刻栩栩如生，体会了人与自然的和谐统一。
D 人生假如走错了方向，停止就是进步。

문제 2 A 世上只有想不通的人，没有走不通的路。
B 苏轼在文学和书画领地中均取得了非凡的成就。
C 在中国民歌的宝库中，陕北民歌有其独特的地位。
D 人生就是一次远行，每个人都在不断地寻找着属于自己的远方。

문제 3 A 这则招商广告一经登出，立刻不少企业关注。
B 要么读书，要么旅行，身体和灵魂必须有一个在路上。
C 这次海上石油泄漏对当地渔业产生了严重影响。
D 在现代社会的高效率、快节奏下，上班族的午餐常吃得太过简单、匆忙。

문제 4 A 其实，用新的眼光去观察比观察新事物更为重要。
B 那位教练来了以后，他们队的水平得到了明显的提高。
C 给压岁钱是长辈对晚辈的一种关爱，含有平安吉祥的寓意。
D 孩子们常常希望自己迫不及待地长大，而当他们长大后又开始怀念童年。

문제 5 A 道教是在中国土生土长的一种宗教。
B 要改变一个人，首先要改变你对他的看法。
C 我们应该把分歧放在一边，一起为共同的目标而努力。
D 在高楼林立的都市里，能有一个独立的小院子，是无疑很奢侈的。

문제 6　A 不同的地理环境、历史传统等使各地的建筑呈现出不同的风格。
B 天已近黄昏，太阳慢慢地钻进了厚厚的云层。
C 他回答这个问题时停顿了一下，说明他可能对自己的答案不太确定得好。
D 护林员每天都重复做着同样的工作，他们虽然平凡，责任却重大。

문제 7　A 人应该善待自己，善待自己的最好方法是善待别人，善待别人的最好方法是宽容别人。
B 读了大半辈子书，倘若有人问我怎么选择一本书，我一定会毫不犹豫地回答：快乐是基本标准。
C 即将建成的水库，不仅能促进本地区工农业的发展，改善航运条件，而且还能起到防洪供水、调节气候的作用。
D 大禹治水的故事家喻户晓，但人们多是把大禹看做一个治水的英雄，实际上大禹最大的功能是，他是中国第一个民族国家——夏王朝的奠基人。

문제 8　A 苏州地处温带，四季分明，气候温和，物产丰富，是闻名遐迩的"鱼米之乡"。
B 以"色绿、香郁、味甘、形美"而著称于世的龙井茶，在历史上留下了不少神奇的传说。
C "种瓜得瓜，种豆得豆。"比喻做了什么事就会得到什么样的结果，付出多少努力就会收获多少成果。
D 城市原住民的生活和风俗传统这些非物质文化遗产的保护非常重要。何况这些东西丢失了，那么城市最重要的精神个性就没有了。

쓰기 ⑬ | 글 요약하기
시간 흐름으로 요약하기 I - 실전분량(1,000자) 훈련하기!

어휘 PT

학습시간 1 0 분

연습

捐助 juānzhù [동] 후원하다

反倒 fǎndào [부] 오히려

爱心人士 àixīn rénshì [명] 후원자

新奇 xīnqí [형] 신기하다

习以为常 xíyǐ wéicháng [성] 예사로운 일이 되다

理所当然 lǐsuǒ dāngrán [성] 도리로 보아 마땅하다

往常 wǎngcháng [명] 평상시

领回 lǐnghuí [동] 되돌려 받다

随口 suíkǒu [부] 입에서 나오는 대로 (* 随口问 suíkǒu wèn 아무렇게나 묻다)

统计 tǒngjì [동] 합산하다, 통계하다

委员 wěiyuán [명] (위원회의) 위원

低头不语 dītóu bùyǔ 머리를 숙이고 말을 하지 않다

粉条 fěntiáo [명] (식재료) 당면

附上 fùshàng [동] 함께 동봉하여 보내다

忙完 mángwán 바쁜 일이 끝나다

出于 chūyú [동] ~에서 나오다 (* 出于责任 chūyú zérèn 책임감에서 나오다)

番 fān [양] 회, 차례, 번, 바탕 [동작의 횟수를 세는 단위]

触动 chùdòng [동] (감정을) 건드리다

心安理得 xīn'ān lǐdé [성] 자기 합리화하여 편안해하다

可取 kěqǔ [동] 받아들일 만하다, 바람직하다

❶ 시간의 흐름에 따라 글을 파악해라!

요약하기에서 반드시 들어가야 하는 내용 중 하나가 사건의 시간 설명이다. 큼지막한 사건을 기준으로 암기하는 방법도 좋지만, 시간의 흐름에 따라 사건이 정확하게 구분되는 내용인 경우에는 시간 변화를 파악해 그 시간마다 발생된 사건을 기억하는 것이 훨씬 쉽다. 어떤 방법으로 정리하는지 오늘의 예문을 통해 연습해 두자.

❷ 과감하게 삭제해라!

맥락과 상관없이 기억나는 내용을 다 쓰다 보면 흐름이 없어져서 마무리 짓기 어려운 경우가 많다. 기본 줄거리를 잡으면 상관없는 에피소드는 과감하게 삭제해야 한다.

❸ 기본적인 어법패턴을 습득해라!

자주 쓰이는 어법패턴은 확실하게 암기해서 언제든지 응용할 수 있게 습득해놓아야 기본 줄거리만 가지고도 내용을 채울 수 있다. 매번 연습 때마다 모범적인 문장과 패턴은 확실하게 암기해야 한다.

- 파트2에서는 파트1에서 배웠던 것을 기억하여 시험과 동일하게 훈련해보는 연습을 해보자. 특히 시간 흐름을 잡아 요약하는 능력을 키우기 위해 시간 어휘에 주목하여 읽어본다. 아래 원문을 10분 동안 시간을 재서 읽은 후, 학습서 부록 원고지에 옮겨 써보자. (원고지는 학습서 403p에)
- 요약 학습을 할 때에는 앞에서 배워온 요약의 기술을 참고하여 직접 요약해보자.

  文静是一所希望小学的学生，她所在的学校每年都会收到来自社会的大量捐助。由于爱心人士的捐助，文静所在的学校各方面的条件反倒比较好。
  一开始，文静和同学们对爱心人士捐助的东西都感到很新奇，而且收到捐助的物品后还会给爱心人士写信表示感谢。然而，时间一长，他们渐渐地对接受捐助这件事习以为常了，也不再写感谢信了。在他们看来，接受捐助成了理所当然的事。
  一天，文静所在的班级来了一位新班主任，也就是刚从师范大学毕业的李老师。李老师刚来不久，这所希望小学又收到了大量捐助的物品。文静还是像往常一样，从学校教务处领回图书和文具就分发给了大家。李老师看到这些东西后，就随口问道："这些都是别人捐助的吗？"同学们回答道："是的。"李老师接着又问："每年都会有捐助吗？"同学们说："是的，而且还很多呢！"
  "那你们是怎么处理这些捐助物品的呢？"李老师随手拿起一本捐来的书问同学们。"很简单，统计一下，然后就分给大家。"文静回答。文静是班上的学习委员，负责做这件事。"那你们有没有对捐助这些东西的爱心人士表示感谢呢？"李老师问道，"以前写过感谢信。""那现在呢？"听到这句话，同学们都低头不语。
  看到同学们的反应，李老师就知道了答案。他想了想，说："今天下午，我们去做一件事：给帮助过我们的爱心人士寄一些礼物。"
  当天下午，李老师就带着同学们出发了。他们先到了一家粉条店，买了很多粉条。然后，李老师又领着同学们到邮局，把这些粉条分成几份分别寄给了爱心人士，而且还都附上了感谢信。文静和同学们都没有想到寄东西会这么麻烦。等他们忙完这些回到学校，天已经黑了。
  第二天上课时，李老师问同学们："昨天我们只是给爱心人士寄了份礼物就用了一下午的时间，那么大家想一想，他们给我们寄图书和文具会花多长时间呢？"有的同学说也要一下午，有的说得一天，因为还要去选购图书和文具……
  李老师说道："是的，从决定捐助我们到捐助完成至少也要一天的时间，可是我们连给人家写感谢信的时间都没有吗？别人捐助我们是因为他们有爱心，并不是出于责任和义务！而我们接受别人的帮助就应该心存感激。"说完这番话，李老师才开始上课。
  这件事给了文静和同学们很大的触动，从那以后，他们都会定期给这些捐助自己的爱心人士写信表示感谢，因为他们都明白了一个道理：接受别人的帮助却不表示感谢，甚至还心安理得，是非常不可取的。

요약

● 시간의 흐름에 맞춰 대략적인 내용 기억하기

	시간의 흐름	대강의 내용
1	시작 [첫 문단]	– 원찡의 학교가 후원을 받는 이야기
2	一开始 처음에는	– 원찡과 친구들이 처음에는 감사함을 느끼고 감사편지를 씀 – 얼마 되지 않아 익숙해져서 더 이상 감사편지를 쓰지 않음
3	一天 하루는	– 새로운 담임선생님으로 리 선생님이 오심 – 얼마 되지 않아 학교에 후원물품이 와서 원찡이 학생들에게 나누어 줌
4	李老师看到这些东西后 선생님이 이 물건들을 보고	– 선생님이 후원자에게 감사를 표하냐고 물어봤으나 학생들은 고개를 들지 못함
5	当天下午 그날 오후에	– 학생들을 데리고 당면을 사서 감사의 편지와 함께 후원자들에게 부침
6	第二天上课时 이튿날 수업 때	– 리 선생님은 학생들에게 도움을 받으면 고마움을 지녀야 한다고 말함
7	从那以后 그 이후부터	– 학생들은 정기적으로 후원자들에게 감사편지를 보냄 – 도움을 받으면 감사를 표해야 함을 깨달음

STEP 1 요약의 기술– 첫 번째 단락 요약

　　文静是一所希望小学的学生，她所在的学校每年都会收到来自社会的大量捐助。由于爱心人士的捐助，文静所在的学校各方面的条件反倒比较好。

　원찡은 한 희망초등학교의 학생이고, 그녀가 있는 학교는 매년 사회에서 보낸 대량의 후원물품을 받는다. 후원자들의 후원물품 때문에 원찡이 있는 학교의 각 방면의 조건은 오히려 비교적 좋다.

　원찡은 한 희망초등학교의 학생이고, 그녀가 있는 학교는 매년 사회에서 보낸 대량의 후원물품을 받는다. 그래서 원찡의 학교 각 방면의 조건은 모두 좋다.

Point　1. 첫 번째 단락은 도입부로, 되도록 원문에 가깝게 쓰는 것이 뒤에서 설명을 줄이기 좋다.
　　　　2. '捐助(후원물품)'라는 단어가 중복된 부분은 빼도 좋다.
　　　　3. 내용상 필요하지 않은 수식어들은 빼는 것이 좋다.

STEP 2 요약의 기술– 두 번째 단락 요약

　　一开始，文静和同学们对爱心人士捐助的东西都感到很新奇，而且收到捐助的物品后还会给爱心人士写信表示感谢。然而，时间一长，他们渐渐地对接受捐助这件事习以为常了，也不再写感谢信了。在他们看来，接受捐助成了理所当然的事。

　처음에는 원찡과 친구들은 후원자들이 보내는 물건들이 신기했고, 후원물품을 받고 나면 후원자들에게 편지를 써 감사를 표했다. 그러나, 시간이 지나자, 그들은 점점 후원 받는 이런 일이 예사로운 일이 되면서 더 이상 감사편지도 쓰지 않게 되었다. 그들이 보기에는 후원물품을 받는 것이 당연한 일이 되었다.

　처음에는 원찡과 친구들이 모두 신기해했고, 게다가 감사편지를 썼다. 그런데, 시간이 지나자, 그들은 후원에 대해 익숙해졌고, 감사편지도 쓰지 않았다.

Point
1. 앞에서 언급된 후원자들의 물품은 언급하지 않아도 된다.
2. '写信表示感谢(편지를 써 감사를 표했다)'라는 것은 '감사의 편지를 썼다'로 바꾸는 것이 간단하다.
3. '후원받는다'는 내용이 첫 단락에서 중요한 사건으로 언급되었으므로 화제 전환이 없다면 계속해서 주요 사건으로 중복해서 쓸 필요 없다.
4. '후원이 예사로운 일이 되었다'가 있기 때문에 후원물품을 받는 것이 당연한 일이 되었다는 말을 뒤에서 다시 언급할 필요가 없다.

STEP 3 요약의 기술 – 세 번째, 네 번째 단락 요약

一天，文静所在的班级来了一位新班主任，也就是刚从师范大学毕业的李老师。李老师刚来不久，这所希望小学又收到了大量捐助的物品。文静还是像往常一样，从学校教务处领回图书和文具就分发给了大家。李老师看到这些东西后，就随口问道："这些都是别人捐助的吗？"同学们回答道："是的。"李老师接着又问："每年都会有捐助吗？"同学们说："是的，而且还很多呢！"

"那你们是怎么处理这些捐助物品的呢？"李老师随手拿起一本捐来的书问同学们。"很简单，统计一下，然后就分给大家。"文静回答。文静是班上的学习委员，负责做这件事。"那你们有没有对捐助这些东西的爱心人士表示感谢呢？"李老师问道，"以前写过感谢信。""那现在呢？"听到这句话，同学们都低头不语。

看到同学们的反应，李老师就知道了答案。他想了想，说："今天下午，我们去做一件事：给帮助过我们的爱心人士寄一些礼物。"

하루는 원찡이 있는 반에 새로운 담임선생님이 오셨는데, 막 사범대학을 졸업한 리 선생님이었다. 리 선생님이 온 지 얼마 되지 않아서 이 희망초등학교는 또 대량의 후원물품들을 받았다. 원찡은 예전처럼 학교 교무처에서 도서와 문구를 수령해 와 모두에게 나누어 주었다. 리 선생님이 이것들을 보고, 아무렇지나게 물었다. "이것들은 모두 다른 사람들이 후원한 건가요?" 학생들은 "예."라고 대답했고, 리 선생님은 다시 물었다. "매년마다 후원을 받나요?" 학생들은 "네, 게다가 아주 많아요!"라고 대답했다.

"그러면 여러분은 이 후원물품들을 어떻게 처리하나요?" 리 선생님은 기부로 온 책을 하나 집어 들고 학생들에게 물었다. "간단해요. 통계를 내고 나서 모두에게 나누어줘요." 원찡이 대답했다. 원찡은 반 학습위원이라 이 일을 도맡고 있었다. "그러면 여러분은 이 물건들을 후원해주신 분들께 감사의 편지를 쓰진 않나요?"라고 리 선생님이 물었다. "예전에는 감사 편지를 썼어요." "그러면 지금은요? 이 말을 듣고 학생들은 고개를 떨구고 아무 말도 하지 않았다.

학생들의 반응을 보고 리 선생님은 해답을 알았다. 그는 생각을 좀 하더니 "오늘 오후에 우리는 우리를 후원해주시는 분들께 약간의 선물을 부쳐드리는 일을 하러 갈 거예요."라고 말했다.

하루는 원찡의 반에 새로운 담임선생님이 왔는데, 리 선생님이었다. 리 선생님이 온 지 얼마 되지 않아서, 초등학교는 또 후원물품을 받았다. 원찡은 도서와 문구를 모두에게 나누어주었다. 리 선생님은 보고 나서, 학생들에게 물었다. "여러분은 이 물건들을 후원해주신 분들께 감사의 편지를 쓰진 않나요?" "예전에는 썼습니다." "그러면 지금은요?" 리 선생님이 다시 물었다. 학생들은 모두 고개를 떨구고 아무 말도 하지 않았다. 리 선생님은 "그러면 우리 후원자분들께 선물을 부치러 가요."라고 말했다.

Point
1. 리 선생님은 이야기의 핵심인물이지만 사범대학의 경력은 맥락상 중요하지 않다.
2. 후원물품의 종류는 내용상 중요하지 않기 때문에 물품으로 대체해도 좋다.
3. 선생님의 질문 중 감사의 편지를 쓰지 않는다는 사건과 관련 있는 부분을 빼고는 제거해도 좋다.
4. 원찡이 학습위원이라는 직책 설명은 중요하지 않다.

STEP 4 요약의 기술- 다섯 번째 단락 요약

当天下午，李老师就带着同学们出发子。他们先到了一家粉条店，买了很多粉条。然后，李老师又领着同学们到邮局，把这些粉条分成几份分别寄给了爱心人士，而且还都附上了感谢信。文静和同学们都没有想到寄东西会这么麻烦。等他们忙完这些回到学校，天已经黑了。

그날 오후에 리 선생님은 학생들을 데리고 출발했다. 그들은 먼저 당면 가게에 가서 많은 당면을 샀다. 그런 후에, 리 선생님은 다시 학생들을 데리고 우체국으로 가서, 이 당면들을 몇 개로 나누어 각각 후원자들에게 부쳤다. 게다가 감사편지도 동봉했다. 원찡과 학생들은 물건 부치는 일이 이렇게나 번거로운 일인지 몰랐었다. 그들은 분주하게 이 일들을 끝내고 학교로 돌아왔고, 날은 이미 어두워져 있었다.

그날 오후에 리 선생님은 학생들을 데리고 당면을 샀고, 우체국에 가서 당면과 감사편지를 후원자에게 부쳤다. 이때, 날은 이미 어두워져 있었다.

Point
1. 선생님이 학생들을 데리고 다닌 동선은 한번에 정리하는 것이 좋다.
2. 가장 중요한 당면과 감사편지를 부친 것 외의 내용은 생략해도 좋다.
3. 시간의 변화를 나타내는 어휘는 다 쓸 필요는 없으나 내용상 시간이 오래 걸렸음을 설명하기 위해 날이 어두워진 내용은 꼭 필요하다.

STEP 5 요약의 기술- 여섯 번째, 일곱 번째 단락 요약

第二天上课时，李老师问同学们："昨天我们只是给爱心人士寄子份礼物就用了一下午的时间，那么大家想一想，他们给我们寄图书和文具会花多长时间呢？"有的同学说也要一下午，有的说得一天，因为还要去选购图书和文具……

李老师说道："是的，从决定捐助我们到捐助完成至少也要一天的时间，可是我们连给人家写感谢信的时间都没有吗？别人捐助我们是因为他们有爱心，并不是出于责任和义务！而我们接受别人的帮助就应该心存感激。"说完这番话，李老师才开始上课。

이튿날 수업 때, 리 선생님은 학생들에게 "어제 우리는 단지 후원자분들께 이 선물들을 보내는 데 오후 반나절을 썼어요. 그러면 모두 생각해 봐요. 그분들이 우리에게 도서와 문구를 보내는 데 얼마의 시간을 쓸까요?"라고 물었다. 어떤 학생은 반나절이 걸린다고 했고, 어떤 학생은 도서와 문구를 사야 하니까 한나절이 걸린다고 했다……

리 선생님은 "그래요. 우리에게 후원을 하기로 결정하고 후원을 완성하는 것은 적어도 하루의 시간이 필요해요. 그러나 우리는 그분들에게 감사편지 쓸 시간조차도 없을까요? 다른 사람이 우리를 후원하는 것은 그들이 사랑하는 마음이 있어서이지 결코 책임과 의무에서 나온 것이 아니에요! 그래서, 우리는 다른 사람의 도움을 얻으면 바로 감사하는 마음을 가져야 해요."라고 말했다. 이 말이 끝나자 리 선생님은 그제서야 수업을 시작했다.

이튿날 수업 때, 리 선생님은 "어제 우리는 선물을 부치는 데 오후 반 나절을 썼어요. 후원자 분들이 우리를 돕는 것은 더 많은 시간을 썼을 거예요. 우리는 편지 쓸 시간도 없을까요? 우리는 다른 사람의 도움을 받으면 감사하는 마음을 가져야 해요."라고 말했다.

Point
1. 후원자가 후원하기 위해 시간이 많이 걸린다는 내용을 도출하기 위한 리 선생님의 질문과 학생들의 대답은 생략해도 좋다.
2. 리 선생님의 말은 도움을 받으면 감사하는 마음을 가져야 한다는 것이 핵심이다.
3. 내용상 편지를 쓰는 것은 중요한 사건이기 때문에 편지 쓸 시간이 없는지 묻는 부분은 넣는 것이 좋다.
4. 수업을 시작한 부분은 내용의 전환이나 중요하지 않은 부분이다.

> **STEP 6** 요약의 기술- 여덟 번째 단락 요약

这件事给了文静和同学们很大的触动，从那以后，他们都会定期给这些捐助自己的爱心人士写信表示感谢，因为他们都明白了一个道理：接受别人的帮助却不表示感谢，甚至还心安理得，是非常不可取的。 이 일은 원찡과 학생들에게 큰 울림을 주었고, 그 때 이후부터, 그들은 정기적으로 자신을 후원하는 분들에게 편지를 써서 감사함을 전했다. 왜냐하면 그들은 모두 다른 사람의 도움을 받는 데 감사함을 표하지 않고, 심지어 당연시 여기고 편해지는 것은 매우 옳지 않은 것이라는 도리를 깨달았기 때문이다.	 이 일이 있은 후에, 원찡과 학생들은 정기적으로 후원자분들께 감사의 편지를 썼다. 그들은 다른 사람의 도움을 받으면 감사함을 표해야 한다는 도리를 깨달았다.

Point 1. 시간의 변화를 중심으로 내용을 요약하는 것이 좋다.
2. '~하지 않는 것은 옳지 않다'는 것은 '~해야 한다'는 것으로 짧게 바꿔 쓸 수 있다.

> **STEP 7** 제목 정하기

感谢的力量 감사의 힘 / 爱心援助 사랑의 후원

해설 1. 원찡과 원찡의 친구들이 후원받는 것에 대해 감사해야 함을 깨닫는 내용이므로 '感谢(감사)'나 사건의 핵심소재인 '援助(후원, 기부)'가 들어가는 것이 좋다.
2. 제목은 '感谢的力量(감사의 힘)'이나 '爱心援助(사랑의 후원)' 정도가 가장 좋다.

*모범 요약은
해설서 96p에 있습니다.

Day 15

듣기 제2부분 | 인터뷰를 듣고 보기에서 정답 고르기

빈출 게스트의 특징을 파악하면 정답이 들린다!

어휘 PT ●Track 15-1 학습시간 10분

문제 1-5

刻意	kèyì	부 힘껏, 마음을 다해
繁华	fánhuá	형 번화하다
地段	dìduàn	명 구간, 구역
宽敞	kuānchǎng	형 드넓다, 널찍하다
融合	rónghé	동 합쳐지다, 어우러지다
隔热	gérè	동 단열하다
施工	shīgōng	동 시공하다, 공사하다
安全隐患	ānquán yǐnhuàn	명 안전상 잠재된 위험
植被	zhíbèi	명 식생, 식물집단
条款	tiáokuǎn	명 (법규·계약 등의) 조항
夸奖	kuājiǎng	동 칭찬하다
通俗	tōngsú	형 통속적이다
精通	jīngtōng	동 정통하다, 통달하다
崇尚	chóngshàng	동 숭상하다, 받들다

隔阂	géhé	명 간격
符号化	fúhàohuà	명 부호화, 코딩 [cording: 컴퓨터 프로그래밍]
边界	biānjiè	명 경계선, 경계
整合	zhěnghé	동 통합 조정하다
讲究	jiǎngjiu	동 중요시하다
法度	fǎdù	명 법률과 제도, 규칙
式样	shìyàng	명 양식, 디자인
威严	wēiyán	명/형 위엄/위엄 있다
虚幻	xūhuàn	형 비현실적인, 허황된
选址	xuǎnzhǐ	동 부지를 선정하다 명 (선정된) 부지, 터
倾向	qīngxiàng	동 (한쪽으로) 기울다
协调	xiétiáo	형 어울리다, 조화롭다
技巧	jìqiǎo	명 기교, 테크닉

문제 6-10

雄鹰	xióngyīng	명 수컷 매
舞者	wǔzhě	명 무용수
阅历	yuèlì	명 경험
反省	fǎnxǐng	동 반성하다
摄影	shèyǐng	동 촬영하다
组建	zǔjiàn	동 (팀을) 조직하다, 편성하다

分队	fēnduì	명 팀, 분대
攀登	pāndēng	동 등반하다
登顶	dēngdǐng	동 산의 정상에 오르다
横跨	héngkuà	동 뛰어넘다, 건너뛰다 (* 横跨山峰 héngkuà shānfēng 산봉우리를 넘다)
珠峰	Zhūfēng	고유 (에베레스트 산의) 초모룽마 봉
战胜	zhànshèng	동 싸워 이기다 (* 战胜困难 zhànshèng kùnnan 어려움을 극복하다)
吃苦耐劳	chīkǔ nàiláo	성 고통과 어려움을 참고 견디다
几率	jīlǜ	명 확률
承担	chéngdān	동 맡다 (* 承担责任 chéngdān zérèn 책임을 맡다)
领队	lǐngduì	동 인솔하다 명 인솔자, 팀장
落实	luòshí	동 현실화시키다 (* 经费落实 jīngfèi luòshí 경비를 확정 짓다)
细节	xìjié	명 세부사항, 사소한 부분 (↔ 全局 quánjú 전체적인 판국)
修路	xiūlù	동 길을 내다

제2부분

집중 PT | 학 | 습 | 목 | 표 |

1. 기출 게스트 신분에 따른 관련 어휘 습득하기
2. 진행자의 질문과 실제 문제의 유사점을 파악해 진행자의 질문만으로 문제에 접근하는 훈련하기
3. 기출유형의 문제로 실전감각 익히기

❶ 스포츠 분야
① 게스트의 심경을 묻는 문제가 많으므로 감정을 나타내는 어휘에 주목해야 한다.
② 해당 종목이나 은퇴, 미래에 대한 계획 등 게스트의 생각을 집중해서 들어야 한다.
③ 스포츠 분야인 만큼 건강이나 몸 상태에 대한 언급에 주의하고, 영향을 준 인물이나 스포츠 이외의 취미와 관련된 내용은 놓치지 않아야 한다.

❷ 예술 분야
① 자주 나오는 예술가의 종류와 관련 표현을 미리 습득해야 한다.
② '对我来说(내 입장에서 볼 때)', '最重要的(가장 중요한 것은)'와 같이 자신의 생각을 강조하는 구문이 들리면 더욱 집중해서 들어야 한다.
③ 게스트의 작품이나 공연에 관한 정보는 놓치지 않아야 한다.

❸ 기업가/창업자 관련
① 타회사와의 차이점과 비슷한 점이 문제로 나오는 경우가 많으므로 놓치지 않아야 한다.
② 힘든 시기를 겪고 그것을 극복하고 발전해나간 과정에 집중해야 한다.
③ 앞으로의 포부와 다짐을 밝히는 경우가 많은데 문제로 자주 연결되므로 주의해야 한다.

❹ 기타 전문분야
① 관련분야의 발전 가능성과 사회에서의 작용 등이 자주 문제와 연결된다.
② 전문분야에 대한 견해를 밝히는 '在我看来(내가 보기에)', '对我来说(내 입장에서는)' 등의 어휘가 들리면 집중해야 한다.
③ 전문가로서 일반시민이나 특정 대상에게 건의하는 내용이 있는 경우가 많다. 특히 마지막 대답에서 언급되는 경우가 많으니 주의해야 한다.

1. 인터뷰 대상- 건축설계사 (建筑设计师 jiànzhù shèjìshī)   ● Track 15-2

① 관련어휘 및 표현

> 设计图 shèjìtú 설계도 | 完美性 wánměixìng 완벽함 | 设计风格 shèjì fēnggé 설계 스타일 | 隔阂而建 géhé érjiàn 간격을 두고 짓다 | 威严的建筑 wēiyán de jiànzhù 위엄 있는 건축물 | 选址是绿地 xuǎnzhǐ shì lǜdì 선택한 부지가 녹지이다 | 如意的施工 rúyì de shīgōng 뜻대로 된 공사 | 和业主沟通 hé yèzhǔ gōutōng 업주(소유주)와 소통하다

② 진행자의 질문

做设计时，有没有明确的风格？	설계할 때, 명확한 스타일이 있습니까?
当时是怎么考虑的？	당시에는 어떻게 고려한 것입니까?
如何看待这个问题？	이 문제를 어떻게 보십니까?
A时，有什么技巧？	A할 때, 어떤 기교가 있습니까?

③ 관련 문제유형

A应该怎么样？ A는 어떻게 해야 하는가?	→ A에 대한 게스트의 견해를 묻는 것이다.
A的好处是什么？ A의 좋은 점은 무엇인가?	→ 전제조건에 들어가는 내용에 집중해야 한다. **TIP** 장점과 단점은 문제로 자주 연결된다.
A，指的是什么？ A가 가리키는 것은 무엇인가?	→ A에 대한 게스트의 정의를 묻는 것이다.
应该如何A？ 마땅히 어떻게 A해야 하는가?	→ 게스트가 직업상 가져야 하는 방법이나 기술을 묻는 것이다.
关于男的，可以知道什么？ 남자에 관해, 무엇을 알 수 있는가?	→ 게스트 정보를 묻는 것이므로 직업 외의 정보를 주의해서 들어야 한다.

2. 인터뷰 대상- 전문등산가 (专业登山员 zhuānyè dēngshānyuán)   ● Track 15-3

① 관련어휘 및 표현

> 分队队长 fēnduì duìzhǎng 팀의 대장 | 攀登……的心路历程 pāndēng……de xīnlù lìchéng ~을 오르는 동안의 심리변화 과정 | 公认为…… gōngrènwéi…… ~로 공인되다 | 横跨山峰 héngkuà shānfēng 산봉우리를 넘다(오르다) | 身体条件允许 shēntǐ tiáojiàn yǔnxǔ 신체조건이 허락되다 | 战胜困难 zhànshèng kùnnán 어려움을 싸워 이기다 | 死里逃生 sǐlǐ táoshēng 죽음에서 살아 돌아오다 | 吃苦耐劳、不怕死的精神 chīkǔ nàiláo、búpà sǐ de jīngshén 고생을 마다 않고, 죽음을 두려워하지 않는 정신 | 承担的责任 chéngdān de zérèn 맡은 책임

② 진행자의 질문

怎样看待这些成绩?	이러한 성적을 어떻게 보십니까?
登山的魅力在什么地方?	등산의 매력은 어디에 있습니까?
需要具备哪些优秀素质?	어떤 우수한 자질들을 갖추어야 합니까?
比队员多做什么样的工作?	팀원보다 어떤 일들을 더 많이 합니까?

③ 관련 문제유형

被人们称为什么? 사람들에게 무엇이라 불리는가?	→ 게스트의 별칭을 묻는 것이다. 보기에서 별칭으로 불릴 만한 어휘들이 있는 보기에 집중해야 한다.
A的魅力是什么? A의 매력은 무엇인가?	→ '魅力(매력)', '吸引力(흡인력)' 등의 어휘에 집중해야 한다.
A,需要具备什么素质? A는 어떤 자질을 필요로 하는가?	• 이 직업에 필요한 소질, 능력 등을 묻는 것이다.
关于男的,下列哪项正确? 남자에 관해, 아래 어느 항이 정확한가?	→ 게스트에 관한 정보를 묻는 것이다.
需要提前多长时间准备? 미리 얼마나 준비할 필요가 있는가?	→ 미리 준비해야 하는 시간의 양을 묻는 것이다. **TIP** 시간이나 날짜 등의 숫자 관련 내용은 보기를 먼저 파악해 문제로 연결되는지의 여부를 판단할 수 있다.

3. 인터뷰 대상- 영화감독 (电影导演 diànyǐng dǎoyǎn) ● Track 15-4

① 관련어휘 및 표현

题材 tícái 소재 | 拍摄 pāishè 촬영하다, 찍다 | 把握得游刃有余 bǎwò de yóurèn yǒuyú 여유 있게 파악하다 | 对白 duìbái (연극·영화에서의) 대화 | 打个比方 dǎ ge bǐfang 비유를 들다 | 做电影入行二十年 zuò diànyǐng rùháng èrshí nián 영화 만드는 데 발들인 지 20년이 되다 | 拍烂片 pāilànpiàn 작품성 없는 영화를 찍다 | 角色 juésè 역할 | 找一张纯真的脸 zhǎo yì zhāng chúnzhēn de liǎn 순진한 얼굴(마스크)을 찾다

② 진행자의 질문

为什么要去做一个连对白都没有的电影?	왜 대화조차 없는 영화를 만들었나요?
您不怕失败吗?	당신은 실패할까 두렵지는 않나요?
貌似这两个词更能够帮人渡过难关?	보기에는 이 두 단어가 난관을 넘는 데 더욱 도움을 주는 듯 한데요?
好像您的大部分电影都在将纯真丧失?	마치 당신의 대부분의 영화가 모두 순수함을 잃고 있다는 것 같은데요?

③ 관련 문제유형

A有什么特点? A는 무슨 특징이 있는가?	→ 게스트와 관련된 분야나 사물의 특징을 묻는 문제이다. 보기와 관련된 부분에 집중해야 한다.
为什么尝试拍摄新题材? 왜 새로운 소재를 찍어보려고 하는가?	→ '新题材(새로운 소재)'를 언급하면 집중해야 한다.
怎么看待"A"这种心理? 'A' 같은 이러한 심리를 어떻게 보는가?	→ 'A'가 언급될 때 집중해야 한다. 게스트의 'A'에 대한 견해를 묻는 것이다.
为什么品质更能帮人度过难关? 왜 퀄리티가 난관을 넘는 데 더욱 도움을 줄 수 있는가?	→ '品质(퀄리티)'나 '渡过难关(난관을 넘다)'이 언급되면 집중해야 한다.
关于男的可以知道什么? 남자에 관해 알 수 있는 것은?	→ 게스트에 관한 정보를 묻는 것이다.

4. 인터뷰 대상- 인터넷 영역의 기업가 (互联网领域企业家 hùliánwǎng lǐngyù qǐyèjiā)

Track 15-5

① 관련어휘 및 표현

> 创业 chuàngyè 창업 | 处事方式 chǔshì fāngshì 일 처리 방식 | 激进一点儿 jījìn yìdiǎnr 조금 급진적이다 | 平台服务 píngtái fúwù 플랫폼(platform) 서비스 | 用户 yònghù 사용고객, 이용자 | 最难的情形 zuì nán de qíngxíng 가장 어려운 정황 | 起到了决定性作用 qǐdào le juédìngxìng zuòyòng 결정적인 역할을 하다 | 盈利模式 yínglì móshì 수익모델 | 增值的互动 zēngzhí de hùdòng 부가가치의 연동

② 진행자의 질문

A和B有区别吗?	A와 B는 어떤 차이가 있나요?
A和B,你感觉有什么不一样?	A와 B에서, 당신은 어떤 다른 점을 느끼나요?
你认为自己的性格里有哪些特质起到了决定性作用?	당신은 자신의 성격 안에서 어떤 측면이 결정적인 역할을 했다고 여기나요?
A当中,最难的情形是怎么样的?	A 중에서 가장 어려운 상황은 어떤 것인가요?/어떻게 되나요?
你们的盈利模式是什么?	당신들의 수익모델은 무엇인가요?

③ 관련 문제유형

A有什么优势? A는 무슨 장점이 있는가?	→ A의 좋은 점에 집중해야 한다. A는 게스트와 관련되거나 인터뷰의 주 소재로 볼 수 있다.
A有什么特点? A는 어떤 특징이 있는가?	→ A의 특징을 묻는 것이다. A에 관한 언급이 있으면 집중해야 한다.
遇到了什么困难? 어떤 어려움이 생겼는가?	→ 힘들었던 점이나 시련 등을 묻는 것이다.
关于A，下列哪项正确? A에 관해, 아래의 어느 항이 정확한가?	→ 게스트와 관련된 A에 관한 정보를 묻는 것이다. A에 관한 언급이 있으면 잘 들어야 한다.
关于女的，下列哪项正确? 여자에 관해, 아래의 어느 항이 정확한가?	→ 게스트에 관한 정보를 묻는 것이다.

실전 PT　　Track 15-6

보기를 보고 어떤 내용의 지문이 나올지를 미리 예상해보는 연습을 하는 것이 좋다.

[1 - 5]

문제 1
A 要创新
B 不刻意追求风格
C 建在繁华的地段
D 结构合理

문제 2
A 内部显得更宽敞
B 使建筑与环境融合
C 保温隔热
D 看起来更美观

문제 3
A 施工现场存在安全隐患
B 施工时与设计图不一致
C 楼间距太小
D 建筑破坏了植被

문제 4
A 按合同条款来
B 不时夸奖业主
C 坚持自己的立场
D 用通俗的语言

문제 5
A 精通多门外语
B 崇尚完美主义
C 关注传统建筑
D 是建筑学教授

[6 - 10]

문제 6
A 雪山雄鹰
B 草原雄鹰
C 雪山勇士
D 高原舞者

문제 7
A 增强体质
B 欣赏自然美景
C 丰富人生阅历
D 理解生命的意义

문제 8
A 懂得反省
B 情感丰富
C 不怕死的精神
D 良好的沟通能力

문제 9
A 是摄影爱好者
B 小时候身体不好
C 是专业登山运动员
D 正在组建新的登山队

문제 10
A 20多天
B 三四周
C 三四个月
D 一年

독해 제2부분 | 빈칸에 알맞은 어휘 채우기
기출어휘, 특징만 파악하면 정답이 보인다!

어휘 PT | 학습시간 10분

문제 1	优质 yōuzhì 형 양질의
	敏捷 mǐnjié 형 (생각·동작 등이) 민첩하다
	灵活 línghuó 형 (신체가) 민첩하다, (방법이) 융통성이 있다

문제 2	温泉 wēnquán 명 온천
	涌出 yǒngchū 동 샘솟다, 솟구치다
	泉水 quánshuǐ 명 샘물
	岩层 yáncéng 명 암층
	裂隙 lièxì 명 간격, 틈

문제 3	掩蔽 yǎnbì 동 가리어 숨기다
	噪音 zàoyīn 명 소음
	凸显 tūxiǎn 동 분명하게 드러나다

문제 4	配制 pèizhì 동 배합하여 만들다
	枕头 zhěntou 명 베개
	清新 qīngxīn 맑고 산뜻하다 (* 清新的气味 qīngxīn de qìwèi 산뜻한 냄새)
	迷人 mírén 형 매혹적이다
	坚韧 jiānrèn 형 강인하다 (* 坚韧的品质 jiānrèn de pǐnzhì 강인한 인품)

문제 5	官学 guānxué 명 관학 [국가에서 설립한 학교의 총칭]
	学府 xuéfǔ 명 학교, 학부 [고등 교육기관]
	接纳 jiēnà 동 받아들이다 (* 接纳人 jiēnà rén 사람을 받아들이다)

문제 6	刚毅 gāngyì 형 (성격이나 의지가) 굳다
	强势型 qiángshìxíng 명 강한 유형 (↔ 温柔型 wēnróuxíng 부드러운 유형)
	升职 shēngzhí 동 승진하다
	推崇 tuīchóng 동 찬양하다

문제 7	小提琴 xiǎotíqín 명 바이올린
	匠人 jiàngrén 명 장인
	年轮 niánlún 명 (식물의) 나이테
	洗礼 xǐlǐ 명 시련 (* 岁月洗礼 suìyuè xǐlǐ 세월의 시련)
	精灵 jīnglíng 명 정령, 요정

문제 8	采购 cǎigòu 동 (기관이나 기업에서) 구매하다, 사들이다
	难免 nánmiǎn 동 피하기 어렵다, ~하게 마련이다

제2부분

집중 PT | 학 | 습 | 목 | 표 |

1. 어휘의 특징을 품사별로 구별하여 습득하기
2. 기출어휘를 집중적으로 학습함으로써 실전 어휘의 유형 파악하기
3. 기출유형의 문제로 실전감각 익히기

❶ 어휘조합은 반드시 알고 가자!

① 호응하는 어휘(搭配: 조합어휘)를 확실하게 암기해야 한다. 단순한 단어 암기보다는 호응되는 어휘를 함께 알아 두면 어느 시험이든 대비할 수 있다.
② 구문도 조합이 있으므로 고정격식이나 특수한 구문은 암기해야 한다.
③ 명사끼리의 조합은 일상생활에 쓰이는 어휘처럼 자연스럽게 읽히는 것이 관건이다. 우리말하고도 비슷한 것들이 많아 외우는 데 도움이 된다.
④ 비슷해 보이지만 쓰임이 다른 어휘의 차이점은 특징을 구별해 확실하게 습득해야 한다.

❷ 품사의 관계를 확인하자!

① 명사는 동사와의 호응을 잘 봐야 한다.
② 형용사는 주어와의 관계가 성립되는지 확인해야 한다.
③ 양사는 자주 쓰이는 명사와 함께 암기해야 한다. '수사 + 양사 + 명사'로 알아두자.
④ 접속사는 연결되는 부사를 확인해야 한다. 반드시 조합으로 외우자.

❸ 문장 소재를 전체적으로 파악하자!

① 소재를 포함한 문장환경을 이용해야 한다. 소재를 둘러싸고 등장하는 관련어휘들을 잘 알아두는 것이 좋다.
② 앞뒤로 관련어휘가 등장하기 마련이므로 적어도 두 열 이상의 어휘를 근거로 삼아 정답을 도출해야 한다. 특히 명사는 문제와의 관련성이 크므로 명사 위주로 확인하면 쉽다.

❹ 빈출어휘는 달달 외우자!

시험에 자주 나왔던 어휘들이 앞으로 또 나올 가능성이 많다. 기존의 주요 빈출어휘는 반드시 각각의 특징을 파악해 암기해야 한다.

1. 조합되는 어휘를 반드시 함께 암기해야 하는 어휘의 구별

顿 dùn	양 끼니	一顿饭 한 끼의 식사
吨 dūn	양 톤(ton)	一千万吨 천만 톤
番 fān	양 종류	别有一番风景 색다른 한 풍경을 가지고 있다
阵 zhèn	양 (한)바탕, 차례	下了一阵雨 한바탕의 비가 내렸다

均匀 jūnyún	동 고르다, 균일하다	均匀分散 고르게 분산시키다
平均 píngjūn	명 평균	平均气温 평균기온
平衡 pínghéng	명동 균형(을 갖추다)	平衡系统 균형 시스템

给予 jǐyǔ	동 (추상적인 행위를 해) 주다	给予支持 지지해 주다 TIP ↔ 得到 얻다
赋予 fùyǔ	동 (임무나 의미 등을) 부여하다	赋予意义 의미를 부여하다
授予 shòuyǔ	동 (학위·상 등을 정식적으로) 수여하다	授予学位 학위를 수여하다

品质 pǐnzhì	명 (사람의) 인품/ (사물의) 질, 퀄리티(quality)	品质高尚的人 인품이 고상한 사람 写作品质 글 창작의 퀄리티
品德 pǐndé	명 (사람의) 인품, 품성	高尚的品德 고상한 인품

发扬 fāyáng	동 (정신·전통 등을) 드높이다	发扬传统 전통을 드높이다
发挥 fāhuī	동 (실력·작용 등을) 발휘하다	发挥作用 작용을 발휘하다

流露 liúlù	동 (표정이나 기색이 무심코) 드러나다	流露出自信的神态 자신 있는 표정이 드러나다
流传 liúchuán	동 (이야기나 속담 등이) 전해지다	一个广为流传的故事 널리 전해지는 이야기

移 yí	동 (사물이) 이동하다	移民 이민 가다
挪 nuó	동 (사물의 위치를) 옮기다	把桌子挪一挪 책상을 좀 옮기다
迁 qiān	동 (사물이 위치를) 이전하다, 옮겨 가다	首都北迁 수도가 북으로 이전되다 候鸟迁徙 철새가 옮겨 가다

具备 jùbèi	동 (조건·자격 등을) 갖추다	具备素质 자질을 갖추다
具有 jùyǒu	동 (본질이나 특징적으로) 가지고 있다	具有意义 의미를 가지고 있다
占有 zhànyǒu	동 (지위나 백분율을) 점유하다	占有举足轻重的地位 중요한 지위를 점유하다

2. 어휘의 특징을 정확하게 알아야 하는 어휘의 구별

反应 fǎnyìng	명 (물리적·화학적·심리적) 반응	反应迅速 반응이 빠르다
反映 fǎnyìng	동 (객관적인 사물의 본질을) 반영하다	这部电影反映了现实的生活 이 영화는 현실적인 생활을 반영했다
反馈 fǎnkuì	동 (정보나 반응이) 되돌아오다, 피드백(feedback) 되다	市场信息反馈 시장정보가 피드백 되다

效率 xiàolǜ	명 효율: 들인 노력과 얻은 결과의 비율	提高办事效率 일 처리 효율을 높이다
效益 xiàoyì	명 효과와 수익	经济效益 경제적 효과와 수익
成效 chéngxiào	명 성과: 이루어낸 좋은 결과	成效显著 성과가 뚜렷하다

功能 gōngnéng	명 기능: 인체기관이나 사물이 하는 구실이나 작용	消化功能衰弱 소화기능이 쇠약해지다
功效 gōngxiào	명 효능: 효험을 나타내는 능력	茶叶的功效 찻잎의 효능

情形 qíngxíng	명 (드러난) 상황, (처한) 상태	打听那里的情形 그곳의 상황을 알아보다
情景 qíngjǐng	명 (구체적인) 광경, 장면	熟悉的情景 익숙한 광경

事业 shìyè	명 일, 사업: 목적과 계획을 가지고 종사하는 경제활동	获得事业上的成功 일에서의 성공을 얻다
行业 hángyè	명 업종: 직업이나 영업의 종류	从事服务行业 서비스 업종에 종사하다

平常 píngcháng	명 평상시: 특별한 일이 없는 보통 때에	比平常早来 평소보다 일찍 오다
时常 shícháng	부 늘, 항시: 빈도가 잦게	时常早起 늘 일찍 일어나다
照常 zhàocháng	부 평소대로, 평상시와 같게	假期也照常营业 휴일에도 평소대로 영업한다

展现 zhǎnxiàn	동 (눈앞에 확실히) 드러나다, 나타나다	新世界展现在我们眼前 새로운 세계가 우리 눈앞에 펼쳐졌다
展示 zhǎnshì	동 (분명하게) 보여주다, 뽐내다	展示自己的优点　자신의 장점을 뽐내다
精细 jīngxì	형 (제작과정·일 처리 등이) 정교하고 꼼꼼하다	制造得非常精细　매우 정교하게 제작되다
精致 jīngzhì	형 (조형물·만들어진 제품 자체가) 정교하다	精致的小提琴　정교한 바이올린
精美 jīngměi	형 (사물의 외관·무늬·도안 등이) 정교하고 아름답다	精美的花纹　정교하고 아름다운 무늬
躲 duǒ	동 (몸을) 피하다, (피하여) 숨다	儿子躲在我背后　아들이 내 등 뒤에 숨다
藏 cáng	동 (사물을) 간직하다, (장소에) 담겨져 있다, 깃들어 있다	一首歌藏着一个世界 하나의 노래에는 하나의 세계가 담겨져 있다

> PT시크릿을 먼저 학습한 뒤, 조합어휘를 집중적으로 구별해보자. (각 문제당 1분 안배)

문제 1 研究指出，一_____优质的早餐可以让人思维敏捷，_____灵活，从而提高学习和工作_____，所以早餐一定要吃好。

A 顿　　反应　　效率
B 番　　反馈　　效益
C 吨　　反思　　成效
D 阵　　反映　　频率

문제 2 温泉是从地下自然涌出的泉水，其水温高于当地年_____气温5℃以上。形成温泉一般要_____地底有热源、岩层中有让泉水涌出的裂隙、地层中有泉水_____的空间这三个条件。

A 均匀　　包含　　配备
B 平均　　具备　　储存
C 平行　　建立　　储蓄
D 平衡　　占有　　储备

문제 3 人的耳朵有一种"掩蔽"_____，它能自动_____环境中的噪音，而把那些我们感兴趣的声音凸显出来。因此，即使我们站在人声_____的人群中，也能听见别人对我们讲的话。

A 功能　　清除　　嘈杂
B 性质　　排除　　拥挤
C 功效　　清理　　繁忙
D 性能　　解除　　混乱

문제 4 在古代，人们常用菊花来配制食品，如菊花羹、菊花糕。菊花还可制成枕头，其清新的_____能够明目，降血压。菊花的品种繁多，_____变化多样，非常迷人。菊花还有内在美，人们常_____菊花以某种象征意义，如坚韧、勇敢等美好的_____。

A 气味　　形态　　赋予　　品质
B 口味　　形状　　给予　　品行
C 风味　　状态　　授予　　品德
D 气色　　情形　　赐予　　实质

문제 5　国子监是隋朝以后的中央官学，为中国古代教育_____中的最高学府。由于首都北_____，明朝在北京、南京_____设有国子监。国子监接纳全国各族学生，还接待外国学生，为促进中外文化的交流_____了积极的作用。

　　A　系列　　　移　　　各自　　　发扬
　　B　系统　　　跨　　　单独　　　发动
　　C　团体　　　挪　　　必定　　　发布
　　D　体系　　　迁　　　分别　　　发挥

文제 6　人们一直认为，女性要获得_____的成功，就应当"表现得像个男人"。然而研究_____，表现得刚毅而自信的"强势型"女性，_____比"温柔型"女性获得升职的机会少。虽然这些性格特征在男性身上广为推崇，但表现在女性身上，则会_____"缺乏可爱"。

　　A　事业　　　表明　　　通常　　　显得
　　B　事项　　　证明　　　平常　　　展现
　　C　事务　　　指示　　　时常　　　展示
　　D　行业　　　显示　　　照常　　　流露

문제 7　制作一把_____的小提琴，木料的选择可以说是关键。匠人在选择木料时，都非常_____树木年轮的多少。在他们看来，每棵历经岁月洗礼的大树中都_____着一个精灵，而这个精灵正是一把小提琴的_____。

　　A　精致　　　注视　　　葬　　　内涵
　　B　精确　　　在乎　　　扛　　　灵感
　　C　美观　　　注重　　　躲　　　起源
　　D　精美　　　在意　　　藏　　　灵魂

문제 8　登山前，人们优先考虑采购的_____应该是登山鞋，选一双尺寸合适、穿着舒服的登山鞋_____重要。此外，登山途中难免会遇到特别_____的环境，所以，防水性也是选购时要考虑的重要_____。

　　A　材料　　　不免　　　残酷　　　形势
　　B　装备　　　格外　　　潮湿　　　因素
　　C　设备　　　过于　　　湿润　　　方案
　　D　器材　　　简直　　　严寒　　　范畴

쓰기 ⑭ | 글 요약하기
시간 흐름으로 요약하기 Ⅱ - 실전분량(1,000자) 훈련하기!

어휘 PT

 학습시간 1 0 분

연습

- 弓箭 gōngjiàn 명 활과 화살
- 宏伟 hóngwěi 형 (규모가) 웅대하다
- 志向 zhìxiàng 명 포부
- 神箭手 shénjiànshǒu 명 명궁수
- 发紫 fāzǐ 형 새파래지다 (* 涨得发紫 zhàng de fāzǐ (얼굴이) 새파랗게 질리다)
- 忍不住 rěnbuzhù 동 견딜 수 없다
- 嘲笑 cháoxiào 동 비웃다
- 倔强 juéjiàng 형 고집이 세다
- 服气 fúqì 동 승복하다
- 石锁 shísuǒ 명 돌뭉치, 돌포환
- 强壮 qiángzhuàng 형 건장하다, 강건하다
- 泄气 xièqì 동 기죽다 (* 毫不泄气 háobú xièqì 조금도 기죽지 않다)
- 懈 xiè 형 게으르다 (* 坚持不懈 jiānchí búxiè 끈질기게 하다)
- 敏锐 mǐnruì 형 예민하다
- 对准 duìzhǔn 동 겨누다
- 飞禽 fēiqín 명 조류
- 走兽 zǒushòu 명 길짐승

- 瞄准 miáozhǔn 동 겨누다
- 活路 huólù 명 활로, 살 방법 (* 活路难逃 huólù nántáo 살아나기 어렵다)
- 称得上 chēngdeshàng 동 ~라 불릴 자격이 있다
- 若有所思 ruòyǒu suǒsī 성 무슨 생각에 잠긴 듯하다
- 琢磨 zuómo 동 깊이 생각하다
- 猛然 měngrán 부 갑자기, 돌연
- 镇静 zhènjìng 형 냉정하다, 침착하다
- 搭箭 dājiàn 동 화살을 활에 얹다[걸다]
- 定神 dìngshén 동 마음을 안정시키다, 진정하다
- 感慨 gǎnkǎi 동 감격해 하다, 감개무량해 하다
- 精诚所至 jīngchéng suǒzhì 정성이 지극하다
- 金石为开 jīnshí wéikāi 금석처럼 단단한 물건도 쪼개질 수 있다
- 专心致志 zhuānxīn zhìzhì 성 온 마음을 다 기울이다
- 迎刃而解 yíngrèn érjiě 성 핵심적인 것을 해결하면 다른 것들은 순리적으로 풀린다

① 첫 단락과 마지막 단락은 그대로 써도 좋다!

첫 단락은 주로 이야기의 발단과 등장인물에 관한 이야기이고, 마지막 단락은 교훈이나 이야기의 결말을 정리하는 것이 일반적이기 때문에 원문 자체도 긴 경우가 많지 않다. 불필요한 수식어나 중복되는 내용을 제외하고는 첫 단락과 마지막 단락은 줄이지 않고 그대로 써도 괜찮다.

② 고유명사에 집착하지 마라!

옛날이야기가 나오면 등장인물의 이름이나 언급되는 고유명사가 어려운 경우가 종종 있는데, 이때 이 어휘를 외우려고 신경을 쓰면 정작 내용이 머릿속에 남지 않는다. 발음과 뜻을 알고 있다면 상관이 없지만 어려운 어휘는 최대한 그 장소나 사람을 자신이 아는 쉬운 어휘로 대체해서 속독을 하는 것이 좋다.

③ 상세한 묘사는 삭제해라!

내용상 꼭 필요한 부분이 아니라면 길게 설명되어 있는 묘사들은 삭제해야 한다. 꼭 필요한 부분이라 하더라도 긴 내용을 담을 수 있는 간단한 어휘로 바꾸는 것이 좋다. 요약하기의 핵심은 전체적인 이야기의 줄거리 진행이지 내용의 상세한 묘사가 아니다.

- 파트2에서는 파트1에서 배웠던 것을 기억하여 시험과 동일하게 훈련해보는 연습을 해보자. 특히 시간 흐름을 잡아 요약하는 능력을 키우기 위해 시간 어휘에 주목하여 읽어본다. 아래 원문을 10분 동안 시간을 재서 읽은 후, 학습서 부록 원고지에 옮겨 써보자. (원고지는 학습서 405p에)
- 요약 학습을 할 때에는 앞에서 배워온 요약의 기술을 참고하여 직접 요약해보자.

　　西周时，有个叫熊渠子的人。他小时候个子不高，瘦瘦的，经常拿着大人的弓箭玩儿。那时，他就有个宏伟的志向：长大以后，一定要成为一名"神箭手"。

　　渐渐地，熊渠子长大了，他开始学着大人的样子练习射箭。有一次，他拿着一张弓，用尽全身力气想把它拉开，可脸都涨得发紫了，也没能将弓拉满。一个亲戚看到他这副吃力的样子，忍不住嘲笑道："就你这样还想学射箭呢，我看还是算了吧。"甚至还有人断言他一辈子都不可能成为一名好的弓箭手。性格倔强的熊渠子知道后，心里特别不服气，他坚信只要足够努力，就没有做不成的事情。

　　后来，熊渠子坚持每天用举大石锁的方式练习臂力。5年后，他已变得非常强壮。这时，他再拉弓射箭就感到轻松多了。可是，他常常不能准确地射中目标，这令他十分苦恼。但是他毫不泄气，又开始坚持不懈地练眼力。

　　经过长时间刻苦的训练，熊渠子的眼力变得十分敏锐。只要他抬弓搭箭，对准目标，就能百发百中。不论是空中的飞禽，还是地上的走兽，一旦被熊渠子的弓箭瞄准，便都活路难逃。人们都夸熊渠子是个射箭能手。可是，熊渠子依然对自己不满意。一天，他去拜访一位智者，智者对他说道："在我看来，你现在射箭的功夫并不算高明，因为你靠的是技巧。只有用心去射每一支箭，才称得上是真功夫啊！"熊渠子听后，若有所思，回去便开始琢磨应该怎么用心去射箭。

　　一天夜里，熊渠子独自一人在山路上行走，猛然看见前面不远处伏卧着一只老虎。熊渠子不由得吓出了一身冷汗，不过，他很快就镇静了下来，心想："我有弓箭在手，没什么可怕的！"于是，他迅速取弓搭箭，对准老虎，拉满弓奋力射去。只听"嗖"的一声，箭就射了出去，但奇怪的是，熊渠子却没听到老虎的叫声。他心中暗想：这一箭射过去，老虎一定会被射伤，可是，草丛中的老虎却一点儿反应都没有。这究竟是怎么回事呢？熊渠子定了定神，放大胆子走过去一看，才发现根本没有什么老虎，他射中的只不过是"卧"在路边的一块儿大石头，而且那支箭居然深深地插进了石头里！

　　这件事很快便传开了，大家都夸熊渠子箭术高明。原来那位教导熊渠子用心射箭的智者知道这件事后，不禁感慨道："这不仅是因为熊渠子力气大、箭法好，更重要的是他精神集中，拥有必胜的信念，所以，箭才能射进石头里去。这真是精诚所至，金石为开呀！"

　　后来，人们就借用"精诚所至，金石为开"来比喻一个人如果能够意志坚定、专心致志地去做一件事，无论什么难题都能迎刃而解。

요약

● 시간의 흐름에 맞춰 대략적인 내용 기억하기

	시간의 흐름	대강의 내용
1	西周时 서주 때	– 웅거자는 어려서부터 활을 가지고 놀았음 – 체격조건이 좋지 않지만 '명궁수'가 되겠다는 포부가 있음
2	熊渠子长大了 웅거자는 커서	– 활 연습을 시작했지만 활시위도 완전하게 당기지 못함 – 사람들은 궁수가 될 수 없을 것이라고 함
3	后来 후에	– 고생스러운 훈련 끝에 팔 힘과 안력을 키움 – 활만 쏘면 백발백중으로 사람들은 칭찬함 – 지자의 조언을 듣고 어떻게 마음을 다해 화살을 쏠 것인지를 고민함
4	一天夜里 어느 날 밤에	– 혼자 산길을 가다가 호랑이를 봄 – 활을 쏴 맞추지만 반응이 없어 가서 확인 – 호랑이가 아니라 바위였고 화살이 그 속에 박힘
5	智者知道这件事后 지자가 이 일을 알고는	– 웅거자가 정신을 집중하고 신념이 있었기에 화살이 돌 속에 박힐 수 있었다고 함 – 이것이 바로 '精诚所至，金石为开'라고 칭찬함
6	后来 후에	– 사람들은 '精诚所至，金石为开'로 정성을 다하면 어떤 어려운 문제도 해결할 수 있다는 것을 비유함

STEP 1   요약의 기술– 첫 번째 단락 요약

　　西周时，有个叫熊渠子的人。他小时候个子不高，瘦瘦的，经常拿着大人的弓箭玩儿。那时，他就有个宏伟的志向：长大以后，一定要成为一名"神箭手"。

서주 때, 웅거자라고 불리는 사람이 있었다. 그는 어렸을 때 키가 작고 말랐었는데, 자주 어른의 활과 화살을 가지고 놀았다. 크때, 그는 '커서 반드시 '명궁수'가 되겠다'는 웅대한 포부가 있었다.

서주 때, 웅거자라 불리는 사람이 있었다. 그는 어렸을 때 키가 작고 말랐는데, 항상 활과 화살을 가지고 놀았다. 그는 커서 한 명의 '명궁수'가 되겠다는 포부가 있었다.

 1. 도입부에 웅거자라는 주인공에 대한 설명은 필요하므로 요약할 부분이 많지 않다.
2. '반드시' 같은 술어를 강조하는 부사들은 생략해도 좋다.

STEP 2   요약의 기술– 두 번째 단락 요약

　　渐渐地，熊渠子长大了，他开始学着大人的样子练习射箭。有一次，他拿着一张弓，用尽全身力气想把它拉开，可脸都涨得发紫了，也没能将弓拉满。一个亲戚看到他这副吃力的样子，忍不住嘲笑道："就你这样还想学射箭呢，我看还是算了吧。"甚至还有人断言他一辈子都不可能成为一名好的弓箭手。性格倔强的熊渠子知道后，心里特别不服气，他坚信只要足够努力，就没有做不成的事情。

웅거자는 점점 자랐고, 그는 어른들의 모습을 따라 활 쏘는 연습을 시작했다. 한 번은 그가 활을 하나 들고 온 힘을 다해 그것을 잡아 당겼지만, 얼굴이 모두 새파랗게 질릴 정도가 되었는데도, 활시위를 완전히 잡아 당길 수가 없었다. 한 명의 친척은 그가 이렇게 고생하는 모습을 보고 참지 못하고 "자네가 이런데도 궁술을 배우려 하다니, 그만 두는 게 낫지 않겠나?"라고 비웃었고, 심지어 어떤 사람은 그는 한 평생 좋은 궁수는 될 수 없다고 단언했다. 성격이 강하고 고집스러운 웅거자는 이런 얘기를 듣고도, 속으로는 굴하지 않았다. 그는 노력만 충분히 한다면, 이루지 못할 일이 없다고 굳게 믿었다.

웅거자는 자랐고, 그는 활 쏘기는 연습을 시작했다. 하지만, 한 번은 그가 온 힘을 다해 활시위를 당겼는데도 완전히 당길 수가 없었다. 어떤 이는 웅거자가 평생 좋은 궁수가 될 수 없을 것이라고 말했다. 웅거자는 오히려 충분히 노력만 하면 이루지 못할 일은 없을 것이라 굳게 믿었다.

Point
1. 어른들의 모습을 배운 것은 중요하지 않다.
2. '얼굴이 새파랗게 질렸다'는 등의 인물의 묘사는 내용상 꼭 필요하지 않으면 다 제거해도 좋다.
3. 친척이 비웃은 내용은 뒤에 이어진 어떤 사람이 궁수가 될 수 없을 것이라고 단언한 것과 비슷하므로 생략하는 것이 낫다.
4. 웅거자의 성격은 노력만 한다면 이루지 못할 일이 없다고 굳게 믿었다는 내용을 통해 설명이 가능하므로 따로 묘사할 필요가 없다.

STEP 3 요약의 기술- 세 번째, 네 번째 단락 요약

后来，熊渠子坚持每天用举大石锁的方式练习臂力。5年后，他已变得非常强壮。这时，他再拉弓射箭就感到轻松多了。可是，他常常不能准确地射中目标，这令他十分苦恼。但是他毫不泄气，又开始坚持不懈地练眼力。

经过长时间刻苦的训练，熊渠子的眼力变得十分敏锐。只要他抬弓搭箭，对准目标，就能百发百中。不论是空中的飞禽，还是地上的走兽，一旦被熊渠子的弓箭瞄准，便都活路难逃。人们都夸熊渠子是个射箭能手。可是，熊渠子依然对自己不满意。一天，他去拜访一位智者，智者对他说道："在我看来，你现在射箭的功夫并不算高明，因为你靠的是技巧。只有用心去射每一支箭，才称得上是真功夫啊！"熊渠子听后，若有所思，回去便开始琢磨应该怎么用心去射箭。

후에, 웅거자는 꾸준히 매일 큰 돌포환을 드는 방식으로 팔 힘을 단련시켰다. 5년 후에 그는 아마 매우 건장하게 변해 있었다. 이때 그가 다시 활시위를 당겨보자 매우 수월함을 느꼈다. 그러나, 그는 자주 목표물을 정확하게 맞추지 못했고, 이것은 그를 매우 고민스럽게 만들었다. 그러나 그는 조금도 기죽지 않고, 게으르지 않게 꾸준히 안력을 단련하기 시작했다.

긴 고생스러운 훈련 끝에, 웅거자의 안력은 매우 예리해졌다. 그가 활을 들어 화살을 끼워 목표물을 겨냥하기만 하면 백발백중이었다. 하늘의 조류든, 지상의 길짐승이든 일단 웅거자의 활에 조준되면, 모두 살아남기 어려웠다. 사람들은 모두 웅거자가 활쏘기의 달인이라고 칭찬했지만, 웅거자는 여전히 자신에 대해 만족스럽지 못했다. 하루는 그가 한 명의 지자를 찾아 뵀었다. 지자는 크게 "제가 보기엔, 당신의 활 쏘는 솜씨는 결코 뛰어난 편이 아닙니다. 기교에 너무 기대기 때문이죠. 마음을 다해 매 화살을 쏴야만 진정한 실력이라 할 수 있습니다!"라고 말했다. 웅거자는 듣고 난 후에 생각에 잠긴 듯하더니, 돌아가자마자 바로 어떻게 마음을 다해 활을 쏠 것인지를 고민하기 시작했다.

후에, 그는 매일 큰 돌포환을 드는 방식으로 팔 힘을 단련시켰다. 5년 후에, 그는 건장하게 변했다. 그는 또 안력을 단련하기 시작했는데, 고생스러운 훈련 끝에, 그의 안력은 매우 예리해졌다. 그가 활을 쏘면 백발백중이었다. 사람들은 모두 그가 활 쏘기의 달인이라고 칭찬했다. 하루는 그가 한 명의 지자를 찾아 뵀는데, 지자는 "당신은 기교에만 기대어서는 안 됩니다. 마음을 다해 매 화살을 쏴야 합니다!"라고 말했다. 웅거자는 돌아가자마자 어떻게 마음을 다해 활을 쏠 것인지를 고민했다.

> **Point**　1. 훈련의 핵심은 팔 힘을 키운 것과 안력을 예리하게 만든 것이다. 이것만 언급된다면 구체적인 훈련 내용과 감정은 고생스럽게 훈련했다는 것으로만 줄여도 충분하다.
> 　　　　2. 화살을 쏘기만 하면 조류와 길짐승이 달아날 방법이 없었다는 것은 백발백중이라는 말로 간단하게 설명이 가능하다. 지자를 찾아 간 것은 부족함을 느껴 조언을 들으러 간 것이므로 지자의 조언 중에 핵심만 정리하는 것이 좋다.

STEP 4　요약의 기술- 다섯 번째 단락 요약

一天夜里，熊渠子独自一人在山路上行走，猛然看见前面不远处伏卧着一只老虎。熊渠子不由得吓出了一身冷汗，不过，他很快就镇静了下来，心想："我有弓箭在手，没什么可怕的！"于是，他迅速取弓搭箭，对准老虎，拉满弓奋力射去。只听"嗖"的一声，箭就射了出去，但奇怪的是，熊渠子却没听到老虎的叫声。他心中暗想：这一箭射过去，老虎一定会被射伤，可是，草丛中的老虎却一点儿反应都没有。这究竟是怎么回事呢？熊渠子定了定神，放大胆子走过去一看，才发现根本没有什么老虎，他射中的只不过是"卧"在路边的一块儿大石头，而且那支箭居然深深地插进了石头里！

어느 날 밤, 웅거자는 혼자서 산길을 걷다가 갑자기 앞에서 멀지 않은 곳에 호랑이 한 마리가 엎드려 있는 것을 보았다. 웅거자는 놀라 온몸에 식은땀이 흘렀지만, 빨리 침착해졌고 마음속으로 생각했다. '나에겐 활과 화살이 있는데 두려울 게 뭐가 있겠는가!' 그리하여 그는 빠르게 활을 쥐고, 화살을 끼워 호랑이를 조준하고, 활시위를 최대한 당겨 힘껏 화살을 쏘았다. '슝'하는 소리만 남긴 채, 화살은 활시위를 떠났다. 하지만 이상했던 것은 웅거자는 오히려 호랑이가 울부짖는 소리는 듣지 못했다는 것이다. 그는 마음 속으로 생각했다. '화살을 맞았으니 호랑이는 틀림없이 상처를 입었을 텐데, 숲속의 호랑이는 오히려 조금도 반응이 없다니, 도대체 어쩌된 일인가?' 웅거자는 마음을 가다듬고, 용기를 내어 가보았더니 그제서야 호랑이 따위는 아예 없었고, 그가 맞춘 것이 길가에 '누워있는' 하나의 큰 바위였을 뿐이라는 것을 알게 되었다. 게다가 화살은 뜻밖에도 바위 속에 깊이 박혀 있는 것이 아닌가!

어느 날 밤에, 웅거자는 혼자 산길을 걸었고, 갑자기 앞에 한 마리의 호랑이가 있는 것을 보았다. 그는 바로 활을 써서 호랑이를 맞추었는데, 오히려 호랑이의 울부짖음을 듣지 못했다. 그가 가서 보고 나서야 그가 맞춘 것은 뜻밖에도 하나의 큰 바위였고, 게다가 화살이 바위 속에 박혔다는 것을 알게 되었다.

> **Point**　1. 인물의 속마음은 이야기의 진행에 영향을 끼치지 않으면 다 생략해도 좋다.
> 　　　　2. 화살을 맞고도 울부짖지 않은 호랑이는 알고보니 바위였고 화살이 그 속에 박혔다는 것이 주요 내용이므로 이 외의 불필요한 내용은 생략해도 된다.

STEP 5　요약의 기술- 여섯 번째 단락 요약

这件事很快便传开了，大家都夸熊渠子箭术高明。原来那位教导熊渠子用心射箭的智者知道这件事后，不禁感慨道："这不仅是因为熊渠子力气大、箭法好，更重要的是他精神集中，拥有必胜的信念，所以，箭才能射进石头里去。这真是精诚所至，金石为开呀！"

이 일은 아주 빨리 퍼져 나갔고, 모두 웅거자의 기술이 뛰어나다고 칭찬했다. 웅거자에게 마음을 다해 화살을 쏘라고 가르쳤던 그 지자는 이 일을 듣고, 감격해 하며 말했다. "이것은 웅거자가 힘이 세고, 궁술이 좋았을 뿐만 아니라, 더욱 중요한 것은 그가 정신을 집중하여 필승의 신념을 가졌던 것입니다. 그래서 화살은 바위 속에 박힐 수 있었던 것이죠. 이것이야말로 정성이 지극하면, 금석도 쪼개질 수 있다(지성이면 감천이다)는 것입니다!"

그 지자는 이 일을 안 후에 "그가 정신을 집중하고, 신념이 있어 화살이 돌 속에 박힌 것입니다. 이것이야말로 정성이 지극하면 금석도 쪼개질 수 있다(지성이면 감천이다)는 것입니다!"라고 말했다.

Point
1. 앞의 줄거리에서 웅거자는 사람들로부터 칭찬을 듣고도 마음을 다 하지 못해 부족함을 느꼈으므로, 다시 언급된 사람들이 칭찬했다는 부분은 내용에 크게 영향을 끼치지 않는다. 중요한 것은 지자의 반응이다.
2. '精诚所至，金石为开'는 이야기를 정리할 수 있는 핵심이므로 반드시 기억해야 한다.

STEP 6 요약의 기술- 일곱 번째 단락 요약

后来，人们就借用"精诚所至，金石为开"来比喻一个人如果能够意志坚定、专心致志地去做一件事，无论什么难题都能迎刃而解。

후에 사람들은 '精诚所至, 金石为开(지성이면 감천이다)'를 차용하여 사람이 만약에 의지를 확고히 하여 온 마음을 다해 일을 한다면, 어떤 어려운 문제도 모두 순리적으로 해결할 수 있다는 것을 비유했다.

후에, 사람들은 '精诚所至, 金石为开(지성이면 감천이다)'로 한 사람이 정성을 다해 일을 하면 어떤 어려운 문제도 모두 해결할 수 있다는 것을 비유했다.

Point 마지막 부분 역시 처음과 같이 불필요한 수식어가 많은 경우를 제외하고는 원문을 그대로 사용하는 것이 좋다.

STEP 7 제목 정하기

熊渠子的故事　웅거자의 이야기 / 精诚所至，金石为开　지성이면 감천이다

해설
1. '熊渠子'가 주인공이므로 '熊渠子的故事(웅거자의 이야기)'를 제목으로 해도 좋다.
2. 마지막 부분에 '精诚所至，金石为开(지성이면 감천이다. 정성이 지극하면 어떠한 어려움도 극복할 수 있다)'라는 속담은 이 글을 설명하는 속담이므로 그대로 제목으로 사용해도 좋다.

*모범 요약은 해설서 107p에 있습니다.

PT 기출상식

跨栏定律 kuàlán dìnglǜ 허들법칙
마주하게 되는 허들(栏 lán)이 높을수록 높이 뛰어야 하고, 그로 인해 얻는 성과는 크다. 즉, 한 사람의 성과(成就 chéngjiù)의 크기는 그가 마주하는 어려움(困难 kùnnán)의 크기에 따라 결정된다는 법칙이다.

蘑菇效应 mógū xiàoyìng 버섯효과
'눈에 잘 띄지 않던 버섯이 알아서 잘 자란 후 사람들의 눈에 띈다(被人关注 bèi rén guānzhù)'는 것을 빗댄 현상. 막 입사한 사람은 눈에 띄지 않는 일을 하지만 성실하게 일을 해 점차 뛰어남을 보이면 모두가 주목하고 중책을 맡게 된다(得到重用 dédào zhòngyòng)는 것을 설명한다. 그러므로 버섯 같은 경험은 한 사람이 발전하기 전의 일종의 단련으로 여겨진다.

从众效应 cóngzhòng xiàoyìng 군중심리효과
'대세를 따르다(随大流 suí dàliú)'라고도 한다. 개체가 무리 즉, 군중의 영향을 받아 자신의 관점, 판단, 행위를 바꾸는 것으로 주로 충분한 정보가 없거나 정확한 정보를 수집하지 못해(搜集不到 sōují búdào) 생겨난다.

诱饵效应 yòu'ěr xiàoyìng 미끼효과
새로운 상품이 나타나면 구입을 고민하던 두 가지 상품 중에서 한 상품의 선호도가 증가하는 현상이다. 미끼효과가 일어나기 위해서는 새로운 상품 즉, 제3의 상품이 기존의 두 상품 중 하나에서는 모든 면에서 뛰어나고 다른 하나에서는 특정 조건에서만 우위를 가져야 한다.

Day 16

듣기 제3부분 | 들려주는 녹음을 듣고 보기에서 정답 고르기

빈출어휘와 패턴을 파악하면 정답이 들린다!

어휘 PT ○ Track 16-1   학습시간 10분

문제 1-3

- 发炎 fāyán 동 염증이 생기다 (* 嗓子发炎 sǎngzi fāyán 목에 염증이 생기다)
- 扭伤 niǔshāng 동 접질리다, 삐다
- 到位 dàowèi 형 (동작 등이) 정확하다, 들어맞다
- 忽视 hūshì 동 경시하다, 소홀히 하다
- 创新 chuàngxīn 명 창의성
- 失神 shīshén 동 부주의하다, 정신을 딴 데 팔다
- 羞涩 xiūsè 형 수줍어하다 (* 羞涩感 xiūsègǎn 부끄러움, 수줍음)
- 纷纷 fēnfēn 부 쉴 새 없이
- 坦诚 tǎnchéng 형 솔직하다
- 检讨 jiǎntǎo 동 깊이 반성하다
- 愣住 lèngzhù 동 어안이 벙벙해지다, 멍해지다
- 小题大做 xiǎotí dàzuò 성 사소한 일을 크게 만들다
- 放纵 fàngzòng 동 눈감아 주다, 방임하다
- 酿成大祸 niàngchéng dàhuò 성 큰 화를 초래하다
- 警示 jǐngshì 동 경고하다

문제 4-6

- 苛求 kēqiú 동 엄격하게 요구하다
- 以身作则 yǐshēn zuòzé 성 솔선수범하다, 몸소 모범을 보이다
- 制止 zhìzhǐ 동 제지하다
- 转移 zhuǎnyí 동 바꾸다, 전이하다 (* 转移话题 zhuǎnyí huàtí 화제를 바꾸다)
- 辩解 biànjiě 동 변명하다, 해명하다
- 家规 jiāguī 명 집안 규칙, 가법

문제 7-9

- 循循善诱 xúnxún shànyòu 성 차근차근 일깨우다
- 恰当 qiàdàng 형 알맞다, 적합하다
- 苛刻 kēkè 형 (요구·조건이) 가혹하다
- 申辩 shēnbiàn 동 (질책에 대해) 해명하다, 변명하다
- 强词夺理 qiǎngcí duólǐ 성 터무니없는 말로 억지를 부리다
- 气氛 qìfēn 명 분위기
- 新颖 xīnyǐng 형 참신하다
- 辩论 biànlùn 동 논쟁하다, 토론하다 (= 争辩 zhēngbiàn)
- 互动 hùdòng 동 상호작용을 하다, 교류하다
- 坐向 zuòxiàng 명 좌석방향
- 谈判 tánpàn 동 협상하다, 교섭하다
- 高潮 gāocháo 명 고조, 절정
- 并排 bìngpái 동 나란히 배열하다
- 采用 cǎiyòng 동 (방식을) 채택해서 쓰다
- 掀起 xiānqǐ 동 불러일으키다 (* 掀起热潮 xiānqǐ rècháo 붐(boom)을 일으키다)
- 压迫感 yāpògǎn 명 압박감
- 效应 xiàoyìng 명 효과 (* 坐向效应 zuòxiàng xiàoyìng 좌석방향효과)

제3부분

집중 PT | 학 | 습 | 목 | 표 |

1. 듣기 제3부분 빈출어휘를 습득함으로써 문제에 쉽게 접근하기
2. 관련 패턴을 이용하여 문제 푸는 방식을 익혀 쉽게 문제 풀기
3. 실제 기출문제들을 파악하여 실전 유형을 습득하기

❶ 정보 글

① 정보 관련 빈출소재와 그와 관련된 내용을 습득해 두면 듣기가 훨씬 쉬워진다.
② 보기를 통해 들어야 하는 정보를 파악해내는 연습을 꾸준히 해야 어려운 내용일수록 불필요한 정보의 습득을 줄여 정확도를 높이게 된다.
③ 정보소재는 제일 많이 언급한 대상을 말하는 것으로, 정보소재를 정확하게 파악하면 제목 관련 문제를 풀기 용이해지고, 내용을 좀 더 쉽게 이해할 수 있다.

❷ 사설 글

① 사설 글은 마지막 문장만큼 첫 문장도 중요하다. 마지막에는 화자의 견해가 언급되기 때문에 중요하지만, 처음은 말하고자 하는 화제를 파악할 수 있어 글의 갈피를 잡아 이해가 가능하므로 중요하다.
② 사설 글이라면 화제 전환의 어휘 '但是(그러나)', '实际上(실제로는)', '事实上(사실상)'에 집중해야 한다. 사설 글은 결국 자신의 의견을 강조하는 글이므로 화제 전환의 어휘 뒤에 문제와 관련된 내용이 주로 나온다.
③ 질문을 반드시 확인해야 한다. 보통 듣기는 들으면서 답안을 바로 마킹할 수 있는 경우가 많은데, 사설 글은 질문에 따라 답이 달라지는 경우가 많기 때문에 사설 글이라 판단되면 질문을 반드시 확인하고 마킹하는 습관을 키워야 한다.

❸ 이야기 글

① 이야기 글은 주인공이 가장 중요하다. 주인공의 정보, 주인공의 행동과 관련된 문제가 많이 출제된다.
② 세부 내용은 보기를 통해 짐작해야 한다. 이야기 글은 6하원칙(언제, 어디서, 누가, 무엇을, 왜)을 많이 묻는다.
③ 이야기 글은 마지막 문제가 주로 교훈을 묻는 문제이고 관련 내용 역시 마지막에 언급되므로 마지막까지 집중해서 들어야 한다.

1. 빈출패턴을 이용한 중점 파악

Track 16-2

因 A······ A때문에 ~하다	因一时失神忘记了一句唱词。 순간 정신을 딴 데 파느라 한 마디의 가사를 잊었다.	
	'因'은 '因为'의 뜻으로 뒤에는 원인이 나온다. 결과의 원인을 묻는 문제가 많으므로 '因' 뒤의 내용에 집중해서 들을 필요가 있다. → 예문에서 한 마디의 가사를 잊은 원인은 정신을 딴 데 팔아서임을 알 수 있다.	
以为 A A라고 (잘못) 여겼다	大家都以为这是梅兰芳强调人物的羞涩感而故意做的改动。 모두 이것이 메이란팡이 인물의 수줍음을 강조하려고 고의로 한 행동이라 여겼다.	
	'以为' 뒤의 내용은 주로 이렇게 여겼으나 실제로는 아닌 내용이 나온다는 것을 주의하자. → 예문에서의 '这(이것)'는 메이란팡이 인물의 수줍음을 강조하기 위해 한 행동이 아님을 짐작할 수 있다.	
不是 A, (而)是 B (= 并非 A, 而是 B) A가 아니라, B이다	不是我改得好，是我把那句唱词忘了。 내가 잘 고친 것이 아니라, 내가 그 가사를 잊은 것이다. 申辩并非强词夺理，而是让孩子把事情讲清楚。 (질책에 대해) 해명하는 것은 결코 억지를 쓰는 것이 아니라, 아이가 사정을 분명하게 말하도록 하는 것이다.	
	'而是' 뒤의 내용을 강조하기 위해 부정하는 내용을 '不是' 뒤에 설명하는 형식이다. 이 구문은 '而是' 뒤의 내용을 강조하기 위해 쓴 것임을 주의해야 한다. → 위의 예문은 각각 가사를 잊었다는 사실과 아이가 일을 분명하게 말하도록 한다는 것을 강조하고 있다.	
只有 A 才 B A를 해야만, 비로소 B하다	只有看清楚危险，警示未来，才能有长进。 위험을 분명하게 보고 미래를 경계해야만, 발전할 수 있다.	
	HSK 시험에서 가장 많이 나오는 패턴이다. '才' 뒤에는 주로 성공이나 발전 등의 긍정적인 내용이 나오는데 '只有' 뒤의 내용이 그 긍정적인 내용이 발생되게 하는 필수조건임을 알아야 한다. → 예문에서는 발전하기 위해서는 반드시 위험을 분명히 인지하고 미래를 경계해야 한다고 강조하고 있다.	
如果 A, B (부정적인 결과) 만약에 A한다면, B하다	如果大人的要求过分苛刻，孩子是办不到的。 만약에 어른의 요구가 지나치게 가혹하면, 아이들은 해낼 수 없다.	
	'如果' 뒤에는 가정의 내용이 나오고 이어지는 절에는 가정의 결과가 나온다. 가정의 결과가 부정적이라면, 긍정적인 결과를 위해서는 가정과 반대되는 상황을 유추할 수 있어야 한다. → 즉, 예문에서는 아이들이 해낼 수 있게 하기 위해서 어른의 요구가 지나치게 가혹해서는 안 된다는 것을 강조하고 있다.	
A 建议 B A는 B하는 것을 건의했다	心理学家听后，建议他改变每位辩论者的坐向，由以往的并排而坐改成两人相对而坐。 심리학자는 들은 후에, 그가 모든 패널들의 좌석방향을 나란히 앉는 것에서 두 사람이 마주 앉는 것으로 바꾸라고 건의했다.	
	이야기 글이든 정보 글이든 누군가가 건의한 내용은 문제와 연결되는 경우가 많다. '建议' 뒤의 내용은 항상 집중해서 들어야 한다.	

2. 기출 소재로 나온 '효과'

从众效应 cóngzhòng xiàoyìng	군중심리효과	무리의 영향을 받아 자신의 관점과 판단, 행위를 바꾸는 현상. '随大流(대세를 따르다)'라고도 부른다. → 정보가 부족하거나 정확한 정보를 수집하지 못했을 때 생기는 현상임을 설명
蘑菇效应 mógu xiàoyìng	버섯효과	버섯과 같이 어려운 시기를 보내고 충분히 성장하여 남에게 관심을 받고 중용되는 현상 → 입사 초기 어려운 시기를 보내는 것은 더 나은 미래를 위한 일종의 단련이므로 필요한 현상임을 설명
坐向效应 zuòxiàng xiàoyìng	좌석방향효과	서로 마주하고 앉아 상대방이 강렬한 압박감이나 자유롭지 못한 느낌이 들게 만드는 현상 → 대중들의 뜨거운 반응을 불러 일으키는 토론들의 좌석이 왜 마주하고 있는지를 설명하는 데 쓰임
瀑布心理效应 pùbù xīnlǐ xiàoyìng 폭포심리효과		정보를 내보낸 사람의 심리는 평온하지만 정보를 받은 사람은 불안정한 심리가 되어 태도나 행위가 변하게 되는 심리현상 → 언행에는 신중한 자세가 필요함을 말할 때 쓰임
签名效应 qiānmíng xiàoyìng	서명효과	서명 행위가 자아정체성을 일으켜 소비행위를 할 때 구매 욕망이 이로 인해 더욱 강해지는 심리현상 → 구매나 계약을 할 때 서명하는 것에 주의해야 함을 말할 때 쓰임
酝酿效应 yùnniàng xiàoyìng 양조효과(= 부화효과)		문제를 해결하려는 노력을 중단하고 쉬고 있거나 다른 일을 하고 있을 때 갑자기 해결책이 떠올라 문제가 해결되는 현상 → 복잡한 문제나 난제가 있을 경우 오히려 잠시 그 문제를 놓아두는 것이 좋음을 말할 때 쓰임

3. 설명 글 관련 최근 기출 소재

용품	花露水 huālùshuǐ 플로럴워터 (floralwater)	알코올이 주 성분으로 살균, 소독 작용이 있고, 또한 모기를 쫓는 효과가 있음. 그늘진 곳에 보관해야 함
	白色粉末 báisè fěnmò 마그네슘 가루, 조크	땀 흡착 제거, 손바닥과 사물 간의 마찰력을 증가시킴 **TIP** = 碳酸镁 tànsuānměi = 镁粉 měifěn
식물	攀缘植物 pānyuán zhíwù 덩굴식물	덩굴식물의 줄기는 더 많은 햇볕을 받기 위해 태양 쪽으로 감김 **TIP** 茎 jīng 줄기 | 缠绕 chánrào 휘감다
동물	骆驼 luòtuo 낙타	'사막의 배'로 불림. 낙타 등에 있는 혹에는 지방이 들어 있는데 이 혹의 지방은 스스로에게 먹이 제공이 부족할 때 쓰임
	海豹 hǎibào 바다표범 | 海象 hǎixiàng 바다코끼리 | 水獭 shuǐtǎ 수달 | 驴 lǘ 당나귀	
곤충	蚂蚁 mǎyǐ 개미	신경계통이 발달되어 있지 않음. 무리를 이루면 컴퓨터처럼 사고하고 계산하고 계획할 수 있음. '개미굴(蚁丘 yǐqiū)'을 파 하나의 개미왕국을 만들기 위해 개미들은 여러 대에 걸쳐 힘을 합쳐 완성함 **TIP** 蚁酸 yǐsuān 개미산(새의 기생충 제거가 가능함)
	飞蛾 fēi'é 불나방	

우주	火星 huǒxīng 화성 ǀ 陨石 yǔnshí 운석 ǀ 行星 xíngxīng 행성	
생리기능	激素 jīsù 호르몬 ǀ 红蛋白 hóngdànbái 헤모글로빈 ǀ 心肌梗塞 xīnjī gěngsè 심근경색 ǀ 血液循环 xuèyè xúnhuán 혈액순환 ǀ 心肺功能 xīnfèi gōngnéng 심폐기능 ǀ 心率 xīnlǜ 심박율 ǀ 心跳 xīntiào 심장이 뛰다	
올림픽	奥运会 Àoyùnhuì 올림픽 ǀ 冬奥会 Dōng'àohuì 동계올림픽 ǀ 锦标赛 jǐnbiāosài 세계선수권대회 ǀ 获得奖牌 huòdé jiǎngpái 메달을 따다 ǀ 冠军 guànjūn 우승 ǀ 亚军 yàjūn 준우승 ǀ 申办 shēnbàn 유치하다 ǀ 举办 jǔbàn 개최하다	
기후	强劲气流 qiángjìn qìliú 강한 기류 ǀ 冷空气 lěng kōngqì 찬 공기(cold air) ǀ 暖湿 nuǎnshī 온난습윤하다 ǀ 潮湿 cháoshī 습하다	
배, 선박	轮船 lúnchuán (증)기선 ǀ 沉船 chénchuán 침몰한 배	
지리	南极 nánjí 남극 北极 běijí 북극	북극보다 남극이 더 추움. 남극대륙은 육지이나 북극대륙은 바다가 언 해빙(海冰)임
	昆明 쿤밍(곤명) Kūnmíng	사계절 기온이 봄과 같이 균일함. 여름에는 흐린 날이 많음
기타	地窨子 dìyìnzi 지하토굴, 지하실	주로 남향의 산 비탈길에 지음. 절반은 지하, 절반은 지상에 드러나 있음
	米酒 mǐjiǔ 미주	찹쌀을 원료로 가정에서 직접 빚는 토속주로 혈액순환에 좋고, 신진대사 촉진작용 있음
	冰箱的辐射 bīngxiāng de fúshè 냉장고의 방사 (전자파)	전자파 방사는 먼지의 영향을 받음. 작동되는 냉장고와는 거리를 두는 것이 좋음

실전 **PT** Track 16-3 학습시간 2 0 분

○ 보기를 먼저 파악해 두는 것이 관건이다.

[1 - 3]

문제 1 A 嗓子发炎了
B 用错道具了
C 忘词了
D 脚扭伤了

문제 2 A 称赞有加
B 发挥得不好
C 动作不到位
D 难以理解

문제 3 A 要勇于接受批评
B 不能忽视小失误
C 要积极面对挑战
D 要敢于创新

[4 - 6]

문제 4 A 饮食要合理
B 不能苛求孩子
C 父母要以身作则
D 教育孩子要有耐心

문제 5 A 制止他
B 转移话题
C 让孩子自我反省
D 给孩子辩解的机会

문제 6 A 怎样培养自信
B 如何跟孩子讲道理
C 为什么要制订家规
D 学会跟家长说"不"

[7 - 9]

문제 7 A 气氛不够热烈
B 内容不够新颖
C 主持人不幽默
D 辩论者不出色

문제 8 A 与心理学家互动
B 改变坐向
C 换辩论者
D 调亮舞台灯光

문제 9 A 面对面争辩
B 缺席会议
C 排队购票
D 电话谈判

독해 제3부분 | 밑줄에 들어갈 정답 고르기
특정어휘로 힌트를 파악하면 정답이 보인다!

어휘 PT
학습시간 10분

문제 1-5

- 铸造 zhùzào 图 주조하다
- 器物 qìwù 圄 집기, 기물
- 誉为 yùwéi 图 ~라고 칭송하다
- 浑厚 húnhòu 溫 온화하고 두텁다
- 凝重 níngzhòng 圈 묵직하다
- 纹饰 wénshì 圄 무늬와 도안
- 简洁 jiǎnjié 圈 (군더더기 없이) 깔끔하다
- 古雅朴素 gǔyǎ pǔsù 예스럽고 우아하고 소박하다
- 出土 chūtǔ 图 출토하다
- 无损 wúsǔn 图 손상이 없다 (* 完好无损 wánhǎo wúsǔn (보존이) 완전하고 손상이 없다)
- 难能可贵 nánnéng kěguì 匢 기특하다, 대견하다
- 铸铭 zhùmíng 图 주조해서 (글을) 새기다
- 依据 yījù 图 의거하다, 근거하다
- 昂贵 ánguì 圈 비싸다
- 册命书 cèmìngshū 圄 책명서 [임금의 명령을 담은 책]
- 华丽 huálì 圈 화려하다
- 深奥 shēn'ào 圈 심오하다
- 举足轻重 jǔzú qīngzhòng 匢 중대한 영향을 끼치다 (* 举足轻重的地位 jǔzú qīngzhòng de dìwèi 영향력이 큰 지위)
- 纵横 zònghéng 圄 종횡, 가로와 세로
- 长方形 chángfāngxíng 圄 직사각형
- 圆润 yuánrùn 圈 반들반들하다
- 细腻 xìnì 圈 부드럽고 매끄럽다, 섬세하다
- 雄劲 xióngjìn 圈 강하고 힘차다
- 名震古今 míngzhèn gǔjīn 匢 예전과 지금 모두 이름을 떨치다
- 铭文 míngwén 圄 명문 [금석이나 그릇 등에 새긴 글]
- 鼎 dǐng 圄 정 [다리가 세 개 달린 솥]
- 稀世瑰宝 xīshì guībǎo 圄 세상에 드문 진귀한 보물
- 铸器 zhùqì 圄 주조한 그릇
- 标志 biāozhì 图 상징하다

문제 6-10

- 喜形于色 xǐxíng yúsè 匢 희색이 얼굴에 만연하다
- 不以为然 bùyǐ wéirán 匢 그렇게 여기지 않다
- 不服气 bùfúqì 图 승복하지 않다, 굴하지 않다
- 畅销各地 chàngxiāo gèdì 각지로 잘 팔리다
- 上朝 shàngcháo 图 임금이 조정에서 집무를 보다, 입조하다
- 袖口 xiùkǒu 圄 소맷부리
- 议论纷纷 yìlùn fēnfēn 의견이 분분하다
- 纳闷儿 nàmènr 图 (궁금해서) 답답하다
- 不慌不忙 bùhuāng bùmáng 匢 당황하지 않고 침착하다
- 诚恳 chéngkěn 圈 진실하다, 간절하다
- 皇上 huángshang 圄 황상 [황제를 부르는 칭호]
- 贫瘠 pínjí 圈 (땅이) 척박하다
- 天灾 tiānzāi 圄 자연재해
- 收成 shōuchéng 圄 수확, 작황
- 缴纳 jiǎonà 图 (세금 등을) 납부하다 (↔ 征收 zhēngshōu 징수하다)
- 明鉴 míngjiàn 圄 고명한 판단
- 片刻 piànkè 圄 잠시, 잠깐
- 纳粮 nàliáng 图 (백성이 관아에 세금으로) 돈과 곡식을 바치다
- 葫芦 húlu 圄 조롱박, 호리병박
- 借机 jièjī 囝 기회를 틈타
- 争论 zhēnglùn 图 논쟁하다 (* 争论不休 zhēnglùn bùxiū 논쟁을 멈추지 않다)
- 赞叹 zàntàn 图 감탄하여 칭찬하다 (* 赞叹不已 zàntàn bùyǐ 감탄을 그치지 않다)
- 兴致勃勃 xìngzhì bóbó 圈 생기가 넘치다 (* 兴致勃勃地比划 xìngzhì bóbó de bǐhua 신나서 손짓으로 묘사하다)
- 远近闻名 yuǎnjìn wénmíng 匢 안팎으로 유명하다

제3부분

집중 PT |학|습|목|표|
1. 특정어휘들이 어떻게 정답을 도출하는 데 힌트가 되었는지 파악하기
2. 다양한 기출어휘를 통해 정답을 도출하기 위한 사고능력 키우기
3. 기출유형의 문제를 전략을 활용하여 풀고 실전감각 익히기

❶ 보기가 우선이다. 보기를 먼저 보자!
① 지문을 완벽하게 해석하지 못하는 이상 지문을 파악해서 나올 내용을 대략적으로 이해하고 문제를 푸는 것이 시간 소모가 적고 정확도도 높아진다.
② 어려운 어휘에 집착하지 말고 보기나 해석해야 되는 부분에 어려운 어휘가 있는 경우 술어를 중심으로 대략적인 뜻만 이해해도 문제를 푸는 데 도움이 된다.

❷ 접속사와 연결되는 어휘는 완벽하게 암기해야 한다.
① 접속사와 연결되는 어휘만 잘 확인해도 내용과 상관없이 정답을 유추할 수 있는 문제가 자주 출제된다.
② '相反(반대로)'을 기준으로 앞과 뒤의 내용은 상반을 이루고, '而(그런데)'을 기준으로 앞과 뒤의 내용은 전환을 나타내므로 앞뒤 내용을 추측하기 용이하다.
③ HSK 시험에 자주 출제되는 지문에 긍정을 다루면 부정을, 부정을 다루면 이어서 긍정의 내용을 같이 설명하는 경우가 많다. 특히 독해 제3부분에 부정(不是, 非是)/긍정(是, 只是)으로 시작하는 보기가 있으면 반대의 경우가 나열될 것이라는 것을 추측해야 한다.

❸ 이야기 글에서 다음을 유의하자!
① 주어의 유무와 중복을 확인해야 한다. 이야기는 사람이 많이 등장하는데 이를 이용하여 주어가 없는 문장이 이어져야 할 경우 주어와의 매칭만 확인해도 정답을 찾기 쉬워진다.
② 이야기 글에서 대화체가 진행되는 곳에 문제가 있다면 앞뒤의 맥락을 이해하면 문제 풀기가 용이해진다.
③ 이야기 글은 사건의 줄거리가 있으므로 보기를 근거로 시간의 변화에 따라 어떤 내용 순으로 이어지는 짐작하면 문제를 풀기 용이해진다.

> **TIP** 글의 종류가 사설이라면 마지막 부분은 화자의 견해일 가능성이 크다. 마지막 부분에 밑줄을 넣어 출제되는 문제 또한 많으므로 화자의 견해에 알맞은 내용인지를 파악해야 한다.

1. 특정어휘를 이용하여 사고능력 키우기

1	原来 알고 보니	原来正是鲨鱼天生的缺陷造就了强大。 알고 보니, 상어의 천성적인 결함이 강대함을 만들어낸 것이었다. '原来'는 '원래의'라는 뜻이 있지만 문장의 제일 앞에 쓰이면 '알고 보니'라는 뜻으로 궁금했던 사실에 대한 이유를 알게 되어 더 이상 이상할 것 없다는 것을 의미한다. → 예문 뒷부분에 상어의 강대함을 만들어낸 것은 천성적인 결함인 것을 알아냈다는 내용이므로 앞의 내용은 어떤 결함인지가 모두 설명되어야 한다.
2	其中 그 중에서	其中，松质骨对维持骨骼形态的作用更大。 그 중에서, 해면골(松质骨)의 골격의 상태 유지에 대한 작용이 더욱 크다. '其中(그 중에서)'은 '앞에서 말한 것 속에서'라는 뜻이므로, 그 중에서 '해면골의 작용이 크다'라고 나왔으니 앞에서 이미 해면골이 언급되었음을 짐작할 수 있다.
3	比如 예를 들면	比如会导致肥胖、血压升高等。 예를 들면, 비만, 혈압상승 등을 일으킨다. '比如(예를 들면)'는 앞에서 설명한 내용의 구체적인 예를 들 때 쓰이는 어휘이므로, 비만이나 혈압상승을 일으키는 것이 예라면 앞의 내용은 어떤 행동의 안 좋은 점에 대해 언급했음을 짐작할 수 있다.
4	特别 = 尤其 특히	特别是慢性病患者和老年患者。 특히, 만성병환자와 노년환자가 그러하다. '特别(특히= 尤其)'는 앞에서 언급한 큰 범위에서 두드러진 것을 강조해서 설명하고자 할 때 쓰는 어휘이므로, 앞의 내용에서는 만성병환자와 노년환자가 포함될 수 있는 큰 범위의 환자가 언급되었을 가능성이 크다.
5	都 = 均 모두	均力图忠实于原著。　모두 원작에 충실하려고 힘썼다. '均(모두= 都)'은 접속사 '无论(막론하고)'과 함께 쓰이는 것 외에도, 앞에서 설명한 것이 복수의 개념임을 알 수 있다. → 예문에서는 '모두 원작에 충실하려고 힘썼다'라는 내용이 나왔으므로 앞에서는 원작에 충실할 수 있는 대상들이 적어도 두 개 이상은 나왔음을 알 수 있다.
6	举办 개최하다	这里都要举办"红楼描绘"。 이곳에서 모두 '红楼描绘'가 개최되었다. '举办(개최하다, 개최되다)'이라는 어휘가 나오면 항상 언제, 어디서, 무엇을, 왜, 개최되는지를 궁금해 해야 한다. → 예문에서 '어디 = 这里(이곳)'와 '무엇 = 红楼描绘'가 언급되었으니 앞에서는 언제 혹은 왜 개최되는지에 대해 언급했음을 짐작할 수 있다.
7	同样 똑같이	同样可以起到保护脑部的作用。 똑같이 뇌 부분을 보호하는 작용을 일으킬 수 있다. '同样(똑같이)'이라는 말은 '앞에서 언급한 것과 같이'라는 뜻이므로 앞에서도 뇌 부분을 보호하는 역할을 할 수 있다는 내용이 이미 나왔음을 짐작할 수 있다.

8	反而 오히려	反而对张大千画的那幅《虎图》赞赏有加。 오히려 장대천이 그린 그 《虎图》를 칭찬했다. '反而(오히려)'은 통상적으로 발생되지 않아야 하는 상황이 발생되었음을 의미하므로 장대천의 작품은 칭찬이 어울리지 않아야 했음을 설명하는 내용이 나와야 한다. 또한 장대천의 작품을 칭찬했다는 내용이 있으므로 앞 내용의 주어는 장대천이 아닌 다른 사람이어야 한다.
9	纷纷 잇달아, 분분하게	纷纷来他家道喜。 잇달아 그의 집에 와서 축하했다. '纷纷(잇달아)'은 여러 사람이 질서 없이 행동하는 것이 이어질 때 쓰는 어휘이므로, 이 내용의 주어는 다수의 사람이거나 다수의 사람을 지칭하는 어휘임을 알 수 있다. → 예문의 내용은 축하하는 내용이므로 축하할 만한 사건 역시 앞에서 언급되어야 한다.
10	先弄清楚 먼저 분명히 알다	先弄清楚"花香"是怎么回事。 먼저 '꽃 향기'가 어떻게 된 것인지 분명히 알아야 한다. '先弄清楚(먼저 분명히 알아야 한다)'라는 말은 질문이나 해결책에 대한 대답이므로 앞의 내용에는 해결책을 요하는 질문이 있었음을 짐작할 수 있다. → 예문의 내용상 꽃 향기에 대해 알아야만 해결되는 문제여야 한다.
11	然后 그런 후에	然后就随便地扔在了地上。 그런 후에, 바로 아무렇게나 땅에 던졌다. '然后(그런 후에)'라는 어휘는 '앞에서 어떤 행위가 이루어지고 나서 그 다음에'라는 뜻이므로 예문에서는 땅에 던지기 전의 행동을 추측해야 하고, 그보다 먼저 던진 대상이 언급되어야 한다.
12	最后 마지막	最后才是身体瘦弱的狼。 마지막이 몸이 약한 늑대이다. '最后(마지막)'라는 어휘는 주로 '首先(먼저)', '然后(그런 후에)'라는 어휘와 함께 쓰이고 그 중에서 마지막에 쓰는 어휘이므로 앞에서 '首先(먼저)', '然后(그런 후에)'가 쓰였음을 짐작할 수 있다. → 예문에서 마지막이 몸이 약한 늑대라고 했으므로 앞에서는 몸이 강한 늑대가 설명되었을 가능성이 크다.

2. 전치사구를 이용하여 사고능력 키우기

为了查明事情的真相 일의 진상을 분명히 밝히기 위해	'为了……(~를 위해서)'라는 전치사구이므로 답이 들어갈 자리 뒤의 부호는 '마침표(。)'가 올 수 없다. → '일의 진상을 밝히기 위해서'라는 목적만 나왔으므로 뒤에는 진상을 밝히기 위한 조사나 확인 등의 내용이 나올 가능성이 크다.
在低温无风的天气里 기온이 낮고 바람이 없는 날씨 속에서	'在……里(~ 안에서)'라는 전치사구이므로 답이 들어갈 자리 뒤의 부호는 '마침표(。)'가 올 수 없다. → 이런 전제조건만 나오는 경우는 정보 구입 확률이 높고, '기온이 낮고 바람이 없는 날씨 속에서' 무엇이 어떤 결과를 가져오는지가 뒤에 설명되어야 한다. 전제조건 뒤에는 그에 따른 결과를 항상 예상해야 한다.
它在中国古文字学与书法艺术领域 그것은 중국고문자학과 서예예술의 영역에서	'在……领域(~ 영역에서)'라는 전치사구이므로 답이 들어갈 자리 뒤의 부호는 '마침표(。)'가 올 수 없다. → 여기서는 이 전치사구 앞에 '它(그것)'라는 주어가 붙어 있으므로, 이어지는 내용은 술어로 시작해야 한다. 내용에서 언급한 '그것'이 고문자학과 서예예술의 영역에서 어떤 작용이나 중요한 위치를 차지하고 있다는 내용이 이어질 가능성이 크다.

3. 대명사를 이용하여 사고능력 키우기

这幅画很快受到了追捧。 이 그림은 아주 빠르게 추종을 받았다.	'这幅画(이 그림)'라는 지시대명사가 있는 명사구로 시작했으므로 앞에는 그림이 언급되었음을 짐작할 수 있다.
这个偶然的事件使小司马光出了名。 이 우연한 사건은 어린 사마광을 유명하게 만들었다.	'这个偶然的事件(이 우연한 사건)'이라는 지시대명사가 있는 명사구로 시작했으므로 앞에서 사마광을 유명하게 만든 사건이나 이야기가 언급되었음을 짐작할 수 있다.
承认**这话**很有道理。 이 말에도 일리가 있다고 인정했다.	'这话(이 말)'라는 지시대명사가 있는 명사구가 있으므로 앞에서는 주인공이 일리가 있다고 생각하게 만든 '말'이 언급되었음을 짐작할 수 있다.
他们两人曾经合作画画。 그들 두 사람은 일찍부터 합작해서 그림을 그렸다.	'他们两人(그들 두 사람)'이라는 인칭대명사와 그 수가 분명히 언급되었으므로 앞에서는 어떤 두 사람인지가 언급되고, 이어지는 내용에서는 어떤 방식으로 그림을 합작했는지 언급할 것이라는 것을 짐작할 수 있다.

4. 독해 제3부분 빈출 접속사 정리

1	不是(并不/并非) A，而是(只是) B	A가 아니라, B이다 **TIP** 不 + 일반동사 + A, 而 + 일반동사 + B 不需要 A, 而需要 B A가 필요한 것이 아니라, B가 필요하다
2	不仅(不但/不只/不光/不单) A，而且(并且/且) 还(也/更) B	A뿐만 아니라, 게다가 또한(역시/더욱) B하다
3	虽然(尽管) A，但是(可是/然而) 却 B	비록 A지만, 그러나 오히려 B하다
4	即使(即便) A，也 B	설령 A일지라도, B하다
5	如果(要是/假如/假使/倘若/若) A，那么 就(便/则) 会(恐怕) B	만약에 A한다면, 그러면 바로 B일 것이다 / 아마도 B일지 모른다
6	无论(不论/不管) A 还是 B，都(也)……	A든 B든 상관없이, 모두(역시) ~하다
7	无论(不论/不管) 什么/哪儿/谁，都(也)……	무엇이든/어디든/누구든, 모두(역시) ~하다
8	只有(除非) A，才 B	A를 해야만, 비로소 B하다
9	只要 A，就(便) B	A하기만 하면, 바로 B하다
10	一旦 A，就(便) B	일단 A하면, 바로 B하다
11	因为 A，所以 B	A 때문에, 그래서 B하다
12	由于 A，所以(因此) B	A 때문에, 그래서(그리하여) B하다
13	既然 A，那么/就 B	기왕 A한 마당에, 그러면 바로 B하다
14	既 A，又(也/还/更) B	A하기도 하고, 또(역시/또한/더욱) B하다

실전 PT

▶정답 및 해설 112p
학습시간 20분

○ PT시크릿을 이용해 보기를 파악하고 밑줄 앞뒤의 힌트를 통해 정리해야 문제가 쉽게 풀린다. (각 지문당 5분 안배)

문제 1-5

　　毛公鼎是西周宣王时期铸造的一件青铜器物，(1)＿＿＿＿＿＿＿＿＿＿＿＿，于1843年在陕西省岐山县被人发现，被誉为晚清"四大国宝"之一。毛公鼎高53.8厘米，重34.7公斤，整体造型浑厚而凝重，纹饰简洁有力、风格古雅朴素。

　　出土时，毛公鼎几乎完好无损，而且更难能可贵的是，鼎的腹部铸有32行，(2)＿＿＿＿＿＿＿＿＿＿＿＿，字数是全世界现已出土的铸铭青铜器中最多的。在当时，人们不仅依据青铜器的质量和年代来判断价格，铭文的字数也是一项重要标准。字数越多，其价格也越昂贵。因此，(3)＿＿＿＿＿＿＿＿＿＿＿＿。

　　毛公鼎上的铭文是西周晚期一篇完整的册命书，用词华丽、内容深奥，对人们了解西周历史很有帮助，极具考古研究价值。此外，(4)＿＿＿＿＿＿＿＿＿＿＿＿，也有着举足轻重的地位。500字的金文纵横有序、结构均匀，长方形的字体，单一看来圆润细腻，整体看来却又雄劲有力，(5)＿＿＿＿＿＿＿＿＿＿＿＿。仅就其书法艺术方面的成就而言，毛公鼎铭文也可谓名震古今的杰作了。

A　它在中国古文字学与书法艺术领域

B　共500字的金文铭文

C　毛公鼎自然成了稀世瑰宝

D　因铸器人为毛公而得名

E　它们标志着西周金文已发展到了十分成熟的阶段

문제 6-10

一天，大臣纪晓岚和刘墉陪乾隆皇帝在御花园散步。纪晓岚问刘墉："你们山东的萝卜有多大？"刘墉一听，喜形于色，(6)_____。纪晓岚却不以为然地说："你们山东的萝卜再大，也不可能比我们直隶的大。"刘墉听后很不服气，因为谁都知道山东的萝卜畅销各地，是出了名的大。(7)_____。乾隆皇帝听了觉得很好笑，说："这有什么，你们两个明日各自准备好最大的萝卜，带上朝来让大家评一评。"

第二天，刘墉带着一个大萝卜上朝，大臣们看到那么大的萝卜，(8)_____。乾隆问纪晓岚："你的大萝卜在哪儿？"纪晓岚从袖口内掏出一个又瘦又小的萝卜。大臣们看了不禁议论纷纷，(9)_____。乾隆也有些纳闷儿，对纪晓岚说："你这是开的什么玩笑？"只见纪晓岚不慌不忙，用非常诚恳的语气说："回皇上，我让人找遍了直隶全省，才找到这个最大的萝卜。直隶的土壤较为贫瘠，再加上近半年来天灾不断，农作物普遍收成不佳，百姓无法缴纳太多的粮食。请皇上明鉴。"

乾隆这才明白，(10)_____。于是，他想了片刻，说："直隶穷就少纳粮，山东富就多纳些粮吧！"

A 不知他葫芦里卖的是什么药

B 纪晓岚是在借机反映直隶省经济困难

C 两人为此争论不休

D 个个赞叹不已

E 兴致勃勃地比划着自己家乡远近闻名的大萝卜

쓰기 ⓯ | 글 요약하기
큰 사건으로 요약하기 I - 실전분량(1,000자) 훈련하기!

어휘 PT

연습

耿直 gěngzhí 형 강직하다 (* 性情耿直 xìngqíng gěngzhí 성격이 강직하다)

争夺 zhēngduó 동 쟁탈하다

器重 qìzhòng 동 (하급자를) 신임하다 (* 受器重 shòu qìzhòng 신임을 받다)

进献 jìnxiàn 동 바치다

良策 liángcè 명 좋은 계책

陷入 xiànrù 동 빠지다 (* 陷入困境 xiànrù kùnjìng 곤경에 빠지다)

打赢 dǎyíng 동 이기다 (* 打赢战争 dǎyíng zhànzhēng 전쟁에서 이기다)

气愤不已 qìfèn bùyǐ 분개해 하다, 몹시 화를 내다

下令 xiàlìng 동 명령을 내리다

捉拿 zhuōná 동 체포하다

告示 gàoshi 명 공고문 (* 贴出告示 tiēchū gàoshi 공고문을 붙이다)

举报 jǔbào 동 (위법 행위를) 신고하다

行踪 xíngzōng 명 행방

赏 shǎng 동 포상하다

窝藏 wōcáng 동 은닉하다, 감추다

重罚 zhòngfá 동 엄중 처벌하다 (* 予以重罚 yǔyǐ zhòngfá 엄중 처벌하다)

感念 gǎnniàn 동 가슴에 새기다

恩情 ēnqíng 명 은혜

上报 shàngbào 동 상부에 보고하다

冒 mào 동 무릅쓰다 (* 冒危险 mào wēixiǎn 위험을 무릅쓰다)

流传 liúchuán 동 전해지다

诺 nuò 명 (허락의) 약속

亲信 qīnxìn 명 심복, 측근

求情 qiúqíng 동 인정에 호소하다

气量 qìliàng 명 포용력, 도량

反驳 fǎnbó 동 반박하다

效力 xiàolì 동 충성을 다하다

作对 zuòduì 동 맞서다

召进 zhàojìn 동 불러들이다

投奔 tóubèn 동 의지할 곳을 찾아가다

归顺 guīshùn 동 순종하다

不负众望 búfù zhòngwàng 성 대중의 기대를 저버리지 않다

竭尽所能 jiéjìn suǒnéng 할 수 있는 모든 바를 다하다

① 큰 사건을 기억해라!
시간의 흐름에 따라 이야기가 진행되는 경우가 많지만 그렇지 않은 경우도 있음을 주의해야 한다. 이런 경우에는 몇 가지 큰 사건으로 내용을 정리하면 기억하기가 좋다.

② 대화는 핵심만 써라!
중요하지 않은 대화는 제거하거나 간접화법으로 고치면 되지만 중요한 대화는 직접화법 그대로 쓰는 것이 좋다. 다만, 대화가 긴 경우에는 화자가 말하고자 하는 핵심을 파악해 중점만 써야 한다.

③ 핵심인물은 기억해라!
등장인물이 많으면 내용이 어려워질 수밖에 없다. 발음을 모르는 이름일 경우 더 어렵기 때문에 한 글자만 기억하거나 임시로 다른 어휘로 대체하여 내용을 파악한 뒤 쓰기 시작 전 등장인물의 이름을 다시 확인해야 헷갈리거나 틀리지 않는다.

> ○ 파트2에서는 파트1에서 배웠던 것을 기억하여 시험과 동일하게 훈련해보는 연습을 해보자. 특히 큰 사건을 잡아 요약하는 능력을 키우기 위해 사건의 발생에 주목하여 읽어본다. 아래 원문을 10분 동안 시간을 재서 읽은 후, 학습서 부록 원고지에 옮겨 써보자. (원고지는 학습서 407p에)
>
> ○ 요약 학습을 할 때에는 앞에서 배워온 요약의 기술을 참고하여 직접 요약해보자.

　　秦朝末年，楚国有一个叫季布的人，他性情耿直、乐于助人。而且只要是他答应过的事情，无论遇到多大的困难，他都会设法办到，从不会让求助于他的人失望。所以，季布一直都很受大家的尊敬。

　　秦朝灭亡后，刘邦与项羽展开了争夺天下的大战。季布作为项羽的部下，很受项羽的器重。他为项羽进献良策，并主动带兵出击，多次使刘邦的军队陷入困境。

　　不过，最终刘邦打赢了这场战争，建立了汉朝，并当上了汉朝的开国皇帝。他每次想起季布帮助项羽让自己的军队多次陷入困境的事就气愤不已，于是下令捉拿季布。他专门让人贴出告示：如有举报季布行踪者，赏黄金一千斤，而如果有人敢窝藏季布，则予以重罚。

　　季布平时非常讲信用，帮助过很多人，大家都感念他的恩情。因此，当刘邦的告示公布于天下之后，有许多知道季布行踪的人不但不受金钱的诱惑上报他的行踪，甚至还冒着生命危险，尽心尽力地保护季布。当时，还流传着这样一句话"得黄金千斤，不如得季布一诺"。后来，季布藏到了一个叫朱家的人家里。朱家也很欣赏季布，他不仅努力保护季布，还专门找到刘邦的亲信滕公，准备说服他，让他为季布求情。

　　其实，滕公也认为季布是一个不可多得的人才，再加上朱家的一番劝说，他就答应了下来。滕公对刘邦说："我知道您之所以捉拿季布，是因为他当初曾帮助项羽，使您的军队陷入困境。但那时候，季布是项羽的部下，他为项羽打仗，这是他应尽的责任啊。同时，这不也表明季布是一个有才干、有责任心的人吗？何况，现在您刚刚赢得天下，就因为从前的仇恨捉拿季布，作为一个皇帝来说，会显得您太没有气量了。"

　　滕公见刘邦并没有反驳他的意思，于是就接着说道："您现在这么恨季布，到处捉拿他，假如他因为害怕，再去为别的国家效力，与汉朝作对，这不是给您增添了不必要的麻烦吗？依我说，您还不如现在就把他召进宫来，给他一个合适的官职，让他为您做事。这样他不仅不会投奔他国，给您带来威胁，说不定还会对您十分感激，从而发挥自己的才智为汉朝做出贡献。另外，您这么做的话，老百姓也会赞扬您爱惜人才，大家一定都会很敬重您，愿意归顺您。"

　　刘邦听后，点了点头，觉得滕公说得有一定的道理，便接受了他的建议，并立即派人撤去了告示，将季布召进宫来，任命他为郎中。后来，季布果然对刘邦十分感激，而且不负众望，竭尽所能为汉朝做出了很大的贡献。

요약 ↓

● 큰 사건으로 대략적인 내용 기억하기

	지문의 핵심 내용	대강의 내용
1	秦朝末年，楚国有一个叫季布的人。 진 왕조 말년에 초나라에 계포라는 사람이 있었다.	주인공 계포에 대한 설명으로 계포의 상황이나 정보를 습득해야 한다.
		– 계포는 성격이 강직하고 남을 잘 도움 – 약속한 일은 행동으로 옮겨서 사람들의 존경을 받음
2	秦朝灭亡后，刘邦与项羽展开了争夺天下的大战。 진나라가 멸망한 후에 유방과 항우는 천하를 다투는 큰 전쟁을 벌였다.	유방과 항우의 전쟁 중에 계포가 어떤 역할을 했는지를 확인해야 한다.
		– 계포는 항우의 부하로 여러 번 유방의 군대를 곤경에 빠트림 – 유방이 전쟁에서 이겨 한 왕조를 세우고 황제가 됨 – 상금을 걸어 항우를 잡으라는 명령을 내림 – 신용을 중시하고 많은 사람을 도왔던 계포를 사람들이 신고하지 않고 보호함
3	后来，季布藏到了一个叫朱家的人家里。 후에, 계포는 주가라는 사람의 집에 몸을 숨겼다.	계포가 주가라는 사람의 집에 몸을 숨긴 후에 전개된 사건을 정리해야 한다.
		– 주가는 계포를 좋아해서 유방의 측근 등공을 찾아감 – 등공에게 계포를 위해 인정에 호소해 달라고 부탁함 – 등공 역시 계포를 인재라 여겨 그러겠다고 응낙함 – 등공은 계포에게 관직을 주고 한나라를 위해 공헌을 세울 것을 청함
4	刘邦听后，点了点头。 유방은 듣고 난 후, 고개를 끄덕였다.	유방이 등공의 청을 들어 준 것을 의미하므로 그 후에 계포에 관한 일이 어떻게 처리되었는지를 확인해야 한다.
		– 계포를 궁으로 불러들여 낭중에 임명함 – 계포는 감격하여 한나라를 위해 큰 공을 세움

STEP 1 ▶ 요약의 기술– 첫 번째 단락 요약

　　秦朝末年，楚国有一个叫季布的人，他性情耿直，乐于助人。而且只要是他答应过的事情，无论遇到多大的困难，他都会设法办到，从不会让求助于他的人失望。所以，季布一直都很受大家的尊敬。

　　진 왕조 말년에 초나라에는 계포라고 불리는 사람이 있었는데, 그는 천성이 강직하고 남을 돕는 것을 좋아했다. 게다가 그는 약속한 일은 얼마나 큰 일이든 방법을 생각해 행동으로 옮겨 도움 요청한 사람들을 실망시킨 적 없었다. 그래서 계포는 줄곧 모두의 존경을 받았다.

→

　　진 왕조 말년에 초나라에는 계포라는 사람이 있었다. 그는 남을 잘 도왔고, 약속했던 일이라면 모두 행동으로 옮겼다. 그래서 그는 모두의 존경을 받았다.

Point
1. 약속을 한 것은 다 행동으로 옮겨 존경을 받는다는 내용이 이미 있으므로 도움을 요청한 사람들을 실망시키지 않았다는 내용은 생략하는 것이 좋다.
2. '无论(~를 막론하고)'이 이끄는 부분은 생략해도 된다.

STEP 2 요약의 기술- 두 번째, 세 번째, 네 번째 단락 요약

秦朝灭亡后，刘邦与项羽展开了争夺天下的大战。季布作为项羽的部下，很受项羽的器重。他为项羽进献良策，并主动带兵出击，多次使刘邦的军队陷入困境。

不过，最终刘邦打赢了这场战争，建立了汉朝，并当上了汉朝的开国皇帝。他每次想起季布帮助项羽让自己的军队多次陷入困境的事就气愤不已，于是下令捉拿季布。他专门让人贴出告示：如有举报季布行踪者，赏黄金一千斤，而如果有人敢窝藏季布，则予以重罚。

季布平时非常讲信用，帮助过很多人，大家都感念他的恩情。因此，当刘邦的告示公布于天下之后，有许多知道季布行踪的人不但不受金钱的诱惑上报他的行踪，甚至还冒着生命危险，尽心尽力地保护季布。当时，还流传着这样一句话 "得黄金千斤，不如得季布一诺"。

진나라가 멸망한 후에 유방과 항우는 천하를 가지기 위해 큰 전쟁을 벌였다. 계포는 항우의 부하로 항우의 신임을 얻었다. 그는 항우를 위해 좋은 계책을 바쳤고, 주동적으로 군사를 이끌고 전장에 나가서, 유방의 군대를 여러 번 곤경에 빠트렸다.

하지만, 최종적으로 유방이 이 전쟁에서 승리해, 한 왕조를 세우고, 한 왕조의 개국황제가 되었다. 그는 매번 계포가 항우를 도와 자신의 군대를 여러 번 곤경에 빠트린 일이 떠오를 때마다 분개했고, 그리하여 계포를 체포할 것을 명령했다. 그는 사람을 시켜 '만약에 계포의 행방을 신고하는 자에겐 황금 천 근을 상으로 내리고, 감히 계포를 숨기는 사람이 있을 시에는 엄중한 벌을 내리겠다'라고 공고문을 냈다.

계포는 평소에 신용을 중시하고, 많은 사람을 도와, 모두가 그의 은혜를 가슴 깊이 새기고 있었다. 이 때문에, 유방의 공고문이 천하에 게시된 이후에, 계포의 행방을 아는 많은 사람들은 천금에 유혹되어 그를 상부에 보고하는 것을 하지 않았을 뿐만 아니라, 심지어 목숨의 위험을 무릅쓰고, 최선을 다해 계포를 보호했다. 당시에는, "황금 천 근을 얻는 것은 계포의 약속 하나 얻는 것만 못하다"는 말이 전해졌다.

진나라가 멸망한 후에, 유방과 항우는 큰 전쟁을 벌였는데, 계포는 항우의 부하로, 그는 여러 번 유방의 군대가 곤경에 빠지게 하였다. 이 때문에 유방이 전쟁에서 이기고 한 왕조를 세워 황제가 된 후에, 그는 계포의 행방을 신고하는 자에게 황금 천 근을 상으로 걸어 계포를 잡아들이라고 명령을 내렸다. 계포는 평소에 신용을 중시해 많은 사람을 도왔기 때문에 많은 사람들은 그의 행방을 신고하지 않았을 뿐만 아니라 위험을 무릅쓰고 그를 보호했다.

Point
1. 내용이 유방과 계포의 이야기를 다룬 것이기 때문에 항우의 신임을 받은 것은 중요하지 않다.
2. 행방을 신고하면 황금으로 포상한다는 내용과 신고하지 않으면 중벌을 내린다는 것은 둘 중에 하나의 내용만 써도 된다. 이어지는 내용에 황금의 유혹에도 불구하고 사람들이 계포를 보호한 내용이 언급되므로 신고하면 포상한다는 내용으로 줄이는 것이 좋다.
3. '황금 천 근을 얻는 것은 계포의 약속 하나 얻는 것만 못하다'는 내용은 계포가 그만큼 사람들의 신임을 얻었다는 것을 부연 설명한 부분이므로 제거해도 좋다.

STEP 3 요약의 기술- 다섯 번째, 여섯 번째, 일곱 번째 단락 요약

后来，季布藏到了一个叫朱家的人家里。朱家也很欣赏季布，他不仅努力保护季布，还专门找到刘邦的亲信滕公，准备说服他，让他为季布求情。

其实，滕公也认为季布是一个不可多得的人才，再加上朱家的一番劝说，他就答应了下来。滕公对刘邦说："我知道您之所以捉拿季布，是因为他当初曾帮助项羽，使您的军队陷入困境。但那时候，季布是项羽的部下，他为项羽打仗，这是他应尽的责任啊。同时，这不也表明季布是一个有才干、有责任心的人吗？何况，现在您刚刚赢得天下，就因为从前的仇恨捉拿季布，作为一个皇帝来说，会显得您太没有气量子。"

滕公见刘邦并没有反驳他的意思，于是就接着说道："您现在这么恨季布，到处捉拿他，假如他因为害怕，再去为别的国家效力，与汉朝作对，这不是给您增添了不必要的麻烦吗？依我说，您还不如现在就把他召进宫来，给他一个合适的官职，让他为您做事。这样他不仅不会投奔他国，给您带来威胁，说不定还会对您十分感激，从而发挥自己的才智为汉朝做出贡献。另外，您这么做的话，老百姓也会赞扬您爱惜人才，大家一定都会很敬重您，愿意归顺您。"

후에, 계포는 주가라는 사람의 집으로 피하게 되었다. 주가 역시 계포를 매우 좋아하여 그는 계포를 보호하는 데 힘썼을 뿐만 아니라, 유방의 측근인 등공을 찾아내, 그에게 계포를 위해 인정에 호소해줄 것을 설득할 준비를 했다.

사실, 등공 역시 계포가 얻기 힘든 인재라고 여겼고, 주가의 설득까지 더해져 그는 그러겠다 하였다. 등공이 유방에게 "제가 알기로는 계포를 잡으려고 하는 것은 애초에 그가 항우를 도와 폐하의 군대를 곤경에 빠트려서입니다. 그러나 그때, 계포는 항우의 부하였기에, 항우를 위해 전쟁을 했고, 이것은 그가 마땅히 다해야 하는 책임이었습니다. 동시에 이것은 계포가 능력 있고 책임감 있는 사람이라 할 수 있지 않겠습니까? 더군다나, 지금 폐하는 막 천하를 얻었는데, 이전의 증오심 때문에 계포를 잡아들이는 것은 황제로서 보기에는 도량이 매우 없어 보이는 것이 될 것입니다."라고 말했다.

등공은 유방이 그의 의견에 반박하지 않는 것을 보고 이어서 "폐하가 지금 이렇게 계포를 싫어해 도처에서 그를 잡아들이려 하는데, 만약에 그가 두려워 다시 다른 나라에 가서 충성을 다하고 한나라와 맞선다면, 이것은 폐하께 불필요한 번거로움을 가져다 주는 것이 아니겠습니까? 제가 보기에는 폐하가 그를 궁으로 불러들여 그에게 적합한 관직을 주고 폐하를 위해 일하게 하는 것이 낫습니다. 이렇게 하면 그는 다른 나라로 의지할 곳을 찾아가 폐하에게 위협을 주려고 하지 않을 뿐만 아니라, 아마 폐하께 감격해 자신의 재능과 지혜를 발휘해 한나라를 위해 공을 세울지도 모릅니다. 이 외에도, 폐하가 이렇게 하신다면, 백성들도 폐하가 인재를 아끼는 것을 찬양할 것이고, 모두 폐하를 존중하고 순종하려 할 것입니다."라고 말했다.

후에, 계포는 주가라는 사람 집에 숨었다. 주가는 계포를 매우 좋아했기 때문에 그는 유방의 측근인 등공을 찾아가 등공이 계포를 위해 인정에 호소해줄 것을 부탁했다. 사실, 등공 역시 계포를 얻기 힘든 인재라 여겼기에 바로 응낙하였다. 그는 유방에게 "계포는 책임감이 있기 때문에 최선을 다해 항우를 위해 싸운 것입니다. 지금처럼 그를 도처에서 잡아들이려고 해서, 만약에 그가 두려워 다시 다른 나라로 가서 큰 공을 세운다면 더욱 귀찮아집니다. 폐하께서 그에게 관직을 주시고 폐하를 위해 일을 하게 하여, 한 왕조를 위해 공을 세우게 하는 것이 낫습니다. 이렇게 한다면 백성들도 폐하가 인재를 소중히 여긴 것을 찬양하며 폐하를 따르려 할 것입니다."라고 말했다.

1. 등공의 말은 핵심만 남겨야 한다. 등공의 말의 핵심은 계포가 항우를 위해 전쟁을 한 것은 책임감이 있는 행동이라는 것이고, 지금처럼 붙잡으려고 하다가 계포가 이것이 두려워 다른 나라로 가면 더욱 번거로워지니 차라리 그에게 관직을 주고 유방과 한나라를 위해 공을 세우게 하라는 것이다.
2. 나머지의 내용은 뒷받침하거나 부가적인 설명이므로 다 제거해도 좋다.
3. '不仅……还……(~할 뿐만 아니라 또한 ~)'는 점층관계의 접속사로 내용상 꼭 필요한 것이 아니라면 '还' 이하의 강조된 이 부분만 정리해도 좋다.

STEP 4 ▸ 요약의 기술 – 여덟 번째 단락 요약

刘邦听后，~~点了点头，觉得滕公说得有~~一定的道理，便接受了他的建议，并立即派人撤去了告示，将季布召进宫来，任命他为郎中。后来，季布果然对刘邦十分感激，~~而且不负众望，~~竭尽所能为汉朝做出了很大的贡献。

유방은 듣고 나서, ~~고개를 끄덕이며 등공이 말한 것이 어느 정도 일리가 있다고 여겨~~, 그의 의견을 받아들였다. 게다가 사람을 보내어 ~~공고문을 치우고~~ 계포를 궁으로 불러 들여 그에게 낭중을 임명했다. 후에, 계포는 과연 유방에게 감격했고, ~~대중의 기대를 저버리지 않고~~, 할 수 있는 바를 다해 한나라를 위해 큰 공헌을 세웠다.

유방은 듣고 난 후 그의 의견을 받아들였고, 사람을 보내어 계포를 불러들여 그를 낭중에 임명했다. 후에 계포는 과연 유방에게 감격해 최선을 다해 한 왕조를 위해 큰 공을 세웠다.

Point 일리가 있어 고개를 끄덕였다는 것은 긍정을 표한 것이므로 건의를 받아들였다는 내용에 포함이 되므로 빼도 괜찮다.

STEP 5 ▸ 제목 정하기

季布的故事 (계포의 이야기) / 爱惜人才 (인재를 아끼다) / 一诺千金 (일낙천금)

해설 1. '季布(계포)'가 주인공이므로 '季布的故事(계포의 이야기)'를 제목으로 해도 좋다.
2. 등공이 '인재를 아끼는' 마음을 가지고 유방을 설득했으므로 '爱惜人才(인재를 아끼다)'를 제목으로 하는 것도 좋다.
3. 이 글의 핵심은 계포의 성품인데 한 번 약속한 것, 즉 한 마디 내뱉은 것을 반드시 지켜 사람들의 신뢰를 얻었으므로 그러한 뜻을 담고 있는 성어 '一诺千金(일낙천금: 일언 중천금과 같은 말로 내뱉은 약속은 반드시 지키는 것을 의미)'을 제목으로 하는 것도 좋다.

*모범 요약은 해설서 115p에 있습니다.

Day 17

> **독해 제4부분** | 지문을 읽고 보기에서 정확한 정답 고르기
> ## 지문 읽기와 문제 파악 - 문제유형 파악으로 한 번에 끝!

어휘 PT

학습시간 30분

문제 1-4

| 溶液 róngyè 명 용액
| 烧瓶 shāopíng 명 플라스크(flask)
| 碎片 suìpiàn 명 파편
| 懊恼 àonǎo 형 언짢아하다
| 例外 lìwài 동 예외로 하다 (* 无一例外 wúyí lìwài 하나도 예외가 없다)
| 裂痕 lièhén 명 균열
| 贴 tiē 동 붙이다
| 标签 biāoqiān 명 상표
| 注明 zhùmíng 동 상세히 주를 달아 밝히다
| 挡风 dǎngfēng 동 바람을 막다 (* 挡风玻璃 dǎngfēng bōli 바람막이용 유리)
| 划伤 huáshāng 동 베이다, 긁히다
| 联想 liánxiǎng 동 연상하다
| 刮 guā 동 긁어내다
| 硝酸纤维素 xiāosuān xiānwéisù 명 니트로셀룰로오스, 질화면
| 蒸发 zhēngfā 동 증발하다
| 残留 cánliú 동 남아 있다
| 粘贴 zhāntiē 동 (풀 따위로) 바르다
| 岂 qǐ 부 어찌 ~하겠는가?
| 榜首 bǎngshǒu 명 명단의 맨 처음, 수석
| 多余 duōyú 형 여분의, 쓸데없는
| 保护膜 bǎohùmó 명 보호막
| 罕见 hǎnjiàn 형 드물다
| 机遇 jīyù 명 (좋은) 기회

문제 5-8

| 拔萃 bácuì 형 출중하다 동 발췌하다
| 云雀 yúnquè 명 종달새
| 嘹亮 liáoliàng 형 (소리가) 맑고 깨끗하다
| 黄鹂 huánglí 명 꾀꼬리

流畅 liúchàng 형 유창하다
圆润 yuánrùn 형 (소리가) 풍부하고 달콤하다
韵律 yùnlǜ 명 운율, 리듬
声带 shēngdài 명 성대
喉部 hóubù 명 목구멍
分叉 fēnchà 나뉘어 갈라지다
鸣管 míngguǎn 명 (새의) 명관, 울대
吹 chuī 동 불다, 기류가 유동하다
气流 qìliú 명 기류
声膜 shēngmó 명 성막 [소리를 내는 막]
不尽相同 bújìn xiāngtóng 다 같은 것은 아니다
取悦 qǔyuè 동 (남을) 기쁘게 하다 (* 取悦人类 qǔyuè rénlèi 인류를 기쁘게 하다)
传递 chuándì 동 전하다, 건네다
讯息 xùnxī 명 정보, 소식
遭遇 zāoyù 동 (불행하거나 안 좋은 일을) 만나다 (* 遭遇危险 zāoyù wēixiǎn 위험을 만나다)
告诫 gàojiè 동 훈계하다, 타이르다
领土 lǐngtǔ 명 영토, 땅
切勿 qièwù 절대 ~하지 마라 (* 切勿入内 qièwù rùnèi 절대 들어가지 마라)
鸟语唱片 niǎoyǔ chàngpiàn 명 새 소리 음반
用途 yòngtú 명 용도
驱散 qūsàn 동 몰아내다, 쫓아내다
庄稼 zhuāngjia 명 농작물

肺部 fèibù 명 폐부
厚薄 hòubó 명 두께, 분량
昆虫 kūnchóng 명 곤충
废气 fèiqì 명 폐기가스(안 좋은 가스)

收录 shōulù 동 수록하다

扰民 rǎomín 동 (대중에게) 해를 끼치다

문제 9-12

辉煌 huīhuáng 형 (빛·성과가) 눈부시다

贫困潦倒 pínkùn liáodǎo 궁핍하고 가난하다

富翁 fùwēng 명 부자

锦衣华食 jǐnyī huáshí
　　　성 금의옥식하다, 잘 입고 잘 먹다

沦为 lúnwéi 동 전락하다 (* 沦为乞丐 lúnwéi qǐgài
　　　거지로 전락하다)

转化 zhuǎnhuà 동 전환하다

萎靡不振 wěimí búzhèn 활기 없고 풀이 죽다

狂妄自大 kuángwàng zìdà 성 안하무인이다

垫脚石 diànjiǎoshí 명 디딤돌

攀登 pāndēng 동 오르다

秒 miǎo 명 초(second)

流逝 liúshì 동 유수처럼 흘러가다

接力处 jiēlìchù 명 릴레이 경주하는 곳

接力棒 jiēlìbàng 명 바통

前功尽弃 qiángōng jìnqì 성 공든 탑이 무너지다

脚踏实地 jiǎotà shídì 성 일하는 것이 착실하다

结出 jiēchū 동 맺다 (* 结出果实 jiēchū guǒshí
　　　열매(결실)을 맺다)

丰硕 fēngshuò 동 알이 굵고 잘 여물다

望 wàng 동 바라보다

溜走 liūzǒu 동 (조용히) 달아나다

落败 luòbài 실패하다

机遇 jīyù 명 기회

发出 fāchū 동 (명령·지시를) 선포하다

平坦 píngtǎn 형 평탄하다

布满 bùmǎn 동 가득 널려있다

荆棘 jīngjí 명 가시 덤불

花好月圆 huāhǎo yuèyuán 성 행복하고 원만하다

接纳 jiēnà 동 받아들이다 (* 接纳人 jiēnà rén
　　　사람을 받아들이다)

奋斗不息 fèndòu bùxī 끊임없이 분투하다

汲取 jíqǔ 동 받아들이다

跨越 kuàyuè 동 뛰어넘다

斗志昂扬 dòuzhì ángyáng 투지를 불태우다

圆满 yuánmǎn 형 원만하다, 훌륭하다

句号 jùhào 명 마침표

无常 wúcháng 형 수시로 변하다 (* 变化无常
　　　biànhuà wúcháng 변화무상하다)

循序渐进 xúnxù jiànjìn 성 순차적으로 진행하다

一帆风顺 yìfān fēngshùn
　　　성 일이 순조롭게 진행되다

从容不迫 cóngróng búpò 성 매우 침착하다

减压 jiǎnyā 스트레스를 덜다
　　　(= 减轻压力 jiǎnqīng yālì)

把握 bǎwò 동 잡다, 장악하다 (* 把握现在 bǎwò
　　　xiànzài 현재를 잡다, 지금을 즐기다)

冰冻三尺，非一日之寒 bīngdòng sānchǐ,
fēi yírì zhīhán 성 하루 이틀 사이에 된 것이 아니다

문제 13-16

繁华 fánhuá 형 변화하다

店铺 diànpù 명 점포, 가게

伙计 huǒji 명 점원

奴仆 núpú 명 하인

撤离 chèlí 동 철수하다

砖瓦 zhuānwǎ 명 벽돌과 기와

扑灭 pūmiè 동 (화재를) 진압하다 (= 救火 jiùhuǒ)

车水马龙 chēshuǐ mǎlóng
　　　성 거마 또는 차량의 왕래가 끊이지 않다

面目全非 miànmù quánfēi
　　　성 원래 모습을 찾아 볼 수 없게 되다
　　　[폄하의 뜻이 있음]

狼藉 lángjí 형 난잡하게 어질러지다

下令 xiàlìng 동 명령을 내리다

重建 chóngjiàn 동 (도시를) 재건하다

免税 miǎnshuì 동 면세하다

大兴土木 dàxīng tǔmù
　　　성 대규모로 토목 공사를 하다

供不应求 gōngbú yìngqiú 성 공급이 달리다

暴涨 bàozhǎng 동 폭등하다 (* 价格暴涨 jiàgé
　　　bàozhǎng 가격이 폭등하다)

抛售 pāoshòu
　　　동 덤핑 판매하다 (* 趁机抛售 chènjī pāoshòu
　　　기회를 틈타 덤핑 판매하다)

焚毁 fénhuǐ 동 소각하다

遭遇 zāoyù 동 (불행한 일을) 조우하다

债务 zhàiwù 명 채무, 빚

劳累 láolèi 〔형〕 기진맥진하다
裁剪 cáijiǎn 〔동〕 재단하다
下摆 xiàbǎi 〔명〕 (옷의) 밑단
拼接 pīnjiē 〔동〕 이어 맞추다
抢购一空 qiǎnggòu yīkōng
　　　　〔성〕 날개 돋친 듯이 팔리다
亏损 kuīsǔn 〔동〕 적자 나다, 손해 보다

上涨 shàngzhǎng 〔동〕 (가격이) 오르다
烟花爆竹 yānhuā bàozhú 〔명〕 불꽃놀이 폭죽
惊慌失措 jīnghuāng shīcuò
　　　　〔성〕 놀라고 당황하여 어찌할 바를 모르다
晕倒 yūndǎo 〔동〕 혼절하다
解雇 jiěgù 〔동〕 해고하다
旦夕祸福 dànxī huòfú
　　　　〔성〕 재난이나 행운은 언제든지 찾아올 수 있다
转机 zhuǎnjī 기회로 전환하다
诚信 chéngxìn 〔형〕 성실하다, 신용을 지키다

문제 17-20

燃烧 ránshāo 〔동〕 연소하다
煤 méi 〔명〕 석탄
磁流体 cíliútǐ 〔명〕 자기유체 [자기가 흐르는 물체]
通俗 tōngsú 〔형〕 통속적이다
导电 dǎodiàn 〔동〕 전기가 통하다
线圈 xiànquān 〔명〕 코일 [도선을 감은 것]
转动 zhuàndòng 〔동〕 돌다, 돌리다
绝缘 juéyuán 〔동〕 전기가 통하지 않게 하다
原子核 yuánzǐhé 〔명〕 원자핵

约束 yuēshù 〔동〕 단속하다, 구속하다
电离 diànlí 〔동〕 이온화되다
急速 jísù 〔부〕 급속히
苛刻 kēkè 〔형〕 가혹하다
少许 shǎoxǔ 〔형〕 소량의
钠 nà 〔명〕 나트륨
驱动 qūdòng 〔동〕 시동을 걸다, 구동하다
排出 páichū 〔동〕 배출하다
锅炉 guōlú 〔명〕 보일러
蒸汽 zhēngqì 〔명〕 수증기
汽轮机 qìlúnjī 〔명〕 증기 터빈 [에너지를 유용한 기계적
　　　　일로 변환시키는 기계]
高效 gāoxiào 〔형〕 고효율의
氮氧化物 dànyǎnghuàwù 〔명〕 질소산화물
机组 jīzǔ 〔명〕 유닛(unit)
体积 tǐjī 〔명〕 체적, 부피
运行 yùnxíng 〔동〕 운행하다
有待 yǒudài 〔동〕 ~할 필요 있다

损耗 sǔnhào 〔동〕 소모되다 〔명〕 손실, 소모
系数 xìshù 〔명〕 계수 [어떤 성질이나 정도 혹은 비율을
　　　　나타내는 수]
选址 xuǎnzhǐ 〔명〕 (선정된) 부지, 터
耐 nài 〔동〕 참다, 견뎌 내다
成本 chéngběn 〔명〕 원가
钾元素 jiǎyuánsù 〔명〕 칼륨 원소

 전략 PT

제4부분

집중 PT | 학 | 습 | 목 | 표 |

1. 빈출 어휘들을 습득하여 지문 내용 더욱 빨리 파악하기
2. 실제 출제되는 난이도로 연습하여 독해 제4부분에 대한 자신감 키우기
3. 실제 분량을 시간에 맞춰 연습함으로써 실전감각 익히기

❶ 문제와 보기 파악이 기본이다!

문제와 보기만 파악을 잘 해도 소재를 추측해 말하고자 하는 내용을 대략적으로 파악할 수 있다.

❷ 근의어를 습득해야 한다!

똑같은 어휘나 표현으로 정답을 찾는 것만은 아니다! 비슷하거나 내용상 의미가 같은 어휘들이 답이 되는 경우가 더 많으므로 이러한 어휘들을 많이 습득해 두어야 문제를 풀 때 신속하게 정답을 고를 수 있다.

❸ 조합어휘와 빈출 4자 고정구(성어)를 암기해라!

독해 제4부분의 소재와 범위는 넓지만 6급 범위 안의 어휘는 빈출 조합어휘가 한정적이기 때문에 정리해서 암기해 두면 내용을 파악할 때 수월해진다.
또한 4자 고정구를 미리 파악해 두면 4자 고정구와 관련된 문제를 푸는 데 큰 도움이 된다.

❹ 시간을 재라!

독해 제4부분은 시간이 관건이다. 한 문제당 1분 남짓, 한 지문당 최대 5분 정도의 시간이 주어지기 때문에 실전문제를 풀거나 시험 전 연습을 할 때는 시간을 재서 푸는 연습을 해야 한다.

❺ 많이 풀어라!

독해 제4부분은 실전감각이 제일 필요한 부분이기 때문에 많은 문제를 풀어보는 것이 실전감각을 높여주고 긴장을 덜어주는 데 도움이 된다.

❻ 사고를 해라!

어휘를 찾는 방법으로만 문제를 풀면 한계에 부딪히게 된다. 반드시 찾은 부분의 문장은 속독을 해서 최소한의 내용을 파악해 최대의 내용을 이끌어낼 수 있도록 사전적인 의미보다 사고를 통해 내용 흐름을 파악하는 것이 중요하다.

1. 같은 의미로 쓰이는 조합어휘

1	费时间 fèi shíjiān = 花时间 huā shíjiān	시간을 허비하다
2	各不相同 gèbù xiāngtóng = 不一样 bù yíyàng	다르다
3	传递信息 chuándì xìnxī = 传递讯息 chuándì xùnxī	정보를 전달하다
4	扑灭 pūmiè = 救火 jiùhuǒ	불을 진압하다
5	显示机遇 xiǎnshì jīyù = 显示机会 xiǎnshì jīhuì	기회를 드러내다
6	把握现在 bǎwò xiànzài = 享受现在 xiǎngshòu xiànzài	지금을 잡다(즐기다)
7	起到作用 qǐdào zuòyòng = 发挥作用 fāhuī zuòyòng	작용을 일으키다
8	重视亲近自然 zhòngshì qīnjìn zìrán = 注重亲近自然 zhùzhòng qīnjìn zìrán	자연을 가까이 하는 것을 중시하다
9	转移 zhuǎnyí = 转向 zhuǎnxiàng	바꾸다, 변경하다

2. 독해 제4부분에 자주 출제되는 조합어휘

1	取悦人类 qǔyuè rénlèi	인류를 기쁘게 하다	2	沦为乞丐 lúnwéi qǐgài	거지로 전락하다
3	人人有责 rénrén yǒuzé	모든 사람이 책임이 있다	4	布满荆棘 bùmǎn jīngjí	가시밭길이다
5	斗志昂扬 dòuzhì ángyáng	투지가 드높아지다	6	打下基础 dǎxià jīchǔ	기초를 다지다
7	讲诚信 jiǎng chéngxìn	신용을 중시하다, 신용을 지키다	8	条件苛刻 tiáojiàn kēkè	조건이 가혹하다
9	予以免除 yǔyǐ miǎnchú	면제해주다	10	推行制度 tuīxíng zhìdù	제도를 널리 시행하다
11	自我揭发 zìwǒ jiēfā	자아폭로 (스스로를 폭로하다)	12	吸取教训 xīqǔ jiàoxun	교훈을 흡수하다 (받아들이다)
13	萌生想法 méngshēng xiǎngfǎ	방법이 생겨나다	14	隐形杀手 yǐnxíng shāshǒu	보이지 않는 살인자

15	风靡城市 fēngmí chéngshì	도시를 휩쓸다, 도시를 풍미하다	16	传授秘籍 chuánshòu mìjí	비법을 전수하다
17	紧跟潮流 jǐngēn cháoliú	유행을 바싹 뒤따르다	18	获得认同 huòdé rèntóng	인정을 얻다
19	得到提示 dédào tíshì	깨달음을 얻다	20	造福人类 zàofú rénlèi	인류에 복을 가져다 주다
21	达到地步 dádào dìbù	지경에 이르다	22	发放补贴 fāfàng bǔtiē	보조해주다, 보조금을 지급하다

3. 독해 제4부분에 자주 출제되는 4자 고정구

1	贫困潦倒 pínkùn liáodǎo	궁핍하고 초라해지다	2	锦衣华食 jǐnyī huáshí	호의호식하다, 잘 먹고 잘 지내다
3	狂妄自大 kuángwàng zìdà	아주 거만하여 안하무인이다	4	脚踏实地 jiǎotà shídì	일하는 것이 착실하고 견실하다
5	循序渐进 xúnxù jiànjìn	순서에 따라 점차 진행하다	6	变化无常 biànhuà wúcháng	변화무쌍하다
7	一帆风顺 yīfān fēngshùn	일이 순조롭게 진행되다	8	从容不迫 cóngróng búpò	매우 침착하다
9	抢购一空 qiǎnggòu yīkōng	날개 돋친 듯 다 팔리다	10	惊慌失措 jīnghuāng shīcuò	놀라고 당황하여 어찌할 바를 모르다
11	旦夕祸福 dànxī huòfú	재난이나 행운은 언제든지 찾아올 수 있다	12	瞠目结舌 chēngmù jiéshé	놀라서 어리둥절해 하다
13	心甘情愿 xīngān qíngyuàn	기꺼이 원하다	14	凭空而来 píngkōng érlái	근거 없이 나오다(생기다)
15	登峰造极 dēngfēng zàojí	최고수준에 이르다	16	指日可待 zhǐrì kědài	머지않아 실현되다
17	抱成一团 bàochéng yītuán	하나로 똘똘 뭉치다	18	以貌取人 yǐmào qǔrén	외모로 판단하다

▶정답 및 해설 116p

학습시간 60분

> 아래 지문을 읽은 후 보기에서 정답을 골라보자. (지문마다 4분으로 안배해서 연습해보자!)
> 배운 내용을 토대로 접근 순서에 따라 문제유형을 인지하며 풀어보자.

문제 1-4

别涅迪克是法国一位化学博士。有一次，他在做实验时，准备将一种溶液倒入烧瓶，可一不小心，烧瓶"哐当"一声掉在了地上。"又得费时间打扫玻璃碎片了！"他懊恼地想。谁知，烧瓶竟然没有碎。以前也常有烧瓶掉在地上，但无一例外全都摔成了碎片。这只烧瓶看上去和其他烧瓶没什么不同，为什么仅有几道裂痕而没有破碎呢？别涅迪克一时找不到答案，于是给这只烧瓶贴上标签，注明问题，然后保存了起来。

没过多久，别涅迪克偶然看到报纸上的一篇报道，说有两辆客车相撞，车上的许多乘客都被挡风玻璃的碎片划伤了。他一下子联想到了那只裂而不碎的烧瓶，于是连忙跑到实验室，找出那只烧瓶仔细观察起来，这才发现烧瓶的瓶壁上有一层薄薄的透明膜。别涅迪克用刀片小心地刮下一片进行化验，结果发现，这只烧瓶曾盛过一种叫硝酸纤维素的化学溶液，那层薄薄的膜就是这种溶液蒸发后残留下来的。残留物遇空气后发生了反应，从而牢牢地粘贴在瓶壁上，对烧瓶起到了保护作用。

别涅迪克想：如果将这种溶液用于汽车玻璃的制造中，以后再发生类似的交通事故，乘客的生命安全岂不是更有保障？因为这个发现，别涅迪克荣登20世纪法国科学界突出贡献奖的榜首。

1. 别涅迪克为什么感到懊恼？
   A 倒错了溶液　　　　　　　　B 要花时间打扫碎玻璃
   C 实验结果与假设不符　　　　D 没有多余的烧瓶

2. 根据第2段，那只烧瓶：
   A 遇到空气会变色　　　　　　B 瓶壁上有保护膜
   C 材质十分罕见　　　　　　　D 比其他烧瓶薄

3. 关于别涅迪克，可以知道什么？
   A 是一位博士　　　　　　　　B 遇事不够冷静
   C 被挡风玻璃划伤了　　　　　D 获得了物理学奖

4. 最适合做上文标题的是:
   A 如何减少交通事故
   B 硝酸纤维素的发现
   C 小标签大作用
   D 藏在烧瓶中的机遇

문제 5-8

在鸟类王国中，有很多出类拔萃的"音乐家"。云雀的歌声优美、嘹亮，黄鹂的歌声流畅、圆润，富有韵律，深受人们的喜爱。

然而，很多人都不知道，鸟类是没有声带的。那么它们又是怎样"唱歌"的呢？通过观察我们发现，鸟的喉部有一根较长的气管，往下分为两支，分别通入左右肺内。而两个支气管开始分叉的地方就是鸟类特有的发声器官——鸣管。鸣管内有声膜，歌声就是由肺里吹出的气流振动声膜而产生的。不过，鸟类的鸣管发达程度各不相同，有的比较完整，有的就非常简单。所以，鸟类的歌声也不尽相同。这也是为什么云雀、黄鹂等鸟类歌声优美，而有些鸟类却很少发声的原因。

那么小鸟们究竟在"唱"些什么呢？毫无疑问，它们并不是为取悦人类而"歌唱"的，而是在向同类传递讯息。例如，大多数雄鸟会用歌声向异性发出"请到我这里来"的邀请；还有一些鸟会通过歌声提示同伴"你正在遭遇危险"；或是告诫其他鸟"这是我的领土，切勿入内"等等。

为了深入研究鸟类的语言，最近，有些鸟类学家专门编了一本《鸟语辞典》，里面记录了多种鸟的语言所传达的信息。只要查一查这本辞典，我们就可以知道大多数小鸟在唱些什么了。此外，鸟类学家还根据这部辞典录制了100多种鸟语唱片。这些唱片可不是用来让你听"音乐"的，它们有很多用途，比如，有些唱片可以在农田播放，用来驱散鸟群，以达到保护庄稼的目的。

5. 鸟类的歌声为什么会不相同?
   A 肺部的工作原理有差别
   B 声带厚薄不一
   C 鸣管发达程度不一样
   D 发声器官的位置不同

6. 鸟类"唱歌"主要是为了：
   A 寻找昆虫　　　　　　　　　　B 排出体内的废气
   C 取悦人类　　　　　　　　　　D 向同类传递信息

7. 关于鸟语唱片，可以知道什么？
   A 鸟类"歌唱"之谜　　　　　　B 有些可以用来保护庄稼
   C 比《鸟语辞典》出现得更早　　D 收录了近千种鸟类的声音

8. 最适合做上文标题的是：
   A 鸟类"歌唱"之谜　　　　　　B 关爱动物，人人有责
   C 森林里的舞蹈家们　　　　　　D 谁来为动物扰民买单

문제 9-12

人生到底有多少天？不同的人有不同的答案，在我看来，人的一生只有三天：昨天、今天、明天。经营好这三天，就经营好了一生。

昨天的日子很长，但不管有多少天，也不管是受到挫折，还是取得辉煌，都不能代表将来。比如昨天贫困潦倒的人将来可能会变成富翁；昨天锦衣华食的人将来可能沦为乞丐。这就是三十年河东三十年河西。世上没有永远的胜利，也没有永远的失败，胜利和失败在合适的条件下是能够转化的。因此，我们不必为昨天的挫折而萎靡不振，也不必为昨天的辉煌而狂妄自大。只有把过去的挫折和辉煌都作为今天的垫脚石，才能攀登美好的明天。

今天的日子很短。而且正在自己的脚下以秒计算地流逝。今天是昨天和明天的接力处，接力棒交得好，便会走向辉煌的明天；接力出问题，便会前功尽弃。因此，面对今天，我们不要总是怀念过去，过去的就让它过去了，只有从零开始，脚踏实地，全身心地经营好今天，才会结出丰硕的果实。今天的事一定要今天完成，绝不能推到明天。如果总是面对今天望明日，结果不但今天没有经营好，明天也悄悄地溜走了。

明天的日子还有多长？谁也说不清。明天是辉煌，还是落败？谁也道不明。明天既向我们显示机遇，又向我们发出挑战。明天的希望是美好的，但路途绝不平坦，到处布满荆棘。但有一点是可以肯定的，那就是花好月圆的明天只接纳奋斗不息者。

因此，我们只有善于汲取昨天的经验和教训，利用今天做好新跨越的准备，斗志昂扬地去挑战明天，才能为人生画上一个圆满的句号。

9. "三十年河东三十年河西"最可能是什么意思?
   A 人生变化无常　　　　　　　B 做事要循序渐进
   C 要学会换位思考　　　　　　D 生活不会一帆风顺

10. 第3段主要想告诉我们:
    A 别忘掉过去　　　　　　　　B 要经营好今天
    C 不能只顾眼前利益　　　　　D 人生应该过得从容不迫

11. 根据上文,下列哪项正确?
    A 昨天其实很短　　　　　　　B 明天比今天更重要
    C 胜利和失败会相互转化　　　D 每个人的人生都是圆满的

12. 最适合做上文标题的是:
    A 机遇改变人生　　　　　　　B 要学会给自己减压
    C 把握现在,经营人生　　　　D 冰冻三尺,非一日之寒

문제 13-16

公元1140年7月的一天,杭州城最繁华的街市突然失火,惊慌的人们纷纷冲进火海抢救自己店铺里的财物,以尽量减少损失。此时,一位裴姓富商并没有让伙计和奴仆去抢救他当铺和珠宝店里的财物,而是指挥他们迅速撤离,然后派人去长江沿岸平价购回大量木材、砖瓦等建筑用材。大火烧了数日之后,终于被扑灭了。曾经车水马龙的杭州城,已是面目全非,一片狼藉。不久,朝廷下令重建杭州城,并明文规定,凡经营销售建筑用材者一律免税。于是,城内一时大兴土木,建材供不应求,价格暴涨。裴姓商人趁机抛售,获利远远大于被大火焚毁的损失。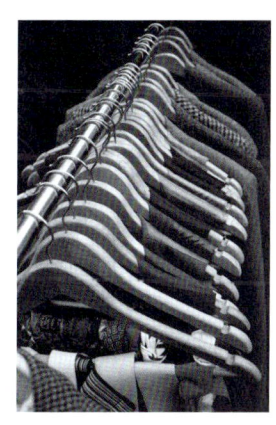

一个著名企业的总裁谈起他20多年前的一次遭遇。1986年,经商失败的他,背负了一身债务来到一家服装厂打工。为了还债,他每天都要工作10多个小时。一次,由于工作过度劳累,他在操作电动裁剪机时,竟把一批西装的袖子裁短了一大截。这一剪,他必须赔偿老板几十万元的布款。望着一大堆被剪短的衣料,他欲哭无泪。为了挽回损失,他干脆将错就错,再将衣服的下摆也裁去一截,然后分别在裁短的袖子以及下摆上拼接其他颜色的布料。令人意想不到的是,这种带着早期休闲风格的西服一

上市，竟被抢购一空。服装厂老板不但没有亏损，反而多赚了许多。他也因此开创了休闲西装的先河，在服装市场声名大振，为他日后打造自己的"王国"打下了坚实的基础。

一场危机就是一场灾难。同样，一次危机就是一次机遇。在危机面前，他们都表现出惊人的睿智，成功地将危机变为商机，令人叹服。

13. 关于那场大火，下列哪项正确？
    A 很快就被扑灭了　　　　　　　B 发生在杭州城重建时
    C 致使建筑材料价格上涨　　　　D 是燃放烟花爆竹引起的

14. 失火时，裴姓富商：
    A 迅速撤离　　　　　　　　　　B 正在外地
    C 惊慌失措　　　　　　　　　　D 组织救火

15. 关于那位总裁，可以知道什么？
    A 学过服装设计　　　　　　　　B 曾经欠下很多钱
    C 因过度劳累而晕倒　　　　　　D 后来被服装厂解雇了

16. 上文主要想告诉我们：
    A 人有旦夕祸福　　　　　　　　B 危机也是转机
    C 要有危机意识　　　　　　　　D 做生意要讲诚信

문제 17-20

现在的火力发电一般要白白损失70%的能量，也就是说，燃烧100公斤煤，最多只有30公斤真正被利用，其余70公斤都浪费了。多年来，科学家们一直在寻找提高发电效率的方法，经过长期努力，终于找到了磁流体发电的方法。

磁流体发电，通俗地讲，就是使气体在磁场作用下发电。我们知道，金属之所以会导电，是因为其内部有可自由移动的电子，发电机通过金属线圈在磁场内转动，就会发出电来。可是，气体是绝缘的，其分子内的电子受原子核的"约束"，不能自由移动。那么，磁流体发电机是怎样利用气体发电的呢？

原来，磁流体发电机所使用的气体是经过高温处理的。在高温条件下，大多数气体分子都会发生电离，这时，其外层的电子便能自由地向各个方向移动，当它们急速经过强磁场时就会发出电来。但是气体一般要达到7000℃以上的高温，才能变成磁流体发电所需的导电气体，条件十分苛刻。不过，科学家经过研究发现，如果在气体中加入少许钾、钠等物质，就可以使气体在3000℃的温度下成为导电气体，以驱动机体发电。

磁流体发电本身的效率仅为20%左右，但由于其排出的废气温度很高，可被再次送入锅炉转换为蒸汽，用来驱动汽轮机进行二次发电，从而形成高效的联合循环式发电。这样，不仅能将磁流体发电的热效率提高到50%-60%，还能有效地控制氮氧化物等有害气体的产生。因此，磁流体发电具有高效率、低污染的优点。

此外，磁流体发电机组结构简单，体积小，使用寿命长。而且发电机启动极其迅速，从点火到发电，仅仅需要几十秒钟，要使它停止运行，也只需很短的时间。

现在，磁流体发电已进入工业性试验阶段。不过，它还存在许多问题，有待进一步解决。

17. 关于火力发电，可以知道什么？
　　A 损耗能量　　　　　　　B 危险系数高
　　C 选址灵活　　　　　　　D 机组启动快

18. 第3段主要谈的是：
　　A 耐高温材料的合成　　　B 磁流体发电机的构造
　　C 磁流体发电的工作原理　D 金属导电的原因

19. 下列哪项不属于磁流体发电的优点？
　　A 机组寿命长　　　　　　B 机组体积小
　　C 成本低　　　　　　　　D 低污染

20. 根据上文，可以知道：
　　A 钾元素能使气体绝缘　　B 磁流体发电处于基础研究阶段
　　C 磁流体发电严重污染环境　D 气体在高温下会电离

쓰기 ⑯ | 글 요약하기
큰 사건으로 요약하기 Ⅱ - 실전분량(1,000자) 훈련하기!

어휘 PT

학습시간 10분

연습

| 捂 wǔ 동 덮다, 가리다
(* 捂眼睛 wǔ yǎnjing 눈을 가리다)
恐惧 kǒngjù 동 겁먹다, 공포감을 느끼다
培训班 péixùnbān 명 학원, 양성소 (* 报培训班 bào péixùnbān 학원에 등록하다)
出人意料 chūrén yìliào 성 예상 밖이다
天赋 tiānfù 명 타고난 자질 (* 表现出天赋 biǎoxiànchū tiānfù 자질을 보여주다)
生涯 shēngyá 명 생애, 일생
启蒙 qǐméng 동 계몽하다, 기초지식을 전수하다
眼前一亮 yǎnqián yíliàng 눈앞이 번쩍이다, (어떤 것이) 눈에 띠다
悟性 wùxìng 명 이해력
蛙泳 wāyǒng 명 평영 (* 蝶泳 diéyǒng 접영, 仰泳 yǎngyǒng 배영, 自由泳 zìyóuyǒng 자유형)
要领 yàolǐng 명 요령
赞不绝口 zànbù juékǒu 성 칭찬이 자자하다
专心 zhuānxīn 형 몰두하다
调动 diàodòng 동 움직임을 조절하다
到位 dàowèi 형 정확하다, 딱 들어맞다
脱颖而出 tuōyǐng érchū 성 두드러지다

主项 zhǔxiàng 명 주종목 (= 主要项目 zhǔyào xiàngmù)
名将 míngjiàng 명 명장
偏好 piānhào 동 특히 좋아하다
冲刺 chōngcì 동 (경기에서) 스퍼트(spurt)를 내다, 전력을 다하다
即刻 jíkè 부 곧, 즉시
脉搏 màibó 명 맥박
枯燥 kūzào 형 무미건조하다 (* 枯燥生活 kūzào shēnghuó 무미건조한 생활)
考验 kǎoyàn 동 시련을 주다
叛逆 pànnì 동 반항하다
栽培 zāipéi 동 (인재를) 양성하다 (* 精心栽培 jīngxīn zāipéi 정성스럽게 양성하다)
坚定 jiāndìng 동 확고히 하다 (* 坚定目标 jiāndìng mùbiāo 목표를 확고히 하다)
打破 dǎpò 동 깨부수다 (* 打破记录 dǎpò jìlù 기록을 깨다)
照进 zhàojìn 동 비추다 (* 梦想照进现实 mèngxiǎng zhàojìn xiànshí 꿈이 현실이 되다)
世锦赛 shìjǐnsài 명 세계선수권대회 (* 锦标赛 jǐnbiāosài 선수권대회)

전략 PT

1 숫자에 주의해라!

이야기 속 주인공의 직업에 따라 연도별 수치나 기록 등이 나오는 경우가 있는데, 내용의 흐름상 크게 영향을 끼치지 않으면 간단하게 정리만 하고 내용상 필요하다면 정확하게 기억을 해야 한다.
이야기 전체가 시간의 흐름을 따른다면 시간과 사건을 연결시켜 내용을 기억하는 것이 좋다.

2 감정과 속마음은 크게 중요하지 않다!

감정을 자세하게 설명하거나 혼잣말을 표현한 경우는 따로 요약하지 않아도 좋다. 단, 사건의 흐름에 따른 감정 출현이나 변화를 설명하는 경우는 예외이다.

3 줄거리는 큰 덩어리로 나누어 기억해라!

전체내용을 암기하는 것은 비효율적이기도 하고 암기가 되지도 않는다. 원문의 단락 개수를 그대로 따를 필요가 없기 때문에 앞에서 배웠듯이 시간의 흐름, 또는 큰 사건의 출현 등을 근거로 큰 덩어리(네 단락~다섯 단락)로 나누어 핵심내용을 기억한 뒤에 자세한 내용으로 보충하는 방법으로 요약해야 한다.

> 파트2에서는 파트1에서 배웠던 것을 기억하여 시험과 동일하게 훈련해보는 연습을 해보자. 특히 큰 사건을 잡아 요약하는 능력을 키우기 위해 사건의 발생에 주목하여 읽어본다. 아래 원문을 10분 동안 시간을 재어 읽은 후, 학습서 부록 원고지에 옮겨 써보자. (원고지는 학습서 409p에)
>
> 요약 학습을 할 때에는 앞에서 배워온 요약의 기술을 참고하여 직접 요약해보자.

据宁泽涛的父亲回忆，宁泽涛小时候特别怕水，就连洗头发的时候都要用毛巾捂着眼睛。2000年，已经7岁的宁泽涛对水的恐惧依然没有减弱。这可把宁泽涛的母亲急坏了："他是个男孩子，怎么能这么怕水？"于是，母亲立即给宁泽涛报了个游泳培训班。

出人意料的是，宁泽涛一开始就表现出了游泳天赋。也就是在那时，宁泽涛遇到了自己游泳生涯的启蒙老师——郭红岩。宁泽涛的表现让郭红岩眼前一亮，她说："宁泽涛悟性特别好，动作一教就会，才两堂课就掌握了蛙泳的基本要领。"

说起宁泽涛，郭红岩总是赞不绝口。她说："我讲技术动作的时候，宁泽涛听得特别专心，学得很快。游泳看起来简单，其实技术动作很复杂，宁泽涛善于调动身体的每一块肌肉，动作非常到位。"

在郭红岩的悉心指导下，宁泽涛进步很快。4年后，她把宁泽涛送到了省队。令人惊讶的是，短短三个月，宁泽涛就已从同批队员中脱颖而出。

2007年，刚满14岁的宁泽涛又被省队送到了海军游泳队。在那里他遇到了现在的教练叶瑾。在叶瑾看来，刚进队时，宁泽涛的优点和缺点同样明显：一方面，他比较聪明，其他人很难领会的技术动作，他一点就通；另一方面，他的蝶泳和仰泳水平太差。那时，宁泽涛主攻的是蛙泳，可经过一段时间的观察后，叶瑾觉得自由泳才应该是他重点努力的方向。

曾培养出不少游泳名将的叶瑾，偏好运用大运动量的训练方式。通常，100米自由泳运动员一天的训练量为6000米左右，但叶瑾一开始对宁泽涛的要求就是8000米到9000米，最多的一次甚至达到了15000米，而且还不包括各种冲刺训练。在专业游泳训练中有一个指标叫做即刻脉搏，正常情况下，一般人每分钟的脉搏在70至80次，而宁泽涛有时训练完能达到180次。

除了日复一日、年复一年的艰苦训练，训练之余的枯燥生活也考验着宁泽涛。当被问到有什么休闲方式时，宁泽涛笑道："我平时有空就看看书，很少看电视，也基本不玩儿电脑。"

和很多青春期的孩子一样，宁泽涛也曾叛逆过。遇到困难或者各种突发情况时，他也向教练抱怨过，但叶瑾向来严格，只会告诉他："当职业运动员不是普通的事业，如果承受不了常人难以忍受的挑战，你不如不干。"

在叶瑾的精心栽培下，宁泽涛成长得很快，也慢慢体会到了教练的良苦用心。在不断的进步中，他更加坚定了自己的目标——打破亚洲记录！梦想照进了现实。在2013年全运会上，宁泽涛接连打破男子100米和50米自由泳亚洲纪录。在2014年亚运会男子100米自由泳决赛中，宁泽涛又刷新了亚运会记录。在2015年游泳世锦赛上，宁泽涛又获得男子100米自由泳项目的金牌，创造了新的历史。

요약

> STEP 1 큰 사건으로 대략적인 내용 기억하기

	지문의 핵심어	대강의 내용
1	据宁泽涛的父亲回忆， 닝저타오 아버지의 기억에 따르면,	닝저타오의 아버지가 기억하는 닝저타오의 정보를 기억해야 한다. – 어렸을 때 물을 무서워 함 – 7세 때도 물을 무서워해서 어머니가 수영 강습반을 등록함 – 생각지 않게 재능을 보임 – 일깨움을 준 궈훙옌 선생님을 만남 – 궈훙옌은 닝저타오가 가르치면 바로 할 줄 알고 집중력이 뛰어나다고 평가 – 닝저타오는 빠르게 성장함
2	4年后，她把宁泽涛送到了省队。 4년 후, 그녀는 닝저타오를 성 대표팀에 보냈다.	성 대표팀에 간 후의 닝저타오의 행보를 기억해야 한다. – 3개월 만에 뛰어난 실력을 보임 – 2007년 14세에 해군 수영팀에 다시 보내짐 – 코치 예진을 만남 – 예진은 닝저타오가 총명하지만 접영과 배영이 약하다고 판단해 자유형으로 방향 잡음
3	叶瑾偏好运用大运动量的训练方式。 예진은 운동량이 엄청난 훈련방식을 선호했다.	예진의 훈련방식 설명 및 예진이 닝저타오에게 끼친 영향을 정리해야 한다. – 100m 자유형 선수의 통상적인 훈련량 6,000m, 닝저타오는 심지어 15,000m에 달함 – 즉각 맥박이 180회에 달하기도 함 – 평소 책 보는 것을 좋아하고, TV는 잘 보지 않고 컴퓨터도 잘 하지 않음 – 힘들다고 원망하니 예진이 힘든 도전을 버텨야 한다고 일러줌
4	打破亚洲记录。 아시아 기록을 깼다.	기록에 대한 설명이 필요하다. – 2013 전국체전 100m, 50m 자유형 아시아기록 깸 – 2014년 아시안게임 100m 기록 경신함 – 2015년 세계선수권대회 100m 금메달 따고 새로운 역사를 씀

> STEP 2 요약의 기술1– 첫 번째, 두 번째, 세 번째 단락 요약

据宁泽涛的父亲回忆，宁泽涛小时候特别怕水，~~就连洗头发的时候都要用毛巾捂着眼睛。~~2000年，已经7岁的宁泽涛对水的恐惧依然没有减弱。~~这可把宁泽涛的母亲急坏了："他是个男孩子，怎么能这么怕水?"~~于是，母亲立即给宁泽涛报了个游泳培训班。

出人意料的是，宁泽涛一开始就表现出了游泳天赋。也就是在那时，宁泽涛遇到了自己游泳生涯的启蒙老师——郭红岩。宁泽涛的表现让郭红岩眼前一亮，她说："宁泽涛悟性特别好，动作一教就会，才两堂课就掌握了蛙泳的基本要领。"

说起宁泽涛，郭红岩总是赞不绝口。她说："~~我讲技术动作的时候，宁泽涛听得特别专心，学得很快。~~游泳看起来简单，其实技术动作很复杂，宁泽涛善于调动身体的每一块肌肉，动作非常到位。"

닝저타오 아버지의 기억에 따르면, 닝저타오는 어렸을 때 물을 몹시 무서워했고, 머리 감을 때 조차도 수건으로 눈을 가려야 했다. 2000년, 어미 일곱 살이었던 닝저타오는 물에 대한 공포가 여전히 줄어들지 않았다. 어는 닝저타오의 어머니를 몹시 조급하게 만들었다. "남자아이인데 어째서 물을 무서워할까?" 그리하여, 어머니는 즉시 닝저타오에게 수영 강습반을 등록해 주었다.

예상치 못했던 것은 닝저타오가 처음부터 수영에 천부적인 소질을 보여 준 것이다. 또한 그 때, 닝저타오는 자신의 수영 생애의 가장 큰 깨우침을 줬던 선생님, 궈훙옌을 만나게 됐다. 닝저타오의 실력은 궈훙옌의 눈이 번쩍 뜨이게 하였고, 그녀는 "닝저타오의 이해력은 매우 뛰어납니다. 동작을 한 번 가르치면 바로 할 줄 알고, 겨우 두 번의 수업으로 평영의 기본요령을 습득했습니다."라고 말했다.

닝저타오만 언급하면, 궈훙옌은 늘 칭찬을 멈추지 않았다. 그녀는 "제가 기술동작을 설명하면, 닝저타오는 매우 집중해서 듣고, 습득력이 빨랐습니다. 수영은 보기에는 간단하지만, 사실 기술동작은 매우 복잡하거든요. 닝저타오는 신체의 모든 근육을 사용할 줄 알고, 동작이 매우 정확합니다."라고 말했다.

닝저타오의 아버지 기억에 따르면, 닝저타오는 어렸을 때 물을 무서워했다. 2000년, 7세의 닝저타오는 여전히 물을 무서워했다. 닝저타오의 어머니는 조급해져서, 닝저타오에게 수영 강습반을 등록해 주었다. 생각지도 못하게, 닝저타오는 처음부터 바로 수영의 재능을 보여주었다. 게다가 일깨움을 줬던 궈훙옌 선생님을 만났다. 궈 선생님은 "닝저타오는 한 번 가르치면 바로 할 줄 알았고, 집중력이 뛰어났으며, 그의 동작은 정확했습니다."라고 말했다. 닝저타오는 빠르게 성장했다.

Point
1. 머리 감을 때 수건으로 눈을 가린 것은 물을 무서워했다는 앞문장과 중복되므로 제거해도 좋다.
2. 2000년 일곱 살에도 여전히 물을 무서워한 것은 어머니가 수영 강습반을 등록하게 한 계기이므로 생략해서는 안 된다.
3. 내용과 상관없는 생각이나 감정표현은 제거하는 것이 좋다.
4. 궈훙옌 선생님의 평가는 중복되는 내용을 줄여 핵심만 설명하면 된다.
5. 궈훙옌 선생님의 평가의 핵심은 한 번 가르친 것을 바로 할 줄 알고 집중력이 좋으며 동작이 정확하다는 것이다.

STEP 3 요약의 기술2 – 네 번째, 다섯 번째 단락 요약

在郭红岩的悉心指导下，宁泽涛进步很快。4年后，她把宁泽涛送到了省队。令人惊讶的是，短短三个月，宁泽涛就已从同批队员中脱颖而出。

2007年，刚满14岁的宁泽涛又被省队送到了海军游泳队。在那里他遇到了现在的教练叶瑾。在叶瑾看来，刚进队时，宁泽涛的优点和缺点同样明显：一方面，他比较聪明，其他人很难领会的技术动作，他一点就通；另一方面，他的蝶泳和仰泳水平太差。那时，宁泽涛主攻的是蛙泳，可经过一段时间的观察后，叶瑾觉得自由泳才应该是他重点努力的方向。

궈훙옌의 세심한 지도 아래, 닝저타오는 성장이 빨랐다. 4년 후에 그녀는 닝저타오를 성(省) 대표팀으로 보냈다. 놀랄 만한 것은, 아주 짧디 짧은 3개월 만에 닝저타오는 이미 팀 내에서 두드러진 실력을 보여주었다는 것이다.

2007년 막 14세가 된 닝저타오는 성 대표팀에서 해군 수영팀으로 보내졌다. 그곳에서 그는 현재의 코치 예진을 만났다. 예진이 보기에, 막 팀에 들어갔을 때, 닝저타오의 장점과 단점은 똑같이 명확했다. 한 방면으로 그는 비교적 똑똑해서, 다른 사람이 이해하기 어려웠던 기술 동작을 단번에 통달했고, 다른 한 방면으로 그의 접영과 배영의 수준이 매우 떨어졌다는 것이다. 그 때, 닝저타오의 주 종목은 평영이었지만, 한 동안의 관찰 후에, 예진은 자유형이야말로 그가 중점적으로 노력해야 하는 방향이라고 생각했다.

4년 후에, 궈 선생님은 그를 성 대표팀에 보냈다. 3개월 후에 그는 또 뛰어난 실력을 보였다. 2007년 14세의 닝저타오는 해군 수영팀에 보내졌다. 그곳에서 현재의 코치인 예진을 만났다. 예진은 닝저타오가 총명하지만, 접영과 배영 실력이 높지 않아 자유형이야 말로 그가 노력해야 하는 방향이라고 여겼다.

1. 예진이 평가한 닝저타오의 장점인 '똑똑하다'와 '기술을 한 번에 통달했다'는 말은 같은 뜻이므로 중복해서 적을 필요가 없다.
2. 이후의 내용에서 닝저타오가 자유형에서 성과를 거두기 때문에 평영과 배영 수준이 떨어져 자유형으로 방향을 잡은 내용은 꼭 필요하다.

STEP 4 > 요약의 기술3- 여섯 번째, 일곱 번째, 여덟 번째 단락 요약

曾培养出不少游泳名将的叶瑾，偏好运用大运动量的训练方式。通常，100米自由泳运动员一天的训练量为6000米左右，但叶瑾一开始对宁泽涛的要求就是8000米到9000米，最多的一次甚至达到了15000米，而且还不包括各种冲刺训练。在专业游泳训练中有一个指标叫做即刻脉搏，正常情况下，一般人每分钟的脉搏在70至80次，而宁泽涛有时训练完能达到180次。

除了日复一日、年复一年的艰苦训练，训练之余的枯燥生活也考验着宁泽涛。当被问到有什么休闲方式时，宁泽涛笑道："我平时有空就看看书，很少看电视，也基本不玩儿电脑。"

和很多青春期的孩子一样，宁泽涛也曾叛逆过。遇到困难或者各种突发情况时，他也向教练抱怨过，但叶瑾向来严格，只会告诉他："当职业运动员不是普通的事业，如果承受不了常人难以忍受的挑战，你不如不干。"

일찍이 적지 않은 수영명장을 양성해낸 예진은 엄청난 운동량의 훈련방식을 운용하는 것을 선호했다. 통상적으로 100m 자유형 선수의 하루 훈련량이 6,000m 정도였지만, 예진이 처음부터 닝저타오에게 요구한 것은 8,000m에서 9,000m였고, 많게는 한 번에 심지어 15,000m에 달했을 뿐만 아니라, 각종 스퍼트(spurt) 훈련은 포함하지 않은 것이었다. 전문적인 수영 훈련에는 즉각맥박이라는 지표가 있는데, 정상적인 상황에서라면 일반인들은 분당 맥박이 70번에서 80번에 이르는데, 닝저타오는 어떤 때 훈련이 끝났을 때에는 180회에 달하기도 했다.

하루하루, 해마다 반복되는 고생스러운 훈련을 제외하고도, 훈련 와 나머지 무미건조한 생활 역시 닝저타오에게 시련을 주었다. 어떻게 여가를 보내는지 질문을 받으면 닝저타오는 "저는 평소에 시간이 생기면 책을 좀 보고, TV는 잘 보지 않고, 컴퓨터는 아예 잘 하지 않아요."라고 웃으며 말했다.

많은 청소년기의 아이들과 같이, 닝저타오 역시 반항을 했던 적이 있다. 어려움이나 각종 돌발상황이 생기면, 그는 코치를 원망했지만 예진은 줄곧 엄격하게 굴며, 그에게 단지 "프로선수가 되는 것은 보통의 일이 아니야. 만약에 보통 사람들이 참아내기 힘든 도전을 버틸 수 없다면 너는 안 하는 것만 못해."라고 일러주었다.

예진은 엄청난 운동량의 훈련방식을 선호했다. 통상적으로 100m 자유형 선수의 하루 훈련량이 6,000m 정도인데, 닝저타오는 심지어 15,000m에 달했다. 닝저타오의 즉각맥박은 어떤 때 훈련이 끝났을 때에는 180회에 달하기도 했다. 훈련을 제외하고 닝저타오는 평소에 책 보는 것을 좋아하고, TV를 잘 보지 않고, 컴퓨터도 잘 하지 않았다. 그가 코치에게 힘들다고 원망했을 때, 예진은 보통 사람이 참아내기 힘든 도전을 버텨야 한다고 알려주었다.

1. 예진의 훈련방식은 수치가 중요하므로 정리해서 기억해야 한다.
2. 훈련량에서 보통 사람과 비교한 내용이 있으므로 즉각맥박은 어느 정도에 달했는지만 설명해도 된다.
3. 무미건조한 생활과 힘든 훈련 등 구체적인 이유를 설명하여 코치를 원망했다는 내용은 힘들어서 원망했다는 것으로 간단히 줄이면 된다.
4. 주인공의 세세한 정보는 생략해도 되지만 별다른 취미가 없어 생활이 무미건조했다는 것을 표현하기 위해 책과 TV를 언급한 부분은 간단히 정리하는 것이 좋다.
5. 예진의 충고는 닝저타오가 힘듦을 이기고 성과를 얻은 큰 이유로 볼 수 있으므로 기억해야 한다.

STEP 5 요약의 기술4- 아홉 번째 단락 요약

在叶瑾的精心栽培下，宁泽涛成长得很快，也慢慢体会到了教练的良苦用心。在不断的进步中，他更加坚定了自己的目标——打破亚洲记录！梦想照进了现实。在2013年全运会上，宁泽涛接连打破男子100米和50米自由泳亚洲纪录。在2014年亚运会男子100米自由泳决赛中，宁泽涛又刷新了亚运会记录。在2015年游泳世锦赛上，宁泽涛又获得男子100米自由泳项目的金牌，创造了新的历史。

예진의 정성스러운 보살핌 아래, 닝저타오는 빠르게 성장했고, 천천히 코치의 고심하는 마음을 깨닫게 되었다. 끊임없는 발전 속에서 그는 더욱 자신의 목표인 아시아 신기록 깨는 것을 확고히 하였다! 꿈은 현실이 되었다. 2013년 전국체전에서 닝저타오는 연이어 남자 100m와 50m 자유형에서 아시아 기록을 깼다. 2014년에는 아시안게임에서 남자 100m 자유형 결승에서 닝저타오가 아시안 기록을 경신했다. 2015년 수영세계선수권 대회에서, 닝저타오는 또 남자 100m 자유형 종목의 금메달을 따면서, 새로운 역사를 만들었다.

마침내 꿈이 현실이 되었다. 2013년 전국체전에서 그는 100m, 50m 자유형에서 아시아 기록을 깼다. 2014년 아시안게임에서 100m 기록을 경신했다. 2015년 세계선수권 대회에서 그는 100m 자유형에서 또 금메달을 땄고, 새로운 역사를 만들었다!

Point
1. 예진의 충고만으로도 예진의 닝저타오에 대한 마음을 읽을 수 있으므로 보살핌이라는 말과 깨달음의 내용은 다시 정리할 필요 없다.
2. 구체적인 기록들은 보통 생략할 수 있으나 이 이야기에서는 중요한 성과로서 결과에 해당하므로 연도별이나 대회별로 요약해야 한다.

STEP 6 제목 정하기

游泳名将宁泽涛 (수영명장 닝저타오) / 宁泽涛的成长史 (닝저타오의 성장사)

해설
1. 현 중국의 수영국가 대표선수 '宁泽涛(닝저타오)'에 관한 이야기이므로 제목에 '宁泽涛'가 들어가는 것이 좋다.
2. 운동 분야에서 승률이 높아 유명해진 사람을 '名将(명장)'이라고 한다. 닝저타오가 현재 새로운 역사를 만들 정도로 많은 기록을 세웠으므로 '游泳名将宁泽涛(수영명장 닝저타오)'를 제목으로 하는 것도 좋다.
3. 전체적인 내용이 어떤 한 시기의 이야기가 아닌 닝저타오의 수영선수로서의 성장 역사를 서술하고 있으므로 '宁泽涛的成长史(닝저타오의 성장사)'도 제목으로 적합하다.

*모범 요약은 해설서 127p에 있습니다.

PART 03

영역별 마무리 학습

DAY 18 ~ DAY 20

- **영역별 Final** 예제와 실전PT의 어휘 미리 보기
- **PT시크릿** 답으로 출제되었던 超중요 표현 모음
- **실전PT** 미니 모의고사로 실력 굳히기

Day 18

> **듣기 영역 Final 전략 PT**
>
> 1. 기출 정답만을 가지고 정답을 유추하는 비법 습득하기
> 2. 실제시험의 60%의 문제로 미니 모의고사 체험하기
> 3. 듣기 부분만을 학습하여 듣기에만 집중해서 공부하기

PT 시크릿　　　　　　　　　　　　　학습시간 １００분

제1부분　들려주는 녹음과 일치하는 보기 찾기

① 같은 내용이지만 다르게 표현한 정답　　　　　Track 18-1

문제의 정답은 지문의 내용을 그대로 쓰는 것만 나오는 것이 아니라 다르게 표현되는 경우도 나오기 때문에 기출에 나왔던 같은 내용을 다르게 표현한 것을 확인하여 단순한 어휘만으로가 아닌 내용으로 접근하는 방법을 익혀야 한다.

	지문 내용	변형 정답
1	尽量别用冷水洗头。 되도록 차가운 물로 머리를 씻지 마라.	不宜用冷水洗头 차가운 물로 머리를 씻는 것은 적절하지 않다
	→ '~하지 마라'는 것은 '적절하지 않다'와 같은 뜻이다.	
2	不能只顾眼前。 눈앞만 살펴서는 안 된다.	眼光要长远 안목을 멀리 두어야 한다
	→ '앞만 보지 말라'는 것은 '멀리 내다 보라'는 뜻이다.	
3	任何一个人都不可能孤立地存在。 어떠한 사람도 독립적으로 존재할 수 없다.	成功需要别人的帮助 성공은 다른 사람의 도움이 필요하다
	→ '독립적으로(혼자) 존재할 수 없다'는 것은 '다른 사람(의 도움)이 필요하다'는 뜻이다.	
4	必须自己动手。 반드시 자신이 착수해야 한다.	自己的人生自己做主 자신의 인생은 자신이 주인이어야 한다
	→ '자신이 착수(시작)하라'는 것은 '남의 힘을 빌리지 말고 스스로가 주인이 되어야 한다'는 뜻이다	
5	弯腰是一种风范，是为了创造更大的人生价值。 허리를 굽히는 것은 품격이고 인생의 더 큰 가치를 만들어내기 위함이다.	做人要懂得变通 사람이라면 임기응변할 줄 알아야(융통성이 있어야) 한다
	→ 여기서 '허리를 굽히는 것'은 삶의 '유연함', 즉 '융통성이 있다'는 뜻이다. (弯腰 wānyāo = 变通 biàntōng)	

354　PART 3

6	每个企业都有独特的企业文化。 모든 기업은 모두 독특한 기업문화를 가지고 있다.	企业文化各不相同 기업의 문화는 각각 서로 다르다
	→ '모든 기업이 모두 독특한 기업문화를 가지고 있다'라는 것은 '모든 기업문화가 다르다'는 뜻이다.	
7	下周开始，北京的降温幅度明显增大。 다음 주부터 시작해서, 베이징의 온도 하락폭은 분명히 커질 것이다.	下周将会降温 다음 주에는 온도가 떨어질 것이다
	→ '온도 하락폭이 크다'라는 것은 '온도가 떨어진다'는 뜻이다.	
8	抓住今天，别让后悔纠缠一生。 오늘을 붙잡아서 후회가 일생을 번거롭게 하지 않도록 해라.	要珍惜时间 시간을 소중히 여겨라
	→ '오늘을 붙잡아서 후회하지 말라는 것'은 '시간을 소중히 하라'는 뜻이다.	
9	即使是我们曾经难以承受的痛苦磨难，也不会完全没有价值。 설령 우리가 일찍이 감당하기 어려웠던 고통과 고난일지라도, 완전히 가치가 없지는 않을 것이다.	痛苦是有价值的 고통은 가치가 있는 것이다
	→ '고통이 가치가 없지 않다'라는 것은 '가치가 있다'는 뜻이다. **TIP** 이중부정은 긍정!	
10	子辈为尊重父母，在外人面前称父母为"高堂"。 부모님을 존중하기 위해, 외부인 앞에서 부모님을 '고당(집의 제일 높은 곳)'이라고 불렀다.	"高堂"是对父母的尊称 '고당'은 부모님에 대한 존칭이다
	→ '부모님을 '고당'이라 부른다'는 것은 '고당'이 '부모님에 대한 존칭'이라는 뜻이다.	
11	要真正了解一个员工，需要长时间的、持续的观察。 진정으로 직원을 알고 싶으면, 장기적이고 지속적인 관찰이 필요하다.	员工的价值需时间检验 직원들의 가치는 검증할 시간이 필요하다
	→ '장기적이고 긴 시간의 관찰이 필요하다'는 것은 '검증할 시간이 필요하다'는 뜻이다.	
12	管理其实很简单。只需要用目标把大家拉动起来就行了。 관리는 사실 간단하다. 목표를 가지고 모두를 이끌기만 하면 된다.	目标具有带动作用 목표는 이끄는 작용을 지니고 있다
	→ '목표를 가지고 모두를 이끌기만 하면 된다'는 것은 '목표'가 '이끄는 작용'을 가지고 있다는 뜻이다.	

❷ 두 가지 내용을 종합해야 하는 정답
◉ Track 18-2

한 번에 정답을 언급하는 것이 아니라 두 번에 걸쳐 내용을 종합해야지만 정답으로 연결되는 문제들이 있으므로 다음 기출문장들을 통해 유형을 파악해 두어야 한다.

	지문 내용	정답
1	智慧的七分靠天赐。 지혜의 70%는 하늘이 준다. 这里的七分很大程度上来源于人生经验的总结。 이 70%는 큰 정도에 있어서 인생의 종합적인 결론에서 온다.	智慧多源于对经验的总结 지혜는 대부분 경험에 대한 종합적인 결론에서 온다
2	懂得反省是必要的。 반성할 줄 아는 것이 필요하다. 不过你并不需要随时去反省自己。 하지만, 늘 자신을 반성해서는 결코 안 된다.	反省要适度 반성은 적당해야 한다
3	管理工作通过别人完成任务。 관리 업무는 다른 사람을 통해 임무를 완성한다. 这个"别人"就是你所管理的团队。 이 '다른 사람'은 바로 당신이 관리하는 팀이다.	管理者通过团队完成任务 관리자는 팀을 통해 임무를 완성한다
4	由于夏季温度过高，致使人体大量排汗，大量的钾元素也会随汗排出。 여름의 온도가 과도하게 높아서 인체는 대량의 땀을 배출하고, 대량의 칼륨원소도 땀을 따라 배출된다. 如果钾元素得不到及时补充，就会导致人们疲劳。 만약에 칼륨원소가 제때에 보충되지 않으면 사람이 피곤하게 된다.	夏季人易疲劳是钾元素缺乏所致 여름에 사람이 쉽게 피곤해지는 것은 칼륨원소의 부족으로 인한 것이다

❸ 내용을 토대로 추론해야 하는 정답
◉ Track 18-3

6급 듣기 제1부분이 어려운 이유는 단순한 어휘가 들렸다고 해서 정답이 되는 것이 아니라 문장을 이해하고 추론해야 하는 문제들도 많이 있기 때문이다. 다음과 기출문장들이 어떻게 추론되어 정답으로 연결되었는지 확인해야 한다.

	지문의 정답 연관 부분	추론을 통한 정답
1	双语家庭中的儿童，在认知发育上可能会比同龄人更高一筹。 이중언어 가정의 아동은 인지발육에 있어서 동년배의 사람보다 훨씬 더 클 것이다.	双语环境利于儿童认知发育 이중언어 환경은 아동의 인지육에 이롭다
	추론 이중언어 가정의 아동이 인지발육이 동년배보다 커질 것이라는 것은 이중언어 환경은 아동들의 인지발육에 좋다라고 추측할 수 있다.	
2	整个路段共有99个弯。 전체 도로에는 전부 99개의 굽이가(진 길이) 있다.	公路弯道多 도로에 굽이진 길이 많다
	추론 굽이진 길이 99개가 있다는 것은 많다라고 추측할 수 있다.	

3	这样有助于缓解压力。 이렇게 하는 것은 스트레스를 완화시키는 데 도움이 된다.	要学会减压 스트레스를 경감시킬 줄 알아야 한다
	추론 이렇게 하는 것이 스트레스 완화에 도움이 된다고 말하는 것은 스트레스를 완화시킬 줄 알아야 한다는 것을 추측할 수 있다. TIP 缓解压力 huǎnjiě yālì = 减轻压力 jiǎnqīng yālì = 减压 jiǎnyā	
4	大量饮用能量饮料，甚至还可能出现脱水现象。 대량의 에너지음료를 마시는 것은 심지어 탈수현상을 초래할 가능성이 있다.	过多饮用能量饮料对健康不利 과하게 에너지음료를 마시는 것은 건강에 좋지 않다
	추론 대량의 에너지음료 음용이 탈수현상을 초래하는 것으로 보아 과한 에너지음료 음용이 건강에 좋지 않음을 추측할 수 있다.	
5	展示中国现当代各界名人的手稿、签名本和书法作品等。 중국당대 각계 명인들의 수기한 원고와 사인, 서예작품 등을 전시한다.	手稿馆展品中包括书法作品 수기한 원고 전시관에는 서예작품도 포함하고 있다
	추론 서예작품을 전시했다는 것은 서예작품도 전시품 중의 하나로 포함되어 있다는 것을 추측할 수 있다.	
6	最好将闹钟铃声，设置为比较舒缓的音乐，让自己从放松的状态中醒来。 가장 좋기는 알람소리를 비교적 편안한 음악으로 설정해서 자신이 느슨한 상태에서 깨도록 하는 것이다.	舒缓的闹铃能使人放松 편안한 알람소리는 사람을 느슨해지게 한다
	추론 편안한 음악으로 느슨한 상태에서 깨게 한다는 것으로 보아 편안한 알람소리가 사람을 느슨해지게 만든다고 추측할 수 있다.	
7	中国文化只有在和世界文化交流、交锋和交融的过程中，才能真正地发展。 중국문화는 세계문화와 교류하고, 경쟁하며 어우러지는 과정 속에 있어야만 진정으로 발전할 수 있다.	中国文化的发展需要世界文化 중국문화의 발전은 세계문화가 필요하다
	추론 중국문화가 세계문화와 함께 하는 과정에 있어야만 발전할 수 있다는 것으로 보아 중국문화의 발전에 세계문화가 필요하다고 추측할 수 있다.	
8	交警说："你就是那个魔术师吧！" 교통경찰이 말했다. "당신이 바로 그 마술사군요!"	交警认出魔术师了 교통경찰은 마술사를 알아봤다
	추론 교통경찰이 "당신이 그 마술사군요!"라고 했다는 것은 교통경찰이 마술사를 알아봤다는 것을 추측할 수 있다.	
9	一个人年轻时若没有志气，中年或晚年就更难有志气了。 사람이 젊을 때 만약에 포부가 없으면, 중년이나 말년에 포부가 생기기는 더욱 어렵다.	立志要趁早 포부는 일찍 있어야 한다
	추론 중노년에 포부가 생기기 어렵다는 말로 보아 포부는 일찍 있어야 한다는 것을 추측할 수 있다.	
10	人的身体就像一部机器，有损耗就要加油。 사람의 인체는 한 대의 기기와 같아서 손상이 생기면 기름을 칠해야 한다.	要学会放松 느슨해질 줄 알아야 한다
	추론 기기에 기름을 친다는 것은 잘 돌아가게 하기 위함인데 사람을 기계에 비유했으므로 사람은 스스로를 느슨하고 편안하게 만들어야 한다는 내용임을 추측할 수 있다.	

11	许多人对自己的职业不满意，频繁跳槽，就是因为他们的工作欠缺自己内心真正想要的东西。 많은 사람들이 자신의 직업에 불만스러워 자주 이직을 하는 것은 그들의 일에 스스로가 내심 진정으로 원하는 것이 부족하기 때문이다.	要了解自己的需求 자신이 필요로 하는 것을 알아야 한다
	추론 많은 사람들의 빈번한 이직은 원하는 것이 부족하기 때문이므로 이는 자신이 필요한 것을 알아야 한다는 내용임을 추측할 수 있다.	
12	一个人成就的大小，往往取决于他所遇到的困难的大小。 한 사람의 성과의 크기는 늘 그가 만나는 어려움의 크기에 의해 결정된다.	困难也能助人成功 어려움도 사람이 성공하는 것을 도울 수 있다
	추론 성과의 크기가 어려움의 크기에 의해 결정된다는 것으로 보아 어려움도 사람이 성공하는 것을 도울 수 있다는 것을 추측할 수 있다.	
13	一个爱推卸责任的人很难获得别人的尊重和谅解。 책임을 잘 전가하는 사람은 다른 사람의 존중과 양해를 얻기 어렵다.	不要推卸责任 책임을 전가하지 마라
	추론 책임을 전가하는 사람은 다른 사람의 존중과 양해를 얻기 어렵다는 것으로 책임을 전가하지 말라는 내용의 글임을 추측할 수 있다.	

제2부분 보기에서 정답 고르기

❶ 기출문제의 진행자 질문과 실제문제 비교

○ Track 18-4

진행자의 질문은 실제문제로 연결되는 경우가 많기 때문에 진행자의 질문에 맞춰 보기를 파악한다면, 실제 문제가 나오기 전에 답을 정리하고 다음 문제의 보기를 볼 시간을 확보할 수 있을 뿐만 아니라, 모든 내용을 듣고 문제를 푸는 형식이 아닌 질문과 보기에 따라 필요한 부분만 듣는 방법으로 효율적으로 문제를 풀 수 있다.

	진행자의 질문/문제	공략 부분
1	질문 可以谈谈对收藏市场的看法吗? 수집시장에 대한 견해를 말해줄 수 있나요? 문제 现在的收藏市场怎么样? 현재의 수집시장은 어떠한가?	수집시장에 관한 질문 → 현재의 수집시장을 설명하는 부분에 집중해야 한다.
2	질문 现在的你有什么不同? 현재의 당신은 어떤 다른 점이 있나요? 문제 男的怎么评价现在的自己? 남자는 자신을 현재 어떻게 평가하는가?	현재 자신의 모습에 관한 질문 → 이전과 비교해 달라진 점이나 자신이 생각하는 자신의 특징에 집중해야 한다.

3	질문 ……岁的你，对幸福的理解是什么? ~세의 당신은, 행복에 대한 이해는 어떤가요? 문제 男的认为幸福是什么? 남자는 행복이 무엇이라고 여기는가?	행복에 대한 정의를 묻는 질문 → 행복을 무엇이라고 여기는지 게스트의 견해에 집중해야 한다.	
4	질문 我们该如何把握建筑和人文的关系呢? 우리는 어떻게 건축과 인문의 관계를 파악해야 하는가? 문제 男的怎么看现代城市中的摩天大楼? 남자는 현대 도시 속의 마천루를 어떻게 보는가?	건축과 인문과의 관계를 묻는 질문 → 건축에 대한 게스트의 견해에 집중하되 인문 즉, 사람에게 끼치는 영향에 집중해야 한다.	
5	질문 更多的是一种哲学式的智慧。 더 많은 것은 일종의 철학적인 지혜입니다. 문제 东方哲学观以什么为基础? 동양철학관은 무엇을 기초로 하는가?	철학에 관한 질문 → 철학과 관련된 대답이 나오면 집중해야 한다.	
6	질문 建筑始终不变的内核是什么呢? 건축에 늘 변하지 않는 핵심은 무엇인가? 문제 建筑的内核是什么? 건축의 핵심은 무엇인가?	건축의 핵심 관련 질문 → 게스트가 생각하는 건축물에 관한 핵심에 집중해야 한다.	
7	질문 您认为修复青铜器的关键是什么? 당신은 청동기를 복원하는 관건은 무엇이라 여기나요? 문제 修复青铜器的关键是什么? 청동기를 복원하는 관건은 무엇인가?	청동기 복원에 관한 질문 → 청동기 복원의 관건 즉, 중요한 점에 집중해야 한다.	
8	질문 在众多收藏品中，青铜器成了收藏爱好者们竞相追逐的宝贝，这是为什么呢? 많은 소장품 중에서 청동기는 수집애호가들이 앞다투어 쫓는 보물입니다. 이것은 왜 그런가요? 문제 为什么很多人爱收藏青铜器? 왜 많은 사람들이 청동기 수집을 좋아하는가?	청동기 수집에 관한 질문 → 사람들이 청동기 수집을 애호하는 이유에 집중해야 한다.	
9	질문 您从小就开始练习书法和篆刻，那时候会觉得枯燥吗? 당신은 어려서부터 서예와 전각공부를 시작했는데, 그때는 지루했나요? 문제 男的觉得学习篆刻怎么样? 남자는 전각을 배우는 것이 어떻다고 여기는가?	전각공부에 관한 질문 → 게스트가 전각공부를 어떻게 생각하는지를 들어야 한다.	
10	질문 您认为当前玺印研究的重点是什么? 당신은 현재 옥쇄 연구의 중점은 무엇이라고 여기나요? 문제 当前玺印研究的重点是什么? 현재 옥쇄 연구의 중점은 무엇인가?	옥쇄에 관한 질문 → 옥쇄 연구의 핵심을 들어야 한다.	

11	질문 在印章研究方面，您认为国外的研究对我们有什么启示? 인장 연구 방면에서 당신은 외국의 연구가 우리에게 어떤 일깨움을 준다고 여기나요? 문제 男的怎么看西方的印章研究? 남자는 서양의 인장 연구를 어떻게 보는가?	인장 연구에 관한 질문 → 인장 연구에 대한 외국의 견해를 들어야 한다.
12	질문 对于玺印收藏的爱好者，您有什么建议? 옥쇄 수집애호가에게, 당신은 어떤 건의가 있나요? 문제 男的建议玺印收藏爱好者怎么做? 남자는 옥쇄 수집애호가가 어떻게 하는 것을 건의했는가?	옥쇄 수집애호가에 관한 질문 → 게스트의 옥쇄 수집애호가에 대한 건의를 들어야 한다.
13	질문 这样的模式难免会被别人模仿，您是如何看待这个问题的? 이러한 패턴은 다른 사람에 의해 모방되기 마련인데 당신은 이 문제를 어떻게 보시나요? 문제 男的认为被别人模仿对万达有什么影响? 남자는 다른 사람에게 모방되는 것이 완다에 어떤 영향을 준다고 여기는가?	모방에 관한 질문 → 모방에 대한 게스트의 견해에 집중해야 한다.
14	질문 能跟我们谈谈您的用人留人之道吗? 당신이 사람을 고용하고 남기는 방법을 말해줄 수 있나요? 문제 万达为什么人才流失率低? 완다는 왜 인재유실률이 낮은가?	인재 고용에 관한 질문 → 게스트가 사람을 고용하고 남기는 방법에 집중해야 한다.
15	질문 供应商和消费者对电视购物的认知有哪些改变吗? 공급상과 소비자의 TV 구매에 대한 인식에는 어떤 변화들이 있나요? 문제 供应商和消费者对电视购物的态度是什么? 공급상과 소비자의 TV에 대한 구매 태도는 어떠한가?	TV 구매에 관한 질문 → 공급상과 소비자의 TV 구매에 대한 인식 변화에 집중해야 한다.
16	질문 您觉得未来电视购物的商业生态会有哪些改变? 당신이 느끼기에 미래의 TV 구매 상업생태에는 어떤 변화들이 있을 것 같나요? 문제 女的如何看待，未来电视购物的商业生态? 여자는 미래의 TV 구매 상업생태를 어떻게 보는가?	TV 구매에 관한 질문 → 미래에 있을 TV 구매 상업생태의 변화를 들어야 한다.
17	질문 为什么在网上很少看到你工作中创作的作品? 왜 인터넷 상에서는 당신이 업무 중 창작한 작품을 보기 어려운가요? 문제 男的为什么不愿意分享工作中设计的手机主题? 남자는 왜 업무 중 설계한 휴대전화 콘셉트를 함께 즐기는 것을 꺼리는가?	게스트 작품에 관한 질문 → 게스트의 창작작품을 보기 힘든 이유를 들어야 한다.

❷ 정답으로 연결되는 인터뷰 속의 표현

🔊 Track 18-5

인터뷰는 두 사람의 대화를 담은 것이기 때문에 구어체로 표현된다. 하지만 보기에는 간단하게 문어체로 표현되고 인터뷰 속에서 썼던 표현으로만 나오는 것이 아니기 때문에, 들은 어휘에만 의지해서는 정답을 찾기가 쉽지 않다. 기출문제의 인터뷰 속의 표현이 어떻게 정답으로 연결되었는지를 파악하면 정답에 접근하기가 훨씬 쉬워진다.

	인터뷰 속의 표현	표현이 바뀐 정답
1	这对文物保护来说，是一种很大的贡献。 이것은 문물의 보호와 연구에 있어서 아주 큰 공헌입니다.	这有利于文物保护 이것은 문물보호에 이롭다
2	必须要提高自己的鉴赏水平。 반드시 자신의 감상수준을 높여야 합니다.	要提升个人的鉴赏能力 개인의 감상능력을 업그레이드 해야 한다
3	伦敦是我第三次代表中国男单参加的奥运会。 런던은 제가 세 번째로 중국 남자단식대표로 참가한 올림픽입니다.	不止一次参加奥运会 올림픽 참가가 한 번에 그치지 않았다
4	只要我还打下去，对很多年轻人来说就是一种鼓励。 제가 계속해 나가기만 하면, 많은 젊은이들의 입장에서는 격려가 됩니다.	对年轻人有激励的作用 젊은이들에게는 격려의 작용이 있다
5	一个运动员一辈子没有几次能代表祖国参加奥运会。 운동선수는 조국을 대표해 올림픽에 참가할 수 있는 것이 한평생 몇 번 되지 않습니다.	运动员很难经常参加奥运会 운동선수는 올림픽에 자주 참가하기 어렵다
6	这种新文明是对自然的回归，对中国传统文明的回归。 이러한 새로운 문명은 자연에 대한 회귀이고, 중국전통문명에 대한 회귀입니다.	新文明倡导回归自然和传统文明 새로운 문명은 자연과 전통문명을 창도한다
7	青铜器在古代是用来祭祖祭天地的专用礼器。 청동기는 고대에 조상이나 하늘에 제사를 지내는 전용예기(의식에 쓰이는 그릇)에 썼습니다.	青铜器在古代主要的用途是祭祀礼器 청동기는 고대에서의 주 용도는 제사예기이다
8	后来农业博物馆成立，那时候没有人来工作，我就自己报名来到了农博，直到现在。 후에 농업박물관이 설립되었는데, 그때는 일하러 오는 사람이 없어서 저 혼자 접수하여 농업박물관으로 왔고, 쭉 지금까지 있었습니다.	我现在在农业博物馆工作 나는 현재 농업박물관에서 일한다
9	要求收藏爱好者有雄厚的经济基础。 수집 애호가들은 충분한 경제적 기초를 가지고 있어야 합니다.	收藏爱好者要有一定财力 수집 애호가들은 어느 정도의 재력을 가지고 있어야 한다
10	玺印史料研究仍然是当前的重点。 옥쇄사료(역사적 자료) 연구는 여전히 현재의 중점이다.	当前玺印研究的重点是史料 현재 옥쇄연구의 중점은 사료이다
11	西方学者的研究方法和视角对于我们而言，有不少值得借鉴的地方。 서양학자의 연구방법과 시각은 우리의 입장에서 말하자면 본보기로 삼을 만한 부분이 많습니다.	西方的研究值得中国借鉴 서양의 연구는 중국이 본받을 가치가 있다

12	鉴赏玺印对我们的文化储备要求更高。 옥쇄 감상은 우리의 지식 비축에 대한 요구가 더욱 높습니다.	鉴赏玺印扩充文化储备 옥쇄 감상은 지식 비축을 확충시켰다
13	我们特别注重企业文化。 우리는 기업문화를 매우 중요시합니다.	我们重视企业文化 우리는 기업문화를 중시한다
14	未来电视购物的商业生态会寻求多种形式的合作。 미래에 TV 홈쇼핑의 상업생태는 다양한 형식의 합작을 찾을 것입니다.	未来电视购物的商业生态会谋求跨界合作 미래에 TV 홈쇼핑의 상업형태는 크로스오버 합작을 꾀할 것이다
15	电视购物频道，应不断地提高规范程度和服务能力。 TV 홈쇼핑 채널은 끊임없이 규범 정도와 서비스 능력을 향상시켜야 합니다.	电视购物频道要改善服务 TV 홈쇼핑 채널은 서비스를 개선시켜야 한다
16	工作中的设计任务不能完全受自己控制。 일 속에서의 설계 임무는 완전히 자신의 통제를 받을 수는 없습니다.	工作中的设计任务不完全符合自己的意愿 일 속에서의 설계 임무는 자신의 바람에 완전히 부합되지는 않는다

제3부분 보기에서 정답 고르기

● 문제로 출제되었던 견해와 주장 ○ Track 18-6

사설에 나오는 화자의 견해나 주장의 소재는 한정적이다. 기출문제의 견해 및 주장과 관련된 문장을 접해 어떻게 정답으로 연결되는지를 파악하면 효율적으로 실전문제에 대비할 수 있다. 견해 및 주장의 내용은 반드시 해석해서 읽어야 비슷한 맥락의 글이 들린다는 것을 유념해야 한다. 또한 자주 나오는 소재가 비슷하니 어떤 내용에 대한 글인지도 파악해 두어야 한다.

	견해 및 주장의 내용	정답 내용
1	家长应该多鼓励孩子帮助同学，为集体服务，让他们觉得自己是一个有用的人，从而获得真正的快乐。 가장은 아이들이 친구를 돕고 단체를 위해 봉사하는 것을 격려해서 그들이 스스로 쓸모 있는 사람이라 여겨 진정한 즐거움을 얻게 해주어야 한다.	鼓励孩子帮助同学 아이가 친구를 돕도록 격려해라
2	我们一定要慎重考虑，看自己是否真的需要这个东西或这项服务，以免花冤枉钱。 우리는 쓸데없이 돈을 쓰는 것을 막기 위해 반드시 자신이 진짜 이 물건 혹은 이런 서비스를 필요로 하는지 신중하게 고려해야 한다.	考虑自身需求 자신이 필요로 하는 것을 고려해라
3	我们要"活到老，学到老"。不断学习，以丰富自己的知识储备，这样就无需惧怕知识折旧了。 우리는 '죽을 때까지 배워야' 한다. 자신의 지식 비축을 풍부하게 하기 위해 끊임없이 공부해야 지식 끊길까 걱정할 필요가 없다.	学无止境 배움에는 끝이 없다

4	我们在与人交流时，也要注意自己的言行。 우리는 사람들과 교류할 때 자신의 언행을 주의해야 한다.	注意自己的言行 자신의 언행을 주의해라
5	有时候，最好的方式可能是宽容甚至"放任"他的错误。 어떤 때, 가장 좋은 방식은 아마도 너그럽게 용서하고 심지어 타인의 잘못을 '방임'하는 것일 것이다.	惩罚无益解决问题 벌을 주는 것은 문제를 해결하는 데 도움이 되지 않는다
6	与其熟人遍天下，不如交几个真正的朋友。 잘 아는 사람이 온 천지인 것은 몇 사람의 진정한 친구를 사귀는 것만 못하다.	要交真正的朋友 진정한 친구를 사귀어야 한다
7	想要取得事业的成功，一定要有充分的幽默感及乐观的态度。 일에서의 성공을 얻고 싶으면 반드시 충분한 유머감각과 낙관적인 태도가 있어야 한다.	要有积极乐观的态度 적극적이고 낙관적인 태도를 지녀야 한다
8	当人们的行动有明确的目标，并且清楚地知道自己的行进速度与目标相距的距离时，人就会自觉地客服一切困难，努力达到目标。 사람들의 행동에 명확한 목표가 있고, 자신의 진행 속도와 목표간의 거리를 분명하게 알 때, 사람은 자각하여 일체의 어려움을 극복하고, 노력해서 목표에 도달하게 된다.	行动要有明确目标 행동에는 명확한 목표가 있어야 한다
9	很多事情不能等，因为谁都无法预测未来。 누구도 미래를 예측할 방법이 없기 때문에 많은 일들을 기다릴 수 없다.	立即行动 즉시 행동해야 한다
10	我们的眼睛一定要努力搜寻目标，然后向着目标前进。 우리의 눈은 반드시 노력해서 목표를 찾고, 그런 다음에 목표를 향해 선신해야 한다.	人要有目标 사람은 목표가 있어야 한다

第一部分

第1-10题：请选出与所听内容一致的一项。

1. A 中年人易得脑血管疾病
    B 体力劳动后不宜用冷水洗头
    C 高强度劳动有助于减肥
    D 睡姿不正确会压迫神经

2. A 要养成良好的习惯
    B 孩子的世界更自由
    C 要拥有乐观的心态
    D 成人的生存压力大

3. A 空气加湿器作用大
    B 冬季要多开窗通风
    C 要合理安排室内布局
    D 水生花草可调节室内湿度

4. A 妈妈很严厉
    B 儿子撒谎了
    C 儿子打碎了两个盘子
    D 儿子把碎片藏起来了

5. A 婴儿的注意力易分散
    B 艺术天赋会遗传
    C 两岁是学习语言的关键期
    D 双语环境利于儿童认知发育

6. A 要把握好时机
    B 不要被经验束缚
    C 做事要掌握好分寸
    D 智慧多源于对经验的总结

7. A 学无止境
    B 学习是自己的事
    C 学习不能三心二意
    D "举一反三"是一种学习能力

8. A 张家界因山多而闻名
    B 张家界地势平缓
    C 天门山盘山公路弯道多
    D 天门山盘山公路海拔100米

9. A 要学会减压
    B 知足者常乐
    C 做事不要太冲动
    D 做事要集中注意力

10. A 夜间不宜喝咖啡
    B 能量饮料中的咖啡因极少
    C 过多饮用能量饮料对健康不利
    D 剧烈运动会导致血压升高

第二部分

第11-20题：请选出正确答案。

11. A 有利于文物保护
    B 解决部分人的就业问题
    C 加速货币的流通
    D 增加财政收入

12. A 特别规范
    B 供不应求
    C 缺乏活力
    D 潜力很大

13. A 正当竞争
    B 摆脱技巧的束缚
    C 敢于投资
    D 提升个人的鉴赏能力

14. A 免费指导
    B 邀请了资深顾问
    C 学员很少
    D 经营不善

15. A 文物鉴赏理论高于实践
    B 文物保护现状不容乐观
    C 男的以前是位学者
    D 男的出版了鉴赏教材

16. A 体能下降
    B 追求简单
    C 为自己骄傲
    D 有很大的上升空间

17. A 激励
    B 安慰
    C 指导
    D 引以为戒

18. A 不宜经常参加
    B 并非奋斗的终点
    C 跟其他比赛一样
    D 是年轻人的天下

19. A 家人的关爱
    B 一种成就感
    C 努力后的回报
    D 成功时的喜悦

20. A 已经退役了
    B 是网球新人
    C 不止一次参加奥运会
    D 不让父母去伦敦看他比赛

第三部分

第21-32题：请选出正确答案。

21. A 给刘完素治病
    B 安抚患者情绪
    C 在当地开药店
    D 研制新的药品

22. A 怕丢面子
    B 不信任对方
    C 病情不严重
    D 已找到治疗方法

23. A 要广泛交友
    B 待人要宽容
    C 对自己不要过于苛刻
    D 要虚心向他人学习

24. A 个人信息泄露
    B 责任感降低
    C 购买欲望增强
    D 产生优越感

25. A 陷入沉思状态
    B 感到疲惫
    C 注意力不集中
    D 自我意识加强

26. A 明确会员权限
    B 确保地址准确
    C 考虑自身需求
    D 牢记卡号

27. A 受温室效应影响程度不一
    B 降水量不一样
    C 洋流类型差异大
    D 海陆分布不同

28. A 大气层稀薄
    B 冰山融化比北极严重
    C 极夜期较长
    D 海拔比北极低

29. A 北极平均温度高于南极
    B 南极有许多珍稀矿产资源
    C 北极生物种类更多
    D 极地地区臭氧层保护较好

30. A 婴儿
    B 老人
    C 双胞胎
    D 头发长的

31. A 面临淘汰
    B 识别率低
    C 应用范围广
    D 不受年龄变化影响

32. A 如何提高防伪技术
    B 高新科技带来的便利
    C 人脸识别系统的局限性
    D 人脸识别系统的工作原理

독해 영역 Final 전략 PT

1. 기출 정답만을 가지고 정답을 유추하는 비법 습득하기
2. 실제시험의 80%의 문제로 미니 모의고사 체험하기
3. 독해 부분만을 학습하여 효율적으로 집중해서 공부하기

 학습시간 8 0 분

제1부분 보기에서 잘못된 문장 찾기

❶ 기출 구문패턴

자주 나오는 패턴을 익히면 어디가 잘못되었는지 알아보기 쉬울 뿐만 아니라 다른 부분에서도 문장을 빨리 파악하는 데 도움을 준다.

	기출 구문패턴	오용의 예 및 올바른 표현
1	동사 + 得(~하게 '동사'하다)/ + 很/非常/十分(매우) + 형용사 显得(~처럼 보이다)/ 变得(~하게 변하다) + 特別/分外(각별히) + 형용사	特別显得年轻 어순이 바뀐 경우: '特別'는 부사로 '年轻' 앞에 위치해야 한다. 显得特別很年轻 중복해서 쓴 경우: '特別'와 '很'은 형용사를 꾸며주는 같은 역할을 하는 부사로 둘 중 하나만 써야 한다. → 显得特別年轻 매우 젊어 보인다
2	防止(방지하다)/避免(피하다)/ 以免(면하다) + 피하거나 방지해야 하는 상황 [주로 나쁜 상황]	要防止不再发生这类事件 이어지는 내용이 피해야 되는 것이 아닌 경우: 사건이 다시 발생되지 않는 것은 좋은 일이고 방지할 내용이 아니다. → 要防止发生这类事件 이런 종류의 사건이 발생하는 것을 방지해야 한다
3	成为(되다) + 명사구	它可以成为找到答案 '成为' 뒤에 동사구가 온 경우: '成为'는 되는 대상, 즉 '무엇(명사구)'이 와야 한다. → 它可以成为找到答案的依据 그것은 답을 찾을 수 있는 근거가 될 수 있다 → 它可以帮助找到答案 그것은 답을 찾는 것을 도울 수 있다 把他成为偶像 '把' 뒤에 동사로 '成为'가 온 경우: '把'자문의 동사는 처리 방식을 나타낼 수 있어야 하는데, '成为'는 '되다'라는 뜻으로 처리되는 대상이 목적어로 오기 때문에 '把'자문에서는 절대 쓰일 수 없다. → 把他作为偶像 그를 우상으로 삼다

4	与 A 离不开(A와 떨어질 수 없다) / 分不开(A와 떼어 놓을 수 없다)	创新力因想象力离不开 **호응하는 전치사를 잘못 쓴 경우**: '因'은 원인을 나타내는 전치사로 '离不开(떨어질 수 없다)'와 호응하지 않는다. → 创新力与(= 和/同/跟)想象力离不开 창의력은 상상력과 떨어질 수 없다 **TIP** '因'이 잘 쓰이는 패턴: 因 A 而得名 A때문에 이름을 얻다
5	……的原因是 A (~한 원인은 A이다)/ ……的原因在于 A (~한 원인은 A에 있다)/ ……是因为 A (~한 것은 A때문이다)	……的原因是在于A **술어를 중복해서 쓴 경우**: '是'와 '在于'가 성분상 술어의 역할을 하기 때문에 함께 쓸 수 없다. ……的原因是因为A **'原因'과 '是因为'를 함께 쓴 경우**: '……的原因是A(~한 원인은 A이다)'와 '……是因为A(~한 것은 A때문이다)'는 같은 의미이기 때문에 둘 중 하나의 구문만 써야 한다. → ……的原因是A ~한 원인은 A이다 / ……是因为A ~한 것은 A때문이다
6	주어, 使/让 A…… (주어는 A가~하게 하다), (주어는 (동사구)하다)	经过三天的培训，让他们的业务素质得到了很大的提高 **주어가 없는 경우**: 사역동사(让, 使)나 일반동사 앞에 ', (쉼표)'가 있으면 그 앞은 반드시 주어가 와야 올바른 문장이 된다. '经过三天的培训(3일의 훈련을 거치다)'은 주어가 없는 동사구이므로 전체 문장에는 주어가 없는 것이 된다. → 三天的培训，让他们的业务素质得到了很大的提高 3일의 훈련이, 그들의 업무 자질에 큰 향상을 얻게 하였다 → 经过三天的培训，他们的业务素质得到了很大的提高 3일의 훈련을 거쳐, 그들의 업무 자질은 큰 향상을 얻었다
7	주어 + 부사 + 是……的	在高楼林立的都市里，能有一个独立的小院子，是无疑很奢侈的 **부사의 위치가 잘못된 경우**: '是……的' 강조구문은 술어가 '是'로 바뀌기 때문에 일반적인 부사라면 반드시 '是' 앞에 위치해야 한다. → 在高楼林立的都市里，能有一个独立的小院子，无疑是很奢侈的 고층건물이 즐비한 도시 속에서, 하나의 독립된 정원을 가질 수 있는 것이야말로 의심할 여지없이 사치스러운 것이다
8	a 是 A 之一(a는 A 중의 하나이다)	指南针、火药、造纸术、印刷术是中国四大发明之一 **호응이 올바르지 않은 경우**: 주어는 네 개의 대상을 언급했지만 목적어는 '……之一(~중의 하나)', 즉 한 개를 언급했으므로 호응이 되지 않는다. → 指南针是中国四大发明之一 나침반은 중국 4대 발명 중의 하나이다 **TIP** 반대의 경우도 조심하자. 指南针是中国四大发明 나침반은 중국 4대 발명이다 (X)

❷ 빈출 어휘조합

익숙한 어휘조합이 낯선 어휘와 함께 쓰였다면, 호응하지 않는 어휘와의 조합이나 중복되는 경우에 주의해서 볼 필요가 있다.

达到标准 dádào biāozhǔn 기준에 도달하다	扩大范围 kuòdà fànwéi 범위를 확대시키다
提高速度 tígāo sùdù 속도를 높이다	组成奇观 zǔchéng qíguān 신비한 경관을 조성하다
病好转 bìng hǎozhuǎn 병이 호전되다	恢复健康 huīfù jiànkāng 건강을 회복하다
起作用 qǐ zuòyòng 작용을 일으키다(= 发挥作用 작용을 발휘하다 = 有作用 작용이 있다 = 有效果 효과가 있다)	

제2부분 빈칸에 알맞은 어휘 채우기

❶ 기출 어휘조합

독해 제2부분을 가장 쉽게 푸는 방법은 어휘조합을 통해서이다. '무조건'은 아니지만 어휘조합 자체가 가장 많이 쓰이는 어휘의 합이기 때문에 답이 될 가능성이 많을 수밖에 없다. 기본적인 조합을 먼저 암기하고 어휘량과 어휘력을 높인다면 더 좋은 성적을 거둘 수 있다.

免疫系统 miǎnyì xìtǒng 면역시스템	积极心态 jījí xīntài 적극적인 마음가짐
缓解压力 huǎnjiě yālì 스트레스를 완화시키다	释放压力 shìfàng yālì 스트레스를 풀다
调节情绪 tiáojié qíngxù 기분을 조절하다	色泽光亮 sèzé guāngliàng 색이 밝게 빛나다
雨量充沛 yǔliàng chōngpèi 강우량이 충분하다	充满热情 chōngmǎn rèqíng 열정으로 가득 차다
内容充实 nèiróng chōngshí 내용이 알차다	文化兴盛 wénhuà xīngshèng 문화가 흥(성)하다
引人注目 yǐnrén zhùmù 사람들의 주목을 끌다	研究表明 yánjiū biǎomíng 연구에서 밝히다
采纳意见 cǎinà yìjiàn 의견을 받아들이다	造型生动 zàoxíng shēngdòng 조형물이 생동감 넘치다
保持平衡 bǎochí pínghéng 균형을 유지하다	弥补不足 míbǔ bùzú 부족함을 메우다
实现目标 shíxiàn mùbiāo 목표를 실현시키다	支撑梦想 zhīchēng mèngxiǎng 꿈을 지탱하다
面临风险 miànlín fēngxiǎn 위험에 당면하다	最负盛名 zuìfù shèngmíng 명성을 최고로 누리다
血液循环 xuèyè xúnhuán 혈액순환	保存完好 bǎocún wánhǎo 보존이 완벽하다
呈现景象 chéngxiàn jǐngxiàng 광경이 나타나다	患有疾病 huànyǒu jíbìng 질병을 앓다
淡出舞台 dànchū wǔtái 무대에서 (조용히) 사라지다	具有价值 jùyǒu jiàzhí 가치를 가지고 있다
欣赏音乐 xīnshǎng yīnyuè 음악을 감상하다	显示天赋 xiǎnshì tiānfù 자질을 드러내다
均匀分散 jūnyún fēnsàn 고르게 분산시키다	进入境界 jìnrù jìngjiè 경계에 들어서다
施展才能 shīzhǎn cáinéng 재능을 펼쳐 보이다	广为流传 guǎngwéi liúchuán 널리 전해지다
流露神态 liúlù shéntài 표정이 드러나다	感染读者 gǎnrǎn dúzhě 독자를 감화시키다
吸引游客 xīyǐn yóukè 여행객을 매료시키다	

❷ 1음절 빈출 어휘

2음절 어휘보다 더 헷갈리는 것이 1음절 어휘이다. 그러나 나오는 어휘가 한정되어 있으므로 암기해두는 것이 좋다.

① 주요 1음절 어휘

兑 duì 새것으로 바꾸다	摔 shuāi 넘어지다	卷 juǎn 말다
撞 zhuàng (물리적으로) 충돌하다	碰 pèng (우연히) 만나다	晾 liàng (그늘에) 말리다
晃 huǎng 밝게 빛나다	晒 shài 햇볕을 쬐다	烫 tàng (불에) 데이다
躲 duǒ 숨다, 피하다	藏 cáng 간직하다, 소장하다	扎 zhā 찌르다

② 扌 = 手(손 수) – '손'과 관련된 1음절 어휘

'손'으로 하는 것은 '손을 이용한 행동', '잘하거나', '기술적인 것' 들이 많다.

拔 bá 뽑다	拆 chāi (건물을) 허물다, (붙여 놓은 것을) 뜯다
摇 yáo (차의 창문을) 돌리다, (머리를) 가로젓다	掏 tāo (주머니에서) 꺼내다
捏 niē (흙을) 빚다, (집게로) 집다	拽 zhuài (손으로) 잡아 당기다
扛 káng (어깨에) 들쳐 메다	拄 zhǔ (지팡이로) 몸을 지탱하다, 짚다
捧 pěng (두 손으로) 받쳐 들다	

③ 目(눈 목) – '눈'과 관련된 1음절 어휘

'보다'라는 의미가 기본이다. 차이점이 무엇인지 확실히 알아두는 것이 좋다.

望 wàng (멀리) 바라보다	盯 dīng (한 곳을) 주시하다	睹 dǔ (직접) 보다
瞧 qiáo 보다, 구경하다	眨 zhǎ 눈을 깜빡이다	瞪 dèng (눈을) 부라리다, 부릅뜨다
眯 mī (실눈을) 뜨다		

❸ 전치사의 조합

전치사를 사용한 조합은 한정되어 있기 때문에 나올 때마다 암기해 두면 정답을 쉽게 찾을 수 있다.

凭努力 píng nǔlì 노력을 바탕으로	凭感觉 píng gǎnjué 느낌을 바탕으로
由A组成 yóu A zǔchéng A로 조성되다	朝A方向 cháo A fāngxiàng A 방향을 향해
趁年轻 chèn niánqīng 젊음을 틈타(= 젊을 때)	趁机会 chèn jīhuì 기회를 틈타

제3부분 보기에서 밑줄에 알맞은 답 고르기

● 보기의 핵심 기출어휘로 본문의 내용을 추론하는 방법

독해 제3부분은 보기에서 힌트를 찾아내 전후 내용을 짐작해야만 정답에 쉽게 접근할 수 있다. 앞에서 배운 다양한 어휘들뿐만 아니라 실제시험에 단골로 출현하는 어휘를 핵심어휘로 삼아 어떻게 추론해야 하는지를 공부해 두어야 한다.

	주요 패턴 및 추론 방법	
1	又 또한	既……又…… ~하기도 하고, ~하기도 하다
		→ '既'를 떠올려라. → (조)동사 + 又 + (조)동사: ~하고, 또 ~하다(같은 (조)동사일 가능성이 높다.)
2	这种 이런 종류의	这种 + 명사(구) 이러한 명사(구)
		→ 앞에는 틀림없이 '这种' 뒤의 명사(구)와 같은 명사(구)가 있을 것이다.
3	为了……/ 为…… ~하기 위해	为了……, ~을 (하기) 위해
		→ '为了'가 이끄는 절 뒤에는 '。(마침표)'가 오지 못한다.
		为了 + 목적 (목적)을 위해
		→ '为了'는 목적을 나타내는 전치사이므로 이어지는 내용은 이 목적을 위해 해야 하는 내용이 나온다. 주로 '必须(반드시)'나 '要(~해야 한다)', '应该(마땅히 ~해야 한다)' 등이 이어지는 부분에 있을 가능성이 크다.
4	两个/三个 두 개/ 세 개	两个/三个 + 명사구 두(세) 개의 명사구
		→ 이어지는 내용은 이 개수에 맞는 내용이 와야 한다.
5	而是…… (= 只是……) ~이다	不是A，而是B A가 아니라 B이다 (= (只)是B，(而)不是A B이지 A가 아니다)
		→ 앞이나 뒤에 부정하는 내용이 있을 가능성이 크다.
6	一旦 일단	一旦A，就(바로)/立即(즉시)B 일단 A하면, 바로(즉시) B하다
		→ 전제조건만 채워지면 바로 일어나는 일이 뒤에 이어진다. → '就'와 '立即'를 떠올려라.
7	均(= 都) 모두	→ 앞은 복수 개념의 주어일 가능성이 높다.
8	举办 개최하다	→ 개최하는 대상, 장소, 시간, 개최하는 이유 등을 궁금해해야 한다.
9	两者 양자	→ 앞의 내용에는 반드시 양자, 즉 두 개로 나누어 설명한 내용이 있음을 알아야 한다.
10	还 또한	不仅(= 不但/不只/不光)……，还…… ~할 뿐만 아니라, 또한 ~하다
		→ '不仅(= 不但/不只/不光)'을 떠올려라.

제4부분 지문을 읽고 보기에서 정답 고르기

❶ 기출문제에 제시되었던 '특정 어휘'

본문의 내용에 등장하는 특정 어휘는 문제로 연결되는 경우가 많으므로 미리 파악해 둔다면 지문의 내용을 파악하기가 쉬워진다. 사전적인 의미뿐만 아니라 기출문제에서 어떤 의미로 파생되거나 활용되었는지를 파악해야 특정 어휘들이 어떻게 쓰이는지 알 수 있다.

1	不遗余力 bùyí yúlì	여력을 남기지 않다 → 전력을 다하다, 최선을 다하다
2	瞠目结舌 chēngmù jiéshé	눈만 휘둥그렇게 뜬 채 말을 못하다 → 吃惊 놀라다
3	"倒奖励"制度 'dào jiǎnglì' zhìdù	'(도리상 주지 않아도 되는 대상에게) 거꾸로 상을 주는' 제도 → '역 보상' 제도
4	自我揭发 zìwǒ jiēfā	스스로 폭로하다 → 자백하다
5	姐妹艺术 jiěmèi yìshù	자매예술 → 예술끼리는 자매지간처럼 모두 서로 통함을 의미
6	赶 gǎn	쫓다 → 추구하다, 따르다 TIP 赶出 내쫓다 → 배척하다
7	隐形杀手 yǐnxíng shāshǒu	보이지 않는 살인자 → 겉으로 잘 드러나지 않는 (폐)해
8	自我传递信号 zìwǒ chuándì xìnhào	자기전달 신호 → 자신의 행위를 통해 스스로를 인지하는 경향
9	左撇子 zuǒpiězi	왼손잡이 → 우뇌가 발달한 사람
10	文学脑 wénxué nǎo	문학 뇌(= 좌뇌= 이성 뇌) → 언어를 담당하는 뇌의 별칭
11	图像脑 túxiàng nǎo	이미지 뇌(= 우뇌= 감성 뇌) → 예술적인 감각을 담당하는 뇌의 별칭
12	育儿所 yù'érsuǒ	육아소 → (동물 등의) 어린 새끼를 키우기 좋은 환경을 의미
13	登峰造极 dēngfēng zàojí	산의 정상에 오르다 → 최고의 경지에 이르다
14	指日可待 zhǐrì kědài	머지않아 실현되다 → 기대하는 날이 머지않았음을 의미
15	印象管理 yìnxiàng guǎnlǐ	자기연출 → 좋은 인상을 심어줄 목적으로 스스로를 연출하는 행위

❷ 자주 등장하는 어휘조합

제4부분의 어휘조합은 문제를 풀기 위함이 아니라 내용을 빠르게 이해하기 위해서 꼭 필요하다. 자주 쓰이는 어휘조합을 많이 알수록 내용이 잘 이해되는 만큼 평소에 조합을 이루는 어휘들을 정리해 암기하는 습관을 가지는 것이 좋다.

1	予以免除惩罚 yǔyǐ miǎnchú chéngfá	(징)벌을 면해주다	2	遭到反对 zāodào fǎnduì	반대를 맞닥뜨리다
3	起到作用 qǐdào zuòyòng	작용을 일으키다	4	鼓舞行为 gǔwǔ xíngwéi	행위를 격려 받다
5	避免损失 bìmiǎn sǔnshī	손실을 피하다	6	降低发生率 jiàngdī fāshēnglǜ	발생률을 낮추다
7	基于亲近自然 jīyú qīnjìn zìrán	자연을 가까이 하는 것을 기초로 하다	8	提高效率 tígāo xiàolǜ	효율을 높이다
9	维持运转 wéichí yùnzhuǎn	가동(작동)하는 것을 유지하다	10	改进技术 gǎijìn jìshù	기술을 개선하다
11	发出消息 fāchū xiāoxi	소식을 내보내다, 소식을 발신하다	12	获得认同 huòdé rèntóng	인정을 얻다
13	抵御侵袭 dǐyù qīnxí	침입과 습격을 막아내다	14	打下基础 dǎxià jīchǔ	기초를 다지다
15	得到赞同 dédào zàntóng	찬동(찬성)을 얻다	16	速度放缓 sùdù fànghuǎn	속도가 주춤하다 (둔화되다)
17	创造业绩 chuàngzào yèjì	업적을 만들어내다	18	创造奇迹 chuàngzào qíjì	기적을 만들어내다
19	从中受益 cóngzhōng shòuyì	그 속에서 이익을 얻다			

 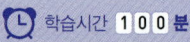

第一部分

第1-10题：请选出有语病的一项。

1. A 如今，消费的形式越来越自由变得。
   B 正像智慧常常隐藏在字里行间一样，谬误也是如此。
   C 冰山是由雪花积压而成的，它属于淡水，不是咸水。
   D 使用电器时，一旦发现漏电现象，应当立即切断电源。

2. A 动物冬眠的主要原因在于不是缺乏睡眠，而是低温。
   B 这项实验推翻了前人的错误理论。
   C 经过医生的全力抢救，患者终于醒了过来。
   D 北京的胡同宽窄不一，宽的能有30多米，窄的却仅有0.4米。

3. A 生命不是一场竞赛，而是一步一个脚印的旅程。
   B 这次招聘，我们希望能招到一个认真踏实、富有团结精神的人。
   C 本产品易受潮，启封后请盖紧，并放于干燥处，以免防止结块。
   D 这届"挑战杯"的参赛作品质量，与往年相比有了明显的提高。

4. A 从目前的整体趋势来看，智能电视的前景非常乐观。
   B 只有对时光充满敬畏的人，才会他们在岁月的长河中收获希望与成功。
   C 正确使用安全带，可以使人在交通事故发生时免受60%的伤害。
   D 科学研究表明，气温对人的记忆效果有一定的影响。

5. A 唐诗能够长期受到人们的喜爱，因其特有的文化内涵是分不开的。
   B 这款游戏最早流行于西方国家，近几年才传入中国。
   C 经过漫长的航行，轮船终于抵达了威海港口。
   D 相传，锯子是由鲁班发明的。

6. A 北京房山的十渡风景区是中国北方唯一一处大规模的喀斯特岩溶地貌。
   B 在竞争日益激烈的今天，人们更愿意看一些轻松愉快的电视节目。
   C 新鲜的杨梅最好先用盐水泡20到30分钟，这样才能比较干净洗得。
   D 木兰围场坝上草原一年四季景色皆宜，有"天然画廊"之称。

7. A 有效的竞争是引导个人努力的最好方法。
   B 世界读书日只有一天,但我们要天天读书,因为阅读会让我们终身受益。
   C 哲学家的工作是把复杂的世界简单化,而作家却是把简单的世界复杂化。
   D 走路时低头含胸容易带来疲劳感,也反而影响心肺功能。

8. A 情绪能量心理疗法认为:负面的情绪会导致人体内部能量系统混乱,是成为了心理和精神疾病的根源。
   B 在现实生活中,做人的学问往往比做事的学问更具有实用价值,但也更难参透。
   C 小说是一种以刻画人物形象为中心,通过完整的故事情节和充分的环境描写来反映社会生活的文学体裁。
   D 洛阳桥原名万安桥,位于福建省泉州市东郊的洛阳江上,是中国现存最早的跨海梁式大石桥。

9. A 竹丝扇是用优质竹丝精心编织而成的一种扇子。其扇面呈桃形,薄而透光,堪称中国工艺品中的一颗明珠。
   B 我们之所以倡导使用无磷洗衣粉,是因为磷易造成环境水体富营养化,是破坏水质的因素。
   C 人们习惯通过颜色来感知春天的步伐。当柳树染上了浓浓的新绿,当樱花绽放如粉红的云霞,当玉兰飘香洁白如玉,春天就来到了我们的身边。
   D 莫言从小就醉心于文学艺术,求知欲极强,但是凡能偶然入目的片纸只言,他都如获至宝。

10. A 瑞安高楼地区的土壤中富含微量元素硒,当地出产的杨梅标准达到了国家富硒果蔬菜类。
    B 熟悉他的人都知道,生活中的他是个性格开朗外向、不拘小节的人,与银幕上的形象完全不同。
    C 有些错误,我们也许都知道,却很难改掉。那些能改掉的叫做缺点;改不掉的就成了弱点。
    D 以网络技术为重要支撑的知识经济革命,极大地改变了人们的生活方式,加快了社会文明的进程。

第二部分

第11-20题：选词填空。

11. 《菜根谭》是明朝洪应明收集编著的一部语录著作，历代以来，人们对其评价_____高。它融儒、道、佛三家思想于一体，从提高人的_____入手，提出了一套完整的_____的方法体系。

A 愈	教养	知足常乐		B 尤	人质	礼尚往来
C 颇	修养	为人处世		D 亦	素质	天伦之乐

12. "月明星稀"是指皓月当空的夜晚，一些离地球较远，显得较_____的星星不容易被看见，这样天空中的星星看起来就比较_____了。这个成语通常用来比喻一种事物能_____另一种事物。

A 弱	生疏	隐瞒		B 浅	荒芜	遮挡
C 暗	稀疏	掩盖		D 淡	荒凉	隔绝

13. 与孩子谈话，不仅能刺激孩子的听觉和视觉的发展，对孩子的_____开发也十分有益。研究_____，如果家长与孩子谈话_____高，尤其是在宝宝9个月至三岁时多与孩子交谈，那么他们的孩子上学后会有明显的_____。

A 智能	声明	程度	声势
B 智商	表明	周期	优点
C 理智	表示	幅度	气势
D 智力	显示	频率	优势

14. 俗话说："尺有所短，寸有所长。"每个人都有自己的优点和缺点，做人不能太骄傲_____，总以为自己才是正确的，而要_____学习别人的长处，来_____自己的不足；同时也不要太_____，觉得自己什么都做不好，其实每个人身上都有值得别人学习的地方。

  A 自满　　　虚心　　　弥补　　　自卑
  B 自主　　　谦虚　　　补偿　　　悲观
  C 自私　　　称心　　　补救　　　消极
  D 自觉　　　甘心　　　补贴　　　卑鄙

15. 吸烟对儿童的影响有多大？某_____对生活在烟草中的儿童，进行了_____研究。结果发现，与父母不吸烟的孩子相比，父母吸烟的孩子成年后患颈动脉硬化的_____更大。因此，父母戒烟有助于儿童健康_____。

  A 集团　　　追究　　　缺陷　　　生存
  B 机关　　　跟随　　　弊端　　　养成
  C 机构　　　跟踪　　　风险　　　成长
  D 团体　　　伴随　　　嫌疑　　　生长

16. 牡丹是中国特有的名贵花卉，花大色艳、雍容华贵、芳香浓郁，而且_____繁多，_____有"国色天香""花中之王"的美称，长期以来被人们当做富贵_____、繁荣兴旺的象征。牡丹以洛阳、菏泽牡丹最负_____。

  A 品种　　　素　　　吉祥　　　盛名
  B 样品　　　愈　　　慈祥　　　声誉
  C 种类　　　皆　　　崇高　　　盛情
  D 产品　　　亦　　　仁慈　　　名誉

17. 菊花石是生长在280万年前的一种天然岩石，它质地坚硬，外观呈青灰色，内有天然_____的白色菊花状结晶体，_____自然界中的菊花，故名菊花石。菊花石_____欣赏价值极高，精加雕琢便可成为_____工艺品。

A 形成	犹如	本身	精美
B 转变	譬如	各自	精致
C 构成	类似	本人	精密
D 演变	相等	彼此	精确

18. 一位著名翻译家曾指出：翻译是在第三空间创造更_____的东西。他认为一种语言_____成为另一种语言会创造出第三空间。第三空间既是原作者与目标读者_____的场域，也是翻译者将原文所体现出的文化、语义在目标读者的社会文化_____中进行定位的场所。

A 崭新	转移	协调	面貌
B 奇妙	转换	沟通	背景
C 新颖	转达	探讨	容貌
D 美妙	转变	洽谈	景色

19. 我们看到星星一闪一闪的，不是因为星星_____的亮度出现变化，而是与大气的_____有关。大气隔在我们与星星之间，星光需要穿过不同密度和厚度的大气层才能到达地球。大气不是_____透明的，它的透明度会根据密度的不同而产生变化。所以我们透过它来看星星，就会看到星星_____在闪烁。

A 本身	遮挡	绝对	好像
B 本人	掩盖	完全	仿佛
C 人家	掩饰	彻底	似乎
D 各自	覆盖	必然	类似

20. 每个人的发声 _____ 在尺寸和形态方面不同，所以，每个人的声纹图谱也都存在 _____ ，这使得声纹识别成为可能。声纹识别就是根据说话人的发音 _____ ，自动识别说话人身份的一种生物识别方法。由于声音信号便于远程 _____ ，在基于电信和网络的身份识别应用中，声纹识别更有 _____ 。

A 神经　　偏差　　要素　　运行　　意义
B 器官　　差异　　特征　　传输　　优势
C 知觉　　差别　　特色　　输入　　奇迹
D 细胞　　差距　　因素　　运输　　专长

第三部分

第21-30题：选句填空。

21-25.

跳舞草又名情人草，（21）＿＿＿＿＿＿＿＿＿＿＿＿。它的株高约为0.6米，叶片两侧长有线形小叶。在阳光的照射下，跳舞草一旦受到声波刺激，侧小叶便会不断地摆动，就像一对舞伴，时而合抱，时而各自旋转。"舞动"中的跳舞草犹如轻舞双翅的蝴蝶，（22）＿＿＿＿＿＿＿＿＿＿＿＿。当夜幕降临之时，（23）＿＿＿＿＿＿＿＿＿＿＿＿，紧紧依偎在一起，仿佛在安静地休息。这真是植物界罕见的现象！

跳舞草为什么会"跳舞"呢？有植物专家解释道：植物与其他生物一样，都具有很强的生命力，（24）＿＿＿＿＿＿＿＿＿＿＿＿，它们必须努力使自己适应周围的环境条件。强烈的阳光照射，容易使跳舞草的水分迅速蒸发掉，叶片也会受到灼伤。为了避免这种伤害，跳舞草就以不停"跳舞"的方式来调节阳光的直射，以便很好地在强光的环境中生存。（25）＿＿＿＿＿＿＿＿＿＿＿＿，但到目前为止，还没有足够的证据可以证实。要想真正解开这个谜，还需要植物学家们继续深入研究。

A 这种说法听上去有一定的道理
B 又好似舞台上轻舒玉臂的舞者
C 是一种极具观赏性的植物
D 为了在自然界生存下来
E 跳舞草的侧小叶又会贴于枝干上

26-30.

硬骨鱼类的腹腔内几乎都有鳔。（26）_____，使鱼在静止状态时，能够自由控制身体处在某一水层。此外，鱼鳔还能使鱼腹腔产生足够的空间，从而防止其内脏器官因水压过大而受损，起到保护内脏器官的作用。可以说，（27）_____。

有一种鱼却是异类，（28）_____。而且分外神奇的是，它早在恐龙出现之前就已经生活在地球上了，至今已超过4亿年，并且近一亿年来它几乎没有变化。它就是被誉为"海洋霸主"的鲨鱼！鲨鱼用自己的王者风范、强者之姿，创造了无鳔照样追波逐浪的神话。

究竟是什么原因让鲨鱼离开了鳔，仍能在水中活得游刃有余呢？科学家们经过研究发现，鲨鱼由于没长鳔，一旦停下来，身子就会下沉，（29）_____，永不停息地在水中游弋，这使得鲨鱼不仅拥有了强健的体魄，而且练就了非凡的战斗力。

（30）_____。鲨鱼无鳔，这是它的悲，也是它的喜。

A 鱼鳔产生的浮力
B 原来正是鲨鱼天生的缺陷造就了它的强大
C 鱼鳔掌握着鱼的生死存亡
D 所以它只能依靠肌肉的运动
E 它天生就没有鳔

第四部分

第31-42题：请选出正确答案。

31-34.

一位航空管理者上任后，决定推行一项令人瞠目结舌的"倒奖励"制度，即对及时上报自己在工作中所犯错误的飞行员、机械师和地面指挥者等航空从业人员，予以免除惩罚，并且进行奖励，当然引发重大事故者除外。

不过，这个决定立即遭到了其他高层的反对。他们认为，这会起到鼓励航空从业人员犯错的作用。此外，飞行员、机械师等航空从业人员众多，这笔奖金的发放会在一定程度上加大财政方面的压力。但这位管理者坚称："通过这个倒奖励制度，航空从业人员可以从同行的错误中有所收获，得到警示，这样就能避免同样的错误再次发生，从而有效地减少事故发生率。而且我深信，如果不推行这项制度，一旦他们犯错，所造成的损失一定会远远高于我们所支出的奖金。"最终，这项决策被通过并迅速开始执行。

这个只奖不罚的倒奖励制度，极大地鼓舞了航空从业人员的"自我揭发"行为。很多人还会专门随身携带一本小册子，以便及时记录并上报自己所犯的错误。此后，航空管理部门平均每月都能收到2500多封错误报告。

为了能让所有航空从业人员从这些错误中吸取教训，该管理者又让人从错误报告中挑选出一部分典型案例，整理后印制成期刊对外发行，结果每月竟有18万读者订阅。这些读者不仅包括正在从事航空事业的工作人员，还有很大一部分来自飞机制造厂以及航空培训学校。

截止到2013年年底，倒奖励制度支出的奖金已经超过三亿元，然而却极大地降低了飞行的事故发生率，并避免了由此可能带来的18多亿元的损失。

31. 第1段中的画线词语 "瞠目结舌" 是什么意思？
　　A 极其吃惊　　　　　　　　B 赞叹不已
　　C 不知所措　　　　　　　　D 感到不安

32. 其他高层为什么反对那个决定？
　　A 财政部门没批准　　　　　B 怕被乘客投诉
　　C 奖金分配不均　　　　　　D 担心会鼓励员工犯错

33. "倒奖励" 制度实施后，很多航空从业人员：
　　A 申请换岗位　　　　　　　B 开始互相监督
　　C 抱怨待遇差　　　　　　　D 及时上报错误

34. 根据上文，下列哪项正确？
　　A 那位管理者被降职了　　　B 那项制度非常有效
　　C 期刊免费赠送给培训学校　D 错误报告千篇一律

35-38.

艺术之间都是互通的，中国山水画与中国园林更是如此，它们被誉为"姐妹艺术"。

中国山水画与中国园林的创作都是基于人们亲近自然的愿望。人类原本就居住在大自然中，后来由于社会进步、人口不断聚集，才逐渐形成城市。然而，日益喧嚣、忙碌的都市生活使人们感到厌倦，并萌生了亲近自然的想法。山水画由此产生，但它仅仅是一张图，人们虽然能从中一观自然之美，但很难有切身的体验。因此，为了更真切地欣赏自然美景、感受自然气息，古人便挖湖堆山、养花种草，使自然山水景观再现于自家庭院之中，这便是中国园林的由来。

中国山水画与中国园林的艺术特征也是一致的。中国山水画不仅讲究形象逼真，还追求意境美。中国园林同样追求意境美：植物不刻意修剪，但疏密有致、高低有情，可谓"寓诗情画意于自然景物之中"。

此外，中国山水画和中国园林都十分注重借助文学来增强自身的艺术感染力。中国山水画上常常配有诗文，这些诗文不仅能使画儿的"诗情"更加浓郁，还能让画儿的意境更加深远。在中国园林中，题名和楹联等更是不可或缺的部分。曹雪芹在《红楼梦》中写道："偌大景致若干亭榭，无字标题，也觉寥落无趣，任有花柳山水，也断不能生色。"足见文学对增强中国园林艺术感的重要作用。

35. 根据第2段，可以知道什么？
   A 中国山水画的出现晚于园林　　B 全球人口数量急剧增长
   C 城市让生活更加便利　　　　　D 中国园林重视亲近自然

36. 第3段主要谈的是：
   A 中国山水画与园林的区别　　　B 中国山水画与园林的艺术特征
   C 城市让生活更加便利　　　　　D 中国园林重视亲近自然

37. 《红楼梦》中的那句话说明：
   A 中国介绍园林的著作极多　　　B 中国山水画倍受诗人青睐
   C 中国山水画与书法互通　　　　D 文学能增强园林的艺术感

38. 下列哪项最适合做上文的标题?

A 论《红楼梦》的写作背景 B 欣赏山水画的小窍门

C 充满诗情画意的"姐妹艺术" D 艺术之母——中国园林

39-42.

随着网络技术的普及,一场将纸、笔和打印机等传统办公用品"赶"出办公室的"无纸化办公"潮流,开始在世界各大城市的写字楼中蔓延。

倡导者们相信,无纸化办公既能节约公司耗材、降低成本,又可以大幅度提高工作效率。这一潮流还得到了众多环保人士的支持,他们认为,办公室少用甚至不用纸张能够有效减少木材的消耗,对保护森林资源具有积极意义。然而,他们并未意识到:作为传统办公用品的代替物,电子传媒工具虽然看起来环保,实际上却是个"隐形杀手",因为维持它们运转的电不会凭空而来。

这就造成了一个拆东墙补西墙的尴尬局面:从某种程度上来讲,无纸化办公能起到保护植被、净化空气的作用。但为了给电子传媒工具供电就得多烧煤,而煤炭燃烧时会产生二氧化硫、一氧化二氮等大量有害气体,这又加剧了空气质量的恶化。美国能源部的数据显示,目前在美国,电子设备数据中心每年的用电量约等于两万五千个家庭的用电总和。

除了能源消耗方面的糊涂账,无纸化办公在废弃物处理方面也面临着严峻的挑战。电子传媒工具更新速度快,会源源不断地产生电子垃圾。据联合国环境规划署统计,目前全球电子垃圾年均量约为4000万吨。电子垃圾中含有大量的汞、铬等有害物质,它们不但会污染垃圾场周围的空气、水和土壤,还会对附近居民的身体健康造成威胁,诱发各种炎症、心脑血管疾病,甚至是癌症。

因此,越来越多的人认为,一味地排除纸、笔和打印机的使用,不仅不能真正解决环境问题,反而会加重其负担。改进技术才是解决问题的根本途径。一方面,要改进陈旧的制浆造纸的技术,研究如何在生产纸张过程中更多地使用可再生原料和可再生能源,使用安全无毒并且易分解的化学添加剂等。另一方面,要逐渐淘汰那种庞大且浪费油墨的打印机,研发并推广更环保的便携式打印机。

39. 下列哪项不是倡导者认为的无纸化办公的好处?
  A 节约耗材 B 材料不易丢失
  C 提高工作效率 D 节省成本

40. 为什么说电子传媒工具是"隐形杀手"?
  A 有辐射 B 使同事间的关系日渐疏远
  C 耗电量大 D 易引发呼吸道疾病

41. 第4段主要谈的是什么?
  A 新能源的开发 B 电子垃圾的危害
  C 气候变化对人体的影响 D 废弃物的处理方法

42. 根据上文,如何才能真正解决环境问题?
  A 宣传环保知识 B 改进技术
  C 提倡绿色出行 D 植树造林

Day 20

쓰기 영역 Final 전략 PT

1. 기출지문과 PT시크릿을 통한 실전 요약 방법 습득하기
2. 실제시험이 요구하는 조건 아래 요약하기를 연습하여 실전감각 갖추기
3. 쓰기 부분만을 학습하여 효율적으로 집중해서 공부하기

 PT★시크릿

학습시간 3 0 분

① 쓰기 요구 조건에 따른 주의사항

쓰기는 시험 시 요구사항이 정확히 기재되어 있는 만큼 그에 따르는 것이 중요하다. 제시한 요구를 정확하게 알아두어야 실수를 하거나 불이익을 받는 경우가 생기지 않는다는 것을 명심해야 한다.

(1) 仔细阅读下面这篇文章，时间为10分钟，阅读时不能抄写、记录。

　　아래의 글을 자세히 읽으시오. 시간은 10분. 읽을 때 베끼거나 기록해서는 안 됨.
　－ 10분이라는 시간이 짧기 때문에 암기를 하려고 해서는 안 된다. 속독으로 두 번 이상 읽어야 한다.
　－ 감독관에 따라 베끼거나 기록하는 것을 방지하기 위해 읽기 시간 동안 펜을 못 들게 하는 경우가 있으니 평소에 손으로 짚어가며 읽거나 그냥 글만 보고 읽는 연습을 해둘 필요가 있다.

(2) 10分钟后，监考会收回阅读材料。请将这篇文章缩写成一篇短文，字数为400字左右，时间为35分钟。

　　10분 후, 감독관이 문제지를 회수하면 이 글을 한 편의 짧은 글로 요약하시오. 글자 수는 400자 내외이고, 시간은 35분.
　－ 10분 동안의 읽기 시간이 끝나면 문제지를 회수하기 때문에 반드시 시간 내에 원문을 다 읽어야 한다.
　－ 문제지에 메모나 필기를 해서는 안 된다.
　－ 최소 380자는 초과해야 하고, 최대 450자를 초과하지 않는 것이 좋다.
　－ 원고지는 한 줄에 20칸이므로 19줄 이상을 쓰는 것이 좋다. (원고지에는 100자 단위의 글자 수 표시가 있으니 참고)
　－ 30분 안에 쓰는 것으로 안배하고, 나머지 5분은 글을 점검하는 시간으로 안배하는 것이 좋다.

(3) 标题自拟。只需复述文章内容，不需加入自己的观点。

　　제목은 스스로 만드시오. 글의 내용대로 쓰고, 자신의 관점은 넣지 마시오.
　－ 제목은 앞서 연습한 대로 간단한 수식어 정도만 사용해서 주인공이나 소재가 들어가게 하는 것이 좋다.
　－ 원문에 없는 내용을 추측해서 만들어내서는 절대 안 된다.
　－ 자신의 주관을 넣어서는 안 된다.

(4) 请把短文直接写在答题卡上。

　　글을 직접 답안지 위에 쓰시오.
　－ 본책의 Day9에서 배운 원고지 격식에 맞게 써라.
　－ 한자가 틀리지 않도록 조심해야 한다.
　－ 최대한 또박또박 바르게 써라.

❷ 성어나 어려운 어휘 쉽게 바꾸기

쓰기 지문의 내용을 파악하기 위해 원문을 읽을 때, 가장 어려운 부분이 성어이다. 이해했다 하더라도 그대로 쓰려면 암기까지 해야 하기 때문에 이런 경우에는 자신이 아는 어휘나 쉽고 간단한 어휘로 바꾸는 것이 좋다.

어휘와 뜻		바꿀 수 있는 어휘
气愤不已 qìfèn bùyǐ 분개해 마지않다, 분통이 터지다	→	生气 화내다
尽心尽力 jìnxīn jìnlì 몸과 마음을 다하다	→	努力 노력하다
坚持不懈 jiānchí búxiè 조금도 느슨해지지 않고 끝까지 견지하다	→	坚持到底 끝까지 견지하다
迎刃而解 yíngrèn érjiě 순리적으로 문제가 해결되다	→	解决 해결하다
心安理得 xīn'ān lǐdé 그럴 듯하다고 스스로 만족하다	→	坦然 (마음이) 편하다
慷慨施舍 kāngkǎi shīshě 후하게 시주하다	→	大方地给 후하게 주다
气喘如牛 qìchuǎn rúniú 힘든 소처럼 헐떡이다	→	很累 매우 힘들다
莫名其妙 mòmíng qímiào 영문을 알 수 없다	→	奇怪 이상하다
扬长而去 yángcháng érqù 거들먹거리며 떠나가다	→	离开了/走了 떠났다
声色俱厉 shēngsè jùlì 목소리와 표정이 매우 사납다	→	狠狠地 사납게 严厉地 엄하게
惊异不已 jīngyì bùyǐ 놀라며 의아해하다	→	惊讶 의아스럽다
勤奋钻研 qínfèn zuānyán 몰두하여 연구하다	→	努力研究 열심히 연구하다
名噪一时 míngzào yìshí 한때 명성을 떨치다	→	一时名声很大 한때 명성이 대단하다
如愿以偿 rúyuàn yǐcháng 소원성취하다	→	如意 뜻대로 되다
不惑之年 búhuò zhīnián 불혹(의 나이)	→	40岁 40세
侃侃而谈 kǎnkǎn értán 조용하고 차분하게 말하다	→	从容地说 차분하게 말하다
忍俊不禁 rěnjùn bùjīn 웃음을 금치 못하다	→	忍不住笑 참지 못하고 웃다
深入浅出 shēnrù qiǎnchū 어려운 내용을 쉽게 끌어내다	→	易懂 쉽게 이해하다
通俗易懂 tōngsú yìdǒng 통속적이어서 알기 쉽다	→	大家都能懂得 모두가 다 이해할 수 있다
津津有味 jīnjīn yǒuwèi 흥미진진하다	→	有趣 재미있다

③ 실전에 유용한 패턴정리

쓰기에 자주 쓰이는 문장패턴을 암기해 두면 요약을 좀 더 간단하고 쉽게 할 수 있으므로 다음 유요한 패턴들을 암기해 두자.

패턴	예시
A가 B에게 말했다. "~." = A가 B에게 ~라고 말했다. **A对B说: "……。"** = A对B说……。	小红对我说: "我就不带你去玩。" 샤오홍이 나에게 "내가 너를 데리고 놀러 갈게."라고 말했다. 小红对我说, 她就不带我去玩。 샤오홍이 나에게 그녀가 나를 데리고 놀러 간다고 말했다. → 간접화법으로 표현 시에는 인칭에 주의해야 한다.
몇 번 A하고 나서야 비로소 ~하다 **A 了 + 숫자 + 次/遍, 才……**	修改了37遍才通过。 37번이나 고치고 나서야 통과했다. → 순조롭지 못하고 오래 걸렸음을 의미
몇 번 A하고 나서, 바로 ~했다 **A 了 + 숫자 + 次/遍, 就……了**	修改了一遍就通过了。 한 번 고치고 바로 통과했다. → 순조롭고 오래 걸리지 않았음을 의미
A는 B를 ~하게 (동사)하다 **A 把 B + 동사 + 得……**	他把《A》讲得通俗易懂。 그는 《A》를 이해하기 쉽게 강의했다.
A는 B가 ~하게 하다(시키다) **A 让 B……**	他让种子发芽了。 그는 씨앗을 싹 틔웠다(발아시켰다).
~하는 한 가지 방법을 생각했다 **想了一个办法: ……**	想了一个办法: 如果他们听得迷糊, 就重写。 만약에 그들이 잘 이해하지 못하면, 바로 새로 쓰겠다는 한 가지 방법을 생각했다. → 부호사용에 주의해야 한다.
~하는 꿈이 있다 **有一个梦想——……**	他有一个梦想——成为《A》节目的主持人。 그는 《A》프로그램의 진행자가 되겠다는 꿈이 있다. → 부호사용에 주의해야 한다.
~해서 A에게 보내주다/나누어주다 **……发给/分给 A**	录视频发给导演。 동영상을 녹화해서 감독에게 보냈다.
~해서 A에게 들려주다/보여주다 **……给 A 讲/看**	写稿子给孩子们讲。 원고를 써서 아이들에게 들려준다.
A를 ~(동사)할 수 없다 **동사 不了 A = 不能 동사 A**	区分不了A和B = 不能区分A和B A와 B를 구분할 수 없다
A를 통해(A한 끝에), 마침내 ~하다 **经过……, 终于……**	经过努力, 他终于获得了很大的成功。 노력을 통해(= 노력한 끝에), 그는 마침내 큰 성공을 얻었다.
A때문에, 비로소 B를 가질 수 있었다 **因为 A, 才可以拥有 B**	因为诚实, 他才可以拥有美好的未来。 정직함 때문에, 그는 비로소 행복한 미래를 가질 수 있었다.

第1题：缩写。

（1）仔细阅读下面这篇文章，时间为10分钟，阅读时不能抄写、记录。
（2）10分钟后，监考会收回阅读材料。请将这篇文章缩写成一篇短文，字数为400字左右，时间为35分钟。
（3）标题自拟。只需复述文章内容，不需加入自己的观点。
（4）请把短文直接写在答题卡上。

　　张良是汉高祖刘邦的重要谋臣，在他年轻时，曾有过这么一段故事。
　　那时的张良还只是一名很普通的青年。一天，他漫步来到一座桥上，看到桥头坐着一个衣衫破旧的老头。老头走到张良身边时，忽然脱下脚上的破鞋子丢到桥下，还对张良说："去，把鞋给我捡回来！"张良觉得很奇怪，也很生气，觉得老头是在侮辱自己，真想上去揍他几下。可是他又看到老头年岁已高，便只好忍着气走到桥下，给老头捡回了鞋子。谁知这老头得寸进尺，竟然把脚一伸，吩咐说："给我穿上！"这更让张良觉得奇怪，简直是莫名其妙。尽管张良已经很生气，但他想了想，还是决定干脆帮忙就帮到底。于是，他还是跪下身来，帮老头将鞋子穿上了。
　　老头穿好鞋，跺跺脚，哈哈大笑着扬长而去。张良看着头也不回，连一声道谢都没有的老头的背影，正在纳闷，老头忽然转身又回来了。他对张良说："小伙子，我看你是块好材料，值得培养。这样吧，5天后的早上，你到这儿来等我。"张良深感玄妙，就诚恳地跪拜说："谢谢老先生，愿听先生指教。"
　　第5天一大早，张良就来到桥头，只见老头已经先在桥头等候。他见到张良，很生气地责备张良说："同老年人约会还迟到，这像什么话呢？"说完他就起身走出几步，又回头对张良说："过5天早上再会吧！"
　　张良有些懊悔，可也只有等5天后再来。
　　到了第5天，天刚蒙蒙亮，张良就来到了桥上，可没料到，老人又先他而到。看见张良，老头这回声色俱厉地责骂道："为什么又迟到呢？实在是太不像话了！"说完，十分生气地一甩手就走了。临了依然丢下一句话，"还是再过5天，你早早就来吧。"
　　张良惭愧不已。又过了5天，张良刚刚躺下睡了一会，还不到半夜，就摸黑赶到桥头，他不能再让老头生气了。过了一会儿，老头来了，见张良早已在桥头等候，他满脸高兴地说："年轻人就应该这样啊！"然后，老头从怀中掏出一本书来，交给张良说："读了这部书，就可以帮助君王治国平天下了。"说完，老头飘然而去，还没等张良回过神来，老头已没了踪影。
　　等到天亮，张良打开手中的书，他惊奇地发现自己得到的是《太公兵法》，这可是天下早已失传的极其珍贵的书呀，张良惊异不已。
　　从此以后，张良捧着《太公兵法》日夜攻读，勤奋钻研。后来真的成了大军事家，做了刘邦的得力助手，为汉王朝的建立，立下了卓著功勋，名噪一时。
　　张良能尊敬长者，宽容待人，至诚守信，做事勤勉，所以才能成就一番大事业。

요약

*쓰기 원고지는 411p에 있습니다.
절취하여 사용하세요.

STEP 1 > 큰 사건으로 대략적인 내용 기억하기

	큰 사건	대강의 내용
1	张良是谋臣。 장량은 책략가이다.	장량의 기본 정보는 숙지해야 한다. – 한 고조 유방의 책략가 – 젊었을 때의 일화가 있음
2	一天，他看到一个老头。 하루는 그가 한 명의 노인을 보았다.	사건의 발단으로 노인과 어떤 일이 있었는지 정리되어야 한다. – 다리 밑으로 신고 있던 신발을 던져 주워오라고 함 – 장량은 자신을 모욕한다 생각했지만 연장자라 시키는 대로 함 – 주워온 신발을 신겨달라고도 함 – 화가 났지만 신겨줌
3	老头离开的时候，说：…… 노인은 떠날 때 ~라고 말했다	어떤 말을 남겼고 그로 인해 어떤 일이 진행되는지 정리해야 한다. – 노인이 장량을 가르치고 싶다고 5일째 아침에 보자고 함 – 장량은 응낙함 – 5일째 아침에 장량은 지각해서 노인에게 혼남 – 다시 5일 뒤에 보자고 함 – 장량은 후회함
4	到了第5天， 5일째가 되어	두 번째 5일째 날에 일어난 일을 정리해야 한다. – 노인이 또 먼저 와 있음 – 노인은 또 장량을 꾸짖었고 5일 뒤에 다시 오라고 함 – 장량은 부끄러워 또 5일이 지났을 때는 한밤중에 나감 – 노인보다 일찍 도착함 – 노인은 장량을 칭찬하고 책을 한 권 줌
5	张良发现得到的书是《太公兵法》 장량은 얻은 책이 《태공병법》인 것을 발견함	장량이 어떤 책을 얻었고 이로 인해 사건이 어떻게 전개되었는지가 중요하다. – 《태공병법》은 이미 전해지지 않는 귀한 책이라 놀람 – 열심히 공부해서 대군사가가 됨 – 한 왕조를 설립하는 데 공을 세움 – 노인을 공경해 큰 일을 이루어낼 수 있었음

핵심어휘 张良 장량 | 老人 노인 | 鞋子 신발 | 捡回来 주워오다 | 帮他穿鞋 그를 도와 신을 신기다 | 生气 화 나다 | 值得培养 양성할 가치가 있다 | 5天后 5일 후 | 迟到 지각하다 | 责备 꾸짖다 | 帮助君王治国 국왕이 나라를 다스리는 것을 돕다 | 《太公兵法》《태공병법》| 日夜攻读 밤낮으로 공부하다 | 汉王朝 한 왕조 | 尊敬老人 노인을 공경하다 | 成就大事业 큰 일을 이루어내다

STEP 2 요약의 기술1- 처음

张良是汉高祖刘邦的重要谋臣，在他年轻时，曾有过这么一段故事。 장량은 한 고조 유방의 중요한 책략가이고, 그가 젊었을 때, 이러한 이야기가 있었다.	→ 张良是汉高祖刘邦的谋臣，在他年轻时，曾有过一段故事。 장량은 한 고조 유방의 책략가이고, 그가 젊을 때, 이야기가 하나 있었다.

단어 谋臣 móuchén 명 모사(謀士), 지혜가 뛰어난 신하

Point
1. 처음에 등장하는 주인공의 신분 설명을 위한 수식어는 기억하는 것이 좋다. '重要(중요한)'라는 강조 어휘만 제거했다.
2. 곧 나올 이야기이기 때문에 '这么(이러한)'는 제거해야 한다.

STEP 3 요약의 기술2- 중간 단락 1

那时的张良还只是一名很普通的青年。一天，他漫步来到一座桥上，看到桥头坐着一个衣衫破旧的老头。老头走到张良身边时，忽然脱下脚上的破鞋子丢到桥下，还对张良说：“去，把鞋给我捡回来！”张良觉得很奇怪，也很生气，觉得老头是在侮辱自己，真想上去揍他几下。可是他又看到老头年岁已高，只好忍着气走到桥下，给老头捡回了鞋子。谁知这老头得寸进尺，竟然把脚一伸，吩咐说：“给我穿上！”这更让张良觉得奇怪，简直是莫名其妙。尽管张良已经很生气，但他想了想，还是决定干脆帮忙就帮到底。于是，他还是跪下身来，帮老头将鞋子穿上了。 그때의 장량은 단지 한 명의 보통 청년이었다. 하루는, 그가 다리 위를 한가롭게 거닐다가, 다리 앞쪽에 앉아있는 허름한 옷을 입은 노인을 보았다. 노인은 장량 곁으로 와서, 갑자기 신고 있던 낡은 신발을 벗어서 다리 아래로 던지고 장량에게 말했다. "가서 신발을 주워오게나!" 장량은 의아하기도 했고, 화도 났다. 노인이 자신을 모욕하고 있다고 느껴져 정말 그를 몇 대 때리고 싶었으나, 그는 노인이 연세가 많다는 것을 보고는 화를 참고 다리 밑으로 가 노인에게 신발을 주워 돌려드렸다. 노인이 여기서 그치지 않을 줄 누가 알았겠는가? 그는 뜻밖에 발을 내밀고는 명령하며 말했다. "신기게나!" 이것은 장량을 더욱 의아하게 만들었고, 그야말로 영문을 알 수 없었다. 비록 장량은 이미 화가 났지만, 그는 잠시 생각하더니 그래도 이왕 도운 거 아예 끝까지 돕기로 결정했다. 그리하여, 그는 무릎을 꿇고, 노인에게 신발을 신겨주었다.	→ 一天，他看到桥头坐着一个老头。老头脱下鞋子丢到桥下，让张良去捡回来。张良觉得老头侮辱自己，可是他看到老头年纪很大了，只好忍着气给老头捡回了鞋子。谁知老头让张良帮他穿鞋。尽管张良很生气，但他还是帮老头将鞋子穿上了。 하루는 그가 다리 앞쪽에 앉아 있는 한 노인을 보았다. 노인은 신발을 벗어 다리 아래로 던지고는, 장량에게 주워오라고 시켰다. 장량은 노인이 자신을 모욕한다고 여겼지만, 그는 노인이 연세가 많은 것을 보고는 어쩔 수 없이 화를 참고 노인에게 신발을 주워 돌려드렸다. 노인이 장량에게 신발을 신기라고 할 줄 누가 알았겠는가? 장량은 화가 났지만, 그래도 노인에게 신발을 신겨주었다.

단어 漫步 mànbù 동 한가롭게 거닐다 | 衣衫 yīshān 명 의복, 옷 | 破旧 pòjiù 형 허름하다 | 侮辱 wǔrǔ 동 모욕하다 | 捡 jiǎn 동 줍다 | 揍 zòu 동 때리다 | 得寸进尺 décùn jìnchǐ 성 욕심이 한도 끝도 없다, 과하다 | 伸 shēn 동 (신체 일부를) 내밀다, 펴다 | 吩咐 fēnfù 동 분부하다, 명령하다 | 莫名其妙 mòmíng qímiào 성 영문을 알 수 없다 | 干脆 gāncuì 부 아예, 차라리 | 跪 guì 동 무릎을 꿇다

Point
1. 첫 문장의 장량이 보통 청년이라는 사실은 중요하지 않다.
2. 사건과 관련 없는 '漫步来到……(~를 한가롭게 거닐다)'라는 내용은 삭제해야 한다.
3. 노인이 허름한 옷을 입은 것은 내용에 영향을 끼치지 않기 때문에 삭제해도 좋다.
4. 주요 사건은 노인이 신발을 던져 장량에게 주워오라고 한 것과 주워 온 신발을 장량에게 신겨 달라고 한 것이다.
5. 불필요한 감정은 빼는 것이 맞지만, 노인이 황당한 일을 시켰다는 것을 설명하기 위해 이때 장량의 전체적인 기분인 '生气(화 났다)'는 들어가는 것이 좋다.

STEP 4 　 요약의 기술3- 중간 단락 2

老头穿好鞋，跺跺脚，哈哈大笑着扬长而去。张良看着头也不回，连一声道谢都没有的老头的背影，正在纳闷，老头忽然转身又回来了。他对张良说："小伙子，我看你是块好材料，值得培养。这样吧，5天后的早上，你到这儿来等我。"张良深感玄妙，就诚恳地跪拜说："谢谢老先生，愿听先生指教。"

第5天一大早，张良就来到桥头，只见老头已经先在桥头等候。他见到张良，很生气地责备张良说："同老年人约会还迟到，这像什么话呢？"说完他就起身走出几步，又回头对张良说："过5天早上再会吧！"

张良有些懊悔，可也只有等5天后再来。

노인은 신발을 신고, 발을 구르더니 '하하' 큰 소리로 웃으며 거들먹거리며 떠났다. 장량은 고개조차 돌리지 않고 한 마디의 고마움조차 말하지 않은 노인의 뒷모습을 바라보며 궁금해서 답답해 하고 있을 때, 노인은 갑자기 몸을 돌려 돌아왔다. 그는 장량에게 말했다. "젊은이, 내가 보기에 자네는 좋은 재목일세. 가르칠 필요가 있네. 이렇게 하세. 5일 후 아침에 여기서 나를 기다리게나." 장량은 알 수 없는 오묘함을 깊이 느껴 진심으로 무릎을 꿇고 간곡하게 말했다. "선생님 감사합니다. 선생님의 가르침을 꼭 듣고 싶습니다."

5일째 되던 아침에, 장량이 다리 앞에 오자 노인이 이미 먼저 다리 앞에서 기다리는 것이 보였다. 그는 장량을 보자, 화가 나 장량을 꾸짖으며 말했다. "노인과 약속을 했는데 지각을 하다니, 이게 말이 되는가?" 말이 끝나자 그는 몸을 일으켜 몇 걸음 걷더니, 고개를 돌려 장량에게 말했다. "5일 후에 다시 만나세!"

장량은 조금 후회가 되었지만 5일 후에 다시 오는 수밖에 없었다.

→

老头笑着离开了，又转身回来了。他对张良说："我看你是个人才，值得培养。5天后的早上，到这儿来等我。"张良答应了。第5天一大早，老头已经先在桥头等候。他见到张良，责备张良为什么迟到。说完，他对张良说："5天后再会吧！"张良有些懊悔。

노인은 웃으며 떠났다가, 다시 몸을 돌려 왔다. 그는 장량에게 말했다. "내가 보기에 자네는 인재라서 가르칠 필요가 있네. 5일 후 아침에 여기 와서 나를 기다리게나." 장량은 동의했다. 5일째 아침에, 노인은 이미 먼저 다리 앞에서 기다리고 있었다. 그는 장량을 보고, 왜 늦었냐며 꾸짖었다. 말이 끝나자, 그는 장량에게 말했다. "5일 후에 다시 만나세!" 장량은 조금 후회가 되었다.

단어 　 跺脚 duòjiǎo 동 (흥분·후회·분노 때문에) 발을 동동 구르다 | 扬长而去 yángcháng érqù 성 거들먹거리며 떠나다 | 纳闷 nàmèn 동 (궁금해서) 답답하다 | 玄妙 xuánmiào 명 오묘함 (* 深感玄妙 shēngǎn xuánmiào 오묘함을 깊이 느끼다) | 诚恳 chéngkěn 형 진실하다, 간절하다 | 跪拜 guìbài 동 무릎을 꿇고 엎드려 절하다 | 责备 zébèi 동 꾸짖다 | 懊悔 àohuǐ 동 후회하다

Point
1. 노인의 행동이 주가 되기 때문에 장량이 궁금해한 것은 중요하지 않으니 삭제해도 좋다.
2. 장량이 알 수 없는 오묘함을 느껴 노인에게 가르침을 꼭 듣고 싶다고 발한 내용은 결국 노인의 제안에 동의한 것이므로 간단하게 '答应(동의했다)'으로 정리하는 것이 좋다.
3. '5일째 아침'이라는 시간은 사건의 주요 시간 표현이므로 넣어야 한다.
4. 이 날의 주요 사건은 장량이 늦었다는 것과 노인이 꾸짖으며 다시 5일 뒤에 보자고 한 내용이다.
5. 이 날 장량이 '후회'라는 감정을 느낀 것은 뒤의 행동으로 자연스럽게 연결될 수 있게 남겨두는 것이 좋다.

STEP 5 요약의 기술4- 중간 단락 3

到了第5天，天刚蒙蒙亮，张良就来到了桥上，可没料到，老人又先他而到。看见张良，老头这回声色俱厉地责骂道："为什么又迟到呢？实在是太不像话了！"说完，十分生气地一甩手就走了。临了依然丢下一句话，"还是再过5天，你早早来吧。"张良惭愧不已。又过了5天，张良刚刚躺下睡了一会，还不到半夜，就摸黑赶到桥头，他不能再让老头生气了。过了一会儿，老头来了，见张良早已在桥头等候，他满脸高兴地说："年轻人就应该这样啊！"然后，老头从怀中掏出一本书来，交给张良说："读了这部书，就可以帮助君王治国平天下了。"说完，老头飘然而去，还没等张良回过神来，老头已没了踪影。

5일째가 되어 날이 막 밝아지려고 할 때, 장량은 바로 다리로 왔다. 하지만 생각지도 못하게 노인은 또 먼저 와 있었다. 장량을 보고 노인은 이번에는 무서운 표정으로 꾸짖으며 말했다. "왜 또 늦었는가? 정말 말이 안 되는 군!" 말이 끝나자, 매우 화를 내며 손을 앞뒤로 내저으며 떠나 버렸다. 마지막에는 여전히 한 마디를 남겼다. "다시 5일 지나서는 일찍 오게나." 장량은 몹시 부끄러웠다. 또 5일이 지났다. 장량은 막 누워서 잠깐 자고 한밤중이 되기도 전에 어둠을 뚫고 다리 앞으로 갔다. 그는 더 이상 노인을 화나게 할 수 없었다. 조금 지나자, 노인이 와서 장량이 이미 다리 앞에 와서 기다리는 것을 보고 기쁨으로 가득 찬 얼굴로 말했다. "젊은이라면 마땅히 이래야지!" 그리고 나서, 노인은 품 속에서 책 한 권을 꺼내 장량에게 건네주며 말했다. "이 책을 읽으면 국왕이 나라를 평안하게 다스리는 것을 도울 수 있을 걸세." 말이 끝나자 노인은 유유히 떠났고, 장량이 정신을 차리기도 전에 노인은 이미 종적을 감추었다.

→ 到了第5天，老人又早到了。老头责骂张良为什么又迟到了，让他5天后早点过来。张良感到很惭愧。又过了5天，还不到半夜，张良就赶到桥头。过了一会儿，老头见张良早到了，就称赞了他，然后，老头交给张良一本书，说："读了这部书，就可以帮助君王治国家了。"说完，老头离开了。

5일째가 되었는데, 노인은 또 일찍 도착했다. 노인은 장량이 어째서 또 늦었냐고 꾸짖었고, 그에게 5일 후에는 일찍 오라고 했다. 장량은 몹시 부끄러웠다. 또 5일이 지나, 한밤중이 되지도 않았는데, 장량은 다리 앞에 갔다. 조금 후에, 노인은 장량이 일찍 도착한 것을 보고, 그를 칭찬했다. 그런 후에, 노인은 장량에게 책 한 권을 주며 말했다. "이 책을 읽으면, 왕이 나라를 다스리는 것을 도울 수 있을 걸세." 말이 끝나자, 노인은 떠났다.

단어 蒙蒙亮 mēngmēngliàng 형 날이 밝아오다 | 不像话 búxiànghuà 형 말이 안 되다, 이치에 맞지 않다 | 料 liào 동 예상하다 (* 没料 méi liào 예상치 못했다) | 声色俱厉 shēngsè jùlì 성 목소리와 표정이 매우 엄하다 | 甩手 shuǎishǒu 동 손을 앞뒤로 내젓다 | 临了 línliǎo 부 마지막에 | 惭愧不已 cánkuì bùyǐ 매우 부끄러워하다 | 摸黑 mōhēi 동 어둠 속을 더듬다, 어둠을 뚫다 | 掏出 tāochū (주머니나 가방에서) 꺼내다 | 治国平天下 zhìguó píngtiānxià 성 나라를 잘 다스리고 온 세상을 편안하게 함 | 飘然而去 piāorán érqù 표연하게 떠나다, 훌쩍 떠나다 | 回神 huíshén 동 정신 차리다 | 踪影 zōngyǐng 명 행적, 종적

Point
1. 두 번째 5일 후의 주요 사건 역시 노인이 먼저 와 있었다는 것과 그를 꾸짖고 5일 후에 다시 보자고 한 내용이다.
2. 이때의 감정 역시 잘 정리해야 장량이 그 뒤에 한 행동이 이해되기 때문에 '惭愧(부끄럽다)'는 넣는 것이 좋다.
3. 세 번째 5일 후의 주요 사건은 후회하고 미안해 했던 장량이 더 이상 늦지 않기 위해 한밤중이 되기도 전에 먼저 나가서 노인보다 일찍 도착했고, 노인이 그를 칭찬했다는 내용이다.
4. 노인의 기쁨으로 가득 찬 얼굴은 결국 칭찬으로 이어지므로 중요하지 않다.
5. 책을 건네준 것과 국왕이 나라를 다스리는 것을 도우라는 내용은 중요한 사건이므로 반드시 정리해야 한다.
6. 노인이 '离开了(떠났다)'와 '没了踪影(종적을 감추었다)'은 같은 내용이므로 하나로 정리해야 한다.

STEP 6 ▶ 요약의 기술5- 끝

~~等到天亮,~~ 张良打开手中的书, 他惊奇地发现自己得到的是《太公兵法》, 这~~可是天下~~早已失传的~~极其珍贵的~~书~~呀~~, ~~张良惊异不已。~~

从此以后, 张良捧着《太公兵法》日夜攻读, ~~勤奋钻研。~~后来真的成了大军事家, ~~做了刘邦的得力助手,~~ 为汉王朝的建立, 立下了卓著功勋, ~~名噪一时。~~

张良能尊敬长者, ~~宽容待人, 至诚守信, 做事勤勉,~~ 所以才能成就~~一番~~大事业。

~~날이 밝자, 장량은 수중의 책을 펼쳐 보았다.~~ 그는 놀랍게도 자신이 얻은 것이 《태공병법》이라는 것을 알게 되었다. ~~이것은 세상에는~~ 이미 전해지지 않는 ~~아주~~ 진귀한 책이어서, 장량은 놀라움을 금치 못했다.

이때 이후부터 장량은 《태공병법》을 들고 밤낮으로 공부하고 ~~몰두해서 연구했다.~~ 후에 정말 대군사가가 되었고, ~~유방의 오른팔이 되어~~ 한 왕조의 건립을 위해 큰 공을 세워, ~~이름을 세상에 떨쳤다.~~

장량은 연장자를 공경하고, ~~관용을 베풀며, 진심으로 신용을 지킬~~ 줄 알았기 때문에 큰 일을 이루어낼 수 있었다.

→ 张良发现得到的书是早已失传的《太公兵法》, 他感到很惊讶。从此以后, 张良日夜学习这部书, 后来真的成了大军事家, 为汉王朝的建立, 做出了很大的贡献。张良能尊敬老人, 所以才能成就大事业。

장량은 얻은 책이 이미 전해지지 않는 《태공병법》이라는 것을 알게 외었고, 그는 놀랐다. 이때 이후부터, 장량은 밤낮으로 이 책을 공부했고, 후에 정말 대군사가가 되어, 한 왕조 건립을 위해 큰 공을 세웠다. 장량은 노인을 공경할 줄 알았기 때문에 큰 일을 이루어낼 수 있었다.

단어 惊奇 jīngqí [형] 놀라고 의아해 하다 (* 惊奇不已 jīngqí bùyǐ 놀라움을 금치 못하다) | 失传 shīchuán [동] 실전하다, 전해져 내려오지 않다 | 日夜攻读 rìyè gōngdú 밤낮으로 공부하다 | 勤奋钻研 qínfèn zuānyán 꾸준히 파고들어 연구하다 | 得力助手 délì zhùshǒu [명] 유능한 조수, 오른팔 [가장 중요한 역할을 맡아 돕는 이] | 卓著 zhuózhù [형] 탁월하다, 뛰어나다 (* 卓著功勋 zhuózhù gōngxūn 뛰어난 공훈) | 名噪一时 míngzào yìshí [성] 이름이 한때 세상에 널리 알려지다 | 至诚 zhìchéng [형] 정성이 지극하다 | 守信 shǒuxìn [동] 신의를 지키다 | 勤勉 qínmiǎn [형] 근면하다, 열심히 하다

Point
1. 끝부분의 첫 단락은 '장량이 얻은 것이 《태공병법》이라 놀랐다'가 핵심이다.
2. 《태공병법》이 이미 실전되어 진귀한 책이라는 것을 설명하기 위해 '이미 실전되었다'는 설명은 해야 한다.
3. '日夜攻读(밤낮으로 공부했다)'와 '勤奋钻研(몰두해서 연구했다)'은 같은 의미이므로 하나로 줄여야 한다.
4. 한 고조 유방의 오른팔이 되어 그를 도운 것은 한 왕조를 세우는 데 공을 세웠다는 내용에 포함되므로 삭제해도 좋다.
5. 장량이 큰 일을 이루어낼 수 있었던 성품 중에서 이 이야기에 부합되는 것은 노인을 공경한 것이기 때문에 나머지는 생략해도 괜찮다.

STEP 7 ▶ 제목 정하기

张良的故事 (장량의 이야기) / 尊敬老人的张良 (노인을 공경하는 장량)

Point
1. 장량이 주인공임을 파악해야 한다.
2. 제목은 주로 소재나 주인공을 활용하는 것이 좋다.
3. 글 전체가 장량의 젊었을 때의 일화이므로 '장량의 이야기'가 가장 간단하고 적절하다.
4. 장량의 성품을 나타내는 '尊敬老人(노인을 공경하다)'을 수식어로 써서 '尊敬老人的张良(노인을 공경하는 장량)'을 제목으로 해도 좋다.

*모범 요약은 해설서 163p에 있습니다.

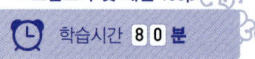

第1题：缩写。

（1）仔细阅读下面这篇文章，时间为10分钟，阅读时不能抄写、记录。
（2）10分钟后，监考会收回阅读材料。请将这篇文章缩写成一篇短文，字数为400字左右，时间为35分钟。
（3）标题自拟。只需复述文章内容，不需加入自己的观点。
（4）请把短文直接写在答题卡上。

　　钱斌做事总比别人费力。尽管他学习努力，但一直到初三，也没有弄清化学变化和物理变化的区别。整个高中期间，他都十分刻苦，成绩还算过得去，最后勉勉强强考进了一所师范大学。

　　后来，钱斌辛辛苦苦考取了硕士研究生。尽管他比任何一位同学都要勤奋，可别人读了三年就拿到了硕士学位，他却读了4年。之后，他又打算考博，连考三次才如愿以偿。在他就读的大学里，几乎所有的同学都认识他，不过并不是什么好名声。因为，他的博士开题报告做了23遍才通过！这真是"前无古人，后无来者"的记录。最后，他折腾了7年多才拿到博士毕业证书。

　　此时，钱斌已到了不惑之年。他曾经的同学大多已经事业有成，而他除了一纸文凭，什么也没有。可就是这样一个看似愚拙的人，却有一个惊人的梦想——上中央电视台的《百家讲坛》栏目，为全国观众讲授他最喜爱的科学巨著《梦溪笔谈》。

　　一次偶然的机会，钱斌认识了《百家讲坛》的一位编导马晓燕。马导告诉他："要想上《百家讲坛》，你得像主持人那样，在镜头前侃侃而谈。"这其实是委婉地拒绝了他。但是钱斌却当真了，此后，他开始练习演讲，还让妻子帮他录制演讲视频，他从中挑了几段比较满意的发给马导，马导看后忍俊不禁，连连摇头，可他还是没有放弃……

　　有一天，当马导看到它发来的第73份视频时，忽觉眼前一亮，那个曾经笨拙、滑稽的演讲者，如今已发生了脱胎换骨的变化。她对钱斌说："第一关你过了，但第二关难度要大得多，你必须得把《梦溪笔谈》讲得深入浅出，能让十二三岁的初中生听懂，并且乐意听。"对于一部科学巨著而言，讲深可能比较容易，但要讲得通俗易懂、生动有趣绝非易事。他想了一个办法：每写一段就读给同事的孩子听，如果他们听得津津有味，稿子就留下；如果他们听得迷迷糊糊，就重写。就这样，10讲的讲稿他总共修改了300多次。

终于有一天，钱斌收到了去北京试讲的邀请。站在令人眩晕的镁光灯下，面对黑乎乎的摄像机镜头时，他突然感觉有点儿紧张。不过，他很快就平静了下来，心想："我付出了那么多努力，做了那么充分的准备，还有什么可紧张的呢？"他一下子找回了之前练习时的感觉，开始滔滔不绝地演讲。观众们也听得异常入神。

　　下了讲坛，马导微笑着对他说："钱老师，麻烦您回去继续准备后面的演讲吧。"那一刻，钱斌知道，自己终于成功了。曾经被人认为愚拙的钱斌，如今成了中央电视台《百家讲坛》栏目的一位主讲人。钱斌这样评价自己："我是一只笨鸟，飞得不快，但如果不停地飞、拼命地飞，总有一天能找到属于自己的一片蓝天。"

PT 기출상식

月光族 yuèguāngzú 위에광주(월광족)
매월 받는 월급(月薪 yuèxīn)을 모두 다 써버리는(花光 huāguāng) 성향을 가진 중국의 젊은 세대를 일컫는 말로, 자신의 월급을 모두 쇼핑에 소비하고 예금통장의 잔고가 없으며 각종 회원카드가 지갑을 차지하는 것이 특징이다. 가장 강력한 소비성향을 보이는 세대이다.

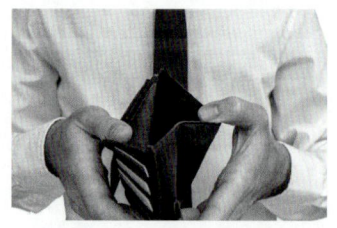

草莓族 cǎoméizú 차오메이주(딸기족)
보기에는 먹음직스럽고 예쁘지만 조금만 압력이 가해져도 쉽게 물러지는 (烂 làn) 딸기처럼 사회적 압력과 스트레스를 잘 견디지 못하고 쉽게 상처받으며 좌절하는 1980년대 이후 출생한 사람들(八零后 bālínghòu)을 가리킨다. 그들은 도전의식이 적고 쉽게 포기하는 특성을 가지고 있다.

低头族 dītóuzú 띠터우주(저두족)
휴대전화의 소지율이 높아지면서 머리를 숙여 스마트폰(智能手机 zhìnéng shǒujī)에 빠져 좀처럼 고개를 들지 않는 젊은 세대를 가리키는 말이다. 스마트폰을 사용하기 위해 엄지(拇指 mǔzhǐ)를 주로 쓰기 때문에 엄지족(拇指族 mǔzhǐzú)이라고도 불린다.

榴莲族 liúliánzú 리우롄주(두리안족)
껍질이 삐죽삐죽 하면서 딱딱하고(硬 yìng) 그 속은 구린(臭 chòu) 냄새가 나는 과육으로 되어 있는 과일, 두리안(榴莲 liúlián)처럼 직장 내에서 꽤나 경력이나 능력을 가지고 있지만 모나고 괴팍한 성격 때문에 가까이 하고 싶지 않은, 인간관계(人际关系 rénjì guānxì)에 문제가 있는 무리를 가리킨다.

Day 10 · 250자로 요약하기

Day 11 — 250자로 요약하기

Day 12 250자로 요약하기

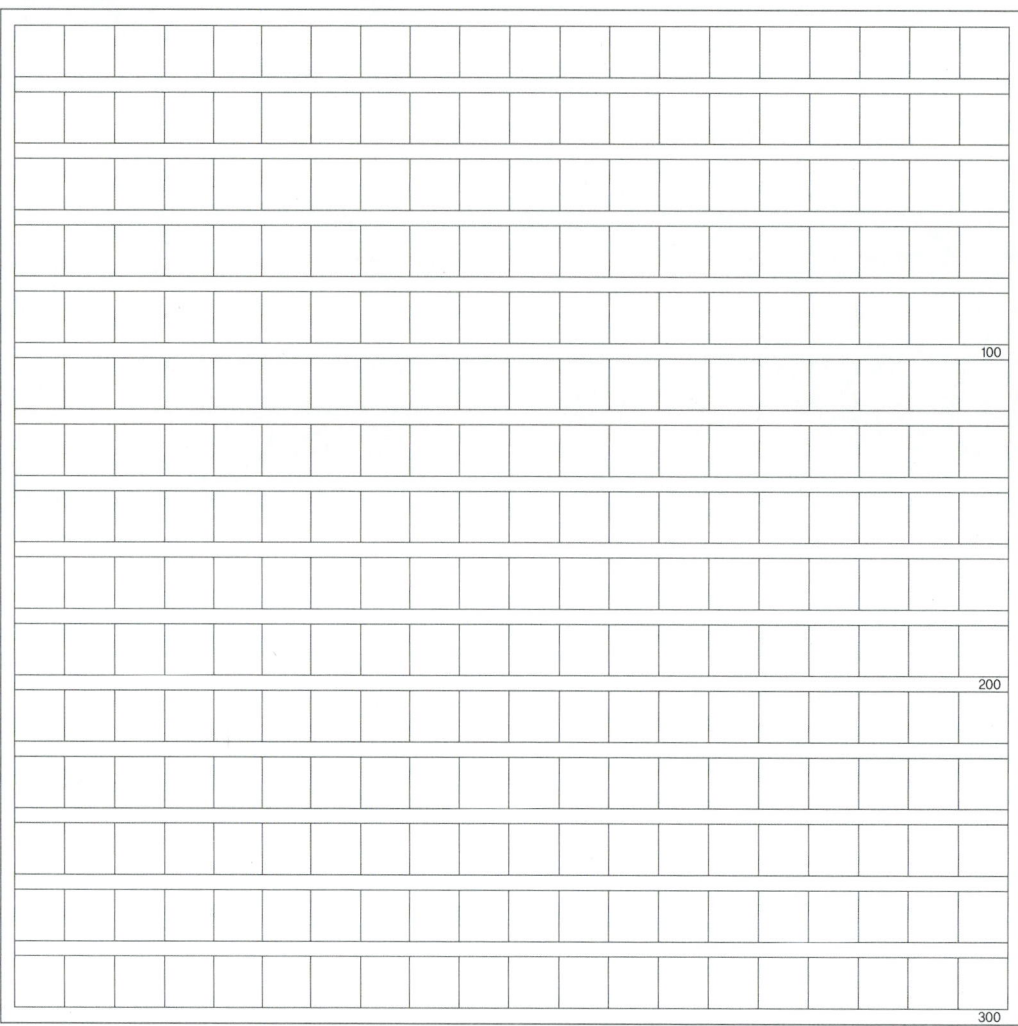

연습 PT 답안 원고지

Day 14 400자 내외로 요약하기

Day 15 — 400자 내외로 요약하기

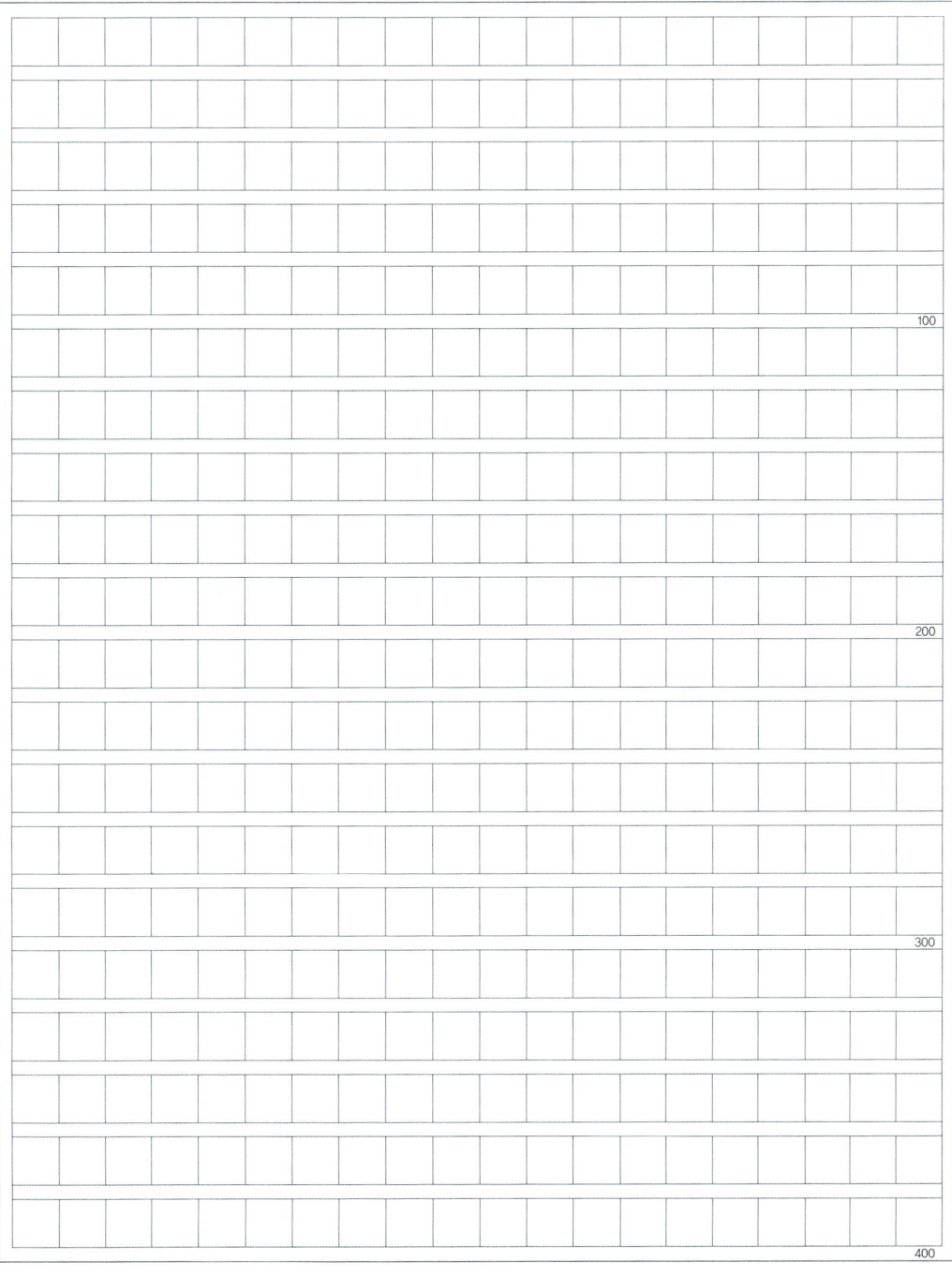

Day 16 — 400자 내외로 요약하기

500

Day 17 · 400자 내외로 요약하기

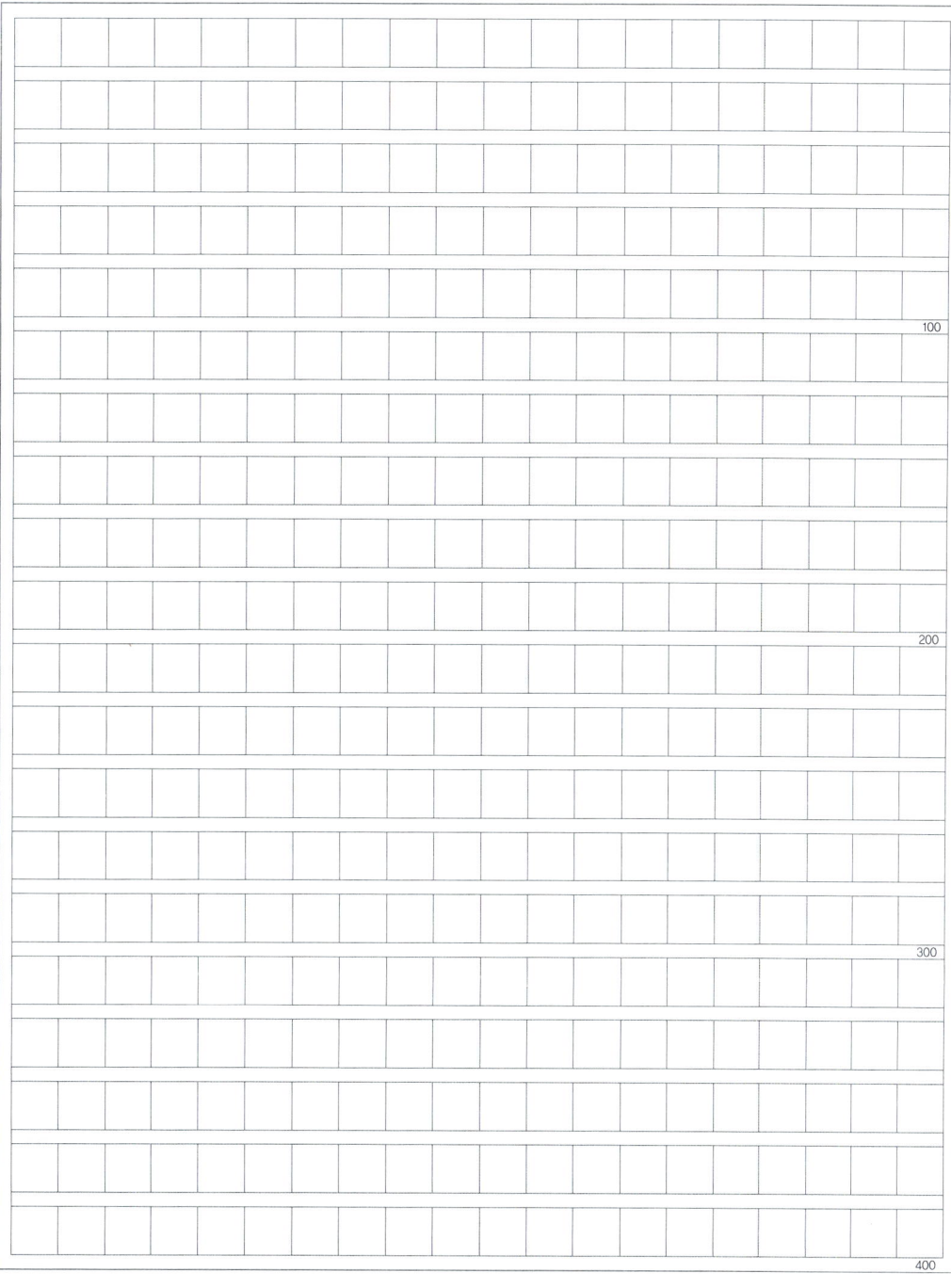

Day 20 — 400자 내외로 요약하기

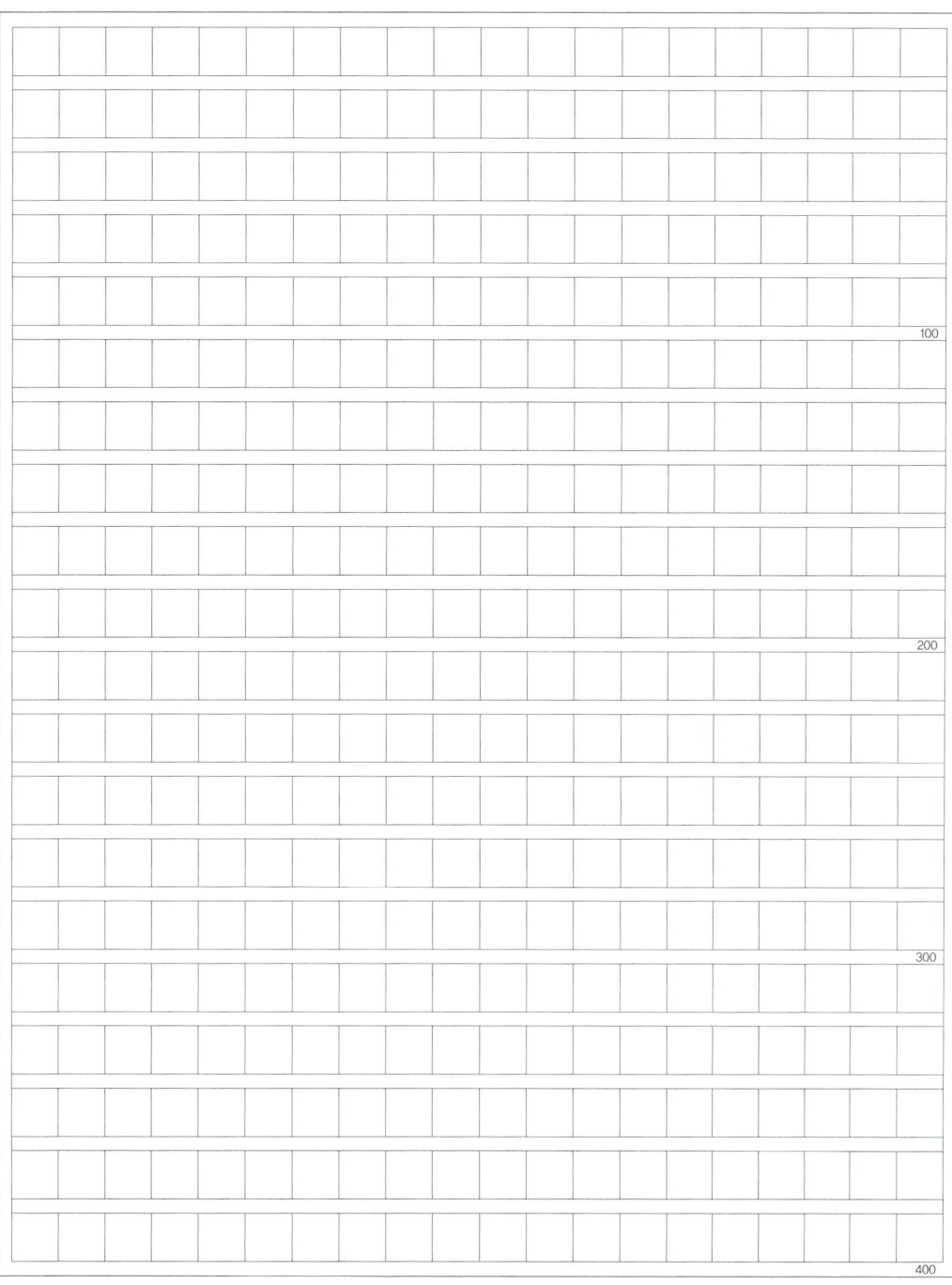

실전 PT 답안 원고지

Day 20 400자 내외로 요약하기

교재 후기 올리고, 외식 상품권 받자!
딱! 한권 新 HSK PT 합격후기 공모 이벤트

딱! 한권 新 HSK PT 로 공부하고, 합격의 기쁨을 누린 당신!
생생한 학습 후기를 HSK를 준비하는 수험생 여러분과 함께 공유해 주세요.

우수 후기를 선발하여 맛있는 애슐리 식사권 또는 스타벅스 커피 를 드립니다.

 ★이벤트 경품

 1등
애슐리 식사권
(1인 2매, 주말 사용 가능)
〈급수별 1명 (총 3명)〉

 2등
커피 모바일쿠폰
〈급수별 10명 (총 30명)〉

 ★참가방법

HSK 독학 카페(cafe.naver.com/chinasisastudy)에
딱! 한권 新 HSK PT 로 공부한 **합격 후기**를 올려주세요.
열.공.한 증거 사진과 **합격증**을 함께 올려주셔야 당첨 확률이 높아져요!

 ★당첨자 발표

[연 2회] **1차** 6월 말 / **2차** 12월 말 발표 예정

*이벤트 관련 자세한 내용은 HSK 독학 카페(cafe.naver.com/chinasisastudy)에서 확인하세요.

 혼자 공부하기 힘들 땐 카페로 모여라!

HSK합격에서 고득점 만렙까지 찍자!

▶ HSK 외 중국어와 관련된 다양한 정보와 학습 자료를 얻고, 카페 회원들과 자유롭게 정보도 주고 받는 시사중국어사의 공식 커뮤니티!
▶ 시사중국어사에서 나온 따끈한 신간 소식과 푸짐한 이벤트 소식을 얻어 가세요~

시사중국어사 중국어 독학 스터디 카페 http://cafe.naver.com/chinasisastudy

딱! 한권 新HSK PT 3급 4급 5급 6급

- 3급 김혜연 | 값 22,000원   4급 이주희 | 값 23,000원   5급 우선경 | 값 24,000원   6급 고강민 | 값 25,000원
- 구성 PT학습서 + 해설서 + 실전 모의고사 2세트 + PT어휘집 + MP3 무료 다운로드 + 20일 코칭 영상 무료제공

新HSK 대표강사의 정확한 경향 분석과 핵심 전략!
20일 완성으로 깔끔하게 끝내는 新HSK 합격의 길잡이!

★ 매일 듣기·독해·쓰기 모든 영역을 균형 있게 학습! ★
★ 어휘PT-전략PT-실전PT-마무리PT로 이어지는 탄탄한 학습 시스템! ★
★ 1:1 개인 트레이닝! 20일 코칭 강의 영상 무료 제공! ★

착! 붙는 新HSK 실전 모의고사 시리즈

북경어언대 출제 모의고사 시리즈!

- 1급 신한미(해설) | 값 15,000원
  본책(실전 모의고사 3세트)+해설집+MP3CD 1장+MP3무료다운
- 2급 김미숙(해설) | 값16,000원
  본책(실전 모의고사 3세트)+해설집+MP3CD 1장+MP3무료다운
- 3급 김미숙(해설) | 값 20,000원
  본책(실전 모의고사 6세트)+해설집+MP3CD 1장+MP3무료다운

新HSK 베테랑 강사의 날카로운 적중 문제!

- 4급 유효정 | 값15,500원
  문제집(실전 모의고사 6세트)+해석집+MP3CD 1장+MP3무료다운
- 5급 최선화 | 값16,000원
  문제집(실전 모의고사 6세트)+해석집+MP3CD 1장+MP3무료다운
- 6급 최명진·쉬시에시에 | 값16,500원
  문제집(실전 모의고사 6세트)+해석집+MP3CD 1장+MP3무료다운

체계적인 20일 코칭 시스템

新 HSK PT
퍼스널 트레이닝

고강민 저

실전 모의고사 6급

시사중국어사

실전 모의고사

제 1 회

新汉语水平考试
HSK（六级）
模拟试题（一）

注意

一、 HSK（六级）分三部分：

    1. 听力（50题，约35分钟）

    2. 阅读（50题，50分钟）

    3. 书写（1题，45分钟）

二、 听力结束后，有5分钟填写答题卡。

三、 全部考试约140分钟（含考生填写个人信息时间5分钟）。

一、听 力

第一部分

第1-15题：请选出与所听内容一致的一项。

1. A 手稿馆展品中包括书法作品
   B 上海图书馆无需预约
   C 上海图书馆面积不大
   D 手稿馆成立于2006年

2. A 常戴耳机有损听觉
   B 戴耳机唱歌容易跑调
   C 噪音会分散人的注意力
   D 大脑对声音不敏感

3. A 要学会独立思考
   B 读书要循序渐进
   C 要阅读经典书籍
   D 要总结失败经验

4. A 冬季应少吃冷饮
   B 腹痛患者不可久坐
   C 凉茶有利于增进食欲
   D 凉茶不能过量饮用

5. A 要勇于实践
   B 要懂得克服自身弱点
   C 要追求心灵享受
   D 做事前应深思熟虑

6. A 理想要符合实际
   B 梦想不是固定的
   C 不要害怕挫折
   D 要挖掘自己的潜力

7. A 小行星偏离了运行轨道
   B 肉眼无法看到火流星
   C 火流星百年一遇
   D 小行星没给地球带来危险

8. A 露水有助于农作物生长
   B 露水富含有机物
   C 露水非常容易蒸发
   D 露水采集难度大

9. A 舒缓的闹铃能使人放松
   B 睡眠不佳的人慎用闹铃
   C 长期听劲爆音乐有损听觉
   D 闹铃的音量不能太低

10. A 待人要宽容
    B 不要推卸责任
    C 遇到挫折不要退缩
    D 要避免犯相同的错误

11. A 规则具有强制性
    B 规则重在普遍实施
    C 交通法规有待完善
    D 制定规则前要做好调查

12. A 中国将重点推广民间文化
    B 中国文化历史悠久
    C 中国和世界处于文化交锋期
    D 中国文化的发展需要世界文化

13. A 工作态度很关键
    B 要与同事和睦相处
    C 职场中说话技巧很重要
    D 工作中要少说话多做事

14. A 管理者要多与员工沟通
    B 员工的价值需时间检验
    C 员工需要更多的自主权
    D 管理者是企业发展的关键

15. A 顾客青睐大型商场
    B 商场布置要科学
    C 店员的态度要好
    D 商场要定期举行促销活动

第二部分

第 16-30 题：请选出正确答案。

16. A 与人缺乏情感联系
    B 是未来的趋势
    C 是现代文明的标志
    D 建造难度太大

17. A 有生命感
    B 阳台朝向一致
    C 露台面积较小
    D 是纪念碑式建筑

18. A 宗法制度
    B 实用主义
    C 公平性
    D 群体性

19. A 推崇节能材料
    B 存在诸多争议
    C 属于西方建筑风格
    D 倡导回归自然

20. A 人对自身意义的思考
    B 摆脱束缚
    C 与时俱进
    D 满足人的需求

21. A 鉴定文物真假
    B 判断破损程度
    C 学会复制
    D 测定文物年代

22. A 饮酒器皿
    B 军事器械
    C 祭祀礼器
    D 烹饪用具

23. A 寓意美好
    B 升值潜力大
    C 观赏性强
    D 保护文物

24. A 想提升鉴赏水平的
    B 业余时间多的
    C 懂雕刻艺术的
    D 有一定财力的

25. A 曾是大学教授
    B 出版过专著
    C 父亲是文物局局长
    D 在农业博物馆工作

26. A 极易受伤
    B 需有人监督
    C 特别有趣
    D 能磨练意志

27. A 收藏理论
    B 材质
    C 史料
    D 实际价值

28. A 宗教色彩浓厚
    B 更侧重微观
    C 不够深入
    D 值得中国借鉴

29. A 多参加拍卖会
    B 结合自己的财力
    C 听取学者的意见
    D 扩充文化储备

30. A 已经退休
    B 中年时开始学中国画
    C 实践经验不足
    D 以玺印鉴定研究为重点

第三部分

第 31-50 题：请选出正确答案。

31. A 征收重税
    B 扩展领土
    C 废除文官制
    D 建造宫殿

32. A 说服了皇帝
    B 负责防守边疆
    C 擅长辩论
    D 重视农业发展

33. A 白面书生的来历
    B 南北朝的土地政策
    C 古代的礼节
    D 南北朝的文艺思想

34. A 戴了发出噪音的耳机
    B 吃的食物更油腻
    C 食欲不佳
    D 年纪更大

35. A 人呼吸不畅
    B 食物保质期变短
    C 大脑反应变慢
    D 气味分子不够活跃

36. A 在飞机上用餐对胃不好
    B 甜食比咸食更能刺激味觉
    C 常坐飞机有损听觉
    D 在机舱内味蕾的敏感度不高

37. A 作者的自传
    B 旅行家的梦想
    C 漫画历史
    D 养蜂人的故事

38. A 那本书发行一周年之日
    B 作者生日当天
    C 1984年年底
    D 书的销量达200万册时

39. A 赢得了大奖
    B 无配图
    C 富有创意
    D 有500页

40. A 种树步骤
    B 施肥方法
    C 浇水时间
    D 挖坑技巧

41. A 污染土壤
    B 使树根萎缩
    C 影响周围植物生长
    D 不利于植物吸收阳光

42. A 民以食为天
    B 不要以貌取人
    C 不努力就能得到
    D 独立性需从小培养

43. A 要扬长避短
    B 要居安思危
    C 有追求才有动力
    D 不要被挫折打败

44. A 向奥运冠军致敬
    B 庆祝张家口体育馆建成
    C 纪念北京申办冬奥会成功
    D 号召全民健身

45. A 以红色为主色调
    B 以长城为衬托
    C 立体感十足
    D 极其复杂

46. A 由张家口邮局负责
    B 日期多次更改
    C 整个流程严格保密
    D 前期并未宣传

47. A 全套邮票共20枚
    B 这套邮票仅限在网上购买
    C 每人限购一枚邮票
    D 首批邮票已开售

48. A 手腕上有伤
    B 耐力不好
    C 做了想象锻炼
    D 在健身房完成的试验

49. A 运动员更易得肌肉萎缩症
    B 遗传因素决定肌肉的强健度
    C 肌肉太强健对健康有害
    D 身体与大脑的连接非常紧密

50. A 试验持续了8周
    B 第二组参与者身体状况更好
    C 静坐能够修身养性
    D 想象锻炼可用于医学治疗

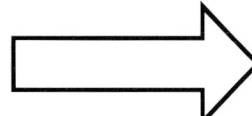

二、阅读

第一部分

第 51-60 题：请选出有语病的一项。

51. A 石库门是最具上海特色的居民住宅。
    B 声波在沿直线传播时，既然碰到障碍，就会反射回来，形成回声。
    C 秋千起源于几十万年前的上古时代。
    D 1873年成立的轮船招商局，发行了中国最早的股票。

52. A 互联网为人们带来便利的同时，也侵蚀着人们面对面交流的能力。
    B 绿草如茵的草原上有一条细细的河流，远远望去，仿佛一条银项链。
    C 这首歌一下子勾起了他针对童年的回忆。
    D 中国复杂多样的气候使得多种农作物都能在这里找到适宜生长的地方。

53. A 指甲能保护末节指腹免受损伤，增强手指触觉的敏感性。
    B 在化工生产所用的固体原料和煤炭中，常需粉碎到一定粒径。
    C 活动临近尾声，来参观的人也渐渐散去。
    D 保持童心是维持快乐的一种手段。

54. A 如何将以生漆为底层的艳丽的秦俑彩绘保留下来成为当务之急。
    B 陡峭的山峰和高原融雪河导致了七彩瀑布群这一旷世奇观。
    C 梁山伯与祝英台的凄美爱情故事，在中国可谓家喻户晓。
    D 夜深人静，想起白天发生的一连串事情，我怎么也睡不着。

55. A 她用优美的语言、感人的情愫，表达了自己对美好生活的渴望。
    B 演出即将开始，正在井然有序地排队入场。
    C 升级改造后的北戴河火车站已经成为当地的地标性建筑。
    D 接受一种理念很容易，培养一个习惯却很难。

56. A 夏季是肠道疾病的高发季节，因此，我们要更加注意饮食卫生。
    B 世界上第一次关于哈雷彗星的确切记录见于《春秋》。
    C 云片糕是江苏、广东潮州等地有名的糕点，按照片薄、色白而得名。
    D 痛苦并不总是代表着"摧毁"，它同样能赋予一个人新生。

57. A 作为铁观音、乌龙茶的发源地，泉州市安溪县素有"中国茶都"之美誉。
    B 在古代，道路上大约隔10里设一个长亭，5里设一个短亭，以供人休息。
    C 虽然我只去过一次玄武湖，但它却在我梦中出现了千百次。
    D 他的这一举动引来了使很多人的关注。

58. A 私塾是中国古代私人创办的学校，一般规模不大，多用《三字经》、《千字文》等作课本进行教学。
    B 所谓人的自我实现，不过是在实现人生的意义。因此，实现了人生的意义也就实现了人的自我。
    C 看着今天上证指数3.11%的涨幅，让很多人目瞪口呆，很多人没有想到今日指数这么强势。
    D 火药气与新年，在我的感觉上有不可分离的联系。直到现在，偶尔闻到火药气的时候，我还能立刻联想到新年及儿时的欢乐呢。

59. A 艰苦的外在环境往往能给我们带来机会，让我们超越自己，从而得到精神上的成长。
    B 华山因险峻、雄伟而名冠天下，道路蜿蜒曲折，处处是悬崖绝壁，所以人们常用"自古华山一条道"来形容其险要之势。
    C 曹操的性格具有双重性，他的雄才大略和奸诈凶狠对任何一个扮演他的演员来说都很有挑战性。
    D 莲花是有花植物中最古老的一种，目前已知最早的莲叶化石距今将近已有一亿多年的历史。

60. A 新购置的家具最好不要置于暖气片附近，更不要放在阳光下暴晒，以防止家具因木材含水率变化过大而变形。
    B 岱庙是历代皇帝举行大典、祭祀山神的地方，与北京故宫、曲阜孔庙一起被誉为中国三大宫殿式建筑之一。
    C 人的一生路程很长，稍不留神就有可能摔倒，我们无法排除一切摔倒的可能性，但必须要有重新站起来的勇气。
    D 手上如果沾上了油漆，不妨涂抹一些奶油，用干布擦拭后，再用香皂洗手，这样就能把油漆弄掉。

第二部分

第 61-70 题：选词填空。

61. 新闻直播的＿＿＿同步性决定了其播出时间的不可预见性。新闻事件最终的＿＿＿如何，连记者也无法预测。而这种终极＿＿＿也会使观众产生一种紧张的期待感。

    A 现象　　局面　　疑问　　　　B 现状　　全局　　谜语
    C 现实　　结论　　疑惑　　　　D 现场　　结局　　悬念

62. 当我们竭尽全力按照自己的远大＿＿＿缔造我们的未来时，结果却发现，我们竟然在＿＿＿中，创造出了与我们一直为之＿＿＿的东西截然相反的结果。谁还能想象得出比这更大的悲剧吗？

    A 梦想　　无能为力　　斗争　　B 信仰　　不可思议　　搏斗
    C 理想　　不知不觉　　奋斗　　D 信念　　莫名其妙　　战斗

63. 一位植物学家曾把不同时间开放的花放在一起，把花圃＿＿＿得像钟面一样，组成花的"时钟"。这些花在24小时内＿＿＿开放。你只要看看刚刚开放的是什么花，就知道现在＿＿＿是几点钟，这是不是很有趣？

    A 维修　　顿时　　大约　　　　B 修建　　陆续　　大致
    C 修复　　一向　　终究　　　　D 装修　　一贯　　暂且

64. 奠基者效应是指生物种群中的少数＿＿＿迁至别处，在与原种群隔离的情况下＿＿＿生息，导致后代群体虽然不断扩大，但整个种群的多样性却逐渐降低的一种＿＿＿。在这种情况下，种群后代对环境的适应性会变差，容易被自然＿＿＿。

    A 团体　　繁殖　　模式　　取缔　　B 个体　　繁衍　　现象　　淘汰
    C 成员　　生育　　形态　　消灭　　D 伙伴　　生存　　情形　　废除

65. 冰灯的起源与人们的生活＿＿＿相关。相传，古时候，北方人为了＿＿＿照明用具的不足，便用水桶盛水，将其＿＿＿成冰块儿，再把冰块儿中心掏空，放入油灯，这样能防止火被风吹灭。后来，有人在新春佳节或元宵之夜，在门前摆放冰灯来增添节日＿＿＿。随着时间的推移，冰灯渐渐变成了观赏品。

    A 周密　　补充　　烫　　光彩　　B 严密　　补贴　　晒　　风气
    C 密切　　弥补　　冻　　气氛　　D 亲密　　补偿　　晾　　趣味

66. 图解电影是一种 ____ 于网络的观影方式。网友将电影中的一些画面截成 ____ 张图片，并在每张图上配以文字说明，然后 ____ 到网上。这种通过几十张图片即可讲述一 ____ 电影主要剧情的展现方式，深受网友喜爱。

A 流通　　其余　　公布　　套
B 流行　　若干　　发布　　部
C 流传　　任何　　发行　　幅
D 传播　　各自　　运行　　项

67. 近地小行星因运行轨道与地球的运行轨道 ____，所以可能会带来撞击地球的危险。据观测 ____ 显示，目前可能存在成千上万个 ____ 大于1000米的近地小行星。它们 ____ 撞击地球，将会带来毁灭性的灾害。

A 接近　　纪要　　比例　　假如
B 垂直　　资料　　角度　　除非
C 相交　　数据　　直径　　一旦
D 平行　　记录　　重量　　哪怕

68. 当握住一个生鸡蛋时，无论你怎样用力都捏不碎它。蛋壳之所以能 ____ 这么大的压力，是因为它能够把受到的压力均匀地 ____ 到蛋壳的各个部分。建筑师由此得到 ____，设计出了许多既 ____ 又省料的建筑物。

A 负担　　分解　　示意　　牢固
B 承担　　扩散　　启蒙　　坚定
C 承受　　分散　　启发　　坚固
D 遭受　　解散　　启示　　坚强

69. 滑草是一项十分 ____ 的运动。它和滑雪一样，能给运动者带来动感和刺激，____ 是对于少雪地区的人们来说，就显得更新鲜了。滑草场的场地一般都比较大，而且，滑草场会根据运动者的熟练 ____ 划分不同的区域，让人由浅入深地 ____ 各种技巧。

A 时髦　　简直　　角度　　领悟
B 时尚　　过于　　密度　　领会
C 前卫　　尤其　　程度　　掌握
D 先进　　格外　　宽度　　把握

70. 曲面屏幕是 ____ 手机屏幕发展的一个方向。相对于直面屏幕，曲面屏幕有很多优点，比如，它 ____ 更好的立体效果，而且采用特殊的塑料制作而成，____ 更好、不易破碎。另外，微妙的曲线能使坐在旁边的人无法看到手机屏幕上 ____ 内容，这便有效 ____ 了信息的私密性。

A 当代　　储存　　元素　　识别　　拥护
B 未来　　具备　　弹性　　显示　　保障
C 起初　　包含　　比例　　曝光　　抵抗
D 昔日　　蕴藏　　款式　　扩散　　防御

第三部分

第 71-80 题：选句填空。

71-75.

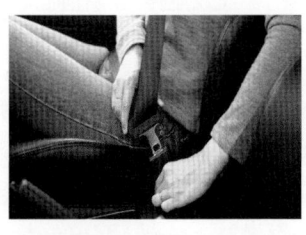

作为汽车内的基本安全保障设备，安全带的主要功能是当事故发生时，固定驾驶员和乘员的位置，减少人体因与汽车碰撞而造成的伤害，从而大大降低人们在交通事故中的伤亡率。据专业人士介绍，发生碰撞事故时，（71）＿＿＿＿＿＿，再加上安全气囊，保护作用就可达到95%。而如果没有安全带，安全气囊这5%的作用也很难保证。安全带自面世以来，挽救了无数人的生命。因此，每个人都要提高安全意识，（72）＿＿＿＿＿＿。

不过，安全带必须正确使用，否则其作用会大打折扣。第一，要经常检查安全带，（73）＿＿＿＿＿＿，应立即更换。第二，在使用三点式腰部安全带时，应尽可能把它系在髋部，不要系在腰部；（74）＿＿＿＿＿＿，别放在胳膊下面。第三，不要让安全带压在坚硬或者易碎的物体上，如口袋内的手机、眼镜、钢笔等。第四，座椅背部不可过于倾斜，否则会使安全带无法正常伸长或收缩，影响使用效果。最后（75）＿＿＿＿＿＿，严禁双人使用。

A 安全带所起到的保护作用能达到90%
B 肩部安全带应斜跨胸前
C 一旦发现有损坏
D 一个安全带仅限一个人使用
E 养成上车即系安全带的好习惯

76-80.

北京大观园是一张有着传统文化特色的京城名片。

大观园是一座再现中国古典文学名著《红楼梦》中"大观园"景观的仿古园林。（76）_____，红学家、建筑家、园林学家和历史专家共同商讨，按照书中的描述，采用中国古典建筑的技法和传统的造园艺术手法建造了此园。园中的建筑、山形水系、植物造景、小品点缀等，（77）_____。

红学界认为大观园实现了《红楼梦》的梦外梦，（78）_____；建筑界认为它把红楼学术、古典建筑技法、传统造园艺术三者融为一体；园林学家认为它为中国园林界增加了"名著园"的新内容；文物界认为它是红楼文化艺术博物馆，也是百年后的真文物。总之，（79）_____。

大观园现已成为集古典园林外观、红楼文化内涵、博物馆功能于一身的旅游场所。每年农历正月初一至初六，（80）_____。其内容包括文艺演出、民间花会、风味小吃等。其中，"元妃省亲"古装巡游是大观园庙会的传统项目。每年农历八月十五这里还会举办"北京大观园'中秋之夜'"，这是京城中秋活动的传统品牌项目。

A 均力图忠实于原著

B 这里都要举办"红楼庙会"

C 1984年为拍摄电视剧《红楼梦》

D 是展示红楼文化的园林

E 大观园的艺术魅力和价值得到了社会的认可

第四部分

第 81-100 题：请选出正确答案。

81-84.

最近，一家面包店新推出的一款甜甜圈风靡了整座城市。该面包店每天只做200个这种甜甜圈，且限定每位顾客一次最多只能购买两个。与此同时，他们还在网上向顾客传授抢购"秘籍"，建议他们在面包店开门前两个小时就去排队。

有些人认为，面包店的做法会让顾客在排队中失去耐心，最终放弃购买。然而出乎意料的是，大多数人表示对排队并不反感。

为什么人们会有这种看似有违常理的消费行为呢？

心理学家对此做出了解释，他们将<u>这种行为</u>称做"自我传递信号"，也就是说，人们倾向于通过自身的行为来进行自我认知。面包店发出限购的消息，并在网站上发布秘籍来鼓励顾客排队，进而使排队抢购甜甜圈成为一种潮流，而顾客希望通过排队抢购这种行为来证明自己是紧跟潮流的人。

关于自我传递信号，心理学上有这样一个实验：心理学家先让参与者将自己的胳膊浸泡在冰水里，直至忍受不了为止。然后再进行第二阶段的冰水任务。

第一阶段之后，心理学家告诉部分参与者高耐痛是心脏健康的标志。得知这一信息的参与者在进行第二阶段的任务时，都会坚持把胳膊在冰水里泡上更长时间。与此同时，其他参与者则被告知低耐痛是心脏健康的标志。结果可想而知，这些参与者在第二阶段中将胳膊泡在冰水中的时间明显减少了很多。

显然，当参与者得知胳膊泡在冰水里的时间长短与健康的关系后，就主动延长或缩短了在冰水里的时间，想以此来暗示自己是健康的。这就是自我传递信号现象。

面包店所采用的营销方式正是运用了这个原理，让消费者在等待中获得了自我认同。手机预订机制也是如此，顾客不断向自身传递"我是最前沿的科技迷"这一信号，从而使等待这一过程变得心甘情愿。

81. 那家面包店：
    - A 一天仅做200个甜甜圈
    - B 开设了多家分店
    - C 只在网上销售新品
    - D 常举行促销活动

82. 第4段中的画线部分"这种行为"指的是什么？
    - A 顾客投诉增多
    - B 顾客排队抢购甜甜圈
    - C 面包店缩短营业时间
    - D 面包店调整甜甜圈价格

83. 在实验的第二阶段，在冰水中坚持更长时间的参与者：
    - A 腹部出现了不适
    - B 以为高耐痛代表心脏健康
    - C 赢得了更多的报酬
    - D 没有得到提示

84. 关于手机预订机制，下列哪项正确？
  A 只适用于知名品牌　　　　　　　B 易打消顾客的积极性
  C 利用了自我传递信号原理　　　　D 目的不在于盈利

85-88.
你可能已经注意到，大多数人习惯于用右手写字、拿筷子，大多数人的右手比左手灵活。如果不是的话，我们常称他们为"左撇子"。

为什么右手比左手灵活呢？这不仅仅是习惯上的原因，而且与人脑左右两半球的功能分工有关。科学研究表明，人的大脑两半球各部位的功能是不尽相同的，而且有分工。总体上讲，左半球负责人的右半身的动作；而右脑则负责左半身的动作。具体来讲，左脑是"文学脑"，主要处理人的语言和与之相关的读、写、听、说以及计算等活动，具有理解、分析、判断等抽象思维功能，有理性和逻辑性的特点，所以又称为"理性脑"；而右脑被称为"图像脑"对记忆图形、把握空间、音乐、美术、技术等方面有较大优越性，因为它有感性和直观的特点，所以又被称为"感性脑"。

由于人们的大量思维活动更多地集中在左脑，左脑的使用频率较高。因此，右手、右眼作为左脑支配的对象，相对来说比左手、左眼使用较多。懂得了这个道理，我们就能明白为什么"右撇子"多、"左撇子"少了。

对一般人来说，右手该比左手灵活。不过，如果你是个左撇子，也不要因此而烦恼。科学家们的一些研究结果表明，左撇子对于开发人的右脑大有益处。因为在3岁以前，活跃的主要是右脑，然而在我们成长过程中，对左脑使用得越来越多，而右脑却使用得越来越少，再加上左脑式的应试教育使右脑功能长期被压抑并逐渐进入沉睡状态，因而右脑所特有的想象力、创造力、超高速记忆能力和灵感等这些成为天才的能力就没有得到发展的机会。所以要想培养真正的精英人才甚至天才，就得要把拥有巨大潜能而又处于沉睡状态的右脑开发和利用起来！

85. 关于左脑，下列哪项正确？
  A 反应比右脑快　　　　　　　　　B 负责左半身的动作
  C 又被称为"图像脑"　　　　　　　D 主要处理与语言相关的活动

86. 一般人右手比左手灵活，是因为：
  A 左脑使用频率高　　　　　　　　B 右手不依赖于左脑
  C 右手的触觉更灵敏　　　　　　　D 右脑得到了更充分的开发

87. 根据上文，下列哪项正确？
  A 左脑具有直观性　　　　　　　　B "左撇子"占少数
  C 右脑思维更适合应试教育　　　　D 右眼一般比左眼视力更好

88. 最适合做上文标题的是：
  A 人脑的分工　　　　　　　　　　B 告别"左撇子"
  C 怎样开发你的大脑　　　　　　　D 怎样训练你的左脑

89-92.

湛蓝的海洋上面也会长出森林，这种景象一般只有在科幻片里才能看到。其实，现实中真的存在海上森林，那就是红树林！

红树林中的植物生长于陆地与海洋交界带的滩涂上。每当潮水上涨，它们的躯干大半儿淹没于水中，只有郁郁葱葱的树冠露在水面。退潮后，那千姿百态的身躯又显露出来。

红树林中的植物叶子比一般陆生植物的叶子厚很多，因为这样的叶子可以防止水分过度蒸发。叶子的表层还长有一层蜡膜，这使得浓度较高的咸水不易渗透到植物内部。此外，它们的叶子还能通过自身叶片中的排盐线把盐分排出体外，使自己免受高盐带来的痛苦。

覆盖在滩涂上的层层红树林植物的落叶，再加上海水退潮后留下的大量的浮游生物和沉淀物质，为一些海洋生物的生存繁衍提供了一定的环境。纵横交错的树根，则是海洋生物躲避风浪和安心睡觉的好地方。发达的潮沟和充足的食物使这里成了鱼、虾和蟹等海洋生物的"育儿所"。

红树林中茂密高大的枝体可以有效地抵御风浪对沿岸建筑物的侵袭，盘根错节的根系能滞留住陆地上的沙土、减少近岸水域的含沙量。可以说，红树林是名副其实的"海岸卫士"。

然而，由于围海造田工程和海产品养殖业的发展，红树林遭大量砍伐。这样一来，人类造出的田地就无法抵御海浪的侵蚀，而且，海洋中的浮游生物不断减少，海水养殖也受到了重创。所幸的是，人类如今已经意识到了这一点，建立起了红树林保护区，以维持生态系统的平衡。

89. 关于红树林的生长地，可以知道什么？
    A 土质比较硬　　　　　　　B 有涨潮现象
    C 气候炎热　　　　　　　　D 海拔很高

90. 红树林中植物的叶子有什么作用？
    A 分解毒素　　　　　　　　B 防止水分过度蒸发
    C 抵御紫外线　　　　　　　D 贮存盐分

91. 红树林：
    A 能抵御风浪　　　　　　　B 树木含盐量大
    C 树木根系不发达　　　　　D 能够消除噪音

92. 根据上文，下列哪项正确？
    A 红树林对浮游生物造成了威胁　　B 海产品养殖业很不景气
    C 围海造田工程造福人类　　　　　D 红树林曾遭砍伐

93-96.

东晋初年，宰相王导的兄弟王旷有个爱子，叫王羲之。他从小受到父亲舞文弄墨、爱好书法的熏陶，也喜欢上了书法。十几岁时，常在父亲书房里翻弄前人的书迹、碑帖。王旷见儿子如此心诚，就以一本《笔说》为教材，教他笔法、笔势、笔意。过不了多久，王羲之的书法已打下了很好的基础。后来，王羲之的书法出了名，许多人都以得到他的字为荣，连京城里的大官、地方上的豪富都争相求他的墨宝。

王羲之也做过官，当过刺史、右军将军、会稽内史。当时人们爱称他为"王右军"。四十多岁时，因为和上司意见不合，辞去了会稽地方官的职务。从此他经常游山玩水、吟诗会友，并有了更多的时间来潜心于书法艺术。这以后，王羲之书法的造诣达到了登峰造极的地步。

有一年春天，王羲之请了许多宾客，来到会稽兰渚山麓的兰亭聚会。王羲之提议来一次传统的"曲水流觞"助兴，得到了众人的赞同。于是，大伙来到一条弯曲的小溪边，每个人各自找到溪旁的石头坐下。王羲之命书童在小溪的上流将几只装满酒的觞，放在一个木盘里，然后让盘子顺着小溪流向下游。当盘子流经哪个人身边时，那个人就得赶快作一首诗，作不出诗，就得罚酒三杯。这一场"曲水流觞"的游戏进行得十分尽兴，结果做出了二三十首好诗。为纪念这次聚会，大家提议把这些诗编成一册集子，取名《兰亭集》，并公推王羲之写一个序。王羲之也不推辞，命书童在兰亭摆下笔墨。在众人的簇拥下，他环顾崇山峻岭、松林竹园、溪水瀑布，不由得心绪万千。过一会，序的腹稿已在胸中打好，王羲之在书案前盘腿坐下，拿起毛笔，在纸上飞笔一挥而就。被誉为"天下第一行书"的325个字的《兰亭集序》，就在这会稽群山中诞生了。可惜这"天下第一行书"的真迹已经失传，只留下来一些古人的临摹本。

93. 关于王羲之可以知道：
    A 父亲是宰相 B 一生怀才不遇
    C 从小就热爱书法 D 是《笔说》的作者

94. 王羲之为什么辞官？
    A 薪水太少 B 受到同事排挤
    C 工作强度太大 D 和领导看法不一致

95. "登峰造极"的意思最可能是：
    A 非常专心 B 具有冒险精神
    C 受到很多人的关注 D 水平达到了很高的境界

96. 关于《兰亭集序》，下列哪项正确？
    A 只完成了一部分 B 是王羲之的个人诗集
    C 现在只有一些临摹本 D 是王羲之醉酒之后完成的

97-100.

改革开放30多年来，中国正在从全球最大的外资引进国，逐渐转变为资本输出国。

中国商务部部长助理张向晨近期表示："中国现在已经是一个资本输出国，并即将成为一个资本净输出国。中国对外投资的金额超过吸引外资的金额，只是一个时间问题。"9月16日，商务部发言人沈丹阳也指出：2015年中国的对外投资规模可能会超过利用外资的规模。

中国的对外投资额迅速增长，与此同时，外国对华直接投资增速则明显放缓。以2014年前9个月的数据来看，外商对华直接投资规模为873.6亿美元，而中国对外累计投资为749.6亿美元，两者相差只有100多亿美元。如果从中国对外投资高达20%的增长速度，而外商对华投资持续负增长的方面考虑，中国成为资本净输出国的确<u>指日可待</u>。

从外商对华的直接投资来看，大概从2012年起，投资增速就已经开始告别高速增长，呈现拐点趋势，2014年7月和8月，外商直接投资更是同比下降17%和14%。外商对华投资的热情下降，主要是因为当初中国吸引外资的几大因素都出现了重大变化：首先，中国经济的增速逐渐放缓，外国资本在中国的投资回报率不如从前；其次，中国的劳动力市场开始出现变化，尤其是和东南亚、非洲的一些国家相比，中国劳动力的廉价优势不再明显，这使得一些外国制造业开始转移；最后，外资在华的税收优惠政策在过去几年逐渐被取消，这在一定程度上降低了对外资的吸引力。

在外国对华投资出现萎缩之际，中国对外的投资规模却迅猛增长，2009到2013年，中国对外直接投资规模从433亿美元飙升至1078亿美元，4年时间增长了一倍多。从2012年开始，中国已成为全球第三大对外投资国，如果将香港地区计算在内，中国实际上已经是全球第二大对外投资国。

97. 中国经济呈现什么趋势？
   A 民族产业发展迅速　　　　　　B 服务业占生产总值的比重增大
   C 由外资引进向资本输出转变　　D 区域间的合作越来越紧密

98. 第3段中的画线词语"指日可待"是什么意思？
   A 等待了多日　　　　　　　　　B 增速放缓
   C 暂时无法判断　　　　　　　　D 不久就能实现

99. 下列哪项不是外商对华投资热情下降的原因？
   A 人民币开始贬值　　　　　　　B 中国渐失劳动力优势
   C 优惠政策被取消　　　　　　　D 投资回报率变低

100. 根据上文，下列哪项正确？
   A 中国已是全球第一大对外投资国　B 目前全球经济不景气
   C 中国正在改善外商投资环境　　　D 部分外国制造业已转向别国

三、书写

第 101 题：缩写

（1）仔细阅读下面这篇文章，时间为10分钟，阅读时不能抄写、记录。
（2）10分钟后，监考会收回阅读材料，请将这篇文章缩写成一篇短文，字数为400字左右，时间为35分钟。
（3）标题自拟。只需复述文章内容，不需加入自己的观点。
（4）请把短文直接写在答题卡上。

  很久很久以前，有位贤明而受百姓爱戴的国王。这位国王的年纪已经很大了，但膝下并无子女。这件事一直压在国王的心上，让他很伤脑筋。有一天，国王想出了一个办法，他告诉大臣说："我要在全国范围内，亲自挑选一个孩子，收为我的义子，让他来继承我的王位。"他吩咐下去，给全国的每个孩子都发了一些花种，并宣布："如果谁能用这些种子培育出世界上最美丽的花朵，那么，这个孩子便是我的继承人。"

  拿到花种后，所有的孩子都种下了那些花种，他们从早到晚守护着自己的小花盆，浇水、施肥、松土，护理得非常精心。

  有个名叫豆豆的小男孩，他也整天用心培育花种。但是，10天过去了，半个月过去了，一个月过去了……两个月过去了，花盆里的种子依然如故，没有发芽。

  "真奇怪！怎么一点儿动静都没有呢？"豆豆有些纳闷。最后，他去问母亲："妈妈，为什么我种的花不发芽呢？"

  母亲也同样为此事操心，她说："你把花盆里的土换一换，看行不行。"

  豆豆按照妈妈的意见，去花园里挖了些土，在新的土壤里重新播下新的种子，但是又一个月过去了，它们仍然没有发芽。

  国王决定观花的日子来到了。孩子们穿着漂亮的衣服，涌上街头，他们都捧着鲜花盛开的花盆，每个人都希望自己能够继承王位。但是，不知道为什么，当国王从一个个孩子面前走过，看着一盆盆鲜艳的花朵时，他的脸上没有一丝高兴的表情。

  忽然，在一个店铺旁，国王发现了正在流泪的豆豆，这个孩子端着一个空花盆，孤零零地站在那里。国王把他叫到自己的跟前，和蔼地问道："你为什么端着空花盆呢？你的花呢？"

  豆豆抽泣着，把自己如何种花，如何悉心照料，但花种却始终不发芽的经过告诉了国王，并说，他已经尽力了。国王听了豆豆的回答，高兴地拉着他的双手，向众人大声宣布："这就是我诚实的儿子！我将把我的国家交给他！"

  百姓们很不解，纷纷议论起来："为什么您选择了一个端着空花盆的孩子来继承王位呢？"

  国王说："我发给孩子们的种子，其实都是煮熟了的种子，根本不可能发芽开花。只有这个孩子，端来了空的花盆，所以他是最诚实的，把国家交到这样的孩子手中，我们的国家才有希望。"

  听了国王这些话，那些捧着美丽鲜花的孩子们，个个面红耳赤，羞愧地低下了头。因为他们的鲜花种子，都是后来重新找的。

　　诚实是做人最起码的道德，是做人的根本。治理国家更需要道德和良知。豆豆没有种出最美丽的花，但是他有一颗诚实的心，这为他赢得了美好的未来。

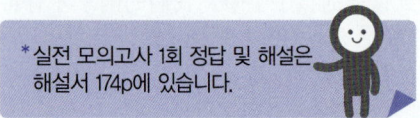

*실전 모의고사 1회 정답 및 해설은
해설서 174p에 있습니다.

실전 모의고사

제 2 회

新汉语水平考试
HSK（六级）
模拟试题（二）

注意

一、 HSK（六级）分三部分：

    1. 听力（50题，约35分钟）

    2. 阅读（50题，50分钟）

    3. 书写（1题，45分钟）

二、 听力结束后，有5分钟填写答题卡。

三、 全部考试约140分钟（含考生填写个人信息时间5分钟）。

一、听 力

第一部分

第 1-15 题：请选出与所听内容一致的一项。

1. A 记者很尴尬
   B 年轻人对评奖结果不满
   C 余光中是颁奖嘉宾
   D 余光中言语幽默

2. A 供求影响价格
   B 不能浪费粮食
   C 付出越多收获越大
   D 价值不能用金钱衡量

3. A 小孩子摔伤了
   B 摩托车出了故障
   C 交警拦住了出租车
   D 摩托车速度非常快

4. A 魔术师撒谎了
   B 交警认出魔术师了
   C 魔术师遇到堵车了
   D 魔术师开车时喝酒了

5. A 堂屋一般不住人
   B 古代房屋普遍较高
   C "高堂"是对父母的尊称
   D "一拜高堂"指夫妻对拜

6. A 眼光要长远
   B 不能急于求成
   C 做事要精益求精
   D 人的潜力是无限的

7. A 做事要有分寸
   B 度量大的人更敏感
   C 脾气好的人更受欢迎
   D 有抱负的人往往度量大

8. A 交友要慎重
   B 人的潜力是无限的
   C 成功需要别人的帮助
   D 不要忽略眼前的幸福

9. A 有得必有失
   B 立志要趁早
   C 莲花花期较短
   D 莲花象征纯洁

10. A 要学会放松
    B 旅行能开阔眼界
    C 工作让人充满活力
    D 过度运动会损害健康

11. A 西安人口众多
    B 西安古城墙建于清代
    C 西安古城墙保存完整
    D 西安自然风景优美

12. A 坐姿体现人的修养
    B 长时间端坐有害健康
    C 坐姿影响人的情绪
    D 运动可以释放压力

13. A 企业内部要保持良性竞争
    B 企业应提高员工薪酬
    C 员工最好接受职业化培训
    D 员工要有业余爱好

14. A 要主动帮助别人
    B 饮食营养要均衡
    C 做事情要量力而行
    D 自己的人生自己做主

15. A 儿子十分调皮
    B 修理工疲惫极了
    C 小张对修理工不满
    D 小张把水管修好了

第二部分

第 16-30 题：请选出正确答案。

16. A 阻碍产品更新
    B 加速企业转型
    C 降低销售利润
    D 有损企业形象

17. A 机械制造业
    B 电子信息产业
    C 食品加工业
    D 文化与旅游产业

18. A 执行力强
    B 获得了政府支持
    C 重视企业文化
    D 勇于创新

19. A 工作压力小
    B 升职空间大
    C 假期非常多
    D 团队氛围好

20. A 万达员工待遇不高
    B 万达投资了度假区
    C 万达涉足慈善事业
    D 万达前景不容乐观

21. A 表示怀疑
    B 有所期待
    C 有些反感
    D 毫不关心

22. A 打折销售
    B 检验产品是否好卖
    C 参加产品展览会
    D 以旧换新

23. A 比较新奇的
    B 国外进口的
    C 贴近百姓的
    D 专门定制的

24. A 会谋求跨界合作
    B 会成立电视购物平台联盟
    C 应寻求政府的支持
    D 消费市场不断紧缩

25. A 电视购物产品品质没保障
    B 电视购物频道要改善服务
    C 电视购物相当成熟
    D 高端产品利润大

26. A 借鉴了他人的经验
    B 不完全符合自己的意愿
    C 来征得领导同意
    D 担心泄露公司机密

27. A 构思
    B 与客户沟通
    C 软件操作
    D 实际制图

28. A 参考往届参赛作品
    B 请专家指点
    C 了解评委的喜好
    D 多积累素材

29. A 丰富的想象力
    B 较强的抗压能力
    C 扎实的绘图功底
    D 卓越的审美能力

30. A 多次获奖
    B 经营了一家手机店
    C 博士还未毕业
    D 想当设计大赛的评委

第三部分

第 31-50 题：请选出正确答案。

31. A 利于提神
    B 使驱蚊效果更佳
    C 延长保质期
    D 使其味道更好闻

32. A 不能涂抹伤口
    B 不宜过量
    C 先清洁皮肤
    D 远离明火

33. A 儿童易对花露水过敏
    B 花露水可以稀释
    C 花露水的成本很低
    D 花露水驱蚊效果一般

34. A 有剧毒
    B 比赛禁用
    C 能吸收水分
    D 易使皮肤过敏

35. A 腐蚀器材
    B 抓不牢器械
    C 加剧紧张感
    D 增加身体负担

36. A 体操比赛规则
    B 碳酸镁的作用
    C 比赛注意事项
    D 运动器械的保养

37. A 无法收缩
    B 非常坚韧
    C 构造简单
    D 体积很大

38. A 使皮肤更有光泽
    B 杀灭细菌
    C 存储氧气
    D 增强免疫力

39. A 降低心率
    B 调节体温
    C 屏住呼吸
    D 暂不进食

40. A 扰乱了周围的秩序
    B 营业额没增加
    C 遭到了环保组织的抵制
    D 印刷费用太高

41. A 单次消费超过750元
    B 满足公告中的所有条件
    C 成为高级会员
    D 通过网络订餐

42. A 张贴于各大商场门口
    B 内容每周更新一次
    C 引起了顾客的关注
    D 侵犯了人们的肖像权

43. A 要不断改进产品工艺
    B 要把握顾客的心理
    C 要了解市场最新动态
    D 要有较强的服务意识

44. A 品质没有保障
    B 打击员工积极性
    C 降低生产效率
    D 赔偿一定违约金

45. A 70%
    B 60%
    C 90%
    D 80%

46. A 广泛交友
    B 培养自身兴趣
    C 增加知识储备
    D 要有个性

47. A 一寸光阴一寸金
    B 温故而知新
    C 学无止境
    D 坚持就是胜利

48. A 更省力
    B 雪橇会被损坏
    C 人不易摔倒
    D 方向难控制

49. A 融化
    B 更透明
    C 更坚硬
    D 裂开

50. A 滑冰鞋与冰的接触面越大越好
    B 温度越低冰面越不平
    C 滑冰能锻炼平衡力
    D 凹凸的冰面更滑

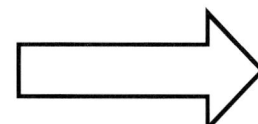

二、阅读

第一部分

第 51-60 题：请选出有语病的一项。

51. A 宋代城市经济的繁荣，有力地促进了年画艺术的发展。
    B 许多水生植物都有吸收水中重金属元素的能力，可用来净化污水。
    C 符合条件的考生请于5月10号以前办理报名手续。
    D 船身在狭窄的河流中特别显得很庞大。

52. A 就算不快乐也不要皱眉，因为你永远不知道谁会爱上你的笑容。
    B 这时，全场所有人的目光都集中到了他身上。
    C 蝉声在朦胧的晨光中显得特别分外轻逸，似远似近，又似有似无。
    D 志在巅峰的攀登者，不会陶醉在沿途的某个脚印之中。

53. A 作为一种新兴的旅游休闲形式，让农家乐取得了较好的经济效益。
    B 创造人的是自然，而启迪和教育人的却是社会。
    C 国家大剧院的"蛋壳"形屋顶最大跨度为212米。
    D 这部作品结构严谨、语言优美，达到了古典小说的高峰。

54. A 在他转身的那一刻，他看到母亲眼里泛起了泪花。
    B 打败我们的不是往往挫折，而是面对挫折时的消极心态。
    C 长时间穿高跟鞋走路容易引发脚部疾病。
    D 卢沟桥两旁有281根汉白玉栏杆，柱头上雕刻着神态各异的石狮子。

55. A 新政策对抑制农产品价格过快上涨起到了很好的作用。
    B 往刚盛过冰水的玻璃杯里倒开水，玻璃杯很容易炸裂。
    C 影楼的楼梯间内贴满了客人们的照片。
    D 新疆关于我是一个美丽而神秘的地方，令我心驰神往。

56. A 与1900年前相比，全球75%的农作物品种已经消失。
    B 他埋头写起作业来，屋里静悄悄的，只听到钢笔在纸上写字的沙沙声。
    C 酒后适量喝蜂蜜水有解酒的效果起作用。
    D 人类的渔业历史可追溯到旧石器时代，那时人们就以渔猎为生。

57. A 屋子里飘出一股淡淡的薄荷清香。
    B 交通拥堵的很大一部分是一些司机不遵守交通规则。
    C 大家敬重她，不只因为她拥有丰富的学识，更因为她有强大的人格魅力。
    D 此次调研覆盖1200多家企业，涉及15个行业。

58. A 张家界天门山植被丰富，森林覆盖率高达约90%左右，山顶保存着较为完整的原始次生林。
    B 为减少汽车尾气对城市空气的污染，不少城市都开展了"无车日"的相关活动，以鼓励更多市民乘坐公共交通工具出行。
    C 茂腔是一种流行于山东东部的地方戏曲剧种，因独特的艺术魅力和浓郁的地方特色而深受当地群众喜爱。
    D 常做自我反省不仅可以振奋精神、活跃思维，还能增强自信心，从而更好地调整自己的整体状态。

59. A 一个设计者应该完全了解与其设计有关的特殊生产过程，否则只会事倍功半。
    B 他非常喜欢鲁迅的小说，对鲁迅的《呐喊》曾反复阅读，一直被翻得破烂不堪，只好重新装订。
    C 书法学习要经过入贴、出贴两个阶段。入贴需要勤奋，达到忘我的程度；出贴则要在手熟的基础上，创出自己的风格。
    D 四羊方尊是商朝晚期的青铜礼器、祭祀用品，也是中国现存的商代青铜方尊中最大的一件。

60. A "天河一号"的问世表明，中国已经具备了研制运算速度为每秒千万亿次的超级计算机。
    B 这里毗邻多个大型居民住宅区，并有多条公交线路经过，地理位置十分优越。
    C 漱口水有抑菌、杀菌的功效，但若不先把牙齿刷干净就使用漱口水，其效果很难保证。
    D 攀登过峰峦雄伟的泰山，游览过红叶似火的香山，但我依然对故乡的山情有独钟。

第二部分

第61-70题：选词填空。

61. 在投资的过程中，你____会遇到一些问题。你最好提前做好心理准备，____清楚，并有自己的理解。这____比技巧或者知识更能决定你投资的广度和深度。

    A 迟早　　琢磨　　或许　　　　B 未免　　反思　　倘若
    C 将近　　辨认　　难怪　　　　D 近来　　设想　　宁可

62. 如今，与文化关联最____的技术当属平板电脑和手机，这些____正在成为最重要的阅读载体。质疑的声音已不再新鲜，在无法逆转的情况下，人们应早日____这种转变，而不是等待自己的阅读习惯被改变。

    A 紧迫　　装备　　对抗　　　　B 周密　　设施　　对应
    C 紧密　　设备　　适应　　　　D 紧急　　配备　　对付

63. 有人推测，地图的____比文字还早。远在史前时期，人类就已会用符号来记录自己生活的环境、走过的____。据学者考证，早在一万年前就出现了在地上用简单符号来标识地物的____地图。

    A 根源　　方位　　最初　　　　B 来源　　轨道　　原装
    C 来历　　途径　　初步　　　　D 起源　　路线　　原始

64. 鸡首壶是西晋时出现的一种瓷壶，因壶嘴为鸡首状而得名，鸡首起初只起____作用。至东晋，鸡首与壶腹____，成为可以出水的流部，才具有了实用性。唐代以后，鸡首壶逐渐淡出了历史____。"鸡"与"吉"谐音，鸡首壶表达了古代人们追求____生活的美好愿望。

    A 修复　　接连　　平台　　慈祥
    B 装饰　　想通　　舞台　　吉祥
    C 装修　　衔接　　平面　　光明
    D 掩饰　　相应　　台阶　　如意

65. 所谓暴走就是沿着一定的路线徒步行走，时间由一日到数日不等。____一种极限运动，暴走____着人们的心理素质和身体素质。不过，暴走不同于其他野外____等极限运动，因为它不需要付出较大的经济____去购买设备，只需要一双好鞋和一瓶水，外加几片面包就可以了。

    A 作为　　挑战　　探险　　代价
    B 对于　　挑衅　　勘探　　价值
    C 按照　　考验　　冒险　　资本
    D 依据　　检验　　保险　　物资

66. 从第一届奥运会开始，奥运与营销的缘分就已注定。经过100多年的 ____ ，奥运营销之路越走越顺畅，营销方式也 ____ 。奥运所带来的 ____ 逐渐被人们所认知，吸引着世界各国 ____ 申办奥运会，各大企业也为与奥运挂钩而不断努力。

A 检测　　与时俱进　　丰收　　逐年
B 探讨　　千方百计　　成效　　照样
C 探索　　日新月异　　效益　　争相
D 摸索　　与日俱增　　收益　　随即

67. 如今，很多商品都唾手可得，许多人反而觉得喜悦感和 ____ 感越来越少。这就是所谓的 ____ ，也是拒买族出现的原因。拒买族 ____ 理性购物，减少浪费，不让泛滥的物质掩盖生活的 ____ 。

A 知足　　乐极生悲　　提倡　　气质
B 充实　　南辕北辙　　宣扬　　品质
C 满足　　物极必反　　主张　　本质
D 充足　　苦尽甘来　　倡议　　实质

68. 脊兽是中国古建筑檐角、屋脊上所安放的兽件，它经历了 ____ 的发展历程，从功能性的建筑 ____ ，变成了具有多种风格和寓意的 ____ 艺术。梁思成曾这样 ____ 脊兽：本来极无趣笨拙的实际部分成了整个建筑物美丽的冠冕。

A 频繁　　硬件　　风气　　揭露
B 遥远　　零件　　习俗　　确信
C 定期　　附件　　作风　　吹捧
D 漫长　　构件　　民俗　　评价

69. 华罗庚把读书过程总结为"由厚到薄"和"由薄到厚"两个阶段。当你对书的内容有了 ____ 的了解，抓住了全书 ____ 的时，书就由厚变薄了。如果在读书过程中，你还能对各章节做深入 ____ ，在每页上添加注解， ____ 参考资料，书又会愈读愈厚。读书就是由厚到薄，再由薄到厚的双向过程。

A 细致　　课题　　检讨　　补救
B 精致　　主题　　探测　　弥补
C 透彻　　要点　　探讨　　补充
D 彻底　　重心　　探索　　补偿

70. 1960年，世界上第一部水墨动画片《小蝌蚪找妈妈》在中国 ____ 。作为世界动画史上的一大创举，它将中国传统的水墨画融入到动画中 ____ 。片中虚虚实实的意境和轻灵优美的 ____ ，体现了中国画"似与不似之间"的美学 ____ ，使动画片的艺术格调有了重大 ____ 。

A 产生　　鉴定　　屏幕　　专长　　改善
B 呈现　　操作　　侧面　　特长　　改进
C 降临　　制定　　镜头　　特色　　超越
D 诞生　　制作　　画面　　特征　　突破

第三部分

第 71-80 题：选句填空。

71-75.

众所周知，缺乏运动有许多害处，（71）_____。其实，缺乏运动可能还会对骨骼造成伤害。也许很多人会对此产生疑问：运动不当会导致骨骼损伤，不运动为什么也会伤害到骨骼呢？

科学研究表明：骨骼是一种具有独特构造的高密度结缔组织，（72）_____。其中，松质骨对维持骨骼形态的作用更大，它虽然仅占人类骨量的20%，但却构成了80%的骨表面。换句话说，松质骨是保护人类骨骼不受伤害的第一道防线。不过，人类的松质骨的密度却不是很理想，这就增加了骨折和骨质疏松的风险。

其实，（73）_____。这主要归功于他们艰苦卓绝的生存方式——狩猎。研究人员发现，原始人的骨骼几乎与猿类动物的同样强壮，然而，进入农业文明后，（74）_____，体力劳动有所减少，人类松质骨的密度也随之减小。研究人员因此得出结论：运动的缺乏导致了人类松质骨密度的减小，也使得骨骼的强健度越来越低。

所以，（75）_____，不妨多运动运动。

A 在结构上主要分为皮质骨和松质骨两类

B 要想让骨骼变得更加强壮

C 随着狩猎活动逐渐消失

D 原始人的松质骨密度远比现代人的大

E 比如会导致肥胖、血压升高等

76-80.

在人类社会中，我们很少能看到像狼那样把个体与团体结合得如此完美的团队。我们总是走到两个极端，要么太过于追求个体的价值实现而忽视了整体的利益，要么注重整体的利益而牺牲了个体的利益，（76）_____。

在一个企业或者团队中，每一个成员都要面临这样的问题，走哪个极端都不是好的解决办法。一个优秀的员工一定要在两者之间取得平衡。同时，个体与整体之间并不一定是互相抑制、此消彼长的绝对对立。相反，优秀的员工不仅能在两者之间取得平衡，（77）_____。

一个优秀的团队，能把各种人才聚合在一起。大家会在工作中对别人进行了解，（78）_____。这时，聪明的员工总能发现自己的不足和别人的长处，取长补短，虚心向周围的人学习。同时，大家也会为了共同的目标而改变自己以前不好的生活和工作习惯，使自己变得更加优秀。

员工是一个团队最为宝贵的财富。（79）_____，实现理想的机会。但作为团队的一员，即使再受重视、再有才华，也不能以自我为中心。（80）_____，而不是整体。员工所有工作都应该是以实现团队的目标为中心的。

　　A　很难达到两者的平衡
　　B　团队为员工提供了施展才华的舞台
　　C　团队的性质决定了每个员工只是团队的一部分
　　D　在沟通中发现别人的许多优点
　　E　还能让两者产生互相促进的作用

第四部分

第81-100题：请选出正确答案。

81-84.

水泥发明后，人们在使用过程中发现，这种人造"石头"虽然很硬，却存在不足之处：脆，经不起冲击，抗拉强度低。为解决这些问题，人们绞尽了脑汁。

有一位名叫莫尼埃的法国园艺师，他家有个很大的花园，来赏花的游客络绎不绝。不过，花坛经常被游客不小心踩坏，这让莫尼埃烦恼不已。怎样才能让花坛变得更坚固呢？

一天，莫尼埃在花园里移栽花木时不小心将花盆掉到了地上，花盆被摔得粉碎。然而，花根四周的泥土却紧紧抱成一团，并没有散开。"原来是花的根系纵横交错，把松软的泥土牢牢地连在一起了！"莫尼埃不禁感叹道。

受此启发，莫尼埃仿照花的根，用铁丝织成网架，又把水泥、砂石浇在上面，混在一起，砌成了花坛，用这种方法做成的花坛果然比从前坚固。就这样，一位既不是工程师，也不是建筑材料专家的园艺师发明了一种崭新的建筑材料——钢筋混凝土。直到现在，钢筋混凝土仍然是主要建筑材料之一。

摔破花盆是生活中常见的事情，但是莫尼埃却能从中获得灵感，最终发明了混凝土。正如一位名人所说："在观察的领域中，机遇只偏爱那种有准备的头脑。"细心观察、抓住机遇，每个人都可以创造出不平凡的业绩。

81. 水泥存在哪方面的不足？
    A 造价高　　　　　　　　　B 经不住冲击
    C 不可循环利用　　　　　　D 不够硬

82. 莫尼埃因为什么而烦恼？
    A 游客越来越少　　　　　　B 花的种类不多
    C 花坛常被踩坏　　　　　　D 花园面积太小

83. 根据第3段，下列哪项正确？
    A 移栽的花没有成活　　　　B 花盆完好无损
    C 莫尼埃成了一名工程师　　D 花的根使泥土更牢固

84. 上文主要想告诉我们：
    A 做事要果断　　　　　　　B 不要害怕挫折
    C 要善于观察　　　　　　　D 要勇于挑战权威

85-88.

内蒙古鄂尔多斯市有一个地处沙漠腹地的小村庄。这里常年干旱，每当刮风时，都会卷起铺天盖地的黄沙，水成了当地人朝思暮想的期盼。为此，先人为这个村子取了一个和水有关的名字，泊江海。然而，期盼并未能变成现实。由于沙漠面积不断扩大，许多人不得不离开家园。

而如今，泊江海却绿树成荫，还成了一个木材生产基地。这个奇迹是如何产生的呢？

原来，为了防风固沙，人们想尽了办法，20世纪90年代初，当地政府号召老百姓种植沙柳，沙柳是极少数可以生长在盐碱地的沙漠植物之一。而且，杨树、柳树等大径木被砍掉以后，很难再存活，而沙柳生长两三年左右，如果把它的枝干全部砍掉，它还能长出通直而粗壮的主干来。

人们发现，除了可以防风固沙，沙柳还是制造纤维板的上好原料。于是，泊江海又建起了人造板厂，工厂高价收购沙柳充分调动了人们种沙柳的积极性，无垠的沙漠开始被成片的沙柳覆盖，卖沙柳也成了当地很多家庭最主要的收入来源。

另外，沙柳还可以用来发电，研究发现，沙柳的发热量很高，甚至超过了许多常规火力发电厂所采用的煤种。2007年，泊江海建起了中国第一个地处沙漠，以沙生灌木为原料的生物质热电厂，离电厂不到两公里的地方是一个甲醇化工厂，电厂的用水全部都来自这个化工厂的工业废水，生物质发电完成以后，残余的草木灰又是制作钾肥的原料。废物从头到尾得到利用，整个过程也没有其他废物产生。

沙柳不仅起到了改造沙漠的作用，还支撑起了沙漠里的两个支柱产业，其实，大自然是不会亏待人类的，只要善于发现，就一定能制造出奇迹。

85. 根据第1段，泊江海：
 A 经济发达　　　　　　　　B 气候宜人
 C 缺乏水资源　　　　　　　D 人口密度大

86. 关于沙柳，可以知道什么？
 A 主干很细　　　　　　　　B 存活率低
 C 能用做药材　　　　　　　D 可生长在盐碱地

87. 人们种植沙柳的积极性是怎样被调动起来的？
 A 自身危机意识的增强　　　B 工厂高价收购
 C 公益组织的倡导　　　　　D 国家发放补贴

88. 根据第5段，下列哪项正确？
 A 甲醇化工厂距电厂20公里　B 生物质发电非常环保
 C 沙柳发电停留在研究阶段　D 草木灰不可被再次利用

89-92.

人与人交往时总是希望获得别人的赞同，所以，人们会非常注意自己在他人面前和社交场合中的形象。心理学家把这种现象叫做"印象管理"。印象管理是一个社会的基本事实，每个人有意无意的都在进行印象管理。

无论我们认为从外表衡量人是多么肤浅和愚蠢的观念，但人们每时每刻在根据你的服饰、发型、手势、声调、语言等方式判断着你。当你走进一个房间，即使房间里没有人认识你，但是，他们仅仅凭你的外表就可以对你做出10个方面的判断，包括你的品行、经济水平、文化程度、可信任程度、社会地位、老练程度、家庭教育以及你是不是成功人士等。无论你愿意与否，你都在留给别人一个关于你形象的印象。这个印象在工作时影响你的升迁，在商业上影响着你的交易，在生活中影响着你的人际关系和爱情关系，最终影响着你的幸福感。

鉴于"印象管理"的重要性，考虑到职员的个人形象就是公司的形象，许多公司把形象作为一个职员的最为重要的基本素质。因为他们知道职员的形象不仅通过他们的外表，而且还通过沟通行为、职业礼仪等留给客户一个印象，这种印象反映了公司的信誉、产品及服务的质量、公司管理者的素质及层次等。许多跨国公司不惜重金为自己企业的人员进行形象培训和设计，以提高职员个人素质。有关媒体曾对世界排名前100位公司的执行总裁进行调查，他们普遍认为如果公司职员能展示给客户一个良好的形象，公司可以从中受益，员工的形象等于公司的形象；公司的形象直接影响着公司的利润，因此保持优秀的公司形象是管理者努力的目标之一。

89. 关于"印象管理"，下列哪项正确？
　　A 是普遍的社会现象　　　　　　B 是一种无意识行为
　　C 人们在熟人面前更自然　　　　D 第一印象往往是美好的

90. 根据地2段，下列哪项正确？
　　A 成功人士更注重外表　　　　　B 人们都在以"貌"取人
　　C 外貌和幸福感没有关系　　　　D 别轻易对别人做出判断

91. "印象管理"带给企业什么启示？
　　A 完善企业奖惩机制　　　　　　B 创造轻松的企业氛围
　　C 提高管理者的管理水平　　　　D 重视员工个人形象的培训

92. 上文主要谈的是：
　　A 人际交往的技巧　　　　　　　B 印象管理的重要性
　　C 怎样给人留下好的印象　　　　D 怎样保持良好的公司形象

93-96.

扬州本地并不产玉，但从古至今，扬州的便利交通却为玉雕业的发展创造了良好的条件。来自各地的珍贵玉石都汇集于此进行加工，然后又以不菲的价格输向全世界。

扬州玉雕在数千年的传承中逐渐形成了各具特色的艺术品类。其中，山子雕和器皿件技艺独具一格，它们代表了扬州玉雕最高的技术实力和艺术成就。

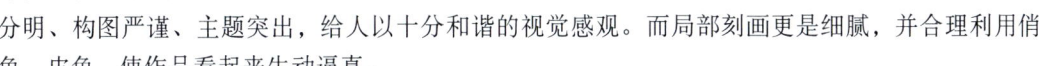

山子雕的题材多为山水人物，它要求制作者有较高的构思能力和艺术修养。山子雕在构思创作中注意利用玉石的自然形态，把人物山水、亭台楼阁等统一在一个画面上，着力表现作品的情节和寓意。优秀的山子雕作品层次分明、构图严谨、主题突出，给人以十分和谐的视觉感观。而局部刻画更是细腻，并合理利用俏色、皮色，使作品看起来生动逼真。

代表扬州玉雕技艺另一个高峰的器皿件技艺更是历史悠久。器皿件中的一朵奇葩是花卉摆件，代表作品是中国工艺美术大师江春源先生所创作的白玉"螳螂白菜"。这件国家级珍宝根叶茂盛、层次清晰、造型饱满，叶瓣翻卷和菜根的纹理都处理得非常精炼自然，该紧密处紧密，该奔放处奔放，可谓还原了白菜的生活气息。"螳螂白菜"展现了扬州玉雕中花卉摆件创作的最高技艺。

另外，扬州玉雕中对飞禽走兽的创作也颇具韵味，尤其是对动物嘴、舌、爪、毛的刻画极其细致，惟妙惟肖。而扬州玉雕中的人物作品也刻画得栩栩如生，且尝试融入各种背景来衬托人物的感情。

93. 扬州玉雕业的发展有什么便利条件？
   A 人才特别集中　　　　　　B 经济十分发达
   C 交通非常便捷　　　　　　D 玉石产量丰富

94. 关于山子雕，可以知道什么？
   A 重整体轻局部　　　　　　B 淡化主题
   C 善于利用玉石的自然形态　D 题材多为飞禽走兽

95. 根据第4段，螳螂白菜：
   A 现藏于国家博物馆中　　　B 层次比较清晰
   C 色彩艳丽　　　　　　　　D 充满浪漫主义色彩

96. 最适合做上文标题的是：
   A 风格多变的人物玉雕　　　B 玉雕大师江春源
   C 精美绝伦的扬州玉雕　　　D 玉雕品鉴小技巧

97-100.

如果你对葡萄酒有所了解，也许会发现：30多年前，葡萄酒的酒精含量多为12%或12.5%，而现在一般都在14%以上。这是为什么呢？原来大多数人都相信酒精含量高的葡萄酒味道更浓烈、醇厚，于是葡萄酒制造商为了迎合人们的口味，便提高了葡萄酒中的酒精含量。不过，品酒专家认为我们的大脑对酒精含量较低的葡萄酒可能更加"情有独钟"。

为验证这一说法，有人专门做了一项研究。不过，由于嗅觉与味觉均难以量化，并且易受其他因素的影响，因此，要想得出一个关于口味偏好的可靠结果并不容易。于是，研究者们决定利用功能性磁共振成像的技术，记录被试者饮用不同酒精含量的葡萄酒后的大脑活动。研究者招募了一批平时有喝葡萄酒习惯的被试者进行实验。在实验中，研究者让被试者一边接受功能性磁共振扫描，一边随机喝下两种酒精含量不同的葡萄酒。为了最大限度地排除其他变量产生的干扰，研究者对实验所用的两种葡萄酒样品进行了严格的控制，比如它们的产地、品种和年份等都是一致的。

功能性磁共振扫描结果显示，与人们对酒精含量高的葡萄酒味道更浓郁的印象相反，酒精含量较低的葡萄酒在右侧脑岛和小脑引起的活动更强，而这两个脑区均与味觉强度的加工有关。

研究者解释道，酒精含量较低时，大脑能更深入地搜索葡萄酒的味道，从而使得神经反应更活跃，这一过程并不受主观意识的控制。这个结果与品酒专家的看法是一致的。

尽管这一结果并不能直接反映人们对酒精含量不同的葡萄酒的实际喜好，但葡萄酒制造商依旧能从中获得一些启示。此外，这项研究还提供了一种新的测量方法，即用功能性磁共振技术来记录大脑对复杂化学感觉刺激的反应。

97. 制造商提高葡萄酒中的酒精含量是为了：
   A 延长保质期 B 使其色泽更鲜明
   C 迎合大众的口味 D 减少酿造环节

98. 根据第2段，可以知道什么？
   A 味觉很难量化 B 葡萄酒制造商参与了实验
   C 被试者无饮酒习惯 D 两种葡萄酒的产地不同

99. 酒精含量较低的葡萄酒：
   A 会损伤右侧脑岛 B 利润更大
   C 没有被试者饮用 D 使神经反应更活跃

100. 根据上文，那项研究：
   A 推翻了品酒专家的观点 B 是在密闭的空间进行的
   C 改变了葡萄酒的营销模式 D 开创了一种新的测量法

三、书写

第 101 题：缩写

（1）仔细阅读下面这篇文章，时间为10分钟，阅读时不能抄写、记录。
（2） 10分钟后，监考会收回阅读材料，请将这篇文章缩写成一篇短文，字数为400字左右，时间为35分钟。
（3）标题自拟。只需复述文章内容，不需加入自己的观点。
（4）请把短文直接写在答题卡上。

    李克是一名普通的酒店职员，他喜欢登山和参加冒险活动。每逢周末或节假日，李克就会约上几位好友去参访世界各地的名山大川。虽然他们攀登了无数的高山，但是最让李克留恋的，还是那座阿尔卑斯山。

    一天，李克和朋友们登上了一座海拔约为2000多米的雪山。到达山顶以后，已经是傍晚时分，他们几个人也已经是精疲力尽了。看到天色已晚，也没有力气下山，他们打算在山顶过夜。搭好帐篷以后，他们点起了篝火，几个人做了一些简单的便餐。吃过便餐以后，李克和朋友们便倒头呼呼大睡起来。

    突然，几个人在睡梦中听到一声尖叫。几个人慌慌张张爬起身来，以为发生了什么惊天动地的大事。原来，是一位朋友欣赏到了阿尔卑斯山的夜景。月色下的阿尔卑斯山格外动人，实在叫人流连忘返，几个人不知不觉惊叹起来。当时，李克心想："如果以后在山顶建立一座酒店的话，一定会有很多游客前来。"

    回去以后，李克便筹划此事。他先做好了商业计划书，然后递交给了自己的上司。上司看到以后，不屑地说："这怎么可能？简直是天方夜谭！"李克的自尊心受到了打击，心情十分失落。他觉得上司无法理解自己，就向上司递交了辞呈。离开公司以后，李克决定依靠自己的力量，完成在山顶建立酒店的梦想。

    他的计划是建立一座露天的酒店，屋顶没有天花板，一抬头就可以欣赏到美丽的星空。每个卧室里面只是放上双人床和床头柜，洗手间和浴室建立在距离卧室大概一米远的地方。而且，每个房间都会配备一名管家，可以享受到热心周到的服务。天气恶劣的时候，管家有权力可以随时通知顾客取消入住服务。等到天气恢复正常以后，再安排酒店入住。

    虽然这个计划听起来很美好，但是在建设过程中，却遇到了很多想象不到的难题。酒店建立初期，需要雇佣建筑队在山顶用挖掘机开凿岩石。而且，所有的家具是通过人工的方式运送到山顶的。

    李克遭到了家人和朋友们的强烈反对，他们认为李克的计划根本不可能实现。尽管如此，酒店还是如此开张了。山顶酒店只接受网络预定，酒店项目一推出，便吸引了无数的登山客，人气变得空前高涨。因为过于火爆，预定服务已经排到第二年的三月份。后来，李克接受记者采访时说道："我的目的根本不是赚钱，而是想让更多的人有机会可以欣赏到美丽的风景。"

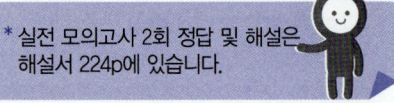

* 실전 모의고사 2회 정답 및 해설은
해설서 224p에 있습니다.

汉语水平考试 HSK（六级）答题卡

——请填写考生信息——

按照考试证件上的姓名填写：

姓名	

如果有中文姓名，请填写：

中文姓名	

考生序号	[0] [1] [2] [3] [4] [5] [6] [7] [8] [9]
	[0] [1] [2] [3] [4] [5] [6] [7] [8] [9]
	[0] [1] [2] [3] [4] [5] [6] [7] [8] [9]
	[0] [1] [2] [3] [4] [5] [6] [7] [8] [9]
	[0] [1] [2] [3] [4] [5] [6] [7] [8] [9]

——请填写考点信息——

考点代码	[0] [1] [2] [3] [4] [5] [6] [7] [8] [9]
	[0] [1] [2] [3] [4] [5] [6] [7] [8] [9]
	[0] [1] [2] [3] [4] [5] [6] [7] [8] [9]
	[0] [1] [2] [3] [4] [5] [6] [7] [8] [9]
	[0] [1] [2] [3] [4] [5] [6] [7] [8] [9]
	[0] [1] [2] [3] [4] [5] [6] [7] [8] [9]

国籍	[0] [1] [2] [3] [4] [5] [6] [7] [8] [9]
	[0] [1] [2] [3] [4] [5] [6] [7] [8] [9]
	[0] [1] [2] [3] [4] [5] [6] [7] [8] [9]

| 年龄 | [0] [1] [2] [3] [4] [5] [6] [7] [8] [9] |
| | [0] [1] [2] [3] [4] [5] [6] [7] [8] [9] |

| 性别 | 男 [1]　　　女 [2] |

注意　请用2B铅笔这样写：■

一、听力

1. [A] [B] [C] [D]　　6. [A] [B] [C] [D]　　11. [A] [B] [C] [D]　　16. [A] [B] [C] [D]　　21. [A] [B] [C] [D]
2. [A] [B] [C] [D]　　7. [A] [B] [C] [D]　　12. [A] [B] [C] [D]　　17. [A] [B] [C] [D]　　22. [A] [B] [C] [D]
3. [A] [B] [C] [D]　　8. [A] [B] [C] [D]　　13. [A] [B] [C] [D]　　18. [A] [B] [C] [D]　　23. [A] [B] [C] [D]
4. [A] [B] [C] [D]　　9. [A] [B] [C] [D]　　14. [A] [B] [C] [D]　　19. [A] [B] [C] [D]　　24. [A] [B] [C] [D]
5. [A] [B] [C] [D]　　10. [A] [B] [C] [D]　　15. [A] [B] [C] [D]　　20. [A] [B] [C] [D]　　25. [A] [B] [C] [D]

26. [A] [B] [C] [D]　　31. [A] [B] [C] [D]　　36. [A] [B] [C] [D]　　41. [A] [B] [C] [D]　　46. [A] [B] [C] [D]
27. [A] [B] [C] [D]　　32. [A] [B] [C] [D]　　37. [A] [B] [C] [D]　　42. [A] [B] [C] [D]　　47. [A] [B] [C] [D]
28. [A] [B] [C] [D]　　33. [A] [B] [C] [D]　　38. [A] [B] [C] [D]　　43. [A] [B] [C] [D]　　48. [A] [B] [C] [D]
29. [A] [B] [C] [D]　　34. [A] [B] [C] [D]　　39. [A] [B] [C] [D]　　44. [A] [B] [C] [D]　　49. [A] [B] [C] [D]
30. [A] [B] [C] [D]　　35. [A] [B] [C] [D]　　40. [A] [B] [C] [D]　　45. [A] [B] [C] [D]　　50. [A] [B] [C] [D]

二、阅读

51. [A] [B] [C] [D]　　56. [A] [B] [C] [D]　　61. [A] [B] [C] [D]　　66. [A] [B] [C] [D]　　71. [A] [B] [C] [D] [E]
52. [A] [B] [C] [D]　　57. [A] [B] [C] [D]　　62. [A] [B] [C] [D]　　67. [A] [B] [C] [D]　　72. [A] [B] [C] [D] [E]
53. [A] [B] [C] [D]　　58. [A] [B] [C] [D]　　63. [A] [B] [C] [D]　　68. [A] [B] [C] [D]　　73. [A] [B] [C] [D] [E]
54. [A] [B] [C] [D]　　59. [A] [B] [C] [D]　　64. [A] [B] [C] [D]　　69. [A] [B] [C] [D]　　74. [A] [B] [C] [D] [E]
55. [A] [B] [C] [D]　　60. [A] [B] [C] [D]　　65. [A] [B] [C] [D]　　70. [A] [B] [C] [D]　　75. [A] [B] [C] [D] [E]

76. [A] [B] [C] [D] [E]　　81. [A] [B] [C] [D]　　86. [A] [B] [C] [D]　　91. [A] [B] [C] [D]　　96. [A] [B] [C] [D]
77. [A] [B] [C] [D] [E]　　82. [A] [B] [C] [D]　　87. [A] [B] [C] [D]　　92. [A] [B] [C] [D]　　97. [A] [B] [C] [D]
78. [A] [B] [C] [D] [E]　　83. [A] [B] [C] [D]　　88. [A] [B] [C] [D]　　93. [A] [B] [C] [D]　　98. [A] [B] [C] [D]
79. [A] [B] [C] [D] [E]　　84. [A] [B] [C] [D]　　89. [A] [B] [C] [D]　　94. [A] [B] [C] [D]　　99. [A] [B] [C] [D]
80. [A] [B] [C] [D] [E]　　85. [A] [B] [C] [D]　　90. [A] [B] [C] [D]　　95. [A] [B] [C] [D]　　100. [A] [B] [C] [D]

三、书写

101.

接背面

汉语水平考试 HSK（六级）答题卡

请填写考生信息

按照考试证件上的姓名填写：

姓名

如果有中文姓名，请填写：

中文姓名

考生序号： [0] [1] [2] [3] [4] [5] [6] [7] [8] [9]
[0] [1] [2] [3] [4] [5] [6] [7] [8] [9]
[0] [1] [2] [3] [4] [5] [6] [7] [8] [9]
[0] [1] [2] [3] [4] [5] [6] [7] [8] [9]
[0] [1] [2] [3] [4] [5] [6] [7] [8] [9]

请填写考点信息

考点代码： [0] [1] [2] [3] [4] [5] [6] [7] [8] [9]
[0] [1] [2] [3] [4] [5] [6] [7] [8] [9]
[0] [1] [2] [3] [4] [5] [6] [7] [8] [9]
[0] [1] [2] [3] [4] [5] [6] [7] [8] [9]
[0] [1] [2] [3] [4] [5] [6] [7] [8] [9]
[0] [1] [2] [3] [4] [5] [6] [7] [8] [9]

国籍： [0] [1] [2] [3] [4] [5] [6] [7] [8] [9]
[0] [1] [2] [3] [4] [5] [6] [7] [8] [9]
[0] [1] [2] [3] [4] [5] [6] [7] [8] [9]

年龄： [0] [1] [2] [3] [4] [5] [6] [7] [8] [9]
[0] [1] [2] [3] [4] [5] [6] [7] [8] [9]

性别： 男 [1]   女 [2]

注意   请用2B铅笔这样写：■

一、听力

1. [A] [B] [C] [D]
2. [A] [B] [C] [D]
3. [A] [B] [C] [D]
4. [A] [B] [C] [D]
5. [A] [B] [C] [D]
6. [A] [B] [C] [D]
7. [A] [B] [C] [D]
8. [A] [B] [C] [D]
9. [A] [B] [C] [D]
10. [A] [B] [C] [D]
11. [A] [B] [C] [D]
12. [A] [B] [C] [D]
13. [A] [B] [C] [D]
14. [A] [B] [C] [D]
15. [A] [B] [C] [D]
16. [A] [B] [C] [D]
17. [A] [B] [C] [D]
18. [A] [B] [C] [D]
19. [A] [B] [C] [D]
20. [A] [B] [C] [D]
21. [A] [B] [C] [D]
22. [A] [B] [C] [D]
23. [A] [B] [C] [D]
24. [A] [B] [C] [D]
25. [A] [B] [C] [D]
26. [A] [B] [C] [D]
27. [A] [B] [C] [D]
28. [A] [B] [C] [D]
29. [A] [B] [C] [D]
30. [A] [B] [C] [D]
31. [A] [B] [C] [D]
32. [A] [B] [C] [D]
33. [A] [B] [C] [D]
34. [A] [B] [C] [D]
35. [A] [B] [C] [D]
36. [A] [B] [C] [D]
37. [A] [B] [C] [D]
38. [A] [B] [C] [D]
39. [A] [B] [C] [D]
40. [A] [B] [C] [D]
41. [A] [B] [C] [D]
42. [A] [B] [C] [D]
43. [A] [B] [C] [D]
44. [A] [B] [C] [D]
45. [A] [B] [C] [D]
46. [A] [B] [C] [D]
47. [A] [B] [C] [D]
48. [A] [B] [C] [D]
49. [A] [B] [C] [D]
50. [A] [B] [C] [D]

二、阅读

51. [A] [B] [C] [D]
52. [A] [B] [C] [D]
53. [A] [B] [C] [D]
54. [A] [B] [C] [D]
55. [A] [B] [C] [D]
56. [A] [B] [C] [D]
57. [A] [B] [C] [D]
58. [A] [B] [C] [D]
59. [A] [B] [C] [D]
60. [A] [B] [C] [D]
61. [A] [B] [C] [D]
62. [A] [B] [C] [D]
63. [A] [B] [C] [D]
64. [A] [B] [C] [D]
65. [A] [B] [C] [D]
66. [A] [B] [C] [D]
67. [A] [B] [C] [D]
68. [A] [B] [C] [D]
69. [A] [B] [C] [D]
70. [A] [B] [C] [D]
71. [A] [B] [C] [D] [E]
72. [A] [B] [C] [D] [E]
73. [A] [B] [C] [D] [F]
74. [A] [B] [C] [D] [E]
75. [A] [B] [C] [D] [E]
76. [A] [B] [C] [D] [E]
77. [A] [B] [C] [D] [E]
78. [A] [B] [C] [D] [E]
79. [A] [B] [C] [D] [E]
80. [A] [B] [C] [D] [E]
81. [A] [B] [C] [D]
82. [A] [B] [C] [D]
83. [A] [B] [C] [D]
84. [A] [B] [C] [D]
85. [A] [B] [C] [D]
86. [A] [B] [C] [D]
87. [A] [B] [C] [D]
88. [A] [B] [C] [D]
89. [A] [B] [C] [D]
90. [A] [B] [C] [D]
91. [A] [B] [C] [D]
92. [A] [B] [C] [D]
93. [A] [B] [C] [D]
94. [A] [B] [C] [D]
95. [A] [B] [C] [D]
96. [A] [B] [C] [D]
97. [A] [B] [C] [D]
98. [A] [B] [C] [D]
99. [A] [B] [C] [D]
100. [A] [B] [C] [D]

三、书写

101.

接背面

汉语水平考试 HSK（六级）答题卡

不要写到框线以外！

汉语水平考试
Chinese Proficiency Test

HSK（六级）成绩报告
HSK (Level 6) Examination Score Report

姓名: _____
Name

性别: _____ **国籍:** _____
Gender   Nationality

考试时间: _____ 年 _____ 月 _____ 日
Examination Date   Year   Month   Day

编号: _____
No.

准考证号: _____
Admission Ticket Number

	满分 Full Score	你的分数 Your Score
听力 Listening	100	
阅读 Reading	100	
书写 Writing	100	
总分 Total Score	300	

听力 Listening	阅读 Reading	书写 Writing	总分 Total Score	百分等级 Percentile Rank
100	98	90	279	99%
93	87	77	252	90%
88	80	71	234	80%
83	74	66	220	70%
79	69	63	208	60%
74	65	60	197	50%
70	60	56	187	40%
65	56	53	175	30%
60	50	49	162	20%
52	42	40	144	10%

主任 _____ 国家汉办
Director

中国·北京 成绩自考试日起2年内有效
Beijing·China

 딱! 한권

체계적인 20일 코칭 시스템

新 HSK PT
퍼스널 트레이닝

고강민 저

PT 어휘집  6급

PART 01

新HSK 6급
시험장에서 보면
딱! 붙는
PT 어휘

1 🎧 듣기

제1부분

1 기출에 자주 출제된 근의어

○ Part 1-1

빈출 어휘	근의어
反馈 fǎnkuì 피드백 하다	回应 huíyìng 반응을 보여주다
增加 zēngjiā 증가시키다	提高 tígāo 향상시키다
三分 sān fēn 3할	百分之三十 bǎi fēn zhī sānshí 30%
天赐 tiāncì 하늘이 주다	天生 tiānshēng 타고나다
弱点 ruòdiǎn 약점	缺点 quēdiǎn 단점
流动 liúdòng 유동적이다	不固定 bú gùdìng 고정적이지 않다
举一反三 jǔyī fǎnsān 하나를 알면 열을 알다	触类旁通 chùlèi pángtōng 하나를 알면 열을 알다
弯 wān 굽이	弯道 wāndào 굽이진 길
缓解压力 huǎnjiě yālì 스트레스를 완화시키다	减压 jiǎnyā 스트레스를 줄이다
饮用 yǐnyòng 음용하다	喝 hē 마시다
危害 wēihài 해롭다	危险 wēixiǎn 위험하다
观察 guānchá 관찰하다, 자세히 살펴보다	检验 jiǎnyàn 검증하다, 검열하다
动手 dòngshǒu 착수하다	开始做 kāishǐ zuò 시작하다
需求 xūqiú 필요로 하는 것	想要的 xiǎngyào de 하고 싶은 것, 원하는 것
灵机一动 língjī yídòng 임기응변하다	机智 jīzhì 기지를 발휘하다
风趣 fēngqù 재미있다	幽默 yōumò 유머러스 하다
无援 wúyuán 도움이 없다	没有帮助 méiyǒu bāngzhù 도움이 없다
振奋 zhènfèn 기운 내다	振作精神 zhènzuò jīngshen 사기를 진작시키다
著名 zhùmíng 유명하다	蜚声 fēishēng 명성을 떨치다

❷ 기출에 자주 출제된 구문패턴

● Part 1-2

빈출 구문패턴	같은 표현
B由A举办 B yóu A jǔbàn B는 A가 주최하다	A主办B A zhǔbàn B A가 B를 주최하다
尽量别…… jìnliàng bié…… 가능한 ~하지 마라	不适宜…… bú shìyí…… ~하는 것은 적절하지 않다
比A高 bǐ A gāo A보다 높다	高于A gāoyú A A보다 높다
展示A zhǎnshì A A를 전시하다	展品中有A zhǎnpǐn zhōng yǒu A 전시품 중에 A가 있다
应该具备A的能力 yīnggāi jùbèi A de nénglì A한 능력을 갖추어야 한다	要学会A yào xuéhuì A A할 줄 알아야 한다
对A有利 duì A yǒulì A에 이롭다	有助于A yǒuzhùyú A A에 도움이 된다
合理地…… hélǐ de…… 합리적으로 ~하다	科学地…… kēxué de…… 과학적으로 ~하다
疯狂地…… fēngkuáng de…… 미친 듯이 ~하다	……速度非常快 ~하는 속도가 매우 빠르다 ……sùdù fēicháng kuài

❸ 기출에 자주 출제된 속담/성어/인용구

● Part 1-3

빈출 속담/성어/인용구	정답으로 나온 핵심내용
留得青山在,不怕没柴烧。 Liúdé qīngshān zài, búpà méi cháishāo. 푸른 산을 남겨두면 땔감 땔 나무가 없을까 두렵지 않다. → 근본적인 것이 충실하면 걱정할 것 없다.	只要还有生命,就有将来和希望。 Zhǐyào háiyǒu shēngmìng, jiù yǒu jiānglái hé xīwàng. 살아만 있어도 장래와 희망은 있다.
磨刀不误砍柴工。 Mó dāo bú wù kǎn cháigōng. 칼을 갈아두면 나무를 베는 시간이 지체되지 않는다. → 미리 준비를 해두면 일이 순조로워진다.	提前准备。 미리 준비하다. Tíqián zhǔnbèi.
车到山前必有路。 Chē dào shān qián bì yǒu lù. 차가 산 앞까지 이르면 반드시 길이 있다. → 일정한 시간이 지나면 결국 해결할 방법이 생긴다.	总会有解决的办法。 Zǒng huì yǒu jiějué de bànfǎ. 결국에는 해결할 방법이 생긴다.

一个篱笆三个桩，一个好汉三个帮。
Yí ge líba sān ge zhuāng, yí ge hǎohàn sān ge bāng.
하나의 울타리에는 세 개의 말뚝, 한 명의 대장부는 세 명의 도움이 필요하다.
→ 혼자서는 할 수 없다.

需要别人的帮助。 다른 사람의 도움이 필요하다.
Xūyào biérén de bāngzhù.

好钢要用在刀刃上。
Hǎo gāng yào yòng zài dāorèn shang.
좋은 철은 칼날에 써야 한다.
→ 적재적소에 써야 한다.

东西要用在关键的地方。
Dōngxi yào yòng zài guānjiàn de dìfang.
물건은 (그에 맞는) 중요한 곳에 써야 한다.

长江后浪推前浪。
Cháng Jiāng hòulàng tuī qiánlàng.
창강(양자강)의 뒷 물결이 앞 물결을 밀다.
→ 끊임없이 세대교체를 하다.

新人新事代替旧人旧事。
Xīnrén xīnshì dàitì jiùrén jiùshì.
새로운 사람이나 일이 옛사람과 옛일을 대체하다.

冰冻三尺非一日之寒。
Bīngdòng sān chǐ fēi yí rì zhī hán.
얼음 3척은 하루의 추위로 되는 것이 아니다.
→ 어떤 일이든 긴 시간을 거쳐 형성된다.

经过长时间积累。 긴 시간을 거쳐서 쌓이다.
Jīngguò cháng shíjiān jīlěi.

前三分钟定终身。 앞의 3분이 평생을 결정짓는다.
Qián sān fēnzhōng dìng zhōngshēn.
→ 처음이나 시작 부분이 중요하다.

第一印象很重要。 첫인상이 중요하다.
Dì yī yìnxiàng hěn zhòngyào.

笨鸟先飞。 멍청한 새는 먼저 난다.
Bènniǎo xiānfēi.
→ 부족한 사람은 먼저 준비를 해야 한다.

应该早做准备。 일찍 준비해야 한다.
Yīnggāi zǎozuò zhǔnbèi.

亡羊补牢。 양을 잃고 우리를 보수하다.
Wángyáng bǔláo.
→ 문제가 발생했지만 바로 보완하여 더 큰 문제가 생기지 않게 하다.

问题及时采取补救措施。
Wèntí jíshí cǎiqǔ bǔjiù cuòshī.
문제는 제때에 보완조치를 취해야 한다.

宰相肚里能撑船。
Zǎixiàng dù lǐ néng chēngchuán.
재상의 뱃속은 배도 저을 수 있다.
→ 도량이 넓다.

一个人很有度量。 사람이 도량이 넓다.
Yí ge rén hěn yǒu dùliàng.

人无远虑必有近忧。
Rén wú yuǎnlǜ bìyǒu jìnyōu.
사람은 멀리 있는 앞일을 고려하지 않으면 가까운 시일에 우환이 생긴다.
→ 멀리 내다봐야 한다.

眼光要长远。 장기적인 안목이 있어야 한다.
Yǎnguāng yào chángyuǎn.

百尺竿头更进一步。 Bǎichǐ gāntóu gèng jìnyíbù. 백척간두에서 다시 한 발 내딛다. → 이미 대단한 경지에 이르렀지만 더욱 분발하고 노력하다.	达到很高程度，继续争取。 Dádào hěn gāo chéngdù, jìxù zhēngqǔ. 높은 정도에 이르렀지만 계속 애쓰다.
尽信书不如无书。 Jìn xìn shū bùrú wú shū. 책만 믿는 것은 책이 없는 것만 못하다. → 책의 지식이 전부가 아니다.	要学会独立思考。 Yào xuéhuì dúlì sīkǎo. 독립적으로 사고할 줄 알아야 한다.
忍一时风平浪静，退一步海阔天空。 Rěn yìshí fēngpíng làngjìng, tuì yíbù hǎikuò tiānkōng. 한순간을 참으면 풍랑이 잔잔해지고, 한 걸음 물러나면 바다와 하늘이 끝없이 넓어진다. → 한순간 참으면 일이 더욱 쉽게 해결된다.	要宽容他人。 타인에게 관용을 베풀어야 한다. Yào kuānróng tārén.

제2부분

❶ 인터뷰 대상- 건축설계사 (建筑设计师 jiànzhù shèjìshī)   ● Part 1-4

① 관련어휘 및 표현

设计图 shèjìtú 설계도 | 完美性 wánměixìng 완벽함 | 设计风格 shèjì fēnggé 설계 스타일 | 隔阂而建 géhé érjiàn 간격을 두고 짓다 | 威严的建筑 wēiyán de jiànzhù 위엄 있는 건축물 | 选址是绿地 xuǎnzhǐ shì lǜdì 선택한 부지가 녹지이다 | 如意的施工 rúyì de shīgōng 뜻대로 된 공사 | 和业主沟通 hé yèzhǔ gōutōng 업주(소유주)와 소통하다

② 진행자의 질문

做设计时，有没有明确的风格?	설계할 때, 명확한 스타일이 있습니까?
当时是怎么考虑的?	당시에는 어떻게 고려한 것입니까?
如何看待这个问题?	이 문제를 어떻게 보십니까?
A时，有什么技巧?	A할 때, 어떤 기교가 있습니까?

③ 관련 문제유형

A应该怎么样? A는 어떻게 해야 하는가?	→ A에 대한 게스트의 견해를 묻는 것이다.
A的好处是什么? A의 좋은 점은 무엇인가?	→ 전제조건에 들어가는 내용에 집중해야 한다. **TIP** 장점과 단점은 문제로 자주 연결된다.
A，指的是什么? A가 가리키는 것은 무엇인가?	→ A에 대한 게스트의 정의를 묻는 것이다.
应该如何A? 마땅히 어떻게 A해야 하는가?	→ 게스트가 직업상 가져야 하는 방법이나 기술을 묻는 것이다.
关于男的，可以知道什么? 남자에 관해, 무엇을 알 수 있는가?	→ 게스트 정보를 묻는 것이므로 직업 외의 정보를 주의해서 들어야 한다.

❷ 인터뷰 대상 - 전문등산가 (专业登山员 zhuānyè dēngshānyuán) ● Part 1-5

① 관련어휘 및 표현

分队队长 fēnduì duìzhǎng 팀의 대장 | 攀登……的心路历程 pāndēng……de xīnlù lìchéng ~을 오르는 동안의 심리변화 과정 | 公认为…… gōngrènwéi…… ~로 공인되다 | 横跨山峰 héngkuà shānfēng 산봉우리를 넘다(오르다) | 身体条件允许 shēntǐ tiáojiàn yǔnxǔ 신체조건이 허락되다 | 战胜困难 zhànshèng kùnnán 어려움을 싸워 이기다 | 死里逃生 sǐlǐ táoshēng 죽음에서 살아 돌아오다 | 吃苦耐劳、不怕死的精神 chīkǔ nàiláo、búpà sǐ de jīngshén 고생을 마다 않고, 죽음을 두려워하지 않는 정신 | 承担的责任 chéngdān de zérèn 맡은 책임

② 진행자의 질문

怎样看待这些成绩?	이러한 성적을 어떻게 보십니까?
登山的魅力在什么地方?	등산의 매력은 어디에 있습니까?
需要具备哪些优秀素质?	어떤 우수한 자질들을 갖추어야 합니까?
比队员多做什么样的工作?	팀원보다 어떤 일들을 더 많이 합니까?

③ 관련 문제유형

被人们称为什么? 사람들에게 무엇이라 불리는가?	→ 게스트의 별칭을 묻는 것이다. 보기에서 별칭으로 불릴 만한 어휘들이 있는 보기에 집중해야 한다.

A的魅力是什么? A의 매력은 무엇인가?	→ '魅力(매력)', '吸引力(흡인력)' 등의 어휘에 집중해야 한다.
A，需要具备什么素质? A는 어떤 자질을 필요로 하는가?	→ 이 직업에 필요한 소질, 능력 등을 묻는 것이다.
关于男的，下列哪项正确? 남자에 관해, 아래 어느 항이 정확한가?	→ 게스트에 관한 정보를 묻는 것이다.
需要提前多长时间准备? 미리 얼마나 준비할 필요가 있는가?	→ 미리 준비해야 하는 시간의 양을 묻는 것이다. **TIP** 시간이나 날짜 등의 숫자 관련 내용은 보기를 먼저 파악해 문제로 연결되는지의 여부를 판단할 수 있다.

❸ 인터뷰 대상- 영화감독 (电影导演 diànyǐng dǎoyǎn) ● Part 1-6

① 관련어휘 및 표현

题材 tícái 소재 | 拍摄 pāishè 촬영하다, 찍다 | 把握得游刃有余 bǎwò de yóurèn yǒuyú 여유 있게 파악하다 | 对白 duìbái (연극·영화에서의) 대화 | 打个比方 dǎ ge bǐfang 비유를 들다 | 做电影入行二十年 zuò diànyǐng rùháng èrshí nián 영화 만드는 데 발들인 지 20년이 되다 | 拍烂片 pāilànpiàn 작품성 없는 영화를 찍다 | 角色 juésè 역할 | 找一张纯真的脸 zhǎo yì zhāng chúnzhēn de liǎn 순진한 얼굴(마스크)을 찾다

② 진행자의 질문

为什么要去做一个连对白都没有的电影?	왜 대화조차 없는 영화를 만들었나요?
您不怕失败吗?	당신은 실패할까 두렵지는 않나요?
貌似这两个词更能够帮人渡过难关?	보기에는 이 두 단어가 난관을 넘는 데 더욱 도움을 주는 듯한데요?
好像您的大部分电影都在将纯真丧失?	마치 당신의 대부분의 영화가 모두 순수함을 잃고 있다는 것 같은데요?

③ 관련 문제유형

A有什么特点? A는 무슨 특징이 있는가?	→ 게스트와 관련된 분야나 사물의 특징을 묻는 문제이다. 보기와 관련된 부분에 집중해야 한다.
为什么尝试拍摄新题材? 왜 새로운 소재를 찍어보려고 하는가?	→ '新题材(새로운 소재)'를 언급하면 집중해야 한다.
怎么看待 "A" 这种心理? 'A' 같은 이러한 심리를 어떻게 보는가?	→ 'A'가 언급될 때 집중해야 한다. 게스트의 'A'에 대한 견해를 묻는 것이다.

为什么品质更能帮人度过难关? 왜 퀄리티가 난관을 넘는 데 더욱 도움을 줄 수 있는가?	→ '品质(퀄리티)'나 '渡过难关(난관을 넘다)'이 언급되면 집중해야 한다.
关于男的可以知道什么? 남자에 관해 알 수 있는 것은?	→ 게스트에 관한 정보를 묻는 것이다.

❹ 인터뷰 대상- 인터넷 영역의 기업가
(互联网领域企业家 hùliánwǎng lǐngyù qǐyèjiā)

○ Part 1-7

① 관련어휘 및 표현

创业 chuàngyè 창업 | 处事方式 chǔshì fāngshì 일 처리 방식 | 激进一点儿 jījìn yìdiǎnr 조금 급진적이다 | 平台服务 píngtái fúwù 플랫폼(platform) 서비스 | 用户 yònghù 사용고객, 이용자 | 最难的情形 zuì nán de qíngxing 가장 어려운 정황 | 起到了决定性作用 qǐdào le juédìngxìng zuòyòng 결정적인 역할을 하다 | 盈利模式 yínglì móshì 수익모델 | 增值的互动 zēngzhí de hùdòng 부가가치의 연동

② 진행자의 질문

A和B有区别吗?	A와 B는 어떤 차이가 있나요?
A和B, 你感觉有什么不一样?	A와 B에서, 당신은 어떤 다른 점을 느끼나요?
你认为自己的性格里有哪些特质起到了决定性作用?	당신은 자신의 성격 안에서 어떤 측면이 결정적인 역할을 했다고 여기나요?
A当中, 最难的情形是怎么样的?	A 중에서 가장 어려운 상황은 어떤 것인가요?
你们的盈利模式是什么?	당신들의 수익모델은 무엇인가요?

③ 관련 문제유형

A有什么优势? A는 무슨 장점이 있는가?	→ A의 좋은 점에 집중해야 한다. A는 게스트와 관련되거나 인터뷰의 주 소재로 볼 수 있다.
A有什么特点? A는 어떤 특징이 있는가?	→ A의 특징을 묻는 것이다. A에 관한 언급이 있으면 집중해야 한다.
遇到了什么困难? 어떤 어려움이 생겼는가?	→ 힘들었던 점이나 시련 등을 묻는 것이다.
关于A, 下列哪项正确? A에 관해, 아래의 어느 항이 정확한가?	→ 게스트와 관련된 A에 관한 정보를 묻는 것이다. A에 관한 언급이 있으면 잘 들어야 한다.
关于女的, 下列哪项正确? 여자에 관해, 아래의 어느 항이 정확한가?	→ 게스트에 관한 정보를 묻는 것이다.

제3부분

1 빈출패턴을 이용한 중점 파악 ● Part 1-8

因 A······ A때문에 ~하다	因一时失神忘记了一句唱词。 순간 정신을 딴 데 파느라 한 마디의 가사를 잊었다. '因'은 '因为'의 뜻으로 뒤에는 원인이 나온다. 결과의 원인을 묻는 문제가 많으므로 '因' 뒤의 내용에 집중해서 들을 필요가 있다. → 예문에서 한 마디의 가사를 잊은 원인은 정신을 딴 데 팔아서임을 알 수 있다.
以为 A A라고 (잘못) 여겼다	大家都以为这是梅兰芳强调人物的羞涩感而故意做的改动。 모두 이것이 메이란팡이 인물의 수줍음을 강조하려고 고의로 한 행동이라 여겼다. '以为' 뒤의 내용은 주로 이렇게 여겼으나 실제로는 아닌 내용이 나온다는 것을 주의하자. → 예문에서의 '这(이것)'는 메이란팡이 인물의 수줍음을 강조하기 위해 한 행동이 아님을 짐작할 수 있다.
不是 A，(而)是 B (= 并非 A，而是 B) A가 아니라, B이다	不是我改得好，是我把那句唱词忘了。 내가 잘 고친 것이 아니라, 내가 그 가사를 잊은 것이다. 申辩并非强词夺理，而是让孩子把事情讲清楚。 (질책에 대해) 해명하는 것은 결코 억지를 쓰는 것이 아니라, 아이가 사정을 분명하게 말하도록 하는 것이다. '而是' 뒤의 내용을 강조하기 위해 부정하는 내용을 '不是' 뒤에 설명하는 형식이다. 이 구문은 '而是' 뒤의 내용을 강조하기 위해 쓴 것임을 주의해야 한다. → 위의 예문은 각각 가사를 잊었다는 사실과 아이가 일을 분명히 말하도록 한다는 것을 강조하고 있다.
只有 A 才 B A를 해야만, 비로소 B하다	只有看清楚危险，警示未来，才能有长进。 위험을 분명하게 보고 미래를 경계해야만, 발전할 수 있다. HSK 시험에서 가장 많이 나오는 패턴이다. '才' 뒤에는 주로 성공이나 발전 등의 긍정적인 내용이 나오는데 '只有' 뒤의 내용이 그 긍정적인 내용이 발생되게 하는 필수조건임을 알아야 한다. → 예문에서는 발전하기 위해서는 반드시 위험을 분명히 인지하고 미래를 경계해야 한다고 강조하고 있다.
如果 A，B (부정적인 결과) 만약에 A한다면, B하다	如果大人的要求过分苛刻，孩子是办不到的。 만약에 어른의 요구가 지나치게 가혹하면, 아이들은 해낼 수 없다. '如果' 뒤에는 가정의 내용이 나오고 이어지는 절에는 가정의 결과가 나온다. 가정의 결과가 부정적이라면, 긍정적인 결과를 위해서는 가정과 반대되는 상황을 유추할 수 있어야 한다. → 즉, 예문에서는 아이들이 해낼 수 있게 하기 위해서 어른의 요구가 지나치게 가혹해서는 안 된다는 것을 강조하고 있다.

A 建议 B A는 B하는 것을 건의했다	心理学家听后，建议他改变每位辩论者的坐向，由以往的并排而坐改成两人相对而坐。 심리학자는 들은 후에, 그가 모든 패널들의 좌석방향을 나란히 앉는 것에서 두 사람이 마주 앉는 것으로 바꾸라고 건의했다. 이야기 글이든 정보 글이든 누군가 건의한 내용은 문제와 연결되는 경우가 많다. '建议' 뒤의 내용은 항상 집중해서 들어야 한다.

❷ 기출 소재로 나온 '효과'

从众效应 군중심리효과 cóngzhòng xiàoyìng	무리의 영향을 받아 자신의 관점과 판단, 행위를 바꾸는 현상. '随大流(대세를 따르다)'라고도 부른다. → 정보가 부족하거나 정확한 정보를 수집하지 못했을 때 생기는 현상임을 설명
蘑菇效应 버섯효과 mógu xiàoyìng	버섯과 같이 어려운 시기를 보내고 충분히 성장하여 남에게 관심을 받고 중용되는 현상 → 입사 초기 어려운 시기를 보내는 것은 더 나은 미래를 위한 일종의 단련이므로 필요한 현상임을 설명
坐向效应 좌석방향효과 zuòxiàng xiàoyìng	서로 마주하고 앉아 상대방이 강렬한 압박감이나 자유롭지 못한 느낌이 들게 만드는 현상 → 대중들의 뜨거운 반응을 불러 일으키는 토론들의 좌석이 왜 마주하고 있는지를 설명하는 데 쓰임
瀑布心理效应 pùbù xīnlǐ xiàoyìng 폭포심리효과	정보를 내보낸 사람의 심리는 평온하지만 정보를 받은 사람은 불안정한 심리가 되어 태도나 행위가 변하게 되는 심리현상 → 언행에는 신중한 자세가 필요함을 이야기할 때 쓰임
签名效应 서명효과 qiānmíng xiàoyìng	서명 행위가 자아정체성을 일으켜 소비행위를 할 때 구매 욕망이 이로 인해 더욱 강해지는 심리현상 → 구매나 계약을 할 때 서명하는 것에 주의해야 함을 이야기할 때 쓰임
酝酿效应 yùnniàng xiàoyìng 양조효과(= 부화효과)	문제를 해결하려는 노력을 중단하고 쉬고 있거나 다른 일을 하고 있을 때 갑자기 해결책이 떠올라 문제가 해결되는 현상 → 복잡한 문제나 난제가 있을 경우 오히려 잠시 그 문제를 놓아두는 것이 좋음을 이야기할 때 쓰임

③ 설명 글 관련 최근 기출 소재

용품	花露水 huālùshuǐ 플로럴워터(floralwater)	알코올이 주 성분으로 살균, 소독 작용이 있고, 또한 모기를 쫓는 효과가 있음. 그늘진 곳에 보관해야 함
	白色粉末 báisè fěnmò 마그네슘 가루, 초크	땀 흡착 제거, 손바닥과 사물 간의 마찰력을 증가시킴 **TIP** = 碳酸镁 tànsuānměi = 镁粉 měifěn
식물	攀缘植物 pānyuán zhíwù 덩굴식물	덩굴식물의 줄기는 더 많은 햇볕을 받기 위해 태양 쪽으로 감김 **TIP** 茎 jīng 줄 | 缠绕 chánrào 휘감다
동물	骆驼 luòtuo 낙타	'사막의 배'로 불림. 낙타 등에 있는 혹에는 지방이 들어 있는데 이 혹의 지방은 스스로에게 먹이 제공이 부족할 때 쓰임
	海豹 hǎibào 바다표범 | 海象 hǎixiàng 바다코끼리 | 水獭 shuǐtǎ 수달 | 驴 lǘ 당나귀	
곤충	蚂蚁 mǎyǐ 개미	신경계통이 발달되어 있지 않음. 무리를 이루면 컴퓨터처럼 사고하고 계산하고 계획할 수 있음. '개미굴(蚁丘 yǐqiū)'을 파 하나의 개미왕국을 만들기 위해 개미들은 여러 대에 걸쳐 힘을 합쳐 완성함 **TIP** 蚁酸 yǐsuān 개미산(새의 기생충 제거가 가능함)
	飞蛾 fēi'é 불나방	
우주	火星 huǒxīng 화성 | 陨石 yǔnshí 운석 | 行星 xíngxīng 행성	
생리기능	激素 jīsù 호르몬 | 红蛋白 hóngdànbái 헤모글로빈 | 心肌梗塞 xīnjī gěngsè 심근경색 | 血液循环 xuèyè xúnhuán 혈액순환 | 心肺功能 xīnfèi gōngnéng 심폐기능 | 心率 xīnlǜ 심박율 | 心跳 xīntiào 심장이 뛰다	
올림픽	奥运会 Àoyùnhuì 올림픽 | 冬奥会 Dōng'àohuì 동계올림픽 | 锦标赛 jǐnbiāosài 세계선수권대회 | 获得奖牌 huòdé jiǎngpái 메달을 따다 | 冠军 guànjūn 우승 | 亚军 yàjūn 준우승 | 申办 shēnbàn 유치하다 | 举办 jǔbàn 개최하다	
기후	强劲气流 qiángjìn qìliú 강한 기류 | 冷空气 lěng kōngqì 찬 공기(cold air) | 暖湿 nuǎnshī 온난습윤하다 | 潮湿 cháoshī 습하다	
배, 선박	轮船 lúnchuán (증)기선 | 沉船 chénchuán 침몰한 배	
지리	南极 nánjí 남극 北极 běijí 북극	북극보다 남극이 더 추움. 남극대륙은 육지이나 북극대륙은 바다가 언 해빙(海冰)임
	昆明 쿤밍(곤명) Kūnmíng	사계절 기온이 봄과 같이 균일함. 여름에는 흐린 날이 많음

기타	地窖子 dìyìnzi 지하토굴, 지하실	주로 남향의 산 비탈길에 지음. 절반은 지하, 절반은 지상에 드러나 있음
	米酒 mǐjiǔ 미주	찹쌀을 원료로 가정에서 직접 빚는 토속주로 혈액순환에 좋고, 신진대사 촉진작용 있음
	冰箱的辐射 bīngxiāng de fúshè 냉장고의 방사(전자파)	전자파 방사는 먼지의 영향을 받음. 작동되는 냉장고와는 거리를 두는 것이 좋음

2 독해

❶ 어휘가 잘못 사용된 경우

어휘와 특징	예문
在 ~에서 → 뒤에는 사람이 전치사의 목적어로 올 수 없다.	在客人提供 (×) 给客人提供 (○) 손님에게 제공하다
迫不及待地 절실하게 → 절실한 마음을 꾸며주고 동작동사를 꾸밀 수 없다.	迫不及待地长大 (×) 迫不及待地希望 (○) 절실하게 바라다
何况 하물며 → 앞 절에 쓰이지 않고, '那么(그러면)'와 호응하지 않는다.	何况这些东西丢失了，那么精神个性就没有了 (×) 如果这些东西丢失了，那么精神个性就没有了 (○) 만약에 그것들을 잃으면, 그러면 정신과 개성이 바로 없어진다
领地 영토 → 땅을 나타내는 어휘로 '文学(문학)'의 수식을 받지 못한다.	在文学领地中 (×) 在文学领域中 (○) 문학 영역에서
能 ~할 수 있다 → '(능력이 되거나 상황·허락을 받아) 할 수 있다'는 뜻으로 근거로 인한 결론을 내릴 수 없다.	能说广阔的视野 (×) 可以说拥有广阔的视野 (○) 광활한 시야를 가지고 있다고 말할 수 있다
不是 ~이 아니다 → 접속사로는 '但是'와 호응하지 않고, 'A가 아니라 B이다'는 '不是A而是B'이다.	不是瞬间，但是过程 (×) 不是瞬间，而是过程 (○) 순간이 아니라 과정이다

어휘와 특징	예문
随 (~에) 따라서 → 행동이나 절 앞에 쓰여 동작, 행위, 사건 등의 발생이 의지하는 조건에 쓰인다. 사람에 쓰이지 않는다.	随着很多人度过童年 (×) 伴随着很多人度过童年 (○) 많은 사람들과 함께 어린 시절을 보냈다
逃避 피하다 → 주로 원하지 않거나 접촉하기 어려운 상황에 쓰인다. '现实(현실)'와 자주 쓰이고, 행위에는 쓰이지 않는다.	逃避多次加热 (×) 避免多次加热 (○) 여러 번 가열하는 것을 피해라
功能 기능 → 사물이나 방법이 발휘하는 유리한 작용을 의미하고, 주로 인체기관이나 장기의 기능을 나타낼 때 쓰인다.	他的功能 (×) 他的功劳 (○) 그의 공로
'把'자문과 '让'자문 → '把'자문의 '동작(溜走)'의 주체는 '把' 앞의 명사이고, '让'자문의 '동작(溜走)'의 주체는 '让' 뒤의 명사이다.	把机会从手中溜走 (×) 让机会从手中溜走 (○) 기회가 손에서 달아나게 만든다

❷ 어순이 잘못된 경우

어휘와 특징	예문
开始 시작하다 → 술어 → 주어인 '万物(만물)'보다 뒤에 위치해야 한다.	开始万物复苏 (×) 万物开始复苏 (○) 만물이 소생하기 시작하다
无疑 틀림없이 → 부사어 → 술어인 '是(~이다)'보다 앞에 위치해야 한다.	是无疑很奢侈的 (×) 无疑是很奢侈的 (○) 틀림없이 사치스러운 것이다
其实非常困难 사실 매우 어렵다 → 술어 → 주어인 '去完成一件事情(한 가지 일을 완성하는 것)' 뒤에 위치해야 한다.	其实非常困难去完成一件事情 (×) 去完成一件事情其实非常困难 (○) 한 가지 일을 완성하는 것은 사실 매우 어렵다
之一 ~중의 하나 → 명사구 마지막에만 올 수 있다. '秘诀(비결)' 뒤에 위치해야 한다.	保持年轻的之一秘诀 (×) 保持年轻的秘诀之一 (○) 젊음을 유지하는 비결 중의 하나
农田里的 논밭의 → 관형어 → 관형어는 명사 앞에 위치해야 한다.	害虫农田里的 (×) 农田里的害虫 (○) 논밭의 해충
用 쓰다 → '方法(방법)'를 목적어로 취하는 동사이기 때문에 '方法'보다는 앞에 위치해야 한다.	人们在石头上刻画符号的方法用以记事 (×) 人们用在石头上刻画符号的方法以记事 (○) 사람들은 돌 위에 부호를 새기는 방법으로 일을 기록했다

明显	분명하다 → 부사어	加快明显起来 （×）
→ 동사와 함께 쓰인 경우, 부사어(분명히)로 쓰여 동사 '加快(속도를 올리다)' 앞에 위치해야 한다.		明显加快起来 （○） 분명히 속도가 빨라지기 시작했다

❸ 남용(의미 중복, 성분 남용)인 경우

남용으로 틀린 경우	남용이 된 이유		
就是即	A就是B A는 바로 B이다	=	A即B A는 바로 B이다
在于是	原因在于A 원인은 A에 있다	=	原因是A 원인은 A이다
仿佛像	A仿佛B A는 B와 같다	=	A像B A는 B를 닮았다
有损害健康	有害健康 건강을 해친다	=	损害健康 건강에 해롭다
很老老实实	老老实实 매우 정직하다	=	很老实 매우 정직하다
是呈现出	A是……的景象 A는 ~한 정경이다	=	A呈现出……的景象 A는 ~한 정경을 나타낸다
任何每个人	任何一个人都 어떠한 사람 모두	=	每一个人都 매사람 모두
要……非常重要	要…… ~해야 한다	=	……非常重要 ~하는 것이 매우 중요하다
从小很早	从小 어려서부터	=	很早 일찍이
商量商量一下	商量商量 상의 좀 해보다	=	商量一下 상의 좀 해보다

❹ 잘못된 호응 문장 올바르게 고치기

잘못된 호응	올바른 호응의 예
他的病已经恢复了健康 (×) 그의 병은 이미 건강을 회복했다 → 그가 병을 회복한 것이지, 병이 건강을 회복할 수 없다.	他的病已经好了 그의 병은 이미 좋아졌다 他恢复了健康 그는 건강을 회복했다
扩大了普及速度 (×) 보급 속도를 확대시켰다 → 속도는 늦추거나 올릴 수 있는 대상이지, 확대의 대상이 아니다.	扩大了普及范围 보급 범위를 확대시켰다 提高了普及速度 보급 속도를 높였다
应聘这个职位需要有相关经验的人 (×) 이 직위에 지원하는 데는 관련 경력이 있는 사람을 필요로 한다 → 직위에 지원하는 데 필요한 것은 조건이지, 사람이 아니다.	应聘这个职位需要有相关经验 이 직위에 지원하는 데는 관련 경력이 있어야 한다 这个职位需要有相关经验的人 이 직위는 관련 경력이 있는 사람을 필요로 한다
凝聚了参观者 (×) 참관자들을 응집시켰다 → 사람은 응집시킬 수 없다.	凝聚了力量 힘을 응집시켰다 吸引了参观者 참관자들을 매료시켰다
深秋的香山是……的好时候 (×) 늦가을의 시앙산은 ~한 좋은 때이다 → 장소를 '때'라고 정의할 수 없다.	深秋的香山是……的好地方 늦가을의 시앙산은 ~한 좋은 곳이다 香山的深秋是……的好时候 시앙산의 늦가을은 ~한 좋은 때이다
提高和丰富了我们的知识 (×) 우리의 지식을 향상시키고 풍부하게 했다 → 지식은 풍부하게는 할 수 있으나 향상시킬 수 있는 대상은 아니다.	丰富了我们的知识 우리의 지식을 풍부하게 했다 提高了我们的知识水平 우리의 지식 수준을 향상시켰다
他的祖籍是江苏泰州人 (×) 그의 고향은 장쑤 타이저우 사람이다 → 고향은 사람이 될 수 없다.	他的祖籍是江苏泰州 그의 고향은 장쑤 타이저우이다 他是江苏泰州人 그는 장쑤 타이저우 사람이다

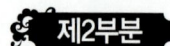

1 조합되는 어휘를 반드시 함께 암기해야 하는 어휘의 구별

顿 dùn	양 끼니	一顿饭 한 끼의 식사
吨 dūn	양 톤(ton)	一千万吨 천만 톤
番 fān	양 종류	别有一番风景 색다른 한 풍경을 가지고 있다
阵 zhèn	양 (한)바탕, 차례	下了一阵雨 한바탕의 비가 내렸다

均匀 jūnyún	동 고르다, 균일하다	均匀分散 고르게 분산시키다
平均 píngjūn	명 평균	平均气温 평균기온
平衡 pínghéng	명동 균형(을 갖추다)	平衡系统 균형 시스템

给予 jǐyǔ	동 (추상적인 행위를 해) 주다	给予支持 지지해 주다 TIP ↔ 得到 얻다
赋予 fùyǔ	동 (임무나 의미 등을) 부여하다	赋予意义 의미를 부여하다
授予 shòuyǔ	동 (학위·상 등을 정식적으로) 수여하다	授予学位 학위를 수여하다

品质 pǐnzhì	명 (사람의) 인품/ (사물의) 질, 퀄리티(quality)	品质高尚的人 인품이 고상한 사람 写作品质 글 창작의 퀄리티
品德 pǐndé	명 (사람의) 인품, 품성	高尚的品德 고상한 인품

发扬 fāyáng	동 (정신·전통 등을) 드높이다	发扬传统 전통을 드높이다
发挥 fāhuī	동 (실력·작용 등을) 발휘하다	发挥作用 작용을 발휘하다

流露 liúlù	동 (표정이나 기색이 무심코) 드러나다	流露出自信的神态 자신 있는 표정이 드러나다
流传 liúchuán	동 (이야기나 속담 등이) 전해지다	一个广为流传的故事 널리 전해지는 이야기

移 yí	동 (사물이) 이동하다	移民 이민 가다
挪 nuó	동 (사물의 위치를) 옮기다	把桌子挪一挪 책상을 좀 옮기다

迁 qiān	동 (사물이 위치를) 이전하다, 옮겨 가다	首都北迁	수도가 북으로 이전되다
		候鸟迁徙	철새가 옮겨 가다
具备 jùbèi	동 (조건·자격 등을) 갖추다	具备素质	자질을 갖추다
具有 jùyǒu	동 (본질이나 특징적으로) 가지고 있다	具有意义	의미를 가지고 있다
占有 zhànyǒu	동 (지위나 백분율을) 점유하다	占有举足轻重的地位	중요한 지위를 점유하다

❷ 어휘의 특징을 정확하게 알아야 하는 어휘의 구별

反应 fǎnyìng	명 (물리적·화학적·심리적) 반응	反应迅速	반응이 빠르다
反映 fǎnyìng	동 (객관적인 사물의 본질을) 반영하다	这部电影反映了现实的生活	이 영화는 현실적인 생활을 반영했다
反馈 fǎnkuì	동 (정보나 반응이) 되돌아오다, 피드백(feedback) 되다	市场信息反馈	시장정보가 피드백 되다
效率 xiàolǜ	명 효율: 들인 노력과 얻은 결과의 비율	提高办事效率	일 처리 효율을 높이다
效益 xiàoyì	명 효과와 수익	经济效益	경제적 효과와 수익
成效 chéngxiào	명 성과: 이루어낸 좋은 결과	成效显著	성과가 뚜렷하다
功能 gōngnéng	명 기능: 인체기관이나 사물이 하는 구실이나 작용	消化功能衰弱	소화기능이 쇠약해지다
功效 gōngxiào	명 효능: 효험을 나타내는 능력	茶叶的功效	찻잎의 효능
情形 qíngxíng	명 (드러난) 상황, (처한) 상태	打听那里的情形	그곳의 상황을 알아보다
情景 qíngjǐng	명 (구체적인) 광경, 장면	熟悉的情景	익숙한 광경
事业 shìyè	명 일, 사업: 목적과 계획을 가지고 종사하는 경제활동	获得事业上的成功	일에서의 성공을 얻다
行业 hángyè	명 업종: 직업이나 영업의 종류	从事服务行业	서비스 업종에 종사하다
平常 píngcháng	명 평상시: 특별한 일이 없는 보통 때에	比平常早来	평소보다 일찍 오다

时常 shícháng	뷔 늘, 항시; 빈도가 잦게	时常早起 늘 일찍 일어나다
照常 zhàocháng	뷔 평소대로, 평상시와 같게	假期也照常营业 휴일에도 평소대로 영업한다

展现 zhǎnxiàn	동 (눈앞에 확실히) 드러나다, 나타나다	新世界展现在我们眼前 새로운 세계가 우리 눈앞에 펼쳐졌다
展示 zhǎnshì	동 (분명하게) 보여주다, 뽐내다	展示自己的优点 자신의 장점을 뽐내다

精细 jīngxì	형 (제작과정·일 처리 등이) 정교하고 꼼꼼하다	制造得非常精细 매우 정교하게 제작되다
精致 jīngzhì	형 (조형물·만들어진 제품 자체가) 정교하다	精致的小提琴 정교한 바이올린
精美 jīngměi	형 (사물의 외관·무늬·도안 등이) 정교하고 아름답다	精美的花纹 정교하고 아름다운 무늬

躲 duǒ	동 (몸을) 피하다, (피하여) 숨다	儿子躲在我背后 아들이 내 등 뒤에 숨다
藏 cáng	동 (사물을) 간직하다, (장소에) 담겨 있다, 깃들어 있다	一首歌藏着一个世界 하나의 노래에는 하나의 세계가 담겨져 있다

제3부분

❶ 특정어휘를 이용하여 사고능력 키우기

1	原来 알고 보니	原来正是鲨鱼天生的缺陷造就了强大。 알고 보니, 상어의 천성적인 결함이 강대함을 만들어낸 것이었다. '原来'는 '원래의'라는 뜻이 있지만 문장의 제일 앞에 쓰이면 '알고 보니'라는 뜻으로 궁금했던 사실에 대한 이유를 알게 되어 더 이상 이상할 것 없다는 것을 의미한다. → 예문 뒷부분에 상어의 강대함을 만들어낸 것은 천성적인 결함인 것을 알아냈다는 내용이므로 앞의 내용은 어떤 결함인지가 모두 설명되어야 한다.
2	其中 그 중에서	其中, 松质骨对维持骨骼形态的作用更大。 그 중에서, 해면골(松质骨)의 골격의 상태 유지에 대한 작용이 더욱 크다. '其中(그 중에서)'은 '앞에서 말한 것 속에서'라는 뜻이므로, 그 중에서 '해면골의 작용이 크다'라고 나왔으니 앞에서 이미 해면골이 언급되었음을 짐작할 수 있다.

3	比如 예를 들면	比如会导致肥胖、血压升高等。 예를 들면, 비만, 혈압상승 등을 일으킨다. '比如(예를 들면)'는 앞에서 설명한 내용의 구체적인 예를 들 때 쓰이는 어휘이므로, 비만이나 혈압상승을 일으키는 것이 예라면 앞의 내용은 어떤 행동의 안 좋은 점에 대해 언급했음을 짐작할 수 있다.
4	特别 = 尤其 특히	特别是慢性病患者和老年患者。 특히, 만성병환자와 노년환자가 그러하다. '特别(특히= 尤其)'는 앞에서 언급한 큰 범위에서 두드러진 것을 강조해서 설명하고자 할 때 쓰는 어휘이므로, 앞의 내용에서는 만성병환자와 노년환자가 포함될 수 있는 큰 범위의 환자가 언급되었을 가능성이 크다.
5	都 = 均 모두	均力图忠实于原著。 모두 원작에 충실하려고 힘썼다. '均(모두= 都)'은 접속사 '无论(막론하고)'과 함께 쓰이는 것 외에도, 앞에서 설명한 것이 복수의 개념임을 알 수 있다. → 예문에서는 '모두 원작에 충실하려고 힘썼다'라는 내용이 나왔으므로 앞에서는 원작에 충실할 수 있는 대상들이 적어도 두 개 이상은 나왔음을 알 수 있다.
6	举办 개최하다	这里都要举办"红楼描绘"。 이곳에서 모두 '红楼描绘'가 개최되었다. '举办(개최하다, 개최되다)'이라는 어휘가 나오면 항상 언제, 어디서, 무엇이, 왜, 개최되는지를 궁금해해야 한다. → 예문에서 '어디 = 这里(이곳)'와 '무엇 = 红楼描绘'가 언급되었으니 앞에서는 언제 혹은 왜 개최되는지에 대해 언급했음을 짐작할 수 있다.
7	同样 똑같이	同样可以起到保护脑部的作用。 똑같이 뇌 부분을 보호하는 작용을 일으킬 수 있다. '同样(똑같이)'이라는 말은 '앞에서 언급한 것과 같이'라는 뜻이므로 앞에서도 뇌 부분을 보호하는 역할을 할 수 있다는 내용이 이미 나왔음을 짐작할 수 있다.
8	反而 오히려	反而对张大千画的那幅《虎图》赞赏有加。 오히려 장대천이 그린 그 《虎图》를 칭찬했다. '反而(오히려)'은 통상적으로 발생되지 않아야 하는 상황이 발생되었음을 의미하므로 장대천의 작품은 칭찬이 어울리지 않아야 했음을 설명하는 내용이 나와야 한다. 또한 장대천의 작품을 칭찬했다는 내용이 있으므로 앞 내용의 주어는 장대천이 아닌 다른 사람이어야 한다.
9	纷纷 잇달아, 분분하게	纷纷来他家道喜。 잇달아 그의 집에 와서 축하했다. '纷纷(잇달아)'은 여러 사람이 질서 없이 행동하는 것이 이어질 때 쓰는 어휘이므로, 이 내용의 주어는 다수의 사람이거나 다수의 사람을 지칭하는 어휘임을 알 수 있다. → 예문의 내용은 축하하는 내용이므로 축하할 만한 사건 역시 앞에서 언급되어야 한다.

10	先弄清楚 먼저 분명히 알다	先弄清楚 "花香" 是怎么回事。 먼저 '꽃 향기'가 어떻게 된 것인지 분명히 알아야 한다. '先弄清楚(먼저 분명히 알아야 한다)'라는 말은 질문이나 해결책에 대한 대답이므로 앞의 내용에는 해결책을 요하는 질문이 있었음을 짐작할 수 있다. → 예문의 내용상 꽃 향기에 대해 알아야만 해결되는 문제여야 한다.
11	然后 그런 후에	然后就随便地扔在了地上。　　그런 후에, 바로 아무렇게나 땅에 던졌다. '然后(그런 후에)'라는 어휘는 '앞에서 어떤 행위가 이루어지고 나서 그 다음에'라는 뜻이므로 예문에서는 땅에 던지기 전의 행동을 추측해야 하고, 그보다 먼저 던진 대상이 언급되어야 한다.
12	最后 마지막	最后才是身体瘦弱的狼。　　마지막이 몸이 약한 늑대이다. '最后(마지막)'라는 어휘는 주로 '首先(먼저)', '然后(그런 후에)'라는 어휘와 함께 쓰이고 그 중에서 마지막에 쓰는 어휘이므로 앞에서 '首先(먼저)', '然后(그런 후에)'가 쓰였음을 짐작할 수 있다. → 예문에서 마지막이 몸이 약한 늑대라고 했으므로 앞에서는 몸이 강한 늑대가 설명되었을 가능성이 크다.

❷ 전치사구를 이용하여 사고능력 키우기

为了查明事情的真相 일의 진상을 분명히 밝히기 위해	'为了……(~를 위해서)'라는 전치사구이므로 답이 들어갈 자리 뒤의 부호는 '마침표(。)'가 올 수 없다. → '일의 진상을 밝히기 위해서'라는 목적만 나왔으므로 뒤에는 진상을 밝히기 위한 조사나 확인 등의 내용이 나올 가능성이 크다.
在低温无风的天气里 기온이 낮고 바람이 없는 날씨 속에서	'在……里(~ 안에서)'라는 전치사구이므로 답이 들어갈 자리 뒤의 부호는 '마침표(。)'가 올 수 없다. → 이런 전제조건만 나오는 경우는 정보 구일 확률이 높고, '기온이 낮고 바람이 없는 날씨 속에서' 무엇이 어떤 결과를 가져오는지가 뒤에 설명되어야 한다. 전제조건 뒤에는 그에 따른 결과를 항상 예상해야 한다.
它在中国古文字学与书法艺术领域 그것은 중국고문자학과 서예예술의 영역에서	'在……领域(~ 영역에서)'라는 전치사구이므로 답이 들어갈 자리 뒤의 부호는 '마침표(。)'가 올 수 없다. → 여기서는 이 전치사구 앞에 '它(그것)'라는 주어가 붙어 있으므로, 이어지는 내용은 술어로 시작해야 한다. 내용에서 언급한 '그것'이 고문자학과 서예 예술의 영역에서 어떤 작용이나 중요한 위치를 차지하고 있다는 내용이 이어질 가능성이 크다.

③ 대명사를 이용하여 사고능력 키우기

这幅画很快受到了追捧。 이 그림은 아주 빠르게 추종을 받았다.	'这幅画(이 그림)'라는 지시대명사가 있는 명사구로 시작했으므로 앞에는 그림이 언급되었음을 짐작할 수 있다.
这个偶然的事件使小司马光出了名。 이 우연한 사건은 어린 사마광을 유명하게 만들었다.	'这个偶然的事件(이 우연한 사건)'이라는 지시대명사가 있는 명사구로 시작했으므로 앞에서 사마광을 유명하게 만든 사건이나 이야기가 언급되었음을 짐작할 수 있다.
承认这话很有道理。 이 말에도 일리가 있다고 인정했다.	'这话(이 말)'라는 지시대명사가 있는 명사구가 있으므로 앞에서는 주인공이 일리가 있다고 생각하게 만든 '말'이 언급되었음을 짐작할 수 있다.
他们两人曾经合作画画。 그들 두 사람은 일찍부터 합작해서 그림을 그렸다.	'他们两人(그들 두 사람)'이라는 인칭대명사와 그 수가 분명히 언급되었으므로 앞에서는 어떤 두 사람인지가 언급되고, 이어지는 내용에서는 어떤 방식으로 그림을 합작했는지 언급할 것이라는 것을 짐작할 수 있다.

④ 독해 제3부분 빈출 접속사 정리

1	不是(并不/并非) A，而是(只是) B	A가 아니라, B이다 **TIP** 不 + 일반동사 + A, 而 + 일반동사 + B 不需要 A, 而需要 B　A가 필요한 것이 아니라, B가 필요하다
2	不仅(不但/不只/不光/不单) A， 而且(并且/且) 还(也/更) B	A뿐만 아니라, 게다가 또한(역시/더욱) B하다
3	虽然(尽管) A，但是(可是/然而) 却 B	비록 A지만, 그러나 오히려 B하다
4	即使(即便) A，也 B	설령 A일지라도, B하다
5	如果(要是/假如/假使/倘若/若) A， 那么就(便/则)会(恐怕) B	만약에 A한다면, 그러면 바로 B일 것이다/ 아마도 B일지 모른다
6	无论(不论/不管) A 还是 B，都(也)……	A든 B든 상관없이, 모두(역시) ~하다
7	无论(不论/不管) 什么/哪儿/谁，都(也)……	무엇이든/어디든/누구든, 모두(역시) ~하다
8	只有(除非) A，才 B	A를 해야만, 비로소 B하다
9	只要 A，就(便) B	A하기만 하면, 바로 B하다
10	一旦 A，就(便) B	일단 A하면, 바로 B하다
11	因为 A，所以 B	A 때문에, 그래서 B하다
12	由于 A，所以(因此) B	A 때문에, 그래서(그리하여) B하다

13	既然 A，那么就 B	기왕 A한 마당에, 그러면 바로 B하다
14	既 A，又(也/还/更) B	A하기도 하고, 또(역시/또한/더욱) B하다

제4부분

❶ 같은 의미로 쓰이는 조합어휘

1	费时间 fèi shíjiān = 花时间 huā shíjiān	시간을 허비하다
2	各不相同 gèbù xiāngtóng = 不一样 bù yíyàng	다르다
3	传递信息 chuándì xìnxī = 传递讯息 chuándì xùnxī	정보를 전달하다
4	扑灭 pūmiè = 救火 jiùhuǒ	불을 진압하다
5	显示机遇 xiǎnshì jīyù = 显示机会 xiǎnshì jīhuì	기회를 드러내다
6	把握现在 bǎwò xiànzài = 享受现在 xiǎngshòu xiànzài	지금을 잡다(즐기다)
7	起到作用 qǐdào zuòyòng = 发挥作用 fāhuī zuòyòng	작용을 일으키다
8	重视亲近自然 zhòngshì qīnjìn zìrán = 注重亲近自然 zhùzhòng qīnjìn zìrán	자연을 가까이 하는 것을 중시하다
9	转移 zhuǎnyí = 转向 zhuǎnxiàng	바꾸다, 변경하다

❷ 독해 제4부분에 자주 출제되는 조합어휘

1	取悦人类 qǔyuè rénlèi	인류를 기쁘게 하다	2	沦为乞丐 lúnwéi qǐgài	거지로 전락하다
3	人人有责 rénrén yǒuzé	모든 사람이 책임이 있다	4	布满荆棘 bùmǎn jīngjí	가시밭길이다
5	斗志昂扬 dòuzhì ángyáng	투지가 드높아지다	6	打下基础 dǎxià jīchǔ	기초를 다지다
7	讲诚信 jiǎng chéngxìn	신용을 중시하다, 신용을 지키다	8	条件苛刻 tiáojiàn kēkè	조건이 가혹하다
9	予以免除 yǔyǐ miǎnchú	면제해주다	10	推行制度 tuīxíng zhìdù	제도를 널리 시행하다

11	自我揭发 zìwǒ jiēfā	자아폭로 (스스로를 폭로하다)		12	吸取教训 xīqǔ jiàoxun	교훈을 흡수하다 (받아들이다)
13	萌生想法 méngshēng xiǎngfǎ	방법이 생겨나다		14	隐形杀手 yǐnxíng shāshǒu	보이지 않는 살인자
15	风靡城市 fēngmí chéngshì	도시를 휩쓸다, 도시를 풍미하다		16	传授秘籍 chuánshòu mìjí	비법을 전수하다
17	紧跟潮流 jǐngēn cháoliú	유행을 바싹 뒤따르다		18	获得认同 huòdé rèntóng	인정을 얻다
19	得到提示 dédào tíshì	깨달음을 얻다		20	造福人类 zàofú rénlèi	인류에 복을 가져다 주다
21	达到地步 dádào dìbù	지경에 이르다		22	发放补贴 fāfàng bǔtiē	보조해주다, 보조금을 지급하다

❸ 독해 제4부분에 자주 출제되는 4자 고정구

1	贫困潦倒 pínkùn liáodǎo	궁핍하고 초라해지다		2	锦衣华食 jǐnyī huáshí	호의호식하다, 잘 먹고 잘 지내다
3	狂妄自大 kuángwàng zìdà	아주 거만하여 안하무인이다		4	脚踏实地 jiǎotà shídì	일하는 것이 착실하고 견실하다
5	循序渐进 xúnxù jiànjìn	순서에 따라 점차 진행하다		6	变化无常 biànhuà wúcháng	변화무상하다
7	一帆风顺 yīfān fēngshùn	일이 순조롭게 진행되다		8	从容不迫 cóngróng búpò	매우 침착하다
9	抢购一空 qiǎnggòu yīkōng	날개 돋친 듯 다 팔리다		10	惊慌失措 jīnghuāng shīcuò	놀라고 당황하여 어찌할 바를 모르다
11	旦夕祸福 dànxī huòfú	재난이나 행운은 언제든지 찾아올 수 있다		12	瞠目结舌 chēngmù jiéshé	놀라서 어리둥절해 하다
13	心甘情愿 xīngān qíngyuàn	기꺼이 원하다		14	凭空而来 píngkōng érlái	근거 없이 나오다(생기다)
15	登峰造极 dēngfēng zàojí	최고수준에 이르다		16	指日可待 zhǐrì kědài	머지않아 실현되다
17	抱成一团 bàochéng yītuán	하나로 똘똘 뭉치다		18	以貌取人 yǐmào qǔrén	외모로 판단하다

3 ✏️ 쓰기

❶ 성어나 어려운 어휘 쉽게 바꾸기

어휘와 뜻	바꿀 수 있는 어휘
气愤不已 qìfèn bùyǐ 분개해 마지않다, 분통이 터지다	生气 화내다
尽心尽力 jìnxīn jìnlì 몸과 마음을 다하다	努力 노력하다
坚持不懈 jiānchí búxiè 조금도 느슨해지지 않고 끝까지 견지하다	坚持到底 끝까지 견지하다
迎刃而解 yíngrèn érjiě 순리적으로 문제가 해결되다	解决 해결하다
心安理得 xīn'ān lǐdé 그럴 듯하다고 스스로 만족하다	坦然 (마음이) 편하다
慷慨施舍 kāngkǎi shīshě 후하게 시주하다	大方地给 후하게 주다
气喘如牛 qìchuǎn rúniú 힘든 소처럼 헐떡이다	很累 매우 힘들다
莫名其妙 mòmíng qímiào 영문을 알 수 없다	奇怪 이상하다
扬长而去 yángcháng érqù 거들먹거리며 떠나가다	离开了/走了 떠났다
声色俱厉 shēngsè jùlì 목소리와 표정이 매우 사납다	狠狠地 사납게 严厉地 엄하게
惊异不已 jīngyì bùyǐ 놀라며 의아해하다	惊讶 의아스럽다
勤奋钻研 qínfèn zuānyán 몰두하여 연구하다	努力研究 열심히 연구하다
名噪一时 míngzào yìshí 한때 명성을 떨치다	一时名声很大 한때 명성이 대단하다
如愿以偿 rúyuàn yǐcháng 소원성취하다	如意 뜻대로 되다
不惑之年 búhuò zhīnián 불혹(의 나이)	40岁 40세
侃侃而谈 kǎnkǎn értán 조용하고 차분하게 말하다	从容地说 차분하게 말하다
忍俊不禁 rěnjùn bùjīn 웃음을 금치 못하다	忍不住笑 참지 못하고 웃다
深入浅出 shēnrù qiǎnchū 어려운 내용을 쉽게 끌어내다	易懂 쉽게 이해하다
通俗易懂 tōngsú yìdǒng 통속적이어서 알기 쉽다	大家都能懂得 모두가 다 이해할 수 있다
津津有味 jīnjīn yǒuwèi 흥미진진하다	有趣 재미있다

❷ 실전에 유용한 패턴정리

패턴	예문
A가 B에게 말했다. "~." = A가 B에게 ~라고 말했다. **A 对 B 说："……。"** **= A 对 B 说……。**	小红对我说："我就不带你去玩。" 샤오홍이 나에게 "내가 너를 데리고 놀러 갈게."라고 말했다. 小红对我说，她就不带我去玩。 샤오홍이 나에게 그녀가 나를 데리고 놀러 간다고 말했다.
몇 번 A하고 나서야 비로소 ~하다 **A 了 + 숫자 + 次/遍，才……**	修改了37遍才通过。 37번이나 고치고 나서야 통과했다. → 순조롭지 못하고 오래 걸렸음을 의미
몇 번 A하고 나서, 바로 ~했다 **A 了 + 숫자 + 次/遍，就……了**	修改了一遍就通过了。 한 번 고치고 바로 통과했다. → 순조롭고 오래 걸리지 않았음을 의미
A는 B를 ~하게 (동사)하다 **A 把 B + 동사 + 得……**	他把《A》讲得通俗易懂。 그는 《A》를 이해하기 쉽게 강의했다.
A는 B가 ~하게 하다(시키다) **A 让 B……**	他让种子发芽了。 그는 씨앗을 싹 틔웠다(발아시켰다).
~하는 한 가지 방법을 생각했다 **想了一个办法：……**	想了一个办法：如果他们听得迷糊，就重写。 만약에 그들이 잘 이해하지 못하면, 바로 새로 쓰겠다는 한 가지 방법을 생각했다. → 부호사용에 주의해야 한다.
~하는 꿈이 있다 **有一个梦想——……**	他有一个梦想——成为《A》节目的主持人。 그는 《A》프로그램의 진행자가 되겠다는 꿈이 있다. → 부호사용에 주의해야 한다.
~해서 A에게 보내주다/나누어주다 **……发给/分给 A**	录视频发给导演。 동영상을 녹화해서 감독에게 보냈다.
~해서 A에게 들려주다/보여주다 **……给 A 讲/看**	写稿子给孩子们讲。 원고를 써서 아이들에게 들려준다.
A를 ~(동사)할 수 없다 **동사 不了 A = 不能 동사 A**	区分不了A和B = 不能区分A和B A와 B를 구분할 수 없다
A를 통해(A한 끝에), 마침내 ~하다 **经过……，终于……**	经过努力，他终于获得了很大的成功。 노력을 통해(= 노력한 끝에), 그는 마침내 큰 성공을 얻었다.
A때문에, 비로소 B를 가질 수 있었다 **因为 A，才可以拥有 B**	因为诚实，他才可以拥有美好的未来。 정직함 때문에, 그는 비로소 행복한 미래를 가질 수 있었다.

PART 02

新HSK **6**급
汉办 공식 개정
어휘 2500
DAY 20

*개정 단어는 병음 순으로 나열하였습니다.
*단어 옆 숫자는 해당 급수 표시입니다.
*PART 02의 MP3 음원은 Day별 단어를 묶어 폴더에 넣어 구성하였습니다.

0001	挨	āi	⑧ 붙어 있다, 인접하다
0002	癌症	áizhèng	⑨ 암, 암의 통칭
0003	爱不释手	àibú shìshǒu	⑳ 너무나 좋아하여 차마 손에서 떼어 놓지 못하다
0004	爱戴	àidài	⑧ 추대하다, 우러러 섬기다
0005	暧昧	àimèi	⑲ 애매하다, 불확실하다
0006	安宁	ānníng	⑲ 마음이 편하다, 안정되다
0007	安详	ānxiáng	⑲ 차분하다, 점잖다
0008	安置	ānzhì	⑧ 잘 놓아 두다, 안치하다, 배치하다
0009	按摩	ànmó	⑧ 안마하다, 마사지하다, 안마, 마사지
0010	案件	ànjiàn	⑨ 법률상의 사건, 안건
0011	案例	ànlì	⑨ 사례, 사건·소송 등의 구체적인 예
0012	暗示	ànshì	⑧ 암시하다
0013	昂贵	ángguì	⑲ 가격이 치솟다, 비싸다
0014	凹凸	āotū	⑲ 울퉁불퉁하다
0015	熬	áo	⑧ 푹 삶다, 인내하다, 견디다
0016	奥秘	àomì	⑨ 신비, 비밀
0017	巴不得	bābude	⑧ 간절히 원하다, 몹시 바라다
0018	巴结	bājie	⑧ 권력에 아첨하다, 비위를 맞추다, 아부하다
0019	扒	bā	⑧ 뜯어 내다, 허물다, 벗기다
0020	疤	bā	⑨ 상처, 흉터
0021	拔苗助长	bámiáo zhùzhǎng	⑳ 일을 급하게 이루려고 하다가 도리어 일을 그르치다
0022	把关	bǎ//guān	⑧ 책임을 지다, 엄격히 심사하다
0023	把手	bǎshou	⑨ 손잡이, 핸들
0024	罢工	bà//gōng	⑨ 동맹 파업 ⑧ 동맹 파업하다
0025	霸道	bàdào	⑨ 패도 ⑲ 포악하다
0026	掰	bāi	⑧ 손으로 물건을 쪼개다

0027	摆脱	bǎituō	동 (속박·규제·생활상의 어려움 등에서) 벗어나다
0028	败坏	bàihuài	동 (명예·풍속 등을) 손상시키다, 망치다
0029	拜访	bàifǎng	동 삼가 방문하다, 예방하다
0030	拜年	bài//nián	동 세배하다
0031	拜托	bàituō	동 부탁드립니다
0032	颁布	bānbù	동 공포하다, 반포하다
0033	颁发	bānfā	동 (증서나 상장 따위를) 수여하다
0034	斑	bān	명 얼룩 반점
0035	版本	bǎnběn	명 판본
0036	半途而废	bàntú érfèi	성 일을 중도에 그만두다
0037	扮演	bànyǎn	동 ~역을 맡아 하다, 출연하다
0038	伴侣	bànlǚ	명 배우자, 반려자
0039	伴随	bànsuí	동 따라가다, 동행하다, 수반하다
0040	绑架	bǎngjià	동 납치하다, 인질로 잡다
0041	榜样	bǎngyàng	명 모범, 본보기
0042	磅	bàng	명 파운드
0043	包庇	bāobì	동 비호하다
0044	包袱	bāofu	명 부담, 짐
0045	包围	bāowéi	동 포위하다, 에워싸다
0046	包装	bāozhuāng	동 물건을 포장하다
0047	饱和	bǎohé	형 최고조에 달하다
0048	饱经沧桑	bǎojīng cāngsāng	성 세상만사의 변화를 실컷 경험하다
0049	保管	bǎoguǎn	동 보관하다
0050	保密	bǎomì	동 비밀을 지키다
0051	保姆	bǎomǔ	명 보모, 가정부
0052	保守	bǎoshǒu	형 보수적이다 동 고수하다
0053	保卫	bǎowèi	동 보위하다
0054	保养	bǎoyǎng	동 보양하다, 양생하다, 수리하다, 정비하다
0055	保障	bǎozhàng	동 보장하다, 보증하다

0056	保重	bǎozhòng	동 건강에 주의하다, 몸조심하다
0057	报仇	bào//chóu	동 복수하다, 원수를 갚다
0058	报酬	bàochou	명 보수
0059	报答	bàodá	동 보답하다, 은혜를 갚다
0060	报复	bàofù	동 보복하다
0061	报警	bào//jǐng	동 경찰에 신고하다, 급하게 신호를 보내다
0062	报销	bàoxiāo	동 사용 경비를 청구하다
0063	抱负	bàofù	명 포부, 웅지
0064	暴力	bàolì	명 폭력
0065	暴露	bàolù	동 폭로하다, 드러내다
0066	曝光	bào//guāng	동 폭로되다, 노출되다
0067	爆发	bàofā	동 폭발하다
0068	爆炸	bàozhà	동 작렬하다, 폭발하다
0069	卑鄙	bēibǐ	형 비열하다, 졸렬하다
0070	悲哀	bēi'āi	형 슬프고 애통하다 명 비애, 슬픔
0071	悲惨	bēicǎn	형 비참하다
0072	北极	běijí	명 북극
0073	贝壳	bèiké	명 조가비
0074	备份	bèifèn	동 예비분으로 복제하다 명 백업
0075	备忘录	bèiwànglù	명 비망록
0076	背叛	bèipàn	동 배반하다, 배신하다
0077	背诵	bèisòng	동 외우다, 암송하다
0078	被动	bèidòng	형 피동적이다, 수동적이다
0079	被告	bèigào	명 피고
0080	奔波	bēnbō	동 분주히 뛰어다니다, 분주하다
0081	奔驰	bēnchí	동 질주하다, 폭주하다
0082	本能	běnnéng	명 본능
0083	本钱	běnqián	명 본전, 원금
0084	本人	běnrén	명 본인

0085	本身	běnshēn	명 자신, 본인
0086	本事	běnshi	명 능력, 재능
0087	笨拙	bènzhuó	형 멍청하다, 우둔하다
0088	崩溃	bēngkuì	동 붕괴하다
0089	甭	béng	부 ~할 필요 없다, ~하지 마라
0090	迸发	bèngfā	동 밖으로 내뿜다, 분출하다
0091	蹦	bèng	동 뛰어오르다, 껑충 뛰다
0092	逼迫	bīpò	동 핍박하다
0093	鼻涕	bítì	명 콧물
0094	比方	bǐfang	동 예를 들다
0095	比喻	bǐyù	동 비유하다
0096	比重	bǐzhòng	명 비중
0097	鄙视	bǐshì	동 경멸하다, 무시하다, 업신여기다
0098	闭塞	bìsè	형 소식에 어둡다
0099	弊病	bìbìng	명 결함, 문제점
0100	弊端	bìduān	명 폐단, 폐해
0101	臂	bì	명 팔
0102	边疆	biānjiāng	명 변방, 변경
0103	边界	biānjiè	명 경계선
0104	边境	biānjìng	명 국경 지대, 변경
0105	边缘	biānyuán	명 가장자리 부분, 가
0106	编织	biānzhī	동 엮다, 편직하다
0107	鞭策	biāncè	동 독려하고 재촉하다, 채찍질하다
0108	贬低	biǎndī	동 가치를 깎아 내리다
0109	贬义	biǎnyì	명 부정적이거나 혐오적인 의미
0110	扁	biǎn	형 평평하다, 납작하다
0111	变故	biàngù	명 변고, 재난
0112	变迁	biànqiān	동 변천하다
0113	变质	biàn//zhì	동 변질되다

0114	便利	biànlì	형 편리하다
0115	便条	biàntiáo	명 메모, 쪽지
0116	便于	biànyú	동 ~에 편하다
0117	遍布	biànbù	동 널리 퍼지다
0118	辨认	biànrèn	동 식별하다
0119	辩护	biànhù	동 변호하다
0120	辩解	biànjiě	동 해명하다, 변명하다
0121	辩证	biànzhèng	동 변증하다, 논증하다
0122	辫子	biànzi	명 땋은 머리, 변발
0123	标本	biāoběn	명 표본
0124	标记	biāojì	명 표기 동 표기하다
0125	标题	biāotí	명 표제, 제목

Day 2

0126	表决	biǎojué	동 표결하다
0127	表态	biǎo//tài	동 태도를 표명하다
0128	表彰	biǎozhāng	동 표창하다
0129	憋	biē	동 답답하게 하다
0130	别墅	biéshù	명 별장
0131	别致	biézhì	형 독특하다
0132	别扭	bièniu	형 어색하다, 부자연스럽다
0133	濒临	bīnlín	동 인접하다
0134	冰雹	bīngbáo	명 우박
0135	丙	bǐng	명 (천간의 셋째) 병, 세 번째
0136	并非	bìngfēi	동 결코 ~하지 않다
0137	并列	bìngliè	동 병렬하다

0138	拨	bō	동) 젖히다, 배포하다, 켜다
0139	波浪	bōlàng	명) 파도
0140	波涛	bōtāo	명) 파도
0141	剥削	bōxuē	동) 착취하다
0142	播种	bō//zhòng	동) 씨를 뿌리다
0143	伯母	bómǔ	명) 백모, 큰어머니
0144	博大精深	bódà jīngshēn	성) 사상·학식이 넓고 심오하다
0145	博览会	bólǎnhuì	명) 박람회
0146	搏斗	bódòu	동) 격렬하게 싸우다
0147	薄弱	bóruò	형) 박약하다, 약하다
0148	补偿	bǔcháng	동) 손실, 손해를 보충하다
0149	补救	bǔjiù	동) 교정하다, 보완하다
0150	补贴	bǔtiē	명) 보조금 동) 보조하다, 보태주다
0151	捕捉	bǔzhuō	동) 잡다, 붙잡다
0152	哺乳	bǔrǔ	동) 젖을 먹이다
0153	不得已	bùdéyǐ	형) 어쩔 수 없이
0154	不妨	bùfáng	부) 괜찮다, 무방하다
0155	不敢当	bùgǎndāng	감당하기 어렵다
0156	不顾	búgù	동) 고려하지 않다, 꺼리지 않다
0157	不禁	bùjīn	부) 자기도 모르게
0158	不堪	bùkān	동) 감당할 수 없다
0159	不可思议	bùkě sīyì	성) 불가사의하다
0160	不愧	búkuì	동) ~에 부끄럽지 않다
0161	不料	búliào	부) 뜻밖에, 의외에
0162	不免	bùmiǎn	부) 면할 수 없다, 피할 수 없다
0163	不时	bùshí	부) 자주, 종종
0164	不惜	bùxī	동) 아끼지 않다
0165	不相上下	bùxiāng shàngxià	성) 우열을 가릴 수 없다
0166	不像话	bú xiànghuà	말이 안 된다, 이치에 맞지 않다

0167	不屑一顾	búxiè yígù	거들떠볼 가치도 없다
0168	不言而喻	bùyán éryù	성 말하지 않아도 안다
0169	不由得	bùyóude	부 저절로, 자연히, 자기도 모르게
0170	不择手段	bùzé shǒuduàn	성 목적을 달성하기 위하여 수단 방법을 가리지 않다
0171	不止	bùzhǐ	동 멈추지 않다, 그치지 않다
0172	布告	bùgào	명 게시문, 포고문
0173	布局	bùjú	명 구도, 짜임새, 분포
0174	布置	bùzhì	동 안배하다, 배치하다
0175	步伐	bùfá	명 대오의 보조
0176	部署	bùshǔ	동 배치하다, 안배하다
0177	部位	bùwèi	명 부위
0178	才干	cáigàn	명 능력, 재간
0179	财富	cáifù	명 부(富), 자산
0180	财务	cáiwù	명 재무
0181	财政	cáizhèng	명 재정
0182	裁缝	cáifeng	명 재봉사
0183	裁判	cáipàn	명 심판 동 심판을 보다
0184	裁员	cáiyuán	동 감원하다, 인원을 축소하다
0185	采购	cǎigòu	동 구입하다, 구매하다
0186	采集	cǎijí	동 채집하다, 수집하다
0187	采纳	cǎinà	동 받아들이다, 수락하다, 채택하다
0188	彩票	cǎipiào	명 복권
0189	参谋	cānmóu	명 참모, 상담자 동 조언하다
0190	参照	cānzhào	동 참조하다, 참고하다
0191	残疾	cánjí	명 불구, 장애
0192	残酷	cánkù	형 잔혹하다
0193	残留	cánliú	동 잔류하다
0194	残忍	cánrěn	형 잔인하다, 악독하다
0195	灿烂	cànlàn	형 찬란하다

0196	仓促	cāngcù	형 촉박하다, 황급하다
0197	仓库	cāngkù	명 창고
0198	苍白	cāngbái	형 창백하다, 파리하다
0199	舱	cāng	명 객실, 선실, 선창
0200	操劳	cāoláo	동 애써 일하다, 수고하다
0201	操练	cāoliàn	동 훈련하다
0202	操纵	cāozòng	동 제어하다
0203	操作	cāozuò	동 조작하다
0204	嘈杂	cáozá	형 떠들썩하다, 시끌벅적하다
0205	草案	cǎo'àn	명 초안
0206	草率	cǎoshuài	형 경솔하다
0207	侧面	cèmiàn	명 옆면, 측면
0208	测量	cèliáng	동 측량하다 명 측량, 측정
0209	策划	cèhuà	동 획책하다, 일을 꾸미다 명 기획자
0210	策略	cèlüè	명 책략, 전술
0211	层出不穷	céngchū bùqióng	성 끊임없이 나타나다
0212	层次	céngcì	명 단계
0213	差别	chābié	명 차이, 구별
0214	插座	chāzuò	명 콘센트, 소켓
0215	查获	cháhuò	동 수사하여 체포하다
0216	岔	chà	동 화제를 바꾸다 명 분기점, 갈림길
0217	刹那	chànà	명 찰나, 순간
0218	诧异	chàyì	동 의아해하다, 이상해하다
0219	柴油	cháiyóu	명 중유
0220	搀	chān	동 부축하다, 섞다
0221	馋	chán	형 게걸스럽다
0222	缠绕	chánrào	동 둘둘 감다
0223	产业	chǎnyè	명 산업
0224	阐述	chǎnshù	동 명백하게 논술하다

0225	颤抖	chàndǒu	동 부들부들 떨다
0226	昌盛	chāngshèng	형 창성하다, 흥성하다
0227	尝试	chángshì	동 시도해 보다
0228	偿还	chánghuán	동 진 빚을 상환하다, 갚다
0229	场合	chǎnghé	명 특정한 시간, 장소
0230	场面	chǎngmiàn	명 장면
0231	场所	chǎngsuǒ	명 장소
0232	敞开	chǎngkāi	동 활짝 열다
0233	畅通	chàngtōng	형 원활하다, 잘 소통되다
0234	畅销	chàngxiāo	형 잘 팔리다, 매상이 좋다
0235	倡导	chàngdǎo	동 창도하다, 선도하다
0236	倡议	chàngyì	동 제의하다, 제안하다
0237	钞票	chāopiào	명 지폐, 돈
0238	超越	chāoyuè	동 초월하다, 뛰어넘다
0239	巢穴	cháoxué	명 (새나 짐승의) 집, 둥지, [비유] 소굴
0240	朝代	cháodài	명 왕조의 연대, 조대
0241	嘲笑	cháoxiào	동 비웃다, 빈정거리다
0242	潮流	cháoliú	명 조류
0243	撤退	chètuì	동 철수하다, 퇴각하다
0244	撤销	chèxiāo	동 없애다, 취소하다
0245	沉淀	chéndiàn	동 침전하다, 가라앉다
0246	沉闷	chénmèn	형 음울하다, 명랑하지 않다
0247	沉思	chénsī	동 깊이 생각하다
0248	沉重	chénzhòng	형 몹시 무겁다
0249	沉着	chénzhuó	형 침착하다
0250	陈旧	chénjiù	형 낡다, 케케묵다

Day 3

0251	陈列	chénliè	동 진열하다
0252	陈述	chénshù	동 진술하다
0253	衬托	chèntuō	동 부각시키다, 돋보이게 하다, 받쳐주다
0254	称心如意	chènxīn rúyì	성 마음에 꼭 들다
0255	称号	chēnghào	명 칭호, 호칭
0256	成本	chéngběn	명 원가, 자본금
0257	成交	chéngjiāo	동 거래가 성립하다, 매매가 성립되다
0258	成天	chéngtiān	명 하루 종일
0259	成效	chéngxiào	명 효능, 효과
0260	成心	chéngxīn	부 고의로, 일부러
0261	成员	chéngyuán	명 성원, 구성원
0262	呈现	chéngxiàn	동 나타나다, 드러나다
0263	诚挚	chéngzhì	형 성실하고 진실하다, 진지하다
0264	承办	chéngbàn	동 맡아 처리하다
0265	承包	chéngbāo	동 청부 맡다, 하청을 받다
0266	承诺	chéngnuò	동 승낙하다, 대답하다 명 승낙, 대답
0267	城堡	chéngbǎo	명 성, 성벽
0268	乘	chéng	동 오르다, (교통수단 등에) 타다, 곱하다
0269	盛	chéng	동 용기 등에 물건을 담다
0270	惩罚	chéngfá	명 징벌 동 징벌하다
0271	澄清	chéngqīng	동 분명히 하다, 분명하게 밝히다
0272	橙	chéng	명 오렌지 나무
0273	秤	chèng	명 저울
0274	吃苦	chī//kǔ	동 고생하다
0275	吃力	chī//lì	형 힘들다, 고달프다
0276	迟钝	chídùn	형 (행동, 생각, 반응, 감각 등이) 느리다, 굼뜨다

0277	迟缓	chíhuǎn	형 느리다, 완만하다
0278	迟疑	chíyí	형 망설이다, 머뭇거리다
0279	持久	chíjiǔ	동 오래 유지되다
0280	赤道	chìdào	명 적도
0281	赤字	chìzì	명 적자, 결손
0282	冲动	chōngdòng	명 충동 동 충동하다
0283	冲击	chōngjī	동 세차게 부딪치다 명 충격
0284	冲突	chōngtū	동 충돌하다, 싸우다
0285	充当	chōngdāng	동 맡다, 담당하다
0286	充沛	chōngpèi	형 넘쳐흐르다, 충족하다
0287	充实	chōngshí	형 충분하다 동 충족시키다
0288	充足	chōngzú	형 충족하다
0289	重叠	chóngdié	동 중첩되다
0290	崇拜	chóngbài	동 숭배하다
0291	崇高	chónggāo	형 숭고하다, 고상하다
0292	崇敬	chóngjìng	동 숭배하고 존경하다
0293	稠密	chóumì	형 조밀하다, 촘촘하다
0294	筹备	chóubèi	동 기획하고 준비하다
0295	丑恶	chǒu'è	형 추악하다, 더럽다
0296	出路	chūlù	명 발전의 여지, 출구
0297	出卖	chūmài	동 판매하다
0298	出身	chūshēn	~출신이다 명 신분, 출신
0299	出神	chū//shén	동 넋을 잃다
0300	出息	chūxi	명 전도, 발전성
0301	初步	chūbù	형 초보적인, 처음 단계의
0302	除	chú	동 없애다, 제거하다, 나누다 전 ~을 제외하고
0303	处分	chǔfèn	동 처벌하다 명 처벌, 처분
0304	处境	chǔjìng	명 처지, 환경
0305	处置	chǔzhì	동 처치하다, 징벌하다

0306	储备	chǔbèi	동 비축하다, 저장하다 명 비축한 물건
0307	储存	chǔcún	동 모아 두다 명 저장량
0308	储蓄	chǔxù	동 저축하다, 비축하다 명 저금, 예금, 저축
0309	触犯	chùfàn	동 저촉되다, 위반하다
0310	川流不息	chuānliú bùxī	성 냇물처럼 끊임없이 오가다
0311	穿越	chuānyuè	동 통과하다, 지나가다
0312	传达	chuándá	동 전하다, 전달하다
0313	传单	chuándān	명 전단지
0314	传授	chuánshòu	동 전수하다, 가르치다
0315	船舶	chuánbó	명 배, 선박
0316	喘气	chuǎn//qì	동 호흡하다, 헐떡거리다
0317	串	chuàn	양 꿰미
0318	床单	chuángdān	명 침대보
0319	创立	chuànglì	동 창립하다, 창설하다
0320	创新	chuàngxīn	동 옛 것을 버리고 새 것을 창조하다 명 창의성
0321	创业	chuàng//yè	동 창업하다
0322	创作	chuàngzuò	동 창작하다
0323	吹牛	chuī//niú	동 허풍을 떨다
0324	吹捧	chuīpěng	동 치켜세우다
0325	炊烟	chuīyān	명 밥 짓는 연기
0326	垂直	chuízhí	형 수직의
0327	锤	chui	명 쇠망치, 해머 동 쇠망치로 치다
0328	纯粹	chúncuì	형 순수하다
0329	纯洁	chúnjié	형 순결하다
0330	慈善	císhàn	형 동정심이 많다, 자선을 베푸는
0331	慈祥	cíxiáng	형 자애롭다, 자상하다
0332	磁带	cídài	명 녹음이나 녹화용 테이프
0333	雌雄	cíxióng	명 자웅, 암컷과 수컷, [비유] 승패
0334	次品	cìpǐn	명 질이 낮은 물건

0335	次序	cìxù	명 차례, 순서
0336	伺候	cìhou	동 시중들다, 모시다
0337	刺	cì	동 찌르다, 뚫다 명 가시
0338	从容	cóngróng	형 침착하다, 태연하다, (경제적 혹은 시간상) 여유가 있다
0339	丛	cóng	명 덤불, 수풀
0340	凑合	còuhe	동 모이다, 그런대로 ~할 만하다
0341	粗鲁	cūlǔ	형 거칠고 우악스럽다
0342	窜	cuàn	동 마구 뛰어다니다, 달아나다
0343	摧残	cuīcán	동 심한 손상을 주다
0344	脆弱	cuìruò	형 연약하다, 취약하다
0345	搓	cuō	동 비비다, 비벼 꼬다, 문지르다
0346	磋商	cuōshāng	동 반복하여 협의하다
0347	挫折	cuòzhé	명 좌절, 실패
0348	搭	dā	동 널다, 설치하다
0349	搭档	dādàng	동 협력 명 협력자
0350	搭配	dāpèi	동 배합하다, 조합하다
0351	达成	dá//chéng	동 달성하다
0352	答辩	dábiàn	동 답변하다
0353	答复	dáfù	동 회답하다, 답변하다 명 답변, 회답
0354	打包	dǎ//bāo	동 포장하다
0355	打官司	dǎ guānsi	소송하다, 고소하다
0356	打击	dǎjī	동 타격을 주다, 공격하다
0357	打架	dǎ//jià	동 싸우다, 다투다
0358	打量	dǎliang	동 훑어보다, 살펴보다
0359	打猎	dǎ//liè	동 사냥하다, 수렵하다
0360	打仗	dǎ//zhàng	동 전쟁하다, 전투하다
0361	大不了	dàbuliǎo	형 대단하다, 굉장하다
0362	大臣	dàchén	명 대신
0363	大伙儿	dàhuǒr	대 모두들

0364	大肆	dàsì	부 제멋대로, 함부로
0365	大体	dàtǐ	부 대체로
0366	大意	dàyi	형 부주의하다, 소홀하다
0367	大致	dàzhì	부 대개, 대략
0368	歹徒	dǎitú	명 나쁜 사람, 악인
0369	代价	dàijià	명 대가
0370	代理	dàilǐ	동 대리하다, 대신하다
0371	带领	dàilǐng	동 인솔하다
0372	怠慢	dàimàn	동 냉대하다, 푸대접하다
0373	逮捕	dàibǔ	동 체포하다
0374	担保	dānbǎo	동 보증하다, 담보하다
0375	胆怯	dǎnqiè	형 겁내다, 무서워하다

0376	诞辰	dànchén	명 탄신, 생일
0377	诞生	dànshēng	동 탄생하다, 태어나다
0378	淡季	dànjì	명 비성수기, 불경기 계절
0379	淡水	dànshuǐ	명 담수, 민물
0380	蛋白质	dànbáizhì	명 단백질
0381	当场	dāngchǎng	부 당장
0382	当初	dāngchū	명 당초, 그 전, 원래
0383	当代	dāngdài	명 당대, 그 시대
0384	当面	dāngmiàn	부 직접 마주하여
0385	当前	dāngqián	명 현재
0386	当事人	dāngshìrén	명 관계자, 당사자
0387	当务之急	dāngwù zhījí	성 당장 급히 처리해야 하는 일

0388	当选	dāngxuǎn	동 당선되다
0389	党	dǎng	명 당, 정당
0390	档案	dàng'àn	명 문서, 서류
0391	档次	dàngcì	명 등급, 등차
0392	导弹	dǎodàn	명 유도탄, 미사일
0393	导航	dǎoháng	동 인도하다 명 내비게이션
0394	导向	dǎoxiàng	동 유도하다 명 인도하는 방향
0395	捣乱	dǎoluàn	동 교란하다
0396	倒闭	dǎobì	동 도산하다
0397	盗窃	dàoqiè	동 절도하다, 도둑질하다
0398	稻谷	dàogǔ	명 벼
0399	得不偿失	débù chángshī	성 얻는 것보다 잃는 것이 더 많다
0400	得力	délì	형 유능하다
0401	得天独厚	détiān dúhòu	성 우월한 자연 조건을 갖고 있다
0402	得罪	dézuì	동 미움을 사다
0403	灯笼	dēnglong	명 등롱, 초롱
0404	登陆	dēng//lù	동 상륙하다, 육지에 오르다
0405	登录	dēnglù	동 등록하다
0406	蹬	dēng	동 밟다, 뻗다
0407	等候	děnghòu	동 기다리다
0408	等级	děngjí	명 등급, 차별
0409	瞪	dèng	동 부라리다, 눈을 크게 뜨다
0410	堤坝	dībà	명 댐과 둑
0411	敌视	díshì	동 적대시하다, 적대하다
0412	抵达	dǐdá	동 도착하다
0413	抵抗	dǐkàng	동 저항하다, 대항하다
0414	抵制	dǐzhì	동 거절하다, 배척하다, 억제하다
0415	地步	dìbù	명 정도, 지경
0416	地势	dìshì	명 지세

0417	地质	dìzhì	명 지질
0418	递增	dìzēng	동 점점 늘다, 점차 증가하다
0419	颠簸	diānbǒ	동 흔들리다, 요동하다
0420	颠倒	diāndǎo	동 뒤바뀌다, 전도되다
0421	典礼	diǎnlǐ	명 식, 의식
0422	典型	diǎnxíng	명 전형 형 전형적인
0423	点缀	diǎnzhuì	동 단장하다, 꾸미다
0424	电源	diànyuán	명 전원
0425	垫	diàn	동 깔다, 괴다 명 깔개, 매트
0426	惦记	diànjì	동 늘 생각하다
0427	奠定	diàndìng	동 다지다, 닦다
0428	叼	diāo	동 입에 물다
0429	雕刻	diāokè	동 조각하다 명 조각품
0430	雕塑	diāosù	명 조소품
0431	吊	diào	동 걸다, 매달다, 내려놓다
0432	调动	diàodòng	동 이동하다, 바꾸다
0433	跌	diē	동 쓰러지다, 넘어지다
0434	丁	dīng	명 네 번째, 도막, 덩이
0435	叮嘱	dīngzhǔ	동 신신당부하다
0436	盯	dīng	동 주시하다, 응시하다
0437	定期	dìngqī	형 정기의, 정기적인
0438	定义	dìngyì	명 정의
0439	丢人	diū//rén	동 체면을 잃다
0440	丢三落四	diūsān làsì	성 흐리멍덩하다
0441	东道主	dōngdàozhǔ	명 주인, 주최자
0442	东张西望	dōngzhāng xīwàng	성 여기저기 두리번거리다
0443	董事长	dǒngshìzhǎng	명 대표이사, 회장
0444	动荡	dòngdàng	형 불안하다
0445	动机	dòngjī	명 동기

0446	动静	dòngjing	몡 동정, 동태
0447	动力	dònglì	몡 동력
0448	动脉	dòngmài	몡 동맥
0449	动身	dòng//shēn	동 출발하다, 떠나다
0450	动手	dòng//shǒu	동 하다, 손을 대다
0451	动态	dòngtài	몡 변화, 동태
0452	动员	dòngyuán	동 전시 체제화하다, 동원하다
0453	冻结	dòngjié	동 얼다, 얼리다
0454	栋	dòng	양 동, 채
0455	兜	dōu	몡 주머니, 자루 동 싸다, 품다
0456	陡峭	dǒuqiào	형 험준하다, 가파르다
0457	斗争	dòuzhēng	동 투쟁하다, 싸우다 몡 투쟁
0458	督促	dūcù	동 감독하고 재촉하다, 독촉하다
0459	毒品	dúpǐn	몡 마약
0460	独裁	dúcái	동 독재하다
0461	堵塞	dǔsè	동 막히다, 가로막다
0462	赌博	dǔbó	동 노름하다, 도박하다 몡 도박
0463	杜绝	dùjué	동 제지하다, 두절하다
0464	端	duān	형 똑바르다, 곧다
0465	端午节	Duānwǔjié	몡 단오절, 단오
0466	端正	duānzhèng	형 단정하다, 똑바르다 동 바로잡다
0467	短促	duǎncù	형 매우 짧다, 급박하다
0468	断定	duàndìng	동 단정하다, 결론을 내리다
0469	断绝	duànjué	동 단절하다, 차단하다
0470	堆积	duījī	동 쌓여 있다
0471	队伍	duìwu	몡 대오, 대열
0472	对策	duìcè	몡 대책, 대응책
0473	对称	duìchèn	형 대칭이다
0474	对付	duìfu	동 대처하다, 다루다

0475	对抗	duìkàng	동 대항하다, 저항하다
0476	对立	duìlì	동 대립하다
0477	对联	duìlián	명 대련
0478	对应	duìyìng	동 대응하다 형 대응하는, 상응하는
0479	对照	duìzhào	동 대조하다
0480	兑现	duìxiàn	동 현금으로 바꾸다
0481	顿时	dùnshí	부 갑자기, 곧바로, 바로
0482	多元化	duōyuánhuà	동 다원화하다
0483	哆嗦	duōsuo	동 떨다
0484	堕落	duòluò	동 타락하다, 부패하다
0485	额外	éwài	형 정액 외의
0486	恶心	ěxīn	동 속이 메스껍다
0487	恶化	èhuà	동 악화되다
0488	遏制	èzhì	동 저지하다, 억제하다
0489	恩怨	ēnyuàn	명 원한
0490	而已	éryǐ	조 ~뿐이다
0491	二氧化碳	èryǎnghuàtàn	명 이산화탄소
0492	发布	fābù	동 선포하다
0493	发财	fā//cái	동 큰돈을 벌다
0494	发呆	fādāi	동 멍하다
0495	发动	fādòng	동 시동을 걸다, 일으키다, 동원하다
0496	发觉	fājué	동 알아차리다, 발견하다
0497	发射	fāshè	동 발사하다
0498	发誓	fāshì	동 맹세하다
0499	发行	fāxíng	동 발행하다, 발매하다
0500	发炎	fāyán	동 염증이 생기다

0501	发扬	fāyáng	동 드높이다, 선양하여 발전시키다
0502	发育	fāyù	동 발육하다
0503	法人	fǎrén	명 법인
0504	番	fān	양 회, 번
0505	凡是	fánshì	부 무릇, 대체로 다, 모든
0506	繁华	fánhuá	형 번화하다
0507	繁忙	fánmáng	형 일이 많고 바쁘다
0508	繁体字	fántǐzì	명 번체자
0509	繁殖	fánzhí	동 번식하다
0510	反驳	fǎnbó	동 반박하다
0511	反常	fǎncháng	형 이상하다
0512	反感	fǎngǎn	명 반감, 불만 동 반감을 가지다
0513	反抗	fǎnkàng	동 반항하다
0514	反馈	fǎnkuì	동 정보나 반응이 되돌아오다
0515	反面	fǎnmiàn	명 뒷면, 부정적이거나 소극적인 일면
0516	反射	fǎnshè	동 반사하다
0517	反思	fǎnsī	명 반성 동 돌이켜 사색하다
0518	反问	fǎnwèn	동 반문하다 동 반어로 묻다
0519	反之	fǎnzhī	접 바꾸어서 말하면, 이와 반대로
0520	泛滥	fànlàn	동 범람하다
0521	范畴	fànchóu	명 범주, 범위
0522	贩卖	fànmài	동 판매하다
0523	方位	fāngwèi	명 방향, 위치
0524	方言	fāngyán	명 방언
0525	方圆	fāngyuán	명 주위, 주변의 길이, 네모와 원형
0526	方针	fāngzhēn	명 방침

0527	防守	fángshǒu	동 수비하다, 방어하다
0528	防御	fángyù	동 방어하다
0529	防止	fángzhǐ	동 방지하다
0530	防治	fángzhì	동 예방 치료하다
0531	访问	fǎngwèn	동 방문하다
0532	纺织	fǎngzhī	동 방직하다
0533	放大	fàng//dà	동 확대하다
0534	放射	fàngshè	동 방사하다
0535	飞禽走兽	fēiqín zǒushòu	명 금수, 조수
0536	飞翔	fēixiáng	동 비상하다, 하늘을 빙빙 돌며 날다
0537	飞跃	fēiyuè	동 비약하다, 급격히 발전하다
0538	非法	fēifǎ	형 불법적인
0539	肥沃	féiwò	형 비옥하다
0540	诽谤	fěibàng	동 비방하다, 중상모략하다
0541	肺	fèi	명 허파, 폐
0542	废除	fèichú	동 폐지하다, 취소하다
0543	废寝忘食	fèiqǐn wàngshí	성 침식을 잊다, 전심전력하다, 몰두하다
0544	废墟	fèixū	명 폐허
0545	沸腾	fèiténg	동 비등하다, 끓어오르다
0546	分辨	fēnbiàn	동 분별하다, 구분하다
0547	分寸	fēncun	명 분수, 한계, 한도
0548	分红	fēn//hóng	동 이익을 분배하다
0549	分解	fēnjiě	동 분해하다
0550	分裂	fēnliè	동 분열하다, 결별하다 명 분열, 결별
0551	分泌	fēnmì	동 분비하다
0552	分明	fēnmíng	형 명확하다, 분명하다
0553	分歧	fēnqí	명 불일치, 상이
0554	分散	fēnsàn	형 분산하다, 흩어지다
0555	吩咐	fēnfù	동 분부하다, 말로 시키다

0556	坟墓	fénmù	몡 무덤
0557	粉末	fěnmò	몡 가루, 분말
0558	粉色	fěnsè	몡 분홍색, 핑크색
0559	粉碎	fěnsuì	혱 산산조각나다, 박살나다 됭 분쇄하다, 박살내다
0560	分量	fènliàng	몡 분량, 중량, 무게
0561	愤怒	fènnù	혱 분노하다
0562	丰满	fēngmǎn	혱 풍만하다, 포동포동하다
0563	丰盛	fēngshèng	혱 풍성하다, 성대하다
0564	丰收	fēngshōu	몡 풍작, 풍년 됭 풍작을 이루다
0565	风暴	fēngbào	몡 폭풍, 폭풍우
0566	风度	fēngdù	몡 품격, 풍모
0567	风光	fēngguāng	몡 풍경, 경치, 풍광
0568	风气	fēngqì	몡 풍조, 기풍
0569	风趣	fēngqù	몡 유머러스하다, 해학적이다
0570	风土人情	fēngtǔ rénqíng	몡 지방의 특색과 풍습
0571	风味	fēngwèi	몡 맛, 풍미
0572	封闭	fēngbì	됭 봉하다, 밀봉하다
0573	封建	fēngjiàn	몡 봉건 제도 혱 봉건적인
0574	封锁	fēngsuǒ	됭 폐쇄하다, 봉쇄하다
0575	锋利	fēnglì	혱 날카롭다, 뾰족하다
0576	逢	féng	됭 만나다, 마주치다
0577	奉献	fèngxiàn	됭 바치다, 공헌하다 몡 공헌, 이바지
0578	否决	fǒujué	됭 부결하다, 거부하다
0579	夫妇	fūfù	몡 부부
0580	夫人	fūrén	몡 부인
0581	敷衍	fūyǎn	됭 성의 없이 대하다, 그럭저럭 버티다
0582	服从	fúcóng	됭 따르다, 복종하다
0583	服气	fúqì	됭 복종하다, 따르다
0584	俘虏	fúlǔ	몡 포로 됭 포로로 잡다

0585	符号	fúhào	명 기호, 표기, 부호
0586	幅度	fúdù	명 폭, 너비
0587	辐射	fúshè	동 복사하다, 방사하다 명 복사, 방사
0588	福利	fúlì	명 복지, 복리
0589	福气	fúqi	명 복, 행운
0590	抚摸	fǔmō	동 어루만지다, 쓰다듬다
0591	抚养	fǔyǎng	동 부양하다, 기르다
0592	俯视	fǔshì	동 굽어보다, 내려다보다
0593	辅助	fǔzhù	동 협조하다, 보조하다 형 보조적인, 부차적인
0594	腐败	fǔbài	동 썩다, 부패하다 형 진부하다, 타락하다
0595	腐烂	fǔlàn	동 부패하다, 부식하다 형 진부하다, 타락하다
0596	腐蚀	fǔshí	동 부식하다, 썩어 문드러지다
0597	腐朽	fǔxiǔ	동 썩다, 부패하다
0598	负担	fùdān	명 부담, 책임 동 부담하다, 책임지다
0599	附和	fùhè	동 남의 언행을 따르다, 부화하다
0600	附件	fùjiàn	명 부품, 부분품
0601	附属	fùshǔ	동 부속되다, 종속되다 형 부속의
0602	复活	fùhuó	동 부활하다, 소생하다
0603	复兴	fùxīng	동 부흥하다
0604	副	fù	형 제2의, 보조의, 부, 부수적인 양 벌, 세트
0605	赋予	fùyǔ	동 부여하다, 주다
0606	富裕	fùyù	형 부유하다
0607	腹泻	fùxiè	명 설사
0608	覆盖	fùgài	동 덮다, 뒤덮다
0609	改良	gǎiliáng	동 개량하다
0610	钙	gài	명 칼슘
0611	盖章	gài//zhāng	동 도장을 찍다, 날인하다
0612	干旱	gānhàn	형 가물다, 메마르다
0613	干扰	gānrǎo	동 방해하다

0614	干涉	gānshè	동 간섭하다
0615	干预	gānyù	동 관여하다, 간섭하다
0616	尴尬	gāngà	형 (입장이) 곤란하다, 난처하다
0617	感慨	gǎnkǎi	동 감격하다, 감개무량하다
0618	感染	gǎnrǎn	동 감염되다, 전염되다
0619	干劲	gànjìn	명 의욕, 열정
0620	纲领	gānglǐng	명 강령, 대강
0621	岗位	gǎngwèi	명 직장, 부서
0622	港口	gǎngkǒu	명 항구, 항만
0623	港湾	gǎngwān	명 항만
0624	杠杆	gànggǎn	명 지레, 지렛대
0625	高超	gāochāo	형 출중하다, 특출나다

0626	高潮	gāocháo	명 고조, 절정
0627	高峰	gāofēng	명 고봉, 절정
0628	高明	gāomíng	형 고명하다, 빼어나다
0629	高尚	gāoshàng	형 고상하다, 도덕적으로 고결하다
0630	高涨	gāozhǎng	동 급증하다, 급상승하다
0631	稿件	gǎojiàn	명 원고
0632	告辞	gàocí	동 이별을 고하다
0633	告诫	gàojiè	동 훈계하다, 타이르다
0634	疙瘩	gēda	명 종기, 뾰두라지
0635	鸽子	gēzi	명 비둘기
0636	搁	gē	동 놓다, 두다
0637	割	gē	동 절단하다, 자르다

0638	歌颂	gēsòng	동 찬양하다, 찬미하다
0639	革命	gémìng	동 혁명하다, 근본적으로 개혁하다 형 혁명적이다
0640	格局	géjú	명 구조, 구성
0641	格式	géshi	명 격식, 양식
0642	隔阂	géhé	명 틈, 간격, 거리
0643	隔离	gélí	동 분리시키다, 떼어놓다
0644	个体	gètǐ	명 개인, 인간
0645	各抒己见	gèshū jǐjiàn	성 각자 자기의 의견을 발표하다
0646	根深蒂固	gēnshēn dìgù	성 기초가 튼튼하여 쉽게 흔들리지 않다
0647	根源	gēnyuán	명 근원, 근본 원인
0648	跟前	gēnqián	명 곁, 신변, 옆
0649	跟随	gēnsuí	동 따르다, 동행하다
0650	跟踪	gēnzōng	동 미행하다, 추적하다
0651	更新	gēngxīn	동 경신하다
0652	更正	gēngzhèng	동 정정하다, 잘못을 고치다
0653	耕地	gēngdì	동 논밭을 갈다 명 경지, 전지
0654	工艺品	gōngyìpǐn	명 공예품
0655	公安局	gōng'ānjú	명 공안국, 경찰국
0656	公道	gōngdao	형 공평하다, 공정하다
0657	公告	gōnggào	명 공고, 공포
0658	公关	gōngguān	명 공공관계
0659	公民	gongmín	명 국민, 공민
0660	公然	gōngrán	부 공개적으로, 공공연히
0661	公认	gōngrèn	동 공인하다, 모두가 인정하다
0662	公式	gōngshì	명 공식
0663	公务	gōngwù	명 공무
0664	公正	gōngzhèng	형 공정하다
0665	公证	gōngzhèng	동 공증하다
0666	功劳	gōngláo	명 공로

0667	功效	gōngxiào	명 효능, 효과
0668	攻击	gōngjī	동 공격하다, 진공하다
0669	攻克	gōngkè	동 점령하다, 정복하다
0670	供不应求	gōngbú yìngqiú	성 공급이 수요를 따르지 못하다
0671	供给	gōngjǐ	동 공급하다
0672	宫殿	gōngdiàn	명 궁전
0673	恭敬	gōngjìng	형 공손하다
0674	巩固	gǒnggù	형 견고하다, 공고하다
0675	共和国	gònghéguó	명 공화국
0676	共计	gòngjì	동 합계하다
0677	共鸣	gòngmíng	명 공명, 공감, 동감
0678	勾结	gōujié	동 결탁하다, 내통하다
0679	钩子	gōuzi	명 갈고리
0680	构思	gòusī	동 구상하다 명 구상
0681	孤独	gūdú	형 고독하다, 외롭다
0682	孤立	gūlì	동 고립하다, 고립시키다
0683	姑且	gūqiě	부 잠시, 잠깐, 우선
0684	辜负	gūfù	동 헛되게 하다, 저버리다
0685	古董	gǔdǒng	명 골동품
0686	古怪	gǔguài	형 괴상하다, 괴이하다
0687	股东	gǔdōng	명 주주, 출자자
0688	股份	gǔfèn	명 주, 주권, 주식
0689	骨干	gǔgàn	명 골간
0690	鼓动	gǔdòng	동 선동하다, 부추기다
0691	固然	gùrán	접 비록 ~하지만
0692	固体	gùtǐ	명 고체
0693	固有	gùyǒu	형 고유의
0694	固执	gùzhi	형 완고하다, 고집스럽다
0695	故乡	gùxiāng	명 고향

0696	故障	gùzhàng	명 고장
0697	顾虑	gùlǜ	동 고려하다, 걱정하다
0698	顾问	gùwèn	명 고문
0699	雇佣	gùyōng	동 고용하다
0700	拐杖	guǎizhàng	명 지팡이
0701	关怀	guānhuái	동 (윗사람이 아랫사람을) 관심을 갖고 보살피다, 배려하다
0702	关照	guānzhào	동 돌보다, 보살피다
0703	观光	guānguāng	동 관광하다
0704	官方	guānfāng	명 정부 당국, 정부측
0705	管辖	guǎnxiá	동 관할하다
0706	贯彻	guànchè	동 관철시키다
0707	惯例	guànlì	명 관례, 관행, 상규
0708	灌溉	guàngài	동 관개하다, 논밭에 물을 대다
0709	罐	guàn	명 단지, 항아리, 깡통
0710	光彩	guāngcǎi	명 빛, 광채, 빛깔
0711	光辉	guānghuī	명 찬란한 빛
0712	光芒	guāngmáng	명 광선, 빛
0713	光荣	guāngróng	형 영예롭다 명 영광
0714	广阔	guǎngkuò	형 넓다, 광활하다
0715	归根到底	guīgēn dàodǐ	성 근본으로 돌아가다
0716	归还	guīhuán	동 돌려주다, 반환하다
0717	规范	guīfàn	명 규범, 표준, 준칙
0718	规格	guīgé	명 표준, 규격
0719	规划	guīhuà	동 기획하다, 계획하다, 꾀하다
0720	规章	guīzhāng	명 규칙, 규정, 장정
0721	轨道	guǐdào	명 궤도, 궤적
0722	贵族	guìzú	명 귀족
0723	跪	guì	동 무릎을 꿇다
0724	棍棒	gùnbàng	명 막대기, 방망이

0725	国防	guófáng	몡 국방
0726	国务院	guówùyuàn	몡 국무원
0727	果断	guǒduàn	톙 과단성이 있다
0728	过度	guòdù	톙 과도하다, 지나치다
0729	过渡	guòdù	통 과도하다, 넘어가다
0730	过奖	guòjiǎng	통 과찬이십니다
0731	过滤	guòlǜ	통 거르다, 여과하다
0732	过失	guòshī	몡 잘못, 실수
0733	过问	guòwèn	통 참견하다, 따져 묻다
0734	过瘾	guò//yǐn	톙 짜릿하다, 끝내주다, 만족하다
0735	过于	guòyú	뷔 지나치게, 너무
0736	嗨	hāi	감 어! 이봐!
0737	海拔	hǎibá	몡 해발
0738	海滨	hǎibīn	몡 해변, 바닷가
0739	含糊	hánhu	톙 모호하다, 애매하다
0740	含义	hányì	몡 함의, 내포된 뜻
0741	寒暄	hánxuān	통 인사말을 나누다
0742	罕见	hǎnjiàn	톙 보기 드물다, 희한하다
0743	捍卫	hànwèi	통 지키다, 수호하다
0744	行列	hángliè	몡 행렬, 행과 열
0745	航空	hángkōng	톙 항공의 몡 항공
0746	航天	hángtiān	톙 우주 비행의 통 우주를 비행하다
0747	航行	hángxíng	통 항행하다, 항해하다 몡 항행
0748	毫米	háomǐ	양 밀리미터
0749	毫无	háowú	통 조금도 ~이 없다
0750	豪迈	háomài	톙 호탕하다

0751	号召	hàozhào	동 호소하다 명 호소
0752	耗费	hàofèi	동 들이다, 낭비하다
0753	呵	hē	동 입김을 불다 의성 하하 [웃음소리]
0754	合并	hébìng	동 합병하다, 합치다
0755	合成	héchéng	동 합성하다
0756	合伙	hé//huǒ	동 한패가 되다, 동업하다
0757	合算	hésuàn	형 수지가 맞다
0758	和蔼	hé'ǎi	형 상냥하다, 부드럽다
0759	和解	héjiě	동 화해하다, 화의하다
0760	和睦	hémù	형 화목하다, 사이가 좋다
0761	和气	héqi	형 온화하다, 부드럽다
0762	和谐	héxié	형 잘 어울리다, 조화롭다
0763	嘿	hēi	감 야, 이봐 의성 헤헤
0764	痕迹	hénjì	명 흔적, 자취, 자국
0765	狠心	hěnxīn	형 모질다, 잔인하다
0766	恨不得	hènbude	동 ~하지 못해 한스럽다
0767	哼	hēng	동 신음하다, 콧노래 부르다 의성 힝, 흥
0768	横	héng	형 가로의, 횡의, 동서방향의
0769	轰动	hōngdòng	동 뒤흔들다, 들끓게 하다
0770	哄	hōng	동 왁자지껄하다 의성 와, 왁자지껄
0771	烘	hōng	동 말리다, 쪼이다
0772	宏观	hóngguān	형 거시적
0773	宏伟	hóngwěi	형 웅장하다, 웅대하다
0774	洪水	hóngshuǐ	명 큰물, 홍수
0775	喉咙	hóulóng	명 목구멍, 인후
0776	吼	hǒu	동 고함치다, 소리지르다

0777	后代	hòudài	몡 후대, 후세
0778	后顾之忧	hòugù zhīyōu	솅 뒷걱정, 뒷근심
0779	后勤	hòuqín	몡 후방 근무
0780	候选	hòuxuǎn	동 임용을 기다리다
0781	呼唤	hūhuàn	동 소리쳐 부르다, 부르다
0782	呼啸	hūxiào	동 날카롭고 긴 소리를 내다
0783	呼吁	hūyù	동 구하다, 청하다, 호소하다
0784	忽略	hūlüè	동 소홀히 하다
0785	胡乱	húluàn	부 함부로, 아무렇게나
0786	胡须	húxū	몡 수염
0787	湖泊	húpō	몡 호수
0788	花瓣	huābàn	몡 꽃잎
0789	花蕾	huālěi	몡 꽃봉오리, 꽃망울
0790	华丽	huálì	형 화려하다
0791	华侨	huáqiáo	몡 화교
0792	化肥	huàféi	몡 화학비료
0793	化石	huàshí	몡 화석
0794	化验	huàyàn	동 화학 실험을 하다
0795	化妆	huà//zhuāng	동 화장하다
0796	划分	huàfēn	동 나누다, 구획하다
0797	画蛇添足	huàshé tiānzú	솅 뱀을 그리는 데 다리를 그려 넣다
0798	话筒	huàtǒng	몡 마이크, 수화기
0799	欢乐	huānlè	형 즐겁다, 유쾌하다
0800	还原	huán//yuán	동 원상 회복하다
0801	环节	huánjié	몡 부분, 일환
0802	缓和	huǎnhé	동 완화시키다
0803	患者	huànzhě	몡 환자, 병자
0804	荒凉	huāngliáng	형 황량하다, 쓸쓸하다
0805	荒谬	huāngmiù	형 엉터리이다, 터무니없다

0806	荒唐	huāngtáng	형 황당하다
0807	皇帝	huángdì	명 황제
0808	皇后	huánghòu	명 황후
0809	黄昏	huánghūn	명 황혼
0810	恍然大悟	huǎngrán dàwù	성 문득 모든 것을 깨치다
0811	晃	huǎng	동 번개같이 스쳐 지나가다, 눈부시게 빛나다
		huàng	동 흔들다, 흔들리다
0812	挥霍	huīhuò	동 돈을 헤프게 쓰다
0813	辉煌	huīhuáng	형 휘황찬란하다, 눈부시다
0814	回报	huíbào	동 보답하다
0815	回避	huíbì	동 회피하다, 피하다
0816	回顾	huígù	동 회고하다, 회상하다
0817	回收	huíshōu	동 회수하다
0818	悔恨	huǐhèn	동 후회하다, 뼈저리게 뉘우치다
0819	毁灭	huǐmiè	동 훼멸시키다
0820	汇报	huìbào	동 종합하여 보고하다
0821	会晤	huìwù	동 만나다, 회견하다
0822	贿赂	huìlù	동 뇌물을 주다
0823	昏迷	hūnmí	동 혼미하다
0824	荤	hūn	명 육류로 만든 고기 요리
0825	浑身	húnshēn	명 전신, 온몸
0826	混合	hùnhé	동 혼합하다, 함께 섞다
0827	混乱	hùnluàn	형 혼란하다, 문란하다
0828	混淆	hùnxiáo	동 뒤섞이다, 헷갈리다
0829	混浊	hùnzhuó	형 혼탁하다
0830	活该	huógāi	동 ~한 것은 당연하다
0831	活力	huólì	명 활력, 생기, 원기
0832	火箭	huǒjiàn	명 로켓
0833	火焰	huǒyàn	명 화염, 불꽃

0834	火药	huǒyào	명 화약
0835	货币	huòbì	명 화폐
0836	讥笑	jīxiào	동 비웃다, 조소하다
0837	饥饿	jī'è	형 배고프다
0838	机动	jīdòng	형 발동기로 움직이는, 기동적인
0839	机构	jīgòu	명 기구
0840	机灵	jīling	형 영리하다, 똑똑하다
0841	机密	jīmì	명 기밀, 극비
0842	机械	jīxiè	명 기계, 기계 장치
0843	机遇	jīyù	명 기회, 시기
0844	机智	jīzhì	형 기지가 있다
0845	基地	jīdì	명 근거지, 기지
0846	基金	jījīn	명 기금, 펀드
0847	基因	jīyīn	명 유전자
0848	激发	jīfā	동 불러일으키다
0849	激励	jīlì	동 격려하다, 북돋워주다
0850	激情	jīqíng	명 격정
0851	及早	jízǎo	부 미리, 일찌감치
0852	吉祥	jíxiáng	형 상서롭다, 길하다
0853	级别	jíbié	명 등급, 단계
0854	极端	jíduān	명 극단
0855	极限	jíxiàn	명 극한
0856	即便	jíbiàn	접 설령 ~하더라도
0857	即将	jíjiāng	부 곧, 머지않아
0858	急功近利	jígōng jìnlì	성 조급한 성공과 눈앞의 이익에만 급급하다
0859	急剧	jíjù	부 급격하게, 급속히
0860	急切	jíqiè	형 절박하다, 다급하다
0861	急于求成	jíyú qiúchéng	성 객관적인 조건을 무시하고, 서둘러 목적을 달성하려 하다
0862	急躁	jízào	형 조바심내다, 초조해하다

0863	疾病	jíbìng	명 병, 질병
0864	集团	jítuán	명 집단, 단체
0865	嫉妒	jídù	동 질투하다
0866	籍贯	jíguàn	명 원적, 출생지
0867	给予	jǐyǔ	동 주다, 부여하다
0868	计较	jìjiào	동 따지다, 계산하여 비교하다
0869	记性	jìxing	명 기억력
0870	记载	jìzǎi	동 기재하다, 기록하다 명 기재, 기록
0871	纪要	jìyào	명 기요, 요록
0872	技巧	jìqiǎo	명 기교, 기예
0873	忌讳	jìhuì	동 금기하다, 꺼리다, 기피하다
0874	季度	jìdù	명 사분기, 분기
0875	季军	jìjūn	명 운동 경기 등의 3등

0876	迹象	jìxiàng	명 흔적, 자취
0877	继承	jìchéng	동 계승하다, 상속하다
0878	寄托	jìtuō	동 기탁하다, 의탁하다
0879	寂静	jìjìng	형 조용하다, 고요하다
0880	加工	jiā//gōng	동 가공하다
0881	加剧	jiājù	동 격화되다
0882	夹杂	jiāzá	동 혼합하다, 뒤섞다
0883	佳肴	jiāyáo	명 맛있는 요리
0884	家常	jiācháng	형 평상의, 보통의
0885	家伙	jiāhuo	명 놈, 녀석
0886	家属	jiāshǔ	명 가족

0887	家喻户晓	jiāyù hùxiǎo	(성) 집집마다 다 알다
0888	尖端	jiānduān	(형) 첨단의
0889	尖锐	jiānruì	(형) (물건 혹은 소리가) 날카롭다, (지적이나 비판이) 예리하다
0890	坚定	jiāndìng	(형) 확고부동하다
0891	坚固	jiāngù	(형) 견고하다
0892	坚韧	jiānrèn	(형) 강인하다, 단단하고 질기다
0893	坚实	jiānshí	(형) 견실하다
0894	坚硬	jiānyìng	(형) 견고하다, 단단하다
0895	艰难	jiānnán	(형) 곤란하다, 어렵다
0896	监督	jiāndū	(동) 감독하다 (명) 감독
0897	监视	jiānshì	(동) 감시하다
0898	监狱	jiānyù	(명) 감옥, 감방
0899	煎	jiān	(동) 지지다, 부치다
0900	拣	jiǎn	(동) 고르다, 선택하다
0901	检讨	jiǎntǎo	(동) 검토하다, 깊이 반성하다
0902	检验	jiǎnyàn	(동) 검증하다, 검사하다
0903	剪彩	jiǎncǎi	(동) 기념 테이프를 끊다
0904	简化	jiǎnhuà	(동) 간소화하다
0905	简陋	jiǎnlòu	(형) 초라하다, 조졸하다
0906	简体字	jiǎntǐzì	(명) 간화자, 간체자
0907	简要	jiǎnyào	(형) 간결하고 핵심을 찌르는
0908	见多识广	jiànduō shíguǎng	(성) 보고 들은 것이 많고 식견도 넓다
0909	见解	jiànjiě	(명) 견해, 소견
0910	见闻	jiànwén	(명) 견문
0911	见义勇为	jiànyì yǒngwéi	(성) 정의로운 일을 보고 용감하게 뛰어들다
0912	间谍	jiàndié	(명) 간첩
0913	间隔	jiàngé	(명) 간격, 사이 (동) 간격을 두다
0914	间接	jiànjiē	(형) 간접적인
0915	剑	jiàn	(명) 칼, 검

0916	健全	jiànquán	형 건강하고 온전하다, 완비하다
0917	舰艇	jiàntǐng	명 함정
0918	践踏	jiàntà	동 밟다, 디디다
0919	溅	jiàn	동 (액체류가) 튀다
0920	鉴别	jiànbié	동 감별하다, 구별하다
0921	鉴定	jiàndìng	동 감정하다
0922	鉴于	jiànyú	동 ~을 고려하면
0923	将近	jiāngjìn	동 거의 ~에 근접하다
0924	将就	jiāngjiu	동 그런대로 ~을 할 만하다
0925	将军	jiāngjūn	명 장군
0926	僵硬	jiāngyìng	형 뻣뻣하다, 경직되다
0927	奖励	jiǎnglì	동 장려하다, 표창하다 명 상, 상금
0928	奖赏	jiǎngshǎng	동 상을 주다 명 포상, 장려
0929	桨	jiǎng	명 노
0930	降临	jiànglín	동 도래하다, 일어나다
0931	交叉	jiāochā	동 교차하다
0932	交代	jiāodài	동 넘겨주다, 인계하다
0933	交涉	jiāoshè	동 교섭하다, 협상하다
0934	交易	jiāoyì	동 교역하다, 매매하다 명 교역
0935	娇气	jiāoqì	형 여리다, 유약하다
0936	焦点	jiāodiǎn	명 초점, 집중
0937	焦急	jiāojí	형 초조하다
0938	角落	jiǎoluò	명 구석
0939	侥幸	jiǎoxìng	형 뜻밖에 운이 좋다
0940	搅拌	jiǎobàn	동 휘저어 섞다
0941	缴纳	jiǎonà	동 납부하다, 납입하다
0942	较量	jiàoliàng	동 겨루다
0943	教养	jiàoyǎng	명 교양
0944	阶层	jiēcéng	명 계층

0945	皆	jiē	图 모두, 전부
0946	接连	jiēlián	图 연거푸, 연이어
0947	揭露	jiēlù	图 폭로하다
0948	节制	jiézhì	图 통제관리하다, 절제하다
0949	节奏	jiézòu	图 리듬, 박자
0950	杰出	jiéchū	图 걸출한
0951	结晶	jiéjīng	图 결정
0952	结局	jiéjú	图 결국, 결과
0953	结算	jiésuàn	图 결산하다
0954	截止	jiézhǐ	图 (일정 시간)까지 마감이다, (일정 시간)까지 이르다
0955	截至	jiézhì	图 ~까지 마감이다
0956	竭尽全力	jiéjìn quánlì	온 힘을 다 기울이다
0957	解除	jiěchú	图 제거하다, 풀다
0958	解放	jiěfàng	图 해방하다, 해방되다
0959	解雇	jiěgù	图 해고하다
0960	解剖	jiěpōu	图 해부하다
0961	解散	jiěsàn	图 해산하다, 흩어지다
0962	解体	jiětǐ	图 해체되다, 와해되다
0963	戒备	jièbèi	图 경비하다, 경계하다
0964	界限	jièxiàn	图 경계, 한도
0965	借鉴	jièjiàn	图 참고로 하다
0966	借助	jièzhù	图 ~의 힘을 빌리다
0967	金融	jīnróng	图 금융
0968	津津有味	jīnjīn yǒuwèi	图 흥미진진하다
0969	紧迫	jǐnpò	图 급박하다, 긴박하다
0970	锦上添花	jǐnshàng tiānhuā	图 비단 위에 꽃을 수놓다, 금상첨화
0971	进而	jìn'ér	图 진일보하여
0972	进攻	jìngōng	图 진공하다, 공격하다
0973	进化	jìnhuà	图 진화하다

0974	进展	jìnzhǎn	동 진전하다 명 진전
0975	近来	jìnlái	명 근래, 요즘
0976	晋升	jìnshēng	동 승진하다, 진급하다
0977	浸泡	jìnpào	동 담그다, 잠그다
0978	茎	jīng	명 식물의 줄기
0979	经费	jīngfèi	명 경비, 비용
0980	经纬	jīngwěi	명 날줄과 씨줄, 경도와 위도
0981	惊动	jīngdòng	동 놀라게 하다
0982	惊奇	jīngqí	형 놀라며 의아해하다
0983	惊讶	jīngyà	형 의아스럽다, 놀랍다
0984	兢兢业业	jīngjīng yèyè	성 신중하고 조심스럽게 맡은 일을 부지런하고 성실하게 하다
0985	精打细算	jīngdǎ xìsuàn	성 세밀하게 계산하다, 면밀하게 계획하다
0986	精华	jīnghuá	명 정화, 정수
0987	精简	jīngjiǎn	동 간소화하다, 정선하다
0988	精密	jīngmì	형 정밀하다
0989	精确	jīngquè	형 정밀하고 확실하다
0990	精通	jīngtōng	동 정통하다
0991	精心	jīngxīn	형 정성을 들이다
0992	精益求精	jīngyì qiújīng	성 훌륭하지만 더욱 더 완벽을 추구하다
0993	精致	jīngzhì	형 정밀하다, 정교하다
0994	井	jǐng	명 우물
0995	颈椎	jǐngzhuī	명 경추, 목등뼈
0996	警告	jǐnggào	동 경고하다 명 경고
0997	警惕	jǐngtì	동 경계하다, 경계심을 갖다
0998	竞赛	jìngsài	동 경쟁하다, 경기하다
0999	竞选	jìngxuǎn	동 경선 활동을 하다
1000	敬礼	jìng//lǐ	동 경례하다

Day 9

1001	敬业	jìngyè	동 자기 일에 최선을 다하다
1002	境界	jìngjiè	명 경계
1003	镜头	jìngtóu	명 렌즈, 장면, 화면
1004	纠纷	jiūfēn	명 다툼, 분쟁
1005	纠正	jiūzhèng	동 교정하다, 고치다
1006	酒精	jiǔjīng	명 알코올
1007	救济	jiùjì	동 구제하다
1008	就近	jiùjìn	부 가까운 곳에
1009	就业	jiùyè	동 취업하다
1010	就职	jiùzhí	동 취직하다
1011	拘留	jūliú	동 구류하다
1012	拘束	jūshù	형 거북하다, 어색하다
1013	居民	jūmín	명 주민
1014	居住	jūzhù	동 거주하다
1015	鞠躬	jū//gōng	동 허리를 굽혀 절하다
1016	局部	júbù	명 국부, 부분
1017	局面	júmiàn	명 국면
1018	局势	júshì	명 형세, 정세
1019	局限	júxiàn	동 국한하다 명 국한
1020	咀嚼	jǔjué	동 씹다
1021	沮丧	jǔsàng	형 낙담하다
1022	举动	jǔdòng	명 동작, 행위
1023	举世瞩目	jǔshì zhǔmù	성 전세계 사람들이 주목하다
1024	举足轻重	jǔzú qīngzhòng	성 중요한 위치에 있어서 한쪽으로 조금만 치우쳐도 세력의 균형이 깨지다
1025	剧本	jùběn	명 극본, 각본

1026	剧烈	jùliè	형 극렬하다, 격렬하다
1027	据悉	jùxī	동 아는 바에 의하면 ~라고 한다
1028	聚精会神	jùjīng huìshén	성 정신을 집중하다
1029	卷	juǎn juàn	동 말다, 휘말다 명 말아놓은 물건, 말이(음식) 명 서류, 문건, 시험지
1030	决策	juécè	명 결정된 책략, 정책 결정
1031	觉悟	juéwù	동 깨닫다
1032	觉醒	juéxǐng	동 각성하다, 깨닫다
1033	绝望	juéwàng	동 절망하다
1034	倔强	juéjiàng	형 성격이 강하고 고집이 세다
1035	军队	jūnduì	명 군대
1036	君子	jūnzi	명 지위가 높은 사람, 군자, 나리
1037	卡通	kǎtōng	명 만화, 카툰
1038	开采	kāicǎi	동 채굴하다, 개발하다
1039	开除	kāichú	동 제명하다, 자르다
1040	开阔	kāikuò	형 넓다, 광활하다
1041	开朗	kāilǎng	형 명랑하다, 활달하다
1042	开明	kāimíng	형 깨어 있다, 진보적이다
1043	开辟	kāipì	동 통하게 하다, 트이게 하다, 개발하다
1044	开拓	kāituò	동 개척하다, 개간하다
1045	开展	kāizhǎn	동 전개되다
1046	开支	kāizhī	동 지불하다 명 지출, 비용
1047	刊登	kāndēng	동 게재하다, 싣다, 등재하다
1048	刊物	kānwù	명 간행물, 출판물
1049	勘探	kāntàn	동 탐사하다, 조사하다
1050	侃侃而谈	kǎnkǎn értán	성 당당하고 차분하게 말한다
1051	砍伐	kǎnfá	동 (톱이나 도끼 등으로) 자르다, 베다
1052	看待	kàndài	동 대하다, 다루다
1053	慷慨	kāngkǎi	형 강개하다, 아끼지 않다
1054	扛	káng	동 어깨에 메다

1055	抗议	kàngyì	동 항의하다
1056	考察	kǎochá	동 고찰하다
1057	考古	kǎogǔ	동 고고학을 연구하다 명 고고학
1058	考核	kǎohé	동 심사하다
1059	考验	kǎoyàn	동 시험하다, 검증하다
1060	靠拢	kàolǒng	동 접근하다, 근접하다
1061	科目	kēmù	명 과목, 항목
1062	磕	kē	동 부딪히다
1063	可观	kěguān	형 대단하다, 굉장하다
1064	可口	kěkǒu	형 맛있다
1065	可恶	kěwù	형 싫다, 혐오스럽다
1066	可行	kěxíng	동 실행할 만하다, 가능하다
1067	渴望	kěwàng	동 갈망하다
1068	克制	kèzhì	동 (감정 등을) 억제하다, 자제하다
1069	刻不容缓	kèbù rónghuǎn	성 일각도 지체할 수 없다
1070	客户	kèhù	명 이주자, 다른 곳에서 이주하여 온 사람
1071	课题	kètí	명 과제, 프로젝트
1072	恳切	kěnqiè	형 간절하다, 진지하다
1073	啃	kěn	동 물어뜯다, 갉아먹다
1074	坑	kēng	명 구멍, 구덩이 동 함정에 빠뜨리다
1075	空洞	kōngdòng	형 내용이 없다, 공허하다
1076	空前绝后	kōngqián juéhòu	성 이전에도 없었고 앞으로도 없다
1077	空想	kōngxiǎng	동 공상하다 명 공상
1078	空虚	kōngxū	형 공허하다
1079	孔	kǒng	명 구멍
1080	恐怖	kǒngbù	형 두렵다, 무섭다, 공포를 느끼다
1081	恐吓	kǒnghè	동 으르다, 위협하다
1082	恐惧	kǒngjù	동 겁먹다, 두려워하다
1083	空白	kòngbái	명 공백, 여백

1084	空隙	kòngxì	명 틈, 간격
1085	口气	kǒuqì	명 어조, 말투
1086	口腔	kǒuqiāng	명 구강
1087	口头	kǒutóu	명 구두
1088	口音	kǒuyīn	명 구음, 입소리
1089	扣	kòu	동 채우다, 엎어놓다, 구류하다, 공제하다 명 매듭, 단추
1090	枯萎	kūwěi	동 시들다, 마르다, 오그라들다
1091	枯燥	kūzào	형 무미건조하다, 지루하다
1092	哭泣	kūqì	동 흐느껴 울다
1093	苦尽甘来	kǔjìn gānlái	성 고진감래, 고생 끝에 낙이 온다
1094	苦涩	kǔsè	형 씁쓸하고 떫다, 괴롭다
1095	挎	kuà	동 걸다, 끼다
1096	跨	kuà	동 뛰어넘다, 건너뛰다
1097	快活	kuàihuo	형 즐겁다, 유쾌하다, 쾌활하다
1098	宽敞	kuānchang	형 넓다, 드넓다
1099	宽容	kuānróng	동 너그럽다, 포용력이 있다
1100	款待	kuǎndài	동 환대하다, 정성껏 대접하다
1101	款式	kuǎnshì	명 스타일, 타입, 양식, 격식
1102	筐	kuāng	명 광주리, 바구니
1103	旷课	kuàng//kè	동 무단 결석하다
1104	况且	kuàngqiě	접 게다가, 더구나
1105	矿产	kuàngchǎn	명 광산물
1106	框架	kuàngjià	명 뼈대, 골격
1107	亏待	kuīdài	동 푸대접하다
1108	亏损	kuīsǔn	동 결손나다, 적자 나다
1109	捆绑	kǔnbǎng	동 줄로 묶다
1110	扩充	kuòchōng	동 확충하다, 늘리다
1111	扩散	kuòsàn	동 확산하다, 퍼뜨리다
1112	扩张	kuòzhāng	동 확장하다, 넓히다

1113	喇叭	lǎba	몡 나팔
1114	蜡烛	làzhú	몡 초, 양초
1115	啦	la	조 '了(·le)'와 '啊(·a)'의 합음으로 양자의 의미를 가짐
1116	来历	láilì	몡 내력, 경력, 배경
1117	来源	láiyuán	몡 출처, 근원
1118	栏目	lánmù	몡 란, 프로그램
1119	懒惰	lǎnduò	혱 게으르다, 나태하다
1120	狼狈	lángbèi	혱 매우 난처하다, 곤궁하다
1121	狼吞虎咽	lángtūn hǔyàn	성 게걸스럽게 먹다
1122	捞	lāo	동 건지다, 끌어올리다
1123	牢固	láogù	혱 견고하다
1124	牢骚	láosāo	몡 불평, 불만

Day 10

1125	唠叨	láodao	동 잔소리하다, 되풀이하여 말하다
1126	乐趣	lèqù	몡 즐거움, 기쁨
1127	乐意	lèyì	동 ~하기를 원하다, ~하고 싶다
1128	雷达	léidá	몡 레이더
1129	类似	lèisì	혱 유사하다, 비슷하다
1130	冷酷	lěngkù	혱 냉혹하다, 잔인하다
1131	冷落	lěngluò	혱 쓸쓸하다, 적막하다 동 냉대하다, 푸대접하다
1132	冷却	lěngquè	동 냉각하다, 냉각되다
1133	愣	lèng	동 멍해지다, 어리둥절하다
1134	黎明	límíng	몡 여명, 동틀 무렵
1135	礼节	lǐjié	몡 예절

1136	礼尚往来	lǐshàng wǎnglái	성 예의는 서로 오가는 것을 중시한다. 오는 정이 있으면 가는 정이 있다
1137	里程碑	lǐchéngbēi	명 이정표
1138	理睬	lǐcǎi	동 상대하다, 거들떠보다
1139	理所当然	lǐsuǒ dāngrán	성 도리로 보아 당연하다
1140	理直气壮	lǐzhí qìzhuàng	성 이유가 충분하여 하는 말이 당당하다
1141	理智	lǐzhì	명 이성과 지혜
1142	力求	lìqiú	동 적극적으로 추구하다, 온갖 노력을 다하다
1143	力所能及	lìsuǒ néngjí	성 자기 능력으로 해낼 수 있다
1144	力争	lìzhēng	동 매우 노력하다
1145	历代	lìdài	명 역대
1146	历来	lìlái	부 줄곧, 항상, 언제나
1147	立场	lìchǎng	명 입장, 태도, 관점
1148	立方	lìfāng	명 입방, 세제곱
1149	立交桥	lìjiāoqiáo	명 입체 교차로
1150	立体	lìtǐ	명 입체
1151	立足	lìzú	동 발붙이다
1152	利害	lìhai	형 이익과 손해
1153	例外	lìwài	명 예외
1154	粒	lì	명 알갱이 양 알
1155	连年	liánnián	동 여러 해 동안 계속되다
1156	连锁	liánsuǒ	형 연쇄적이다
1157	连同	liántóng	접 ~과 함께
1158	联欢	liánhuān	동 함께 모여 즐기다
1159	联络	liánluò	동 연락하다, 접촉하다
1160	联盟	liánméng	명 연맹, 동맹
1161	联想	liánxiǎng	동 연상하다
1162	廉洁	liánjié	형 청렴결백하다
1163	良心	liángxīn	명 양심

1164	谅解	liàngjiě	⑧ 양해하다, 이해하여 주다
1165	晾	liàng	⑧ 쬐이다, 말리다
1166	辽阔	liáokuò	⑱ 끝없이 넓다
1167	列举	lièjǔ	⑧ 실례를 들다
1168	临床	línchuáng	⑧ 임상하다
1169	淋	lín	⑧ 젖다
1170	吝啬	lìnsè	⑱ 인색하다, 쩨쩨하다
1171	伶俐	línglì	⑱ 영리하다
1172	灵感	línggǎn	⑲ 영감
1173	灵魂	línghún	⑲ 영혼
1174	灵敏	língmǐn	⑱ 영민하다, 재빠르다
1175	凌晨	língchén	⑲ 새벽녘, 동틀 무렵
1176	零星	língxīng	⑱ 산발적이다, 소량의
1177	领会	lǐnghuì	⑧ 깨닫다, 이해하다
1178	领事馆	lǐngshìguǎn	⑲ 영사관
1179	领土	lǐngtǔ	⑲ 영토
1180	领悟	lǐngwù	⑧ 납득하다, 터득하다
1181	领先	lǐngxiān	⑧ 앞서다, 리드하다
1182	领袖	lǐngxiù	⑲ 영수, 지도자
1183	溜	liū	⑧ 지치다, 타다, 뺑소니치다
1184	留恋	liúliàn	⑧ 차마 떠나지 못하다
1185	留念	liúniàn	⑧ 기념으로 남기다
1186	留神	liú//shén	⑧ 주의하다, 조심하다
1187	流浪	liúlàng	⑧ 유랑하다
1188	流露	liúlù	⑧ 무심코 드러내다
1189	流氓	liúmáng	⑲ 건달, 깡패
1190	流通	liútōng	⑧ 유통하다
1191	聋哑	lóngyǎ	⑱ 귀가 먹고 말도 못하다
1192	隆重	lóngzhòng	⑱ 성대하다

1193	垄断	lǒngduàn	동 독점하다
1194	笼罩	lǒngzhào	동 덮어 씌우다, 뒤덮다
1195	搂	lǒu	동 껴안다, 품다
1196	炉灶	lúzào	명 부뚜막
1197	屡次	lǚcì	부 여러 번, 누차
1198	履行	lǚxíng	동 이행하다, 실행하다
1199	掠夺	lüèduó	동 빼앗다, 강탈하다
1200	轮船	lúnchuán	명 기선
1201	轮廓	lúnkuò	명 윤곽, 테두리
1202	轮胎	lúntāi	명 타이어
1203	论坛	lùntán	명 논단, 칼럼
1204	论证	lùnzhèng	명 논증
1205	啰唆	luōsuo	형 말이 많다, 수다스럽다, 일이 번잡스럽다
1206	络绎不绝	luòyì bùjué	성 왕래가 빈번해 끊이지 않다
1207	落成	luòchéng	동 준공되다, 낙성되다
1208	落实	luòshí	동 실현되다, 구체화되다
1209	麻痹	mábì	동 마비되다 형 경각심을 늦추다
1210	麻木	mámù	형 미미되다, 저리다
1211	麻醉	mázuì	동 마취하다
1212	码头	mǎtóu	명 부두, 선창
1213	蚂蚁	mǎyǐ	명 개미
1214	嘛	ma	조 서술문, 기원문 끝에 쓰여 당연함을 나타냄
1215	埋伏	máifú	동 매복하다
1216	埋没	máimò	동 매몰되다, 묻히다
1217	埋葬	máizàng	동 매장하다, 묻다
1218	迈	mài	동 내디디다, 내딛다
1219	脉搏	màibó	명 맥박
1220	埋怨	mányuàn	동 탓하다, 불평하다
1221	蔓延	mànyán	동 만연하다

1222	漫长	màncháng	형 멀다, 길다, 지루하다
1223	漫画	mànhuà	명 만화
1224	慢性	mànxìng	형 만성의
1225	忙碌	mánglù	동 서둘러 하다, 바쁘게 하다
1226	盲目	mángmù	형 맹목적, 무작정
1227	茫茫	mángmáng	형 아득하다, 망망하다
1228	茫然	mángrán	형 망연하다, 멍하다
1229	茂盛	màoshèng	형 우거지다, 무성하다
1230	冒充	màochōng	동 사칭하다, 가장하다
1231	冒犯	màofàn	동 무례하다, 불쾌하게 하다, 비위를 거스르다
1232	枚	méi	양 매, 장, 개
1233	媒介	méijiè	명 매개자, 매개물
1234	美观	měiguān	형 보기 좋다, 예쁘다
1235	美满	měimǎn	형 아름답고 원만하다
1236	美妙	měimiào	형 아름답다, 훌륭하다
1237	萌芽	méngyá	명 새싹, 맹아
1238	猛烈	měngliè	형 맹렬하다, 세차다
1239	眯	mī	동 눈을 가늘게 뜨다
1240	弥补	míbǔ	동 메우다
1241	弥漫	mímàn	동 자욱하다, 가득하다
1242	迷惑	míhuò	동 미혹되다
1243	迷人	mírén	동 사람을 홀리다, 마음을 끌다
1244	迷信	míxìn	명 미신 동 미신을 믿다
1245	谜语	míyǔ	명 수수께끼
1246	密度	mìdù	명 밀도
1247	密封	mìfēng	동 밀봉하다, 밀폐하다 형 밀봉한, 밀폐된
1248	棉花	miánhua	명 목화, 목화솜
1249	免得	miǎnde	접 ~하지 않도록
1250	免疫	miǎnyì	동 면역이 되다

Day 11

1251	勉励	miǎnlì	동 격려하다, 고무하다
1252	勉强	miǎnqiǎng	형 간신히 ~하다 동 강요하다
1253	面貌	miànmào	명 용모, 생김새
1254	面子	miànzi	명 체면, 면목
1255	描绘	miáohuì	동 그리다, 묘사하다
1256	瞄准	miáozhǔn	동 겨누다, 겨냥하다, 조준하다
1257	渺小	miǎoxiǎo	형 미미하다, 매우 작다
1258	藐视	miǎoshì	동 얕보다, 경시하다, 깔보다, 업신여기다
1259	灭亡	mièwáng	동 멸망하다, 소멸시키다
1260	蔑视	mièshì	동 멸시하다
1261	民间	mínjiān	명 민간
1262	民主	mínzhǔ	명 민주 형 민주적이다
1263	敏捷	mǐnjié	형 민첩하다, 반응이 빠르다
1264	敏锐	mǐnruì	형 예민하다
1265	名次	míngcì	명 순위, 등수
1266	名额	míng'é	명 정원, 인원 수
1267	名副其实	míngfù qíshí	성 명성과 실상이 서로 부합되다
1268	名誉	míngyù	명 명예, 명성
1269	明明	míngmíng	부 분명히, 명백히
1270	明智	míngzhì	형 총명하다, 현명하다
1271	命名	mìngmíng	동 명명하다, 이름짓다
1272	摸索	mōsuǒ	동 모색하다
1273	模范	mófàn	명 모범
1274	模式	móshì	명 모식
1275	模型	móxíng	명 모형, 모본
1276	膜	mó	명 막, 막과 같이 얇은 물질

1277	摩擦	mócā	동 마찰하다
1278	磨合	móhé	동 길들다
1279	魔鬼	móguǐ	명 마귀, 악마
1280	魔术	móshù	명 마술
1281	抹杀	mǒshā	동 말살하다, 삭제하다
1282	莫名其妙	mòmíng qímiào	성 영문을 알 수 없다
1283	墨水儿	mòshuǐr	명 먹물, 잉크
1284	默默	mòmò	부 묵묵히, 말없이
1285	谋求	móuqiú	동 강구하다, 모색하다
1286	模样	múyàng	명 모양, 모습
1287	母语	mǔyǔ	명 모국어
1288	目睹	mùdǔ	동 직접 보다
1289	目光	mùguāng	명 시선, 눈길
1290	沐浴	mùyù	동 목욕하다
1291	拿手	náshǒu	형 어떤 기술에 뛰어나다, 능하다
1292	纳闷儿	nà//mènr	동 답답하다, 궁금하다
1293	耐用	nàiyòng	형 오래 쓸 수 있다
1294	南辕北辙	nányuán běizhé	성 속으로는 남쪽으로 가려하면서 수레는 오히려 북쪽으로 간다, 행동과 목적이 상반된다
1295	难得	nándé	형 얻기 어렵다
1296	难堪	nánkān	형 난감하다, 난처하다
1297	难能可贵	nánnéng kěguì	성 쉽지 않은 일을 해내어 대견스럽다
1298	恼火	nǎohuǒ	동 화내다, 노하다
1299	内涵	nèihán	명 내포, 속뜻
1300	内幕	nèimù	명 내막, 속사정
1301	内在	nèizài	형 내재적인, 내재하는
1302	能量	néngliàng	명 에너지, 능력
1303	拟定	nǐdìng	동 입안하다, 초안을 세우다
1304	逆行	nìxíng	동 역행하다

1305	年度	niándù	몡 연도
1306	捏	niē	동 집다, 손으로 빚다
1307	凝固	nínggù	동 응고하다
1308	凝聚	níngjù	동 맺히다
1309	凝视	níngshì	동 주목하다
1310	拧	níng	동 짜다, 비틀다
1311	宁肯	nìngkěn	부 차라리 ~할지언정
1312	宁愿	nìngyuàn	부 설령 ~할지라도
1313	扭转	niǔzhuǎn	동 교정하다, 바로잡다
1314	纽扣儿	niǔkòur	몡 단추
1315	农历	nónglì	몡 음력
1316	浓厚	nónghòu	형 짙다, 농후하다
1317	奴隶	núlì	몡 노예
1318	虐待	nüèdài	동 학대하다
1319	挪	nuó	동 옮기다, 움직이다
1320	哦	ō	감 아! 오!
1321	殴打	ōudǎ	동 구타하다
1322	呕吐	ǒutù	동 구토하다
1323	偶像	ǒuxiàng	몡 우상
1324	趴	pā	동 엎드리다
1325	排斥	páichì	동 배척하다
1326	排除	páichú	동 제거하다, 없애다
1327	排放	páifàng	동 배출하다, 방류하다
1328	排练	páiliàn	동 무대연습을 하다, 리허설을 하다
1329	徘徊	páihuái	동 배회하다, 왔다 갔다 하다
1330	派别	pàibié	몡 파별, 유파
1331	派遣	pàiqiǎn	동 파견하다
1332	攀登	pāndēng	동 등반하다
1333	盘旋	pánxuán	동 선회하다

1334	判决	pànjué	동 판결하다, 선고하다
1335	畔	pàn	명 가장자리, 부근
1336	庞大	pángdà	형 매우 크다
1337	抛弃	pāoqì	동 버리다, 포기하다
1338	泡沫	pàomò	명 거품, 포말
1339	培育	péiyù	동 재배하다, 키우다
1340	配备	pèibèi	동 배치하다
1341	配偶	pèi'ǒu	명 배필, 배우자
1342	配套	pèitào	동 하나의 세트로 만들다
1343	盆地	péndì	명 분지
1344	烹饪	pēngrèn	동 요리하다
1345	捧	pěng	동 두 손으로 받쳐 들다
1346	批发	pīfā	동 도매하다
1347	批判	pīpàn	동 비판하다, 지적하다
1348	劈	pī	동 쪼개다, 패다
1349	皮革	pígé	명 피혁, 가죽
1350	疲惫	píbèi	형 대단히 피곤하다
1351	疲倦	píjuàn	형 피곤하다, 지치다
1352	屁股	pìgu	명 엉덩이, 둔부
1353	譬如	pìrú	동 예를 들다
1354	偏差	piānchā	명 편차, 오차
1355	偏见	piānjiàn	명 편견, 선입견
1356	偏僻	piānpì	형 외지다, 궁벽하다
1357	偏偏	piānpiān	부 기어코, 일부러, 굳이
1358	片断	piànduàn	명 토막, 도막
1359	片刻	piànkè	명 잠깐, 잠시
1360	漂浮	piāofú	동 뜨다
1361	飘扬	piāoyáng	동 펄럭이다, 휘날리다

1362	撇	piē / piě	동 버리다, 제쳐두다, 뜨다, 푸다, 걷어내다 명 삐침
1363	拼搏	pīnbó	동 전력을 다해 분투하다
1364	拼命	pīn//mìng	동 죽기살기로 하다
1365	贫乏	pínfá	형 빈궁하다, 가난하다
1366	贫困	pínkùn	형 빈곤하다, 곤궁하다
1367	频繁	pínfán	형 잦다, 빈번하다
1368	频率	pínlǜ	명 빈도수
1369	品尝	pǐncháng	동 맛보다
1370	品德	pǐndé	명 품성
1371	品质	pǐnzhì	명 품질, 질
1372	品种	pǐnzhǒng	명 품종
1373	平凡	píngfán	형 평범하다, 보통이다
1374	平面	píngmiàn	명 평면
1375	平坦	píngtǎn	형 평평하다

Day 12

1376	平行	píngxíng	형 병행의
1377	平庸	píngyōng	형 평범하다, 예사롭다, 그저 그렇다
1378	平原	píngyuán	명 평원
1379	评估	pínggū	동 평가하다
1380	评论	pínglùn	동 평론하다, 논의하다
1381	屏幕	píngmù	명 스크린
1382	屏障	píngzhàng	명 장벽, 보호벽
1383	坡	pō	명 비탈, 언덕
1384	泼	pō	동 뿌리다, 붓다

1385	颇	pō	뷔 꽤, 상당히
1386	迫不及待	pòbù jídài	성 일각도 지체할 수 없다
1387	迫害	pòhài	동 박해하다
1388	破例	pò//lì	동 상례를 깨다
1389	魄力	pòlì	명 박력
1390	扑	pū	동 돌진하여 덮치다
1391	铺	pū	동 깔다, 펴다
1392	朴实	pǔshí	형 소박하다, 꾸밈이 없다
1393	朴素	pǔsù	형 소박하다, 알뜰하다, 순박하다, 맹아상태의
1394	普及	pǔjí	동 보급되다, 확산되다
1395	瀑布	pùbù	명 폭포
1396	凄凉	qīliáng	형 처량하다, 처참하다
1397	期望	qīwàng	동 기대하다, 바라다, 소망하다 명 희망, 기대, 바람
1398	期限	qīxiàn	명 기한, 시한
1399	欺负	qīfu	동 능욕하다, 업신여기다
1400	欺骗	qīpiàn	동 속이다, 사기치다
1401	齐全	qíquán	형 완전히 갖추다
1402	齐心协力	qíxīn xiélì	성 한마음 한뜻으로 함께 노력하다
1403	奇妙	qímiào	형 기묘하다, 신기하다
1404	歧视	qíshì	동 경시하다, 차별 대우하다 명 경시, 차별 대우
1405	旗袍	qípáo	명 치파오
1406	旗帜	qízhì	명 기, 깃발
1407	乞丐	qǐgài	명 거지
1408	岂有此理	qǐyǒu cǐlǐ	성 어찌 이럴 수가 있단 말인가?
1409	企图	qǐtú	동 의도하다, 기도하다 명 의도
1410	启程	qǐchéng	동 출발하다, 길을 나서다
1411	启蒙	qǐméng	동 계몽하다, 기초지식을 전수하다
1412	启示	qǐshì	동 계시하다 명 계시

1413	启事	qǐshì	몡 광고, 공고
1414	起草	qǐ//cǎo	동 기초하다, 글의 초안을 작성하다
1415	起初	qǐchū	몡 처음, 최초
1416	起伏	qǐfú	동 기복하다
1417	起哄	qǐ//hòng	동 소란을 피우다
1418	起码	qǐmǎ	형 기본적인
1419	起源	qǐyuán	몡 기원 동 기원하다
1420	气概	qìgài	몡 기개
1421	气功	qìgōng	몡 기공
1422	气魄	qìpò	몡 기백, 패기
1423	气色	qìsè	몡 안색, 혈색
1424	气势	qìshì	몡 기세
1425	气味	qìwèi	몡 냄새
1426	气象	qìxiàng	몡 기상
1427	气压	qìyā	몡 기압
1428	气质	qìzhì	몡 기질, 자질, 기개, 풍채
1429	迄今为止	qìjīn wéizhǐ	형 이전 어느 시점부터 지금에 이르기까지
1430	器材	qìcái	몡 기자새, 기재
1431	器官	qìguān	몡 기관
1432	掐	qiā	동 꼬집다, 끊다
1433	洽谈	qiàtán	동 협의하다, 상담하다
1434	恰当	qiàdàng	형 알맞다, 타당하다
1435	恰到好处	qiàdào hǎochù	성 말·행동 등이 꼭 들어맞다
1436	恰巧	qiàqiǎo	부 마침, 때마침
1437	千方百计	qiānfāng bǎijì	성 갖은 방법을 다 써 보다
1438	迁就	qiānjiù	동 타협하다, 끌려가다
1439	迁徙	qiānxǐ	동 옮겨 가다
1440	牵	qiān	동 끌다, 잡아 끌다
1441	牵扯	qiānchě	동 연루되다, 관련되다

1442	牵制	qiānzhì	동 견제하다
1443	谦逊	qiānxùn	형 겸손하다
1444	签署	qiānshǔ	동 정식 서명하다
1445	前景	qiánjǐng	명 장래, 전망, 전경
1446	前提	qiántí	명 전제, 선결 조건
1447	潜力	qiánlì	명 잠재력
1448	潜水	qiánshuǐ	동 잠수하다
1449	潜移默化	qiányí mòhuà	성 은연중에 감화되다
1450	谴责	qiǎnzé	동 비난하다, 질책하다
1451	强制	qiángzhì	동 강제하다, 강요하다
1452	抢劫	qiǎngjié	동 강탈하다
1453	抢救	qiǎngjiù	동 서둘러 구호하다, 구출하다
1454	强迫	qiǎngpò	동 강요하다, 핍박하다
1455	桥梁	qiáoliáng	명 교량, 다리
1456	窍门	qiàomén	명 방법, 요령, 비결
1457	翘	qiào	동 들리다, 휘다, 치켜들다
1458	切实	qièshí	형 확실하다, 실제적이다
1459	锲而不舍	qiè'ér bùshě	성 나태함 없이 끈기있게 끝까지 해내다
1460	钦佩	qīnpèi	동 탄복하다, 경복하다
1461	侵犯	qīnfàn	동 침범하다
1462	侵略	qīnlüè	동 침략하다
1463	亲密	qīnmì	형 사이가 좋다, 친밀하다
1464	亲热	qīnrè	형 친밀하고 다정스럽다
1465	勤俭	qínjiǎn	형 근검하다
1466	勤劳	qínláo	형 열심히 일하다, 부지런히 일하다
1467	倾听	qīngtīng	동 경청하다
1468	倾向	qīngxiàng	동 기울다, 쏠리다
1469	倾斜	qīngxié	형 경사지다
1470	清澈	qīngchè	형 맑고 투명하다

1471	清晨	qīngchén	명 일출 전후의 시간, 새벽녘
1472	清除	qīngchú	동 깨끗이 없애다
1473	清洁	qīngjié	형 깨끗하다, 청결하다
1474	清理	qīnglǐ	동 깨끗이 정리하다
1475	清晰	qīngxī	형 또렷하다, 분명하다
1476	清醒	qīngxǐng	형 맑다, 또렷하다
1477	清真	qīngzhēn	형 이슬람교의
1478	情报	qíngbào	명 정보
1479	情节	qíngjié	명 줄거리
1480	情理	qínglǐ	명 이치, 사리
1481	情形	qíngxíng	명 정황, 상황
1482	晴朗	qínglǎng	형 쾌청하다
1483	请柬	qǐngjiǎn	명 청첩장
1484	请教	qǐngjiào	동 가르침을 청하다
1485	请示	qǐngshì	동 지시를 바라다 명 지시 요청서
1486	请帖	qǐngtiě	명 청첩장, 초대장
1487	丘陵	qiūlíng	명 구릉, 언덕
1488	区分	qūfēn	동 구분하다
1489	区域	qūyù	명 구역, 지역
1490	曲折	qūzhé	형 굽다, 구불구불하다
1491	驱逐	qūzhú	동 쫓아내다
1492	屈服	qūfú	동 굴복하다
1493	渠道	qúdào	명 관개 수로, 경로, 방법
1494	曲子	qǔzi	명 가곡, 노래
1495	取缔	qǔdì	동 금지를 명하다, 단속하다
1496	趣味	qùwèi	명 흥미, 흥취
1497	圈套	quāntào	명 올가미, 계략
1498	权衡	quánhéng	명 저울추와 저울대
1499	权威	quánwēi	명 권위, 권위자

| 1500 | 全局 | quánjú | 몡 전체 국면 |

1501	全力以赴	quánlì yǐfù	성 전력 투구하다
1502	拳头	quántou	몡 주먹
1503	犬	quǎn	몡 개
1504	缺口	quēkǒu	몡 결함, 흠집
1505	缺席	quē//xí	동 결석하다
1506	缺陷	quēxiàn	몡 결함, 결점
1507	瘸	qué	형 절뚝거리다, 절름거리다
1508	确保	quèbǎo	동 확보하다, 확실히 보장하다
1509	确立	quèlì	동 확립하다, 수립하다
1510	确切	quèqiè	형 확실하다
1511	确信	quèxìn	동 확신하다
1512	群众	qúnzhòng	몡 대중, 군중
1513	染	rǎn	동 염색하다
1514	嚷	rǎng	동 큰소리로 부르다, 고함을 치다, 소란을 피우다
1515	让步	ràng//bù	동 양보하다
1516	饶恕	ráoshù	동 용서하다
1517	扰乱	rǎoluàn	동 혼란시키다, 어지럽히다
1518	惹祸	rě//huò	동 화를 초래하다, 일을 저지르다
1519	热泪盈眶	rèlèi yíngkuàng	성 매우 감격하다
1520	热门	rèmén	몡 인기 있는 것
1521	人道	réndào	몡 인도
1522	人格	réngé	몡 인격
1523	人工	réngōng	형 인위적인, 인공의

1524	人家	rénjia	때 남, 타인
1525	人间	rénjiān	명 인간 사회, 세상
1526	人士	rénshì	명 인사
1527	人为	rénwéi	형 인위적인 동 사람이 하다
1528	人性	rénxìng	명 인성
1529	人质	rénzhì	명 인질
1530	仁慈	réncí	형 인자하다
1531	忍耐	rěnnài	동 인내하다, 참다
1532	忍受	rěnshòu	동 이겨내다, 참다, 견디다
1533	认定	rèndìng	동 인정하다, 확신하다
1534	认可	rènkě	동 승낙하다, 인가하다
1535	任命	rènmìng	동 임명하다
1536	任性	rènxìng	형 제멋대로 하다
1537	任意	rènyì	형 조건 없는, 임의의
1538	任重道远	rènzhòng dàoyuǎn	성 맡은 바 책임은 무겁고, 갈 길은 멀기만 하다
1539	仍旧	réngjiù	부 여전히, 변함없이
1540	日新月异	rìxīn yuèyì	성 나날이 새로워지다
1541	日益	rìyì	부 날로, 나날이 더욱
1542	荣幸	róngxìng	형 아주 영광이다
1543	荣誉	róngyù	명 영예
1544	容貌	róngmào	명 용모, 생김새
1545	容纳	róngnà	동 수용하다, 넣다
1546	容器	róngqì	명 용기
1547	容忍	róngrěn	동 용인하다
1548	溶解	róngjiě	동 용해하다
1549	融化	rónghuà	동 녹다, 융해되다
1550	融洽	róngqià	형 사이가 좋다
1551	柔和	róuhé	형 연하고 부드럽다, 보드랍다
1552	揉	róu	동 비비다, 주무르다

1553	儒家	rújiā	명 유가
1554	若干	ruògān	대 약간, 조금
1555	弱点	ruòdiǎn	명 약점, 단점
1556	撒谎	sā//huǎng	동 거짓말을 하다
1557	散文	sǎnwén	명 산문
1558	散布	sànbù	동 퍼뜨리다, 유포하다
1559	散发	sànfā	동 퍼지다, 내뿜다
1560	丧失	sàngshī	동 잃어버리다, 상실하다
1561	骚扰	sāorǎo	동 소란을 피우다, 훼방놓다, 폐를 끼치다
1562	嫂子	sǎozi	명 형수
1563	刹车	shā//chē	동 브레이크를 밟다
1564	啥	shá	대 [방언] 무엇, 무슨
1565	筛选	shāixuǎn	동 체로 치다
1566	山脉	shānmài	명 산맥
1567	闪烁	shǎnshuò	동 번쩍번쩍하다
1568	擅长	shàncháng	동 뛰어나다, 잘하다
1569	擅自	shànzì	동 자기 멋대로 하다
1570	伤脑筋	shāng nǎojīn	골치를 앓다
1571	商标	shāngbiāo	명 상표
1572	上级	shàngjí	명 상급
1573	上进	shàngjìn	동 향상하다, 진보하다
1574	上任	shàngrèn	동 부임하다, 취임하다
1575	上瘾	shàng//yǐn	동 인이 박이다, 중독되다
1576	上游	shàngyóu	명 (강의) 상류
1577	尚且	shàngqiě	접 그럼에도 불구하고, 여전히
1578	捎	shāo	동 인편에 보내다
1579	梢	shāo	명 나무의 끝
1580	哨	shào	명 호루라기, 보초
1581	奢侈	shēchǐ	형 사치하다

1582	舌头	shétou	명 혀
1583	设立	shèlì	동 설립하다
1584	设想	shèxiǎng	동 가상하다, 상상하다
1585	设置	shèzhì	동 설립하다, 세우다
1586	社区	shèqū	명 지역 사회
1587	涉及	shèjí	동 관련되다
1588	摄氏度	shèshìdù	양 섭씨
1589	申报	shēnbào	동 서면으로 보고하다
1590	呻吟	shēnyín	동 신음하다
1591	绅士	shēnshì	명 신사
1592	深奥	shēn'ào	형 심오하다, 깊다
1593	深沉	shēnchén	형 내색하지 않다, 깊다
1594	深情厚谊	shēnqíng hòuyì	성 깊고 돈독한 정
1595	神经	shénjīng	명 신경
1596	神奇	shénqí	형 신기하다, 기묘하다
1597	神气	shénqì	동 으스대다, 뽐내다 형 활기차다
1598	神圣	shénshèng	형 신성하다, 성스럽다
1599	神态	shéntài	명 표정과 태도
1600	神仙	shénxiān	명 신선
1601	审查	shěnchá	동 심사하다
1602	审理	shěnlǐ	동 심리하다
1603	审美	shěnměi	형 심미 명 심미적 동 아름다움을 감상하고 평가하다
1604	审判	shěnpàn	동 심판하다
1605	渗透	shèntòu	동 스며들다, 투과하다
1606	慎重	shènzhòng	형 신중하다
1607	生存	shēngcún	명 생존 동 생존하다
1608	生机	shēngjī	명 생기, 생명력, 생존의 기회
1609	生理	shēnglǐ	명 생리
1610	生疏	shēngshū	형 생소하다, 낯설다

1611	生态	shēngtài	몡 생태
1612	生物	shēngwù	몡 생물, 생물학
1613	生肖	shēngxiāo	몡 사람의 띠
1614	生效	shēng//xiào	동 효과가 나타나다
1615	生锈	shēng//xiù	동 녹이 슬다
1616	生育	shēngyù	동 출산하다, 아이를 낳다
1617	声明	shēngmíng	동 성명하다
1618	声势	shēngshì	몡 명성과 위세
1619	声誉	shēngyù	몡 명성, 명예
1620	牲畜	shēngchù	몡 가축
1621	省会	shěnghuì	몡 성도, 성(省) 소재지
1622	胜负	shèngfù	몡 승부, 승패
1623	盛产	shèngchǎn	동 대량으로 생산하다
1624	盛开	shèngkāi	동 활짝 피다
1625	盛情	shèngqíng	몡 두터운 정, 후의

1626	盛行	shèngxíng	동 성행하다
1627	尸体	shītǐ	몡 시체
1628	失事	shī//shì	동 의외의 사고가 발생하다
1629	失误	shīwù	몡 실수 동 실수를 하다
1630	失踪	shī//zōng	동 실종되다
1631	师范	shīfàn	몡 사범 학교, 모범
1632	施加	shījiā	동 (압력이나 영향 등을) 주다
1633	施展	shīzhǎn	동 발휘하다
1634	十足	shízú	형 충분하다, 충족하다

1635	石油	shíyóu	명 석유
1636	时常	shícháng	부 늘, 자주, 항상
1637	时而	shí'ér	부 때때로, 이따금
1638	时光	shíguāng	명 시간, 광음
1639	时机	shíjī	명 시기, 기회, 때
1640	时事	shíshì	명 시사
1641	识别	shíbié	동 식별하다, 변별하다
1642	实惠	shíhuì	명 실리, 실익 형 실질적이다
1643	实力	shílì	명 실력
1644	实施	shíshī	동 실시하다, 실행하다
1645	实事求是	shíshì qiúshì	성 실사구시
1646	实行	shíxíng	동 실행하다
1647	实质	shízhì	명 실질, 본질
1648	拾	shí	동 줍다, 집다
1649	使命	shǐmìng	명 사명, 명령
1650	示范	shìfàn	명 시범 동 시범하다
1651	示威	shìwēi	동 시위하다 명 시위, 데모
1652	示意	shìyì	동 뜻을 표시하다
1653	世代	shìdài	명 세대, 연대
1654	势必	shìbì	부 반드시, 꼭, 필연코
1655	势力	shìlì	명 세력
1656	事故	shìgù	명 사고
1657	事迹	shìjì	명 사적
1658	事件	shìjiàn	명 사건
1659	事态	shìtài	명 사태, 정황
1660	事务	shìwù	명 사무, 업무
1661	事项	shìxiàng	명 사항
1662	事业	shìyè	명 사업
1663	试图	shìtú	동 시도하다

1664	试验	shìyàn	동 시험하다, 실험하다
1665	视力	shìlì	명 시력
1666	视频	shìpín	명 영상 신호 주파수, 동영상
1667	视线	shìxiàn	명 시선, 눈길
1668	视野	shìyě	명 시야, 시계
1669	是非	shìfēi	명 시비
1670	适宜	shìyí	형 알맞다 동 적합하다
1671	逝世	shìshì	동 서거하다
1672	释放	shìfàng	동 석방하다
1673	收藏	shōucáng	동 수장하다, 소장하다
1674	收缩	shōusuō	동 수축하다
1675	收益	shōuyì	명 수익, 이득
1676	收音机	shōuyīnjī	명 라디오
1677	手法	shǒufǎ	명 기교, 수법
1678	手势	shǒushì	명 손짓, 손동작
1679	手艺	shǒuyì	명 손재간, 수공 기술
1680	守护	shǒuhù	동 지키다, 수호하다
1681	首饰	shǒushi	명 머리 장식품, 장신구
1682	首要	shǒuyào	형 가장 중요하다
1683	受罪	shòu//zuì	동 고생하다, 벌을 받다
1684	授予	shòuyǔ	동 수여하다, 주다
1685	书法	shūfǎ	명 서예, 서법, 서도
1686	书籍	shūjí	명 서적, 책
1687	书记	shūjì	명 서기
1688	书面	shūmiàn	명 서면
1689	舒畅	shūchàng	형 상쾌하다, 유쾌하다
1690	疏忽	shūhū	동 소홀히 하다 형 부주의하다
1691	疏远	shūyuǎn	형 소원하다 동 멀리하다
1692	束	shù	동 묶다, 매다 양 묶음

1693	束缚	shùfù	동 구속하다, 속박하다
1694	树立	shùlì	동 수립하다, 세우다
1695	竖	shù	형 수직의, 세로의
1696	数额	shù'é	명 일정한 수, 액수
1697	耍	shuǎ	동 수단을 부리다, 놀리다
1698	衰老	shuāilǎo	형 노쇠하다
1699	衰退	shuāituì	동 쇠퇴하다, 쇠약해지다
1700	率领	shuàilǐng	동 인솔하다, 이끌다
1701	涮火锅	shuàn huǒguō	동 샤브샤브를 하다
1702	双胞胎	shuāngbāotāi	명 쌍둥이
1703	爽快	shuǎngkuài	형 시원시원하다, 호쾌하다
1704	水利	shuǐlì	명 수리
1705	水龙头	shuǐlóngtóu	명 수도꼭지
1706	水泥	shuǐní	명 시멘트
1707	瞬间	shùnjiān	명 순간
1708	司法	sīfǎ	명 사법
1709	司令	sīlìng	명 사령, 사령관
1710	私自	sīzì	부 비밀리에, 사적으로
1711	思念	sīniàn	동 그리워하다
1712	思索	sīsuǒ	동 사색하다
1713	思维	sīwéi	명 사유
1714	斯文	sīwén	형 우아하다, 고상하다
1715	死亡	sǐwáng	명 사망, 멸망 동 죽다, 사망하다
1716	四肢	sìzhī	명 사지, 사체
1717	寺庙	sìmiào	명 사원, 사찰, 절
1718	饲养	sìyǎng	동 치다, 사육하다
1719	肆无忌惮	sìwú jìdàn	성 제멋대로 굴고 전혀 거리낌이 없다
1720	耸	sǒng	동 치솟다, 어깨를 추키다
1721	艘	sōu	양 척

번호	단어	병음	뜻
1722	苏醒	sūxǐng	동 소생하다, 되살아나다
1723	俗话	súhuà	명 속담
1724	诉讼	sùsòng	동 소송하다, 고소하다
1725	素食	sùshí	명 채식류의 먹거리 동 채식하다
1726	素质	sùzhì	명 소양, 자질
1727	塑造	sùzào	동 빚어서 만들다, 조소하다
1728	算数	suàn//shù	동 말한 대로 하다
1729	随即	suíjí	부 바로, 즉각
1730	随意	suíyì	부 마음대로, 뜻대로
1731	岁月	suìyuè	명 세월
1732	隧道	suìdào	명 굴, 터널
1733	损坏	sǔnhuài	동 손상시키다, 훼손시키다
1734	索取	suǒqǔ	동 받아내다, 요구하다, 받으려고 독촉하다
1735	索性	suǒxìng	부 차라리, 아예
1736	塌	tā	동 꺼지다
1737	踏实	tāshi	형 마음이 놓이다, 편안하다
1738	塔	tǎ	명 탑
1739	台风	táifēng	명 태풍
1740	太空	tàikōng	명 우주
1741	泰斗	tàidǒu	명 권위자
1742	贪婪	tānlán	형 매우 탐욕스럽다
1743	贪污	tānwū	동 탐오하다
1744	摊	tān	동 늘어놓다, 펼쳐 놓다
1745	瘫痪	tānhuàn	명 마비 동 마비되다
1746	弹性	tánxìng	명 탄성, 탄력성
1747	坦白	tǎnbái	형 담백하다, 솔직하다 동 숨김없이 고백하다
1748	叹气	tàn//qì	동 탄식하다
1749	探测	tàncè	동 탐지하다, 관측하다
1750	探索	tànsuǒ	동 탐색하다

1751	探讨	tàntǎo	동 연구 토론하다
1752	探望	tànwàng	동 방문하다, 문안하다
1753	倘若	tǎngruò	접 만일 ~한다면
1754	掏	tāo	동 꺼내다, 끄집어 내다
1755	滔滔不绝	tāotāo bùjué	성 끊임없이 계속되다
1756	陶瓷	táocí	명 도자기
1757	陶醉	táozuì	동 도취하다
1758	淘汰	táotài	동 도태하다, 추려내다
1759	讨好	tǎo//hǎo	동 비위를 맞추다, 환심을 사다. (주로 부정형으로 써서) 좋은 결과를 낳다
1760	特长	tècháng	명 특기, 장기
1761	特定	tèdìng	형 특정한
1762	特意	tèyì	부 특별히, 일부러
1763	提拔	tíbá	동 발탁하다, 등용하다
1764	提炼	tíliàn	동 추출하다, 정련하다
1765	提示	tíshì	동 일러 주다, 힌트를 주다
1766	提议	tíyì	동 제의하다
1767	题材	tícái	명 제재
1768	体裁	tǐcái	명 체재, 장르, 표현 양식
1769	体积	tǐjī	명 체적
1770	体谅	tǐliàng	동 이해하다, 양해하다
1771	体面	tǐmiàn	명 체면, 체통
1772	体系	tǐxì	명 체계
1773	天才	tiāncái	명 천재
1774	天赋	tiānfù	동 타고나다 명 천부적인 자질
1775	天伦之乐	tiānlún zhīlè	성 가족이 누리는 단란함
1776	天然气	tiānránqì	명 천연 가스

1777	天生	tiānshēng	형 타고난, 선천적인
1778	天堂	tiāntáng	명 천당, 천국
1779	天文	tiānwén	명 천문
1780	田径	tiánjìng	명 육상경기
1781	田野	tiányě	명 논과 밭, 들판
1782	舔	tiǎn	동 핥다
1783	挑剔	tiāoti	동 지나치게 트집잡다
1784	条款	tiáokuǎn	명 조항
1785	条理	tiáolǐ	명 조리, 순서
1786	条约	tiáoyuē	명 조약
1787	调和	tiáohé	동 골고루 섞다
1788	调剂	tiáojì	동 조절하다, 조정하다
1789	调节	tiáojié	동 조절하다
1790	调解	tiáojiě	동 조정하다, 중재하다
1791	调料	tiáoliào	명 조미료, 양념
1792	挑拨	tiǎobō	동 충동질하다, 부추기다
1793	挑衅	tiǎoxìn	동 도발하다, 분쟁을 일으키다
1794	跳跃	tiàoyuè	동 뛰어오르다, 도약하다
1795	亭子	tíngzi	명 정자
1796	停泊	tíngbó	동 정박하다, 머물다
1797	停顿	tíngdùn	동 중지되다, 멈추다
1798	停滞	tíngzhì	동 정체되다, 침체하다
1799	挺拔	tǐngbá	형 우뚝하다, 곧추솟다
1800	通货膨胀	tōnghuò péngzhàng	명 통화 팽창, 인플레이션
1801	通缉	tōngjī	동 지명수배하다
1802	通俗	tōngsú	형 통속적이다
1803	通讯	tōngxùn	동 통신하다 명 생생한 보도문
1804	通用	tōngyòng	동 통용되다, 보편적으로 사용하다
1805	同胞	tóngbāo	명 동포

1806	同志	tóngzhì	명 동지
1807	铜	tóng	명 구리
1808	童话	tónghuà	명 동화
1809	统筹兼顾	tǒngchóu jiāngù	성 여러 방면의 일을 총괄적으로 계획하고 두루 살피다
1810	统计	tǒngjì	동 통계하다 명 통계
1811	统统	tǒngtǒng	부 전부, 모두, 다
1812	统治	tǒngzhì	동 통치하다, 지배하다
1813	投机	tóujī	형 견해가 일치하다
1814	投票	tóu//piào	동 투표하다
1815	投诉	tóusù	동 고발하다, 하소연하다, 제소하다
1816	投降	tóuxiáng	동 투항하다, 항복하다
1817	投掷	tóuzhì	동 던지다, 투척하다
1818	透露	tòulù	동 (정보나 의중 등을) 넌지시 흘리다, 드러나다, 암시하다
1819	秃	tū	형 머리카락이 없다
1820	突破	tūpò	동 돌파하다
1821	图案	tú'àn	명 도안
1822	徒弟	túdì	명 제자
1823	途径	tújìng	명 경로, 방법
1824	涂抹	túmǒ	동 칠하다, 바르다
1825	土壤	tǔrǎng	명 토양, 흙
1826	团结	tuánjié	동 단결하다, 뭉치다
1827	团体	tuántǐ	명 단체
1828	团圆	tuányuán	동 흩어졌다가 다시 모이다
1829	推测	tuīcè	동 추측하다, 헤아리다
1830	推翻	tuī//fān	동 뒤집어엎다
1831	推理	tuīlǐ	명 추리 동 추리하다
1832	推论	tuīlùn	명 추론 동 추론하다
1833	推销	tuīxiāo	동 판로를 확장하다
1834	吞吞吐吐	tūntūn tǔtǔ	성 얼버무리다, 우물쭈물하다, 더듬거리다

1835	托运	tuōyùn	동 탁송하다, 운송을 위탁하다
1836	拖延	tuōyán	동 끌다, 지연하다, 연기하다
1837	脱离	tuōlí	동 이탈하다, 벗어나다, (관계 등을) 끊다
1838	妥当	tuǒdang	형 타당하다, 알맞다
1839	妥善	tuǒshàn	형 나무랄 데 없다, 알맞다
1840	妥协	tuǒxié	동 타협하다, 타결되다
1841	椭圆	tuǒyuán	명 타원
1842	唾弃	tuòqì	동 돌아보지 않고 버리다, 혐오하다
1843	挖掘	wājué	동 캐다
1844	娃娃	wáwa	명 어린애, 인형
1845	瓦解	wǎjiě	동 분열하다, 무너지다, 붕괴하다
1846	哇	wa	조 '啊'의 변음
1847	歪曲	wāiqū	동 왜곡하다
1848	外表	wàibiǎo	명 겉모습, 외모
1849	外行	wàiháng	명 비전문가, 문외한
1850	外界	wàijiè	명 외계, 외부
1851	外向	wàixiàng	형 외향적이다
1852	丸	wán	명 알, 환(丸)
1853	完备	wánbèi	형 모두 갖추다, 완비되어 있다
1854	完毕	wánbì	동 끝내다, 마치다
1855	玩弄	wánnòng	동 희롱하다, 우롱하다
1856	玩意儿	wányìr	명 완구, 장난감
1857	顽固	wángù	형 완고하다, 고집스럽다
1858	顽强	wánqiáng	형 완강하다
1859	挽回	wǎnhuí	동 만회하다, 돌이키다
1860	挽救	wǎnjiù	동 구해 내다, 구제하다
1861	惋惜	wǎnxī	동 애석해하다, 안타까워하다
1862	万分	wànfēn	부 대단히, 극히
1863	往常	wǎngcháng	명 평소, 평상시

1864	往事	wǎngshì	명 지난 일, 옛일
1865	妄想	wàngxiǎng	동 망상하다, 공상하다
1866	危机	wēijī	명 위기
1867	威风	wēifēng	명 위풍, 위엄
1868	威力	wēilì	명 위력
1869	威望	wēiwàng	명 위세와 명망
1870	威信	wēixìn	명 위신, 신망
1871	微不足道	wēibù zúdào	성 하찮아서 말할(언급할) 가치도 없다
1872	微观	wēiguān	형 미시의, 미시적이다
1873	为难	wéinán	동 난처하다, 난감하다
1874	为期	wéiqī	동 기한으로 하다
1875	违背	wéibèi	동 위반하다, 위배하다

Day 16

1876	唯独	wéidú	부 오직, 홀로
1877	维持	wéichí	동 유지하다, 지키다
1878	维护	wéihù	동 유지하고 보호하다, 옹호하다
1879	维生素	wéishēngsù	명 비타민
1880	伪造	wěizào	동 위조하다, 날조하다
1881	委托	wěituō	동 위탁하다, 의뢰하다
1882	委员	wěiyuán	명 위원
1883	卫星	wèixīng	명 위성
1884	未免	wèimiǎn	부 ~을(를) 면할 수 없다
1885	畏惧	wèijù	동 두려워하다, 무서워하다
1886	喂②	wèi	동 기르다, 사육하다, 먹이다
1887	蔚蓝	wèilán	형 (맑은 하늘처럼) 짙푸른, 쪽빛의

1888	慰问	wèiwèn	동 위문하다
1889	温带	wēndài	명 온대
1890	温和	wēnhé	형 온화하다, 부드럽다
1891	文凭	wénpíng	명 졸업 증서
1892	文物	wénwù	명 문물
1893	文献	wénxiàn	명 문헌
1894	文雅	wényǎ	형 품위가 있다
1895	文艺	wényì	명 문예, 문학과 예술
1896	问世	wènshì	동 세상에 나오다
1897	窝	wō	명 둥지, 둥우리
1898	乌黑	wūhēi	형 새까맣다, 아주 검다
1899	污蔑	wūmiè	동 모독하다, 중상하다
1900	诬陷	wūxiàn	동 무함하다, 사실을 날조하여 모함하다
1901	无比	wúbǐ	형 더 비할 바가 없다
1902	无偿	wúcháng	형 무상의
1903	无耻	wúchǐ	형 염치 없다
1904	无动于衷	wúdòng yúzhōng	성 당연히 관심을 가져야 할 일에 전혀 무관심하다
1905	无非	wúfēi	부 단지 ~할 뿐이다
1906	无辜	wúgū	형 죄가 없는 명 무고한 사람
1907	无精打采	wújīng dǎcǎi	성 맥이 풀리다, 기운이 없다
1908	无赖	wúlài	명 무뢰한 형 무뢰하다
1909	无理取闹	wúlǐ qǔnào	성 아무런 까닭 없이 남과 다투다
1910	无能为力	wúnéng wéilì	성 힘을 제대로 쓰지 못하다
1911	无穷无尽	wúqióng wújìn	성 무궁무진하다
1912	无微不至	wúwēi búzhì	성 배려하고 보살핌이 세심하고 주도면밀하다
1913	无忧无虑	wúyōu wúlǜ	성 아무런 근심이 없다
1914	无知	wúzhī	형 무지하다
1915	武器	wǔqì	명 무기
1916	武侠	wǔxiá	명 무협

1917	武装	wǔzhuāng	명 무장
1918	侮辱	wǔrǔ	명 모욕 동 모욕하다
1919	舞蹈	wǔdǎo	명 무도, 무용
1920	务必	wùbì	부 반드시, 꼭
1921	物美价廉	wùměi jiàlián	성 상품의 질이 좋고 값도 저렴하다
1922	物业	wùyè	명 가옥 및 시설, 설비, 부지, 부동산
1923	物资	wùzī	명 물자
1924	误差	wùchā	명 오차
1925	误解	wùjiě	명 오해 동 오해하다
1926	夕阳	xīyáng	명 석양
1927	昔日	xīrì	명 옛날, 이전, 석일
1928	牺牲	xīshēng	동 희생하다, 대가를 치르다
1929	溪	xī	명 개울
1930	熄灭	xīmiè	동 꺼지다, 소멸하다
1931	膝盖	xīgài	명 무릎
1932	习俗	xísú	명 풍속, 습속
1933	袭击	xíjī	동 습격하다, 기습하다
1934	媳妇	xífù	명 며느리
1935	喜闻乐见	xǐwén lèjiàn	성 기쁜 마음으로 듣고 보다
1936	喜悦	xǐyuè	형 기쁘다, 즐겁다
1937	系列	xìliè	명 계열
1938	细胞	xìbāo	명 세포
1939	细菌	xìjūn	명 세균
1940	细致	xìzhì	형 세밀하다, 정교하다
1941	峡谷	xiágǔ	명 협곡
1942	狭隘	xiá'ài	형 좁다
1943	狭窄	xiázhǎi	형 비좁다, 협소하다
1944	霞	xiá	명 노을
1945	下属	xiàshǔ	명 부하

1946	先进	xiānjìn	형 선진의, 진보적인
1947	先前	xiānqián	명 이전, 예전
1948	纤维	xiānwéi	명 섬유
1949	掀起	xiān//qǐ	동 열다, 들어올리다
1950	鲜明	xiānmíng	형 명확하다, 뚜렷하다
1951	闲话	xiánhuà	명 잡담, 한담
1952	贤惠	xiánhuì	형 (여자가) 품성이 곱다
1953	弦	xián	명 현, 줄, 선, 활시위
1954	衔接	xiánjiē	동 맞물리다, 이어지다
1955	嫌	xián	명 혐의, 의심
1956	嫌疑	xiányí	명 의심쩍음, 혐의
1957	显著	xiǎnzhù	형 현저하다, 뚜렷하다
1958	现场	xiànchǎng	명 현장
1959	现成	xiànchéng	형 이미 갖추어져 있는, 기성의
1960	现状	xiànzhuàng	명 현상, 현황
1961	线索	xiànsuǒ	명 실마리, 단서
1962	宪法	xiànfǎ	명 헌법
1963	陷害	xiànhài	동 모함하다, 모해하다
1964	陷阱	xiànjǐng	명 함정, 흉계
1965	陷入	xiànrù	동 빠지다, 떨어지다
1966	馅儿	xiànr	명 소 [만두나 떡 속에 넣는 재료]
1967	乡镇	xiāngzhèn	명 소도시
1968	相差	xiāngchà	동 서로 차이가 나다
1969	相等	xiāngděng	동 같다, 대등하다
1970	相辅相成	xiāngfǔ xiāngchéng	성 서로 보완하고 도와서 일을 완성하다
1971	相应	xiāngyìng	동 상응하다
1972	镶嵌	xiāngqiàn	동 끼워 넣다
1973	响亮	xiǎngliàng	형 크고 맑다, 우렁차다
1974	响应	xiǎngyìng	동 호응하다, 응하다

1975	想方设法	xiǎngfāng shèfǎ	성 온갖 방법을 다 생각하다
1976	向导	xiàngdǎo	명 가이드
1977	向来	xiànglái	부 줄곧, 종래
1978	向往	xiàngwǎng	동 열망하다
1979	巷	xiàng	명 골목
1980	相声	xiàngshēng	명 만담, 재담
1981	削	xiāo	동 깎다, 벗기다, 잘라내다, 제거하다
1982	消除	xiāochú	동 해소하다, 풀다
1983	消毒	xiāo//dú	동 소독하다
1984	消防	xiāofáng	명 소방
1985	消耗	xiāohào	동 소모하다
1986	消灭	xiāomiè	동 소멸시키다, 제거하다, 사라지다, 멸망하다
1987	销毁	xiāohuǐ	동 소각하다
1988	潇洒	xiāosǎ	형 자연스럽고 얽매이지 않고 멋스럽다, 스마트하다
1989	小心翼翼	xiǎoxīn yìyì	성 엄숙하고 경건하다
1990	肖像	xiàoxiàng	명 초상
1991	效益	xiàoyì	명 효과와 이익
1992	协会	xiéhuì	명 협회
1993	协商	xiéshāng	동 협상하다
1994	协调	xiétiáo	형 어울리다 동 어울리게 하다, 조율하다
1995	协议	xiéyì	동 협의하다
1996	协助	xiézhù	동 협조하다
1997	携带	xiédài	동 휴대하다
1998	泄露	xièlòu	동 누설하다, 폭로하다
1999	泄气	xiè//qì	동 공기가 새다, 자신감을 잃다
2000	屑	xiè	명 부스러기, 찌꺼기 형 자질구레하다 동 ~할 만한 가치가 있다고 여기다

2001	谢绝	xièjué	동 사절하다
2002	心得	xīndé	명 심득
2003	心甘情愿	xīngān qíngyuàn	성 기꺼이 원하다, 내심 만족해하며 기꺼이 원하다
2004	心灵	xīnlíng	명 심령, 마음
2005	心态	xīntài	명 심리 상태
2006	心疼	xīnténg	동 아까워하다, 애석해하다
2007	心血	xīnxuè	명 심혈
2008	心眼儿	xīnyǎnr	명 내심, 마음속
2009	辛勤	xīnqín	형 부지런하다, 근면하다
2010	欣慰	xīnwèi	형 기쁘고 안심이 되다
2011	欣欣向荣	xīnxīn xiàngróng	성 활기차게 발전하다, 번영하다
2012	新陈代谢	xīnchén dàixiè	명 신진 대사
2013	新郎	xīnláng	명 신랑
2014	新娘	xīnniáng	명 신부
2015	新颖	xīnyǐng	형 새롭다, 신선하다
2016	薪水	xīnshui	명 봉급
2017	信赖	xìnlài	동 신뢰하다, 신임하다
2018	信念	xìnniàn	명 신념, 믿음
2019	信仰	xìnyǎng	명 신앙
2020	信誉	xìnyù	명 신망, 신용
2021	兴隆	xīnglóng	형 창성하다, 흥성하다
2022	兴旺	xīngwàng	형 창성하다
2023	腥	xīng	형 비린내가 나다
2024	刑事	xíngshì	명 형사
2025	行政	xíngzhèng	명 행정
2026	形态	xíngtài	명 형태

2027	兴高采烈	xìnggāo cǎiliè	(형) 매우 기쁘다
2028	兴致勃勃	xìngzhì bóbó	(형) 흥미진진하다
2029	性感	xìnggǎn	(형) 섹시하다
2030	性命	xìngmìng	(명) 목숨, 생명
2031	性能	xìngnéng	(명) 성능
2032	凶恶	xiōng'è	(형) 흉악하다
2033	凶手	xiōngshǒu	(명) 살인범, 살인자
2034	汹涌	xiōngyǒng	(동) 물이 용솟음치다, 일렁이다
2035	胸怀	xiōnghuái	(명) 흉금, 도량
2036	胸膛	xiōngtáng	(명) 가슴, 흉부
2037	雄厚	xiónghòu	(형) 풍부하다, 충분하다
2038	雄伟	xióngwěi	(형) 웅대하고 위세가 넘치다
2039	修复	xiūfù	(동) 수리하여 복원하다
2040	修建	xiūjiàn	(동) 건조하다, 건설하다
2041	修养	xiūyǎng	(명) 수양, 교양
2042	羞耻	xiūchǐ	(형) 수줍다, 부끄럽다
2043	绣	xiù	(동) 수놓다, 자수하다
2044	嗅觉	xiùjué	(명) 후각
2045	须知	xūzhī	(명) 주의 사항
2046	虚假	xūjiǎ	(형) 거짓의, 허위의
2047	虚荣	xūróng	(명) 허영, 헛된 영화
2048	虚伪	xūwěi	(형) 허위의, 거짓의
2049	需求	xūqiú	(명) 수요, 필요
2050	许可	xǔkě	(동) 허가하다, 승낙하다
2051	序言	xùyán	(명) 서문
2052	畜牧	xùmù	(동) 축산하다, 목축하다
2053	酗酒	xùjiǔ	(동) 주정하다, 취해서 함부로 행동하다
2054	宣誓	xuānshì	(동) 선서하다
2055	宣扬	xuānyáng	(동) 선양하다, 널리 알리다

2056	喧哗	xuānhuá	嚠 떠들썩하다, 시끌벅적하다 동 떠들어대다
2057	悬挂	xuánguà	동 걸다, 매달다
2058	悬念	xuánniàn	명 서스펜스 동 염려하다
2059	悬殊	xuánshū	형 차이가 크다, 동떨어져 있다
2060	悬崖峭壁	xuányá qiàobǐ	성 깎아지른 듯한 절벽
2061	旋律	xuánlǜ	명 선율, 멜로디
2062	旋转	xuánzhuǎn	동 돌다, 회전하다
2063	选拔	xuǎnbá	동 선발하다
2064	选举	xuǎnjǔ	동 선거하다
2065	选手	xuǎnshǒu	명 선수
2066	炫耀	xuànyào	동 비추다, 과시하다
2067	削弱	xuēruò	동 약화되다, 약해지다
2068	学说	xuéshuō	명 학설
2069	学位	xuéwèi	명 학위
2070	雪上加霜	xuěshàng jiāshuāng	성 설상가상
2071	血压	xuèyā	명 혈압
2072	熏陶	xūntáo	동 훈도하다
2073	寻觅	xúnmì	동 찾다
2074	巡逻	xúnluó	동 순찰하다, 순시하다
2075	循环	xúnhuán	동 순환하다
2076	循序渐进	xúnxù jiànjìn	성 순차적으로 진행하다
2077	压迫	yāpò	동 억압하다
2078	压岁钱	yāsuìqián	명 세뱃돈
2079	压缩	yāsuō	동 압축하다
2080	压抑	yāyì	형 답답하다, 억압하다
2081	压榨	yāzhà	동 압착하다
2082	压制	yāzhì	동 억제하다, 제지하다
2083	鸦雀无声	yāquè wúshēng	성 까마귀와 참새 소리마저 없다, 매우 고요하다
2084	亚军	yàjūn	명 제2위, 준우승

2085	烟花爆竹	yānhuā bàozhú	명 불꽃놀이, 폭죽
2086	淹没	yānmò	동 잠기다, 수몰되다
2087	延期	yánqī	동 연장하다, 늘리다
2088	延伸	yánshēn	동 펴다, 늘이다
2089	延续	yánxù	동 계속하다, 지속하다
2090	严寒	yánhán	형 추위가 심하다
2091	严禁	yánjìn	동 엄금하다
2092	严峻	yánjùn	형 중대하다, 심각하다, 엄숙하다
2093	严厉	yánlì	형 호되다, 매섭다
2094	严密	yánmì	형 빈틈없다, 긴밀하다
2095	言论	yánlùn	명 언론, 의견
2096	岩石	yánshí	명 암석, 바위
2097	炎热	yánrè	형 무덥다, 찌는 듯하다
2098	沿海	yánhǎi	명 연해
2099	掩盖	yǎngài	동 위에서 덮어 씌우다
2100	掩护	yǎnhù	동 몰래 보호하다
2101	掩饰	yǎnshì	동 덮어 숨기다, 감추다
2102	眼光	yǎnguāng	명 시선, 눈길
2103	眼色	yǎnsè	명 윙크, 눈짓
2104	眼神	yǎnshén	명 눈빛, 눈의 표정
2105	演变	yǎnbiàn	동 변화 발전하다
2106	演习	yǎnxí	동 훈련하다, 연습하다
2107	演绎	yǎnyì	동 벌여 놓다
2108	演奏	yǎnzòu	동 연주하다
2109	厌恶	yànwù	동 혐오하다
2110	验收	yànshōu	동 검수하다
2111	验证	yànzhèng	동 검증하다
2112	氧气	yǎngqì	명 산소
2113	样品	yàngpǐn	명 샘플, 견본

2114	谣言	yáoyán	몡 유언비어, 풍설
2115	摇摆	yáobǎi	통 흔들거리다
2116	摇滚	yáogǔn	몡 로큰롤
2117	遥控	yáokòng	통 원격 조종하다
2118	遥远	yáoyuǎn	혱 요원하다, 아득히 멀다
2119	要点	yàodiǎn	몡 요점
2120	要命	yào//mìng	븟 엄청, 아주 통 귀찮아 죽겠다
2121	要素	yàosù	몡 요소
2122	耀眼	yàoyǎn	혱 눈부시다
2123	野蛮	yěmán	혱 야만적이다, 미개하다
2124	野心	yěxīn	몡 야심
2125	液体	yètǐ	몡 액체

Day 18

2126	一度	yídù	븟 한때 몡 한 번
2127	一帆风顺	yìfān fēngshùn	성 일이 순조롭게 진행되다
2128	一贯	yíguàn	혱 한결같다, 일관되다
2129	一举两得	yìjǔ liǎngdé	성 일거양득, 일석이조
2130	一流	yīliú	혱 최상급의, 일류의
2131	一目了然	yímù liǎorán	성 한눈에 환히 알다
2132	一如既往	yìrú jìwǎng	성 지난날과 다름없다
2133	一丝不苟	yìsī bùgǒu	성 조금도 소홀히 하지 않다
2134	一向	yíxiàng	븟 줄곧, 종래
2135	衣裳	yīshang	몡 의상, 의복
2136	依旧	yījiù	통 여전하다, 의구하다
2137	依据	yījù	통 의거하다, 근거하다 몡 근거

번호	단어	병음	뜻
2138	依靠	yīkào	동 의존하다
2139	依赖	yīlài	동 의존하다
2140	依托	yītuō	동 의지하다, 기대다
2141	仪器	yíqì	명 측정 기구
2142	仪式	yíshì	명 의식
2143	遗产	yíchǎn	명 유산
2144	遗传	yíchuán	동 유전하다
2145	遗留	yíliú	동 남겨 놓다, 남아 있다
2146	遗失	yíshī	동 유실하다, 잃어버리다
2147	疑惑	yíhuò	동 의심하다, 의심을 품다
2148	以便	yǐbiàn	접 ~하기 위하여
2149	以免	yǐmiǎn	접 ~하지 않도록
2150	以往	yǐwǎng	명 종전, 이전
2151	以至	yǐzhì	접 ~에 이르기까지, ~에 까지
2152	以致	yǐzhì	접 ~이(가) 되다, ~을 초래하다
2153	亦	yì	부 ~도 역시, 또한
2154	异常	yìcháng	형 심상치 않다, 이상하다
2155	意料	yìliào	명 예상, 예측
2156	意识	yìshí	명 의식
2157	意图	yìtú	명 의도, 기도
2158	意味着	yìwèizhe	동 의미하다, 뜻하다
2159	意向	yìxiàng	명 의향, 의도, 의사
2160	意志	yìzhì	명 의지
2161	毅力	yìlì	명 굳센 의지
2162	毅然	yìrán	부 의연히, 결연히
2163	翼	yì	명 날개, 깃
2164	阴谋	yīnmóu	명 음모
2165	音响	yīnxiǎng	명 음향
2166	引导	yǐndǎo	동 인도하다

2167	引擎	yǐnqíng	몡 엔진
2168	引用	yǐnyòng	동 인용하다
2169	饮食	yǐnshí	몡 음식
2170	隐蔽	yǐnbì	동 은폐하다, 가리다
2171	隐患	yǐnhuàn	몡 잠복해 있는 병
2172	隐瞒	yǐnmán	동 숨기다, 속이다
2173	隐私	yǐnsī	몡 사적인 비밀
2174	隐约	yǐnyuē	형 희미하다, 흐릿하다
2175	英明	yīngmíng	형 영명하다
2176	英勇	yīngyǒng	형 용맹하다, 용감하다
2177	婴儿	yīng'ér	몡 영아, 젖먹이
2178	迎面	yíngmiàn	부 정면으로
2179	盈利	yínglì	몡 이윤, 이익
2180	应酬	yìngchou	동 응대하다, 접대하다
2181	应邀	yìngyāo	동 초청에 응하다
2182	拥护	yōnghù	동 옹호하다, 지지하다
2183	拥有	yōngyǒu	동 보유하다, 소유하다
2184	庸俗	yōngsú	형 범속하다, 비속하다
2185	永恒	yǒnghéng	형 영원히 변하지 않다
2186	勇于	yǒngyú	동 용감하게 ~하다
2187	涌现	yǒngxiàn	동 한꺼번에 나타나다
2188	踊跃	yǒngyuè	형 열렬하다, 활기차다 동 펄쩍 뛰어오르다
2189	用户	yònghù	몡 사용자, 가입자
2190	优胜劣汰	yōushèng liètài	성 우수한 것은 살아남고, 나쁜 것은 도태하다
2191	优先	yōuxiān	동 우선하다
2192	优异	yōuyì	형 특히 우수하다
2193	优越	yōuyuè	형 우월하다
2194	忧郁	yōuyù	형 우울하다, 침울하다
2195	犹如	yóurú	동 마치 ~와[과] 같다

2196	油腻	yóunì	형 기름지다, 느끼하다
2197	油漆	yóuqī	명 페인트 동 페인트 등을 칠하다
2198	有条不紊	yǒutiáo bùwěn	성 조리 있고 질서 정연하다
2199	幼稚	yòuzhì	형 유치하다, 어리다
2200	诱惑	yòuhuò	동 꾀다, 유혹하다
2201	渔民	yúmín	명 어민
2202	愚蠢	yúchǔn	형 우둔하다, 어리석다
2203	愚昧	yúmèi	형 우매하다
2204	舆论	yúlùn	명 여론
2205	与日俱增	yǔrì jùzēng	성 날이 갈수록 많아지다
2206	宇宙	yǔzhòu	명 우주
2207	羽绒服	yǔróngfú	명 다운 재킷
2208	玉	yù	명 옥
2209	预料	yùliào	동 예상하다 명 예상, 예측
2210	预期	yùqī	동 예기하다, (사전에) 기대하다
2211	预算	yùsuàn	동 예산하다
2212	预先	yùxiān	부 사전에, 미리
2213	预言	yùyán	동 예언하다
2214	预兆	yùzhào	동 조짐을 보이다 명 전조, 징조
2215	欲望	yùwàng	명 욕망
2216	寓言	yùyán	명 우언
2217	愈	yù	부 ~하면 ~할수록 ~하다
2218	冤枉	yuānwang	형 억울하다 동 억울한 누명을 씌우다
2219	元首	yuánshǒu	명 국가 원수
2220	元素	yuánsù	명 요소
2221	元宵节	Yuánxiāojié	명 원소절
2222	园林	yuánlín	명 원림, 조경 풍치림
2223	原告	yuángào	명 원고
2224	原理	yuánlǐ	명 원리

2225	原始	yuánshǐ	형 원시의, 최초의
2226	原先	yuánxiān	명 종전, 이전
2227	圆满	yuánmǎn	형 원만하다
2228	缘故	yuángù	명 연고, 이유, 까닭
2229	源泉	yuánquán	명 원천
2230	约束	yuēshù	동 단속하다, 규제하다
2231	乐谱	yuèpǔ	명 악보
2232	岳母	yuèmǔ	명 장모
2233	孕育	yùnyù	동 낳아 기르다, 생육하다
2234	运算	yùnsuàn	동 연산하다, 운산하다
2235	运行	yùnxíng	동 운행하다
2236	酝酿	yùnniàng	동 술을 빚다
2237	蕴藏	yùncáng	동 잠재하다, 매장되다
2238	熨	yùn	동 다리다
2239	杂技	zájì	명 잡기, 곡예
2240	杂交	zájiāo	동 교잡하다
2241	砸	zá	동 찧다, 박다
2242	咋	zǎ	대 어째서, 어떻게
2243	灾难	zāinàn	명 재난, 재해
2244	栽培	zāipéi	동 배양하다, 재배하다
2245	宰	zǎi	동 죽이다, 도살하다
2246	再接再厉	zàijiē zàilì	성 더욱 더 힘쓰다
2247	在意	zàiyì	동 마음에 두다, 개의하다
2248	攒	zǎn	동 쌓다, 모으다
2249	暂且	zànqiě	부 잠시, 잠깐
2250	赞叹	zàntàn	동 찬탄하다

Day 19

2251	赞助	zànzhù	동 찬조하다
2252	遭受	zāoshòu	동 입다, 당하다
2253	遭殃	zāoyāng	동 재난을 입다
2254	遭遇	zāoyù	동 (불행한 일 등을) 만나다
2255	糟蹋	zāotà	동 낭비하다, 망치다
2256	造型	zàoxíng	명 조형, 이미지, 형상
2257	噪音	zàoyīn	명 소음
2258	责怪	zéguài	동 원망하다, 나무라다
2259	贼	zéi	명 도둑, 도적
2260	增添	zēngtiān	동 더하다, 늘리다
2261	赠送	zèngsòng	동 증정하다
2262	扎	zhā	동 찌르다
2263	扎实	zhāshi	형 견실하다, 견고하다
2264	渣	zhā	명 찌꺼기, 침전물
2265	眨	zhǎ	동 깜박거리다, 깜짝이다
2266	诈骗	zhàpiàn	동 속이다, 갈취하다
2267	摘要	zhāiyào	명 적요, 개요 동 적요하다
2268	债券	zhàiquàn	명 채권
2269	沾光	zhān//guāng	동 덕을 보다
2270	瞻仰	zhānyǎng	동 우러러보다
2271	斩钉截铁	zhǎndīng jiétiě	성 맺고 끊다, 단호하다
2272	展示	zhǎnshì	동 전시하다, 드러내다
2273	展望	zhǎnwàng	동 먼 곳을 보다
2274	展现	zhǎnxiàn	동 드러내다, 나타나다
2275	崭新	zhǎnxīn	형 참신하다, 아주 새롭다
2276	占据	zhànjù	동 점거하다, 점유하다

2277	占领	zhànlǐng	동 점령하다
2278	战斗	zhàndòu	명 전투 동 전투하다
2279	战略	zhànlüè	명 전략
2280	战术	zhànshù	명 전술
2281	战役	zhànyì	명 전역
2282	章程	zhāngchéng	명 장정, 규정
2283	帐篷	zhàngpeng	명 장막, 천막, 텐트
2284	障碍	zhàng'ài	명 장애물, 방해물
2285	招标	zhāo//biāo	동 입찰 공고하다
2286	招收	zhāoshōu	동 모집하다
2287	朝气蓬勃	zhāoqì péngbó	성 생기가 넘쳐흐르다
2288	着迷	zháo//mí	동 몰두하다, 사로잡히다
2289	沼泽	zhǎozhé	명 늪, 습지
2290	照样	zhàoyàng	동 어떤 모양대로 하다
2291	照耀	zhàoyào	동 밝게 비추다
2292	折腾	zhēteng	동 고통스럽게 하다
2293	遮挡	zhēdǎng	동 막다, 차단하다
2294	折	zhé	동 꺾다, 끊다
2295	折磨	zhémó	동 고통스럽게 하다
2296	侦探	zhēntàn	명 탐정, 스파이
2297	珍贵	zhēnguì	형 진귀하다, 귀중하다
2298	珍稀	zhēnxī	형 진귀하고 드물다
2299	珍珠	zhēnzhū	명 진주
2300	真理	zhēnlǐ	명 진리
2301	真相	zhēnxiàng	명 진상, 실상
2302	真挚	zhēnzhì	형 성실하다, 참되다
2303	斟酌	zhēnzhuó	동 헤아리다, 짐작하다
2304	枕头	zhěntou	명 베개
2305	阵地	zhèndì	명 진지

2306	阵容	zhènróng	명 진용
2307	振奋	zhènfèn	형 분기하다, 진작시키다
2308	振兴	zhènxīng	동 진흥시키다
2309	震撼	zhènhàn	동 뒤흔들다, 진동시키다, 감동시키다
2310	震惊	zhènjīng	형 깜짝 놀라게 하다, 경악하게 하다
2311	镇定	zhèndìng	형 차분하다, 태연하다
2312	镇静	zhènjìng	형 냉정하다, 침착하다
2313	正月	zhēngyuè	명 정월
2314	争端	zhēngduān	명 분쟁의 실마리
2315	争夺	zhēngduó	동 쟁탈하다, 다투다
2316	争气	zhēngqì	동 잘 하려고 애쓰다
2317	争先恐后	zhēngxiān kǒnghòu	성 뒤질세라 앞을 다투다
2318	争议	zhēngyì	동 쟁의하다
2319	征服	zhēngfú	동 정복하다
2320	征收	zhēngshōu	동 징수하다
2321	挣扎	zhēngzhá	동 발버둥치다
2322	蒸发	zhēngfā	동 증발하다
2323	整顿	zhěngdùn	동 정돈하다, 바로잡다
2324	正当	zhèngdāng	동 마침 ~에 처하다
2325	正负	zhèngfù	명 플러스 마이너스, 양전자와 음전자
2326	正规	zhèngguī	형 정규의, 표준의
2327	正经	zhèngjing	형 정직하다, 곧다, 정당하다
2328	正气	zhèngqì	명 공명정대한 태도
2329	正义	zhèngyì	명 정의
2330	正宗	zhèngzōng	명 불교의 정종, 정통파 형 정통의
2331	证实	zhèngshí	동 실증하다, 사실을 증명하다
2332	证书	zhèngshū	명 증서, 증명서
2333	郑重	zhèngzhòng	형 정중하다
2334	政策	zhèngcè	명 정책

2335	政权	zhèngquán	몡 정권
2336	症状	zhèngzhuàng	몡 증상, 증후
2337	之际	zhījì	몡 때, 즈음
2338	支撑	zhīchēng	동 버티다, 지탱하다
2339	支出	zhī//chū	동 지출하다 몡 지출
2340	支流	zhīliú	몡 지류
2341	支配	zhīpèi	동 안배하다, 분배하다
2342	支援	zhīyuán	동 지원하다
2343	支柱	zhīzhù	몡 지주, 받침대
2344	枝	zhī	몡 가지
2345	知觉	zhījué	몡 지각, 감각
2346	知足常乐	zhīzú chánglè	사람은 만족스러우면 항상 즐겁다
2347	脂肪	zhīfáng	몡 지방
2348	执行	zhíxíng	동 집행하다
2349	执着	zhízhuó	혱 고집스럽다, 집착하다, 융통성이 없다, 끝까지 추구하다
2350	直播	zhíbō	동 생방송을 하다 몡 생중계
2351	直径	zhíjìng	몡 직경
2352	侄子	zhízǐ	몡 조카
2353	值班	zhí//bān	동 당번이 되다
2354	职能	zhínéng	몡 직능, 직책과 기능
2355	职位	zhíwèi	몡 직위
2356	职务	zhíwù	몡 직무
2357	殖民地	zhímíndì	몡 식민지
2358	指标	zhǐbiāo	몡 지표, 수치
2359	指定	zhǐdìng	동 지정하다, 확정하다
2360	指甲	zhǐjia	몡 손톱
2361	指令	zhǐlìng	몡 지령
2362	指南针	zhǐnánzhēn	몡 나침반
2363	指示	zhǐshì	동 가리키다, 지시하다

2364	指望	zhǐwàng	동 기대하다, 바라다 명 기대, 가망, 희망
2365	指责	zhǐzé	동 지적하다
2366	志气	zhìqì	명 패기, 기개
2367	制裁	zhìcái	동 제재하다
2368	制服	zhìfú	명 제복
2369	制约	zhìyuē	동 제약하다
2370	制止	zhìzhǐ	동 제지하다
2371	治安	zhì'ān	명 치안
2372	治理	zhìlǐ	동 통치하다
2373	致辞	zhìcí	동 인사말을 하다
2374	致力	zhìlì	동 힘쓰다, 전력하다
2375	致使	zhìshǐ	동 ~를 초래하다

Day 20

2376	智力	zhìlì	명 지력, 지능
2377	智能	zhìnéng	명 지능
2378	智商	zhìshāng	명 지능지수
2379	滞留	zhìliú	동 ~에 머물다
2380	中断	zhōngduàn	동 중단하다, 중단되다
2381	中立	zhōnglì	동 중립하다
2382	中央	zhōngyāng	명 중앙, 정부
2383	忠诚	zhōngchéng	형 충성하다, 충실하다
2384	忠实	zhōngshí	형 충실하다
2385	终点	zhōngdiǎn	명 종착점, 종점
2386	终究	zhōngjiū	부 결국, 어쨌든
2387	终身	zhōngshēn	명 평생, 종신

2388	终止	zhōngzhǐ	동 마치다, 정지하다
2389	衷心	zhōngxīn	형 충심의
2390	肿瘤	zhǒngliú	명 종양
2391	种子	zhǒngzi	명 종자, 열매
2392	种族	zhǒngzú	명 종족, 인종
2393	众所周知	zhòngsuǒ zhōuzhī	성 모든 사람이 다 알고 있다
2394	种植	zhòngzhí	동 씨를 뿌리고 나무를 심다, 종식하다
2395	重心	zhòngxīn	명 중심, 무게 중심
2396	舟	zhōu	명 배
2397	州	zhōu	명 주, 자치주
2398	周边	zhōubiān	명 주변, 주위
2399	周密	zhōumì	형 주밀하다, 꼼꼼하다
2400	周年	zhōunián	명 주년
2401	周期	zhōuqī	명 주기
2402	周折	zhōuzhé	명 우여곡절
2403	周转	zhōuzhuǎn	동 돌리다, 융통하다
2404	粥	zhōu	명 죽
2405	昼夜	zhòuyè	명 낮과 밤
2406	皱纹	zhòuwén	명 주름
2407	株	zhū	양 그루
2408	诸位	zhūwèi	대 제위, 여러분
2409	逐年	zhúnián	부 해마다
2410	主办	zhǔbàn	동 주최하다
2411	主导	zhǔdǎo	명 주도 동 주도하다 형 주도의
2412	主管	zhǔguǎn	동 주관하다 명 주관자
2413	主流	zhǔliú	명 주류
2414	主权	zhǔquán	명 주권
2415	主义	zhǔyì	명 (문예사조, 정치체제, 기풍을 가리키는) 주의
2416	拄	zhǔ	동 짚다, 몸을 지탱하다

2417	嘱咐	zhǔfù	동 분부하다, 당부하다
2418	助理	zhùlǐ	형 보조하다 명 보조원
2419	助手	zhùshǒu	명 조수
2420	住宅	zhùzhái	명 주택
2421	注射	zhùshè	동 주사하다
2422	注视	zhùshì	동 주시하다
2423	注释	zhùshì	동 주석하다 명 주석
2424	注重	zhùzhòng	동 중시하다
2425	驻扎	zhùzhā	동 주둔하다, 주재하다
2426	著作	zhùzuò	명 저서, 저작 동 저작하다
2427	铸造	zhùzào	동 주조하다
2428	拽	zhuài	동 잡아당기다
2429	专长	zhuāncháng	명 특기, 특수 기능
2430	专程	zhuānchéng	부 특별히
2431	专利	zhuānlì	명 특허권
2432	专题	zhuāntí	명 특별한 주제
2433	砖	zhuān	명 벽돌
2434	转达	zhuǎndá	동 전달하다, 전하다
2435	转让	zhuǎnràng	동 양도하다, 넘겨주다
2436	转移	zhuǎnyí	동 전이하다, 옮기다
2437	转折	zhuǎnzhé	동 방향이 바뀌다, 전환하다
2438	传记	zhuànjì	명 전기
2439	庄稼	zhuāngjia	명 농작물
2440	庄严	zhuāngyán	형 장엄하다
2441	庄重	zhuāngzhòng	형 장중하다
2442	装备	zhuāngbèi	명 장비 동 탑재하다, 장치하다
2443	装卸	zhuāngxiè	동 조립하고 해체하다
2444	壮观	zhuàngguān	형 장관이다
2445	壮丽	zhuànglì	형 웅장하고 아름답다

2446	壮烈	zhuàngliè	형 장렬하다
2447	幢	zhuàng	양 동, 채
2448	追悼	zhuīdào	동 추도하다, 추모하다
2449	追究	zhuījiū	동 추궁하다, 따지다, 규명하다
2450	坠	zhuì	동 떨어지다, 추락하다, 매달리다 명 매달린 물건
2451	准则	zhǔnzé	명 준칙, 규범
2452	卓越	zhuóyuè	형 탁월하다, 출중하다
2453	着手	zhuóshǒu	동 착수하다
2454	着想	zhuóxiǎng	동 생각하다, 고려하다
2455	着重	zhuózhòng	동 치중하다, 강조하다
2456	琢磨	zhuómó	동 탁마하다, 다듬다
2457	姿态	zītài	명 자태, 모습, 자세
2458	资本	zīběn	명 자본
2459	资产	zīchǎn	명 자산, 재산
2460	资深	zīshēn	형 경력이 오래된
2461	资助	zīzhù	동 경제적으로 돕다
2462	滋润	zīrùn	형 촉촉하다, 촉촉하게 적시다
2463	滋味	zīwèi	명 맛
2464	子弹	zǐdàn	명 총알
2465	自卑	zìbēi	형 스스로 남보다 못하다고 느끼다
2466	自发	zìfā	형 자발적인
2467	自力更生	zìlì gēngshēng	성 자력갱생하다
2468	自满	zìmǎn	형 자만하다
2469	自主	zìzhǔ	동 자주적이다
2470	宗教	zōngjiào	명 종교
2471	宗旨	zōngzhǐ	명 종지, 주지, 취지
2472	棕色	zōngsè	명 갈색, 다갈색
2473	踪迹	zōngjì	명 종적
2474	总而言之	zǒng'ér yánzhī	성 총괄적으로 말하면

2475	总和	zǒnghé	명 총체, 총계
2476	纵横	zònghéng	명 종횡, 가로 세로
2477	走廊	zǒuláng	명 복도, 회랑
2478	走漏	zǒulòu	동 누설하다
2479	走私	zǒusī	동 밀수하다
2480	揍	zòu	동 때리다, 치다
2481	租赁	zūlìn	동 임차하다, 빌리다
2482	足以	zúyǐ	부 충분히 ~할 수 있다
2483	阻碍	zǔ'ài	동 가로막다
2484	阻拦	zǔlán	동 저지하다
2485	阻挠	zǔnáo	동 가로막다
2486	祖父	zǔfù	명 조부, 할아버지
2487	祖国	zǔguó	명 조국
2488	祖先	zǔxiān	명 선조, 조상
2489	钻研	zuānyán	동 깊이 연구하다
2490	钻石	zuànshí	명 금강석, 다이아몬드
2491	嘴唇	zuǐchún	명 입술
2492	罪犯	zuìfàn	명 죄인, 범인
2493	尊严	zūnyán	형 존엄하다
2494	遵循	zūnxún	동 따르다
2495	作弊	zuòbì	동 법이나 규정을 어기다, 부정행위를 하다
2496	作废	zuòfèi	동 폐기하다
2497	作风	zuòfēng	명 기풍, 태도
2498	作息	zuòxī	동 일하고 휴식하다
2499	座右铭	zuòyòumíng	명 좌우명
2500	做主	zuòzhǔ	동 주인이 되다

新HSK 6급 공식 개정 어휘 2500

PART 03

新HSK **6**급
汉办 新大纲
추가 어휘

1 이중 조합 단어

★2개 이상의 단어를 조합하여 만든 단어

● Part 3-1

		默认词		大纲词
01	便捷	biànjié	혱 민첩하다, 빠르고 편리하다	方便 敏捷
02	便携	biànxié	혱 휴대용의	方便 携带
03	辨别	biànbié	통 판별하다, 구별하다, 식별하다	分辨 区别
04	濒危	bīnwēi	통 위험에 처하다, 위급하게 되다	濒临 危险
05	病菌	bìngjūn	명 병균, 병원균	病毒 细菌
06	残缺	cánquē	혱 불완전하다, 일부가 손상되다	残疾 缺少
07	差异	chāyì	명 차이, 다른 점	差距 异常
08	持之以恒	chízhī yǐhéng	성 오랫동안 견지하다	保持 之 以 永恒
09	尺寸	chǐcun	명 길이, 치수, 사이즈	尺子 分寸
10	崇尚	chóngshàng	통 숭상하다, 존중하다, 받들다	崇拜 高尚
11	瓷器	cíqì	명 자기 질 좋은 사기그릇의 총칭	陶瓷 乐器
12	存储	cúnchǔ	통 저장하다, 저축하다 명 비축 자금	保存 储备
13	倒塌	dǎotā	통 (건축물이) 무너지다, 쓰러지다	摔倒 塌
14	底蕴	dǐyùn	명 상세한 내용(경위), 내부 상황(사정), 속사정	底 蕴藏
15	抵御	dǐyù	통 막아 내다, 저항하다	抵抗 防御
16	典雅	diǎnyǎ	혱 우아하다	古典 文雅
17	淀粉	diànfěn	명 전분, 녹말	沉淀 粉末
18	钉子	dīngzi	명 못 명 (문제 해결의) 장애물, 걸림돌	斩钉截铁 竹子
19	发掘	fājué	통 발굴하다, 캐내다	发现 挖掘
20	感叹	gǎntàn	통 탄식하다, 한숨 쉬다, 감탄하디	感概 赞叹
21	贯穿	guànchuān	통 꿰뚫다, 관통하다	贯彻 穿

22	涵盖	hángài	(동) 포괄하다, 포함하다, 포용하다	内涵 盖
23	花纹	huāwén	(명) 각종 무늬와 도안	花 皱纹
24	绘画	huìhuà	(동) 그림을 그리다 (명) 회화, 그림	描绘 画
25	监测	jiāncè	(동) (측량 기구·계기를 이용하여) 감시하고 검측하다, 검사하다	监督 测验
26	简洁	jiǎnjié	(형) (언행·문장 등이) 깔끔하다, 간결하고 명료하다	简单 廉洁
27	鉴赏	jiànshǎng	(동) (예술품이나 문물 등을) 감상하다	鉴别 欣赏
28	焦虑	jiāolǜ	(형) 초조하다, 걱정스럽다 (명) 초조한 마음, 근심스러운 마음	焦急 顾虑
29	揭示	jiēshì	(동) 게시하다, 드러내 보이다, 밝히다	揭露 显示
30	捷径	jiéjìng	(명) 가까운 길, 지름길, 빠른 방도	敏捷 途径
31	敬仰	jìngyǎng	(동) 흠모하다, 깊이 존경하고 사모하다	尊敬 信仰
32	枯竭	kūjié	(형) (수원이) 고갈되다, 바싹 마르다, (체력·자원 등이) 고갈되다	枯萎 竭尽全力
33	跨度	kuàdù	(명) (시간의) 간격, 동안, 경과	跨 程度
34	宽阔	kuānkuò	(형) (폭이) 넓다, 널찍하다, 광대하다	宽 开阔
35	连贯	liánguàn	(동) 연결되다, 일관되다, 통하다	连 贯彻
36	猎人	lièrén	(명) 사냥꾼	打猎 人
37	猎物	lièwù	(명) 사냥감	打猎 动物
38	茂密	màomì	(형) (초목 등이) 빽빽이 무성하다	茂盛 稠密
39	美誉	měiyù	(명) 명성, 명예	赞美 名誉
40	模拟	mónǐ	(동) 모의하다, 모방하다 (명) 모의 실험	模仿 拟定
41	磨难	mónàn	(명) 고난, 고생, 어려움, 시련, 괴로움	打磨 灾难
42	谋生	móushēng	(동) 생계를 도모하다, 살 궁리를 하다	谋求 生活
43	泥沙	níshā	(명) 진흙과 모래	水泥 沙滩
44	泥土	nítǔ	(명) 흙, 토양, 점토, 진흙	水泥 土地
45	逆境	nìjìng	(명) 역경	逆行 环境

#	단어	병음	뜻	관련어
46	逆时针	nìshízhēn	(형) 반시계 방향의, 역시계 방향의	逆行 时间 指南针
47	酿造	niàngzào	(동) (술·식초·간장 등을) 양조하다	酝酿 制造
48	贫穷	pínqióng	(형) 가난하다, 빈곤하다, 빈궁하다	贫困 穷
49	器械	qìxiè	(명) 기계, 기구, 무기	机器 机械
50	恰好	qiàhǎo	(부) (때)마침, 잘, 바로	恰巧 正好
51	潜能	qiánnéng	(명) 잠재력, 가능성	潜力 能力
52	潜入	qiánrù	(동) 물 속으로 들어가다, 잠입하다	潜移默化 潜水 投入
53	潜在	qiánzài	(동) 잠재하다	潜移默化 存在
54	强壮	qiángzhuàng	(형) 건장하다, 강건하다 (동) 강하게 하다	坚强 壮观
55	倾诉	qīngsù	(동) 이것저것 다 말하다	倾听 告诉
56	热衷	rèzhōng	(동) 간절히 바라다, 열중하다, 몰두하다	热情 衷心
57	融合	rónghé	(동) 융합하다	融洽 结合
58	入侵	rùqīn	(동) 침입하다	投入 侵犯
59	食欲	shíyù	(명) 식욕, 밥맛	食物 欲望
60	树枝	shùzhī	(명) 나뭇가지	树 枝
61	衰弱	shuāiruò	(형) (사물이나 신체 기능이) 쇠약해지다	衰老 弱
62	顺畅	shùnchàng	(형) 순조롭다, 매끄럽다, 뜻대로 되다	顺利 舒畅
63	推崇	tuīchóng	(동) 추앙하다, (떠)받들다, 찬양하다	推广 崇拜
64	弯曲	wānqū	(형) 구불구불하다 (동) 구부리다	拐弯 曲折
65	伪装	wěizhuāng	(동) 가장하다, 위장하다 (명) 가장, 가식	伪造 假装
66	紊乱	wěnluàn	(형) 무질서하다, 혼란하다, 문란하다	有条不紊 乱
67	稀少	xīshǎo	(형) 희소하다, 적다, 드물다	珍稀 减少

번호	단어	병음	뜻	관련어
68	戏曲	xìqǔ	명 (경극(京劇)·평극(評劇)·월극(越劇) 등의) 중국 전통극, (문학 형식의 하나로) 희곡	戏剧 曲子
69	显露	xiǎnlù	동 밖으로 드러내다, 나타내다, 보이다	显示 暴露
70	薪酬	xīnchóu	명 봉급, 임금, 급여	薪水 报酬
71	血液	xuèyè	명 혈액, 피	血压 液体
72	野生	yěshēng	형 야생의	田野 生长
73	抑制	yìzhì	동 반응을 억제하다, (감정을) 억누르다	压抑 限制
74	隐藏	yǐncáng	동 숨기다, 감추다, 비밀로 하다, 숨다	隐蔽 躲藏
75	隐含	yǐnhán	동 은연중 내포하다, 어떤 의미를 함축하다	隐蔽 包含
76	隐形	yǐnxíng	형 모습을 감추다, 자태를 숨기다	隐蔽 形状
77	优雅	yōuyǎ	형 우아하다, 고상하다	优美 文雅
78	乐曲	yuèqǔ	명 악곡, 음악 작품의 총칭	音乐 曲子
79	蕴含	yùnhán	포함하다, 내포하다, 함유하다, 품다	蕴藏 包含
80	折叠	zhédié	동 개다, 접다	折 重叠
81	征兆	zhēngzhào	명 징조, 징후, 조짐	象征 预兆
82	指纹	zhǐwén	명 지문	手指 皱纹
83	追踪	zhuīzōng	동 추적하다, 행방을 뒤쫓다	追求 跟踪

② 음절 축약 단어

★다음절 단어에서 음절을 생략하여 만든 단어

● Part 3-2

번호	默认词			大纲词
01	拔	bá	동 뽑다, 빼다, 화근이나 문제 등을 제거하다	拔苗助长
02	绑	bǎng	동 (끈·줄 따위로) 동이다, 감다, 묶다	捆绑
03	逼	bī	동 위협하다, 협박하다, 강압하다	逼迫

04	巢	cháo	몡 새의 둥지, 벌이나 개미 따위의 집	巢穴
05	垂	chuí	동 드리우다, 늘어뜨리다	垂直
06	寸	cùn	양 촌 [1척(分)의 1/10] 형 (아주) 짧다, 작다	分寸
07	代谢	dàixiè	동 신진 대사하다	新陈代谢
08	叠	dié	동 포개다, 층층이 쌓다, 누적하다	重叠
09	赴	fù	동 온 힘을 쓰다, (~로) 가다, 향하다	全力以赴
10	腹	fù	몡 배, 내심, 마음	腹泻
11	工艺	gōngyì	몡 공예, (원자재나 반제품을) 가공하는 작업(방법·기술), 수공예	工艺品
12	雇	gù	동 고용하다	雇佣
13	湖	hú	몡 호, 호수	湖泊
14	患	huàn	동 병이 나다, 걱정하다 몡 재해, 재난	患者
15	祸	huò	몡 화, 재앙, 재난, 사고 동 화를 입히다	惹祸
16	尖	jiān	형 날카롭다, 뾰족하다, 예리하다	尖端
17	箭	jiàn	몡 화살	火箭
18	揭	jiē	동 (덮어 씌우거나 가로막았던 것을) 벗기다, 열다, 폭로하다, 공개하다	揭露
19	捆	kǔn	동 묶다, 잡아매다, 꾸리다 몡 단, 묶음	捆绑
20	狼	láng	몡 이리	狼狈
21	裂	liè	동 갈라지다, 쪼개지다, 금이 가다	分裂
22	露	lù	동 나타나다, 드러내다, 노출하다	暴露
23	埋	mái	동 (흙·모래·눈·낙엽 등으로) 덮다, 파묻다 동 숨기다, 은폐하다	埋葬
24	瞒	mán	동 감추다, 속이다	隐瞒
25	闷	mèn	형 답답하다, 우울하다, 꽉 막힌 몡 번민, 근심	沉闷

26	庙	miào	명	사당, 사찰, 절, 묘, 묘당	寺庙
27	泥	ní	명	진흙, 진흙같이 생긴 것	水泥
28	泡	pào	명	거품, 포말, 거품같이 생긴 것	浸泡
29	膨胀	péngzhàng	동	팽창하다, 부풀어오르다	通货膨胀
30	偏	piān	형	치우치다, 쏠리다, 편향되다, 외지다	偏差
31	旗	qí	명	기, 깃발	旗帜
32	迄今	qìjīn	동	지금까지 이르다, 지금까지	迄今为止
33	迁	qiān	동	이전하다, 바뀌다, 변천하다	迁徙
34	渗	shèn	동	(액체가) 스며들다, 배어들다, 새다	渗透
35	寺	sì	명	사찰, 사원, 절	寺庙
36	踏	tà	동	밟다, 디디다, 현장을 답사하다	践踏
37	天然	tiānrán	형	자연의, 천연의, 자연적인	天然气
38	添	tiān	동	보태다, 더하다, 증가하다	增添
39	吞	tūn	동	(통째로) 삼키다	狼吞虎咽
40	挖	wā	동	파내다, 찾아 내다, 발굴하다	挖掘
41	旺	wàng	형	(기운이나 세력이) 왕성하다, 많다	兴旺
42	掀	xiān	동	(덮여 있던 것을) 들어 올리다, 용솟음치다	掀起
43	卸	xiè	동	짐을 내리다, 분해하다, 해체하다	装卸
44	悬崖	xuányá	명	낭떠러지, 벼랑, 위험한 지경	悬崖峭壁
45	沿	yán	전 명	(가장자리 등을) 따라, 끼고 가장자리	沿海
46	氧	yǎng	명	산소(O, oxygen)	氧气
47	氧化	yǎnghuà	동	산화하다	二氧化碳
48	意味	yìwèi	명	의미, 함축, 정취, 운치, 기색	意味着
49	赠	zèng	동	주다, 선사하다	赠送
50	遮	zhē	동	가리다, 덮다, 막다, 숨기다	遮挡
51	蒸	zhēng	동	찌다, 증발하다	蒸发

52	知足	zhīzú	동 (이미 가진 것에 대해) 만족스럽게 여기다	知足常乐
53	壮	zhuàng	형 힘이 세다, 건장하다, 웅장하다	理直气壮
54	捉	zhuō	동 (손에) 잡다, 들다, 쥐다, 사로잡다	捕捉

3 특별 사례 단어

★인명, 지명, 서명 등의 단어

○ Part 3-3

	特例词			说明
01	《霸王别姬》	《Bàwáng Bié Jī》	《패왕별희》 (1993) 첸카이거(陳凱歌) 감독의 작품으로 중국 현대사의 격변기를 살아가는 두 경극배우의 인생역정을 그린 작품	电影名
02	《百家讲坛》	《Bǎijiā Jiǎngtán》	《백가강단》 중국 국영채널 CCTV에서 방영되는 인문학 프로그램	节目名
03	《楚辞》	《Chǔ Cí》	《초사》 서한(西漢)의 유향(劉向)이 굴원(屈原) 등의 사부(辭賦) 작품을 모아서 편집한 시가 총집. 굴원의 《離騷(이소)》가 대표 작품임	诗词名
04	《富春山居图》	《Fù chūn Shānjūtú》	《부춘산거도》 (1350) 중국 10대 명화로 황공망(黃公望)의 작품. 저장성의 부춘강과 부춘산을 배경으로 한 수묵산수화	画名
05	《古文观止》	《Gǔwén Guānzhǐ》	《고문관지》 (1695) 청대 학자 오초재(吳楚才)와 오조후(吳調侯)가 편찬한 산문집. 춘추전국 시대부터 명나라 때까지 산문 222편 수록	书名
06	《贵妃醉酒》	《Guìfēi Zuìjiǔ》	《귀비취주》 청대 초기 홍승(洪昇)이 지은 장편 희곡 《장생전(長生殿)》의 한 대목을 따 만든 경극. 양귀비가 연인인 당 명황을 기다리며 술을 부리고 두 환관에게 난동을 부리는 내용	京剧名

07	《孔雀东南飞》	《Kǒngquè Dōngnán Fēi》	《공작동남비》 중국 육조시대에 제작된, 고부(姑婦)간의 불화로 빚어지는 가정비극을 다룬 장편 서사시	诗歌名
08	《兰亭集》	《Lántíng Jí》	《난정집》 중국 진(晉)나라 왕희지(王羲之)와 문인 40여 명이 함께 난정에서 읊은 시를 엮은 것	诗集名
09	《聊斋志异》	《Liáozhāi Zhìyì》	《요재지이》 포송령(蒲松齡)이 저작한, 중국 청초(淸初)에 나온 문어체의 괴이(怪異) 소설집. 요재(聊齋)는 저자인 포송령의 서재 이름으로 책 제목은 요재가 기록한 기이한 이야기라는 뜻	书名
10	《骆驼祥子》	《Luòtuó Xiángzi》	《낙타상자》 (1937) 라오서(老舍)의 장편소설. 농촌에서 베이핑(北平, 지금의 베이징)으로 온 인력거꾼 샹쯔의 인생 역정과 운명을 통해 1920년대 말기 하층민들에 대한 당시 구(舊)사회의 잔혹한 수탈과 참상을 생동감 있게 그려낸 작품	书名
11	《牡丹亭》	《Mǔdantíng》	《모란정》 (1598) 탕현조(湯顯祖)의 작품. 그림 속의 연인을 그리워하거나, 꿈속에서 연인을 만나거나 무덤에서 송장이 살아나 사랑을 이루는 등의 귀신 소재와 사랑을 엮은 환상적인 이야기	戏曲名
12	《水浒传》	《Shuǐhǔ Zhuàn》	《수호전》 시내암(施耐庵)의 작품. 원말 명초에 쓰인 작품으로 《삼국연의(三國演義)》, 《서유기(西遊記)》, 《금병매(金瓶梅)》와 함께 중국 4대 기서 중의 하나	书名
13	《说文解字》	《Shuōwén Jiězì》	《설문해자》 허신(許愼)의 저작. 중국 최초의 자형(字形)과 의미를 분석한 자전으로, 후한(後漢) 때 편찬된 한자학의 경전적 저작	书名
14	《天工开物》	《Tiāngōng Kāiwù》	《천공개물》 (1637) 송응성(宋應星)의 저작. 명조 말기에 편찬된 경험론적 산업기술서로 여러 가지 제조기술을 그림을 곁들여 해설함	书名

15	《天仙配》	《Tiānxiānpèi》	**《천선배》** 안후이성(安徽省)의 주요 지방희곡인 황매희(黃梅戏) 중 하나	戏曲名
16	《易经》	《Yìjīng》	**《주역》** 유교의 경전(经典) 중 3경(三经)의 하나. 경(经)·전(传)의 두 부분을 포함하며 대략 2만 4천 자로 이루어졌으며, 주(周)의 문왕(文王)이 지었다고 전해짐	书名
17	《岳阳楼记》	《Yuèyánglóu Jì》	**《악양루기》** 범중엄(范仲淹)의 저작. 악양루는 범중엄의 친구인 등종량이 악주(岳州)로 좌천된 후 지은 곳으로, 건물이 완성된 후 범중엄에게 기문(記文)을 부탁하자 좌천된 친구를 위로하는 내용을 담은 글	文章名
18	《资治通鉴》	《Zīzhì Tōngjiàn》	**《자치통감》** 사마광(司馬光 1019~1086)의 저작. 중국 북송(北宋) 1065년~1084년에 편찬된 편년체(編年體) 역사서	书名
19	奥林匹克公园	Àolínpǐkè Gōngyuán	올림픽공원	建筑名
20	八达岭长城	Bādálǐng Chángchéng	**빠다링 장성, 팔달령 만리장성** 만리장성의 일부분으로 유명한 관광 명소. 베이징(北京)시 옌칭(延庆)현에 있음	地名
21	饱和脂肪酸	bǎohé zhīfángsuān	포화지방산	化合物
22	茶马古道	chámǎgǔdào	**차마고도** 차(茶)와 말(马)을 교역하던 중국의 높고 험준한 옛길. 인류 역사상 가장 오래된 교역로이며 이 길을 따라 중국의 차와 티베트의 말이 오갔음	地名
23	丞相	chéngxiàng	**승상** 고대. 군주를 보좌하던 최고 대신	称呼
24	承德	Chéngdé	**청더** 중국 허베이성 북부 롼허강의 지류인 러허강 연안에 있는 도시	地名
25	城隍庙	Chénghuángmiào	**성황묘** 성황신을 모신 사당	建筑名

26	赤壁之战	Chìbì Zhī Zhàn	**적벽대전**(赤壁大戰) 중국 삼국시대인 208년에 오(吳)와 촉(蜀) 두 나라가 연합하여 조조(曹操) 휘하의 위(魏)나라 대군을 장강(長江) 유역의 적벽에서 대파한 전쟁	战争名
27	蹴鞠	cùjū	**공차기**(하다), **축국**(蹴鞠)(하다)	运动名
28	胆固醇	dǎngùchún	**콜레스테롤**(cholesterol)	化合物
29	蛋白质	dànbáizhì	**단백질**	化合物
30	敦煌石窟	Dūnhuáng Shíkū	**둔황 스쿠, 돈황 석굴** 간쑤(甘肅)성에 있는 석굴 이름. 막고굴(莫高窟)·천불동(千佛洞)·유림굴(榆林窟) 등으로 이루어진 석굴군(石窟群)의 총칭	地名
31	凤凰	fènghuáng	**봉황, 봉조**(鳳鳥)	动物名
32	复旦大学	Fùdàn Dàxué	**푸단대학, 복단대학** 상하이(上海)에 있는 교육부 직속의 종합 대학	单位组织名
33	关羽	Guān Yǔ	**관우** 삼국시대에 촉한(蜀漢)의 명장으로 후세에 '關公(관공)'으로 존칭함	名字
34	桂林	Guìlín	**구이린** 광시(广西)좡족자치구에 위치하였으며, 중국의 유명한 명승지 중 하나임	地名
35	黄果树瀑布	Huángguǒshù Pùbù	**황궈수(황과수)폭포** 구이저우(贵州)성 안순(安顺)시에 위치	地名
36	黄梅戏	huángméixì	**황매희, 황메이**(黄梅)**극** 안후이(安徽)성 중부 지방에서 유행한 지방극	戏曲名
37	景泰蓝	jǐngtàilán	**경태람** 동기(銅器) 표면에 구리선으로 무늬를 내고 파랑(법랑)을 발라서 불에 구워 낸 공예품. 명대 경태(景泰) 연간부터 대량으로 제작하기 시작	瓷器名
38	恐龙	kǒnglóng	**공룡**	动物名
39	矿物质	kuàngwùzhì	**광물질**	化合物
40	联合国天文组织	Liánhéguó Tiānwén Zǔzhī	**국제천문연맹**	单位组织名

41	鲁班	Lǔ Bān	노반(B.C. 507~?) 춘추(春秋)시대 노(鲁)나라 사람으로, 성은 수(輸), 이름은 반(班), 후세 사람들에게 노반(鲁班)으로 불렸으며, 걸출한 기술로 인해 건축 공장(工匠)의 시조(始祖)로 추앙됨	名字
42	蒙古族	Měnggǔzú	몽골족 중국 소수민족의 하나로, 주로 内蒙古(네이멍구)·吉林(지린)·黑龙江(헤이룽장) 등의 지역에 분포함	民族名
43	孟子	Mèngzǐ	맹자(B.C.372~B.C.289) 이름은 가(軻)이고, 전국(戰國)시대의 저명한 사상가, 공자(孔子) 이후 유가(儒家)를 대표하는 인물임	名字
44	牡丹	mǔdan	모란(꽃)	植物名
45	钱塘江	Qiántángjiāng	첸탕장 중국 안후이(安徽)성으로부터 시작하여 저장(浙江)성의 항저우(杭州)만으로 흘러드는 강	地名
46	秦始皇陵兵马俑	Qínshǐhuánglíng Bīngmǎyǒng	진시황릉 병마용 중국 시안(西安)의 진시황무덤 순장에 쓰였던 병사·말 모양의 도기 모형	文物名
47	蜻蜓	qīngtíng	잠자리	动物名
48	鲨鱼	shāyú	상어	动物名
49	丝绸之路	Sīchóu Zhī Lù	실크로드(Silk Road) 내륙 아시아를 횡단하여 중국과 서아시아 지중해 연안 지방을 연결하였던 고대의 무역 통상로	地名
50	宋词	Sòngcí	송사 중국 송대에 성행한 운문	书名
51	苏州园林	Sūzhōu Yuánlín	쑤저우 고전원림 쑤저우 시내의 정원 건축으로 기원전 514년부터 건축되기 시작하여 현재 600여 곳이 남아있음. 세계문화유산으로 등록됨	建筑名
52	碳水化合物	tànshuǐ huàhéwù	탄수화물	化合物

53	王羲之	Wáng Xīzhī	**왕희지**(307~365) 중국 동진(東晉)의 서예가, 해서·행서·초서의 각 서체를 완성함으로써 예술로서의 서예의 지위를 확립	名字
54	叶绿素	yèlǜsù	**엽록소, 잎파랑이, 클로로필** (chlorophyll)	化合物
55	藏族	Zàngzú	**장족** 중국 소수 민족의 하나로 주로 시짱(西藏)·칭하이(青海)·간쑤(甘肃)·쓰촨(四川)·윈난(云南) 지역에 분포	民族名
56	祖冲之	Zǔ Chōngzhī	**조충지**(429~500) 중국 남북조(南北朝)시대 송(宋)의 과학자, 종래의 역법을 여러 가지로 개량한 《대명력》을 제작	名字